THE NIV APPLICATION COMMENTARY

NIV 적용주석

마이클 윌킨스 ● 마태복음

솔로몬

NIV 적용주석 시리즈 – 마태복음

2020년 7월 15일 초판 3쇄 발행

지은이 | 마이클 윌킨스
옮긴이 | 채천석
펴낸이 | 박영호
펴낸곳 | 도서출판 솔로몬

주소 | 서울시 동작구 사당로 170
전화 | 599-1482
팩스 | 592-2104
직영서점 | 596-5225

등록일 | 1990년 7월 31일
등록번호 | 제 16-24호

ISBN 978-89-8255-450-6 94230
ISBN 978-89-8255-449-0(세트)

THE NIV APPLICATION COMMENTARY

MICHAEL J. WILKINS

NIV MATTHEW

From biblical text... to contemporary life

이 시리즈는 성경의 영원한 메시지를 이 시대에 말하기를 추구하는 목사와 교사들을 위한 필수적인 도구가 될 것을 약속한다.

—빌리 그래함

NIV 적용주석 시리즈는 내가 바라는 사역의 열정과 동일한 목표—하나님의 말씀의 온전한 영향을 느낄 수 있도록, 메시지를 현대의 청중들에게 전하는 것—를 공유하고 있다.

—빌 하이벨스, 윌로우 크릭 교회

NIV 적용주석은 '하나님의 말씀을 행하는 자들' 을 양육하는데 진지한 목사와 여타 사람들을 위한 탁월한 자료다.

—릭 워렌, 새들백 교회

이 주석 시리즈는 진부하지 않다. 그것은 새로운 시대의 신선함으로, 친구의 포옹처럼 직접적으로 들려지고 전달될 수 있도록, 오래된 강력한 하나님의 말씀을 현재로 가져오는 일을 제대로 해내고 있다.

—유진 피터슨, 리젠트 대학

해석의 실타래에서 제대로 된 적용을 얻기 원한다면, NIV 적용주석은 바로 당신을 위한 것이다! 이 시리즈는 원 의미와 현대적 의미에서 탁월하다. 나는 이 주석을 전적으로(100%) 추천한다

—하워드 핸드릭슨, 달라스 신학교

NIV 적용주석 시리즈는 이전에 학자들이 다루지 않았던 것을 과감하게 다룬다—목사와 교사들이 매일 직면하는 성경적 적용의 실제적 세계로 나아간다. 이것이 바로 좋은 주석 시리즈가 가져야 하는 모든 것이다.

—레잇 앤더슨, 우드데일 교회 목사

이것은 21세기의 설교 주석이다.

—조지 브루사바르, 베델 대학의 신학교 총장

성경의 세계에서 도시 중심가로 적절히 순회하는 주석이 드디어 나왔다.

—켄트 휴 박사, 일리노이주 휘튼 대학교회 목사

NIV 적용주석은 성경이 무엇을 의미하고, 그것을 어떻게 적용해야 하는지, 또 어떻게 반응해야 하는지를 알기 원하는 독자들에게 크게 봉사한다.

—스튜어트 브리스코, 엘름브룩 교회 목사

NIV 적용주석 시리즈는 하나님의 말씀을 설교하고 가르치는 모든 이들에게 매우 탁월한 도움이 될 것을 약속한다.

J. I. 패커, 리젠트 대학

NIV 적용주석은 NIV 성경에 기반한 철저하고 권위 있는 주석의 긴급한 필요를 충족시킨다. 이 시리즈를 모든 복음주의 공동체의 도서관과 서재에서 곧 발견하게 될 것이다.

—제임스 케네디 박사, 코랄 리지 장로교회 담임목사

차례

시리즈 서문

NIV 적용주석 시리즈는 독특하다. 대부분의 주석들은 우리들이 사는 이 세상에서 성경의 세계로 거슬러 올라가는 여행을 한다. 이 주석들은 우리를 성경의 세계와 분리시키는 시간, 문화, 언어 그리고 지형의 장벽을 넘어설 수 있게 한다. 하지만 그것들은 과거로의 편도 티켓만을 제공할 뿐이고, 돌아오는 여행은 우리들이 알아서 할 수 있다고 가정한다. 이런 주석들이 성경의 각 권이나 구절의 '원 의미'를 설명하지만 '현대적 의미'를 탐구하는 데는 우리에게 거의 아무런 도움을 주지 못한다. 이런 주석들이 제공하는 정보가 가치가 있기는 하지만, 단지 절반의 임무를 다 하고 있을 뿐이다.

최근에 몇몇 주석들이 다소 현대적인 적용을 주석의 목표 중 하나로 포함시켰다. 하지만 그 적용이 자주 피상적이며 도덕적인 데서 그치고 있다. 또 다른 주석집들은 주석이라기보다는 인쇄된 설교처럼 들린다.

NIV 적용주석 시리즈의 주된 목표는 고대의 메시지를 현대의 정황으로 가져오는 어려우면서도 중요한 임무를 가지고서 여러분을 돕는 것이다. 이 시리즈가 완성된 하나의 책으로서 적용에 초점을 맞추지만 저자들은 성경 구절의 원 의미에서 현대적 의미로 나아가는 '과정'을 통해서 독자들이 스스로 생각할 수 있도록 돕는다. 본 시리즈는 주석서이지 대중적인 강해서는 아니다. 이것은 참고서적이지 경건 서적은 아니다.

본 주석은 '원 의미', '상황잇기' 그리고 '현대적 의미'라는 세 항목으로 시리즈의 목표를 이룰 수 있도록 구성되었다.

원 의미

이 항목은 원래의 배경에서 성경의 의미를 이해하도록 돕는다. 여기서는 간결한 형태로 전통적인 주해의 모든 요소들을 논한다. 성경 본문의 역사적, 문학적, 문화적 배경들이 여기에 포함된다. 주석 시리즈의 저자들은 문법과 구문론 그리고 성경 단어들의 의미와 관련한 문제들을 논한다. 시리즈 저자들은 성경구절들의 주요한 개념들을 탐구하고, 성경의 저자들이 이 개념을 어떻게 발전시키는가를 연구한다.

이 항목을 읽고 나면 '원 청중'이 갖고 있었던 문제와 의문, 그리고 관심을 이해하게 되고, 성경의 저자들이 어떻게 이런 이슈들에 대처했는지를 알게 될 것이다. 이런 이해가 오늘날 성경 본문의 합법적인 적용을 행할 수 있는 기초를 제공해준다.

상황잇기

이 항목은 성경의 세계와 오늘날의 세계를 잇는 다리를 놓는다. 즉 성경 본문의 시간적인 측면과 초시간적 측면에 초점을 맞춤으로써 원래의 배경과 현대의 배경을 서로 연결시켜 준다.

하나님의 말씀은 시간적이다. 성경의 저자들은 구체적인 상황과 문제 그리고 질문들에 대해 이야기하였다. 여호수아의 저자는 진노하시는 전사이신 하나님의 손에 난공불락의 도성으로 보였던 여리고의 함락을 이야기함으로써 원 독자들의 용기를 북돋아 주었다(수 6장). 바울은 할례의 결과에 대해서 그리고 율법으로 의롭다함을 얻으려는 위험성을 갈라디아인들에게 경고하였다(갈 5:2-5). 히브리서의 저자는 그리스도가 모세, 아론계열의 제사장들, 그리고 구약성경의 희생제사보다도 우월하시다는 것을 독자들에게 확증하려고 애썼다. 요한은 초기 영지주의의 형태를 가르쳤던 자들의 "영을 시험해 볼" 것을 독자들에게 촉구했다(요일 4:1-6). 이와 같은 경우에 성경의 시간적인 본질이 추상적이 아니라 '구체적'인 상황에서 우리로 하여금 하나님의 말씀을 들을 수 있게 해준다.

하지만 성경의 시간적인 본질은 몇 가지 문제를 낳을 수 있다. 지금 우리의 상황과 난제와 의문들이 성경의 사람들이 직면했던 것들과 항상 직접적으로 연관이 있을 수는 없다. 따라서 성경 시대의 사람들에게 주어진 하나님의 말씀이 항상 우리와 연관이 있어 보이지는 않는다. 예를 들어, 할례가 칭의의 필수적인 요소라고 주장하면서 지금 당신보고 할례를 받으라고 언제 누가 그렇게 주장하였던가? 그리스도가 아론계열의 제사장보다 우월하다는 것에 오늘날 얼마나 많은 사람들이 관심을 쏟고 있는가? 초기 영지주의를 드러내도록 의도된 "실험"이 현대 문화에서 얼마나 가치가 있겠는가?

다행히도 성경은 시간적일 뿐만 아니라 '초시간적'이다. 하나님이 원 청중들에게 말씀하셨던 것처럼 성경 말씀을 통해서 지금 우리에게도 여전히 말씀하신다.

우리는 성경의 사람들과 공통된 인간성을 공유하고 있기 때문에 성경 시대의 사람들이 직면했던 문제들과 하나님이 그들에게 주셨던 해결책 속에서 '보편적인 특징'을 발견한다. 성경의 초시간적인 본질이 모든 문화의 모든 시간에 능력으로 말씀한다.

성경이 시간적이면서도 초시간적인 측면을 갖고 있음을 인식하지 못하는 사람들은 여러 가지 문제에 직면할 수 있다. 예를 들어, 히브리서와 갈라디아서 또는 신명기와 같은 시간적인 성경책으로 인해 지루함을 느낀 사람들은 오늘날 그런 책들이 의미 없어 보이기 때문에 다시는 그것을 읽지 않으려고 할 수 있다. 한편으로 성경의 초시간적인 본질을 확신하고 있지만 시간적인 요소를 분별하지 못하는 사람들은 멜기세덱의 반차를 좇은 제사장에 대해서 "열변을 토하지만" 청중들은 잠을 자고 있고, 설상가상으로 구약성경의 거룩한 전쟁을 오늘날의 하나님의 대적자들에게 물리적인 방식으로 적용하려고 시도할 것이다.

따라서 이 항목의 목적은 성경의 시간적인 본문에서 무엇이 초시간적인지(또는 무엇이 초시간적이 아닌지)를 여러분들이 식별하도록 돕는데 있다. 예를 들어, 구약의 거룩한 전쟁(성전, 聖戰)은 신약의 영적인 전쟁과 어떻게 관련이 있는가? 바울의 주요한 관심이 (그가 갈 5:6에서 말하고 있는 것처럼) 할례가 아니라면, 그는 무엇에 관심이 있는가? 아론계의 제자장직이나 멜기세덱에 대한 논의가 오늘날 우리와 관련이 없어 보인다면, 오늘날 이 구절에 담겨진 가치는 무엇인가? 1세기의 특정 이단을 분별하기 위해 맞추어진 실험으로 오늘날의 "영을 검증"하려면, 어떤 성경적 검증이 더 적합할 것인가?

하지만 이 항목은 성경 본문에서 어떤 것이 초시간적인지를 밝힐 뿐 아니라 초시간적인 것을 발견하는 방법을 알 수 있도록 돕는다. 주석 시리즈의 저자들은 본문에 함축되어 있는 것들을 명시적으로 밝힌다. 그들은 통상적으로 직관적인 과정을 취하여 논리적이고 정리된 방식으로 그것을 설명한다. 할례가 바울의 주요한 관심사가 아님을 우리는 어떻게 알 수 있는가? 성경 원문이나 배경의 어떤 단서가 바울의 진정한 관심이 더 깊은 차원에 속한 것임을 깨닫게 하는가?

물론 우리들과 원 독자들간의 역사적인 거리가 상당히 있는 구절들은 더 많은 취급을 요할 것이다. 하지만 역사적인 거리가 그리 길지 않거나 겉으로 보기에 거의 존재하지는 않는 구절들은 덜 주의를 기울여도 될 것이다.

마지막으로 덧붙여 말하고 싶은 것은 이 항목이 성경 본문의 '현대적 의미'를 논의하기 위한 방식을 준비하고 있기 때문에 이 항목과 뒤이어지는 '현대적 의미'

항목간에는 분명한 단절이나 예리한 구분은 주어지지 않는다. 하지만 두 항목들을 종합해서 읽을 때, 여러분들은 성경의 세계에서 오늘의 세계로 이동하는 강력한 감정을 체험하게 될 것이다.

현대적 의미

이 항목은 성경이 처음 작성되었을 때에 그러했던 것처럼 오늘날에도 성경의 메시지가 권능으로 역사하도록 만들어 준다. 당신이 예루살렘, 에베소, 또는 고린도에 대해 배운 것을 시카고, 로스앤젤레스, 또는 런던에서 오늘날 필요한 것들에 어떻게 적용할 수 있는가? 본래 헬라어, 히브리어, 아람어로 전해진 메시지를 우리 자신의 언어로 어떻게 명료하게 전달할 수 있는가? 본래 다른 시대와 문화에 전해진 영원한 진리를 취하여, 유사하지만 다른 필요를 갖고 있는 문화의 사람들에게 어떻게 적용할 수 있는가?

이런 목표를 이루기 위해서 이 항목은 몇 가지 핵심적인 영역에서 도움을 준다.

(1) 이 항목은 원 청중들이 직면했던 상황과 문제 또는 의문들에 상응하는 현대적인 문제들을 식별하도록 돕는다. 현대의 상황이 원 청중들이 직면했던 상황과 좀처럼 일치하지 않기 때문에, 당신의 적용이 연관성이 있으려면 유추적인 상황들을 찾아야 한다.

(2) 이 항목은 성경 본문을 오늘날 적용할 수 있는 다양한 배경들을 탐구한다. 개인적인 적용을 살피기도 하지만, 개인적인 관심을 넘어서서 대체로 사회와 문화에 대해 생각하도록 고무시킨다.

(3) 이 항목은 성경본문을 적용하는 데서 발생할 수 있는 문제나 난관들을 환기시킨다. 그리고 어떤 본문이 적용할 수 있는 다양한 합리적 방식들이 있다면 (즉, 기독교인들이 서로 일치하지 않는 영역이 있다면), 본 시리즈의 저자들은 독자들이 이런 다양한 견해들에 관심을 갖고, 스스로 이런 이슈들에 참여하도록 돕는다.

이런 목표를 추구하는 본 시리즈의 기고자들은 두 가지 극단을 피하였다. 하나는 이 주석이 얼마 지나지 않아 구식이 되지 않도록 너무 구체적인 적용을 피하는 것이고, 다른 하나는 현대인의 삶과 문화와 연관짓지 못하는 아주 일반적인 방식으로 성경 본문의 의미를 논하는 것을 삼가는 것이다.

무엇보다도, 본 주석 시리즈의 기고자들은 이 주석이 도덕책이나 설교집이 되지 않도록 상당한 노력을 기울였다. NIV 적용 주석 시리즈는 바로 써먹을 수 있는 설교 자료집을 제공하려 했다기보다는 당신이 하나님의 말씀을 능력으로 전달할 수 있도록 돕는 도구, 개념, 그리고 통찰을 제공하려 했다. 당신으로 하여금 이 목표를 이룰 수만 있게 한다면, 우리는 이 시리즈의 목적을 이룬 셈이다.

편집자 서문

우리 시대에 마태복음에서 가장 자주 읽혀지는 부분은 산상수훈(5-7장)이라고 안전하게 말할 수 있다. 심지어 산상수훈은 오늘날 전체 신약성경 중에서도 가장 자주 읽혀지는 부분이다. 그 이유를 상상하는 것은 어렵지 않다. 우리는 도덕적이고, 법치주의적이며, 개인주의적인 시대에 살고 있다. 유대 공동체든 기독교회든, 하나님을 어떻게 생각하느냐와 상관없이 윤리적 삶을 위한 가이드북으로서 산상수훈을 읽을 수 있다. 참으로 우리 시대의 최고의 사상가이면서 20세기의 훌륭한 인류 가운데 한 사람인 알버트 슈바이처는 그런 식으로 산상수훈을 읽었고, 산상수훈이 기독교의 본질을 포착하고 있다고 말했다. 불행하게도 그것은 전반적으로 산상수훈과 마태복음을 잘못된 방식으로 읽는 것이다.

왜 그러한가? 산상수훈을 그런 식으로 읽는 것은 우리가 행동하기를 선택하는 방식이 자신이 누구인지를 결정하고 정체성을 결정한다는 것을 가정하기 때문이다. 그것은 옳지 않다. 마태복음이 일반적으로 가르치고 특히 산상수훈이 가르치는 것은 우리가 누구인지(또는 더 정확하게는 우리가 누구의 소유인지, 즉 누구를 따르고 누구와 동일시할 것인지)가 행동 방식을 결정한다는 사실이다. 우리가 메시아로서 예수를 따를 것을 결정한다면, 그때서야 산상수훈이 우리가 행동할 수 있는 방식을 묘사하게 된다고 마태는 말하고 있다.

이렇게 말하는 것은 너무 정교한 구분을 두는 것으로 보이는가? 사소한 것을 과장하여 침소봉대하는 것으로 보이는가? 아마도 다소 과장된 면이 있을 수 있다. 하지만 이 요지는 충분히 말할 만한 가치가 있다. 산상수훈에서 행동양식을 우선하는 것은 설교를 윤리적인 논설로 전환하고, 은혜의 진리로서 기독교의 본질을 취하여 현대적인 철학으로 바꾸는 것이다. 우리가 산상수훈을 부정확하게 읽을 때, 좋지 않은 세 가지 커다란 문제가 발생한다.

(1) 우리는 우리의 선(goodness)을 너무 과대평가한다. 우리의 성품을 스스로 영악하게 만들어낼 수 있는 것으로 생각한다. 즉 훈련과 노력의 기초 위에서 자신

의 협소한 아량과 정직의 벽돌을 사용하여 원하는 성품을 만들어낼 수 있다고 가정한다. 그러한 시나리오를 갖고 우리는 목표를 선택하고, 그 목표를 이루기 위해서 필요한 재료들과 건축방식들을 선택한다. 등급을 결정하는 것이 우리에게 달려 있다. 하지만 마태는 우리가 선하지 않음을 말한다.

(2) 우리는 악에 대한 우리의 가능성을 과소평가한다. 우리의 본질적인, 하나님이 창조하신, 선이 우리의 성품을 지배하지 못하는 이유는 선한 빛을 비추는 능력이 근본적으로 손상을 당하는 강력한 세력에 우리가 오염되었기 때문이다. 우리 모두 이 세력을 느끼지만, 그것이 참이 아니라고 소망한다. 마태는 우리가 이런 문제를 갖고 있어서 다른 선택의 여지가 없기 때문에, 메시아와 동일시할 것을 선택해야 한다고 말한다. "너희가 돌이켜 어린 아이들과 같이 되지 아니하면 결단코 천국에 들어가지 못하리라."

(3) 우리는 마땅히 그래야 하는 것보다 하나님을 덜 의지한다. 우선해서 메시아와 동일시할 것을 선택해야 하는 데도, 우리의 성품이 인간적 선택의 결과로서 만들어지도록 허락하기 때문에, 하나님 앞에 순복함으로써 얻어지는 온전한 치료 효과를 거두지 못한다. 우리가 자기 중심의 이런 선택을 할 때마다, 하나님을 온전히 의지하는 것은 불가능하다. 우리들은 하나님이 보시기에 우리를 인정하게 만드는 자기 창조적인 에너지를 꽤 보유하고 있다고 생각한다. 그런 생각이 복음의 메시지를 바꾸어버린다.

산상수훈을 우리가 축적할 필요가 있는 윤리적 논설로 읽는다면, 그것은 불가능한 이상이다. 우리가 그리스도와 동일시하고 그의 사랑이 우리를 통해서 표현하게 한다면, 산상수훈은 우리가 될 수 있는 사람에 대한 놀라운 묘사다. 산상수훈을 그런 식으로 읽어라. 산상수훈은 우리가 될 수 있고 되어야할 영광스러운 약속이다. 그것은 마태가 아주 분명하게 보았던 크리스천의 삶의 소망이다.

테리 머크

저자 서문

마태복음은 25년 이상을 내 생에서 특별한 자리를 차지하였다. 특히 지난 5년은 이 복음서로 인해 가장 보상이 컸다. 본질적으로 세 항목으로 나눈 주석을 쓰는 것—원 의미, 상황잇기, 현대적 의미—은 한번에 세 주석을 쓰는 것과 같다. 하지만 바로 그것이 이 주석을 빛나게 하는 부분이며, 이 주석을 쓰는 일이 개인적으로 나에게 큰 영향을 미친 이유이기도 하다. 내가 세심하게 쓰여진 마태의 글을 묵상하며 1세기의 역사적 배경 속에서 예수와 동행할 때, 내가 마태의 공동체를 위한 신학적 의도를 통해서 배울 때, 예수의 신분과 사명에 대한 마태의 통찰을 내 마음과 정신과 육체에 스며들게 할 때, 나는 변화되었다.

이 주석을 쓰는 경험은 내 생애에서 가장 풍성한 영적 체험의 시간이었다. 천국의 원리를 따르려 할 때, 예수의 강화(講和), 특히 산상수훈 속에서 그의 가르침을 듣는 것은 나의 세계관, 신학, 윤리적 삶의 형성에 큰 영향을 미쳤다. 예수의 사역이 가장 가까운 제자들, 멀리서 지켜보며 흥미를 갖는 사람들, 그리고 강하게 대적하는 자들 사이에서 전개됨을 살펴보는 것은 사람들을 다루는 방법을 나에게 형성시켰다. 특히 지상사역의 마지막 몇 날에 있었던 예수의 수난과 십자가상에서의 마지막 몇 시간에 동참하는 것은 나에게 강력한 영향을 미쳤다. 마태가 십자가상에서의 예수의 마음을 나에게 가져왔을 때, 나의 마음은 부서졌다. 하지만 예수가 인간의 죄에 대한 보속의 희생을 확장하셨을 때, 아주 훌륭하게 회복되었다.

나는 이 책을 나올 수 있게 해준 많은 사람들에게 감사를 드린다. 이 주석을 쓸 수 있도록 나를 초대해주고, 이 책을 집필하는 일이 연장되었을 때에도 끝까지 인내해준 존더반출판사의 편집 경영책임자인 잭(Jack Kuhatschek)에게 감사한다. 당신은 자애롭고, 온유하면서도, 대단히 동기 부여적인 리더다. 고맙네 잭. 나는 테리 머크의 지도에 감사하고, 이 원고를 세심하게 읽어준 스코크 맥나이트에게 감사한다. 아주 성실하게 신약성경의 전문성과 세련된 지식을 확장시킨 이 주석의 실질적인 편집장인 베르린 버브라그에게도 감사한다. 그는 수년에 걸친 노고에 열매를 맺을 수 있도록 저자들을 지원하고 격려하고 도와주었다.

나는 존더반 출판사와 연관을 맺게 된 것을 감사한다. 특히 편집장으로서 성실한 리더십을 제공하는 스탄 건드리와 저자들을 사랑으로 돌보아주는 조이스 온더스마, 그리고 일의 진척을 이끄는 잭 크라그트에게 감사한다. 내가 보기에 당신 모두가 합해서 최고의 복음적 출판사인 존더반을 만들었다. 당신들과 관계를 맺게 된 것은 영광이다.

또한 나는 비올라대학의 탈봇신학교 동료들—교수, 경영진, 직원, 그리고 학생들—에게 감사한다. 당신들은 수년 동안 내가 마태복음을 가르치고, 설교하고, 묵상하는 것을 들었다. 나를 믿어주고 이 책을 마칠 수 있게 지원해준 당신들에게 감사한다. 어느 이름을 열거하는 것은 누군가를 빠뜨릴 수 있기에 집합적으로 당신들 모두에게 감사하다고 말할 뿐이다. 한 예외가 있다면, 나의 동료 학장인 데니스 딕스다. 그는 내가 이 소명을 이행할 수 있도록 개인적으로 가장 희생하며 지원했다. 당신은 오늘날 많은 사람들이 이야기하는 종의 리더십의 전형이다. 사랑하는 나의 친구인 당신에게 참으로 감사하다.

지난 몇 년 간에 걸친 나의 연구조교들이 출판 목록을 모으고, 자료를 추적하며, 마태복음의 전문적인 주제를 탐구하는 일을 도우면서 상당한 지원을 했다. 나는 특히 토드 웬도르프, 게리 마닝, 레이 보네스텔레, 마트 헨더, 스티브 얼리, 멀커스 최, 베티 탈버트-헤트러 그리고 아론 데빈의 수고를 잘 알고 있다. 에스터 숭크잔은 성경 인덱스를 정리했다. 이름을 빠뜨린 사람들에게는 용서를 구한다. 하지만 당신들이 이 책을 출판하는데 대단히 기여했음을 나는 알고 있다.

나의 마지막 결정적인 감사는 가족들에게다. 모든 복음서들 중에서 마태복음은 가족들과 관련하여 상당히 의미 있는 내용을 담고 있다. 교회 식구이든 생물학적인 식구이든 말이다. 이 주석을 썼던 대부분의 시간에 나는 캘리포니아의 산 클레민트 장로교회 장년부의 파트 타임 목회자로 일하는 영광을 얻었다. 그 교회의 식구들은 내가 마태복음을 여러 번 설교하고 가르치는 것을 들었다. 당신들은 내가 학문적으로 열심이며 실천적으로 철저하도록 격려하고 지원하였다. 감사하다.

나는 이 주석을 쓰는 수년 동안, 아내와 자녀들과 부모들 그리고 마태복음이 가르치는 것을 이해하고 적용할 수 있도록 도와준 많은 확대가족들을 갖는 특권을 누렸다. 당신 모두에게 감사한다. 특히 나의 딸 웬디, 미켈리 그리고 그녀의 남편 단과 이번 주에 막 태어난 그들의 아기인 멜리아 노엘에게 감사한다—내가 이 아이들의 아버지와 할아버지가 되게 해준 것에 대해 감사한다. 나의 아내 린에게 감사한다—우리는 하나님을 위해 이 가족을 양육할 때, 예수 안에서 함께 성장했다. 우리는 예수께서 우리의 삶을 위한 다음 단계의 놀라운 일로 인도하실 때, 더 친밀하게 동행했다. 사랑하는 아내이자 친구인 당신이 내가 삶을 항상 균형 잡을 수 있도록 지원해주고, 내 삶에 가져다준 놀라운 기쁨에 이루 말할 수 없는 감사를 전한다.

마이클 J. 윌킨스
비올라대학의 탈봇신학교

약어표

ABD	David N. Freedman, ed., *Anchor Bible Dictionary*, 6 vols. (New York: Doubleday, 1992)
ABR	*Australian Biblical Review*
ABRL	Anchor Bible Reference Library
ACCSNT	Ancient Christian Commentary on Scripture: New Testament
b.	Babylonian Talmud
BAR	*Biblical Archaeology Review*
BBR	*Bulletin for Biblical Research*
BDAG	Walter Bauer, *A Greek-English Lexicon of the New Testament and Other Early Christian Literature*, trans. W. Arndt and W. Gingrich, 3d ed., rev. Frederick W. Danker (Chicago: Univ. of Chicago Press, 2000)
BDF	Blass, Debrunner, *A Grammar of the Greek New Testament and Other Early Christian Literature*, trans. and ed. Robert Funk (Chicago: Univ. of Chicago Press, 1961)
Bib	*Biblica*
BibSac	*Bibliotheca sacra*
BNTC	Black's New Testament Commentaries
BST	The Bible Speaks Today
BT	*The Bible Translator*
BTDB	Walter A. Elwell, ed., *Baker Theological Dictionary of the Bible*(Grand Rapids: Baker, 1994)
BZ	*Biblische Zeitschrift*
BZNW	Beihefte zur Zeitschrift fur die neutestamentliche Wissenschaft
CBQ	*Catholic Biblical Quarterly*
CBQMS	Catholi Biblical Quarterly Monograph Series
CGTC	Cambridge Greek Testament Commentary
CNT	Commentaire du Nouveau Testament
CurBS	*Currents in Research: Biblical Studies*
DBI	Leland Ryken, James Wilhoit, and Tremper Longman III, eds.,

	Dictionary of Biblical Imagery(Downers Grove, III.: Inter Varsity Press, 1998)
DJBP	Jacob Neusner and William Green, eds., *Dictionary of Judaism in the Biblical Period*(Peabody, Mass.: Hendrickson, 1099)
DJG	Joel Green, Scot McKnight, nd I. Howard Marshall, eds., *Dictionary of Jesus and the Gospels*(Downers Grove, Ill.: Inter Varsity Press, 1992)
DLNTD	C.A. Evans and S.E. Porter, eds., *Dictionary of Later New Testament and Its Development*(Downers Grove, Ill.: Inter Varsity Press, 2000)
DSB	Daily Study Bible Commentary Series
DSD	*Dead Sea Discoveries*
EBC	*Expositor's Bible Commentary*
EJR	*Encyclopedia of the Jewish Religion*
Exp Tim	*Expository Times*
GNC	Good News Commentary
HTKNT	Herders theologischer Kmmentar zum Neuen Testament
IBD	J.D. Douglas, ed., *The Illustrated Bible DIctionary*, 3 vols. (Downers Grove, Ill.: Inter Varsity Press, 1986)
ICC	International Critical Commentary
IVPNTC	InterVarsity Press New Testament Commentary
ISBE	G. Bromiley, ed., *International Standard Bible Encyclopedia*, 4 vols., rev. ed. (Grand Rapids: Eerdmans, 1979-1988)
JBL	*Journal of Biblical Literature*
JETS	*Journal of the Evangelical Theological Society*
JSNT	*Journal for the Study of the New Testament*
JSNTSup	Journal for the Study of the New Testament Supplement Series
JSPSup	Journal for the Study of the Pseudepigrapha: Supplement Series
LEC	Library of Early Christianity
Louw-Nida	Johannes Louw and Eugene Nida, *Greek-English Lexicon of the New Testament: Based on Semantic Domains*, 2d ed., 2 vols. (New York: United Bible Society, 1989)
m.	Mishnah
NCB	New Century Bible
NDBT	Desmond Alexander, Brian Rosner, D.A. Carson, and Graeme Goldsworth, eds., *New Dictionary of Biblical Theology*(Downers Grove, Ill.: InterVarsity Press, 2000)
NIB	Leander Keck, gen. ed., *New Interpreter's Bible: A Commentary in 12 Volumes*(Nashville: Abingdon, 1995)

NIDNTT	Colin Brown, ed., *New International Dictionary of New Testament Theology*, 4 vols. (Grand Rapids: Zondervan, 1967-1971)
NIGTC	New International Greek Testament Commentary
NIV	New International Version
NovT	*Novum Testamentum*
NovTSup	Novum Testamentum Supplements
NSBT	New Studies in Biblical Theology
NTM	New Testament Message
NTS	*New Testament Studies*
NTTS	New Testament Tools and Studies
PNTC	Pilla New Testament Commentary
RB	*Revue biblique*
SBC	Student's Bible Commentary
SBLSP	*Soiety of Biblical Literature Seminar Papers*
SBT	Studies in Biblical Theology
SJT	*Scottish Journal of Theology*
]SM	Sermon on the Mount
SNTSMS	Society for New Testament Studies Monograph Series
Str.-B.	Strack-Billerbeck
t.	Tosefta
TBT	*The Bible Today*
TCGNT	Bruce Metzger, *The Textual Commentary on the Greek New Testament*, 2d ed. (New York; American Bible Society, 1994)
TLZ	*Theologische Literaturzeitung*
TNTC	Tyndale New Testament Commentary
TrinJ	*Trinity Journal*
TT	*Theology Today*
TynBul	*Tyndale Bulletin*
WBC	Word Biblical Commentary
WTJ	*Westminster Theological Journal*
y.	Jerusalem Talmud
ZIBBC	*Zondervan Illustrated Bible Backgrounds Commentary*
ZPEB	Merrill C. Tenney, gen. ed., *Zondervan Pictorial Encyclopedia of the Bible*(Grand Rapids: Zondervan, 1975-1976)

서론

우리는 기독교 신앙의 가장 중요한 문서 중에 하나를 통해서 여행을 시작하려고 한다. 초대 기독교 저자들에게서 발견할 수 있는 인용에 따른 마태복음은 교회의 형성기에 가장 널리 읽혀지고 자주 사용된 복음서였다. 교부 문헌의 저명한 전문가인 만리오 시모네티(Manlio Simonetti)는 마태복음에 관해 이렇게 설명했다. "1세기 초와 2세기 초 사이에 살았던 신실한 사람들이 마태복음에 기초해서 그리스도의 말씀과 행위를 알려고 했다고 진술하는 것은 과장이 아니다."[1] 마태복음은 수세기에 걸친 호소를 담고 있고, 교회에 강력한 영향을 미쳤다.[2] 많은 학자들이 이 복음서가 교회 역사에 가장 중요한 문서였다고 제기한다.[3] 이 복음서가 그토록 중요한 주된 이유는 예수께서 유대인뿐만 아니라 모든 민족에게 구원을 가져오신, 오래도록 기다렸던 이스라엘의 메시아라는 사실을 입증하기 때문이다.

이 복음서가 쓰여진 시기에 메시아 예수는 약 30년 전에 이스라엘의 작디작은 팡파르와 함께 오셨다. 예수는 격렬한 선지자인 세례 요한과 연관이 있으셨다. 세례 요한이 로마의 꼭두각시인 갈릴리의 통치자 헤롯 안티파스에 의해 참수되었기 때문에 예수가 요한과 연관되신 것은 위험스러운 일이었다. 메시아 예수는 세례 요한처럼 대중들에게서 유명해지셨다. 수많은 사람들이 그를 따라다니며, 메시지를 듣고, 치유를 경험하며, 하나님 나라의 도래에 대한 설교로 인해 도전을 받았다.

하지만 요한처럼 메시아 예수는 이스라엘의 종교적 정치적 세력들로부터 박해

---

1. Manlio Simonetti, ed. *Matthew 1-13*(ACCSNT, Downers Grove, Ill: InterVarsity Press, 2001), 1A:xxxvii.
2. 간략한 역사적 개요를 위해서는 Simonetti, *Matthew 1-13*, 1A:xxxvii-xli을 보라. 이 논지를 구축하고 있는 여전히 가치 있는 연구는 Édouuard Massaux, *The Influence of the gospel of Saint Matthew on Christian Literature before Saint Irenaeus*, Book 1: *The First Ecclesiastical Writers*, trans. Norman J. Belval and Suzanne Hecht, ed. Arthur J. Bellinzoni(New Gospel Studies 5/1, 1950, Macon, Ga.: Mercer Univ. Press, 1990).
3. 예를 들어, Ulrich Luz, *Matthew 1-7*: A *Commentary*, trans. Wilhelm C. Linss (1985, Minneapolis: Augsburg, 1989), 81.

의 표적이 되셨다. 슬프게도 이 박해는 그의 공적 사역의 세 번째 되는 해 유월절에 그가 체포되고 유대의 종교단과 로마의 권력자들에 의해 기소되어 십자가에 처형될 때까지 기하급수적으로 상승했다.

처음에 예수의 죽음은 그를 둘러싼 메시아 운동의 종말이 온 듯 하였다. 하지만 메시아 예수가 부활하셨고, 추종자들에게 나타나셨으며, 그가 하나님 나라의 도래에 대해 전파했던 모든 것이 사실이었음을 말하는 소문이 순환되기 시작했다. 그는 참으로 이스라엘의 메시아이자 인간의 구원자셨다. 예수의 추종자들은 지중해 전역에 그의 메시지를 전파하기 시작했다. 하지만 예수의 지상 사역에서 발생했던 것처럼, 그의 메시지는 말씀을 들었던 사람들 사이에서 분파를 낳았다. 일련의 유대인들이 팔레스타인에서, 시리아 안디옥의 유대교인들의 점증된 중요한 모임에서, 심지어 로마 제국의 심장에서 메시아 예수의 추종자가 생겨났다. 디아스포라 유대교가 정착했던 곳이면 어디에서나, 유대 기독교인들의 끊임없는, 심지어 활발한, 유입이 영향을 끼쳤다.

클라우디오 황제는 급속히 퍼지는 기독교 운동으로 인해 고민했다. 그리하여 수토니우스는 40년대에 로마의 한 "크레스토스"에 대한 논쟁의 결과를 분명히 기록하고 있다.[4] 이는 메시아 예수의 설교에 대한 유대인과 기독교인 간의 논쟁이었을 것이다.[5] 기독교인들은 예수가 죽은 자 가운데서 일어나서 그의 무덤이 비어 있다고 주장했다. 양편의 주장에 실망한 클라우디오는 모든 유대인을 로마에서 추방했다(기독교는 유대교의 한 분파로서 간주되고 있었다; 행 18:2).

그때에 케사르(클라우디오)는 다른 한 가지 일을 시도했다. 그는 약 A.D. 50년경에 나사렛의 총독에게 유명한 '나사렛 선언'을 세우게 했다. 이것은 무덤을 옮기는 사람들을 참수하겠다는 제국의 경고를 담은 석판이다. 이는 무덤이 훼손되고 죽은 시체가 다른 곳으로 이동된 일이 고대에 발생했음의 심각성을 가리킨다. 만약 (일부 사람들이 제기하는 것처럼) 그 석판이 예수의 빈 무덤에 관한 유대인과 기독교인간의 논쟁에 반응해서 발생했다면, 그것은 마태의 이야기에 있었던 사건에 통찰을 제공해준다.[6] 이는 유대인들이 예수의 시신을 제자들이 훔쳤다는 이야

4. Suetonius, *Claudious* 25.4.

5. 참조. F. F. Bruce, *The Acts of the Apostles: Greek Text with Introduction and Commentary*, 3d ed. (Grand Rapids: Eerdmans, 1990), 391.

6. 이 석판은 1878년에 나사렛에서 발견되었다고 말하나 그 연대는 그리스 필기 양식이 있는 1세기 B.C로 거슬러 올라간다. 파리의 Bibliothèque Nationale이 그것을 소유하고 있다(E. M. Blaiklock, "Nazareth Decree," *ZPEB*, 4:391-92).

기를 순환시켰다(28:11-15의 주석을 보라)고 전하는 마태의 진술과 일치한다.

이 첫 복음서가 쓰여진 것은 이런 논쟁의 종류로 인한 것이다. 마태복음의 첫 구절은 이 복음서를 쓰게 된 저자의 목적에 대한 방향을 제공해준다. 저자는 메시아로서, 다윗 왕으로 말미암은 이스라엘 보좌의 약속된 상속자로서, 족장 아브라함으로 말미암은 모든 족속의 복된 약속의 상속자로서 예수의 신분을 설정하고 있다. 따라서 첫 복음서는 유대인들이 오래 기다렸던 메시아이신 예수에게로 유대인들이 전향할 것을 주장하며, 아울러 이방인들도 역시 메시아 예수로 말미암아 구원에 이를 수 있음을 강조하는 복음의 도구로서 기능한다. 또한 이 복음서는 유대-기독교인들에게 변증적인 도구로 작용하며, 유대 동족들과 이방의 이교도들로부터의 박해에 직면하여 확고하게 맞설 것을 격려한다. 메시아 예수가 하나님 나라의 약속된 도래를 성취시켰다는 것을 알게 한다.

기독교에 대한 점차적인 적대적 배경에 맞서서 저자는 하나님의 백성들로서 교회의 정체성을 굳건히 한다. 인종적, 경제적, 종교적 장벽을 초월하여 메시아 예수를 믿음으로써 하나가 될 수 있음을 확고히 한다. 이 복음서는 유대인과 이방인들이 메시아 예수의 제자가 되고, 예수가 첫 제사들에게 명한 모든 것을 순종하는 것을 배우는 것으로서 제자도에 대한 입문서가 되고 있다.

첫 복음서의 저자

이 복음서를 쓴 사람은 유대인 특유의 관심을 가졌음이 분명해 보인다. 그것은 그의 정체성에 관한 문제로 이끈다. 우리가 현대적인 번역물에서 이 책을 열었을 때, 통상적으로 "마태" 또는 "마태에 따른 복음"이라는 타이틀을 발견하게 된다. 하지만 이 책을 쭉 읽어나가다 보면, 사복음서 모두가 기술적으로 익명임을 발견할 때 놀라워하지 않을 수 없다. 지금 각각의 복음서에 할당된 칭호들은 본래의 사본에 표제가 아니니다. 그 칭호들은 사복음서를 구분하기 위해서 후대에 첨가되었다.

더욱이 복음서 저자들 중 누구도 자신의 이름을 성경 본문 안에 명시적으로 진술하고 있지 않다. 단지 우리는 그렇게 예상할 뿐이다. 복음서들은 신약성경의 서신들에서 발견할 수 있는 것처럼 수신자와 보내는 자의 이름을 부여할 정도로 멀리 있는 교회 공동체에 서신을 작성하고 있는 것이 아니기 때문이다. 오히려 복음서는 저자들이 능동적인 참여자와 지도자가 되고 있는 교회를 위해 복음의 이야기들을 수집하고 있었다. 복음서의 저자들은 회중들 가운데 서서 자신들의 복음의 이야기를 직접 읽고 있었을 것이다. 따라서 청중들이 이미 그의 신원을 알고 있었기 때문에 자신들의 이름을 저자로서 기명하는 것이 불필요했을 것이다. 그들은 자신들의 저작권을 주장하기보다는 예수의 생애와 사역의 비길 데 없는 이야기를 청중들에게 알리고 기록하는 것에 중점을 두었기 때문에 그들의 이름을 복음서 기사에 첨부하는 것이 부적절했을 것이다.

저작권에 관한 고대의 기록들

그러므로 우리는 복음서 저작권에 대한 증거를 찾기 위해서 교회의 역사에 관한 기록을 살펴보아야 한다. 초대교회의 전승은 첫 복음서를 예수의 첫 12제자 중 한 사람이었던 세리 마태에게로 모두 귀결시킨다. 1세기 말 경에 쓰여진 디다케(*Didache*)는 첫 복음에 대한 직접적인 지식을 보여준다. 디다케는 다른 세 복음서보다도 마태복음을 더 많이 인용한다(예를 들어, 주기도문을 인용한다: 참조. *Did.* 8:2; 마 6:9-11). 몇 년 뒤에 위-바나바(Pseudo-Barnabas) 서신은 하나님의 영감을 받은 문서로서 첫 복음을 인용한다(*Barnabas* 4.14[마 22:14]). 이 복음서의 첫 번째 분명한 언급은 소아시아에 있는 하이라폴리스의 주교였던 파피아스에 의한 2세기의 30년대 경(약 135년)과 골(Gaul)의 리옹의 주교였던 이레니우스에 의한 2세기 후반(약 175년)으로 거슬러 올라간다.

파피아스(약 60-130년)는 자신이 사도 요한의 청중이었으며 나중에 폴리갑의 친구였다고 주장했다(Irenaeus, *Against Heresies* 5.33.4). 교회 역사가인 유세비우스는 "마태는 그의 편에서 히브리(아람어) 방언으로 된 언설들을 모으고 수집했으며, 사람들은 가능한 한 그것들을 번역하고 통역했다"(Eusebius, *Eccl. Hist.* 3.39.16)고 말한 것으로 인용하고 인정했다(약 325년). 이레니우스는 135년경에 소아시아에서 태어나서 서머나(Smyrna)의 주교였던 순교자 폴리갑 아래서 공부했다. 전승에 따르면 그는 200년경에 순교한 것으로 알려진다. 영지주의 이단에 대한 다섯 기념비적인 저서 중 하나에서(약 175년) 이레니우스는 "마태는 자신의 방언으로 히브리인들에게 복음서를 발행했고, 베드로와 바울은 로마에서 설교하고 교회의 초석을 놓았다"(*Against Heresies* 3.1.1).

이 교회 지도자들은 사도 공동체와 직접적으로 알고 있었거나 사도들과 연관된 사람들로부터 가르침을 받았다. 따라서 그들은 복음서들의 기원에 대해서 직접적으로 알고 있었다. 이들의 진술의 완전한 의미는 여전히 논쟁에 열려 있을지라도, 첫 복음서를 어떤 다른 저자에게로 돌리는 경쟁하는 전승은 설사 있었다할지라도 살아남지 못했다. 뒤이은 저자들(예를 들어, 히폴리투스, 터툴리안, 키프리안, 노바티안)도 역시 구약성경과 동일한 수준의 성경으로 마태복음을 자주 인용하고 있다.[7]

공관복음서(마태, 마가, 누가)의 사도적 저작권에 대한 초대교회 교부들의 증언을 가볍게 넘길 수는 없다.[8] 이 모든 증거들은 마태(제자가 된 세관원), 마가(베드로와 바울의 동역자) 그리고 누가(바울의 "사랑 받는 의사")가 각 복음서의 저자들이라는 믿음을 단일하게 지지한다. 만일 마태, 마가, 그리고 누가가 그 복음서들을 쓰지 않았다 하더라도, 2세기 초의 기독교인들이 그럴 것 같지 않은 다른 세 명의 후보자들에게 익명의 복음서를 귀결시킬 이유를 상상하기는 어렵다. 마가와 누가는 예수의 열두 제자들 가운데 속하지 않는다. 마가는 바울을 버린 것으로 유명하며(행 13:13; 참조. 15:37-40), 누가는 신약성경에서 단 한번만 이름이 거명됨으로써(골 4:14) 상당히 모호하다. 사도일지라도 마태는 부정적인 특징으로 유명하다—세관원으로서 그의 지울 수 없는 과거(마 9:9-13). 세관원은 이스라엘 민족에게 반역자로 간주되었다.

이와는 대비되어, 위경적(apocryphal)인 복음서들은 그것들의 가공적인 지각지들—예를 들어 빌립, 베드로, 야고보, 바돌로매 또는 마리아와 같은—로 더 잘 알려지고 모범적인 인물들을 끊임없이 선택했다.[9] 예수의 부활을 의심한 것으로 유명한 도마도(요 20:25) 마태, 마가 또는 누가보다도 복음서의 저작자로 돌릴 수 있는 가능성이 있는 사람으로 보인다. 궁극적으로 그가 부활한 예수에 대한 심오한 신앙의 선언을 하였기 때문이다(참조. 요 20:28). 이는 사도 도마에 의해 쓰여진 것으로 제기되는 영지주의적인 도마 복음서와 일치한다. 첫 복음서의 저자를 마태처럼 비교적 모호한 사도들에게로 돌리는 잘못된 귀결은 사도들의 정경이 대중적이 되었을 때인 후대에는 더 이상 있지 않았던 것으로 보인다.

일부 현대의 학자들은 마가복음이 우선해서 작성되었다고 보고 사도(마태)가 사도가 아닌 사람(마가)으로부터 글을 빌려오는 것을 상상할 수 없다는 믿음 위에서 첫 복음서에 대한 마태의 저작권을 거부한다. 하지만 마태가 마가복음을 접근

---

7. Simonetti, *Matthew* 1-13, xxxvii.
8. 요한과 그의 복음도 마찬가지다. 하지만 여기서 우리는 유사한 문제를 취급하고 있는 공관복음서만을 다룬다.
9. 위경적 복음의 완전한 집합에 대해서는 Wilhelm Schneemelcher, ed., *New Testament Apocrypha*, rev. ed. vol. 1(Louisville: Westminster John Knox, 1990)을 보라.

하여 이용했다고 할지라도, 마가는 베드로의 권위적인 기사를 대변하고 그 기사에 더 커다란 사도적 무게를 확실히 실을 수 있었을 것이다.

마태는 누구인가

마태복음에서 열두 제자들의 목록은 "세리 마태"(10:3)로 그를 거명한다. 이는 마태가 세관에 앉아 있는 동안에 예수가 마태를 불렀을 때의 사건을 상기시킨다(참조. 9:9; 10:3). 마태에 대한 예수의 부르심을 열거하면, 첫 복음서는 그를 "마태"(9:9)로 부르고, 마가복음서는 그를 "알패오의 아들 레위"(막 2:14)로 일컬으며, 누가복음서는 그를 단지 "레위"라고만 언급한다(눅 5:27). 이와 관련하여 다양한 추측들이 있지만, 대부분의 학자들은 태생 시부터 또는 회심한 후부터 이 세리는 레위 마태라는 두 이름을 갖고 있었다고 제기한다.[10] 또 어떤 학자들은 레위가 열두 제자 중 한 사람이 아니며 마태와는 서로 다른 사람임을 증명하기를 시도하지만 이는 보증할 수 없는 추측이다. 마태의 소명에 대한 상황이 마태복음과 마가복음 그리고 누가복음에서 서로 동일하기 때문이다.[11]

레위라는 이름은 그가 레위 족속 출신이었음을 가리키고, 따라서 그가 레위적 실천에 익숙해 있었을 것이다.[12] 그의 소명에 대한 마가의 기록은 그를 "알패오의 아들"(막 2:14)이라고 일컬으므로, 일부 학자들은 그가 "알패오의 아들 야고보"(참조. 3:18)의 형제임을 의미하는 것으로 이해한다. 하지만 또 다른 형제들의 쌍이 동일한 형제들로 거명되고 연관되기에, 마태-레위와 야고보가 형제였을 것 같지는 않다.

마태 레위는 세관에 앉아 있는 동안에 예수를 따르도록 부름 받았다. 이 세관은 가버나움 근처의 무역 통로에 위치하고 있었을 것이다. 거기서 그는 이 지역을 오가는 상인들로부터 헤롯 안티파스를 위해 세금을 거두고 있었다. 마태는 즉시 예수를 따랐고, 자신의 집에서 예수를 위한 연회를 열었으며, 그곳에 세리장이와 죄

10. 예를 들어, 카슨(D. A Carson)은 "마태 레위"가 태생 시부터 그에게 주어진 이중적 이름인 것에 의지하지만("Matthew", *EBC*[Grand Rapids: Zondervan, 1984], 8:224), 도날드 해그너(Donald Hagner)는 "마태"라는 이름이 그의 회심 시부터 주어졌음을 제기한다(*Matthew 1-13*[WBC 33A, Dallas: Word, 1993], 237-38).

11. 한 사람으로 마태와 레위를 동등하게 취급하는 증거들을 위해서는 R. T. France, *Matthew: Evangelist and Teacher*(Grand Rapids: Zondervan, 1989), 66-70을 보라.

12. W. F. Albright and C.S. Mann, *Matthew*(AB 26, Garden City, N.Y.: Doubleday, 1971), clxxvii-clxxviii, clxxxiii-clxxxiv.

인들의 많은 무리가 초대되었다(마 9:10-11; 눅 5:29-30). 세리장이가 일반적으로 상당히 부유했고, 대중들로부터 멸시를 받았기 때문에(참조. 삭개오, 눅 19:1-10), 마태의 소명과 반응은 통상적인 것을 벗어나며, 세리장이의 삶에서 기적적인 전환에 해당한다.

마태 레위가 자신의 이름을 달고 있는 복음서의 저자라는 익숙한 전승 이외에는 그에 대해서는 거의 알려져 있지 않다. 세리장이로서 그는 세속적인 서기 기술을 훈련받을 것이고, 갈릴리 유대 기독교인으로서 구약의 관점에서 예수의 삶을 해석할 수 있었을 것이다.[13] 유세비우스는 마태가 "히브리인들"에게 먼저 설교했고, 그 다음에 페르시아, 파르티아, 그리고 시리아를 포함하는 "여타 지역 사람들"에게 설교했다고 말한다(*Eccl. Hist.* 3.24.6). 전승들은 마태의 죽음과 관련하여 서로 다르다. 어떤 전승은 그가 순교하였다고 증언하며, 또 다른 전승은 그가 자연사하였다고 말한다.

연대와 목적

마태복음을 썼던 정확한 연대는 알 수 없으나 예루살렘의 전복에 대한 예수의 예언(24:1-28)은 이 복음서가 A.D 70년 이후에 쓰여졌음을 암시하는데 사용되고 있다. 하지만 그러한 결론은 예수가 미래를 예측할 수 있는 능력이 있음을 부인할 경우에만 필요할 것이다. 초대교회 교부인 이레니우스(약 175년)는 바울과 베드로가 살아 있는 동안에 마태가 그 복음서를 썼음을 암시하고 있기 때문에(Irenaeus, *Against Heresies* 3.1.1), 전승적인 연대는 통상적으로 50년대나 60년대 초로 설정할 수 있다. 마태는 자신이 이 복음서를 썼던 시기를 엿보게 할 수 있도록, 예루살렘의 "피밭"이 그 이름으로 계속해서 불렸음을 언급하고 있다. 이는 그가 팔레스타인의 상황과 계속해서 연관을 맺고 있었음을 보여주며, 연대가 70년의 예루살렘의 황폐화 이전임을 암시한다.[14]

다수의 유대 기독교인들과 이방인 부대를 갖고 있는 시리아 안디옥의 영향력

13. 참조. France, *Matthew*, 70-74.

14. A. D. 70년보다 이른 50년대말-60년대초로 마태복음의 저작 연대를 지지하는 더 완전한 변증을 위해서는 Craig L. Blomberg, *Matthew*(NAC22, Nashville: Broadman, 1992), 41-42. 또는 A.D. 65-67년의 네로 박해에 반응해서라는 견해에 대해서는 Robert H. Gundry, *Matthew: A Commentary on His Handbook for a Mixed Church Under Persecution*, 2d ed. (Grand Rapids: Eerdmans, 1994), 599-609을 보고, 60년대라는 보다 일반적인 견해에 대해서는 Carson, "Matthew," 19-21을 보라.

있는 교회가 이 복음의 원 수령자로 자주 인식되고 있다. 이것이 안디옥의 주교였던 이그나티우스와 디다케(*Didache*)에 대한 영향력 때문에 부분적으로 확증되고 있다. 하지만 마태의 메시지는 고대 세계의 신생교회와도 관련이 있고, 그것이 상당히 빠르게 퍼졌던 것으로 보인다.

마태의 독특한 관점

마태복음은 수많은 세기 동안 호소하고 있으며, 역사를 통해서 교회에 강력한 영향을 끼쳤다. 마태복음의 대중성은 이 복음서에서 발견할 수 있는 아래와 같은 독특성 때문에 부분적으로 기인한다.

기독론. 교회는 예수 그리스도의 정체성에 관한 기초적인 선언으로서 이 복음서에 일관되게 의존했다. 그는 하나님의 아들이시고, 이스라엘의 왕이시며, 교회의 주인이시다. 예수의 잉태(1:18-25)에 관한 선언에서부터 어린 예수에 대한 초자연적인 보호하심(2:15), 세례와 변화되심에 대한 하늘 아버지의 선언(3:17; 17:5), 겟세마네 동산에서의 고뇌의 기도(26:39, 42)에 이르기까지 마태는 하나님 아버지의 도성인신하신 아들로서 예수의 신분에 초점을 맞춘다.

또한 마태는 하나님 나라를 시작시키기 위해 오신(4:12-17) 이스라엘의 약속된 왕으로서 예수에 관한 관점에 초점을 맞추고 있다(1:1-16; 2:1-6). 하지만 이 나라에서의 삶은 많은 사람들이 기대했던 것과는 다른 종류였다(참조. 13장). 하나님 나라에서의 삶은 세상 끝 날까지(28:20) 제자들과 예수와의 친밀하고 왕성한 관계에 특히 중심하고 있다. 그것은 마태복음에서만 예수 자신이 세우시고 감독하실 "교회"가 되는 것으로 지칭된다(16:18; 18:17). 마태가 예수의 정체성과 사명을 규명하기 위해 그에 대해 그리고 있는 초상은 자주 예수와 관련한 다양한 칭호에 의해 분명하게 채색된다.

마태는 "예수 그리스도"(1:1)라는 이름으로 복음서를 연다(1:1). '예수'가 그리스도에게 주어진 이름으로 설명되고, 그것은 예수의 삶 전체에 걸친 공통된 지칭이며 구세주로서 예수의 역할을 나타낸다(참조. 1:21). 히브리어로 '메시아'가 되는 그리스도는 '기름 부음 받은 자'를 의미하는 칭호다. 그 칭호는 왕(삼하 1:14, 16; 참조. 1QSa 2:14, 20), 제사장(출 28:41; 참조 1QS 9:11), 그리고 선지자(시 105:15; 참조. CD 2:12; 5:21-6:1; 1QM 11:7-8)를 묘사하는 것으로 39번 나타난다. 메시아는 이스라엘의 기름부음 받은 왕으로 다윗과 이스라엘 백성들을 위한 소망의 빛이 되는 '기름 부음 받은 자'에 대한 약속을 지칭하는 것으로 유대인의 마음속에 연관된 표현이었다. 마태는 이 칭호를 다윗 가문의 족보로 인해 예수에게 정당하게 속하는 것으로 지적한다(1:16-18의 주석을 보라).

"그리스도"란 이름은 아주 널리 사용되는 칭호를 교회에 제공했다. 예수를 믿는 신자들을 "그리스도인"으로서 초기 단계에 묘사할 수 있었다는 사실은 신자들의 마음속에 있는 이런 개념의 중요성을 웅변적으로 증언한다. 예수는 그 지칭을 수용하셨고 그렇게 하심으로써 그 나라를 세우는 하나님의 "기름 부은" 대리자임을 강조하셨다(26:63-64). 그는 온전한 의미에서 메시아적인 그리스도이셨다. 스스로 그 칭호를 언급하는 것을 주저하고 유보한 것은 1세기에 그리스도란 말에 대한 대중적인 용법과 관련이 있다. 당시에 그리스도는 정치적인 뉘앙스를 담고 있었다. 예수는 메시아적인 구원의 종류를 지칭하는 것으로 그 용어의 사용을 조심스럽게 정의하거나 제한하셨다(4:12-17).

'다윗의 아들'은 마태복음서에서 아주 중요한 표현이다.[15] 마태는 신약성경의 다른 어느 책보다도 많이 다윗이라는 이 위대한 왕의 이름을 17번이나 사용한다. "메시아"라는 칭호처럼, "다윗의 아들"은 다윗의 보좌의 영속성을 나타내는 약속된 인물임을 지칭하고, 메시아의 계보와 영원한 보좌에 대한 왕권적 예견을 암시한다(삼하 7:11b-16). 하지만 '다윗의 아들'은 다윗과 같은 능력 있는 전사로서 메시아의 이미지를 환기시킨다. 그는 이스라엘의 대적자들을 파괴하고, 예루살렘의 보좌와 다윗의 황금시대와 같은 이스라엘 나라를 재건하실 것이다. 회복된 나라에 대한 소망은 다윗의 거룩한 나라의 성취인 것으로 간주되었다(9:27의 주석을 보라).

'하나님의 아들'이란 칭호는 마태복음서에서 메시아 예수의 참된 정체성을 드러내기 위한 강력한 지칭이다. 이 표현은 마태의 내러티브 전체에 걸쳐서 예수와 하나님간의 관계를 입증한다. 예수는 잉태(1:21-23)를 통해서 유일무이한 하나님의 아들이심을 입증하셨고, 또한 이 사실은 애굽으로부터의 예수의 귀환으로 성취되고(2:15), 예수의 세례에서 하나님 아버지에 의해 반복되며(3:17), 마귀의 시험에 의해 도전 받고(4:2, 5), 쫓겨나는 마귀에 의해 인정된다(8:29). 마태의 내러티브 전체에 걸쳐서 예수는 하늘 아버지와의 유일무이한 관계를 제시하신다.[16] 또한 이는 "나는 그에게 아버지가 되고 그는 내게 아들이 되리니"(삼하 7:14)라는 다윗

15. 1:1, 9:27, 12:23, 15:22, 20:30-31, 21:9, 15, 22:42, 45을 보라.

16. 7:21, 10:32-33, 11:25-27, 12:50, 15:13, 18:35, 20:23, 24:36, 25:34, 26:39, 42, 26:53, 28:19을 보라.

계열에 관한 심오한 예언을 가리킨다. 그것은 솔로몬을 언급할 뿐만 아니라 미래의 메시아적 계보를 암시한다.

마태복음서에서 "하나님의 아들"의 중요성은 그 용어의 명시적인 사용에서만이 아니라(예. 8:29; 14:33; 16:16; 참조. 3:17; 17:5), 암시적인 사용에서도 그러하다.[17] 마태복음에서 예수는 하나님을 아버지로 23번 언급하고, 그 중에 15번은 마태복음에서만 독특하다(5:16의 주석을 보라). 베드로는 예수를 "살아 계신 하나님의 아들 그리스도"(16:16)로 고백하는데, 이는 마태복음에서 가장 고양된 칭호다. 이 고백은 오직 신자들에 의해서(신성모독적인 시험의 경우를 제외하고는; 참조. 4:3, 6), 그리고 계시에 의해서만(16:7; 11:27; 참조. 13:11) 이루어진다. 요한복음서는 예수의 존재론적인 하나님의 아들됨을 명백히 하는 반면에 마태복음서는 관계의 기초로 그것을 전제한다(1:20-23의 주석을 보라). 예수는 하늘 아버지의 거룩한 아들이시다.[18]

'인자' 라는 칭호는 예수가 그의 정체성을 밝히는데 중요한 의미가 있다(8:18-22의 주석을 보라). 예수의 지상 사역 동안에 그 표현은 상대적으로 모호한 감정을 표현한다. 이 표현을 들었던 사람들은 에스겔서에서 그 용어의 사용을 상기했을 것이다. 거기서 하나님은 90번 이상이나 "인자"(사람의 아들)라는 표현으로 에스겔 선지자를 언급한다(예. 겔 2:1, 3, 6, 8, 등등; 참조. 단 8:17). 이는 계시에서 드러난 전능하신 하나님 앞에서 인간으로서의 에스겔의 연약함을 가리킨다.[19] 하지만 인자라는 말을 들었던 사람들은 영화로우신 주권적 통치자 곧 옛적부터 영원히 통치하시는 묵시적인 메시아 형상을 일컫기 위한 다니엘의 예언(단 7:13-14)에 사용되었던 표현을 또한 상기하였을 것이다.

그처럼 일반적으로 모호한 "인자"는 예수에게서 그의 메시아적 신분을 전달하는 편리한 도구가 되었다. 그것은 "메시아", "다윗의 아들", 또는 "하나님의 아들"과 같은 칭호에 부여된 것과 같은 대중적인 연관이 없었기에 예수는 "인자"로서 그 자신을 언급함으로써 그의 참된 신분의 의미를 가르칠 수 있으셨다.[20] 일반적으

17. 예를 들어, 1:23에 "처녀가 잉태하여 아들을 낳을 것이요…임마누엘이라 하리라…하나님이 우리와 함께 계시다."

18. 하나님의 아들과 관련한 풍부한 성경구절에서 의도된 문맥적 의미를 이해하는 것이 중요하다. 카슨(Carson)은 "이 모든 사용에서 존재론적인 하나님의 아들 됨을 보는 것은 잘못이지만 조기에 그것을 차단하는 것도 잘못이다"("Matthew," 109)라고 지적한다.

19. Leslie C. Allen, *Ezekiel* 1-19(WBC 29, Dallas: Word, 1994), 38.

20. 어느 사람도 예수를 언급하는 것으로 그 표현을 사용하지 않으며, 신약성경의 나머지 부분에서는 세 개

로 세 가지 단계로 예수는 자신이 누구인지 자신의 사역이 무엇인지를 명확히 규명하기 위해서 그 표현을 사용하신다.

- 인자는 겸손한 종이다. 그는 지상 사역에서 죄인들과 죄를 용서하기 위해서 오셨다(8:20; 9:6; 11:19; 12:8; 12:32; 12:40).
- 인자는 고난받는 종이다. 그의 속죄의 죽음과 부활이 자기 백성들을 구해낼 것이다(16:13, 27-28; 17:28; 17:9, 12, 22; 20:18, 28; 26:2, 24, 45).
- 인자는 영광스러운 왕이요 재판관이다. 그는 하늘나라를 이 땅에 오게 하기 위해서 다시 오실 것이다(10:23; 13:37, 41; 19:28; 24:27, 30, 37, 39, 44; 25:31; 26:64).

백성들과 종교 지도자들 그리고 심지어 예수의 제자들의 잘못된 인식과 기대로 인해 그들은 예수의 사명을 이해하지 못했다. 하지만 예수가 자신의 신분과 사역을 밝히기 위해서 "인자"라는 상당히 모호한 칭호를 사용하신 후 가야바와 산헤드린 앞에서 고초를 당하시던 마지막 시간에 다시 그 칭호를 사용하실 때, 그가 이스라엘의 거룩한 메시아가 됨을 제기하고 있음을 완전히 분명히 하셨다(참조. 26:63-68).

'주' 도 예수의 신분과 사명을 점차적으로 밝히는 칭호다. 그의 사역 동안에 때로 그 용어는 단순히 존경의 칭호로 백성들에 의해 사용되었다(예. 8:21; 18:21; 26:22). 하지만 마태복음에서 그 칭호의 사용은 훨씬 더 중요한 의미가 있다. 우리는 "주"라는 칭호를 하나님의 도움을 찾기 위해 예수께 나아오는 사람들이 규칙적으로 사용하고 있음을 발견할 수 있다(예. 8:2, 5; 9:28; 15:22, 25; 17:15; 20:30, 31, 33). 그것은 신성한 도움을 필요로 할 때의 제자들의 경우도 포함된다(예. 8:25; 14:30). 예수의 사역이 전개될 때, 제자들은 점점 더 경외를 갖고 그 칭호를 사용했다. 그들이 본래 예수가 어떤 자라고 이해했던 것 이상이 되심을 알았기 때문이다. 예수는 하나님의 능력과 연계되어 있고, "주" 하나님이 통상적으로 보유하고 있는 칭호로 부를 수 있는 아들로서 하나님과 관계가 있기 때문이다

의 구약성경 인용이나 언급(히 2:6=시 8:5; 계 1:13 그리고 14:14=단 7:13)을 제외하고는 그 칭호가 오직 한번만 예수에 대해 사용된다(행 7:56). 두 번의 경우를 제외하고는 그 칭호가 모두 예수 자신의 입에서 나오며, 그 두 번의 예외도 예수가 이전에 자기 지칭으로서 인자를 사용했기 때문에(요 12:23) 그리고 천사가 예수의 말을 반복하고 있기 때문에(눅 24:7) 이 칭호를 사용했음을 주목할 수 있다.

(예. 14:28; 16:25; 17:4).

이는 사람들이 예수의 기적적인 행위를 보았을 때에 특히 그러했다. 그때에 그들은 그를 주라고 일컬었고, 경배했다(14:33). "주"란 칭호에는 신성만이 보유하고 있는 활동이 들어 있다. "주"는 "인자"처럼 예수가 자신의 정체를 점차적으로 밝히시는 방법으로 언급하기 위해서 사용한 칭호 중 하나다.[21] "내 아버지"로 하늘에 계신 하나님을 일컫는 자로서(예. 7:21) 그리고 영원한 심판에 거짓 선지자를 내쫓는 자로서(7:22-23), 예수는 단순히 존경받는 주인이 아니라 하늘과 땅의 모든 권세를 갖는 자로 경배를 받는 주님이시다(28:16-20).

구원 역사적인 배타주의와 보편주의. '배타주의'와 '보편주의'란 용어는 마태복음이 특별한 백성인 이스라엘의 구원의 약속에 대한 성취와 이 세상의 모든 백성에 대한 보편적인 구원의 약속의 성취를 두드러지게 강조함을 알 수 있다. 모든 민족들로 구성된 교회는 마태가 모든 민족의 구원 역사의 연속성을 기록하기 원했기 때문에 이 복음서를 소중히 여겼다. 예수 그리스도가 "다윗의 아들"이자 "아브라함의 아들"(1:1)이라는 그의 서론적인 진술은 다윗에게서 하나님의 선택된 백성 이스라엘과 아브라함에게서 모든 백성으로 이루어지는 구원의 약속이 예수 그리스도 곧 모든 민족의 약속된 구원자이신 예수의 생애와 사역을 통해 성취되었다.

마태복음만이 이스라엘에 대한 하나님의 구원의 약속이 어떻게 진정으로 성취되는가를 역사적으로 보이면서, "이스라엘의 잃어버린 양"에게 먼저 가고자 하시는 예수의 의도를 분명하게 지적한다(10:5-6; 15:24). 하지만 아브라함이 모든 민족들에게 복이 될 것이라는 약속은 예수가 이방인들에게 구원을 확장시켰을 때 역시 이루어졌다(참조. 21:44; 28:19). 세대를 통해서 교회는 하나님이 자기 백성들에게 참으로 약속을 지키신다는 확신을 마태복음에서 발견했다.

구약과 신약의 가교. 마태복음은 구약과 신약의 관계를 교회가 이해할 수 있게 하는 교회 역사의 중심적인 책이 되었다. 신약정경의 가장 이른 집합에서 맨 앞부분에 위치한 이 복음서는 구약과 신약의 자연스러운 가교가 되었다. 마태는 구약의 소망과 예언과 약속이 예수의 위격과 사역에서 이루어졌음을 보여준다. 마태는 예수의 탄생으로 인한 메시아 족보의 "성취"로 시작해서(1:1-17), 예수의 삶과 사역에서 다양한 구약성경의 예언들과 주제들의 완성(1:22-23; 2:4-5, 15, 17, 23)과 구약율법의 성취(5:17-48)를 보여주는 것으로 진행한다. 초대교회는 신구약의

21. 9:38, 21:3, 22:43-45, 23:38, 24:42, 25:37, 44. France, *Matthew*, 287-88을 보라.

가교로서 마태복음의 가치로 인해 신약성경의 맨 앞에 마태복음을 위치하게 한 것으로 보인다.

복음전도와 선교에 대한 "위대한 위임." 첫 복음서는 예수의 사역의 이야기를 결정적으로 결론짓는 대위임의 특별한 위치로 인해 교회의 선교사역과 복음사역에서 매우 중대한 위치를 차지했다(28:18-20). "모든 족속을 제자 삼으라"(28:19)는 예수의 위임의 형태는 마태복음에서만 유일하다. 그것은 지상사역에서 제자들을 만드신 예수의 사역과 교회가 부름 받고 있는 제자 삼는 사역의 연속성을 제공한다. 이 명령은 예수의 마지막 명령이고, 교회 역사를 통해서 그리스도인들에게 주어진 필수조건임을 예수를 따르는 자들에게 알려준다. 그리스도인들은 하늘 나라의 복음을 아직 듣지 못하고 순종하지 않는 이 땅의 모든 사람들에게 나아갈 책임이 있다. 이 위대한 위임이 교회 역사를 통해서 선교하며 복음을 전도하는 모든 노력의 중심에 있다.

믿음의 새 공동체. 이교 세계에서 로마의 점증된 박해의 위협에 직면하여 마태는 새롭게 형성되고 있는 믿음의 공동체를 대표하는 한 교회에 연설하고 있다. 그 공동체는 성전 제사와 유대의 종교 제도에 익숙했던 다수를 형성하고 있는 유대 그리스천들이 분명히 있었다. 하지만 하나님의 구원의 보편적 약속이 있는 믿음의 유산을 발견한 이방인 크리스천들의 상당한 집합도 그곳에 있었다. 교회는 마태복음에서 인종적이고 종교적인 장벽을 초월하여 메시아 예수를 믿음으로 하나가 될 수 있는 새로운 공동체로의 부르심을 발견했다. 교회는 마태복음의 메시지로 제자도에 대한 이전의 장벽이 이제는 완전히 폐지되었음을 도전 받았다.

대위임에서 발견한 제자도의 정신이 예수가 지상사역에서 깨어버린 동일한 장벽을 깨뜨렸다. 성, 인종, 사회적 신분, 종교적 관행에 기초한 제한이 폐지됨으로써, 이제 남자와 여자, 유대인과 이방인, 부자와 가난한 자, 그리고 정결한 자와 불결한 자가 모두 예수의 제자로 부름을 받고 있다. 구약성경과 유대 관행에 대한 마태의 분명한 이해는 "수고하고 무거운 짐 진 모든 이들"(11:28)을 부르시는 예수의 소명을 견지함으로써 그의 복음서가 핵심적인 위치를 차지하게 했다.

복음서 기자들 중에서 마태만이 에클레시아라는 용어를 사용한다. 나중에 그 용어는 교회를 지칭하는 특별한 용어가 되었다. 그는 예수가 교회를 세우시고 회중들에게 임재하심으로써 하나님의 구원 역사의 프로그램이 현 세대에도 계속되고 있음을 분명히 강조한다(16:18; 18:15-20; 참조. 28:20). 예수의 초대에 응답하는 자는(22:10) 교제를 누리며 믿음의 참된 공동체를 증거하는 교회로 인도함을 받는다.

제자, 무리 그리고 유대 지도자들.[22] 이 세 그룹들은 마태의 이야기에서 예수의 배경을 이룬다. "유대 지도자들"은 적대자들이고 예수의 십자가 죽음에 책임이 있다. "무리들"은 기본적으로 중립적이며, 그들은 예수의 사역에서 설교와 교육과 치유를 받는 대상들이다. 하지만 그룹으로서 그들은 예수를 믿는 믿음을 실천하지 못한다. "제자들"은 예수의 참된 추종자들이며 신자들이다.

"무리"는 진정한 방식으로 예수께 나아오지 못한다. 그들은 때로는 부정적이며 때로는 긍정적으로 예수께 나오는 변덕을 부린다.[23] 무리들은 예수의 구원사역의 대상들이 되는 군중들이다. 예수의 목적은 그들을 제자 삼는 것이다. 예수가 가르치고 설교하실 때, 믿음의 표지는 군중들이 그에게로 나아와 "주"라고 부를 때다(참조. 8:18, 21; 17:14-15). 무리들로부터 한 개인이 주께로 왔을 때, 그가 믿음으로 신자가 되거나 또는 불신자의 상태에 머무르기도 한다(참조. 19:16-22).

베드로의 역할. 베드로는 복음서의 여러 사건에서 제자들의 리더이자 대변인으로서 중요한 역할을 한다. 마태는 주요한 다섯 장에서 베드로에 관한 다섯 가지 사건을 상술한다. 이는 복음서의 다른 곳에서는 발견할 수 없는 것들이다(14:28-31; 15:15; 16:17-19; 17:24-27; 18:21). 마태는 베드로의 리더십의 역할을 강조하지만, 예수가 베드로를 초대교회의 리더로 준비시키실 때, 리더십의 발전 과정에서 그가 불완전한 리더였음을 보인다.[24]

예를 들어, 14:28-31에서 베드로는 물위를 걸으시는 예수에게로 걸어갈 수 있게 해달라는 놀라운 용기를 보인다. 이는 구약의 다른 인물들도 감히 하지 못한 일이다. 하지만 동시에 물위로 예수에게 걸어가는 베드로의 용기는 실패하여 가라앉고 만다. 베드로와 관련한 사건을 설명하는 아래 그래프는 베드로가 예수의 제자됨에 있어서 어떻게 부침했는지를 보여준다. 이런 가운데서도 그는 열두 제자들 중에서 리더의 역할을 계속해서 수행했다.

내러티브와 강화의 구조. 마태복음은 예수가 가르친 사역의 확장된 집합으로 인해 특히 산상수훈으로 인해 교회 역사에서 선호되는 위치를 차지한다.[25] 마태는 성

22. Michael J. Wilkins, *The Concept of Disciple in Matthew's Gospel: As Reflected in the Use of the Term Μαθητής*(NovTSup 29, Leiden: Brill, 1988)을 보라.

23. J. R. C. Cousland, *The Crowds in the Gospel of Matthew*(NovTSup 102, Leiden: Brill, 2002).

24. 베드로와 그의 점증된 리더십의 역할에 관한 마태의 묘사에 대해서는 Michael J. Wilkins, *Discipleship in the Ancient World and Matthew's Gospel*, 2d ed. (Grand Rapids: Baker, 1995), 173-216, 264을 보라.

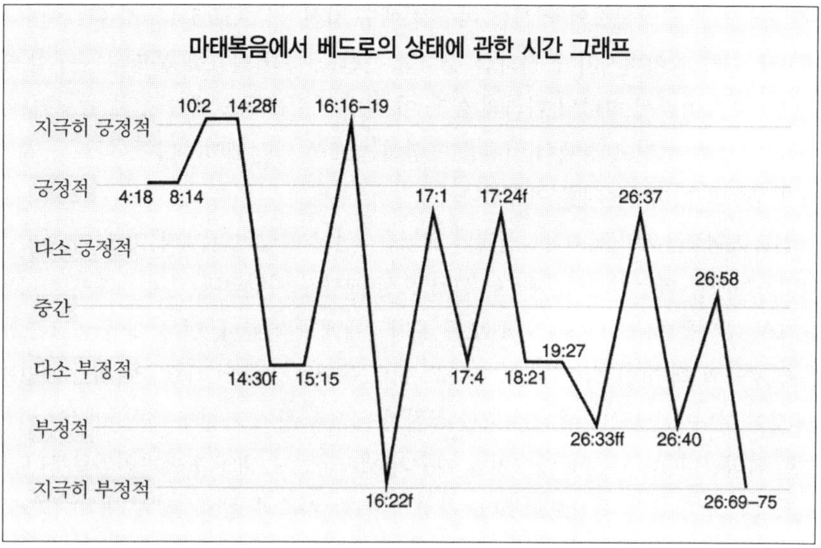

경의 여러 곳에서 발견할 수 있는 예수의 가르침과 권면과 예언과 비유의 가장 완성된 집합을 형성한다.

"내가 너희에게 분부한 모든 것을 가르쳐 지킬 것"(28:20)을 새로운 제자들이 배워야 한다는 것을 설명하신 대위임의 결론적 요소는 이 복음서의 전반적인 목적을 암시한다. 마태는 예수의 주요한 강화 다섯 개를 기록한다. 그 모든 강화들은 예수의 제자들에게 주로 언급되고 있고(5-7; 10; 13; 18; 24-25장), "예수께서 이 말씀을 마치시매"라는 반복된 형식어구로 결론을 표시한다(7:28; 11:1; 13:53; 19:1; 26:1). 이 강화들은 그리스도에 대한 온전한 순종의 근거를 제자들에게 가르치는 일종의 제자도를 전반적으로 제시하고 있으며, 이는 교회에서 기독교 교육의 근거가 되고 있다. 이 강화들은 예수의 제자들이 이런 방향으로 따라야 함을 가르치는 것으로 특징지어짐을 보여준다.

하나님 나라의 제자들(5-7장). 일반적으로 산상수훈이라 불리는 하나님 나라의 삶에 대한 선포는 "하나님 나라의 제자" 됨이 무엇을 의미하는지를 발전시킨다. 예수는 제자들이 사는 일상 세계에서 하나님 나라의 권능과 임재로 살아가는 근본적인 제자 됨의 실제를 설명한다. 이런 종류의 제자 됨은 하나님 나라의 '의'로의 내적 변화와 관련이 있다(5:20). 의의 궁극적인 모범은 자기 백성들을 위한 하나님의 뜻

25. Donald Guthrie, *New Testament Introduction*, 3d ed. (Downers Grove, Ill.: InterVarsity Press, 1970).

이 들어 있는 구약성경의 계시를 이루신 예수 자신이심으로(5:17, 21-47), 예수의 제자들은 하늘 아버지가 온전하신 것처럼 온전을 향한 목표를 분명히 추구할 수 있다(5:48). 따라서 하나님 나라의 삶은 이 시대를 사는 동안에 인종적, 종교적, 가정적, 감정적, 그리고 경제적 차원을 포함하는 모든 양상에서 예수를 따르는 제자도가 무엇을 의미하는지를 언급한다.

선교 지향적인 제자들(10장). 선교의 위임은 "선교 지향적인 제자"가 됨이 무엇을 의미하는지를 발전시킨다. 예수는 그가 오실 때까지 이방인과 적대 세계에 하나님 나라의 복음을 나누고 행하도록 모든 제자들에게 위임한다. 이 시대에 선교는 모든 신자들의 책임이다(10:24-25, 40-42). 어떤 특별한 계층의 사람들에게만 해당하는 것이 아니다. 선교는 세상에 대한 공적인 고백과 자기 가정에 대한 사적인 헌신으로 나타난다(10:34-39). 예수처럼 예수의 제자들은 유대인과 이방인들로부터 종교적이고 정치적인 세상으로부터, 가장 가까운 가족과 동료들로부터(10:17-21), 반대와 박해를 예상할 수 있다(10:24-25). 하지만 그들은 성령이 권능과 인도하심을 제공하실 것이고, 하나님 아버지가 주권적인 보호와 지배를 행사하실 것이기 때문에 두려워할 필요가 없다(10:19-20). 제자들이 더욱더 예수처럼 자랄 수 있도록 그들의 삶에서 예수의 임재하심이 선교의 가장 핵심적인 특징이다(10:24).

은밀한 나라의 제자들(13장). 비유의 강화는 "은밀한 나라의 제자들"이 되는 것이 무엇을 의미하는가로 발전한다. 이 비유를 통해서 예수는 어떤 이에게는 하늘 나라의 메시지가 뿌리를 내리고 열매를 맺지만 또 어떤 이에게는 그렇지 못할 수 있음을 드러내면서 무리의 마음을 검증하신다(13:18-23). 비유를 통해서 예수는 제자들에게 하나님 나라의 비밀을 드러내시고, 이 시대에 그 나라가 감추어져 있음을 알게 하신다. 그것은 은밀한 나라이지 많은 사람들이 예상했던 하나님의 통치의 압도적인 정치적, 군사적, 문화적 지배가 아니다(13:31-33). 따라서 비유의 강화는 하나님 나라의 온전한 완성을 아직 경험하지 못한 세상 속에 있는 하나님 나라의 종복으로서 예수의 제자들이 사는 것이 무엇을 의미하는지를 드러낸다.

하지만 예수의 제자들은 내적인 변화를 통해 이 세상에 속한 사람들과는 명백히 다르게 행동할 것이다. 이 시대의 종말에 하늘 나라에 속하는 사람들과 그렇지 못한 사람들 사이에 마지막 분리가 있게 될 것이다(13:41-43, 49-50). 감추어져 있고 두드러지게 드러나지 않는 외형적으로 부적절한 양상이 많은 이들로 하여금 하나님 나라를 간과하게 만들지만 그 나라의 임재를 발견한 사람들에게 그것은 이 시대의 가장 소중한 실제다(13:44-46). 따라서 예수의 제자들은 삶에서 하나님 나라에 우선순위를 두는 것에 가장 관심을 가짐으로써 계시의 보화를 경계하는 세상에 드러나게 할 것이다(13:51-52). 비유의 강화는 예수에 대한 제자도가 지금 시작되었지만 아직 완성되지 않은 하나님 나라와 같다는 것을 분명히 한다.

공동체에 근거한 제자들(18장). 공동체에 대한 처방에서 예수는 하나님 나라의 삶이 그가 제자들을 통해서 이 땅에 세우실 교회로 말미암아 표현될 것임을 선언하신다. 이 강화는 예수에 대한 제자도가 겸손과 책임과 정결과 신실함과 자기 다스림과 용서와 화해와 회복으로 특징지어지는 교회로 말미암아 표현될 것임을 규명한다. 네 번째 강화는 내부자들에게 언급된다. 첫 번째와 세 번째의 강화는 주로 예수의 제자들에게 언급되었지만, 무리들이 다른 특별한 목적을 위해 포함되었고(5:1-2; 7:28-29; 13:1-2. 10-17), 종교 지도자들이 암묵적인 비난의 대상이 되었다(5:20; 6:1-18; 12:24-32, 46-50). 하지만 두 번째와 다섯 번째 강화처럼 네 번째 강화도 예수의 제자들에게만 배타적으로 적용된다.

마태가 공동체에 대한 처방을 모으고 조직한 것은 그의 복음에만 독특하고, 그 내용도 많다. 이런 독특함은 믿음의 새 공동체 곧 교회가 하나님 나라의 임재의 실제를 증거하는 것으로 기능하는 예수의 몸으로서 이스라엘을 대신할 때가 곧 올 것을 위해 제자들을 준비하고자 하시는 예수의 긴급성을 강조한다. 이 구절의 독특성은 하늘 나라의 임재가 이 세상의 가치를 뒤바꾸고 새로운 공동체인 교회가 이 전복(overturn)에 산 증인이 되는 방식을 강조한다.

대망하는 나그네 제자들(24-25장). 감람산 강화(또는 종말론적인 예견)에서 예수는 제자들에게 시간과 예언의 긴 여정과 시대의 종말 그리고 그의 메시아적 보좌의 형성을 살피신다. 이 강화는 예수의 가르침의 절정을 이루는데, 그는 권능으로 다시 오실 것을 대망하며 이미 도달했지만 아직 완성되지 않은 하나님 나라에서 이 시대에 어떻게 살아야할지를 설명한다. 예수가 어느 때이고 돌아오실 수 있지만, 확장된 시간으로 인해 곧 돌아오시지 않는 것처럼 책임 있게 계획하고 계신 것으로 기대해야 한다.

지도자들. 이 강화에서 발견할 수 있는 것을 보충케 하는 것을 복음서 전체에 산재해 있는 다른 의미 있는 주제들에서 발견할 수 있다. 이런 특별한 관계가 특히 이스라엘의 종교 지도자들에게 맞추어진 메시지에서 확장된다. 이 메시지는 오늘날의 지도자들도 상당히 주목해야 하는 것들이다. 그것은 우리도 역시 유념해야 하는 원리와 경고를 담고 있기 때문이다.[26]

세 가지 전망

이전에 설명한 다양한 특징들로 인해 마태복음이 2천년 이상 기독교인들이 좋아하는 성경책이 되었음은 당연하다. 이 탁월한 복음의 충만한 영향을 세 가지 전망으로 복음서들을 읽는 알려진 전망을 통해 가장 잘 인식할 수 있다.[27]

(1) 첫 번째 전망은 예수의 역사적 사역의 단계다. 이 주석에서 우리는 항목의 원 의미 속에서 이 전망을 탐구할 것이다. 여기서 우리는 온 민족에게 영향을 미치는 보편적인 의미가 있는, 이스라엘 백성들에게 전개되는 메시아 예수의 선교를 보게 된다. 우리는 1세기의 역사적 배경에 우리 자신을 두고서 그 당시에 예수를 따라다녔던 사람으로서 예수의 말씀을 보고 듣게 될 것이다. 복음서들을 이해하는 데 있어서 역사는 매우 중요하다. 복음서들은 실제로 시공간 속에서 발생했던 것을 기록하고 있기 때문이다. 복음서 저자들은 하나님이 역사 속에서 행하신 기독교 메시지의 핵심을 목격하고 기록한 것이다. 그들은 "굳건한 역사를 기록하고 있고, 그들의 드라마에 주요한 출연자는 팔레스타인 하늘 아래서 살고 있었던 혈육을 가진 인물들이다."[28] 이 역사적 기록은 역사적 진실을 나누기를 원했던 복음서 저자의 믿음의 근간이다(예. 눅 1:1-4).

(2) 우리는 마태가 특별한 이슈와 관련하여 그의 공동체에 가르치고자 했던 독특한 관점을 이해하도록 노력해야 한다. 이 때문에 우리는 마태 자신의 배경과 강조 그리고 그의 공동체의 배경과 강조를 이해하도록 해야 한다. 마태는 예수의 메시아적 신분을 실제화하기 위해서 또는 그의 청중의 필요를 만족시키기 위해서 역사적 자료들을 만들어내지 않았다. 다만 그는 예수의 삶을 그 자신의 독특한 관점에서 바라보았다. 복음서 저자는 예수가 참으로 구세주 그리스도이심을 확신시키기 위해서 역사의 사실들을 제시하기를 원했다. 그의 이름을 믿고 영생을 얻을 수 있게 하기 위해서다(예. 요 20:30-31). 마태복음을 살펴볼 때, "어떤 사람의 방식은

---

26. 이것과 관련이 있는 것은 특히 9, 12, 15, 17, 19, 20-22장이며, 23장에서 절정을 이룬다.

27. 예를 들어, Sidney Greidanus, *The Modern Preacher and the Ancient Text: Interpreting and Preaching Biblical Literature*(Grand Rapids: Eerdmans, 1988), 300-306. 그라이다누스(Greidanus)는 두 가지 전망을 강조하지만 필자는 세 번째 전망으로 언급하고 있는 독자들 자신의 전망을 포함시킨다.

28. Ralph P. Martin, *New Testament Foundations: A Guide for Christian Students. Volume 1: The Four Gospels*(Grand Rapids: Eerdmans, 1975), 43.

이러한데, 우리는 어떻게 예수에게 반응할 것인가?"라고 도전하는 방식으로 마태가 제시하고 있음을 발견하게 된다. 우리는 특히 이 주석의 '상황잇기' 항목에서 이 전망을 탐구할 것이다.

(3) 세 번째 전망은 주석의 독자들에 관한 전망이다. 앞의 두 전망 속에서 탐구된 사람과 우리는 많이 다르지 않다. 우리는 마태복음을 읽을 때에 곧바로 관련시켜야 하는 것이 당시의 이슈와 상황이다. 우리는 이 이슈들을 이 주석의 '현대적 의미' 항목에서 탐구할 것이다. 마태는 예수를 "하나님이 우리와 함께 하시는"(1:23) 임마누엘로 언급함으로써 시작하고, "내가 세상 끝 날까지 너와 항상 함께 있으리라"(28:20)는 예수의 선언으로 결론을 맺는다. 예수가 성육신 하신 하나님이라는 이해보다도 더 중요한 제기는 없다. 그가 자기 백성들과 함께 하기 위해서 오셨고, 하나님 아버지와 함께 있기 위해서 하늘로 올라가셨을지라도, 지금도 여전히 자기 백성들과 함께 계신다. 그것이 1세기에 예수에 대한 제자도의 핵심이고, 21세기의 세계에서 예수와 함께 동행할 때, 오늘날 크리스천들의 특권이다.

마태복음의 개요

I. 메시아 예수가 역사에 들어오심(1:1–2:23)

A. 메시아 예수가 인간을 위한 새로운 시작을 가져오시다(1:1)

B. 메시아 예수의 족보(1:2-17)

1. 아브라함에서 다윗왕까지(1:2-6)
2. 다윗왕에서 바벨론 유배까지(1:6-11)
3. 바벨론 유배에서 메시아 예수까지(1:12-16)
4. 메시아 예수에서 마태복음의 족보가 완성되다(1:16-17)

C. 메시아 예수의 잉태에 대한 천사의 선포(1:18-25)

D. 박사들이 "유대인의 왕"의 탄생을 알리는 별을 보고하다(2:1-12)

1. 박사들의 여행(2:1-2)
2. 헤롯의 교묘한 책략(2:3-8)
3. 박사들이 아기 예수를 경배하다(2:9-12)

E. 구약성경의 예언들이 메시아 예수 안에서 성취되다(2:13-23)

1. 애굽으로의 피신(2:13-15)
2. 베들레헴의 어린 아이들의 참살(2:16-18)
3. 나사렛으로의 복귀(2:19-23)

II. 세례 요한이 메시아 나라의 출현을 준비하다(3:1–17)

A. 세례 요한이 나타나다(3:1-16)

B. 세례 요한이 오실 이의 영향에 대한 예언을 하다(3:7-12)

C. 세례 요한의 세례를 받기 위해 메시아 예수가 나타나시다(3:13-17)

III. 메시아 예수가 메시아 왕국을 시작하시다(4:1–25)

A. 메시아가 유혹을 받으시다(4:1-11)

1. 유혹의 배경(4:1-2)
2. 첫 번째 유혹—개인적인 유혹: 돌이 떡덩이가 되게 하라(4:3-4)
3. 두 번째 유혹—민족적 유혹: 성전 꼭대기에서 뛰어내려라(4:5-7)
4. 네 번째 유혹—우주적인 유혹: 사단에게 경배하라(4:8-10)
5. 유혹의 결과(4:11)

B. 메시아 예수가 갈릴리 사역을 시작하시다(4:12-17)
C. 메시아 예수가 사람들을 낚는 자들을 부르시다(4:18-22)
D. 메시아 예수가 하나님 나라의 복음을 전파하시다(4:23-25)

IV. **첫 번째 강화—산상수훈—하나님 나라와 생명에 관한 선포(5:1–7:29)**

A. 설교의 배경(5:1-2)
B. 하나님의 복과 증거(5:3-16)
1. 복(5:3-12)
2. 빛과 소금: 참된 제자들은 하나님 나라를 증거한다(5:13-16)

C. 메시아 예수가 율법을 성취하시다: 메시아 나라와 율법의 관계(5:17-48)
2. 대조적인 관계: 율법에 대한 메시아 예수의 선언적인 성취(5:21-48)
a. 살인—관계성을 육성하라(5:21-26)
b. 간음—하나된 결혼(5:27-30)
c. 이혼—결혼의 신성함을 더럽히지 말라(5:31-32)
d. 맹세—투명한 정직(5:33-37)
e. 눈에는 눈—서로 종이 됨(5:38-42)
f. 사랑과 증오—무조건적인 헌신(5:43-47)
3. 결론: 완전함을 추구함(5:48)

D. 실제 세계에서 하나님 나라의 삶을 발전시켜라(6:1-7:12)
1. 신앙 생활에서 공적인 하나님 나라의 영성(6:1-18)
a. 원리(6:1)
b. 구제(6:2-4)
c. 기도(6:5-15)
d. 금식(6:16-18)
2. 이 세상의 모든 삶에서 개인적인 하나님 나라의 영성(6:19-34)
a. 당신의 주인을 선택하라: 하나님이냐 돈이냐(6:19-24)

b. 당신의 제공자를 선택하라: 하나님이냐 염려냐(6:25-34)

3. 공동체 관계에서 상호적인 하나님 나라 영성(7:1-12)

a. 다른 사람들을 부적절하게 판단하는 것(7:1-5)

b. 다른 사람들을 적절하게 평가하는 것(7:6)

c. 다른 사람들과의 관계에서 하나님의 인도하심(7:7-12)

E. 경고! 예수에게 속할 것인가 대적할 것인가(7:13-29)

1. 좁은 문 넓은 문(7:13-14)

2. 참 선지자와 거짓 예언자(7:15-20)

3. 참 제자와 거짓 제자(7:21-23)

4. 현명한 건축자와 우둔한 건축자(7:24-27)

5. 무리들의 반응(7:28-29)

V. **메시아의 권위적인 능력: 하나님 나라의 능력을 보이시다(8:1-9:38)**

A. 사회적으로 무시당하는 사람들을 치유하심(8:1-17)

1. 문둥병자를 치유하시다: 정결의 경계들(8:1-4)

2. 백부장의 종을 치유하시다: 인종적인 경계들(8:5-13)

3. 베드로의 장모를 치유하시다: 성(性)의 경계들(8:14-15)

4. 많은 무리들: 마귀에게 사로잡힌 자들: 모든 경계들(8:16-17)

B. 기대했던 제자도에 실망하다(8:18-22)

C. 사단의 권세를 깨뜨리심(8:23-9:8)

1. 바람을 잠재우시다: 자연에 대한 권세(8:23-27)

2. 마귀를 쫓아내시다: 영적인 세계에 대한 권세(8:28-34)

3. 중풍병자를 치유하시다: 죄에 대한 권세(9:1-8)

D. 예상치 못한 제자도를 드러내시다(9:9-17)

1. 마태와 다른 죄인들을 부르시다(9:9-13)

2. 제자도와 종교적인 전통(9:14-17)

E. 놀라운 이적으로 비범한 긍휼을 보이시다(9:18-34)

1. 죽은 자에게 생명을 주시다(9:18-26)

2. 눈먼 자에게 광명을 주시다(9:27-31)

3. 벙어리가 말을 하다(9:32-34)

F. 행동하고 계신 메시아가 일꾼을 모집하시다(9:35-38)

VI. 두 번째 강화 – 선교 위임 – 메시아의 사자들의 권위적인 사명(10:1–42)

A. 열두 제자에게 사명을 위임하시다(10:1-4)

B. 이스라엘에 대한 단기 선교의 교훈들(10:5-15)

C. 세상에 대한 장기 선교의 교훈들(10:16-23)

D. 선교하는 제자들의 특징(10:24-42)

1. 선교에서 제자와 선생(10:24-25)
2. 두려움 없는 제자들(10:26-31)
3. 대중들이 예수의 탁월성을 인정함(10:32-33)
4. 가정에서 예수의 탁월성을 인정하고 따름(10:34-39)
5. 예수의 선교하는 제자들이 받는 보상(10:40-42)

VII. 메시아에 대한 박해가 발생하다(11:1–12:50)

A. 세례 요한이 예수께 질문하다(11:2-6)

B. 세례 요한에 대한 예수의 찬사(11:7-15)

C. 불만족하는 세대(11:16-19)

D. 회개하지 아니하는 도성들(11:20-24)

E. 하나님 아버지와 아들의 관계로의 초대(11:25-30)

F. 안식일에 대한 바리새인과의 논쟁(12:1-14)

1. 안식일에 사역을 행하시다(12:1-8)
2. 안식일에 치유를 행하시다(12:9-14)

G. 하나님의 영으로 기름부음 받은 종(12:15-21)

H. 예수의 기적적인 권능의 근원에 대한 바리새인과의 논쟁(12:22-37)

1. 바리새인들이 예수를 바알세불에 사로잡힌 자로 참소하다(12:22-24)
2. 예수의 변호(12:25-29)
3. 예수의 공격(12:30-37)

I. "표적"을 요구하는 바리새인들과의 논쟁(12:38-42)

J. 악한 세대와 악한 영의 복귀(12:43-45)

K. 예수의 제자들은 주님의 참된 가족이다(12:46-50)

VIII. 세 번째 강화 – 비유로 드러내심 – 메시아 왕국의 신비들(13:1–58)

A. 비유적인 강화를 시작하심(13:1-23)

1. 씨뿌리는 자와 토양의 비유(13:3b-9)
2. 비유를 말씀하시는 예수의 목적(13:10-17)
3. 씨뿌리는 자와 토양의 비유에 대한 해석(13:18-23)

B. 더 진전된 비유를 무리들에게 말씀하시다(13:24-33)

1. 곡식과 가라지 비유(13:24-30)
2. 겨자씨 비유(13:31-32)
3. 누룩 비유(13:33)
4. 감추인 것들을 드러내는 비유(13:34-35)

C. 비유와 설명을 제자들에게 말씀하시다(13:36-50)

1. 가라지와 곡식의 비유에 대한 해석(13:36-43)
2. 감추인 보물에 대한 비유(13:44)
3. 값진 진주에 대한 비유(13:45-46)
4. 그물 비유(13:47-50)

D. 곡간의 보물에 대한 비유(13:51-52)

E. 메시아의 신분과 사명을 분명히 정의하는 것으로의 전환(13:53)

IX. 메시아의 신분이 드러나다(13:54-16:20)

A. 머리 둘 곳도 없는 선지자(13:53-14:12)

1. 예수가 고향 나사렛에서 배척 당하시다(13:54-58)
2. 세례 요한이 헤롯 안티파스에 의해 참수되다(14:1-12)

B. 긍휼이 많으신 이스라엘의 치료자요 공급자(14:13-21)

C. 하나님의 아들이 경배를 받으시다(14:22-36)

1. 물위로 걸으시다(14:22-33)
2. 하나님의 아들이 게네사렛에서 치유하시다(14:34-36)

D. 하나님의 말씀의 참된 교사(15:1-20)

1. 유대 장로들의 유전(15:1-9)
2. 마음의 정결과 불결(15:10-20)

E. 긍휼이 많으신 이방인의 치유자요 공급자(15:21-39)

1. 예수가 이방인 지역으로 들어가시다(15:21)
2. 이방인 여인이 다윗의 아들로 예수를 인정하다(15:21-28)
3. 많은 이방인들이 이스라엘의 하나님께 영광을 돌리다(15:29-31)

4. 4천명을 먹이시다(15:32-38)
5. 유대 지역으로 잠시 복귀하시다(15:39)

F. 베드로가 살아 계신 하나님의 아들이신 그리스도로 예수를 고백하다(16:1-20)

1. 예수가 더 이상의 표적을 보이지 않으시다(16:1-4)
2. 바리새인과 사두개인의 영적인 누룩(16:5-12)
3. 누가 인자인가(16:13-14)?
4. 예수의 신분에 대한 베드로의 고백(16:15-16)
5. 베드로에 대한 예수의 선포(16:17-19)

X. 메시아의 고난을 드러내시다(16:21-17:27)

A. 고난의 희생(16:21-28)

1. 고난과 부활의 메시아(16:21)
2. 베드로의 억측(16:22-23)
3. 제자의 대가(16:24-27)
4. 그의 나라로 오시는 인자(16:27-28)

B. 사랑 받는 변화되신 아들(17:1-13)

1. 예수의 변화(17:1-8)
2. 세례 요한과 엘리야의 복귀(17:9-13)

C. 그 나라의 아들들(17:14-27)

1. 귀신들린 소년에 대한 축사와 치유(17:14-20)
2. 수난에 대한 두 번째 예언(17:22-23)
3. 성전세를 내시다(17:24-27)

XI. 메시아의 공동체를 드러내시다(18:1-20:34)

A. 네 번째 강화—공동체의 처방—하나님 나라 공동체에서의 삶의 특징(18:1-35)

1. 겸손의 위대함(18:1-4)
2. 겸손한 자를 위한 은신처(18:5-9)
3. 작은 자들에 대한 천사의 보호(18:10)
4. 잃은 양을 찾으시는 하나님(18:12-14)

5. 잘못된 형제들을 훈련하기(18:15-17)
6. 공동체의 훈육과 삶에 대한 합의(18:18-20)
7. 죄를 지은 형제들에 대한 공동체의 용서(18:21-35)

B. 공동체에서 결혼의 신성함(19:1-12)
1. 유대를 거쳐 예루살렘으로 여행하심(19:1-2)
2. 공동체에서 이혼에 관한 문제(19:3-9)
3. 공동체에서 독신의 문제(19:10-12)

C. 하나님 나라 공동체를 가치 있게 하는 것(19:13-20:34)
1. 천국은 어린 아이들의 것이다(19:13-15)
2. 부자 청년의 비극(19:16-22)
3. 예수를 따르는 사람들을 위한 은혜로운 보상(19:23-30)
4. 포도원 농부 비유(20:1-16)
5. 예수의 세 번째 수난 예언(20:17-19)
6. 공동체적인 희생과 고난과 봉사에 대한 예수의 모범(20:20-28)
7. 여리고에서 두 맹인을 자비로 치유하시다(20:29-34)

XII. 메시아가 예루살렘에서 권위를 행사하시다(21-23장)

A. 예루살렘으로 성대히 입성하시다(21:1-11)

B. 성전에서의 행태들: 성전 장사꾼들에 대한 예수의 선포(21:12-17)

C. 무화과나무를 저주하심: 민족에 대한 예수의 심판(21:18-22)

D. 예수의 권세에 대한 성전에서의 논쟁(21:23-22:46)
1. 이스라엘 종교 지도자들의 죄를 깨닫게 하기 위한 세 가지 비유(21:28-22:14)
   a. 두 아들의 비유(21:28-32)
   b. 악한 청지기 비유(21:33-46)
   c. 결혼 연회의 비유(22:1-14)
2. 예수의 권위와 신분과 관련한 종교 지도자들과의 네 논쟁(22:15-46)
   a. 나라의 세금(22:15-22)
   b. 부활 시의 결혼(22:23-33)
   c. 가장 위대한 계명(22:34-40)
   d. 다윗의 아들(22:41-46)

E. 서기관과 바리새인에 대한 심판의 경고와 화(23:1-36)

1. 무리들과 따르는 자들에게 경고하심(23:1-12)
2. 서기관과 바리새인의 교사들에 대한 화(23:13-32)
3. 마지막 독설: 의인들을 죽인 자들(23:33-36)
4. 예루살렘에 대한 탄식(23:37-39)

XIII. 다섯 번째 강화－감람산에서의 강화－메시아의 더디 오심, 재림 그리고 심판(24:1-25:46)

A. 강화의 배경(24:1-3)

B. 아이 낳는 고통의 시작(24:4-14)

1. 세상 도처에 임하는 고난(24:4-8)
2. 예수를 따르는 자들의 고난(24:9-13)
3. 모든 민족에게 복음이 전파됨(24:14)

C. "대환난"에 대한 묘사(24:15-28)

1. 멸망을 초래하는 가증한 것들(24:15)
2. 신자들의 도피(24:16-20)
3. "대환난"(24:21)
4. 그 날을 감하시리라(24:22)
5. 거짓 메시아에 대한 경고(24:23-28)

D. 인자의 오심에 대한 묘사(24:29-31)

E. 무화과나무의 교훈(24:32-35)

F. 예수께서 다시 오심의 징조(24:36-41)

G. 인자의 다시 오심을 경각시키고 준비케 하는 비유적 권고(24:42-25:30)

1. 집주인과 도둑의 비유(24:42-44)
2. 두 종류의 종에 대한 비유(24:45-51)
3. 열 처녀 비유(25:1-13)
4. 열 달란트 비유(25:14-30)

H. 종말의 심판(25:31-46)

1. 양과 염소가 분리된다(25:31-33)
2. 양에 대한 보상(25:34-40)
3. 염소에 대한 벌(25:41-46)

XIV. **십자가에 못 박히시는 메시아(26:1–27:66)**

A. 예수의 예언과 종교 지도자들의 계책(26:1-5)

B. 베다니에서 기름 부음 받은 예수(26:6-13)

C. 유다가 배반을 모의하다(26:14-16)

D. 유월절과 주님의 만찬(26:17-30)

E. 베드로의 부인을 예견하시다(26:31-35)

F. 겟세마네: 예수의 고통스러우신 기도(26:36-46)

G. 예수의 체포(26:47-56)

H. 예수에 대한 유대인의 재판(26:57-27:10)

1. 산헤드린 앞에서의 예수(26:57-68)
2. 예수를 부인한 베드로(26:69-75)
3. 예수가 산헤드린에 의해 정죄되고 빌라도에게 넘겨지다(27:1-2)
4. 유다의 후회와 자살(27:3-10)

I. 예수에 대한 로마의 심판(27:11-26)

1. 빌라도 앞에서의 예수(27:11-14)
2. 군중들과 바라바 그리고 예수(27:15-18)
3. 빌라도의 아내의 꿈(27:19)
4. 종교 지도자들, 군중들 그리고 예수의 피(27:20-26)

J. 메시아 예수의 십자가 수난(27:27-44)

1. 병사들이 예수를 조롱하고 때리다(27:27-31)
2. 골고다로 향하심(27:32-34)
3. 예수가 못 박히시다(27:35-38)
4. 메시아의 모욕(27:39-44)

K. 메시아 예수의 죽음(27:39-44)

L. 예수의 죽음에 대한 증거(27:45-50)

1. 성전으로부터의 증거(27:51)
2. 죽은 자들로부터의 증거(27:51b-53)
3. 이방인들로부터의 증거(27:54)

M. 예수를 따랐던 여인들(27:55-56)

N. 메시아 예수의 장사(27:57-61)

O. 무덤을 지키는 병사(27:62-66)

XV. **부활과 메시아의 위임(28:1-20)**

A. 예수를 따랐던 여인들이 빈 무덤을 발견하다(28:1-7)

B. 부활하신 그리스도가 따랐던 여인들에게 나타나시다(28:8-10)

C. 예수의 부활의 진리를 부정하기 위한 모략(28:11-15)

D. 부활하신 그리스도의 대위임(28:16-20)

참고 문헌

주석들

Albright, W.F., and C.S. Mann. *Matthew*. AB 26. Garden City, N.Y.: Doubleday, 1971.

Allen, Willoughby C. *A Critical and Exegetical Commentary on the Gospel According to St. Matthew*. ICC. 3d ed. Edinburgh: T. & T. Clark, 1912.

Augsburger, Myron S. *Matthew*. The Communicator's Commentary. Waco, Tex.: Word, 1982.

Barclay, William. *The Gospel of Matthew*. 2 vols. DSB. Rev. ed. Philadelphia: Westminister, 1975.

Barton, Bruce B., Mark Fackler, Linda K. Taylor, and David R. Veerman. *Matthew*. Life Application Bible Commentary. Wheaton: Tyndale, 1996.

Beare, Francis Wright. *The Gospel According to Matthew: Translation, Introduction and Commentary*. San Francisco: Harper & Row, 1981.

Betz, Hans Dieter. *The Sermon on the Mount: A Commentary on the Sermon on the Mount, Including the Sermon in the Plain*(Matthew 5:3-7:27 and Luke 6:20-49). Hermeneia. Minneapolis: Fortress, 1995.

Blomberg, Craig L. *Matthew*. NAC 22. Nashville: Broadman, 1992.

Boring, M. Eugene. "The Gospel of Matthew: Introduction, Commentary, and Reflections." *The New Interpreter's Bible*. Vol.8. Nashville: Abingdon, 1995.

Broadus, John. *Matthew*. An American Commentary, Valley Forge, Pa.: Judson, 1886.

Brown, Raymond E. *The Birth of the Messiah: A Commentary on the Infancy Narratives in the Gospels of Matthew and Luke*. ABRL. Rev. ed. New York: Doubleday, 1993.

_______. *The Death of the Messiah: From Gethsemane to the Grave. A Commentary on the Passion Narratives in the Four Gospels*. 2 vols. ABRL. New York: Doubleday, 1994.

Bruce, A. B. "The Gospel According to Matthew." *The Expositor's Greek Testament.* Vol. 1. Grand Rapids: Eerdmans, 1976.

Bruner, Frederick Dale. *Matthew.* 2 vols. *The ChristBook*(Matthew 1-12) and *The Churchbook*(Matthew 13-28). Dallas: Word, 1987, 1990.

Buchanan, George Wesley. *The Gospel of Matthew.* 2 vols. Mellen Biblical Commentary, Lewiston, N.Y.: Mellen Biblical Press, 1996.

Carson, D. A. "Matthew." *The Expositor's Bible Commentary.* Vol.8. Grand Rapids: Zondervan, 1984.

Davies, Margaret. *Matthew.* Readings: A New Biblical Commentary. Sheffield: JSOT Press, 1993.

Davies, W.D., and Dale C. Allison Jr. *A Critical and Exegetical Commentary on the Gospel According to Saint Matthew.* 3 vols. ICC. Edinburgh: T. & T. Clark, 1988, 1991, 1997.

Hare, Douglas R. A. *Matthew.* Interpretation. Louisville: John Knox, 1993.

Fenton, J. C. *Saint Matthew.* Westminister Pelican Commentaries. Philadelphia: Westminister, 1963.

Filson, Floyd V. *The Gospel According to St. Matthew.* BNTC. 2d. ed. London: Adam & Charles Black, 1971.

France, R. T. *The Gospel According to Matthew.* TNTC. Grand Rapids: Eerdmans, 1985.

Gardner, Richard B. *Matthew.* Believers Church Bible Commentary. Scottdale, Pa.: Herald, 1991.

Garland, David E. *Reading Matthew.* New York: Crossroad, 1993.

Glasscock, Ed. *Matthew.* Moody Gospel Commentary. Chicago: Moody Press, 1997.

Gnilka, J. *Das Matthäusevangelium.* 2 vols. HTKNT. Freiburg: Herder, 1986, 1988.

Green, H. Benedict. *The Gospel According to Matthew: Introduction and Commentary.* The New Clarendon Bible(New Testament). Oxford: Oxford Univ. Press, 1975.

Green, Michael. *The Message of Matthew: The Kingdom of Heaven.* BST. Downers Grove, I11.: InterVarsity Press, 2000.

Guelich, Robert A. *The Sermon on the Mount: A Foundation for Understanding.* Waco, Tex.: Word, 1982.

Gundry, Robert H. *Matthew: A Commentary on His Handbook for a Mixed Church Under Persecution.* 2d ed. Grand Rapids: Eerdmans, 1994.

Hagner, Donald. *Matthew 1-13.* WBC 33A. Dallas: Word, 1993.

_______. *Matthew 14-28.* WBC 33B. Dallas: Word, 1993.

Harrington, Daniel J. *The Gospel of Matthew.* Sacra Pagina. Collegeville, Minn.: Michael Glazier, 1991.

Hendriksen, William. *Exposition of the Gospel According to Matthew.* Grand Rapids: Baker, 1973.

Hill, David. *The Gospel of Matthew.* NCB. Grand Rapids: Eerdmans, 1972.

Keener, Craig S. A *Commentary on the Gospel of Matthew.* Grand Rapids: Eerdmans, 1999.

_______. *Matthew.* IVPNTC. Downers Grove, I11.: InterVarsity Press, 1997.

Leiva-Merikakis, Erasmo. *Fire of Mercy, Heart of the Word: Meditations on the Gospel According to St. Matthew.* Vol. 1. San Francisco: Ignatius, 1996.

Levine, Amy-Jill. *A Feminist Companion to Matthew.* Feminist Companion to the New Testament and Early Christian Writings. Vol. 1. Sheffield: Sheffield Academic Press, 2001.

Long, Thomas G. *Matthew.* Westminster Bible Companion. Louisville: Westminister John Knox, 1997.

Luz, Ulrich. *Matthew 1-7: A Commentary.* 1985. Trans. Wilhelm C. Linss. Hermeneia. Minneapolis: Augsburg, 1989.

_______. *Matthew 8-20: A Commentary.* Hermeneia. Trans. James E. Crouch. Minneapolis: Fortress, 2001.

MacArthur, John. *Matthew 1-7; Matthew 8-15; Matthew 16-23; Matthew 24-28.* MacArthur New Testament Commentary. Chicago: Moody Press, 1985, 1987, 1989.

McNeile, Alan Hugh. *The Gospel According to Matthew: The Greek Text with Introduction, Notes, and Indices.* Grand Rapids: Baker, 1980.

Meier, John P. *Matthew.* NTM 3. Wilmington, Del.: Michael Glazier, 1980.

Morgan, G. Campbell. *The Gospel According to Matthew.* Old Tappan, N.J.: Revell, n.d.

Morris, Leon *The Gospel of According to Matthew.* PNTC. Grand Rapids: Eerdmans, 1992.

Mounce, Robert H. *Matthew.* GNC. San Francisco: Harper & Row, 1985.

Overman, J. Andrew. *Church and Community in Crisis: The Gospel According to Matthew.* The New Testament in Context. Valley Forge, Pa.: Trinity Press International, 1996.

Perlewitz, M. *The Gospel of Matthew.* Message of Biblical Spirituality 8. Wilmington, Del.: Michael Glazier, 1988.

Plummer, Alfred. *An Exegetical Commentary on the Gospel According to St. Matthew.* Grand Rapids: Baker, 1982.

Ridderbos, H. N. *Matthew.* BSC. Grand Rapids: Zondervan, 1987.

Robertson, Archibald Thomas. "The Gospel According to Matthew." *Word Pictures in the New Testament.* Vol. 1. Nashville: Broadman, 1930.

Ryle, J. C. *Matthew: Expository Thoughts on the Gospel.* Reprinted in The Crossway Classic Commentaries. Wheaton: Crossway, 1993.

Sand, Alexander. *Das Evangelium nach Matthäus.* Regensburger Neues Testament. Regensburg: Friedrich Pustet, 1986.

Schnackenburg, Rudolf. *The Gospel of Matthew.* Trans. Robert R. Barr. Grand Rapids: Eerdmans, 2002.

Schweizer, Eduard. *The Good News According to Matthew.* Atlanta: John Knox, 1975.

Senior, Donald. *Matthew.* Abingdon New Testament Commentaries. Nashville: Abingdon, 1998.

Simonetti, Manlio, ed. *Matthew 1-13.* ACCSNT 1a. Downers Grove, I11.: InterVarsity Press, 2001.

_______. *Matthew 14-28.* ACCSNT 1b. Downers Grove, I11.: InterVasity Press, 2002.

Smith, R. H. *Matthew.* Augsburg Commentary on the New Testament. Mineapolis: Augsburg, 1989.

Tasker, R. V. G. *The Gospel According to St. Matthew: An Introduction and Commentary.* TNTC. Grand Rapids: Eerdmans, 1961.

Toussaint, Stanley D. *Behold the King: A Study of Matthew.* Portland, Ore.: Multnomah, 1981.

Trilling, Wolfgang. *The Gospel According to St. Matthew.* 2 vols. New York: Crossroad, 1981.

Walvoord, John F. *Matthew: Thy Kingdom Come.* Chicago: Moody Press, 1974.

Weber, Stuart K. *Matthew.* Holman New Testament Commentary. Nashville: Holman, 2000.

Wilkins, Michael. "Matthew." *ZIBBC.* Grand Rapids: Zondervan, 2002.

Zanchettin, Leo, ed. *Matthew: A Devotional Commentary.* Mahwah, N.J.: Paulist, 1997.

연구물들

이것은 마태복음의 방대한 문서에 단지 샘플일 뿐이다. 저널 기사나 책의 일부와 같은 짧은 연구서들은 각주 속에 있다.

Aune, David E., ed. *The Gospel of Matthew in Current Study: Studies in Memory of William G. Thompson, S.J.* Grand Rapids: Eerdmans, 2001.

Bauckham, Richard. *Gospel Women: Studies of the Named Women in the Gospels.* Grand Rapids: Eerdmans, 2002.

Bornkamm, Günther, Gerhard Barth, and Heinz Joachim Held. *Tradition and Interpretation in Matthew.* Trans. Percy Scott. Philadelphia: Westminster, 1963.

Brown, Jeannine K. *The Disciples in Narrative Perspective: The Portrayal and Function of the Matthean Disciples.* SBL Academia Biblica 9. Atlanta: Society of Biblical Literature, 2002.

Burkett, Delbert. *The Son of Man Debate: A History and Evaluation.* SNTSMS 107. Cambridge: Cambridge Univ. Press, 1999.

Caragounis, Chrys. *Peter and the Rock.* BZNW 58. Berlin/New York: de Gruyter, 1990.

Carter, Warren. *Households and Discipleship: A Study of Matthew 19-20.* JSNTSup 103. Sheffield: JSOT Press, 1994.

_______. *Matthew: Storyteller, Interpreter, Evangelist.* Peabody, Mass.: Hendrickson, 1996.

_______. and John Paul Heil, *Matthew's Parables: Audience-Oriented Perspectives.* CBQMS 30. Washington, D.C.: Catholic Biblical Association of America, 1998.

Cousland, J. R. C. *The Crowds in the Gospel of Matthew.* NovTSup 102. Deiden: Brill, 2002.

Davis, Stephen, Daniel Kendall, and Gerald O'Collins, eds. *The Resurrection: An Interdisciplinary Symposium on the Resurrection of Jesus.* Oxford: Oxford Univ. Press, 1997.

Donaldson, Terence L. *Jesus on the Mountain: A Study in Matthean Theology.* JSNTSup 8. Sheffield: JSOT Press, 1985.

Edwards, Richard A. *Matthew's Story of Jesus.* Philadelphia: Fortress, 1985.

_______. *Matthew's Narrative Portrait of Disciples: How the Text-Connoted Reader Is Informed.* Harrisburg, Pa.: Trinity Press International, 1997.

France, R. T. *Matthew: Evangelist and Teacher.* Grand Rapids: Zondervan, 1989.

Gerhardsson, Birger. *The Testing of God's Son*(Matt 4:1-11 and Par.). ConBNT 2.1. Lund: Gleerup, 1996.

Goodacre, Mark. *The Case Against Q: Studies in Markan Priority and the Synoptic Problem.* Harrisburg, Pa.: Trinity Press International, 2002.

Green, H. Benedict. *Matthew, Poet of the Beatitudes.* JSNTSup 203. Sheffield: Sheffield Academic Press, 2001.

Howell, David B. *Matthew's Inclusive Story: A Study in the Narratives Rhetoric of the First Gospel.* JSNTSup 42. Sheffield: JSOT Press, 1990.

Ilan, Tal. *Jewish Women in Greco-Roman Palestine: An Inquiry into Image and Status.* Tübinen: J.C.B. Mohr(Paul Siebeck), 1995.

Kingsbury, Jack Dean. *Matthew As Story.* 2d ed. Philadelphia: Fortress, 1988.

_______. *Matthew: Structure, Christology, Kingdom.* 2d ed. Minneapolis: Fortress, 1989.

Knowles, Michael. *Jeremiah in Matthew's Gospel: The Rejected-Prophet Motif in Matthean Redaction.* JSNTSup 68. Sheffield: Sheffield Academic Press, 1993.

Köstenberger, Andreas J., and Peter T. O' Brien. *Salvation to the Ends of the Earth: A Biblical Theology of Mission.* NSBT 11. Downers Grove, I11.: InterVarsity Press, 2001.

Kupp, David D. *Matthew's Emmanuel: Divine Presence and God's People in the First Gospel.* SNTSMS. Cambridge: Cambridge Univ. Press, 1997.

LaGrand, James. *The Earliest Christian Mission to "All Nations" in the Light of Matthew's Gospel.* International Studies in Formative Christianity and Judaism. Atlanta: Scholars Press, 1995.

Levine, Amy-Jill. *The Social and Ethnic Dimensions of Matthean Salvation History.* Studies in the Bible and Early Christianity 14. Lewiston, N.Y.: Mellen 1988.

McKnight, Scot. *A Light Among the Gentiles: Jewish Missionary Activity in the Second Temple Period.* Minneapolis: Fortress, 1990.

Orton, David E. *The Understanding Scribe: Matthew and the Apocalyptic Ideal.* JSNTSup 25. Sheffield: Sheffield Academic Press, 1989.

Powell, Mark Allan, and David R. Bauer, eds. *Who Do You Say That I Am? Essays on Christology. In Honor of Hack Dean Kingsbury.* Louisville: Westminster John Knox, 1999.

Robinson, James M., Paul Hoffmann, and John S. Kloppenborg, eds. *The Critical Edition of Q: Synopsis Including the Gospels of Matthew and Luke, Mark and*

Thomas, with English, German and French Translations of Q and Thomas. Hermeneia. Minneapolis: Fortress, 2000.

Rousseau, John J., and Rami Arav. *Jesus and His World: An Archaeological and cultural Dictionary.* Minneapolis: Fortress, 1995.

Saldarini, Anthony J. *Matthew's Christian-Jewish Community.* Chicago: Univ. of Chicago Press, 1994.

Sim, David C. *Apocalyptic Eschatology in the Gospel of Matthew.* SNTSMS 88. Cambridge: Cambridge Univ. Press, 1996.

_______. *The Gospel of Matthew and Christian Judaism: The History and Social Setting of the Matthean Community.* Studies of the New Testament and Its World. Edinburgh: T. & T. Clark, 1998.

Stanton, Graham N. *A Gospel for a New People: Studies in Matthew.* Edinburgh: T. & T. Clark, 1992.

Tan, Kim Huat. *The Zion Traditions and the Aims of Jesus.* SNTSMS. Cambridge: Cambridge Univ. Press, 1997.

Twelftree, Graham H. *Jesus the Miracle Worker: A Historical and Theological Study.* Downers Grove, i11.: InterVarsity Press, 1999.

Vledder, Evert-Jan. *Conflict in the Miracle Stories: A Socio-Exegetical Study of Matthew 8 and 9.* JSNTSup 152. Sheffield: Sheffield Academic Press 1997.

Webb, Robert L. *John the Baptizer and Prophet: A Socio-Historical Study.* JSNTSup 62. Sheffield: JSOT Press, 1984.

Wenham, David. *The Rediscovery of Jesus' Eschatological Discourse.* Gospel Perspectives 4. Sheffield: JSOT Press, 1984.

Wilkins, Michael J. *The Concept of Disciple in Matthew's Gospel As Reflected in the Use of the Term μαθητής.* NovTSup 59. Leiden: Brill, 1988.

_______. *Following the Master: A Biblical Theology of Discipleship.* Grand Rapids: Zondervan, 1992.

_______. *Discipleship in the Ancient World and Matthew's Gospel.* 2d ed. Grand Rapids: Baker, 1995.

Yamasaki, Gary. *John the Baptist in Life and Death: Audience-Oriented Criticism of Matthew's Narrative.* JSNTSup 167. Sheffield: Sheffield Academic Press, 1998.

Yang, Yong-Eui. *Jesus and the Sabbath in Matthew's Gospel.* JSNTSup 139. Sheffield: Sheffield Academic Press, 1997.

마태복음 1:1-17

1 아브라함과 다윗의 자손 예수 그리스도의 계
보라
2 아브라함이 이삭을 낳고 이삭은 야곱을 낳고
야곱은 유다와 그의 형제들을 낳고
3 유다는 다말에게서 베레스와 세라를 낳고 베
레스는 헤스론을 낳고 헤스론은 람을 낳고
4 람은 아미나답을 낳고 아미나답은 나손을 낳
고 나손은 살몬을 낳고
5 살몬은 라합에게서 보아스를 낳고 보아스는
룻에게서 오벳을 낳고 오벳은 이새를 낳고
6 이새는 다윗 왕을 낳으니라 다윗은 우리야의
아내에게서 솔로몬을 낳고
7 솔로몬은 르호보암을 낳고 르호보암은 아비
야를 낳고 아비야는 아사를 낳고
8 아사는 여호사밧을 낳고 여호사밧은 요람을
낳고 요람은 웃시야를 낳고
9 웃시야는 요담을 낳고 요담은 아하스를 낳고
아하스는 히스기야를 낳고
10 히스기야는 므낫세를 낳고 므낫세는 아몬을
낳고 아몬은 요시야를 낳고
11 바벨론으로 사로잡혀 갈 때에 요시야는 여고
냐와 그의 형제들을 낳으니라
12 바벨론으로 사로잡혀 간 후에 여고냐는 스알
디엘을 낳고 스알디엘은 스룹바벨을 낳고
13 스룹바벨은 아비훗을 낳고 아비훗은 엘리아
김을 낳고 엘리아김은 아소르를 낳고
14 아소르는 사독을 낳고 사독은 아킴을 낳고 아
킴은 엘리웃을 낳고
15 엘리웃은 엘르아살을 낳고 엘르아살은 맛단
을 낳고 맛단은 야곱을 낳고
16 야곱은 마리아의 남편 요셉을 낳았으니 마리
아에게서 그리스도라 칭하는 예수가 나시니라
17 그런즉 모든 대 수가 아브라함부터 다윗까지
열네 대요 다윗부터 바벨론으로 사로잡혀 갈
때까지 열네 대요 바벨론으로 사로잡혀 간 후
부터 그리스도까지 열네 대더라

원 의미

이 시기에 지중해 세계는 유명한 팍스 로마(라. *pax Roman*, "로마의 평화"), 즉 가이사라 아우구스투스(B.C. 27-A.D. 14)의 통치로 시작해서 마르쿠스 아우렐리우스(A.D. 161-180)로 이어졌던 상대적으로 평온한 상태를 경험했다. 로마의 역사가 타키투스는 이 평화의 시기의 시작을 아우구스투스의 강력한 권력에 단일하게 귀속시킨다. 그러나 타키투스가 관찰한 것처럼 아우구스투스가 시작시켰던 조화가 그의 모든 공복들에게 자유를 가져오지는 못했다. 로마 세계의 여러 많은 지역에서 변화를 소망했다. 그는 이렇게 쓰고 있다.

> 아우구스투스가 자신의 물리적인 권력을 보유하고 밀고 나갈 때는 어느 누구도 직접적인 염려를 하지 않았다. 그의 집과 제국은 평화로웠다. 하지만 옛 세대가 그를 무기력하게 했을 때, 그의 다가오는 끝 날이 변화의 소망을 불러일으켰다. 일부 사람들이 자유의 복을 무익하게 논하기 시작했다. 일부, 더 많은 사람들이 시민전쟁을 두려워했고, 또 다른 사람들은 시민전쟁을 원했다.[1]

혁명의 사조가 표면 아래서 계속 소용돌이쳤고, 주기적으로 팍스 로마를 혼란케 했다.

다양한 혼란이 반복적으로 발생했던, 로마 제국이 통치하던, 먼 지역에서 자유에 대한 소망이 아주 예기치 않은 방식으로 마침내 도달했다. 아우구스투스의 라이벌이 이스라엘에서 태어났다. 하지만 이 라이벌은 팡파르와 함께 나타나지 않았다. 그는 로마의 정치적 군사적 힘에 직접적으로 도전하지 않았다. 당시의 많은 사람들이 그가 일으키는 혁명에 실망했다. 그것은 마음의 혁명이었지 검이나 마차의 혁명이 아니었기 때문이다.

이것은 예수 곧 이스라엘이 오래 기다렸던 메시아가 가져오는 혁명이었다. 마태복음은 이스라엘이 오래 기다렸던 역사를 되짚는다. 그의 설명은 예수의 삶과 사역이 구약성경 예언자의 약속을 성취했다는 것을 밝히지만, 잘못된 예상을 하고 있던 백성들을 예수가 많이 실망시켰음을 또한 보여준다.

메시아 예수가 인간에게 새로운 시작을 가져오시다(1:1)

마태는 자신의 복음을 창세기를 생각나게 하는 언어로 시작한다. NIV 성경이 1:1에서 "계보"로 번역하고 있는 헬라어는 제네시스[2](*genesis*, "시작" 곧 "창세기")이다. 그것은 70인경(LXX, 구약성경의 헬라어 번역)에서 구약성경의 첫 책에 달린 타이틀이다. 사실상 마태복음 1:1과 거의 동일한 표현이 창세기 2:4과 5:1에 나타나는데, 그것은 하나님의 창조의 기원에 관한 기록과 하나님의 인간 창조에 관한 첫 번째 계보를 이야기한다. 게다가 마태복음에서 제네시스(genesis)라는 표현은

---

1. Cornelius Tacitus, *The Annals of Imperial Rome* 1.4, trans. Michael Grant(rev. ed., New York: Penguin, 1976).
2. BDAG, 192에 따르면, 이 단어는 "기원, 근원, 생산적 원인, 시작"을 의미하고, 이 문맥에서 그 단어는 "어떤 이의 삶의 기사"를 나타낸다.

1:2-17[3]의 족보에 대한 서두와 1:18-2:23[4]의 예수의 유아시절의 시작에 대한 이야기를 위해서도 기능한다. 그 표현은 뒤이어지는 예수에 대한 전체 책을 위한 타이틀로서 역할하는 사례를 제공하기도 한다.[5] 창세기가 시작의 이야기를 제공했던 것처럼—하나님의 창조와 이스라엘과의 언약적 관계—마태복음은 새로운 시작의 이야기—메시아 예수와 하나님 나라의 도래—를 제공한다(참조. 막 1:1).

마태복음의 시작하는 단어("아브라함과 다윗의 자손 예수 그리스도")는 유대 청중에게 특별한 중요성이 있다. 그것은 하나님이 이스라엘과 맺으신 언약을 통해서 조상들을 추적한다. 예수의 이름과 조상이 서두에 나오는 것은 의미가 있다.[6]

흔히 사람은 자주 종교적인 의미를 담고 있는 단일한 이름을 갖는다. 이 책은 역사적이고 매일 사용하며 복음서들의 내러티브에서 통상적으로 사용되는 "예수" (예수스)에 관한 것이다. 이 이름은 히브리어로 예수아(Yeshua, "야웨가 구원하신다", 참조. 느 7:7)이고 그것은 여호수아(*yehošua*c, 예호수아) 즉 "야웨는 구원이시다"(출 24:13)의 축약된 형태다. 이 이름은 예수의 생애와 사역에서 이와 관련한 구원의 심오한 개념을 갖게 될 것이다(참조. 1:21).[7]

"그리스도"(*Christos*, 크리스토스)는 히브리어 메시아(*mašiaḥ*, "기름부음 받은 자")에서 유래한 칭호다. 그 용어는 이스라엘의 기름 부음 받은 왕으로서의 다윗을 회상하게 한다. 그것은 이스라엘 백성들에게 소망의 빛이 되는 "기름 부음 받은 자"의 약속과 관련이 있다. 하나님이 선지자 나단을 통해 다윗의 집과 보좌가 영원히 세워질 것임을 다윗에게 약속하셨다(삼하 7:11b-16)—메시아이신 예수 안에서 이루어지는 것으로 예견되는 약속. 음역된 형태(즉 "예수 그리스도")를 사용하고 있는 완전한 이름이 정확하고 전통적이지만 흔히 사용되는 용법에서 그것이 첫 이

3. Gundry, *Matthew*, 13.

4. Carson, "Matthew," *EBC*, 8:61은 1:18의 명사 제네시스(genesis)의 출현은 그 구절로 마태가 족보만이 아니라 1-2장에서 보다 확장적인 "예수 그리스도의 기원"에 관해 초점을 맞추고 있음을 암시한다고 강조한다.

5. W. D. Davies and Dale C. Allison Jr., *A Critical and Exegetical Commentary on the Gospel According to Saint Matthew*, Vol. 1: *Introduction and Commentary on Matthew I-VII*(ICC, Edinburgh: T. & T. Clark, 1988), 149-54는 '비블로스 제네세오스'라는 표현이 전체 책을 위한 타이틀이라는 것을 확신 있게 주장한다. 또한 Leon Morris, *The Gospel According to Matthew*(PNTC, Grand Rapids: Eerdmans, 1992), 19을 보라.

6. "다윗의 아들"과 "아브라함의 아들"이란 표현은 그 칭호가 예수의 신분의 진전된 설명임을 나타내는 "예수 그리스도"와 병렬이다.

7. 참조. Birger Gerhardsson, "The Christology of Matthew," in *Who Do You Say That I Am? Essays in Christology in Honor of Jack Dean Kingsbury*, ed. Mark Allan Powell and David R. Bauer(Louisville: Westminister John Knox, 1999), 16-17.

름과 마지막 이름인 것으로 잘못 이해될 수 있다.

"다윗의 아들"은 마태복음에서 중요한 표현이다(9:27; 12:23; 15:22; 20:30-31; 21:9, 15; 22:42, 45). 마태는 신약성경의 다른 어떤 성경보다도 많이 이 위대한 왕의 이름을 열 일곱 번 사용하고 있다. 다윗왕은 이스라엘 역사의 존경받는 정복자다. "다윗의 아들"이란 용어는 다윗의 보좌를 영속케 할 약속된 인물을 일컬으며, 메시아의 계보와 왕권적인 기대를 가리킨다(삼하 7:11b-16을 보라). 하지만 그 용어는 역시 정복하는 메시아의 인상—이스라엘의 대적자들을 파괴하고 예루살렘의 보좌와 다윗의 황금시대에 이스라엘 나라를 재건할 다윗과 같은 권능의 전사—을 상기시켰다.

하지만 예수는 "아브라함의 자손"이시다. 다윗만이 아니라 아브라함으로 조상을 추적함으로써 마태는 전체 세계의 소망의 빛을 던진다. 하나님이 아브라함과 맺으신 언약은 선택된 백성으로서 이스라엘을 형성했지만 그의 계보는 모든 민족에게 복이 되는 약속이었다(창 12:1-3; 22:18).[8]

결과적으로 예수의 조상으로 이 복음서를 도입함은 마태복음의 메시지를 해석하는데 중요한 열쇠를 제공한다. 예수의 사역은 하나님의 언약의 성취를 이스라엘의 특별한 백성들에게 가져왔지만(예. 10:6; 15:24), 또한 모든 민족에게 보편적인 소망을 가져오는 하나님의 성취를 이루었다(참조. 21:43; 28:19). 이 후자의 주제가 이 복음서에서 계속해서 선언되고, 결론적인 위임에서 절정을 이룬다(참조. 28:18-20).

메시아 예수의 족보(1:2-17)

족보는 고대 세계에서 중요했고, 특히 유대인들에게서 의미 있는 역할을 했다. 구약성경에 따르면(예. 대하 1-9장), 하나님의 백성들은 가족의 계보를 기록했지만, 한 개인의 유산, 기업, 적법성, 그리고 권리를 설정하는 실제적 법적 목적을 위해서도 사용된 광범위한 족보를 간직했다. 분쟁이 발생한다면, 그 사람의 계보에 대한 지식은 재산이 올바른 사람에게 귀속된 것을 확인하는 것이기에 특히 필요했다.[9]

---

8. 예를 들어, M. Daniel Carroll R., "Blessing the Nations: Toward a Biblical Theologist of Mission from Genesis," *BBR* 10(2000): 17-34, Richard J. Erickson, "Joseph and the Birth of Isaac in Matthew 1," *BBR* 10(2000): 35-51을 보라.
9. 참조. Marshall D. Johnson, *The Purpose of Biblical Genealogies with Special Reference to the Setting of the Genealogies of Jesus*, 2d ed. (SNTSMS 8, Cambridge: Cambridge Univ. Press, 1988).

마태는 구약성경에서 발견되는 족보들에 상당히 의존하고,[10] 유사한 단어들을 사용한다. 구약성경의 계보가 멈추어진 스룹바벨 이후에 각 개인들의 목록을 위해서는 마태가 그 이후로 소실되었던 여타 기록들을 아마도 사용했을 것이다. 이 자료들은 광범위한 족보 기록들이 1세기에 현존했음을 알려준다.[11] 이 안에는 성전에서 간직하고 있는 정치적 제사장적 가족 계보들의 보다 중요한 기록들을 포함하고 있었을 것이다. 예를 들어, 후대에 랍비 전승은 예루살렘에 위치하고 있었던 족보 두루마리를 통해서 가까운 동시대의 다윗으로부터 예수, 랍비 힐렐에 이르는 가계를 형성하려고 했다.[12] 사적인 족보들은 여러 곳에 남아 있었을지라도, 성경 이외의 공식적인 족보들은 A.D. 70년에 성전과 예루살렘의 파괴로 소실되었다.

누가도 예수의 족보를 제공하고 있다(눅 3:23-38을 보라).[13] 마태복음(1:2-17)과 누가복음의 목록간에는 몇 가지 근본적인 차이가 있다.

(1) 마태는 서두에 두고 있는, 가장 이른 조상은 아브라함으로 시작해서 가계의 후대손들을 인용함으로써 내림차순의 족보를 제공한다(즉 아버지로부터 아들로). 이는 예수의 탄생에서 절정을 이룬다. 이런 방식은 구약성경의 유대 족보의 보다 흔한 형태다(예. 창 5:1-32). 누가는 순서를 거꾸로 하는 족보의 올림 차순 형태를 취한다. 즉 예수로 시작해서 아담으로 추적한다(눅 3:23-38; 참조. 스 7:1-5). 이런 역순은 그리스 로마 족보에서 더 흔히 발견된다.

(2) 마태는 예수의 족보를 다윗(1:6)과 아브라함(1:2)으로 추적함으로써 자신의 복음의 첫 절과 조화되게 이스라엘과 맺어진 언약에 특별한 강조를 둔다. 누가는 예수의 족보를 "아담의 위가 하나님"(눅 3:38)이라고 추적함으로써 모든 인류와 하나님에 대한 예수의 관계에 특별한 강조를 둔다—예수는 아담의 아들이자 하나님의 아들이다.

(3) 바벨론의 퇴거 명령이 있은 후에 몇몇 사람들의 이름이 두 족보들 사이에서 서로 다르다. 예를 들어, 마태는 여고냐, 스알디엘, 스룹바벨로 가계가 이어지지만

---

10. 예를 들어, 창 4:17-18, 5:3-32, 10:1-32, 46:8-27, 대상 1:34, 2:1-15, 3:1-24, 룻 4:12-22. John Nolland, "Genealogical Annotation in Genesis as Background for the Matthean Genealogy of Jesus," *TynBul* 47(May 1996): 115-22을 보라. 그는 마태가 창세기의 족보들을 연구했고, 그것을 따라 자신의 족보를 유형화했다고 제기한다.

11. 예를 들어, Josephus, *Life 6, Contra Apion* 1.28-56.

12. *Genesis Rabbah* 98:8,j. Ta^{c}anit 4:2; Anthony J. Saldarini, *Pharisees, Scribes and Sadducees in Palestinian Society: A Sociological Approach*(Wilmington, Del.: Michael Glazier, 1988), 204-6을 보라.

13. 논의를 위해서는 *The Birth of the Messiah: A Commentary on the Infancy Narratives in the Gospels of Matthew and Luke*, rev. ed. (ABRL, New York: Doubleday,1993), 84-95을 보라.

누가는 네리, 스알디엘 그리고 스룹바벨로 이어진다.

(4) 마태는 누가의 족보에서 발견할 수 있는 몇몇 이름을 생략한다. 기억을 쉽게 하기 위한 문학적 대칭을 이루기 위해서다(아래 1:17의 주석을 보라). '게나오'("낳다, 자식을 보다")라는 동사가 각각의 마태복음의 족보에서 사용되고 더 먼 조상을 가리키기 위해서 자주 사용된다(예. 손자나 증손자).

(5) 마태의 기록 중에서 가장 의미 있는 특징 중 하나는 예수의 왕권적 계보에 관한 강조다. 다윗은 단순히 이새의 아들이 아니라(눅 3:31-32), "다윗왕"(마 1:6)이다. 게다가 마태는 예수의 족보를 다윗의 아들 솔로몬으로 추적한다. 솔로몬은 이스라엘의 왕으로 그의 아버지를 계승했다. 반면에 누가는 왕으로 전혀 통치한 적이 없는 다윗의 아들 나단을 통해 계보를 추적한다(참조. 1:6; 눅 3:32; 참조. 삼하 5:14).

마태복음과 누가복음에 주어진 예수의 족보에 나오는 차이를 어떻게 설명할 수 있겠는가? 다양한 것들이 제시될지라도 두 가지 근본적인 설명이 자주 인용된다. (1) 첫 번째 견해는 마태가 아버지 요셉을 통해 예수의 족보를 제공하고 있는 반면에 누가는 어머니 마리아를 통해서 예수의 족보를 제공하고 있다고 일반적으로 강조한다. (2) 두 번째 근본적인 견해는 마태와 누가가 양 족보에서 요셉에 초점을 맞추지만 서로 다른 목적을 가졌음을 강조한다. 그 차이점을 온전하게 설명하는 것은 우리가 지금 소유하고 있는 정보로는 해결할 수 없을지라도, 마태가 다윗 보좌에 대한 예수의 합법적 권리를 나타내 보이려는 것임이 분명하다. 다윗보다 더 위대한 '아들', 곧 기다리던 다윗계의 메시아 왕이 예수의 탄생으로 도달했다.[14]

아브라함에서 다윗왕까지(1:2-6a). 족보에서 마태의 강조는 예수의 신분과 사역에 대한 마태의 이해에 대한 단서를 제공한다.[15] 이 족보의 근본적인 패턴은 첫 번째 목록에 구성되어 있다. 즉 "아브라함이 이삭을 낳고"(문자적으로는 "아브라함이 이삭의 아비가 되었다"). 이것은 역대상 1:34("아브라함이 이삭을 낳았으니")의 70인경 번역과 같은 전형적인 구약성경의 단어 배열과 일치한다. 동일한 패턴이 '게나오'라는 수동태 동사를 사용하여 40번 나타난다(참조. KJV의 표현, "낳았다"). 이 표현은 각 세대의 인간 계보를 강조한다. 하지만 그것은 1:16에서 구조상의 극적인 변화를 위한 길을 놓는다. 1:16에서 마태가 예수의 신적인 기원을 가리

14. 참조. 22:41-46, 삼하 7:12-16, 시 89:19-29, 35-37, 110:1-7, 132:11-12.

15. 전반적으로 볼 때, 마태의 강조는 예수의 신분과 미래의 사역에 대해 중요한 단서를 제공해 준다.

키는 수동태 동사가 나타난다.

마태는 야곱이 "유다와 그의 형제들"을 낳았다고 진술한다. 아마도 메시아가 오셨던 이스라엘의 언약적 가계가 포함됨을 나타낼 것이다. 유다는 통치하는 지팡이인 홀을 갖게 될 야곱의 아들이었다(창 49:8-12). 메시아는 유다의 왕권적 가계에서 나올 것이지만(창 49:10), 다른 형제들의 가계에서도 나왔던 언약 백성들과 함께 살았다. 다말을 통해서 유다가 두 형제 곧 베레스와 세라를 낳았다(마 1:2). 그들이 쌍둥이였기 때문에 같이 언급되었을 것이다(창 38:27-30).

베레스에서부터 광야 여행 시에 모세에 의해 취해진 이스라엘 백성에 대한 첫 번째 인구조사와 관련이 있었던 암미나답에 이르는 네 세대 내에 약 450년이 들어 있다(민 1:7).[16] 광야에서 유다 족속을 이끌었던 나손에서부터 다윗이 탄생하는 왕조의 부흥기까지 여섯 세대라는 시간이 흐르는 동안에 약 400년 이상의 세월이 흘렀다.[17] 이것은 마태가 역대상 2:5, 9-15의 족보로부터 이름들을 생략하고 있다는 직접적인 암시다. 그러한 생략은 고대 세계에서 흔했다. 기억할 수 있기 위해서 족보를 쉽게 만든 것이다(1:17의 주석을 보라).

보아스(참조. 대상 2:11-12)는 유다 이후의 족보에 구약성경 내러티브에서 잘 알려진 첫 번째 인물이다. 그는 룻기에서 주요한 인물 중 한사람이다. 그는 모압 족속인 룻과 결혼하여 오벳의 아버지가 되었다(마 1:5; 참조. 룻 4:17, 21; 대상 2:12). 다윗의 아버지가 되는 이새의 아버지라는 사실 이외에는 오벳에 대해서 알려진 것이 거의 없다(마 1:5; 참조. 룻 4:17, 21). 이새는 구약성경 내러티브에서 주요한 인물이다. 그는 사무엘에 의해 다윗이 기름 부음 받았을 때, 다윗이 사울의 권좌에서 힘을 얻었던 초기 시절, 그리고 골리앗을 죽인 군인으로서 다윗의 입문(삼상 16-17장) 시에 주로 나타난다.

예수의 족보에 여인들이 다섯이나 포함되고 있는 것—다말, 라합, 룻, 밧세바, 마리아—은 마태가 강조하고 있는 것의 단서를 발견할 수 있는 것으로 자주 인식된다.[18] 여성들은 구약성경의 족보에는 통상적으로 포함되지 않았다. 가계는 가정의 머리인 남자들을 통해서 주로 추적되었다. 여성들이 족보에 포함되었을 때는

---

16. 참조. 창 15:13; 출 12:40, 거의 1898-1445 B.C.
17. 참조. 민 2:3; 7:12; 삼하 5:4, 거의 1445-1040 B.C. 연대의 확장된 논의를 위해서는 J. Barton Payne, "Chronology of the Old Testament," *ZPEB*, 1:834-36을 보라.
18. 논의를 위해서는 *The Purpose of Biblical Genealogies*, 152-79, Hagner, *Matthew 1-13*, 10; Beverly Roberts Gaventa, *Mary: Glimpses of the Mother of Jesus*(Columbia: Univ. of South Carolina, 1995), 33-39을 보라.

보통 어떤 특별한 이유가 있었다.[19] 유사하게 마태는 예수의 족보에 이 다섯 여인들을 포함시켜야 할 몇 가지 이유를 가졌던 것으로 보인다(상황잇기를 보라).

유다의 며느리였던 다말(참조. 창 38장)은 유다가 자신을 성전의 창기인 것으로 생각할 수 있도록 속여 관계를 맺고 베레스와 세라를 낳았다. 유다는 다말에게 자신의 막내아들을 주기로 약속했지만 실천하지 않았기에 그녀는 손수 그런 상황을 만들었다. 그녀의 조상은 분명하지 않다. 어떤 이들은 그녀가 가나안 족속[20]이라고 하고 다른 이들은 그렇지 않다고들 말한다.[21] 다말은 역대상 2:4에서 발견되는 족보에도 올라 있다. "유다의 며느리 다말이 유다에게 베레스와 세라를 낳아주었으니." 마태의 어법이 역대상의 어법과 유사하기 때문에, 마태가 역대상에 있었던 그녀의 이름을 단순히 가져온 것으로 보이거나, 남자들에 의해 남용되었던 여인들의 권리를 포함시키기 원했을 것이다.

라합(참조. 수 2장)은 이방인이었고, 여리고의 창기였다. 그녀는 이스라엘 백성들에게 약속하신 땅을 정탐하기 위해 여호와가 보낸 두 정탐꾼을 보호했다(수 2:1-21). 여기서 우리는 다윗 조상에 라합이 포함된 것을 알 수 있는데, 이 사실은 성경이나 유대 문서의 그밖에 다른 곳에서는 발견할 수 없는 기록이다.[22]

룻(참조. 룻기 3장)은 모압 족속이다(예. 룻 1:4; 2:1, 6). 모압 족속은 십 대를 지나서까지 회중에 들어올 수 없었다(신 23:3). 하지만 여기서 마태는 이방 여인인 라합과 룻이 예수의 왕권적 계열에 들어 있음을 분명히 한다.

위에서 주목했던 것처럼, 마태의 기록한 족보에서 가장 두드러진 특징 가운데 속하는 것이 예수의 왕족 계열에 대한 강조다. 다윗은 단순히 이새의 아들이 아니라(누가복음의 족보에서 진술하고 있는 것처럼, 눅 3:31-32), "다윗왕"이다(마 1:6). 이는 예수의 족보에서 왕권적 특징이 강조되고 있음을 분명히 알려준다. 여기서부터 마태는 신약성경의 다른 어떤 책보다도 많은 22번이나 "왕"이란 단어를 사용하여 왕권에 대한 강조를 유지한다. 이 복음서 전체를 통해서 마태는 "유대인의 왕"으로서의 예수에 관한 초점을 유지한다.[23]

---

19. 예를 들어, 대상 1:39, 2:3-4, 16, 18, 24, 26, 29, 48-49, 3:9.
20. 예를 들어, Gordon Wenham, Genesis 16-50(WBC2, Waco, Tex.: Word, 1987), 366. Richard Bauckham, "Tamar's Ancestry and Rahab's Marriage: Two Problems in the Matthean Genealogy," *NovT* 37(1995): 313-329.
21. John Sailhamer, "Genesis," *EBC*, 2:232.
22. Johnson, *The Purpose of Biblical Genealogies*, 162-65을 보라.
23. 2:2; 27:11, 29, 37, 42을 보라. 이것은 헤롯왕과 아켈라우스(2:1-23)와의 대조, 비유에서 왕에 관한 언급(22:1-13) 그리고 심판 날의 보좌에 왕으로서 앉아 계신 인자에 의해서도 강조된다.

다윗왕에서부터 바벨론 유배까지(1:6b-11). 다음에 마태는 다윗왕에서부터 바벨론 유배에 이르는 남부 유다 왕국에서 지속되었던 왕조를 통해 예수의 족보를 추적한다. 그때는 남방 왕조와 북방 왕조간에 강렬한 분쟁의 시기였다. 이 분쟁이 권력을 위해 투쟁하는 다양한 분파로서 내부에서 나타나기도 했지만, 앗수르와 바벨론이 취한 정복으로서 외부에서 나타나기도 했다. 마태는 이 부분을 역대상 3:10-14을 따라서 적고 있다. 역대기와 마태복음에서 이 족보들은 열왕기와 역대기의 전반적인 이야기에서 발견할 수 있는 일부 왕들을 생략하고 있기 때문이다. 아브라함과 다윗의 목록에서처럼 기억이 쉽도록 획일적으로 만들기 위해서 이름들을 생략하고 있다(1:17의 주석을 보라).

우리가 밧세바로 알고 있는 "우리아의 아내"(참조. 삼하 11:1-27)는 예수의 족보에 거명된 네 번째 여성이다. 그녀는 이전의 다말과 라합처럼 도덕적으로나 윤리적으로 문제가 있는 인물 가운데 한 사람이다.

위에서 주목했던 것처럼, 마태는 다윗의 아들 솔로몬을 통해서 예수의 족보를 추적한다. 그 가계는 왕족으로서 예수의 탄생에서 절정을 이룬다. 이 항목의 두드러진 특징은 이스라엘을 통치했던 선하거나 악한 왕들이 교대적인 나타나고 있다는 사실이다. 신실했거나 그렇지 않은 왕들을 이 족보가 동시에 소개한 것은 마태복음을 읽는 독자들을 놀라게 했을 것이다. 예수의 조상들은 결점이 있지만 잠재력이 있는 백성들의 집합으로 이루어진 인간들이다. 하나님은 이런 이들을 통해서 그의 구원이 이루어질 수 있게 하셨다.

다시 말해서 예수의 족보에서 의인의 패턴은 없다. 간음자, 창기, 영웅, 그리고 이방인을 아브라함과 다윗의 족보에서 모두 발견할 수 있다. 사악한 왕이 선한 왕을 낳고, 선한 왕이 사악한 왕을 낳은 것을 볼 수 있다. 사악한 왕이었던 르호보암(참조. 왕상 14:21-31)과 그의 사악한 아들 아비얌(참조. 왕상 15:1-7)은 선한 왕이었던 아사(참조. 15:10-11)와 여호사밧(참조. 왕하 8:16-19)의 조상이 되었다. 그리고 아사와 여호사밧의 자손은 사악한 왕 요람이었다(참조. 왕하 8:16-19). 칼슨이 주목한 것처럼, "선하든 악하든, 그들은 메시아의 가계에 속했다. 은혜가 그 피 속에 흐르지 않을지라도, 하나님의 섭리를 속일 수 없고, 능가할 수 없다."[24]

마태는 여호람에서 웃시야로 곧바로 넘어간다. 아하시야(왕하 8:25-26)와 요아스(또는 예호아스라 불린다. 왕하 12:1-3) 그리고 아마샤(왕하 14:1-4)를 생략한다.

24. Carson, "Matthew," 67.

아마샤는 웃시야나 아사랴의 직접적인 육체적 아비였다(왕하 14:21-22). 선한 왕과 악한 왕의 교대적인 언급은 요시야를 통해서도 계속된다. 그는 사악한 왕이었던 여고냐 또는 고나(마 1:11; 참조. 렘 22:24, 28; 24:1)의 아버지였다. 여고냐는 여호아긴이라고도 불리었다(대하 36:9).

구약성경의 기록에 따르면(왕하 23:31-24:20), 몇몇 경건치 못한 왕들이 바벨론 유배 직전에 요시야 이후에도 짤막하게 통치했다. 즉 요시야의 아들들인 여호아스, 여호아김, 시드기야 그리고 그의 손자인 여호야긴/여고냐(참조. 왕하 24:18-25:7; 대하 36:10)이 이스라엘을 통치했다. "바벨론으로 사로잡혀 갈 때에 요시야는 여고냐와 그의 형제들을 낳으니라"고 진술할 때 마태는 무엇을 의미하는가? 이 문제를 푸는 방법은 당시에 70인경이 여호아김과 그의 아들 여호아긴/여고냐 둘 다에 대해 헬라어 이름인 '여호아김'을 사용하고 있음을 인식해야 한다.[25] 따라서 "여고냐와 그의 형제들"에 대한 마태의 언급은 이중적인 뜻을 가졌을 것이다. 그는 독자들에게 여호아김으로 예루살렘에서의 다윗 가문의 통치의 종말과 그의 아들 여호야긴으로 다윗 계열의 진행중인 역사를 생각하도록 의도했을 것이다(참조. 1:2에 유다와 그의 형제들"이란 표현).[26] 그러고 나서 그 민족은 유배되었고, 통치하는 왕이 없이 되돌아왔다. 그들은 그 보좌의 상속자 곧 메시아 예수의 도래를 기다려야 했다.

바벨론 유배에서 메시아 예수까지(1:12-16). 유배에서 이스라엘이 돌아온 후에 다윗 가문은 여고냐를 통해 계속 이어진다. 사실상 여호야긴/여고냐는 유배 시에 바벨론에서 죽었다(참조. 렘 52:34). 그는 사악한 왕이었고(왕하 24:8-9; 대하 36:9), 그의 악함이 승하여 예레미야가 "그의 자손 중 형통하여 다윗의 왕위에 앉아 유다를 다스릴 사람이 다시는 없을 것임이라"(렘 22:30)고 신랄하게 예언하였다.

여고냐에 대한 그러한 끔찍한 예언적 저주로 인해 이것이 보좌에 대한 예수의 권리를 정당화시키지 못함을 가정할 수 있으나, 위에서 언급한 것처럼, 마태가 그 보좌에 대한 요셉의 합법적 권리를 따르고 있고, 누가가 그 보좌에 대한 (Heli의 양자적 상속자로서 요셉의 합법적 권리를 포함하고 있는) 마리아의 생물학적 권리를

---

25. 칠십인경에 4 Kings 24:6, 8, 12, 15; 25:27; 렘 52:31을 보라.

26. John Nolland, "Jeconiah and His Brothers(Matthew 1:11)," *BBR* 7(1997): 169-77을 보라. 또한 다소 다른 접근을 사용한 유사한 결론에 대해서는 Hagner, *Matthew 1-13*의 5-6을 보라. 이 견해가 갖는 주요한 난제는 여호아김과 달리 여고냐란 이름이 두 사람의 모습을 발생시켰다는 결론적인 증거가 없다는 것이다.

따르고 있다면, 그것은 여고냐에 대한 저주가 합법적 계보를 무효케 하지 못함을 마태가 어떻게 인식하고 있는가 하는 것을 설명해준다. 그 보좌에 대한 합법적 권리가 여고냐의 계보를 통해 여전히 왔을지라도, 그 저주가 자연적이고 생물학적인 아들이 권좌에 올라가는 것을 막았을 것이다.

여고냐는 스알디엘을 낳았고, 스알디엘은 스룹바벨을 낳았다. 스룹바벨은 유배에서 이스라엘로 돌아왔던 첫 번째 무리의 지도자다. 그는 페르시아 왕 다리오 하에서 유대의 통치자였고(스 3:2; 5:2), 유대 전승에 잘 알려진 사람으로서 평판이 높았다(Sir. 49:11). 아비훗에서 야곱에 이르는 아홉 명의 이름은 마태복음의 족보로만 알려져 있다. 그들은 다른 구약성경과 유대 문헌에는 나오지 않는다. 마태는 A.D. 70년에 로마가 예루살렘을 약탈하고 파괴하였던 성전에 저장된 족보 기록에서 이 사실을 얻었을 것이다.

메시아 예수에서 마태복음의 족보가 완성되다(1:16-17). 마태는 이제 이 족보의 정점에 이른다. 예수는 다윗의 참된 아들이시다. 그는 다윗 권좌와 연관된 언약적 약속의 의로운 합법적 상속자시다. 또한 그는 아브라함의 참된 자손이시다. 아브라함의 씨와 땅과 연관된 언약적 약속의 의로운 합법적 상속자시다. 그러나 예수는 어느 누가 기대했던 것 이상의 분이시다. 그의 탄생은 다윗 가문의 다른 사람들과 같지 않았다.

마태는 헌신과 교리에 중요한 진리들을 강조하기 위해서 예수의 지상 사역과 생애에 관한 기사에서 의도적으로 정확함을 보여준다. 족보에서 그는 "야곱은 마리아의 남편 요셉을 낳았으니 마리아에게서 그리스도라 칭하는 예수가 나시니라"(1:16)[27]고 쓰고 있다. 영어문장은 마태가 헬라어에서 예수에 대해 썼던 두 가지 중요한 요지를 분명히 보여주지 못한다.

(1) 영어성경의 "of whom"이란 단어의 배후에는 '헤스'라는 헬라어 관계대명사가 있다. 관계대명사의 여성형은 예수 그리스도를 낳았던 자로서 마리아를 특히 가리킨다. 족보는 보통 아이를 낳은 남성을 강조하지만 여기서 마태는 요셉과 마리아 그리고 예수 그리스도의 관계에 관한 정확한 진술을 전달해주고 있다. 족보가 예수의 합법적 아버지로 요셉을 설정하고 있지만, 마태는 마리아에게서 예수가 낳아졌다(was born)고 말함으로써 그녀가 생물학적 부모임을 강조한다. 이는 요셉

27. 1:16의 텍스트의 배후에는 복잡한 본문 비평적 문제들이 있다. 하지만 가장 좋은 독법은 오늘날 모든 주요한 헬라어 텍스트들에서 발견되는 것이다. NIV는 그것을 따른다. "A Text-Critical Discussion of Matthew 1:16," *CBQ* 58(October 1996): 665-73을 보라.

에 대한 관심에서 마리아에 대한 관심으로 전환시킴으로써 처녀 잉태를 생각할 수 있도록 독자들을 준비시킨다.

(2) "낳아졌다"는 표현은 수동태의 동사 '게나오'를 번역하고 있으며, 이는 예수의 기원을 보다 상세히 설명해준다. 우리가 이전에 주목했던 것처럼, 1:2-16에서 이와 동일한 동사가 40번이나 출현한다. 하지만 다른 모든 동사들은 능동태이다(예. 1:2: "아브라함이 이삭을 낳고", "아브라함이 이삭의 아비가 되고"). 하지만 1:16에서의 동사는 수동태로 주어는 마리아이며, 그녀는 행위를 수납하는 자다. 마태는 그것으로 아기를 낳은 것이 마리아의 유일한 행위가 아니라는 것을 구체화한다. 그럼으로써 마태는 독자들로 하여금 천사가 예수의 잉태와 탄생에 대한 하나님의 행위를 선언하는 일을 준비시킨다(1:18-25). 이런 수동태는 신약성경에서 흔히 있는 구문이다. 많은 문법학자들이 이것을 "신적인 수동태"라 부른다. 하나님이 그 행위의 예상할 수 있는 대리자라는 것이다.[28] 이와는 대조되게, 마리아가 예수를 낳고 있는 자임을 밝히는 곳에서는 능동태 동사인 '틱토'를 사용한다(1:25).

마태는 "of whom"이란 관계대명사의 여성형을 사용함으로서 그리고 "낳아지다"라는 수동형 동사를 사용함으로써 마리아가 예수의 어머니이지만 아이를 낳는 일에 "수여자가 되었음"(was acted upon)을 의도적으로 강조한다. 나중에 마태는 예수의 잉태가 기적이며 그녀에게 임한 성령에 의해 초래된 것임을 분명히 한다(1:18-25). 예수는 참으로 그리스도, 메시아, 다윗의 아들, 아브라함의 자손(1:1)이지만, 하나님의 아들 곧 "하나님이 우리와 함께 하시는" 임마누엘이시다(1:23). 이 분은 다윗 가문의 평범한 왕이 아니시다.

마태는 족보의 구조가 메시아 예수에게서 절정을 이룬다는 것을 드러낸다. 족보는 암기를 쉽게 하기 위해서 자주 간추려진다. 마태는 아브라함에게 주어진 언약에서부터 다윗에게 주어진 언약까지가 열 네 대, 다윗의 통치의 말미에서 바벨론으로의 유배까지 열 네 대, 그리고 바벨론 유배에서 예수까지가 열 네 대로 간주할 수 있도록 구조화한다.

이런 조직에서 어려움을 발생시키는 것은 족보에 나오는 모든 이름이 41명이라는 사실이다. 하지만 열 네 세대를 세 그룹으로 곱하면 42명의 이름이 나온다. 이것은 한 이름이 두 번 사용되었음을 암시한다. 추산해 볼 때, 열 네 세대의 첫 번째 그

---

28. BDF, 72(§130.1), Daniel B. Wallace, *Greek Grammar Beyond the Basics: An Exegetical Syntax of the New Testament*(Grand Rapids: Zondervan, 1996), 437.

룹에서 열 네 명의 이름은 아브라함에서 시작하여 다윗에서 끝난다. 열 네 세대의 두 번째 그룹은 다윗 시대에서 바벨론 유배까지 이르는데, 이 그룹에서 계수되는 이름은 솔로몬으로 시작하여 여고냐로 끝난다. 유배에서 예수에게로 이르는 열 네 세대의 세 번째 그룹은 여고냐를 언급하는 것으로 시작하여 예수의 이름으로 끝난다. 위에서 제기했던 것처럼, "여고냐"라는 이름을 두 가지 의미로 해석할 수 있다. 즉 그것은 여호아김과 두 번째 그룹의 세대의 끝을 나타낼 수도 있고, 여호야긴과 유배 이후에 세 번째 그룹의 세대의 시작을 나타낼 수 있다. 이런 가정 하에 "여고냐"란 이름이 두 번 계수되어, 마태복음의 족보에서 서로 다른 두 통치자와 시대로 간주할 수 있다. 따라서 다음과 같이 분류할 수 있다.

아브라함에서 다윗
솔로몬에서 여고냐/여호야김
여고냐/여호야긴에서 예수

가계(家系)에서 어떤 세대들은 생략되어 기억하기 좋게 구조가 만들어졌다. 또 어떤 이름은 주목하기 위해서 더 특출 나게 언급되고 있다. 오직 한번만 계수 될지라도, 다윗은 두 번 언급되는데, 예수가 다윗 계열의 메시아임을 유대 독자들에게 강조하기 위해서다. 14란 수는 다윗을 언급하는 미묘한 말이 될 수 있다. 다윗이란 이름의 히브리 자음의 숫자적 가치가 열 넷(d w d=4+6+4)이기 때문이다. 문자에서 숫자적 가치를 계수하는 유대의 관행을 '게마트리아'(*gematria*)라 불린다.[29] 다윗의 이름에 나오는 자음의 수적인 가치를 암시한 것은 히브리의 배경과 관행에 익숙했던 청중들에게는 의미가 있었을 것이다.

상황잇기

복음서의 목적. 복음서를 고대의 다른 문서들과 비교할 때, 그것은 두 가지 차원에서 저자들이 글을 썼음이 분명하다. 첫째는 역사적 예수를 제시하고, 둘째는 복음서 저자의 청중들의 필요와 관심에 상응하는 예수에 관한 관점을 제공하는 것이다. 이 두 차원에서 저자들은 독자들의 믿음을 일깨우고 강화하기를 원했

29. R. J. Werblowsky and G. Wigoder, eds., *EJR*(New York: Holt, Rhinehart, Winston, 1965), 154(sub "Gematria").

다.[30] 두 차원에서 저자들의 독특한 관점은 단지 각 복음서의 첫 구절을 읽음으로써 분명해진다. 각각의 복음서가 얼마나 확연하게 다르게 시작하는지를 주목하라.

마태복음 1:1 "아브라함과 다윗의 자손 예수 그리스도의 계보라."

마가복음 1:1 "하나님의 아들 예수 그리스도의 복음의 시작이라."

누가복음 1:1-4 "우리 중에 이루어진 사실에 대하여 처음부터 목격자와 말씀의 일꾼된 자들이 전하여 준 그대로 내력을 저술하려고 붓을 든 사람이 많은지라 그 모든 일을 근원부터 자세히 미루어 살핀 나도 데오빌로 각하에게 차례대로 써 보내는 것이 좋은 줄 알았노니 이는 각하가 알고 있는 바를 더 확실하게 하려 함이로다."

요한복음 1:1 "태초에 말씀이 계시니라 이 말씀이 하나님과 함께 계셨으니 이 말씀은 곧 하나님이시니라."

서론에서 논의했던 것처럼, 복음서는 예수의 삶과 사역에 관한 역사적 사실들의 정확한 기술을 각기 주고 있다. 하지만 각 복음서들은 언급하고 있는 청중들의 특별한 필요를 위해 예수의 생애와 사역에 관한 독특한 관점을 제공한다.[31] 예를 들어, 마가복음은 예수의 삶과 사역에 관한 초보적 지식을 필요로 했던 사람들에게 복음의 근본적인 선포에 집중하고 있다. 누가는 예수의 삶과 사역의 실제에 대해 데오빌로를 설득하기 위한 역사적 사실들을 기술하고 있음을 분명히 한다. 요한은 영원한 로고스로서 예수에 대한 신학적 묵상을 제공하고 있는데, 이는 교회의 첫 세대를 위해 필요한 것이라기보다는 후대의 신자들을 위해 필요한 것들이다.

마태복음은 어떠한가? 마태복음의 서두절은 그 복음서의 전반적인 목적과 관점에 대한 중요한 단서를 제공한다. 마태복음은 유대인들의 신앙을 일깨우고 유대 크리스천들의 신앙을 강화하기 위한 일을 시도함으로써 유대적 배경이 있는 사람

---

30. 예를 들어, David E. Aune, *The New Testament in Its Literary Environment*, ed. Wayne A. Meeks(LEC, Philadelphia: Westminister, 1987), 59-63을 보라.

31. 각각의 복음서들이 대체로 수신하고 있는 원 청중을 갖고 있었을지라도, 그것은 어떤 특별한 공동체에 배타적으로 의도된 것이 아니라 각 복음서들이 순환될 수 있었던 폭넓은 청중들의 안목으로 작성되었다. Richard Bauckham, ed., *The Gospels for All Christians: Rethinking the Gospel Audiences*(Grand Rapids: Eerdmans, 1998), 그리고 일반적으로 Martin Hengel, *The Four Gospels and the One Gospel of Jesus Christ: An Investigation of the Collection and Origin of the Canonical Gospels*(Harrisburg, Pa.: Trinity Press International, 2000)을 보라.

들에게 특별한 의미를 갖는다. 예수가 다윗왕을 통한 이스라엘의 권좌에 대한 약속의 상속자로서 "메시아", "다윗의 아들"이기 때문이다. 그러나 이 복음서는 이방인 배경을 갖는 사람들의 신앙을 일깨우고 강화시키려는 의도도 역시 있다. 이방인과 이방인 크리스천들은 "아브라함의 아들"로서 예수의 혈통이 이 세상 온 민족에 대한 약속의 성취를 이루었음을 알 수 있는 놀라운 소망을 발견할 수 있다. 예수가 아브라함 족장을 통해 형성된 보편적인 언약적 축복의 상속자가 되기 때문이다.

이것은 마태가 자신의 복음서를 쓰게 된 목적의 중요한 단서가 된다. 그는 예수가 이스라엘 백성들에게 주어진 약속을 성취했음을 설명하는 유대적 배경을 갖는 이야기를 작성했다. 또한 그는 예수가 온 백성을 위한 구원의 보편적 소망에 대한 성취를 이루었음을 설명하는, 온 민족들에게 해당하는 메시지를 이야기 속에 엮고 있다.

하나님의 신실하심. 서두가 족보로 곧바로 들어갈 때, 마태는 메시아로 확인할 수 있는 분으로서 예수의 족보를 전개한다. 그러나 이 족보에 나오는 사람들의 신실함과 그렇지 못함이 마태복음의 독자들을 놀라게 했음이 틀림없다. 예수의 조상들은 결점이 있지만 잠재력이 있는 보통의 인간들이었다. 하지만 하나님은 구원의 계획을 이와 같은 사람들을 통해 역사하셨다.

예수의 족보에서 일정한 의의 패턴은 없다. 우리들은 간음자, 창기, 영웅 그리고 이방인들을 발견할 수 있다. 사악한 르호보암이 악한 아비야의 아버지가 되고 이 아비야는 선한 왕이었던 아사의 아버지가 된다. 아사는 선한 왕이었던 여호사밧의 아버지가 되지만(1:8), 여호사밧은 악한 왕이었던 요람의 아버지가 된다.

이런 사실이 마태복음의 독자들로 하여금 선한 일을 좇아야 하는 책무를 소홀히 할 수 없게 했다. 사악함을 좇았던 특권층이 궁극적으로 심판을 받았기 때문이다. 오히려 이런 사실이 보통의 사람들을 통해서 하나님의 뜻을 주권적으로 이루시는 그분 앞에 경외함으로 설 수밖에 없게 만든다.

따라서 복음서의 처음 시작에서 마태는 메시아의 계보에 속하는 각 사람의 인격적 자질들이 중요하지 않음을 독자들에게 상기시킨다. 오히려 구원의 계획을 가져오는 하나님의 신실하심에 초점을 맞춘다. 예수의 생애와 사역에 관한 전체적인 마태의 이야기에서 분명하게 나타나는 것처럼, 하나님의 신실하심을 강화시킨 것은 자기 백성들에 대한 하나님의 압도적인 사랑이다. 족보에서 죄인들과 의인들을 함께 열거한 이 사실을 주목한 마이클 그린은 "복음의 처음 시작에서 모든 것을 포용하시는 하나님의 사랑이 강조되고 있다. 어느 것도 이 길을 방해할 수 없다. 이 사실을 필요로 하지 않는 사람은 아무도 없다."[32] 이것이 메시아 예수에 대한 마태 이야기의 분명한 메시지다.

남성과 여성. 대부분의 학자들은 마태복음의 강조에 대한 또 다른 단서로 예수의 족보에서 다섯 여인들이 포함되고 있음을 주목한다. 위에서 언급한 것처럼, 여성들은 구약성경의 족보에 항상 포함되지 않았다. 여성들이 족보에 포함되었을 때는 보통 어떤 특별한 이유가 있었다. 마태복음의 목적에 대한 고찰은 긴 역사를 갖고 있지만,[33] 예수의 족보에 이 여성들이 포함된 몇 가지 이유가 있었다고 본다. 마태복음의 목적을 어느 한 가지로 줄일 수는 없겠지만 다음과 같은 긍정적인 이유들을 열거할 수 있을 것이다.

(1) 여성들은 유대 사회에서 비주류에 속하고 심지어 학대를 받기까지 했다. 예수의 족보에 다말이 포함되는데, 그녀는 남성들의 속임수로 인해 어머니 됨을 거부당한 여성이었다. 여인들이 족보에 나옴은 유대 문화에서 거부 당했던 성적 동등성을 대변한다.[34] 처음부터 예수는 남성과 여성의 인격적 동등성과 위엄을 회복하기 위해서 오셨다.

(2) 다말, 라합, 그리고 밧세바는 도덕적으로 지각없는 행동을 한 것으로 알려져 있다. 그들은 예수가 구원하기 위해서 오신 여성 죄인들의 대표자들이다. 이는 예수가 남녀를 구별하지 않고 구원하신다는 강력한 진술이 된다.[35]

(3) 첫 네 여성들은 이방인이었다. 다말과 밧세바의 인종이 분명하지는 않다.[36] 하지만 룻이 모압 족속이었으며 열 세대까지 모압 족속이 총회에 들어올 수 없었다(신 23:3). 라합은 의심할 것도 없이 가나안 여인이다. 마태는 이 사실에서 구원이 모든 인종 그룹에게 가능하다는 것을 가리키고 있다. 그것은 이 복음서에서 강

---

32. Michael Green, *The Message of Matthew: The Kingdom of Heaven*(BST, Downers Grove, III.: InterVarsity Press, 2000), 59.

33. 다양한 견해를 평가하고 있는 최근의 요약에 대해서는 Johnson, *The Purpose of Biblical Genealogies*, 152-79, Brown, *The Birth of the Messiah*, 71-74, Davies and Allison, *Matthew I-VII*, 170-72, John C. Hutchison, "Women, Gentiles, and the Messianic Mission in Matthew's Genealogy," *BibSac* 158(April-June 2001): 152-64을 보라.

34. Gaventa, *Mary*, 33-39, Wim J. Weren, "The Five Women in Matthew's Genealogy," CBQ 59(April 1997): 288-305.

35. Morris, *Matthew*, 23.

36. 밧세바의 인종은 불확실하다. 그녀가 첫 남편인 힛타이트족 우리아의 이름으로만 언급되고 있기 때문이다. 참조. John Nolland, "The Four(Five) Women and other Annotations in Matthew's Genealogy," *NTS* 43(1997): 527-39.

력한 모티브를 형성한다(마 8:5-13; 28:18-20). 예수가 조상들 가운데 이방인 남성을 갖지는 않았지만, 이방인 여성들은 갖고 있었다. 이것이 메시아가 유대인뿐만 아니라 이방인들을 위해서도 오셨음을 적용하도록 제기한다.[37]

(4) 언급된 여성들은 비정상적인 결혼, 성적 스캔들, 또는 비합법적인 아이를 가졌다는 의심을 받았다. 마태는 마리아가 불법을 행한 것으로 의심하는 것을 반박하고 있는 것처럼, 그들 자신의 역사를 잊어버린 유대인들의 마리아의 상황에 대한 편견을 해소시키고 있다(1:18-25).[38]

(5) 이 여성들은 이스라엘 역사에서 중요한 시기를 각기 대변한다. 이방인 여성들은 용기와 믿음이 부족하였던 유대인들과 대조되어 비범한 신앙을 보인다. 다말과 유다의 불충실, 라합과 광야 세대의 불신앙, 룻과 사사 시대에 불신앙적인 이스라엘 백성들, 우리아와 밧세바와 죄를 저지른 다윗을 대조해 보라. 메시아의 계보는 이스라엘이 불충실할 때 심지어 이방인을 통해서 보존되었다.[39]

마태복음의 서두절에서 우선적으로 중요한 것은 하나님이 이스라엘에 대한 언약적 약속과 온 민족들에게 신실하셨음을 이해하는 것이다. 메시아 예수의 태생으로 구원의 여명이 인종, 성, 또는 신분과 상관없이 온 백성들에게 임했다. 참으로 메시아 족보에 예기치 않은 이름들을 포함시킴으로써 마태는 하나님이 그의 목적을 이루기 위해서 어느 누구도—설사 비주류이고 멸시를 받고 있을지라도—사용하실 수 있음을 보여준다. 기독교에 대한 적대감이 상승하고 있는 세상의 배경에 대항하여, 마태는 하나님의 참된 백성들로서 교회의 정체성을 굳건히 한다. 하나님의 백성들은 인종적, 경제적, 종교적 장벽을 초월하여 메시아 예수 안에서 하나가 될 수 있다.

---

37. Ulrich Luz, *Matthew 1-7*, 109-10, Bauckham, "Tamar's Ancestry and Rahab's Marriage," 313, Craig S. Keener, *A Commentary on the Gospel of Matthew*(Grand Rapids: Eerdmans, 1999), 78-81.

38. Brown, *The Birth of the Messiah*, 71-74, Edwin D. Freed, "The Women in Matthew's Genealogy," *JSNT* 29(1987): 3-19, Craig L. Blomberg, "The Liberation of Illegitimacy: Women and Rulers in Matthew 1-2," *BTB* 21(1991): 145-50, Hagner, *Matthew 1-13*, 10, Davies and Allison, *Matthew I-VII*, 170-72.

39. Hutchison, "Women, Gentiles, and the Messianic Mission in Matthew's Genealogy," 152-64. 이 견해에서 그 의도는 주로 네 여인들에게 관심을 가지려는 것이 아니라, 이스라엘이 충실하지 못했을지라도 언약에 하나님이 얼마나 신실하셨는지를 설명하는 성경의 네 이야기들이다. 또한 John Paul Heil, "The Narrative Roles of the Women in Matthew's Genealogy," *Bib* 72(1991): 538-45을 참조하라.

현대적 의미

처음으로 마태복음을 연구하기 시작할 때, 보통 사람들은 마태복음 1장과 서두절을 읽음으로써 입문하게 된다. 그렇지만 그것은 온통 사람들의 이름뿐이다. 그러한 무미건조한 이름 목록들이 보여주는 현대적 의미는 무엇인가? 우리가 마태의 서언과 족보의 가치를 알지 못한다면, 실망하여 이 중요한 복음서에서 돌아서고 말 것이다.

변증적 가치. 유대의 독자들은 다윗의 보좌에 대한 예수의 권리를 세우고 그의 메시아적 신분을 밝히기 위한 마태복음의 서두절의 의미를 곧바로 인식했을 것이다. 메시아로서 예수를 믿는데 열심인 사람들은 예수와 함께 새로운 생명을 시작하는 것으로서 소망의 성취가 실현되었다. 적어도 이것은 마태가 자신의 복음을 썼던 목적의 일부이며, 오늘날도 유대인 그리고 크리스천들과 직접적인 관계가 있다.

이것이 19세기의 저명한 학자인 알프레드 에더샤임(Alfred Edersheim)의 경험이었다. 1825년에 오스트리아의 비엔나에서 유대 가정에서 태어난 젊은 알프레드는 유럽에서 봉사했던 스코틀랜드 장로교 목사의 영향으로 20대 초반에 크리스천이 되었다. 그 후 그는 스코틀랜드와 영국으로 건너가서 신학을 공부하고 목회 사역에 뛰어들었으며, 나중에 캠브리지와 옥스퍼드에서 연구하고 강의했다. 그는 자신의 성인 시절의 대부분을 그리스도의 삶에 관한 연구에 바쳤고, 이것은 그의 가장 영향력 있는 작품인 『메시아 예수의 삶과 시대』(*The Life and Times of Jesus the Messiah*)에서 절정을 이루었다. 그는 그 책을 "내 인생의 변증"(*apologia pro vita mea*)라 일컬었다.[40] 사도 마태처럼 에더샤임은 예수의 삶과 사역에서 마태의 족보가 증거했던 것, 즉 참으로 예수가 이스라엘 백성들의 메시아라는 사실을 발견했다. 예수의 탄생을 언급하면서, 그는 메시아에 대한 감동적인 증언을 하고 있다.

> 그는 완전한 인간이셨다—그는 인간의 이상이요, 그의 교리는 절대적인 가르침이었다. 세상은 그와 같거나 동등한 사람을 알지 못한다. 세상은 말의 증언에 의해서가 아니라 사실의 증거에 의해서 메시아를 소유하고 있다…만약 그가 메시아가 아니라면, 그는

---

40. Alfred Edersheim, *The Life and Times of Jesus the Messiah* (1899, repr.: Grand Rapid: Eerdmans, 1971), xix.

적어도 메시아의 일을 행하셨다. 그가 메시아가 아니라면 이후에도 이전에도 적어도 그와 같은 자는 없다. 만약 그가 메시아가 아니라면 세상은 메시아를 갖지 못했고, 앞으로 결코 메시아를 가질 수 없다.[41]

에더샤임은 이전의 다른 유대인 즉, 마태 전도자의 기록 속에서 이스라엘의 소망이요 메시아요 다윗의 아들이신 예수에 관한 설득력 있는 실제적 기록을 발견했다. 우리가 마태복음의 연구를 시작할 때, 그 안에서 유대 독자들에게 중요하고 직접적인 가치가 있는 메시지와 기독교인들이 메시아 예수의 진정한 신분을 유대인들이 더 온전히 이해할 수 있도록 도울 수 있는 가치 있는 메시지를 발견하게 된다. 따라서 한 가지 목표는 예수가 유대인들의 소망과 꿈을 참으로 어떻게 성취할 수 있는지에 관한 분명한 이해를 유대인들에게 제공하면서, 이 복음서가 어떻게 유대인 친구들과 이웃들의 필요에 직접적으로 언급하는지를 우리가 진정으로 이해하는 것이다.

뿌리. 또한 마태의 서두절은 어떤 배경의 독자들에게도 두드러진 관계성을 제공한다. 마태가 아브라함으로 예수의 족보를 추적할 때, 언약이 모든 인간을 포함한다는 것을 분명히 한다. 우리 모두 예수의 족보에 나오는 구원 역사에서 우리의 뿌리를 발견할 수 있다.

사람들에게 자신의 족보를 얼마나 추적할 수 있는지를 물어 보라. 때로 나는 내 강의를 듣는 두 세 명의 사람들에게 기억나는 대로 아버지, 할아버지, 증조 할아버지의 이름을 칠판에 써보도록 요구한다. 그때면 거의 예외 없이 학생들은 오직 할아버지나 기껏해야 증조할아버지 정도 거슬러 올라간다. 언젠가 신학교에 다니는 세 명의 젊은이들이 동시에 나에게 왔다—한 사람은 제패니스-하와이 배경을 가졌고, 다른 한 명은 멕시코-아메리카 배경을 가졌으며 또 다른 한 명은 차이니스-아메리카 배경을 가졌다. 그들의 조상이 서로 다른 문화적 배경을 가졌음에도, 이들은 오직 세 세대의 조상만을 추적할 수 있을 뿐이었다.

이런 이유 중 많은 것들이 더 이상 오랄(구두) 문화 속에서 젊은이들이 살지 않고 있기 때문이다. 요즈음의 젊은이들은 가계(家系)를 기억함으로써 자신들의 문화를 전수하는 것에 익숙해 있지 않다. 또 다른 요인은 오늘날 우리들은 이전보다 훨씬 더 기동력 있는 세상에서 살고 있다. 많은 젊은이들이 자신의 확대 가정에서

41. Ibid., 180-81.

떠나서 생활하고 있다. 게다가 자아를 중시하는 현대 사회에서는 자주 과거의 것들을 간과한다.

하지만 가족의 유산에 대한 부족한 지식에도 불구하고, 마태는 우리가 또 다른 정해진 뿌리 곧 믿음의 뿌리를 갖고 있음을 보여준다. 사람들이 크리스천이 되면 그는 오래도록 정돈된 족보의 믿음의 일원으로 즉시 입양된다. 교회 역사를 통해서 우리는 예수에 의해 시작된 믿음의 가계를 거의 2000년을 통해 거슬러 올라갈 수 있다. 아울러 예수를 통해 하나님이 족장 아브라함을 통해 세우신 언약의 뿌리를 추적할 수 있다. 사도 요한은 우리들에게 이렇게 말한다.

> 예수께서 자기 땅에 오매 자기 백성이 영접하지 아니하였으나 영접하는 자 곧 그 이름을 믿는 자들에게는 하나님의 자녀가 되는 권세를 주셨으니 이는 혈통으로나 육정으로나 사람의 뜻으로 나지 아니하고 오직 하나님께로부터 난 자들이니라(요 1:11-13).

예수께서는 자신의 지상의 가정과 믿음의 가정을 대비시키시면서, "손을 내밀어 제자들을 가리켜 이르시되 나의 어머니와 나의 동생들을 보라 누구든지 하늘에 계신 내 아버지의 뜻대로 하는 자가 내 형제요 자매요 어머니이니라 하시더라" (12:49-50)로 말씀하셨다. 아브라함에게 주어진 언약을 예수께서 성취하심은 그가 구원으로 부르심을 듣는 모든 이들에게 영적인 가족에 합세할 수 있게 한다. 우리의 혈통이 어떠하든지 설사 그 혈통이 부족하더라도 우리는 모두 메시아 족보에서 뿌리를 갖는다. 어떤 배경, 인종, 색깔, 문화, 국적을 가졌든 하나님의 약속 안에서 그리스도인들은 모두 연합한다.

역사. 그리스도인들은 역사가다. 우리가 하나님의 구원 역사적 가계에 지금 뿌리를 내리고 있기 때문에, 그 역사를 발견하고 확고히 하는데 열심을 내야 한다. 예수의 십자가 처형, 부활 그리고 승천은 초대 교회의 설교에서 핵심이었다. 초대 그리스도인들은 이 놀라운 사건이 발생한 것을 보았고, 인간의 죄를 보속하는 희생자로서 예수의 유일성을 깊이 확신했다. 따라서 그들은 예수의 생애와 사역에 관한 사건들을 조심스럽게 문서화하고 당시에 예수를 대적하는 도전에 신빙성 있는 답변을 주었다. 그처럼 그들은 신실한 역사가들이었다. 역사의 사실에 확고히 뿌리 내린 믿음의 신학적 토대를 갖고 있었다.

오늘날 우리도 못지 않게 신실해야 한다. 예수의 위격과 사역에 대한 도전이 1세기에 그러했던 것처럼 오늘날도 맹렬하다. 다원주의, 세속주의, 그리고 상대주의는 우리 시대에 예수의 유일성에 대한 직접적인 도전을 제기하고 있다. 우리는 희망적인 사고나 감정적인 주관 또는 역사적 추측이 아닌 역사의 사실에 확고한 기초를 두는 신앙이 필요하다. 함축적으로 이 일은 교회 지도자들과 구성원들의 책임이다. 우리 모두 세상의 종교와 철학적인 학교 그리고 정치적인 이데올르기 가운데서 예수의 유일성으로 훈련받고 공부해야 한다.

이것은 예수가 누구이고 그가 무엇을 하기 위해 오셨고, 어떻게 그 일을 수행했는지에 대한 철저한 이해를 필요로 한다. 라이트(N. T. Wright)가 숙고한 것처럼, "신학도들이 1세기에 그랬던 철저하고 매력적인 연구를 다시 취하기를 나는 간절히 바란다. 그 1세기가 역사의 위대한 절정에 이르렀던 때가 아니라면, 교회는 단순히 시간을 허비하고 있을 뿐이다."[42]

크리스천으로서 우리들은 메시아 주 예수의 지상 사역에 대한 세심하고 확실한 이해 속에서 믿음을 공고히 하도록 부름을 받았다. 이것이 마태복음을 연구하는 주요한 목적 중의 하나다.

---

42. N. T. Wright, *The Challenge of Jesus: Rediscovering Who Jesus Was and Is*(Downers Grove, Ill.: InterVarsity Press, 1999), 31.

마태복음 1:18-25

18 예수 그리스도의 나심은 이러하니라 그의 어
머니 마리아가 요셉과 약혼하고 동거하기 전
에 성령으로 잉태된 것이 나타났더니
19 그의 남편 요셉은 의로운 사람이라 그를 드
러내지 아니하고 가만히 끊고자 하여
20 이 일을 생각할 때에 주의 사자가 현몽하여
이르되 다윗의 자손 요셉아 네 아내 마리아
데려오기를 무서워하지 말라 그에게 잉태된
자는 성령으로 된 것이라
21 아들을 낳으리니 이름을 예수라 하라 이는
그가 자기 백성을 그들의 죄에서 구원할 자
이심이라 하니라
22 이 모든 일이 된 것은 주께서 선지자로 하신
말씀을 이루려 하심이니 이르시되
23 보라 처녀가 잉태하여 아들을 낳을 것이요
그의 이름은 임마누엘이라 하리라 하셨으니
이를 번역한즉 하나님이 우리와 함께 계시다
함이라
24 요셉이 잠에서 깨어 일어나 주의 사자의 분
부대로 행하여 그의 아내를 데려왔으나
25 아들을 낳기까지 동침하지 아니하더니 낳으
매 이름을 예수라 하니라

원 의미

마태가 이전의 족보를 열거한 목적과 중심 되는 포커스—메시아의 잉태와 탄생—에 이르렀음을 약한 반의접속사[1]로 표시하고 있다. 마태는 예수가 다윗의 자손이자 아브라함의 자손이지만(1:1), 하나님의 아들임을 이제 드러낸다.[2] 이스라엘 역사에 새 시대의 시작[3]은 갈릴리의 작은 마을인 나사렛에서 예수의 잉태의 이야기로 발생한다(참조. 눅 2:4-5). 요셉과 마리아는 이때에 나사렛에 있었는데, 그곳이 그들의 고향이었고(눅 2:39), 그들이 궁극적으로 예수를 길렀던 곳이기 때문이다(마 2:23; 눅 2:39-40).

1. (NIV에서 번역되지 않은) 접속사 '데'(*de*)는 족보의 정점으로서 예수의 탄생에 독자들의 관심을 집중시킨다: "그가 말하고자 하는 예수의 탄생이 나타난다"(Carson, "Matthew" 81 n. 18).
2. 이 중요한 페리코프(pericope, 일관된 단위나 사상을 형성하는 일련의 구절들—옮긴이)에서의 강조는 예수의 족보적 연관성에 있지만 마태는 내러티브에서 나중에 분명히 나타날 하나님의 아들 모티브도 역시 도입한다. Jack Dean Kingsbury, *Matthew As Story*, 2d ed. (Philadelphia: Fortress, 1988), 49-58, Gerhardsson, "The Christologgy of Matthew," 21-23을 보라.
3. 1:1에서 나타났던 '제네시스'(시작)란 동일한 단어가 여기서 다시 나타난다(NIV, "탄생"). 이것은 예수 탄생의 이야기일 뿐 아니라 새 시대의 시작의 이야기다.

메시아 예수의 잉태에 관한 천사의 선언(1:18-21)

결혼이 예상되는 젊은 사람들의 관습처럼 요셉과 마리아는 약속한 "정혼"이나 "약혼"의 상태에 있었다. 이는 수많은 현대의 문화에서 발견할 수 있는 것보다 더 강력한 보증이었다. 이 당시에 유대 문화의 결혼 관습은 약혼과 결혼이라는 관계의 두 근본적인 단계를 포함한다.[4]

(1) 약혼의 단계는 배우자의 선택과 관련된다. 고대 근동 문화에서 가장은 이 약혼이란 단계의 준비로 시작되었다. 바벨론의 에쉬눈나 법(Laws of Eshnunna)은 "남자가 여자의 아버지와 어머니의 허락을 구하지 않고 여자를 데리고 와서, 그녀의 아버지와 어머니와 공식적으로 결혼 계약을 맺지 않는다면, 여자가 아무리 남자의 집에서 한 해를 거했을지라도 여자는 그 남자의 아내가 아니다"[5]라고 진술하고 있다. 하지만 구약성경의 어디에서도 그러한 구속하는 법이 주어지지 않았다. 다만 좋은 아내는 부모가 아니라 하나님으로부터 온다는 것을 인식하고 있을 뿐이다(잠 19:14). 또한 우리는 젊은이들이 자신의 선호를 알게 했던 예증을 발견할 수 있다(룻 2-4장).

그렇지만, 일반적으로 젊은 남자의 부모는 아들과 약혼할 젊은 여자를 관습적으로 선택했다(창 21:21; 38:6). 후대의 랍비 문서는 예수 당시에 남성들은 열여덟 살의 나이에 결혼했음을 암시할지라도, 젊은 남녀들이 자주 열두 서너 살에 결혼 서약을 했다(*m. ʾAbot* 5:21; *b. Qidd.* 29b-30a).

약혼을 하는 두 번째 단계는 공식적인 준비와 관련이 있다. 증인들 앞에서 정식 혼전 서약으로 젊은 남녀들은 약혼의 공식적인 상태에 들어갔다. 이것은 젊은 여자에 대한 합법적인 권리를 남자에게 주는 법적 구속력을 갖는 계약이었다. 이 약혼은 이혼의 공식적인 과정에 의해서만 파기될 수 있었다(참조. *m. Ketub.* 1:2; 4:2).

선물의 세 가지 유형이 이 시기에 교환되었다. ⓐ 신부에 대한 대가(참조. 창 34:12)는 신부의 가정에 신랑의 가족이 제공하는 보상의 선물이었다. 이것은 약속

---

4. Joachim Jeremias, *Jerusalem in the Time of Jesus: An Investigation into Economic and social Conditions During the New Testament Period*, trans. (Philadelphia: Fortress, 1969), 363-68; J. S. Wright and J. A. Thompson, "Marriage," *IBD*, 2:955-56; Victor P. Hamilton, "Marrige(OT and ANE)," *ABD*, 4:559-69을 보라.
5. J. B. Pritchard, ed., *Ancient Near Eastern Texts Relating to the Old Testament*, 3d. ed. (Princeton: Princeton Univ. Press, 1969), no. 27.

으로 봉인되며 두 가족을 결속시켰다. ⓑ 결혼지참금(참조. 창 24:59)은 신부의 아버지로부터 신부나 신랑에게 주는 선물이었다. 그것은 새로운 가정을 시작할 수 있도록 그들을 도왔다. ⓒ 신부에게 주는 신랑의 선물은 그들의 관계에 대한 헌신의 상징이었다(참조. 창 23:53).

"남편"과 "아내"라는 용어가 약혼한 파트너들을 언급하기 위해서 분명히 이 단계에서 사용되었다(1:16, 19, 20, 24을 보라). 유대에서 약혼한 커플들이 남자의 아버지의 집에서 이 기간 동안에 따로 있었다는 몇몇 증거가 있을지라도(*m. Ketub.* 1:5; *b. Ketub.* 9b, 12a), 갈릴리에서 약혼한 파트너들간의 성적인 관계는 관용되지 않았고, 여자들은 남자와 살기 위해 자기 집을 떠날 수 없었다. 약혼한 단계에서 다른 사람과 성적인 불충은 간음으로 간주되었고, 그 벌은 돌로 쳐죽임을 당하는 것이었다(참조. 레 20:10; 신 22:23-24). 하지만 신약성경 시대에 돌로 죽임을 당하는 것은 드물었다. 약혼자 중 한 사람이 죽게 될 경우에는 살아 있는 자는 "과부" 또는 "홀아비"가 되었다. 따라서 마태는 성적인 관계의 완곡어법인 "동거하기 전" 이었음을 구체화할지라도(참조. 고전 7:5), 요셉을 마리아의 "남편"으로 간주하였다(1:19).

(2) 약혼한 지 한 해 뒤에 공식적인 예식으로 적절한 결혼이 이루어졌다(*m. Ketub.* 5:2; *m. Ned.* 10:5). 특별한 결혼 예복을 입은 신랑과 동료들이 신부의 집으로 가서 신부와 신부의 하녀들을 결혼식 만찬이 열리고 있는 신랑의 집으로 데려왔다(마 22:1-14; 참조. 시 45:14-15). 부모와 친구들은 결혼하는 커플에게 복을 빌었고(창 24:60; 토빗서 7:13), 신부의 아버지는 문서로 된 결혼 계약을 작성했다. 이후에 곧 특별히 마련한 혼례방에서(참조. 시 19:5; 토빗서 7:16) 커플은 기도했고, 그 다음에 성적으로 결혼을 완성했다. 나아가서 신부의 처녀성의 증거로서 피묻은 천을 보였다(신 22:13-21). 가끔 결혼 축제는 한 주 또는 그 이상을 진행했다(창 29:27; 토빗서 8:20). 그러고 나서야, 커플들이 통상적으로 확대 가정과 함께 살았을지라도, 자기 가정을 형성할 수 있었다.

마태가 내러티브를 전개할 때, 마리아는 임시한지 거의 4개월 째였다. 그는 "친척"[6]인 엘리사벳과 석 달을 보냈으나(눅 1:36, 56), 그녀가 임신한 것이 "나타났던" 나사렛으로 이제 돌아간다. 이것은 마리아가 자신의 임신을 감추려 했다는 것을 의미하지 않고(즉, 그녀는 요셉에게 "알렸다"), 요셉을 포함하여 그 사실이 다른 이

6. '신제니스'는 아주머니(이모나 고모 또는 백모 등)나 사촌을 일컫는다.

들에게 알려졌다. 하지만 이것은 공개적인 알림이 아니다. 요셉이 그녀를 가만히 끊을(이혼) 수 있었기 때문이다.

마태는 아기가 성령으로[7] 잉태되었음을 간단하게 진술한다. 잉태의 초자연적인 기원에 관한 지식이 없었기에 요셉은 마리아가 간음을 저질렀다고 자연히 생각한다.[8] 의로운 사람으로서 요셉이 이혼의 보증을 얻는 것은 적절하다. 그렇게 하는 것은 구약성경에 "의로운 자들"의 통상적인 지각—율법에 따른 의로운 행위—이다. 동일한 형용사가 스가랴와 엘리사벳(눅 1:6)과 시므온(2:25)에게도 사용된다.

그러나 이 시점에서 요셉은 개인적인 딜레마에 빠진다. 그는 마리아와 결혼할 수가 없다. 그것은 그가 생각하기에 마리아의 간음죄를 용서하는 것이기 때문이다. 고대 유대교의 수많은 그룹들에서 간음했음으로 이혼하는 것은 선택이 아니라 의무였다. 간음은 합법적인 사실의 문제로서 결혼을 단절시키는 불결의 상태를 생산하기 때문이다.[9] 하지만 마리아에 대한 오랜 평판에 대한 배려가 그녀가 공개적인 수치를 당하는 것을 피하게 했다.[10]

따라서 요셉은 할 수 있는 두 가지 선택만을 갖고 있다. 하나는 공개적인 이혼을 추구하는 것이다. 그녀의 상태가 명명백백히 알려지게 될 것이다. 그렇게 되면 그녀가 간음자로 공동체에서 수치를 당하게 될 것이다. 어쩌면 율법에 따라서 돌에 쳐죽임을 당할 수도 있다. 두 번째는 그녀를 드러내지 않고 끊는 것이다. 율법은 상대적으로 은밀한 이혼을 허락하면서(두 세 명의 증인) 그 행위가 공개적일 것을 요구하지는 않았다. 후자가 요셉이 율법에 따라 의를 유지하면서 마리아가 공개적인 수치와 돌로 쳐죽임을 당하지 않는 유일한 선택이었다.[11]

---

7. 마태는 족보적인 문맥의 1:3, 5(2번), 6, 그리고 16절에서의 사용을 반영하면서 1:18에서 전치사 '에크'를 사용한다(참조. 1:20). 이 전치사는 매개나 수단을 나타내는 "성령에 의해서"(by the Holy Spirit)로 번역할 수 있다(Hagner, *Matthew 1-13*, 17; R. T. France, *The Gospel According to Matthew*[TNTC: Grand Rapids: Eerdmans, 1985], 77; Wallace, *Greek Grammar*, 125-27, 371-741)을 보라. 한편으로 코이네 헬라어에서 이 전치사는 근거의 의미를 표현하는 소유격과 함께 점차적으로 사용되고 있다(Wallace, *Greek Grammar*, 77, 109 n. 102). 그런 경우에 아기의 기원의 근거는 "성령으로부터"(from the Holy Spirit)다. 그러나 그것은 NIV에 "성령으로 말미암아"(through the Holy Spirit)에서 훌륭하게 반영된 중개자를 말하는 것과 별반 다르지 않다.
8. Dale C. Allison Jr., "Divorce, Celibacy and Joseph(Matthew 1.18-25 and 19.1-12)," *JSNT* 49(1993): 3-10을 보라.
9. Markus Bockmuehl, "Matthew 5.32; 19.9 in the Light of Pre-Rabbinic Halakah," *NTS* 35(1993): 291-95.
10. 이 어절을 "의로운 사람이지만 그녀가 낙인찍히는 것을 원치 아니하고"라고 번역해야 한다(Brown, *Birth of the Messiah*, 127-28).
11. 율법은 그녀가 돌에 맞아죽어야 할 것을 요구하지 않았다(특히 신 22:13-21을 보라. 여자가 강간을 당하였을 수 있기 때문이다).

요셉의 성격과 긍휼이 이런 곤경에서 드러나고 있다. 마태는 요셉의 목적('델로'; NIV "원치 않았다")과 바람('보우로마이'; NIV "염두에 두었다")을 구분한다. 요셉은 개인적 의를 지키기를 원했지만, 설사 그가 그녀를 간음자라고 생각하고 있을지라도, 그의 바람은 약혼했던 여인에게 긍휼을 베푸는 것이었다.

이 딜레마에서 주의 천사의 놀라운 출현이 발생한다(1:20). 이 천사는 꿈으로 아기의 기적적인 잉태를 알린다(1:20). 구약성경에서 때로 하나님이 "주의 천사"라는 어구로 대변되지만[12] 여기서 천사는 하나님이 창조하신 존재 중 하나다.[13] "천사"('앙겔로스', "사자")라는 말은 하나님의 메시지를 인간에게 전하는 자로서 천사들의 주요한 역할 중 하나다.[14] 천사들의 모습에 관해서는 전혀 언급이 없지만 구약성경에서 천사는 때로 인간의 형상을 취했다(창 18장).

천사들은 미가엘(단 10:13; 계 12:7, 8)과 가브리엘(단 8:15-26; 9:20-27; 눅 1:26)을 제외하고는 성경에 일반적으로 이름이 거명되지 않는다. 가브리엘은 사가랴에게 세례 요한의 잉태와 마리아에게 예수의 잉태를 전한 "주의 사자"다(눅 1:11-20, 26-38). 목자들에게 예수의 탄생(눅 2:9)과 마태복음의 내러티브에서 요셉에게 예수의 잉태(마 1:20-23)를 전한, 이름이 거명되지 않은, "주의 천사"도 가브리엘일 가능성이 있다. 그는 선포를 하는 특별한 역할을 맡은 것으로 보인다.[15] 마태의 내러티브에서 천사들은 유아 기사(마 1:20, 24; 2:13, 19), 예수의 시험(4:11) 그리고 부활 장면(28:2, 5)에서만 특히 나타난다. 이는 예수의 사역에서 중요한 사건들을 증언하기에 적합하다. 인간 역사에서 현재나 미래의 역할을 암시하는 예수의 가르침에서도 천사들이 언급된다(4:6; 13:39, 41, 49; 16:27; 18:10; 22:30; 24:31, 36; 25:31, 41; 26:53).

꿈은 자연적인 원인에 의해서만이 아니라 거룩한 전달의 매개인 것으로 고대 세계에서 흔히 믿어졌다.[16] 구약성경에서 꿈은 자연적인(전 5:3), 신적인(창 28:12; 단 2:19), 그리고 악의 근원으로(신 13:1, 2; 렘 23:32) 말미암아 발생한 것

12. 창 21:17; 22:15-18; 출 3:2-6; 삿 6:11-24.

13. 참조. 슥 1:8-17; 눅 1:26; *1 En.* 6:7; 8:3-4; 69:1.

14. Lawrence Osborn, "Entertaining Angels: Their Place in Contemporary Theology," *TynBul* 45(1994): 273-96.

15. Larry W. Hurtado, *One God, One Lord: Early Christian Devotion and Ancient Jewish Monotheism*(Philadelphia: Fortress, 1988), 71-92; Carol A. Newsom, "Gabriel," *ABD*, 2:863, Carol A. Newsom and Duane F. Watson "Angel," *ABD*, 1:248-55을 보라.

16. Ovid, *Metamorphoses* 9.685-701; Tacitus, *Annals* 2.14.

으로 믿어졌다. 구약성경에서 꿈의 주요한 사용은 현재의 활동(민 12:6; 욥 33:15-17)이나 미래의 사건(창 37:5-11; 단 7:1-28)에 대한 하나님의 메시지를 가리킨다. 신약성경에서 "현몽하여"(카트 오나르)라는 표현은 마태복음에서만 나타난다. 각각의 경우에 꿈은 상당히 예수와 관련이 있고 초자연적인 인도하심의 종류가 포함된다(참조. 1:20; 2:12, 13, 19, 22; 27:19).

꿈에서 천사들의 출현이 요셉이 필요로 하는 인도하심을 제공한다. 천사들은 요셉을 "다윗의 자손"이라고 언급한다. 이것은 이 표현을 예수 이외의 다른 사람에게 사용한 마태복음의 유일한 곳이다. 이 칭호는 요셉과 이 사건을 이전의 족보와 연결시킨다(1:1). 왕가의 계열은 요셉이 다윗계의 메시아의 도래에 의미 있는 역할을 수행하도록 부름을 받은 것으로 검증한다. "두려워하지 말라"는 천사의 요청은 임신한 약혼녀에 대한 요셉의 딜레마가 두려움을 발생시키고 있음을 시사한다. 요셉은 결혼의 완성을 가져올 때 그에게 있게 될 결과와 낙인을 두려워해서는 안 된다. 그런데 누가 천사의 다음 말의 놀라운 이야기를 믿을 것인가?

천사는 아기가 요셉에 의해서(요셉은 그것을 이미 알고 있었다), 다른 남자에 의해서(요셉은 그것을 의심했다) 이루어진 것이 아니라 성령으로 잉태된 것임을 요셉에게 극적으로 선포한다.[17] 여기 신약시대의 시작에서 성령이 중요한 역할을 한다. 구약성경의 저자들은 하나님의 능력의 대리자로서 하나님의 영(성령)을 반복적으로 언급하지만(예. 창 1:2; 삿 3:10), 성육신이 있고 나서야 성령이 성부와 성자와 구분되는 위격으로서 분명하게 이해되어진다. 마태는 이런 구분에 특별한 관심을 보인다(참조, 마 3:16-17; 10:20; 12:18, 28; 28:19). 이는 현 시대에 성령이 인간 역사의 장에서 하나님의 역사를 수행하기 위해서 보내어졌다는 사실을 이해할 수 있는 방법을 준비시킨다. 메시아 예수는 성육신 하신 하나님이시다. 그의 기적적인 잉태와 기원은 성령 하나님의 역사로만 설명할 수 있다.

"예수"라는 이름은 1세기의 유대교에서 흔하다(1:1의 주석을 보라). 야훼가 구원할 자를 보내시리라는 상징적인 희망으로서 아들에게 그런 이름이 주어졌다. 이런 소망의 널리 인정된 표현이 로마의 압제로부터 이스라엘을 구하고 자기 백성들을 정결케 하실 것이라는 메시아에 대한 기대였다(참조. 시 130:8, 솔로몬의 지혜서 18:3-5). 이 구원이 지금 가까이 있기에 마태는 독자들에게 예수의 지상 사역과

17. 이것은 1:18에서 발견할 수 있는 '에크'와 동일한 전치사구다. 마태는 중개나 근원을 암시하는 것으로 보인다. 그것은 NIV가 1:18에서 "성령으로 말미암아"(*through* the Holy Spirit)라고 그 어구를 번역한 이유를 설명해준다. 하지만 1:20 여기서 정확하게는 "성령으로부터"(*from* the Holy Spirit)다.

생애의 중심 되는 목적을 가리킨다. 즉 예수는 자기 목숨을 많은 사람의 대속물로 줌으로써 "죄에서 자기 백성들을 구하실" 것이다(참조. 20:28).

여기서 백성을 위한 용어는 '라오스'다. 그것은 마태의 내러티브에서 통상적으로 이스라엘 백성을 가리킨다(예. 4:16; 27:25). 그 표현은 독자들을 그 족보와 다윗계의 메시아로서 설정된 예수의 왕적 신분 즉 이스라엘 백성에 대한 다윗 보좌의 상속자(1:6, 16)로 거슬러 올라가게 한다. 하지만 여기서 "자기 백성"은 오직 이스라엘이 아니라, 궁극적으로 메시아가 아브라함의 아들로서 온 세계에 제공한 구원을 가리킨다(1:1; 참조. 2:6; 3:9; 8:11; 16:18). 예수가 가져온 구원은 율법을 완성하는 분으로서 취임하신 하늘 나라의 의의 기초가 될 것이다(참조. 4:12-17; 5:17-20).[18]

예언된 임마누엘(1:22-23)

내러티브는 예수의 기적적인 잉태 사건이 선지자 이사야를 통한 주님으로부터의 예언을 성취시킴을 독자들에게 알리는 것으로 계속된다. 여기서 언급된 말씀들은 요셉에게 꿈으로 임한 천사의 메시지의 계속일 것이다. 이는 사건들이 고대의 예언을 어떻게 이루는가를 보여주기 위해 천사가 성경 구절을 인용한 유일한 곳이다.[19] 더 그럴듯하게는 이 말씀들이 마태에 의한 해석적인 부연이라고 여기는 것인데, 이전의 사건들이 구약성경의 예언과 어떻게 관련이 있는가를 규명하고 있다는 것이다.[20] 메시아 예수의 초자연적인 잉태의 사건은 "주께서 선지자로 하신 말씀을 이루려 하심이다." 마태는 이 예언이 궁극적으로 주님으로부터 온 것이고, 선지자는 하나님이 자기 백성들에게 말씀하신 것을 중개하는 대리자임을 강조한다.[21]

이것은 마태의 "성취 공식"의 첫 번째 예증을 도입한다. 유사한 표현이 2장에서

18. David R. Bauer, "The Kingship of Jesus in the Matthean Infancy Narrative: A Literary Analysis," *CBQ* 57(1995): 306-23.
19. Carson, "Matthew," 76-77은 '게고넨'("발생했다")과 함께 여기서 사용된 정확한 성취어구는 마태복음에서 오직 세 번만 나타난다(1:22; 21-4; 26:56); 마지막 출현은 마태에 의한 해석이 아니라 예수가 직접 해석한 것이다.
20. Hagner, *Matthew 1-13*, 20; Davies and Allison, *Matthew*, 1:211. NIV를 포함해서 대부분의 영역본들은 천사의 직접적인 인용을 끝내면서 1:22 이후에 마침표와 함께 마감하는 인용부호를 둔다.
21. 마태는 하나님의 궁극적인 중개를 위해서는 일관 되게 '휘포'를 사용하고("by the Lord", 참조. 2:15; 22:31), 선지자의 중간 매개자를 위해서는 '디아'를 사용한다("through the prophet", 예를 들어, 2:5, 15, 17, 23; 4:14; 8:17; 13:35; 24:15; 27:9).

상당히 많이 나타나지만, 이 복음서 전체를 통해서도 그러하다(2:5-6, 15, 17-18, 23; 4:14-16; 8:17; 11:10; 12:17-21; 13:14-15, 35; 21:4-5; 26:31, 56; 27:9-10). 이런 형식어구는 규칙적인 형태로 공관복음서 가운데서는 마태복음에서만 유일하게 나타난다(참조. 요 12:38-39; 13:18; 19:24, 28, 36-37). 성취 형식어구의 정확한 구성은 다소 다르지만,[22] 구약성경의 장들을 "이루는"('프렐루') 예수의 사건이나 가르침을 마태가 지적하는 도입과 관련이 있고 나서야 통상적으로 성경이 인용된다.

서론에서 논의했던 것처럼, "이루다"는 예수의 지상 사역과 생애에 관한 사건이 미래의 예언을 실현시킨다는 직접적인 예언 성취를 나타낼 수 있다(예. 1:22-23). 또는 "이루다"는 예수의 삶과 가르침이 전체 구약성경의 온전한 의미를 가져오는 방식을 가리킬 수 있다(예. 5:17-20). 또는 "이루다"는 예수의 지상 생애와 사역이 거룩하게 구성된 유추적이거나 예표론적인 일치 또는 이스라엘 역사의 백성들의 재현이 되는 방식을 가리킬 수 있다(예. 2:15, 17-18).

여기서 마태는 예수의 잉태를 둘러싼 사건들이 유대의 왕이었던 아하스가 통치하고 있을 당시 민족적 위협을 느꼈던 암흑의 시대에 주어진 이사야 선지자의 장엄한 예언을 직접적으로 성취시킨다는 것을 선언한다. B.C. 734년에 아하스는 북방민족의 공격의 위협 때문에 자신의 통치가 곧 끝날 것임을 두려워했다. 이스라엘의 베가 왕과 아람(시리아)의 르신 왕이 옳지 않은 동맹을 형성하여 유대를 침입하여 아하스를 꼭두각시 왕 다브엘의 아들(사 7:6)로 대치할 것이라고 위협하고 있었다. 그때에 선지자 이사야는 하나님이 이런 일이 발생하지 않게 하실 것임을 선언하고 다윗의 후손이 영원히 그 보좌에 앉으리라는 약속(삼하 7:11-17)을 하나님이 계속 유지하실 것임을 아하스에게 재확신시킨다. 이 두 왕, 곧 이스라엘의 베가 왕과 아람의 르신 왕이 유대를 공격하지 못할 것임을 확신시키기 위해서 이사야는 주님이 아하스에게 한 징조를 주실 것임을 예언했다. 즉 처녀가 아이를 낳을 것이다.

히브리서에서 "처녀"에 대한 주요한 두 가지 단어가 있다. 이사야 7:14의 예언에 나타나는 '알마' 라는 용어는 "처녀"나 "어린 소녀"를 의미한다. 많은 학자들은 그 용어가 거의 항상 결혼하지 않은 처녀 여성을 언급하는 것임(예. 창 24:43; 출 2:8; 시 68:25)을 제기한다.[23] 또 다른 주요한 용어는 '베둘랍' 인데, 그것은 "처

22. 서론에서 변화와 논쟁을 보라; 또한 Hagner, *Matthew 1-13*, lliv-lvii을 보라.
23. 논쟁이 되는 구절은 잠 30:19이다; Allen P. Ross, "Proverbs," *EBC*, 5:1124을 보라.

녀"를 가리킬 수 있으나(창 24:16; 레 21:3), "나이든 과부"(엘 1:8)를 나타낼 수도 있다. 이사야 7:14의 헬라어 번역자들은 히브리어 '알마'를 헬라어 '파르데노스'로 번역했다. 그것은 예외 없이 성적으로 성숙하지만 결혼하지 않은 처녀를 거론한다.[24]

이사야 7:14의 해석과 마태복음 1:22-23과의 관계에 대한 역사는 광범위하다.[25] 하지만 세 가지 근본적인 견해가 떠오른다. (1) 원래의 징조는 아하스와 유대의 역사적 상황에 대해서만 의도되었지만 마태가 그것이 예수를 언급할 수 있도록 예표론적으로 취하고 있다고 제기한다.[26] 이런 견해에 따르면 이사야는 당시에 처녀였던 젊은 여인을 염두에 두었으나 나중에 그녀가 결혼하였고, 임마누엘이라 이름하는 아이를 가졌다. 이사야는 아하스 왕의 권좌의 상속자로 태어난 왕손인 히스기야나 이사야의 아들 마헬살랄하스바스(참조 사 8:4, 8)를 언급하였을 것이다. 또는 아하스가 알고 있었던 여인에게서 태어난 임마누엘이라 하는 익명의 아이를 언급하였을 수도 있다. 이 아이가 태어나서 임마누엘이라 이름지어졌을 때, 아하스는 이사야의 예언이 성취했고 구원이 가까이 왔다는 것을 알았을 것이다. 이런 견해에 따르면, 이 본문을 마태가 사용한 것은 예언의 원 의도를 넘어선다.

(2) 또 다른 이들은 아하스의 시대에 아기가 태어남으로 실제적인 성취가 없었고 예수의 탄생으로 오직 그 성취가 이루어졌다는 메시아 예언으로 그것이 의도되었음을 제기한다. '알마'라는 용어는 이사야의 시대에 기적적인 탄생으로 이루어진 것이 아니라 예수의 잉태와 탄생으로 이루어지는 것을 미리 지적하고 있음을 의미하는 "처녀"를 언급하는 것으로 취한다.[27]

(3) 가장 만족스런 해석은 이 견해들의 베스트를 취한다. 하나님이 이사야를 통

---

24. 창 34:4은 예외다. 거기서 '파르데노스'란 용어는 이미 디나가 처녀가 아닐지라도 그녀에게 사용된다(참조. 34:3).
25. J. G. Machen, *The Virgin Birth of Christ*(Grand Rapids: Baker, 1971), and Charles Lee Feinberg, *Is the Virgin Birth in the Old Testament?*(Whittier: Emeth, 1967)을 보라. 더 최근의 논의를 위해서는 Gerard Van Groningen, *Messianic Revelation in the Old Testament*(Grand Rapids: Baker, 1990), 특히 521-37; Daniel Schibler, "Messianism and Messianic Prophecy in Isaiah 1-12 and 28-33," in *The Lord's Anointed: Interpretation of Old Testament Messianic Texts*, ed. P. E. Satterthwaite, R. S. Hess, and G. J. Wenham(Grand Rapids: Baker, 1995), 87-104을 보라.
26. 예를 들어, W. Watts, *Isaiah 1-33*(WBC 24; Waco, Tex.: Word, 1985), 98-104; Davies and Allison, *Matthew*, 1:213; Warren Carter, "Evoking Isaiah: Matthean Soteriology and an Intertextual Reading of Isaiah 7-9 and Matthew 1:23 and 4:15-16," *JBL* 119(Fall 2000): 503-20.
27. 예를 들어, 특히 J. A. Motyer, "Context and Content in the Interpretation of Isaiah 7:14," *TynBul* 21(1970): 118-25에 의한 이전의 작품을 인용하고 있는 Carson, "Matthew," 78-80을 보라.

해 아하스의 시대에 역사적인 의미와 성취가 있는 징조를 주고 계시지만, 또한 이사야를 통해 예수의 잉태와 탄생으로 이루어지는 미래의 메시아 구원자의 예언도 주고 계신다.[28] 그리스도가 탄생하기 수백 년 전에 70인경의 유대 번역자는 이사야 시대의 사건에서 완전히 이루어지는 것보다 선지자가 더 깊은 것을 의미하고 있음을 '파르데노스'의 사용에서 알려주는 듯하다. 그리고 후대에 유대 서기관들은 황금시대의 약속인 "하나님이 우리와 함께 하신다"를 의미하는 임마누엘을 해석했을 때, 문맥에서 다윗의 메시아 아들이 악한 자에게 심판을 가져오고 의로운 자에게 복을 가져오는 더 깊은 의미를 보았다(참조. 사 2:2-4; 9:2-7; 11:1-16). 이것은 이스라엘에 나타났던 하나님의 임재의 궁극적인 시대를 의미했다.

이사야는 아하스의 시대에 처녀였던 한 여인(B.C. 734년)이 임마누엘이라 이름한 아들을 낳을 것임을 예언했다. 여왕이나 이사야의 아내가 처녀가 아니었기 때문에 이는 아하스가 잘 알고 있는 왕가의 결혼하지 않은 젊은 여인일 수 있었다. 이 여인은 결혼해서 아이를 잉태했고, 그 아이가 태어났을 때, 민족적으로 어려웠던 어둠의 시대에 하나님의 임재의 상징적인 소망으로서 그 아기에게 임마누엘이라 이름을 지어주었을 것이다. 그리고 그 아기가 옳고 그름의 차이를 충분히 알만큼 나이가 들기 전에 유대는 북방의 두 왕(사 7:14-17)의 침입의 위협으로부터 해방되었을 것이다. 북방 왕들의 동맹은 B.C. 732년에 깨어졌다. 앗수르의 디글랏벨레셋 3세가 다메섹을 쳐부수고 아람을 정복하여 르신 왕을 죽였다.

이 모든 것이 아하스에 대한 징조로서 기적으로 예견된 시간 구조 내에서 발생했다. 따라서 기적의 예언에 대한 직접적인 성취가 있었다. 이 예견된 사건의 전개를 아하스가 보았을 때, 그의 반응에 관한 기록이 주어지지는 않았을지라도, 그는 친 앗수르 정책을 통해 유대와 다윗 가문의 안전을 이루려 했던 교묘한 책략과 믿음의 부족에 대해 비판을 받았을 것이다.

마태는 구약성경을 되돌아보며, 자기 백성을 구원할 아기 예수의 탄생이 궁극적으로 이사야 7:14의 예언을 이룬다는 것을 선언한다. 아하스와 유다의 가문(7:14에서 "너희에게"는 복수다)에게 주어진 징조는 베가와 르신의 공격으로부터 군사적인 구원을 얻을 것이라는 하나님의 기적적인 예견이었으나 그 예언은 또한

28. 예를 들어, Geoffrey W. Grogan, "Isaiah," *EBC*, 6:62-65; Hagner, *Matthew 1-13*, 20-21; Blomberg, *Matthew*, 58-59. 구약성경 텍스트에 관한 메시아적인 신약성경의 해석이 사실상 구약성경 저자에 의해 의도된 의미임을 유지하는 일의 중요성을 강조하는 중요한 연구에 대해서는 John H. Sailhamer, "The Messiah and the Hebrew Bible," *JETS* 44(March 2001): 5-23을 보라.

죄로부터 영적인 구원을 이루는 미래의 메시아 인물을 예견하고 있었다. 다시 말해서 이사야의 징조는 임마누엘의 탄생이 아하스와 다윗의 가문에 대한 침략에서 구원을 표시할 뿐만 아니라 참으로 하나님이 우리와 함께 하시는 임마누엘이라 이름하는 미래의 메시아 구원자가 있게 될 것임을 보여주고 있다.

이 해석은 7:14에 아하스에 대한 예언의 인접한 배경과 미래의 메시아 시대가 "이방의 갈릴리"(사 9:1-2)를 영화롭게 할 이사야의 예언의 폭넓은 배경을 진지하게 취하고 있다. 후자의 배경에서 태어날 이 아기는 "기묘자라, 모사라, 전능하신 하나님이라 영존하시는 아버지라 평강의 왕이라"(9:6) 불릴 것이다. 이사야가 지적하고 있는 것 중에서 오직 예수만이 참된 성취자가 될 것이다: "그 정사와 평강의 더함이 무궁하며 또 다윗의 왕좌와 그의 나라에 군림하여 그 나라를 굳게 세우고 지금 이후로 영원히 정의와 공의로 그것을 보존하실 것이라"(9:7).

천사는 요셉이 아기를 "예수"라 이름지을 것을 명하는데, 그 이름은 예수가 지상 사역에서 그리고 초대교회에서 불리어졌다. 우리는 예수의 가족과 추종자들이 그를 "임마누엘"이라고 불렀던 기록은 갖고 있지 않다. 그 대신에 마태가 우리를 위해 그 이름을 번역한 것처럼, 예수의 메시아 신분을 나타내기 위한 칭호로서 그 이름이 의도되었음을 알 수 있다: "하나님이 우리와 함께 계신다." 예수의 통상적인 이름과 명목상의 이름은 심오한 진리를 보여준다: '예수'는 하나님이 행하시는 것("하나님이 구원하신다")을 구체화하고, '임마누엘'은 하나님이 어떤 분이신지("하나님이 우리와 함께 계신다")를 구체화한다. 이것은 마태가 심오한 기독론적 적용을 언급하는 대단히 기막힌 이름들이다. 마태가 자신의 복음서를 동일한 주제로 끝맺고 있음을 보라. 그는 "내가 너희와 항상 함께 있으리라"(28:20)고 제자들에게 약속하는 것으로 이 복음서를 끝낸다. 메시아 예수 안에서 하나님은 참으로 우리와 함께 계신다.[29]

요셉의 신속한 순종(1:24-25)

요셉이 잠에서 깨어났을 때, 천사의 지시를 순종하고 공식적인 결혼 예식을 함으로써 혼인의 두 번째 단계를 실행한다. 결혼 예식을 마치고 나서 요셉은 완전히

29. 천사 가브리엘은 마리아에게 "주께서 너와 함께 하시도다"라고 말했을 때와 유사한 표현을 사용했다. 이것은 지극히 높으신 자의 아들의 잉태와 탄생을 통해 하나님이 그녀와 함께 하실 것임을 가리킨다.

결혼한 커플로서 살기 위해서 마리아를 자기 집(아마도 그의 확대 가정과 함께)으로 데려온다. 그러나 "아들을 낳기까지 동침하지 아니하였다"(1:25). 마태가 이 표현을 서술하고 있는 섬세한 방식(문자적으로는 "그는 그녀를 알지 못하였다")은 히브리어와 헬라어에서 성적인 관계를 삼가는 것을 언급하는 공통된 방식이었다. 임신 기간 중에 성적인 금욕은 1세기의 유대교에서 널리 관찰된다.[30] 금욕은 임신 중에 요셉과 마리아를 의식적으로 정결케 유지시켰으며, 뿐만 아니라 예수가 동정녀의 몸에서 태어나는 것을 보증했다. 하지만 이것은 예수가 태어난 후에도 이들이 계속해서 금욕했다는 것을 암시하지는 않는다. "까지"라는 단어는 마리아와 요셉이 예수의 탄생 이후에는 통상적인 결혼의 성적 관계를 가졌음을 아주 자연스럽게 의미한다. 그리함으로써 다른 자녀들이 태어났다(12:46; 13:55을 보라).[31]

누가는 이 엄청난 사건을 선언하는 천사의 말을 듣고 마리아가 순종하고 복종하는 것에 초점을 맞출지라도(예. 눅 1:38), 마태는 요셉의 뛰어난 성격을 또한 강조한다. 약혼한 아내가 임신하였지만, 그는 그 아이의 아버지가 아니다. 그렇지만 천사의 선언이 있은 후에는, 전체적인 유아 기사에 나타나는 것처럼, 즉시 순종한다. 마리아가 경건한 여성으로 나오고 있을 뿐 아니라 요셉도 천사의 지시를 준행하는데 적극성을 취하는 것으로 나온다. 마태는 "요셉이 아기에게 예수라는 이름을 주었음"(1:25)을 거명한다. 요셉은 결혼과 가정에서 순종하는 리더로서 그리고 경건한 사람으로서 행한다. 이런 강조를 유대-크리스천 청중들은 확실히 놓치지 않았을 것이다.

상황잇기

처녀 탄생. 복음서 기자들 중에서 마태와 누가는 예수의 족보에 관심을 가질 뿐 아니라 기적적인 예수의 잉태와 어린 시절의 기사를 제공하고 있다. 누가의 기사에서 천사 가브리엘이 마리아에게 잉태의 선언을 하는 본질적인 특징은 인간과 하나님의 본질의 놀라운 사실을 조합하고 있다. 아기는 아담에서 내려오는 인간 족보(눅 3:23-38)와 인간의 이름 "예수"(1:31)를 갖고 있고, 인간의 탄생을 경험한다(2:6-7). 하지만 아기는 또한 "하나님의 아들"(1:35)로 거룩한 관계, "지극히

30. *Pseudo-Phocylides* 186(c. 100 B.C.-100 A.D.); Josephus, *Against Apion* 2:202-3을 보라.

31. Dale C. Allison Jr., "Divorce, Celibacy and Joseph(Matthew 1.18-25 and 19.1-12)," 6 n. 16. 이 구절에 마태의 강조가 있지 않다고 말하는, 마리아의 "영속적인 처녀성"의 교리에 비추어, 로마 가톨릭 학자 레이몬드 브라운이 쓴 흥미로운 논의를 보라(*The Birth of the Messiah*, 132).

높으신 자의 아들"(1:32)이라는 신적인 묘사를 갖고, 동정녀에 의해 성령으로 말미암은 기적의 잉태를 경험한다(1:35).

마태의 설명도 주의 천사가 요셉에게 선언한 동정녀 탄생의 사실을 누가와 똑같이 확고하게 제기한다. 마태는 예수의 놀라운 잉태에서 인간과 하나님의 본질을 동시에 증거한다. 마태의 유아 기사는 다윗왕과 족장 아브라함에 따른 인간 족보(1:1-17), 자기 백성과 동일시하는 인간 이름인 "예수"(1:21), 그리고 한 인간의 탄생(1:25)이 들어 있다. 하지만 그 아기는 성령으로 말미암은 하나님과의 관계(1:23), "하나님이 우리와 함께 계심"(1:22)을 의미하는 임마누엘이라는 신적인 묘사, 그리고 동정녀에 의해 성령으로 잉태된 거룩한 기원(1:18, 20)을 동시에 갖는다.

상세한 설명을 하지 않고 천사의 선언은 잉태의 양상이 일반적인 인간의 수단에 의한 것이 아니라 전적으로 성령의 기이한 행위임을 분명히 한다. 마태는 그러한 잉태가 어떻게 발생했는지를 논리화하지 않고 다만 역사적인 진실로 제시한다. 마태는 예수의 잉태와 탄생 그리고 성장에서 자연적인 것과 초자연적인 것이 있었음을 이해한다. 그런데 그는 하나님이 인간 본성을 취하시고 이제 자기 백성과 같이 하고 계신다는 놀라운 진리를 상술하면서, 예수의 동정녀 잉태와 탄생을 수납할 수 있는 사실로서 제시한다. 마태의 이야기가 전개될 때, 자기 백성을 죄에서 건져내실 분은 신인(God-man)이다. 그것이 "하나님이 구원하신다"는 예수와 "하나님이 우리와 함께 계신다"는 임마누엘로 그를 경배하고 끝없는 감사를 드리도록 야기한다.

"하나님이 우리와 함께 계시는" 것으로 예수를 명명함은 자기 백성들과 하나님이 같이 하신다는 구약성경의 개념에 스며 있던 주제를 연속시킨다. 광야에서 이스라엘에게 율법을 주실 때 하나님은 언약의 의미를 강조했다: "나는 너희 중에 행하여 너희의 하나님이 되고 너희는 내 백성이 될 것이니라"(레 26:12). 그 민족은 하나님이 자기 백성들과 함께 있는 관계로 부름을 받았다. 어떤 다른 사람이나 신이 이런 탁월함의 자리를 차지하고 찬탈할 수 없다. 하나님이 인간을 리더십의 역할로 부르셨을 때도(예를 들어, 모세, 여호수아, 사사들, 선지자들), 그들은 오직 중개하는 리더일 뿐이다. 하나님만이 탁월함의 자리를 가지신다.

사실상 처음에는 언약적 관계에서 어느 인간 왕도 이스라엘을 다스리지 않았다. 하나님이 그들의 주권적 통치자이셨다. 하지만 보이지 않는 통치자를 갖는 것이 이스라엘 백성들에게는 어려웠다. 주변국들이 볼 수 있고 따를 수 있는 왕을 가졌기 때문에 이스라엘 백성들도 왕을 원했다. 하나님에게서 이런 요구는 하나님을 왕으로서 섬기는 것을 거부하는 것에 상응한다(삼상 8:7). 하나님은 이런 행위를 악한 것으로 생각하셨다(12:17). 하지만 하나님은 그를 대신하여 통치할 인간 왕을 허락하셨다. 그리하여 사울을 세우셨고, 다윗의 가문을 부르셨다. 그렇지만 하나님은 여전히 그들의 왕이신 것으로 생각하셨다. 오실 다윗가의 메시아에 대한 약속은 하나님이 자기 백성들과 함께 하실 것이라는 약속과 얽혀 있다(예. 겔 37:24-28).[32]

그러므로 예수의 이름을 마태가 임마누엘로 해석한 의미를 간과할 수 없다. 하나님은 언약의 깊은 의미를 이루기 위해서 자기 백성들과 함께 있기 위해서 오셨다. 예수 안에서 하나님은 이제 구세주로서 몸소 자기 백성들과 함께 하신다. 이 주제가 제자도의 유일무이한 형태를 특징지은 예수와 그의 추종자들과의 인격적인 관계의 핵심을 형성한다(4:18-22의 주석을 보라).[33]

이야기에 나오는 여타 인물들에서 배우기. 예수 이외의 다른 인물들도 우리에게 어떤 것을 가르칠 수 있는가? 그렇다. 하지만 그들로부터 정확하고 적절하게 배우기 위해서는 먼저 예수와 관련해서 그들을 항상 이해해야 한다. 우리가 마태 내러티브의 모든 단계에서 중심인물로서 예수에 초점을 맞추면, 여타 인물들이 무대에 등장하고 퇴장할 때 예수와 관련해서 그들이 행하는 역할을 더 정확히 이해할 수 있다. 하지만 우리가 예수의 역사적 사역과 마태의 의도된 스토리 라인과 관련해서 그들이 어떻게 역할하고 있는가를 이해함이 없이 먼저 다른 인물들에게로 돌진하면, "도덕주의"의 먹이가 될 수 있다. 성경 이야기에 나오는 인물들과 동일시함으로써 그리스도인으로서 어떤 것을 "행하고" 어떤 것이 "되어 가는" 도덕적 추론을 할 수 있지만 이런 추론이 사실상의 요지와 원문의 의도를 자주 희생시킬 수 있다.[34]

그럼에도 불구하고, 성경의 기자들을 포함하여 고대의 작가들은 이야기에 나오는 주변 인물들을 통해 도덕적이고 윤리적인 교훈을 가르쳤다.[35] 중요한 요지는 각

---

32. 구약성경의 전통에서 "내가 너와 함께 있으리라"는 말씀의 논의를 위해서는 David D. Kupp, *Matthew's Emmanuel: Divine Presence and God's People in the First Gospel*(SNTSMS 90: Cambridge Univ. Press, 1996), 138-56을 보라.

33. 예수의 출현과 관련한 구약성경의 주제에 대해서는 Michael J. *Wilkins, Following the Master: A Biblical Theology of Discipleship*(Grand Rapids: Zondervan, 1992), 51-69, 특히 57 and 66을 보라. Kupp, *Matthew's Emmanuel*, 157-75은 "우리와 함께 하시는 하나님"(God-With-Us)의 탄생과 마태복음 1장에서의 이 관계를 더욱더 비평적으로 그리고 있다.

34. Greidanus, *The Modern Preacher and the Ancient Text*, 163-66.

35. Aune, *The New Testament in Its Literacy Environment*, 35-43.

각의 역할을 잘 이해하는 것이다.

현대적 의미

마태복음을 시작하는 내러티브는 복음서들이 무엇보다 예수에 관한 이야기라는 사실을 강력하게 상기시킨다. 예수가 항상 무대의 주인공이다. 다른 인물들은 무대에 나오기도 하고 사라지기도 한다. 단지 구체적인 목적을 위해서 관심의 초점의 대상이 될 뿐이다. 하지만 성경 이야기의 모든 본문에서 우리가 계속해서 물어야 하는 질문은 "이 구절은 예수에 관해서 우리에게 무엇을 말하고 있는가?"다. 예수의 지상 사역에 관심을 집중함으로써 마태가 다윗의 아들이요 아브라함의 아들인 예수 그리스도에 관한 이야기(1:1)에서 우리에게 말하고자 했던 것을 더 분명하게 들을 수 있을 것이다. 그때에야 우리의 삶에 적합한 현대적 적용을 할 수 있다.

예수의 모습. 두 가지 사실이 이 단락에서 특히 두드러진다. (1) 마태는 역사의 가장 놀라운 기적인, 예수가 성령으로 말미암아 동정녀에게서 잉태되고 낳아진 것을 직설적인 방식으로 기록한다. 그는 독자들에게 이 기사의 진정성을 확신시키려는 시도로 이야기를 윤색하지 않는다. 이 기사의 진정성을 단지 전제한다. 분명히 이 기적은 공동체에 널리 퍼져 있었을 것이고, 그는 그 사실을 진술했을 뿐이다. 우리가 기적적인 성육신의 깊이를 완전하게 이해할 수는 없지만, 마태는 그의 이야기의 시작에서 우리가 그것을 다루게 한다.

(2) 메시아 예수는 자기 백성들의 죄를 해결하기 위한 구세주가 되기 위해서 오셨다. 현재의 로마의 철권 통치를 포함해서 다양한 정복 세력으로 인해 고통 당하고 있는 이스라엘의 많은 사람들은 물리적인 구원을 고대하고 있었다. 그들은 다윗가의 정복적인 아들을 소망했다. 그러나 구약성경의 예언적 메시지의 핵심에는 죄로부터의 구원을 소망하는 일관된 흐름이 있었다. 마태는 시편 130:7-8에 시편 기자의 소원의 성취를 고대하는 사람들에게 임한 다윗의 구속하는 아들로 예수를 설명한다.

> 이스라엘아 여호와를 바랄지어다 여호와께서는 인자하심과 풍성한 속량이 있음이라 그가 이스라엘을 그의 모든 죄악에서 속량하시리로다.

이것이 예수의 사역의 배후에 있는 근본적인 목적이다. 우리가 선포하는 메시지는 죄로부터 구원을 제공하는 것에 분명히 초점이 맞추어져야 한다.

이 두 가지 강조에서 예수에 관한 마태의 이야기가 다른 이야기들과는 다르다는 것을 알 수 있다. 마태복음은 유일무이한 잉태와 메시지와 사역을 갖는 유일무이한 분의 유일무이한 이야기다.

동정녀 탄생. 거룩한 잉태의 이야기에 특별히 주목하고 있는 마태복음과 누가복음에서 예수의 동정녀 탄생은 그리스도인의 믿음과 삶을 위한 심오한 의미가 있다고 결론 내릴 수 있다.

(1) 먼저 동정녀 탄생은 예수의 거룩한 본성을 가리킨다. 죄를 용서하시는 능력(9:6), 기적적인 사역에 대한 확증적인 성격(14:33), 십자가상에서의 유일무이한 죽음(27:46, 54), 그리고 부활의 경이(28:9)와 더불어 동정녀 탄생은 예수 그리스도의 절대적인 유일성을 가리킨다. 예수의 잉태, 사역 그리고 부활은 그의 거룩한 본질을 선언하는데 조금도 부족함이 없다. 이것이 우리의 삶에 예수의 강력함을 흐트러짐 없이 적용하게 만든다.

(2) 동정녀 탄생의 기사는 온전한 신성과 인성이 결합한 분에 관해서 이야기한다. 하나님이 자기 아들을 완전한 인간과 신이 되도록 보낼 것을 선택하셨던 것은 동정녀 탄생을 통해서였다. 도날드 거스리(Donald Guthrie)는 "성육신이 동정녀 탄생을 요구한다고 말할 수는 없다. 하나님이 또 다른 방법으로 성육신을 이루셨을 것이기 때문이다. 하지만 예수의 동정녀 탄생은 하나님과 동등하심에도 육체를 입으신 분의 본질에 전적으로 적합하다"(빌 2:6).[36] 이것은 십자가상에서 한 인간의 희생이 어떻게 인간들의 죄를 속량 하실 수 있었는가를 지극히 가리킨다. 예수는 십자가로 세상의 죄들을 지고 가셨다. 그의 거룩한 본성이 그의 인간 됨을 무한히 보호하실 수 있었기 때문이다.

(3) 동정녀 탄생은 원죄가 전수되지 않는 예수의 참된 인간성을 알려준다. 예수의 잉태 시에 마리아에게 임한 성령의 강력한 역사로 말미암아 죄의 더러운 가계가 제어됨으로써 예수는 거룩하게 태어나셨다(참조. 눅 1:35).[37] 참된 인간으로서 예수는 우리가 겪는 인간의 경험과 유혹에 깊이 동정하실 수 있고(히 4:15-16), 유혹을 물리치는 모범을 제공하신다(마 4:1-11의 주석을 보라). 예수의 삶에서 죄가 없음은 거룩한 본성이 선을 행하는 결의에서 강력함으로써 인간 본성에 임하는 어

36. Donald Guthrie, *New Testament Theology*(Downers Grove, I11.: InterVarsity Press, 1981), 374.

37. 논의를 위해서는 Wayne Grudem, *Systematic Theology: An Introduction to Biblical Doctrine*(Grand Rapids: Zondervan, 1994), 529-31을 보라.

떤 유혹도 물리칠 수 있었다는 사실에 있다. 따라서 그는 유일무이한 인간으로서 우리의 죄를 위해 무흠의 희생을 당하실 수 있었다.

(4) 예수의 동정녀 탄생은 하나님의 형상으로 창조되었으나 죄의 영향으로 인해 왜곡된 인간의 구속의 첫 단계를 나타낸다. 구속의 과정은 예수가 우리의 죄를 위해 제공하신 희생으로 말미암아 우리가 산 자가 되는 것과 관련이 있다(고후 5:17-21). 나아가서 구속의 과정은 우리가 예수를 닮은 삶의 패턴을 살아야 하는 것과 관련이 있다(고후 3:18; 벧전 2:21). 예수는 하나님의 완전한 형상이시다(골 1:15-20). 그의 인격은 죄로 더럽혀지지 않았다(히 4:15). 하나님의 형상의 외보가 예수 안에서 온전하게 나타났고, 그리스도인의 삶은 예수를 따라 살아가는 것을 의미한다.

따라서 동정녀 잉태와 탄생에 관한 마태의 기록은 죄 없으신 구세주 예수가 자기 백성들을 죄에서 구하기 위해서 이 세상에 오셨다는 유일무이하고 기적적인 사건을 이야기한다. 동정녀 탄생은 이 복음서의 주요한 스토리 라인의 시작이다. 하지만 동정녀 탄생의 이야기는 하나님이 우리와 함께 계신다는 임마누엘의 예수를 믿는 모든 사람들 속에 이루어지는 변화된 삶의 패턴의 시작 단계다(롬 8:29).

마태복음이 전개될 때, 제자로서 예수를 따름으로써 우리 안에 생성되는 삶을 위한 완전한 모범을 예수가 제공하시는 아래 방식들을 참조하라.

- 예수는 아버지 하나님과 완전한 교제를 가지셨다(11:25-30; 참조. 요 17장).
- 예수는 하나님 아버지의 뜻을 완벽하게 순종하셨다(26:42; 참조. 요 4:34; 5:30; 6:38).
- 예수는 잃어버린 자, 아픈 자, 슬픔 당한 자, 또는 죄인을 상관하지 않고 인간에게 강력한 사랑을 항상 보이셨다(9:36; 10:6; 참조. 막 1:41; 눅 7:13).
- 예수의 사랑은 우리를 위해 자기 생명을 자의로 버리심으로써 나타났다(20:28; 참조. 요 15:13).

거룩한 방식으로 예수가 인간의 삶에서 발전시킨 과정은 예수에 의해 구원받고 성령으로 변화된 사람들로서 자기 발전을 기할 수 있는 방식의 완전한 모범이 되었다. 이것이 예수의 제자 됨이 무엇을 의미하는지를 보이는 최초의 지침이다. 예수의 어린 시절은 인간 성장의 모든 양상을 포함하는 전인(全人)으로서 우리 모두가 성장할 수 있는 방식의 모범이다(눅 2:52). 예수는 우리처럼, 하지만 완전하게,

인간의 발육 단계를 경험하셨다. 그리하여 온전한 인간이 되는 것이 무엇을 의미하는지에 완전한 모범이 되시었다.

마태의 이야기가 진행됨에 따라 더 충분히 이에 대해 논의할 것이다. 하지만 처음에 우리에게 낯설게 보이지만, 제자도는 예수 그리스도와 연합하여 이 세상에서 온전한 인간의 삶을 살고 예수의 형상을 따라 성장하는 것을 의미한다.[38]

요셉에게서 배움. 요셉은 주님의 사자, 성령, 그리고 마리아처럼 마태복음 1장에서 중요한 인물이다. 그렇지만, 이 복음 이야기의 중심 메시지는 요셉이나 다른 인물에 관한 것이 아니라 예수에 관한 것이다. 설사 예수가 마지막 구절(1:25)에서나 나타나실지라도 말이다. 전체 이야기는 예수와 관련이 있다. 즉 예수는 누구이시고, 어떻게 이 역사에 들어오셨는지, 그리고 예수의 역할과 신분은 어떠하셨는지를 전한다. 다른 인물들도 각기 우리에게 많은 것을 가르칠 수 있으나 그런 인물들에게서 정확하고 적절하게 배우기 위해서는 예수에 관한 메시지가 중심에 있어야 한다(상황잇기에서 언급한 내용들을 보라).

예수의 유아기사에서 마리아의 역할을 강조하는 누가복음과 비교할 때(눅 1:26-56; 2:19, 34-35), 마태는 요셉에게 특별한 관심을 준다. 우리의 삶에 의미가 있는 요셉의 역할 양상을 강조하기 위해서 그를 인식하고 있음을 이 부분에서 알 수 있다.[39]

(1) 무엇보다도 요셉은 우선순위를 형성하는 방식에서 우리들을 위한 모범이 된다. 삶과 관계에 대한 그의 목적은 율법을 순종함으로써 주님 앞에서 의로움을 유지하는데 관심이 있다. 의에 대한 그의 헌신은 두드러진다. 이로 인해 성적인 절제와 부정하다고 여기는 것을 삼갔다. 요셉이 아마도 십대 후반의 상대적으로 젊은 나이인 것을 기억할 때 특히 이 부분을 강조하는 것은 중요하다. 열정이 타오르는 젊은이로서, 요셉은 삶에서 하나님의 뜻의 가치를 설정하는 경건한 젊은이들의 모범이 된다. 의에 대한 요셉의 헌신을 더욱 닮을 수 있도록 젊은이들에게 강조하기를 원하는 실제적인 모습이 바로 이와 같은 성적인 절제다.

(2) 율법에 대한 요셉의 순종은 율법주의가 아니다. 그는 율법을 순종하는 것만이 아니라 마리아에 대한 긍휼을 보이고 그녀의 앞날을 걱정한다. 그는 마리아를

38. 더 완전한 논의를 위해서는 Michael J. Wilkins, *In His Image: Reflecting Christ in Everyday Life*(Colorado Springs: NavPress, 1997), 111-24을 보라.

39. 마태복음에서 나중에 제자도의 발전과 요셉의 모범을 연관하는 일을 위해서는 Carolyn Thomas, "The Nativity Scene: A Challenge to Discipleship," *TBT* 28(1990): 26-33을 보라.

돌보기 위해서 신실성을 포기하지 않을 뿐 아니라, 그녀의 상태가 자신의 의로움에 곤란함을 초래할 때도 그녀를 버리지 않는다. 오히려 그는 율법의 순종과 긍휼을 조화 있게 이루려고 시도한다. 예수는 자비와 긍휼을 버리는 트집잡는 율법주의로 인해 바리새인과 서기관들을 여러 번 정죄하신다(예. 9:10-13)—슬프게도 당대의 종교지도자들에게 이런 외식을 나무라신다. 하지만 마태는 당시에 이스라엘 백성들이 이것은 하고 저것은 하지 말라는 식의 엄격한 율법주의를 모두 채택하지는 않았음을 요셉의 균형 잡힌 모범으로 우리에게 보여준다.

요셉은 하나님의 뜻의 표현으로서 긍휼과 자비를 포함하는 율법의 가치와 목표로 인도되는 의를 추구하는 여타 구약성경의 인물들 가운데 한 사람이다. 넓은 의미에서 의로운 사람은 생활의 정결과 마음의 긍휼을 의미하는 하나님의 실제에 의해 구분이 주어지는 사람이다. 종교적인 엘리트에는 속하지 않는 요셉이 매일의 삶에서 하나님의 실제를 추구하는 사람의 모범을 보인다. 우리 시대에도 의를 추구하는 것으로 균형 잡힌 사람들의 많은 모범들을 지적할 수 있다. 자주 생각나는 사람은 양떼를 위해 모범적으로 살아가는 유명한 기독교 지도자들이다. 하지만 나에게 상당히 인상을 주는 사람들은 마음과 생활이 일상의 혼돈 속에서 정결함을 보이는 남녀 평신도들이다—주부, 경찰관, 사업가, 간호사, 교사 등등. 젊은 요셉도 그들 중에 한 사람이다.

(3) 주의 사자의 메시지에 순종하는 요셉은 마리아의 부정에 대한 의심과 자기의 평판과 명예를 손상시킬 것이라는 두려움을 잠재운다. 천사들이 요셉에게 나타났을 때 요셉의 감정적인 상태는 대단히 복잡했을 것이다. 하지만 역사의 중요한 교차로에서 하나님의 이 특별한 계시는, 요셉이 도덕적 실패를 하였다고 조롱하는 잘못된 참소에 직면할 수 있을지라도, 그로 하여금 구원의 하나님의 프로그램을 수행하는 일을 돕는 안정성과 지침을 제공한다.

우리는 하나님으로부터 그러한 극적인 상황을 경험하지는 않지만, 인생에서 하나님의 뜻을 실천하려 할 때 예기치 않은 문제와 위험에 직면할 수 있다. 최근에 결혼하기로 약속했던 젊은이가 이런 상황에서 보인 요셉의 순종이 자기에게 상당한 영향을 미쳤음을 나에게 말했다. 이전에 그의 이성 관계에서 사랑했던 한 젊은 여인이 신실하지 못했었기 때문에, 그는 지금 약혼자를 신뢰하는 일에 몹시 어려움을 겪고 있었다. 그는 다시금 한 여인을 어떻게 진정으로 신뢰할 수 있을지를 알지 못했다. 그의 두려움은 약혼자와의 관계에서 그를 무능하게 만들기 시작했다—다시 상처를 받을 것이고 신실치 못한 아내를 가졌다고 조롱을 받을 것이라는 두려움. 하지만 그는 이 사건에서 두 가지 중요한 교훈을 얻었다고 나에게 말했다. 첫째는 "신뢰"는 100% 앎이 아니라, 약혼자의 삶에 대해 보고 들을 것을 믿는 것이고, 최대한 참이라고 알고 있는 것에 근거해서 그녀를 믿는 것이다. 그가 다시금 바보가 될 수 있었기 때문에 두려웠지만, 그가 깨달았던 두 번째 사실은 일단 그녀를 믿었을 때에는 하나님의 손에 그들의 관계를 맡기고 서로 신실할 수 있도록 하나님께 의탁하는 것이다. 참된 신뢰는 하나님 안에 있다. 그가 상호적인 신뢰에 기초하여 성령의 능력으로 힘을 얻고 유지되는 그리스도인의 결혼에 대한 중요한 교훈을 습득했다고 나는 생각한다.

성령의 역할. 이 단락에서 성령의 역할의 분명한 본질은 성경 전체를 통해 전개되는 하나님의 계시를 볼 수 있게 한다. 구약성경에서 야훼는 이스라엘 주변의 많은 신들과 구분되는 참된 한 분 하나님으로 계시된다(신 6:4, 14). 우리가 이미 주목했던 것처럼, 복음서에 기술된 역사의 단계에서 성자 예수님은 성부 하나님과 친밀한 관계를 유지하는 중심 인물이시다(참조. 3:17; 17:5). 하지만 점차적으로 분명해지는 것처럼, 예수의 지상 사역이 십자가와 부활로 완결되었을 때, 성령 하나님이 역사의 단계에서 주요한 역할을 맡는다. 이 성령의 활동은 사도행전의 교회 팽창에서, 그리고 뒤이은 신약성경 저자들의 가르침에서 보다 명시적이 되지만, 메시아 예수의 잉태와 탄생에서 이 성령의 활동이 역동하는 것을 먼저 보게 된다.

오늘날 우리는 인간 역사의 세 번째 단계에 살고 있다. 하늘로 승천하셨지만, 예수는 능력과 인도와 위로와 하나님의 임재를 제공하기 위해 성령을 보내셨다. 이 성령은 교회를 세우는 일과 대위임을 완수하는 일 그리고 예수의 제자들을 그리스도의 형상으로 변화시키는 일 등을 수행하신다.

이전에 언급했던 약혼한 젊은이에게서 내가 강조했던 것이 바로 이것이다. 그와 그의 장래의 아내는 하나님이 뜻하시는 단계로 그들의 결혼을 끌어올리는 성령이 내주 하시는 특권을 갖고 있다.

의심, 자기 보호, 받기만 하고 주지 않음, 비통함과 분냄 등 이런 모든 것들이 결혼생활을 부식시키는 종양이 되고 있다. 그들은 젊은 요셉과 마리아의 관계에서 배울 필요가 있다. 신자들의 관계처럼 결혼은 성령의 능력으로 변화될 수 있다.

사도 바울은 성령으로 감동된 관계의 형성에 대해 언급한다. 바울은 젊은 목회자인 디도에게 "순종하며 모든 선한 일을 행하기를 준비하게 하며 아무도 비방하지 말며 다투지 말며 관용하며 범사에 온유함을 모든 사람에게 나타낼 것"(딛 3:1-2)을 교회에 상기시키라고 격려한다. 관계성이 항상 그런 방식이 아니었기 때문에 바울은 실제로 자신의 고백처럼 "우리도 전에는 어리석은 자요 순종하지 아니한 자요 속은 자요 여러 가지 정욕과 행락에 종노릇한 자요 악독과 투기를 일삼은 자요 가증스러운 자요 피차 미워한 자"(딛 3:3)였다고 계속해서 말한다. 나는 수많은 결혼과 관계성이 이런 상태로 흘러가는 것을 보는 불행한 경험을 가졌다. 하지만 그때에 바울은 성령으로 말미암아 관계성을 변화시킬 수 있다는 열렬한 간증을 제공한다.

> 우리 구주 하나님의 자비와 사람 사랑하심이 나타날 때에 우리를 구원하시되 우리가 행한 바 의로운 행위로 말미암지 아니하고 오직 그의 긍휼하심을 따라 중생의 씻음과 성령의 새롭게 하심으로 하셨나니 우리 구주 예수 그리스도로 말미암아 우리에게 그 성령을 풍성히 부어주사(딛 3:4-6).

우리는 지금 역사의 단계에서 어떤 특권과 책임을 갖고 살고 있는가! 신약성경 당대의 시작에 성령의 역사에 순종함으로써 젊은 요셉과 마리아는 어떻게 경건한 관계성이 순결해지고 다른 이들을 섬김으로 특징지어질 수 있는가 하는 일의 실례가 되어준다. 오늘날 경건한 결혼과 가정을 추구할 수 있는 진정한 근거가 바로 그것이다. 우리는 참으로 성령의 변화시키시는 역사를 통해 교회 안과 바깥에서 관계성의 변화를 볼 수 있다.

마태복음 2:1-12

1 헤롯 왕 때에 예수께서 유대 베들레헴에서
나시매 동방으로부터 박사들이 예루살렘에
이르러 말하되 점성가들이
2 유대인의 왕으로 나신 이가 어디 계시냐 우
리가 동방에서 그의 별을 보고 그에게 경배
하러 왔노라 하니
3 헤롯 왕과 온 예루살렘이 듣고 소동한지라
4 왕이 모든 대제사장과 백성의 서기관들을 모
아 그리스도가 어디서 나겠느냐 물으니
5 이르되 유대 베들레헴이오니 이는 선지자로
이렇게 기록된 바
6 또 유대 땅 베들레헴아 너는 유대 고을 중에
서 가장 작지 아니하도다 네게서 한 다스리
는 자가 나와서 내 백성 이스라엘의 목자가
되리라 하였음이니이다 두려움 중에
7 이에 헤롯이 가만히 박사들을 불러 별이 나
타난 때를 자세히 묻고
8 베들레헴으로 보내며 이르되 가서 아기에 대
하여 자세히 알아보고 찾거든 내게 고하여
나도 가서 그에게 경배하게 하라
9 박사들이 왕의 말을 듣고 갈새 동방에서 보
던 그 별이 문득 앞서 인도하여 가다가 아기
있는 곳 위에 머물러 서 있는지라
10 그들이 별을 보고 매우 크게 기뻐하고 기뻐
하더라
11 집에 들어가 아기와 그의 어머니 마리아가
함께 있는 것을 보고 엎드려 아기께 경배하
고 보배합을 열어 황금과 유향과 몰약을 예
물로 드리니라
12 그들은 꿈에 헤롯에게로 돌아가지 말라 지시
하심을 받아 다른 길로 고국에 돌아가니라

원 의미

2장이 시작될 때, 내러티브 시간 구조는 2년을 앞으로 점프한다(2:16의 주석을 보라). 마태는 예수가 태어나고 이름이 지어진 것으로 1장을 끝냈다(1:25). 이제 이 아기가 "어린이"(child, 2:8, 10)가 되고, 이 가정은 "유대 베들레헴에서" 살고 있다.[1] 베들레헴은 예루살렘 남쪽/남서쪽 6마일 경에 위치해 있다.[2]

누가는 예수가 나시기 전에 요셉과 마리아가 가이사라 아우구스투스가 명한 의무적인 인구조사에 응하기 위해 갈릴리의 나사렛에서 유대의 베들레헴으로 여행

1. "유다 베들레헴에서"는 나사렛 근처에 위치하고 있던 스불론의 베들레헴과 이 도시를 구분해 준다(수 19:10, 15).
2. Henri Cazelles, "Bethlehem," *ABD*, 1:712.

했다고 알려준다(눅 2:1-7). 그들은 나사렛에서 결혼 예식을 진행했을 것이고 그 후에 인구조사를 위해 베들레헴으로 여행했다. 이때에 그곳에서 아기가 태어났다.[3] 누가는 성전에서 아기를 봉헌한 후에 "주의 율법을 따라 모든 일을 마치고 갈릴리로 돌아가 본 동네 나사렛에 이르"(눅 2:39)렀다고 말하는 것 이외에는 마태복음 2장에서 발견할 수 있는 사건들을 언급하지 않는다.

예수의 유아 기사를 조화를 이루려고 시도하는 대부분의 사람들은 마태복음 2장의 사건들이 성전 방문 이후에 하지만 아기를 기르기 위해서 나사렛으로 영구적으로 돌아오기 이전에 발생했다고 주장한다.[4] 또 다른 사람들은 누가복음 2:39에서 나사렛으로의 여행이 마태복음 2장의 사건 이전에 발생했다고 주장한다. 요셉과 마리아가 베들레헴에서 아기 예수를 키울 것을 결정했기 때문에 성전을 떠난 후에 자기들에게 속한 물건들을 가져오기 위해 나사렛을 잠시 방문했다고 제기한다. 그러고 나서 베들레헴에서 거주를 정한 후에 마태복음 2:1-22의 사건들이 전개되고 있다고 여긴다. 또한 그들이 애굽으로부터 돌아와서 베들레헴에서 계속 사는 것이 위험함을 알았을 때, 영구적으로 나사렛으로 돌아갔다고 주장한다.[5] 하지만 누가복음 2:39-40의 표면적인 독법에 근거하여 나사렛을 일시 방문했다고 가정하는 것은 다소 난해함이 있다. 어쨌든 예수의 탄생과 성전에서의 봉헌 이후에 요셉과 마리아는 요셉의 조상 마을인 베들레헴에서 아이를 기를 것을 결정했다.

박사들의 예루살렘 여행(2:1-2)

마태가 이야기하고 있는 사건들은 "헤롯왕 때에" 발생했다. 성경의 이스라엘과 유다를 포괄하는 지역인 팔레스타인은 확장하는 로마 제국의 손에 떨어졌던 많은 지역 가운데 하나다. 하스모네 왕조에서의 일련의 문제들이 로마의 군사적 팽창을 위한 절호의 빌미를 제공하여 로마가 정당한 게임을 시작하게 만들었다. B.C. 63년

---

3. 마태는 이 부부가 예수의 탄생 이전에 공식적인 결혼 예식을 진행했음을 암시한다(1:24-25). 따라서 베들레헴으로 가던 중에 이 부부가 여전히 "약혼하였다"라고 누가가 표현한 것은 이 결혼이 성적으로 완전히 합하지 않았음을 암시하고, 이는 예수의 동정녀 탄생을 의미한다(참조. Darrell Bock, *Luke1:1-9:50* [Grand Rapids: Baker, 1994], 205-6).

4. 예를 들어, A. T. Robertson, *A Harmony of the Gospels for Students of the Life of Christ: Based on the Broadus Harmony in the Revised Version*(New York: Harper & Row, 1922), 13; Robert H. Stein, Luke(NAC; Nashville: Broadman, 1992), 118.

5. Robert L. Thomas and Stanley N. Gundry, eds., *The NIV Harmony of the Gospels*(Harper & Row, 1978), 38 note o.

에 유명한 군대장관인 폼페이가 예루살렘을 공격하여 그 도시뿐만 아니라 팔레스타인의 남은 지역도 점령했다. 로마는 이곳을 통치하기 위해서 그 지역 인물들을 세웠고, 마침내 혈통적으로 이두매/나바티안인인 헤롯이 두각을 나타내어 B.C. 37-4년까지 로마 하에서 유대를 통치했다. "유대인의 왕"이라 불린 헤롯은 강하고 때로는 무자비하게 통치했다. 헤롯은 B.C. 4년 3월에 죽은 것으로 보인다(아래의 논의를 보라). 박사들이 예루살렘에 도착하였을 때, 예수가 태어난 지 최대 2년이 되는 해에도 헤롯이 여전히 살아있었기 때문에 대부분의 학자들은 예수의 탄생 연대를 B.C. 6-4년으로 잡는다(2:16의 주석을 보라).

아기 예수의 탄생에 관한 보편적인 의미는 동방의 박사들이 "유대인의 왕"으로 태어난 이를 경배하기 위해 예루살렘에 도착하였기 때문에 즉시 알려진다(1:1-2). "박사"('마고스', "마술사")라는 용어는 아마도 조로아스터교의 추종자들인 고대 페르시아의 제사장 계급(약 B.C. 630?-550?), 페르시아의 선생, 선지자들을 일컫는다. 당시에 천문학, 점성학, 학문과 마술을 포함하는 바벨론의 원리들이 도입되었다. 박사들은 그들의 작업에서 다양한 과학적(천문학), 외교학적(학문), 그리고 종교적(마술적인 주문) 요소들을 사용함으로써 보통 그들 나라의 종교 단체 생활에서 주요한 인물들이 되었다. 이런 양상들은 다른 나라에서 발견되는 "마술"의 통상적인 형태와는 구분된다(예. 행 13:6, 8에서 '마고스').

이 박사들은 "동방"에서 와서 "유대인의 왕"으로 태어난 이를 찾고 있었다. 그들은 동쪽에 살고 있는 유대인 거주자들로부터 구약성경의 예언을 분명히 접하였을 것이다. 많은 유대인들이 유배 후에 팔레스타인으로 돌아갔을지라도, 동쪽 특히 바벨론, 북쪽에 파르디아, 남서쪽에 아라비아에 많은 유대인들이 남아 있었다. 그리하여 정치적이고 종교적인 이교 지도자들이 안식일 준수와 결혼 관행 등 유대의 종교적 특징을 잘 알고 있었을 것이다.[6] 그리고 박사들의 시대에 바벨론에서 학문할 수 있는 유대인 센터가 있었다.[7] 동방에서 이방인 종교 지도자들은 히브리 성경과 예언 그리고 랍비(선생)들을 규칙적으로 접할 수 있었다.

박사들이 바벨론의 주변에서 왔다면,[8] 그들은 거의 900마일을 여행했다. 바벨론의 무역 통로는 북으로 유프라테스 강으로 이어졌고, 남쪽 시리아의 오론테스 강

---

6. Josephus, *Ant.* 18:318-19, 340, 449-52.

7. *b. Pesaḥ* 6:1; 참조. *y. Pesaḥ.* 6:1, 33a.

8. Tony T. Maalouf는 박사들이 예루살렘에 훨씬 더 가까운 아라비아 사막 공동체에서 왔다고 주장한다: "Were the Magi from Persia or Arabia?" *BibSac* 156(1999): 399-442을 보라.

골짜기를 통해 팔레스타인으로 이어졌다. 박사들이 여행을 준비하기 위해 여행단을 모아야 했을 것이기 때문에 그들이 별을 처음 본 때부터 예루살렘에 도착했을 때까지 여러 달이 걸렸을 것이다.[9]

"우리는 동방의 세 왕들입니다"라는 유명한 캐롤 송이 있을지라도 그 노래의 가사는 역사적인 신빙성이 적다. A.D. 3세기 초에는 박사들을 왕으로 생각했다. 그것은 시편 72:11에 "모든 왕이 그의 앞에 부복하며"를 성취했다고 생각했다. 하지만 박사들은 자기들 궁전의 종교 고문관에 속한 사람들이었을 것이다. 박사들의 실제적인 수는 불확실하다. 동방의 전통은 열둘로 그들의 수를 설정하였지만 서방의 전통은 황금과 몰약과 유황의 세 예물에 근거하여 세 명으로 설정했다.[10] 박사들의 수가 어떠하든지 간에 그들은 긴 여행을 위한 수종자와 경호원들을 포함하는 다수가 여행했을 것이다.

박사들의 목표는 "유대인의 왕으로 나신 이"를 찾는 것이다. 마태는 "유대인의 왕"이라 불리는 메시아 예수를 준비하면서, 다윗왕을 통한 족보를 추적했다(1:6). 이스라엘의 백성들은 다윗의 권좌에 의로운 상속자를 오래 기다렸으나 하나님은 이방인 박사들을 통해 메시아의 도착을 먼저 알리신다. 1세기에 한 통치자가 유대로부터 나올 것이라는 기대가 순환되었다. 수토니우스(Suetonius)는 "동방의 전역에 오래된 일관적인 믿음이 퍼져 있었다: 당시에 유대 출신의 사람들이 권력을 잡을 것이다[세상을 통치할 것이다]"라고 하늘이 선포했다.[11] 이스라엘의 예언자들은 미래의 다윗계의 구원자가 제정한 세계 평화와 번영의 시대를 오랫동안 언급했다. 이 믿음은 이스라엘 접경 지역을 넘어서서 스며들었다. 그리하여 이스라엘 백성들 이외에도 유대 땅에서 한 통치자(들)가 나올 것을 기대하고 있었다.[12]

박사들은 "우리가 동방에서 그의 별을 보고 그에게 경배하러 왔노라"고 왕에게 말한다. "동방"('아나톨레')이란 용어는 태양과 별의 "떠오름"을 의미하거나(참조.

---

9. 에스라가 이 루트로 가기 위해서 4-5천 명의 사람들의 무리와 넉 달이 걸렸음을 주목하라. 박사들은 더 빨리 여행했을 것이나 현대의 여행과 비교할 때 여전히 늦었을 것이다.

10. 박사들의 전승적인 이름은 발다사르(Balthasar), 멜키오르(Melchior), 가스파르(Gaspar) 또는 카스파르(Caspar)다. 이탈리아의 라벤나에서 6세기 교회의 모자이크에서 처음 나타났으나, 이런 지칭에 대한 역사적인 지원은 없다.

11. Suetonius, *Vespasian* 5.

12. 요세푸스(Josephus, *J.W.* 3:399-408; 6:310-15)와 타키투스(Tacitus, *History* 5:13)는 이 폭넓은 예견을 주목한다. 그들은 유대인들이 잘못했고, 그 예상이 팔레스타인에서 베스파시안이 승리한 후에 권좌로 그가 올라간 것으로 실제 성취되었다고 논증한다. 하지만 유대인들(유대인이었던 요세푸스는 분명히 아니다)은 베스파시안에게서 구약성경의 예언적 소망의 성취를 확실히 발견할 수 없었다.

눅 1:78), "동쪽"(계 21:13)을 일컫는 지역을 의미할 수 있다.[13] 2:1에 "동방으로부터"란 어구는 후자 즉, 동쪽을 의미한 것으로 보이나 2:2에서 "동방에서"란 표현은 전자 곧 그들이 있는 동쪽에서 별이 떠오르는 곳을 보았음을 함축한다. 즉 그들은 하늘의 동쪽에 별이 떠오르는 것을 본 것이 아니다. 그렇지 않다면 그것은 그들이 동쪽을 여행하도록 자극했을 것이다. 오히려 그들이 예루살렘의 동쪽에 있었을 동안에 아마도 그들의 서쪽으로 별이 떠올랐고, 그것이 그들로 하여금 서쪽 예루살렘으로 여행하게 했을 것이다.

박사들은 본국에서 유대 공동체를 통해 발람의 예언, 즉 "한 별이 야곱에게서 나오며 한 규가 이스라엘에게서 일어나서"(민 24:17)라는 말씀을 잘 알고 있었을 것이다. 유대교 내의 많은 지역에서 이 예언은 메시아적인 구원자를 가리키는 것으로 이해되었다(예. CD 7:18-26; 4QTest. 9-13). 요한계시록에서 예수는 유사한 말로 자신에 대해 언급하신다. "나는 다윗의 뿌리요 자손이니 곧 광명한 새벽 별이라"(계 22:16; 참조. 2:28; 벧후 1:19).

이 별의 본질에 관한 몇 가지 제안들이 있다.[14] (1) 많은 이들이 그것이 혜성이든,[15] 초신성이든, 행성의 결합이든 간에, 알려진 천문학적인 사건으로 추적할 수 있는 자연적인 현상이었던 것으로 주장한다. 한 가지 널리 논의되고 있는 가능성은 B.C. 27년 5월에 발생했던 특이한 행성들의 결합이 박사들의 관심을 끌었다는 것이다.[16] 고대 바벨론 천문학에서 목성(쥬피터)은 주요한 신성을 대변했다. 이 목성이 물고기 성좌(그것은 팔레스타인을 대변했다)의 토성(그것은 유대인들을 대변했다)에 가까이 다가왔을 때 박사들은 자신들이 찾고 있는 왕의 별로서 목성(쥬피터)을 언급했다. 토성과 물고기 성좌의 연합이 그들에게 보였고, 그들은 그것에서 지역(팔레스타인)과 민족(유대인)을 찾았다. 관련된 암시들이 이런 결합에 의존하지만, 이 특별한 별을 중국과 한국의 천문학자들이 B.C. 5년 4월에 기록했던 초신

---

13. BDAG, 74을 보라.
14. 유력한 견해들의 짤막한 논의에 대해서는 Brown, *Birth of the Messiah*, 170-74, and W. P. Armstrong and J. Finegan, "Chronology of the NT," *ISBE*, 1:687-88을 보라. 더 다양한 견해를 위해서는 E. Jerry Vardaman and Edwin M. Yamauchi, eds., *Chronos, Kairos, Christos: Nativity and Chronological Studies Presented to Jack Finegan*(Winona Lake: Eisenbrauns, 1989)을 보라. 다양한 전제는 이 두 번째 책에서 더 사색적이다. E. Jerry Vardaman, ed., *Chronos, Kairos, Christos II: Chronological, Nativitu, and Religious Studies in Memory of Ray Summers*(Macon, Ga: Mercer Univ. Press, 1998).
15. 예를 들어, B.C. 12세기와 11세기에 보여졌던 헬리 혜성.
16. 천문학자인 David Hughes의 *The Star of Bethlehem: An Astronomer's Confirmation*(New York: Walker, 1979)이란 작품을 보라.

성과 연관시키기도 한다.[17]

(2) 또 다른 이들은 하나님이 예수의 탄생을 알리기 위해 사용하신 초자연적인 별의 현상이라고 주장한다. 이것은 별을 묘사하고 있는 본문이 이것을 암시한다. 그 별은 나타났다 사라지고 다시 나타나며, 박사들이 예수와 그의 가족이 거주하고 있는 정확한 집을 찾도록 움직이며 방향을 알려준다. 어떤 이들은 오직 박사들만이 이 두드러진 별의 현상을 보았을 것이라고 주장한다.

(3) 또 다른 가능성 있는 제기는 이 초자연적인 현상은 메시아의 탄생을 알리고 박사들을 예수에게로 인도하기 위해 하나님이 보내신 천사라는 것이다. 그들이 경배함으로써 예수 탄생의 목격자가 되게 하기 위해서다. 선한 천사는 자주 별로 언급되고 있고(예. 욥 38:7; 단 8:10; 계 1:16, 20; 2:1; 3:1), 타락한 천사도 마찬가지다(계 8:10, 11; 9:1; 아마도 사 14:12-13). 천사들은 약속된 땅으로 이스라엘을 인도하고 보호했다(출 14:19; 23:20). 그들은 유대와 기독교 문헌에서 자주 인도자로 나타난다.[18] 신약학자인 데일 알리슨(Dale Allison)은 아랍의 묵시적인 책 『유아복음』(*Gospel of the Infancy*) 7장을 인용한다. 그것은 박사들이 "동일한 시간에 이전에 그들의 여행을 인도했던 별의 형상으로 천사들이 나타났다"[19]라고 말한 것으로 마태의 기사를 확대시킨다.

이 마지막 견해는 유아 기사의 전반적인 내러티브에서 주의 천사의 두드러진 특징과 일치한다. 즉 천사는 예수의 동정녀 잉태를 요셉에게 알리고(1:20), 박사들이 헤롯에게로 돌아가지 말 것을 경고하며(2:12), 요셉에게 애굽으로 가족들과 함께 도망할 것을 지시한다(2:13). 또 이스라엘로 돌아갈 것을 알리며(2:19), 꿈에 나사렛으로 가도록 이끈다(2:22).

어느 경우에도 이교주의와 천문학 그리고 유대 성경의 영향이 혼합되어 있으므로, 박사들이 신인(神人)으로서의 예수의 성육신의 본질을 인식하여 그를 경배하기 위해서 의도적으로 왔다고 볼 수는 없다. 그들은 지배국가의 왕에게 경의를 표하기 위해서 속국으로부터 오는 사람들을 이끄는 것과 유사한 방식으로 "유대인의 왕"을 경배하려는 뜻을 갖고 있었을 것이다.

---

17. Mark Kidger, *The Star of Bethlehem: An Astronomer's View*(Princeton, N.J.: Princeton Univ. Press, 1999)는 이 결합이 박사들을 어떤 특별한 사건으로 경각시켰고, 초신성이 그들의 여행을 촉발시켰다고 주장한다.

18. 예를 들어, *1 En.* 1:2과 여러 곳; *T. Levi* 2-5; *History of the Rechabites* 1:3과 여러 곳.

19. Dale C. Allison, "What Was The Star That Guided the Magi?" *BibRev* 9(November-December 1993): 24을 보라.

박사들은 이스라엘에서 일어날 약속된 통치자로서 예수에게 올바른 경의를 표하고 있으나 그들의 경배는 그들이 의도했던 것 이상의 의미가 있었다.[20]

헤롯의 교묘한 책략(2:3-8)

분명히 헤롯은 메시아의 도래를 알리는 별의 상징을 잘 알고 있었다. 그 때문에 박사들의 말에 반박하지 않았다. 그의 첫 번째 반응은 놀라움이었다. "헤롯왕과 온 예루살렘이 듣고 소동한지라." 헤롯은 자신이 다윗 왕국의 적법한 상속자가 아니라는 것을 알고 있다. 그는 로마와 제휴함으로써 권좌를 찬탈했다. 그러므로 유대의 왕으로 태어난 이를 찾고 있다는 박사들의 말을 듣고서 동방의 침략 세력들이 자기를 축출하기 위해서 이스라엘 내에 다른 세력과 손을 잡고 권좌에 다가올 메시아의 참된 계열에 속한 왕을 둘 수 있을 것으로 두려워했을 것이다.

헤롯은 서방으로부터의 공격은 두려워하지 않았다. 그곳에는 로마 제국이 있었는데, 그들은 이미 유내의 통치자로 헤롯을 인가했기 때문이다. 하지만 동방으로부터의 공격에 대한 두려움이 상당히 있었다. 안티고누스와 힐카누스 2세 간에 주도권을 다투었던 하스모네 왕조 동안에 안티고누스는 이스라엘의 북동쪽 제국인 파르티안과 손을 잡고, 유대를 침략하여 예루살렘을 포위했다. 이에 헤롯은 로마로 도망했고, 그는 파르티안을 축출하고 권좌를 찾기 위한 도움을 로마에 호소했다. 헤롯은 B.C. 37년에 예루살렘을 되찾은 후에 침략 세력들로부터 안전을 보증하기 위해서 동부 국경을 따라 여러 개의 방어궁(fortress-palace)을 지었다.[21] 또한 헤롯은 많은 장엄한 건축 프로젝트를 세워 자신의 통치를 뒷받침했다. 이 프로젝트들은 자주 유대 백성들에게 혜택을 주었는데, B.C. 20/19년에 시작해서 A.D. 63년에 완성된 예루살렘 성전의 재건도 이에 해당한다.

헤롯이 통치했던 마지막 해는 끊임없는 내적인 문제로 골치를 앓았다. 그의 열 명의 아내는 헤롯의 권좌를 노리기 위해 경쟁하는 많은 자손들을 낳았다. 그는 점점 늙을수록 편집증 환자가 되어갔다. 그는 자기 가족의 상당수를 감옥에 처넣고 처형하기도 했다. 대표적인 예가 아내 미람느(Miramne) 1세와 그녀의 두 아들인 알렉산더와 아리스토불르스의 경우다. 이런 종류의 여러 사건들이 있은 후에 가이

---

20. David Peterson, *Engaging with God: A Biblical Theology of Worship*(Downers Grove, Ill.: InterVarsity Press, 1992), 85; Albright and Mann, *Matthew: Introduction, Translation, and Notes*, 13-14을 보라.
21. Josephus, *Ant.* 14:335-69; 17:23을 보라.

사라 아우구스투스는 헤롯의 아들('휘오스')이 되기보다 헤롯의 돼지('히스')가 되겠다는 유명한 익살스러운 재담을 하였다.[22]

헤롯이 "유대인의 왕"이 나신 것을 알기 위해 찾아온 박사들로 인해 소동했지만 예루살렘도 온통 그러했다. "예루살렘"이란 말은 거룩한 도시를 지칭하지만(4:5; 27:53), 이스라엘의 종교적이고 정치적인 지도부를 대표하기도 한다. 이 지도부는 헤롯으로 인해 같이 소동했을 것이다. 만약 헤롯이 박사들과 함께 도달한 세력의 위협을 인식하여 격노한다면, 결과적으로 자신들도 역시 고통을 당할 것을 알았기 때문이다. 하지만 더욱 그럴듯한 것은 그들의 반응은 이스라엘 지도부의 영적인 건강에 대한 단서를 제공하기에 충분하다. 그들은 정치적으로 헤롯과 제휴하였기에 만약 헤롯의 권력 기반이 위협을 받는다면, 그들의 권력도 마찬가지로 위협이 될 것이기 때문이다. 종교 지도부가 이스라엘 왕의 탄생의 보고를 축하해야 하지만 유대인의 참된 왕의 도래는 이스라엘의 부패한 종교 정치 세력에게는 위협이었다. 마태의 이야기의 시작에서 예루살렘은 잠재적으로 예수에 대해 부정적이며, 곧 그를 죽이려는 사람들과 손을 잡는다(2:16, 20).[23]

유대인의 핵심 지도부는 "제사장"과 "율법사"('그라마테우스')로 구성되어 있다. 제사장들은 산헤드린의 구성원이 되어(참조. 26:57; 막 14:53), 성전의 활동과 회계 그리고 제사적인 질서를 관장하는 일에 대제사장에게 합세한다. '그라마테우스'(번역하면 "서기관")란 용어는 성경을 읽고, 쓰고 베끼는 일과 긴밀하게 관련이 있다. 하지만 그 용어는 신약 시대에 율법의 해석과 관련한 전문가를 의미했다. 따라서 "율법사" 또는 "율법 전문가"('노미코스'; 참조. 마 23:4; 눅 11:45-46)란 용어로 호환하여 사용할 수 있다. 이들은 구약성경의 공식적인 해석자였다(8:19의 주석을 보라).

"그리스도가 어디서 나겠느냐"라는 헤롯의 질문은 "유대인의 왕"(2:2)이란 개념이 메시아 "그리스도"와 연관되어 있음을 보여준다. 종교 지도자들은 이전 세기

---

22. Macrobius, *Saturnalia* 2. f. 11. 이 말은 라틴어로 주어져 있으나, 그것은 익살을 위해 헬라어 스펠링과 발음에 의존한다. 돼지에 대한 유대인의 혐오를 역시 주목하라.

23. Peter W. L. Walker, *Jesus and the Holy City: New Testament Perspectives on Jerusalem*(Grand Rapids: Eerdmans, 1996), 33-34. 헤롯과 종교 지도자들을 의로우신 "유대인의 왕"으로서의 예수와 대조시키는 도움되는 문학적 분석을 위해서는 Bauer, "The Kingship of Jesus," 306-23을 보라. 바우어는 "온 예루살렘"이란 표현으로 예수를 배척하고 자기들의 머리에 그 피를 취하는 것으로 이스라엘 백성들을 이끈 책임이 있는 이스라엘의 종교 지도자들을 강조하기 위한 무대를 마태가 설정하는 것으로 의도하고 있다고 제기한다(참조. 27:20, 25).

에 베들레헴이 "유다의 고을" 중에 작지 아니하다고 일컬었던 미가 선지자의 말을 인용한다. 말하자면 베들레헴에서 미래의 통치자인 메시아가 나실 것이기 때문이다(미 5:2). 그들의 인용은 이스라엘을 통치하는 왕으로 다윗을 세울 때에 인용했던 유명한 목자의 주제도 암시한다. "내 백성 이스라엘의 목자가 되며 네가 이스라엘의 주권자가 되리라"(삼하 5:2).[24] 베들레헴에서 태어날 다윗계의 메시아의 예언의 소망이 이스라엘에 널리 퍼졌었다(참조. 7:42). 이 마을은 두 번 영광을 입었다. 다윗왕이 태어난 곳이 이제 이스라엘의 왕이요 목자이신 예수 그리스도가 태어난 곳이 되고 있기 때문이다.

헤롯의 책략은 은밀하게 박사들을 불러 그 별이 나타난 때를 알아내는 일을 취한다(2:7). 은밀히 할 필요가 있었던 것은 메시아의 도래를 소망하고 있던 유대인들이 박사들에게 헤롯의 책략을 알리지 못하게 하고자 했을 것이다.[25] 또는 박사들이 찾고 있던 아기가 오실 메시아일 경우에, 만약 헤롯이 그 아기를 죽이려 한다면, 유대 백성들과의 관계가 좋지 못할 것이기 때문이다. 따라서 그는 사람들에게 알리지 않고 자신의 권좌를 위협할 수 있는 상황을 제거할 수 있도록 은밀하게 계획을 세우고 있었다. 늙은 그가 자기 자신의 권좌를 위해서 메시아를 제거하려고 했다는 것은 믿을 수 없어 보이지만, 헤롯은 이두매인이다. 권력을 유대의 구원자에게 넘겨준다는 생각이 그 일에 무자비하게 저항하게 했을 것이다. 헤롯이 자기 자신을 "유대인의 왕"으로 생각한 것을 역시 주목하라.

팔레스타인이 박사들의 고향과 거리가 있음이 헤롯의 무자비한 평판을 알지 못하게 했을 것이다. 그들은 헤롯이 진심으로 메시아의 도래를 알기 원했다고 생각했다. 헤롯은 자신이 박사들을 제대로 속였다고 확신했다. 그가 베들레헴으로 박사들을 수행하도록 부하들에게 조치하지 않았기 때문이다. 그는 박사들이 그 아기가 있는 곳을 알리기 위해서 되돌아올 것을 의심하지 않았다. 이런 그의 계획을 망치게 한 것은 하나님의 간섭하심이었다.

---

24. 메시아 예수와 관계가 있는 목자 모티브가 신약성경에서 천명된다: 예수는 자신을 "선한 목자"(요 10:11)라 일컫는다; 히브리서의 저자는 예수를 "양들의 큰 목자"라고 부르며(히 13:20), 사도 베드로는 교회의 지도자들을 "목자장"(벧전 5:4) 예수를 위해 양떼를 "목양하는" 것으로 강조한다(벧전 5:2; 참조. 요 21:6). 대환난으로부터 발생한 순교자들과 관련하여 "보좌 가운데에 계신 어린양이 그들의 목자가 되"신다(계 7:17).

25. Hagner, *Matthew 1-13*, 30.

박사들이 아기를 경배하다(2:9-12)

팔레스타인으로 인도하던 별이 이제 다시 환하게 나타나서 박사들을 아기가 있는 베들레헴으로 6마일을 인도했다. 별의 활동에 관한 묘사는 초자연적인 현상을 함의하고 있다. 별의 어느 형태도 그들을 앞서 인도하며 아기가 있는 곳에서 멈추거나 기다릴 수 있다고 간주하기 어렵기 때문이다. 박사들이 메시아가 베들레헴에서 태어날 것을 이미 인지하고 있었기 때문에, 별이 그들을 마을로 아주 오랫동안 인도하였다기보다는 아기와 두 부부가 있는 마을의 장소로만 인도하였다. 이것은 일종의 초자연적인 천사의 인도와 일치한다(2:2의 주석을 보라).

예수는 마리아와 요셉과 함께 이제 베들레헴의 "집"에 있다. 최근에 1세기 시대에 평민들이 살고 있던 집들의 발굴은 규칙적인 특징을 보여준다. 단층으로 세워진 집들은 안마당으로 형성된 일련의 방들로 형성되어 있었다. 이 방들에는 잠을 잘 수 있는 공간, 식당, 마구간, 그리고 창고 등으로 형성된 거실 공간이 있었다. 언덕에 지어진 집들은 높게 2층으로 형성되었을 것이다. 저층은 마구간이 있는 앞마당이 있었고, 위층은 잠자고 생활할 수 있는 방들이 있었다. 산악지역에서 저층은 지하에 마구간이 있는 구조인 동굴들을 갖고 있었을 것이다.[26]

2:8, 9, 11(또한 2:13, 14, 20, 21)에서 예수에 대한 용어는 '파이디온'("아이")이다. 그것은 통상적으로 유아나 아장아장 걷는 어린이를 일컫는다.[27] 헤롯이 나중에 두 살 이하의 어린 소년들을 모두 죽일 것을 시도했기 때문에 이 아기는 이제 거의 두 살이 되었을 것이다. 요셉의 식구들이 살고 있는 집이 예수가 태어난 집과 연관된 동일한 집이었는지는 알 수 없지만 이 신생 가족이 나사렛으로 돌아가는 대신에 베들레헴에서 아들을 키우기 위해서 머물렀기 때문에 가족이 거할 수 있는 영구적인 집을 요셉이 마련했음을 시사한다.

아기를 보려는 박사들의 순례의 목적은 "아기께 경배할"(2:11) 때 이루어졌다. 그들이 아기와 아기의 어머니인 마리아를 보았을지라도, 오직 아기만을 경배한다. 요셉이 이 내러티브에서 상당한 역할을 했고 또 할지라도 전혀 언급이 없다. 박사들의 참된 관심의 중심은 아기 예수다.

---

26. John S. Holladay Jr., "House, Israelite," *ABD*, 3:313; Rousseau and Arav, "House," *Jesus and His World*, 128-31.
27. 누가는 예수의 탄생 시와 예수가 태어난 지 며칠 안되어 성전에서 봉헌되었을 때를 언급하기 위해서도 이와 동일한 용어를 사용한다(눅 2:17, 27).

박사들의 "경배"를 묘사하는데 사용된 단어는 신을 경배하기 위해 통상적으로 보존되는 단어다.[28] 오직 하나님만이 경배를 받으시지 중개자나 천사가 경배를 받지 못하는 것은 성경의 분명한 원리다(예. 행 14:11-15; 계 19:10). 하지만 이 순간에 이 유사 종교를 신봉하고 있는 인물들이 예수의 신적 본질을 이해하고 있다고 볼 수는 없다. 예수의 가장 가까운 제자들도 성육신의 본질을 이해하기 위해서는 상당한 시간이 걸렸기 때문에 박사들이 신인으로서 예수를 알고서 경배하고 있다고 생각하기는 어렵다. 하지만 유대교의 영향과 이교의 종교적 배경이 섞여 있음에도 불구하고, 그들의 예배는 심지어 그들이 이해하는 것보다 훨씬 더한 의미를 갖는다.[29] 적어도 그들은 이 아기가 하나님의 메시아라는 것을 이해하고 있고, 아기를 통해서 이스라엘의 하나님을 경배한다. 동시에 그들의 경배는 유대의 어린 왕을 경배하지 않고 곧 죽이려고 시도할 예루살렘의 헤롯당 지도부를 분명히 비판하고 있다.

왕이나 높은 지위의 종교적 정치적 사회적 신분을 가진 자를 알현할 때, 존경을 나타내기 위해서 선물을 자주 가져온다(창 43:11-15; 삼상 9:7-8; 왕상 10:1-2). "보배합"이란 용어는 민족의 가보에 사용되거나(마카비1서 3:29) 여기서처럼 새롭게 태어난 왕에게 드리는 보물들을 담기 위해 박사들이 사용한 일종의 용기나 "보물함"[30]에 사용된다. 이런 경배의 행위는 이방 민족의 지도자들이 이스라엘 왕에게 선물을 드렸던 구약성경 구절들을 생각나게 하고, 오실 메시아를 영화롭게 하는 민족들을 예언적으로 바라보게 한다.[31]

"황금"은 현대와 마찬가지로 성경에서 자주 언급되는 가치 있는 금속이다. 황금은 교환의 수단으로서 또한 보석이나 장식품을 만들고 왕실의 그릇도구들을 만드는 것으로서 고대 세계에서 귀하게 사용되었다. "유향"(또는 "향료"; 레 2:1; 14:7; 느 13:9)은 보스웰리아 나무의 접착성 송진에서 나온 것이다.[32] 향은 향료로

---

28. 이 동사는 여격의 직접목적어 '아우토'("그를")와 함께 쓰이는 '프로스키네오'다. 이 여격은 신에 대한 예배를 강조하기 위해 통상적으로 빌리는 개인의 이해관계에 관한 사례다(참조. 14:33; Wallace, *Greek Grammar*, 172-73).

29. Peterson, *Engaging with God*, 85.

30. Josephus(*Ant.* 9:163; 참조. 2 Kings 12:9-11)는 대제사장 여호야다가 성전을 보수하기 위해 백성들의 헌물을 거두려고 제단 옆에 두었던 나무로 된 상자를 지칭하는 것으로 이 용어를 사용한다. 마태는 이 용어를 개인의 "창고"(마 13:52)만이 아니라 창고에 저장한 물건, 즉 하늘의 보물(6:20; 참조. 그리스도 안에 보화, 골 2:3)을 지칭하는 것으로도 사용한다.

31. 참조. 시 72:10-11; 사 60:5-6, 11; 66:20; 습 3:10; 학 2:7-8.

32. 이 나무는 사우디아라비아, 이디오피아, 소말리아 그리고 인도에서 발견된다. 여름철에 나무의 껍질이

서 세속적인 목적을 위해서 사용되나(아 3:6; 4:6, 14) 이스라엘에서 제단에 허락되는 향료를 위한 처방으로 예식적으로 사용되었다(출 30:9, 34-38).[33]

"몰약"은 아라비아, 아비시니아 그리고 인도에서 발견되는 작은 나무에서 추출한 수액이다. 그것은 송진, 접착물 그리고 기름 수지를 혼합한 것으로 만들어지고, 특이한 냄새를 풍긴다. 액체나 고체로 팔리는 몰약은 옷(시 45:8; 아 3:6)이나 부부의 침실에 향수(에 2:13; 잠 7:17)로서 그리고 자극적인 강장제(참조. 막 15:23)로서 방향을 위해(출 30:23) 사용되었다. 유대인들은 시체에 완전히 향료 처리를 하지 않았지만, 죽은 시체를 장사를 위해 씻었고, 특별한 옷을 입혔으며, 향이 나는 몰약과 여타 약품들을 시체와 함께 넣어 부패할 때 나는 몸의 냄새를 죽였다(요 19:39).[34]

예수의 사역과 생애에 따라 박사들이 드린 선물의 상징적인 의미를 찾으려는 해석의 오랜 역사가 있다. 예를 들어, 황금은 왕권을 대변하고, 유향은 예수의 신성을 대변하며, 몰약은 예수의 희생적인 죽음과 장사를 대변한다는 것이다.[35] 하지만 이렇게 읽는 것은 예수가 누구이신 지에 대한 박사들의 이해를 너무 많이 허용하는 것이다. 오히려 이 세 선물들은 박사들이 아기 예수에게 경배하고 유대인의 왕에 걸 맞는 영광을 예수에게 돌린 것을 나타내는 존귀를 표하고 있다고 하는 것이 바람직하다. 박사들이 알고 의도한 것 이상으로 이 선물들이 역시 요셉의 식구들이 애굽으로 피하여 머물 수 있도록 섭리적으로 그 가족을 지원한 것으로 사용되었을 수 있다.

하지만 어린 왕에 대한 헤롯의 편집증적인 시기로 말미암은 위험으로 인해 박사들이 꿈에 헤롯에게 보고하기 위해서 돌아가지 않도록 경고하는 지시를 받게 된다(2:12). 꿈은 고대 세계에서 인간에게 하나님이 뜻을 전하는 수단으로 보통 이해되었다(1:20의 주석을 보라). 요셉은 꿈을 받는 주요한 수령자다: 천사는 예수가 동정녀에게 나심을 선포하고, 애굽으로 갈 것을 가족에게 경고하며(2:13), 이스라엘로 돌아갈 것을 알리며(2:19), 나사렛으로 예수의 가족을 인도한다(2:22). 이 대부분의 상황에서 요셉을 중개하는 자로 천사를 특히 언급한다. 따라서 박사들의

벗겨져 결각렬이 생기고, 송진의 표면에 희끄무레한 색깔로 변한 수액이 발생한다.

33. W. E. Shewell-Cooper, "Frankincense," *ZPEB*, 2:606-7을 보라.

34. Kjeld Nielsen, "Incense," *ABD*, 3:404-9; Victor H. Matthews, "Perfume and Spices," *ABD*, 5:226-28; Joel Green, "Burial of Jesus," *DJG*, 88-92을 보라.

35. 예를 들어, Irenaeus, *Against Heresies* 3.9.2; Origen, *Contra Celsum* 1:60.

꿈에도 천사가 그들에게 나타나서 헤롯의 책략을 경고하였을 가능성이 있다. 그렇다면, 꿈에서의 경고는 박사들을 인도하던 별이 지금 그들을 본국으로 이끄는 천사였다는 견해와 일치한다.

헤롯이 기다리고 있는 예루살렘으로 되돌아가는 대신에 박사들은 "다른 길로 고국으로 돌아갔다"(2:12). "그들이 돌아갔다"라는 표현의 배후에는 내러티브에서 재현되는 적대, 후퇴, 그리고 예언적 성취의 주제적 패턴을 강조하는 단어('아나코레오')가 있다.[36] 마태는 적대적인 환경이 재현됨에도 불구하고 하나님의 주권적 보호하심이 메시아 예수의 지상의 삶을 둘러싸고 있음을 강조한다. 적대의 위협적인 구름 하에서 박사들은 예루살렘에 있는 헤롯을 피하여 다른 길로 돌아갔다. 그것은 고국으로 돌아가기 위해 우회하는 긴 여정을 필요로 했다.

그들은 요단강 동쪽의 북쪽 나바티아와 데카폴리스를 통해 무역 통로를 연결하는 사해의 저지대를 넘어 남쪽을 여행했다. 또는 헤브론의 남쪽과 북쪽 해변을 통과하는 무역 통로를 연결하는 지중해 해변의 서쪽으로 여행했을 것이다. 경계를 서기는 헤롯의 군사들이 이 순환로를 지키고 있었기에 박사와 측근들은 재빨리 가능한 한 은밀하게 여행했을 것이다. 그들의 희생과 인내는 유대인의 참된 왕이요 심지어 이방인 구도자들의 소망이기도 한 아기 예수를 보고 경배했던 일의 영향력을 깊이 간증하고 있다.

상황잇기

하나님의 주권적인 보호하심. 야망, 능력, 그리고 전략은 정치, 군사, 문화, 스포츠, 또는 무역에서 성공적인 사람들 속에서 발견할 것으로 예상할 수 있는 특징들이다. 하나님은 이 땅에서 그의 뜻을 행하실 때 역사에서 사람들의 이런 특징들을 사용하시고 사용하셨다. 이스라엘 백성들을 약속된 땅으로 이끌고자 하는 여호수아의 야망은 지체 없이 하나님의 인도하심을 따름으로써 모든 사람들의 모범이 되었다(수 1:6-9; 23:6-11). 모세가 저항하는 바로에게 직면하여 보여주었던 능력과 자연의 세력에 대한 능력은 하나님의 권능을 가장 장엄하게 보여준 것으로 오랜 세월 동안 증거하고 있다(예. 시 105:23-45). 다윗왕이 거인 골리앗을 이기고 하나님의 대적자들을 정복했을 때 보여준 전략은 군사 지도자들의 전설이 되었다

36. 또한 2:13의 "그들이 떠난 후에"와 2:14의 "애굽으로 떠나가"를 참조하라: 2:22-23; 4:12-18; 12:15-21; 14:12-14; 15:21-28; 27:5-10; Deidre Good, "The Verb ἀναχωρέω in Matthew's Gospel," *NovT* 32(1990): 1-12을 보라.

(예. 삼상 17:50-54; 삼하 8:11-15). 하나님은 뜻을 이루시기 위해서 야망, 능력, 그리고 전략을 사용하시고 사용하실 수 있다.

그러나 유아기사의 예기치 못한 특징은, 하나님이 구원 역사의 이 중요한 단계를 시작하실 때 야망과 능력과 전략이라는 특징들을 전도시킴을 우리에게 보여주신다. 마태가 예수의 도래를 그리고 있는 모습은 잠재력에서는 놀랍지만 취약성에서는 뜻밖이다.

예수는 이스라엘의 백성들을 "치실"(2:6) 유대인의 왕(2:1), 메시아(2:4), 통치자(2:6)시다. 예수 안에 이스라엘이 로마의 압제 하에 있을 때 이스라엘 백성들의 예언적 소망이 들어 있다. 그는 지금 평범한 어린 아이지만, 신음하는 하나님의 백성들을 다시 한번 안전하게 데려올 통치자이시다. 하지만 예수는 단지 어린 아이에 불과하다. 그는 자신을 돌볼 왕실 호위대도 없고, 보호해줄 경호원도 없다. 궁전도 군사도 없다. 사실상 불길한 징조가 밀려오고 있다. 이 연약하고 작은 이스라엘 권좌의 권리자가 지금 음모를 꾸미는 독재자인 헤롯에 의해 위협을 받고 있다. 누가 이 어린 미래의 왕을 돌볼 것인가? 누가 이 아기를 보호할 것인가? 그에게 예언된 역할을 수행하기 위해서 어떻게 생존할 수 있겠는가?

마태의 이야기의 의외성이 두드러지게 만드는 것이 이 사실이다. 헤롯과 예루살렘 종교 지도자들의 야망과 능력과 전략이 아기의 연약함과 대조되고 있다. 헤롯의 경력은 권좌를 열망하던 모든 하스모네가 사람들을 축출할 때, 무자비한 야망을 가진 사람임을 드러냈다. 그는 로마에서 권력을 가진 사람들과 동맹을 이루어 로마의 군사와 정치 세력들을 배후에 두었다. 그의 전략은 냉정하기로 소문이 나 있다. 그는 이스라엘의 경쟁세력들을 제압하였다. 경쟁세력들의 투덜거리는 감사와 그의 잔인함에 대한 두려움, 그리고 종교적 정치적 모략에 대한 미움이 있었지만 대항할 수 없었다. 그 권좌를 열망하는 어느 누구도 헤롯과 상대할 수 있는 희망을 갖지 못했다—어린 농부 어미의 팔 안에서 무력하게 누어 있고, 나사렛의 작은 동네에 서민의 아버지에 의해 보호를 받고 있는 아기 예수의 경우에는 더욱 그러하다.

하지만 내러티브를 통해서 이런 모든 사건들에서 강조하고 있는 주제는 하나님이 제어하고 계시다는 것이다. 이방인 박사들을 인도한 기적적인 별의 출현은 하나님이 이스라엘—모든 인류—을 위한 메시아 구원자를 주도하고 있음을 알린다. 아기와 부모들은 나사렛이라는 먼 동네에 살고 있었지만 예언된 탄생 장소인 베들레헴으로 섭리에 의해 길을 떠난다. 이교의 박사들이 온전히 이해할 수 없었던 의미가 있었지만, 그들은 거룩하게 경배 받을 가치가 있는 분 앞에 부복한다. 연약한 아기와 부모들은 편집증적인 살해자의 점증된 위협을 피할 수 있게 하는 선물을 섭리적으로 공급받았다. 고대 세계에 가장 강력한 인물 중의 한사람의 사악한 계획은 꿈에 기적적인 경고를 받은 순수한 박사들에 의해 방해를 받는다. 적대적인 환경에도 불구하고, 하나님의 섭리적인 보호하심이 메시아의 지상 생애에 적용된다.

인간의 야망과 권력과 전략은 자주 하나님의 손을 보지 못하고 하나님의 목적을 지혜롭지 못하게 훼방을 놓는다. 헤롯과 예루살렘의 종교지도자들은 자기 자신의 계획과 목적에 눈멀어 하나님의 구속의 계획을 보지 못한다. 그들의 무지는 하나님의 계획을 방해하려고 시도한다. 오직 믿음의 눈으로만이 하나님의 활동을 볼 수 있다. 하나님은 예기치 않은 방식으로 인간 역사의 모든 장면의 배후에서 활동하신다. 당신의 뜻을 이루기 위해서 말이다.

마태는 역사의 시작에서 이 놀라운 주제를 강조한다. 독자들이 메시아 예수의 생애에서 하나님의 역사하심을 볼 수 있는 믿음의 눈을 열게 하기 위해서다. 유아 내러티브에서 보여진 하나님의 주권에 관한 주제는 예수의 전체 사역을 마태가 해설하는데 궤도를 형성한다. 예수는 전형적인 인간의 기대와 야망에 따라서 활동하지 않는다. 예수는 전형적인 인간의 권력과 팡파르와 명예와 함께 오시지 않는다. 그는 전형적인 인간의 전략과 정반대 되어 행하신다. 그는 유대인과 이방인 모두에게 정의를 가져오는 겸손한 종으로서 오신다. 그는 상처 입고 연약한 비주류들에게 좋은 소식의 메시지와 치유와 소망을 제공하신다(참조. 12:15-21).

메시아의 예상 밖의 모습은 그의 유명한 선구자 세례 요한에게도 불편함을 초래했다. 세례 요한은 이스라엘을 구속하시는 하나님의 활동을 배우고, 자신이 이해했던 것을 하나님의 메시아에게 주입해서는 안됨을 배워야 했다(11:2-6).[37] 메시아의 의외성은 이스라엘의 종교당국자들을 화나게 했고, 적의적인 죄로 이끌었다(12:22-32). 그들이 바라보아야 하는 유일한 분을 정죄하고 처형했다(26:1-2). 예수의 구속적, 희생적 메시아적 사역의 특이성은 그의 제자들조차도 당황하게 했다.

37. 예수의 메시아 사역의 의외성을 이해하고자 하는 일의 어려움은 오늘날까지도 계속되고 있다. 유대 학자들은 1세기의 유대 당국자들에게서 상당히 그러했던 것처럼 예수의 메시아 사역이 갖는 동일한 난제를 자주 갖는다. 그들은 예수가 사회 정치적인 영역에서 이 세상의 완전하고 최종적인 구속을 가져오지 못했기 때문에 메시아로서 "실패"했다고 주장한다. 예를 들어, Byron L Sherwin, "Who Do You Say That I Am?" in *Jesus Through Jewish Eyes: Rabbis and Scholars Engage an Ancient Brother in a New Conversation*, ed. Beatrice Bruteau(Maryknoll, N.Y.: Orbis, 2001), 36-38. 뒤에 나오는 11:2-6의 주석을 보라.

그들이 하나님의 방식이 아니라 인간의 방식을 염두에 두었기 때문이다(16:21-23; 20:20-28).

야망, 능력, 그리고 전략이란 특징들이 메시아 예수가 역사로 들어오실 때에 작용했던 구원의 하나님의 계획에서 보여졌다. 하지만 이런 특징들은 하나님의 표현으로 나타나는 것이지 인간의 표현으로 나타나는 것이 아니다. 마태는 역사를 둘러싸고 있는 사건들이 예기치 않은 방식으로 전개될 때에도 하나님이 제어하신다는 사실에 우리의 관심을 맞춘다.

현대적 의미

하나님의 사랑과 우리의 사랑. "그녀는 일상적인 단순한 일에도 조용히 기도하는 습관이 있었다. '하나님 제발 제가 여전히 이쁘다고 남편이 생각할 수 있게 해주세요.'" 이 무슨 뚱딴지같은 말인가! 델라의 무릎까지 내려오는 길고 아름다운 갈색 머리가 그녀가 갖고 있는 가장 값나가는 물건이었다. 하지만 그녀는 가발 상인에게 그것을 팔기 위해서 방금 잘랐다. 그녀는 사랑하는 남편 짐에게 크리스마스 선물을 사주기 위한 돈을 위해서 그리했다. 그녀는 머리카락을 팔아서 그 돈으로 남편이 갖고 있던 조상 적부터 내려오던 가장 귀한 물건인 금시계의 팔찌를 살 것이다.

델라와 짐은 가난한 상태에 있는 갓 결혼한 부부다. 그들은 사치스러운 크리스마스 선물은 고사하고 허름한 헛간과 같은 집을 꾸밀 만한 돈도 없다. 아내가 무슨 일을 했는지를 알지 못하고 있는 남편 짐은 크리스마스 이브에 집에 가게 되면, 남편의 힘으로는 살 수 없었던 금시계 팔찌를 사기 위해 아름다운 머리를 자른 아내의 모습을 발견하게 될 것이다. 그는 그녀가 여전히 이쁘다고 생각할 것인가?

하지만 오 헨리가 쓴 신파조의 고전적 이야기에서, 우리는 사랑하는 아내의 아름다운 머리를 위한 테두리에 보석이 박힌 거북등 모양의 빗 세트—그녀가 오래도록 바랐던 하지만 그녀 스스로는 살 수 없었던 머리 빗 세트—를 사기 위해서 짐이 소중히 여겼던 시계를 팔았다는 사실을 알게 된다. .

델라는 이제 머리를 짧게 깎았으나 희생하면서 젊은 남편이 사준 가장 좋은 선물이 있다. 짐은 이제 시계는 없지만 젊은 아내가 크리스마스를 위해 그에게 희생하면서 사준 가장 고귀한 선물이 있다. 오 헨리는 이야기의 말미에 이렇게 숙고한다.

자기 집안의 가장 고귀한 보물들을 현명하지 못하게 서로를 위해 희생했던 어리석은 두 자녀에 관한 기록을 나는 여기서 당신과 서툴게 연관시킨다. 이 시대에 현명한 사람들에게 하고 싶은 말은 선물을 사준 모든 사람들 중에서 이들이 가장 현명했다고 감히 말할 수 있다. 선물을 주고받는 모든 사람들 중에 그들만큼 현명한 사람이 있겠는가! 어느 곳에서도 그들은 가장 현명하다. 그들은 박사들이다.[38]

나는 아내가 거의 30년 전에 대학에서 마지막으로 읽었던 이 이야기를 그녀에게 얼마 전에 상기시켜 주었다. 그녀는 순간 눈물을 글썽였다. 이 이야기가 강렬함을 전해줌으로써 나의 아내의 부드러운 영혼에 영향을 많이 미친 것처럼 당신에게도 마찬가지로 이 이야기는 많은 것을 말해준다. 오 헨리는 자신의 이야기에 풍자적인 방식을 첨가시켰으나 우리 모두들 안에 있는 근본적인 요소를 분명히 건드리고 있다. 희생적으로 주는 일의 순전한 행위는 서로를 사랑하는 것을 의미한다.

마태복음의 이야기에서 박사들은 유대인의 왕의 도래에 경배하고 선물을 주는 일종의 사랑으로 이끌림을 받았다. 우리가 그들의 머리와 마음을 역사적으로 확실하게 알기는 어렵지만, 오 헨리가 박사들조차도 온전하게 생각하지 못했던 것을 그들의 행위에서 추측한 것은 옳다고 생각한다—예수에 대한 희생적인 경배와 사랑은 서로를 위한 참되고 희생적인 사랑을 생산할 것이다.

예수에 대한 개인적인 반응. 마태는 또 다른 종교적인 이야기를 기록하고 있는 것이 아니다. '일찍이 들었던 가장 위대한 이야기'라는 타이틀이 달렸던 영화로도 유명했던 예수의 이야기를 전하고 있다. 하나님이 메시아 예수의 위격으로 역사에 들어오셨다. 세상은 이와 동일한 분을 이제껏 갖지 못했다. 헨리는 우리가 희생하는 모든 것은 크리스마스 이야기에 있는 희생의 희미한 반영임을 올바르게 인식했다. 우리는 적법하게 박사들에게 초점을 맞추지만, 사도 바울이 "우리가 아직 죄인 되었을 때 그리스도께서 우리를 위하여 죽으심으로 하나님께 우리에 대한 자기의 사랑을 확증하셨느니라"(롬 5:8)고 말한 하나님의 희생적인 사랑에 더 확실하게 초점을 맞추어야 한다.

때로 우리는 크리스마스 이야기의 감상적인 이미지에 사로잡히기도 한다. 즉 별이 많이 떠있는 겨울밤 베들레헴 근처 농촌의 예스러운 마구간 건초더미 구유에서 평화로이 쉬고 있는 후광이 달린 아기 예수, 복된 어미인 마리아와 허름한 아버

38. O. Henry, "The Gift of the Magi," *The Complete Works of O. Henry*(Garden City, N.Y.: Doubleday, Doran, 1936), 10.

지 요셉, 세 명의 박사들과 함께 도착한 낙타들, 천사의 무리와 들판의 목자들과 함께 있는 나귀와 양들로 둘러싸인 광경을 묘사하는 성탄 모습에 빠질 때가 있다. 여기서 우리가 뜻하는 바는 감상적인 옛 전통을 방해하려는 것이 아니라 메시아 예수의 도래가 주는 장엄한 의미에 우리의 삶을 더 세심하게 연합할 수 있도록 마태의 강조점을 보다 분명하게 이해하고자 하는 것이다.

박사들의 방문 목적은 "유대인의 왕"으로 태어난 분을 경배하는 것이었다. 참으로 그들의 경배는 인간 왕으로서 예수에게 드리는 경의였다. 하지만 그들의 행위는 그들이 알고 있었던 것보다 더 깊은 찬사를 알려준다. 마태는 독자들에게 예수가 성령으로 잉태되었음을 알려주고(1:18-25), 참으로 그를 영화롭게 하는 것은 오직 경배 받을 가치가 있는 분 곧 하나님을 경배하는 것이다. 예수는 "유대인의 왕" 일 뿐 아니라 전 세계에 구원의 소망을 가져오는 분이시다. 이방인 박사들이 예수를 이스라엘의 왕으로 인식하였다면, 유대인들은 예수를 메시아로 확실하게 인식했어야 했다.[39] 하지만 그들은 어떠했는가? 마태가 박사들의 놀라운 선언에 유대 지도부의 반응을 상고했을 때, 그는 책략과 이중성만을 비극적으로 기록하고 있다. 유대인의 참된 왕을 경배할 가장 좋은 기회를 가졌던 사람들이 찬탈자 헤롯의 볼모가 되었다는 것을 인식하는 것은 정신이 번쩍 들게 만든다.

우리가 우리 자신의 종교적 정치적 비망록을 묵상할 때, 예수에 대한 우리 자신의 반응에 냉정한 통찰을 취해야 한다. 예수와의 우리의 관계를 가장 정확하게 측정할 수 있는 것은 항상 우리의 삶의 성취에 있지 않다. 목사들이나 젊은이 사역자들 또는 주일학교 교사들은 우리 자신의 활동과 우선순위를 확보하는데 우리가 얼마나 바쁜지를 잘 알고 있다. 우리가 하는 일이 너무 바쁨으로 우리 안에 그리고 우리 주변에 하나님의 일을 놓칠 수 있다. 우리는 삶의 모든 세부적인 일들에서 하나님의 임재를 인식할 준비가 되어 있는가? 아니면 우리 자신의 욕망과 야망이 하나님의 영향을 간과하게 만들고 있는가?

이런 가장 근본적인 차원에서 마태는 예수가 죄에서 자기 백성들을 구원하기 위해서 역사에 도래하심은 우리가 그에게 우리 자신을 드리는 것을 필요로 함을 가르친다. 그리할 때, 예수의 생명이 우리 삶의 패턴이 된다. 델라와 짐의 상호적인 자기 희생의 선물은 참으로 우리 자신의 삶의 심오한 모범이 되지만, 그것은 성육신의 희생의 의미에서 가장 의미 있게 도출된다. 나는 예수의 성육신과 십자가에

39. Steve Willis, "Matthew's Birth Stories: Prophecy and the Magi," *ExpTim* 105(1993): 43-45.

서 하나님이 주신 것은 내가 주는 것의 기초와 모범임을 상고할 때 항상 두려움에 사로잡힌다. 사도 바울은 "남편들아 아내 사랑하기를 그리스도께서 교회를 사랑하시고 그 교회를 위하여 자신을 주심 같이 하라"(엡 5:25)고 선언할 때 이런 논조를 전한다.

많은 결혼이 "주도권 다툼" 신드롬이라 불리는 것을 경험한다. 이 과정에서 배우자에게서 자신들의 필요를 충족하기 위해서 분투한다. 균형의 상태는 서로가 비교적 만족하기에 충분한 정도로 끌어당겼을 때 이루어진다. 하지만 소풍을 갈 때 주도권 다툼에 빠진다면, 균형을 이루는 일은 참으로 어렵다는 것을 당신은 기억할 것이다. 균형은 에너지를 끊임없이 지불하는 긴장으로만 유지될 수 있기 때문이다. 많은 커플들이 관계의 주도권 싸움에 빠져 계속적인 다툼으로 지쳐서 그만 포기하고 만다.

그러나 주도권 대신에 커플들은 포기하는 방법을 배울 수 있다. 혼전 상담을 할 때, 나는 한 가지 실험을 해보도록 커플들에게 부탁한다. 말하자면 두 달 동안 자신들의 개인적인 필요를 채워주도록 요구하지 않고 어떻게 상대방의 필요를 충족시킬 수 있는지를 묻는 것으로 헌신할 수 있도록 그들에게 요구한다. 이것을 실천할 때 그들이 얻는 균형은 긴장의 균형이 아니라 은혜의 균형이라는 사실을 발견한다. 그들은 요구하지 않고 다른 이들에게 준다. 그들 자신의 필요는 요구함으로써가 아니라 받음으로써 충족된다. 이 실험은 대부분의 경우에 새로운 종류의 결혼관계의 기초를 놓는다. 받는 것이 아니라 주는 것이 활동의 지침이다.

내가 이 실험을 처음에 제안할 때, 커플들은 보통 의심쩍게 반응한다. 한 젊은 여인이 꽤 정직하게 "저는 자주 그에게 바가지를 긁곤 합니다. 저는 그와 결혼 계획을 세우거나 외식하지 않을 것입니다. 그는 매번 저의 필요를 아랑곳하지 않습니다." 하지만 그들이 우리를 향한 은혜의 하나님의 패턴을 따르는 일을 이해하기 시작했을 때, 서로에 대한 반응에서 놀랍게 변했다. 남편은 생활의 우선순위에 전적으로 새로운 형태를 발전시켰다. 그는 끊임없이 물었다. "아내가 오늘 나의 지원을 필요로 하는 어떤 것이 있는가?" 나아가서 아내는 남편이 필요로 한다고 느꼈던 것을 그가 얻을 수 있도록 보증해주었다. 자녀들과 야구놀이를 할 수 있도록 규칙적으로 토요일 오후를 만드는 것과 같은 종류의 일을 말이다. 놀랍게도 남편은 아내가 자기를 필요로 하는 것을 알면 그 시간을 자발적으로 포기하였다. 그들은 필요로 하는 것을 요구하기보다 상대방이 필요로 하는 것을 주는 일에 책임성을 발견했다. 받는 대신에 주는 것의 전적으로 새로운 패턴을 배웠다. 하지만 이런 종류의 은혜로운 균형은 베들레헴의 아기 예수에게서 아주 생생하게 나타난 하나님의 주심을 경험할 때, 우리 삶의 근본적인 변화에 의해서만 가능하다.[40]

마태가 말하고 있는 이야기가 바로 그러하다. 이것은 우리가 잘 알고 있는 요한복음서의 "하나님이 세상을 이처럼 사랑하사 독생자를 주셨으니"(요 3:16)라는 구절과 일맥상통한다.

40. 필자는 이 주제를 대중적인 기사로 더 풍부하게 발전시켰다: Michael J. Wilkins, "Because God Is Generous," *Moody Magazine*(March-April 2001), 15-17.

마태복음 2:13-23

13 그들이 떠난 후에 주의 사자가 요셉에게 현
몽하여 이르되 헤롯이 아기를 찾아 죽이려
하니 일어나 아기와 그의 어머니를 데리고
애굽으로 피하여 내가 네게 이르기까지 거기
있으라 하시니
14 요셉이 일어나서 밤에 아기와 그의 어머니를
데리고 애굽으로 떠나가
15 헤롯이 죽기까지 거기 있었으니 이는 주께서
선지자를 통하여 말씀하신 바 애굽으로부터
내 아들을 불렀다 함을 이루려 하심이라
16 이에 헤롯이 박사들에게 속은 줄 알고 심히
노하여 사람을 보내어 베들레헴과 그 모든
지경 안에 있는 사내아이를 박사들에게 자세
히 알아본 그때를 기준하여 두 살부터 그 아
래로 다 죽이니
17 이에 선지자 예레미야를 통하여 말씀하신 바
18 라마에서 슬퍼하며 크게 통곡하는 소리가 들
리니 라헬이 그 자식을 위하여 애곡하는 것
이라 그가 자식이 없으므로 위로 받기를 거
절하였도다 함이 이루어졌느니라
19 헤롯이 죽은 후에 주의 사자가 애굽에서 요
셉에게 현몽하여 이르되
20 일어나 아기와 그의 어머니를 데리고 이스라
엘 땅으로 가라 아기의 목숨을 찾던 자들이
죽었느니라 하시니
21 요셉이 일어나 아기와 그의 어머니를 데리고
이스라엘 땅으로 들어가니라
22 그러나 아켈라오가 그의 아버지 헤롯을 이어
유대의 임금 됨을 듣고 거기로 가기를 무서
워하더니 꿈에 지시하심을 받아 갈릴리 지방
으로 떠나가
23 나사렛이란 동네에 가서 사니 이는 선지자로
하신 말씀에 나사렛 사람이라 칭하리라 하심
을 이루려 함이러라

원 의미

이 장의 내러티브에서 예수의 개인적인 역사는 이스라엘의 민족적인 역사의 양상을 반복한다. 말하자면 이스라엘이 애굽으로 가고 하나님의 보호하심으로 되돌아옴(호 11:1), 베들레헴에서 학살당한 유아들의 어머니의 울음, 바벨론 포로 시대에 유배된 어린이들에 대한 슬픔(렘 31:15) 그리고 구속적인 '가지'에 대한 소망(사 11:1)과 같은 패턴이 이에 해당한다.

애굽으로의 예수 가족의 도피(2:13-15)

박사들이 안전하게 도망을 하자 주의 천사가 아기를 살해하려는 헤롯의 계획에 대해 요셉에게 경고하기 위해서 꿈에 다시 나타난다(참조. 2:16). 이것은 요셉의 세 번째 꿈이고(1:20; 2:12), 요셉에 대한 주의 천사의 두 번째 전언이다. 요셉은 다시 아기와 어머니의 안전을 제공하는 중간 매개자가 되고 있다. 그는 생물학적인 아버지는 아닐지라도, 마태의 이야기에서 상당히 중심적인 인물이 된다(누가는 예수의 어머니 마리아에게 초점을 맞춘다). 마태는 족보상에서 요셉의 아버지 됨의 법적인 측면을 말하면서도, 전형적인 유대 가족에서 나타나는 아버지의 이끄는 역할을 기록하고 있다.

천사는 이 시점에서 내러티브에서 암시적이었던 것을 명시적이 되게 한다—권좌에 대한 헤롯의 편집증적인 집착이 유대인의 어린 왕을 죽이려고 하게 만든다.[1] 천사는 아기와 어머니를 요셉이 어떻게 돌보아야 하는지를 알리고 요셉은 다시 즉시 순종하여 아기와 아기 어머니와 함께 애굽으로 도피한다.

애굽의 국경은 베들레헴에서 약 80마일 되는 곳에 있다. 그들은 아마도 이 국경에서 나일 델타 서부 지역의 지중해에 있었던 도시인 애굽의 알렉산드리아 유대 공동체로 들어가는 아주 힘든 여행을 하였을 것이다. 이 거대한 대도시에는 일백만 명의 유대인들이 살고 있었다. 애굽의 거의 어느 곳에서도 예수의 가족은 헤롯에게서 즉시 안전을 확보했을 것이다. 애굽은 헤롯의 관할권이 미치지 못하는 로마의 영토였기 때문이다. 요셉과 마리아 그리고 예수는 천사가 이스라엘로 돌아갈 것을 말했을 때인(2:20), 헤롯이 죽을 때까지 거기서 머물렀다(B.C. 4년 3/4월).

예수의 잉태와 탄생의 내러티브에서처럼, 마태는 "성경의 성취"로서 예수가 애굽으로 도망하고 다시 되돌아왔음을 지적한다. 출애굽에 대한 호세아의 언급이 그 선지자가 말했던 것을 예수의 삶이 성취하고 있음을 마태에게 어떻게 함축하는지를 아는 것은 쉽지 않다. 이것은 예수가 구약성경을 "성취하는" 방식에서 다양한 시각을 갖고 있음을 보게 한다.

(1) 어떤 경우에, "성취하다, 이루다"는 예수의 지상적 삶과 사역의 사건들이 전조적인 예언을 성취하는 방식을 나타낸다. 그러한 성취는 1:22-23(동정녀 잉태)에서처럼 구체적인 예언일 수 있고, 예수의 지상 사역이 구원 역사적인 의의 집합적인 구약성경의 예언을 실현시킨다는 3:15에서와 같은 집합적인 예언 주제

1. "헤롯이 아기를 찾아 '죽이려' 하니"라는 표현에서 마태는 수난 기사에서도 동일한 단어를 사용한다. 거기서 대제사장과 장로들은 예수를 "죽이려"고 찾는다(27:20; NIV: "예수를 처형하려고"). 헤롯과 종교지도부의 이 최초의 박해는 예루살렘에서의 예수의 마지막 날과 유사하다. 거기서 정치적이고 종교적인 지도부는 자신의 권력에 위협이 될 수 있다고 보고 예수를 제거하려고 추구한다(참조. Hagner, *Matthew 1-13*, 35; Davies and Allison, *Matthew*, 1:260).

일 수도 있다.

(2) 또 다른 경우에 "성취하다, 이루다"는 "내가 율법이나 선지자를 폐하러 온 줄로 생각하지 말라 폐하러 온 것이 아니요 완전하게 하려 함이라"(5:17-20의 주석을 보라)고 산상수훈에서 예수가 드라마틱하게 선언하신 것처럼 전체 구약성경의 온전한 의미를 실현시키는 방식을 나타낼 수 있다.

(3) 세 번째 경우에, "성취하다, 이루다"란 마태의 사용은 예수의 지상사역과 생애가 유추적으로 또는 모형론적으로 이스라엘의 민족적 역사의 양상들에 상응하는 방식을 가리킬 수 있다. 호세아가 "애굽으로부터 내 아들을 불렀다"(2:15; 또한 2:17-18을 보라)[2]라고 말한 것을 마태가 인용할 때 이것이 의도되어 있음이 분명하다. 예언의 문맥에서 호세아는 하나님이 출애굽에서 이스라엘을 애굽에서 어떻게 신실하게 건져내셨는가를 기술한다.[3] 이 비유에서 마태의 요지는 탁월하신 하나님의 "아들"로 계시된 분으로서의 메시아 예수와 하나님에 의해 구원받고 구조된 하나님의 아들로서의 이스라엘 민족간에 포괄적인 유대 관계다.[4] 메시아 예수는 "아브라함과 다윗의 자손"(1:1)일 뿐만 아니라 하나님의 아들이시다. 하늘로부터의 소리가 예수가 사랑 받는 하나님의 아들이심을 구체적으로 거명하고(3:17; 17:5), 예수가 하나님을 자신의 아버지로 호칭하는(26:39-42) 특별한 방식이 이 사실을 알려준다.

게다가 구약성경의 저자들은 이스라엘 민족을 애굽에서 건져내셨던 하나님의 구속을 돌아볼 것을 항시 상기시켰다.[5] 매년 유월절은 약속이며 상기다. 즉 하나님이 자기 백성을 위해 희생양을 제공하셨다. 마태가 하나님의 거룩한 보호하심으로 이스라엘을 애굽으로부터 신실하게 건져내셨다는 호세아의 진술을 상기할 때, 그는 예수의 유아 시기가 유추적으로 이스라엘 역사에 상응하는 방식을 지적한다. 예수의 삶은 구속 과정의 역사적 완성이다. 어느 공적인 관료들의 위협도 그 구속의 과정을 훼방할 수 없다. 여기서 예수는 구원이 가까이 왔다는 이스라엘에 대한

---

2. Tracy L. Howard, "The Use of Hosea 11:1 in Matthew 2:15: An Alternative Solution," *BibSac* 143 (October-December 1986): 314-28을 보라. 그는 호세아 11:1에 대한 마태의 사용을 "유추론적 일치"로 묘사한다. 즉 마태는 호세아 11:1-2에서 묘사된 민족의 사건과 마태복음 2:13-15에서의 메시아 사건간의 유추를 보았다. 예수는 하나님이 그 민족을 위해 의도하셨던 모든 것을 '실현하시고' '완성하시는' 분이시다(p. 322).
3. 마태는 '히포'("주님에 의해서")로 표현되는 궁극적인 기원과 작용인(agency) 그리고 1:22에서처럼 '디아'로 표현되는 예언의 직접적인 대리자("선지자를 통하여")를 제시한다.
4. Kaiser, *The Messiah in the Old Testament*(Grand Rapids: Zondervan, 1995), 35.
5. 예를 들어, 시 78; 81; 105-6; 렘 2:6; 7:22-25; 겔 20:1; 미 6:1-4.

약속이 되고 있다. 크레기 블롬버그(Craig Blomberg)는 이렇게 강조한다.

> 마태는 그가 우연으로 돌릴 수 없는 방식으로 역사에서 하나님이 활동하고 계시는 패턴의 두드러진 병행들을 보았다. 하나님이 그의 원 언약을 시작시키기 위해서 애굽으로부터 이스라엘을 데리고 오신 것처럼, 새 언약을 시작하실 때 애굽에서 이스라엘의 소망을 이루시는 메시아를 데리고 오신다.[6]

마태는 예수가 새로운 모세라는 것을 강조하려는 것이 아니라, 출애굽과 유월절에서 시작되었던 이스라엘 민족의 구속 약속을 실현시키고 있음을 강조하고 있다.

베들레헴 아기들의 학살(2:16-18)

마태는 헤롯이 베들레헴의 유아들을 끔찍하게 죽인 역사적 사건들의 이야기로 돌아온다. 헤롯은 박사들이 자신의 참된 의도를 알고 도망한 것을 깨달았을 때, 권좌에 잠재적인 도전이 될 수 있는 자를 손수 죽이려는 결정을 취한다. 이전에 별이 언제쯤 나타났는지를 박사들에게 물었던 것이 그가 아기의 탄생을 적당하게 추산할 수 있게 했다(2:7). 그러므로 그는 2년 내에 태어난 베들레헴 지방의 모든 아이들을 죽일 것을 명했다. 아마도 이로 인해 마을의 규모로 볼 때 대략 10-30명의 아이들이 죽었을 것이다.[7] 자주 현대의 영화에서 생생하게 재현되는 것처럼 많은 수의 아이들은 아니었을지라도, 그 마을로서는 비통하고 참담한 손실이었다.

이때에 베들레헴은 다소 작은 시골 마을이었기 때문에 어느 역사적 기록도 이 사건을 언급하고 있지 않음은 특이한 사실이 아니다. 학살된 유아들의 수는 베들레헴으로서는 커다란 손실이었지만, 헤롯의 악명 높은 경력에 따른 다른 끔직한 사건들에 비추어 보았을 때는 크게 두드러진 사건이 아니었다.

마태는 이스라엘 역사에서 이전에 경험했던 비통한 비극적 경험으로서 베들레헴의 슬픔을 언급한다. 이 비극은 "예레미야 선지자를 통해서" 언급된 것을 성취한다.[8]

---

6. Blomberg, *Matthew*, 67; 또한 Hagner, *Matthew 1-13*; John H. Sailhamer, "Hosea 11:1 and Matthew 2:15," *WTJ* 63(2001): 83-92을 보라.
7. 오직 123명의 장정들이 바벨론 유배에서 베들레헴으로 돌아왔고(스 2:21), 예수의 탄생 시에는 아마도 1,000명을 넘지 않는 작은 마을이었을 것이다.

라마에서 슬퍼하여 크게 통곡하는 소리가 들리니 라헬이 그 자식을 위하여 애곡하는 것이라 그가 자식이 없으므로 위로 받기를 거절하였도다(마 2:18; 참조. 렘 31:15).

수세기 전에 느부갓네살 군대가 유대의 포로들을 바벨론으로 이송하기 전에 라마의 고을에 그들을 모았다(렘 40:1-2). 당시에 예레미야는 이스라엘의 어머니로 라헬을 의인화하여 묘사하고, 이스라엘의 포로들이 이송되어질 때, 그녀가 자녀를 위해 애곡한 것으로 표현한다. 그들이 이 땅에서 떠나갈 때, 그녀는 위로를 찾지 못한다. 그들이 "더 이상" 없기 때문이다. 즉 더 이상 민족이 없고 죽은 것으로 간주된다. 그러나 예레미야가 유배되고 있는 이스라엘을 위한 이 끔찍한 애곡을 묘사할 때조차도 하나님으로부터 오는 위로의 말씀을 제공한다. 하나님이 라헬의 자녀들을 자기 땅으로 돌아오게 하실 것이기 때문에 그들의 미래에 소망이 있고(31:16-17), 이스라엘과의 새로운 언약이 미래에 확립됨으로써 메시아적 기쁨이 있게 될 것이다(31:31-34).

예레미야 내러티브를 마태가 사용함은 그가 이전에 선지자 미가의 말을 인용하였던 방식과 유사하다(참조. 2:15). 이것은 예언의 완성이라는 의미에서 성취가 아니라(1:23; 2:6, 13-15), 유추적인 일치의 사례이다. 헤롯이 유대인의 새로 태어난 왕을 죽이고자 할 때, 예수의 지상 생애의 사건들은 하나님의 선택된 백성들을 근절하고자 하는 외국 세력에 의한 이전의 시도와 유추적으로 상응한다. 하지만 예수의 생명의 출현은 유배로 보내진 유대인들에게 약속된 위로의 도래를 또한 특징짓는다.

베들레헴에서 다시 한번 이스라엘 민족은 고통과 고뇌를 경험하지만 이전의 약속이 이제 실현된다. 라헬은 죽었고 베들레헴으로 가던 중에 라마 근처 셀사에 묻혔다.[9] 마태는 이송의 장소와 학살의 장소를 같이 연관시킨다. 양 경우에 외국 세력들이 이스라엘의 선택된 백성과 메시아를 통한 하나님의 구원 계획을 파괴하려고 시도한다. 하지만 하나님의 능력은 "슬픔을 가져오는 세력"의 힘보다도 더 위대하시다.[10] 따라서 하나님은 아기 예수 메시아를 주권적으로 보호하신다. 유배에서

8. 마태가 예언의 직접적인 대리자("선지자를 통하여")를 제공할 뿐 1:22과 2:15에서와 같이 궁극적인 작용인("주께서")을 제공하지 않고 있기 때문에, 아마도 그는 하나님이 이 커다란 악에 대해 책임이 있는 것으로 독자들이 오해하지 않기를 시도하고 있을 것이다. 이 끔직한 행위의 책임은 헤롯에게 있다: Michael Knowles, *Jeremiah in Matthew's Gospel: The Rejected-Prophet Motif in Matthean Redaction*(JSNT Sup 68: Sheffield: Sheffield Academic Press, 1993), 15, 33-52.

9. 창 35:19, 48:7; 참조. 삼상 10:2. Gordon J. Wenham, *Genesis 16-30*, 327.

와 베들레헴의 눈물을 닦게 하시고 완성하신다. 약속된 메시아의 구원이 예레미야에 의해 약속된 새 언약을 시작시키기 위해서 도래하셨다(렘 31:31-35).[11]

헤롯의 죽음(2:19)

베들레헴에서 유아들의 끔직한 살해를 명한 후에 얼마 지나지 않아서 헤롯은 고통스러운 치명적 질병으로 죽게 된다(상황잇기를 보라). 그는 B.C. 4년 3월에 여리고의 자기 궁전에서 69세의 나이에 죽음을 맞이한다.[12] 그는 많은 영향력 있는 유대인들을 이때에 처형할 것을 명했는데, 자신이 죽었을 때 이스라엘 백성들이 기뻐하지 않고 애곡하게 하기 위해서다. 하지만 이 명령은 그의 누이인 살로메에 의해서 철회되었다.[13] 그가 죽어 장사되었던 곳은 진귀한 보석이 박힌 금실이었는데(헤롯 왕가 근처), 민족의 고위공직자와 군대의 거대한 장례 행렬이 헤롯의 시신과 함께 행진했다.

적어도 일곱 번에 걸쳐서 유언을 재작성한 후에 헤롯은 남아 있던 세 아들, 즉 아켈라우스, 헤롯 안티파스, 그리고 헤롯 필립이 통치하는 나라로 왕국을 마침내 분리하였다.[14] 말타스(Malthace)가 낳은 아켈라우스는 유다, 사마리아 그리고 이두매를 다스리는 것으로 헤롯 대제의 권좌를 이었다(참조. 2:22), 그는 B.C. 4년-A.D. 6년에 통치했고, 자기 아버지의 통치를 특징지었던 동일한 종류의 잔인함을 재빨리 보였다. 그는 아버지가 죽은 후 군대와 기병대를 보내어 유월절에 성전으로 난입하여 3천명의 순례자들을 죽였다.[15] 그의 잔인함 때문에 가이사라 아우구스투스는 그곳 백성들의 혁명을 두려워하여 아켈라우스를 폐위하고 A.D. 6년에 골(Gaul)로 아켈라우스를 추방했다. 그 이후부터 유대에 대한 통치는 총독이라 불렸던 로마의 통치자들에게로 넘어갔다. 그 총독 가운데 한 사람이 본디오 빌라도다(A.D. 26-36; 눅 3:1; 23:1).

말타스가 낳은 아켈라우스의 17살 난 형제 헤롯 안티파스는 갈릴리와 베레아의

---

10. Bob Becking, "A Voice Was Heard in Ramah." Some Remarks on Structure and Meaning of Jeremiah 31, 15-17," *BZ* 38(1994): 242.
11. ibid., 229-42을 보라; 또한 Willis, "Matthew's Birth Stories," 43-45을 보라.
12. 헤롯의 죽음의 연대에 대한 폭넓은 논의에 대해서는 Harold W. Hoehner, *Chronological Aspects of the Life of Christ*(Grand Rapids: Zondervan 1977), 11-27을 보라.
13. Josephus, *Ant.* 17:174-79, 193을 보라.
14. ibid., 17:188-89을 보라.
15. Ibid., 17:213-18; idem, *J.W.* 2.6.2 §§88-90.

분봉왕이 되었다. 그는 B.C. 4년-A.D. 39년 간을 통치했다(참조. 마 14:1-12; 눅 23:6-12). 그는 신약성경에서 헤롯의 아들 중에 가장 두드러지게 나오는 인물이다. 그가 예수의 주요한 사역 장소였던 곳을 통치하였기 때문이기도 하다. 그의 주요한 악명은 이복형의 아내와 그가 추악한 결혼을 한 것을 세례 요한이 비판하였다고 그를 처형한 것(마 14:1-12의 주석을 보라)과 예수의 십자가 처형에 앞서 예수를 심문한 것이다(참조. 눅 23:6-12).

나사렛으로 가족이 돌아옴(2:19-23)

헤롯 대제가 죽자 천사는 다시 한번 꿈에 요셉에게 나타난다. 이것은 처음 두 장의 내러티브에 있는 다섯 꿈 중에 네 번째이고, 요셉과 천사 사이에 네 번의 대면 중에 세 번째다. 천사는 요셉이 아기와 어머니를 이스라엘로 다시 데려올 것을 명한다. 헤롯의 위협이 끝났기 때문이다. "아기의 목숨을 찾던 자들이 죽었느니라"에서 복수인 '찾던 자들' 은 예루살렘에 있는 유대 지도부의 무도함에 대한 또 다른 언급이다. 그들의 권력 기반은 새로운 왕이 유대인들을 통치한다면 헤롯의 권력과 함께 위협을 받을 것이다(참조. 2:3).[16]

예수의 가족은 애굽에서 일년 정도만 머물렀다. 헤롯의 아들 아켈라우스가 아버지를 대신하여 유대의 영토를 통치하고 있음을 알았을 때, 요셉은 베들레헴으로 돌아가지 말 것을 또 다른 꿈을 통해 경고 받는다. 따라서 예수의 가족은 갈릴리 지역으로 우회하여 나사렛으로 간다. 이 나사렛에서 부모들을 예수를 키웠다. 이곳은 예루살렘의 정치적 책략으로부터 멀리 떨어져 있었다.

나사렛은 지중해와 갈릴리 바다 사이에 중간 지점에 1,300피트 고도에 있는 하부 갈릴리의 언덕에 자리하고 있다. 나사렛은 예수의 시대에 정치적, 군사적 또는 종교적으로 전략적인 마을은 아니었다. 이 시기에 나사렛은 약 5백 명 가량의 사람들이 살고 있는 작은 마을이었다.[17] 나사렛 북쪽 산마루로 10분쯤 걸으면 마을 사람들은 헤롯 안티파스의 수도였던 셉보리스(Sepphoris)와 골짜기 아래로 일천 피트에 무역통로의 장엄한 경관을 볼 수 있었다.

---

16. Walker, *Jesus and the Holy City*, 33-34. Wallace(*Greek Grammar*, 403-5)와 Turner(*Syntax*, 25-26, BDF, par. 14)는 이 복수가 "범주적인 복수"의 예증이라고 제기함으로써 문법적으로 난제를 해결한다. 여기서 복수는 어떤 특별한 한 행위자에게서 관심을 이탈시키는데 사용된다.

17. James F. Strange, "Nazareth(Place)," *ABD*, 4:1050-51.

기적적으로 보호받고 인도된 예수는 나사렛에서 자랐고, "나사렛 사람"이라 불리어진다. 여기서 여러 항목들이 우리의 관심을 끈다.

(1) 가장 직접적인 특징은 마태가 예수를 나사렛이라 불렸던 동네 출신의 사람과 동일시한다는 것이다. 고대 시대에 이스라엘 백성들은 끝 이름을 갖지 않았다. 따라서 다른 방식으로 구분했다. "예수"와 동일한 이름이 상당히 많았기 때문에 "예수"라 불리는 사람을 "목수의 아들 예수" 또는 "나사렛 예수"와 같은 표현으로 동일한 이름들을 서로 다르게 구분하였다. "나사렛"(*Nazoraios*)이란 용어는 그 마을 사람임을 알리는 나사렛(*Nazaret*)에서 유래한다. 마태는 "나사렛의 예수"와 "나사렛 사람 예수"라는 표현을 예수의 고향을 거명하기 위해서 상호적으로 사용한다(21:11; 26:71).[18]

(2) 마태의 언어유희는 더 깊은 의미를 암시하고 있는 것으로 보인다. 예수를 나사렛으로 부름으로써 그것이 "선지자를 통해 말씀되어진 것을 이루기" 때문이다. 우리가 이런 단어를 갖는 구약성경의 직접적인 예언을 발견할 수 없기 때문에 마태는 이 표현이 간접화법이 되도록 의도했을 것이다. 여기서 그의 언급은 "나사렛/나사렛 사람"에 의해 생각할 수 있는 언어유희와 관련한 몇몇 구약성경의 예언들을 암시한다.

ⓐ 한 가지 주장은 민수기 6:1-21(독주를 금하고, 머리를 자르지 않으며 시체를 만지지 않는 것)에서 발견할 수 있는 금욕적인 분리를 나실인들이 맹세한 것처럼, 그 마을을 형성한 사람들이 삶의 습관에 초점을 맞추어 형성된 종교 집단의 구성원들이었다고 주장함으로써 "나사렛"과 "맹세"('네제르')를 위한 아람어간의 관계를 형성하는 것이다. 이런 견해는 "하나님의 나실인"이란 표현이 70인경에서 "하나님의 거룩한 자"와 교대적으로 사용되고 있기 때문에(참조. 삿 13:7; 16:7), "나사렛 사람"(Nazarene)은 예수가 두 번째 종류의 삼손인 나실인(Nazirite)임을 가리키는 것으로 "나실인"(*nazir*)과 연관된다(삿 13:5, 7; 16:17와 함께 민 6:1-21을 참조하라). 이 경우에 마태는 예수가 "하나님의 거룩한 자"로서 확실한 맹세를 취했음을 강조하고 있을 것이다(참조 막 1:24). 예수는 정결하고 거룩한 자다.[19]

하지만 복음서에서 예수의 모습은 그를 단순히 나실인으로 일치시키지는 않는

18. 막 1:24; 10:47; 눅 4:34; 18:37; 요 18:5,7; 19:19; 행 2:22; 3:6; 4:10; 6:14; 22:8; 26:9). 예수를 따르던 자들을 나사렛 동네 출신인 예수의 추종자들로 구체적으로 거명하기 위해서 나중에 그들은 "나사렛파"로 일컬어진다(행 24:5). H. H. Schaeder, "Ναζαρηνός, Ναζωραῖος," *TDNT*, 4:874-79을 보라.
19. Brown, *Birth of the Messiah*, 210-13; Davies and Allison, *Matthew*, 1:276-77을 보라.

다. 실로 세례 요한이 예수보다도 나실인에 더 가깝다. 예수는 세례 요한이 금욕하기 때문에 그를 배척한 이스라엘 사람들을 꾸짖으셨다. 그들은 예수도 "먹기를 탐하고 포도주를 즐기는 사람이요 세리와 죄인의 친구"라고 배척했다(11:16-19). 예수가 포도주를 마셨을 때 그리고 죽은 자를 일으키시려 시체를 만졌을 때 어쩌면 이 서약을 위반하였을 것이다(9:23-26).[20]

ⓑ 더 그럴듯한 주장은 나사렛이 다윗 계열의 사람들에 의해 본래 생겨났다는 것이다. 그들은 이사야 11:1의 다가올 "가지"('네세르', Branch)를 소망함으로써 마을을 설립할 때 이 정착지에 의식적으로 메시아적인 이름을 붙였을 것이다.

> 이새의 줄기에서 한 싹이 나며
> 그 뿌리에서 한 가지가 나서 결실할 것이요.

이사야 11:1-5의 예언은 초기 유대교에서 다윗 메시아주의의 가장 대중적인 텍스트 중의 하나다.[21] 따라서 유배에서 돌아와 새로운 마을을 세운 무리들이 이 마을에 그런 희망을 반영하는 이름을 지었을 것이다.[22] 이사야 60:21에서 이스라엘의 신앙의 남은 자들을 역시 "가지"(branch)라고 불렀다. 이는 남은 자들과 이사야 11:1의 약속된 가지와의 유대를 보여준다. 메시아적인 "가지"나 "싹"의 주제는 구약성경 원문에서도 두드러지게 나타난다. '네세르'란 용어는 '세마흐'("싹, 가지, 뿔"; 예. 시 132:17; 사 4:2; 53:2; 렘 23:5; 33:15; 겔 29:21; 슥 3:8; 6:12), '호터'("싹"; 예. 사 11:1), 그리고 '요네크'("어린 식물")와 소레스("뿌리"; 사 53:2)와 동음이의어로 사용된다.

네세르가 이사야 11:1과 60:21에서만 메시아적인 의미로 나타날지라도, 가지(Branch)의 개념은 랍비 문헌과 탈굼에서 메시아의 주요한 지칭이 되었고,[23] "다윗

---

20. Hagner, *Matthew 1-13*, 41을 보라.

21. Richard Bauckham, "The Messianic Interpretation of Isa. 10:34 in the Dead Sea Scrolls, 2 Baruch and the Preaching of John the Baptist," *DSD* 2(1995): 202-16. 바우캄(Baukham)은 이것이 "가장 대중적인 텍스트"라고 주장한다(p. 202).

22. 가능성 있는 재구성을 위해서는 Adrian M. Leske, "Isaiah and Matthew: The Prophetic Influence in the First Gospel," in *Jesus and the Suffering Servant: Isaiah 53 and Christian Origins*, ed. W.H. Bellinger Jr. and W.R. Farmer(Harrisburg, Pa.: Trinity Press International, 1998), 162-63, and Rainer Riesner, "Archeology and Geography," *DJG*, 36을 보라.

23. 예를 들어, 회당에서 사용된 열여덟 개의 축복을 참조하라: "그대의 종 다윗의 가지가 속히 싹트게 하시고, 그의 뿔이 그대의 구원을 높이게 하소서"(Ben. 15[14]).

의 가지"는 다가올 메시아를 위해 자주 사용되는 통칭이 되었다.[24] 이것은 주목할 만한 가치가 있다. 쿰란 문헌에서 이사야 11:1의 '네세르'를 언급하기 위해 사용된 용어는 이 용어에 직접적으로 상응하는 용법임을 보여주는 '세마흐'다. 이 표현은 사무엘하 7:12-14의 메시아적인 약속,[25] 창세기 49:10에서 유다 가문에서 영원한 통치자가 나온다는 약속,[26] 그리고 여타 메시아적인 문맥과 관련해서도 사용된다.[27]

동시에 이런 요소는 이스라엘에 구원을 가져다줄 다윗 계열의 메시아적인 가지의 의미 있고 인식 가능한 구약성경의 주제를 가리켜준다. "선지자들"에 대한 마태의 암시의 간접화법은 이사야 11:1의 '네세르' 예언과 "가지" 모티브로 그려진 언어유희와 관련한 몇몇 구약성경의 예언들에 그가 의존하고 있음을 알려준다. 나사렛 마을의 설립자들은 이 예언적인 전승에 합류했던 운동의 구성원들이었다. 그들은 메시아적인 "가지"(사 11:1)를 기다리며 "하나님이 심은 가지"(60:21)로서 이스라엘의 신실한 자들의 역할을 수행했다. 또한 이 메시아적인 내용을 이사야 7:14의 임마누엘로서 예수의 잉태를 선언한 것과 연관지었다.[28]

ⓒ 마태는 지방의 먼 천대받는 지역에서 온 사람에 대한 슬랭이나 관용어적 표현으로 "나사렛"을 또한 사용한다. 그는 나사렛과 예수와의 거룩한 연관과 메시아가 멸시를 받을 것을 예언했던 다양한 구약성경의 예언들 간의 연관을 주목한다(예. 시 22:6-8, 13; 69:8, 20-21; 사 11:1; 49:7; 단 9:26). 이 주제는 수치를 당하는 강력한 가지(Branch)와 특히 대비시키는 이사야 53:2에서 절정을 이룬다.

---

24. 4QWar Scroll[g] 5:3-4: "다윗의 가지. 그때에 [벨리알의 모든 세력이] 심판 받을 것이고", "[다윗의] 가지인 회중의 왕이 그를 죽음에 처할 것이다." 또한 4QIsaiah Pesher[a] 3:18(4Q161 [4QpIsa[a]])을 보라: "그 용어의 해석은 마지막 날에 싹틀 다윗의 지맥과 관련이 있다."

25. "이것은 마지막 날에 시온에서 일어날 율법 해석자와 함께 오는 '다윗의 가지'를 언급한다" (4QFlorilegium [4Q174] 10-12).

26. 4QGenesis Pesher 5:1-5(4Q252[4QpGen[a]]).

27. 메시아 시대를 묘사하는 지맥이나 가지에 대한 암시는 1QH[a] 14:15; 15:19; 16:5-10 [=1QH[a] 6:15; 7:19; 8:5-10] and 4QIsaiah Pesher[a] 3:15-26(4Q161[4QpIsa[a]] 쿰란 문헌에서 메시아주의의 개관에 대해서는 Marinus de Jonge, "Messiah," *ABD*, 4:777-88; Craig A. Evans, "Messianism," *DNTB*, 700-703; and Lawrence H. Schiffman, "Messianic Figures and Ideas in the Qumran Scrolls," *The Messiah: Development in Earliest Judaism and Christianity*, ed. James H. Charlesworth(Minneapolis: Fortress, 1992), 116-29. 인용된 쿰란 텍스트는 Florentino García Martínez, *The Dead Sea Scrolls Translated: The Qumran Texts in English*, 2d ed., trans. Wilfred G.E. Watson(Grand Rapids: Eerdmans, 1992)에서 인용하였다.

28. Brown, *Birth of the Messiah*, 211-13, 217-19; Hagner, *Matthew 1-13*, 41; Davies and Allison, *Matthew*, 1:277-79에서의 논의를 보라.

그는 주 앞에서 자라나기를 연한 순['요네크'] 같고 마른 땅에서 나온 뿌리['소레스'] 같아서 고운 모양도 없고 풍채도 없은즉 우리가 보기에 흠모할 만한 아름다운 것이 없도다.

예루살렘이나 베들레헴과 비교해서 상대적으로 볼품 없는 나사렛이 메시아의 고향이 되고 있다.

유아 기사는 이런 주제로 이끈다. 메시아는 팡파르나 영광으로 오시지 않고 베들레헴이라는 상대적으로 빈약한 곳에서 나셨다. 그와 가족들은 애굽으로 밤중에 무기력하게 도망했고, 역사에서 그의 도래는 베들레헴의 유아들이 살해당했을 때 슬픔과 탄식에 사로 잡혔다. 이 아기는 다윗 계열의 뉘앙스와 연관이 있는 베들레헴에서도 자라지 못하고 더 빈약한 마을인 나사렛에서 자랐다. 나다나엘이 "나사렛에서 무슨 선한 것이 날 수 있느냐"(요 1:45-46)라고 물었을 때 이런 대중적인 견해를 표명했다. 마태는 일관 되게 겸손한 분으로서 예수의 주제에 의존하고(마 8:20; 11:16-19; 15:7-8), 멸시를 받을 것이라는 구약성경의 예언들을 성취하시는 메시아로 묘사한다. 나사렛 예수에 대한 일관된 언급은 조롱하는 투의 부정적인 뉘앙스가 들어 있다. 이런 조롱은 예수의 추종자들에게도 부여되었다. 그들은 "나사렛파"(행 24:5)라 조롱받았다.

(3) 따라서 예수의 초기 생애에 관한 마태의 묵상은 "나사렛 예수"라는 표현에서 이중적인 의미를 독자들이 보도록 의도하고 있다. 예수는 메시아적인 네세르—다윗 계열의 "가지"—의 소망의 성취다. 반면에 빈약한 나사렛과 예수의 연관은 그가 영광 중에 오신 것이 아니라 허름한 상태로 오셨음을 알려준다. 왕가의 "가지"로서 예수는 "몸통이 잘려서 그루터기만 남았고, 그를 경멸하게 만드는 환경에서 자랐다."[29] 추종자들이 사용한 "나사렛 예수"란 표현은 예수를 메시아적인 구원자로 믿는 것을 나타냈고(행 2:22; 3:6; 10:38), 대적자들이 사용한 "나사렛 예수"는 메시아적인 그의 정체성을 부정하는 경멸의 칭호였다(마 26:71; 막 14:67).

마태복음은 나사렛에서의 예수의 초기 생애에 대해서는 어느 것도 말하지 않는다. 최근의 고고학적 발굴들은 예수 당시에 사람들의 삶이 어떠했는지를 알게 하는 것들을 제공해준다. 이스라엘에서 교육은 평민들 사이에서도 대단히 소중하게 생각하였다. 대부분의 어린 자녀들은 읽고 쓰는 것을 포함하는 학문의 초보를 익

29. Carson, "Matthew," 97.

혔을 것이다. 유대인들의 교육은 구약성경을 배우고 유대교의 지엽적인 표현들을 익혔을 것이다. 특히 유대 세계에서 회당의 참여자들은 어린이들의 가치와 실천 그리고 세계관에 영향을 미쳤다.

예수의 교육은 아버지의 기술—목수(13:55의 주석을 보라)와 가족의 일들을 돌보는 것과 같은 성인의 책무를 위한 어린이들을 훈련하는데 필요한 여타 기술들—을 습득하는 것을 포함하였을 것이다. 예수는 초기에(예수가 12살이었을 때 예루살렘으로 여행한 후에 언젠가 요셉이 죽었을 것이기 때문이다, 눅 2:41-51), 그리고 30살이 되어 공적 사역을 시작하시기 전에(눅 3:23), 성인의 책무를 다하였을 것이다.[30] 아버지를 잃는 것은 가족에 어려움을 가져다주었다. 가족의 나머지 사람들을 부양하고 기대를 짊어지는 것을 의미했기 때문이다(12:46-50; 13:55-58의 주석을 보라).

예수는 평민들이 많은 언어를 말했던 다문화적인 환경에서 성장하셨다. 복음서들은 모두 헬라어(로마 제국의 무역과 상업의 공용어)로 예수의 삶과 가르침을 기록하고 있지만, 갈릴리에서의 공용어는 아람어였다. 아람어로 예수가 말한 것들을 복음서에서 찾아볼 수 있다.[31] 경건한 유대인들은 적어도 세속적인 그리고 문학적인 히브리어 형태도 알았다. 나사렛 회당에서 예수가 히브리 성경을 읽은 것이 그것을 증거한다(눅 4:16-20). 평민들은 특히 로마의 군인들이 주고받았던 언어인 라틴어도 알았다. 예를 들어, 빌라도가 예수의 십자가에 못박은 표지판이 라틴어로 되어 있었다(요 19:20). 갈릴리 지역의 다른 일반적인 사람들처럼 예수는 아주 여러 나라의 말을 하셨다.[32]

요컨대, 마태복음 1-2장에서 예수의 모습은 인간적인 요소와 신적인 요소의 놀라운 평형을 갖추고 계셨다. 예수는 인간의 족보를 가지셨고, 또한 초자연적인 잉태와 탄생을 가지셨다. 그는 인간의 환경에서 태어나셨으나 그 환경은 초자연적으

---

30. 마리아와 예수의 형제들이 예수의 공적 사역 동안에 언급되지만(예. 12:46-50; 13:55-58; 참조. 행 1:14), 요셉에 대한 언급은 없다. 이것은 그가 더 이상 살아 있지 않음을 암시한다. 마태가 1-2장에서 요셉의 역할에 상당한 비중을 두었기에, 요셉이 여전히 살아 있었다면 마태복음에서 예수의 공적 사역에서도 요셉에 관한 이야기를 들을 것으로 기대할 수 있었을 것이다.

31. 예를 들어, '라가'("바보", 마 5:22), '게바'("반석", 요 1:42; 참조. 마 16:18), 달리 '달리다굼'("어린 소녀여 일어나라", 막 5:41), '아바'("아버지", 막 14:36), '엘리 엘리 라마 사박다니'("나의 아버지여 나의 아버지여, 어찌하여 나를 버리시나이까?" 마 27:46; 참조. 막 15:34).

32. 예수가 말할 수 있었던 다언어적 능력을 지지하는 좋은 개관을 위해서는 Michael O. Wise, "Languages of Palestine," *DJG*, 434-44; F.F. Bruce, "Latin," *ABD*, 4:220-22; Stanley E. Porter, "Jesus and the Use of Greek in Galilee," in *Studying the Historical Jesus: Evaluations of the state of Current Research*, ed. Bruce Chilton and Craig A. Evans(NTTS 19; Leiden: Brill, 1994), 123-54을 보라.

로 인도되었다. 예수의 인간적인 성장은 당시의 여타 소년들과 유사하였을지라도, 마태는 "하나님이 함께 계시는" 임마누엘로서 예수의 거룩한 본질의 유일무이성을 이미 예고했다.[33] 하지만 어느 복음서 저자도 예수의 인간적인 본질과 신적인 본질을 서로 분리하지 않는다. 이 양자가 메시아이신 인간 나사렛 예수에게 있다. 그의 공적인 사역이 뒤이어지는 마태복음의 장들에서 중심 포커스가 된다.

상황잇기

예수에 관한 마태의 초상. 마태는 2장의 주요한 특징 중 하나가 되고 있는 1장에서의 주제, 즉 "성취공식"(예. 2:14-15)을 도입한다. 그는 예수의 지상 생애의 역사적 사실들을 기록할 때, 구약성경을 살피며, 독자들에게 예수의 삶이 고대의 예언적 선언을 성취하고 있음을 선포한다. 이 주제는 이 복음서를 쓰게 된 마태의 목적을 이해하는데 중요한 단서가 된다. 그는 예수가 구약성경을 성취하는 방식을 보이기 위해서 직접적인 전조적 예언에서 유추적인(또는 예표론적인) 상응으로 그 주제를 변화시킨다. 두 방식은 모두 이스라엘의 대망하는 메시아로서 예수의 보다 완전한 특징을 제공해준다.

(1) 성취 공식의 첫 번째 출현은 메시아적 구원자가 동정녀에게서 태어나실 것이라는 전조적 예언을 성취시키는 예수의 잉태와 탄생을 알려준다. 아기 예수는 "하나님이 함께 계신다"는 임마누엘(1:22-23; 참조. 사 7:14)로 알려지고, 그것은 마태의 독자들에게 아기 예수의 탄생에서 보증된 성육신의 진리를 준비시킨다.

(2) 유다 베들레헴에서 예수의 탄생은 다윗의 옛 태생지에서 태어나서 이스라엘 백성들을 다스리고 치러 오실 메시아의 전조적 예언을 성취시킨다(2:6; 참조. 삼하 5:2; 미 5:2).

(3) 예수는 하나님에 의해 애굽에서 구원받고 구조된 하나님의 아들로서의 이스라엘과 하나님의 보호하심 아래서 애굽으로 내려가 다시 돌아오실 때 아무런 해를 받지 않고 보호되신 하나님의 아들로서의 예수 간에 상응을 유추적으로/예표론적으로 성취시킨다(2:15; 호 11:1). 유월절과 출애굽에서 시작되었던 이스라엘과의 언약은 새 언약을 시작시키시는 예수의 도래로 이제 성취된다.

(4) 예수의 지상 생애의 사건들은 바벨론 포로 시대에 유배되는 자녀들로 인해

33. 누가는 하나님과 "나의 아버지"와의 유일무이한 관계에 대한 예수의 초기 인식을 보여주는 어린 시절 사건을 통해 이 요소를 역시 강조한다(눅 2:39-50).

울었던 이스라엘의 어머니들과 무고한 어린 아기들의 살육을 슬퍼하는 베들레헴의 어머니들 간에 상응을 유추적으로/예표론적으로 성취시킨다. 유대인의 새로 태어난 왕을 죽이려는 헤롯의 시도는 하나님의 선택된 백성들을 멸하려는 외국의 세력들에 의한 이전의 시도와 유추적으로 상응한다. 하지만 예수의 출현은 바벨론으로 유배되어진 유대인들에게 약속한 이스라엘의 위로가 도래하였음을 나타낸다(2:17-18; 렘 31:15).

(5) 마지막으로 예수의 고향은 메시아적인 가지, 즉 의로 심판하고 막대기로 이 땅을 치는 다윗가의 왕에 대한 직접적인 예언과 멸시받는 메시아적인 수난의 종에 관한 직접적인 예언을 성취시킨다(마 2:23; 참조. 사 52-53장).

마태는 이스라엘 분파들의 기대를 도전하는 구약성경의 예언들의 요소를 모음으로써 예수에 관한 대담한 초상을 그리고 있다. 예수는 그들이 소망하는 분이시지만, 그 이상이 되는 분이시다. 그는 그들의 왕이 되기 위해 오신 성육신 하신 하나님이시다.

예언된 역사인가 예언이 역사화 되었는가? 오늘날 어떤 비평가들은 선지자들이 말했던 것을 적용하기 위해서 공상적인 조작으로 예수의 기사를 마태가 작성했다고 비난한다. 그들은 마태가 세부적인 것들을 가공했거나 오실 메시아에 대한 구약성경의 예언들을 예수가 성취시킨 것으로 보이기 위해서 예수의 생애에 관한 사실들을 조작했다고 주장한다. 예를 들어, 유대 청중에게 이 글을 작성한 마태가 베들레헴에서 처녀의 몸에서 태어나고 애굽으로 피신했으며 나사렛에서 자라난 분으로서 예언들을 예수가 성취시키신 것으로 그의 생애 이야기를 의도적으로 작성했다고 제기한다.[34] 이에 관해서 어떻게 생각할 수 있는가? 마태가 고대의 예언들을 성취시킨, 역사에서 발생한 정확한 이야기들을 쓰고 있는가, 아니면 예수가 예언을 성취시킨 것으로 보이게 하기 위해서 마태가 예수의 이야기를 만들어 내었는가?

우리의 주장은 전자다. 즉 마태는 예수의 역사적 삶과 사역에서 발생했던 것을 정확하게 기록했고, 이 사건들은 오실 메시아와 관련한 고대 예언들의 기적적인 성취였다. 복음주의 신학자들은 네 가지 근거 위에서 비평가들의 비난에 만족스럽게 대답했다.[35]

---

34. 예를 들어, John Dominic Crossan, *Jesus: A Revolutionary Biography*(San Francisco: Harper-San Francisco, 1994), 15-21.

35. 마태가 창조적인 미드라쉬적 해석을 하고 있다는 학자들의 비판에 대한 반증을 위해서는 R.T. France, "Scripture, Tradition and History in the Infancy Narratives of Matthew," *Gospel Perspectives*, Volume II:

(1) 예언적인 성취를 주장하기 위해서 거짓된 역사 이야기를 만들어내는 것은 유대의 해석적인 역사에서 이루어질 수 없는 일이다. 유대 저작자로서 마태가 구약성경 예언들의 유대적 해석을 노골적으로 경시하는 선례를 만들고 있지 않다. 만약 그랬었다면, 그는 전조적 예언을 거짓되게 만들어내었다는 강력한 비판을 유대의 해석자들로부터 받았을 것이다.

(2) 마태를 포함하여 사도들은 메시아로서의 예수의 실체에 사로잡혀 기꺼이 유대인의 손에 박해를 받는 것을 감수했고, 대부분의 사도들이 나중에 순교했다. 그들이 실로 메시아가 아닌 분에 대한 거짓말 때문에 기꺼이 생명을 잃기까지 고난을 자처하지는 않았을 것이다.

(3) 복음서들이 쓰여지고 순환되었을 때, 예수의 삶에 관한 사건들을 목격했던 많은 살아 있는 사람들이 있었다. 그들이 마태를 위조자로 논박하지 않았다. 마태에 대한 이런 종류의 논박에 대한 기록을 어느 고대의 기록에서도 찾아볼 수가 없다.

(4) 유대 백성들이 예수가 메시아라는 주장을 분쇄하기 위한 방법으로 소위 거짓으로 꾸며내는 일을 하였을 수 있다. 예수가 베들레헴에서 태어나지 않았거나 메시아가 된다는 마태의 주장이 구약성경의 예언과 맞지 않았다면, 이런 예언에 익숙한 유대인들이 곧바로 이런 내용의 실제들을 부인했을 것이다. 하지만 당시에 예수와 제자들을 경멸적으로 언급한 탈굼조차도 그러한 비난을 하지 않는다. 결코 메시아적인 예언들을 예수의 삶에 맞추어 가공했다고 복음서 저자들을 비난하지 않는다.

헤롯 대제의 죽음. 헤롯의 죽음을 기록한 마태의 방식은 메시아 예수의 삶과 사역을 기록하기 위해 의도했던 방식에 또 다른 중요한 단서를 제공해준다. 하나님이 무법한 행위와 불경건을 보인 헤롯을 벌하였다고는 것을 주로 강조하기 위해서 헤롯의 죽음을 요세푸스가 다소 생생하게 묘사하고 있는 반면에[36] 마태는 헤롯이

Studies of History and Tradition in the Four Gospels, ed. R.T. France and David Wenham(Sheffield: JSOT Press, 1981), 239-66; Charles L. Quarles, "Midrash as Creative Historiography: Portrait of a Misnomer," *JETS* 39(1996): 457-64; idem, "*The Protoevangelium of James* as an Alleged Parallel to Creative Historiography in the Synoptic Birth Narratives," *BBR* 8(1998): 139-49, Craig Blomberg, *The Historical Reliability of the Gospels*(Downers Grove, Ill: InterVarsity Press, 1987), 43-53을 보라. 구약성경의 예언과 예수 안에서 그것의 성취에 관한 개관을 위해서는 Kaiser, *The Messiah in the Old Testament*, 13-35, 231-35, passim을 보라. 대중적인 견해에 대해서는 Louis S. Lapides, "The Fingerprint Evidence: Did Jesus—and Jesus Alone—Match the Identity of the Messiah?" in Lee Strobel, *The Case for Christ*(Grand Rapids: Zondervan, 1998), 171-87와의 인터뷰를 보라.

36. Josephus, *Ant.* 17:168-71(참조. Nikos Kokkinos, "Herold's Horrid Death," *BAR* 28/2 [March-April 2002]: 28-35, 62).

죽었다는 것을 단순히 진술하며, 신속하게 주의 천사가 요셉, 마리아 그리고 유아 예수를 애굽에서 불러오는 것으로 나아간다. 따라서 헤롯의 죽음에 대한 마태의 기록은 어린 메시아의 생애에 관한 하나님의 인도하심을 설명하는 또 다른 사건이다.

마태는 헤롯의 살인마적인 행위에 대한 비난 때문에 그를 하나님이 복수하셨다고 말하는 요세푸스의 경우와 유사한 생각을 가질 수 있었으나, 그는 전혀 그렇게 하지 않는다. 대신에 그는 아기 예수의 생애에 관한 사건들과 이 사건들이 구약성경의 메시아 예언들을 어떻게 성취시켰는가에 오로지 집중한다. 헤롯의 죽음에 대한 언급은 하나님 나라의 복음을 선포하는 예수의 미래 사역을 대비하여 본국으로 돌아가서 성장할 수 있도록 아기 예수 메시아를 보호하시는 하나님의 주권적인 섭리를 특징짓게 만든다(참조. 4:23).

현대의 달력과 예수의 탄생의 연대. 크리스천들이 예수가 B.C. 4-6년에 태어났을 것임을 처음 알았을 때, 혼란스러워 한다. 서양 달력의 연대가 예수의 탄생을 A.D. 1년으로 가정하고 있지 않는가? 그럼 신약성경의 기록이 잘못되었음을 의미하는가? 약간의 연구 불일치가 성경의 기록에 문제가 있는 것이 아니라 예수의 탄생 연도를 설정하는 후대의 시도에 문제가 있음을 발견하게 된다.

현대의 달력들은 예수의 탄생을 의미하는 소위 "기독교 시대"라 불리는 것으로 시작한다. 예수의 탄생 이후에 연대를 A.D.(라. 아노 도미니[*anno domini*], "주의 연대에")라 지칭하고 예수 탄생 이전의 연대를 B.C("Before Christ")라 지칭한다.[37]

이런 체계를 발전시킨 첫 번째 사람은 A.D. 525년에 디오니시우스 엑시구스(Dionysius Exiguus)였다. 그 이전에는 로마인들이 "AUC"(*ab urbe condita*—"[로마] 도시의 건설에서부터"—또는 *anno urbis conditae*—"[로마] 도시의 건설의 해에")의 지칭을 사용하여 전체 서양 세계에서 사용된 연대 체계를 발전시켰다. 그런데 디오니시우스는 로마 도시의 건설보다는 예수의 탄생에서 달력의 연대를 시작하는 것이 더 경건할 것이라고 믿었다. 그리하여 디오니시우스는 접근가능한 역사적 기록들을 갖고서 AUC 753년 12월 25일(즉, 로마의 창건 후 754년경에) 예수의 탄생이 있었던 것으로 추산했다. 그리하여 (음력을 조정하여) AUC 754년 1월 1일을 또는 새로운 추산 하에서 A.D. 1년 1월 1일을 기독교 시대의 시작으로 두었다.

37. 다른 종교 전통들의 민감성으로 인해 어떤 이들은 C.E("Common Era")와 B.C.E("Before Common Era") 라는 지칭을 현재 사용하고 있다.

그러나 디오니시우스는 학자들이 더 정확한 연대를 정하기 위해서 지금은 가능한 역사적 자료들을 모두 갖고 있지를 못했다. 지금 우리들은 헤롯 대제가 AUC 750년 3/4월에 죽었다는 것을 안다. 예수가 태어났다고 마태가 진술할 때, 헤롯이 여전히 살아 있었기 때문에, 사실상 예수는 로마력에 따라서 AUC 748-750년, 즉 디오니시우스의 달력보다 4-6년 일찍 탄생하였다. 따라서 우리는 예수 탄생의 더 정확한 연대를 B.C. 4-6년에 두어야 한다. 이것은 성경 기록의 정확성과는 상관이 없고, 단지 좋게 의도하였으나 잘못 인도를 받은 디오니시우스 엑시구스의 역사적인 정확성에 관한 문제일 뿐이다.

현대적 의미

메시아 예수는 세상을 구원하기 위해서 세상에 오셨지만 처음부터 위협을 받으셨다. 하지만 이 세상의 위협적인 모든 세력들 가운데서도 하나님의 보호하시고 인도하시는 세력이 유아 예수와 그의 가족들의 생명 속에 역사 하셨다. 두 가지 요지가 여기서 우리의 관심을 끈다.

그는 나사렛 사람이라 불릴 것이다. 자기 백성을 죄에서 건져낸다는 예수라는 이름은 "유대인의 왕"으로 환호 받는 "하나님이 함께 계시는" 임마누엘이면서도 "나사렛 사람"이라 불려진다. 그것이 마태가 예수의 유아 기사의 놀라운 내러티브를 결론짓는 방식이다. 이런 별명으로 예수를 마태가 지칭함은 대조적인 '가지'와 '종'의 예언의 성취로서 예수에게 초점을 맞추는 이중적인 뜻이 들어 있다. 예수는 이스라엘을 위한 의로운 구속의 강력한 가지일 뿐만 아니라 우리의 연약함을 취하시고 우리의 범죄를 위해 못 박히실 멸시 받는 수난의 종이시다. "나사렛"이란 이름은 이스라엘이 오래도록 기다렸던 구속하시는 메시아 가지로서 명예로운 칭호이기도 하지만, 이스라엘을 위해 멸시받는 수난의 종으로서 경멸의 칭호이기도 하다.

우리는 "그리스도인"이라 불린다. 초대 그리스도인들은 유대인들에 의해 "나사렛 이단"이라고 불렸다(행 24:5). 그들은 예수의 제자가 됨으로 경멸을 받았다. 곧 이교도들은 예수의 제자들을 "그리스도인"이라 부르기 시작했고, 이는 이중적인 의미를 갖는다. 사도행전은 안디옥의 대도시에서 많은 경쟁하는 이교들과 신비종교들이 있었는데, '크리스토스'의 제자가 되었다고 말하는 사람들을 곧 '크리스티아노이'("그리스도의 사람들")이라고 불렸음을 알려준다. 하지만 "그리스도인"이라는 이름을 갖는 것은 경멸의 표시로 간주되었다(행 26:28).[38] 따라서 베드로는 이교도들이 그리스도인들을 적대할 때 "그리스도인"이란 이름이 영예의 표지(벧전 4:16)임을 말함으로써 박해받는 교회의 사기를 높이려고 하였다. 2세기 초에 예수 그리스도를 믿는다고 기소된 사람들은 로마의 관리들에 의해 그들이 "그리스도인"인지를 질문 받았다. 그들이 그 이름을 인정하면 죽임을 당하였다(또는 로마시민권을 갖고 있으면 재판을 위해 로마로 이송되었다).[39] 초대교회의 박해의 시기에 그리스도인이란 용어의 사용은 위험스러웠다. 황제가 아닌 신(하나님)을 믿는 사람들을 로마인들이 가만두지 않았기 때문이다.[40]

"나사렛"이란 이름이 예수에게서 그러했던 것처럼, "그리스도인"이란 이름도 경멸의 표지이자 박해의 대상이 되었다. 오늘날 세계의 많은 곳에서 "그리스도인"이란 이름을 가짐으로 인해 초대 교회에서 있었던 것과 유사한 경험을 갖는다. 인도네시아와 같은 지역에서 기독교 예배 장소로 알려짐으로 인해 건물이 불타고 있다. 공산주의 중국에서는 기독교 문서를 소유하고 배포하였다고 해서 감옥에 들어가기도 한다. 세계의 급진적인 이슬람 테러주의자들에 직면해서, 그리스도인이 된 것으로 박해를 받은 일이 다반사가 되고 있다.

이전에 나에게서 배웠던 학생들인 마크와 라라가 대학을 졸업하고 서로 결혼했다. 그들은 뒤이어 국제선교단체에 가입하여 성경 번역자가 되기 위해 수년 동안 훈련을 받았다. 그들은 마침내 주로 무슬림 지역에서 성경을 번역하는 일에 참여함으로써 꿈을 이루었다. 아내와 나는 최근에 주일 아침에 일어났을 때, 텔레비전 뉴스에서 이 부부가 살고 있던 도시의 인터내셔널 교회가 테러를 당하였다는 소식을 들었다. 교인들이 그곳에서 예배를 드리고 있는 동안에 두 사람이 안으로 들어와서 교회 안에 수류탄을 던졌다는 것이다. 이 소식은 잠깐 지나가는 뉴스였다. 나중에 알게 된 것은 희생자가 다섯 명이었는데, 그 중에 두 명이 미국인이었고, 적어도 40명 정도가 부상을 당했는데, 그 중에 열 명 정도가 미국인이었다. 나중에 우리는 부상을 당한 명단을 알려주는 뉴스에서 마크의 이름을 들을 수 있었다.

마크와 라라가 살고 있는 나라는 2%의 크리스천들이 있다. 그들이 대체로 친절하고 도움을 주지만, 그곳에는 단지 "그리스도인"의 집에서 예배를 드리는 것으로 인해 교회를 공격하는 과격주의자들이 있다.

38. 아그립바가 바울에게 "그러한 짧은 시간에 네가 나를 그리스도인이 되게 할 수 있다고 생각하는가"라고 말했을 때, 조롱으로 이 말을 사용했다.
39. Pliny the Younger, *Letter* 10.96을 보라.
40. Michael J. Wilkins, "Christian," *ABD*, 1:925-26.

그 사건이 있은 후 어느 날 한 신문사가 마크와 인터뷰를 가졌다. 라라와 그들의 두 자녀는 안전했다. 그들이 그곳을 떠날 것인지를 질문 받았을 때, 마크는 필요하다면 임시로 떠나 있는 계획을 가질 수 있지만, 그냥 그곳에 머물기 원한다는 뜻을 피력했다. 인터뷰의 흥미를 끄는 부분에서 그는 '크리스천이 되었기 때문에' 공격을 당했음을 인정하였지만, '크리스천이 되었기 때문에' 그곳에 머물기를 원한다고 말했다: "저는 그리스도인입니다. 저의 안전은 사람의 손이 아니라 하나님의 손에 달려 있음을 믿습니다."[41]

그것이 그의 생애에서 작용하고 있는 나사렛 예수의 모범이다. 오늘날 많은 이들이 비교적 편하게 "그리스도인"이란 이름을 갖는다. 하지만 우리 시대에도 그 이름은 영예가 되기도 하고 고통이나 조롱이 되기도 한다. 예수를 좇는 일은 우리가 예수처럼 되는 것을 의미하는 것이라고 마태복음에 나온다(10:24-25). 이것이 신약성경 저자들의 일관된 주제이기도 하다(예. 고후 3:18; 벧전 2:21). 만약 우리가 예수처럼 된다면, 긍정적인 연관과 부정적인 연관이 있는 그의 이름도 짊어지는 것이다.

오늘날 그리스도인이 됨으로 박해와 고통을 당하는 것은 이 시대의 대부분의 사람들에게는 가능성이 없어 보이지만, 이 박해는 우리가 예상한 것보다 훨씬 더 익숙하게 찾아오고 있다. 서방 문화에서 점증하고 있는 세속주의는 우리에게 좋지 않은 징조다. 그리스도인들은 성경에서 정죄하고 있는 관행들을 비난할 수 없게 되고 있다. 음담과 포르노와 동성연애들을 보라. "종교의 자유"라는 미명 하에 많은 신앙의 통상적인 관행들—공적인 기도나 크리스마스에 구유 장면을 연출하는 것 등—이 사라지고 있다. 많은 공적인 정책 일정이 종교로 '부터'(from)의 자유를 보이고 있다.

예수가 나사렛에서 자라고 나사렛과 동일시된 것은 우연이 아니다. 그 마을 이름은 이사야 11:1의 오시는 메시아적 "가지"의 소망을 인식하여 주어졌다. 하지만 나사렛과 예수와의 관계는 예수가 예루살렘의 종교적 정치적 중심지와 무관하게 오셨음을 부과적으로 의미한다. 예수는 정치적, 종교적 또는 군사적 주류의 일부가 아니시다. 오히려 그는 고난의 사람이었고, 자주 멸시를 받아왔던 평민 출신이시었지만, 궁극적으로 많은 이들을 의롭게 하고 그들의 죄를 짊어지는 메시아적 종이신 구원자의 예언을 성취시키셨다(예. 사 52:13-53:12). 이 메시아의 희생은

41. 마크와 라라의 안전을 위해서 나는 그들의 신분과 지역 그리고 신문 인터뷰를 밝히지 않는다.

유일무이하다. 우리는 위로와 영예와 운과 영광을 갈망하는 자아를 도전하는 겸손함과 종 됨의 모범을 예수의 성육신에서 얻는다.

따라서 이 세상에서 예수와 함께 걷는 걸음은 그의 이름을 위해서 고난 받는 것과 관련이 있다. 예수는 옳고 좋은 일을 하심으로 고난 당하셨다. 박해는 초대교회 시대부터 교회의 운명을 특징지었다. 이 박해가 예수를 따르는 자의 열정을 희미하게 만들지 않았다. 그 대가가 어떠하든지 말이다. 바울은 젊은 목회자 디모데에게 "무릇 그리스도 예수 안에서 경건하게 살고자 하는 자는 박해를 받으리라"(딤후 3:12)고 말한다.

양부 요셉. 마태복음의 독특한 방식은 예수의 지상의 아버지인 요셉이 상당히 의미 있게 나타난다는 사실이다. 오직 마태복음에서만 요셉이 특출함을 지닌다. 유아기사에서 나타나고 있는 예수의 모습에 관한 기독론적인 초점과 더불어, 우리는 요셉의 역할에서 마태가 독자들에게 전하고자 하는 교훈의 현대적 의미를 역시 상고할 수 있다.

천사가 왕 되신 아기의 기적적인 잉태의 선언과 함께 요셉에게 나타났을 때 나사렛에서 시작하여, 마태복음에서 요셉은 다시 나사렛으로 가족을 이끌 때 마지막으로 나타난다. 3년이 못되는 시간에 발생하고 있는 이 놀라운 사건들이 이 젊은 아버지의 머리를 맴돌았다. 그는 조용하나 강력한 인물이었다. 그는 이 작은 가족을 끊임없이 인도했고 보호했다. 아내와 아들에 대한 놀라운 사랑이 그에게 있었다!

1장에서 요셉은 마리아가 수치를 당하는 것을 막고자 하고, 나아가서 천사의 지시를 순종하여 약혼녀를 아내로 맞이함으로써 아내에 대한 사랑을 보인다. 불충실에 대한 절대적인 '인간적' 증거가 있음에도 말이다. 그리고 2장에서는 정치적 종교적 조직의 모든 세력에 대항해서 하나님을 순종하고 가족을 보호함으로써 아내와 아들에 대한 사랑을 보인다. 아버지로서 나는 요셉의 모범을 보게 될 때 하나님을 순종하는 부분에서 스스로 낮아질 수밖에 없다.

하지만 우리가 기억해야 할 것은 요셉이 예수의 생물학적 아버지가 아니라는 사실이다. 이 아기가 요셉의 혈육이었다면 그가 가졌을 희생을 상상해 보라. 예수가 그의 양자된 아들임을 인식할 때, 그의 순종을 우리가 존경하게 만든다. 요셉과 예수와의 유대는 아버지와 종자적 아들의 깊은 감정적 정신적 유대가 아니라 이 아들의 참된 아버지에 대한 순종의 깊은 유대에서 나온다.

이런 식으로 요셉은 아버지로서 우리 모두에게 강력한 모범이 되어준다. 우리의 자녀들은 진정으로는 우리의 것이 아니기 때문이다. 우리의 자녀들은 그들의 참되신 아버지이신 하나님이 우리에게 주신 선물이다. 그것이 유아 헌신예배에서 배울 수 있는 가장 강력한 교훈 중 하나다. 당신의 교회 전통이 그 예식을 무엇이라 부르는 지는 상관없다. 젊은 부모들은 하나님 아버지에게 어린 아기를 드림으로써 부모의 특권을 시작해야 한다.

우리 부부는 첫 아이인 미첼로 인해 이 사실을 극적으로 깨달았다. 우리가 신학교에 출석하고 있는 동안에 참석했던 교회의 목사가 어린 아기를 하나님께 바쳐야 할 뿐 아니라 하나님을 위해 이 아기를 기르겠다고 헌신할 것을 유아헌신예배에서 강조했다. 우리가 그 아기를 하나님으로부터 대여 받고 있기 때문이다. 몇 달 뒤에 아기 미첼이 심각한 감기에 걸려 상당히 약해졌고 탈수증이 왔다. 어느 날 비가 오고 어두운 밤에 아기의 토설과 설사가 더 심해져서 의사의 지시에 따라 큰 병원으로 그녀를 급히 데리고 갔다. 아기를 살핀 의사는 우리가 아기를 데리고 오지 않고 아침까지 기다렸다면, 그 아기가 탈수증으로 죽었을 것이라고 말했다. 우리는 어린 네 달된 여아—끙끙이(우리 아기가 진정으로 울 수 있는 힘이 없었기 때문에 간호사들이 그렇게 이름지어주었다—를 간호사들의 손에 넘겨두고 집으로 차를 몰았다. 아내 린(Lynne)과 나는 등골이 오싹한 축축한 밤에 집으로 가면서 함께 울었다. 우리가 아기 미첼을 거의 잃을 뻔하였음을 생각하고서 말이다. 하지만 우리의 눈물에는 미첼이 하나님의 것임을 재확인하였다. 우리는 하나님께 그녀를 드렸고, 그녀를 하나님을 위해 기르겠다고 헌신했었다. 그러므로 우리는 눈물을 흘리면서 스스로 미첼을 움켜 쥔 손을 놓았고, 아이의 삶을 위해서 하나님의 뜻을 따르겠다고 말했다. 하나님의 그 아이의 참된 아버지이시기 때문이다.

이것이 양자적인 아들의 순종하는 아버지로서 요셉이 우리에게 가르쳐준 사실이다. 우리가 생물학적인 부모든 양자적인 부모든 간에, 아이를 양육한다는 것은 아이의 참된 아버지께 순종함을 의미한다. 월터와 다네 왱거린은 자신들에게서 태어난 자녀들만이 아니라 입양한 자녀들도 키웠다. 그들은 이 둘 사이에 깊은 차이를 느꼈는데, 특히 입양한 자녀가 친부모를 찾으려고 하였을 때 생겼던 마음의 상처가 있었다. 하지만 그들은 친자식이 아닌 자녀를 키우는 거룩한 신비를 요셉으로부터 깊이 배웠다. 그 교훈 속에서 이 부부는 자녀를 올바르게 사랑함은 이 자녀들을 하나님의 형상으로 창조하신 하늘 아버지를 위해 그들을 키우는 것을 의미한다는 사실을 모든 부모와 나누고 있다. 왱거린은 의미심장하게 이렇게 쓰고 있다.

> 우리 모든 자녀들의 모습 속에는 그들을 창조하신 하나님의 형상이 들어 있다. 어느 부모도 하나님을 사랑함으로써 자녀들을 올바르게 사랑할 수 있다. 하나님을 따름으로써 부모들은 가정에서 이 자녀들이 태어난 목적과 올바른 성인 됨으로 이끌 때, 무엇보다도 이 자녀들을 빌려주신 하나님 아버지의 모습을 그들도 충만하게 발견하게 될 것이다.[42]

이것이 하늘 아버지를 위해 양자적인 아들을 키웠던 요셉으로부터 배우는 교훈이다—이것은 우리 모두를 위해 적합한 교훈이다.

---

42. Walter Wangerin Jr., "A Stranger in Joseph's House," *Christianity Today* 39(Dec. 11, 1995): 16-20(p. 20에서 인용함). 왱거린은 양자로 데려온 딸에게 친부모를 찾도록 허락한 마음 아프나 뜨거운 사랑의 과정을 이 글에서 소개한다.

마태복음 3:1-17

1 그때에 세례 요한이 이르러 유대 광야에서
전파하여 말하되
2 회개하라 천국이 가까이 왔느니라 하였으니
3 그는 선지자 이사야를 통하여 말씀하신 자라
일렀으되 광야에 외치는 자의 소리가 있어
이르되 너희는 주의 길을 준비하라 그가 오
실 길을 곧게 하라 하였느니라
4 이 요한은 낙타털 옷을 입고 허리에 가죽 띠
를 띠고 음식은 메뚜기와 석청이었더라
5 이 때에 예루살렘과 온 유대와 요단 강 사방
에서 다 그에게 나아와
6 자기들의 죄를 자복하고 요단 강에서 그에게
세례를 받더니
7 요한이 많은 바리새인들과 사두개인들이 세
례 베푸는 데로 오는 것을 보고 이르되 독사
의 자식들아 누가 너희를 가르쳐 임박한 진
노를 피하라 하더냐
8 그러므로 회개에 합당한 열매를 맺고
9 속으로 아브라함이 우리 조상이라고 생각하
지 말라 내가 너희에게 이르노니 하나님이
능히 이 돌들로도 아브라함의 자손이 되게
하시리라
10 이미 도끼가 나무 뿌리에 놓였으니 좋은 열
매를 맺지 아니하는 나무마다 찍혀 불에 던
져지리라
11 나는 너희로 회개하게 하기 위하여 물로 세
례를 베풀거니와 내 뒤에 오시는 이는 나보
다 능력이 많으시니 나는 그의 신을 들기도
감당하지 못하겠노라 그는 성령과 불로 너희
에게 세례를 베푸실 것이요
12 손에 키를 들고 자기의 타작 마당을 정하게
하사 알곡은 모아 곳간에 들이고 쭉정이는
꺼지지 않는 불에 태우시리라
13 이 때에 예수께서 갈릴리로부터 요단 강에
이르러 요한에게 세례를 받으려 하시니
14 요한이 말려 이르되 내가 당신에게서 세례를
받아야 할 터인데 당신이 내게로 오시나이까
15 예수께서 대답하여 이르시되 이제 허락하라
우리가 이와 같이 하여 모든 의를 이루는 것
이 합당하니라 하시니 이에 요한이 허락하는
지라
16 예수께서 세례를 받으시고 곧 물에서 올라오
실새 하늘이 열리고 하나님의 성령이 비둘기
같이 내려 자기 위에 임하심을 보시더니
17 하늘로부터 소리가 있어 말씀하시되 이는 내
사랑하는 아들이요 내 기뻐하는 자라 하시
니라

원 의미

"그때에 세례 요한이 이르러"라는 어절로 마태는 예수의 유아기에서 성인기로 넘어간다. 요셉이 가족을 나사렛으로 데리고 갔던 해부터 세례 요한이 유대의 사막에 나타났던 해까지는 25년 이상의 시간이 걸린다.[1] 예수의 유아기사는 이스라엘의 오래 기다렸던 메시아이신 예수의 정체성을 규명하기 위한 중요한 배경을 제공했다. 그러나 이제 마태는 예수의 공적 사역의 이야기에 초점을 맞추기 위해서 달력을 한참 앞으로 이동한다.

세례 요한이 그 길을 준비하다(3:1-6)

세례 요한의 메시지(3:1-3). 세례 요한은 사복음서의 모든 시작에서 두드러지게 나타난다. 마태복음에서 그는 예수의 공적 사역이 시작될 때 나타나는 첫 번째 인물이다.[2] 세례 요한은 대단히 중요한 역사적 인물이다. 요한이 구약성경에서 하나님의 구원하시는 행위와 예수의 사역에서 그의 구원하시는 사역을 서로 연결해 주기 때문이다. 예수는 "내가 진실로 너희에게 말하노니 여자가 낳은 자 중에 세례 요한보다 큰이가 일어남이 없도다"(11:11)라고 그에 관해서 말한다.

누가는 요한의 가족 배경을 우리에게 알려준다(눅 1:5-25, 39-80). 요한은 당시 교육을 잘 받은 제사장 계열의 경건한 부모에게서 태어났다. 요한의 어머니 엘리사벳은 예수의 모친과 친척관계[3]에 있었다(1:36). 유대에서 자라난 요한은 나사렛에서 자랐던 예수와는 접촉이 제한되었던 것으로 보인다. 요한복음서는 세례 요한이 "예수를 알지 못했다"(요 1:31, 33)고 말해준다. 그것은 예수가 세례를 받을 때까지는 그가 메시아라는 사실을 요한이 알지 못했음을 알려준다.

세례 요한은 공적인 사역을 시작하기 전에 사막에서 한동안 살았다(눅 1:80). A.D. 26년 이후에 언젠가 세례 요한은 이스라엘에 공개적으로 출현하여 "유대의 사막에서"(마 3:1) 설교하였다. 이곳은 사해 서쪽 하부 요단강 골짜기와 언덕에 자리하고 있는 사막이었을 것이다. 이 사막은 이스라엘 역사에서 중요한 장소였다. 율법이 시내산 사막에서 주어졌고(출 19장), 선지자들은 하나님과 교통하기 위해서 요단 근처 사막으로 자주 나아갔다(예. 왕상 17:2-3; 19:3-18). 마카비가는 사막에서 게릴라전을 펼쳤다(예. 마카비 1서 5장). 이 사막은 하나님의 오실 구원자를 연관시켰던 이스라엘 내의 다양한 그룹들을 위한 메시아적 함축이 들어 있었다(예

---

1. 예수는 "가르치심을 시작하실 때에 삼십 세쯤"(눅 3:23) 되었다.
2. 세례 요한의 출현을 강조하는 마태복음의 구조에 관한 논의에 대해서는 Gerd Hafner, "Jene Tage' (Mt 3,1) under Umfang des matthäischen 'Prolongs': Ein Beitrag zur Frage nach der Struktur des Mt-Ev," *BZ* 37(1993): 43-59을 보라.
3. "친족"의 헬라어는 '숭게니스'다. 그 용어는 이모나 사촌을 일컫지만 단순히 "친척"으로도 자주 번역된다.

를 들어, 쿰란 공동체의 에세네파).[4]

요단강에서 사역하던 세례 요한의 장소가 쿰란 공동체가 있었던 지역과 가깝고 일부 학자들이 요한이 이 공동체의 일원이었을 수 있다고 제기하였지만, 요한이 메시지와 세례에서, 쿰란파들이 그랬던 것처럼, 사는 곳을 떠나 사막에 은거할 것을 요구하지 않았음을 유념해야 한다. 게다가 요한의 메시지는 쿰란보다는 구약성경의 선지자들의 메시지에 더 가깝다. 쿰란공동체는 전쟁을 하기 위해서 하나님의 구원자에게 합세하는 마지막 우주적 충돌을 준비하고 있었다. 그런데 요한의 메시지는 하나님의 심판으로 인한 다가올 시대의 마지막을 강조했다. 아울러 회개에 대한 요한의 단번의 세례는 쿰란공동체의 반복적인 정결 의식과는 완전히 다르다. 따라서 오늘날 대부분의 학자들은 요한이 이 쿰란공동체와 연관이 있었음을 의심하는 것으로 결론내린다.[5]

세례 요한은 백성들에게 "회개하라 천국이 가까이 왔느니라"(3:2-3)고 긴급하게 외치는 중심적인 메시지를 갖고 있다. 이 메시지는 예수가 선포하고 열두 제자들이 이스라엘을 선교여행하며 전파하였던(4:17) 것과 동일한 메시지다. 회개에 대한 요한의 외침은 구약성경 선지자들의 외침과 유사하게 들린다. 선지자들은 삶의 모든 측면에 영향을 미치는 하나님과의 올바른 관계를 사람들에게 호소했다.[6] "마음을 변화시킬" 것을 가리키는 구약성경의 회개는 하나님에 대한 인간의 태도에 변화를 항상 요청했고, 그것은 그 사람의 행위와 삶의 전반적인 태도에 영향을 미쳤다. 회개의 외적인 표지는 죄의 고백, 참회의 기도, 죄의 포기를 통상적으로 포함한다.

하지만 요한의 메시지가 구약성경의 선지자들과 유사하더라도 그 메시지에는 독특하게 새로운 소리가 있다. 그는 "천국이 가까이 왔으니" 회개하라고 백성들에게 외친다. 그 나라는 곧 오실 메시아 안에서 가까이 있다(4:17의 주석을 보라).[7]

---

4. Joseph Patrich, "Hideouts in the Judean Wilderness," *BAR* 15/5(September-October 1989): 32-42. 이 그룹의 개관에 대해서는 Richard A. Horsley and John S. Hanson, *Bandits, Prophet, and Messiahs: Popular Movements at the Time of Jesus*(Minneapolis: Winston, 1985)을 보라.

5. Ben Witherington Jr., "John the Baptist," DJG, 384; John P. Meier, *A Marginal Jew: Rethinking the Historical Jesus*(ABRL 2; New York: Doubleday, 1994), 49-52; Bock, *Luke 1:1-99:50*, 198; Rouseau and Arav, *Jesus and His World*, 80-82, 262; Todd S. Beall, *Josephus' Description of the Essenes Illustrated by the Dead Sea Scrolls*(SNTSMS 58; Cambridge: Cambridge Univ. Press, 1988); John C. Hutchison, "Was John the Baptist an Essene From Qumran?" *BibSac* 159(April-June 2002): 187-200을 보라.

6. 현재 명령법인 "회개하라!"는 도덕적인 규제를 제공한다. Buist M. Fanning, *Verbal Aspect in New Testament Greek*(Oxford: Clarendon, 1990), 355-64을 참조하라.

요한은, 이사야 선지자가 예언한, 주의 오심과 그의 나라를 위한 길을 예비하도록 부름을 받은 자다: "광야에 외치는 자의 소리가 있어 이르되 '너희는 주의 길을 준비하라 그가 오실 길을 곧게 하라'"(3:3; 참조. 사 40:3).

요한은 새로운 제자를 끌어 모으기 위해 외치는 또 다른 종교 열광자가 아니다. 왕이 오시기 전에 길에 놓인 장애물들을 제거하는 것처럼, 주를 환영하는 일을 방해하는 장애물을 삶에서 제거하도록 백성들에게 외친다. 그는 천국과 함께 오실 분의 도래를 백성들이 준비하도록—마음과 생활을 준비하도록—백성들에게 명한다. 이런 의미에서 하나님의 나라가 예수의 위격 속에 가까이 있지만 그 나라가 온전히 나타남은 아직 도래하지 않았다.

"천국"이란 표현은 유대 백성들의 전형적인 종교 언어다. 마태복음에서만 발견할 수 있는(33번) "천국"[8]은 다른 복음서들에서 발견할 수 있는 "하나님의 나라"[9]란 표현과 상호적으로 사용된다(참조. 19:23-24; 막 10:24-25); 눅 18:24-25). 마태의 "천국"은 유대 문헌에서 상당히 발견할 수 있는 히브리어 표현인 '말쿠트 사마임'을 반영한다. 존경의 감정과 하나님의 이름을 부주의함으로 경시하지 않으려는 바람(출 20:7)이 유대인들로 하여금 초기 시대에 가능한 한 하나님의 이름을 언급하지 않도록 작용했다. "하늘"이란 용어는 하나님의 이름에 대한 통상적인 대체물 중 하나였다(예. 마카비1서 3:18-19; 4:10; 12:15; *m. ʾAbot* 1:3, 11).

이때까지 이스라엘 백성들은 그들을 지배하는 다른 나라와 통치자들이 있었다.

---

7. '엥기켄'(*engiken*)의 헬라어 완료형의 뉘앙스는 천국이 곧 오실 메시아의 위격 속에서 사람들에게 가까이 왔다는 것이고, 그 위격 속에서 천국은 영구적으로 사람들을 실제로 충족시킨다(4:17의 주석을 보라). 요한에게서 "천국이 가까이 있는" 방식은 예수의 메시지(참조. 4:17)와 열두 제자들의 메시지(참조. 10:7)와는 다소 다르다. 요한은 오실 이와 나라의 도래를 바라보고 있는 반면에 예수와 열두 제자는 메시아 예수의 사역 속에서 그 나라의 임재 때문에 천국으로 들어올 것을 선포한다(12:28을 또한 참조하라).
8. "천국"(Kingdom of Heaven)이란 표현에서 "하늘"이란 용어는 실제로는 복수다. 이것은 세계에 대한 전형적인 유대적 개념이며, 사람들이 숨쉬는 공기, 별들의 세계, 영들의 영역과 하나님의 보좌를 포함한다. 복수는 특히 마태복음에서 나타난다; 참조. Helmut Traub, Gerhard von Rad, "οὐρανός, κ.τ.λ.," *TDNT*, 5:497-53; Hans Bietenhard, "Heaven, Ascend, Above," *NIDNTT*, 2:184-96.
9. 대부분의 주석가들은 이 표현이 상호적으로 호환될 수 있음에 일치하지만 일부 주석가들은 마태가 두 어구의 사용에서 그 나라의 서로 다른 측면을 의도하고 있다고 주장했다. 예를 들어, 하나님의 나라는 마태복음에서 전적으로 미래의 현상인 종말론적인 천국을 개인들이 준비케 하는 현재적 실체라고 여긴다: Willoughby C. Allen, *A Critical and Exeptical Commentary on the Gospel According to S. Matthew*, 3d ed. (ICC; Edinburgh: T. & T. Clark, 1912), lxvii-lxviii, 232; Margaret Pamment, "The Kingdom of Heaven According to the First Gospel," NTS 27(181): 211-32. 초기의 세대주의 저작자들 사이에서 두 표현간의 구분이 주어졌지만 이제 이것은 대체로 포기되었다. Robert L. Saucy, *The Case for Progressive Dispensationalism: The Interface Between Dispensational and Non-Dispensational Theology*(Grand Rapids: Zondervan, 1993), 19을 보라.

이스라엘 백성들은 다윗과 솔로몬 그리고 그들의 후손들이 다스리던 고대 왕조의 영광의 회복을 원했다. 그들은 마카비가의 반란과 하스모네가의 통치 동안에 반(semi) 독립적인 경험을 감질나게 경험했다. 그것은 오래가지 못했다. 또 다시 다른 세력인 로마가 그들을 지배했다. 독립에 대한 목마름은 이스라엘에서 강력했다. 영원히 지속되리라는 다윗의 집과 나라에 대한 예언(삼하 7:11-16; 대상 17:23-27)은 결코 실현될 수 없는 것처럼 보였다.

세례 요한은 "천국이 가까이 왔느니라"고 전파함으로써 이런 소망을 새롭게 지핀다. 요한의 사명은 왕에 앞서서 왕의 오심을 선포하고 그의 도래를 백성들이 준비하는 일을 돕기 위한 특사와 같다. 왕의 나라를 기다리는 신속함은 죄와 죄된 방식을 회개하는 것으로 나타나야 한다. 하지만 그들은 어떤 종류의 나라를 기대하였는가? 하나님의 나라가 가까이 왔음을 지금 요한은 어떻게 기대하고 있었는가? 이야기가 전개될 때, 하나님이 실제로 이루기를 의도하셨던 것과는 다른 다양한 기대들을 구별하여 긴밀히 살펴볼 것이다.

요한의 모습(3:4). 요한의 모습—특히 옷과 음식—은 메시지처럼 하나님의 강력한 모습을 위한 길을 준비하기 위해서 엘리야가 다시 오겠다는 예언을 회상하게 만든다(참조. 말 3:1; 4:5-6). 요한은 사막에서 낙타 털로 만든 옷을 입고 있다. 허리에는 가죽띠를 매고 있다(참조. 왕하 1:8). 염소의 털이나 낙타의 털은 두껍고 거칠고 어두운 옷으로 자주 짜여져서 특히 사막의 거주자들이 겉옷이나 망토로 사용하였다. 이 옷은 조밀하게 짜여져서 사실상 물이 스며들지 않았고, 어떤 날씨에도 견딜 수 있었다. 그것은 궁전에 있는 사람들이 입었던 좋은 옷과는 구분되어 가난한 사람들의 옷으로 알려져 있었다(11:8). 게다가 털로 짜여진 옷은 사치에 대항하는 저항의 표시로 또는 고통이나 낙심의 상징으로 가끔 입혀졌다.[10] 따라서 세례 요한의 낙타털옷은 그가 백성들에게 외쳤던 회개를 시각적으로 보여주었다(참조. 느 9:1; 렘 6:26).

요한의 음식은 메뚜기와 석청이었는데, 이는 사막에서 사는 사람들의 통상적인 음식이었다.[11] 메뚜기는 이동성이 있는 황충으로서 이스라엘 백성들이 먹을 수 있도록 허락되어진 음식이었다(레 11:20-23). 메뚜기는 당시 세계의 많은 지역에서 중요한 음식 요소였다. 특히 그것이 단백질의 풍부한 양을 담고 있었고 대부분의

10. 히 11:37; 참조. 창 37:34; 삼하 3:31; 왕하 6:30.
11. 쿰란의 *Damascus Document*이 증거하는 것처럼(CD-A 12:13-15).

사막지역에서 풍성했기 때문이었다. 이것을 자주 끓어 모아서 말리거나 가루로 만들어서 먹었다. 메뚜기와 야생꿀인 석청을 요한이 먹은 것은 조야(crude)하지만 대단히 균형 잡힌 식단을 제공했다.[12]

하지만 더 중요한 것은 요한의 음식이 사치스러운 생활을 배격한 자로서 그를 두드러지게 만들었다. 그의 음식과 옷은 하나님 나라가 가까이 왔음으로 회개를 강력히 요청하는 그의 메시지와 조화를 이룬다. 그는 자신이 설교하는 회개의 메시지를 삶의 양식에서 구현했다.[13] 마지막 구약성경의 선지자인 말라기는 주의 위대하고 무서운 날이 오기 전에 "아버지의 마음을 자녀에게로 돌이키게 하고 자녀들의 마음을 그들의 아버지에게로 돌이키게 할"(말 4:6) 선지자 엘리야를 하나님이 보내시겠다는 예언에서 메시지의 절정을 이룬다. 많은 유대인들이 하나님의 관여하심을 기다리고 있었다.

요한에 대한 백성들의 괄목한 만한 반응은 놀랄 일이 아니다. 마태가 아직 그 연관성을 언급하고 있지는 않을지라도(참조. 11:2-19; 17:9-13), 엘리야와 같은 이가 여기에 있다. 하나님은 한 선지자를 통해서 자기 백성들에게 다시 말씀하고 계신다.

요한의 세례(3:5-6). 회개에 대한 요한의 외침에 대한 반응은 두드러진다. 무리들이 예루살렘 도시와 온 유대와 요단강 골짜기 지역에서 많이 몰려온다. 요한의 메시지는 이스라엘의 모든 계층을 사로잡은 것으로 보인다. 하지만 그들은 단지 쇼를 구경하려고 온 것이 아니다. 사막으로 특히 도시 거주민들이 나아오는 것은 쉬운 일이 아니다. 하지만 하나님 나라가 가까이 왔다는 요한의 놀라운 선언에 사로잡힌 그들은 "자기 죄를 고백함으로써" 회개의 모습을 보인다. 이스라엘의 일반적인 백성들은 요한의 메시지에서 하나님의 선지자로부터의 경고를 들었음을 그들의 근본적인 회개로 나타내 보인다. 임박한 심판에 비추어 그들은 하나님께 솔직해야 한다. 하나님의 나라가 가까이 옴은 의심할 여지가 없다. 그들은 모든 것을 솔직하게 열어놓아야 한다. 그들이 참으로 옛 방식을 버리고 그 나라의 도래를 준비하고 있음을 말과 행위에서 하나님께 보여야 한다.

따라서 그들은 요단강에서 요한에 의해 세례를 받는다. 모든 요한의 활동과 특징 중에서 세례가 그의 사역에 가장 두드러지고 상징적이다. 다가올 나라의 도래

---

12. G.S. Cansdale, "Locust," *ZPEB*, 3:948-50와 Edwin Firmage, "Zoology(Animal Profiles): Locusts; Bees," *ABD*, 6:1150의 흥미로운 설명을 보라.

13. Meier, *A Marginal Jew*, 2:49을 보라.

를 위한 준비로서 단번의 세례를 받는 것은 아주 독특해서 그의 별명으로 "세례자"란 이름이 붙었다(3:1을 보라; Josephus, *Ant.* 18:116).

요한의 세례는 당시에 이스라엘의 여타 형태의 세례와 유사한 것이 있기는 하지만 따로 구분된다.[14] 죄의 회개와 고백을 수반한 그의 세례는 정결의 상징이 들어 있다. 하지만 쿰란에서의 세례와 바리새인의 세례와 같은 형태와 대조되어—이 둘의 세례는 대단히 구조화되어 있고 규칙적이며 반복적인 씻음이 있다—요한의 세례는 단번의 세례다. 요한의 세례가 개종시키기 위한 단번의 세례와 일부 유사성이 있기는 하지만[15] 요한이 세례를 준 것은 이방인이 아니라 유대인이었기 때문에 이와는 상당히 다르다. 이에 반응하는 자들은 요한이 선언한 오실 자와 하나님 나라의 임재에 대한 요청을 유념했다. 요한의 세례는 이스라엘에게 하나님의 새로운 활동에 대한 개인적인 헌신을 요구했다. 그것은 예수와 제자들의 실천(요 3:22-24; 4:1-3)과 초대교회 모습의 배경이 되었다.

천국(Kingdom of Heaven)의 영향(3:7-12)

요한에게 들으러 왔던 무리들 중에 바리새인과 사두개인들을 포함하는 종교지도자들에 속하는 사람들이 있었다. 그들은 마태복음의 내러티브에서 처음으로 그 이름으로 나타난다.[16] 물론 유아 이야기에서 예루살렘 지도부를 언급한데서 그들의 존재가 이미 함축되어 있었다(예. 2:3-4).

이스라엘의 종교 지도자들에 대한 경고(3:7-10). "바리새인들"은 히브리어/아람어로 페루심("분리된 자들")이란 이름에서 유래되었다. 그들은 산헤드린(예루살렘을 통치하던 종교 단체)에 소수회원을 갖고 있었다. 바리새인들은 지역의 회당과 연관되어 평신도들과 교제하거나 형제관계를 이루었다. 따라서 일반 평민들에게 인기가 있었다. 그들을 언급할 수 있는 주요한 특징은 일상생활과 관련한 성문율법

14. 더 진전된 배경을 위해서는 Wilkins, "Matthew," 24을 보라.

15. "개종자"를 세례한 연대는 논쟁이 되어진다. 어떤 학자들은 유대교가 이방인 개종자들에게 세례와 할례 그리고 희생을 갖는 것을 허락하였을 때인 기독교 시대 때까지는 그것이 발생하지 않았다고 주장한다. 예를 들어, Meier, *A Marginal Jew,* 2:52; Scot McKnight, *A Light Among the Gentiles*(Minneapolis: Fortress, 1991). 하지만 또 다른 학자들은 의식적으로 정결하지 못한 이방인들에 대한 개종자 세례가 요한의 시대에 있었을 것이라고 주장한다. 예를 들어, Craig S. Keener, *The Spirit in the Gospels and Acts*(Peabody, Mass.: Hendrickson, 1997), 63-64, 146-49.

16. 더 자세한 배경을 위해서는 Wilkins, "Matthew," 25을 보라.

을 만들기 위해서 엄격하게 순종했던 구두 전승에 그들은 집착하였다.

바리새인과 대조되어 "사두개인들"은 귀족적이고 제사장적 영향을 받은 작은 그룹에 해당한다. 그들의 권위는 성전활동에서 유래했다. 그들은 산헤드린에 다수의 회원을 갖고 있었지만, 그들의 경제적 정치적 신분과 이스라엘 백성들을 지배했던 로마의 통치를 지지함으로써 평민들과는 단절되어 있었다.

바리새인과 사두개인들이 통상적으로 서로 적대적인 관계에 있었음에도 불구하고(참조. 행 23:7-8), 요한이 세례를 주는 곳에 그들이 같이 왔다.[17] 그들은 회개하라는 요한의 외침에 반응하는 무리들에 합세한 것으로 보인다. 아마도 요한의 사역을 확인하기 위해서(또는 검사하기 위해서) 공식적인 지도부로서 요한에게 왔을 것이다. 요한은 그들의 위선을 보았기에 "독사의 자식들"(참조. 12:34; 23:33)—어미 뱀에서 나오는 더 작고 위험스러운 뱀들에 대한 분명한 언급—이라고 그들을 부르면서 호되게 나무란다. 독사는 본래의 뱀처럼 교묘하게 접근하여 공격하는 것으로 잘 알려져 있다(창 3장). 이 종교 지도자들은 이면적인 동기를 갖고 있었다. 그들은 요한에 의해 이끌림을 받는 무리들로부터 환심을 사거나 자기들의 범주에 속하지 않고서 일련의 제자들을 이끌고 있는 이 선지자적인 인물에게서 흠을 잡을 수 있을지를 보기 위해서 왔을 것이다.[18]

요한은 하나님 나라가 다가옴으로 무슨 일이 발생할지를 분명히 한다. (1) 하나님 나라가 다가옴으로 회개하지 않는 사람들에게 화가 있을 것이다(3:8-10). (2) 오실 자는 성령과 불로 세례를 줌으로써 하나님 나라를 시작하실 것이다(3:11-12). 천국의 도래는 하나님의 진노와 영벌의 불을 수반할 것이다(3:8, 10). 요한의 메시지에 반응하여 회개하는 자들은 하나님의 진노를 피할 수 있다. 하지만 하나님께 개인의 인격적인 반응이 있어야 한다. 그 사람의 종교적 윤리적 유산이 그에게 전혀 도움이 되지 못한다. 사람들은 하나님에게서 기득권을 얻었던 이전의 신앙적 주장을 제기함이 없이 회개하는 개인으로서 하나님께 나와야 한다. 따라서 회개는 "타락자"나 "부랑자"만을 위한 것처럼 노골적인 죄를 짓고 살아가고 있는 사람들만을 위한 것이 아니다. 그것은 종교 지도자들을 포함하여 이스라엘의 모든 사람

---

17. 마태는 예수를 적대해서 바리새인과 사두개인들이 동시에 나타나는 두 가지 사례를 제공한다(16:1-4, 5-12).

18. 이 해석이 '에르코메누스 에피 토 바티티스마 아우투' 어절에서 '에피' 전치사의 가장 좋은 의미를 만들어준다(NASB의 그들이 "세례를 받으러 나아오는" 것을 함축하는 것 대신에 NIV의 "요한이 세례를 주고 있는 곳으로 나아오다"); 참조. Gary Yamasaki, *John the Baptist in Life and Death: Audience-Oriented Criticism of Matthew's Narrative*(JSNTSup 167; Sheffield: Sheffield Academic Press, 1998), 86.

들을 위한 회개의 요청이다. 불행하게도 종교적인 활동과 혈통이 하나님 앞에서 그들의 삶의 부족한 부분을 자주 가리우게 만든다.

요한은 바리새인과 사두개인 그리고 유대교의 공식적인 지도부들을 공개적으로 조롱함으로써 그들을 타도하려고 시도하고 있지 않다. 오히려 그는 이스라엘 민족의 모범으로서 그들의 적절한 책임을 요구하고 있다. 모든 사람들 중에서 그들은 메시아의 오심을 진심으로 정직하게 마음을 준비하는 사람이 되어야 한다. 그들은 성경을 더 세심하게 연구할 수 있는 특권을 갖고 있었다. 그들은 하나님 나라의 삶을 받아들이기 위해서 준비하는 첫 번째 사람이 되었어야 했다. 그렇지 않으면 심판을 받을 것이다.

더욱이 회개는 그 사람의 삶의 열매를 통해서 참된 것으로 인정받아야 한다. 말은 값이 싸다. 위선은 실제다. 요한은 예수의 사역을 특징지었던 주제를 언급하고 있다. 참으로 내적인 영적 삶의 증거는 항상 변화된 외적 삶의 열매가 있다. 하나님 나라의 도래는 안에서부터 변화가 나타나는 진정한 영적 삶을 가져올 것이다. 예수는 거짓 제자들이란 참된 포도의 생명을 갖지 못하는 사람들이라고 뒤에 언급한다. 그들은 죽은 가지가 되어 불에 던져지기에 좋을 뿐이다(요 15:6). 잎이 있는 나무를 결정적으로 심사할 수 있는 특징은 그것이 열매를 맺느냐 하는 것이다. 하나님 나라의 결정적인 신분상의 특징은 죄를 회개하고 회개의 열매를 맺는 삶이다(참조. 행 26:20에서 바울의 메시지). 영적인 생명을 얻지 못하는 사람들은 하나님의 진노를 받을 것이다. 그들은 회개에 대한 요청을 거부한다. 천국의 생명을 얻지 못한다. 그러므로 그들의 죄로 인해 하나님의 심판의 온전한 벌을 받을 것이다. 요한은 하나님의 심판의 도끼가 생명과 천국의 열매를 맺지 못하는 죽은 나무에 재빨리 놓여 있음을 확실히 예상한다. 그리고 요한이 지금 공개적인 증언을 하고 있는 오실 메시아적 구원자[19]가 그 도끼를 휘두르실 것이다.

메시아의 오심(3:11-12). 여기서 우리는 요한의 사역의 핵심에 이르게 된다. 그는 자기 자신을 넘어서서 다른 이를 가리킨다. 요한은 구원의 하나님의 역사에서 강력한 자리를 차지하고 있으나, 그가 할 일은 주요 이벤트를 준비하는 것일 뿐임을 알고 있다. 회개하라고 민족에게 외치는 것은 주요한 이슈가 아니다. 주요 이벤트는 하나님 나라를 이 땅에서 실제로 시작시키실 분의 출현이다. 예수와 요한의 메

19. 메시아적 의미의 철저한 분석을 위해서는 Bauckham, "The Messianic Interpretation of Isa. 10:34 in the Dead Sea Scrolls," 202-16을 보라.

시지와 사역에서 연속성이 있을지라도, 요한은 자기 자신과 오실 분 사이에 대조를 특히 강조한다. 이 대조가 오실 이의 신분과 세례에서 보여진다.

(1) 요한은 "내 뒤에 오시는 이"를 지적한다. 이것은 강력한 메시아적 소망을 피력한다.[20] 요한은 사막의 혹독함과 선지자로서 소명의 외로움과 가혹함으로 특징지어진다. 이것은 고난을 참아내는 몸과 영의 건강함을 요한다. 하지만 요한은 메시아적 통치를 시작시키는 하나님의 능력으로 도래하실 "더 능력이 많으신" 분을 바라본다. 왕의 종처럼 요한은 자신이 메시아적 구원자의 신을 들 만한 가치도 없음을 깨닫는다. 그의 말은 자기 비하가 아니다. 그는 적절한 자아 형상을 결여하고 있지 않다. 단치 그가 자기 자신과 오실 이의 신분을 분명하게 알고 있을 뿐이다. 요한은 선구자다. 오실 이는 메시아적 구원자다.

(2) 요한은 세례를 구분함으로써 오실 이와 자기 자신의 대조를 강조한다. 즉 요한은 회개를 위한 물로("with", 또는 물 속에서["in"]; 참조. NIV 원문주해) 세례를 주지만 오실 이는 성령과 불로("with", 또는 "in") 세례를 주실 것이다. 다시 한번 요한은 하나님의 구원계획에서 자신의 역할과 위치에 대한 솔직한 이해를 보여준다. 요한의 세례는 오시는 이의 세례로 대체될 것이다.

요한의 세례는 회개와 독특하게 연관되어 있다(위의 주석들을 보라; 또한 막 1:4; 눅 3:3; 행 13:24; 19:4을 보라). 하지만 그 세례가 독특할지라도, 오실 이와 연관한 세례를 오직 준비할 뿐이다. 오실 이가 종말론적인 복과 심판을 가져올 세례를 시작시키실 것이다(곧 "알곡"과 "쭉정이"; 또한 욜 2:28-29을 참조하라).[21] 오실 이는 회개하는 자들—그를 영접할 준비가 되어 있는 사람들—을 성령의 복으로 세례 하실 것이다. 하지만 그는 회개하지 않는 자들—오실 이를 영접하지 않는 자들—을 영원한 불의 심판으로 세례 하실 것이다. 예수는 자신의 메시아적 사역을 이런 이중적인 주제를 사용하여 요한의 사역과 규칙적으로 연관시키신다: 그는 가난하고 눌린 자들에게 치유와 좋은 소식(마 11:4-5)을 그리고 곤한 자들에게 쉼을 가져다 주기 위해(11:25-30) 오셨지만 예수의 사역과 메시지를 거부하는 자들은 확실한 심판에 직면하게 될 것이다(11:20-24; 참조. 요 3:31-36; 5:25-35).

두 번째 은유를 사용함으로 요한은 이 세례의 때가 가까이 왔다고 선언한다. 청

---

20. 마 11:3; 21:9; 23:39과 함께 시 118:26; 히 10:37을 참조하라.
21. 더 자세한 논의를 위해서는 J.D.G. Dunn, *Baptism in the Holy Spirit*(Philadelphia: Westminster, 1970), 10-11, 13-14, R. Alastair Campbell, "Jesus and His Baptism," *TynBul* 47(1996): 191-214; Hagner, *Matthew 1-13*, 51-52; Robert A. Guelich, *Mark 1-8:26*(WBC 34A: Dallas: Word, 1989), 27-28을 보라.

중들이 흔히 경험할 수 있는 장면에 의존하여, 그는 오실 메시아가 이미 손에 키를 들고 있다고 선언한다. 추수가 곧 시작될 것이다. 추수의 끝에 농부는 타작마당에 거둔 곡식을 모을 것이다. 이 타작마당은 돌이나 단단한 표면으로 되어 있고, 자주 주변에 낮은 벽을 갖고 있다. 추수 때에 농부는 커다란 쇠스랑을 취하여 밀을 공중으로 던진다. 그러면 바람이 가벼운 쭉정이를 날려보내고 오직 타작마당에는 좋은 알곡만 남게 된다. 이 알곡은 나중에 가루로 만들기 위해 창고에 저장되고, 이 가루는 떡을 만드는데 사용된다. 쭉정이 겨는 더미에 버려져서 불쏘시개가 된다.

청중들에게 이런 메시지가 갖는 영향은 심오했다. 그곳에 모여 있는 사람들이 여러 동기를 갖고 있었기 때문이다. 요한은 자신의 메시지를 듣고 있는 모든 이들의 마음을 검증하기 위해 이스라엘에 선을 긋고 있다. 불순한 동기로 자신의 메시지를 들으러 나온 사람들은 메시아가 그들을 심판하실 것을 경고한다. 궁극적으로 이 심판은 영원할 것이다. 하지만 회개의 신실한 동기와 죄의 고백으로 그의 말을 듣기 위해 나온 사람들은 메시아의 오심을 준비하고, 성령의 부으심을 받게 될 것이다. 이 참회자들은 오실 메시아의 은혜로운 사역에 참여하는 핵심적인 사람들이 될 것이다.[22]

이 메시지는 이스라엘의 종교적 사회적 규범을 뒤집는다. 바리새인과 사두개인들처럼 훈련과 헌신 그리고 열성 때문에 자주 귀하게 여겨졌던 사람들이 가장 혹독한 비판의 대상이 된다. 하지만 이스라엘에서 규범을 뒤집는 일이 새로운 것은 아니다. 선지자들은 종교적 정치적 세력들을 비판한 것으로 잘 알려져 있다. 요한의 메시지는 하나님이 메시아의 이상으로 이미 구축했던 심판과 복의 기준(예를 들어, 렘 23장을 보라)을 단지 되돌아보고 있을 뿐이다. 메시아가 나타나시는 날이 가까이 왔다.

요한이 메시아 예수를 세례하다(3:13-17)

세례 요한이 던진 벼락같은 예언적 심판 메시지로 인해 구원하시는 메시아의 도래에 대한 기대가 높아진다. 이 시점까지는 "오시는 이"가 확인되지 않았다. 그러나 이제 예수가 이 메시아 신분을 제기할 수 있는 장면에 나타나신다.

22. 일반 청중들에게 언급된 종교적이고 사회적인 활동에 관한 논의에 대해서는 Robert L. Webb, *John the Baptizer and Prophet: A Socio-Historical Study*(JSNTSup 62; Sheffield: JSOT Press, 1991), 289-300을 보라.

그런데 이 얼마나 그럴 것 같지 않은 모습인가! 요한은 성령의 권능과 불의 심판으로 오시는 강력한 모습을 기대하게 만들었다. 우리는 예루살렘에 도달할 오실 이를 예상했을 것이다. 다윗의 권좌와 솔로몬의 성전을 주장하시면서 말이다. 또는 메시아는 고대의 전사 다윗처럼 군사적 정복자로서 또는 요한처럼 예언의 명쾌한 소리로서 사막으로부터 오실 것으로 기대했을 것이다. 하지만 마태는 "이때에 예수께서 갈릴리로부터 요단강에 이르"렀다고 단순히 말한다. 그는 갈릴리의 작은 농촌 지역 출신의 외로운 인물로서 오신다.

아마도 가장 그럴 것 같지 않은 특징은 예수가 무리들처럼 요한에 의해 세례를 받을 것을 요청하신 것이다. 이에 대해 요한조차도 의아해 했다. 그리하여 요한은 예수가 세례 받는 것을 중단시키려 했다. 요한의 세례는 오직 물로써 하는 것이다. 메시아가 시작시키실 성령과 불의 더 위대한 세례에 대한 준비일 뿐이다. 그런데 오시는 메시아는 어찌 그의 선구자에 의해 세례를 받기 원하시는가?

본문을 조심스럽게 읽지 않으면, 예수가 무리들처럼 회개와 정결이 필요함을 생각했다고 결론 내릴 수 있을 것이다(3:2, 6).[23] 하지만 요한은 그런 가능성을 즉시 배제한다. 요한은 구원적 세례를 가져오실 분으로 예수의 신분을 알고 있었기 때문이다: "내가 당신에게서 세례를 받아야 할 터인데 당신이 내게로 오시나이까?" 이분은 요한이 선포하고 있었던 나라를 시작시킬 더 강력한 분이시다. "이제 허락하라 우리가 이와 같이 하여 모든 의를 이루는 것이 합당하니라"(3:15)고 예수가 주장함으로써 요한은 예수를 세례 하는 것에 동의한다. 예수의 세례는 우리가 생각하는 것보다 훨씬 더 중요한 의미가 있다. 사복음서는 모두 같은 형태로 또는 다른 형태로 이 사건을 진술한다(막 1:9-11; 눅 3:21-22; 요 1:29-34). 이것은 그의 백성들과 하나님과의 관계의 방향을 영원히 만들어내는 사역의 시작이다.

예수가 이 세례에서 요한과 자신이 "모든 의를 이루게" 될 것이라고 말함은 무엇을 의미하는가? "이루다"('프렐루')란 단어는 마태복음의 시작 기사에서 아주 두드러졌던 "성취"의 주제를 계속 잇는다. 예수의 잉태와 탄생과 유아기사는 구체적이고 일반적인 예언들을 성취시켰고(1-2장), 요한의 출현은 선구자에 대한 구약성경의 예견을 이루며(3:30, 이제 예수의 세례는 "모든 의를 이룰" 것이다. '의'('디카이오수네', *dikaiosyne*)는 마태복음의 또 다른 중요한 개념이다(참조. 5:6, 10,

23. Donald Spoto, *The Hidden Jesus: A New Life*(New York: St. Martin's, 1998), 45-46에 의한 예수의 생애에 관한 회의적 기술의 추상적 결론이 그와 같다.

20; 6:1, 33; 21:32). 어떤 이들은 예수가 윤리적인 면으로 이것을 의미하고 있다고 주장한다. 즉 이 세례가 예수가 산상수훈에서 선언한 것과 유사한 율법의 의로운 모든 기대를 이룬다는 것이다(5:17).[24] 하지만 현재의 문맥은 하나님의 명령에 대한 윤리적 순복을 함의하고 있지 않다. 구약성경의 어느 곳에서도 요한의 세례에 순복하라는 하나님의 명령이 없다. 그러므로 요한의 세례에 순복하는 것을 의의 행위로서 생각할 수 없고, '모든' 의를 이룬다고 생각할 수 없다.

가장 중요한 것은 예수가 이 세례를 구원 역사적인 면에서 의미하고 있다는 사실이다. 구약성경에 예언된 하나님의 구원하시는 행위가 예수의 사역의 시작으로 이제 이루어지고 있다. 그 정점은 십자가상에서의 그의 죽음이 될 것이다. 아마도 예수는 이사야 53:11의 의를 염두에 두었을 것이다: "그가 자기 영혼의 수고한 것을 보고 만족하게 여길 것이라 나의 의로운 종이 자기 지식으로 많은 사람을 의롭게 하며 또 그들의 죄악을 친히 담당하리로다." 예수는 하나님의 구원하시는 행위의 측면에서 하나님의 뜻을 이루실 것이다. 21:31-32에서 세례 요한에 대한 유사한 구원 역사적 언급이 이것을 지지해준다.[25] 예수는 성경에 계시된 하나님의 구원계획에 대한 그의 순종을 표명하고 계신다.[26]

따라서 공적인 세례는 요한의 사역과 예수의 사역간의 구원 역사적인 연속성을 제공해준다. 예수가 세례에서 요한과 자기 자신을 동일시하신 것처럼 이것은 요한의 사역과 메시지를 승인함을 나타내고, 예수의 대의를 요한의 대의와 연결시킨다. 게다가 예수가 세례의 물로 나아가실 때, 그는 궁핍한 중에 있는 자기 백성과 동일시하신 것이다. 즉 예수는 구원하기 위해 오신 죄된 인간들과 동일시하셨고, 특히 이 순간에 세례를 받기 위해 온 이스라엘의 신앙의 남은 자들과 동일시하셨다.[27] 레온 모리스는 이에 대한 생생한 모습을 그린다.

> 예수는 요한과 함께 스셔서 회개할 것을 죄인들에게 요청하실 수 있었으나 죄인들과 함께 낮아지셔서 그들과의 유대를 확증하신다. 예수는 적절한 방식으로 이루어질 구원

---

24. 특히 Benno Przybylksi, *Righteousness in Matthew and His World of Thought*(SNTSMS 41; Cambridge: Cambridge Univ. Press, 1980)을 보라.
25. Donald A. Hagner, "Righteousness in Matthew's Theology," in *Worship, Theology and Ministry in the Early Church: Essays in Honor of Ralph P. Martin*, ed. Michael J. Wilkins and Terence Paige(JSNTSup 87; Cheffield: JSOT Press, 1992), 116-17.
26. Keener, *Matthew*(1999), 132.
27. George R. Beasley-Murray, *Baptism in the New Testament*(Grand Rapids, Eerdmans, 1962), 45-67.

의 과정에서 그들과 하나가 되신다.[28]

이제 예수는 요한이 시작했던 사역을 성취시키실 것이다. 그는 요한이 가리켰던 "더 능력이 많으신 분"이시다. 그는 다윗 계열의 왕과 의로운 종으로서 의의 소망을 이루실 것이다. 하지만 더 중요한 것은 그는 "우리와 함께 계시는" 임마누엘이시고, "죄에서 자기 백성들을 구원하실"(1:21-23) 자다. 그는 요한의 구원 역사적인 사역과 동일시하신다. 또한 물로써 구원하기 위해 오신 바로 그 백성들과 동일시하신다. 하지만 예수는 이제 성령의 기름부음을 받으실 것이다. 또한 그의 사명을 이루시는 하나님 아버지의 확증을 받으실 것이고, 그의 세례의 이유에 대한 발전된 표증을 받을 것이다.

이 장면을 상상해 보라. 요한은 더 능력이 많으신 오실 자가 수반할 심판에 대한 그의 기대를 공개적으로 확고하게 선언했다. 백성들은 하나님 나라의 오심에 대한 희망을 미래에 쌓아놓았다. 그리고 이제 이 꿈을 실현하는 것으로 요한이 인식한 분이 요단강의 물로 보통 사람들과 같이 세례를 받기 위해서 오신다. 그것은 어쩌면 극적이지 못하고 심지어 역설적으로 보인다. 하지만 그런 상상할 수 없는 장면에서 하나님의 극적인 역사가 예수의 메시아적 사명을 나타내 보이기 위해 임한다. 예수는 세 가지 계시를 경험한다. 즉 하늘이 열리는 것을 보고, 하나님의 영이 그 위에 비둘기처럼 내리는 것을 보며, 예수를 하나님의 사랑 받는 자로 인정하는 하나님의 목소리를 듣는다.

(1) 예수가 물에서 올라오실 새[29] "하늘이 열린다." 이 "신적인 수동태"[30]는 하나님이 중요한 순간을 계시하기 위해서 교통하는 하늘문을 열고 계심을 암시한다. 하늘이 열린다는 말은 하나님이 자기 백성들에게 중요한 것을 계시하시는 순간을 언급하는데 흔히 사용되는 표현이다(참조. 사 64:1; 겔 1:1; 요 1:51; 행 7:56; 10:11).

(2) 그때에 예수는 "하나님의 성령이 비둘기 같이 내려 자기 위에 임하심을 보

28. Morris, *Matthew*, 65.

29. 마이어(Meier)는 이 세례의 형태가 침수였을 것이라고 결론내린다. 예수가 세례를 받은 후에 "물에서 나왔다"(3:16; 막 1:10) 진술이 이를 함축하고 있다고 믿는다. 그는 이 결론을 마태복음 이외에서 두 가지 사실로 뒷받침한다. (1) 요한은 요단강과 살렘 근처의 애논에서 세례했다. "거기에 물이 많았기 때문이다"(요 3:23). (2) 요세푸스는 요한이 영혼을 정결하기 위한 것이 아니라 몸을 깨끗하게 하기 위해서 세례했다고 주장한다(*Ant.* 118; Meier, *Marginal Jew*, 2:93 n. 152을 보라).

30. "하늘이 열렸다"는 것은 대리자가 없이 사용되는 상당히 흔한 수동태의 사례다. 하지만 문맥은 하나님이 그 행위의 확실한 대리자임을 분명히 한다. Wallace, *Greek Grammar*, 435-38을 보라.

였다." 이것은 성령이 비둘기 모양을 취했다기보다는 예수 위에 임하는 성령의 실제적인 하강을 암시하는 어떤 상징적인 표증일 것이다. 비둘기의 상징은 심판과는 대조되는 온유함과 평화(하나님의 심판의 시간이 끝났는지를 알기 위해 노아가 밖으로 내보낸 비둘기를 생각해 보라)처럼 비둘기와 연관되는 특징들을 자주 표현한다. 또한 비둘기의 상징은 새 창조의 물위를 걸으시는 성령의 초자연적인 감독과 창조적 행위를 나타낸다(창 1:2).

성령의 하강은 이사야 42:1에서 성령에 의한 주의 종의 기름부음—그것은 마태복음 3:17(참조. 12:18)에서 하늘의 음성에 의해 인용된 말들일 것이다—과 이사야 11:2에서 성령에 의한 다윗계 가지의 기름부음을 암시한다. 성령으로 예수가 기름부음 받음은 성령의 임재와 능력을 수행할 그의 사역을 위해서 하나님의 의로운 종의 위임과 이스라엘의 메시아의 대관식에 해당한다.[31] 성령으로 세례 받으시고(마 3:11), 성령으로 인도되고 능력을 받으며(4:1), 성령을 통해 구원의 메시아 시대를 시작시키실(12:18-21; 참조. 사 42:1-4; 61:1) 분이 공적인 메시아 사역을 위해 성령으로 지금 인침을 받고 있다.

이것은 이 세례로 예수가 처음으로 성령을 받았음을 의미하지 않는다. 그의 잉태가 "성령으로" 이루어졌다(1:20). 이것은 세례 요한이 자궁에서 성령으로 충만하였던 것처럼 예수도 마찬가지로 성령으로 충만하였음을 암시한다. 오히려 이 세례에서 성령이 내려오심은 예수의 사역을 시작시키는 공적인 기름부음이다. 세례 요한은 예수 위에 임하는 성령이 그가 참으로 하나님의 아들이심을 확증해 주는 것임을 다른 곳에서 선언한다(요 1:32-34). 이것은 예수가 오래 기다렸던 메시아 곧 요한이 그 길을 예비하였던 분이심을 알리는 확증의 표시다.

(3) 비둘기의 상징은 하늘로부터 한 목소리가 울릴 때에 명백해진다. 당시의 유대백성들은 예언이 말라기로 끝났다고 생각하였을지라도, 하늘로부터의 음성을 여전히 들을 수 있었다. 하지만 이런 목소리들은 간접적이고, 묶는 권위가 없었다.[32] 그런데 이제 전혀 다른 목소리가 들린다. 메시아의 임재는 모든 권위를 갖는 하나님으로부터의 직접적인 음성을 가져온다. 세례 요한이라는 예언적인 인물이

---

31. 비둘기에 관한 유대 전승적 이미지에서 심판, 구원, 그리고 고난에 관한 주제를 그리고 있는 원문 상호간의 분석에 대해서는(예. Gen. 8; Ps. 74:19; 2 Esd. 5:21-6:34), David B. Capes, "Intertextual Echoes in the Matthean Baptismal Narrative," *BBR* 9(1999): 37-49을 보라; 참조. N.T. Wright, *Jesus and the Victory of God: Christian Origins and the Question of God*(Minneapolis: Fortress, 1996), 2:536-37.

32. 배경과 논의를 위해서는 Davies and Allison, *Matthew*, 1:335-36을 보라.

나타나고, 기름부음 받은 메시아에게 성령이 하강하시며, 하나님 아버지가 음성으로, 직접적인 전달을 행하신다. 그 소리는 구원적으로 의미 있는 두 구절(시편 2:7과 이사야 42:1)을 발췌하여 인용함으로써 예수의 정체성과 본질에 관한 이중적인 선언을 하신다.

ⓐ "이는 내 사랑하는 아들이요"라는 진술은 시편 2:7에 아버지와 아들에 관한 잘 알려진 심상을 상기시킨다: "여호와께서 내게 이르시되 너는 내 아들이라." "하나님의 아들"이란 칭호는 예수의 사역 이전에도 분명한 메시아적 의미를 갖는다.[33] "내 사랑하는"이란 표현은 아브라함의 아들이었던 이삭의 이미지를 생각할 수도 있었지만("네 아들 네 사랑하는 독자", 창 22:2), 더 중요한 것은 예수와 그 음성간에 있는 관계성이다. 예수는 아들이시고, 그 목소리는 아버지로부터 온다. 그리고 이 관계의 핵심에는 사랑이 있다. 이 관계가 언제 시작되었는지에 대해 전혀 언급이 없지만, 마태는 예수의 잉태가 신적인 기원이 있는 것으로 특징지었음을 이미 우리에게 알렸다(1:20, 23; 참조. 2:15). 이것은 양자에 관한 용어가 아니라 하늘 아버지와 참 아들간에 거룩한 사랑의 현존하는 관계를 확증하는 용어다.[34]

ⓑ "내 기뻐하는 자라"는 선언은 메시아적으로 의미가 있는 또 다른 형상을 위해 이사야 42:1에 의존함으로써 예수의 사명에 관한 우리의 이해를 더 진전된 단계로 나아가게 한다—"종."

> 내가 붙드는 나의 종, 내 마음에 기뻐하는 자 곧 내가 택한 사람을 보라 내가 나의 영을 그에게 주었은즉 그가 이방에 정의를 베풀리라.

하나님 아버지의 선언에서 예수는 이방에 정의를 베푸는 영의 부음을 받음으로써 가능해지는 종으로 선포된다. 마태가 예수의 사역의 목적을 규명하는 문맥에서 이사야 42:1-4을 인용함으로써 내러티브를 전개할 때 이런 연관성이 아주 분명해진다(참조. 마 12:17-21).

아버지의 선언의 배경으로서 이 구절들은 예수의 신분과 자기 이해 그리고 사명에 대한 두 가지 분명한 모범을 지적한다.

---

33. Ben Witherington III, *The Christology of Jesus*(Minneapolis Fortress, 1990), 148-55을 보라.
34. "하나님의 아들"과 관련한 풍부한 연상에서, 의도된 문맥상의 의미를 이해하는 것이 중요하다. 칼슨(Carson)은 "모든 사용에서 존재론적인 아들됨을 보는 것은 잘못이지만, 미리 그것을 차단하는 것도 잘못이다"("Matthew," 109)라고 제기한다.

(1) 예수는 하나님의 아들이시자 고난 당하는 종이시다. 이런 천명은 나사렛이란 이름이 암시하는 것(2:23)과 유사하게 두 가지 의미를 상기시킨다. 이 선언은 변화산에서 있었던 목소리에 의해 반복된다(17:5). 아버지는 이방에 구원을 가져오는 종의 사명을 사랑하는 아들의 손에 맡기신다. 사랑과 순종은 관계성을 뒷받침해주고, 사명을 실현시켜준다. 사랑하는 아들에 대한 아버지의 뜻은 아들이 자기 백성의 죄를 지고 가는 십자가의 순종을 포함한다(마 26:39, 42; 참조. 사 53장).

(2) 성령의 부음으로 말미암아 성부 아버지는 승리적인 메시아 왕이시지만(시 2장) 겸손한 종이신(사 42장) 독생자로서의 공적 사역을 예수가 하도록 공식적으로 시작시키신다. 예수는 자기 백성인 이스라엘에 오심으로써(마 10:6; 15:24) 아버지의 뜻을 이루지만, 그는 이방에 소망을 가져다주신다(마 28:18). 이것이 전개될 메시아 예수의 이야기를 특징짓는 주제다.

상황잇기

저명한 유대 소설가인 체임 포톡(Chaim Potok)은 『유랑』(*Wanderings*)이라는 제목을 단 자기 백성들의 역사를 썼다. 그는 고대의 이교도들 사이에서 아브라함의 유랑과 자기 종족들이 이슬람과 기독교 세계에서 유랑했던 수십 세기를 지나서 현대의 세속주의적인 이교주의 내에서 유랑하는 유대 민족들에 이르는 자기 백성들의 이야기를 추적함으로써 웅장하고 흥미 있는 사실을 전한다.

서론에서 포톡은 자기 아버지의 유대교에 대해 말한다. 그것은 소망에 근거한 유대교였으나, 삶의 어려움 속에서 성취되어야 하는 소망이었다. 그의 아버지는 세계제1차대전 중에 오스트리아 군대의 폴란드 부대에서 일했고 자주 군사 용어로 유대인의 유산에 관해서 말했다. 그에게서 유대인은 하나님의 선봉에 있는 정찰 부대였다.

> 그들은 어느 날 하나님의 나라를 이 땅에 세우는데 성공할 것이다. 그것에 관해서 아버지는 전혀 의심하지 않았다…나의 아버지는 역사를 6,000년 전에 하나님이 세상을 창조한 때부터 미래에 메시아의 오심과 먼저 유대인에게요 그 다음에 모든 인류에게 임하는 구속에 이르는 여정으로 보았다.[35]

35. Chaim Potok, *Wanderings: Chain Potok's History of the Jesus*(New York: Fawcett Crest, 1978), 11.

그것이 포톡이 양육 받고 가르침 받은 유대교였다. 하지만 포톡 자신의 유대교는 재형성되었다. 그는 아버지의 세계의 울타리를 떠나서 유대교 바깥에 존재했던 다른 문화들의 고난과 사랑을 직면했을 때, "내 과거의 단순한 옛 집착은 끝이 났다"고 쓰고 있다.[36] 그는 성인 생활의 많은 부분을 자기 백성들의 독특성의 의미를 만들려고 힘쓰고 아주 많은 고통을 참아냈지만, 그 소망은 더 이상 현대 세계와는 관계가 없어 보였다. 다가올 하나님 나라에 대한 그의 아버지의 소망과 미래의 메시아에 대한 소망 그리고 구속의 소망은 특히 재형성되고 변형되었다. 이제 그 소망은 무기력해 보였다.

메시아에 대한 기대. 첫 세기의 유대인들도 역시 다양한 종류의 변화와 변형을 경험했고, 마태는 그들의 소망을 전달하기 위해 이 복음서를 썼다. 그는 유대인의 유산을 바라보고 또 다른 종류의 이야기를 설명한다— '도달'(arrivals)의 이야기. 유배와 억압의 수백 년 간의 유랑은 이들에게는 실제였다. 하지만 그들의 소망을 견지하게 했던 예언적 소망이 이제 이루어졌다. 하나님의 격렬한 사자인 세례 요한은 소망하는 하나님 나라와 메시아의 소망 그리고 이스라엘과 전체 인류가 소망하는 구속이 진실로 도달했음을 선언한다.

하지만 그것은 이스라엘의 많은 사람들이 예상했던 것 이상의 또 다른 종류의 소망이었다. 이스라엘의 다양한 그룹들은 다가올 하나님 나라와 오실 메시아에 대한 소망을 변형시켰다. 어떤 이들은 자기 자신을 정결하게 하기 위한 의식적인 관행들에 사로잡혔고, 또 다른 이들은 옛 메시지와 관련 짓기 위해서 그들의 성경을 세세한 부분을 연구하고 해석하는 일에 몰두하였다. 어떤 이는 다가오는 정복자 왕을 생각했고 반면에 또 어떤 이는 성전과 희생제사와 정결 의식이 최고의 권위를 가질 나라에 관해 생각했다. 여전히 또 다른 이들은 쏟아질 하나님의 심판과 진노를 생각했다. 마지막으로 또 어떤 이들은 하나님의 간섭하심에 대한 소망을 거의 포기하고 정치적인 행동이든 폭력적인 혁명이든 간에 손수 그들의 소망을 취하였다. 이스라엘 내의 또 다른 그룹들은 동일한 히브리 성경을 취하여 예언의 구체적인 요소에 집중하여 하나님이 이 시대의 종말에 메시아적 구원자를 보냈을 때 무엇을 하실 것인지에 대한 다양한 예상을 안출해 내었다.[37]

---

36. Ibid., 13.

37. 여러 사람들 중에서 제이콥 뉴스너(Jacob Neusner)는 "유대교들과 그들의 메시아들"로 그들의 다양한 기대에 대한 현상을 언급한다. 그는 이렇게 말한다. "유대교에서 메시아는 역사의 종말에, 세계의 종말에, 유대교의 삶의 방식과 세계관을 가진 것으로 일컬어지는 사회 그룹들이 품고 있던 이스라엘의 구원

유대인의 신앙에 관한 이해를 체임 포톡이 재형성함은 그렇게 새로운 것은 아니다. 1세기에도 그런 일이 발생하였다. 이런 재형성은 자주 그들이 기대에 너무 사로잡혀, 그들 중에 임하시는 하나님의 역사를 실제로 수용하는데 어려움을 겪게 만들었다.

마태는 예수가 구약성경의 선지자들의 예언을 성취하는, 세례 요한이 예견한, 오실 이임을 선언한다. 하지만 이에는 이스라엘의 대부분의 사람들이 예상했던 것보다 훨씬 놀라운 진리가 들어 있다. 그것은 그들의 기대를 한방에 해소한다. 그들의 사고는 제대로 재형성되어야 한다. 마태가 하고 있는 것이 바로 그것이다. 마태는 예수의 이야기를 전하면서, 한편으로 선지자들로 말미암아 드러난 것들에 그들의 소망을 맞출 수 있도록 독자들의 이해를 재형성시킨다.

하나님 나라의 복음. 그러므로 마태는 한 사람의 삶에 관한 맹렬한 기사인 현대적 의미에서의 자서전을 쓰고 있는 것이 아니라, 메시아 예수가 자기 백성들에게 구원을 가져다준 좋은 소식의 기사, 곧 "복음"[38]을 쓰고 있다. 마태는 "유대인의 왕"(2:2)으로 태어나신 분의 생애에 있었던 중요한 사건들과 가르침에 집중한다. 이 사건들과 가르침은 "자기 백성을 죄에서 구해내실"(1:21) 분으로서 예수의 정당한 주장을 구축한다. 마태는 네 번만 명사 '유앙겔리온'("복음")을 사용하는데 이 네 번 중에 세 번이 "천국 복음"이라는 독특한 어구에서 나타난다(4:23; 9:35; 24:14).[39] 마태가 독자들에게 강조하고 있는 "복음"은 하나님 나라의 시대가 마침내 밝았다는 것이다. 마태가 3:2에서 세례 요한의 메시지의 핵심을 인용한 것은 그의 메시지에 중심 되는 주제를 형성한다. 그것은 예수가 그의 공적인 사역의 시작에서 선언하시고(4:17), 열두 제자들이 이스라엘을 전도 여행할 때에 설교했던 것(10:5)과 동일한 메시지다.

우리는 마태가 다윗 권좌에 권리를 가지신 분으로서 예수의 족보와 자기 백성을 죄에서 건져내실 분으로서의 기적적인 잉태 그리고 "유대인의 왕"이신 이의 탄

을 가져오는 사람이다. 그러므로 기독교의 초기에 유대교들과 그들의 메시아들은 독특한 가정을 형성하는 종교 제도의 그룹을 포함한다. 이들은 모두 두 가지 특질을 갖고 있다. (1) 이스라엘로 호칭되고 (2) 단일한 공통된 거룩한 문서('구약성경'과 '성문토라')에 대한 다양한 언급을 한다. *Judaisms and Their Messiahs at the Turn of the Christian Era*, ed. Jacob Neusner, William S. Green, and Ernest Frerichs(Cambridge Univ. Press, 1987), ix에서의 서론을 보라.

38. 고대의 "문헌들"에 비추어서 "복음"의 장르에 대한 상세한 분석에 대해서는 Richard A. Burridge, *What Are the Gospels? A Comparison with Greco-Roman Biography*(SNTSMS 70: Cambridge: Cambridge Univ. Press, 1992)을 보라.

39. 4:23의 주석을 보라

생과 하나님의 보호를 어떻게 강조했는가를 보았다. 이제 마태는 예언된 선구자와 이스라엘의 종교적 조망에서 오실 이의 실제적인 도래에 초점을 맞춘다. 요한의 메시지를 들었던 많은 이들이 확실히 하나님의 예언적 소리를 그의 메시지에서 인식했던 대단히 경건한 사람들이었다. 많은 이들이 적어도 규범적으로 종교적이었다. 하지만 요한의 세례는 이스라엘에서 하나님의 새로운 활동으로 모든 백성들의 개인적 헌신을 요청했다. 이에 응답한 사람들은 요한이 선포했던 오실 이와 그 나라의 임재로 부르는 소리를 유념하였다.

하나님의 아들로서의 예수의 놀라운 진리. 우리는 예수에게 너무 익숙해서 심지어 예수의 제자들을 포함하여 1세기의 사람들이 예수가 어떤 분이신 지를 온전히 이해하는데 얼마나 어려움을 겪었는지를 인식하지 못한다. 우리는 주일학교, 젊은이 그룹, 그리고 성경공부를 통해 이른 시기부터 예수가 하나님이시자 인간이시라는 것을 배웠다. 우리는 신조를 암송하고 예수의 신성과 인성을 논하는 무수한 설교를 들었다. 하지만 이런 진리에 익숙함이 우리로 하여금 실제를 온전히 깨닫지 못하게 한다. 말콤 머거리지(Malcolm Muggeridge)가 말한 것처럼, "예수가 이 세상에 오심은 인간 역사에서 가장 놀라운 사건이다."[40]

머거리지가 언급한 것은 예수의 사역의 종교적 의미만이 아니다. 그는 하나님이 실제로 인간이 되시어 우리들과 같이 사셨다는 형언할 수 없는 진리를 특히 언급한다. 바울과 사도 요한도 인간 구속을 위한 성육신의 의미를 설명하면서 놀라움을 금치 못한다. 마태는 성육신의 실제에 관한 좋은 소식을 설명하기 위해서 이 복음서를 쓰고 있다. 그는 독자들에게 이미 예수의 정체성에 관한 배경적인 이해를 주었다. 그는 메시아의 족보를 전개했고(1:1-17), 거룩한 잉태의 기사를 전했으며(1:18-25), 메시아의 유아기를 예언적으로 예견했다(2장). 이제 마태는 예수의 진정한 정체성을 그의 세례에서 통찰하고 있다(3:13-17). 그는 기름부음 받은 메시아요, 사랑 받는 아들이요, 고난받는 종이시다. 우리는 두 가지 요지를 여기서 주목해야 한다.

(1) 3:16-17에서 우리는 성령의 출현과 아들의 임재와 아버지의 소리를 듣는다. 레오 모리스가 진술한 것처럼, "마태는 확실히 삼위일체적인 관심을 갖고 있다."[41] 그는 새로운 제자들이 아버지와 아들과 성령의 이름으로 세례를 받아야한다는 예

40. Malcolm Muggeridge, *Jesus: The Man Who Lives*(New York: Harper & Row, 1975), 1.
41. Morris, *Matthew*, 68.

수의 교훈 속에서 또 다른 삼위일체적 암시를 줌으로써 그의 복음서를 끝맺는다(28:19). 마태는 구약성경의 선지자들에 의뢰함으로써 예수의 신성에 관한 분명한 모습을 그린다. 성육신 이전에는 선지자들의 강력한 신적 언어들을 메시아의 본질과 관련하여 적합하게 이해할 수 없거나 올바른 견해로 이끌 수 없었다. 하지만 마태복음에서 성육신의 실제는 하나님의 계시를 분명하게 만든다: 예수는 하나님의 거룩하신 아들이시다.[42]

(2) 세례 요한은 예수가 성령과 불로 세례를 주실 것이라고 말했고(참조. 행 2장), 이제 예수가 세례 받는 과정에서 성령이 예수를 인친다. 이것이 선지자 요엘이 예언한 성령의 시대를 시작시킨다(욜 2:28-29). 신약성경에서 일관된 기독론적인 모습은 이 땅에 계시는 동안에 예수를 본질과 속성에서 온전하게 신성을 가지신 분으로 계시하면서도, 예수는 성령의 능력 안에서 온전히 인간의 삶을 사시며, 제자들에게 성령으로 인도되는 강력한 삶의 궁극적인 모범과 참된 인간의 삶이 어떠해야하는지의 모범이 되어 주신다.

우리가 마태가 전개한 이야기를 깊이 묵상하면, 성육신 하신 하나님의 아들로서 예수의 실제는 형언할 수 없는 진리다. 그것은 실로 1세기에 유대 백성들의 소망—또한 오늘날 모든 사람들을 위한 소망—에 대한 온전한 대답이다.[43] 우리가 이 진리를 묵상할 때, 그 이야기가 하나님 나라의 삶이 어떠해야 하는가에 대한 우리 자신의 기대를 재형성시킴을 발견하게 된다.

현대적 의미

마태복음 기사의 이 시점에서, 마태는 선포한 천국의 모습이 어떠할 지에 관한 충분한 이야기를 드러내지는 않았다. 요한은 천국의 도래를 선포했고, 예수는 성령으로 기름부음 받았으며, 성부 아버지는 예수가 하실 일을 인준하셨다. 우리는 하나님 나라의 특징과 활동을 이해하기 위해서 이 복음서가 전개될 때, 예수의 사역과 가르침을 면밀히 살펴보아야 하겠지만, 예수의 도래가 이스라엘의 많은 사람들의 기대에 해당하는 것임을 알렸을 때, 마태는 이미 일부 중요한 단서들을

42. 구약성경의 메시아 예언에 관한 순차적인 드러남의 논의에 대해서는 Kaiser, *The Messiah in the Old Testament*을 보라.
43. 역사적인 신약성경의 기독론 발전에 관한 개관에 대해서는 Martin Hengel, "Christological Titles in Early Christianity," in *The Messiah*, 425-48을 보라. 신학적인 개관에 대해서는 Grudem, *Systematic Theology*, 특히 547-53을 보라.

우리에게 제시했다. 백성들과 종교 지도자들 심지어 요한의 기대조차도 바뀌거나 재형성되어야 했다.

많은 이들이 천국에 관한 충분히 발전된 개념에 속하는 배경을 갖고 있지 않을지라도, 천국에서의 우리의 삶의 의미를 상고할 때, 우리 자신의 기대는 유사하게 바뀌거나 재형성되어야 한다. 나는 활동적인 분석을 통해 학생들에게 이 사실을 강조한다.

언젠가 나는 학생들로 가득 찬 강의실로 들어갔을 때, "나는 왕이다!"라고 외쳤다. 학생들에게 이로 인한 충격을 해소시킨 다음에, 나는 그들이 나의 말을 들었을 때 먼저 어떤 생각이 떠올랐는지를 물었다.

"아더왕과 원탁의 기사"라고 한 학생이 대답했다.

다른 학생은 블록버스터 영화 '타이타닉'의 장면을 생각하면서 "나는 세상의 왕이다!"라고 외쳤다.

또 다른 학생은 "엘비스 프레슬리의 광경이요!"라고 말했고, 또 어떤 이는 '오즈의 마법사'에 나오는 변덕스러운 사자를 떠올리면서 "내가 숲속의…왕이라면"이라고 노래했다.

우리는 모두 "왕"과 "나라"가 어떠할 지에 관한 서로 다른 정신적 기억과 형상을 갖고 있다. 그것은 우리의 과거의 경험과 심상에 의존한다. 만약 당신이 거리에 있는 어떤 사람에게로 다가가서 그 나라에 들어오도록 초대한다면, 당신이 의미하는 것을 상당히 설명해야 할 것이다. 그들이 이미 기억하고 원하는 정신적 형상을 이미 형성하고 있기 때문이다.

다시 말해서 우리 자신의 기대들이 바뀌거나 재형성되어야할 필요가 있을 것이다. 하나님 나라에 대한 당신의 기대는 무엇인가? 우리는 적어도 예수의 세례와 하나님 나라의 메시아로서 기름부음 받는 장면과 세례 요한의 하나님 나라에 관한 선포를 둘러싼 사건들에서 몇 가지 중요한 의미들을 발견할 수 있다.

심판의 경고, 하지만 생명과 변화로의 초대. 첫째로 세례 요한의 설교에서 하나님 나라의 도래는 심판의 경고이면서도, 생명의 초대이자 응답하는 사람들의 삶에서 진정한 변화로의 기대가 들어 있다. 예수의 사역이 전개될 때, 이것은 보다 충분하게 설명될 것이지만 하나님 나라의 도래가 그 나라의 삶을 이곳에 가져올 것이다. 요한이 회개치 않는 자들에게 진노와 마지막 심판을 가져오시는 오실 이를 예상했지만, 그는 성령의 세례와 보호하심으로 회개자들을 모으시는 하나님 나라의 오심을 또한 예상했다. 하나님 나라 안에서는 생명이 있고, 하나님 나라 바깥에서는 사망이 있다.

세례 요한의 설교는 주변에 있던 사람들의 삶을 명확히 방해하고 있었다. 우리 중 많은 이들이 마찬가지로 "지옥과 벌"의 설교를 듣는 것을 달가워하지 않는다. 우리는 기분이 상하는 것을 좋아하지 않는다. 구원의 온유한 메시지를 끊임없이 거부했던 죽어 가는 환자의 침상에 앉아 있는 많은 목사들이 마지막 시간에 끔직한 심판의 메시지를 주는 것이 적절한 지와 씨름한다. 하지만 요한은 하나님의 다가올 나라의 메시지를 거부하는 사람들이 받는 심판을 우리에게 경고하며, 나중에 예수도 그리한다(11:20-24). 우리는 우리 자신과 주변의 사람들에게 이 경고를 주는 것을 분명히 해야 한다.

메시아의 심판의 도래에 관한 요한의 연대가 아직 완성되지는 않았을지라도, 그것은 확실히 온다. 우리는 다가올 심판을 과도하게 강조함으로써 하나님과 복음에 관한 왜곡된 견해를 만들 수 있으나 만약 우리가 심판의 실제를 축소한다면 사람들이 잘못된 견해를 갖게 할 수 있다. 하나님에 대항해서 주먹을 불끈 쥐고 방금 영원으로 들어간 사랑하는 자를 생각하는 것보다 더 비통하고, 무기력하며, 좌절스러운 감정은 없다. 하지만 경고를 유념하여 구세주에게로 돌아섰기 때문에 하나님의 펴신 팔에 안전하게 안긴 사랑하는 자를 생각할 때 평강이 넘친다.

하지만 요한은 단지 사망만을 견지하고 있지 않다. 그는 자신의 메시지에 반응하는 사람들에게 생명을 경험하도록 그리고 다가올 진노를 피하며 오실 이가 가져오실 성령의 세례를 기다릴 것을 요청한다. 심판의 메시지는 응답하는 사람들을 위한 약속된 생명의 메시지를 전함이 없이 설파해서는 안 된다.

이것은 미래에 곧 있게 될 도피성이 아니다. 참된 삶은 우리가 매일 사는 현재의 영역에서 진정한 변화를 약속한다. 회개함으로 책임감을 갖는 마음과 삶의 방향의 변화는 분명하게 나타난다. 하지만 요한은 최근에 인기를 얻고 있는 자아촉진 운동을 주창하고 있는 것이 아니다. 그는 참된 변화의 근원을 가리키고 있다. 즉 성령을 말하고 있다. 에스겔은 하나님이 자기 백성에게 성령을 부으시는 하나님의 새 언약의 시대로서(겔 36:26-27) 요엘서의 성령 충만의 약속(욜 2:28-29)된 시대를 묘사한다. 이것은 어떤 종류의 변화가 될 것인가? 에스겔은 하나님의 법에 순종하는 능력과 정결을 약속했다. 하지만 그는 이 모든 것을 새 언약 백성들이 입을 새 마음과 연관시킨다. 이것은 성령을 통한 중생의 주제를 처음으로 암시하는 것이다. 이 중생은 예수의 가르침의 특징(참조. 요 3:3-7)일 뿐만 아니라 바울과 초대 교회의 근본적인 진리가 된다(딛 3:4-7).

변화가 가능할 뿐만 아니라, 이것은 "새로운 탄생"과 성령의 변화시키시는 능력을 경험하는 사람들의 실제다. 이 모든 것이 열매를 맺으라고 언급하는 요한의 메시지에서 암시된다. 그는 궁극적으로 외적인 변화를 이루는 내적인 생명과 변화를 지적한다. 고백으로는 충분하지 않다. 열매를 맺는 것이 요구된다. "고백"은 어떤 사람이 회개하고 새로운 생명을 얻었다는 외적 주장이지만 "열매를 맺는 것"은 새 생명이 참이라는 외적인 증거가 된다. 나무에 내적 생명을 주는 힘은 나무의 본질에 맞는 열매를 항상 생산하게 한다. 하나님 나라의 도래는 응답하는 모든 이들에게 생명을 주는 성령을 수반할 것이다.

영적인 족보의 유혹. 신앙의 족보가 천국에 들어가는 보증이 되지 못한다. 요한은 아브라함이 그들의 조상이 되는 바리새인과 사두개인들의 가계를 고려하지 않는다(3:2, 9). 아브라함에 대한 언약적 약속이 이스라엘 백성들의 시작을 특징짓기 때문에 우리를 놀라게 만들지만(창 12:1-3; 15:1-19), 요한이 종교지도자들을 경고한 것은 전혀 새로운 것이 아니다. 선지자들의 일관된 주제는 이스라엘이 족보나 언약의 표지에 의존하지 말아야 한다는 것이다. 즉 할례와 같은 것들에 의존하지 말고 "마음의 할례"를 행하라는 것이다(예. 렘 4:4). 하나님은 언약 백성으로서 이스라엘을 선택함으로써 자기 백성을 구축하신 분이시다. 따라서 하나님이 달리 행하기를 선택하신다면, 돌로도 새로운 백성을 만드실 수 있다(마 3:9). 하나님 나라에의 참여는 '마음'의 문제다. 회개는 무엇보다도 올바르게 하나님을 향한 마음을 갖는 것을 의미한다. 그것은 그 사람의 생명의 열매에 의해 증거될 것이다.

나는 "직업 크리스천"임을 기억할 때, 때로 두려움이 발생한다. 나는 성령을 연구하고 성경을 가르치며, 강의실과 교회에서 대표로 기도하곤 한다. 우리가 어떤 부류에 속하는 사람들로서 자신을 평가할 때, 바리새인과 사두개인과 그렇게 많이 다르지 않다. 요한의 메시지와 예수의 사역에서 하나님의 감동을 인식하고 회개하고 천국의 도래로 방향을 돌린 아리마대 요셉과 니고데모와 같은 종교지도자들이 있는가하면, 또 다른 이들은 구약성경에 나오는 하나님의 말씀에 대한 자기들 나름의 이해에 따른 종교생활과 헌신의 의무에 사로잡혀서 하나님 나라에 들어가라는 예수의 제안을 간과하고 거부하고 있다. 이스라엘 백성들에 속한 특권이나 지도적인 위치에 있게 된 추가적인 특권이 하나님 나라의 도래에서 자동으로 들어가는 것을 보증하지 못한다.

이것은 우리에게 사소한 문제가 아니다. 크리스천 가정에서 태어난 것은 엄청난 특권이다. 경건한 삶의 스타일을 갖고 살아가고 자녀들을 하나님이 우리들을 위해 의도하신 삶의 종류로 인도하는 크리스천 부모들을 가진 것은 분명히 특권이다. 확실히 크리스천 부모들은 성경과 성령의 인도하심으로 자녀들을 올바른 방향으로 양육할 수 있는 특권이 부여되어 있다.

하지만 크리스천 부모들과 자녀들에게 어떤 보증도 주어져 있지 않음을 유념해야 한다. 크리스천 가정의 특권은 책임이 수반되어야 한다. 크리스천 부모들은 자녀들을 교회 활동으로 인도하는 일에 신실해야 하지만 가장 중요한 것은 하나님께 마음을 드리는 것이 무엇을 의미하는지를 이해하도록 이끌어야 한다. 그리고 크리스천 가정의 자녀들은 부모들의 신앙에 안주해서는 안 된다. 각자 하나님 앞에 홀로 서서 인생에서 본인이 하는 일에 책임을 가져야 한다.

또한 기독교 전임사역자의 특권을 누리고 있는 우리들은 요한과 예수가 사역을 통해서 일관되게 경고한 직업주의의 함정을 조심해야 한다. 따라서 나는 하나님께 마음을 굳게 하여 텅 빈 종교 활동에 전념하는 바리새인과 사두개인처럼 될 수 있다는 가능성을 인식할 때 소름이 끼쳐진다(6:1-18의 주석을 보라). 나는 하나님께 마음을 열고 하나님 앞에서 신실하게 살며 삶에서 늘 하나님의 사역을 경험할 수 있기를 바란다. 성령께 겸손하게 의존하는 삶의 열매를 경험할 수 있도록 이끄시도록 나 자신을 하나님께 의탁한다.

겸손. 우리는 인생에서 진지하게 하나님의 소명을 취해야지, 외양에 사로잡혀서는 안 된다. 이 세 번째 의미는 요한과 예수가 자신의 소명을 이룰 때 관찰할 수 있는 주요한 특징 중 하나다. 요한은 많은 무리를 갖고 있었을 뿐 아니라, 위선적인 종교지도자들을 책망할 정도로 권위를 보여주었다. 하지만 요한은 분명히 자기의 역할을 이해했고, 더 큰 역할을 행하실 더 큰이가 뒤에 오신다는 것을 알고 있었다. 요한은 더 크신 이를 방해하지 않았다. 예수는 더 크시고, 메시아이시며, 중요한 구속적 역할을 수행하실 거룩한 하나님의 아들이시다. 하지만 예수는 요한에 의한 물세례를 따랐을 때, 복종의 자세를 가지셨다. 예수는 더 작은 이를 방해하지 않았다.

이것은 우리의 삶에서 하나님의 소명을 수행하는데 있어서 자기 이해의 중요한 교훈이다. 요한과 예수는 체면으로 일하지 않았다. 그들은 구원 계획의 역할을 수행함에 있어서 능력을 보였지만 그 힘은 자기 자신이 중요하다는 권위적인 모습을 죽이는 것을 포함했다. 여기서 핵심적인 단어는 '겸손'이다. 이 용어는 우리 시대에 좋은 인상을 얻지 못한다. 우리는 '권리'를 더 많이 듣게 된다. 아마도 이것은 새로운 것이 아니다. 요한과 예수가 모든 시대에 주고 있는 초상은 권리를 주장하는 것과 상반되는 겸손의 모습이다. 우리는 허세를 포기하지 못한다. 따라서 요한과 예수는 겸손의 강력한 모범을 우리에게 제공한다. 하나님의 목적을 알고 그 길을 방해하지 않도록 겸손해 지는 것이 우리의 삶을 위한 하나님의 소명을 이루게 한다.

여기서 우리를 가장 난처하게 할 수 있는 분이 물론 예수이시다. 요한의 물세례에 예수가 그토록 겸손하게 나타나신 것은 과연 쉬운 일이었을까? 예수가 자기 이미지와 모습과 역할과 같은 세속적인 일에 어찌 씨름할 수 있는가? 나는 그럴 수 있다고 생각한다. 예수도 인간이셨다. 우리가 씨름했던 모든 것들을 예수는 경험하셨다(참조. 히 4:14-16). 그가 우리의 모범이 되시는 이유도 그 때문이다. 이것은 예수가 역사로 들어오심에 있어서 핵심적인 요소다. 그는 우리를 위한 구원을 성취하셨을 뿐 아니라, 성령의 능력으로 사는 진정한 인간의 삶이 어떤 지의 모델이 되시었다. 어쨌든 이로 인해 예수의 신성이 축소되지 않는다. 오히려 예수의 성육신과 관련한 최초의 암시를 엿볼 수 있게 한다. 예수는 나와 당신과 같은 생명으로 살기 위해서 영광과 그의 신성의 독립적인 특징을 제쳐두셨다. 예수가 우리 삶의 변화를 위한 진정하고 생생한 모범이 되는 이유가 바로 그것이다(고후 3:18).

우리는 그러한 구세주로 인해 편치 않을 수 있다. 우리는 그의 능력에 좀더 초점을 맞춘다—우리가 그렇게 하는 것처럼 말이다. 하지만 예수의 능력은 당신과 내가 의존하는 동일한 성령에 겸손히 의존하는 데서 온다. 그것이 예수가 사탄으로부터 유혹을 받는 우주적 전쟁에 참여함을 설명할 때, 마태가 살펴보는 성육신의 본질이다.

마태복음 4:1-11

1 그때에 예수께서 성령에게 이끌리어 마귀에
게 시험을 받으러 광야로 가사
2 사십 일을 밤낮으로 금식하신 후에 주리신지라
3 시험하는 자가 예수께 나아와서 이르되 네가
만일 하나님의 아들이어든 명하여 이 돌들로
떡덩이가 되게 하라
4 예수께서 대답하여 이르시되 기록되었으되
사람이 떡으로만 살 것이 아니요 하나님의 입
으로부터 나오는 모든 말씀으로 살 것이라 하
였느니라 하시니
5 이에 마귀가 예수를 거룩한 성으로 데려다가
성전 꼭대기에 세우고
6 이르되 네가 만일 하나님의 아들이어든 뛰어
내리라 기록되었으되 그가 너를 위하여 그의
사자들을 명하시리니 그들이 손으로 너를 받
들어 발이 돌에 부딪치지 않게 하리로다 하였
느니라
7 예수께서 이르시되 또 기록되었으되 주 너의
하나님을 시험하지 말라 하였느니라 하시니
8 마귀가 또 그를 데리고 지극히 높은 산으로
가서 천하 만국과 그 영광을 보여
9 이르되 만일 내게 엎드려 경배하면 이 모든
것을 네게 주리라
10 이에 예수께서 말씀하시되 사탄아 물러가라
기록되었으되 주 너의 하나님께 경배하고 다
만 그를 섬기라 하였느니라
11 이에 마귀는 예수를 떠나고 천사들이 나아와
서 수종드니라

원 의미

예수는 세례를 받으신 후에 성령의 기름 부으심과 성부 하나님의 인증하시는 메시아적 구원자로서의 사역에 들어가신다. 하지만 구원자로서의 그의 첫발은 세례를 받으실 때처럼 어딘가 부적합해 보인다. 공개적인 개혁을 시작하는 것 대신에 예수는 금식하기 위해서 사막으로 가신다! 하지만 사막은 영적인 은거의 장소 이상의 의미가 있다. 사막은 경쟁하는 나라와 통치자들 사이에서, 즉 백성들의 마음과 정신을 주장하는 두 인격들 사이에서 첫 번째 승부가 펼쳐지는 장소다. 예수는 은거하고 있다기보다는 지금 하나님의 나라를 시작하고 있다.

유혹의 배경(4:1-2)

예수의 사역은 아마도 요단강과 사해 서쪽 유대 사막의 고지대를 일컫는 광야에서 시작하신다. 이곳은 세례 요한이 나타났던 동일한 광야다(3:1). 하지만 요한과 달리 예수는 먼저 설교하시지 않는다. 금식하신다. 공적인 사역을 통해서 예수는 특별히 중요한 일을 준비하기 위해서 자주 한적한 곳으로 물러나셨다(예. 14:13, 23). 여기서 그의 전체적인 사역이 그 앞에서 펼쳐지고, 그는 다가올 사건들을 영적으로 준비하기 위해서 광야에서 외로운 시간을 보내신다. 이스라엘이 약속된 땅에서 살아가는 일을 시작하기 전에 광야에서 한때 살았던 것처럼 말이다.

이때는 금식을 집중적으로 해야 하는 시점에 와 있었다. 금식은 극기를 통해서 기도에 집중하기 위한 수단으로서 자주 사용된다(9:14-15의 주석을 보라). 예수는 아버지와 교제하시는 상당한 시간을 통해서 공적 사역을 준비하고 계셨다. 하나님 아버지는 세례 시에 아버지와 아들의 관계를 확증하셨다.

하지만 여기에는 영적인 준비 이상의 이야기가 들어 있다. 마태는 예수가 마귀에 의해 시험받으실 분명한 목적을 위해서 사막으로 가셨다고 진술한다. 전쟁은 예수가 금식하고 있는 동안에 꾸며진다. 마태는 첫 번째 두 절에서 중요한 통찰을 제공해 준다.

(1) 예수는 성령에 의해 이끌림을 받으셨다. 성령이 그의 세례 시에 임했고(3:13-17), 이제 그 성령이 그를 광야로 인도한다. 점차적으로 마태는 성령이 비인격적인 세력이 아니라는 것을 우리에게 보여준다. 성령은 예수의 지상 생애에 그를 모든 단계에서 인도하시는 대단히 친밀한 인격적 동인이시다. 예수는 자신을 보내신 하나님 아버지의 뜻을 이루기 위해서 이 땅에 오셨고(26:39, 42), 그가 아버지의 뜻을 이루실 때 그를 인도한 분이 성령이시다. 지금 예수는 사막에서 아버지와 교통하기 위해서만이 아니라 이 대적자와 싸우기 위해서 오셨다. 동일한 영이 사탄의 유혹을 물리치기 위해서 예수에게 능력을 주신다.

(2) 마귀는 실질적인 대적자다. 마태 이야기의 첫 장면에서 메시아 예수의 도래를 방해했던 세력이 배후에 있었다. 헤롯이 예수의 첫 인간 대적자일지라도, 실질적인 대적자는 "마귀" 또는 마태가 나중에 그렇게 불렀던 것처럼, 사탄이다(4:10; 12:26; 16:23). 헬라어 '디아볼로스'("참소자")는 예수를 지칭하는 정관사가 앞에 나오는데, 그것을 독특하게 "'그' 마귀"(또한 4:5, 8, 11; 13:39; 25:41)로 지칭한다. 이것은 타락의 상징이나 부패의 성향을 나타내는 것이다. 오히려 클린톤 아놀드(Clinton Arnold)가 말한 것처럼, "마귀는 지적이고 강력한 영적 존재다. 그것은 철저히 악하며 개인이나 커다란 집단의 삶에서 악을 침투시키는 것과 직접적으로 관련이 있다. 마귀는 내적으로 부패한 자의 의인화이거나 조직화된 악의 상징적인

표상을 의미하는 추상적인 것이 아니다."[1]

하나님의 실질적인 대적자로서(13:39), 마귀는 하나님의 목적을 방해하는 일을 돕는 또 다른 강력한 영적 존재들을 거느리고 있다. 바울은 사탄을 "공중의 권세 잡은 자"로 지칭한다(엡 2:2). 따라서 유대 광야의 모래 속에서 추적되는 전선(戰線)은 사실상 모든 시대의 모래에서의 전선이다. 그 결과가 모든 인류에게 의미를 갖기 때문이다. 이것은 공중에 권세 잡은 자가 하나님 나라의 발진을 막기 위해서 취하고 있는 첫 번째 충돌이다.

우리가 여기서 보는 모습은 그밖에 다른 곳에서 우리가 사탄의 전략을 보는 모습과 일치한다.[2] 이 대적자는 정면으로 공격하지 않는다. 마귀는 예수를 다양한 유혹으로 우회하여 공격한다.

"시험하다"라는 말은 "유혹하다"나 "검증하다"를 의미하는 동사 '페이라조'다.[3] "시험"은 사탄이 예수에게 한 것처럼 하나님의 뜻을 역행하도록 사람을 엮는 유혹이다. "실험"은 하나님의 뜻에 어떤 이가 신실하여 그 검증을 통과할 수 있는지를 파악하는 것이므로 좋은 의도가 들어 있다. 성경은 하나님은 악으로 사람을 시험하지 않음을 분명히 한다(약 1:13). 다만 하나님은 환경을 활용하여 사람의 성품을 검증하고 의도한 좋은 목적으로 해결하신다(예. 히 11:17).

어떤 의미에서 시험과 실험(검증)은 같은 동전의 양면에 해당한다. 사탄은 하나님 아버지의 뜻에 예수가 역행하도록 획책하지만 이런 환경의 와중에서 하나님 아버지는 사탄의 악한 의도를 사용하시어 예수의 메시아 역할을 강화시키는 선한 목적을 이루신다. 다시 말해서 사탄은 하나님과 무관하게 행할 수 없다. 사탄이 하나님을 저주하도록 욥을 부추기고, 하나님의 뜻을 거슬리게 시도한 것을 보라. 하지만 하나님은 이런 상황을 제어하시고, 욥이 하나님께 의뢰할 때 그를 강화시키셨다. 요셉의 경우에, 형제들이 애굽의 노예로 그를 팔아 넘김으로써 해를 입히려 하였으나 하나님은 동일한 상황을 선으로 바꾸셨다(창 50:20). 시험을 실험의 맥락에서 볼 수 있다. 하나님이 유혹자와 그 상황을 제어하시기 때문이다. 하나님은 사람이 감당할 수 없는 시험을 허락하지 않으신다(고전 10:13).

예수의 시험을 하나님의 아들에 대한 '실험'이라고 언급하는 이유가 그 때문이

---

1. Clinton E. Arnold, *Three Crucial Questions about Spiritual Warfare*(Grand Rapids, Baker, 1997), 35.
2. 욥 1-2 [특히 1:6-12]; 슥 3:1-12; 고전 21:1; 눅 10:18; 계 20장을 보라.
3. BDAG, 646. "시험"이나 "실험, 검증" 이 양쪽을 의미할 수 있는 명사 '페이라스모스' 도 역시 이에 해당한다.

다.[4] 하나님 아버지는 악을 위해 아들을 보내신 것이 아니라 선을 위해 아들을 보내셨다. 사탄의 손에서 시험을 받는 것은 하나님의 손에서 실험이 된다.[5] 시험은 실제적이고, 선한 결과는 아들이 아버지의 뜻을 이루는 일에 성령의 인도하심과 능력에 순복할 때 확실해진다. 예수가 성령에게 이끌리어 광야로 가셨을 때, 사탄은 아들이 아버지의 뜻을 역행하도록 시도하지만 바로 그 유혹은 아버지가 그의 뜻 안에서 아들을 확립하시는 것으로 사용된다.[6]

예수가 공적인 사역의 시작에서 마귀와 대결하신 것은 우연이 아니다. 마태가 이 사건의 역사적인 이야기를 잘 묘사한 것처럼, 악한 세력과 예수의 승리적인 싸움으로 말미암아 이루어지는 세 가지 중요한 목적을 그는 보여준다.[7]

(1) 이 승리적인 대결은 아담의 경험과 정반대다. 하나님의 아들로서 예수는 창조 시에 하나님의 첫 "아들"이었던 아담이 이루지 못한 것을 이루신다.[8] 첫 아담은 가장 좋은 조건에서 실패했지만 마지막 아담으로서의 예수는 최악의 상황에서 승리하였다. 사망은 아담의 죄의 결과이지만 예수의 수난과 시험은 자기 백성들을 구속하고 생명을 가져다준다. 예수는 다른 경우에도 시험을 받으시고, 죄를 이기심으로써 다른 이들의 죄를 감당하는 품격을 보이신다(히 2:17-18).

(2) 이 승리적인 대결은 모세와 이스라엘의 경험과 정반대다. 이스라엘 역사에 대한 마태의 이전 암시는 광야에서 예수가 40일을 금식하신 경험이 광야에서 이스라엘이 40년간 시험을 받은 것에 상응함을 우리에게 알려준다(신 8:2-3).[9] 형태와

---

4. 예를 들어, Birger Gerhardsson, *The Testing of God's Son*(*마 4:1-11와 Par.*)(ConBNT 2,1: Lund: Gleerup, 1966); Don B. Garlington, "Jesus, The Unique Son of God: Tested and Faithful," *BibSac* 151(July-September 1994): 284-308.

5. 동일한 용어인 '페이라조'는 예수가 사역하던 중에 그에게 묻기 위해서 나아온 종교 지도자들에 대해서도 사용된다(16:1; 19:3; 22:34-35). 그 문맥이 좋은 것인지 나쁜 것인지 그들의 동기를 결정짓는다.

6. 참조. Morris, *Matthew*, 71ff.

7. 예수의 40일간의 금식은 예수가 짊어질 구속적 사역을 위한 준비였다. 그것은 그가 의도적으로 사탄에게 취약해지기 위해서 금식하고 있는 것이 아니다. 오늘날 우리는 이것을 통해서 영적인 삶을 위한 의미를 이끌어내는데 조심해야 한다. 이 시험의 기사는 예수와의 친밀함을 체험하기 위해서 거의 죽을 정도의 극심한 금식의 기간에 들어가는 것과 같은 보증되지 않은 금욕적 관습을 위한 모델이 될 수는 없다.

8. 이레니우스와 같은 초대 교부들로 시작해서 많은 사람들이 아담과의 평행을 주목한다(D. Jeffrey Bingham, *Irenaeus' Use of Matthew's Gospel: In Adversus Haereses* [Traditio exegetica graeca 7; Louvain, Belgium: Peeters Leuven, 1998], 274-81을 보라). 아담과의 평행이 누가복음과 마가복음에서 더 강조된다(Davies and Allison, *Matthew*, 1:356-57을 보라).

9. "40"이란 수(곱해서 80과 120과 같은 수)는 그것이 한 세대, 성숙(예를 들어, 사람의 인격) 또는 시간의 상징적인 기간(예를 들어, 출 24:18을 참조하라)을 나타내는 것이든 간에 전형적인 완전수로 자주 사용된다. "40일"이란 기간은 성경에서 특별한 의미를 갖는다. 그것은 자주 고난이나 벌과 연관되기도 하지만, 하나님의 활동에 특별히 참여하기 위한 준비의 기간이기도 하다(출 24:18; 신 9:25; 왕상 19:8; 겔

직접적인 성취에 있어서 예수의 초기 삶은 이스라엘의 역사와 유사하다. 유혹자에 대한 예수의 반응이 이스라엘에 대한 모세의 고별사인 신명기에서 나왔음을 우리가 알게 될 때 이 요지는 더 힘을 얻는다. 하지만 가장 중요한 것은 이스라엘의 경험을 회고하는 것은 예수의 승리를 강조해준다. 메시아 예수가 이스라엘 민족의 경험을 성취시켜준다. 이스라엘이 그들에게 주어진 성령의 부여를 가졌을지라도 (참조. 민 11:17, 25, 26, 29; 14:24; 24:2, 18), 예수는 그 민족이 하지 못했던 곳에서 성령의 인도하심에 온전히 순종하신다. 예수의 시험은 이스라엘의 역사를 승리적으로 재현한다.

(3) 이 승리적인 대결은 예수의 정체성과 선교를 하나님의 유일무이하신 아들로 확증해준다. 이것은 예수의 영적인 유혹을 단순히 기록한 것이라기보다는 더 큰 중요한 이슈가 있다. 아담의 타락에 대한 암시와 광야에서 이스라엘의 유랑은 하나님의 새로운 시작을 알린다. 죄의 혼돈의 어두움이 인류에게 다가왔지만, 하나님의 독생자는 이전의 실패를 교정하는 분으로 부르심을 입는다. 어둠의 종말의 시작이 성육신의 연약한 상태에서 온다. 순종하는 아들이 그를 따르는 모든 이들을 위한 시험에서 승리한 원형이 되시기 때문이다(히 4:14-16). 따라서 밤낮으로 40일을 금식한 후 가장 연약한 상태에 있을 때, 유혹자가 예수에게 온다. 사탄은 죄 없으신 구세주요 순종하는 아들로서의 예수의 자격을 상실케 함으로서 인류 구원을 위한 하나님의 계획을 훼방하려고 시도한다.[10]

첫 번째 유혹: 돌로 떡덩이가 되게 하라(4:3-4)

사탄이 예수에게 세 번 접근하고, 예수는 이 유혹을 세 번 물리치신다. 우리는 예수의 사역에서 규칙적으로 드러난 패턴을 관찰할 수 있다. 이 패턴은 우리가 유혹을 저항하는데도 역시 중요하다.[11]

유혹의 패턴은 유혹자의 첫 말에 드러나 있다: "네가 만일 하나님의 아들이어

4:6을 보라).

10. Donald Guthrie, *A Shorter Life of Christ*(Grand Rapids: Zondervan, 1970), 81-82.

11. 참된 사탄적 존재, 따라서 참된 인격적 유혹자의 실존을 부정하는 현대의 시도에도 불구하고 우리의 영적인 발전에서 이 패턴을 관찰하고 확립해 가는 것은 중요하다. 예수의 모범과는 다소 동떨어져 있을지라도 일관성 있게 영성의 패턴을 바라보는 일과 대중문학의 역사적 개관을 위해서는 Christian Davis, "Where Are We Going, Where Have We Been? The Temporarily of Spirituality in Satanic Temptation Narratives," *Christian Scholars Review* 29(Spring 2000): 455-69을 보라.

든…" 두 번째 유혹(4:6)에서도 반복되고, 세 번째 유혹에서는 전제된(4:9) 핵심어구는 교묘하게 속이려는 유혹자의 전반적인 의도를 반영해준다.[12] 얼마 전에 하늘로부터의 음성이 "이는 내 사랑하는 아들이니라"(3:17)고 하나님과 예수와의 관계와 정체성을 확증해 주었다. 사탄은 지금 예수의 정체가 하나님의 아들인 것을 의심하지 않는다. 또한 사탄은 예수가 그 사실을 의심하도록 시도하지도 않는다. 단지 하나님의 아들로서 예수의 특권을 남용하도록 예수를 유혹하는 일을 추구한다. 그는 교묘하게 예수의 신분을 이용하고 있다. 심지어 아첨하기까지 하며 아들에 대한 아버지의 뜻과 반대되는 일을 꾸민다. "네가 만일 하나님의 아들이라면 왜 배고픈 상태로 있느냐? 단지 이 돌덩이가 떡이 되게 해라. 너는 그 일을 할 수 있고, 배고프지도 않을 것이다"라고 유혹자가 시사하고 있는 것으로 보인다.

예수는 그러한 기적을 행하실 수 있는 능력을 갖고 계신다. 나중에 예수는 떡과 생선을 이용하여 4천명과 5천명을 먹이는 이적을 베푸셨다. 하지만 지금 여기서 예수가 이적으로 음식을 만드는 것은 하나님의 뜻이 아니다. 예수는 진정으로 인간의 삶을 살기 위해서 이곳에 오셨다. 음식을 획득하는 통상적인 수단을 통해서 살기 위해서 이 땅에 오셨다. 예수가 돌로 떡이 되게 하는 것은 아들의 성육신의 경험을 위한 아버지의 뜻을 벗어나는 것이다.

시험과 유혹은 아버지의 구체적인 뜻을 거스르는 사람들을 얻고자 하는 대적자의 방식 중 하나다. 그러므로 유혹자는 항상 본질적으로 죄가 되는 어떤 일을 하는 사람을 얻고자 하지 않는다. 돌이 떡이 되게 하는 것은 본질적으로 잘못된 것이 아니다. 하지만 이 시점에서 아들에 대한 아버지의 뜻은 먹는 것이 아니라 금식하는 것이다. 그러므로 돌이 떡이 되게 하는 것은 예수를 어긋나게 하는 것이다. 진정으로 중요한 문제는 아들을 위한 아버지의 뜻이 무엇인가다.

예수는 신명기의 구절을 인용함으로써 사탄에게 대응하신다. 이것은 광야에서 예수의 시험과 이스라엘의 경험간에 연관관계가 있음을 보여준다. 신명기 8:2에서 모세는 이스라엘 백성들에게 하나님이 그들은 광야에서 40년 간을 이끄신 것은 그들로 하여금 겸손케 하고 연단을 통과케 하기 위한 것임을 상기시킨다. 그 실험들 중에 하나는 굶주림과 만나를 통한 하나님의 기적적인 공급이었다. 이 실험의

12. 예수를 교묘하게 속이려는 사탄의 시도를 반영하는 "네가 만일 하나님의 아들이어든"은 일등급 조건절이다. 논쟁에서 사탄은 예수의 신분이 참됨을 가정한다. 그는 예수를 속이는 방법으로 그것을 사용한다. Richard A. Young, *Intermediate New Testament Greek: A Linguistic and Exegetical Approach*(Nashville: Broadman & Holman, 1994), 229-30을 보라.

목적은 "사람이 떡으로만 살 것이 아니요 하나님의 입으로부터 나오는 모든 말씀으로 살 것"(신 8:3)임을 그들에게 가르치고자 하는 것이다.

예수는 바로 그 교훈을 사탄의 유혹에 대한 반응으로 인용하고 계신다. 이스라엘은 많은 이들을 먹일 수 있는 분명한 수단이 없는 곳에서도 하나님이 그들을 돌보신다는 말씀을 신뢰했어야 했다. 만약 하나님의 뜻이 그들이 지금 거기에 있는 것이라고 한다면, 하나님이 그들을 돌보실 것이라고 말씀하셨을 때 그를 신뢰하는 것이 필요했다. 동일한 방식으로, 음식을 만들 수 있는 예수의 능력에 의존하지 말고 음식을 공급하시는 하나님 아버지에게 의존하는 한 인간으로(personal)서 예수가 광야에 있는 것이 하나님의 뜻이라면, 이 구체적인 상황과 전반적인 성육신의 경험을 위한 하나님의 뜻을 그가 역행할 수 없다.

첫 번째 유혹은 하나님 아버지의 인도하심에 예수의 '개인적'인 신뢰의 핵심을 건드리는 것을 시도한다. 현재의 상황—예수는 배가 고프고 40일간의 금식으로 몹시 지쳐있다—이 하나님 아버지가 진정으로 사랑하는 하나님의 아들로 그의 신분을 선포한 목소리와 모순되어 보일지라도, 예수는 생명의 본질은 하나님의 말씀을 신뢰하는 것임을 강조하신다. 예수는 그의 신분을 확증하거나 그의 필요를 공급하기 위해서 돌을 떡이 되게 할 필요가 없으시다. 아버지는 예수를 아들이라고 선언하셨고, 성령은 그를 광야로 이끄셨다. 그리고 예수는 아버지의 뜻을 역행하지 않으신다. 예수가 하나님의 아들이시라는 명쾌한 외부적 지원은 없을지라도, 성령이 그를 그곳으로 인도하셨다. 그는 몸이 음식을 달라고 애걸할지라도, 하나님이 예수를 돌보시리라는 말씀을 붙들고 하나님께 의탁해야 한다.

두 번째 유혹: 성전에서 뛰어내려라(4:5-7)

첫 번째 유혹에서 아버지의 뜻과 관련한 아들의 개인적인 삶을 공격했다. 두 번째 유혹[13]은 아들의 '민족적'(national)인 책임에 대한 것을 공격한다. 마귀는 예수

13. 마태와 누가는 두 번째 유혹과 세 번째 유혹의 순서를 뒤바꾼다. 이것은 복음서 저자들이 자신이 의도한 특별한 목적을 위해서 사건들을 서술하고 있음을 보여주는 좋은 예증이다. 마태는 시간적인 순서를 나열하고자 하는 의도를 갖고 있고, 누가는 성전 유혹을 맨 나중에 둠으로써 보다 신학적인 목적을 갖는다(눅 4:3-12; 참조. I. Howard Marshall, *Commentary on Luke*[NIGTC; Grand Rapids Eerdmans, 1978], 166-67; Nolland, *Luke 1-9:20*, 180-81). 마태의 시간적인 나열 의도가 순서적인 부사 "그때에"('토테', 4:5, 그는 그밖에 다른 곳에서도 시간적인 발전을 나타내기 위해서 그것을 규칙적으로 사용한다, 예를 들어 3:13; 4:1, 17)와 "또"('팔린', 4:8, 시간적으로 더 진전되고 있는 사상을 나타내는)의 사용으로 드러난다.

를 거룩한 도성인 예루살렘으로 데리고가서 성전 꼭대기에 세운다. "꼭대기"는 아마도 기드론 골짜기에서 450피트 정도의 높이인 성전 영역의 남동쪽 모퉁이나 성전의 가장 높은 문을 일컬을 것이다. 사탄은 예수를 다시금 "네가 만일 하나님의 아들이어든"이라는 말로 접근한다. 하지만 이번에는 마귀가 시편 91:11-12의 말씀을 인용한다. 이 성경구절에서 시편기자는 이스라엘의 신실한 자들을 하나님이 돌보심을 제기한다. 마귀는 예수의 사랑하는 아버지가 천사를 보내어 그를 구원하실 수 있도록 높은 곳에서 자기 자신을 던질 것을 예수에게 촉구한다(마 4:6).

예수는 마귀가 하도록 유혹한 것을 행하실 수 있는 능력을 갖고 계신다. 마태복음의 뒷 부분에서 예수가 체포되어 십자가의 처형을 당하시기 전에 예수는 원하시면 하나님 아버지에게 요청하여 12군단 이상 되는 천사들을 보내시어 아들을 구원하도록 요청하실 수 있다고 말씀하신다(26:53). 따라서 마귀가 인용한 성구는 예수를 교묘히 속이려는 성경의 뻔뻔스러운 남용이다. 구약성경 원문의 문맥은 하나님이 모든 해를 받고 있는 상황에 처한 이들에게 보호하는 자를 보내실 것을 함축하고 있지 않다. 예수는 마귀의 성경 왜곡을 통해 배후에 있는 사악한 동기를 보시고 신명기의 말씀으로 반박하신다. "또 기록되었으되 주 너의 하나님을 시험하지 말라 하였느니라"(4:7; 참조. 신 6:13).[14]

사탄은 두 가지 방식으로 예수가 하나님 아버지를 시험하도록 시도하고 있다(4:1-2의 '페이라조'에 관한 주석을 보라). (1) 고의적으로 자신에게 해로운 방식을 취함으로써, 예수가 아버지의 사랑을 부적절하게 시험하게 하는 것이다. 이는 구조하는 천사들의 무리를 하나님이 억지로 보내시도록 조작하는 것에 해당한다(참조. 삿 6:36-40에서 기드온의 양털). 참된 믿음은 그러한 요구를 하지 않는다. (2) 예수가 성전 꼭대기에서 뛰어내리고 천사들이 그를 구조한다면 그때에 사람들의 반응을 생각해 보라! 그러한 멋진 광경은 예수가 메시아 추종자들을 금방 얻을 것이다. 하지만 이것은 아버지가 뜻하시는 길이 아니다. 아버지는 순종함으로 복음을 선포하고, 어떤 일이 있든지 간에 고난을 당하는 것이다.

예수는 아버지와 갖는 관계를 확증해 보이도록 도전을 받고 있다. 아버지가 정말로 그대를 사랑하고 있는가? 돕는 자를 보내시는 것으로 그것을 입증해 보라. 하나님 아버지는 따르는 자들을 얻는 가장 좋은 방법을 알고 계신가? 뛰어내림으로

---

14. Christoph Kähler, "Satanischer Schriftgebrauch: Zur Hermeneutik von Mt. 4, 1-11/Lk 4, 1-13," *TLZ* 119(1994): 857-68. 예수의 이 시험 사건은 성경의 인용을 사용하고 성경의 남용을 이해시키고 있다는 점에서 독특하다.

얻어지는 반응을 보라.

하지만 예수는 아버지-아들의 관계를 아버지가 입증하시게 할 필요가 없으시다. 아버지는 이미 세례에서 그 관계를 선언하셨다. 아들은 더 이상의 확증을 필요로 하지 않는다. 이것이 성경적인 신앙의 본질이다: 하나님의 말씀을 취하고 다른 어떤 확증을 필요함이 없이 그 말씀에 순종하는 것이다.

세 번째 유혹: 사탄에게 경배하라(4:8-10)

유혹들이 개인적이고 민족적인 요소를 갖고 있을 뿐 아니라, 이제 마귀는 '우주적'(universal)인 차원의 유혹을 드러낸다. 그는 예수를 높은 산으로 데리고 가서,[15] 세상의 모든 나라와 그 광경을 보여주면서(4:8), 놀라운 제안을 한다: "만일 내게 엎드려 경배하면 이 모든 것을 네게 주리라."

이 얼마나 잔인한 유혹인가? 이 나라들은 예수가 자기의 영광을 버리신 이유가 된다. 예수의 궁극적인 목적은 민족들이 하나님의 영광으로 모이는 것이다(참조. 25:31-34). 그러나 예수는 영광의 보좌에 앉으시기 전에 십자가에 달리셔야 했다. 그러므로 마귀의 제안은 지름길이다. 그러면 예수는 인간 수고의 불명예와 십자가의 고통을 우회할 수 있다. 하지만 이 지름길을 취하는 것은 상당한 조건을 요한다. 즉 예수는 하나님 아버지의 뜻을 포기하고 이 땅의 마귀에게 경배해야 한다. 예수의 삶에 대한 아버지의 뜻은 십자가다(16:21-27; 26:36-46). 하지만 사탄은 고된 길을 통해 하나님 나라를 얻는 것을 지름길을 취하게 함으로써 예수가 사명을 회피하도록 시도한다.

따라서 예수는 강력하게 선언한다. "사탄아 물러가라 기록되었으되 주 너의 하나님께 경배하고 다만 주를 섬기라 하였느니라." 이 반응에서 예수는 먼저 명령을 발하심으로써 사탄에 대한 그의 적법한 권위를 행사하시고(참조. 16:23),[16] 신명기서를 세 번째 인용하신다(신 6:13). 사탄이 아무리 강력하고 지금 예수가 오랜 금식과 유혹의 강렬함으로 힘든 상태일지라도, 말씀으로 사탄을 물리치신다.

여기서 세 가지 중요한 요지가 있다. (1) 누가복음의 유사한 기사에서는 사탄이

---

15. 이 땅에서 모든 나라들을 볼 수 있게 하는 산은 없기 때문에 적어도 이 유혹이 환상적인 경험의 종류를 통해서 이루어지고 있음을 알려준다. 사탄은 유혹에 성공하기 위해서 온갖 세력을 이용했다. 초자연적인 능력이 하나님의 아들을 유혹하기 위해서 여기서 확실히 작용했다.

16. 쭉 "마귀"로 불렸던 자(예. 4:1, 5, 8)가 이제 "사탄"(4:10)이라 불린다.

세상 나라에 대한 권세를 자신이 갖고 있고, 자신이 원하는 자에게 그것을 줄 수 있다고 강조한다(눅 4:5-6). 사탄은 인간에 대한 상당한 영향과 세상에 대한 권세를 행사한다(고후 4:4; 엡 2:1-2; 계 13:1-2). 하지만 사탄의 영향은 제한이 있다. 예수에 대한 그의 제안은 "극악무도한 현혹"을 보여준다.[17] 사망할 시간이 가까이 왔지만 사탄은 자신의 권세를 제어할 바로 그분을 탈선시킬 수 있다는 생각으로 싸운다(요 12:31; 14:30; 16:11).

(2) 유혹은 실제의 왜곡과 관련이 있다. 그러므로 그것의 해독제는 성경의 '진리'에서 온다. 예수는 사탄의 권세에 대항하여 하나님의 아들로서의 권세로 맞붙어서 영적인 팔씨름 경기를 하지 않으신다. 다만 성경의 진리를 사용하여 실제에 대한 이해로 이끄신다.

(3) 아버지만이 경배를 받으실 가치가 있다. 자기를 예배하라고 사탄이 예수에게 요구한 것은 그의 전반적인 목표를 알려준다. 그것이 바로 죄의 본질이다. 죄는 하나님의 뜻을 저버리고, 자기 길로 가는 것이다. 스스로를 자신의 삶의 신으로 만드는 것이다. 사탄은 하나님을 대신하려고 한다. 두로 왕과 바벨론 왕의 모습(겔 28:2, 11-19)은 이런 망상의 전형이고, 세상의 극악무도한 통치자를 넘어서서 사탄 그 자신을 가리키는 것으로 자주 이해된다. 하나님을 경배하는 것은 인간이 자기 자신의 뜻이 아니라 하나님의 뜻에 자신의 삶의 통치를 넘겨드리겠다는 명백한 모습이다. 또한 이것은 하나님의 거룩하신 아들로서 예수의 신분을 이해하기 위한 함축적 의미를 갖는다. 예수는 경배를 받으셨고, 또 경배를 받으실 것이기 때문이다.[18]

유혹의 결과(4:11)

예수의 시험에 관한 마태의 마지막 코멘트는 위로의 결론을 주지만, 사탄과 예수의 충돌의 이면에 있는 더 커다란 모습에 대한 통찰을 제공해준다. (1) 예수가 사탄을 꾸짖으심의 직접적인 결과는 "이에 마귀는 예수를 떠나고"다. 이것은 예수가 그의 사역을 통해 경험하게 될 수많은 공격 가운데 첫 번째에 불과할지라도, 예수

---

17. Bock, *Luke 1:1-9:50*, 376.
18. "오직 하나님만을 경배하라는 예수의 주장은 예수를 경배하는 마태의 특징적인 주제(예. 2:2; 8:2; 9:18; 14:33; 15:25; 20:20; 28:17)가 예수의 신성을 위한 아주 중요한 증거가 되게 한다"(Blomberg, *Matthew*, 85-86).

와 모든 영적인 전쟁을 위한 선례를 형성한다. 예수는 환경이 어떠하든지 무슨 유혹이 있든지 간에 아버지의 뜻에 확고하게 스셨다. 하나님의 진리를 확고하게 붙듦으로써 마귀의 맹렬한 공격을 저항함이 마귀를 도망하게 만든다(참조. 약 4:7; 벧전 5:9).

(2) 마태는 감동적이지는 않을지라도 위로의 코멘트를 덧붙인다: "천사들이 나아와서 수종드니라." 즉 천사들이 오랜 기간의 금식을 하신 예수의 육체적인 필요를 돕는다. 하지만 더 중요한 것은 이 코멘트가 방금 전개되었던 장면의 우주적 의미를 암시한다는 것이다. 하나님의 아들은 사탄의 지배를 무너뜨리기 시작하셨다. 우리는 히브리서 1:6을 읽는다: "하나님이 맏아들을 이끌어 세상에 다시 들어오게 하실 때에 하나님의 모든 천사들은 그에게 경배할지어다." 이는 천사들이 하늘에서 이 최초의 전쟁을 지켜보고서 아들에게 경의를 표하는 것과 같다. 이것은 우주적 전쟁에서 중요한 최초의 승리이고, 궁극적으로 모든 악에 대한 승리와 우주 전체에 하나님의 통치의 구축으로 귀결될 것이다. 모든 하늘은 그 의미를 알고 천사들은 지금 그 나라를 시작하시는 아들을 섬긴다.

상황잇기

"예수님이 하나님이시기 때문에 하셨던 일은 무엇이고, 하실 수 있었던 일은 무엇인가?" 이 질문을 잠시동안 깊이 생각해 보라. 당신은 물위로 걸으시던 주님을 생각할 수 있을 것이다. 그 광경은 확실히 오직 하나님만이 하실 수 있었던 일처럼 보인다. 하지만 베드로가 배에서 떠나 한동안 물위로 걸었던 것을 우리는 기억한다. 베드로는 하나님이 아니지만 물위로 걸었다.

예수님은 나사로와 같은 죽은 자를 일으키셨다. 하지만 엘리사가 과부의 아들을 살린 것처럼(왕상 17:17-24), 베드로가 다비다를 살린 것처럼(행 9:36-42), 성경에 다른 사람들도 죽은 자를 일으켰다.

당신은 물고기와 떡으로 5천명을 먹이시거나 앉은뱅이를 낫게 하고 미래의 사건들을 예언한 것과 같은 예수가 일으키신 다른 다양한 기적들을 생각할 수 있을 것이다. 하지만 성경의 다른 사람들도 유사한 행위를 하였다. 말자하면 엘리사는 과부의 기름을 증폭시켰고(왕하 4:1-7), 베드로는 앉은뱅이 거지를 걷도록 명했으며(행 3:1-10), 나다나엘은 메시아가 다윗 가문에서 오실 것(삼하 7:8-17)을 예언했다.

이제 당신은 예수가 신성을 보이신 것으로 죄를 용서하신 것과 십자가에서 보속의 사역을 감당하신 것을 올바르게 지적할 수 있을 것이다(막 2:6-12). 이 일은 오직 예수가 하나님이시기 때문에 할 수 있었다. 하지만 일반적으로 예수가 지상사역에서 하신 모든 것을 생각할 때, 성경의 다른 인물들에게는 나타나지 않는 일은 그리 많지 않다.

어쨌든 지금 나는 예수의 신성을 축소하려고 하는 것이 아니다. 나는 예수가 성육신 하시고 세상의 죄를 위해 죽으시고 이 사실을 확증하기 위해서 다시 살아나신 하나님이신 것을 절대적으로 확신하기 때문에 크리스천이 되었다. 나는 이 진리를 위해 기꺼이 죽을 것이다. 성경은 예수가 하나님의 거룩하신 아들, 곧 성삼위일체의 제2위라는 것을 절대적으로 선언하고 있다.

하지만 우리 중 많은 이들이 내가 "기능적인 영지주의자"라고 부르는 것에 해당한다. 우리는 하나님의 신성을 너무 강조하여 예수의 인간 됨을 거의 부정한다. 또는 오늘날 세상은 예수의 신성을 부정하고 그의 인간 됨만을 인식한다. 결과적으로 우리는 예수의 신성을 강력하게 변호하고, 예수의 인성에 대해 너무 많이 말하는 사람들을 의심한다.

신약성경은 예수의 신성이나 인성에 대해 한쪽으로만 말하고 있지 않다. 신약성경은 예수의 양성을 강조적으로 선언한다(예. 롬 1:3-4). 마태는 예수의 거룩한 잉태와 인간적인 가계를 동시에 강조한다. 예수의 세례 장면에서, 마태는 하나님의 사랑 받는 아들로서 예수의 신성을 분명히 강조했다. 하지만 그는 예수가 성령에 이끌리어 유혹을 받으셨고, 사탄에게 승리하실 때에 인간적인 전투를 행하셨음을 분명히 강조한다.

성령으로 기름부음 받은 메시아의 사명. 예수는 지상사역에서 하나님의 능력으로 행하신 것이라기보다는 성령으로 기름부음 받은 메시아로서 행하셨다. 예수는 당신과 나처럼 온전한 인간의 삶을 살기 위해 오셨다. 그것은 예수가 자발적으로 인간의 속성에 자기 자신을 제한하셨음을 의미한다. 그는 성령의 능력에 의존하여 기적을 베푸시고, 아픈 자를 치유하시며, 죽은 자를 일으키셨다. 베드로가 오순절 설교에서 예수의 활동에 관해 설명한 것을 주목하라. "이스라엘 사람들아 이 말을 들으라 너희도 아는 바와 같이 하나님께서 나사렛 예수로 큰 권능과 기사와 표적을 너희 가운데서 베푸사 너희 앞에서 그를 증언하셨느니라"(행 2:22). 하나님은 기사와 이적과 표적을 예수를 통해 행하셨다.

더욱이 예수는 성령의 능력에 의존했기 때문에 경건하고 순전한 삶을 사셨다. 후반부의 메시지에서 베드로는 이렇게 증언한다.

요한이 그 세례를 반포한 후에 갈릴리에서 시작하여 온 유대에 두루 전파된 그것을 너희도 알거니와 하나님이 나사렛 예수에게 성령과 능력을 기름 붓듯 하셨으매 그가 두루 다니시며 선한 일을 행하시고 마귀에게 눌린 모든 사람을 고치셨으니 이는 하나님이 함께 하셨음이라(행 10:37-39).

다시 말해서 예수는 다윗가의 성령으로 기름 부은 자로서 메시아의 약속을 실현시키셨다. 그의 구속적 사명은 성령의 능력으로 모든 유혹을 이기시는 온전한 인간의 삶을 사는 것을 포함한다. 그가 인간의 죄에 대한 희생으로서 십자가에서 흠 없는 인간 생명을 드리실 수 있도록 말이다. 참으로 신인(神人)이 십자가에서 인내하신 것처럼 예수의 희생의 인성이 그의 신적인 본질에 의해 지원되었기 때문에 그 희생을 만족시킬 수 있었다. 하지만 예수는 온전한 신성을 보유하신 반면에, 인간의 온전한 경험에 자기 자신을 제한하셨다.

베들레헴의 구유에 누어 있는 아기 예수를 한번 상상해 보자. 그는 하늘을 보며 "내가 만든 이 세상이 얼마나 아름다운가! 나는 하늘 아버지와 이 세상의 창조를 논하였던 것을 기억한다." 나아가서 아기 예수가 구유에 누어 있었을 때, "지금 나는 배고프다. 아랫도리는 젖어 있다. 어머니 마리아가 내 자리를 갈아주면 좋겠다. 하지만 가련한 엄마. 그녀는 온종일 힘든 시간을 보냈다. 나사렛에서 이곳으로 올 때 종일 나귀를 탔기 때문에 그녀는 지금 지쳐 있다. 나는 그녀가 이 밤에 잠을 잘 수 있게 해주는 것이 좋겠어. 아침에 음식을 먹고 자리를 바꾸도록 하지 뭐. 아니면 더 좋은 방법으로 내 스스로 일어나서 우유를 먹고 자리를 바꾸어야지"라고 생각했다고 해보자.

이것이 합리적으로 들리는가? 물론 아니다. 예수는 온전한 인간 됨을 경험하셨다. 그는 통상적인 아기의 사고로 생각하셨고, 통상적인 아기와 같은 동일한 반응을 하셨다. 배고프고 아랫도리가 젖어있을 때 울었다. 그는 배가 부르고 아랫도리가 말라 있을 때 잠을 잤다. 그는 인간 어머니와 아버지에게 의존했다. 예수가 온전히 하나님이셨을지라도, 전형적인 인간의 경험을 갖고 있었던 완전한 인간이셨다.

그러므로 예수는 신성의 모든 속성을 가진 온전한 하나님일지라도, 그 속성의 사용을 제한하시어 다윗가의 매우 인간적인 메시아 구원자를 하나님이 보내시겠다는 약속을 성취시킬 수 있었다. 그는 당신과 내가 살아가고 있는 것과 동일한 종류의 생명을 가진 인간으로 사셨지만, 성령의 능력으로 아버지의 뜻에 온전하게 순종하였기 때문에 완전한 삶을 사셨다. 예수의 공적 사역의 시작은 세례 시에 그에게 성령이 오시는 것으로 특징지어졌다(3:13-17). 이 성령이 예수를 곧바로 유혹을 받도록 이끄셨다(4:1). 인간으로서 예수가 사탄의 유혹에 저항하는 능력을 받기 위해 의뢰한 것은 동일한 성령이시다.

성령으로 인도함을 받는 삶의 최상의 모범. 우리는 여기서 깊은 신학적인 물 속에 있지만 이것을 이해하는 것이 중요하다.[19] 우리가 예수의 삶과 사역에서 그의 경험의 진리를 이해하는 것이 중요할 뿐 아니라, 그것은 실제적으로 우리에게 도움이 된다. 예수가 성령의 능력으로 온전히 사신 완전한 인간의 모범이 되시기 때문이다.

동일한 성령이 우리에게도 유효하다. 우리가 이 생에서 예수의 완전하심을 가질 수는 없을지라도(예. 빌 3:12), 우리에게 유효한 성령으로 살아가는 삶의 종류의 모범을 예수에게서 본다. 동일한 성령이 예수의 형상으로 우리를 지금 변화시키고 있다. 사도 바울이 말한 것처럼 "우리가 다 수건을 벗은 얼굴로 거울을 보는 것 같이 주의 영광을 보매 그와 같은 형상으로 변화하여 영광에서 영광에 이르니 곧 주의 영으로 말미암음이니라"(고후 3:18)

예수는 하나님이 뜻하신 대로 인간의 삶을 사는 방법을 우리에게 보여주기 위해서 오셨다. 그는 성령의 능력으로 온전하게 사셨기 때문에 인간 본성 속에서도 승리적인 삶을 사셨다. 우리들은 특별한 기적을 행사할 수는 없다. 그것이 우리의 삶을 위한 하나님의 뜻이 아니라면 말이다. 하지만 우리는 삶의 모든 영역에서 성령으로 말미암아 예수의 모범을 따름으로써 승리적으로 살 수 있다.[20]

유혹을 이기는 방법의 최상의 모범. 그러므로 하나님 나라의 구원을 시작하시는 분으로서 예수의 사명이 유일무이할지라도, 예수의 시험은 인간들의 경험과 공통되며 우리가 영적인 전쟁에서 어떻게 할 수 있는지의 모범을 제시한다. 예수는 그의 신성 속에서 시험을 당하신 것이 아니라(약 1:13), 그의 인성 속에서 모든 점에서 우리와 같이, 하지만 죄는 없으신 상태에서 시험을 당하셨다(히 2:18; 4:15-16).[21] 시험은 그의 인간 본성에 향해 있었고, 그는 악마적 세계가 그에게 던질 수 있었던 최대의 시험을 경험했다. 겟세마네 동산에서의 장면은 그 시험이 실제로

---

19. 신학적인 이슈에 관한 개관을 Grudem, *Systematic Theology*, 특히 547-53과 같은 표준적인 조직신학에서 발견할 수 있다. 어떤 신학자들은 예수가 이 땅에 머무르는 동안에 오직 인간성 속에서만 활동하셨고, 초자연적인 활동의 모습은 성령을 통한 것이었다고 설명하는(참조. 행 2:22-23; 10:38) 반면에 또 다른 사람들은 예수가 이 땅에 계시는 동안에 신적인 본성 속에서 때로 활동하셨음을 강조한다. 하지만 이 모든 이들이 예수가 성령의 능력 속에서 온전하게 인간의 삶을 사셨음에 일치한다.
20. 나는 『예수의 형상으로』(*In His Image*)라는 책에서 이것을 더 자세하게 발전시켰다.
21. 예수가 죄를 지을 수 있었느냐 그럴 수 없었느냐에 관한 오랜 논쟁은 여기서 우리의 논의를 벗어난다.

매우 고통스러운 경험이었음을 분명히 알려준다(눅 22:44을 보라). 하늘 아버지의 뜻을 이루는데 온전히 초점을 맞춘 그의 의지가 유혹을 저항할 수 있게 했다.

사도 바울은 우리가 진지하게 예수의 모범을 취하게 하는 강력한 약속을 이야기한다. "사람이 감당할 시험 밖에는 너희가 당한 것이 없나니 오직 하나님은 미쁘사 너희가 감당하지 못할 시험 당함을 허락하지 아니하시고 시험 당할 즈음에 또한 피할 길을 내사 너희로 능히 감당하게 하시느니라"(고전 10:13). 하나님은 어느 유혹도 우리를 이길 수 없다고 약속하신다. 우리가 모든 유혹에서 하나님을 끊임없이 의뢰하고 성령의 가능케 하시는 능력에 의존한다면 우리는 승리적이 될 수 있다. 유혹은 실제이지만 그것에 져서는 안 된다. 우리는 때로 실패하는가? 그렇다. 불행하게도 우리가 이 땅을 떠날 때까지는 그럴 수밖에 없다. 하지만 하나님의 약속된 능력에 집중하는 것을 배울수록, 유혹을 저항하는 능력을 증진하고 성령의 도우심으로 충분히 승리할 수 있다.

우리 학교의 젊은 대학생 한 명이 어느 날 강의실에서 이 구절의 진리를 진정으로 깨달았다. 그녀의 눈의 즉시 넓게 열리더니 강의실에서 "내가 진정으로 이 구절을 믿었다면, 내 삶이 이와 같지는 않을 것이다. 나는 포기하지 않아야 한다!"라고 외쳤다. 그녀는 거기서부터 그 말씀을 진정으로 믿기 시작했고, 그 말씀을 실천했다. 그녀는 성령의 능력으로 역동적인 삶으로 승리하는 크리스천 여성이 되었다.

예수의 모범은 이와 같다. 예수의 의지는 선을 행하는 결의에서 매우 강력함으로 그의 인간 경험에 다가오는 유혹이 아무리 강력할지라도 그를 이길 수는 없었다. 우리의 뜻이 우리의 삶을 위한 아버지의 뜻을 행하는 결의에서 확고할 때, 아버지의 뜻을 행하셨던 예수의 삶의 모범에서 배울 수 있다. 우리가 여전히 이 세상의 타락한 곳에서 살아가고 있기 때문에 예수가 살았던 동일한 완전함을 획득하지는 못하지만, 이 회복의 과정이 예수의 구속 역사를 통해 시작되었고, 우리는 지금 그 발자국을 따른다(벧전 2:21).

하지만 예수가 죄를 지을 수 없었다고 믿는 신학자들에 나는 동의한다. 그렇다면 지금 마귀의 시험이 진정한 유혹이 될 수 있겠는가? 죄를 지을 수 없는 가능성이 그 유혹을 덜 심각하게 만들지는 않는다. 이에 관한 더 자세한 논의를 원하면 Grudem, *Systematic Theology*, 537-39와 M. Erickson, *Christian Theology*(Grand Rapids: Baker, 1983), 2:718-20을 보라.

현대적 의미

우리 모두는 우리를 탈선시키는 다양한 유혹을 갖고 있다. 지금 당신을 가장 곤혹스럽게 하는 유혹의 근원은 무엇인가? 어떤 한 사람에게 아주 어려운 유혹이 다른 사람에게는 그리 심각한 것이 아닐 수 있다. 예를 들어, 나는 단 음식을 먹는 것을 좋아하지 않는다. 그러므로 내 앞에 초콜렛 상자가 있더라도 전혀 나의 관심을 끌지 못한다. 하지만 어떤 다른 이들에게는 초콜렛이 심각한 유혹이 될 수 있다. 하지만 나는 잘 꾸며진 넓은 서점에 들어가면 좋은 참고문헌들을 사는 것을 절제해야만 한다. 어떤 다른 이들에게는 내가 항상 "필요하다"고 생각하도록 유혹을 받는 "얼간이" 책들을 사는 것을 전혀 고려하지 않을 것이다.

당신이 친구들과 동료들에게 가장 심각한 유혹의 근원에 대해 묻는다면, 흥미로운 현상을 발견하고 놀랄 것이다. 그들의 유혹은 보통 나쁜 것들이 아니다. 유혹은 본질적으로 "악한" 것들이 통상적으로 아니며 나쁜 목적으로 사용된 좋은 것들이다. 초콜렛은 본질적으로 나쁘지 않다. 책도 본질적으로 나쁠 수 없다. 하지만 초콜렛을 너무 많이 먹는다면, 충치, 체중 문제, 빈약한 영양 등을 포함하여 온갖 종류의 문제를 야기할 수 있다. 책도 마찬가지다. 포르노그라피나 이단서들과 같은 나쁜 목적을 가진 것들에 빠질 수 있다. 그러면 그 책은 그 사람을 포획하여 그가 실제 세계에서 책임 있게 살아가는 방식을 회피하게 할 수 있다. 예수가 시험받던 상황에서, 떡은 생명에 필요한 것이지만, 사탄의 제안을 따름으로써 돌로 떡이 되게 하는 것은 예수가 참으로 죄를 짓는 것임을 우리는 주목했다.

유혹의 진정한 본질은 좋은 것을 잘못 사용하여 왜곡하게 함으로써, 나쁘지 않은 좋은 것으로 교묘하게 판단하게 하는 것이다. 남자와 여자의 성적인 관계는 하나님이 제정하신 것이며, 제한된 범위의 관계를 위한 것이다. 결혼 이외의 성적인 관계를 갖게 하는 유혹은 좋은 것을 나쁘게 사용하는 것이다.

따라서 유혹을 접할 때 가장 중요한 고려사항은 우리가 직면하는 것들의 적합한 목적을 이해하는 것이다. 다시 말해서, 하나님이 이 상황에서 우리에게 무엇을 원하시는가? 우리의 몸을 창조하신 방식을 올바르게 이해한다면, 우리가 얼마나 많은 초콜렛을 먹을 수 있는지를 확실히 알 수 있으며, 어떤 종류의 성적 관계를 가져야 할지, 뒤에서 사람들에 대해 이러쿵저러쿵 이야기하는 것이 옳은지, 우리가 직면하는 그밖에 여러 가지 일들을 어떻게 대처할 지를 알게 된다. 우리가 어떤 종류의 유혹을 받을 때라도, 고린도전서 10:13을 위에서 제시한 방식의 지침으로 삼는다면, 하나님의 모든 자원을 승리적으로 의존할 수 있는 방법을 배울 수 있다.

유혹을 받는 것은 죄가 아니다. 유혹에 굴복할 때가 죄가 된다(참조. 약 1:13-15). 사탄의 손에서 유혹은 하나님의 손에서 검증이 된다. 하나님은 검증으로서 그 유혹을 사용하시고 우리의 성품을 강화시키신다.

크리스천 리더십을 위한 예수의 모범. 헨리 나우웬의 도전적인 작은 책 『예수의 이름으로』(*In the Name of Jesus*)는 예수의 유혹을 기독교 지도자들을 위한 요지로서 사용한다.[22] 다양한 유혹들을 기독교 지도자들이 사역에 참여할 때 직면한다. 우리는 즉시 도덕적 또는 윤리적 유혹을 생각할 것이다. 기독교 지도자들의 죄스러운 행동들을 미디어가 조명하는 것을 들었을 때 우리들이 심각함을 느꼈기 때문이다. 하지만 나우웬은 이와는 다른 것에 우리의 관심을 집중한다. 즉 많은 이들이 생각하기에 좋은 것이라고 여길 수 있는 유혹을 그는 다룬다. (1) 관계적인 유혹—사람들의 삶에서 차이를 만들 수 있는 능력을 보이는 어떤 일을 행하고, 보이고, 증명하고, 세우는 것, (2) 멋있게 보이려는 유혹—큰 박수를 받고 인기를 얻는 어떤 일을 하는 것, (3) 힘 있게 보이려는 유혹—이 땅에서 하늘나라를 세우는 도구로서 정치적, 경제적, 정신적 심지어 군사적 힘을 사용하는 것.[23]

기독교 지도자들에 대한 이런 숙고는 나우웬이 노트르담, 예일 그리고 하버드 대학교에서 목회신학과 심리학을 가르친 20년 간의 교수생활을 뒤로하고 정신적으로 불구인 한 공동체의 사역자로 살기 위해 그곳에 들어간 이후에 나왔다. 그는 자신의 삶의 많은 여정에서 효과적인 사역의 성분으로서 관계와 인기와 능력을 살펴보았지만, 유혹에 이기고 참으로 그리스도 같은 지도자가 되는 핵심적인 요소를 발견한 것은 예수의 모범을 바라볼 때였음을 발견하였다. 즉 삶의 방편으로서의 기도, 사역에서 다른 사람의 취약성을 나눔, 그리고 우리들과 우리의 사람들을 위한 하나님의 리더 되심에 대한 신뢰를 예수의 모범에서 찾았다. 나우웬은 결론적으로 이렇게 말한다. "나는 활짝 펀 손과 함께 아래로 움직이는 삶을 선택하신 이 지도자의 모습에 당신을 맡긴다."[24]

나우웬의 요지가 마태복음의 내용을 확대하고 있으나, 그럼에도 불구하고, 정곡을 찌르고 있다. 그리스도를 위해 사람들에게 영향을 미치고자 할 때 이런 유혹들이 곧바로 표면에 나타난다. 관계적이고, 인기 있고, 강력해지고자 하는 것은 나쁜 것은 아니지만, 이에 대한 욕심이 사역을 부패케 할 수 있다. 예수의 패턴을 바

22. Henri Nouwen, *In the Name of Jesus: Reflection on Christian Leadership*(New York: Crossroad, 1989).
23. Ibid., 16-17, 38-39, 58-59.
24. Ibid., 73.

라볼 때, 우리는 리더십의 더 좋은 모범을 발견할 수 있다.

일상의 유혹과 영적인 전쟁을 위한 예수의 모범. 예수의 유혹이 그리스도와 같은 리더십을 계발하기 위한 것과 연관성이 있을 뿐 아니라, 우리가 삶에서 직면하는 유혹과 영적인 전쟁들을 매일 승리할 수 있는 중요한 모범이 된다. 이 예수의 유혹들은 그가 메시아적 사역으로 들어가는데 필요한 특별한 것이었지만, 에덴동산에서의 하와의 유혹 그리고 사도 요한이 교회에 저항할 것을 경고한 이 세상의 유혹과 대체로 유사한 것으로 오랫동안 주목을 받아왔다.

유혹	마태복음 4:1–11	창세기 3:1–7	요한일서 2:15–16
육체적 연관성	돌이 떡이 되게 하라	나무의 열매가 먹기에 좋아 보였다	죄인의 갈망
하나님의 사랑과 뜻을 확증하라	천사들이 성전에서 떨어지는 것을 구조케 하라	너는 정녕 죽지 않고 눈이 밝아질 것이다	안목의 정욕
교만과 권세	이 세상의 모든 나라를 가져라	너는 하나님처럼 될 것이다	우리가 가지고 있고 하고 있는 것의 자랑

예수는 아담과 하와가 실패했던 것과 유사한 유혹에서 승리하셨다. 그가 이기신 방식은 우리가 유혹의 유사한 형태에서 승리할 수 있는 방식의 모범이 된다. 이것은 상상할 수 있는 모든 유혹의 형태 하에 이 시대를 살아가고 있는 모든 크리스천들을 뒷받침할 수 있는 강력한 진리다. 우리는 예수의 모범을 이와 같이 요약할 수 있다: '하나님의 뜻을 이루기 위해 하나님 말씀의 인도하심을 따라 성령의 능력으로 마귀를 이기라.'

(1) **'마귀를 이기라.'** 우리가 예수의 사역에서 볼 수 있는 첫 번째 원리는 예수가 마귀를 물리치셨다는 것이다. 많은 영적인 대결을 직접 보았고 어느 누구보다도 예수를 더 잘 알았던 두 사람이 동일한 조언을 준다. 예수의 형제 야고보는 "그런즉 너희는 하나님께 복종할지어다 마귀를 대적하라 그리하면 너희를 피하리라"(약 4:7)고 말한다. 육체를 살리기 위해서 예수를 부인하는 유혹에 굴복한 사도 베드로는 "근신하라 깨어라 너희 대적 마귀가 우는 사자 같이 두루 다니며 삼킬 자를 찾나니 너희는 믿음을 굳건하게 하여 그를 대적하라 이는 세상에 있는 너희 형제들도 동일한 고난을 당하는 줄을 앎이라"(벧전 5:8-9). 이것은 모든 크리스천들을

위한 강력한 권고다. 유혹이 올 때, 승리의 시작은 "아니다"라고 말하는데 있다. 우리는 하나님의 전신갑주를 입고 마귀의 계획에 대항하도록 부름을 받고 있다(엡 6:10-18).[25]

(2) **'하나님의 능력으로 하라.'** 하지만 우리는 우리 자신의 능으로는 마귀를 이길 수가 없다. 우리의 능력은 성경으로부터 나와야 한다. 예수는 유혹을 받을 때 성령으로 능력을 입었다. 그는 아주 어려운 때에도 결코 홀로 싸우시지 않았다. 성령이 그의 가이드로서 능력의 근원으로서 그곳에 있었다. 마귀의 두 전략을 주목할 필요가 있다. ⓐ 마귀는 우리가 유혹을 받을 시에 하나님이 우리를 버리셨다고 생각하기를 원한다. 하지만 바울은 로마서 8장의 성령으로 사는 삶에 관한 논설에서 그리스도에게 속한 모든 이들은 성령을 갖고 있다고 강조한다(롬 8:9-11). 성령은 우리의 가장 어두운 순간에서도 우리와 함께 계신다. ⓑ 사탄은 우리 스스로, 우리의 자원으로 유혹을 다룰 수 있다고 생각하게 만든다. 참된 영적인 전쟁에서 힘든 전투를 벌일 때, 성령이 우리를 이끄시도록 항시 의뢰해야 한다(참조. 엡 6:10-18). 예수가 성령을 통해 의존하였던 동일한 능력을 구할 때, 우리는 마귀를 물리칠 수 있다. 그는 우리로부터 도망한다(약 4:7).

(3) **'하나님의 말씀의 인도함을 따라라.'** 유혹이 본질적으로 하나님의 뜻에 역행하게 하는 것이라면 하나님의 뜻을 아는 것이 우리를 올바른 궤도에 있게 할 수 있다. 성경은 세상의 거짓과 육체와 마귀와 대조되는 생명의 진리를 우리에게 보여주기 위해 주어졌다. 예수의 말씀을 세상의 말과 비교해 보라. 그러면 아버지의 뜻을 따르는 방법과 거짓을 대적하는 방법을 알게될 것이다(참조. 요 8:31-32). 사탄은 유혹하기 위해서 성경의 문맥을 왜곡한다. 예수는 유혹 받을 시에 성경의 올바른 사용에 대한 모범을 우리에게 보여주셨다.

(4) **'하나님 아버지의 뜻을 이루라.'** 하나님의 말씀을 앎으로서 우리는 우리를 위한 하나님의 뜻을 식별할 수 있다. 삶의 궁극적인 목적은 종국에 "잘 하였다, 착하고 충성된 종아"(25:21, 23)라는 말씀을 듣는 것이다. 우리가 무엇을 해야할지를 어떻게 알 수 있는가? 우리의 삶을 위한 하나님의 목적을 알아야 한다—삶의 커다란 결정에서만이 아니라 세세한 부분에서도 하나님의 목적을 알아야 한다. 마태복음의 그밖에 다른 곳에서 이 사실이 진술되고 있다: "먼저 그의 나라와 의를 구하라"

25. 클린톤 아놀드(Clinton Arnold)는 마귀에 대한 성공적인 저항에 기여하는 아홉가지 확신과 행위를 논한다. Arnold, *Three Crucial Questions about Spiritual Warfare*, 30-41, 116-29을 보라.

(6:33), "누구든지 나를 따라오려거든 자기를 부인하고 자기 십자가를 지고 나를 따를 것이니라"(16:24), "네 마음을 다하고 목숨을 다하고 뜻을 다하여 주 너의 하나님을 사랑하라"(22:37).

시편기자의 교훈이 여기에서 유익하다. "여호와를 기뻐하라 그가 네 마음의 소원을 네게 이루어 주시리로다"(시 37:4). 하나님을 기뻐하거나 사랑하는 것은 작든 크든 우리의 삶의 모든 결정을 위한 가장 중요한 지침이다. 우리가 참으로 하나님을 사랑하면 하나님의 말씀과 우리를 위한 하나님의 뜻에 역행하는 일을 하지 않을 것이다. 동시에 우리가 하나님과 동행함으로 기뻐한다면, 마음대로 우리 자신의 욕망과 꿈을 추구하지는 않는다.

따라서 유혹이 올 때, 어떤 계획중인 행동과 관련하여 "이것은 하나님이 내게서 원하시는 것인가? 내가 참으로 하나님을 사랑하고 그를 기쁘시게 하기 위해서 이것을 하는가?"라고 물을 수 있어야 한다. 예수는 우리의 궁극적인 모범이시다. 그의 가장 근본적인 양식은 아버지의 뜻을 행하는 것이었다. "나의 양식은 나를 보내신 이의 뜻을 행하며 그의 일을 온전히 이루는 이것이니라"(요 4:34). 우리 앞에 이런 열망을 가질 때, 하나님의 뜻을 이루기 위해 말씀의 인도하심을 따라 성령의 능력으로 실로 마귀를 물리칠 수 있다.

마태복음 4:12-25

12 예수께서 요한이 잡혔음을 들으시고 갈릴리
로 물러가셨다가
13 나사렛을 떠나 스불론과 납달리 지경 해변에
있는 가버나움에 가서 사시니
14 이는 선지자 이사야를 통하여 하신 말씀을
이루려 하심이라 일렀으되
15 스불론 땅과 납달리 땅과 요단 강 저편 해변
길과 이방의 갈릴리여
16 흑암에 앉은 백성이 큰 빛을 보았고 사망의
땅과 그늘에 앉은 자들에게 빛이 비치었도다
하였느니라
17 이 때부터 예수께서 비로소 전파하여 이르
시되 회개하라 천국이 가까이 왔느니라 하
시더라
18 갈릴리 해변에 다니시다가 두 형제 곧 베드
로라 하는 시몬과 그의 형제 안드레가 바다
에 그물 던지는 것을 보시니 그들은 어부라
19 말씀하시되 나를 따라오라 내가 너희를 사람
을 낚는 어부가 되게 하리라 하시니
20 그들이 곧 그물을 버려 두고 예수를 따르니라
21 거기서 더 가시다가 다른 두 형제 곧 세베대
의 아들 야고보와 그의 형제 요한이 그의 아
버지 세베대와 함께 배에서 그물 깁는 것을
보시고 부르시니
22 그들이 곧 배와 아버지를 버려 두고 예수를
따르니라
23 예수께서 온 갈릴리에 두루 다니사 그들의
회당에서 가르치시며 천국 복음을 전파하시
며 백성 중의 모든 병과 모든 약한 것을 고치
시니
24 그의 소문이 온 수리아에 퍼진지라 사람들이
모든 앓는 자 곧 각종 병에 걸려서 고통 당하
는 자, 귀신 들린 자, 간질하는 자, 중풍병자
들을 데려오니 그들을 고치시더라
25 갈릴리와 데가볼리와 예루살렘과 유대와 요
단 강 건너편에서 수많은 무리가 따르니라

원 의미

금식하러 광야로 예수가 물러나심은 어떤 이들이 메시아적 구원자를 예견했던 것과는 일치하지 않아 보였다. 하지만 예수가 금식의 말미에 심히 약해져 있었을지라도, 사탄을 말씀의 명령으로 물리치신다. 이 "구원자"는 전형적인 메시아 형태를 취하지 않았다. 예수가 보여주신 능력과 권위는 군사적이지도 정치적이지도 않았다. 하지만 그의 권위와 능력은 흔들림이 없었다. 예수는 이 세상의 악마적 통치자를 정복할 만큼 충분히 강력하시고, 그의 메시아 복음에 유대인과 이방인을 모두 포함시킬 만큼 충분히 보편적이며, 단순한 사람을 역사의 과정을 변화시키는 운동의 리더로 변화시킬 만큼 권위가 있고, 사람들의 근본적인 필요—육체적, 영적, 정신적—를 충족시킬 만큼 충분히 효과적이다. 이것이 하나님의 나라를 촉진하시는 메시아 구원자의 특징이다.

메시아 예수가 갈릴리 사역을 시작하시다(4:12-17)

예수의 사역은 3년 동안 지속한 것으로 전통적으로 이해되어진다: 한 해는 모호하고, 다음 한해는 대중적이며, 그 다음 한해는 점증되는 박해를 받는다.[1] 공관복음서는 모호한 첫 해를 대체로 생략하지만 예수의 갈릴리 사역의 도입에서 이 기간이 함축되어 있다: "예수께서 요한이 잡혔음을 들으시고 갈릴리로 물러가셨다가"(4:12). 마태복음에서는 세례 요한에 의한 예수의 세례와 세례 요한의 체포 사이의 첫 해에 대한 것을 전혀 들을 수가 없다. 이 시기의 세부사항에 대해서는 요한복음 1:26-4:3을 통해서만 읽을 수 있다.

예수가 갈릴리로 돌아오신 동기는 세례 요한이 감옥에 갇혔다는 것이다. "요한이 잡혔다"는 표현에는 예수의 체포와, 구금 그리고 마지막 처형과 연관된 것과 동일한 동사('파라디도미', 참조. 17:22; 막 15:1; 롬 4:25; 8:32; 고전 11:23)가 들어 있다. 마태는 요한이 왜 체포되었는지를 설명하지 않는다. 아마도 이 내용을 그의 청중들이 잘 알고 있었기 때문일 것이다. 요세푸스는 헤롯 안티파스가 정치적인 이유로 요한을 잡아 가두었다고 강조한다. 즉 헤롯 안티파스는 설교와 세례와 더불은 요한의 대중성이 일종의 선동의 형태로 백성들을 이끌 것으로 두려워했다.[2] 마태는 나중에 요한의 구금에 대한 부가적인 도덕적 이유를 열거한다: 세례 요한은 헤롯 안티파스가 이복형제인 필립의 아내인 헤로디아와 교제하고 종국에는 결혼한 것을 공개적으로 정죄했다(14:1-12의 주석을 보라).

예수는 사역을 시작하기 위해서 갈릴리 지역으로 '돌아왔다'(문자적으로는 "물러나다"). "물러나다"('아나코레오')는 마태복음에서 이미 여러 번 사용되었다.[3] 각각의 경우에 "물러나다"는 약간 부정적인 이슈와 관련이 있다. 여기서 부정적인 이슈는 세례 요한의 체포다. 우리는 예수가 요한이 체포당한 지역에서 위험으로부

---

1. 연대적인 이슈에 관한 간단한 개관을 위해서는 Robert Stein, *Jesus the Messiah*(Downers Grove, Ill.: InterVarsity Press, 1996), 51-60. Hoehner, 더 전문적인 논의를 위해서는 *Chronological Aspects of the Life of Christ*, 45-63을 보라.
2. Josephus, *Ant.* 18:116-19.
3. 2:12, 13, 14, 22; 4:12을 보라; 참조. 14-13; 15:21; 27:5.

터 멀리하기 위해서 물러나셨다고 추측할 수 있다.[4] 하지만 헤롯 안티파스가 갈릴리 지역을 통치했음을 우리가 깨달을 때, 예수가 그로부터 위험을 피하기 위해서 갈릴리로 가지는 않았을 것이다. 헤롯의 수도인 디베리우스는 가버나움의 갈릴리 해변에서 8마일 반 정도 떨어져 있었다. 따라서 한 주석가는 예수가 헤롯에게 대적하기 위해서 헤롯의 본거지로 들어가셨다고 제기하기까지 한다.[5] 이것이 어떤 경우이든 간에, 예수는 위험에서 도망하려고 갈릴리로 돌아가신 것이 아니다.

불길한 음모가 전개되고 있는 것은 사실이다. 예수의 시험은 하나님 아버지의 계획과 사탄의 반대 사이에서 고조되는 영적인 갈등을 우리에게 경각시킨다. 바리새인과 사두개인의 위선에 대한 세례 요한의 혹평은 복음의 메시지와 종교당국자들의 활동간에 종교적인 충돌이 있을 것임을 우리에게 경고한다. 요한의 체포에 대한 마태의 암시는 이스라엘 백성들의 희망과 로마 점령자들의 통치간에 정치적인 충돌이 있음을 우리에게 주지시킨다. 예수는 점증하는 폭풍에 맞서서 갈릴리 사역을 행하신다.

갈릴리로 돌아가신 예수는 분명히 그의 어머니와 형제 자매들이 여전히 살고 있는 고향 나사렛으로 먼저 가신다. 마태는 "나사렛을 떠나"[6] 가버나움으로 간다고만 말하지만, 누가는 고향에서 예수가 어떻게 지내셨는가를 좀더 자세히 설명한다. 예수는 회당에 가셔서 돌아온 성공적인 설교자로서 성경을 읽으셨다. 그러나 그는 자신의 사역이 이방인을 포함할 것임을 드러내었을 때 고향사람들의 인종적인 민감성에 직면하게 된다. 이들은 예수를 죽이려고까지 한다(눅 4:16-31).

유대인과 이방인간의 반목은 극에 달해 있었다. 비유대인 주민들이 삼면에서 북쪽 이스라엘 지파를 둘러싸고 있었다. 그래서 이 지역을 "이방인의 갈릴리"(4:15)라고 묘사했다. 예수가 이스라엘 민족에 대한 하나님의 약속을 실현하기 위해서 먼저 유대인에게 갔지만(10:5-7), 이방인들에게도 복음이 열려 있음을 보여주신다. 이 열려 있음은 이방인을 포함하는 아브라함의 원 언약의 의도를 반영한다. 이것은 이방인에 대한 후대의 사도적 선교의 토대가 된다(28:18). 그러나 예수의 고향에 있는 사람들을 포함하여 많은 유대인들이 이방인에 대한 반감을 극복하지 못했다.

---

4. Good, "The Verb ΑΝΑΧΩΡΕΩ in Matthew's Gospel," 1-12.
5. Floyd V. Filson, *A commentary on the Gospel According to St. Matthew*, 2d ed. (Black's New Testament Commentaries: London: Adam & Charles Black, 1971), 72을 보라.
6. NIV의 "하지만 나사렛으로 가는 대신에"는 "뒤에 두고"라는 의미를 담고 있는 '카탈레이포'의 통상적인 번역을 모호하게 만든다(참조. BDAG, 520-21).

적대적인 나사렛을 떠나온 후에 예수는 그의 사역의 기점이자 갈릴리 사역의 연장을 위한 새로운 고향으로 가버나움을 택하신다(4:13; 참조. 9:1). 가버나움은 히브리어 '케파르 나훔'의 헬라어형인데, 그것은 "나훔의 마을"을 의미한다. 마태는 가버나움과 고라신과 벳세다를 "예수가 가장 많이 이적을 베푸신" 도시였다고 나중에 설명한다. 예수께서 활동하신 이 지역을 어떤 이들은 "복음의 삼각주", 즉 예수의 복음선포의 중심지역이라고 일컫는다.[7] 갈릴리의 변방 마을인 가버나움은 이 삼각주의 중앙에 자리하고 있었다.[8]

갈릴리의 스불론과 납달리로 예수가 오심은 구약성경의 또 다른 예언을 성취시키고 사역의 비옥한 토양을 제공한다. 마태복음 4:15-16은 이사야 9:1-2을 인용한다. 이 인용은 지금까지 여섯 번째 구약성경 예언이고, 마태복음의 독특한 성취형식어구를 사용한 다섯 번째이다(1:22-23; 2:5-6, 15, 17-18, 23을 보라). 스불론과 납달리는 갈릴리해 최 북부 지역에 정착한 이스라엘 열두 지파에 속한다. 나사렛은 스불론의 영토에 속했고, 가버나움은 납달리 영토에 속했다. "해변 길"(4:15)은 이 지역에서 지중해로 가는 무역 통로였다. 마태는 예수의 사역이 유대 갈릴리의 지역적 한계를 넘어서서 나아갈 것임을 인식하고 있다. 예수의 사역은 그 지역을 여행하는 사람들, 요단강 건너편의 사람들, 그리고 궁극적으로는 이방인들에게 영향을 미칠 것이다.

앗수르의 정복으로 B.C. 732년(왕하 15:29)의 앗수르 통치자가 그 지역을 하나의 주로 복속시켰기 때문에, 이 지역은 이방인들의 영향이 강력한 침투를 경험했다. 따라서 이곳의 거주자들을 "흑암에 앉은 백성"(마 4:16)이라 불렀고, 그것은 이방인들의 소망 없음 가운데서 살면서 구원을 기다렸던 유대인들을 묘사한다.[9] 여기서 흑암이 가득하고, 이스라엘의 종교적 중심지인 예루살렘과 멀리 떨어져 있는 곳에 있던 유대인들이 먼저 하나님의 구원의 큰 빛을 예수 안에서 보았다. 그것은 죽음의 절망을 가장 분명하게 이해하는 사람들에게 소망을 가져다 줄 것이다. 이 빛은 보편적인 소망의 메시지를 전조한다. 이와 동일한 지역에서 예수가 모든 이방인들을 제자 삼으라는 위임명령을 수행하도록 제자들을 보내실 것이기 때문이다(28:18). 전개되기 시작하는 그 메시지는 메시아적 은혜에 관한 것이다. 적어

7. Bargil Pixner, *With Jesus Through Galilee According to the Fifth Gospel*(Israel: Corazin, 1992), 33-35.
8. 가버나움의 역사의 고고학적인 견해에 대해서는 John C. H. Laughlin, "Capernaum: From Jesus' Time and After," *BAR* 19/5(1993): 55-61, 70; Pixner, *With Jesus Through Galilee*, 35을 보라.
9. 마태복음에서 "백성"(라오스)이라는 용어는 이스라엘을 언급한다(1:21; 27:24-25의 주석을 참조하라).

도 그 은혜를 기대하는 사람들에게 소망의 메시지가 먼저 온다.

"이때부터 예수께서…"(4:17)라는 어구는 마태복음의 내러티브에서 중요한 전환점을 알려준다.[10] 이 어구는 예수의 메시아적 사역을 위한 준비가 완전히 마쳐졌음을 가리킨다. 예언된 기적적인 탄생과 메시아의 유년기가 구축되었다. 선지자적인 선구자가 예수의 도래를 선포했다. 예수는 성령으로 사역에 기름부음을 받았고, 하나님 아버지에 의해 인증되셨다. 예수는 사탄을 누르는 아들의 권세를 가지신 권위적인 능력을 입증하셨다. 이제 요한의 체포로 그의 공적인 사역이 종료됨으로써, 메시아 예수는 예언된 구원의 땅으로 나아가셔서 역사에서 하나님의 간섭하심의 메시지를 선포하신다.

예수의 메시지에 대한 마태의 요약은 세례 요한의 메시지 요약과 동일하다: "회개하라, 천국이 가까이 왔느니라"(4:17; 참조. 3:2).[11] 예수와 요한의 메시지는 모두 그 나라의 도래를 정의하지 않는다. 아마도 예수와 요한이 설교하는 것을 들었던 사람들 중에서 그 나라의 도래에 대한 어떤 기대가 이미 있었음을 암시한다.[12] 하지만 예수가 그의 사역에서 발전시켰던 방식과 그에 대한 많은 사람들의 반응이 하나님 나라가 "가까이 왔다"는 방식에 대한 서로 다른 이해와 기대를 드러낸다

도날드 고완(Donald Gowan)은 이스라엘의 다양한 기대를 제공해주었던 일반적으로 일관된 예언적 소망을 강조한다. "하나님은 인간을 변화시켜야 한다. 하나님은 새로운 마음과 심령을 주어야 한다.… 하나님은 인간 사회를 변화시켜야 한다. 하나님은 이스라엘을 약속한 땅으로 회복시켜야 한다. 도시를 재건해야 하며 이스라엘의 새로운 신분을 온 민족의 증인으로 삼아야 한다.… 그리고 하나님은 본성 자체를 변화시켜야 한다."[13] 이스라엘의 어떤 이들은 변화된 본질에 초점을 맞추었고, 또 다른 이들은 이스라엘의 회복에 초점을 맞추었다. 어떤 이들은

---

10. 이 어구는 예수가 다가오는 십자가처형의 수난 예언을 처음으로 말씀하기 시작한 16:21에서 또 다른 결정적인 전환점을 발생시킨다. 이 어구는 마태가 자신의 복음을 세 가지 주요한 항목으로 나누어 사용하고 있었음을 암시하면서 마태복음의 구조에 열쇠로 간주된다: 1:1-4:16; 4:17-16:20; 16:21-28:20. 예를 들어, Jack Dean Kingsbury, *Matthew: Structure, Christology, Kingdom*(Philadelphia: Fortress, 1975)을 보라. 이 어구가 나타남이 내러티브에서 중요한 전환을 특징지어주지만, 두 사건들이 서로 분리된 것처럼 듣고 있는 청중들에게 중요한 의미를 갖고 있었다고 보기는 어렵다.

11. 세례 요한의 설교에서 "천국/하나님 나라"라는 표현에 대해서는 3:2의 주석을 보라.

12. 한정적인 침묵은 예수와 요한의 설교를 들었던 사람들이 예수와 예수의 선구자 세례 요한을 이미 알고 있었음을 가정한다. 하나님 나라의 선포와의 확실한 연관성을 염두에 두었을 것이다. Dale Patrick, "The Kingdom of God in the Old Testament," *The Kingdom of God in Twentieth Century Interpretation*, ed. Wendell Willis(Peabody, Mass.: Hendrickson, 1987), 71을 보라.

13. Donald E. Gowan, *Eschatology in the Old Testament*(Philadelphia: Fortress, 1986), 2.

새로운 마음에 초점을 맞추었고, 또 다른 이들은 새로운 도시에 초점을 맞추었다. 많은 사람들이 임박한 심판과 회복이 오실 이의 도래로 실현될 것을 소망했다. 그들은 불의한 자들에게 하나님의 진노가 쏟아지고, 의로운 자에게 하나님의 복이 쏟아지는 것을 기다리고 있다. 백성들은 천국이 가까이 왔다고 예수가 선언하는 것을 들었을 때, 예수가 그들의 소망에 부합하는 종류의 나라를 시작시켰다고 기대했다.

하지만 예수는 당신 자신의 일정을 갖고 계셨다. 그는 하나님의 진노가 그에게 순종하지 않는 사람들에게 임할 것이고, 이 세상의 통치자를 판단하는 심판의 형태를 실로 가져오실 것이다(참조. 요 3:36; 16:11). 또한 그는 그 나라를 이스라엘로 제시하는 것으로서 회복의 형태를 가져오실 것이다(마 10:5-7; 15:24). 그는 천국에 들어가는 자격으로서 의의 회복의 형태를 시작시키신다(5:20). 하지만 이것이 구약성경의 예언적 소망을 실현하는 방식은 이스라엘의 많은 백성들이 기대하고 있었던 것과는 달랐다.

천국을 시작시키시는 예수의 일의 핵심은 사람들이 그를 그들의 메시아로 어떻게 반응하느냐와 연관이 있다.[14] 그는 요한이 예언한 오실 이시지만(참조. 3:13-17; 11:2-6), 그에게 오는 모든 사람들을 위한 나라의 "좋은 소식"을 전파하신다. 예수가 그의 사명을 매진하실 때, 백성들은 어떤 결정을 취해야 한다. 그들은 예수와 함께 있든지, 말하자면 예수가 하나님의 현재의 계획을 드러내시는 것을 수납하고 그들의 기대를 조정하든지, 아니면 예수에게 대적하게 될 것이다. 후자를 선택하는 비극은 로마인들의 재판에서 충분히 드러난다. 무리들은 예수를 선택하기보다 혁명적인 약탈자인 바라바를 선택한다. 예수가 무리들이 그 나라에 대해 기대하는 것을 몹시 실망시켰다. 그리하여 그들은 예수를 대적한다(27:15-26을 보라).

하나님의 방식은 인간이 기대하는 것과 항상 같지 않다. 예수는 참으로 예언적인 소망을 성취하실 것이다. 하지만 그가 인자로서 영광 중에 오실 때만이 온전한 성취에 대한 기대를 이룰 것이다(참조. 24:29-31). 예수 자신의 일정이 있다. 이 이중적인 현상이 "이미—하지만 아직 아닌"이라는 하나님 나라의 본질을 오늘날 학자들이 일반적으로 언급하는 것이다. 예수는 그 나라를 '이미' 시작하셨지만 마지막 형태에 '아직 이르지 못했다.'[15] 우리가 마태복음의 기사를 계속 읽어나가다 보

14. 크랜필드(Cranfield)가 말한 것처럼, "예수의 위격 속에서 하나님의 나라가 사람들에게 가까이 있고, 예수의 위격 속에서 하나님 나라는 실제로 사람들과 대면한다"(C.E.B. Cranfield, *The Gospel According to St. Mark* [CGTC, Cambridge: Cambridge Univ. Press, 1972], 68).

면, 예수가 정확히 무엇을 시작시키셨으며 지금 어떤 성취를 기다리고 있는지를 이해하게 될 것이다. 하나님 나라는 다윗가의 메시아적 왕의 도래로 이미 내재해 있다. 그 나라의 도래는 그것의 영향을 경험하는 사람들 사이에서 다양한 기대를 접하게 될 것이다. 하지만 어떤 다른 이들이 즉시 일어날 것으로 기대했던 것—특히 온전한 심판과 회복—은 마지막 성취를 기다리고 있다.

메시아 예수가 사람을 낚는 자를 부르시다(4:18-22)

하나님의 나라는 예수가 가버나움 근처의 갈릴리 해변을 걸으시며 그에게 합세하는 어부들을 부르시는 독특한 방법으로 촉진된다.[16] 예루살렘 북쪽 60마일 경에 위치한 "갈릴리 해변"은 구약성경에서 "긴네렛 해변"[17]이라 불렀다. 신약성경의 그 밖에 다른 곳에서는 (1) "디베랴 바다"(요 6:1; 21:1)라 불렀다. 헤롯 안티파스의 수도인 디베랴가 서쪽 해변에 자리하고 있었기 때문이다. (2) "게네사렛 호숫가"(눅 5:1)는 서/북서 해변에 자리하고 있는 도시와 평지의 이름을 따서 불렀다.[18] (3) 때로는 단순히 "호수"(눅 5:2; 8:22, 23, 33)라고 불렸다.

이 호수는 수평의 바다에서 적어도 636피트 아래에 위치한 커다란 요단 유역에 자리하고 있다. 요단강은 북쪽으로 호수로 들어가서 남쪽으로 빠져나온다. 종국에는 남쪽 65마일 경의 사해바다에서 끝이 난다. 고대의 작가들은 사해바다와 달리 갈릴리 바다가 신선한 물과 상쾌한 기후를 제공했다고 모두 주장한다. 갈릴리 바다는 늪지보다는 깨끗한 모래 해변을 갖고 있었고, 물고기들이 많이 노닐었을 것이다.[19] 호수가 낮은 고도에 위치함은 상대적으로 사계절이 온화한 기후를 제공했

15. 예수의 첫 번째 도래에서 성취되었고, 두 번째 도래를 기다리고 있는 것과 관련한 다양한 견해들이 있을지라도, "이미-하지만 아직은 아닌"이란 일반적인 입장에는 대체적인 일치가 있다. 최근의 입장에 대한 가장 완전한 조사에 대해서는 Mark Saucy, *The Kingdom of God in the Teaching of Jesus In Twentieth Century Theology*(Dallas: Word, 1997)을 보라. 폭넓게 제기되는 복음주의적 관점의 간단한 개관에 대해서는 *JETS*의 1992년 3월판을 보라. 그 책 안에는 George R. Beasley-Murray, "The Kingdom of God in the Teaching of Jesus," *JETS* 35(1992): 19-30에 의한 문서와 Craig Blomberg(31-36)의 반응, Beasley-Murray(37-38)의 답변, 그리고 Carl F. H. Henry, "Reflections on the Kingdom of God," 39-49의 독자적인 문서가 들어 있다.

16. 마태복음의 내러티브에서 예수의 메시지와 인접한 사역의 상황과의 연관성은 Warren Carter, "Narrative/Literary Approaches to Matthean Theology: The Reign of the Heavens' As an Example(Mt. 4. 17-5.12)," *JSNT* 67(September 1997): 3-27에 의해 조명된다.

17. 민 34:11; 신 3:17; 수 12:3; 13:27.

18. "게네사렛 호수"는 히브리어 "긴네렛 호수"의 헬라화된 번역이다.

19. Strabo, *Geography* 16.2; Pliny, *Natural History* 5.15, 71; Josephus, *J.W.* 3.506.

기에 사람들은 집 바깥에서도 잠을 잘 수 있었을 것이다(예. 15:32; 막 8:2). 그러나 호수 면에서 2,650피트가 솟아오른 동서 산맥으로 둘러싸인 낮은 지형은 갑작스러운 돌풍과 폭풍우를 발생시켰을 것이다(참조. 마 8:24; 막 4:37; 눅 8:23; 요 6:18).[20]

예수는 길을 따라 걷다가 바다에 "그물을 던지는"(문자적으로는 "던지는 그물을 투사하고 있는") 시몬 베드로와 그의 형제 안드레를 보신다(4:18). "투망"('암피블레스트론')은 단순한 어부들이 사용했다. 그것은 직경 20-25피트의 원형으로 되어 있었고, 바깥쪽에 납으로 만들어진 추가 달려 있었다. 어부들은 팔에 그물을 감고, 그것을 배에서 또는 낮은 물가에서 수면으로 던졌다. 바깥쪽의 추는 이 그물이 펴져서 끌어 모을 수 있게(낙하산처럼), 안에 사로잡힌 고기와 함께 바닥으로 잠겼다. 이것은 단순한 어부들의 일상적인 작업에 해당한다.[21]

예수는 이들에게 접근하여 "나를 따라 오라…내가 너희를 사람을 낚는 어부가 되게 하리라"고 외치신다(4:19). 놀랍게도 일하는 도중에, 그들은 즉시 그들의 그물을 버려 두고 예수를 좇는다(4:20). "그물을 버려 두고"라는 표현은 그들이 생계와 가정을 포함한 모든 것을 뒤로하고 떠나는 것을 함축한다. 베드로는 나중에 그것을 강조적으로 진술한다: "우리가 모든 것을 버리고 주를 따랐사온대"(19:27). 베드로는 아내와 장모가 살고 있는 가정을 예수의 갈릴리 사역의 활동 기지로 제공한다(참조. 8:14-15). 그들은 고기를 낚는 데서 사람의 영혼을 낚는 것으로 주요한 직업의 변화를 요청하는 예수의 부르심을 유념한다.

다음에 예수는 해변에서 좀더 가서 자기 아버지와 함께 배에서 그물을 고치고 있는 세배대의 두 아들인 야고보와 요한을 보신다. 이 그물은 아마도 삼중망이었을 것이다. 즉 길이가 100피트 정도로 다섯 부분으로 이루어진 삼중의 복잡한 그물이었을 것이다. 이 그물은 적어도 배에서 두 사람이 사용하였으며, 물고기가 그물망을 볼 수 없는 밤에 주로 사용하였다.[22] 최근 1986년에 예수의 시대에 갈릴리에서 사용했던 고대의 고기 잡는 배가 드물게 발견됨은 세베대의 아들들이 소유했던

20. Seán Freyne, *Galilee from Alexander the Great to Hadrian: A Study of Second Temple Judaism* (Wilmington: Michael Glazier, 1980); idem, "Galilee, Sea of," ABD, 2:900; Rainer Riesner, "Archeology and Geography," *DJG*, 37을 보라.

21. 더 상세한 묘사와 해설을 위해서는 Mendel Nun, *The Sea of Gallilee and Its Fishermen in the New Testament*(Kibbutz Ein Gev: Kinneret Sailing Co., 1989), 23-37, idem, "Cast Your Net Upon the Waters: Fish and Fishermen in Jesus' Time," *BAR* 19/6(1993): 52-53을 보라.

22. Nun, *The Sea of Galilee and its Fishermen*, 16-44.

배의 종류에 대한 개념을 제공해준다. 그 배는 호수 위에서 상업적인 고기 잡는 여행을 밤새도록 할 수 있게 해주는 주방 시설도 갖추고 있었다.[23]

야고보와 요한을 데리고 그들의 아버지는 고용한 일꾼들과 더불어 고기를 잡은 후에(참조. 막 1:20), 다음 번 원정을 위해 그물을 준비하고 있었을 것이다. 이 장비를 돌보는 것은 고기 잡은 후의 아침나절을 요하는 일이었다. 하지만 베드로와 안드레에게 그리하셨던 것처럼, 예수는 그들의 바쁜 일과를 방해하시고 그들을 부르신다. 그들도 역시 예수를 좇기 위해서 배와 아버지를 포함하여 모든 것을 뒤에 버려 둔다(4:21-22). 예수의 소명에 순종함으로서 그들은 다양한 가족 관계와 책임과 의무에 영향을 미치는 가정일과 자산 그리고 생계에 헌신하는 일을 포기한다.

몇 가지 중요한 요지가 예수의 첫 번째 공적인 활동 장면에 관한 마태복음의 기사의 중요성을 강조한다.

(1) **예수에게 초점을 맞춰라.** 이 사건의 주요한 초점은 예수가 선포하신 천국이다. 제자를 부르시는 장면은 예수의 권위를 특히 강조한다. 그가 부르실 때 사람들은 순종하다. 그들이 제자도의 삶을 시작하고 유지할 수 있는 것은 오직 예수의 권위 때문이다.[24] 예수는 성령으로 기름 부음 받은 메시아적인 아들이시다. 그 안에서 하나님 나라가 도래했다. 적절한 반응은 즉시 순종하는 것이다.

(2) **하나님 나라의 일꾼들.** 예수는 그의 나라의 사명에 합세할 일꾼들을 모집하고 앞으로 있게 될 결과를 주신다: "내가 너희를 사람을 낚는 어부가 되게 하리라"(4:19). 장래에 "고기를 잡는 일에서 그러했던 것처럼 사람을 찾는 일에서도 마찬가지로 유능할 것이다."[25] 그들은 하나님 나라의 도래에 관한 예수의 메시지를 갖고 단기선교사로 보내지지만(참조. 10:5-7), 모든 민족을 제자 삼는 전세계적인 선교도 감당할 것이다(28:18-20). 이 네 제자들은 예수의 열두 제자들 중에서 핵심적인 서클에 속하고(10:1-4의 주석을 보라), 베드로는 사도 교회의 초기 시대에 리더십의 많은 역할을 감당한다(16:17-20의 주석을 보라).[26]

---

23. 선도하는 발굴자에 의한 배의 발견과 발굴에 관한 재미있는 이야기에 대해서는 Shelley Wachsmann, *The Sea of Galilee Boat: An Extraordinary 2000 Year Old Discovery*(New York: Plenum, 1995)을 보라.

24. Jack Dean Kingsbury, "On Following Jesus: The Eager' Scribe and the Reluctant Disciple(Matthew 8:18-22)," *NTS* 34(1988): 49는 소명장면을 이렇게 설명한다: "소명장면은 예수가 그의 제자가 되도록 사람들을 부르신 커다란 권위와 부름 받은 자들이 예수의 소명에 응답하는 절대적인 순종과 헌신을 강조한다."

25. David Hill, *The Gospel of Matthew*(NCB: London: Oliphants, 1972), 106.

26. Warren Carter, "Matthew 4:18-22 and Matthean Discipleship: An Audience-Oriented Perspective," *CBQ* 59(1997): 58-75을 보라.

(3) **이전의 관계.** 네 형제들의 소명과 반응은 그들이 이전에 예수와 누렸던 상당한 관계성에 기초하고 있음을 주목하는 것이 중요하다.[27] 지금 이 장면은 예수와 그들과의 첫 만남이 아니다. 요한복음서는 예수와 이들의 관계성의 배경을 엿볼 수 있게 한다. 안드레는 세례 요한의 두 제자 중에 한 사람이었으나 그를 떠나 예수의 제자가 된다. 그리고는 즉시 자신의 형제 베드로를 예수에게로 데리고 온다(요 1:35-42). 다른 거명되지 않은 제자는 전통적으로 사도 요한이라고 일컬어진다.[28] 아마도 안드레와 베드로 그리고 요한(그리고 아마도 야고보?)은 가나의 결혼식에서 예수를 수반했던 사람들일 것이다. 그들은 그곳에서 기적을 보고 예수를 믿었다(2:1-1, 11). 또한 그들은 예수의 사역 첫 해에 유대에서 그를 받들었던 제자들일 것이다(참조.3:22-23; 4:1-3).

따라서 약 1년 뒤에 갈릴리에서의 사건들이 있을 즈음에 그들은 예수의 사명에 대해 많이 생각할 수 있는 시간을 가졌다. 물론 우리들은 그들이 왜 고기 잡는 일로 돌아갔는지를 어디에서도 듣지 못하지만, 마태는 예수의 부르심을 듣고 그들이 즉각적으로 반응했음을 조명한다. 4:20, 22에서 동일한 단어들로 이것이 강조되고 있다: (문자적으로) "그들이 버려 두고…즉시 따르니라." 이것은 감정적이고 충동적인 결정이 아니다. 그들은 예수가 부르실 때 즉시 반응할 수 있도록 예수가 하나님 나라의 선교를 시작하실 때 그에게 합세하기 위한 이 순간의 기회를 기다리고 있었다.

(4) **예수에 대한 인격적인 헌신.** 이야기의 강조가 주로 예수의 하나님 나라 선교에 네 명이 합세하도록 부르시는 것에 주로 있을지라도, 그 임무는 무엇보다도 예수와의 관계에 대한 부산물로서 이루어진다: "예수께서 말씀하시되 나를 따라 오라" (4:19). 예수의 인격에 대한 충성이 '그것의' 결정적인 행위다.[29] 그러나 그들을 부르시는 시간에 이 형제들의 영적인 상태에 대해서 이것은 우리에게 무엇을 말해주는가? 그들은 예수를 얼마나 알고 있었는가? 이미 주목한 것처럼 이 네 사람은 예

---

27. Scot McKnight, *Turning to Jesus: The Sociology of Conversion in the Gospels*(Louisville Westminster John Knox, 2002) 40-42. 나는 Wilkins, *Following the Master*, 6장에서 더 자세하게 예수와 제자들과의 발전적 관계를 논한다.

28. 익명으로 놔둠으로써, 요한복음서의 저자가 거명되지 않은 제자라는 미묘한 인상을 준다(참조. "예수가 사랑했던 제자"). D. A. Carson, *The Gospel According to John*(Grand Rapids Eerdmans, 1991), 154을 보라.

29. Leon Morris, "Disciples of Jesus," in *Jesus of Nazareth: Lord and Christ Essays on the Historical Jesus and New Testament Christology*, ed. Joel B. Green and Max Turner(Grand Rapids: Eerdmans, 1994), 116; Eduard Schweizer, *Lordship and Discipleship*, rev. ed. (SBT 28: Naperville, Illinois: Allenson, 1960), 20을 보라.

수를 이전에 상당히 알고 있었고, 메시아로 그를 믿었다(참조. 요 1:41; 2:11). 우리는 그들이 이해한 만큼 지금 반응하고 있다고 강조해야 한다.[30]

예수의 사역을 통해서 예수가 누구인지에 대한 점차적인 이해가 있게 되었고, 이 점증된 이해는 예수에 대한 그들의 헌신에 적합한 조정을 요구하였다. 예수의 후대 사역에서 있었던 사건과 비교해보자. 우리는 나중에 예수에게 드러났던 정체성에 대한 고백을 베드로가 하는 것을 본다(16:16). 요한복음서는 베드로가 예수에게 영생이 있는 것으로 헌신의 진술을 하는 사건을 전한다(요 6:66-68). 우리가 다양한 사람들이 예수를 만나는 것을 지켜볼 때, 이것이 그 당시의 독특한 시간임을 항상 인식해야 한다. 신인(神人)이 오시는 온전한 의미는 천천히 이해된다. 사실상 궁극적으로 온전한 이해를 얻기 위해서는 부활과 오순절을 요한다. 소명의 분명한 의도는 사람들을 낚는 일에 예수에게 합세하는 것일지라도, 이 형제들은 예수에게 헌신하는 것으로 먼저 부름을 받는다.

(5) **제자도의 놀라운 형태로 부르심.** 마침내 이 "소명"은 예수의 제자가 되는 리더십의 독특한 형태를 취한다. 마태가 이 네 사람을 "제자들"로 여기서 언급하지는 않을지라도, 예수가 산상수훈의 장면에서 앉아서 "세사들"을 가르칠 때에 이들이 같이 있었다고 추정할 수 있다(5:1-2). 표면적으로 예수는 유대 랍비의 특징을 많이 가지고 있다. 그는 회당에서 안식일에 가르치시고, 유대 관습을 따라 가르치시며, 율법 교사에 해당하는 존경이 주어지며, 제자들이 그를 따른다. 심지어 예수를 "랍비"라고 일컫는다(26:49; 막 9:5; 요 1:49).

하지만 예수의 사역이 전개될 때, 그는 랍비의 사역과 같지 않은 제자도의 형태를 취하신다. 이스라엘의 통상적인 패턴은 예상되는 제자가 랍비에게 찾아와 그에게서 공부할 것을 요청한다(예. 8:19).[31] 그 뒤에 랍비의 제자들은 스승을 뒤따르며, 토라에 대한 스승의 가르침을 모방하였다. "스승을 모방하는 것이 모세의 하나님에 대한 모방을 본받는 것이다"라고 여겼기 때문이다.[32] 예수의 사역 초기 단계에 다양한 사람들이 유사한 형태로 예수에게 왔다(예. 1:38, 49: 3:2). 하지만 하나님 나라의 선교의 시작에서 예수는 새로운 패턴을 형성하신다. 즉 예수가 형제들을

30. 베드로의 소명에 관한 복음서 관점들의 비판적인 분석을 위해서는 S.O. Abogunrin, "The Three Variant Accounts of Peter's Call: A Critical and Theological Examination of the Texts," *NTS* 31(1985): 587-602을 보라.

31. Joshua B. Perahyah은 "그대 자신을 한 선생에게 주고, 동료 제자를 얻어라"(*ʾAbot* 1.6). 가말리엘은 그것을 이렇게 반영한다. "그대 자신을 한 스승에게 주라 그리하면 의심에서 자유로울 것이다"(*ʾAbot* 1.16)

32. Jacob Neusner, *Invitation to the Talmud: A Teaching Book*(New York: Harper & Row, 1973), 70.

예수와 영원한 관계로 들어올 수 있도록 찾으시고 부르시는 주도권을 행사하신다. 제자들이 먼저 예수의 제자가 되겠다고 자청한 것이 아니다.[33]

예수의 제자들이 그의 가르침의 많은 것들을 기억하고 교회의 전승으로 전수하였을지라도, 그들은 궁극적으로 예수에게 헌신한 것이지 그의 가르침에 헌신한 것이 아니다. 유대 제자들의 목표는 어떤 날 자신이 스승 또는 랍비가 되어 자기 제자들을 갖는 것이다. 하지만 예수의 제자들은 항상 주인과 스승의 제자들로 남아서 오직 그만을 좇고자 하였다(참조. 23:1-12). 이것은 깊은 의미를 갖는다. 예수에 대한 제자도는 많은 사람들이 기대했던 것과는 달랐다. 그것은 단순히 도제 프로그램을 전수하는 것이 아니었다. 제자도는 주인과의 관계에서 시작하여 그들의 모든 경험의 영역으로 나아가는 것이다. 이것이 하나님 나라의 삶의 시작이다.[34]

예수가 하나님 나라의 복음을 보이시다(4:23-25)

예수가 네 형제들이 인간의 영혼을 낚는데 합세할 것을 요청하자마자, 갈릴리에서 적어도 세 가지 광범위한 사역 여행을 시작하신다. 당시에 갈릴리는 200개 정도 또는 그 이상의 마을과 도시로 이루어진 약 3만 명의 인구가 사는 지역이었다. 마태는 이 여행에서 예수의 활동에 대해 통찰력 있는 요약을 제공한다: "예수께서 온 갈릴리에 두루 다니사 그들의 회당에서 가르치시며 천국복음을 전파하며 백성 중의 모든 병과 모든 약한 것을 고치시니"(4:23). 이 요약은 9:35에서 유사하게 다시 나타나는데, 이는 장들(chapters) 간에 자료를 강조하는 포괄문의 일종인 "인클루시오"라 자주 불리는 문학 양식을 형성한다. 5-7장에서 예수는 비교할 수 없이 탁월한 산상수훈에서 '말씀 속에서의 예수'로 나타나시고, 8-9장에서 예수는 이적 이야기의 집합이 들어 있는 '사역 속에서의 예수'로 나타나신다. 이런 방식으로 예수를 제시하는 마태복음의 독자들은 그가 시작하신 천국의 본질을 분명하게 알게 될 것이다.

예수의 사역에 대한 세 가지 소개는 분사와 목적어로 특징지어진다. (1) "가르치시며"는 이미 내용을 알고 있는 사람들에게 진리를 설명하는 것과 자주 관련이 있다: 예수는 산상수훈에서 제자들에게 "가르치신다"(5:1-2의 주석을 보라).

33. Martin Hengel, *The Charismatic Leader and His Followers*(New York: Crossroad, 1981), 42-57.
34. Wilkins, *Following the Master*, 100-109, 124-125.

(2) "전파하시며"는 내용을 잘 알지 못한 사람들에게 진리를 선포하는 것과 일반적으로 관련이 있다. 천국 복음은 이방인들에게 증거 되기 위해서 온 세상에 "전파될" 것이다(24:14). 가르치는 것과 전파하는 것 사이에 구분이나 중복이 상당히 많이 있을지라도,[35] 여기서 그것을 같이 두고 있는 것은 예수가 서로 다른 청중의 유형들에게 각기 다른 방식을 사용하였음을 가리킬 수 있다. 유대의 회당에서 예수는 구약성경의 메시지의 본질을 설명하시며 자신이 오실 메시아 구원자임을 설명하시었다(참조. 눅 4:16-30). 예수는 구약성경에 정통하지 않은 많은 사람들이 있는 마을에 있을 때에는 메시지의 직접적인 선포를 하셨다.

예수의 가르침과 전파의 핵심에는 "천국 복음"(4:23)이 있다. 마태는 명사 "복음"('유앙겔리온')을 오직 네 번만 사용하는데, 그 중에 셋이 마태복음에서만 발견할 수 있는 "천국 복음"이란 어구에 나타난다.[36] 진정한 "복음"은 하나님 나라의 시대가 예수의 사역에서 마침내 밝아오기 시작했다는 것이다.

마태는 "그들의" 회당(4:23)을 언급하는데, 이것은 마태가 이 복음서를 쓴 시대를 반영할 수도 있다. 말하자면 이때는 그리스도인들이 유대 동족주의자들로부터 분리되어 자신만의 기독교적인 배경으로 예배하는 것을 이미 시작했을 수 있다. 또는 이것은 유대 지도부와 예수 간에 일찍이 발생했던 구분을 반영할 수 있다. 유대 종교지도자들, 특히 바리새인과 율법사들은 회당에 상당한 추종자들을 갖고 있었는데 이들은 예수와 예수의 메시지를 반대하는 일에 착수하였고, "그들의 회당에서"라는 어구는 바로 이들과 예수와의 분리를 보이는 것일 수 있다(9:35; 10:17; 12:9; 13:54; 참조. 23:34).[37]

(3) 이 복음은 가르쳐지고 전파되었을 뿐 아니라 예수가 백성들 중에 모든 병든 자와 아픈 자들을 치유하심을 통해 증거 되었다. 치유는 예수가 이 세상의 권세들에 대한 권위를 갖고 계시고 하나님 나라의 도래를 확증하셨음을 다시 한번 알려준다(11:4-6). "모든 병과 모든 약한 것"이란 어구는 예수가 치유하지 못할 병이 없었으며, 이것은 동시에 이스라엘로 선교여행을 하던 때에 열두 제자들에게 주었

35. 이 두 단어들에 관한 최근의 논쟁을 개관하기 위해서는 J.I.H. McDonald, *Kerygma and Didache: The Articulation and Structure of the Earliest Christian Message*(SNTSMS 37; Cambridge: Cambridge Univ. Press, 1980)을 보라.

36. 4:23; 9:35; 24:14을 보라. 많은 번역들이 누가복음 16:16에서의 어구를 "하나님의 나라의 좋은 소식"(NIV) 또는 "하나님 나라의 복음"(NASB)으로 번역한다. 하지만 이것은 마태의 표현과는 사실상 다르다. 누가는 명사 '유앙겔리온'이 아니라 동사 '유앙겔리조'를 사용한다.

37. Morris, *Matthew*, 86.

던 권위를 나타낸다(10:1). 이 치유는 이스라엘 백성들을 특별히 지칭하는 용어인 '라오스'("백성 중의")에게서 발생한다. 선포와 이적은 이스라엘이 소망하던 나라의 약속이 가까이 왔다는 것을 알려준다.

예수의 가르침과 전파와 치유에 대한 반응은 놀라웠다. 예수의 사역에 관한 소식이 갈릴리 국경 바깥으로 전파되었다. 심지어 북쪽 수리아의 이방 영토까지 퍼져 나갔다(4:24). 사람들은 모든 종류의 질병에 걸린 사람들을 예수에게로 데려오기 시작했다. 마태는 예수의 포괄적인 치유 사역의 영향을 병의 목록을 열거함으로써 강조한다: "모든 앓는 자 곧 각종 병에 걸려서 고통 당하는 자", "귀신 들린 자"(마귀의 영역에 대한 예수의 계속된 권위를 나타낸다), "간질하는 자"(17:14-21에서 마귀 들린 것과 관련이 있는 병), "중풍병자"(항상 걸어서 생활했던 당시 상황에서 매우 고통스러웠던 질병). 치유에 대한 반복된 마태의 초점은[38] 마태의 내러티브 전체에 걸쳐서 하나님 나라의 도래가 인간 존재의 모든 영역, 곧 영적, 정신적, 또는 감정적인 영역에 대한 예수의 권세를 확증한다.

수많은 무리는 예수를 따름으로써 치유 사역에 반응한다. "따르다"란 용어는 예수의 부름에 네 형제들이 응답한 것에서도 사용되었다. 따라서 우리는 마태가 이 무리들도 예수와 제자관계에 들어섰다는 것을 생각했다고 추정할 수 있으나, 산상수훈을 곧바로 잇는 도입에서 마태는 무리와 제자들을 구분한다. 고로 예수를 "따르는" 것을 비유적인 의미에서 제자도를 묘사하는 것으로 이해할 수 있으나, 문자 그대로의 움직임을 묘사하는 공간적 의미로 사용할 수도 있다. 마태가 어떤 특별한 경우로 그 용어를 사용하고 있는지는 문맥을 통해 결정해야 한다.[39]

지금 예수를 따르고 있는 무리들은 그의 메시지와 치유 사역에 반응하여 온 주변 지역을 망라하는 사람들이 올 정도로 열정과 관심이 있었다. 무리들은 갈릴리만이 아니라, 갈릴리 바다 남동쪽의 일반적으로 이방지역인 데가볼리의 로마 영토에서도 왔다. 그들은 유대 생활의 중심지인 예루살렘과 유대에서도 왔다. 게다가 일부 무리들은 "요단강 건너편"으로 알려진 지역에서도 왔는데, 이것은 베레아 지역을 나타내는 통상적인 표현이거나 보다 일반적으로는 요단강 북쪽과 동

---

38. 마태는 "치유하다"('테라퓨오')란 용어를 열여섯 번 사용한다. 이는 신약성경의 어떤 다른 책보다도 많이 사용하는 것이다(Hagner, *Matthew 1-13*, 81).

39. Wilkins, *The Concept of Disciple in Matthew's Gospel*, 148-50, 170-71; Jack Dean Kingsbury, "The Verb AKOLOUTHEIN("To Follow") as an Index of Matthew's View of His Community," *JBL* 97(1978): 56-73을 보라.

쪽을 말한다.[40]

마태가 4:24-25에서 거명하는 지역들은 유대 백성들이 살고 있는 전 지역을 망라하는 영토를 독자들이 취하게 만든다. 이 지역 중 일부는 이방인들이 상당히 많이 살고 있었지만(예. 데가볼리), 이방인들이 상당히 많이 따랐음을 마태가 암시하고 있지는 않다. 예수에게 온 사람들은 여전히 주로 유대인들이었고, 그들은 어느 지역에서도 왔다. 예수는 하나님 나라의 도래에 관한 메시지로 이스라엘에 엄청난 소용돌이를 발생시키고 있다. 그것이 폭넓은 치유로 확인된다.

상황잇기

중심 무대에 계신 예수. 마태가 설명하고 있는 이야기는 내러티브의 무대에 올라오고 내려오는 다양한 배경과 인물이 있다. 우리가 1-4장으로 거슬러 올라가서 생각하면, 몇 가지 상황과 인물들이 즉시로 마음에 떠오른다. 나사렛의 한적한 마을에 뛰어난 인품을 가진 요셉이 1장의 중심 무대에 등장한다. 그는 약혼한 마리아의 기적적인 잉태에 관한 소식을 듣는다. 2장에서 몇 가지 다양한 장면과 특징들이 주목을 받는다: 박사들이 동쪽에서 도착하고, 악한 헤롯왕이 예루살렘의 거룩한 도성에서 비열한 짓을 행하며, 요셉이 위협받고 있는 아이와 어미를 영웅적으로 살린다. 그는 베들레헴에서 도망하여 애굽으로 가고 나중에 나사렛으로 돌아온다.

3장에서 유대의 사막에서 세례 요한이 장엄하게 출현한다. 그는 종교 지도자들을 포함하여 온 이스라엘 백성들이 회개하라고 명하는 오래 기다렸던 선지자다. 요단강에서 성령의 하강과 하나님 아버지의 음성이 예수의 세례 장면을 더 극적으로 효과 있게 만든다. 우리는 4장에서 악의 사신이 마귀의 위격으로 무대에 나타날 때 불만을 품지만 사탄과 예수와의 첫 번째 사소한 전쟁에서 예수가 승리할 때 환호를 보낸다. 갈릴리 바다에서 우리는 영혼을 낚기 위해서 놀랍게도 그들의 생계를 희생하는 네 명의 어부들의 신발에 우리 자신을 두게 된다. 온 갈릴리와 주변 지역의 사람들이 많은 질병에서 치유를 경험할 때, 흥분이 솟는다.

이야기가 전개될 때 이 장면들과 인물들이 우리의 관심을 포착한다—각각의 장면과 인물들이 역사적인 서술에서 중요한 역할을 하기 때문에 우리가 그것들을 마

40. Bastiaan Van Elderen, "Early Christianity in Transjordan," *TynBul* 45(1994): 97-117을 보라. 반 엘더렌(Van Elderen)은 이것이 4:24에 "온 수리아"에 대한 요약적인 언급과 어울리는 트랜스요르단의 북부 지역을 나타내는 것이라고 제기한다.

땅히 올바르게 취해야 한다. 하지만 이런 인물들을 상고할 때, 자주 한 분—예수—이 모습에서 사라질 수 있다. 우리는 성경에 나오는 인물과 장면에서 배울 수 있는 것 때문에 이야기에 나오는 여타 인물들과 세부 사항에 너무 집중하여 전체 이야기가 주어지고 있는 분을 간과할 수 있다. 예수가 배경에서 거의 사라질 수 있다.

하지만 우리가 1:18-25에서도 논의했던 것처럼, 이 복음서에 나타나고 있는 여타 인물들의 역할과 장면에서 배울 수 있을지라도, 중심 무대는 항상 예수에게 속함을 잊어서는 안 된다. 마태가 다윗과 아브라함의 계보의 절정임을 선언하는 1:1에서 세상 끝 날까지 제자들과 함께 있겠다고 선언하신 28:20에 이르기까지 예수가 전체 복음서가 쓰여진 분이시다.

이것이 분명할지라도, 불행하게도 복음서를 읽고 있는 사람들과 이 복음서를 가르치고 전파하는 사람들이 가장 기본적인 규칙을 범하고 있는 것이 오늘날 근본적인 해석학적 원리다. 본문을 우리의 세상과 다리를 놓는 연구에서, 우리는 많은 사람들이 호기심을 갖는 등장 인물과 세부사항들에 너무 초점을 맞추어 이야기가 진술하고 있는 주된 분을 그냥 지나치기 쉽다. 등장하는 다른 인물들과 배경이 예수와 그의 사역의 다양한 양상들을 비추어주는 가치 있는 역할을 할지라도, 무엇보다도 마태는 예수에 대한 이야기를 전하고 있다.[41] 마태가 예수의 사역적 배경과 지원하는 네 인물 그리고 예수에게 반응하는 대중들에게서 예수에 관한 의미심장한 진리를 묘사할 때, 이것이 현 구절에서 명확하게 드러난다.

갈릴리. 놀랍게도 예수가 공적인 사역을 수행하는 장소는 갈릴리다. 이스라엘 역사에 정통한 사람들은 메시아가 예루살렘에서 사역을 집중하실 것으로 기대했었다. 예루살렘이 종교적 세력과 위엄과 예언적 소망의 중심지가 되고 있었기 때문이다. 갈릴리는 예루살렘과는 정반대였다. 하지만 예수는 높은 자와 힘있는 자와 관계하지 않으셨다. 그는 종교 기관에 출석하지 않으셨다. 그는 복음의 빛이 가장 밝게 빛날 어둠의 땅으로 가신다. 이사야 9:1-6의 예언적 소망이 이루어질 것이나, 그것은 많은 사람들이 영광과 능력의 회복이 다윗가에서 있게 될 것을 소망했던 예루살렘이 아닌 갈릴리에서 시작된다. 확실히 모든 민족을 위한 구약성경의

41. 이것은 복음서를 읽는 근본적인 원리다. 로버트 스타인(Robert Stein)은 마가복음에서 이런 예증을 설명한다: "마가복음은 예수에 관한 복음이다. 마가복음 1:1에서 16:8에 이르기까지 예수가 관심의 초점이다. 어떤 식으로든 그에게 중심을 두지 않는 내러티브는 마가복음에 없다. 예수가 주된 내용이고, 초점이며 전체 복음의 목적이다"(*Playing by The Rules: A Basic Guide to Interpreting the Bible*[Grand Rapids: Baker, 1994], 159).

소망의 암시가 시작한 것은 갈릴리에서다. 갈릴리에서 전개된 사건들은 메시아 사역에 대한 백성들의 기대가 조정되어야 함을 요구한다.

형제들. 두 집안의 형제들의 반응은 대단히 의미가 있는데, 그것이 예수의 부르심에 대해 우리들에게 무엇을 말하느냐 하는 것 때문이다. 베드로 형제와 요한 형제들의 반응은 예수가 다른 종류의 메시아적 권위를 행사하고 계시다는 뚜렷한 증거다. 군대도 없이, 검도 없이, 종교 제도의 지원도 없이, 하나님 나라를 시작시키신 분으로서 예수의 권위가 무조건적인 순종을 요구한다. 그가 부르실 때 사람들은 순종해야 한다. 네 형제들의 부름에 대한 마태의 언급이 너무 급작스럽게 때문에 우리는 이들과 예수와의 이전 관계를 추측할 수 있다. 그들은 하나님 나라 선교에 동행하는 사역자로서 예수에게 합세한다.

하지만 이 소명에 대한 마태의 기사는 다양한 단계의 믿음을 갖고 있는 독자들을 부르고 있다고 말할 수 있을 만큼 충분히 일반적이다. 예를 들어, 메시아 구원자로서 예수에 대한 믿음과 회개로 부름을 받고 있는 사람, 또는 교회의 리더십의 자리로 부름을 받고 있는 사람, 또는 절반의 헌신을 하고 있는 사람이 예수에게 온전히 헌신하도록 부름을 받고 있는 사람으로 적용할 수 있다. 예수에 대한 제자도는 다른 종교 지도자들과의 관계에서 나타나는 것과는 다르다. 예수는 하나님 나라를 시작시키신 권위자다. 그것은 하나님 나라의 시작에 합류하라는 예수의 부르심을 따를 때, 그들의 삶이 진정한 성취를 발견하게 될 것임을 마태의 독자들에게 지침이 되어준다.

무리들. 무리들도 예수의 정체성과 사역의 본질에 대한 증거가 되지만, 진정성은 의심된다. 무리들이 하나님 나라의 시작이 타락한 인간 상태의 모든 부랑자들(육체적, 감정적, 영적)을 위한 긍휼의 돌봄을 포함한다는 열정적인 증거이기도 하지만, 그들의 열정은 변덕스럽다. 처음에 무리들의 반응은 예수의 사역에 대한 보장된 낙관적 미래를 설정하고 있다.

하지만 우리는 다른 결과를 알고 있다. 무엇이 무리들의 반응이 변화되도록 야기하였는가? 분명히 이들의 최초 열정은 메시아로서 예수에 대한 헌신의 증거라기보다는 자신들의 필요가 충족된 데 대한 증언이었다. 아마도 마태는 겉으로 보이는 모습이 속임이 될 수 있음을 자기 청중들에게 독려하기를 원했을 것이다. 처음에 열정적으로 예수를 따랐던 무리들이 예수에게 돌아서서 배척할 수 있었다면, 마태의 독자들의 하나님 나라 선교에 대한 반응은 "실제적인 점검"을 요한다. 무리들의 최초의 반응은 예수의 메시아 사역의 최종적인 비준이 아니다.[42]

현대적 의미

마태복음 본문의 이야기로부터 현대의 의미를 적절하게 연결하는 것은 다양한 등장인물들과 배경이 예수와 예수의 역사적 사역에 대해 우리에게 무엇을 말하고 있느냐를 결정하는데 달려 있다. 우리가 이 다리를 건널 때, 우리 자신의 상황에 맞는 적합한 의미를 이끌어낼 수 있어야 한다. 우리는 세 가지 요지를 이스라엘에 대한 예수의 사역의 시작에서 발견할 수 있다.

어둠을 몰아내는 빛이 생명을 가져온다. 예수가 사역을 처음 시작하는 지형학적 장소는 이방인들에 둘러싸인 갈릴리였다. 마태가 말하고 있는 이 갈릴리는 비유적으로 어둠의 장소, 즉 사망의 어둠이 깔려 있는 땅이었다. 하지만 태양은 예루살렘이나 베들레헴보다 갈릴리를 더 어둡게 비추는 것은 아니다. 갈릴리에서 질병에 걸릴 확률은 유대나 심지어 사마리아보다도 높지 않았다. 오히려 구약성경과 신약성경에서 "어둠"은 환기를 시키는 단어다. 빛이 하나님을 상징한다면, 어둠은 하나님과 반대되는 모든 것을 암시한다: 사악함(잠 2:13-14; 살전 5:4-7), 심판(출 10:21; 마 25:30), 그리고 사망(시 88:13).

하지만 갈릴리의 어느 사람도 어둠이나 사망의 드리운 그림자를 보지 못한다. 이 시대에 갈릴리 지역은 팔레스타인의 모든 지역 중에서 가장 아름다운 곳 중에 하나였다. 장엄한 호수, 흐르는 강물, 굽이친 언덕, 그리고 향긋한 농촌 풍경을 갈릴리에서 발견할 수 있다. 세포리스(Sepphoris)에 저택과 극장 그리고 디베리아에 궁전과 운동장은 갈릴리가 문화적으로 침체된 지역이 아님을 알려준다. 그럼에도 불구하고 이 세상의 어둠은 대부분의 사람들이 그것을 인식하지 못할지라도, 실제였다. 갈릴리는 이방신들과 삶의 양식들, 이방인들의 세계관의 영향 하에 있는 지역이었다.

이 어둠이 인류에게 잘 보이지 않을지라도 하나님은 그것을 투명하게 보신다(시 139:12). 하나님은 오래 전부터 빛을 보낼 것을 약속하셨다. 예수의 도래로 위대한 빛이 이제 어둠에 비추이고 있다(마 4:16). 이 빛에 반응하는 사람들은 어둠과 사망의 그림자가 쫓겨나는 생명의 영역으로 들어갈 것이다(참조. 욥 22:28; 시 27:1). 또 다른 신약성경의 저자들은 예수가 생명을 주는 빛이시고, 그 안에 생명이 있다고 선언함으로써 이 주제를 강조한다(요 1:4). 그를 따르는 자들은 "어둠에 다니지 아니하고 생명의 빛을 얻게"(요 8:12) 될 것이다. 신자들은 "빛의 아들"(요

42. Warren Carter, "The Crowds in Matthew's Gospel," *CBQ* 55(1993): 54-67.

12:36; 엡 5:8)이요 "빛의 자녀"(살전 5:5)다. 빛은 참 생명에 필수적인 능력을 갖고 있기에 "빛에 거하는 것"은 쉽게 말해서 "사는" 것을 의미한다. 이것은 영원한 생명을 가리키지만, 이 땅에서의 일시적인 생명도 가리킨다. 메시아 예수의 빛으로 나아오는 자는 빛의 특징인 생명으로 들어가게 된다.[43]

이것이 우리가 붙들고 있는 본질적인 주제다. 이 세상의 어둠은 우리와 우리 주변의 사람들이 그것을 인식하지 못할 때도 참으로 있다. 어둠은 직접적으로는 빛의 부재를 일컫는다. 예수로부터 멀어지는 것은 어둠 속에 있는 것이다. 이것이 우리가 나날이 생활할 때 가져야 하는 필수적인 관점이다. 우리는 어둠이 있는 사회의 찌꺼기 속에 있어서는 안 된다.

나는 남캘리포니아의 아름다운 작은 해변 마을에 살고 있는데, 그곳은 일년 내내 항상 해가 밝게 빛난다. 하지만 이 작은 세상의 밝은 곳에 있을지라도, 사람들에게 예수가 없고 이 세상의 어둠의 먹구름이 있다. 우리는 사람들의 피상적인 모습이 그들이 인식하지 못하고 있는 실제적인 필요를 가리우게 해서는 안 된다. 그들에게 아주 효과적으로 다다르기 위해서는 우리의 소명으로서 예수의 빛 안에서 살아가는 기쁨을 취하고 참된 하나님 나라의 삶으로 우리의 삶이 그들의 삶에 계속해서 비추이게 해야 한다.

오늘날 예수의 부르심. 역사적인 차원에서 네 형제들에 대한 부르심은 하나님 나라의 개시자로서 선교 사역자들을 모집하시는 예수의 권위를 먼저 돋보이게 한다. 형제들의 반응은 순종이 예수의 권위적인 부르심에 가장 적절한 대답임을 보여준다. 예수가 부르실 때, 우리도 역시 순종해야 한다. 예수는 제자의 삶의 모든 영역에 대한 권위를 갖고 계신다. 그가 우리를 무엇으로 부르시든 간에 즉시 순종해야 한다.

이런 방식이 구원으로 부르시는 것을 유념하고 있는 사람들에게 의미를 가질지라도, 네 형제들과 예수와의 중요한 이전(以前)의 관계 때문에 마태가 복음전도에 대한 패러다임으로 주로 이 장면을 이해하도록 의도했다고 추정할 수는 없다. 존 칼빈이 말한 것처럼 이것은 "믿음으로의 부르심에 대한 일반적인 묘사라기보다는 어떤 임무를 위한 특별한 부르심이다."[44] 현대의 독자들은 예수의 부르심에서 우

---

43. 참조. 눅 16:8; 요 3:19ff.; 12:36; 고후 6:14; 골 1:12-13; 살전 5:5; 벧전 2:9. Michael J. Wilkins, "Darkness," "Light," *Baker Theological Dictionary of the Bible*, ed. Walter A. Elwell(Grand Rapids: Baker, 1996), 142-43, 486-87.

44. John Calvin, *A Harmony of the Gospels Matthew, Mark and Luke*(Grand Rapids: Eerdmans, 1972), 1:572.

리의 일생의 야망을 올바로 두게 하는 것으로 도전하는 것을 들어야 한다. 네 형제들은 이미 예수의 제자들이었고, 이전에 메시아로서 예수에게 헌신했던 사람들이다(참조. 요 1:41; 2:2, 11). 하지만 이 장면에서 그들은 구원의 메시지를 세상에 이르게 할 필요에 비추어서 적절한 관점으로 그들의 직업을 갖도록 부름을 받는다. 네 사람이 궁극적으로 교회의 시작에서 사도로서의 역할로 부름을 받기 때문에 그들은 개인적으로 이전의 직업을 떠나도록 요구되고 있다.

하지만 예수의 모든 제자들이 자신의 직업을 버릴 것을 요구받는 것은 아니다. 아주 두드러진 모범 중에 하나를 아리마대 요셉의 경우에서 찾을 수 있다. 그는 예수의 제자였지만, 사회에서 여전히 자신의 직분을 유지했다. 그는 커다란 부를 갖고 있었으며, 그가 제공할 수 있었던 가장 필요한 것으로 필수적인 예수의 장사를 준비했다(참조. 27:57-60). 우리의 직업이 무엇이든 간에, 말하자면 목사든 배관공이든, 교사든 기술자든, 호텔직원이든, 병원간호사든 간에 제자도는 우리의 삶의 우선순위로서 매일의 삶에서 천국 생명의 좋은 소식으로 다가섬으로 예수에게 합류하는 것을 의미한다. 내가 헌신된 그리스도인 경찰 장교만큼 효과적으로 비그리스도인 경찰 장교에게 다가갈 수는 없다. 어느 목사도 헌신되고 인정받는 그리스도인 사업가만큼 효과적으로 비즈니스의 복잡한 세계 가운데 있는 사람들에게 나아갈 수 없다. 우리는 매일의 삶에서 예수를 자신만의 독특한 방식으로 따라갈 수 있는 사역의 특권적인 자리가 있다.

형제들의 곧바른 순종은 그들의 개인적, 직접적, 가정적 책임에 대한 적절한 의미나 상식을 저버린 것은 아니다. 그들이 "모든 것을 버렸을"지라도 베드로는 아내와 장모와 함께 자기 집에서 살기를 계속했다. 그의 형제 안드레와 그 가족도 마찬가지로 그리한 것으로 보인다(8:14-15). 베드로와 나머지 열두 제자들이 교회에서 근본적인 역할을 감당하기 위해서 모든 것을 포기한다는 의미가 있기는 하지만, 그들이 가정에 대한 책임을 포기하였다고 하는 말은 듣지 못한다. 사도 바울은 사역에 바빠서 가정의 필요를 돌보지 못했던 신자들을 나중에 꾸짖었다(살후 3:6-13; 딤전 5:8).

일차적인 차원에서 이 구절은 천국에 대한 예수의 선포와 역사적으로 다른 것과 비교할 수 없을 정도로 놀라운 선포로 네 명의 중요한 파트너들을 모집하는 일의 역사적 환경에 통찰력을 제공한다. 그러면서도 이 사건은 우리의 소명이 무엇이든 간에, 사람 낚는 어부로 우리 자신을 보아야 함을 인식할 수 있도록 모든 세대의 제자들을 위한 패러다임을 제공한다. 우리의 삶은 천국을 시작하시는 예수에게 합세하라는 소명을 따를 때, 온전한 의미를 발견한다.

삶을 변화시키는 하나님 나라의 메시지. 알 그린(Al Green)은 현대의 "어부"다. 그는 1970년대에 영혼을 울리는 슈퍼스타 가수였다. 그는 "사랑과 행복"(Love and Happiness) 그리고 "함께 머물자"(Let's Stay Together)와 같은 곡을 히트시켰다. 감정의 고조를 이루는 멜로디처럼 그는 삶에서 노래의 더 강력한 메시지를 가져오게 한 변화를 경험했다. 그는 인기의 절정에서 "거듭났다." 오늘날 그는 테네시의 멤피스에 있는 교회의 목사, 즉 "존경하는 알 그린" 목사가 되었다. 그는 그 교회에서 "구원받았다"(Saved)와 "당신의 삶을 펼쳐라"(Straighten Out Your Life)와 같은 노래를 히트시켰다. 한 세속 잡지의 대담가는 자신이 "카멜레온 같은 본성"[45]을 가진 것으로 묘사한 그린의 삶에서 보았던 변화에 의해 충격을 받은 듯하였다.

하지만 그린의 삶의 이야기는 단순히 음악 스타일을 변화시킨 결정이 아니다. 그의 말에 따르면 그것은 소명이었다. 1979년에 신시내티에서 소울 콘서트를 하던 중에 무대에서 미끄러졌으나 기적적으로 심각한 부상을 면했다. 그린은 이 사건을 하나님으로부터의 부르심으로 해석하고 세속 음악에서 은퇴하고 하나님을 찬양하는데 자신의 목소리를 높이 사용했다.[46] 그의 소명은 그의 삶에 평화로운 온전함을 가져다주었다. 그는 자신의 자연적인 재능을 하나님 나라를 위해 봉사하는데 사용할 수 있었다. 명성에 대한 보상이 이전과 동일한 매력이 있지는 않지만, 그는 "이제 그런 것들은 나에게 중요하지 않습니다. 그 풍성함은 사람들의 영혼에 있습니다"라고 말한다.[47]

우리의 소명이 그린처럼 극적일 수 있고 또 그렇지 않을 수도 있으나 네 어부에 관한 고대의 소명 이야기는 하나님 나라의 선교에서 예수를 섬기는 우리의 책임을 인식하는데 충분한 자극이 된다. 예수는 제자들을 빛과 빛의 담지자로 묘사한다(마 5:14-16). 바울은 소아시아와 마게도니아의 교회에 신자들의 삶이란 그들 주변의 세상에 증거의 빛을 비추는 것이라고 말한다(엡 5:8; 빌 2:15). 따라서 우리가 받은 거룩한 빛을 전하는 것이 지금 우리의 의무다. 그 빛이 없이는 이 세상은 영원히 멸망할 것이다. 우리가 신앙 공동체의 친교로 받았던 것을 두려움 없이 빛으로 선포해야 한다(마 10:27; 눅 12:3). 이 빛에 들어간 모든 사람들은 그리스도의

---

45. Richard Todd, "Let's Pray Together," *Civilization: The Magazine of the Library of Congress*(February March 1999), 48.
46. 그의 개인 웹사이트인 www.algreen.com.에서 알 그린에 관해 주어진 간증.
47. Todd, "Let's Pray Together," 48에서 인용함.

대사로서 책임을 갖고 예수의 빛을 가진 "어둠 속의 빛"으로서 비추어야 한다(빌 2:15).

필자가 봉직하고 있는 신학교 예배 시간에 초청 강사로서 설교한 힐(E. V. Hill) 목사는 수세기에 걸쳐서 교회는 "사람을 낚는 어부가 아니라 수족관 지킴이"가 되라는 유혹에 시달렸다는 말을 했다. 이 말은 우리 청중들의 정곡을 찔렀다. 교회와 조직의 벽 바깥에는 상처의 세계가 있다. 하지만 사역을 세우는 데만 열중하여 사람들이 상처받고 있는 곳으로 가지 않고 있다. 우리는 단지 자기 자신만을 돌보고 있다. 예수의 제자로서, 우리 모두 주변의 어둠 속에서 살고 있는 사람들에게 하나님 나라의 복음의 메시지를 전하라는 놀라운 특권과 의무를 갖고 있다.

마태복음 5:1-2

1 예수께서 무리를 보시고 산에 올라가 앉으시니
제자들이 나아온지라
2 입을 열어 가르쳐 이르시되

원 의미

예수의 사역의 처음 국면은 짧지만 강력하게 진술되었다: 예수는 그의 나라의 사명을 선포하셨고(4:17), 첫 번째 협력사역자를 부르셨으며(4:18-22), 갈릴리에서 특별한 가르침과 전파와 치유 여행을 수행하셨다(4:22-25). 그런데 이제 마태는 하나님 나라의 도래에 반응하는 사람들에게 가능한 삶의 종류를 상세히 발전시키는 긴 메시지를 기록한다.

마태는 예수의 메시지에 특별한 관심이 있다. 마가와 누가가 몇 가지 다른 메시지의 요약을 주고, 요한복음은 예수가 십자가에 달려 죽으시기 전 밤에 주신 확장된 다락방 강화설교를 기록하는 반면에, 마태는 예수의 활동에 관한 기사와 교대하며 나오는 다섯 가지 주요한 메시지 또는 강화를 우리들을 위해 보존한다. 서론에서 논의한 것처럼, 이 강화들은 마태가 자신의 복음을 쓴 목적 중에 하나를 적어도 이해하게 하는 열쇠로서 작용한다. 그는 예수의 메시지를 집합적으로 함께 모았다. 모든 시대의 교회들이 예수의 마지막 위임 즉 "내가 너희에게 명한 모든 것을 가르쳐 지키게 하라"(28:20)는 중요한 구성요소를 실행하게 하기 위해서였다.

전통적으로 산상수훈이라 불리는 첫 번째 예수의 강화는 의심할 것도 없이 가장 널리 알려져 있다. 예수가 이 말씀을 처음 말씀하신 때부터 지금까지, 모든 배경과 전통에서 온 사람들이 도덕적이고 윤리적인 삶의 잠재적 표현에 의해 자극을 받았다. 20세기에 힌두교의 마하트마("위대한 영혼"이라는 산스크리트어)인 모한다스 간디는 산상수훈에 깊은 영향을 받아 비폭력 혁명을 통해 인도의 독립을 일구어내었다. 마찬가지로 전설적인 국제적 시민권 지도자였던 미국의 개신교 목사인 마틴 루터 킹은 산상수훈의 가르침을 정치적 프로그램과 비폭력과 시민 불복종

운동의 이념적인 헌신의 기초로 삼으려고 애썼다.

마태복음 5-7장에 기록된 산상수훈은 더 긴 설교의 요약이라고 확실히 말할 수 있다. 우리는 이것을 30분 이내에 읽을 수 있다. 예수의 규칙적인 관행은 가르치는 것과 설교하는 일에 긴 시간을 보내는 것이었다. 따라서 이 시점에서 그는 적어도 두 번에 걸쳐서 온종일 무리들에게 가르치고 말미에 기적적으로 5천명과 4천명을 먹였을 것이다(14:13-21; 15:32-38). 하지만 이 요약은 닥치는 대로 선별한 사상의 요약은 아니다. 메시지의 구조가 전체적으로 통일적이다.

산상수훈의 맥락은 예수의 천국의 시작이다. "유대인의 왕"(2:2)으로 태어나시고, 병든 자와 마귀 들린 자에 대한 권세를 보이신 분으로서(4:23-25; 참조. 9:35; 10:1), 예수는 따르는 자들에게 하나님 나라 삶의 실제와 효용성에 대한 강력한 진술을 주고 있다. 그것은 하나님 나라의 삶을 실행하는 방법에 관한 실제적인 서론을 포함한다. 따라서 하나님 나라에 대한 예수의 메시지가 산상수훈의 중심에 있다. 산상수훈의 서언은 현재 소유하고 있는 것으로 천국을 언급하고(5:3, 10), 하나님 나라에 있는 사람들의 다른 차원의 신분을 선언하며(5:19), 그 나라에 들어가는 조건을 언급한다(5:20). 예수가 제자들에게 가르친 기도의 모범은 중심 주제로서 하나님 나라의 오심이 들어 있고(6:10), 삶의 매일의 우선순위와 관련한 예수의 훈계는 먼저 그 나라를 찾을 것을 강조한다(6:33). 진정으로 예수를 알고 아버지의 뜻을 행하는 사람들에 대한 궁극적인 보상은 하늘나라에 들어가는 것이다(7:21-23).

이 강화는 지형적인 배경에서 그 이름을 따오는데, 산상수훈은 갈릴리의 어느 곳의 "산에서" 이루어졌다(5:1). 전통적인 장소와 대부분의 최근의 조사는 그 산이 마을의 서쪽 산등성이에 있는 가버나움 근처의 타브그하흐(Tabghah)라는데 일치한다. 이 산등성이는 복음서들에서 예수가 "한적한 ['에레모스'] 곳으로" 가셨다고 언급했던 장소일 것이다(14:13; 참조. 막 1:35). 고대의 전승은 "에레모스" 언덕의 정상을 언급했다. 에레모스의 아래 쪽에는 일곱 개의 샘이 자리하고 있었다. 헬라어로 그 이름을 '헤프타페곤'("일곱 개의 샘")이라 했는데, 나중에 아랍어로 에트-타브그하로 대략 번역되었다.[1] 에레모스는 갈릴리 바다와 주변 마을의 멋진 경관을 볼 수 있게 해준다. 언덕에 바위가 많았음은 그곳이 경작되지 않은 채로 남

1. Pixner, *With Jesus Through Galilee*, 34. 픽스너는 마가단(Magadan)과 그 장소를 동일시한다(15:39의 주석을 보라).

아있었음을 의미하며, 예수가 주변 경작물들에 해를 입히지 않고 많은 무리들을 주변에 모으는 것을 가능하게 했을 것이다.[2]

예수는 마태의 내러티브에서 중요한 사건이 있을 때마다 여러 번 거룩한 계시의 특별한 장소로서 산으로 가셨다.[3] 해석자들은 마태가 구약성경의 사건이나 주제와 평행을 이끌어내려고 했는지를 궁금해한다. 말하자면 모세가 율법을 받기 위해서 시내산으로 간 것처럼 말이다(출 19-20장).[4] 하지만 어떤 이들이 주장하는 것처럼 다섯 가지 강화로 새로운 토라를 주는 새로운 모세로서 예수를 간주하는 것은 옳지 않다. 오히려 예수의 가르침과 삶은 율법을 완성한다(참조. 5:17-20). 어쨌든 예수는 서기관과 바리새인의 구두 전승과는 대조된다. 권세가 있으신 메시아 예수는 율법의 내용을 완성하신다. 그의 가르침은 하나님의 계명의 온전한 의미를 통찰하기 때문이다.[5]

산상수훈의 청중을 구체화하는 마태의 언급은 중요하다. 예수는 무리들을 보시고서 산으로 올라가서 앉으신다. 앉는 것은 유대교의 교사들이 가르쳤던 전형적인 방식에 해당한다(참조. 23:2). 예수는 규칙적으로 이런 자세를 취하신다(참조. 13:1-2; 15:29; 24:3-4; 26:55). 그때에 제자들에게 나아오고, 예수는 "입을 열어" (KJV, 또 다른 유대적 관용구) 그들을 가르치기를 시작하신다. "그들을"(them)의 가장 가까이 있는 선행하는 말이 "그의 제자들"이기 때문에 마태는 예수가 제자들을 가르칠 수 있도록 무리들에게서 떠났다는 것을 구체화한다. 그러면 누가 "무리들"이고 누가 "제자들"인가? 예수가 무리들이 아니라 제자들을 가르친 의미는 무엇인가?

"무리"('오클로스')는 4:25에서 예수를 따랐던 사람들의 많은 무리를 지칭하는 것에서 사용한 용어와 동일하다. "제자"('마데테스')는 마태복음에서 처음으로 여기에 나타난다. 거의 확실히 그들은 방금 전에 예수를 따라오도록 부름을 받았던 네 형제들과 이때쯤 예수에게 헌신하였던 여타 사람들이었을 것이다. "제자"라는 지칭은 유대교의 다양한 종류의 추종자들을 대변하는데 사용되던 일반적인 용어

---

2. Ibid., 36.

3. 예를 들어, 시험의 산(4:8), 산상수훈이 주어졌던 이 산(5:1-2), 변화되신 산(17:1), 감람산(24:3), 부활로 출현하셔서 위임을 주시던 산(28:16).

4. 가장 완전한 최근의 연구는 Terence L. Donaldson, *Jesus on the Mountain A. Study in Matthean Theology*(JSNTSup 8; Sheffield: JSOT, 1985)다.

5. 또한 Hagner, *Matthew 1-13*, 86. 모세에 관한 주제의 세심한 탐구를 위해서는 Davies and Allison, *Matthew*, 1:422-24을 보라.

였다. 그러나 예수는 자신을 따라오는 자들을 묘사하는 특별한 방식으로 전체 사역에서 이 용어의 사용을 구분했다.

마태는 예수의 지상 사역에서 예수 주변의 세 주요한 그룹을 거명한다: 제자들, 종교지도자들, 무리들.[6] '제자들'은 메시아로서 예수에게 헌신했던 사람들이다. '종교지도자들'은 특히 바리새인으로 대변되는 예수의 적대자들이다(12:22-32). '무리들'은 근본적으로 중립적이며, 예수의 가르침과 사역에 환호하는 호기심 많은 사람들의 그룹이지만, 이들은 아직 예수에게 헌신하지 않았다.

예수의 목적은 무리들에게서 제자들을 삼는 것이다. 그가 가르치고 전파하실 때, 믿음의 표지는 무리들로부터 나와서 예수를 "주"라 부를 때다. 그 순간에 이 사람은 신자/제자(참조. 8:18, 21; 17:14-15)가 된다. 먼저 무리들은 예수의 가르침(7:28-29)과 기적(9:8)에 놀라고 예수의 동정 어린 관심을 받는다(9:35-38; 14:13-14). 하지만 그들은 점차적으로 굳은 마음을 보여(참조. 13:2-3, 10-17, 34-36), 예수의 죽음을 요구하라는 종교지도자들의 설득에 결국 넘어간다(27:15-25). 사역의 초기 시점에 예수는 산상수훈에서 제자들을 가르치시지만, 제자들이 되라는 초대를 무리들에게도 확대하심으로써 그들도 염두에 두신다.

우리는 "제자들"을 "열두 제자들"과 동일시할 수 없음을 역시 강조해야 한다. 열두 제자 중 일부는 아직 부름을 받지 못했기 때문이다(예. 9:9에 세리 마태; 참조. 10:2-4). 열두 제자들은 예수 제자들의 대그룹에서 더 제한된 그룹이다. 누가복음 6:13을 주목해보면, "밝으매 그 제자들을 부르사 그 중에서 열둘을 택하여 사도라 칭하셨으니"라고 되어 있다. '제자'란 용어는 여기서 예수를 믿기 위해 나아온 사람들을 지칭하지만 '사도'란 용어는 장차 올 교회의 리더로서 특별한 제자들을 지칭한다.[7] 제자로서 열두 사도는 하나님 나라에 영원한 생명으로 예수의 부르심에 반응한 여타 사람들과 같지만 사도로서 그들은 리더십의 특별한 소명에 응답한

---

6. Wilkins, *The Concept of Disciple in Matthew's Gospel*, 특히 163-72; idem, *Following the Master*, 179-83. 유사한 관점을 위해서는 Cousland, *The Crowds in the Gospel of Matthew*을 보라.

7. 마태는 열두 제자들 이외의 다른 제자들을 언급하고(8:21), 예수의 가르침을 받고 그를 따르라는 근본적인 부르심에 순종하는 제자들의 더 넓은 범주가 있음을 가리킨다(10:24-42). 또한 마태는 관련된 어휘를 통해서 열두 제자 이외의 다른 거명된 제자의 존재 즉, 아리마대 요셉(27:57)을 인식한다. 게다가 예수의 십자가 처형 시에 옆에 있었던 여성들도 제자도와 관련한 용어로 묘사된다(12:46-50; 27:55-56, 61; 28:1-8의 주석을 보라). 자세한 논의를 위해서는 Michael J. Wilkins, "Named and Unnamed Disciples in Matthew: A Literary/Theological Study," *SBLSP* 30(Atlanta: Scholars Press, 1991); idem, "Women in the Teaching and Example of Jesus," in *Women and Men in Ministry: A Complementary Perspective*, ed. Robert L. Saucy and Judith K. TenElshof(Chicago: Moody Press, 2001), 91-112; Przybylski, *Righteousness in Matthew*, 108-10을 보라.

자들이다(참조. 10:1-2).

산상수훈에서 예수의 가르침이 주로 제자들을 위해서 기획되었기 때문에 그것을 제자도 훈련이라고 지칭할 수 있다. 산상수훈은 예수에게 헌신하는 사람들에 대한 첫 번째 근본적인 지침이고 하나님 나라 복음에 대한 선포다. 아울러 산상수훈은 어떤 점에서 하나님 나라에 들어가도록 무리들을 초청하는 내용을 담고 있다(예. 5:20; 7:28-29).

누가의 "평지설교"와의 관계(눅 6:17-49). 산상수훈과 상당히 유사한 메시지가 누가복음 6:17-49에 나온다. 두 설교들은 예수의 폭넓은 전파 사역과 치유 사역의 문맥에서 나타나고(마 4:23-25; 눅 6:17-19), 복으로 시작하며 사랑과 판단에 대한 의미 있는 윤리적 교훈을 제공하며, 열매를 맺을 필요성을 강조한다. 아울러 둘 다 집 짓는 자의 비유로 결론을 맺는다. 하지만 이 두 설교에는 또한 상당한 차이가 있다. 예를 들어, 마태는 누가의 복에 뒤이은 "화"를 포함하지 않는다(눅 6:24-26). 누가는 마태복음 5:21-48에서 발견되는 다수의 반제(antitheses)를 포함하지 않는다. 주기도문의 누가역은 예수의 이 설교에 나타나지 않고 누가복음 11:1-4에 나타난다.

이 설교들의 차이점과 유사점을 조화시키는 것은 해석자들의 서로 다른 결론으로 이끈다. (1) 그 유사점은 마태와 누가가 예수가 주신 동일한 메시지의 두 구분되는 요약을 제기하고 있다고 주장하도록 이끈다.[8] (2) 그 차이점은 마태와 누가가 동일한 또는 유사한 내용의 설교를 예수가 반복했던 어떤 서로 다른 시간에 주어진 두 개의 설교를 달리 기록하고 있다고 제기하도록 이끈다.[9] (3) 여전히 또 다른 사람들은 마태 또는 누가(또는 둘 다)가 서로 다른 경우에 예수가 주신 가르침들을 모아서 한 설교를 만들었다고 제기한다.[10] 세 번째의 맨 마지막 주장은 마태복음의 설교와의 병행이 누가복음 전체에 걸쳐서 산재해 있기 때문에 보통 제기된다.[11]

마태복음과 누가복음은 그들의 설교가 한 경우에 주어진 것임을 암시하고 있기

---

8. 예를 들어, Carson, "Matthew," 125-26; Bock, Luke 1:1-9:50, 553; Thomas and Gundry, *The NIV Harmony of the Gospels*, 70-71 각주 c.

9. 예를 들어, Morris, *Matthew*, 93; Blomberg, *Matthew*, 96.

10. 예를 들어, Hagner, *Matthew 1-13*, 69; Robert A. Guelich, *The Sermon on the Mount: A Foundation for Understanding*(Waco, Tex.: Word, 1982), 35; Hans Dieter Betz, *The Sermon on the Mount: A Commentary on the Sermon on the Mount, Including the Sermon on the Plain*(*Matthew 5:3-7:27* and *Luke 6:20-49*), ed. Adela Yarbro Collins(Hermeneia; Minneapolis: Fortress, 1995), 44-45.

11. 예를 들어, 눅 14:34-35에서의 마 5:15; 눅 11:33에서의 마 5:14 등을 참조하라. 완전한 목록을 위해서는 Hagner, *Matthew 1-13*, 83을 보라.

때문에 세 번째 견해는 그럴 것 같지 않다. 첫 번째 견해는 동일한 일반적 상황, 일반적 순서, 그리고 두 설교의 유사한 지형적 배경(산지)에 의해 강화된다.[12] 두 번째 견해는 거의 2년 동안 갈릴리의 지역의 여러 곳을 다니시면서 설교하고 가르치신 것을 상기함으로써 강화된다. 그는 거의 확실히 수많은 경우에 동일한 내용의 설교를 상당히 반복하셨을 것이다. 이 문제를 해결할 만한 중요한 증거 자료가 없기 때문에, 첫 번째 또는 두 번째 견해를 모두 선호할 수 있을 것이다.

상황잇기

산상수훈의 해석들. 교회역사를 통해서 해석자들은 산상수훈에 다양한 해석을 가져왔다.[13] 이 해석들은 산상수훈을 현재 사회의 생활 방식에 핵심에 둘 수 있다는 견해에서부터 그리스도가 이 땅을 통치할 미래로 산상수훈의 세부사항의 적용을 제한하는 견해에 이르기까지 다양한 적용으로 이끌었다. 이런 다른 해석들은 예수가 현재 생활에 적용할 수 있는 하나님 나라의 선교를 의도했던 방식을 이해하는 데서 주로 기인한다. 사실상 열 개 이상 되는 해석들이 나타났고, 그것을 다음과 같은 표제 하에서 요약할 수 있다.[14]

(1) **하나님 나라에 요구되는 입문.** 많은 사람들이 예수의 진술을 하나님 나라에 들어가는 것에 관한 것으로 이해했다. 산상수훈이 주로 하나님 나라로 들어가는 초대이며 하나님 나라로 들어가기 위한 분명한 요구를 예수의 윤리적이고 도덕적인 가르침에서 발견할 수 있음을 의미한다는 것이다. 이런 접근은 꽤 다양하지만 개신교 자유주의, 실존주의, 사회 개혁가들에 속한 사람들이 적어도 이런 관점의 일부를 공유하고 있다. 이런 접근이 산상수훈의 세부사항에 대한 공로주의적 접근을 필연적으로 주장하고 있지는 않을지라도, 산상수훈의 본질이 하나님 나라를 실현

12. 어떤 이들은 Q자료의 산상설교의 존재에 호소함으로써 마태복음과 누가복음이 한 설교를 공유하고 있다고 주장한다. 하지만 가정적인 Q자료가 마가복음에서는 발견되지 않는 자료를 공유하는 입장을 취하는 것이기 때문에 문제를 야기한다.

13. 해석 역사의 짤막한 도움되는 개관을 위해서는 Guelich, *The Sermon on the Mount*, 14-22, and David Crump, "Applying the Sermon on the Mount: Once You Have Read It What Do You Do with It?" *Criswell Theological Review* 6/1(1992): 3-14. 더 광범위한 개요를 Warren S. Kissinger, *The Sermon on the Mount: A History of Interpretation and Bibliography*(Metuchen, N.J.: Scarecrow, 1975)에서 발견할 수 있다.

14. 더 도움되는 요약들을 Carson, "Matthew," 126-28, W.D. Davies and Dale C. Allison Jr., "Reflection on the Sermon on the Mount," *SJT* 44(1991): 283-309, 그리고 Blomberg, *Matthew*, 94-95에서 발견할 수 있다. 광범위한 해석의 목록을 Clarence Bauman, *The Sermon on the Mount: The Modern Quest for Its Meaning*(Macon, Ga.: Mercer Univ. Press, 1985)에서 발견할 수 있다.

시키는 수단을 정의하고 있다고 믿는다. 이런 핵심적인 요소를 설교의 윤리적 이상주의를 유지하는 일(아돌프 하르낙)이나 하나님 앞에서 진정한 인간 존재를 실현하는 일(키에르케고르), 또는 인격적 사회적 비폭력의 이상을 실현하는 일(레오 톨스토이)에서 발견할 수 있다.

산상수훈의 이런 접근은 예수가 선포하신 하나님 나라의 근본적인 본질은 인식하고 있으나, 하나님 나라의 삶에 참여하는 것의 '결과'와 하나님 나라의 삶을 얻는 '수단'을 서로 혼돈하고 있다. 예수가 산상수훈에서 지적하신 삶의 종류는 하나님 나라의 복음에 이미 응답한 사람들의 성령으로 충만한 삶의 결과이지 하나님 나라로 들어가는 수단이 아니다. 이 설교를 십자가의 구속 사역을 포함하여 예수의 전반적인 지상 사역의 문맥 안에서 읽어야 한다. 예수를 따랐던 자들은 이 윤리적이고 도덕적인 이상을 실현할 것이다. 하나님 나라로 들어가는 수단으로서가 아니라 성령의 충만하심으로 말미암아 그들의 것이 될 하나님 나라의 삶의 부산물로서 말이다.

(2) **불가능한 이상(理想)**. 마틴 루터는 산상수훈이 하나님 나라로 들어가는 수단을 언급한 것이 아님을 인식한다. 하나님의 은혜에서 벗어난 인간이 그 엄중한 요구를 실천하는 것은 불가능하기 때문이다. 그러므로 루터는 산상수훈을 율법의 역할에 대한 바울의 진술과 유사하다고 이해한다(롬 3-4장; 갈 3장). 산상수훈은 인간이 유지할 수 없는 하나님의 도덕적 의지의 완전한 표현이므로, 인간은 자신의 죄성을 깨닫고 회개함으로 하나님의 은혜를 구해야 한다는 것이다.

루터는 산상설교의 청중들을 분명하게 구분하지 못했다. 예수는 이미 회심하여 하나님 나라의 선교에 반응했던 제자들에게 이 말씀을 전하고 있다(3:2; 4:17). 실로 산상수훈이 타락한 인간이 도달하기에 불가능한 이상을 언급하고 있을지라도, 제자들이 하나님의 은혜와 성령의 능력으로 매일의 세상에서 살아가도록 힘써야 하는 이상이다(5:48을 보라). 예수는 산상수훈에서 하나님 나라의 이상을 전하고 있을 뿐만 아니라, 그 나라의 삶에 대한 묘사는 그 이상에 도달할 가능성을 포함한다.

(3) **다른 시대를 위한 모범**. 산상수훈의 또 다른 접근들은 현재 시대와 직접적인 연관을 갖는 것으로 산상수훈을 보지 않는다. 어떤 이들은 예수의 재림으로 하나님 나라의 임박한 도래를 준비하는 임시 윤리로서 제자들에게 이 가르침을 주신 것이라고 주장한다. 하지만 예수가 재림하지 않았기 때문에 산상수훈의 엄격한 윤리는 현 세대에게는 부적절하게 되었다(알버트 슈바이처). 완전히 다른 방향에서

또 다른 이들은 예수가 첫 번째 도래에서 이스라엘에 순전한 하나님 나라를 세우지 않았기 때문에, 산상수훈의 순전한 적용은 그리스도의 천년왕국 통치 시에 천국이 이 땅에 세워질 미래의 때를 기다리고 있다(예. C. I. Scofield)고 주장한다. 이 두 견해는 산상수훈을 현 시대의 신자들이 유념해야 하지만 주요한 적용은 다른 세대를 위한 원리라고 여긴다.

이 두 적용이 신학적으로 양극단에 있지만, 그 둘은 모두 하나님 나라의 설립의 본질과 타이밍에 대한 이해를 각자 진지하게 취하고 있다. 두 견해 모두 예수가 하나님 나라를 문자 그대로 그때에 설립했다거나 또는 지금 현재에 존재하지 않음을 일반적으로 결론짓는다. 하지만 "이미-하지만 아직 아닌"이라는 조합에서 예수에 의한 나라의 시작을 이해한다면, 우리들은 이런 접근이 취하는 '이것이냐 저것이냐'로 나아가지 않을 것이다. 마태복음 4장에서 논의한 것처럼, 하나님 나라의 확실한 양상이 예수의 도래로 시작되었으나 또 다른 양상이 성취되기를 기다리고 있다. 예수가 하나님 나라의 도래에 의해 그들의 삶이 어떻게 영향을 받을 것인가를 가르치고 계시기 때문에 이 산상수훈은 현재를 포함하는 모든 시대의 제자들에 대한 원리로 전달되고 있다.

(4) **선택적인 엘리트주의**. 일부 다른 사람들은 산상수훈이 윤리적이고 도덕적인 삶의 높은 기준을 추구하는 대단히 헌신된 신자들의 선별된 그룹을 위해 주어졌다고 주장한다. 이런 견해는 중세신학자인 토마스 아퀴나스가 제기했다. 그는 예수의 가르침에 두 계층이 있다고 주장했다. 한 층은 평균적인 크리스천(일반적으로 "평신도")을 위해 있고 더 높은 층은 의의 더 높은 수준을 좇는 사람들을 위해 있다(특히 사제와 수도원 수사들). 유사하게 오늘날도 일부 사람들은 "무리"가 평균적인 신자들을 대변하고, "제자들"은 진지한 영적 형성에 더욱 헌신하는 사람들이나 교회의 지도자들이 되려고 훈련받는 사람들을 대변한다.[15]

산상수훈은 윤리적이고 도덕적인 삶의 높은 기준이라는 것을 우리는 확실히 동의하나 어떤 선별된 특정인들을 위한 것이라기보다는 모든 신자들의 높은 소명에 관한 것이다. 기독교는 산상수훈이 크리스천을 높은 층과 낮은 층으로 인위적으로 나누는 두 층의 윤리가 들어있다고 하는 유혹을 끊임없이 받아왔으나 "만인제사

15. 이 전승들의 개관을 위해서는 Michael J. Wilkins, "Eliminating Elitism from Our Traditions Through the Biblical Reunification of Spiritual Formation and Discipleship," in *Spiritual Formation: An Evangelical Perspective*, ed. Richard E. Averbeck and Michael P. Green(Grand Rapids: Eerdmans, 출간 예정)을 보라.

장"의 종교개혁 교리가 강조했던 것처럼, 그것은 올바르게 배격되었다. 아울러 "무리들"과 "제자들" 사이에 구분이 있다는 것에 우리가 동의할지라도, 그 구분은 신자들의 두 범주가 아니다(예를 들어, 제자들은 평균적인 신자들의 "무리들"보다 더 헌신되었다는 것과 같은 구분). 오히려 이 구분은 신자들과 불신자들간의 구분이다. 즉 신자들은 구세주로서 예수에게 헌신했던 사람들인 반면에 무리들은 관심이 있었으나 영원한 생명으로 예수를 믿는 결정을 하지 못했다. 제자가 되는 것은 회심에서 발생한다. 따라서 산상수훈은 높은 소명이지만, 모든 크리스천들을 위한 의무의 가벼운 멍에다.[16]

모든 세대들의 제자들을 위한 하나님 나라 삶의 핵심. 위의 견해들은 각각의 주장에 일부 진리가 들어 있다. 하지만 일부 다른 부분이 있기는 하지만, 해석자들의 대다수는 산상수훈을 하나님 나라 삶의 핵심에 관한 예수의 선언이라고 이해한다.

(1) 우리들은 제자들과 무리들을 위해 구체적으로 의도된 메시지를 분명하게 들어야 한다. 산상수훈을 이해하기 위한 주요한 해석적 열쇠 중 하나는 제자들이나 무리들을 위해 의도된 메시지를 규명하는 것이다. 제자들은 하나님 나라를 시작시킨 분으로서 예수에게 헌신하고 하나님 나라의 삶에 관한 직접적인 가르침을 받는 사람들이다. 무리들은 관심이 있으나 아직 하나님 나라의 예수 복음에 헌신하지 않은 사람들이다. 산상수훈이 주로 제자들을 위해 기획되었기 때문에 모든 영역의 신자들을 위한 크리스천 제자도를 훈련하는 것이라고 산상수훈을 지칭할 수 있다.

구태여 구분한다면, 산상수훈은 천국이 도래했던 근본적인 진리에 비추어 이 땅에서 삶을 어떻게 살아야하는가를 제자들에게 주로 '가르치고' 있다. 하지만 부차적으로 산상수훈은 무리들에게 하나님 나라로 들어오라는 (입문의 요구조건이 아니라) '초청'을 담고 있다(예. 5:20). 일부 중복이 발생한다. 예수가 설교의 시작에서 떠나왔던 무리들(5:1)이 설교의 말미에 나타나서 예수가 율법사들에게서는 발견할 수 없는 권위로 "그들을 가르치고" 있는 것에 감탄을 금치 못하고(7:28-29) 있기 때문이다. 직접적으로 제자들을 가르치고 계실 때조차도 예수는 무리들을 염두에 두셨고, 그들이 제자가 될 것을 소망하셨다. 그의 가르침은 듣고 있는 무리들에 대한 애타는 관심이 들어 있다.[17]

16. David Crump, "Applying the Sermon on the Mount," 4는 이렇게 진술한다: "중세시대 이전에 산상수훈은 크리스천 윤리의 직접적인 설명으로 간주되었음이 분명하다."

(2) 우리는 역사적인 종교적 배경 안에 있는 비판의 대상자들을 인식해야 한다. 그때에 율법사와 바리새인들은 구약성경의 가장 영향력 있는 해석자들이었다. 그들은 평민들의 의로운 종교생활의 탁월한 관리자요 모범자였다. 그러나 그들의 해석과 적용들이 율법과 선지서에 계시된 하나님의 의도된 뜻에서 사람들을 일탈하게 하였다. 그러므로 율법사와 바리새인들은 그들의 잘못된 가르침과 위선적인 모범으로 인해 예수의 암묵적이고 명시적인 비판의 대상이 되었다(예. 6:1-18). 한편으로 예수는 그가 시작한 하나님 나라 삶이 구약성경을 어떻게 정확하게 성취시키는가를 산상수훈에서 보여주신다.

산상수훈에서는 미묘한 변화가 나타난다. 처음 시작에서는 상대적으로 긍정적인 논조가 점차적으로 거칠어진다. 5장에서 예수는 율법사와 바리새인들이 보여준 의보다 훨씬 높은 의의 형태를 요청하시고(예. 5:20), 6장에서는 위선자들이 "바깥에" 있으며("그들"로 지칭하신다), 7장에서는 위선자가 직접적으로 호칭된다("너"로 지칭하신다). 그들은 백성들을 잘못되게 인도하는 대적자들이라고 직접적으로 공박하신다.[18] 따라서 산상수훈의 실제 모든 요지에서 예수가 유대 지도자들이 개진한 구약성경의 위선적 적용과 잘못된 해석에 어떻게 맞서시는가를 결정해야 한다. 예수는 구약성경의 성취를 가져오심으로써 하나님의 뜻의 진정한 의미를 보이신다. 율법사와 바리새인들이 구약성경을 허울좋게 해석하고 모범이 되었을 때, 예수는 일반 백성들의 종교 생활에 진정으로 호소하심으로써 그리하신다(5:17-20).

(3) 우리는 크리스천 생활의 실제적(그것이 이상일지라도)인 모델로서 산상수훈을 간주해야 한다. 산상수훈은 제자도의 이상을 주지만, 그 목표는 새 언약의 삶에 참여함으로써 변화될 매일의 인간 삶의 실제적인 이해 내에서 설정되어 있다(26:26-29). 예수가 시작하신 새 언약은 죄용서와 삶의 변화를 포함한다. 그것은 성령으로 생산되는 중생과 영적인 성장의 기초이기 때문이다(참조. 겔 36:26-32; 딛 3:4-7). 예수가 산상수훈에서 명시적으로 성령을 언급하지는 않을지라도, 성령으로 기름부음 받은 메시아인 하나님 나라의 개시자로서 예수는 산상수훈에 포함된 근본적인 가르침으로 살기 위해서 성령으로 부여되는 삶의 종류에 모범을 보이신다.

예수의 제자들은 십자가에서 그리스도의 구속적인 사역으로 말미암아 진정한

---

17. Randall Buth, "Singular and Plural Forms of Address in the Sermon on the Mount," *BT* 44(1993): 446-47을 보라.
18. Ibid.

죄용서함에 참여할 것이고, 새 언약의 성령의 중생케 하시는 역사로 말미암아 오게 되는 하나님 나라의 삶의 진정한 시작을 경험하게 될 것이다. 아울러 그들은 그리스도의 형상으로의 성령에 의한 진정한 변화를 경험할 것이다(참조. 10:24-25; 롬 8:29; 고후 3:18). 예수는 추구해야 할 이상적인 목표로서 제자들 앞에 놓인 아버지의 완전하심을 그의 삶과 가르침으로 보여주신다. 이 목표의 이면에 있는 놀라운 진리는 이 생에서 완벽하게 그 목표에 도달하지는 못할지라도, 시작과 궁극적인 실현의 실제적인 약속이 있다는 사실이다(5:48의 주석을 보라). 예수가 생활하시고 가르치시는 이상적인 삶은 그의 모든 제자들이 이 생에서 고군분투해야 할 목표다.

예수는 '이미 하지만 아직 아닌 하나님의 나라'에서 살고 있는 사람들에게 율법과 선지서에서 이미 구체화된 하나님의 거룩하신 뜻의 불변하는 원리를 해석하신다. 산상수훈의 강조는 내적 외적 변화다. 예수는 외적인 모양이 아니라 내적인 동기를 계속해서 도전하신다. 내적인 생명은 자연스럽게 외적인 삶을 변화시킬 것이다. 무엇보다도 천국을 귀하게 여기는 마음이 전 삶의 변화를 위한 시작점이 될 것이다.

현대적 의미

산상수훈에 대한 마태의 서론은 예수에 대한 우리의 제자도를 발전시키는 방법을 보다 분명하게 이해할 때 도움이 되는 중요한 의미로 우리의 관심을 가져온다.

산상수훈은 예수에 대한 우리의 제자도의 기초를 묘사한다. 산상수훈에서 천명되는 하나님 나라의 삶의 종류는 예수를 따르는 그리스도인의 제자도에 대한 기초다. 마태복음을 결론짓는 대위임의 명령은 모든 족속으로 "제자를삼는" 것이다(28:19). 어떤 사람이 회심할 때, 그는 예수의 제자가 된다. 그것은 그리스도인이 되는 것과 동일하다. 대위임의 마지막 분사(participle)는 새로운 제자들이 예수가 명하신 모든 것을 순종하도록 가르치는 것으로 나아간다(28:20). 그리고 산상수훈은 복음서에서 발견할 수 있는 예수의 첫 번째 주요한 가르침이다. 이것은 예수의 제자로서 사는 것이 무엇을 의미하는지의 핵심을 설명한다. 나는 제자가 되는 것을 헌신의 발전된 단계를 의미하는 것으로 이해하는 사람들을 논박하기 위해서 이것을 특히 강조한다. 성경적 관점에서 모든 그리스도인들은 제자다. 그러므로 산상수훈의 가르침은 일부 헌신된 신자들만을 위한 것이 아니다. 그것은 모든 크리스천들을 위한 예수의 가르침의 핵심이다.

마태복음의 강화는 예수를 따르는 제자도의 온전한 의미를 발전시키고 있다. 마태복음의 다섯 가지 주요한 강화가 예수의 제자들에게 행해졌고, 이 강화들이 일찍이 기록된 예수의 가르침의 가장 광범위하고 의도적으로 조직화된 집합을 이루고 있는 것은 우연적인 것이 아니다. 따라서 예수가 명하신 모든 것들을 순종하도록 제자들이 가르침 받고 있음을 이해할 때, 이 다섯 강화는 예수가 제자들에게 의도하신 삶의 종류의 가장 완벽한 설명을 주고 있다. 이것이 내가 마태복음을 "제자의 매뉴얼"이라 일컫는 이유다. 대부분의 교회 역사를 통해서 이 복음서는 온전한 크리스천의 삶의 지침을 주는 것으로 사용되어 왔다.

우리가 각각의 강화를 연구할 때 이것을 더 확실하게 발전시킬 수 있을 것이고, 예수의 마지막 대위임을 살필 때 교육 도구로서 이 복음서를 사용할 수 있는 분류들을 상고할 것이다. 하지만 이 강화를 개관함으로써 우리가 예수의 강화의 내용을 순종하도록 가르침 받을 때 발전시킬 수 있는 제자의 종류를 살펴볼 수 있다.

- 하나님 나라의 삶을 사는 제자들. 산상수훈이나 하나님 나라 삶에 관한 강화는 예수의 제자들이 세상에서 철저한 하나님 나라의 삶을 살아가는 것이 무엇을 의미하는지를 풀어놓는다(마 5-7장).
- 선교 지향적인 제자들. 두 번째 강화는 예수의 제자들이 이방인과 적대적인 세상으로 하나님 나라의 복음의 메시지를 들고 나아가 어떻게 살아야하는지를 설명하는 선교 위임이다(마 10장).
- 은밀한 나라의 제자들. 세 번째 강화는 하나님의 권능이 아직 충만하게 나타나지 않은 세상에서 예수의 제자들이 하나님 나라의 종으로서 살아가는 것이 무엇을 의미하는지를 나타내는 비유의 해석이다(마 13장).
- 공동체에 기초한 제자들. 네 번째 강화는 겸손, 정결, 책임, 용서, 그리고 화해로 특징지어지는 교회를 통해 나타나는 예수의 제자도에 초점을 맞춘 공동체에 대한 설명이다(마 18장).
- 소망하며 기다리는 나그네 제자들. 다섯 번째 강화는 전통적으로 감람산 강화라 불리는 종말론적인 예언이다. 이것은 권능으로 예수가 다시 오실 것을 고대하며 매일의 삶을 준비하는 제자들을 묘사함으로써 제자도에 대한 예수의 가르침의 정점을 이룬다(마 24-25장).

제자의 삶의 온전함을 전달하는 이 강화들에는 교육의 발전 단계가 들어 있다.

마태복음은 교회역사를 통해서 초대교회가 가장 좋아했던 복음이었다. 온전한 제자를 양성하는 것으로 기획할 수 있는 자연스런 교리문답적 도구였기 때문이다. 예수의 제자로서 우리를 발전시키기 위한 가이드로서 아울러 사역에서 다른 사람들을 인도하기 위해서, 우리는 규칙적으로 마태복음에 의뢰하는 것이 옳다.

산상수훈의 균형 잡힌 이해는 예수를 따르는 제자도를 성숙케 할 것이다. 산상수훈의 예수의 가르침은 성경에서 발견할 수 있는 우리의 제자도에 가장 철저한 도전을 제공한다. 산상수훈은 예수가 우리를 위해 그 가르침에서 무엇을 실제로 의도했는지를 조심스럽게 이해해야 한다. 예수에 대한 우리의 제자도가 참으로 철저해야 하지만 부당할 정도로 극단으로 예수의 가르침을 취해서는 안 된다. 어떤 예수의 가르침은 오해되고 있고, 잘못 적용되고 있거나, 예수가 요지를 밝히기 위해서 의도적으로 과장법을 사용하고 있다고 거부되고 있다(5:29; 6:31-33의 주석을 보라). 규범적인 성경 연구 사례와 해석학적 원리를 사용하는 것이 예수가 의도하신 것을 정확히 수집하는데 도움이 되고 오역과 잘못된 적용을 피할 수 있게 한다.

산상수훈에서 보다 논쟁이 되는 예수의 가르침을 균형 있게 해석하기 위한 특별한 언급들이 우리에게 도움이 될 수 있다. 여기에 몇 가지 도움되는 제안을 설명한다.

(1) 액면 그대로 그 구절을 취하고 예수가 말씀하신 의미를 이해하도록 하라. 이에서 파생되는 대부분의 문제들은 문학적이고 문화적인 정황을 살피고 더 큰 배경에서 예수의 말씀의 내용을 바라봄으로써 해소될 수 있다. 예를 들어, 예수가 전혀 맹세하지 말 것을 말씀하실 때(5:34), 동료 유대인들에게 이미 진술된 의무에 기초하여 그들을 조종하려는 종교지도자들의 맥락에서 이해해야 한다. 예수는 충성의 맹세나 계약을 이루기 위한 맹세를 하는 것을 정죄하지 않으신다.

(2) 그 구절이 가르치고 있는 원리를 수집하라. 산상수훈을 이해하는데 중요한 부분은 예수가 구약성경을 이루려고 오셨음을 말씀하실 때 당시의 종교지도자들이 잘못 해석한 구약성경 구절들의 내용과 동기의 차원에서 그가 우리를 취급하고 있음을 인식하는 것이다. 한쪽 뺨을 다시 돌려대거나 겉옷을 포기하는 것과 같은 구체적인 지침(5:39-40)의 이면에는 손쉽게 우리의 삶으로 전환할 수 있는 원리가 들어 있다.

(3) 이 구절이 하나님의 온전한 경륜을 이해하기 위한 다른 성경의 원리와 균형을 이룰 필요가 있는지를 살핀다. 일반적인 논쟁의 경우처럼 예수는 자신의 요지를 강하게 제기하기 위해서 그 이슈와 관련하여 한쪽 극단을 자주 취하신다. 그렇

다고 예수가 동등하게 중요한 다른 원리들을 쓸모 없는 것으로 만들고 있지 않다. 예를 들어, 먹고 마시고 입는 것을 염려하지 말라는 예수의 진술은 자신의 필요를 공급하기 위해서 정직하게 일하는 것이 선하다는 성경의 일관된 주제와 균형을 이루게 할 필요가 있다(예. 살후 3:9-12; 딤전 5:8).

(4) 우리의 이해가 균형이 잡히면, 산상수훈의 구절로 다시 돌아가 실제로 그 원리대로 살아가기를 시도하라. 예수의 가르침을 균형 잡히게 하는 것은 그것을 버리거나 근본적인 의미를 함구하는 것이 아니다. 진정으로 철저한 제자도는 예수의 가르침의 '모든' 것을 취하고, 예수가 살도록 의도하신 방식대로 살아가는 것이다. 예를 들어, 예수는 우리를 위해 보물을 땅에 쌓아두지 말라고 경고하신다(6:19-21). 우리는 이 원리대로 온전하게 살아야 한다. 하지만 나중에 그는 건전한 자금의 투자에 관한 비유를 사용하시어 하나님이 우리에게 사용하도록 맡기신 것을 투자하는 일에 있어서 무책임하지 않도록 동등하게 책망하신다(25:14-30). 이 양 원리로 동시에 살아가는 것이 우리의 가치와 봉사에서 하나님의 관점으로 살아가는 철저한 제자가 되게 할 것이다.

우리는 산상수훈을 읽는 이런 가이드라인을 가지고, 삶에서 예수를 따르는 제자도를 더 강화하고 도전하고 실제적이 되도록 점검해야 한다. 우리에게 놀라운 삶을 살게 하는 능력을 주시는 주님으로서, 우리가 따라야 할 모델을 제공하시는 모범으로서, 예수가 우리의 삶에서 더욱더 실제적이 되게 예수를 바라보자.

마태복음 5:3-16

3 심령이 가난한 자는 복이 있나니 천국이 그
들의 것임이요
4 애통하는 자는 복이 있나니 그들이 위로를
받을 것임이요
5 온유한 자는 복이 있나니 그들이 땅을 기업
으로 받을 것임이요
6 의에 주리고 목마른 자는 복이 있나니 그들
이 배부를 것임이요
7 긍휼히 여기는 자는 복이 있나니 그들이 긍
휼히 여김을 받을 것임이요
8 마음이 청결한 자는 복이 있나니 그들이 하
나님을 볼 것임이요
9 화평하게 하는 자는 복이 있나니 그들이 하
나님의 아들이라 일컬음을 받을 것임이요
10 의를 위하여 박해를 받은 자는 복이 있나니
천국이 그들의 것임이라
11 나로 말미암아 너희를 욕하고 박해하고 거짓
으로 너희를 거슬러 모든 악한 말을 할 때에
는 너희에게 복이 있나니
12 기뻐하고 즐거워하라 하늘에서 너희의 상이
큼이라 너희 전에 있던 선지자들도 이같이
박해하였느니라
13 너희는 세상의 소금이니 소금이 만일 그 맛
을 잃으면 무엇으로 짜게 하리요 후에는 아
무 쓸 데 없어 다만 밖에 버려져 사람에게 밟
힐 뿐이니라
14 너희는 세상의 빛이라 산 위에 있는 동네가
숨겨지지 못할 것이요
15 사람이 등불을 켜서 말 아래에 두지 아니하
고 등경 위에 두나니 이러므로 집 안 모든 사
람에게 비치느니라
16 이같이 너희 빛이 사람 앞에 비치게 하여 그
들로 너희 착한 행실을 보고 하늘에 계신 너
희 아버지께 영광을 돌리게 하라

원 의미

팔복은 하나님의 백성들 가운데 천국이 활동하는 수수하지만 눈부신 비전이 있는 산상수훈을 연다. 산상수훈은 단순히 형식적인 문학적 서론이라기보다는[1] 하나님 나라에 반응하는 사람들의 삶에 영향을 미치는 방식을 아주 간결하게 전달하는 전체 설교 메시지의 핵심을 요약하고 있다. 하나님 나라의 삶의 특징은 대부분의 사람들이 열심히 붙드는 가치와는 맞지 않는다. 하나님의 복은 그럴 법하지 않은 사람들—심령이 가난한 자, 애통하는 자, 온유한 자, 박해받는 자—에

1. Betz. *The Sermon on the Mount*, 92: "명곡이 입송으로 시작하는 것처럼, 산상수훈은 소위 팔복이라 불리는 탁월한 일련의 진술로 시작한다."

게 있기 때문이다. "따라서 팔복은 전도된 실제를 반영한다. 더 정확하게는 하나님의 안목에서 세상사의 통상적인 순서가 전도되어 있는 방식으로 실제를 정의한다."[2]

하늘나라의 복(5:3-12)

팔복은 주기도문을 제외하고서 산상수훈에서 가장 잘 알려진 구절이다. "복"이라는 단어는 라틴어 베아티투도/베아투스(*beatitudo/beatus*)에서 나왔으며, 헬라어 '마카리오스'(전통적으로 "복된"이라고 번역된다)를 번역한 말이다. 일부 최근의 번역들은 '마카리오스'를 "행복한" 또는 "행운의"라고 번역하는데, 그것은 좋은 번역일 수 있으나 그 용어의 현대적인 사용은 일시적인 감정적 또는 환경적 상태를 단지 암시함으로써 그 용어의 실제 의미를 평범하게 만들 수 있다. 다소 모호하기는 하지만 영어의 "복된"(blessed)이 여전히 예수의 말씀을 묘사하는 가장 좋은 단어일 것이다.

'마카리오스'는 "복된" 하나님과의 관계에서 오는 존재의 상태다. 인간이 행복을 느끼지 못하고 행운을 현재에 경험하지 못할 때조차도 하나님의 관점에서 "복될" 수 있다. 이것은 복의 수여나 복 받을 만한 가치가 있는 삶을 살아가라는 권고를 의미하는 것이 아니라, 일컬어진 사람이 복되다는 인정이다.[3] 부정적인 감정, 감정의 부재, 또는 곤란한 상황이 하나님과의 관계에서 존재하는 복을 없앨 수 없다.

구조. 각각의 복은 두 개의 시적 어절로 구성되어 있다. 첫 어절은 복된 자의 정체성을 진술하는(예를 들어, "심령이 가난한 자는") 것에 이어 나오는 복의 상태로 시작하는데("복이 있다"), 이는 시편 1편의 서두절과 유사한 구조를 갖는다.[4] 두 번째 어절은 "왜냐하면"('호티')으로 시작해서 앞선 진술의 이유를 제시한다(예를

---

2. Richard B. Hays, *The Moral Vision of the New Testament Community, Cross, New Community: A Contemporary Introduced to New Testament Ethics*(San Francisco: Harper San Francisco, 1996), 321.

3. 예수의 사역에는 복의 수여하는 성례적인 양상이 강조되지 않는다. 우리는 팔복이 명령이 아니라는 것을 아래에서 볼 것이다. Guelich, *The Sermon on the Mount*, 63-66을 보라. 복의 '수여' 인지 '인정' 인지에 관한 유사한 논의가 16:17에서 베드로와 관련하여 주어진다. Wilkins, *Discipleship in the Ancient World and Matthew's Gospel*, 187을 보라. 후자 즉 '인정' 이 16:17에 더 적합해 보인다.

4. 각 팔복의 고정된 패턴인 "to be" 동사가 없는 앞의 '마카리오스' 는 70인경 시편 1:1에서도 나타나고 70인경의 그밖에 다른 곳에서도 자주 나타난다(참조. 창 30:13; 시 2:12; 사 30:18; 단 12:12). 팔복의 시적인 본질에 관한 철저하지만 비평적인 최근의 분석에 대해서는 H. Benedict Green, *Matthew, Poet of the Beatitudes*(JSNTSup 203; Sheffield: Sheffield Academic Press, 2001을 보라.

들어, "천국이 그들의 것임이니라").

복에 관한 여덟 가지 주요한 진술이 팔복을 형성하는데, 아홉 번째 복에 관한 진술(5:11-12)은 박해를 경험하는 예수의 제자들에 대한 여덟 번째 복의 확장이거나 사족이다.[5] 팔복의 전반적인 구조는 산상수훈의 주제에 중요한 단서를 제공한다. 첫 번째와 여덟 번째 복(5:3, 10)은 일종의 포괄문을 형성하는데, 이는 인클로시오라 불리는 흔한 히브리 문학 양식의 또 다른 예증이다.[6] 말하자면 첫 번째 복의 원인절이 마지막 복에서 반복된다—"천국이 그들의 것임이요"(참조. 5:3, 10). 현재시제 절의 반복은 팔복의 주요한 주제를 보여준다. 즉 천국의 복은 현재에 소유하고 있고, 예수의 사역에 반응하는 사람들 가운데 작용하고 있다. 하지만 두 번째 복에서부터 일곱 번째 복까지(5:4-9) 원인절이 미래로 되어 있는데, 이는 하나님 나라가 미래의 소망과 기대를 또한 갖고 있음을 암시한다.

1. 심령이 가난한 자는 복이 있나니…(5:3). "가난한 자"는 경제적인 관점에서 불행한 상황을 만난 사람들이다(19:21; 26:11). 하지만 영적으로 감정적으로 억눌리고, 환멸을 느끼며, 하나님의 도움을 절실히 필요로 하는 자들도 마찬가지로 해당된다.[7] 박탈과 배고픔이 그들의 일상적인 몫인 힘든 삶을 경험한 사람들은 그들의 삶의 어느 것도 스스로 만들 수 있는 자원이 없다. 이것은 하나님 앞에서 영적으로 또는 신앙적으로 설 수 없음을 인식하는 사람들을 포함한다. 그들은 영적으로 파산되어 있다.[8] 우리는 시편 40:17에서 외치고 있는 시편기자의 목소리에서 이것을 들을 수 있다.

> 나는 가난하고 궁핍하오니 주께서는 나를 생각하시오니 주는 나의 도움이시오 나를 건지시는 이시라 나의 하나님이여 지체하지 마소서.

삶의 곤혹스러운 상황에서 겸손한 태도는 천국의 복을 받을 수 있게 한다.

---

5. 여덟 가지 복의 앞부분의 진술의 구조는 실제로 동일하다. 박해의 주제가 복의 아홉 번째 진술을 진행하지만 그 구조가 상당히 다르기 때문에(삼인칭 에서 이인칭 "너희"와 동사 "are"로의 전환이 처음으로 나타나고 규칙적인 두 어절의 구조가 사라진다), 아홉 번째 진술은 여덟 번째 복의 확장이라는 것이 일반적으로 받아들여진다.
6. W.G.E. Watson, *Classical Hebrew Poetry*(JSOTSup 26; Sheffield: JSOT, 1984), 282-87을 보라. 인클루시오가 내러티브에서 역시 발견된다(4:23; 9:35의 주석을 보라).
7. BDAG, 735.
8. "심령으로"(in spirit)라는 소재의 여격은 "영적으로 가난한 자들"(the spiritually poor)을 가리키는 부사와 실제로 상응하는 것으로 이해해야 한다(Wallace, *Greek Grammar*, 155).

…천국이 그들의 것임이요. 하나님의 나라는 하나님 앞에서 스스로 도울 수 있는 자원과 물질과 영적인 것을 갖고 있지 못함을 아는 사람들의 것이다. 예수는 “좋은 소식”을 “가난한 자”들에게 전하기 위해서 오셨다(11:5). 하나님의 나라는 그들에게 속한다. 첫 번째 복은 물질적인 복이 인생에서 하나님의 인정을 받은 표지이고 그것이 자동적으로 영적인 복에서 나오는 것이라고 가정하는 지배적인 세계관을 저평가한다. 그 대신에 예수는 천국의 규범이 종교지도자들의 특징이었던 영적인 자기만족이 아니라 영적인 파산이라는 것을 가르치신다. 예수의 제자들은 그들의 삶을 인도하는 천국의 자원에 의존할 때 가장 완전한 개인적인 성취를 경험할 것이다.

2. 애통하는 자는 복이 있나니…(5:4). 파산한 사람들은 또한 우는 사람들이다. 어떤 이가 소중하다고 여기는 것을 상실하는 것은 애통함을 가져올 것이다. 그 상실이 재정적인 지원이든, 사랑하는 사람이든, 사회적 신분이든, 심지어 하나님 앞에서 영적인 신분이든 간에 말이다. 시편기자는 마지막 종류의 애통을 이해한다. 그는 “그들이 주의 법을 지키지 아니하므로 내 눈물이 시냇물같이 흐르니이다”(시 119:136). 스스로 만족하는 사람들은 그들 자신과 그들의 성취로 기뻐하는 유혹이 있다. 하지만 영적이든 감정적이든 재정적이든 빈털터리에 이른 사람들이나 가까운 사람의 파산을 보는 사람들은 애통할 것이다.

…그들이 위로를 받을 것임이요. “너희는 위로하라 내 백성을 위로하라”(사 40:1)고 하나님은 상실을 깨닫고 우는 사람들에게 말한다. 예수의 사역에서 천국의 도래는 하나님의 위로하시는 복의 첫 번째 상태를 가져온다. 심령이 가난하고 지금 애통하는 자는 이사야 61:1-3에 약속되어 있는 메시아의 복의 성취를 경험한다. 예수는 자기 백성을 죄에서 구원하기 위해 오셨지만(마 1:21; 11:28-30), 그들은 “하나님이 그들의 눈에서 눈물을 닦으실 때”(계 7:17), 하늘의 어린양의 임재 속에서 마지막 위로를 받을 것이다.

애통은 예수의 제자들의 전형이 되는 기쁨을 차단하는 것이 아니라, ‘이미 하지만 아직 아닌’ 그 나라의 임재 속에 살아가는 삶을 특징짓는다. 우리는 우는 자들과 울고, 기뻐하는 자들과 기뻐한다(롬 12:15). 하지만 우리의 애통은 소망이 없는 사람들의 슬픔이 아니다(살전 4:13). 우리는 억압과 박해를 슬퍼하지만 좌절하지 않는다. 이야기의 끝을 이미 알고 있기 때문이다. 우리는 개인적인 죄와 사회적인 악으로 인해 슬퍼한다. 하나님이 애통하시는 것을 우리도 애통하기 때문이다. 하지만 애통할 때, 우리는 천국의 좋은 소식의 도구가 된다. 우리를 위로하셨던 하나님의 위로를 우리가 가져오기 때문이다(고후 1:3-7).

3. 온유한 자는 복이 있나니…(5:5). 세상을 지배하고 자신의 작은 나라를 세우고자 하는 사람들은 자주 지배적이고 억압적이며 거칠고 전제적인 사람들이다. 하지만 예수는 악한 자들이 혹독하게 대하는 사람들을 격려하는 시편기자를 상기케 하면서(시 37:9, 11) 이 땅을 기업으로 받는 자들은 "온유한 자"라고 말씀하신다. 이것은 개인적인 인격적 자질("심령이 가난한 자", "애통하는 자")에서 대인관계의 속성("온유한") 곧 자신의 대의를 개진하기 위해서 다른 사람들을 주장하지 않는 사람들로 초점을 이동시킨다. 그러나 온유함은 연약함을 의미하지 않는다. 동일한 용어를 예수에게 적용할 수 있다. 그는 자신을 "마음이 온유하고 겸손한 자"라고 묘사하신다(11:29; 참조. 21:5). 예수는 필요할 때면 종교지도자들과 대결하는 것을 두려워하지 않으셨고, 자기 중심적인 것에 대해서 제자들을 꾸짖으셨다. 그는 십자가의 고통을 참아내고 가장 고통스러운 죽음을 맞서실 만큼 강하셨다.

…그들이 땅을 기업으로 받을 것임이요(5:5). 예수는 온유함이 무엇을 의미하는지 가장 좋은 예증을 보여주신다. 하나님의 뜻으로 사람들을 데려오는 것은 강력한 힘을 필요로 한다. 하지만 그 힘이 비이기적인 열려 있음과 합세할 때, 사람들은 하나님의 목적으로 데려오는 것에 충분히 인내하는 온유한 사람을 생산한다. 그러한 온유한 사람들은 "땅을 기업으로 받을 것이다." 예수는 좋은 소식을 전하고, 자유를 선포하며, 주의 복음의 도래를 선포하실 때(11:5), 이 온유한 자세를 취하신다. 그리고 주의 이 온유한 메시아 사역을 방해하지 않는 사람들은 복이 있다(11:6). 궁극적으로 이것은 이 땅에 그리스도의 통치를 가리키지만(25:35), 심지어 지금도 예수의 제자들은 영적인 기업에 들어갔다(엡 1:18; 골 1:12; 히 9:15).

4. 의에 주리고 목마른 자는 복이 있나니…(5:6). "주리고 목마른" 자는 매우 궁핍한 상태에 있다. 그들은 채움을 받지 못하면, 죽고 말 것이다. 의를 갈망하는 자의 열정도 그러하다. 이전의 복들과 연관해서 의는 몇 가지 양상을 포함한다. 그것은 학대받거나 부당함을 경험했던 사람들을 위한 "정의"를 포함한다. 그것은 죄에 연루되어 살지 않는 삶을 바라는 사람들을 위한 개인의 윤리적 의의 개념을 포함한다. 그리고 3:15에서처럼 그것은 하나님의 구원하시는 행위의 구원 역사적 의미를 포함한다. 의에 주리고 목마른 자는 이 땅에 정의가 시행되는 것을 보기 원하고, 자신의 삶에서 더 깊은 윤리적 의를 경험하기를 바라며 무엇보다도 하나님의 약속된 구원이 이 땅에 임하기를 갈망한다.[9]

…그들이 배부를 것임이요(5:6). 이런 종류의 의의 궁극적인 자원은 하나님이

시다(참조. 시 42:1-2; 63:1). 하나님의 부여하심이 율법에 쓰여진 의의 기준을 갈망하는 사람들을 오직 만족시킬 수 있다(119:10-11, 20 등등).[10] 율법사와 바리새인들이 율법을 연구하고 해석함으로 의를 얻는 것에 집중하였을지라도, 그들의 노력은 자기 의로만 귀결될 뿐이다. 그것은 그들이 천국에 들어가지 못하게 한다(참조. 5:20). 하지만 하나님의 풍성한 의를 깊이 갈망하는 사람들은 그 의를 채울 것이다. 하나님의 만족케 하심은 최종적인 의미에서 하나님의 미래의 통치에 있게 될 것이나, 하나님 나라 생명으로의 예수의 초대에 응답하고 예수와의 관계로 들어가는 사람들은 현재에 그것을 경험할 것이다. 그는 의에 대한 가장 깊은 개인적인 주림과 목마름을 채우게 될 것이다(참조. 12:1-8; 26:26-29; 요 4:13-15; 6:35ff.).

예수의 제자들은 종교지도자들의 자기 의와 예수의 삶과 사역에서 하나님의 의 사이에 있는 대조를 직접 본다. 그들이 천국의 영역에서 삶에 수반하는 변화를 경험할 때, 하나님의 의에 대한 주림과 목마름은 실제가 된다. 그 나라의 삶의 올바른 것들에 대한 열정적인 관심을 경험하면서 현시대에 '이미 아직 아닌' 의 삶을 살아가기 때문이다. 의에 대한 이런 열정적인 추구는 변화된 마음에서 나온다. 예수의 제자들은 정의를 추구하고, 의의 삶의 모범이 되며, 악한 것에 휘둘리는 세상에 하나님의 구원의 선물을 가져오는 하나님의 의의 도구가 될 것이다(엡 2:1-10).

5. 긍휼히 여기는 자는 복이 있나니…(5:7). 긍휼은 성경의 중심적인 주제다. 하나님은 참으로 긍휼하시다. 하나님은 인간이 받을 만하기에 주시는 것이 아니라, 받을 만하지 않은 데도 주신다(시 25:6-7; 참조. 잠 14:21). 마찬가지로 긍휼히 여기는 자는 죄에 대한 용서를 보이고 상처입고 궁핍한 자들에게 친절을 베푸는 자들이다. 예수의 시대에 종교 지도부는 율법의 혹독한 준수를 요구함으로써 긍휼 없음을 보였다. 이스라엘 백성들이 정결하기를 바라서 추진한 것은 칭찬할 만하나, 그들의 사정없는 요구는 그 기준을 충족시키지 못하는 사람들을 정죄하고 혹독하게 취급했기 때문에 변명의 여지가 없다.

…그들이 긍휼히 여김을 받을 것이요(5:7). 예수는 하나님의 거룩하심의 기준을 손상함이 없이, 궁핍한 자에게 긍휼을 베푸는 사람들을 칭찬하신다. 그들이 다른 사람들에게 보이는 긍휼이 그들에게서 보여질 것이기 때문이다. 다른 이들에게 긍휼을 베푸는 것이 그 사람을 하나님 나라로 들어가게 자격을 부여하지는 않는다.

9. 논의를 위해서는 Donald A. Hagner, "Righteousness in Matthew's Gospel," in *Worship, Theology and Ministry in the Early Church*, 116-17을 보라.

10. Morris, *Matthew*, 99-100을 보라.

하지만, 그것은 예수가 하나님 나라의 복음을 선포했던 긍휼을 받을 수 있도록 그 사람을 열어주는 마음의 태도다. 종교지도자들은 하나님의 긍휼을 받지 못한다. 그들 자신의 종교적 획득에 자만하여 자신들이 긍휼을 필요로 한다는 것을 믿지 못하였기 때문이다.

예수의 제자들은 하나님의 선하신 요청이 항상 긍휼이라는 것을 이 복에서 배운다. 미가의 고전적인 말씀을 상기하라: "사람아 주께서 선한 것이 무엇임을 네게 보이셨나니 여호와께서 네가 구하시는 것은 오직 정의를 행하며 인자를 사랑하며 겸손하게 네 하나님과 함께 행하는 것이 아니냐"(미 6:8). 긍휼을 입은 사람은 긍휼을 베풀 것이다. 이 주제는 용서의 비유에서 다소 다르게 재강조된다(마 18:33). 참된 제자는 용서받을 수 없는 죄인에 대한 하나님의 자비로운 용서를 경험했다. 따라서 그것은 용서를 받을 수 없는 다른 이들에 대한 동일한 긍휼을 보이는 절대적인 감사와 용서에 대한 깊은 이해를 낳을 것이다.

6. 마음이 청결한 자는 복이 있나니…(5:8). 여섯 번째 복에서 예수는 인간 삶의 핵심 곧 마음으로 나아가신다. 정결이나 청결은 예수 시대에 중요한 종교적 주제다. 정결에 대한 모든 구약성경의 율법을 준수하는 것이 모든 것 중에서 가장 중요한 정결 곧 마음의 정결을 간과할 수 있었다. 예수는 청결한 마음이 외적 청결을 낳는다(그 역은 성립이 되지 않는다)는 것을 여기서 선언하신다(예. 15:1-19). 이 복에서 예수는 중요한 구약성경의 주제를 계속해서 언급하시는데, 청결한 마음은 하나님에 대한 한결같은 충성이 삶의 모든 영역에 영향을 미치는 사람임을 설명하신다. "마음의 정결을 사모하는 자의 입술에는 덕이 있으므로 임금이 그의 친구가 되느니라"(잠 22:11; 참조. 시 24:3-6; 73:1).

구약성경의 사람들이 인간의 악함을 분명히 알고 있었을지라도(잠 20:9; 렘 17:9), 악한 마음 속에 하나님이 역사하심이 청결함과 하나님을 따르는 새로운 동기부여를 가져올 수 있음도 역시 알았다. "하나님이여 내 속에 정한 마음을 창조하시고 내 안에 정직한 영을 새롭게 하소서"(시 51:10). 마음이 청결한 사람은 바리새인들의 모든 정결 의식에 필연적으로 참석하지는 않았지만, 그럼에도 불구하고 하나님과 하나님의 방식에 변함 없는 충성을 다했던 사람들이다.

…그들이 하나님을 볼 것이요(5:8). 마음을 청결하게 하는 변함 없는 헌신은 그들이 가장 바라는 위대한 소망으로 보상될 것이다: "그들이 하나님을 볼 것이요." 어느 인간도 하나님의 은혜로우신 얼굴을 온전하게 볼 수 없을지라도(출 33:20), 이 시대에 정점을 이루었던 소망은 "하나님의 얼굴을 보고, 하나님의 이름이 이마

위에 있는 것이다"(계 22:4). 하지만 이 시대의 사람들에게 이 복에 대한 예수의 선언은 그들의 소망의 직접적인 성취를 가져온다. 예수는 "하나님이 우리와 함께 계시는" 임마누엘이시다(1:23). 단순히 종교의식이 아니라 하나님께 마음을 두고 하나님 나라의 복음에 대한 예수의 메시지에 응답하는 사람들은 상상할 수 없는 것을 경험하는 하나님과의 교제로 들어가도록 초청을 받고 있다. 그들은 예수 안에서 하나님을 볼 것이다.

7. 화평하게 하는 자는 복이 있나니…(5:9). 일곱 번째 복은 "화평케 하는 자"에 초점을 맞춘다. "화평"(히. '샬롬'; 헬. '에이레네')이란 주제는 성경 속에 깊이 스며 있다. 화평은 삶의 모든 영역에서 완전함과 온전함을 지칭한다. 이것은 하나님, 이웃, 그리고 민족들과의 관계를 포함한다(참조. 시 28:3; 전 3:8; 사 26:3). 예수 시대의 열심당들은 분열과 정복의 게릴라전투 전략을 통해 이스라엘이 스스로 통치하는 나라를 가져오려고 시도했고, 반면에 종교지도자들은 그들의 분파적 헌신으로 이스라엘 내에서 많은 분열을 가져왔다. 하지만 참된 평화는 "하나님이 통치하시는" 좋은 소식을 가져오는 사람들이다. 하나님은 모든 사람들간에 궁극적인 조화를 가져오신다(참조. 사 52:7). 그러므로 평화를 만드는 것은 구원적인 뉘앙스가 있고(참조. 사 9:6-7의 "평화의 왕자"), 참으로 화평케 하는 자는 인간들이 만들어놓은 분열을 온전하게 하시는 하나님을 기다리고 하나님을 위해 일하는 사람들이다.

…그들이 하나님의 아들이라 일컬음을 받을 것임이요(5:9). 예수는 주도권을 잡으려는 이스라엘 내의 사람들의 다양한 종교적, 정치적 군사적 시도를 물리치신다. 그들은 더 분열만을 낳았다. 따라서 예수는 하나님의 화평을 원하는 사람들에게 방향을 돌린다. 하나님 나라의 시작에서 예수는 최고의 화평케 하는 자시다. 예수는 하나님과 인간 그리고 인간들 사이에서 화평을 만드신다(엡 2:11-17; 골 1:20). 하나님의 메시아적 평강을 기다렸던 사람들은 예수의 초대에 이제 반응하고, 궁극적인 보상을 받을 것이다: "하나님의 아들이라 일컬음을 받을 것이다." 이는 이스라엘이 가정했고 당연한 것으로 여겼던 역할을 성취하신다(신 14:1; 호 1:10). 예수의 사역에 응답하는 사람들은 하나님 나라의 상속자가 되고, 세상을 화평케 하는 일의 예수의 선교를 실행할 때, 하늘 아버지의 특징을 반영한다.

8a. 의를 위하여 박해를 받은 자는 복이 있나니 천국이 그들의 것임이라(5:10). 여덟 번째 복은 팔복이 하나님 나라로 들어가는 요구사항이 아니라는 것을 다시 한번 분명히 한다. 만약 그렇지 않았다면 예수는 고문이나 순교를 하늘나라로 들어가는 자격을 얻는 방식으로 재가하셨을 것이다. 동시에 이것은 다시금 팔복이 인간의

행동에 대한 윤리적 요구가 아니라는 것을 분명히 한다. 그렇지 않았다면 예수는 제자들이 복을 받기 위해서 박해를 좇는 것이 좋은 것임을 시사하셨을 것이다.

오히려 예수는 여덟 번째 복에서 부당한 박해를 당하는 사람들을 위로하신다.[11] 자신의 죄나 어리석음으로 인한 박해는 마땅할 것이다(참조. 벧전 2:20; 3:14; 4:14-15). 하지만 이들은 의를 고집하는 것으로 인해 박해를 받고 있다. 위로의 말씀으로 예수는 박해를 행하는 사람들에게 임할 정죄를 선언하신다. 이 박해자들이 누구인지를 거명하고 있지는 않을지라도, 누가의 유사한 복은 구약성경의 거짓 선지자들이 그랬던 것처럼 대중들로부터 종교적 환호를 받고 있는 사람들에게 임할 "화"를 천명하신다(눅 6:26). 이것은 예수 시대의 종교적 지도자들과 다시 한번 연관이 있다. 그들은 자신들의 의의 특별한 표지를 채택하지 않는 사람들을 박해했다.

박해는 육체적 또는 언어적 확대나 이 둘 다를 포함하는 형태를 취한다. 그것은 종교지도자들이 대중을 좇으며 자기들의 기준을 충족시키지 못한 사람들을 교제에서 제외하는 방식을 특히 지적한다(참조. 눅 6:22; 마 23:34).[12] 슬프고 아이러니하게도 종교지도자들은 진정한 의에 서있는 바로 그 사람들을 그들의 자기 의라는 명목 하에 박해하고 있었다.

…천국이 그들의 것임이요(5:10). 박해가 힘든 만큼 보상은 그 위험을 훨씬 능가한다. "천국이 그들의 것"이기 때문이다. 이것은 첫 번째 복의 원인절(5:3)을 그대로 복사한 현재시제 선언이다.[13] 여기서 예수는 종교지도자들의 자기 의에 반하는 하나님의 의의 형태를 견지하고 고집하는 당대의 사람들에게 희망을 주고 계신다. 그들이 의로 인해 박해를 받지만, 하나님의 나라가 종교지도자들의 것이 아니라 바로 그들의 것이라고 예수는 말씀하신다. 그들이 지금 할 필요가 있는 모든 것은 하나님 나라에 합세하라는 예수의 초청에 응답하는 것이다.

8b. 너희를 욕할 때…너희에게 복이 있나니(5:11-12). 강조점이 무리들과 종교지

---

11. 완료수동태 분사는 "박해를 받았던 사람들"이란 실명사를 형성한다. 여기서 완료시제의 사용은 설명하기가 어렵다. 예수의 관점에서 제자들 중 어느 누구도 이 시점까지 의를 위해 박해를 받지 않았다. 그때에 천국이 그의 것이라고 말할 수 있는 사람이 누구인가? 이것은 구약성경의 선지자들을 언급하지는 않는다(예수는 다음 구절에서 그들을 언급할 것이다). 그들은 하나님 나라의 시작 이전에 세례 요한과 같았을 것이기 때문이다. 그러므로 하나님 나라는 그들에게 속하지 않았다. 다른 이들은 독자들에게 어떤 것을 말하기 위해서 완료시제를 선택함으로써 진술을 하고 있다고 말함으로써 그것의 역사적인 상황을 회피한다. "선언"의 관점이 가장 좋은 설명이라고 보인다.

12. Gundry, *Matthew*, 72.

13. 이것을 형태 짓고 있는 문학적인 인클루시오와 이 의미에 수반하는 함축들에 관한 주석을 보라.

도자들에 대한 '선언' 에서 더욱 예수의 제자들에 대한 '교훈' 으로 이동한다. 이는 일반적인 3인칭 복수에서("그들")에서 예수가 산상수훈에서 가르치고 있는 제자들인 2인칭복수("너희는")로 분명히 이동한다(참조. 5:1-2). 종교지도부가 하나님의 이름으로 제자들을 모욕하고, 박해하며, 악한 말을 할 것이고, 예수는 이 지도자들이 하나님의 참된 선지자들을 핍박했던 구약성경의 위선적인 지도자들과 별다르지 않음을 드러내실 것이다. 예수의 제자들이 받는 학대는 "의로 인한 것으로" 더욱 구체화된다(5:10). "나 곧 예수로 말미암은 것이다"(5:11). 예수가 박해와 적대를 경험한 것처럼, 예수의 제자들도 동일한 것을 예상해야 한다.[14]

이 교훈에서 예수는 박해가 진정으로 임할 때를 제자들에게 준비시키신다. 예수는 박해가 아무리 힘들지라도, 천국이 진정으로 그들의 것이라는 소망을 전하신다. 하지만 천국이 실제 그들의 것이라 할지라도, 이때에 그것이 평강과 안전의 시간으로 그들을 안내하지 못한다. 사실상 예수는 제자들의 보상이 이 세상에서가 아니라 "하늘"에서 있게 될 것임을 암시하신다. 그는 하나님 나라가 마지막 형태로 세워질 때까지 긴 시간의 흐름이 있음을 아시고, 그의 나라의 도래를 의심할 수 있는 이 시기를 위해서 소망을 주신다. 그 소망이 종교적, 경제적 또는 사회적 관점에서는 보여지지 않더라도 결국 그 나라는 그들의 것이다—그들은 이 나라 안에서 참으로 기뻐할 것이다.

소금과 빛(5:13-16)

팔복에서 예수는 무리들과 종교지도자들에 대한 '선언' 과 천국의 삶의 본질과 관련하여 제자들에게 '교훈' 을 주셨다. 이제 두 가지 날카로운 은유로 제자들에게 초점을 맞추시며, 그들이 소유하고 있는 하나님 나라의 삶으로 이 세상에 어떻게 영향을 미칠지를 선포하신다. 제자들이 박해를 받을 것을 예상할 수 있는 이 세상에서(5:10-12), 예수의 제자들은 "소금"과 "빛"(5:13-16)으로 나아가야 한다. 이 은유는 예수에게 속한 사람들에게 있게 될 하나님 나라의 삶의 본질과 항상 경계해야 할 세상에서 제자의 삶이 미치는 영향, 그리고 이 세상에 살면서 하나님 나라의 오심을 기다릴 때 예수의 제자들의 책임을 드러낸다.

너희는 세상의 소금이니(5:13). 소금은 다양한 자연적인 속성을 갖고 있고, 고대

14. 이것은 중심적인 신약성경의 주제다(참조. 10:24-25; 요 11:16; 15:18-25; 딤후 3:12; 벧전 4:13-14).

세계에서 사용되었다. 소금은 아주 중요해서 지중해 연안과 에게해 그리고 아드리아해의 상단(商團)에서 교환의 매개로 사용되었다.[15] 소금의 다양한 사용이 예수가 유추로 전달하고자 했던 것과는 다른 해석으로 인도하기도 한다. (1) 최근까지 소금의 주요한 사용은 보존이었다. 냉장고가 없던 사회에서는 소금이 부패를 늦추기 위해 고기나 생선에 문질러졌다. 어떤 이들은 이런 유추로 예수가 타락한 세상에서 제자들이 도덕적 부패에 미칠 영향을 나타내고 있었다고 주장한다.[16]

(2) 소금은 인간과 여타 온혈동물들의 식용에 핵심적인 요소이기도 하다. 인간에게서 소금은 음식에 맛을 내는 것으로 보통 넣어지나 동물들은 자연적으로 또는 인위적으로 소금을 핥음으로써 보통 염분을 섭취한다. 이것이 현대의 독자들에게 소금의 가장 익숙한 사용이므로, 제자들이 존재함으로써 이 세상에 맛을 내는 강화된 하나님의 나라를 제공하는 것을 예수가 암시하고 있다고 많은 이들이 주장한다.[17]

(3) 소금은 어떤 형태의 토양(땅)을 얻고자 할 때, 비료로서 소량으로 사용되기도 하였다. 따라서 어떤 이들은 예수의 제자들이 이 세상에서 하나님의 일의 성장을 확장할 것임을 암시한다고 주장한다.[18]

(4) 널리 주장되는 견해는 소금이 고대 세계에서 다양하게 사용되었기 때문에 예수가 어떤 한 구체적인 적용을 가리키려는 것이 아니라 매일의 삶에서 아주 필요한 것을 언급하는 넓고 포괄적인 의미에서 그 용어를 사용하고 있다고 주장한다. 시락서(Sirach)는 그러한 관점을 반영하고(Sir. 39:26), 플리니(Pliny)는 "소금과 햇빛보다 더 유용한 것은 없다"[19]고 언급한다. 이런 방식으로 취할 때, 이 은유는 예수의 제자들이 일반적인 종교적 의미로 세상에서 매우 중요함을 가리킨다.[20]

이 마지막 주장은 소금에 관한 하나의 특별한 적용을 너무 강조하는 것이 부적절한 알레고리로 이끌 수 있기 때문에 더 호소력이 있어 보인다. 다시 말해서 예수

---

15. 영어 단어에 샐러리(salary)는 로마 병사로 일하고 있는 군인들에게 부여된 소금 할당을 언급하는 라틴어 '샐라리움'(*salarium*)에서 나왔다. Robert P. Multhauf, *Neptune's Gift: A History of Common Salt*(Baltimore: Johns Hopkins Univ. Press, 1978); John Challinor, *A Dictionary of Geology*, 6th ed. (Oxford Univ. Press, 1986).
16. 예를 들어, Carson, "Matthew," 138.
17. 예를 들어, Luz, *Matthew 1-7*, 250.
18. 예를 들어, Gundry, *Matthew*, 75. 농업 교수에 의한 이 관점의 흥미로운 논의를 보라. Eugene P. Deatrick, "Salt, Soil, Savior," *BA* 25(1962): 41-48.
19. Pliny, *Nat. Hist.* 31, 102.
20. 예를 들어, Hagner, *Matthew 1-13*, 99, Davies and Allison, *Matthew*, 1:473.

는 제자들이 세상의 복리를 위해 필요하다("너희는 소금이다")는 것을 이런 은유로 시사하고 있다. 즉 제자들은 이미 천국을 접했기 때문에 삶에서 변화를 경험했다. 그들은 이 세상의 사람들과는 이제 다르다. 그들의 존재는 세상을 선으로 영향을 미치는 하나님의 도구에 해당한다.

예수의 다음 진술은 상당한 논의를 야기시켰다: "소금이 만일 그 맛을 잃으면 무엇으로 짜게 하리요 후에는 아무 쓸데없어 다만 밖에 버려져 사람에게 밟힐 뿐이니라"(5:13). 엄격히 말해서 소금은 짠맛을 잃을 수가 없다. 나트륨 염화물은 복원력이 있는 합성물이기 때문이다. 그때에 예수는 그것으로 무엇을 의미했는가?

(1) 한 가지 가능성은 예수가 나트륨 합성물을 저장하고 있는 돌의 형태를 암시하고 있었다는 것이다. 고기와 생선을 보존하기 위해서 돌 속에 그것을 넣었다. 얼마 후에는 염분이 돌에서 걸러지고 돌은 아무런 소용이 없게 되어 버려지게 된다. 신자들로서 우리는 염분을 보존하고 있는가 아니면 쓸모 없는 돌인가!

(2) 또한 예수는 사해에서 증발로 수집한 소금을 염두에 두었을 것이다. 이 소금은 다른 광물체인 석회 결정체가 들어 있었다. 소금과 석회는 다양한 염분 침전물 속에 자주 섞여 있었다. 사람들이 소금을 모으러 갔을 때, 소금과 석회의 순수하지 못한 혼합을 순수한 소금으로 쉽게 착각할 수 있었다. 하지만 이 혼합물은 맛을 내는 데나 부패를 방지하는데 작용하지 못하여 쓸데없는 것으로 버려졌다.[21]

(3) 예수는 아라비아의 빵 굽는 자들이 오븐의 바닥에 소금 덩어리를 사용한 것을 암시할 수 있다. 이것은 얼마 후에는 강렬한 열이 이 덩어리들을 결정이 생기게 하고, 이것은 화학적 성분에 변화가 발생함으로 결국은 쓸데없는 것으로 버려진다.

(4) 랍비 하니나(Joshua ben Haninia)가 말한 인용은 일부 도움이 된다. 속임수적인 질문을 던져 퇴짜를 놓을 때, 랍비 하니냐는 "소금이 그 맛을 잃을 수 있는가?"라고 물음으로써 잠언적인 말을 암시한다. 이 말의 맥락은 그가 "(불임의) 노새가 새끼를 가질 수 있겠는가?"(*b. Bek.* 8b, 참조. A.D. 90)라고 물음으로써 이 말과 병행시키고 있기 때문에 소금이 맛을 잃는 것은 불가능하다는 것을 의미한다. 소금이 맛을 잃지 않는 것과 마찬가지로 불임의 노새가 새끼를 가질 수는 없다.

마지막에 나온 것을 선택하여 배경을 이루게 한다면, 예수는 제자들에게서는 있을 수 없는 특징을 묘사하기 위해서 불가능에 관한 잠언적인 언급을 인용하고 계신다.[22] 제자들이 세상에 소금으로 나아갈 때, 고백의 실제적인 증거가 그들의

---

21. 예를 들어, F. Hauck, "ἅλας," *TDNT,* 1:229을 인용하는 Hagner, *Matthew 1-13,* 99.

삶의 본성에 있음을 인식해야 한다. 참 제자는 그들을 제자로 만들었던 것을 상실하지 않는다. 그들을 변화된 사람이 되게 했고, 천국의 삶으로 새로워지게 했기 때문이다. 그러나 천국의 삶의 운치만을 단지 입으려고만 하는 거짓 제자들은 드러나게 될 것이다. 그들의 소금은 외적인 운치에 불과하고 진정한 인격적 변화가 아니다. 이런 거짓 제자들은 무엇보다도 하나님 나라의 삶을 소유하지 못했기 때문에 다시금 소금이 될 수 없다.

예수의 다음 진술은 이 이슈의 심각성을 가져온다. "아무 쓸데없어 다만 밖에 버려져 사람에게 밟힐 뿐이니라." 거짓 제자들에게 임하는 반응은 거부와 심판이다. 그들이 의미를 가져야 하는 사람들에게서 말이다. 거짓 제자들은 그들의 현존이 어떤지를 알게 될 것이다. 그들은 세상과 다를 것이 없기 때문에 이 세상에 제공할 아무것도 없다. 따라서 세상은 그들의 오만한 위선으로 인해 그들에게서 돌아선다. 이는 믿는 제자들이 자신의 본성을 검증하고 정직하게 고백하도록 도전한다. 그들이 하나님 나라의 삶으로 변화되었는지 아니 되었는지를 말이다.

세상의 빛(5:14-16). 예수의 제자들은 "세상의 소금"일 뿐만 아니라 "세상의 빛이다." 빛의 은유는 소금의 은유를 반복하며, 한 단계 더 나아간 예수의 관점을 예증한다. "빛"은 성경의 주요한 주제다. 그것은 통상적으로 성경 역사와 신학의 전개에서 어둠이 물러감을 강조한다. 물리적인 빛과 어둠간의 글자 그대로의 대조는 형이상학적인 선과 악, 하나님과 악의 세력 그리고 신자와 불신자간의 심오한 비유적인 대조를 자극한다. 예수는 나중에 자신이 "세상의 그 빛"(요 8:12; 9:5)이라고 선언하신다. 그는 모든 백성을 비추는 빛으로 오셨다(1:4-14). 따라서 그를 믿는 자는 어둠에 더 이상 거하지 않을 것이다(12:46).

예수의 삶과 구원의 메시지가 어둠 속에 있는 사람들에게 빛을 가져온 것과 마찬가지로(마 4:14-16), 예수의 제자들은 천국의 도래에 대한 살아있는 모범이다. 하나님 나라에 대한 예수의 선언에 수반하는 하나님으로부터의 계시의 빛은 그의 제자들에 의해서도 전달된다. 그들도 빛이다(마 4:14-16; 엡 5:8; 빌 2:15).

예수는 "산 위에 있는 동네가 숨겨지지 못할 것이라", "사람이 등불을 켜서 말 아래에 두지 아니하고 등경 위에 두느니라"고 진술하심으로써 소금에서 사용했던 잠언적인 "불가능함"의 용어를 반복하신다. 예수가 언급하신 도시는 시온산이 있는 예루살렘이었을 것이다. 유대인들은 거룩한 도성 예루살렘이 있는 이스라엘을

---

22. 이것은 낙타가 바늘귀로 들어가는 것의 불가능성에 대한 예수의 말씀과 유사하다(19:24).

세상의 빛으로 간주했다(사 2:2-5; 42:6; 49:6). 하지만 예수가 지금 가버나움 근처의 갈릴리에 있기 때문에 예증으로서 지역의 도시를 사용하였을 수도 있다. 예수는 가르침을 전하기 위해 주변에 있는 형상들을 자주 사용하셨기 때문이다.[23] 예루살렘이든 갈릴리이든 간에 산 위에 있는 도시가 숨을 수 있는 방법은 없다.

전형적인 팔레스타인 가정에서 사용한 등불은 점토로 만들어서 부분적으로 둘레를 친 램프통이었다 그것은 위에서 안으로 기름을 넣을 수 있는 구멍과 한쪽 끝에 아마나 면의 심지가 장착되어 있는 배출구가 있었다. 그것은 대단히 작은 램프였고, 시원찮은 빛을 내었다. 따라서 최대로 밝게 하기 위해서 등경 위에 그것을 두었다. 많은 유대인의 가정이 수수하게 만들어진 하나의 방을 자주 사용하였기 때문에 높이 올려 있는 램프는 집안의 모든 사람들에게 빛을 제공했다. 램프는 밤에 한적한 지역에서 길을 찾는데 필수적이었고, 빛을 소실할 수 있을 때만 움푹 파인 용기 아래에 두었다(참조. *m. Šabb.* 16.1).[24]

예수의 제자들은 세상의 빛이라 불린다. 그들은 숨을 수 없다. 그들의 본성 즉 그들 안에 있는 하나님 나라의 삶이 아직 그 빛을 받지 못한 세상 사람들에게 살아있는 증거가 된다. 하나님으로부터 오는 빛과 생명이 그들의 선한 역사를 이룬다. 그것은 그들 자신을 위한 것이 아니다. 행위 속에서 그들을 보는 사람들은 그들을 영화롭게 하는 것이 아니라 그들의 "하늘 아버지"를 영화롭게 한다(참조. 6:1의 종교지도자들의 동기). "아버지"라는 칭호가 여기서 처음으로 사용되고 있다. 이것은 하나님과 예수의 제자들간에 존재하는 특별한 관계를 도입한다. 예수는 "내 사랑하는 아들"(3:17)이라고 선언되었고, 이 나라의 빛을 받은 사람들도 이제 하늘 아버지의 자녀가 된다(참조. 요 1:7-13).[25]

예수의 제자들은 하나님 나라의 삶을 소유한다. 그것은 변화된 삶의 선한 행위를 낳는다. 메시지와 삶에서 복음의 빛을 담지하는 것은 하나님 나라가 실로 이 세상에 있다는 것을 사람들이 알게 하고 그들이 하늘 아버지를 영화롭게 할 것이다.

---

23. 한 가지 가능성 있는 도시는 남동부 해변에 완만한 언덕에 자리 잡은 데가볼리의 헬라 도시인 히포다. 그 도시는 가버나움에서 분명하게 보였다. 특히 밤에 불이 켜져 있을 때 말이다(Rousseau and Arav, "Hippos/Susita," *Jesus and His World*, 127-28을 보라).

24. 족장시대부터 신약성경 시대에 이르는 발굴된 램프의 모습에 대해서는 Wilkins, "Matthew," 36, and John Rea, "Lamp," *ZPEB*, 3:865-66을 보라. 참조. Carol Meyers, "Lampstand," *ABD*, 4:141-43.

25. "아버지"란 표현의 사용은 은유적인 의미를 갖는다(예를 들어, Aída Besançon Spencer, "Father-Ruler: The Meaning of the Metaphor 'Father' for God in the Bible," *JETS* 39[1996]: 433-442). 하지만 여기서 그것은 아버지와 아들 심지어 아버지와 신자들간의 관계성을 강조하는 신학적인 의미가 내포되어 있다.

팔복이 이런 방향을 암시했지만 소금과 빛의 은유는 하나님 나라의 임재가 변화된 삶을 낳는다는 첫 번째 분명한 지적이다.

상황잇기

더욱더 완전한 연합을 이루고, 정의를 세우며, 국가적인 평안을 이루고, 공공의 안전을 기하며 사회복지를 증진하고, 우리와 후손들에 대한 자유의 복을 누리기 위해서 미국 사람들은 미국헌법을 제정하고 확립했다.[26]

미국헌법의 서문은 미국역사의 가장 기념비적인 진술을 담고 있다. 그것은 미국인의 정신을 간결하게 진술하고 있고, 뒤이어지는 헌법 조항들의 요약을 제공한다. 미국헌법의 서문은 헌법 제정자의 정신을 간파하게 만들고, 그것의 세부사항들이 항목들에서 열거된다. 헌법 서문은 이 헌법이 활발한 중앙정부를 만들기 위한 원래의 확실한 시도였으며, 동시에 백성들의 주권이 보존되었음을 암시한다.[27]

유사한 방식으로 팔복은 산상수훈의 일종의 서문에 해당한다. 하지만 그것은 헌법보다도 더 소중한 인류의 기념비적인 보물이다. 그것은 예수가 선포하신 천국 정신의 간결한 진술을 담고 있고, 예수가 뒤이은 산상수훈에서 말씀하시는 하나님 나라의 삶의 원리를 요약하고 있다. 우리는 팔복에서 마태가 자신의 복음을 쓰게 된 단서를 얻을 수 있고, 하나님 나라를 세우기 위한 역사를 개조하시는 예수의 정신의 개요를 발견할 수 있다. 팔복은 이 땅에 천국을 세우기 위해 예수가 의도한 근본적으로 대담한 진술이다. 그것은 제자로서 예수를 따르는 모든 이들에게 참된 평화와 자유를 가져올 것이다. 예수의 나라가 이 땅의 모든 민족들에게 복을 가져오는 것은 이 제자들을 통해서다.

팔복의 해석. 전반적으로 팔복과 산상수훈은 예수의 원 의도에 따라서 해석해야 한다. 그렇지 않으면 이 땅에 천국을 세우시려는 그의 목적을 거역하는 것이 될 것이다. 팔복을 접근할 때, 우리는 다양한 극단에 빠지는 것을 삼가야 한다. (1) 하나님 나라에 들어가기 위해서 이 특성들에 맞게 살아감으로써 마치 구원을 얻는 것인 양 예수가 청자들에게 공로적인 행위를 요청하는 것으로 결론을 내려서는 안

26. 미 헌법의 서문은 미의회의 웹사이트인 United http://www.house.gov/house/Educat.html에서 발췌하였다.
27. http://www.house.gov/house/Constitution/Foreword.html.

된다. 예수의 팔복은 은혜의 진술이지 율법의 진술이 아니다. (2) 하나님 나라의 구성원들에게 팔복을 어떤 부담스런 윤리적인 요구로 만들어서는 안 된다. 팔복에는 박해의 와중에서 하나님의 복을 경험할 때, "기뻐하라"(5:12)고 하는 것을 제외하고선 명령이 없다. (3) 우리는 팔복을 오직 시대의 끝에만 실현되는 종말론적인 복이라고 결론 내려서도 안 된다. 하나님 나라의 복은 현재시제로(5:3, 10) 그리고 미래시제(5:4-9)로 되어 있다.[28]

예수는 다양한 청자들에게 말하고, 천국에 대한 몇 가지 메시지를 전달하기 위해서 팔복을 사용하신다. 특히 그는 전반적으로 이스라엘 백성들에게 그 나라에 대한 '선언' 을 하시고, 동시에 제자들에게 하나님 나라의 삶의 본질에 대한 '지침' 을 주신다.

(1) **선언**. 이사야 61:1의 예언을 성취하는 예수는 성령으로 능력이 부여되고, 주님에 의해 기름부음 받으신 오실 이시다. 그는 가난한 자들에게 복음을 선포하고 포로된 자들에게 자유를 선포하시며 갇힌 자에게 자유를 주신다(참조. 11:5). 천국은 복음에 응답하는 사람들의 것이다. 성공적인 것과 성공적이지 않은 것, 정결한 것과 정결하지 않은 것, 의로운 것과 의롭지 않은 것을 구분하는 경계(boundary)는 인간이 만들어낸 것에 해당하고, 이제 그것들이 무너졌다. 이 여덟 가지 짧은 선언에서 예수는 두 가지 포괄적인 선언을 하신다.

ⓐ 하나님의 복을 고대하고 있는 사람들을 초청하는 선언. 천국은 이 땅에 억눌린 사람들에게 해당한다. 자신을 확신하지 못하고, 스스로 그 나라에 쓸모가 없다고 여기는 사람들의 것이다. 각각의 복의 앞부분 어절에서 복의 진술은 하나님을 찾았던 구약성경의 사람들의 특성에 응답한다. "심령이 가난한 자는 복이 있나니 천국이 그들의 것임이요"는 "이 곤고한 자가 부르짖으매 여호와께서 들으시고 그의 모든 환난에서 구원하셨도다"(시 34:6)라는 시편 기자의 외침에 대한 예수의 종말론적 응답이다. 부유하지도 않고 강하지도 않으며, 높지도 않고, 능하지도 않은 심령이 가난한 자가 하나님을 찾는 사람이다.

천국의 도래에 대한 예수의 선언은 이렇게 시작한다. 심령이 가난한 자, 애통하는 자, 온유한 자, 의에 주리고 목마른 자, 긍휼을 베푸는 자, 마음이 청결한 자, 화평하게 하는 자, 의를 위하여 박해를 받은 자는 죄와 우상숭배의 길인 교만과 자아

---

28. 논의를 위해서는 Guelich, "The Beatitudes: 'Entrance Requirements or Eschatological Blessings?'" in *Sermon on the Mount*, 109-11을 보라.

만족을 거부함으로써 하나님을 찾는 사람들이다. 예수가 지금 그들을 천국의 도래에 대한 메시지에 반응하도록 초청하고 있기 때문에 그들은 실로 복이 있는 자들이다.

ⓑ 하나님의 복을 스스로 갖고 있다고 생각하는 사람들에 대한 정죄의 선언. 두 번째 선언은 하나님의 방식을 거부하고 하나님과 분리된 삶의 쾌락 속에서 만족을 찾는 사람들에 대한 정죄다. 이것은 산상수훈의 누가역에서 특히 강조된다. 거기서 예수는 팔복에 대응하는 네 가지 화를 주신다.

> 그러나 화 있을진저 너희 부요한 자여 너희는 너희의 위로를 이미 받았도다. 화 있을진저 너희 지금 배부른 자여 너희는 주리리로다. 화있을진저 너희 지금 웃는 자여 너희가 애통하며 울리로다. 모든 사람이 너희를 칭찬하며 화가 있도다. 그들의 조상들이 거짓 선지자들에게 이와 같이 하였느니라(눅 6:24-26).

이 "화들"은 팔복에 관한 마태의 기록에서 이 정죄의 논조를 우리가 찾을 수 있음을 암시한다. 이 정죄의 선언은 특히 이스라엘의 종교 지도자들에게 향해 있다. 예수는 율법사와 바리새인들이 하나님 나라에 속해 있지 않다고 선언하심으로써 무리들과 제자들을 놀라게 하실 것이다(마 5:20). 그들은 자기 의로 자아 만족에 취함으로써 예수의 사역으로 도래한 복에서 스스로를 차단시켰다.

따라서 팔복은 하나님 나라에 무가치해 보이는 사람들에 대한 명백한 초청의 선언을 담고 있지만, 스스로 가치 있다고 생각하지만 그렇지 않은 사람들에 대한 정죄의 함축적인 선언을 담고 있다. 예를 들어, 첫 번째 복에서 예수는 스스로 그 나라에 가치 있는 영적인 자원을 갖고 있지 못한 것으로 여기는 사람들에게 하나님 나라가 속해 있음을 은혜롭게 선언하신다. 하지만 동시에 예수는 종교적인 성취에 완전히 자만하는 종교 엘리트들의 정죄를 선언하신다. 참으로, 종교적으로 부요한 자들은 하나님 나라에 들어가는 보증이 되는 영적인 자원을 그들이 갖고 있지 않음을 인식하기 위해서 하나님 앞에서 겸손해야 한다.

팔복을 예수의 사역의 원 의미를 갖는 역사적 맥락에서 근거를 잡는 것이 현대에 오역을 피할 수 있게 해준다. 산상수훈은 하나님을 만족시키려는 종교 당국자들의 잘못에 대해 역사적인 비판의 의미를 담고 있는 것으로 적어도 볼 수 있다. 율법사와 바리새인들은 하나님 나라의 삶에 대한 예수의 선언의 대적자로 산상수훈에 전체적으로 암시되어 있다.[29] 그들이 율법의 구체적인 해석을 함에 있어서 잘못된 의의 예증자가 되고 있기 때문이다. 이 유대 지도자들의 경향은 내적인 의에 적절한 관심이 없이 외적인 의만을 발전시키려 했다. 내적인 부패를 가리우는 외적인 의는 예수가 "위선"이라 일컬은 것에 해당한다(참조. 23:27). 예수는 하나님 나라의 의는 무엇보다도 내적이며 마음의 문제임을 선언하신다. 나아가서 마음의 의가 외적인 행동에 영향을 줄 것이다(15:16-20). 따라서 팔복은 각기 사람들이 배격해야만 하는 종교적 위선을 암묵적으로 정죄하고 있다.

하지만 어떤 선언을 듣는 것만으로는 충분하지 않다. 팔복이 하나님 나라에 들어가기 위한 요구조건이 아닐지라도, 무리들에게 천국에 대한 예수의 선언에 응답하라는 초청을 주고 있다: 하나님 나라의 방식이냐 종교 제도의 방식이냐? 예수가 모든 이들에게 하나님 나라의 유용성을 선언하실 때, 그는 생명의 길을 제공하신다. 하지만 생명으로 들어가는 문은 좁다—예수께로 가는 길이 좁은 만큼 말이다(참조. 7:13-14). 모든 사람들이 그를 통해서 생명으로 들어간다.

(2) **지침**. 팔복은 자기 백성들을 위한 가치 있는 특별한 가르침이 들어 있다. 구약성경의 경건한 사람들에게 나타났던 특징이 하나님 나라의 도래로 종말론적인 실제가 된다. 이 특성들은 성령으로 말미암은 하나님 나라의 삶의 작용에서 순복할 때, 각각의 제자들의 삶에서 나타나는 변화를 수반할 것이다. 팔복에서 그리고 전반적으로 산상수훈에서, 내적인 삶의 변화로 시작하는 의가 강조되고, 그 다음에 외적인 가치에 외적인 행동이 일치하는 것으로 나아간다(예. 5:20-48).

율법사와 바리새인들의 문제는 먼저 외적인 의를 조장하려는 경향이었다(참조. 15:6-9; 23:25-28). 하지만 예수는 천국의 도래로 인한 마음의 변화에 초점을 맞추신다. 그것은 전인격—말, 사상, 행동, 행위—의 변화로 인도될 것이다. 하나님은 첫 창조 시에 이것을 의도하셨지만, 이제 예수의 사역으로 천국이 도래함으로써, 예수에 대한 제자도가 내적인 삶과 외적인 삶의 일치를 가져올 것이다(참조. 5:17-20). 팔복은 천국의 삶에 참여하는 제자들에게서 생성되는 인격적 특징의 실제를 진술하고 있다.

그러므로 팔복은 하나님의 승인을 얻기 위해서 제자들이 행해야만 하는 명령도 필요한 기준도 아니다. 만약 그랬었다면, 팔복은 유대 지도자들에게서 발견할 수 있는 정결에 대한 혹독한 요구와 별반 다르지 않았을 것이다. 그것은 예수가 정죄

29. 5:20에서 예수는 율법사와 바래새인들을 그가 정죄를 선언하시는 대상과 동일시하신다. 산상수훈의 나머지 부분에서 그들을 실제로 거명함이 없이, 그들은 그의 비판의 분명한 대상이 된다.

한 동일한 종류의 종교적 위선에 빠지게 했을 것이다. 이와는 달리 팔복은 하나님이 제자들로 하여금 생산하기를 원하시는 종류의 삶의 가이드라인을 제공한다. 제자들에게 하나님 나라가 도래함으로써, 이런 특성들이 구체적인 실제가 된다. 이것은 제자도에 대한 예수의 가르침과 성령의 역사로 말미암은 중생과 성화에 대한 후대의 신약성경의 논의를 연결시켜준다. 예를 들어, 베드로전서 1:22-2:3에서 하나님의 살아있고 영속되는 말씀으로 새롭게 태어난 사람들의 변화된 과정을 베드로가 묘사하고 있는 부분을 주목하라. 예수의 제자들이 타락한 세상의 실제에서 매일 생명의 도전에 직면할 때, 그들은 악한 길을 배격하고, 그들 안에 그리스도와 닮은 특징을 하나님의 영이 생산하게 해야 한다.

그처럼 팔복은 세상의 가치와 예수의 가치를 대조시킨다. 래리 리차드(Larry Richard)는 예수의 가치와 세상의 가치를 다음과 같은 방식으로 대조하였다.

예수의 가치	대조되는 세상의 가치
심령이 가난함	자기확신, 경쟁적, 자아 의존적
애통함	쾌락을 좇음, 쾌락주의, "외모의 아름다움"
온유함	만족스러움, "잘 적응함", 실제성
의에 주리고 목마름	만족함, 경험으로 "잘 조정함"
긍휼히 여김	자기 의, 자기 자신을 돌보는 능력
마음의 청결	"어른스러움", 정교함, 넓은 마음
화평케 함	유능함, 공격적
의를 위하여 박해를 받음	융통성, 대중성, "열려 있음"[30]

각각의 사례들을 더 자세히 탐구할 수 있겠으나, 여기서는 단지 천국의 도래로 예수가 세우신 가치를 밝혀주는 것으로만 도움을 삼겠다. 팔복은 하나님 나라의 삶의 본질을 대담하게 진술하고 있다. 그것은 하나님 앞에서 인간의 영적 성취에 대한 자만을 버리는 것으로 시작해서 하나님이 제자들의 매일의 삶에서 하나님 나라의 삶을 생산하게 하는 것으로 진행된다.

---

30. Lawrence O. Richards, *The Teacher's Commentary*(Wheaton, Ill.: Victor, 1987), 541.

현대적 의미

팔복의 적응성. 산상수훈의 맨 앞에 놓여 있는 팔복은 하나님의 구원의 활동을 고대하고 있던 사람들에 대한 복의 선언과 자신의 노력으로 하나님의 복을 확보하려 했던 종교 당국자들에 대한 정죄의 선언 그리고 하나님의 관점에서 참으로 "복된" 삶에 관한 예수의 제자들을 위한 가르침이 들어 있다. 하지만 팔복이 인간의 보통의 개념과는 생소해 보이기 때문에 많은 이들이 그것을 성가시게 여긴다. 실로 누가 가난하고 애통하고 온유하며…기를 원하는가?

달라스 윌라드(Dallas Willard)의 『하나님의 모략』(*The Divine Conspiracy*)은 기독교 리더십에 관한 영향력 있는 책인데, 그것은 성경의 기초로서 마태복음과 특히 산상수훈에 초점을 맞추어 설명한다. 그는 팔복에 관한 논의에서 한 여인이 팔복으로 인해 아들이 기독교인 됨을 포기하고 교회를 떠나갔다는 이야기를 전해준 것을 진술한다. 이 아들은 강하고 지적인 군인이었는데, 참으로 불행한 경험을 갖게 되었다.

> 자주 그러한 것처럼, 그는 팔복—가난하고 애통하며 연약하고 온순하라는 가르침—이 이상적인 기독교인의 모습이라고 말하는 것을 들었다. 그는 어머니에게 매우 단순하게 설명했다: 그것은 저에게는 맞지 않습니다. 저는 그렇게는 못삽니다.[31]

나는 이 젊은이의 경험을 이해한다. 십대였을 때, 나는 그와 유사한 이유 때문에 기독교인이 되고 교회에 나가는 것을 포기했다. 나는 팔복의 특징이 우리의 이상으로 간직해야 할 특징이라고 주장하는 젊은이 모임에 앉아 있었던 것을 분명히 기억한다. 나는 젊은이 지도자가 공격적이고 남성적인 것을 멈추고 부드럽고 온화하도록 꼬시고 있을 때, 친구들과 함께 뒷줄에서 코웃음을 치고 있었던 것을 기억한다. 우리 네 사람은 고등학교에서 세 가지 운동 종목에 참여하고 있었기에 팔복에서 우리에게 부추기고 있는 기독교인의 삶의 모습은 불구적으로 감상적이었다.

---

31. Dallas Willard, *The Divine Conspiracy: Rediscovering Our Hidden Life in God*(San Francisco: Harper San Francisco, 1998), 99. *Christianity Today*에서 1998년에 올해의 책을 수상한 '하나님의 모략'(*The Divine Conspiracy*)은 산상수훈과 일반적으로 마태복음에 관한 영적인 발전의 도움되는 적용이 들어 있다. 윌라드가 팔복에 관해 제공하는 해석은 팔복의 특징의 극단과 풍자를 피하려는 시도다. 그는 올바르게 극단을 거부한다. 하지만 그의 대안적인 해석은 부정적인 조건들로 개별적인 특징들을 보고 있기 때문에 문제가 있다. 이는 신약성경의 다른 부분들만이 아니라 구약성경의 이런 주제들에 대한 일관된 긍정적 사용을 간과한다.

되돌아볼 때, 우리의 젊은 시절에 남성다움과 잘난 점은 별개 없었으나, 그 교회에서 그려진 기독교인의 삶은 활발하고 강건한 대안을 우리에게 제공하지 못했다.

실제적인 삶의 기준으로 팔복을 배제한 몇 년의 삶을 산 후에 나는 베트남 정글에서 환하게 빛나는 별들 아래 앉아 있었다. 그 광경은 나를 압도하였다. 나는 멋진 공수부대 요원이었다. 어느 날 특별히 치열한 전투를 치른 후에 보초병으로 서있었던 날 밤에 나는 예수가 팔복에서 말씀하신 내용의 실제를 경험했다. 나는 그 날 무자비하게 사람을 죽였다. 나는 양심의 가책도 없이 적군의 젊은이들의 생명을 빼앗았다. 나는 우리가 미워하는 적군의 젊은이들에 의해 유린당한 19-20살 난 포대원들의 시체를 보았다. 하지만 양측의 어느 누구도 이런 적대에 대한 적합한 설명을 주지 못했다.

그 날 밤 나는 허망함을 느꼈다. 나의 비참함의 깊이를 인식했을 때 심령이 가난해졌다. 그분이 존재하신다면, 하나님 앞에서 내 운명의 가능성을 생각했을 때, 나는 무서워 떨었다. 나는 내 속에 있는 악으로 인해 울었고, 우리 모두들 속에서 아주 재빠르게 나타남을 보는 악으로 인해 울었다. 젊은이로서 생애에 처음으로 나는 내 배의 강력한 선장이 내가 아니라는 사실을 알았다. 나는 어느 순간에라도 죽을 수 있었다. 나는 바로 그 날 밤에 살아가는 매우 다른 방법이 참으로 있음을 깨닫기 시작했다. 내가 그 날 밤에 꼭 이런 단어로 생각하지는 않았지만, 온유와 의와 긍휼과 청결과 화평이 돈과 성공을 좇는 방식보다 훨씬 더 우선됨을 느꼈다.

나는 그때에 팔복의 선언의 시작을 경험하였음을 지금 깨닫는다. 처음으로 하나님과 분리된 인간으로서 내 삶의 공포를 보았다. 나는 간절하게 어떤 것을 필요로 했지만 그것이 무엇인지의 단서는 찾지 못했다. 나는 나의 옛 대담성과 자기 만족의 정죄를 경험했다. 무엇보다도 나 자신의 탐욕을 만족시키기 위해서 나의 욕구 속에 있는 오만한 남용을 정죄하였다. 내 삶에서 이런 변화는 2년 뒤에 하나님 나라의 삶으로 예수의 초대를 준비하고 수용하게 하였다.

나는 이런 장소에 도달하기 위한 어떤 시도도 하지 않았지만 어느 사람에게 있었던 것처럼, 하나님과 분리된 인간의 방식을 정직하게 바라보게 하는 일이 발생했다. 나의 영혼 깊은 곳에서 이것이냐 저것이냐—하나님 나라의 예수의 방식이냐 파괴의 세상방식이냐—는 삶의 선택이 있음을 깨닫는 일이 발생했다. 예수가 산상수훈에서 이것이냐 저것이냐의 선택으로 절정을 이루셨던 것은 우연이 아니다(7:13-27).

내가 이런 장소에 도달할 어떤 것도 행하지 않았지만, 어떤 분이 그 일을 행하셨음을 지금 나는 안다. 예수는 십자가에 돌아가시기 전 마지막 운명의 날에 이 땅에 다른 이를 보내시겠다고 말씀하신다. 이 보혜사, 하나님의 영은 죄와 의와 심판에 대하여 세상을 "책망하실" 것이다(요 16:8). 그것이 나에게서 발생한 것이다—그것은 예수와 하나님 나라와 분리된 모든 사람들에게 발생한다. 그것만이 인간이 하나님께 회개하고 돌아설 수 있는 유일한 방법이기 때문이다. 인간을 하나님 나라 복음의 초대에 응답하는 장소로 데려오고 복을 받게 하는 것은 확신케 하시는 성령의 역사다.

팔복이 무리들에게 성령의 확증케 하는 역사로 나아오는 복을 표현하는 것과 동일한 방식으로 팔복은 제자들의 삶에서 성령의 새롭게 하시는 역사로 나아오는 복을 표현한다. 나는 심령이 가난하게 되고 또는 의식적으로 애통하거나 온유하게 되기를 바랐다고 믿지 않는다. 나는 의와 긍휼이나 청결을 원한다고 너무 많이 말을 하는 사람들이나 화평을 좇고 예수를 위해 고난을 기쁘게 당한다고 하는 사람들을 논박하는 경향이 있었다. 하지만 놀랍게도 내가 예수와 동행하는 삶에 집중했을 때, 이전의 건방지고 오만한 이 젊은이 속에서 이런 특징들이 생성되는 것을 보았다.

팔복의 개별적인 특징들은 스스로 생성할 수 있는 것이 아니며, 우리 스스로 그런 삶을 살려고 함으로써 배우거나 모방할 수 있는 것이 아니다. 그것은 성령으로 생성되는 삶의 부산물이다. 사도 바울이 갈라디아서 5:22-23에서 그 목록을 주고 있는 것처럼, 그것은 성령의 열매다. 그것은 예수의 방식대로 살고 예수의 형상으로 변화되는 예수의 제자들의 삶에서 성령이 생산하시는 온전한 삶의 모습이다.

팔복을 연구하는 것은 상당히 도움이 된다. 그것이 하나님 나라의 가치를 드러내기 때문이다. 어느 성경 연구에서처럼, 팔복은 세상의 방식과 구분되는 하나님의 방식을 우리에게 보여주고, 올바른 길을 알게 해준다. 하지만 팔복의 연구의 이면에 있는 놀라운 진리와 하나님의 말씀으로서 그 진리에 대한 순종은 팔복의 특징들이 궁극적으로 성령에 의해서 생산된다는 사실이다.

이전에 언급한 젊은이는 팔복에 나타나는 그리스도인의 삶에 대해 그가 가졌던 잘못된 인식으로 인해 기독교에서 떠나갔다. 두 가지 사실이 거기에 작용했을 것이다. (1) 나처럼 그는 자아 그리고 개인과 제도의 허세와 힘을 높이는 세상의 생산물을 좇았다. 팔복은 이런 가치에서 하나님 나라의 도래로 말미암아 인간이 하나님과 우리 각 사람과 올바르게 관련하는 법을 보이는 목적으로 전환시킨다.

(2) 그 젊은이는 자신의 교회의 경험으로 팔복의 잘못된 적용을 보았을 것이다.

교회 역사를 통해서 팔복은 극단으로 치닫는 잘못된 해석에 부딪혔다. 내가 십대에 교회를 떠난 지 수년 뒤에 내가 속했던 교회가 신학적으로 자유주의적인 교회였음을 알게 되었다. 자유주의 교회는 팔복이 하나님을 발견하기 위해 좇아야 할 필요가 있는 이상적인 삶의 표현이라고 진정으로 믿었다. 그들은 팔복이 기독교인의 삶의 이상적인 진술임을 올바르게 인식했으나 그것을 스스로 행할 수 있는 것으로 잘못 생각했다. 다른 일부 그룹은 팔복의 특징들이 오늘날의 거칠고 죄로 찌든 세상을 위한 것이 아니라, 먼 미래에 있게 될 나라를 위한 것으로 기다려야 하는 것이라고 주장한다. 또 다른 그룹은 현재의 신학적인 제도를 위해 팔복의 중심을 남용하여 평화주의와 비폭력의 개인적 교회적 실천의 근거로 삼는다.

당연히 그 젊은이는 예수가 전달하기 원하는 것을 제대로 보지 못했다. 팔복은 하나님 나라로 들어가거나 그 나라를 개진하기 위한 수단이 아니다. 그것은 성령으로 생성되는 하나님 나라의 삶의 표현이고, 창조의 변화가 예수의 제자들 속에서 시작하고 있음을 전 세계에 드러내고 있다. 그것이 우리가 복 받은 이유다.

소금과 빛이라는 말씀의 적응성. 역사를 통해서 인간은 이 땅에 작은 자기들의 나라를 세우려고 시도했다. 나치 부대, 공산혁명, 또는 이슬람 지하드를 통해서든 간에 말이다. 인간이 그러한 수단에 의존하는 것은 진정한 유혹이다. 타락한 피조물들은 그들의 방식을 다른 이들에게 부과하기를 원하기 때문이다. 하지만 예수는 매우 다른 방식으로 하나님의 나라를 가져오셨다. 그것은 성령에 의한 중생과 갱신의 방법이다. 성령으로 생산되는 심령이 가난하고, 애통하고 온유하고, 의롭고, 긍휼이 많고, 청결하고 평화로운 것은 하나님이 그의 방식으로 나라를 세우시게 하는 예수의 제자들의 특징이다. 소금과 빛의 말씀은 팔복의 자연스런 부산물이다. 예수의 제자들 속에서 발견되는 하나님 나라의 삶은 이 세상에서 그들의 삶 속에서 나타나는 것이기 때문이다.[32]

소금의 은유는 우리의 삶이 이 세상에서 중요하다는 것을 알려준다. 신분이나 직업과 상관없이, 우리가 소유하는 하나님 나라의 삶은 일상생활에서 갖는 보존하고/맛을 내고/비옥하게 하는 가치가 있다. 또한 이 은유는 거짓된 제자들에 대한 경고를 담고 있다. 참된 제자들의 삶을 변화시키는 하나님 나라의 삶은 모방하거나 꾸미는 것이 아니기 때문이다. 빛의 은유도 이런 사상을 계속 전달한다. 하지만

32. Hays, *The Moral Vision of the New Testament*, 321: "이 세상의 '빛'과 '소금'이 되라는 공동체의 소명(5:13-16)은 예수를 따르는 자들이 팔복으로 특징지어지는 특성을 통해 하나님의 대안적인 실제를 구현할 때 정확히 이루어진다."

그것은 이 죄악 된 어두운 세상에서 제자들이 생성해내는 긍정적인 영향을 더욱더 직접적으로 강조한다. 우리는 하나님 나라의 복음의 빛을 전할 뿐 아니라 그 빛이다. 우리의 삶에서 성령의 역사로 인해 변화된 모습은 우리의 존재의 모든 측면에 영향을 미치는 하나님 나라의 빛을 생산한다.

이런 진리에서 두 가지 의미가 관심을 끈다. (1) 성경은 서로 지원하고, 격려하여, 그리고 훈련하는 일을 규칙적으로 충족시키는 크리스천들의 필요를 직접적으로 언급한다(예. 히 10:24-25). 교회는 우리의 피난처요, 병원이요 훈련 센터다. 하지만 빛과 소금이 되기 위해서 우리는 복음의 메시지가 없이 죽어가고 있는 사람들의 세계로 나아가야 한다. 이런 강조는 예수가 네 명의 형제들을 사람 낚는 어부로 부르셨던 4장의 소명 장면에서 이미 시작되었다. 우리가 다다라야 할 사람들은 주변에 있는 세상 사람들이다. 그들은 이웃일 수 있고, 우편배달부일 수 있고, 자녀의 친구들과 부모들 그리고 선생들일 수 있다. 직장의 동료일 수 있고, 레스토랑에서 일하는 사람 등등 우리의 주변 사람들이다. 교회나 성경공부 또는 훈련원이 우리들의 삶을 위해 지원하고 인도하며 준비하는 상당한 서비스를 제공하지만, 우리들의 삶은 이런 제한을 넘어서서 주로 생활한다. 빛과 소금이 되는 제자들은 이 세상의 의도적인 체류자로 부름을 받고 있다.

(2) 빛과 소금으로서 이 세상의 의도적인 체류는 우리가 누구인지 우리가 이 세상과 어떤 차이가 있는지를 아는 것이 필요하다. 그것은 종교적인 타이틀이 아니다. 우리는 사람들이 복음의 진리를 알 수 있도록 그것을 '말해야' 할 뿐 아니라 복음의 진리가 실제인 것을 사람들이 알 수 있도록 그대로 '살도록' 부름을 받고 있다. 하나님 나라의 빛은 우리 안에 변화된 삶을 생성하여 "너희 빛이 사람 앞에 비치게 하여 그들로 너희 착한 행실을 보고 하늘에 계신 너희 아버지께 영광을 돌리게 해야"(5:16) 한다. 팔복은 하나님 나라의 도래로 전환된 제자들의 특징 속에서 생성되는 변화를 강조한다. 이 세상의 의도적인 체류는 제자 됨과 세상의 가치와 습관간의 현격한 차이를 경각하고 팔복으로 요약되고 나머지 산상수훈 속에서 더 온전하게 계시되는 하나님 나라의 가치로 사는 것을 요한다.

이중에 많은 것들이 일상생활 속에서 이루어진다. 빛과 소금이 되는 것은 우리가 전파하고 증거하며 단기선교를 나가는 극적인 방법으로만 실행되는 것이 아니다. 이전에 언급했던 것처럼 우리가 나아가야 하는 세상은 일상생활에서 발견할 수 있는 주변 사람들이다. 그들은 매일의 활동 속에서 우리의 변화된 삶을 보게 될 것이다. 하늘 아버지께 그들이 영광을 돌리게 하는 것은 매일의 삶에서의 변화된 우리의 모습이다. 사람들은 항상 죄에 영향을 받아 하나님이 최초에 살도록 의도하신 대로 살지 못한다. 그들은 원치 않는 거짓말을 하고, 속이기도 하며, 사랑하는 사람을 상처주기도 한다. 우리가 만나는 많은 사람들이 그렇게 되기를 원치 않지만, 왜곡된 죄의 치유책을 찾지 못하고 하나님의 형상으로 창조된 대로 살지 못한다.

어떤 이들은 "무슨 상관이야"라는 식의 태도로 삶을 발전시킨다. 그들은 오직 자신만 있는 것처럼 공공장소에서 셀폰으로 잡담한다. 그들은 데이비드 레터만 쇼에 마돈나처럼 저주한다. 어떤 아이들은 온 세상이 자기 놀이터인 것으로 생각한다. 어떤 이들은 광적으로 운전한다. 리서치 그룹인 퍼블릭 어젠더(Public Agenda)가 실시한 최근의 여론조사는 무례함이 미국에서 심각함을 알려주었다. 조사 대상의 79퍼센트가 존경과 예의 부족이 심각한 문제라고 응답했다. 88퍼센트는 자주 무례하고 불쾌한 사람들을 만난다고 응답했다. 빈약한 고객 서비스가 만연해서 조사대상의 거의 절반이 그런 서비스로 인해 지난해에 물건도 사지 않고 상점을 그냥 나왔다고 답변했다. 하지만 흥미롭게도, 조사대상자들이 거의 해결책을 갖고 있지 못했다. 36퍼센트는 불쾌한 행동에 직면할 때, 올바른 행동은 과도한 친절로 답하는 것이라고 말했고, 20퍼센트는 잘못된 행동을 지적하는 것이 최선이라고 말했다. 하지만 42퍼센트는 해야할 가장 좋은 일은 그냥 그 자리를 떠나는 것이라고 말했다.[33]

그것은 사소한 것일지 모르나 이것이 팔복이 말하는 것이며 또한 예수의 빛과 소금이 말씀하는 것이다. 그렇다. 우리는 구원하는 복음의 메시지를 갖고 있고 선포해야 한다. 사람들이 그 메시지를 듣기 전까지는 변화될 수 없다. 하지만 옛 금언이 사실이다. 행동하는 것이 말하는 것보다 더 크게 소리를 낸다. 우리는 삶으로 다름을 보여야 한다. 그렇지 않다면 우리의 빛을 세상으로부터 숨기는 것이다. 우리가 무례하고 불친절한가? 우리는 상대편 팀의 선수를 조롱하는 무리들과 한패인가? 우리는 고객들에게 가장 좋은 서비스를 제공하고 있는가? 그들이 월마트의 고객이든, 당신의 학교의 학생이든, 교회의 식구이든 간에 말이다. 하나님 나라의 삶이 우리 안에서 온전하게 역사하게 한다면, 예수는 제자들이 무례하고 불친절하지 않을 것임을 말씀하신다. 우리가 존경하고, 예의바르고, 사려 있고, 서비스 지향적일 때, 우리 주변의 세상 사람들은 예수가 진정으로 차이를 만들어내고 있

33. Matt Crenson, The Associated Press, "Poll: Manners Lost in America," *Orange County Register*(April 3, 2002), Nation and World 1.

음을 보게 될 것이다.

도날드 맥컬로우는 이런 지침이 들어 있는 실제적인 조언을 하는 매력적인 책을 썼다.[34] 이 책이 크리스천들을 향해 주로 말하고 있지는 않지만, 그는 거듭난 그리스도인이고, 하나님의 형상으로 창조된 인간의 관점에서 서로에게 빚을 지고 있는 존경에 기초하여 글을 작성하고 있다. 각 장의 현명한 타이틀은 "결혼식에서는 야구모를 쓰고 나타나지 말라"에서부터 "어린이들과 말하기 위해서 무릎을 꿇어라", "가치가 있는 작은 것을 남겨라"에 이르기까지 세세한 것들을 조언하고 있다. 어쩌면 하잘 것 없어 보이는 이슈에 관한 글을 그가 쓰게 된 의도는 우리의 관심을 끌만 하다.

> 나는 작은 것에 더 관심이 있다. 말하자면 "감사합니다"라는 말을 기억하는 것과 어머니 날에 어머니에게 전화를 거는 것 말이다. 이런 일을 우리 문화에서 직면하는 주요한 문제들과 비교할 때, 그리 중요해 보이지 않는다. 하지만 그런 것들이 시작할 수 있는 가장 좋은 적소다. 그것이 시작할 수 있는 유일한 가장 정직한 적소다. 유모에게 '감사합니다'라는 말을 하는 것을 기억할 수 없다면, 친절에 관한 굉장한 철학적 논문을 쓴다하여도 그것이 그리 중요한 일이 되지 못할 것이다. 만약 자기 가족에게 무례하다면, 그가 사랑의 본질에 관한 멋진 설교를 한다해도 천사들이 좋은 말을 하지 않을 것이다.[35]

마찬가지로 예수는 작은 친절로 하나님 나라의 임재의 실제를 증거할 수 있음을 우리에게 가르치신다. 심령이 가난한 제자들은 무례함과 남용에 애통해할 것이며, 의를 좇고 긍휼을 실천하며, 설사 그것이 슬픔을 가져온다 할지라도 화평함으로 온유할 것이다. 그렇게 삶으로써 우리는 하나님의 아들로, 세상의 참된 소금이요 세상의 타오르는 빛으로 드러나게 될 것이다.

---

34. Donald McCullough, *Say Please, Say Thank You: The Respect We Owe One Another*(New York: Perigee, 1998).
35. Ibid., 8.

마태복음 5:17-20

17 내가 율법이나 선지자를 폐하러 온 줄로 생
각하지 말라 폐하러 온 것이 아니요 완전하
게 하려 함이라
18 진실로 너희에게 이르노니 천지가 없어지기
전에는 율법의 일점 일획도 결코 없어지지
아니하고 다 이루리라
19 그러므로 누구든지 이 계명 중의 지극히 작
은 것 하나라도 버리고 또 그같이 사람을 가
르치는 자는 천국에서 지극히 작다 일컬음을
받을 것이요 누구든지 이를 행하며 가르치는
자는 천국에서 크다 일컬음을 받으리라
20 내가 너희에게 이르노니 너희 의가 서기관과
바리새인보다 더 낫지 못하면 결코 천국에
들어가지 못하리라

원 의미

하나님 나라의 다가오는 임재에 대한 세례 요한의 최초의 선언은 종교 당국자들과 하나님 나라의 계획된 활동간에 긴장을 가져왔다(3:7-12). 종교 당국자들에 대한 예수의 암묵적 또는 명시적인 비판은 상승되는 긴장과 노골적인 적대를 가져올 것이다(12:22-32). 이런 긴장과 적대의 중심에는 예수가 구약성경에 헌신하는 일을 소홀히 하고 있다는 의심이 있었다. 따라서 이 복음서의 첫 번째 주요한 강화에서 예수는 구약성경에 대한 그의 이해와 헌신을 분명히 하신다.

하지만 예수는 여기서 사상의 해석학적 학파를 하나 확증하시는 것이 아니다. 또한 그는 고대의 율법을 당대의 상황에 맞는 또 다른 적용을 제시하고 있지도 않다. 단지 그는 모든 랍비적 논쟁을 초월하여 구약성경이 원래 의도한 의미를 권위 있게 해석하고 계신다. 이 네 구절은 산상수훈을 해석하는 열쇠를 제공할 뿐만 아니라, 많은 점에서 예수가 하나님 나라를 시작시킨 것을 이해할 수 있는 핵심을 제공한다. 나아가서 마태가 그의 복음을 쓴 목적을 이해할 수 있게 만든다.

율법을 성취함(5:17). 어떤 이들은 천국의 도래에 대한 예수의 선언(4:17)을 마치 예수가 구약성경과 상충하는 새로운 작업을 시작하고 있는 것처럼 여긴다. 하지만 예수는 단정적으로 "내가 율법이나 선지자를 폐하러 온 줄로 생각하지 말라"고 선포하신다. "생각하지 말라"는 표현은 예수가 하나님 나라의 도래를 선언하심으로 이전의 하나님의 계시를 제쳐두기를 시도하고 있다는 의심을 논박하고 있음을 암시한다.[1] 그러한 시도는 이단자의 궁극적인 표시가 될 것이다.[2] 따라서 예수는 하나님 나라의 도래가 율법과 선지자를 통한 하나님의 이전 계시를 폐하지 않음을 그의 가르치는 사역의 시작에서 분명히 밝히신다.

"율법"이나 "토라"는 구약성경의 첫 번째 다섯 책을 일컫는다. 이것을 모세의 책 또는 오경이라 부른다. "선지자"는 구약성경의 대선지서와 소선지서를 포함한다. 고로 "율법"과 "선지자"란 표현(참조. 7:12; 11:13; 22:40; 롬 3:21)은 전체 히브리 성경을 일컫는 방식이다. 이것은 "모세의 율법과 선지자의 글과 시편"(눅 24:44)이나 단순히 "율법"[3](마 5:18; 고전 14:21)이란 표현과 유사하다. 예수의 지상사역의 목적은 하나님이 히브리 성경에서 자기 백성들에게 뜻을 드러내신 것을 폐하러 온 것이 아니라 "완전하게 함이라"는 성취 형식어구로 말씀하신다.[4]

마태의 내러티브에서 "성취하다, 이루다"('플레루')란 용어는 하나님의 역사적 계획에서 예수의 의미에 대한 중요한 단서가 된다. 예수의 삶과 사역이 구약성경의 예언과 소망을 이루기 때문이다(예. 1:22-23; 2:15, 17-18, 23; 4:14-16). 신약성경의 전체에 걸쳐서 다양한 저자들이 예를 들어 예수가 구약성경의 선지자,[5] 제사장,[6] 그리고 왕[7]의 역할을 성취하는 방식을 지적한다. 하지만 여기서 예수는 자신이 구약성경의 모든 것을 완전하게 하려고 왔음을 선언하실 때 또 다른 방향을 지적하신다.

"성취하다, 완전하게 하다"라는 개념은 예수의 순종(즉, 율법을 지키는 것)을 단지 일컫는 것이 아니다. 물론 그것을 포함할지라도 말이다. 특히 뒤이어지는 "대조"(5:21-48)에 비추어서 작업할 때, 이 문맥은 예수가 어떤 예기(豫期)된 역할을 이루실 뿐만 아니라, 성경에 대한 그의 해석이 하나님의 뜻과 의도된 의미를 완전

---

1. 산상수훈의 논증(참조. 5:20; 6:1-18; 7:28-29)은 예수와 종교지도자간의 적대가 이미 상당히 진행되고 있음을 암시한다(참조. Hagner, *Matthew 1-13*, 104-5; contra Robert Banks, *Jesus and the Law in the Synoptic Tradition* [SNTSMS 28; Cambridge: Cambridge Univ. Press, 1975], 65ff.; Carson, "Matthew," 141-42).
2. Keener, *A Commentary on the Gospel of Matthew*(1999), 176 n. 46.
3. 이어지는 페이지에서는 그것이 오경이나 전체 구약성경을 언급하는 것이라면 대문자 "Law"를 사용하지만 구약성경의 율법적 항목을 언급하는 것이라면 소문자 "law"를 사용할 것이다.
4. Warren Carter, "Jesus' I have come' Statements in Matthew's Gospel," *CBQ* 60(1998): 44-62.
5. 신 18:15-19; 마 21:11; 행 3:22.
6. 레 16:11-19; 사 56:7; 마 21:13; 히 2:17-18; 4:14-16; 5:1-10; 7:24-25; 9:11-14.
7. 사 62:11; 슥 9:9; 마 2:2; 21:5; 눅 2:11; 딤전 6:15; 계 17:14; 19:16.

케 하고 분명하게 하신다는 것을 암시한다.[8] 구약성경이 인류를 위해 하나님의 뜻과 소망과 장래[9]를 전달하고자 하는 모든 것이 예수 안에서 온전한 의미를 발견한다. 예수는 성경을 실현케 하기 위해서 오셨고, 제자들이 원래 의도된 의미를 더 깊이 이해하도록 하기 위해서 오셨다. 이것은 성경의 의도를 오해하고 잘못 적용한 많은 유대 지도자들과는 차원이 다르게 구분된다.[10]

구약성경의 지속적인 유효성(5:18). 예수는 세상 끝날에 하나님이 목적하신 모든 것이 완성될 때까지 자기 백성들을 위한 하나님의 계시된 뜻으로서 "율법"(전체 히브리 성경)의 지속적인 유효성을 강하게 확증하신다. 5:18에서 두 개의 "까지"(until) 어절은 서로 유사하고 본질적으로 동의어다. 이는 구약성경의 지속적인 유효성을 강조하기 위해 사용되고 있다. 또한 "모든 것이 다 이루어질 때까지" 어절은 구체적인 구약성경의 소망이 예수로 인해 "완성"되는 특징들을 포함한다. 예를 들어, 반제(antitheses)에서 예수는 구약성경의 지속적인 유효성을 반복하지만 법적으로 구속력이 있는 특별한 법규를 만드시지는 않는다(5:33-37의 주석을 보라).

구약성경은 모든 것이 "완성될" 때까지 역사를 통해서 인류를 위한 하나님의 뜻의 계시로서 영원히 지속한다. 성경의 일부 요소들이 예수의 사역으로 완료될지라도, 구약성경은 유효한 원리로 남는다. 예를 들어, 죄를 보속하는 피흘림과 죽음의 가르침은 더 이상 성전 희생을 통해서 표현되지 않고 십자가상에서의 그리스도의 단번의 보속으로 "성취되고/이루어졌다"(참조. 히 9:11-14). 그러므로 구약성경에서 죄 씻음의 계명은 실제적인 것으로서 더 이상 법적 구속력을 갖지 못한다. 그렇지만, 죄에 대한 벌과 대가에 대한 구약성경의 원리는 유효하고 하나님의 뜻으로 가르치고 이해할 필요가 있다.[11]

따라서 예수는 모든 세대를 위한 성경으로서 원문의 가장 작은 부분에까지 미치는 구약성경의 온전한 권위를 확증하신다(참조. 딤후 3:15-16). 여기서 일점일획은 히브리 알파벳의 "가장 작은 문자"('이오타'; KJV "작음")와 "펜의 가장 작은

8. 이런 양상에 대한 도움되는 개관과 지침을 위해서는 Guelich, *Sermon on the Mount*, 138-42, and J. Daryl Charles, "The Greatest or the Least in the Kingdom? The Disciple's Relationship to the Law(Matt 5:17-20)," *TrinJ* 13 n.s. (1992): 139-62을 보라.

9. 마 11:13을 보라. 거기서 율법과 선지자는 요한과 함께 새 시대가 도래하기 전, 즉 예수가 오시기 전까지 예언한다고 말씀한다.

10. 당대의 종교당국자들과의 대조에 관한 논의를 위해서는 J. Daryl Charles, "Garnishing with the 'Greater Righteousness': The Disciple's Relationship to the Law(Matthew 5:17-20)," *BBR* 12(2002): 1-15을 보라.

11. David A. Dorsey, "The Law of Moses and the Christian: A Compromise," *JETS* 34(1991): 321-34. 도르시의 글은 크리스천에게서 율법의 연속성과 불연속성을 대담하게 규명하는 시도를 한다.

획"('케라이아'; KJV "점")을 말하는데, 그것은 다양한 히브리 문자를 구분케 하는 작은 선이나 점 등을 일컫는다.

이것은 실제적인 단어, 심지어 문자나 문자의 일부분으로까지 확장되는 성경의 영감에 대한 예수의 견해를 이해할 수 있게 한다. 이것은 성경의 "축자적 완전영감"과 일치한다. 즉 성경의 모든 단어조차도 영감되었다. 성경은 하나님의 말씀을 단순히 포함하고 있는 것이 아니라 성경의 모든 단어들이 바로 하나님의 말씀이다.[12]

계명을 행하고 가르치기(5:19). 구약성경을 취급하는 방식은 방대하다. 랍비들은 구약성경의 "가벼운" 계명과 "무거운" 계명을 구분했고, 이 둘 다 순종할 것을 강요했다(*m.* ʾ*Abot* 2:1; 4:2). 가벼운 계명은 생산의 십일조를 내라는 요구와 같은 것들이며(참조. 레 27:30; 신 14:22), 무거운 계명은 하나님의 이름을 망령되이 일컫지 말며 안식일을 거룩하게 지키고, 사회 정의를 시행하는 하는 일(출 20:2-8; 미 6:8) 같은 것들이다. 구약성경이 심지어 일점일획에 이르기까지 하나님의 뜻의 타당한 표현이기 때문에 예수는 계명의 가장 작은 것에서부터 가장 큰 계명에 이르기까지 이 모두를 순종할 것을 요구하신다. 하지만 동시에 가벼운 계명을 무거운 계명으로 왜곡하는 사람들도 비판하신다(참조. 마 23:23).[13]

예수는 구체적으로 자신의 제자들에게로 말씀의 방향을 돌리신다. 천국에서 "큰 자"와 "작은 자"는 천국 복음에 대한 예수의 선언에 응답하는 사람들이다. 예수는 성경의 강력한 권위를 제기하신다. 예수가 율법과 선지자를 "폐하지" 않으시고 그것을 완전하게 하신 것이기 때문에(5:17), 예수의 제자들도 성경의 계명을 "폐하거나" "파괴하지" 않고[14] 그것을 실천하고 가르쳐야 한다(5:19). 여기서 언어유희는 '예수가 구약성경을 지금 성취하고 있기' 때문에 구약성경과 관련하여 제자들이 어떻게 행해야 할 것인지를 경고한다. 전체 구약성경은 하나님의 뜻의 표현이지만 예수가 율법을 이루신 관점에서, 즉 예수가 율법의 내용과 의미를 해석한 것에 따라서 율법을 순종하고 가르쳐야 한다. 천국에서 제자들의 신분은 하나님의 계시된 뜻을 사소히 여기거나 하나님의 말씀으로 율법을 순종하고 가르치는 것에 따라 다르다.

"작은 자"의 서열은 천국에서 배제됨을 시사하는 것으로 취해서는 안 된다. 다

12. 개관을 위해서는 John W. Wenham, "Christ's View of Scripture," in *Inerrancy*, ed. Norman L. Geisler(Grand Rapids: Zondervan, 1980), 1-36; Grudem, *Systematic Theology*, esp. 73-104을 보라.

13. Charles, "Greatest or Least in the Kingdom," 154-56.

14. "폐지"는 동사가 '카탈리오'이고, "깨뜨리다"는 어근이 전치사의 접두어인 '카타'가 없는 '리오'다.

음 구절에서 예수가 천국의 바깥에 있는 자와 안에 있는 자를 구분하기 때문이다. "작은"과 "큰"은 예수에 의해 가르침을 받을 때, 현재의 삶에서 계시된 하나님의 뜻에 대한 말과 행위에서 그가 참으로 신실한 사람인지를 인식하는 방도다.

"안에서 바깥으로" 나가는 의(5:20). 제자들에 대한 경고와 칭찬에서, 예수는 그 다음에 더 넓은 청중—하나님 나라에 속해 있지 않은 사람들—에게로 관심을 돌린다. "내가 너희에게 이르노니 너희 의가 서기관과 바리새인보다 더 낫지 못하면 결코 천국에 들어가지 못하리라"(5:20). 이것은 예수의 가장 충격적인 진술이다. 율법사와 바리새인들이 윤리적인 의의 화신이었기 때문이다.

"율법사"나 "서기관"('그람마테우스')은 구약성경 본문의 관리자일 뿐 아니라 율법을 가르치는 자였다. 그들은 스스로 율법을 해석하고 보존하는 책임이 있다고 여겼으며(막 7:5-8), 율법에서 교리를 만들어 내었으며(마 7:10), 주변에 제자들을 모아 자신의 직업과 가르침을 전수하기 위해 훈련하였다. 오늘날 교수나 성경연구나 신학의 일군을 일컫는 것과 동등한 말이다. "바리새인"(3:7의 주석을 보라)은 징교한 구두 전승을 통해서 구약성경의 명령을 지키는데 헌신했던 분파였다. 성문 또는 구문 율법에 세심한 집착은 이스라엘의 전설이 되었지만, 예수는 그들이 천국에 들어감을 얻지 못할 것이라고 말씀하신다.

하지만 어느 누가 서기관과 바리새인의 의를 능가할 수 있겠는가? 그들이 천국에 들어감을 얻지 못한다면, 어느 누가 소망을 가질 수 있겠는가? 이것은 공로에 의한 구원의 교리를 강화함을 의미하는가? 이것은 613개의 계명[15]을 준행함으로써 그리고 더 많은 것을 행함으로써 서기관과 바리새인을 능가해야함을 의미하는가? 아니라고 예수는 대답하신다. 그의 제자들은 가중된 "양"이 아니라 다른 '종류'와 '질'의 의로 부름을 받았다. 세례 요한과 예수의 만남(3:15) 그리고 팔복의 선포(5:6)에서 인식할 수 있었던 것처럼, 예수의 선포에서 의는 윤리적 정결의 개인적 획득이 주가 아니다. 의는 은혜의 영역에 속한다. 좋은 소식을 예수가 선포하심은 천국이 그에게 응답하는 사람들에게 지금 속해 있다는 것이다. 하나님의 구원하시는 행위가 자기 백성들을 구하기 위해서 지금 이 세상의 현장에 도달해 있고, 이것은 그들의 삶에서 근본적인 변화를 낳을 것이다.[16]

15. 613이란 숫자는 랍비들이 계산한 명령과 금지가 조합된 전통적인 숫자다.

16. Hagner, "Righteousness in Matthew's Theology," 116-17. 해그너는 5:20에서 주로 윤리적인 의의 요소를 보지만, 3:15과 5:6에서 하나님의 구조적인 구원에 대한 그의 논증을 여기에 역시 적용할 수 있다. 그는 그 부분의 주석에서 더 직접적으로 그 일을 행한다(Hagner, *Matthew 1-13*, 109).

이 선언의 충격은 하나님의 호의를 얻기 위한 현 관례를 발가벗기고, 뒤이어지는 "반제"(5:21-48)의 도입으로서 그리고 천국 생활의 중심 원리에 대한 암묵적인 노출로서 작용한다. 즉 하나님 나라의 의는 바깥에서 안으로가 아니라 안에서 바깥으로 작용한다. 그러나 이것은 새로운 원리가 아니다. 하나님의 백성들은, 회개하는 마음으로 나아가지 않는다면, 의의 외적인 행위로 죄를 없애거나 하나님의 호의를 얻을 수 없음을 이미 알았다. 시편 51편이 이에 대한 전형이다. 그 장에서 다윗은 밧세바와 끔직한 죄를 지은 후에 마음의 청결과 내적인 정결을 구한다(시 51:2, 7, 10). 안에서 바깥으로 작용하는 원리에 대한 그의 이해는 명백하다.

> 주께서는 제사를 기뻐하지 하니 하시나니 그렇지 아니하면 내가 드렸을 것이라 주는 번제를 기뻐하지 아니하시나이다 하나님께서 구하시는 제사는 상한 심령이라 하나님이여 상하고 통회하는 마음을 주께서 멸시하지 아니하시리이다(시 51:16-17).

다윗은 희생과 제사를 나중에 드리고, 하나님의 은혜를 입지만, 그는 내적인 회개와 정결케 하시는 하나님의 역사로 나아가야 함을 알았다.

하지만 이스라엘의 역사를 통해서 이런 은혜의 작용을 역행하는 경향이 있었다. 예수 시대의 서기관과 바리새인들의 경우와 마찬가지였다. 바깥을 충분히 깨끗이 하려고 노력한다면 안쪽은 자동적으로 깨끗해질 것이라고 가정했으나 나중에 예수는 이런 절차를 명백하게 정죄하신다.

> 화있을진저 외식하는 서기관들과 바리새인들이여 회칠한 무덤 같으니 겉으로는 아름답게 보이나 그 안에는 죽은 사람의 뼈와 모든 더러운 것이 가득하도다 이와 같이 너희도 겉으로는 사람에게 옳게 보이되 안으로는 외식과 불법이 가득하도다(마 23:27-28).

천국으로 들어가는 것이 의의 외적인 행위로 얻어지는 것이 아니기 때문에, 예수는 다른 종류의 의—마음의 변화로 시작되는 내적인 의, 즉 오로지 하나님에 의해 성취될 수 있음을 다윗이 깨달았던 보증(시 51:10)—를 추구해야함을 청중들이 인식하도록 이끄신다.

하나님 나라의 도래는 제자들의 마음에 영적인 변화를 생성하고, 그것은 궁극적으로 제자들의 외적인 윤리적 삶의 변화를 낳을 것이다(15:16-20의 주석을 보라). 하나님 나라로 들어가는 것이 내적인 변화의 역사로만 이루어질 수 있다면,

그 나라에서의 인격적인 성장도 안에서 바깥으로 진행되어야 한다. 이러한 원리를 예수가 구약성경을 성취하는 방법을 설명하기 위해 사용하는 뒤이어지는 예증들의 시리즈가 강조해준다. 예수의 제자들은 자신의 내적인 삶을 하나님의 말씀에 일치시키고, 그 내적인 변화가 외적인 행동을 인도하게 할 때, 하나님의 뜻과 의도를 이루게 될 것이다.

의심할 것도 없이, 5:20에서 예수의 선포는 전체 산상수훈의 해석적인 열쇠이며 나아가서 천국생활의 열쇠다. 그것은 바울이 칭의와 성화를 이해한 것에 기반이 되는 동일한 실제다. 따라서 예수는 결단코 율법을 제쳐두거나 폐하지 않으셨다. 오히려 그는 율법의 완전한 권위를 확증하시고 완전케 하신다. 뒤이어지는 반제에서 예수는 외적이고 피상적인 자기 의로 끝나는 바리새인의 외적이고 율법적인 해석과 자신의 내적이고 영적인 해석을 대조시키신다.

상황잇기

예수의 말씀 속에서 발견할 수 있는 하나님의 율법에 대한 엄격한 태도에 근거하여 비판적인 학자들은 마태와 바울을 서로 대비시키려고 자주 시도하였다. 즉 바울이 도덕률 폐기론인 은혜의 복음을 주창했고, 마태는 의도적으로 율법의 복음으로 맞섰던 것처럼 말이다.[17] 하지만 바울과 마태의 대비는 과장된 것이다. 마태가 율법의 의무적인 효력을 견지하는 예수의 말씀을 기록하고 있을지라도(5:17-20), 그는 구약성경을 율법적으로 적용했던, 백성들이 천국으로 들어가는 것을 가로막고 있는, 바리새인들을 꾸짖는 강한 언어를 사용하고 있다(예. 23:13-15). 또한 마태는 행위에 의한 구원이 아니라 마음의 변화에 관한 예수의 메시지에 초점을 맞추고 있다(예. 15:1-20).

바울은 율법을 거룩하고, 의롭고 선한 것으로 견지하고 있고(롬 7:12), 오직 은혜에 의한 구원에 집중하면서 유대 율법주의자들을 정죄 하는 강한 어조를 사용한다(예. 갈 1:8). 마태와 바울은 구약성경이 하나님의 기록되고 드러난 뜻이라는 선언을 예수에게 의지한다. 구약성경은 하나님의 거룩한 성경이고 영원히 그리될 것이지만(딤후 3:16), 예수는 이 성경을 원래 의도된 의미와 목적으로 가져오신다.

율법을 성취함. 마태는 예수가 구약성경의 예언이나 주제를 성취하는 방식을 일

17. 예를 들어, F.W. Beare, *The Gospel According to Matthew: Translation Introduction and Commentary* (San Francisco: Harper & Row, 1981), 141.

관되게 지적함으로써 "내가 율법이나 선지자를 폐하러 온 줄로 생각하지 말라 폐하러 온 것이 아니요 완전하게 하려 함이라"는 놀라운 진술에 대해 독자들을 잘 준비시켰다. 이제 예수는 구약성경의 '모든' 것을 완전케 한다는 압도적인 선언을 하신다. 아마도 예수와 그를 따르는 자들이 구약성경을 제쳐두고 있다는 소문이 들끓었음이 틀림없다. 따라서 마태는 독자들에게 예수가 구약성경을 '완전케 한다'는 것을 직접적으로 지적한다.

하지만 예수가 5:17-20에서 율법을 성취시키는 방식은 첫 두 장에서 예언의 성취와는 다소 다른 방향으로 우리를 데려온다. 오실 구원자에 관한 구약성경의 구체적인 예언들은 예수의 사역과 삶에서 완성되었다(1:22-23, 2:5-6, 15, 17-18, 23). 여기서 예수는 구약성경이 인간을 위해 하나님의 뜻을 드러냈던 모든 것을 완성하신다. (1) 이것은 율법에 드러난 하나님의 뜻을 완전하게 순종하신 예수의 삶이 그의 죽음으로 죄에 대한 완전한 희생을 가능하게 함을 의미한다. (2) 게다가 그의 순종은 제자들이 하나님의 율법에 순종하여 살게 하는 수단을 제공한다. 예수가 율법에 대한 하나님의 원 의도를 이해하고 순종할 수 있도록 믿는 자들을 도울 것이기 때문이다.

사람의 행동을 어떤 특별한 법에 외적인 순종과 일치하게 하는 것만으로는 충분치 않다. 오히려 예수의 제자들은 율법이 지적하는 실제를 이해하고 성령 안에서 새 언약의 삶을 통해 이루어지는 순종과 마음의 변화를 이루게 될 것이다. 천국에서 위대하다고 일컫는 길은 하나님의 명령을 순종하고 가르치는 것을 통해서다(5:19). 그것은 대위임의 제자들의 중심 되는 특징이다(28:19-20). "따라서 먼저 아담과 하와에게 창조 시에 주어졌던 하나님의 지배 하에 살아가라는 명령은 하나님 나라의 시작으로 복원된다. 우리 가운데 임하시는 하나님의 임재의 능력이 새 창조의 서광이기 때문이다."[18]

이것은 새 언약의 약속의 도래에 대한 분명한 지침이다. 에스겔 선지자는 이렇게 예언했다.

> 맑은 물을 너희에게 뿌려서 너희로 정결하게 하되 곧 너희 모든 더러운 것에서와 모든 우상 숭배에서 너희를 정결하게 할 것이며 또 새 영을 너희 속에 두고 새 마음을 너희

---

18. Scott J. Hafemann, *The God of Promise and the Life of Faith: Understanding the Heart of the Bible*(Wheaton: Crossway, 2001), 202. 마태복음 9장의 모든 것은 율법과 예수의 관계, 그리고 예수의 제자들의 순종에 대한 도움되는 개관이다.

에게 주되 너희 육신에서 굳은 마음을 제거하고 부드러운 마음을 줄 것이며 또 내 영을 너희 속에 두어 너희로 내 율례를 행하게 하리니 너희가 내 규례를 지켜 행할지라(겔 36:25-27; 참조. 렘 31:31-34).

예수는 제자들을 하나님의 율법의 참된 의도로 인도하신다. 그것은 단순한 외적인 의와 반대되는 내적인 의에 초점을 맞춘다. 제자들은 죄를 회개하고 고백함으로써 하나님 나라로 들어감을 얻는다(참조. 3:1-6; 4:17). 죄에 대한 회개와 고백이 그들의 삶에 성령이 들어오게 하고, 이 성령이 그들의 마음에 예수의 보속하시는 의를 적용케 하심으로써 정결함을 가져오신다. 이런 식으로 예수의 제자들은 서기관과 바리새인보다 더 의롭다. 그들은 하나님 나라에 들어가는 중생함을 받았기 때문이다.

더욱이 예수의 제자들은 그리스도의 형상으로 변화됨으로써 의의 진보를 이룬다. 이 진술은 칭의(전가된 의)와 성화(분배된 의)에 관한 후대의 신약성경 교리의 기초가 된다. 이전에 "의로운" 바리새인, 곧 바울은 그것을 특별히 강조한다.

> 가장 흠 없는 바리새인이었던 바울(빌 3:4-6)이 그리스도의 복음을 이해하게 되었을 때, 그는 자신이 갖고 있었던 모든 것을 분토로 여겼다. 그의 새로운 소망은 율법에서 나오는 자신의 의를 얻는 것이 아니라, 그리스도를 얻는 것이었다. 그 의는 그리스도 안에서 하나님으로부터 그리고 믿음으로 얻는다(빌 3:8f).[19]

현대적 의미

율법과 그리스도인의 관계. 구약성경(율법)과 그리스도인과의 관계를 둘러싼 이슈는 다양하다. 어떤 이들은 신약성경에서 명백하게 재확인하지 않는다면 구약 율법의 어느 것도 적용할 수 없음을 주장하고, 또 다른 이들은 모든 구약성경은 신약성경에서 명백하게 무효로 하지 않는다면 적용해야 한다고 말한다.[20] 이 두 극단은 5:17-20에서의 예수의 진술에 비추어 삼가야 한다. 이 이슈들은 여기서 우리가 언급할 수 있는 것을 넘어서지만 몇 가지 근본적인 원리들을 제시할 수 있을 것이다.

19. D.A. Carson, *The Sermon on the Mount: An Evangelical Exposition of Matthew 5-7*(Grand Rapids: Baker, 1978), 39.
20. Blomberg, *Matthew*, 103-4.

(1) 율법은 인간을 위한 하나님의 뜻의 계시다. 율법은 하나님의 완전한 의의 기준이다. 우리가 하나님의 말씀의 어떤 측면들을 제쳐둔다면 그것은 하나님의 뜻을 소홀히 하는 것일 수 있다. 예를 들어, 낙태를 반대하는 것을 추천할 만한 것이지만, 낙태반대가 폭력과 살인에 의존한다면 그것은 하나님의 명령을 무시하는 것이다.

(2) 율법을 올바르게 이해하려면 율법을 주신 하나님의 목적을 이해해야 한다. 율법은 몇 가지 목적이 있다. 그것은 하나님의 뜻으로 하나님의 백성들을 가르침으로써 그들이 "제사장 나라와 거룩한 백성"(출 19:6)으로서 하나님이 그들에게 두신 목적을 이루게 하는 것이다. 하지만 하나님의 백성들은 용서를 찾는 수단으로서 율법의 요구에 의존할 수는 없다(시 51:14-17). 율법은 인간의 죄성과 하나님에 대한 필요를 알리기 위해서 주어졌다(롬 7:7). 그리고 그들을 믿음으로 의롭게 하시는 그리스도에게로 인간을 인도하기 위해서 율법이 주어졌다(갈 3:24).

(3) 일반적으로 복음서 특히 '반제'(마 5:21-48)를 읽을 때, 예수가 율법 자체가 아니라 율법에 대한 잘못된 해석을 반대하고 있음을 명심해야 한다. 바리새적인 유대교에 존재했던 경향은 율법의 해석과 전승을 단지 묶는 것으로 만들었다는 사실이다. 예수는 율법이 아니라 이런 관습을 거부하셨다. 예수는 하나님의 뜻으로서 율법을 계속해서 지지하셨다.

(4) 예수는 율법을 성취하셨고 완전하신 신인(神人)임을 입증하셨다. 그는 우리의 칭의나 하나님 앞에 옳게 서는 일의 수단이 되신다(마 5:17-20; 롬 5:18-21; 히 5:7-10). 따라서 우리는 구원을 주시는 수단으로서의 율법 아래 있지 않다.

(5) 동시에 예수는 율법의 해석자시다. 그는 무엇이 의무가 있는 원리이며 무엇이 일시적인 상징적 의식임을 보이신다(마 12:1-8; 히 9:11-10:13). 우리는 율법의 적절한 해석을 위해 그리스도의 마음을 구해야 하고, 구약성경을 예수가 시작하신 새 언약에 비추어 이해해야 한다. 예수는 하나님이 살도록 의도하신 방법대로 인간이 살 수 있도록 돕기 위해서 궁극적으로 율법이 주어졌음을 강조하신다(마 12:3-5, 9-14). 예수는 율법의 해석을 주실 때, 서기관과 바리새인들의 외적 율법주의 하에서 상실된 율법의 동기와 내용을 드러내신다. 나아가서 예수는 율법의 원리가 어떻게 자기 백성들에게 하나님의 뜻을 안내하는 타당한 지침서가 되는가를 증거 하신다(5:21-48).[21]

---

21. Dorsey, "The Law of Moses and the Christian, 331: "율법 전체가 그리스도인들에 대해 더 이상 법적으

(6) 예수는 전체 구약성경의 준행이 하나님과 이웃을 사랑하느냐에 달려 있음을 증거하신다(22:38-39). 그것이 참으로 율법의 모든 것을 성취한다. "사랑의 율법"은 그리스도인들이 하나님의 뜻대로 살아가고 있느냐를 결정하는 중요한 열쇠다(5:21, 27, 38 등).

안에서 바깥으로의 변화. 하나님 나라의 삶에 관한 예수의 가르침인 "안에서 바깥으로의" 본질은 궁극적으로 그 사람의 핵심으로 침투하는 동심원적인 층으로 제자들의 사고를 설명할 수 있다. 우리는 물질적이고 비물질적인 실제의 복합체임을 나타내는 "영적인 사람"이다. 우리의 맨 바깥 층은 '사회적인 관계'를 형성한다. 내가 어떤 사람에 대해 아는 것은 학교에서든, 가정에서든, 거리에서든, 그 사람과 나누고 보는 관계성이다. 다음 안쪽 층은 그 사람이 입고 표현하고 이야기하고 보이고 하는 것 등을 포함하는 '몸'이다. 그 다음 안쪽 층은 그 사람의 '마음'('사고 작용을 하는 마음')이다. 마음은 그 사람이 추리하고 생각하고 영적인 실제를 경험하는 곳이다. 그 다음에 사람의 가장 안쪽 층은 그 사람의 의지와 정신 그리고 감정을 포함하는 '정서'다.

예수가 전파했던 복음이 성령으로 활성화되어, 사회적 관계를 통해 청자의 몸과 마음으로 침투한다. 사람에 대한 예수의 가르침, 논리 그리고 호소는 예수를 적대했던 종교지도자들의 그것과는 전혀 달랐다. 아울러 성령은 그 사람을 확증하고 이끄시지만, 악한 세력은 예수의 복음 메시지가 사기라고 그 사람을 설득하려고 한다. 전투가 사고에서 이루어지지만 그 전쟁은 핵심적인 마음의 정서에 의존한다. 그 사람이 마음의 의지로 예수에 대해 "예"라고 말한다면, 성령으로 활성화된 하나님의 말씀이 그 핵심적인 마음으로 들어와 새 언약의 변화—칭의, 중생, 삶의 갱신—를 일으킨다. 그는 예수의 제자가 되고 천국에 들어간다.

이것은 예수가 "너의 의가 서기관과 바리새인보다 낫지 아니하면 천국에 들어갈 수 없다"(5:20)고 말했을 때 의미했던 것을 예증한다. 제자의 내적 핵심은 새 언약의 변화를 경험하는 것이고, 그것은 칭의(법적으로 하나님 앞에서 의롭다고 선언됨)와 성화의 시작(의로움의 인격적 성장의 경험)을 포함한다. 이것은 외적이고

로 구속하지 않는다는 증거가 강력하게 있더라도, 613개의 모든 율법이 계시적이고 교육학적인 의미에서 그리스도인들을 심오하게 구속하고 있다는 신약성경의 동등하게 강력한 증거가 있다." 구약성경의 "원리"에 관한 도움되는 논의를 위해서는 William W. Klein, Craig L. Blomberg, and Robert L. Hubbard Jr., *Introduction to Biblical Interpretation*(Dallas: Word, 1993), 278-83와 J. Daniel Hays, "Applying the Old Testament Law Today," *BibSac* 158(January-March 2001): 21-35을 보라.

자기 생산적인 서기관과 바리새인의 의를 훨씬 능가한다.

제자들이 예수가 가르치고 전파한, 그리고 성령으로 활성화된, 하나님의 말씀을 순종적으로 응답할 때, 새롭게 형성된 정서가 안에서부터 바깥으로 그 사람의 변화를 이끈다. 내주 하시는 성령의 능력이 그 사람의 마음과 의지를 갱신하고(참조. 롬 12:1-2), 몸을 훈련하며(고전 6:12-20), 사회적 관계를 정결하게(고전 5:9-13; 히 10:24-25) 한다. 그리하여 삶 전체에서 하나님께 "예"라고 말하게 된다. 제자는 예수처럼 변화된 하나님께 주어진 삶으로 성령의 열매를 맺는다.

다음 페이지의 도형은 이 진리를 설명하기 위한 시도다. 이것은 복음의 진리가 예수의 제자가 되게 하는 제자도의 과정을 그리고 있다. 신자가 세상의 말을 예수의 말씀과 계속해서 비교할 때, 그는 예수에 대한 제자도에서 참으로 성장하게 된다(요 8:31-32). 성령이 제자의 삶에 거주하여 성령의 열매(요 15:7-8) 특히 사랑(요 13:34-35)을 포함하는 그리스도와 같은 품성을 생산한다. 우리가 앞으로 전개될 산상수훈에서 보는 것처럼, 이 도형은 예수의 가르침을 적용하고 예수처럼 더욱더 변화된 성장을 촉진하는데 도움이 될 것이다.

예수처럼 되고자하는 예수 제자들의 안에서 바깥으로의 변화

(1) 복음과 성령

성령으로 활성화된
예수의 복음의 말씀은 사회적인
관계와 몸과 마음으로 스며든다. 이 전쟁은
앞으로 제자가 될 사람의 마음에서 발생하지만
그 전쟁은 그의 핵심적인 정서에 대한 것이다.

사람의 영적 구조
(사회적 관계, 몸, 마음, 정서)

(2) 앞으로 제자가 될 사람의 순종

마음의 의지가 예수를 위해 결정하든지 아니면 예수를 대항하여 결정한다. 핵심적 정서가 예수에게 "예"라고 말할 때, 성령으로 활성화된 하나님의 말씀의 진리가 그 정서로 스며들어, 중생을 가져오고, 예수의 제자가 될 수 있는 마음을 형성시킨다(요 8:31-32).

사회적 관계

제자는 전 인격으로 하나님께 "예"라고 대답한다.

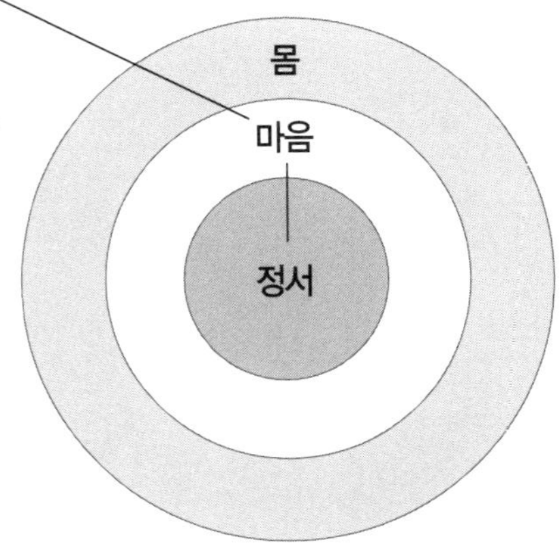

(3) 예수가 사랑하시는 것처럼 사랑으로 변화됨

중생한 마음은 그리스도의 형상으로 변화되는 제자의 시작이다. 특히 예수가 사랑하시는 것처럼 사랑하게 된다(요 13:34-45). 성령이 내주 하는 정서는 마음, 몸 그리고 사회적 관계가 안에서 바깥으로 변화하는 과정으로 나아간다.

(4) 전인격에서 예수처럼 되어감

하나님의 말씀에 "예"라고 계속해서 대답하는 제자는 변화되어 성령의 열매를 맺게 된다(요 15:7-8). 제자는 전인격으로 하나님께 "예"라고 말할 수 있게 된다. 안에서 바깥으로 변화되는 과정은 전체적인 삶을 통해서 진행된다. 제자는 예수처럼 되는 것으로 성령 안에서 말씀의 진리를 계속해서 적용한다.

마태복음 5:21-48

21 옛 사람에게 말한 바 살인하지 말라 누구든
지 살인하면 심판을 받게 되리라 하였다는
것을 너희가 들었으나
22 나는 너희에게 이르노니 형제에게 노하는 자
마다 심판을 받게 되고 형제를 대하여 라가
라 하는 자는 공회에 잡혀가게 되고 미련한
놈이라 하는 자는 지옥 불에 들어가게 되리라
23 그러므로 예물을 제단에 드리려다가 거기서
네 형제에게 원망들을 만한 일이 있는 것이
생각나거든
24 예물을 제단 앞에 두고 먼저 가서 형제와 화
목하고 그 후에 와서 예물을 드리라
25 너를 고발하는 자와 함께 길에 있을 때에 급
히 사화하라 그 고발하는 자가 너를 재판관
에게 내어 주고 재판관이 옥리에게 내어 주
어 옥에 가둘까 염려하라
26 진실로 네게 이르노니 네가 한 푼이라도 남
김이 없이 다 갚기 전에는 결코 거기서 나오
지 못하리라
27 또 간음하지 말라 하였다는 것을 너희가 들
었으나
28 나는 너희에게 이르노니 음욕을 품고 여자를
보는 자마다 마음에 이미 간음하였느니라
29 만일 네 오른 눈이 너로 실족하게 하거든 빼
어 내버리라 네 백체 중 하나가 없어지고 온
몸이 지옥에 던져지지 않는 것이 유익하며
30 또한 만일 네 오른손이 너로 실족하게 하거
든 찍어 내버리라 네 백체 중 하나가 없어지
고 온 몸이 지옥에 던져지지 않는 것이 유익
하니라
31 또 일렀으되 누구든지 아내를 버리려거든 이
혼 증서를 줄 것이라 하였으나
32 나는 너희에게 이르노니 누구든지 음행한 이
유 없이 아내를 버리면 이는 그로 간음하게
함이요 또 누구든지 버림받은 여자에게 장가
드는 자도 간음함이니라
33 또 옛 사람에게 말한 바 헛 맹세를 하지 말고
네 맹세한 것을 주께 지키라 하였다는 것을
너희가 들었으나
34 나는 너희에게 이르노니 도무지 맹세하지 말
지니 하늘로도 하지 말라 이는 하나님의 보
좌임이요
35 땅으로도 하지 말라 이는 하나님의 발등상임
이요 예루살렘으로도 하지 말라 이는 큰 임
금의 성읍이요
36 네 머리로도 하지 말라 이는 네가 한 터럭도
희고 검게 할 수 없음이라
37 오직 너희 말은 옳다 옳다, 아니라 아니라 하
라 이에서 지나는 것은 악으로부터 나느니라
38 또 눈은 눈으로, 이는 이로 갚으라 하였다는
것을 너희가 들었으나
39 나는 너희에게 이르노니 악한 자를 대적하지
말라 누구든지 네 오른편 뺨을 치거든 왼편
도 돌려 대며
40 또 너를 고발하여 속옷을 가지고자 하는 자
에게 겉옷까지도 가지게 하며
41 또 누구든지 너로 억지로 오 리를 가게 하거
든 그 사람과 십 리를 동행하고
42 네게 구하는 자에게 주며 네게 꾸고자 하는
자에게 거절하지 말라
43 또 네 이웃을 사랑하고 네 원수를 미워하라
하였다는 것을 너희가 들었으나
44 나는 너희에게 이르노니 너희 원수를 사랑하
며 너희를 박해하는 자를 위하여 기도하라
45 이같이 한즉 하늘에 계신 너희 아버지의 아
들이 되리니 이는 하나님이 그 해를 악인과

선인에게 비추시며 비를 의로운 자와 불의한
자에게 내려주심이라
46 너희가 너희를 사랑하는 자를 사랑하면 무슨
상이 있으리요 세리도 이같이 아니하느냐
47 또 너희가 너희 형제에게만 문안하면 남보다
더하는 것이 무엇이냐 이방인들도 이같이 아
니하느냐
48 그러므로 하늘에 계신 너희 아버지의 온전하
심과 같이 너희도 온전하라

원 의미

산상수훈의 다음 항목은 흔히 "반제"(antitheses)라 불린다. "너희가 들었으나…나는 너희에게 이르노니"란 유사한 진술을 여섯 번이나 들을 수 있기 때문이다. 즉 예수의 선언은 이전에 있었던 것을 대비시킨다. 이로 인해 예수가 구약성경을 반대하여 가르치고 있음을 의미하는 것으로 종종 잘못 해석했다.[1] 하지만 우리가 면밀히 살펴보면, 예수가 잘못된 '해석'이나 '적용'을 하고 있는 구약성경의 해석과 대조를 시키고 있는 것이지 구약성경을 반박하고 있는 것이 아니다. 따라서 각각의 반제에서 예수는 구약성경을 적절히 해석하고 적용하는 방법을 보이시고, 구약성경과 율법이 어떻게 성취되는가(참조. 5:17)를 보이신다. 이것은 예수를 모든 해석자들보다 위에 두게 하고 그의 선언을 성경과 동등하게 만든다. 이러한 주장은 예수의 추종자들이 그를 온전히 이해하기 어렵게 했고, 종교 제도의 지도자들과 적대적이 되게 하는 요소가 되었다.

여기서 역사적인 과정을 고려하는 것이 중요하다. 예수는 율법사와 바리새인들이 평민들의 삶을 주관했던 종교적인 맥락에서 이 말씀을 하고 계신다. 바리새인들은 구약성경의 해석과 적용을 통해 의를 얻기 위해 적합한 과정이라고 스스로 여겼던 것을 상세화했다. 이 규범의 양상은 마음의 내적인 순종에는 관심이 없이 율법에 대한 법률적이고 외적인 순종을 요구하는 경향이 있었다. 따라서 그들은 율법의 실천에서 "위선자"가 되었고(6:1-18의 주석을 보라), 사람들을 위선적인 관행으로 이끌었다.

예수는 그들이 어떻게 이 일을 행하는지에 관한 몇 가지 예증을 여기서 살피시

1. 예를 들어, Luz, *Matthew*, 1:277-79. 여러 사람들이 연속성과 불연속성을 보여주기를 시도했으나, 모세의 율법과 예수의 가르침 사이에 불연속성을 강조하는 경향이 있다. 예를 들어, Banks, *Jesus and the Law*, 203-26; Frank Thielman, *The Law and the New Testament: The Question of Continuity*(New York: Crossroad, 1999), 49-58.

고, 또 율법의 정확한 해석과 적용이 어떻게 적합한 '의도'와 '동기'에 기초해야하는지를 설명하신다. 그는 "구약성경이 말하는 것을 들어라"고 말씀하시지 않고, "너희가 들었으나"라고 말씀하신다. 예수는 구약성경을 부정하신 것이 아니라, 구약성경에 대한 사람들의 이해와 적용을 거부하시는 것이다. 그는 율법의 원 의도를 보이시고 권위적인 선포를 하심으로써 잘못된 해석을 공박하신다.[2] 적합한 의도와 동기를 갖고 삶으로써, 천국에 속한 사람들은 서기관과 바리새인들을 능가하는 의로 살게 될 것이다(참조. 5:20).

반제에는 일부 패턴이 나타난다. (1) 예수는 구약성경의 구절을 독특한 표현으로 도입하신다. 즉 "[오래 전에 옛 사람이] 말하는 것을 들었으나"라고 말씀하신다. 수동태 동사 "들었다[언급되었다]"는 "신적인 수동태"의 예증이며, 이는 구약성경의 저자에게 그 명령을 발하신 분이 하나님이시며, 그것을 받아서 구약성경의 저자가 백성들에게 말하였다는 뜻이다.

(2) 그때에 예수는 인용했던 구약성경의 구절에 대한 현재의 대중적인 해석이나 전통적인 관행을 인용하거나(예. 5:43) 암시하신다. 이 현재의 이해는 사람들에게 잘못된 방식으로 율법을 적용하도록 야기하고 있다.

(3) 그 다음에 예수는 구약성경 구절의 원 의미나 적용을 청중들에게 권위적으로 선포하신다. 그는 그것으로 율법을 폐지하시는 것이 아니라 성취하신다. 이 뜻을 전혀 예상치 못했거나 알지 못했음을 의미하지는 않는다. 우리는 예수가 방향을 잡고 있는 것과 동일한 방식으로 구약과 유대교 내에서 율법의 의도를 이해했던 사람들을 진정으로 발견할 수 있다.

살인…관계성의 육성(5:21-26)

예수는 "너희는 살인하지 말지니라"(출 20:13; 신 5:17)는 십계명의 여섯 번째 계명으로 시작하신다. 살인을 의미하는 일곱 가지 단어들을 히브리어가 갖고 있을지라도, 출애굽기 20:13에서 사용된 이 동사는 "죽이다"(kill)보다 "살인하다"('라싸', murder)가 더 정교한 번역임을 보여준다. 이것은 동물을 죽이는 것에는 적용되지 않는다(신 19:5). 또한 국가가 살인자를 처형하거나(창 9:6) 전쟁의 형태로

2. Carson, *Sermon on the Mount*, 40: "예수는 두 가지 일에 관심이 있었던 것으로 보인다: 1) 잘못된 전승을 버리고 2) 구약성경이 지시하고 있는 참된 방향을 권위적으로 가리키신다."

국가가 서로 살인에 연관되는 것은 함축하지 않는다. 하지만 살인은 자기를 죽이는 것(즉, 자살), 살인을 돕는 것(삼하 12:9), 또는 알려진 살인자를 벌할 책임이 있으나 그렇게 하지 않은 사람들(왕상 21:19)에게는 적용된다.[3] 살인에 대한 벌은 죽음이다. 그것은 어떤 다른 형으로도 감소될 수 없었다(민 35:31).

"살인하면 심판을 받게 되리라"는 표현은 구약성경의 직접적인 표현은 아니지만, 살인자에게 심판을 요구하는 많은 구약성경 구절에 기초한 흔한 이해다. 남녀가 하나님의 형상으로 창조되었다는 사실(창 1:26-27; 9:6)이 이런 금지의 배후에 있다. 이런 벌은 시내산 율법 이전에 노아에 대한 선언(창 9:6)에서 이미 유효하였다.

예수의 선언적인 진술인 "나는 너희에게 말하노니"는 사람의 삶에서 살인의 육체적 행위에 견줄 수 있는 세 가지 방식을 도입한다. 각각의 경우에 벌이 부여된다. (1) 첫 번째 사례는 노(anger)하는 것이다. "형제에게 노하는 자마다 심판을 받게 되고"(5:22). 여기서 예수는 화를 내는 것이 살인의 근원임을 말씀하신다(참조. 요일 3:15). '노'는 율법의 위반이고, 구약성경에 살인하지 말라고 금지한 원래의 의도였다. 우리가 사람들에게 부적절하게 화를 낼 때, 하나님의 피조물로서 신분과 가치를 저버리고 궁극적으로 살인의 육체적 행위를 하는 것이다. 하나님의 종들에게 기대되는 의는 살인을 피할 뿐만 아니라 관계성에서 노를 근절한다.

"형제들"(예수의 제자들에 대한 또 다른 이름; 참조. 12:46-50)에게 노하는 제자는 "심판을 받게" 되어 있다(5:22). 이는 지역의 종교적 권위가 있는 통치자, 대도시에서 발견할 수 있는 지역의 공회, 또는 하나님의 마지막 심판을 일컫는다.

(2) 두 번째 사례는 다른 제자를 "라가"라 부르는 것이다. 그것은 "골빈 머리"를 시사하는 아람어의 음역이다. 경멸의 이 용어는 인격적인 공적 모욕이었다. 별명을 부르는 것은 유대 문화에서 대단히 모욕적인 일이었다. 그 사람의 원 신분이 사라지고 모욕적인 신분으로 대치되기 때문이다. 즉 그 사람의 원 이름에 부여된 의미가 그 사람의 인격에서 제거됨을 의미했다. 국가적인 "공회"(산헤드린)는 유대의 공식적인 조정기관이고(대법원과 유사하다), 로마 당국자들은 공회가 유대의 송사를 다룰 수 있게 했다. 로마의 통치와 정면으로 충돌하지 않으면 말이다.

(3) 세 번째 사례는 제자에게 "미련한 놈"('모레')이라고 말하는 것이다(5:22). 이것도 마찬가지로 유대 문화에서 대단히 모욕적인 말이었다. 그 용어에 도덕적인

3. Walter C. Kaiser Jr., "Exodus," *EBC*, 2:424-25.

의미가 내포되어 있기 때문이다(예를 들어, 잠 10:23을 참조하라). '모레'는 헬라어 '모로스'에서 나온 형태다(영어의 "moron"[바보]의 어원). 이는 끊임없이 바보처럼 행동하는 사람을 일컫는다. 형제를 이런 모욕으로 대하는 것은 그 사람의 신분을 죽이고, 실제 그가 아닌 사람으로 잘못되게 만드는 것이다.

"지옥불"이란 표현은 '게엔나'다. 그 용어에서 영어의 음역인 "게헨나"(지옥)가 나왔다. 그것은 예루살렘 서쪽과 남서쪽의 계곡인 히브리어 '게 벤-힌놈'(힌놈의 아들의 골짜기)의 아람어형의 음역이다. 여기서 아하스와 므낫세가 그들의 두 아들을 몰렉[4]으로 바쳤다. 따라서 요시야는 그 장소를 불결한 것으로 여겼다(왕하 23:10). 나중에 그 골짜기는 예루살렘의 쓰레기를 태우는 것으로 사용했기에, 불이 항상 골짜기를 타고 있어서 '벌의 불'이라는 적합한 언급이 그곳에 붙었다. 유대의 묵시 저자들은 힌놈의 골짜기를 지옥의 입구라 부르기 시작했고, 나중에는 실제 지옥이라 불렀다(에스라4서 7:36). 예수의 시대에 그 용어는 마지막 벌의 상태를 가리키는 것으로 사용되었다(참조. 마 18:9).

예수는 분노의 심각성에 대한 선언적인 진술을 하시고, 이제는 "너희의 형제들"(5:23-24)과 "너희의 고발자들"(5:25-26)과 화해하는 해소에 초점을 맞추신다. (1) 첫 번째 상황에서 예상된 주어가 역전된다—즉, 형제가 너에 '대하여' 어떤 문제를 갖고 있다. 예수는 제자들이 다른 사람을 기분 나쁘게 했을 경우를 다루고 있다. 제자들이 기분 나쁜 일을 당했을 경우가 아니다. 물론 상호간의 태도로 이해되지만, 화해는 어떤 이에게 잘못을 행한 사람이 책임이 있다(참조. 18:21-22; 막 11:25).

"예물을 제단 앞에 두고"라는 표현은 예루살렘 성전에서 드리는 희생제사를 암시한다. 예수의 청중들이 갈릴리 출신이고, 성전 희생제사에 참석하는 노력도 의미가 있었기 때문에 즉시 두고 떠나라는 것은 화해가 매우 중요함을 암시한다.

(2) 두 번째 장면은 제자들을 고소하는 자와 관련이 있는데, 이들이 재판관에게 가기 전에 화해할 것을 종용하신다. 이것은 분명히 돈과 관련한 분쟁이었을 것이다(5:26). 이는 이방인들의 법적 배경을 가정하고 있다. 빚 때문에 감옥에 가두는 유대 법은 기록되어 있기 않기 때문이다. 법적인 절차가 취해지기 전에 예수의 제자들은 대적자와 재빨리 그 문제를 해결해야 한다(문자적으로는 "재빨리 친구를 만들라").[5] 법적인 공방을 통해 문제를 해결하기보다 예수의 제자들은 대적자와

---

4. 왕하 16:3; 21:6; 렘 32:35; 참조. 7:31-32; 19:1-13을 보라.
5. BDAG, 409.

친구관계를 이루는 화해의 종류를 추구해야 한다.

빚을 한 푼이라도 다 갚기까지 감옥에 쳐 넣는 것(5:26; 참조. 18:34)은 불가능한 점을 나타낸다. 빚쟁이가 자금을 만들어낼 수 있는 기회를 가질 수 없기 때문이다. "한푼"('코드란테스')은 로마의 구리/청동 동전인 '쿼드란'이다. 이것은 가장 작은 단위의 로마 동전이다.[6] 예수는 이 시나리오를 분노의 문제의 심각성을 환기시키기 위해서 사용하신다. 화해하지 않은 분노는 내적으로 살인과 동등하다. 그것은 되 갚는 것이 불가능하다. 문제를 해결하지 않고 그대로 두는 것은 사람들 사이에서 관계성의 파괴를 계속하게 만드는 죄를 허락하는 것이다.

"살인하지 말라"는 율법의 명령을 지키는 것은 법적인 살인행위를 피하는 것으로써만 완수되지 않는다. 예수는 율법의 진정한 내용이 관계성을 육성하는 것임을 밝히신다. 예수의 제자들은 다른 그리스도인들 그리고 비그리스도인들과의 건강한 삶의 관계성을 유지해야하는 매일의 절박함을 갖고 있다. 형제나 자매들의 개인적인 특수성을 박탈하는 것은 죄이며, 화해할 책임이 우리에게 있다.

간음…결혼의 하나됨(5:27-30)

두 번째 반제에서 예수는 간음과 관련한 십계명의 일곱 번째 계명을 직접적으로 인용하시며(출 20:14; 신 5:17), 탐욕과 관련한 십계명을 암시하신다(출 20:17; 신 5:21). 구약성경에서 간음은 결혼했거나 결혼하지 않은 남자와 다른 남자의 아내와의 상호적인 승낙에 의한 성교와 관련된다. 그 벌은 동등하게 남녀 모두에게 적용된다(레 20:10; 참조. 신 22:22). 약혼한 여자도 아내로 이 문맥에 포함된다(신 22:23-24).

간음은 하나님과 그의 백성들을 반영하는 관계를 깨뜨리기 때문에 가장 심각한 범죄 중 하나로 여겼다. 간음은 이스라엘 백성들이 야훼보다 다른 신들을 좇는 방식을 묘사하는데 자주 사용되었다(참조. 겔 16:32; 호 4:13b). 요셉은 간음이 보디발에 대한 범죄일 뿐만 아니라 특히 "하나님에 대한 죄"(창 39:9)임을 인식하였다. 밧세바와의 간음 후에 다윗 왕은 하나님께 자신의 죄를 "내가 주께만 범죄하여"(시 51:4)라고 말함으로써 하나님에 대한 자신의 죄를 고백했다. 구약성경은 모든

6. 다양한 동전에 관한 많은 사례들과 도움되는 논의를 위해서는 D. H. Wheaton, "Money," *IBD*, 2:1018-23을 보라; 또한 John W. Betlyon, "Coinage," *ABD*, 1:1076-89; Rousseau and Arav, "Coins and Money," *Jesus and His World*, 55-61을 보라.

결혼 외적인 성적 관계를 강력하게 비난한다. 그리고 여성보다 남성 범법자를 더 강력하게 정죄한다(참조. 호 4:14).

예수의 선언은 결혼 관계의 하나됨에 대한 구약성경의 헌신을 확증하고 가장 깊이 있는 의도의 의미를 취하신다.[7] "나는 너희에게 이르노니 음욕을 품고 여자를 보는 자마다 마음에 이미 간음하였느니라"(마 5:28). 육체적인 순결을 유지하는 것만으로는 충분치 않다. 결혼의 순결은 삶의 모든 측면에서 서로에 대한 온전한 헌신을 포함한다. 이 헌신은 다른 사람을 원하거나 다른 사람에게 어떤 방식으로든 자기 자신을 주는 것을 차단한다.[8] 다른 여인을 탐욕스럽게 보는 것은 남자가 자기 여자와 갖는 하나됨의 유대를 깨뜨린다.

이런 원리의 근거는 하나님과 그의 백성들의 관계에 기초한다. 에스겔은 영적인 간음에 대해 이스라엘 백성들을 생생하게 정죄한다. 그들이 이교의 우상을 실제로 경배했을 때만이 아니라, 이스라엘의 마음과 눈이 다른 신들을 바랐을 때도 마찬가지다. 하나님은 한탄하신다. "그들이 음란한 마음으로 나를 떠나고 음란한 눈으로 우상을 섬겨"(겔 6:9). 아내와의 하나됨은 남편이 그 자신을 오직 아내에게만 주는 것을 의미한다. 남자가 다른 여인을 마음으로 갈망했을지라도, 그는 자기 아내를 거부한 것이며, 그 자신을 다른 여인에게 준 것이다. 탐욕은 마음에서 발생한다(15:19).

마음은 그 사람의 정체성과 의지의 핵심이다. 따라서 간음은 육체적인 성교만이 아니라 불충성의 그러한 행위에 정신적으로 참여하는 것도 해당된다.

예수는 두 가지 생생한 예증을 통하여 결혼 관계를 파괴하는 탐욕의 심각성을 설명하신다: "만일 네 오른 눈이 너로 실족하게 하거든 빼어 내버리라"(5:29), "또한 만일 네 오른손이 너로 실족하게 하거든 찍어 내버리라"(5:30). 대부분의 사람들이 오른팔을 쓰기 때문에 오른 팔은 더 강력하거나 중요한 편을 위해 자주 사용된다.

눈은 매개체다. 이것을 통해서 유혹이 먼저 탐욕을 자극한다. 오른손은 탐욕을 육체적으로 저지르는 수단을 나타낸다. 그러므로 예수는 단일한 마음의 헌신의 심각성을 강조하기 위해 과장법(의도적인 과장)을 사용하신다—외눈과 외팔로 한 배우자에게 헌신하라.[9]

7. 예수 당시의 흔한 해석을 선언하는 뒤이어지는 구절과 반제를 이룰지라도 명시적인 해석은 반박이 아님을 주목하라.

8. 잠 5:15-23의 결혼의 신실성에 관한 강력한 우화를 보라.

초대교회 역사에서 알렉산드리아의 오리겐과 같은 사람은 이 말씀과 19:12의 말씀을 문자적으로 잘못 취했다. 예수는 신체를 스스로 손상하는 것을 주창하고 있지 않으시다. 언어의 극적인 특징을 통해서 헌신된 제자들이 보여야 할 엄격한 자기 훈련의 종류를 말씀하고 계신다. 하나님의 법령을 준행하려는 사람은 결혼 관계의 연합을 유지하기 위한 어떤 노력도 기꺼이 해야 한다. 죄는 본질적으로 내적인 문제이며, 외적인 의의 행위에 만족하는 사람을 정죄한다.[10] 우리의 행위는 마음의 상태를 알려주고, 결혼 관계를 파괴하는 자는 영원한 정죄를 받을 만하다. 죄가 예수의 제자들이 아님을 드러내기 때문이다. 천국의 삶은 저 세상적인 사람을 생산하는 것이 아니라, 결혼 관계를 포함하여 하나님이 본래 의도하셨던 방식으로 인간관계를 가지며 사는 제자를 생산한다.

이혼…결혼의 신성함을 더럽히지 아니함(5:31-32)

세 번째 반제에서 예수는 이혼증서에 대한 모세의 선언을 암시함으로써 결혼의 신성함에 대한 사상을 전하신다(신 24:1; 또한 19:3-12의 주석을 보라). 이혼이 고대 세계에서 널리 퍼진 현상이었기 때문에, 하나님은 모세를 통해서 규율을 제정하셨는데, 그것은 세 가지를 행하도록 의도되었다: (1) 결혼 관계를 더럽히는 "추잡한 행위"에서 결혼을 보호함 (2) 연고도 없이 여자를 내보내는 남편으로부터 아내를 보호함 (3) 여자를 창녀나 도망한 간음자로 생각하지 않도록 합법적으로 이혼한 여성으로서의 신분을 보장함.

예수의 시대에, 결혼의 신성한 본질이 모세의 법규—특히 신명기 24:1의 "추잡한 행위"의 의미—를 해석하고 논의하는 사람들 사이에서 상실되었다. 그 논의는 이혼이 필연적이고 합법적이라는 것을 가정했다. 보다 보수적인 샴마이 학파는 부정한 이유로만 이혼을 허락했다. 보다 자유로운 힐렐 학파는 "추잡한 행위"에 관한 모세의 규정은 "남편이 아내와 이혼할 수 있게 하는데, 설사 아내가 남편의 접시를 망가뜨려도 그리 할 수 있다"(*m. Giṭ.* 9:10)고 진술했다. 후대에 랍비들은

9. Davies and Allison, *Matthew*, 1:524-26. 예수는 공동체의 하나됨을 유지하기 위한 문맥인 18:8-9에서 유사한 경고를 발하신다.

10. 성적인 순결을 생각하게 하는 요청에 대해서는 John R. W. Stott, *The Message of the Sermon on the Mount (Matthew 5-7): Christian Counter-Culture*(BST: Downers Grove, Ill.: InterVarsity Press, 1978), 86-91을 보라.

간음을 저질렀을 때만 이혼을 요구할 수 있다고 선언했다(*Soṭah* 5:1; *m. Yebam.* 2:8). 간음이 합법적인 사실의 문제로서 결혼을 해체시킨 불결의 상태를 낳았기 때문이다.[11]

예수는 결혼에 대한 하나님의 제도와 모세의 법규에 대한 원 뜻으로 돌아가신다. 하나님은 결혼이 남자와 여자가 하나가 되는 영구적인 결합을 의도하셨다(창 2:24). 하나님은 이혼을 "미워하신다." 이혼은 영구적인 결합으로 생각되었던 것을 떼어놓기 때문이다(참조. 말 2:16). 그러므로 예수는 이혼이 간음, 곧 그가 방금 전에 선언하신 경멸할 만한 본질(5:27-30)을 만들어낸다고 단정적으로 선언하신다. 불법적인 이혼은 여자가 재혼하였을 때 간음자가 되게 하기 때문이다.

그러나 모세가 그랬던 것처럼 예수도 예외를 허락하신다. 하나님이 결혼을 영구적인 것으로 보셨을지라도, 때로 결혼 관계는 배우자가 이미 결혼의 연합을 상실할 정도로 손상을 입을 수 있다. 이는 한 사람이 '포르네이아'를 저질렀을 때를 말한다. NIV는 그것을 적절하게 "결혼의 불충성"이라고 번역한다. "간음"이 이와는 다른 용어 즉 '모이케우오'(5:27-28)로 명명되었기 때문에, '포르네이아'는 성적인 부정보다도 덜 구체적이지만 사소한 것을 뛰어넘는 모세 율법의 뜻을 내포하고 있다. 즉 '포르네이아'는 결혼관계를 의도적으로 분열시키는 죄된 어떤 행동을 포함한다. 예수는 결혼관계의 신성함을 확실하게 선포하시지만, 죄를 범하지 않은 파트너를 보호하고 결혼관계를 저속한 속임수가 되지 않도록 보호하기 위해서 이혼을 허락하신다.

맹세…투명한 정직성(5:33-37)

네 번째 반제는 어떤 한 계명을 인용한 것이 아니라, 다양한 "맹세" 구절의 요약으로 시작한다.[12] 구약성경에서 하나님은 자주 맹세로 약속의 성취를 보증하셨다(창 9:9-17). 동일한 방식으로 구약성경은 중요한 확증이나 약속을 뒷받침하기 위해서 하나님의 이름으로 사람들이 맹세하는 것을 허락했다. 맹세나 서원은 어떤 사람이 약속한 헌신에 충실히 남을 수 있도록 도왔다. 율법은 구약의 희생제사 제도의 일부였던 주님에 대한 맹세(신 23:21)처럼 서약한 맹세에 신실할 것을 요구

11. Markus Bockmuehl, "Matthew 5.32; 19.9 in the Light of Pre-Rabbinic Halakah," *NTS* 35(1989): 291-95; D.C. Allison Jr., "Divorce, Celibacy, and Joseph," *JSNT* 49(1993): 3-10.

12. 출 20:7; 레 19:12; 민 30:2; 신 23:21-23을 보라.

했다(참조. 레 19:12; 민 30:2). 필연적이지는 않지만, 적절하게 다루어진 맹세는 하나님으로부터 인정을 받았다. 랍비들은 나중에 "맹세"(*Šebu^cot*[세부오트])를 미쉬나의 전체 논문에 포함시키면서 맹세에 대한 매우 구조화된 직제를 발전시켰다.

예수 당시의 일부 해석자들은 구약성경이 주님의 이름으로 발한 맹세만이 구속력이 있음을 의미하는 것으로 의도하였다. 어떤 이가 맹세에 대해 참으로 진지하지 않다면, 그는 "덜 성스러운" 것으로 맹세하였을 것이다(예를 들어, "나는 하늘로 맹세하노니", 또는 "땅으로", "예루살렘으로" 기타 등등; 참조. 마 23:16-22). 그가 문자적으로 하나님의 이름을 거론하지 않았기 때문에, 그 맹세는 구속력이 없는 것으로 간주하였다. 맹세에서 도망갈 구멍을 찾는 이런 경향이 상승함은 맹세의 가치를 떨어뜨렸고, 어떤 종류의 맹세도 사용하지 말도록 야기시켰다. 요세푸스는 에센파들에 관해서 이렇게 말한다. "이들의 어느 말도 맹세보다 더 힘이 있었다. 위증보다도 더 악한 것으로 헛된 맹세를 간주한 이들은 하나님에 대한 호소가 없다면 믿을 수 없는 사람은 이미 정죄를 받은 것이다라고 말한다"[13]

제자들이 "전혀" 맹세하지 말 것을 말씀하실 때, 예수는 맹세와 관련한 율법의 의도의 핵심으로 나아가신다. 이것은 "신성모독"이나 "저주"를 의미하는 것이 아니라, 자신이 말하는 것의 진실을 보증하기 위해서 하나님의 이름을 이용하거나 그 외에 다른 이름을 이용하는 것을 말한다. 예수는 인간의 마음의 이중성을 알고 계신다. 사람들은 때로 속임수를 감추기 위해서 맹세를 발하곤 한다. 이와는 대조적으로 예수의 제자들은 자신이 무엇을 말하든 절대적으로 믿을 수 있고 신뢰할 수 있는 마음의 신실성과 고결성을 가져야 한다. 고결한 사람은 일상적인 대화에서 진실하고 믿을 만하며 참되고 속임이 없는 사람이 되어 맹세를 발하지 않아도 사람들이 그의 말을 믿을 수 있다.

다시 말해서, 야고보가 전수한(약 5:12) 예수의 말씀인 단순히 "예"나 "아니오"라고 말해도 충분히 믿어줄 수 있는 사람이 되어야 한다(참조. 고후 1:15-24). 바울도 사람들이 자신의 성격을 충분히 확실하게 알지 못하였기 때문에 맹세를 발한 것을 보면, 신약성경에서 맹세는 전적으로 금한 것은 아니었음을 우리는 알 수 있다(고후 1:18; 갈 1:20). 하지만 예수의 요지는 제자들의 단순한 말이라도 사인한 문서나 계약서처럼 신뢰할 만한 것으로 생각할 수 있게 해야 한다는 것이다. 예수가 "이에서 지나는 것은 악으로부터 나느니라"(37절)고 말씀하실 때, 그는 속이기

---

13. Josephus, *J.W.* 2:135; 또한 Sir. 23:9, 11; Philo, *On the Decalogue* 84-95을 보라.

위해서 어떤 것으로 맹세하는 것은 한 근원 즉 악한 근원인 사탄에게 의지하는 것임을 가리키신다(참조. 마 6:13; 13:19, 38).

눈에는 눈…섬기는 자(5:38-42)

다섯 번째 반제에서 예수는 '보복의 법'(*lex talionis*)의 율법이 개인의 복수를 조장하는 것으로 남용되었던 방식을 정죄하신다. 함무라비 법전(# 196-200)에서 유사한 형태로 발견되는 '보복의 법'은 백성들에게서 악을 제거하고 정의를 구현하는 하나님의 수단으로서 토라에서 두드러지게 나타난다: "그 남은 자들이 듣고 두려워하여 다시는 그런 악을 너희 중에서 행하지 아니하리라 네 눈이 긍휼히 여기지 말라 생명에는 생명으로, 눈에는 눈으로, 이에는 이로, 손에는 손으로, 발에는 발로이니라"(신 19:20-21; 참조. 출 21:23-25; 레 24:18-20).

일부 고대사회에서 벌은 개별적인 송사와 관련 없이 취해졌다. 그리고 종종 그 벌이 범법보다도 더 심하게 취해졌다. 사실상 보복의 법은 부당한 처벌을 제어하는 것으로 형성되었다. 어떤 이가 다른 사람의 눈을 해롭게 하였다면, 잘못한 이의 눈을 처벌하는 것으로 동등한 벌이 주어졌다. 대부분의 주석가들은 모든 사례에 문자적으로 이런 방식을 적용하는 것이 의도되었음을 의심하지만 주어진 상황에서 동등한 상실을 설정한 것은 생생한 비유가 된다.[14] 법은 정의를 균등하게 하는 것으로 의도되었다.

'보복의 법'은 대중들을 보호하고 범법자를 처벌하며 범죄를 차단하기 위해서 정부 당국자와 법 집행자가 부과하였다. 그것은 개인들이 시행하는 것이 아니었다(참조. 신 19:15-21). 사실상 시민법은 개인들의 보복을 '금하기' 위해서 의도되었다(참조. 잠 20:22; 24:29).[15] 상해를 입은 사람이 편향된 보복을 취할 수 있기 때문이었다. 통치자가 정의를 집행할 책임이 있는 곳에서 하나님의 백성들은 개인적인 보복을 실행하는 것을 떠나서 더 높은 윤리적 기준을 추구할 수 있었다. 그들은 서로 사랑하고 섬길 수 있었다. 하나님은 백성들에게 직접적으로 이런 대안을 말씀하셨다. "원수를 갚지 말며 동포를 원망하지 말며 네 이웃 사랑하기를 네 자신과

---

14. John E. Hartley, *Leviticus*(WBC 4; Dallas: Word, 1992), 412-14을 보라. 미쉬나는 다양한 범죄에 대한 재정적인 배상을 언급하나 살인자에 대해서는 문자 그대로 생명을 요구하는 것을 언급한다(참조. *m. B. Qam.* 8:1-6).
15. Ibid., 412; Earl S. Kalland, "Deuteronomy," *EBC*, 2:126.

같이 사랑하라 나는 여호와이니라"(레 19:18).

그러나 유대인들이 지배세력인 로마의 통치 하에 있었던 예수 당시의 혼란스러운 세계에서, 더 높은 목적을 상실하고 개인적인 보복을 정당화시키는 보복의 법을 사용하기가 쉬웠다. 일반 사람들은 모든 곳에서—거리에서도, 법정에서도, 군사 지배 세력에서도, 재정적인 필요가 있는 일상적인 세계에서—로마의 처분 하에 있었다. 유대 지도자들은 자기 백성들을 보호하기 위한 정의를 실행할 권세가 거의 또는 전혀 없었다.

손상을 입은 사람들은, 특히 그들을 보호할 명백한 정의가 없을 때, 저항하기를 원했다. 그러므로 폭력적인 저항을 통해서 개인적인 보복을 행하는 것이 유대인의 관심사였다. 심지어 유대 지도자들도 로마에 저항하기 위해서 백성들 가운데 추종자들을 모아서 보복을 감행하였다.[16] 그것은 예수 당시에 그 땅에서 대중적인 저항 운동으로 인도되었다.[17]

이런 억압적인 분위기 속에서 예수는 잘못 오도된 제자들의 동기를 지적하신다. "나는 너희에게 이르노니 악한 자를 대적하지 말라"(5:39). 괴롭힌 사람에 대항하여 "대적하거"('안티세미')[18]나 맞서는 것은 제자들의 개인적인 책임이 아니다. 개인적인 차원에서 제자들의 우선되는 책임은 보복하는 것에서 주는 것으로 상황의 역동성을 바꾸는 것이다. 악한 사람은 보복을 시도하지만 예수의 제자들은 해를 입힌 사람을 섬김으로써 그들에게 주는 것이다. 학대받았을 때조차도 제자들은 천국을 발전시키고 이 땅에 영향을 미치기 위한 방법을 생각해야 한다.

그때에 예수는 해를 입힌 사람들을 섬기는 방법을 강조하기 위해서 억압 하에 있는 그들의 일상생활에서 네 가지 예증을 사용하신다. 제자들의 궁극적인 목적은 "대적자들이 하나님 나라의 진리로 회심하는 기회"를 찾는 것이다.[19] (1) 첫 번째 장면은 제자들이 공개적으로 모욕을 받는 모습으로 나타난다: "누구든지 네 오른편 뺨을 치거든 왼편도 돌려 대며…"(5:39). 여기에 염두에 둔 모욕만큼 상처를 주는 것도 없다. 뺨을 때리는 것은 그 사람의 위엄과 명예를 박탈하는 상징적인 방식이기 때문이다(참조. *m. B. Qam.* 8:6). 무례한 고관 장교는 이런 식으로 부하들에

---

16. Saul Lieberman, *Greek in Jewish Palestine: Studies on the Life and Manners of Jewish Palestine in the II-IV Centuries C.E.*(New York: Jewish Theological Seminary of America, 1942), 179-83.
17. 배경을 위해서는 Horsley and Hanson, *Bandits, Prophets, and Messiahs*, 30-43을 보라.
18. *BDAG*, 80. 마태복음에서 여기만 나타나는 이 용어는 스스로 정의를 취하는 것을 내포한다.
19. Hays, *The Moral Vision of the New Testament*, 326.

게 모욕을 주었던 것으로 알려진다. 다른 빰을 돌려댐은 예수의 제자들이 그들에게 가해진 악에 대해 더 나쁜 악으로 보복할 필요가 없음을 확실히 해야 함을 가리킨다(참조. 롬 12:19-21; 살전 5:15). 다른 빰을 돌려댐으로써 제자들은 더 커다란 모욕과 연약함에 자신을 두게 되지만, 이는 다음 두 장면이 설명하는 것처럼 해를 입힌 자를 섬길 수 있는 기회를 갖게 된다.

(2) 두 번째 장면은 법적인 무대로 전환된다: "또 너를 고발하여…"(5:40). 제자들은 속옷을 가지고자 하는 자에 의해 법정으로 기소된다. 1세기 사람들의 보통 옷은 하나나 둘의 상체 크기의 속옷, 바깥 망토, 벨트로서 착용하는 거들, 두건, 그리고 샌달로 이루어졌다.[20] "속옷"('키톤')은 기본 옷이고, 피부에 바로 닿는 잠옷과 유사한 긴소매의 내의다. 예수는 누군가가 이 속옷을 뺏기 위해 고소를 하면 "겉옷"('히마티온')도 내어줄 것을 제자들에게 가르치신다. 겉옷은 바깥에 걸치는 망토(참조. 27:35)[21]이며, 이것은 옷에서 필수적인 요소였다. 이 망토를 담보로 잡았을 땐 해지기 전에 돌려주어야 했는데, 가난한 사람들이 잠잘 때에 이불로 그것을 사용했기 때문이다(출 22:26-27; 신 24:12; 겔 18:7; 암 2:8). 예수는 제자들에게 놀라운 요구를 하신다. 제자들은 통상적인 개념을 바꾸어야 한다. 자기 것을 변호하고 보복하려는 대신에, 그들이 가장 근본적으로 필요로 하는 것들을 부당하게 취하고자 하는 사람에게 그것을 주어야 한다.

(3) 세 번째 예증은 군사적인 장면에 의지한다: "누구든지 너로 억지로 오 리를 가게 하거든…"(5:41). 고대의 관습에서 정부나 군사의 고관들은 공식적인 임무에 지역 민간인들의 도움을 요청할 수 있었다. 페르시아 왕실의 우편 제도를 맡은 관료는 민간인에게 공식적인 서신을 전달하도록 강요할 수 있었고, 로마의 군사고관들은 길이나 방어공사, 그리고 공적인 건물축조에 평민들로부터 무료 노동단들을 차출하여 조직할 수 있었다. 그들은 일을 치르기 위해서 즉석에서 개인들에게 도움을 청할 수도 있었다. 신약성경에서 이런 장면의 가장 익숙한 사례는 예수의 십자가를 지고 가도록 로마병사가 요청한 구레네 시몬이다(27:32; 막 15:21). 예수는 "오 리"(1마일, '밀리온')를 가도록 요구받았을 때, 십 리를 가야 한다고 제자들에게 말씀하신다.[22]

20. Douglas R. Edward, "Dress and Ornamentation," *ABD*, 2:232-38.

21. 요한은 병사들이 나누었던 예수의 겉옷('히마티온')과 이은 데가 없는 "속옷"('키톤')을 구분한다(요 19:23-24). 그는 마태와 동일한 두 단어를 사용한다.

22. 이 단어는 "천 보"(BDAG, 651)나 거의 1마일을 의미한다. 상응하는 거리를 보여주는 유익한 차트를 위

(4) 마지막 예증은 불편케 하는 사람과 관계가 있다: "네게 구하는 자에게 주며 네게 꾸고자 하는 자에게 거절하지 말라"(5:42). 이것은 제자들의 일상생활에 끼여드는 불편케 하는 사람들의 두 종류를 언급함으로써 예수의 관점을 진전시킨다. 예수의 제자들은 자신을 학대하는 사람들에게 긍정적인 말로 반응해야 할 뿐 아니라, 구하고 꾸고자 하는 사람들에게 주어야 한다. 이 문맥에서 "구하다"('아이테오')라는 단어는 적선을 구하는 가난한 사람들을 가리킨다. "꾸고자"('다니조') 하는 사람도 마찬가지로 가난한 사람임이 틀림없다. 이와 동일한 동사를 사용하고 있는 누가복음 6:34의 경우도 갚을 능력이 없는 사람에게 대여해 주는 것을 말하고 있기 때문이다. 가난한 이에게 적선하는 것은 유대의 경건에 핵심적인 특징이다(6:2-4의 주석을 보라). 구약성경도 이스라엘 백성들이 그들 중에 있는 가난한 사람들에게 빌려주어야 할 의무를 분명히 한다(신 15:7-11).

그러나 예수는 관대함의 강력한 이미지를 가져야 하는 의무를 확대시킨다. 구하는 자가 정말로 가난하지 않거나 자비가 필요하지 않더라도 어쨌든 그에게 주어야 한다. 꾸고자 하는 사람이 양심이 없을 수도 있거나 대적자일 수 있다. 또한 대부를 갚을 의도를 갖고 있지 않거나 외면할 수도 있다.[23] 누가복음의 유사한 평행은 제자들이 심지어 대적자들에게도 꾸어주는 일을 확대해야 한다는 것을 명시한다(눅 6:35을 보라). 이런 말씀으로 예수는 자선이나 대여를 원하는 자가 정말 꼭 필요한 사람인지를 판단할 의무조차도 제쳐 두신다. 예수의 제자들은 이런 질문을 던짐이 없이 관대하게 살아야 한다는 것이다. 구약성경은 자신의 게으름으로 가난에 빠진 건달들을 낮은 등급의 신분을 주며(잠 6:1-11), 끊임없이 꾸는 것을 일삼고 갚지 않는 사람들을 사악한 자로 간주한다(참조. 시 37:21). 하지만 도움을 구하는 자, 특히 진정으로 자선을 필요로 하지 않는 자와 갚을 기회가 거의 없는 사람들에게도 은혜로 주는 것은 관대함의 극치다.

예수 자신이 이런 근본적인 원리로 사셨고, 따르는 자들에게 생생한 모범이 되셨다(참조. 벧전 2:20-25). 그는 죄인들을 너무도 사랑하셔서 당신 자신을 그들을 위해 주셨다(롬 5:8). 예수의 제자들의 의무는 악을 행한 자에게 복수하거나 그들 자신과 재산을 보호하는 것이 아니다. 그들의 주요한 의무는 주변에 있는 사람들

해서는 H. Wayne House, *Chronological and Background Charts of the New Testament*(Grand Rapids: Zondervan, 1981), 26을 보라.

23. 동사 "아포스트레오포"는 "사기를 치다"를 의미하는 것으로 사용될지라도 "외면하다, 돌아서다"라는 근본적인 의미를 갖는다(BDAG, 122-23). "외면하다"가 여기서 더 그럴듯하다.

을 섬기는 것이다. 그럴 만한 가치가 있는 사람이든 그렇지 않든 상관없다. 또 다른 반제들과 더불어 이 원리는 처음에 이 말씀을 들은 사람이나 나중에 그 말씀을 읽는 사람들에게 불편한 마음을 확실히 초래했다. 신약성경의 또 다른 구절들은 여기서 단호하게 진술된 원리와 맞지 않을 수도 있다.[24] 하지만 우리가 이 반제의 가르침을 얼마나 많이 조화를 이루려고 노력하든지 간에, 절대로 다른 사람들을 섬겨야 하는 제자의 의무에 대한 강렬함을 축소해서는 안 된다. 이 가르침은 제자들은 이웃과 대적자들을 미워하는 것이 아니라 사랑해야 한다는 다음의 반제를 준비시킨다.

사랑과 미움 … 무조건적인 헌신(5:43-47)

예수는 구약성경의 핵심진리 중의 하나를 인용함으로써 마지막 반제를 시작하신다: "또 네 이웃을 사랑하고 네 원수를 미워하라 하였다는 것을 너희가 들었으나"(5:43). 이웃 사랑은 모세를 통한 하나님의 계명 중 하나다(레 19:18). 율법의 가장 위대한 계명이 무엇인지를 묻는 율법 신문가의 시험에 예수는 그것이 '하나님을 사랑하고 네 이웃을 네 몸같이 사랑하는 계명' 이라고 응답하셨다(마 22:36-40).

"네 원수를 미워하라"는 반제의 다음 진술은 구약성경에서 명시적으로 발견할 수는 없다. 사실상 모세는 궁핍한 원수들을 도와주라고 지시하였다(출 23:4-5). 그러나 이웃사랑이 구약성경의 가르침의 핵심인 것처럼, 악에 대한 하나님의 미워하심도 구약성경의 중심적인 주제다. 시편기자는 "주는 죄악을 기뻐하는 신이 아니시니 악이 주와 함께 머물지 못하며"(시 5:4; 참조. 45:7; 신 7:2; 30:7)라고 진술한다. 하나님은 악을 미워하신다. 사실상 시편기자는 다음 구절에서 그것을 한 단계 더 발전시킨다: "오만한 자들이 주의 목전에 서지 못하리이다 주는 모든 행악자를 미워하시며"(시 4:5). 나아가서 의롭게 되고자 하는 사람들은 악을 하나님이 미워하신 것을 배워야 한다. 그리하여 시편기자는 다른 곳에서 이렇게 말했다. "여호와여 내가 주를 미워하는 자들을 미워하지 아니하오며 주를 치러 일어나는 자들을 미워하지 아니하나이까 내가 그들을 심히 미워하니 그들은 나의 원수들이니이다"(시 139:21-22; 참조. 26:4-5).

나중에 이스라엘 무리들은 "이웃"을 오로지 유대 공동체 내에 있는 사람들로

24. 예를 들어, 행 22:29; 살전 3:10. 논의를 위해서는 아래를 보라.

여기고, "악인"을 이방인 또는 그들의 공동체 곧 하나님의 공동체 바깥에 있는 사람들과 대적자들과 동일시하였다. 이런 엄격한 구분이 쿰란에서 발견된다. '공동체의 규칙'(The Rule of the Community)은 하나님을 찾고 옳고 좋은 것을 행하라는 지침을 담고 있는데, 그것은 "하나님이 선택하신 모든 것을 사랑하고 하나님이 거부하신 모든 것을 미워하라. 모든 악을 삼가고 악을 붙들라"(1QS 1.3-4)는 목표가 들어 있다. 그 지침은 한 단계 더 나아가서 "하나님이 의도하신 뜻에 따라서 빛의 모든 자녀들을 사랑하고, 하나님이 원수를 정죄하신 것에 따라서 모든 어둠의 아들들을 미워하라"(1QS 1.9-11)[25]고 되어 있다. 하나님이 악을 미워하시기 때문에 악을 구현하는 사람들을 하나님의 대적자로 여겨야 한다. 이렇게 하나님의 대적자들을 미워하는 것은 자연스러운 현상이다.

하지만 예수는 이웃을 사랑하고 원수를 미워하는 것과는 다른 태도를 취하시고, 청중들을 분명히 놀라게 하는 방식으로 그 해석을 동시에 가져오신다. 실제로 따지고 보면 하나님이 애초에 의도하셨던 것이 바로 이것이다: "나는 너희에게 이르노니 너희 원수를 사랑하며 너희를 박해하는 자를 위하여 기도하라"(5:44). 하나님은 악을 미워하시지만 원 의도는 화해를 가져오시는 것이다. 그처럼 옛 격언이 "하나님이 죄인을 사랑하지만 죄는 미워하신다"고 말한 것은 옳은 말이다. 이것은 원수를 사랑하라는 예수의 말씀에서 나온 것이다. 이 말씀은 이스라엘의 모든 방면에서 발생하였던 것과는 대조되는 급진적인 말씀을 담고 있지만, 실제로는 하나님이 모든 인간을 위해 가지신 사랑을 보존하고 있다. 모든 하나님의 피조물들은 하나님의 것이고, 하나님은 그들을 사랑하시며 모든 이들이 회개에 이르기를 바라신다(참조. 벧후 3:9). 예수의 제자들은 하나님이 행하신 대로 이 세상의 사람들을 살피고 그들이 화해의 메시지에 이르도록 사랑하며, 심지어 예수의 제자들인 그들을 "박해하는 자들을 위해 기도"해야 한다.

예수가 "하늘에 계신 너희 아버지의 아들이 되리니"(5:45)라고 말씀하실 때, 그는 사람들에게 하나님의 자녀가 되는 수단을 제공하시는 것이 아니라 하나님 아버지와 예수의 제자들간의 관계성을 사랑이 명확하게 한다는 것을 가리킨다. 이스라엘의 제자들은 하나님의 부르심으로 하나님의 아들이 되었고, 그 소명은 하나님의 뜻을 실천할 의무를 포함했다. 하지만 예수의 사역에서 하나님의 뜻에 응답하는

---

25. Geza Vermes, *The Dead Sea Scrolls in English*, 2d ed. (New York: Penguin, 1975), 72의 번역을 사용함. 또한 Hill, *Matthew*, 129; Ito, "Matthew and the Community of the Dead Sea Scrolls," 27-28을 보라.

사람들은 하늘 아버지의 "아들"과 "딸"이 된다(참조. 12:48-50). 이 가족관계는 아들이나 딸처럼 행동할 의무를 포함하는데, 그것은 아버지가 사랑하는 것처럼 사랑하는 것을 의미한다.[26]

예수는 악하든 선하든 모든 사람들에게 주어진 하나님의 공통된 은혜의 두 예증을 뒤이어 설명하신다. 그것은 예수의 제자들이 이웃과 원수를 동시에 사랑해야 하는 이유를 보여준다.

(1) 하나님의 햇빛은 악인과 선인에게 동시에 비추시고 빛도 이들 모두에게 내린다. 하나님의 모든 피조물들은 이 생에서 하나님의 돌보심을 받을 가치가 있다. 궁극적으로 각 사람은 자신이 행한 악한 일과 선한 일에 대한 책임이 있고, 하나님은 어떤 날 악한 일을 행한 사람들을 심판하실 것이다. 하지만 이 생에서 하나님의 공통된 은혜는 모든 사람에게 확대된다. 그것은 하나님의 구원의 은혜의 확장을 준비시킨다. 하나님은 불의한 자와 악한 자 즉, 그가 세리이든 이교도이든 간에 하나님 나라로 부르시는 그의 소명에 모두 응답하여 하늘 아버지의 자녀가 되기를 바라신다.

(2) 그 다음에 예수는 자연적인 관계성을 가지고 와서 하나님의 사랑은 이런 통상적인 인간의 유대를 넘어서는 것임을 보여주신다. 모든 그룹들은 자신의 멤버들을 돌아본다. 세리들도 자기 친구들과 동료들 그리고 그들을 사랑하는 아내와 자녀들을 사랑한다. 따라서 예수의 제자들이 자기들끼리만 서로 사랑하는 것은 특별한 인정을 받을 수 없다(5:46). 이방인(Gentiles, NIV는 "이교도"[pagans])도 "문안하고" 평안과 축복을 자기 동료들과 가족 구성원들에게 확대시킨다(5:47; 참조. 10:12). 따라서 예수의 공동체의 친밀성을 같은 범주에 속하는 제자들에게로만 한정하는 것은 통상적인 사람들과 다를 바 없다. 모든 그룹들이 자기 자신의 범주에 있는 사람들을 돌보고, 다소 "적들"이라고 여길 수 있는 그들 그룹의 범주 바깥에 있는 사람들을 어느 정도 살핀다.

하지만 하나님은 인간이 만들어놓은 동일한 그룹 만들기를 좋게 보시지 않는다. 하나님은 인간의 경계선을 초월하시고, 모든 사람들을 사랑하신다. 심지어 하나님을 배척하는 자들도 사랑하신다. 예수가 주창하시는 것이 이런 사랑의 종류다. 이것이 예수의 제자들이 원수를 갖지 않고 하나님의 모든 피조물들을 사랑할 만한 가치가 있는 것으로 생각하는 전 세계적인 하나님의 이웃에 대한 기초다. 이것은

26. Spencer, "Father-Ruler," 440-41.

아버지의 뜻을 행하는 가족 구성원으로서 예수의 제자들의 특별한 사랑(요 13:34-35; 참조. 12:46-50)이기도 하지만, 이 사랑은 하나님이 창조하신 모든 사람들에게로 확대된다.

여섯 번째 반제는 예수가 구약성경을 성취하는 방식과 천국의 종복으로서 그들의 의가 율법사와 바리새인의 의를 능가하는 방식을 이해하는 정점을 제자들에게 가르치신다(참조. 마 5:20).

결론: 온전함의 추구(5:48)

"그러므로"는 "하늘에 계신 너희 아버지의 온전하심과 같이 너희도 온전하라"(5:48)는 강력한 결론적 책무를 도입한다. 그것은 여섯 번째 반제에 적절한 결론이다. 피조물에 대한 하나님의 온전하신 사랑은 예수의 제자들이 원수들과 그들을 박해하는 자들을 향해 보여주어야 하는 사랑의 모범이기 때문이다. 하나님은 피조물을 사랑하심에서 항상 완전하게 행하신다. 그는 사랑이시기 때문이다(요일 4:16). 동일한 방식으로 예수의 제자들이 모든 인류를 위한 아버지의 사랑을 갖기 위해 힘쓴다면, 하나님의 관점에서 그들이 필요로 하는 것들을 다른 사람들에게 항상 줄 수 있을 것이다.

동시에, 이 진술은 5:21-47의 모든 반제에 적합한 결론으로서 작용한다. 원수를 사랑하는 것은 하나님의 주요한 성품을 좇는 것이지만(5:45), 예수의 제자들은 모든 삶의 영역에서 하나님을 닮아가야 한다. 반제에서 예수는 구약성경의 대표적인 것들을 선택하여 하나님이 자기 백성들을 위해 가지신 의도를 규명하는데 사용했다. 구약성경은 하나님의 뜻이 담겨 있다. 그러므로 예수가 구약성경의 진정한 뜻을 규명하신 것처럼 제자들이 그 의도와 동기를 좇을 때, 그들은 사실상 하나님의 온전하심을 좇고 있는 것이다. 여기서 마태가 미래 시제를 사용함(문자적으로는 "너희가 온전해 질 것이다")은 NIV가 보여주는 것처럼 명령법의 의미가 담겨 있다.

하지만 우리는 그것에서 미래 직설법의 목표나 약속을 또한 볼 수 있다. 현재 명령법의 "온전해지라"나 "계속해서 온전하라"는 예수의 제자들에게 불가능한 명령을 갖게 할 것이다. 하지만 미래 시제는 제자들의 전 삶을 형성해야 하는 강조적인 '목표'를 간직한다—그들은 행동, 생각, 의지의 궁극적인 목표로서 하나님의 온전하심을 설정해야 한다. 더욱이 미래 시제는 '약속'을 함축한다. 아버지가 거룩한 목표이실 뿐만 아니라 그것을 이루게 하시는 거룩한 동력자시다. "예수는 제자들이 하나님의 목표를 향해 나아갈 때, 하나님의 도움을 찾을 것을 명하고 계신다."[27]

예수의 제자들은 하나님 자신이신 온전함을 추구해야 한다. "온전한"('텔레이오스')이란 단어는 신명기 18:13의 70인경에서 사용되고 있다. "너는 네 하나님 여호와 앞에서 완전하라." 히브리어 원문에 사용된 단어인 '타밈'은 완전함 또는 온전함의 개념을 나타내는데(레 23:15, 30; 수 10:13), 그것은 희생제사의 동물들의 온전함을 거명하거나(출 12:5), 윤리적인 흠 없음을 포함하는 하나님에 대한 인간의 온전한 헌신을 가리킨다(창 6:9; 17:1; 신 18:13; 삼하 22:24-27). 헬라어 '텔레이오스'는 동일한 함축을 내포한다: 궁극적 목표, 완전함, 또는 완전한 것, 즉 완전하거나 온전한 것. 하지만 그것은 영적인 성숙에 이른 사람을 일컬을 수 있으나[28] 목표로서 하나님 아버지를 설정하고 있는 예수가 "하늘에 계신 너희 아버지가 성숙하신 것처럼 성숙하라"고 말씀하실 수는 없다. 여기서 예수는 "하늘에 계신 너희 아버지처럼 온전(완전)하라"고 말씀하고 계신다. 제자들은 삶의 목표로서 아버지의 완전하심을 좇아야 한다.

따라서 예수의 말씀은 명령이요 약속이며 소망의 선언이다. 그의 제자들은 천국의 도래로, 혁명적인 방식으로, 객관적으로 실제적인 중생이 과정에 참여하고 있다. 천국에 들어가는 새로운 탄생의 필연성(참조. 요 3:1-7)이 하나님의 형상으로 제자들의 모습이 변화되는 것을 가능하게 만든다(마 10:24-25; 롬 8:29; 고전 3:18). 예수가 온전한 인간존재로서 하나님의 형상의 완성이시자 하나님의 거룩하신 아들로서 보이지 않는 하나님의 완전한 형상이시기 때문에(골 1:15-20), "하늘에 계신 너희 아버지의 온전하심과 같이 너희도 온전하라"는 명령을 들을 때 그는 제자들이 따라야 하는 궁극적인 모범이시다. 이 진술은 예수의 제자들이 영원한 마지막 완성에 이를 때까지 이 생에서 남아 있는 불만족스러운 것들을 좇아서 완성해 나가야 하는 실제적인 이상적 목표를 함축하고 있다.

상황잇기

예수의 삶과 사역에서 천국의 도래는 특별한 능력과 혁명적인 삶의 변화가 수반된다. 강력한 군사나 무장 봉기의 혁명적 힘이 아니라 서기관과 바리새인의 의를 능가하는 혁명적 전환으로 율법과 선지자를 완성시키는 권세로서 말이

27. Morris, *Matthew*, 133.
28. 예를 들어, 고전 14:20; 엡 4:13; 히 5:14; 6:1. 이것은 William Hendriksen, *Exposition of the Gospel According to Matthew*(NTC: Grand Rapods: Baker, 1973), 317-19이 채택한 의미다.

다. 여섯 가지 짤막한 반제로 예수는 이스라엘의 과거나 현재의 종교 지도자들보다 위에 계시고, 모든 인류를 위한 하나님의 뜻의 본질을 선포하신다.[29] 천국 생활의 시작은 예수를 따르는 자들이 하나님의 명령의 외적인 것들을 단순히 순종하는데 있지 않고, 마음으로부터 하나님의 뜻을 순종할 수 있도록 구약성경의 뜻과 동기의 핵심을 취하는데 있다.[30]

예수 제자들의 구약성경에 대한 철저성. 하나님의 뜻을 따르는 순종의 지침[31]이 될 수 있도록 예수의 말씀을 전달할 목표를 갖고 있는 마태는 다섯 강화에서 제자도의 본질을 주입시킨다. 산상수훈은 하나님 나라의 삶이 예수의 제자들을 변화시키는 방식을 이해할 수 있는 핵심적인 지침을 담고 있다. 팔복이 천국의 "헌장"으로서 기능하고 있는 산상수훈의 "서문"의 일종으로서 기능하고 있다는 이전의 주장에 진리가 담겨 있음을 동의한다면, 구약성경과 5:17-48의 천국의 의에 대한 예수의 선언은 예수의 제자들을 위한 "권리선언"으로 간주할 수 있다.

미국 헌법의 권리선언은 새 정부가 각각의 시민들에게 자유와 정의를 가져오기 위한 제정자의 뜻을 가로막을 수 없음을 확증하는 방식으로 채택되어졌다.[32] 유사하게 예수의 선언에서 그는 청자들에게 이 사실을 재확증하고, 천국의 도래에 대한 예수의 선언이 율법과 선지자를 폐한다고 믿고 있는 그의 대적자들을 제어한다. 예수는 구약성경을 폐하기보다 제자들의 삶에서 발전적인 변화가 율법의 원의도와 동기 그리고 목적을 성취시키는 것으로 근본적으로 개혁하신다. 반제는 율법과 선지자가 예수의 제자들 속에서 어떻게 완성되는가에 대한 중요한 모범을 제공하고 모든 시대의 제자들을 위한 핵심적인 지침을 전달한다.

예수는 구약성경에 대한 잘못된 해석과 적용에 맞서는 많은 권위적인 해석을 주셨지만 마태는 오직 이 여섯 가지 반제만을 기록하고 있다. 각 반제의 짤막한 요약은 예수가 천국의 제자도를 취하시는 방향을 설명해준다.

- 참된 제자들은 살인하지 않을 뿐 아니라, 분노나 비방으로 다른 사람의 인격이나 정체성을 모독하지 않도록 변화되어야 한다(5:21-23). 그들은 상처를 주

29. 유대교와의 유사성과 관련한 예수의 교육 방식에 관한 논의를 위해서는 Keener(*A Commentary on the Gospel of Matthew*, 181-82)을 보라.
30. Kingsbury, *Matthew As Story*, 66.
31. 28:20의 주석과 서론을 보라.
32. 미국의 국가 기록물 보관실 웹사이트인 http://www.nara.gov/exhall/charters/billrights/billmain.html을 보라.

는 자들과 항상 화해해야 한다(5:23-26).

- 참된 제자들은 간음의 육체적인 행위를 하지 말아야 할 뿐 아니라, 배우자를 위해서만 눈과 손을 사용할 정도로 결혼에 대한 하나님의 목적에 충실해야 하며(5:27-28), 모든 생각과 행동을 배우자에게만 초점을 맞출 수 있도록 훈련해야 한다(5:29-30).
- 참된 제자들은 결혼관계에서 정결함을 가져야 할 뿐 아니라, 하나님이 결혼에 대해서 원래 의도한 목적을 존중해야 하며, 결혼의 영구성과 거룩함에 확실하게 헌신해야 한다.
- 참된 제자들은 자신을 더 신뢰하도록 하게 하기 위해서 맹세할 필요가 없다. 신실한 삶이 그들의 말의 신빙성을 반복적으로 확증하기 때문이다(5:33-37).
- 참된 제자들은 하나님 나라의 변화된 신분을 확증해야 한다. 그들은 해를 입을 때, 단순히 법적인 보복에 집착할 것이 아니라, 선한 사람이든 악한 사람이든 다른 이들을 섬기는 기회로 삼아야 한다. 그들의 삶에서 하나님의 은혜의 실제가 나타남으로 천국으로 다른 이들을 인도할 수 있게 해야 한다(5:38-42).
- 참된 제자들은 하나님이 사랑하는 것을 사랑하고, 하나님이 미워하는 것을 미워할 뿐 아니라, 예수가 자기 생명을 주신 죄인들의 세계를 사랑하게 하는 하나님의 새롭게 하시는 마음을 가져야 한다(5:43-48).
- 결정적으로, 참된 제자들은 천국의 삶을 변화시키는 강력한 임재를 경험했다. 이들은 하나님의 아들이신 예수의 형상으로 변화됨으로써 하나님 아버지의 온전하심으로 성장하는 진보를 이룬다(5:48).

내적인 마음의 태도와 외적인 행동. 하나님 나라의 삶의 실제는 내적인 마음의 태도와 외적인 행동에 모두 영향을 미친다. 마음의 태도와 외적인 행동이 서로 결합된 관계이기 때문이다. 예수는 둘 중 어느 하나를 추천하고 있지 않다. 온전한 제자가 되는데 내적인 것만이 아니라 외적인 것에 대해서도 마찬가지로 동일하게 세심한 주의가 필요하기 때문이다. 하지만 마음의 내적인 태도가 외적인 행동의 적합한 기반이요 근거다. 예수에게 적절히 기초하여 세워진 마음은 좋은 열매를 생산하고 삶의 폭풍우를 견딜 것이다(7:20, 25). 따라서 예수에 대한 제자도는 마음의 태도에 자주 초점을 맞추는 것이 요구된다(참조. 5:3-10). 이 마음에서 세상에 대한 증거가 자연스럽게 흘러나오고(5:13-16), 삶에서 하나님의 뜻을 이루는 의의 삶이 생산될 것이다(5:20-48). 이것은 우리의 행동을 조심할 필요가 없다는 뜻이 아니다. 의무감에서(5:24a), 심지어 보상에 대한 안목으로 일을 하는 것도 우리의 내적인 동기를 재 정의하는 데 역할하고 외적인 순종을 더 일관되게 할 수 있다.

팔복의 덕은 참된 제자도를 위한 기초적인 내적 요소다. 천국으로 들어오라는 예수의 초청을 듣고 우리가 회개하게 만든다. 하지만 팔복의 덕은 '반제'에서 나타난 마음과 삶의 변화를 위한 기초도 된다. 나는 팔복과 여섯 반제 사이에 의도적인 평행을 마태가 만들려고 했다고는 믿지 않지만, 이들 사이에는 괄목할 만한 연관된 강조가 있다. 팔복의 덕은 반제에 나타난 말씀의 순종을 위한 자극제가 된다.

- 심령이 가난한 자(5:3)는 마땅히 생각해야 할 것 이상으로 자기 자신을 더 높게 생각하지 않는다(참조. 롬 12:3). 따라서 다른 사람들에게 부적합하게 화를 내거나 깎아 내리지 않는다(5:21-26).
- 이 세상의 죄에 대해서 애통하는 자(5:4)는 배우자 이외에 다른 사람에게 정욕을 품지 않는 관계성에 관한 불변의 관점을 갖게 된다(5:27-30).
- 온유한 자(5:5)는 자신의 뜻을 다른 사람들에게 강요하지 않는다. 따라서 그들은 결혼에 대한 하나님의 목적을 이해하고 배우자와 이혼하려고 힘쓰지 않는다(5:31-32).
- 의에 주리고 목마른 자(5:6)는 자신의 정직을 보증하기 위해서 맹세를 필요로 하지 않는다. 항상 진리만을 말한다(5:3-3-37).
- 긍휼히 여기는 자(5:7)는 복수하지 않는다. 자신이 긍휼을 입었기 때문이다. 그는 보답으로 다른 이들에게 긍휼을 베푼다(5:38-42).
- 마음이 청결한 자(5:8)는 예수님이 자기 생명을 주신 전체 세계인 친구와 적 모두를 사랑한다(5:43-47).
- 화평하게 하는 자(5:9)는 자신을 박해하는 자들을 사랑함으로써 하나님의 아들이자 천국에서 하나님의 아들이 된다(5:44-45).
- 의로 인해 박해를 받는 자(5:10)는 하나님의 의로우신 선물로 인해 이미 천국에 들어갔고, 하나님의 의로우신 완전함으로 계속해서 성장할 약속과 목표와 권능을 부여받았다(5:48).

예수의 가르침에 대한 순종은 하나님을 올바르게 지향하는 마음의 태도에서 자연스럽게 흘러나와야 한다. 단순히 율법의 문자를 따르는 것으로 만족해서는 안 된다. 율법의 문자를 따르는 것은 바리새인과 서기관의 실수를 답습하는 것이다.

우리는 율법의 의도와 동기를 좇아야 한다. 반제는 모든 제자들이 예상했던 순종의 실제적이고 현실적인 모범이다—반제의 내용 이면에 있는 적절한 동기를 갖고 실천할 때 그 순종이 질적으로 더 의롭게 된다. 예수는 율법에 표현된 하나님의 뜻을 폐하려고 오신 것이 아니라 "네 마음을 다하고 목숨을 다하고 뜻을 다하여 주 너의 하나님을 사랑하라…네 이웃을 네 자신 같이 사랑하라"(22:37-38)는 구약성경의 명령을 재 확증하는 것으로 온전하게 표현된 율법을 가져오고 계신다.

현대적 의미

산상수훈의 연구물이 많이 놓여 있는 내 선반의 책 가운데 하나는 아주 흥미로운 제목을 달고 있다: '예수는 산상설교에서 모뎀을 사용했는가?' 나는 이 제목 때문에 인터넷에서 안쪽 내용을 보지 않은 채로 이 책을 샀음을 고백한다. 내가 그 책을 받아보았을 때, 그것이 산상수훈 연구가 아니라 짧은 기도의 집합으로 이루어졌음을 알게 되었다. 이 책의 저자는 전임(full-time) 컴퓨터 훈련강사였다. 그는 직장과 가정에서 크리스천 원리를 설명하기 위해서 명석한 컴퓨터 분석을 이용하여 주일학교 수업을 위한 "인터넷 짧은 기도 시리즈"로서 본래 이 책을 썼다. 그는 이 책을 시작하기 위해서 쉽게 외울 수 있는 짧은 시를 포함시켰다.

> 예수는 산상수훈에서 모뎀을 사용하였는가?
> 예수는 메시지를 전달하기 위해서 널리 보낼 수 있는 팩스를 사용했는가?
> 제자들은 사방으로 나아갔을 때 핸드폰을 가져갔는가?
> 예수는 산상수훈에서 모뎀을 사용했는가?[33]

예수는 모뎀을 사용했는가! 나의 대답은! 오늘날 이 세상에 살고 있는 사람들의 활동과 기술은 예수의 시대의 사람들과는 얼마나 거리가 있는가! 우리는 1세기와는 매우 다른 삶을 살고 있다. 우리는 지금 즉각적으로 접속할 수 있는 디지털 커뮤니케이션과 논스톱 국제 여행 그리고 세계로 확장되는 국제적인 공동체에 속하여 살고 있다. 우리의 하이테크의 정교함은 예수의 가르침과는 완전히 관계가 없는 것을 생각하게 만든다. 하지만 이 세상에 살인, 간음, 이혼, 사기, 복수, 그리고

33. Ellis Bush Jr., *Did Jesus Use a Modem at the Sermon on the Mount? Inspirational Thoughts for the Information Age* (Mukilteo, Wa.: Winepress, 1997), 7.

증오가 얼마나 만연하고 있는가? 나는 매번 텔레비전을 시청하고 지역신문을 읽을 때마다 이런 문제들이 매일 반복되고 있음을 본다. 우리가 기술적으로 1세기의 청중들과는 동떨어진 세계에 살고 있을지라도, 문제점은 지금이나 그때나 마찬가지다.

나는 온 세기를 초월하는 예수의 가르침의 탁월함에 놀란다. 지금 이 땅의 모든 문화 속에서 살고 있는 이 모든 사람들에 대한 예수의 인간 문제의 해결책은 밀접하게 관계가 있다. 그는 장소와 시간이 많이 지난 구시대의 지엽적인 종교적 관행을 생산하지 않으셨다. 그는 보편적인 인간 문제의 핵심으로 나아가서 초문화적이고 초시간적인 지침을 제공하신다. 예수가 이 반제와 산상수훈—실로 그의 모든 가르침—에서 제기한 제자도는 오늘날의 제자도와 실제 다른 바가 없다. 이 반제에 관해서 수많은 책들이 쓰여지고 있음을 볼 때, 이것이 계속해서 중요함을 알려준다. 하지만 여기서는 몇 가지 일반적인 언급을 통해서 반제와 발전적인 제자도와의 관계성을 살필 것이다.

사람들을 위엄 있게 다뤄라(5:21-26). 첫 번째 반제의 두드러진 특징은 하나님의 형상으로 창조된 인간의 위엄을 강조하고 있다는 사실이다. 우리는 인간의 물리적인 생명을 취하지 않을 뿐 아니라, 인간의 위엄을 손상시키는 어느 것도 행하지 않아야 한다. C. S. 루이스는 자신의 가장 심오한 설교 중 하나에서 이것을 "영광의 무게"라 일컬었다. 그는 우리들이 이웃의 영광을 촉진할 수 있도록 삶의 패턴을 형성할 것을 요청한다. "오직 인간만이 질 수 있는 내 이웃의 영광의 무게와 짐을 내 어깨 위에 매일 올려놓아야 한다. 그리하여 내 교만의 등을 부서뜨려야 한다."[34]

첫 번째 반제의 또 다른 중요한 특징은 인간 관계가 하나님의 영광을 반영할 수 있도록 화해의 사역자가 되는 책임이다. 제자가 희생제사를 드리기 전에 급히 화해할 것을 말씀하시는 예수의 설명은 건강한 관계를 유지하는 일의 긴급함을 강조한다. 하나님과의 관계를 충족시키려는 종교적인 활동이 인간의 관계성을 깨끗하게 하는데 기초하지 않는다면 아무런 의미가 없다. 우리는 어떤 사람에게 잘못했음을 알면서도 이 문제를 해결하지 않고 예배에 그냥 참석할 수는 없다.

그러나 화해의 사역자로서 우리가 이룰 수 있는 일에 한계가 있다. 우리는 다른 사람이 우리를 용서하라고 강요할 수는 없다. 때로 우리가 다른 이에게 상처를 주었을 때, 그 사람이 우리를 신뢰하는 데는 상당한 시간이 걸린다. 우리가 화해를 좇

34. C. S. Lewis, *The Weight of Glory and Other Addresses*, repr. (Grand Rapids: Eerdmans, 1965), 14-15.

을 의무가 여전히 있지만, 그것이 우리의 시간표에 따른 것이 될 수는 없다. 우리의 말과 행동에서 조심해야 하는 이유가 바로 그 때문이다. 이미 뱉은 말은 주워담을 수가 없다. 가해진 상처는 자주 오랜 자국을 남긴다.

예수의 말씀은 주께서 그 시간에 말씀하시지 않은 것도 조심스럽게 상고할 필요가 있게 만든다. 분을 내어도 죄를 짓지 않는 것이 가능하다(엡 4:26). 성경 전체를 통해서 우리는 죄에 대해서 의로운 분노를 가질 수 있음을 본다. 그것을 노여움이라고 말할 수 있다. 예수는 성전 청결에서 이 노여움을 보이셨다(21:12-17). 그리고 예수의 비유에서 하나님은 노여움과 진노를 행하는 분이시다(18:34; 22:7). 예루살렘의 마지막 운명의 주간 동안에 종교지도자들에 대한 독설에서 예수는 서기관과 바리새인들을 "어리석은 맹인"(23:17)이라고 일컬었다. 이것은 예수가 5:22에서 금하였던 용어와 관련이 있다. 하지만 이것은 경박한 욕설이 아니다. 이스라엘의 종교지도자들은 실제로 어리석었다. 그들은 하나님과 그들의 삶을 왜곡시키는 종교 관행들을 맹목적으로 허락했다.

예수의 가르침이 사형 반대를 주창하는 것으로 가끔 사용되었다. 하지만 예수가 견지하고 있는 구약성경의 금지는 사람을 죽이는 것은 말하는 것이지 죽이는 것 자체를 말하고 있지 않다. 게다가 예수는 인간의 행위에 관해서 말하고 있는 것이지 정부의 책임에 대해서 말하고 있지 않다. 중범죄자에 대한 생명을 빼앗는 사법적 언도는 출애굽기 21장에서도 인정되었고, 로마서 13:1-5에서 바울의 진술에서도 상당히 내포되어 있다. 이 구절들에 따르면 생명을 빼앗는 일이 정당화될 수 있는 네 영역이 있다. 즉 법에 따른 처벌, 법과 질서의 유지, 자기 보호, 그리고 정당한 전쟁이 바로 그것이다. 다섯 번째 반제를 다룰 때 보다 자세하게 이 문제를 논의할 것이다.

결혼의 정결함(5:27-30). 두 번째 반제는 "간음하지 말지니라"(출 20:14)는 십계명의 일곱 번째 계명의 엄중함과 열 번째 계명의 "네 이웃의 아내를 탐내지 말라"(20:17)는 철저성을 조화시킨다. 사실상 전자는 남편이 간음을 범하지 않아야 한다고 말하는 것이고, 후자는 다른 여인을 희롱하거나 음란물을 보는 것으로 결혼을 범하지 말라고 말씀한다.

사도 바울은 이런 차이점을 이해했다. 그가 탐내지 말라는 명령의 의미를 충분히 이해하기 전에는 자신을 의롭다고 간주했기 때문이다(롬 7:7-13). 예수의 사역으로 천국이 도래함으로써 제자들이 하나님이 본래 의도했던 결혼의 종류를 갖는 것을 가능하게 한다. 첫 번째 반제의 요지에 뒤이어서, 자기 자신을 오직 아내에게

만 헌신하는 것은 하나님의 형상으로 창조된 여성으로서 아내를 위엄 있게 대하는 것이다.

교회의 지도자들의 자격을 논하는 목록에서, 결혼생활에서 보여지는 헌신의 깊이로 교회의 모범이 될 수 있도록 지도자의 결혼이 건강해야함을 바울이 강조하고 있음은 우연이 아니다(딤전 3:2, 12; 딛 1:6).

나는 목사가 높은 소명을 범한 것을 보았던 첫 번째 시기를 확실하게 기억한다. 그때는 내가 그리스도인이 된 지 얼마 지나지 않았고, 그 시기에 나는 결혼했다. 내가 출석하던 교회에 음악목사와 성가대의 한 여인이 불장난하는 관계를 지속하고 있었다. 다른 이들은 이것을 별로 신경 쓰지 않았으나, 나는 몹시 역겨워 했다. 그들의 이런 행동은 배우자들에게 범죄가 될 뿐 아니라, 교회 사역의 건강한 기준을 폄하시켰다. 마침내 그들은 아내와 남편과의 결혼관계를 지속할 수 없었으며, 본질적으로 신앙을 저버렸다. 그들의 관계는 "단순한 재미"로 시작했지만 삶의 모든 부분을 망가뜨리는 것으로 끝났다. 예수는 우리 자신에 대해서 매우 정직할 것과 우리가 하나님에 대해서 갖는 단일한 헌신된 마음으로 배우자에게 헌신할 것을 요청하신다.

결혼의 신실성(5:31-32). 결혼의 정결을 반성함이 결혼에 대한 하나님의 원 뜻을 예수의 제자들이 이해하고 결혼의 영구성과 거룩성에 헌신하도록 만든다. 세 번째 반제의 요지는 결혼서약을 아주 거룩하게 여기고, 아주 극심한 상태로 결혼생활을 유지하지 못하게 하지 않는 경우를 제외하고는, 그것을 깨뜨려서는 안 된다는 것이다. 남녀가 결혼관계에 들어갈 때, 그들은 쪼갤 수 없는 단위로서 서로에게 헌신해야 한다. 결혼관계에 신실하지 못한 것은 그들을 함께 묶어주신 하나님께 신실하지 못한 것이다. 행동과 말과 생각과 감정과 우선순위에서 결혼관계에 확고하게 헌신하는 것은 이 세상에서 건강한 삶의 유지를 위해 사용하고 경험하도록 하나님이 의도하신 온전한 관계성을 경험하는 것이다.

나는 남녀가 결혼하기 전에 목사들이 모든 커플과 시간을 가질 것을 추천한다. "좋을 때나 나쁠 때나, 부할 때나 가난할 때나, 아플 때나 건강할 때나, 죽음이 서로를 갈라놓을 때까지 사랑하고 서로 소중히 여기라"는 의미가 무슨 뜻인지를 같이 논의하기를 바란다. 이 말이 입술 발린 말이 되어서는 안 된다. 오늘날 거의 절반의 결혼이 이혼으로 끝나는 문화에서 커플들은 그들이 어떤 상태로 들어가는 것인지 그들의 헌신을 유지하게 만드는 근거가 무엇인지를 이해해야 한다. 게다가 커플들은 이혼이 하나의 선택이 될 수 없는 결혼관계로 들어가야 한다. 그렇다. 예수는 심각한 죄악으로 인해 결혼의 유대가 이미 망가진 상태를 제외하고는 이혼을 허락하지 않으셨다. 결혼관계가 힘들 때 쉬운 선택을 하도록 주님이 한 가지 예외를 만드신 것이 아니다.

우리는 예수가 의도하지 않은 것을 예수의 말씀에서 취하지 않도록 조심해야 한다. 예수는 이혼을 요하는 '포르네이아'의 제외를 선언하지 않으셨다. 화해와 용서는 믿음의 생물학적인 공동체를 포함하여 모든 믿음의 공동체의 분열에 대한 치유책이자 목표다(참조. 18:15-35). 하지만 화해를 위한 모든 시도가 실패한다면 이혼이 가능하나, 이혼이 첫 번째 조치도 아니고 필수적인 것도 아니다. 또한 예수는 합법적인 이혼의 사례를 통한 재혼이 부당하다고 말씀하시지 않았다. 더욱이 그는 부당한 이혼과 재혼이 용서받지 못할 죄라고 말씀하시지 않았다. 우리에게 대한 예수의 의도를 역행하는 사례가 항상 있을지라도, 무엇보다도 우리는 하나님의 은혜와 회복을 취소시키는 억압적인 짐을 만들어내지 않도록 조심해야 한다.[35] 19장에서 이에 관해서 더 자세하게 다룰 것이다.

자기의 말을 지켜라(5:33-37). 네 번째 반제에서 예수는 제자들이 신뢰를 더하게 하려고 맹세를 발할 필요가 없음을 상소하신다. 신실한 삶 자체가 말의 신뢰를 확증할 수 있기 때문이다. 다시 한번 이것은 마음에 대한 검증이다. 입술로 말하고 있는 것은 안쪽의 실존으로부터 나온다. 신뢰할 수 없는 마음은 홀로는 신뢰할 수 없는 말을 발하게 할 것이다. 정직한 마음을 가진 사람은 정직하게 말한다. "예", "아니오"란 말에 "예. 맹세합니다"와 같은 말을 추가한다면, "맹세합니다"란 말을 추가하지 않을 때, 그 말의 진실성을 믿을 수 없게 된다. 단순한 "예"라는 말이 맹세를 덧붙인 말과 같은 구속력이 항상 있어야 한다.

진실성은 일상생활에서 기본적으로 필요한 요소 중 하나다(출 23:1-3; 레 19:16). 말이 정직할 때, 서로 자유로이 신뢰할 수 있다. 하지만 어떤 문제에 대한 말이나 손을 맞잡는 일을 신뢰할 수 없을 때, 일상생활을 매우 복잡하게 만들 수 있는 모든 종류의 법적인 안전 장치를 가져와야 한다. 나아가서 거짓증거를 통해서 우리의 평판을 해치고, 성품을 파괴하며, 정당하게 우리의 것에 속하는 것들을 속여서 취하려는 악한 사람들로부터 자신을 보호하기 위해서 매일의 삶에서 부가적인 안전장치를 만들어야 한다.

---

35. 도움 되는 개관을 위해서는 David Instone-Brewer, *Divorce and Remarriage in the 1st and 21st Century* (Grove Biblical Series 19; Cambridge: Grove, 2001)와 그 주제를 더 길게 다루고 있는 *Divorce and Remarriage in the Bible: The Social and Literary Context*(Grand Rapids: Eerdmans, 2002)을 보라.

하지만 예수는 모든 맹세들이 잘못되었다고 주장하지 않으신다. 그는 공회 앞에서 심문을 받으실 때 맹세를 취하셨다(26:63-64). 법정에서 사람들은 인간의 규범을 세우려는 정부 당국자들의 사법권 하에서 말한다. 맹세를 취하는 것은 이런 규범에 순응하는 것이고, 나아가서 하나님께 순응하는 것이다(롬 13:1-7; 참조. 히 6:16-18). 예를 들어, 미국의 사법 제도의 초기 시절에 법정에서 사람이 "맹세코"(So help me God, 문자적으로는 "하나님이여 나를 굽어보소서"—옮긴이)라는 말을 할 때, 그것은 심판의 기준을 제공했다. 하나님 앞에서 맹세 하에 거짓을 말하면 그 사람은 하나님의 심판을 받을 수 있다.

바울도 역시 자신의 말이 사실이라는 것을 독자들에게 확신시키려는 증거로서 하나님을 부르면서 맹세했다(고후 1:18; 갈 1:20). 바울의 독자들은 바울의 단순한 말에 정당한 신뢰를 줄 수 있을 만큼 그의 성품을 알지 못하였다. 우리들은 거짓이 상당히 흔한 세상에서 살고 있기에 누구를 신뢰해야 할지를 알지 못한다. 사람들이 우리를 잘 알지 못할 때, 그들은 우리를 신뢰할 이유를 갖지 못한다. 우리가 하나님을 증인으로서 호소하면, 우리가 참으로 그리스도인이라는 것을 말하고 있다. 하지만 우리가 거짓을 말한다면, 그것은 우리가 하나님을 알지 못한다는 증거다.

서로 확실하게 섬겨라(5:38-42). 다섯 번째 반제는 자주 오해할지라도 가장 잘 알려진 것 중에 하나다. "다른 뺨을 돌려대라"는 잠언적인 격언으로서 절대적인 평화주의를 촉진하는데 사용하는 가하면, 틀에 박힌 그리스도인을 겁쟁이로 치부하는데 사용되기도 한다. 또는 자신의 소심함을 변명하는데 사용되기도 한다. 다시 한번 우리들은 예수가 보복에 대한 구약의 율법을 공격하고 있지 않음을 강조해야 한다. 정의는 구약시대에 있었던 것처럼 예수에게서도 역시 중요한 주제다. 죄가 사람들이 일상생활에서 행하는 파괴를 제어할 필요가 있다. 죄는 벌을 받아야 한다. 예수는 어떤 식으로든 정의를 부정하지 않으신다. 그가 십자가에 달리셨을 때, 그는 죄의 벌에 대한 궁극적인 보응이 되신다.

예수가 다섯 번째 반제에서 대응하고 있는 것은 보응의 율법이 '개인적'인 보복을 변명하는 것으로 사용해서는 안 된다는 것이다. 그것은 나에게도 해당된다. 나는 내 삶의 대부분에서 싸움꾼이었다. 나는 다소 원숙해졌으나 여전히 나를 해롭게 하는 사람들에게 되 갚기를 원한다. 나는 노골적으로 적신호를 보내는 사람을 좇아가기를 원한다. 나는 스키장에서 노인의 안전을 상관하지 않고 언덕을 무례하게 내려오는 스키어를 멈춰 세우기를 원한다. 나는 이렇게 하는 것이 완전히 잘못되었다고 생각하지는 않는다. 정의가 만연하는 것을 보기 원하는 것은 옳다. 하지만 나의 자아가 길목에 놓여 있을 때, 그것은 잘못이다—내가 강하고 다른 이보다 우월하며, 내가 하나님의 전능한 의로운 경찰이라는 것을 입증해 보이려고 보복할 때가 문제다. 대체로 이렇게 행하는 것은 자신의 불안정 때문이다. 나는 여전히 어떤 일을 입증해 보이려고 애쓰고 있다.

하나님은 정의를 이루기 위해서 나를 사용하시는 때가 있지만 대부분 그것은 통제하는 당국자에게 위임되어 있다. 그것이 거리의 경찰이든 산등성이에 스키 정찰자이든 간에 말이다. 오히려 나에게 맡겨진 것은 다른 이들이 나에게서 더 좋은 방법을 알 수 있도록 다른 이들을 섬기는 것이다. 그것이 예수가 근본적으로 의도하신 것이다. 예수의 제자로서 우리는 변화된 하나님 나라의 정체성을 확보해야 한다. 우리가 잘못 취급을 받을 때, 단순히 법적인 보복에 집착하는 것이 아니라, 다른 이들을 섬길 수 있는 기회로 삼아야 한다. 그 사람이 좋은 사람이든 악한 사람이든 상관없이 우리의 삶에서 나타나는 하나님의 은혜의 실제로 그들을 천국으로 들어올 수 있게 해야 한다.

이것은 바울의 가르침과도 일맥상통한다. 바울은 악을 악으로 갚지 말 것을 로마 교회의 신자들에게 말한다. 모든 사람과 화평하고 보복하지 말 것을 말한다(롬 12:17-19). 바울은 '개인적인 보응'을 개진하지 말 것을 언급하고 있다. 왜 그러한가? 그는 하나님의 진노가 잘못한 자를 되 갚을 것임을 강조한다(12:19-20). 아울러 하나님은 악한 일을 행한 자를 심판하는 임무를 위해서 정부 당국자들을 세우셨다(13:1-7). 각각의 크리스천들의 책임은 대적자들에게 선을 베푸는 것이다 (12:20-21).

이것은 경찰이나 군인으로 봉직하는 크리스천들을 배제하지 않는다. 그들이 하나님의 의의 도구로서 봉사하는 동안에도 그리스도 안에 분명하게 뿌리내린 정체성을 유지해야 한다. 균형을 유지하는 것이 쉬운 일은 아니지만 크리스천 관리들은 필연적으로 시민법이 아니라 하나님의 관점에서 옳고 그름이 무엇인지 가치 판단을 내려야한다. 아마도 공산주의 국가에서 살고 있다면 이 문제는 더욱 심각할 것이다. 크리스천 군인들도 정당한 전쟁이 무엇인지를 판단해야 할 것이다.[36] 사도

---

36. 정당한 전쟁은 일곱 가지 특징을 갖는 것으로 주목할 수 있다. (1) 정당한 이유, (2) 정당한 의도, (3) 마지막 호소, (4) 공식적인 선언, (5) 제한된 목적, (6) 적절한 수단, (7) 민간인에 대한 보호. Arthur F. Holmes, "The Just War," in *War: Four Christian Views*, ed. Robert G. Clouse(Downers Grove, I11.: InterVarsity Press, 1981), 120-21을 보라.

들은 복음 설교를 하지 못하게 유대 당국자들이 명하였을 때 이를 따르지 않았다. 베드로가 말한 것처럼 "사람보다 하나님을 더 순종해야"(행 5:29) 하기 때문이다.

개인적인 앙갚음을 합리화하기가 쉽기 때문에 나는 다음 번 요지를 언급하기가 쉽지 않다. 우리는 다섯 번째 반제를 다른 성경의 원리와 균형을 잡기를 원할는지 모른다. 예를 들어, 바울은 로마시민권을 가진 자로서 자신의 권리를 요구함으로써 폭행을 면했다(행 22:22-29; 25:11-12). 그것이 그 당시에 우리를 위한 하나님의 뜻이 아니라면, 개인적인 해를 면해야할 때가 있고, 사람들이 우리를 얕보지 못하게 해야할 때가 있다. 또 다른 예를 들어, 바울은 "누구든지 일하기 싫어하거든 먹지도 말게 하라"(살후 3:10)고 선언했다. 교회 안에 하는 일 없이 남의 일을 봐주기 좋아하고 교회가 그들에게 먹을 것을 주기를 기대했던 사람들이 있었다. 하지만 바울은 그들이 직업을 얻어서 스스로 먹을 것을 공급할 수 있기를 바란다. 이런 사람들에게 주거나 빌려주는 것은 소견머리가 없는 짓이다.

다섯 번째 명제는 예수의 제자들의 섬김 정신의 목표를 강조한다. 이것은 우리 자신의 해됨을 먼저 생각하지 않고 다른 사람의 선을 생각하라는 것을 의미한다. 우리는 필요로 하고 있는 선을 사람들에게 베풀어야 한다. 우리의 궁극적 모범은 예수 그리스도 자신이시다.

> 욕을 당하시되 맞대어 욕하지 아니하시고 고난을 당하시되 위협하지 아니하시고 오직 공의로 심판하시는 이에게 부탁하시며 친히 나무에 달려 그 몸으로 우리 죄를 담당하셨으니 이는 우리로 죄에 대하여 죽고 의에 대하여 살게 하려 하심이라 그가 채찍에 맞음으로 너희는 나음을 얻었나니(벧전 2:23-34).

하나님이 사랑하신 것처럼 사랑하기(5:43-47). 여섯 번째 반제는 다섯 번째 반제의 사상을 연속시키지만, 예수의 제자들이 줄 수 있는 강력한 에너지에 초점을 맞춘다. 우리는 하나님이 사랑하신 것처럼 사랑해야 한다. 오늘날 정신적인 심취와 형제애, 호의와 성적인 행위에 이르기까지 다양한 종류의 정의를 표현하는데 사용하는 "사랑"이란 단어를 들을 수 있는 것과 마찬가지로 고대 세계에서 사랑이란 단어는 다양한 태도와 감정 그리고 행동들을 표현했다. 신약성경의 저자들은 사랑이란 이 용어를 '아가파오' 동사를 특별히 취하여 예수의 가르침과 모범에 적합한 새로운 의미를 만들어내었다.

사랑이란 단어의 근본적인 재적용을 크리스천들이 아주 잘 알고 있는 두 구절에서 발견할 수 있다. 오늘날 크리스천들은 이 구절의 영향과 의미를 상실하고 있는 듯하다. 첫 번째 성경구절은 요한복음 3:16이다. "하나님이 세상을 이처럼 사랑하사 독생자를 주셨으니 이는 그를 믿는 자마다 멸망하지 않고 영생을 얻게 하려 하심이라." 이런 종류의 사랑을 이해하는 열쇠는 "주는"(give)이란 단어다. 하나님 아버지는 아들을 주셨고, 아들은 은혜로 자신의 생명을 주시어 우리가 살 수 있게 하셨다. 예수가 십자가로 가기 위해서 준비하셨을 때, 사도 요한은 예수가 "세상에 있는 자기 사람들을 사랑하시되 끝까지 사랑하시니라"(13:1)고 말한다. "끝까지 사랑하시니라"는 우리들을 위해서 십자가에서 자기 생명을 주신 것을 의미한다. 그것은 우리들을 향한 예수의 사랑의 심오한 본질이고, 우리의 대적자들을 포함하여 여타 사람들에게 우리가 가질 수 있는 희생적인 사랑의 모범이다.

다른 한 구절은 로마서 5:8이다. "우리가 아직 죄인 되었을 때에 그리스도께서 우리를 위하여 죽으심으로 하나님께서 우리에 대한 자기의 사랑을 확증하셨느니라." 이 말씀의 영향을 5:10로 나아갈 때 더 확실하게 느낄 수 있다. "곧 우리가 원수 되었을 때에 그의 아들의 죽으심으로 말미암아 하나님과 화목하게 되었은즉 화목하게 된 자로서는 더욱 그의 살아나심으로 말미암아 구원을 받을 것이니라." 이런 종류의 사랑은 감정적인 애착과 개인적인 느낌을 포함하는 동기 부여적인 능력과 다른 사람을 위해서 자기 자신을 주는 행위로까지 뻗어나간다. 적을 사랑하는 것은 예수의 제자들이 그들의 행동을 단순히 용서해주는 것만을 의미하는 것이 아니라 그들의 삶으로 들어가서 하나님과 화해할 수 있도록, 그들의 삶이 하나님과 연합할 수 있도록, 하나님이 우리들을 사용하시는 것을 의미한다. 우리는 하나님이 사랑하신 것처럼 사랑해야 한다.

하나님이 사랑하신 것처럼 사랑해야할 두 가지 중요한 이유가 있다. (1) 우리는 새로운 사랑의 마음을 갖고 있다. 새로운 탄생으로 말미암아, 우리를 위한 하나님의 사랑으로 인해 신자들의 영적인 마음에 변화가 생겼다(참조. 행 15:9; 또한 겔 36:26). 새로운 마음은 하나님의 사랑으로 사랑하도록 우리를 충동시킨다. 우리가 사랑이 많기 때문이 아니라 하나님이 먼저 우리를 사랑하셨고 우리 마음에 변화를 이루셨기 때문에 사랑한다. 그것이 우리로 사랑하게 만든다(참조. 요일 4:12-21).

(2) 우리는 새로운 마음이 계속해서 쏟아낼 수 있는 하나님의 사랑의 끝없는 공급을 갖고 있다. 우리에게 생명을 가져온 것은 하나님의 사랑이다. 다른 이들 심지어 적들까지도 사랑하는 것을 보증하는 것이 우리 안에 있는 하나님의 사랑이다. 하나님은 사랑이시고 무한하시다. 고로 하나님은 무한한 사랑의 공급원이시다. 마

음을 하나님께 열 때, 하나님의 사랑이 우리 마음에 부어지고, 주변 사람들에게 넘치게 된다.

하지만 다른 사람들을 사랑하는 것은 실로 무엇을 의미하는가? 나는 사랑을 '하나님이 의도하신 목적으로 관계를 가져오기 위해서 나 자신을 불완전한 사람에게 주는 무조건적인 헌신' 으로 정의한다. 하나님이 나의 다양한 관계에서 의도하신 것이 무엇이든 간에 나는 무조건적으로 나 자신을 다른 사람들에게 주는 것이다. 그것은 아내나 자녀 또는 학생이나 내 이웃에게 갖는 사랑의 헌신과는 다르다. 이 사랑은 내가 좋아하지 않거나 나를 좋아하지 않는 사람들에게 나 자신을 주는 것이다. 하지만 내가 여기서 묻고 싶은 것은 "하나님이 이런 관계를 위해서 무엇을 원하시고 어떻게 이것을 이루기 위해서 최선을 다해 나 자신을 줄 수 있는가"다. 적들에게까지 우리 자신을 현명하고 성숙하게 줄 수 있는 것이 이런 종류의 사랑의 지침에 들어 있다.

우리 시대에는 초우익적인 애국 시민군과 윤리 지상주의에서부터 초좌익적인 동성연애주의자와 무정부주의자에 이르는 아주 다양하면서도 위험스러운 세력들이 공존해 있다. 테러리스트들이 뉴욕과 워싱턴 D.C.를 공격한 이후에 우리가 한 번도 만난 적이 없을지라도 우리를 자신들의 적이라고 선언하는 악한 사람들의 실체를 보다 똑똑하게 이해하게 되었다. 이 세상에는 성경의 진리를 노골적으로 반대하고 그리스도의 교회와 가치를 손상시키려 하는 세력들이 있다. 하지만 우리는 그들을 사랑하는가? 단지 팔의 시늉으로나 이론으로서가 아니게 말이다. 우리는 그들이 우리의 사랑을 거부할 때조차도 그들의 마음에 다가가서 예수를 믿을 수 있도록 시도하고 있는가? 나는 항상 그렇다고 말할 수 없다. 하지만 그들의 영원한 운명이 위험에 처해 있기 때문에 그리해야 한다. 이것이 예수가 십자가상에서 보이신 놀라운 사랑이다. "아버지 저들을 사하여 주옵소서 자기들이 하는 것을 알지 못하나이다"(눅 23:34).

우리는 예수가 사랑하신 방법으로 사랑하는가? 예수가 사랑하신 종류로 사랑하는 것은 하나님의 뜻에 대한 온전한 순종, 우리의 개인적이고 공동체적이며 가족적인 삶에서 계속된 변화 그리고 우리 주변의 사람들에게 헌신적인 전도를 의미하는 것이기 때문에 쉬운 일이 아니다. 궁극적으로 이것은 온 마음과 영혼과 정신을 다해 하나님을 진실로 사랑하고 내 이웃을 내 몸과 같이 사랑하는 것을 의미한다.[37]

---

37. 잘 알려진 취급을 위해서는 Michael J. Wilkins, "What Jesus Loved," *Moody Magazine* 100.3(January-

온전하라(5:48). 예수는 결정적인 요약으로 반제를 결론짓는다. "그러므로 하늘에 계신 너희 아버지의 온전하심과 같이 너희도 온전하라." 간단하게 이것을 모든 성경의 영적인 구성의 가장 순결한 진술 중 하나라고 일컬을 수 있으나 그 말씀의 위대함 앞에서 사람들은 불편함을 느낀다. 혹자는 그 말씀이 이 생에서 완전의 상태에 도달할 수 있음을 시사하고 있기 때문에 불편해 하고,[38] 혹자는 그렇게 될 가능성을 거부하면서 이생에서 도달할 수 없는 목표를 요구한 것에 동등하게 불편함을 느낀다. 또는 온전함에 이르는 과정에서 사람들에게서 생성될 수 있는 비교의 사회적 병폐 때문에 한 목표를 향해 나아가는 요지를 시사함에 불편함을 느낀다. 또는 "그리스도처럼"이란 전반적인 개념에 대해 불편함을 느낀다. 하나님처럼 온전한 것은 참으로 도달 가능한 목표인가?

하지만 중요한 신학적 구분—지위적인 완전과 경험적인 완전—을 생각함으로써 이런 불편함을 없앨 수 있다. 바울의 완전한 신학적 발전이 보여주는 것처럼, 지위적인 완전은 법적인 방식으로 그리스도인의 칭의의 기초가 되는 그리스도의 "전가된 의"다. 경험적인 의는 성령의 역사로 말미암은 성화의 과정에서 그리스도인이 경험하는 그리스도의 "부여된 의"다. 부여된 의는 5:40에서 나타나지만 그것은 전가된 의를 전제하고 그 위에 세워진다. 부여된 의는 이 생을 사는 동안에 나타나며 미래에 온전하게 실현될 목표로서 수납할 수 있는 불완전한 과정을 함축한다.[39]

우리는 예수의 놀라운 요청 앞에서 불편해 하지말고, 내가 "평온한 불만족"이라고 부르는 것의 균형을 실천할 수 있다. 나는 그리스도가 내 생애에서 이루신 것과 내게 발생한 성장에 만족하여 평온할 수 있다. 하지만 동시에 나는 이런 만족을, 좇아가야 하는 욕구와 균형을 이룬다. 내 생애의 어느 시점에서 하나님이 하신 것에 만족하면서도 완전한 성숙으로 나아가야 하는 발전의 정도에 대해 나는 불만족해 한다. 나는 나의 불완전함을 인정하지만 완전으로 나아가야 할 용기를 갖고 있다. 나는 하나님이 그리스도 안에서 이루신 구속과 중생의 모습을 보고 만족하고 평온하며(딛 3:4-7), 지금 이 시간에 변화가 이루어졌다는 확신으로 감사하며 평화롭다

February 2000): 25-27을 보라.

38. Tasker(*Matthew*, 70)는 마 5:48의 번역에서 "완전한"을 사용하는 것을 불편해 한다. 그는 그것을 "'텔레이오스'의 잘못된 번역이며, '완전주의'의 잘못된 교리에 대체로 책임이 있다"고 주장한다.

39. Guthrie, New Testament Theology, 663: "예수의 명령 속에서 불가능의 어떤 요소를 인식하지 못한다면, 이상(ideal)의 추구를 결코 이해하지 못할 것이다. 이미 완전에 이르렀다고 스스로 생각하는 사람은 완전에 대한 올바른 이해를 하지 못한 것이다."

(고후 3:18). 아울러 궁극적으로 그리스도처럼 될 것이라는 약속 안에서 평온하다(요일 3:2). 하지만 나는 내 마음에 미성숙과 부정함을 보고서 불만족해하며, 하나님과 분리된 이 세상의 상태를 보고 불만족해 한다. 아울러 예수가 사랑한 방식보다 훨씬 미치지 못하는 나의 사랑에 불만족해 한다.

오직 지위적인 완전함에 초점을 맞추면 현재의 성장에 만족할 수 있다. 오직 경험적인 불완전에 초점을 맞추면 현재의 상태에 곤혹스러워할 수 있다. 그리스도 안에서 더 큰 성장을 향해 나아가면서 그리스도가 십자가를 통해서 가져오신 지위적인 완전함에서 우리는 쉼을 얻을 수 있는 반면에, 이 세상에서 우리가 갖는 경험에 상대적으로 불만족할 수 있다. 우리는 자신에 대한 비현실적인 기대와 하나님이 우리에게 바라시는 것으로 살 가능성이 있다. 우리는 우리가 사랑 받거나 인정받고 있다고 믿기 전에 어떤 행동을 기대할 행위 기준에 우리 자신을 둘 수 있다. 또는 자신의 독특성이 사라지는 방식으로 다른 사람들의 성취와 자기 자신을 비현실적으로 비교하는 함정에 빠질 수 있다. "평온한 불만족"은 예수에 대한 제자도에서 최선을 다할 때 성장과 성취에서 만족을 발견할 수 있다는 것을 의미한다.

아울러 우리는 불완전한 상태에 머무는 것을 거부하고 성장을 향해 매진해야 한다. 예수의 제자들은 더욱 예수처럼 됨으로써 하나님 아버지의 완전하심을 생성하는 그러한 방식으로 강력하게 삶을 변화시키는 천국의 임재를 경험한다. 나는 하늘 아버지가 온전하신 것처럼 온전하라는 예수의 요청에서 그 말씀을 듣는다.

마태복음 6:1-18

1 사람에게 보이려고 그들 앞에서 너희 의를
행하지 않도록 주의하라 그리하지 아니하면
하늘에 계신 너희 아버지께 상을 받지 못하
느니라
2 그러므로 구제할 때에 외식하는 자가 사람에
게서 영광을 받으려고 회당과 거리에서 하는
것 같이 너희 앞에 나팔을 불지 말라 진실로
너희에게 이르노니 그들은 자기 상을 이미 받
았느니라
3 너는 구제할 때에 오른손이 하는 것을 왼손
이 모르게 하여
4 네 구제함을 은밀하게 하라 은밀한 중에 보
시는 너의 아버지께서 갚으시리라
5 또 너희는 기도할 때에 외식하는 자와 같이
하지 말라 그들은 사람에게 보이려고 회당과
큰 거리 어귀에 서서 기도하기를 좋아하느니
라 내가 진실로 너희에게 이르노니 그들은
자기 상을 이미 받았느니라
6 너는 기도할 때에 네 골방에 들어가 문을 닫
고 은밀한 중에 계신 네 아버지께 기도하라
은밀한 중에 보시는 네 아버지께서 갚으시
리라
7 또 기도할 때에 이방인과 같이 중언부언하지
말라 그들은 말을 많이 하여야 들으실 줄 생
각하느니라
8 그러므로 그들을 본받지 말라 구하기 전에
너희에게 있어야 할 것을 하나님 너희 아버
지께서 아시느니라
9 그러므로 너희는 이렇게 기도하라 하늘에 계
신 우리 아버지여 이름이 거룩히 여김을 받
으시오며
10 나라가 임하시오며 뜻이 하늘에서 이루어진
것 같이 땅에서도 이루어지이다
11 오늘 우리에게 일용할 양식을 주시옵고
12 우리가 우리에게 죄 지은 자를 사하여 준 것
같이 우리 죄를 사하여 주시옵고
13 우리를 시험에 들게 하지 마시옵고 다만 악
에서 구하시옵소서 (나라와 권세와 영광이
아버지께 영원히 있사옵나이다 아멘)
14 너희가 사람의 잘못을 용서하면 너희 하늘
아버지께서도 너희 잘못을 용서하시려니와
15 너희가 사람의 잘못을 용서하지 아니하면 너
희 아버지께서도 너희 잘못을 용서하지 아니
하시리라
16 금식할 때에 너희는 외식하는 자들과 같이
슬픈 기색을 보이지 말라 그들은 금식하는
것을 사람에게 보이려고 얼굴을 흉하게 하느
니라 내가 진실로 너희에게 이르노니 그들은
자기 상을 이미 받았느니라
17 너는 금식할 때에 머리에 기름을 바르고 얼
굴을 씻으라
18 이는 금식하는 자로 사람에게 보이지 않고
오직 은밀한 중에 계신 네 아버지께 보이게
하려 함이라 은밀한 중에 보시는 네 아버지
께서 갚으시리라

원 의미

내적인 "마음의 의"(5:20)를 생산하는 하나님 나라에서의 변화는 제자들이 하늘에 계신 아버지의 온전하심과 같이 될 때 외적인 "의의 행함"(6:1)을 낳을 것이다. 따라서 예수는 천국의 의가 일상 생활의 세 가지 주요한 영역의 항목에서 어떻게 형성되는지를 제자들에게 가르치신다: '공적인' 신앙생활(6:1-18), '개인적인' 내적 생활(6:19-34), 그리고 '상호' 관계적인 생활(7:1-12).

의를 행함(6:1)

예수는 먼저 공적인 신앙생활의 영역에 대해 말씀하신다. 공적인 신앙생활이 사람들의 영성을 발전시키고 검증하는 영역이기 때문이다: "사람에게 보이려고 그들 앞에서 너희 의를 행하지 않도록 주의하라." "의를 행함"('디카이오시네')이란 표현은 5:20에서 단순히 "의"라고 번역된 것과 동일한 동사의 좋은 번역이다. 5:20에서 "의"는 천국으로 사람을 들어오게 하는 하나님의 내적인 마음의 변화를 나타낸다. 6:1에서 "의를 행함"은 하늘에 계신 아버지처럼 되기 위한 변화의 진행 중인 과정의 외적 활동을 나타낸다(5:48). 공적인 종교생활은 영성의 발전에 중요하다. 하나님의 백성들이 예배를 위해서 모이고, 성경의 지침을 얻고, 경건으로 서로 격려하기 때문이다.

하지만 이 영역은 또한 위험스러울 수 있다. 공적인 종교 관행이 주로 사람들에게 보여주는 것으로 실행될 수 있기 때문이다. 이런 가능성 때문에 예수는 당대의 유대 종교 지도자들에게 이 비판을 제기하신다. 그들을 직접 거명하지는 않으실지라도, "서기관과 바리새인"들은 이런 비판에 가장 적합한 대상들이다(참조. 5:20). 그들은 평민들에게서 가장 대중적이고 영향력 있는 종교 인물들이었고, 예수는 바로 이들의 잘못된 모범을 비판하신다. 그들은 친구들의 존경과 평민들의 칭송을 얻기 위해서 공적인 장소에서 종교 행위를 수행했다(6:2, 5, 16, 18).

예수의 제자들이 이들과 동일하게 공개석상에서 사람들의 관심을 얻으려고 과시한다면, "하늘에 계신 아버지로부터 상을 얻지 받지 못할" 것이다(6:1). "보상"이란 용어는 '미스도스'인데, 그것은 "임금"(20:8)의 삯을 나타내거나 여기서처럼 선한 행위를 선한 상으로 보상하는 것을 일컫는다. 그것은 제자들의 의로운 행동의 칭찬할 만한 도덕적 성품에 대해서 하나님이 확실히 인정하고 보상하는 것을 뜻한다(6:1-2; 참조. 5:12).[1]

하나님이 선한 행위를 보상하시고 나쁜 행위를 벌하신다는 개념은 구약성경과 유대 문헌에서 흔하다. 신명기 28장은 언약을 신실하게 지키는 것에 따라서 부여되는 일련의 보상과 벌을 나열한다. 이 주제는 후대의 선지자들에게 계속 발전되었다(예. 사 65:6-7; 66:6). 쿰란의 '공동체의 법칙'(*The Rule of the Community*)은 현재 세계의 덕과 악을 열거하고 미래 세계의 보상과 벌을 언급한다(1QS 4:2-14).[2]

하지만 예수는 공개적인 장소에서의 순종이 하나님의 보상을 보증하지는 못한다는 것을 제자들에게 경고하신다. 그 내적 동기가 단순한 행위보다 중요하기 때문이다. 예수는 유대인의 경건의 세 가지 사례를 들어 이것을 예증하신다—가난한 자들에 대한 자선(6:2-4), 기도(6:5-15), 그리고 금식(6:16-18). 경건의 이 세 활동들은 의를 발전시키는 과정에서 없어서는 안될 것들이다. 하나님은 하나님 안에서 신실하게 이 경건을 실천한 제자들을 보상하신다. 하지만 "위선적으로" 그것을 행할 수 있다—즉 사람들의 칭송과 종교 당국자들의 인정을 받기 위해서 경건을 행할 수 있다. 그러한 경우에 하나님으로부터 받는 상은 없다(참조. 6:2, 5, 16).

예수가 약속한 보상은 산상수훈의 중심적인 메시지—천국의 의[illegible]를 뒤따른다. 하나님의 의로 변화된 마음의 충만으로 이런 경건을 행하는 자들은 이 세상에서 천국의 의의 내적 성장으로, 그리고 사후에 최종적인 완전함으로 보상받을 것이다.

가난한 이들에게 주는 것(6:2-4)

토빗(Tobit)의 묵시적인 책에 나오는 진술은 가난한 자들에게 베푸는 것과 기도 그리고 금식에 대한 상호의존성을 조명하지만, 유대교 내에서 구제하는 일이 특히 중요함을 강조한다.

> 금식함으로 기도함은 좋은 일이나 의로 구제하는 것이 그것보다 더 좋다. 의로움으로 가난한 것이 잘못된 마음으로 부자가 되는 것보다 낫다. 금을 쌓아놓는 것보다 구제하

---

1. BDAG, 653; Louw-Nida, "μισθός—38.14, 57.173," 491, 577; 그것은 악한 행위에 대한 보응을 나타내는 것으로도 사용될 수 있다.
2. 언약에 순종함으로 살아가는 자에 대한 보상이 하나님의 복의 의미심장한 방문으로 나타날 수 있다: 언약에 순종하여 살아가는 사람들에 대한 하나님의 방문은 치유와 장수하며 누리는 풍성한 평화, 영원한 복이 있는 열매 있는 자손들, 끝없는 생명의 영원한 향유, 영원한 빛의 장엄한 옷을 입은 영광의 면류관(1QS 4:6-8)이 있다.

> 는 것이 더 낫다. 구제는 죽음에서 구하고 모든 죄를 씻겨준다. 구제를 베푸는 자는 충만한 삶을 누릴 것이지만, 죄를 짓고 나쁜 짓을 행하는 자는 최악의 대적자가 그들 안에 있다(토빗서 12:8-10 NRSV).

알렉산더 대제 시대에 유명한 대제사장이었던 시몬(Simeon the Just)은 "세 가지 즉 율법, [성전] 봉사, 친절한 사랑의 행위가 세상을 지탱하고 있다"고 말했다(*m.* ʾ*Abot* 1.2).[3] 가난한 이들에게 베푸는 것은 종교생활의 기둥 가운데 하나였다. 가난은 고대 농촌 사회에 만연해 있어서 이스라엘 백성들은 가난한 이들에게 베풀어야 하는 의무를 진지하게 취했다(참조. 신 15:11). 예수의 시대에 "긍휼을 베풀라"는 어구는 구제함으로써 가난한 이들을 돌보는 일의 전문적인 표현이다.[4]

진정으로 영적인 자들은 가난한 이들의 곤경을 인식하여 그들을 돌보는 책임을 수반했다. 그러나 예수는 "너희 앞에 나팔을 불지 말라"고 말씀하신다(6:2). 혹자는 여기서 구제할 때에 사람들의 관심을 모으고 특별히 주요한 선물을 주는 것을 표하기 위해서 문자 그대로 나팔이 염두에 두어졌다고 주장한다. 또는 여기서 나팔은 구제금을 모으기 위해서 사용된 성전에 비치된 트럼펫 모양의 헌금 단지에 던져진 동전 소리를 나타낸다고 말하기도 한다(*m. Šeqal.* 2:1). 하지만 가장 가능한 것은 예수가 전형적인 아이러니의 생생한 단위에 의존하고 있다는 사실이다—가장 인간주의적으로 보이는 사람들이 자주 가장 인간의 영광을 원하고 가난한 이들에 대한 그들의 관심이 크다는 것을 알리려고 한다. 우리 시대에 동일한 은유는 "경적을 울리기" 원하는 사람으로 잘 알려져 있다.

예수는 이런 사람들을 자기를 내세우는 "외식하는 자"라 부르신다. "외식하는 자, 위선자"('히포크리테스')[5]란 용어는 본래 헬라 시대에 무대에 섰던 연극 배우들에게 사용되었다. 이들은 다양한 마스크를 쓰고 서로 다른 역할을 연출했다. 예수는 여기서 위선적인 특별한 행동을 취하고 있는 종교지도자들 특히 바리새인들을 비난하고 계신다. 그들은 자신의 내적 부패를 가리기 위해서, 심지어 자기 자신에게서조차도, 의의 외적인 행위를 수행한다(참조. 23:25-26). 그들의 위선은 '잘못된 이유에서 올바른 일을 행하는' 것이다. 그들은 사람들과 종교당국자들의 "칭송"('독사조'; "영화롭게 되다")을 얻기 위해서 경건의 외적인 종교 행위를 취한

3. "Simeon the Just," *DJBP*, 586.
4. 행 9:36; 10:2; 24:17; 참조. Tob. 1:3, 16; 4:7-8; Sir. 7:10.
5. 이 용어는 마태복음에서 열세 번 나타나지만, 신약성경의 다른 곳에서는 오직 네 번만 나타난다.

다.[6] 비극적인 아이러니는 그들이 경건한 활동으로 공개적이고 전문적인 인정의 보상을 "받았"으므로 하나님으로부터는 보상을 받지 못한다는 사실이다. 의로운 동기에서 촉진되지 않으면, 다른 이들에게 선한 일을 하는 것을 포함하는 모든 종교 행위가 영적인 가치를 잃고 하나님으로부터 칭찬을 받지 못한다. 어떤 일을 하는 것이 왜 하는지가 중요하다.

예수는 종교지도자들이 행하는 방식과 제자들이 의를 행하는 방식을 서로 대조시킨다. 제자들은 반대편 방향을 취하여야 한다. 그들은 경건의 행위를 은밀히 해야 한다(6:3a). 구제할 때 스스로 인정을 받고자하고, 대접을 받기 원하는 것은 가난한 이들에 대한 관심의 순수한 동기가 될 수 없다. 구제하는 일로 자신을 자랑하지 말라고 예수는 조언하신다. 자신의 선한 행위를 어느 누구도 알지 못한다할지라도, 상관하지 않아야 한다. 하나님 아버지가 은밀하게 행한 행위를 보고 계시기 때문이다. "은밀한 중에 보시는 너의 아버지께서 갚으시리라." 하나님은 이 세상에서 내적인 의와 사후에 완전함으로 예수의 제자들에게 보상하실 것이다. 가난한 이들을 베푼 것에 대한 인간의 칭송은 은밀하게 베푼 것에 대한 하나님의 인정과 비교할 가치조차 없다.

기도에 대해서(6:5-15)

유대인의 경건을 좇는 두 번째 습관은 기도였다. 개인기도가 어느 때라도 적합할지, 경건한 유대인들은 정해진 시간에 공적으로 기도했다. 통상적으로 아침, 점심, 저녁 기도가 있었다(시 55:17; 단 6:10; 행 3:1).[7] 요세푸스는 기도를 포함하는 희생제사가 하루에 두 번, 곧 이른 아침과 구(아홉 번째) 시에 드려졌다고 지적한다.[8] 예수는 기도할 때 적합한 태도를 취해야 함을 지적하신다.

위선자들의 겉치레하는 기도(6:5-6). 가난한 자들을 구제할 때처럼(6:2), 기도도 외적인 행위가 내적인 부패한 동기를 가리울 때 경건의 참된 행위가 위선적인 행동으로 왜곡될 수 있다. 기도의 정해진 시간이 다가왔을 때, 경건한 유대인들은 하

---

6. I. Howard Marshall, "Who Is a Hypocrite?" Part 2, "Four 'Bad' Words in the New Testament," *BibSac* 159(April-June 2002): 131-50(특히 137, 149-50을 보라).
7. 유대교 내에서의 관습에 대한 역사적 개관을 위해서는 Lee I. Levine, *The Ancient Synagogue: The First Thousand Years*(New Haven, Conn.: Yale Univ. Press, 2000), 510-23을 보라.
8. Josephus, *Ant.* 14.65.

던 일을 멈추고 기도하곤 하였다. 이것을 은밀히 행하든지 아니면 겉으로 보이려고 그 일을 할 수 있었다. 그리하여 회당이나 거리 모퉁이의 눈에 잘 띄는 곳에서 기도하는 사람들을 볼 수 있었다. 이런 경우에 공개적인 기도를 드리는 내적인 동기가 자신의 경건에 대한 공적인 인정과 칭송이었다. 그것은 하나님에게 가치가 없다. 이런 종류의 위선적인 기도는 위선적인 구제와 동일한 보상을 이미 받았다. 즉 사람들의 칭송을 받았다.

따라서 예수님은 이런 행실과는 대조되는 방식으로 제자들에게 가르치신다. 너희는 기도할 때 "골방"으로 들어가라. 당시에 대부분의 사람들이 자기 집에서 독립된 개인적인 방을 갖고 있지 않았기 때문에 이것은 은밀함을 강조하기 위한 은유적인 표현에 해당한다. 즉 남의 눈을 피하려는 마음을 강조하는 말이다.[9] 여기서 공적인 기도이든 사적인 기도이든 간에, 모든 기도의 중심인 마음속에서 하나님과 갖는 교제의 친밀함에 그 초점이 맞추어져 있다.

예수가 모든 공개적인 기도를 금하거나 비난하고 있지 않음을 예수 자신의 공개적인 기도에서 알 수 있다(14:19; 15:36을 보라). 뒤이어지는 모범 기도에서 제자들이 하나님을 "우리 아버지"(6:9)로 호칭하고 있음을 주목하라. 그것은 기도의 공동적인 형태를 암시한다. 하지만 공개적으로 기도할 때, 제자들은 자신들의 동기를 유념해야 한다.

이방인의 중언부언하는 기도(6:7-8). 예수는 중언부언하는 기도를 경계하는 것으로 제자들을 이끄신다: "기도할 때에 이방인과 같이 중언부언하지 말라." "이방인"이란 용어는 '에드니코이'다. 이 단어는 마태복음에서 이방인에 대한 규칙적인 표현으로 사용되고 있다. "중언부언"('바탈로게오')은 동일한 말을 생각 없이 계속해서 반복하여 말하는 사람을 일컫는다.[10] 바알의 제사장들은 아침부터 정오까지 "오 바알이여, 응답하소서"(왕상 18:26)라고 외쳤다. 그리고 에베소의 극장에 모인 무리들은 두 시간 동안 "크다 에베소 사람의 아데미여"라고 외쳤다(행 19:34). 하나님은 항상 들으시지만 의식적인 기도에 속임을 당하는 분이 아니시다. 하나님의 관심을 얻고자 또한 원하는 것을 얻기 위해서 하나님을 속이는 "중언부언"하는 기도는 어리석은 일이다. 하나님 아버지는 자녀들의 필요를 그들이 구하기도 전에

9. I. Howard Marshall, "Jesus—Example and Teacher of Prayer in the Synoptic Gospels," *Into God's Presence: Prayer in the New Testament*, ed. Richard N. Longenecker(McMaster New Testament Studies; Grand Rapids: Eerdmans, 2001), 126.

10. BDAG, 172.

항상 아신다(마 6:8).

예수는 자신의 생애와 가르침에서 이 진술에 대한 두 가지 부가적인 요지를 설명하신다. (1) 하나님이 이미 아시더라도, 우리는 구하는 것을 주저해서는 안 된다. 예수의 제자들은 하나님께 정보를 제공하기 위해서 기도하는 것이 아니라 자신의 필요와 바람과 하늘 아버지에 대한 의존을 표하기 위해서 기도하는 것이다. (2) 계속된 오랜 기도가 부적절한 것이 아니다. 예수도 온 밤을 지새며 기도하셨다(참조. 눅 6:12). 또한 비유에서 그는 기도를 끊임없이 하는 과부의 인내를 칭찬하셨고(눅 18:1-8), 겟세마네 동산에서 아버지에게 동일한 기도를 반복해서 하셨다(마 26:44). 기도는 하나님의 응답을 구하는 동안에도 우리의 성품과 성격과 의지와 가치를 변화시킨다. 예수가 지금 제자들에게 가르치고 계신 것처럼 외식하는 자와 이방인이 하는 기도보다도 주기도문으로 아뢰는 것이 더 좋은 방법이다.

제자들의 기도 모델: "주기도"(6:9-13). 이제 예수는 제자들이 기도하는 방법의 모범을 제공하신다. 흔히 "주기도"라고 부르지만, 실제는 "제자의 기도"가 맞다. 왜냐하면 이 기도는 제자들이 따라야할 기도의 모범이기 때문이다.[11] 몇 가지 요지가 이 기도의 배경을 형성하는데 도움이 된다.

1. 이 기도는 기도하라는 명령으로서 드리기보다는 예수의 기도 생활에 동참하라는 '초대'로서 드려져야 한다.[12]

2. 예수는 자기 백성들이 규칙적인 기도 생활을 해야 하는 방식의 지침으로써 이 기도를 제공하신다. 이 기도는 제자들을 위한 모델이다. 하지만 이 기도를 어휘적으로 계속 반복해서 기도하라는 말이 아니다. 반복된 기도로 사용하는 것은 여기서 예수가 비난하신 형식주의의 죄를 낳는다.[13]

3. 기도의 '우선순위'는 민족적이고 개인적인 생활에서 하나님의 주도권을 확립하는 일관된 구약성경과 신약성경의 관습과 일치한다. 첫 번째 세 간구에서 예수는 하나님의 탁월하심에 초점을 맞출 것을 제자들에게 요청하시며, 마지막 세 간구에서는 공동체의 배경에서 개인들의 필요를 위해 간구하도록 이끄신다.[14]

---

11. M.M.B. Turner, "Prayer in the Gospels and Acts," *Teach Us to Pray: Prayer in the Bible and the World*, ed. D. A. Carson(Grand Rapids: Baker, 1990), 64. 예수가 기도하신 실제 원문이 주님의 중보기도인 요한복음 17장에 나타난다.
12. N. T. Wright, "The Lord's Prayer as a Paradigm of Christian Prayer," *Into God's Presence*, 132.
13. Michael J. Wilkins, "Prayer," *DLNTD*, 947을 보라.
14. Hendriksen, *Matthew*, 325.

4. 기도의 '범위'는 하나님의 이름, 하나님의 나라, 하나님의 뜻이라는 장엄한 주제에서 떡, 빚, 시험에 이르는 일상생활의 주제로 확대된다.

5. 이 기도의 '신학적인 주제'는 산상수훈과 마태복음의 나머지 부분에서 더 상세하게 설명된다. 이것은 마태복음에 기록된 예수의 가르침의 통일성을 보여준다. 이 주제들은 예수가 전달하고자 하는 신학적 학습 프로그램의 궤도를 형성한다.

기원(6:9). 이 기도는 하나님을 부름으로써 시작한다: "하늘에 계신 우리 아버지여." "아버지"란 용어는 사랑하는 아버지의 돌봄을 받는 친근함과 따뜻함을 나타내는 지상의 아버지에 대해 자녀들이 사용하는 이름인 "아바"다. 영어의 "대디"(Daddy, "아빠")라는 표현과 유사한 애정의 형태로 자녀들이 그 용어를 사용할지라도, 성인들의 종교생활에서는 그 용어가 훨씬 더 심오한 사용을 갖는다.[15] "하늘에 계신 아버지"의 모티브는 구약성경 전체에 걸쳐서 나타난다(예. 신 14:1; 32:6; 시 103:13; 호 11:1; 렘 3:4; 31:9). 이것은 보호와 용서의 기도로 제2성전 시대 동안에 상당한 인기를 끌었다.[16] 성인 유대인들은 자주 기도 시에 하나님을 "우리의 아버지"로 불렀다(히. '아비누')[17] 예수가 하늘의 아버지를 "내 아버지"(11:27)로 사용한 방식은 예수가 유일무이한 아들이시기 때문에 특별하다(참조. 3:17). 하지만 제자들이 천국을 공유하도록 부르셨기에, 그들도 이제 하나님 아버지의 관계에 역시 들어갔다.[18] 더욱이 하나님은 "우리 아버지"다. 이것은 우리가 제자로서 서로에 대해서 그리고 형제로서 예수에 대해 갖는 관계성을 보여주며, 아울러 동일한 아버지를 갖는 공동체적인 친밀함을 나타낸다.

(1) **하나님의 이름(6:9).** 첫 번째 간구는 하나님의 이름과 관련이 있다: "이름이 거룩히 여김을 받으시오며." 이름을 거룩하게 하는 목적(이름은 인격을 나타낸다)은 하나님을 "거룩하게 하거나" 모든 백성들 중에서 그리고 모든 행위 속에서 거룩하게 구별하는 것을 의미한다. 즉 하나님을 가장 높으신 존귀함으로 대한다. 예수의 당대로 거슬러 올라가는 회당에서의 유대의 커디쉬(Qaddish, "거룩한") 기도

---

15. Geza Vermes, *The Religion of Jesus the Jew*(Minneapolis: Fortress, 1993), 152-83을 보라.

16. 예. *Jub.* 1:24, 28; 19:29; *Jos. Asen.* 12:14; Sir. 23:1, 4; Wisd. Sol. 2:16-20; 14:3; Tob. 13:4; 4Q372; 1QH 9:35. "Father, God As," *DJBP*, 224을 보라.

17. 예를 들어, James H. Charlesworth, "A Caveat on Testual Transmission and the Meaning of *Abba*: A Study of the Lord's Prayer," in *The Lord's Prayer and Other Prayer Texts from the Greco-Roman Era*, ed. James H. Charlesworth with Mark Harding and Mark Kiley(Valley Forge, Pa.: Trinity Press International, 1994), 7을 보라.

18. 이 이미지가 산상수훈에 자주 나온다(참조. 5:16, 45, 48; 6:26, 33; 7:11).

도 주기도문과 유사하게 시작한다. "하나님이 뜻하신 바에 따라서 창조하신 세상에서 당신의 이름을 찬미하고 거룩하게 하소서…"[19] 이것은 하나님을 가장 높으신 존귀함으로 대하는 전형적인 유대인들의 생각을 확증해준다. 하나님을 거룩하게 하는 것은 경외함으로 하나님의 이름을 붙드는 것을 의미한다—따라서 경외함으로 하나님을 붙들고, 하나님을 찬미하고 영화롭게 하며 존귀케 하는 것. 이것은 십계명의 첫 세 계명의 핵심이다. "너는 나 외에는 다른 신들을 네게 두지 말라 너를 위하여 새긴 우상을 만들지 말고…너는 네 하나님 여호와의 이름을 망령되게 부르지 말라…"(출 20:3-7; 신 5:7-11).

수세기에 걸쳐서 이스라엘 사람들은 하나님의 이름, 특히 유일무이한 이름인 여호와(야훼)를 부르지 않는 사상을 발전시켰다. 그리하여 "주"('아도나이')와 같은 다양한 대치적인 하나님의 이름을 사용했다. 이스라엘 백성들은 이방의 신들의 이름을 없애는 것을 요청 받았을 뿐 아니라, 하나님이 자신의 이름을 두실 것을 선택하신 장소인 성소에서 하나님을 예배하였다(신 12:3-5, 11). 예수의 제자들은 기도 시에 하나님의 이름을 높였다. 특히 성부와 성자와 성령의 '이름'으로 세례를 받을 때 하나님의 권능과 권위에 순복함으로써 그리하였다(28:19).[20]

(2) **하나님의 나라(6:10).** 두 번째 간구는 모든 역사에서 하나님의 백성들의 소망을 표현한다. "나라가 임하시오며." 유대의 커디쉬(Qaddish)는 유사하게 계속해서 언급한다. "그가 당신의 생전에, 당신이 사는 날 동안에, 이스라엘의 온 집이 사는 날 동안에, 곧 그의 나라를 통치하게 하소서."[21] 이스라엘은 이 땅을 통치하는 기름부음 받은 자를 하나님이 보내실 것을 고대했고, 이제 예수가 하나님의 나라를 시작시켰으며, 제자들은 하나님의 계획의 완성을 고대하며 살았다. 하나님의 기름부음 받은 메시아가 지금 여기서 활동하고 있으며 하나님의 주권적이며 구원적인 통치를 가져오셨다. 제자들이 "나라가 임하시오며"라고 기도할 때, 그들은 예수의 기도 습관과 제휴하는 것이고, 예수의 하나님 나라 운동에 참여하는 것이며, 궁극적인 성취를 이루게 될 하나님의 능력을 구하는 것이다.[22]

이 간구는 초대교회에서 흔히 호소했던 기도에 반영되어 있다. "오 주님, 오소

19. B. T. Viviano, "Hillel and Jesus on Prayer," *Hillel and Jesus: Comparisons of Two Major Religious Leaders*, ed. James H. Charlesworth and Loren L. Johns(Minneapolis: Fortress, 1997), 449-50. 또한 James D. G. Dunn, "Prayer," *DJG*, 617을 보라.
20. "Name," *DJBP*, 448을 보라.
21. Viviano, "Hillel and Jesus on Prayer," 449.
22. Wright, "The Lord's Prayer," 135.

서"('마라나타').[23] 이 호소는 우리가 기록물을 갖고 있는 가장 오래된 기도다. 예수의 제자들은 회당 예배에서 "주"(Lord)로 언약의 하나님의 이름을 불렀지만, 이제 천국을 시작시키시고 후에 재림하실 메시아 예수에게 이와 동일한 신적인 칭호를 적용하고 있다.[24]

(3) **하나님의 뜻(6:10).** 세 번째 간구는 발생하게 될 하나님의 뜻을 언급한다. "뜻이 하늘에서 이루어진 것같이 땅에서도 이루어지이다." 천국이 효력을 발생하는 곳에는 하나님의 뜻이 이루어진다. 하나님은 하늘에서 절대적으로 통치하신다. 그것은 하늘의 모든 자들이 하나님의 완전한 뜻을 경험하는 것을 의미한다. 예수는 이 땅에서도 하나님의 동일한 통치를 경험하게 될 것을 기도하신다. "뜻"이란 용어는 '델레마'다. 그것은 하나님의 목적(예. 엡 1:11)과 바람(예. 눅 13:34)을 나타낸다. 하지만 여기서처럼 '델레마'란 용어는 시편기자의 선언에서처럼 "내가 주의 뜻 행하기를 즐기오니 주의 법이 나의 심중에 있나이다"(시 40:8)라는 명령된 하나님의 뜻을 나타낼 수 있다.

지상사역에서 예수의 절대적인 순종의 행위는 하나님 아버지의 뜻에 순복하는 것이었다. 그는 공적사역의 시작에서 이런 충성을 선언하셨다. "나의 양식은 나를 보내신 이의 뜻을 행하며 그의 일을 온전히 이루는 이것이니라"(요 4:34). 또한 예수는 겟세마네 동산에서 확고히 보여주신 것처럼 끝까지 아버지의 뜻을 신실하게 따랐다. "내 아버지여 만일 할 만하시거든 이 잔을 내게서 지나가게 하옵소서 그러나 나의 원대로 마시옵고 아버지의 원대로 하옵소서"(마 26:39, 42). 하나님 나라가 시작됨으로 예수의 사역에서 아버지의 뜻을 실천하는 자들은 예수의 제자가 되고(12:50), 삶에서 그 뜻에 충실히 거할 때, 천국의 실제를 보여주게 된다(참조. 5:13-16). 이 땅에서 하나님의 뜻의 완전한 형태는 마지막 형태로 그 나라가 이 땅에 올 때 발생할 것이다. 그때는 모든 악한 통치가 전복되며(계 20:1-10), 이 땅이 새롭게 태어나는 완성이 있게 될 것이다(참조. 8:18-25). 하지만 예수의 제자들은 하나님의 뜻을 오늘날 경험할 수 있는 현 세상의 산 증인이다.

하나님의 이름을 부르는 것과 첫 세 간구는 예수의 제자들에게 올바른 우선순위를 제공한다. 우리가 먼저 의미심장하게 하나님을 "아버지"로 영화롭게 하고, 하나님이 그의 나라를 이 땅에 이루시도록 탄원하였다면, 하나님의 뜻을 이기적이거

---

23. 고전 16:22; *Did.* 10.6을 보라; 참조. 계 22:20.
24. Wilkins, "Prayer," 947; Ralph P. Martin, *Worship in the Early Church*, rev. ed. (Grand Rapids: Eerdmans, 1974), 32-33.

나 어리석게 기도하지는 않을 것이다.[25]

그 다음 세 간구는 제자들의 개인적 필요에 적절히 초점을 맞춘다—그들의 양식과 죄와 영적인 전투.

(4) **양식(6:11).** 네 번째 간구는 제자들의 양식에 초점을 맞춘다. "오늘 우리에게 일용할 양식을 주시옵고." "떡, 양식"(bread)의 언급은 제유법, 즉 일부로서 전체를 나타내거나 전체로서 일부를 나타내는 비유법의 사례다. 여기서 "떡"(양식—개역개정)은 "양식"을 일컫지만(4:4), 이것은 특히 육체적이든 영적이든 간에 신자들의 모든 필요를 일컫는다. 제자들은 모든 필요를 하나님께 의존해야 한다.[26] "일용할"('에피우시오스')로 번역된 형용사는 신약성경에서 여기서만 그리고 누가복음 11:3에서 평행으로 나타난다.[27] "일용할"과 "양식"과의 연관은 널리 논쟁이 되어진다. "일용할"은 "오늘을 위한", "오늘 필요한 존재를 위한",[28] "다가올 날을 위한",[29] 그리고 "그 날을 위한"(즉 다가올 종말론적인 주님의 날의 복) 등 여러 가지로 제기된다.[30]

이 어휘가 광야에서 만나를 주신 하나님에게 매일 같이 의존하던 이스라엘을 상기시키기 때문에(출 16장), 첫 번째 관점, 즉 "오늘을 위한"이 가장 적합해 보인다.[31] 만나가 한날에 한번 주어졌던 것과 동일한 방식으로 제자들은 하나님으로부터 생명을 위한 오늘의 양식을 의존해야 한다. 이와 같은 태도가 하나님에 대한 항시적이고 의식적인 의존을 발전시킬 수 있도록 돕는다. 헬라어 문장의 끝에 "오늘날"의 강조적인 위치는 현재의 날이 관심의 중심에 있음을 강조하며, 그것은 내일 일을 염려하지 말라는 뒷부분의 예수의 훈계와도 부합한다(6:34). 하나님이 오늘날 우리들을 돌보신다면, 확실히 우리의 삶의 모든 날에 양식을 제공하실 것이다. 염려를 차단하는 가장 좋은 방법은 오늘의 양식을 위해서 하나님을 의식적으로 신

---

25. Turner, "Prayer in the Gospels and Acts," 65.

26. Osborne, *The Hermeneutical Spiral*, 100-101, 108을 보라.

27. 이 용어의 개관을 위해서는 Betz, *Sermon on the Mount*, 396-99; Davies and Allison, *Matthew*, 1:607-10; Hagner, *Matthew* 1:149-50; Morris, *Matthew*, 146 n. 43을 보라.

28. 이것은 Betz, *The Sermon on the Mount*의 견해다.

29. 한 날의 시작에 또는 밤에 잠자리에 들기 전에 다음 날의 양식을 위해 간구하는 기도에 대한 언급. "Davies and Allison, *Matthew*, 1:609이 이 견해를 채택한다.

30. 주의 종말론적인 날과 종말론적인 연회와 관련한 "다가올 날의 양식." Hagner, *Matthew* 1:149-50이 이 종말론적인 독법을 취한다.

31. BDF, 123[1]: 이것이 "개념적으로 문법적으로 가장 그럴 듯한 해석이다." 이 견해가 갖는 난제는 "오늘"('세메론')이란 단어가 중복인 것처럼 보인다는 사실이다. 즉 "현재를 위해서 양식을 오늘날 우리에게 주옵시고"가 된다.

뢰하고, 내일의 양식을 위해서 하나님을 믿는 것이다(참조. 6:34; 빌 4:6). 예수는 제자들이 자기 자신의 필요와 사랑하는 자들의 필요를 돌보기 위해서 책임 있는 활동을 하는 것을 여기서 비난하고 있지 않다. 주님은 자기 부모들의 필요를 제공하는 것을 회피했던 바리새인들을 강하게 꾸짖으셨다(15:3-6). 예수는 미리 염려하는 것을 비판하실 뿐이다.[32] 우리는 모든 육체적 양식을 위해서 하나님을 의존하고 한 날에 하나씩만 생각해야 한다.

(5) **죄들(6:12)**. 다섯 번째 간구는 제자들의 죄에 대한 빚을 언급한다. "우리가 우리에게 죄지은 자를 사하여 준 것같이 우리 죄를 사하여 주시옵고." "빚"("죄"—개역개정)이란 단어는 '오페일레마'이며, 누가복음은 '하마르티아'("죄")를 사용한다(눅 11:4). 이 두 용어는 근본적으로 동등한 표현이지만, 마태복음에서는 인간이 하나님께 순종을 빚지고 있다는 부가적인 뜻을 내포한다. 죄는 우리가 감히 갚을 수 없는 "빚"이나 의무를 하나님께 지게 된다. 이런 감정을 유대교에서 흔히 발견할 수 있다. "이웃의 잘못을 용서하라. 그리하면 너희가 기도할 때 용서받으리라" (Sir. 28:2). 하지만 예수의 사역에서 그것은 근본적으로 개혁된다. 예수의 새 언약의 사역의 보증은 그의 대적자들을 생각나게 하는 죄들(9:1-8)을 용서하는 대속적인 역할이다(26:28).

예수의 제자들은 회개하라는 예수의 말씀에 응답했고, 죄를 이제 용서받았다. 하지만 그들은 이제 자신의 죄를 용서받은 상태를 음미하는 것에 그치지 않고 다른 사람들의 죄를 용서해야 한다. 용서를 받은 사람들은 하나님께 감사함으로, 그 보답으로, 그들에게 "빚진 자들"을 적극적으로 용서해야 한다. 이 말씀은 용서를 받기 전에 다른 이들을 용서해야 한다고 가르치지 않는다. 오히려 다른 이들을 용서함은 제자들의 죄가 용서받았고, 구원을 소유하고 있다는 '증거'다(참조. 18:21-25). 제자들은 자신들에게 잘못을 행한 사람들을 용서하고, 우리의 구원의 감사한 경험을 유지하는 것이다(참조. 6:14-15). 그렇게 할 때, 그것이 진정으로 죄를 용서받았다는 증거로서 작용한다.[33] 우리가 용서하지 않는다면, 그것은 용서를 경험하지 않았다는 증거다.

(6) **영적인 전투(6:13)**. 마지막 간구는 악한 세력과 제자들의 전투다. "우리를 시험에 들게 하지 마시옵고 다만 악에서 구하시옵소서." 하나님이 악을 행하도록 시험

32. 바울은 나중에 교회가 올바른 균형을 이루는 것을 돕는다(예. 살후 3:6-15; 딤전 5-6).

33. P. S. Cameron, "Lead Us Not into Temptation," *ExpTim* 101(1990): 299-301을 보라.

하시는 분이 아니시고(약 1:13), "시험"('페이라스모스')으로 번역된 단어를 시험이나 실험(검증)으로 동시에 사용할 수 있기 때문에(참조 마 4:1-11; 약 1:12-13), 이 간구는 실험에서 구원케 해달라고(출 16:4; 신 8:16; 벧전 1:7) 또는 실험이 시험에 빠지는 경우가 되지 않도록 기도해야함을 알려준다. 이것은 유대인의 표준적인 아침기도와 저녁기도와 유사하다.

> 나로 하여금 죄의 세력에 빠지지 않게 하소서
> 죄의식의 권세에 빠지지 않게 하소서
> 시험의 세력에 빠지지 않게 하소서
> 부끄러운 것들의 세력에 빠지지 않게 하소서.[34]

예수는 겟세마네 동산에서 이런 방식으로 기도하도록 제자들을 타이르셨다. "시험에 들지 않게 깨어 기도하라 마음에는 원이로되 육신이 약하도다"(26:41).

"다만 악에서 구하시옵소서"라는 이 간구의 두 번째 어절은 인생이 영적인 전쟁이라는 사실을 제자들이 인식해야함을 가리킨다. "악"이란 단어에 정관사가 있음은 "악한 것" 곧 사탄을 가리킨다(참조. 5:37). 하지만 일반적으로는 그것이 악을 가리키는 것으로 이해할 수 있다(참조. 5:39).[35] 악을 저지르게 하는 유혹으로 실험을 전환시키려는 사탄의 모든 시도가 배후에 있으므로, 예수는 제자들이 육체적인 양식과 죄의 용서만이 아니라 모든 영적인 삶의 전투에서 도덕적이거나 영적인 승리를 위해서 하나님을 의지해야함을 가르치신다.[36]

예전적인 끝마침. 많은 기독교인들이 기도하는데 습관적으로 사용하는 송영적인 마침-"나라와 권세와 영광이 아버지께 영원히 있사옵나이다 아멘"(참조. NIV 주석의 각주를 보라)은 마태복음의 주기도문에는 본래 포함되어 있지 않았다. 가장 오래되고 믿을 만한 사본들이 그 부분을 포함하지 않고 있다. 그리고 주기도문에 대한 초기 주석들도 그 부분에 대해서 언급하지 않는다. 누가복음의 평행적인 기

34. Joachim Jeremias, *New Testament Theology: The Proclamation of Jesus*(New York: Scribner's, 1971), 202에서 인용된 *b. Ber. 6ob.*
35. Morris, Matthew, 148-49은 후자의 의미로 이것을 취한다. 또 다른 사람들은 이것이 "곡언법" 즉 부정을 부정함으로써 어떤 것을 표현하는 언어의 특징이라고 제기했다. 예를 들어 "적지 않은"은 "많은"을 의미한다. 제자들은 유혹으로가 아니라 의로 보호되고 보존되는 상황으로 하나님이 인도하실 것을 기도해야 한다. Carson, *Sermon on the Mount*, 70.
36. Bruce Chilton, *Jesus' Prayer and Jesus' Eucharist: His Personal Practice of Spirituality*(Valley Forge, Pa.: Trinity Press International, 1997), 46-47.

도문에서도 그 부분이 나타나지 않는다(눅 11:2-4). 이 송영은 수많은 후대의 사본들에서 다양한 형태로 나타난다. 그것이 본래 마태복음에 없었을지라도, 많은 다른 성경의 개념들과 일치하고, 역대상 29:11에 기초하여 예전적인 기도에 적용시켜 교회가 사용한 초대 기독교의 관습이었음을 반영해준다.[37]

용서와 기도(6:14-15). 예수가 다른 사람들을 용서하라는 다섯 번째 간구를 반복하여 강조하심으로써 이 기도의 가르침을 결론 내린다(6:12). 구원은 인간의 공로에 의존하는 것이 아니라 오로지 하나님의 은혜와 자비에 의존한다. 제자들이 용서와 구원을 받았다면, 그들이 용서받은 것과 동일한 용서로 다른 이들을 용서해야 한다. 이것이 그들이 진실로 용서받은 증거다(18:21-35의 주석을 보라).

금식(6:16-18)

예수는 종교지도자들, 특히 바리새인과 서기관들의 위선적인 행위를 정죄하는 것으로 다시 돌아오신다. 이제 예수는 유대인의 경건의 세 번째 기둥인 금식에 초점을 맞추신다(6:1-2의 주석을 보라). 종교 지도자들이 백성들의 인정을 받기 위해서 금식했기 때문에 그들은 이미 모든 보상을 받았다. 금식과 같은 "의의 행위"는 올바른 동기를 갖고 행하지 않는다면 아무런 가치가 없다.

다양한 종류의 금식이 이스라엘 역사의 많은 시기에 걸쳐서 공통적으로 실천되었다. 금식은 단순히 음식을 삼가는 이상의 더 깊은 의미의 상징으로 작용하였다.

- **통상적인 금식.** 고체이든 액체이든 모든 음식을 삼갔지만 물은 예외다. 통상적으로 어떤 중요한 사건을 앞두고 준비하게 위해서 행해졌다. 예수도 사탄의 유혹과 그의 공적 사역의 시작을 준비하기 위해서 40일간 금식하셨다(마 4:1-2; 눅 4:1-2).
- **부분적인 금식.** 때로 사람들은 음식을 부분적으로 제한하는 일에 들어갔다. 전체를 금하는 것은 아니다. 애통의 3주간 동안, 다니엘은 고기나 포도주를 먹는 것을 금했고, 몸에 기름을 바르지 않았다(단 10:3).
- **완전한 금식 곧 단식.** 상대적으로 짧은 급박한 시간동안 하나님의 인도를 분별하기 위해서 모든 음식과 물을 먹는 것을 금했다. 에스더는 민족의 위기 시에

37. 논의를 위해서는 *TCGNT*, 13-14; Betz, *Sermon on the Mount*, 414-15을 보라.

삼일 동안 물을 포함하여 아무것도 먹지 않았다(에 4:16). 바울도 극적인 회심을 한 후에 삼일동안 먹고 마시는 것을 금했다(행 9:9).

- **사적인 금식과 집합적인 금식.** 금식은 통상적으로 사적인 일이지만 때로 하나님의 백성들이 민족의 위기 시에(대하 20:1-4) 또는 기도 속에서 하나님의 인도(스 8:21-23)를 받기 위해서 집합적으로 또는 공개적으로 금식을 하기 위해 모였다. 속죄일도 이런 종류에 해당한다(레 23:37).

구약성경의 율법은 오직 일년에 한번만 속죄일에 금식을 요구했다(레 16:29-34; 23:26-32). 금식을 위해 레위기서에 사용된 표현은 문자적으로 "자기 자신을 부정하는 것"(NIV)이나 "영혼을 낮추는 것"(NASB)이다. 이것은 음식을 금하는 것과 더불어 삼베옷을 입고 애통하며 기도함으로써 자신의 영혼을 낮추는 것을 보여준다(참조. 시 35:13; 사 58:3).[38] 시간이 지나면서 금식은 민족적인 회개와 하나님의 자비를 구하는 것과 같은 합법적인 목적을 위한 것으로 확대되었다(예. 스 8:21-23). 한 해의 어떤 날들은 금식을 하는 것으로 규칙적으로 예정되었다(느 9:1; 슥 8:19).

예수의 가르침은 민족적인 역사에 기초하고 있다. 그는 제자들이 금식할 것을 전제하는데, "[너희가] 금식할 때에"(6:16)라고 단순히 말하는 것에서 이를 알 수 있다. 가난한 이들을 구제하고 기도하며 금식하는 것은 규칙적인 헌신의 일부로 간주되었다. 예수는 제자들이 금식하는 것을 금하지 않았고, 그렇다고 반드시 요구되는 관습으로 만들지도 않으셨다. 나중에 바리새인의 제자들 그리고 세례 요한의 제자들과 금식하는 관습에 부딪혔을 때, 그는 자신과 함께 있을 동안에는 금식하지 않고 기뻐하는 것이 옳다고 말씀하신다. 금식이 그 시간에는 부적절했다. 하지만 예수가 이 땅에 계시지 않을 때, 금식이 다시 한번 중요한 영적인 실천이 되었지만 반드시 요구되는 의무사항은 아니다(9:14-15을 보라).

금식이 일부 분파들 사이에서 한 주간에 두 번 규칙적으로 실천되었다(참조. 눅 18:12). 따라서 모세가 시내산에 올라간 것으로 추정되는 월요일과 목요일에 이들은 금식했다. 이 날에 금식함으로써 하나님과 하나님의 거룩하심에 가까이 다가간 모세의 모범을 닮을 수 있다고 생각했다. 하지만 이것은 자기 확대의 기만적인 함정으로 이끌 수 있다. 종교적 성취를 자랑함으로써 백성들과 동료들이 보는 자신

38. BDB, 776, 847: Hartley, *Leviticus*, 242: R. Laird Harris, "Leviticus," *EBC*, 2:591을 보라.

의 종교적 신분을 끌어올리려고 시도할 수 있다. 따라서 예수는 "너희는 외식하는 자들과 같이 슬픈 기색을 보이지 말라 그들은 금식하는 것을 사람에게 보이려고 얼굴을 흉하게 하느니라"고 말씀하신다.

여기서 "흉하게 하다"('아파니조')는 금식하는 동안에 지금 육체적인 고됨을 참아내고 있음을 공개적으로 알리기 위해서 통상적인 모습으로 얼굴이 보이지 않게 만드는 것을 나타낸다. 위선자들은 자신의 모습이 보통 때와 같아 보이는 것을 원치 않았다. 그렇게 하면 자신의 경건한 행위에 관심을 갖게 하려는 목적을 달성할 수가 없기 때문이다. 금식하는 동안에 그들의 모습을 힘들어 보이게 하고 회개의 표시로서 머리와 얼굴에 재를 뿌림으로써 모습을 흉측하게 한다. 이것은 자신이 개인적인 경건을 향상시키기 위한 상당한 노력을 하고 있음을 다른 이들이 알게 하는 기만적인 방법이었다.

예수의 제자들은 다른 종류의 접근을 가져야 한다. 금식은 하나님과 당사자간의 마음의 문제이기 때문이다. "너는 금식할 때에 머리에 기름을 바르고 얼굴을 씻으라." 이런 종류의 기름을 바르고 씻는 것은 사회적인 일이지 종교적인 일이 아니다. 그것은 전도서에서 표현한 것과 유사하게 삶을 누리기 위해서 준비를 마쳤음을 의미한다. "너는 가서 기쁨으로 네 음식물을 먹고 즐거운 마음으로 네 포도주를 마실지어다 이는 하나님이 네가 하는 일들을 벌써 기쁘게 받으셨음이니라 네 의복을 항상 희게 하며 네 머리에 향 기름을 그치지 아니하도록 할지니라"(전 9:7-8). 금식을 하고 있음을 공개적으로 알리기보다 예수의 제자들은 금식하는 동안에 삶을 누려야 한다. 금식하고 있음을 알리는 것은 영적인 가치를 파괴하는 일이기 때문이다. 다른 이들이 자신의 종교적 훈련을 알 필요가 없다.

가난한 이들을 구제하고 기도하는 행위와 마찬가지로 금식도 증인으로 하나님 아버지만을 갖는 은밀한 마음으로 진행해야 한다. 금식의 보상은 다른 "의의 행위"의 보상과 동일하다. 그들은 이 땅에서 내적인 의의 발전을 얻을 것이고, 사후에 의의 최종적인 완전함에 이르게 될 것이다(6:1-4). 하지만 금식의 영적인 가치는 하나님의 호의와 관심을 좇는 사람들에게만 보상될 것이다.

상황잇기

예수는 자기 백성들을 위한 하나님의 뜻이 들어 있는 구약성경의 계시를 이루기 위해서 오셨지만 아무 의식도 없는 진공 상태에 오시지 않았다. 많은 사람들과 무리들이 구약성경의 지시대로 살려고 애쓰고 있었다. 하지만 예수가 소개한 제자도의 형태는 여타 무리들과 얼마나 다른가? 예수의 가르침은 당대의 주요한 종교 지도자들과는 어떻게 구분되는가? 산상수훈의 기록이 예수의 제자도를 설명하는 중요한 기초적 진술이기 때문에 마태가 이 복음서를 썼을 때, 이것들은 마태복음의 중요한 이슈였다. 모든 시대의 제자들이 예수가 명하신 모든 것을 순종하도록 가르침 받고 있기 때문에(28:20), 마태는 예수가 뜻하신 제자도의 종류를 분명하고도 정확하게 진술하기를 원한다.

따라서 구약성경에 대한 예수의 해석과 적용이 현재의 관행과 반대 되고 있는 여섯 가지 대표적인 사례들을 소개한 후에(5:21-48), 그는 예수의 제자도가 당대의 주요한 종교 지도자들의 외적이고 율법적인 경건한 삶을 능가하는 세 가지 대표적인 방식을 기록하고 있다. 본래 산상수훈이 훨씬 더 길었을 것이기 때문에 예수가 다른 예증을 대셨을 수도 있었다. 하지만 이 세 가지는 종교 지도자들의 위선적인 사례를 강력하게 반증한다. 순종은 유대교에서 제자도의 여타 형태들처럼 예수의 제자도의 형태에 핵심이지만, 예수는 단순히 외적인 순응만 할 것이 아니라 구약성경의 순종 이면에 있는 "동기"를 따른 것을 추종자들에게 요청하신다.

동기들. 우리들은 선한 행위를 왜 하고 있는가? 천국으로 우리를 부르신 예수에 대한 감사 때문인가 예수가 제공하시는 보상 때문인가? 해야할 마땅한 옳은 일이기 때문인가 사람들이 인정해 주기를 원해서인가? 가난한 자들을 구제하고 기도하며 금식하는 것은 개인의 의를 발전시키는데 중요한 가치가 있다. 하나님은 신실하게 하나님 앞에서 이 일을 행한 자들을 보상하실 것이다. 하지만 사람들이 "위선적으로" 그 일을 할 수 있다(6:2, 5, 16). 사람들의 칭송과 종교 당국자들의 인정 그리고 이 땅에서 물질적인 복을 쌓기 위해서 말이다. 사람들의 칭송을 위해서 그러한 일에 참여하는 자들은 자기 의를 증진하는데 그 일을 이용한다. 그렇기 때문에 그들이 받는 보상은 사람들의 인정밖에 없을 것이다(6:2, 15).

우리는 지금 하고 있는 일을 왜 하고 있는가? 철학자들, 심리학자들, 그리고 교육학자들은 동기가 본질적(태생적으로 갖고 프로그램화되어 있는지)인지 습득적인지(학습되는 것인지), 주로 내적인 필요의 결과인지 외적인 목표의 결과인지, 또는 원래 기계적인지(자동적인지) 인식적인지(행동과정인지)를 오랫동안 논쟁해 왔다. 하지만 자연스럽게 대부분의 연구자들은 우리가 자주 경험하는 진정한 삶의 많은 상황들이 이런 모든 이론들의 조합이라는 것에 일치한다.[39] 이와 관련한 것들

39. 더 분명하게 발전된 개관을 위해서는 Herbert L. Petri, "Motivation," *Encyclopedia Britannica*

을 예수의 가르침 속에서 살펴보자.

예수가 종교지도자들에게 했던 비판은 자신의 영광을 구하는 병에 걸린 위선적인 내적 부패에 대한 것이다. 하지만 사람들과 종교 당국자들이 주는 "영광을 받고자" 하는 욕망에 불탈 때, 그들이 받았던 외적인 보상이 이 부패를 더 촉진시킨다. 그들은 선하고 나쁜 동기적(motivating) 요소가 우둔하고 악하게 조합된 "혼합된 동기"의 전형적인 사례를 갖고 있다. 의도적으로 혼합된 동기로 행하는 것을 예수는 직접적으로 비판하셨다.

"혼합된" 동기를 피해야할 뿐만 아니라, 예수의 가르침에서 다양한 동기적 요소가 제자도에 영향을 미친다는 것을 우리는 알 수 있다. 제자의 내적 삶의 '변화된 성향' 이 인생을 아버지 하나님을 닮은 삶으로 훈련하도록 동기부여를 준다(5:48). 예수의 사역에서 천국이 도래함이 십자가를 통한 새 언약의 구원과 변화를 가져왔기 때문에 우리의 삶은 세상 사람들과는 다르다. 참된 제자의 삶은 우리를 구원하신 구세주에 대한 '감사' 로부터 나온다(20:1-16의 주석을 보라). 하지만 예수는 외적인 동기부여적 요소로 '보상' 도 역시 하신다. 우리는 예수의 가르침에 순종하도록 자신을 훈련함으로써 이 생에서 의의 성숙의 보상과 사후에 의의 성숙의 완전한 약속을 받을 수 있다.

따라서 우리가 하고 있는 것을 왜 하고 있는가? 이런 요소들을 균형 있게 유지하는 것이 제자도에 중요하다. 어느 한쪽 방향으로 너무 나아가는 것은 동기를 왜곡시킬 것이기 때문이다. 동기란 내적이고 개인적인 것이기 때문에 사람의 마음을 재빠르게 측정할 수 있다. 나는 언젠가 한 친구가 목사로서 자신의 주요한 동기는 이 세상의 끝에 하나님으로부터 받게 될 보상이라고 말하는 것을 들었다. 나는 그것이 약간 균형 잡히지 못한 것이라고 항상 생각한다. 특히 우리가 가져야할 다른 동기적 요소를 생각할 때 말이다. 아래 내용은 적절한 균형을 이룰 수 있는 방법이 될 것이다.

그리스도인의 동기에 관한 구조에서, 가장 높은 곳에 두어야 할 동기는 아들을 인간의 대속물로 삼기 위해서 보내신 하나님의 은혜에 대한 감사를 보이는 것이 되어야 한다(20:1-28). 세속적인 윤리주의자들이 자주 개진하는 다른 차원의 높은 동기와는 달리, 하나님의 은혜에 대한 감사의 동기는 자기 자아를 버리는 것으로 향해 있다.[40] 감사는 자아를 버리고 예수의 사역의 완성을 바라보고, 예수의 사역

<http://www.britannica.com/eb/article?eu=115599>[2002년 4월 27일판]을 보라.

40. Ronald C. Doll, "Motives and Motivation," *Baker's Dictionary of Christian Ethics*, ed. Carl F. H. Henry(Grand Rapids: Baker, 1973). 437-38

이 없었다면 우리의 운명이 어떤 결과를 초래했을 것인지를 생각하는 동기부여적 힘에 의해 강화된다.

두 번째 필수적인 동기는 우리를 위한 하나님의 사랑에 응답하여 사랑하는 것이다(5:43-47; 참조. 요일 4:7-21). 하나님의 참된 사랑을 경험한 것이 하나님을 사랑하고 다른 이들을 사랑하는 일로 우리를 강하게 움직이게 할 것이다. 그때에 우리는 제자들이 주인을 닮아 가는 것처럼 예수를 닮으려는 바람으로 동기부여가 주어진다(10:24-25; 고후 3:18).

또한 기쁨을 상실하지 않으려는 동기가 있다(시 51:12). 그리고 물론 미래의 보상에 대한 동기가 있다. 가난한 자들을 구제하고, 기도하며, 은밀하게 금식하는 사람들은 보상을 받을 것이다(6:4, 6, 18). 하지만 예수는 주요한 동기적 요소로서 보상을 제시하지는 않았다. 보상은 사리(私利)가 없는 삶의 부산물로서 언급된다. 신약학자 해롤드 호흐너(Harold Hoehner)는 "이 생에서 신자들의 동기는 자체적인 목적으로 보상을 얻는 것이 되어서는 안 된다. 우리의 동기는 하나님이 그리스도를 통해 우리를 위해 행하신 일에 대한 감사로 전심으로 하나님을 기쁘시게 하는 것이 되어야 한다"[41]고 제기한다. 보상을 주된 동기로 여기는 것은 우리 자신을 중심에 두는 것이다. 이는 예수가 비판하신 위선이 될 것이다.[42] 수평적이고 수직적인 균형이 우리를 올바르게 동기부여를 갖게 한다. "가장 가치 있는 동기는 하나님께 감사와 순종과 영광을 드리기 위한 노력으로 수직적으로 향해 있고, 다른 동료들의 영적인 복지와 물질적인 복지를 생각함으로 수평적으로 향해 있을 때다."[43]

현대적 의미

내적인 삶과 외적인 실천의 일치. 예수는 "의의 행위"를 실천할 것을 기대하신다. 예수는 이 일을 천국에 들어가기 위해서 또는 아버지 앞에 당당하게 서기 위해서 행하라고 말씀하시지 않는다. 다만 이 행위는 삶의 외적인 표현이 우리의 마음에 심겨진 하나님의 내적인 사역에 순응하는 의식적인 방식이다. 의의 행위(소위 "영적인 훈련")는 제자들이 하나님 나라에 들어가는 것을 시작시키신 하나

41. Harold H. Hoehner, "Rewards," *NDBT*, 740

42. 참조. ibid.: "군인의 주요한 동기는 자기 나라를 섬기는 것이어야 한다. 그가 봉사에 대한 보상으로 메달을 받을지라도 말이다. 동일한 방식으로 하나님의 참된 봉사자들은 자기 자신에게 중심을 두지 않고 그들이 사랑하고 섬기는 주님에게 중심을 두어야 한다.

43. Doll, "Motives and Motivation," 438.

님의 내적인 의와 "그러므로 하늘에 계신 너희 아버지의 온전하심과 같이 너희도 온전하라"(5:48)는 말씀을 좇는 제자들의 이 세상의 경험적인 의의 발전을 이루는 일에 조화를 가져온다. 사도 바울은 젊은 목회자인 데모데에게 이와 유사한 조언을 한다. "망령되고 허탄한 신화를 버리고 경건에 이르도록 네 자신을 연단하라 육체의 연단은 약간의 유익이 있으나 경건은 범사에 유익하니 금생과 내생에 약속이 있느니라"(딤전 4:7-8).

하나님이 내적인 삶을 시작시키셨던 변화가 우리의 의의 행위에 반영된다. 예수는 이 원리를 보여주는 실천을 강조하신다. 제자들의 마음에 발생한 변화는 하나님의 사랑으로 사랑하게 하는 것이다. 그것은 가난한 자들에게 베푸는 것(6:2-4)으로 나타날 것이다. 제자들의 내적인 인격에 나타난 하나님과의 친밀한 관계는 하나님과의 개인적인 기도의 친밀한 형태로 나타날 것이다(6:5-15). 참된 겸손과 자신의 죄와 하나님과 분리된 세상의 죄된 상태에 대해서 애통하는 제자들의 내적인 삶은 자신의 개인적인 삶을 심사하고 세상의 회개를 위해 기도하기 위한 금식의 훈련을 감당하도록 촉구할 것이다(6:16-18).

교회 역사를 통해서 영적 훈련의 온전한 실천은 영적 성장의 핵심이었다. 이 "훈련"을 서로 다른 관점에서 볼 수 있다. 한가지 방식은 영적 훈련을 세 가지의 연합으로 간주하는 것이다: '내적인 훈련'(묵상, 기도, 금식, 연구), '외적인 훈련'(검소함, 고독, 복종, 봉사), 종합적인 훈련(고백, 예배, 인도, 감사).[44] 또 다른 방식은 두 가지 대조적인 관점에서 영적 훈련을 바라보는 것이다: '극기의 훈련'(고독, 침묵, 금식, 검소, 단련, 은거, 희생)과 '참여의 훈련'(연구, 예배, 감사, 봉사, 기도, 교제, 고백, 순종).[45] 우리가 영적 훈련을 어떻게 간주하든 간에, 중요한 요지는 천국의 의가 안에서 바깥으로 나아가는 과정임을 기억하는 것이다. 예수는 표면적인 것만을 실천하는 위선적인 행함을 의도적으로 비판하신다.

가장 커다란 위험 중의 하나는 주변 사람들의 인정을 얻기 위해 기계적인 방식으로 훈련하거나 자신이 속하고 있는 교회 전승의 기대를 만족시키기 위해서 훈련하는 것이다. 또 다른 중대한 위험은 반대편 함정에 빠져드는 것이다. 즉 율법적이 되는 것을 두려워하여 훈련을 실천하는 것을 소홀히 하는 것이다. 영적 훈련의 가

---

44. Richard J. Foster, *Celebration of Discipline: The Path to Spiritual Growth*, rev. ed. (San Francisco: Harper & Row, 1988).

45. Dallas Willard, *The Spirit of the Disciplines: Understanding How God Changes Lives*(San Francisco: Haper & Row, 1988), 156-75.

장 중요한 모범을 예수 그리스도의 삶에서 찾아볼 수 있다. 그는 이런 훈련들을 실천할 것을 명하셨을 뿐 아니라 내적인 경건에서 자연스럽게 나타나는 외적 성장으로 영적 훈련을 행하는 방법의 모범이 되셨다. 도날드 휫트니(Donald Whitney)는 "주 예수는 우리들의 이 영적 훈련을 행할 것을 기대하실 뿐 아니라, 우리에게 그 모델이 되어 주셨다. 그는 영적 훈련을 그의 마음에 적용시키셨고, 경건을 위해서 자기 자신을 훈련시키셨다. 우리가 그리스도처럼 되려면 그리스도가 사신 대로 살아야 한다."[46]

변화는 성령의 역사를 통해서 내적인 인격에서부터 시작한다. 우리가 그리스도처럼 되고자 훈련할 때 내적인 변화가 외적인 변화를 생산한다. 성령으로 이루어지는 내적 인격의 성장이 외적인 순종과 조화를 이룰 수 있도록 우리는 '안에서 바깥으로 나아가는' 정신구조를 발전시켜야 한다.

사람들에게 보이려 하는 사람(6:1). 예수는 제자들이 유지해야 하는 중요한 특징을 보이신다. 이전에 그는 "너희 빛이 사람 앞에 비치게 하여 그들로 너희 착한 행실을 보고"(5:16)라고 제자들에게 촉구했다. 그런데 여기에서 그는 "사람에게 보이려고 그들 앞에서 너희 의를 행하지 않도록 주의하라"(6:1)고 제자들에게 훈계하신다. 표면적으로 볼 때, 이 말씀들은 서로 모순이 있어 보인다. 하지만 자세히 살펴볼 때, 경건의 공적인 행위를 실천할 때, 각 경우에 '동기'에서 차이가 있음을 알 수 있다. 전자의 경우에 선한 일의 공개적인 노출이 제자들 자신에게로 관심을 끌고자 하는데 목적이 있지 않고, 사람들이 "하늘에 계신 하나님 아버지께 영광을 돌리기"(5:16) 위한 것에 있다. 제자들이 선한 행실의 빛을 비추는 것을 쉽게 두려워할 수 있었다. 그렇게 하는 것이 박해를 불러올 수 있기 때문이다(5:10). 따라서 예수는 제자들이 의의 공개적인 노출의 동기로서 하늘에 계신 하나님의 영광을 용기 있게 나타낼 것을 요구하고 계신 것이다. 후자의 경우에 예수는 종교적인 허영을 언급하고 계신다. 제자들은 경건의 공적인 행위와 선한 행위를 사람들의 칭송을 얻기 위해서 행하도록 하는 유혹에 직면할 수 있었다(6:1). 신앙의 겁장이와 종교적인 허영의 유혹에서 균형을 잡기 위한 방법을 일백년 전에 브루스(A. B. Bruce)가 제기했다. 그는 우리가 이 공식을 실천해 볼 것을 제안했다. "'숨길' 것을 유혹할 때는 보여라. '보일' 것을 유혹할 때는 숨겨라. 바리새인들은 보일 것을 유혹 받았을 때에 이에 넘어졌다."[47]

---

46. Donald S. Whitney, *Spiritual Disciplines for the Christian Life*(Colorado Springs: NavPress, 1991), 21.

엘리트주의를 근절하라. 종교지도자들의 위선적인 행함을 지적하시는 예수의 비판에서 알 수 있는 또 다른 요소는 우리가 흔히 "엘리트주의"라 일컫는 것이다. 예수가 직접적으로 말씀하신 세 가지를 포함하여 이전에 언급한 영적 훈련들은 성경의 규정에 기초한 실천들이다. 이것은 신실한 신앙인들의 삶에 올바르게 포함되어야 한다. 하지만 바리새인들처럼 영적 훈련의 잘못된 실천들은 엘리트적인 구별의식을 낳을 수 있다.

교회역사에서 어떤 전통들에서는 수행의 기대가 너무 엄중해서 일부 사람들만이 훈련의 온전한 실천으로 헌신하는 경우가 있었다. 이것이 금욕적인 수도원 운동의 문제 중 하나였다. 또 다른 전통들은 배타적이어서 그들의 전통만이 영성을 얻을 수 있는 주요한 수단이라는 생각에 사로잡혔다. 이런 엘리트적인 생각은 보통의 그리스도인들과 특별한 전통의 실천에 헌신하는 사람들간의 구분을 낳았다. 그것은 본래의 의도가 아니었으나 불행한 결과를 낳았다. 보통의 크리스천들은 "영적"인 사람이 되는 일에 자주 좌절하였다. 이로 인해 종교개혁자들이 목회자와 평신도간에 구분을 바로 잡으려는 시도를 하였다.

많은 전통들에서 엘리트주의적인 남용은 상당수의 사람들이 크리스천의 삶에서 좌절한 이유가 되기도 한다. 크리스천의 삶의 두 계층 개념은 몸을 온전히 헌신할 것을 선택하지 않은 사람들 사이에서 반감을 불러일으켰고, 더 높은 차원의 헌신이 마치 선택적임을 주장하게 한다. 하지만 모든 크리스천의 세계에서 그리스도를 닮는 헌신이 선택적일 수는 없다. 모든 크리스천이 이를 수행해야 한다. 산상수훈에서 특히 지금 이 항목의 "의의 행위"를 실천하는 일에서 예수의 주요한 목적 중 하나는 제자도의 엘리트주의적인 개념을 근절하는 것이다. 영적 훈련의 실천은 예수를 따르고자 하는 자들의 자연스러운 부산물이다. 모든 참된 신자들이 예수 그리스도의 제자이고 성령에 의해 영적인 삶으로 새롭게 태어났기 때문에(참조. 롬 8:9; 딛 3:3-7),[48] 예수는 모든 신자들에게 제자도의 형태를 따를 것을 요청하신다. 그것은 하나님 아버지에 대한 헌신으로 "의의 행위"를 충실하게 실천하는 것이다.[49]

은밀하게 영적 훈련을 실천하기. 예수는 종교적 위선에 대한 주요한 해결책은 의의 행위를 "은밀하게"(6:4, 6, 18) 수행하는 것임을 강조하신다. 그것은 사람의 마

47. Alexander Balmain Bruce, "The Synoptic Gospels," *The Expositor's Greek Testament*(1897; repr.; Grand Rapids: Eerdmans, 1976), 1:116.
48. D. A. Carson, "When Is Spirituality Spiritual?" *JETS* 37(September 1994): 381-94을 보라.
49. 윌킨스(Wilkins, "Eliminating Elitism")가 이 주제를 더 완전하게 발전시킨 것을 참조하라.

음에 그 행위를 담아두고 실천해야 함을 본질적으로 의미한다.

가난한 자들을 은밀하게 구제하기(6:2-4). 내적인 동기가 외적인 행위를 이끈다. 예수의 제자들은 은밀한 마음으로 가난한 자들을 구제해야 한다. 예수는 가난한 자들을 공개적으로는 절대로 구제하지 말라고 제자들에게 말씀하고 계시지는 않다. 실제적으로 그러한 모든 구제 행위는 오늘날 우리가 서신을 통해서 또는 은행 계좌이체를 통해서 익명으로 돈을 보낼 수 있는 때와는 상당히 다르게 가난한 자들에게 공개적으로 도와주는 것이 필요했다. 하지만 이런 다양한 행위들을 공개적인 장소에서 수행할지라도—거리의 구석에 있는 거지나 가난에 찌든 공동체의 가정, 또는 같이 예배를 드리는 과부를 구제하는 것과 같은—마음의 동기가 은밀한 중에 이루어져야 한다. 예수의 제자는 공개적인 아첨이나 과시를 좇지 않는다.

사려 있고 적절한 균형이 요구된다. 나는 대학교에서 발행하는 잡지에 학교 기부금을 낸 동문들의 명단을 기록하여 후원하지 못한 사람들을 자극함으로써 더 많은 후원을 이끌어내고자 하는 우편물을 받는 것에 다소 놀란다. 다른 사람들에게는 별다른 것이 아닌 것으로 보일 수 있으나, 공개적으로 기부금을 납부한 자들의 명단을 올려놓는 것은 내가 볼 때에 다소 조작적이라고 여겨진다.

하지만 오직 익명의 기부금만이 적합하다고 말하는 것은 무리한 요구가 될 것이다. 언젠가 내가 출석했던 교회는 헌금 바구니를 돌리지 않았다. 그들은 사람들의 마음을 조작하는 것을 피하기 위해서였다. 그들은 가능한 한 익명으로 헌금을 거두었다. 따라서 신자들이 성전을 떠날 시에 자진해서 헌금할 수 있는 한쪽 벽에 헌금통을 두었다. 물론 이것이 헌금바구니보다 더 공개적일 수도 있다!

예수는 특별한 형태에 대해 말씀하시기보다는 구제하는 자의 동기에 대해 다시금 말씀하고 계신다. 우리는 구제하는 일로 인해 공개적인 칭송을 얻으려는 혼합된 또는 이면적 동기를 가져서는 안 된다. 하지만 우리의 동기가 저절로 변할 때까지 기다릴 수는 없다. 그리스도 안에서 성장하는 과정에서 우리는 매일 이 세상의 유혹에 영향을 받을 것이기 때문에 우리의 동기를 다루는 것이 무능한 이슈가 될 수 있다. 하나님은 우리로 완전할 것을 요구하시지 않는다. 다만 완전을 좇을 것을 말씀하신다. 그것은 우리의 동기를 포함한다.

몇 년 전에 내가 목사로 있었던 작은 교회에서 헌금을 위해 기도하기 전에 나는 사람들에게 이 날 아침에 드리는 헌금이 불평으로 드리는 것이라면(고후 9:5), 교회 직원들이나 지도적 위치에 있는 사람들 또는 자기 가족들에게 보이려고 드린다면, 그들은 지갑을 열지 말 것을 말한 적이 있었다. 하나님은 나쁜 동기로 드리는 돈을 필요로 하지 않으신다. 그 교회의 장로들은 거의 눈에 보일 정도로 궁실거렸다. 하지만 헌금을 드리는데 혼합된 동기를 갖고 있을지라도, 하나님이 한 순간에 그들의 마음을 바꾸실 수 있다는 것을 나는 계속해서 말했다. 그들이 준비되어 있다면 우리는 하나님께 그들의 동기를 정결하게 해달라고 기도하고 간청하였다. 장로들은 더 행복해졌다! 동기를 체크하고 성령께 우리의 동기를 정결하게 해달라고 간구하는 것은 우리의 책임이다. 우리가 참으로 그것을 갈망한다면, 하나님이 이 부문에서 우리를 계속해서 성장하게 하실 것임을 알고서 말이다.

은밀하게 기도하기(6:5–15). 기도도 역시 제자들의 마음의 은밀한 곳에서 수행되어야 한다(6:6).[50] 이런 은밀함에 이르는 정해진 규칙은 없다. 그것은 어떤 상황에서든 오직 하나님께만 기도한다는 마음을 가짐을 의미한다. 혹자는 한 날의 특별한 시간에, 혹자는 큐티 책을 갖고서, 또 다른 혹자는 기도의 특별한 패턴을 통해 이런 은밀한 시간을 가질 수 있다. 예수의 공적인 기도(14:19; 15:36)와 "우리 아버지"(6:9)라는 공동적인 기도는 주님이 모든 공개적인 기도를 금하시거나 정죄하시지 않는다는 것을 알게 한다. 공적인 기도는 하나님의 인도하심을 찾고 우리를 위해서 하나님이 역사해 주실 것을 간구하는 마음으로 합세하는 제자들의 공동체적 삶의 일부다(참조. 행 2:42; 4:23-30). 하지만 기도를 공개적으로 할 때, 기도를 하는 사람은 오직 하나님만이 청중인 것처럼 은밀한 마음으로 기도해야 한다.

우리는 기도가 하나님보다도 사람들에게 말을 하고 있는 것처럼 기도 그룹에서 기도를 하는 것을 인식할 수 있다. 또는 장엄한 기도가 하나님께 다다르기보다는 청중들에게 어떤 인상을 주는 것을 목적으로 할 수 있다. 나는 공개적으로 기도할 때 수년간에 걸쳐서 은밀한 마음으로 하나님께 아뢸 뿐만 아니라 사람들을 기도로 인도하고 그 기도 속에서 가르침을 주는 책임을 인식하는 것을 배웠다. 이것은 예수의 대제사장적 기도(요 17장)와 바울의 교회를 위한 기도(예. 엡 3:14-21)의 목적이었던 것으로 보인다. 은밀한 기도의 동기는 공개적으로 드려지든지 사적으로 드려지든지 간에 모든 기도의 중심에 있는 하나님과의 마음속의 친밀한 교제다.

은밀하게 금식하기(6:16–18). 가난한 자들을 구제하고 기도하는 것과 마찬가지로 금식도 제자들의 마음에 은밀함으로 수행되어야 한다. 금식을 하는 것은 상당한 자기 제어를 요하는 일이기 때문에 다른 이들에게 자신의 노력이나 승리를 알게 하고픈 상당한 유혹이 있다. 우리가 금식을 순수한 마음으로 행할 수 있으나, 어떤

50. Marshall, "Jesus-Example and Teacher of Prayer in the Synoptic Gospels," 126.

방식으로든 자신의 금식을 선전하는 것은 종교적인 자랑과 자기 기만의 위험스러운 형태가 될 수 있음을 예수는 우리로 알게 하신다.

그러나 다른 영적 훈련들에서처럼, 예수는 집합적인 금식을 금하지 않으신다. 신약성경의 금식에 대한 상당한 언급들 가운데, 대체로 절반 가량이 집합적인 금식에 관한 것이다. 이것은 금식이 초대 교회의 규칙적인 신앙 형태였음을 암시한다(행 14:23; 23:12; 27:9, 33).[51] 개인 금식처럼 집합적인 금식은 죄에 대한 애통을 표현하고, 공동체의 용서를 구하며, 하나님의 인도를 구하는데 긴요하다. 성경은 교회가 이런 일에 참여할 것을 고무시킨다. 하지만 집합적인 금식도 마음의 은밀함에서 나와야 한다. 혹독한 훈련에 참여하고 있는 교회의 자기 자랑이 동기가 되어서는 안 된다. 금식이 현대교회에 많은 역할을 차지하지 못하고 있다. 이것은 예수의 가르침이 오도(誤導)된 슬픈 사례다. 주님은 개인 금식도 집합적인 금식도 정죄하지 않으신다. 다만 사람들의 칭송을 받기 위한 동기로 금식하지 말 것을 말씀하신다.

51. 성경의 금식 그리고 개인적인 금식인지 집합적인 금식인지에 대한 분류를 언급한 목록에 대해서는 Kent D. Berghuis, "A Biblical Perspective on Fasting," *BibSac* 158(January-March 2001): 86-103, 특히 97-101을 보라.

마태복음 6:19-34

19 너희를 위하여 보물을 땅에 쌓아 두지 말라
거기는 좀과 동록이 해하며 도둑이 구멍을
뚫고 도둑질하느니라
20 오직 너희를 위하여 보물을 하늘에 쌓아 두
라 거기는 좀이나 동록이 해하지 못하며 도
둑이 구멍을 뚫지도 못하고 도둑질도 못하느
니라
21 네 보물 있는 그곳에는 네 마음도 있느니라
22 눈은 몸의 등불이니 그러므로 네 눈이 성하
면 온 몸이 밝을 것이요
23 눈이 나쁘면 온 몸이 어두울 것이니 그러므
로 네게 있는 빛이 어두우면 그 어둠이 얼마
나 더하겠느냐
24 한 사람이 두 주인을 섬기지 못할 것이니 혹
이를 미워하고 저를 사랑하거나 혹 이를 중
히 여기고 저를 경히 여김이라 너희가 하나
님과 재물을 겸하여 섬기지 못하느니라
25 그러므로 내가 너희에게 이르노니 목숨을 위
하여 무엇을 먹을까 무엇을 마실까 몸을 위
하여 무엇을 입을까 염려하지 말라 목숨이
음식보다 중하지 아니하며 몸이 의복보다 중
하지 아니하냐
26 공중의 새를 보라 심지도 않고 거두지도 않
고 창고에 모아들이지도 아니하되 너희 하늘
아버지께서 기르시나니 너희는 이것들보다
귀하지 아니하냐
27 너희 중에 누가 염려함으로 그 키를 한 자라
도 더할 수 있겠느냐
28 또 너희가 어찌 의복을 위하여 염려하느냐
들의 백합화가 어떻게 자라는가 생각하여 보
라 수고도 아니하고 길쌈도 아니하느니라
29 그러나 내가 너희에게 말하노니 솔로몬의 모
든 영광으로도 입은 것이 이 꽃 하나만 같지
못하였느니라
30 오늘 있다가 내일 아궁이에 던져지는 들풀도
하나님이 이렇게 입히시거든 하물며 너희일
까보냐 믿음이 작은 자들아
31 그러므로 염려하여 이르기를 무엇을 먹을까
무엇을 마실까 무엇을 입을까 하지 말라
32 이는 다 이방인들이 구하는 것이라 너희 하
늘 아버지께서 이 모든 것이 너희에게 있어
야 할 줄을 아시느니라
33 그런즉 너희는 먼저 그의 나라와 그의 의를
구하라 그리하면 이 모든 것을 너희에게 더
하시리라
34 그러므로 내일 일을 위하여 염려하지 말라
내일 일은 내일이 염려할 것이요 한 날의 괴
로움은 그 날로 족하니라

원 의미

이 항목의 핵심적인 말씀은 예수의 유명한 명령인 "그런즉 너희는 먼저 그의 나라와 그의 의를 구하라 그리하면 이 모든 것을 너희에게 더하시리라"(6:33)다. 그것은 산상수훈의 전반적인 우선순위와 가르침의 사상을 잇는다. 이전 항목(6:1-18)은 예수의 제자들이 천국의 영향 하에서 공적인 영역에서 경험할 수 있는 신앙적 삶의 종류를 언급한다. 6:1의 "의의 행위"는 천국에 들어감을 얻었던 신분적인 의의 최초의 선물(5:20)과 하늘에 계신 아버지의 온전하심을 좇는 궁극적인 목표(5:48)로서 의의 경험적인 성장간에 일치를 가져온다. 이 항목은 천국의 의를 좇는 가르침을 계속 증거하지만(6:33), 가장 핵심적인 스포트라이트는 예수의 제자들이 이 세상의 일상적 삶에서 경험하는 내면적인 삶의 종류에 관한 것이다.

예수는 제자들의 삶에서 천국의 우선순위를 빼앗아 가는 재물(6:19-24)과 염려(6:25-34)에 관한 일상의 관심에 대해 경고하시고, 제자들의 이상, 비전, 우선순위 그리고 안전을 포함하는 천국과 의의 우선순위에 맞는 적합한 삶을 사는 방법을 가르치신다.

너의 주인을 선택하라: 하나님이냐 재물이냐(6:19-24)

하나님 아버지의 온전함을 좇는(5:48) 예수의 제자들은 천국과 의에 대한 충성에 마음을 모두는 일을 방해하는 많은 일상적인 관심을 직면하게 된다. 예수가 말씀하신 첫 번째 문제는 재물이다.

마음의 두 보화(6:19-21). 물질적인 재물은 이스라엘 백성들에게 중요했다. 그것이 하나님의 복의 표지와 하나님에 대한 순종의 보상으로 자주 보여졌기 때문이다. 따라서 고대의 한 랍비는 이렇게 말했다.

> 인간은 항상 자기 아들에게 품위 있는[또는 쉬운] 기술을 가르치고 부와 재물이 속하고 있는 분에게 기도하게 해야 한다. 기술이 없는 곳에서는 가난도 부도 없다. 가난은 인간의 재능에서 오지 않고 부도 인간의 재능에서 오지 않는다. 모든 것이 그의 업적에 따른 것이다(*m. Qidd.* 4.14).

하지만 유대 저자들은 부가 하나님 앞에서 영적으로 설 수 있는 최종적인 결정 요소가 아님을 사람들에게 자주 경고했다.[1] 부를 비합법적으로 획득할 수 있고, 너무도 자주 악한 사람이 번성하고 있다. 예레미야는 "내가 주와 변론할 때에는 주께서 의로우시니이다 그러나 내가 주께 질문하옵나니 악한 자의 길이 형통하며 반역

1. 참조. 1QS 10.18-19; Sir. 31:8-11.

한 자가 다 평안함은 무슨 까닭이니이까"(렘 12:1). 에녹1서는 부를 불법적으로 쌓은 사람들의 궁극적인 파멸에 대해 언급한다. "너희 부가 오래 지속하지 못할 것이다. 네가 의롭지 못하게 이 모든 것을 얻었기 때문에 너의 재물이 신속히 사라질 것이다. 너에게 커다란 저주가 주어질 것이다"(에녹1서 97:8-10).

자신을 위해서 재물을 쌓아두는 것은 기만적일 수 있다. 물질적인 보화 속에서 거짓된 안전감을 찾거나 자신의 영적인 상태에 대한 부정확한 평가를 내릴 수 있기 때문이다. 따라서 예수는 "보물을 땅에 쌓아두지 말라"고 말씀하신다. 부정의 명령의 이면에 있는 용어인 "쌓아 두지 말라"는 명사 "보물"('데사우로스')과 연관이 있는 '데사우리조' 다. 이 언어유희를 다소 어색하게 번역할 수 있다. "땅에 있는 보물(treasure)을 너 자신을 위해 저장하지(treasure) 말라." "보물"은 가치 있는 것의 축적을 대변한다.

하지만 사람들이 가치 있어 하는 것이 타락한 세상에서 생명의 파괴적인 영향에 노출되어 있다. "좀과 동록이 해하며 도둑이 구멍을 뚫고 도둑질하느니라." 좀은 삶의 가장 기본적인 물질을 파괴하는 자로 흔히 인식되어 있다.[2] 아주 멋있는 옷도 하찮은 맹렬한 벌레에 의해 파괴될 수 있다. "동록"이란 용어는 "소비시키는"이란 일반적인 용어다. 그것은 금속을 파괴하는 행위만이 아니라 보다 넓은 범위의 본질을 해롭게 하는 것을 가리킨다. 동록은 다양한 물질들을 파괴한다—구리, 식물 심지어 이빨.[3] 가장 가치 있는 소유물이 파괴에 노출되어 있다. 여기서 예수가 염두에 두고 있는 종류의 "도둑"은 부자가 섬기고 있는 것을 빼앗아 간다. 좀, 동록, 그리고 도둑은 세상의 보물의 가치를 축소시키고 최종적으로는 파괴하는 세력을 대표한다.

이 생에서 물질적인 소중한 것들을 모으기보다, "너희를 위하여 보물을 하늘에 쌓아 두라"고 예수는 말씀하신다. 하나님 앞에서 선한 행실을 쌓는다는 개념은 이스라엘 역사에서 두드러진다. 시락서는 "형제나 친구들을 위해 너의 은을 소비하고, 돌 아래 두어 동록이 먹지 않게 하라. 너의 보물을 지극히 높으신 자의 명령에 따라서 쌓아 두라. 그것은 금보다 더 당신을 이롭게 할 것이다"(Sir. 29:1-11 NRSV). 예수는 이전 항목의 "의의 행위"—가난한 자들을 구제하고, 기도하며, 금식하는 것—나 제자들이 수행하고 있는 또 다른 가치 있는 행위를 염두에 두셨을 것이다.

2. 욥 4:19; 사 50:9; 51:8.
3. 예. 말 3:11. BDAG, 184-85을 보라. 헬라어는 금속을 파괴하는 동록에 대한 또 다른 용어가 있다— '이오스'(약 5:3을 보라).

바울은 심판날에 보상을 받을 하나님 나라를 위한 그리스도인들의 행위에 대해 금과 은으로 언급한다(고전 3:12-15).

하지만 "땅에 있는 보물"과 "하늘에 있는 보물"의 대조는 가치의 대조를 더 중요하게 함축한다. 예수는 선한 행위를 넘어서서 마음의 문제에 초점을 맞추신다. "네 보물이 있는 그곳에는 네 마음도 있느니라." "마음"은 인간 존재의 핵심, 참된 내적 인격, 인간의 영적 감정적 심리학적 삶의 원초적인 근원을 대변한다. 마음의 본질은 사람들이 가치 있어 하는 것을 따라 움직인다(5:8, 28을 보라).

예수는 마음이 선한 행위와 악한 행위의 근원이라는 것을 이미 말씀하셨다(5:28; 참조. 15:18-19). 이 사상이 여기서도 역시 나타나며, 자신의 가장 높은 가치가 무엇인지가 그 마음의 상태를 측정한다고 부가적으로 설명하신다.[4] 의로움의 가치는 하나님 자신이 되어야 한다. 보상도 중요하지만 하늘의 가장 위대한 보화는 하나님 아버지시다. 예수의 제자들이 하늘에 계신 하나님 아버지께 온전히 마음의 초점을 맞춘다면, 이 세상의 모든 다른 보물들은 비교가 안 되게 무색해 질 것이다. 이것이 우선순위, 동기, 의로운 행위, 야망, 안전, 개인적인 자아 가치, 그리고 관계성을 포함하는 건강한 제자도의 궤도를 설정할 것이다.

마음의 두 눈(6:22-23). 이 난해한 구절은 이전 구절(6:19-21)과 다음 구절(6:24)과 연관해서 그 의미를 생각해 보아야 한다—제자들은 경쟁하는 보물들 간의 선택을 해야 한다. 예수는 내적 인간의 도관(導管)으로서 "눈"을 언급하심으로써 "보물"의 주제를 지속시키신다. "눈은 몸의 등불이니 그러므로 네 눈이 성하면 온 몸이 밝을 것이요." "성한"(좋은) 눈과 "나쁜" 눈을 육체적으로 이해하여 건강한 눈과 병든 눈을 언급할 수 있을지라도, 우리는 여기서 비유적인 의미를 좇아야 한다. 그리스와 유대 저작자들은 대상을 조명하기 위해서 외적으로 밝게 하는 빛의 근원을 함유하고 있는 등불로 눈을 언급했다. 이것은 사람의 생명의 활동을 암시했다(예를 들어, 눈이 희미해지는 것은 생명의 활동의 감소를 의미했다; 창 27:1; 48:18).[5] 하지만 여기서 예수는 사람의 내적 생명을 조명하는 등불로서, 다른 비유적인 의미에서, 눈을 사용하신다.

유대 문헌에서 마음과 눈은 밀접한 관계가 있다.[6] 이 구절에서 대칭법을 사용함

---

4. 6:19-20에서 "너희"의 이인칭 복수에서 6:21의 "네"(너)로 전환됨으로써 이 말은 개별적인 제자들로 의인화된다.

5. D. C. Allison Jr., "The Eye Is the Lamp of the Body(Matthew 6.22-23 = Luke 11.34-36)," *NTS* 33(1987): 61-83을 보라.

으로써 "성한" 눈은 "관대한" 눈, 자신의 재물을 나누어줄 준비가 되어 있는 사람을 의미하거나[7] 또는 한결 같은 충성이나 목적의 단순함이란 의미에서 "단일한"을 의미할 수 있다.[8] 후자의 "단일한"의 의미가 이전의 언급과 다음 구절의 언급에 더 일치한다. 마음이 보물의 참된 저장소이기 때문에, 예수는 눈이 가치 있는 것에 초점을 맞출 때, 그 눈은 초점을 맞춘 것에 마음을 채우는 도관이 된다. 눈이 성하면, 그 마음은 하나님의 보물의 빛으로 채워지는 도관이 된다는 것을 예수는 말씀하신다.

하지만 나쁜 눈도 있다. "눈이 나쁘면 온 몸이 어두울 것이니." 여기서 "나쁜"이란 말은 도덕적인 악을 시사한다.[9] 고대 세계에서 "악한 눈"은 다른 이에게 속한 것을 시기함으로 탐내는 자다. 그들은 탐욕적인 눈을 가졌다.[10] 이런 표현이 20:15에서 유사하게 나타난다. 거기서 문자적인 표현인 "악한 눈"은 시기하는 것을 가리킨다(참조. NIV "시기하는"). 여기서 대구법은 다시 한번 시계(vision)의 단일성을 가리키지만, 그것은 악한 시계(vision)다. 제자의 눈이 좋아하는 것, 개인적으로 중요한 것 그리고 세상적인 안전성과 같은 이 세상의 보물에 고정된다면, 마음도 역시 어두움으로 가득할 것이다.[11] 악한 것에 초점을 맞출 때, 그 눈은 악이 내면적 인격을 채우는 도관이 된다.

마음의 두 주인: 하나님이냐 재물이냐(6:24). 두 보물(6:19-21)과 두 분(6:22-23)은 두 주인 사이에서 누구를 선택할 것이냐의 클라이막스를 준비시킨다: "한 사람이 두 주인을 섬기지 못할 것이니." "주인"이란 단어는 '퀴리오스'이고, 이것은 집주인(18:25; 20:8), 전형적인 교사-제자 관계의 주인(10:25), 안식일의 주인이신 인자로서의 예수(12:8), 임하신 메시아적 왕으로서의 예수(21:3), 다윗의 주로서의 메시아(22:44), 그리고 주로서 다시 오실 인자(24:42-44)를 나타내는 상당히 포괄적인 융통성을 갖는다. 여기서 이 용법은 세상의 주인만이 아니라 궁극적인 주인으로서 하나님에 대한 헌신의 차원을 가리키는 일반적인 원리를 보여주고 있다.

---

6. *T. Iss.* 3:4; 4:1-2, 5-6; 5:1을 보라.
7. Susan Eastman, "The Evil Eye and the Curse of the Law: Galatians 3.1 Revisited," *JSNT* 83(September 2001): 69-87, 특히. 77.
8. '하플루스'의 이런 의미에 대해서는 BDAG, 104을 보라: "열려 있고 공명정대할 수 있도록 목적의 단일함으로 동기 부여되었다."
9. 배경의 논의를 위해서는 Davies and Allison(*Matthew*, 1:639-41)을 보라.
10. G. Harder, "πονηρός," *TDNT*, 6:555-56. 또한 *T. Benj.* 4:2-3을 보라; 참조. 6:5-7.
11. Hagner, *Matthew*, 1:159: "비유적으로 말해서 제자도에서 관대한 눈이나 단일한 눈은 빛의 근원이며, 악하고 탐욕스런 눈은 어둠의 근원이다."

“섬기다”(‘도울류오’)라는 용어는 고용인의 일이 아니라 종의 일을 나타낸다. 둘 다 고용주를 위해 일하나, 종은 오로지 한 주인만을 섬겨야 한다. 종은 독점적인 봉사를 요구하는 한 주인만을 함축한다.

주인에 대한 충성은 극단적이다. “혹 이를 미워하고 저를 사랑하거나 혹 이를 중히 여기고 저를 경히 여김이라.” “미워하다”와 “사랑하다”의 성경적 개념은 단순한 감정적 반응이 아니라 삶의 패턴으로 이해해야 한다. “내가 주를 미워하는 자들을 미워하지 아니하오며 주를 치러 일어나는 자들을 미워하지 아니하나이까 내가 그들을 심히 미워하니 그들은 나의 원수들이니이다”(시 139:21-22; 참조. 마 5:43; 1QS 1.9-11). 이것은 주님에 대한 무조건적인 헌신으로 부르시는 예수의 철저한 소명을 준비시킨다. 이는 주님께 나아감을 방해하는 어떤 것이라도 미워하거나 완전히 배척하고, 그를 사랑하거나 그에게 완전히 자기 자신을 드려야함을 가리킨다(참조. 마 10:34-39; 12:30; 눅 14:26).

주인을 선택하는 비유는 “너희가 하나님과 재물을 겸하여 섬기지 못하느니라”는 말씀에서 절정을 이룬다. 하나님에 대한 분열된 충성은 있을 수 없다. 예수는 대적하는 신인 “맘몬”(Mammon, 재물)으로 모든 종류의 부와 소유물을 의인화하신다. 이 용어는 헬라어의 ‘마모나’이며 히브리어/아람어의 ‘마몬’에서 기원했고, “부, 재물”이란 의미가 있다. 물질주의의 신을 경배하는 유혹은 유대교에서 잘 알려져 있었다. 2세기의 ‘유다의 증언’(*Testament of Judah*, 19:1-2)이란 비통한 고백은 이렇게 진술한다. “나의 자녀여, 돈을 사랑함은 우상숭배로 이끄느니라. 그들은 돈으로 잘못 이끌렸기 때문에, 신이 아닌 것들을 신으로 부르고 돈에 마음을 빼앗기게 되느니라. 돈 때문에 나는 완전히 내 자녀를 잃었도다.” 저자는 더 나아가서 “죄의 왕자가 나를 눈멀게 했도다”라고 말한다. 그는 이를 통해 하나님의 자녀를 잘못 인도하는 물질적인 우상숭배를 사용하는 사탄의 활동을 지적한다.

탐욕과 욕심은 악한 자가 아주 좋아하는 함정이다. 따라서 탐욕과 욕심에 대한 경고와 명령은 구약성경(예. 출 20:17; 신 5:21; 욥 31:24-25; 시 49; 전 2:1-11)과 유대교(시락서 11:18-19; *T. Jud.* 18-19; 에녹1서 97:8-10)에서 흔히 볼 수 있다. 궁극적으로 오직 한 가지 선택만이 있다—하나님에 대한 봉사와 사랑과 헌신이냐 사탄에 대한 헌신이냐다. 하나님을 사랑하는 것은 감정적인 문제가 아니라, 완전하게 자기 자신을 하나님께 드리는 섬김—마음과 정신과 힘—의 문제다(마 19:16-22; 22:37을 보라).

너의 제공자를 선택하라: 하나님이냐 근심이냐(6:25-34)

그러나 "내가 하나님을 주인으로 선택하고 나의 가치와 필요와 안전의 근원을 하늘에 둔다면, 누가 나의 일상의 필요를 이 땅에서 돌보는가"라고 질문할 수 있을 것이다. 그러므로 주님은 "근심"의 이슈에 관심을 돌리신다. 특별히 이 '주인'은 "먼저 그의 나라와 의를 구하라"(6:33)는 표현에서 요약된 인생의 더 중요한 이슈들에 관심을 줄 수 있도록 제자들의 근본적인 필요를 돌보실 것이다.

근심의 원리(6:25). 근심에 대한 원리가 명령법으로 표현된다. "너의 생활에 대해서 염려하지 말라['메림나오']." 때로 '메림나오'는 주의 일(고전 7:32)이나 어떤 이들의 복지(빌 2:20)와 같은 것에 강렬한 관심이나 돌봄의 적절한 감정을 표현할 수 있다.[12] 이런 경우에 우리는 영어의 "우려"(concern)로 이 단어를 번역할 수 있다. 우려는 적합한 범위 내에서 올바르게 방향이 맞추어질 때 적절한 의무를 행하도록 야기하기 때문에 필요한 일이다. 하지만 '메림나오'는 삶의 문제에 대해 염려하는 강렬한 감정을 표현하기도 한다. 말하자면 '메림나오'는 복음을 설교하는 일에 사로 잡혔을 때(마 10:19) 무엇을 말할 것인지와 같은 덜 중요한 일(눅 10:41)이나 인생에서 다가오는 일상의 문제에 대해서 근심하는 것을 나타낼 수 있다. 바울은 "아무 것도 염려하지 말고 다만 모든 일에 기도와 간구로 너희 구할 것을 감사함으로 하나님께 아뢰라"(빌 4:6)고 말할 때 이 의미를 사용하고 있다. 근심은 오도되고, 균형이 없을 때, 부적절하고 문제가 있다. 이는 하나님에 대한 신뢰의 부족을 나타낼 수 있다. 결과적으로 예수는 염려란 하나님에 대한 신뢰의 부족임을 말씀하신다.

그때에 예수는 제자들이 직접적인 반응과 대답을 하게 하는 질문을 유도하신다. "목숨이 음식보다 중하지 아니하며 몸이 의복보다 중하지 아니하냐?" 함축된 자연스러운 대답은 "그렇습니다. 물론 나의 생명과 몸이 음식과 의복보다 중요합니다!"이다. 그리고 그 논증에 대한 반응은 "하나님이 나에게 생명과 몸을 주셨다면, 나에게 음식과 의복도 제공하실 것임이 확실합니다"가 되어야 한다.

하지만 가난한 이들은 그러한 기본적인 필수품들을 안목에서 떼어내기가 어렵다. 그런 것들을 얻는 것이 항상 쉬운 일이 아니기 때문이다. 하지만 예수는 일상생활의 공급의 문제로 싸우고 있는 사람들에게 말씀하고 계신다. 그들의 일상은 상

---

12. BDAG, 632.

당 부분 하루하루 생존을 위한 공급을 얻기 일에 소진하고 있었다. 가난한 이들은 충분한 공급을 얻을 수 없기에, 내일 무엇을 먹을 것인지의 문제는 실제적이었다. 기근이나 불 또는 홍수와 같은 것들이 닥쳤을 때에는 더욱 그러했다. 이런 상황에서 예수는 인생의 더 중요한 문제에 초점을 맞출 것을 동의하도록, 심지어 아주 가난한 사람들에게서조차도 이를 설득하고 계신다. 따라서 가난한 이들이 매일의 음식과 의복을 공급하는 것을 염려하지 않는다면, 그들의 가족들은 직접적인 곤란을 겪을 것이기 때문에 가난한 이들에게서 예수의 말씀은 철저한 도전이었다. 지금 예수는 모든 상황에서 하나님의 돌보심을 매일 신뢰하는 직접적인 도전 속에서 살도록 사람들에게 요청하신다.

생명과 음식의 사례(6:26-27). 예수가 제자들이 염려하지 말라고 하신 첫 번째 이유는 창조물들을 하나님이 돌보시기 때문이다. "공중의 새를 보라 심지도 않고 거두지도 않고 창고에 모아들이지도 아니하되 너희 하늘 아버지께서 기르시나니." 새들은 둥지를 만들고 어린 것들을 위해서 음식을 나르는 것과 같은 생리적인 일들을 하는데 정력을 소비하지만, 실제로 그것들을 먹이고 입히시는 것은 하나님이시다(참조. 시 104:10-16; 솔로몬의 시편 5:8-10). 이 요지는 예수의 제자들이 하나님의 명하신 삶의 적절한 방식을 수행하는 책임을 다할 때, 하나님은 정하신 질서를 이루는데 신실하시다는 사실이다.

랍비들이 통상적으로 사용하는 "더 작은 것에서 더 큰 것으로" 논증을 확대하는 흔한 방식으로 예수는 또 다른 수사적인 질문을 던지신다. "너희는 이것들보다 귀하지 아니하냐?" 인간은 하나님의 창조된 피조물의 면류관이요 지배자다(시 8:3-8). 인간의 필요는 하나님으로부터 적절한 관심을 받게 될 것이다. 예수는 보다 진전된 수사적 질문으로 논증을 전개하신다. "너희 중에 누가 염려함으로 그 키를 한 자라도 더할 수 있겠느냐?" NIV는 "나이/신장['헬리키아']에 팔뚝의 길이['페키스']를 더할 수 있느냐"라고 적고 있는 헬라어의 묘한 표현을 훌륭하게 번역하고 있다. '페키스'는 전형적인 팔뚝의 길이 또는 대략 18인치로 재는 표준적인 단위이며, "큐빗"이라 불렸다.[13] '헬리키아'란 용어는 나이나 성숙의 정도를 보통 지칭하지만(예. 히 11:11), 가끔 신체의 길이에 사용되었다(예. 눅 2:52; 19:3). 현재의 문맥은 육체적인 신장을 더하는 것을 언급하기보다는 인생의 길이를 가리킨다. 염려함으로 사람의 생명을 더 지속시킬 수는 없다.

---

13. Marvin A. Powell, "Weights and Measures," *ABD*, 4:899.

의복의 사례(6:28-30). 그때에 예수는 제자들이 염려하지 말아야 하는 두 번째 이유를 주신다. "들의 백합화가 어떻게 자라는가 생각하여 보라." 이 표현은 야생으로 자라는 꽃들을 하나님이 자연적으로 공급하시는 것을 떠올리게 한다. 아마도 예수가 말씀하시던 때에 이 꽃이 예수와 제자들 그리고 무리들을 둘러싸고 있었을 것이다. 오늘날에도 10인치의 줄기를 가진 붉은 자줏빛의 아네모네가 파란 붓꽃과 더불어 갈릴리 바다의 언덕 위에서 야생으로 자라고 있다.[14] 예수를 둘러싸고 있는 아름다운 꽃들은 솔로몬 왕의 옷과 두드러진 대조를 발생시킨다. "솔로몬의 모든 영광으로도 입은 것이 이 꽃 하나만 같지 못하였느니라." 솔로몬의 부는 시바 여왕의 방문을 촉진하였고, 그의 삶은 잠언적인 성공적인 이야기가 되었다(왕상 10:1-29; 대하 9:1-28). 하지만 야생화에 대한 하나님의 공급은 솔로몬의 영광보다 더 아름답게 했다.

"들풀"의 옷을 입은 것으로서 백합화를 간주하는 것으로 강조가 다소 바뀐다(6:30). 깎고 말리고 묶은 봄의 푸른 풀은 불을 지피는 자연적인 재료였고, 운명의 극적인 변화와 인간의 허약함 그리고 덧없음에 대한 흔한 성경적인 비유였다.[15] 하나님의 돌보심은 없어질 피조물에게도 그와 같은데, "하물며 너희일까보냐 믿음이 작은 자들아?" 참된 믿음의 눈을 가진 사람들은 눈에 좋게 보이는 인간의 노력으로 만들어진 것과 대조된 창조의 아름다움을 보게 될 것이다. 우리는 하나님의 인도를 따르고 하나님의 은혜로운 공급을 신뢰하는 법을 매일 배워야 한다. "작은 믿음"('올리고피스토스')은 예수가 즐겨 사용하시는 표현이며, 이 복음서에서 자주 발견할 수 있다.[16] 이 표현은 예수의 제자들에게만 맞추어져 있는데, "작은 믿음"은 믿음의 '부재'가 아니라 '결핍'을 의미한다.

모든 일에 대한 하나님의 관심(6:31-32). 제자들이 염려하지 말아야 할 세 번째 이유는 염려가 하나님의 돌보심을 이해하지 못하는 불신자들의 삶의 형태이기 때문이다. "이는 다 이방인들이 구하는 것이라 너희 하늘 아버지께서 이 모든 것이 너희에게 있어야 할 줄을 아시느니라." "이방인"('에드네')이란 용어는 마태복음의 다른 곳에서는 "민족들"(12:21; 25:32; 28:19)이라고 번역되어 있으며, 이는 비유대인 또는 이방인을 흔히 지칭한다. 여기서 강조하고 있는 바는 그들이 하나

14. Irene and Walter Jacob, "Flora," ABD, 2:813; Pixner, *With Jesus Through Galilee According to the Fifth Gospel*, 37.
15. 시 37:2; 102:4, 11; 129:6; 사 40:6-8; 벧전 1:24-25에서 인용됨; 약 1:10; "Grass," *DBI*, 348-49을 보라.
16. 6:30; 8:26; 14:31; 16:8; 17:20; 눅 12:28을 보라; 또한 마 17:20에서 '올리고피스티아'를 참조하라.

님의 가치에 속하지 않은 사람들이라는 사실이다.

하나님의 공급하심을 믿는 사람들은 염려하지 않으며, 불신자들의 가치와 양태를 좇지 않는다. 옳지 않은 염려를 갖지 않는 것은 하나님의 공급과 피조물의 책임 그리고 삶의 우선순위를 올바로 이해하는 데서 온다.[17] 모리스는 "이런 태도는 사람들이 세상적인 성공에 사로잡히지 않게 하고, 부자들이 자신의 성공에 몰두하지 않게 하며, 가난한 자들이 자신의 비참함에 빠지지 않게 한다."[18]

올바른 우선순위(6:33). 예수의 말씀은 "너희는 먼저 그의 나라와 의를 구하라"는 잘 알려진 명령에서 절정을 이룬다. 이런 결정적인 훈계는 듣는 이들로 하여금 예수가 "너희 의가 서기관과 바리새인보다 더 낫지 못하면 결코 천국에 들어가지 못하리라"(5:20)고 선언하셨던 설교의 핵심 구절로 돌아가게 만든다. "구하라"는 명령법을 사용하신 것은 현재 없는 것을 찾으라는 것을 의미하지 않는다. 예수는 이미 천국의 도래를 선언하셨다. 이 문맥에서 그것은 제자들이 천국을 항시적인 우선순위로 삼을 것을 의미한다. 그들은 이미 하나님 나라에 들어갔고, 매일의 삶에서 하나님의 명령에 의존하여 하나님 나라의 실제로 살아야 한다.[19] 그렇게 함으로써 그들은 "하나님의 의를 구하게" 되는 것이다.

의와 천국의 결합은 산상수훈의 특별한 주제를 유지시킨다(5:6, 10, 20: 6:1). 그것은 구원을 좇을 것을 의미하는 것이 아니다. 제자들이 하나님 나라에 들어감이 "전가된" 의(5:20)의 종류를 그들에게 확보하게 했기 때문이다. 그것은 제자들이 "부가된" 의의 경험적인 성장을 추구하라는 뜻이다. "부가된" 의는 아버지의 완전하심을 닮아 가는 것이다(6:1). 이런 주제에 대한 신학적인 진술은 초대 교회, 특히 바울의 주요한 초점이다. 하지만 그것의 토대는 예수의 가르침에 있다. 예수의 제자들이 매일의 삶의 활동에서 우선순위로 하나님 나라와 의를 구할 때, 돌보시고 살피시는 하늘 아버지에 의해 충족되는 모든 필요한 것들을 갖게 될 것이다—"이 모든 것이 너희에게 있을 것이라."

염려를 없애라(6:34). 제자의 삶의 모든 영역을 인도하는 결정적인 명령을 하신 예수는 구체적인 이슈로 방향을 돌리신다—그들의 모든 필요를 하나님이 돌보심을 기억하고 염려하지 말라. 제자들의 삶에 대한 하나님의 질서가 그들이 필요한

17. Craig Blomberg, "On Wealth and Worry," *Criswell Theological Review* 6(1992): 72-89 특히 82.
18. Morris, *Matthew*, 157.
19. Thomas E. Schmidt, "Burden, Barrier, Blasphemy: Wealth in Matt. 6:33, Luke 14:33, and Luke 16:15," *TrinJ* n.s. 9(1988): 171-89, 특히 174-75.

모든 것을 공급해주시는 것이라면, "그러므로" 내일 일에 대해 염려하지 않아야 한다. 현재의 필요를 하나님이 돌보심을 알고 의지하는 것은 그들의 미래의 필요를 하나님께 의지할 수 있도록 발전시킨다. "내일 일은 내일 염려할 것이요"와 "한 날의 괴로움은 그 날로 족하니라"는 구절에서 두 표현은 동일한 근본적 진리를 상술한다. 오늘날 이 세상의 모든 염려는 내일에 대한 문제와 생각이다. 제자들이 "일용할 양식"(6:11)을 포함하여 하나님이 오늘 그들을 돌보심을 알 때, 어떤 악한 일이 발생한다해도 내일에 대한 하나님의 돌보심을 더욱더 확신하게 될 것이다.

이 금언에 대한 정확하게 동일한 평행이 없기 때문에,[20] 예수의 말씀이 분명히 잘 알려져 있었다고 볼 수 있다. 야고보가 이 진리에 의존하여 훈계를 하고 있기 때문이다(약 4:13-15). 예수의 제자들은 내일 일이 어떻게 될지를 알지 못하지만 아버지는 아신다. 이런 방식으로 삶을 살 때 염려가 우리를 괴롭히지 못할 것이다.

상황잇기

고대 세계의 삶. 고대 세계의 도시에서 일상적인 삶은 현대 세계의 가장 빈곤한 상황에 있는 도시의 생활보다도 훨씬 더 어려웠다. 제한적인 물과 하수설비로 인해 인간과 동물의 밀도는 상상을 초월하였다.

> 건물의 작은 침실은 어둡고, 냄새나고, 자주 축축하며, 항상 더러웠다. 땀과 소변과 대변 냄새와 썩는 냄새는 모든 곳으로 스며들었다. 거리 바깥은 약간 더 나았다—진흙과 열린 하수구, 거름과 혼잡한 대중들. 사실상 인간의 시체—성인만이 아니라 유아들까지—가 거리로 버려져서 유기되었다.[21]

마태는 도시를 배경으로 하고 있는 세계에 살고 있는 신자들의 공동체에 이 글을 쓰고 있다. 대부분 그들은 가난한 부류에 속한다. 그들은 침울한 일상의 삶을 바라보고, 어떻게 다음 날을 생존할 것인지, 또 다른 방법은 없는지, 자녀들의 장래를 어떻게 돌보아 주어야 하는지를 생각하려고 애쓴다. 그들은 시골 풍경의 갈릴리에서 예수가 처음에 사역하셨던 세계, 즉 둘러싼 푸른 언덕과 탁 트인 파란 하늘, 그리고 넓은 경계선들이 더 멋진 배경을 제공했다고 생각할 것이다.

20. 하지만 유사한 언급을 위해서는 잠 27:1; *b. Sanb.* 100b; *b Ber.* 9a; Hagner, *Matthew*, 1:166을 보라.

21. Rodney Stark, "Antioch as the Social Situation for Matthew's Gospel," *Social History of the Matthean Community: Cross Disciplinary Approaches*, ed. David L. Balch(Minneapolis: Fortress, 1991), 194.

하지만 어느 배경의 인생도 쉬운 일이 아니다. 예수가 산상수훈에서 말씀하시고 있는 사람들이 일부 부유한 사람을 포함하고 있었지만 대부분은 농부들이었다. 그들은 간신히 하루의 입을 채우며 생계를 유지하는 것에 바빴다. 그들이 땅에서 생산할 수 있는 것은 다음 추수 때까지의 음식공급과 일 짐승들을 먹이고 내년의 작물을 위해서 부가적인 씨를 생산하며, 다른 필요한 것들을 위해서 팔고 사는 것이었다. 하지만 그들이 자신의 땅을 갖고 일하든지 소작인들이든지 간에 통치자의 지배 그룹에게 잉여분에서 세금을 내야 했다. 지배그룹들은 삶의 높은 표준을 확보하기 위해서 농부들의 세금을 활용했다.[22] 자연스럽게 이 시대의 중요한 현상 중 하나는 땅을 갖고 있는 부자들의 그 지역에서 갖는 경제적이고 정치적인 장악을 무너뜨림으로써 가난한 이들을 곤경에서 벗어나게 하는 혁명적인 운동을 일으키는 것이었다.[23]

이런 상황에서 부정적으로 예수는 부에 대한 일상의 고민(6:19-24)과 염려(6:25-34)에 대해서 경고하신다. 이런 것들이 제자들의 삶에서 하나님 나라에 우선순위를 두지 못하게 만든다. 세상의 보물에 신뢰를 두는 것은 어리석은 일이고 참된 안전을 가져오지 못한다. 이 세상의 것들은 썩어 없어질 것이기 때문이다. 제자들의 마음이 하늘의 것과 땅의 것에 동시에 두어지면, 그들의 생각이 혼란과 분열과 내적인 어두움에 실제 처하게 될 것이다. 동시에 하나님을 섬기고 재물을 섬기는 것은 불가능하다. 재물에 대한 욕심과 일상의 필요에 대한 염려가 실제로 하나님을 대신할 수 있기 때문이다.

또한 긍정적으로 예수는 일상생활의 어려움에서 제자들이 어떻게 안전하게 살 수 있는지를 가르치신다. 개인 생활에서 수반되는 삶의 방식들에 우선순위를 정함으로써 이 세상의 어느 것도 그들의 주인(6:19-24)이요 공급자(6:25-34)이신 하나님을 대신 하지 못하게 하는 것이다. 이것이 "그의 나라와 그의 의를 구하라"(6:33)는 전반적인 목적을 성취시킨다. 제자들의 안전의 근거가 세상적인 재물이라면, 그들이 어떤 "관심"을 갖고 있든 간에 그들의 필요를 만족시키지 못할 것이다. 그들의 안전을 하늘에 계신 아버지께 둔다면, 그가 모든 필요를 자연스럽게 돌보실 것이다.

극단을 피하라. 재물과 염려에 대한 올바른 시각이 잘못된 극단을 피하게 한다.

---

22. Horsley and Hanson, *Bandits, Prophets, and Messiahs*, 53-54.
23. Sean Freyne, "Economic Realities and Social Stratification"과 "How Revolutionary Was Galilee," *Galilee from Alexander the Great to Hadrian*, 155-255을 보라.

(1) 한 가지 극단은 금욕주의적인 관점에서 모든 물질적인 관심을 부정하는 것이다. 유대교의 몇몇 부류에서 이것을 발견할 수 있다.[24]

(2) 또 다른 극단은 미래의 육체적인 필요를 위해 양식을 만드는 것을 믿음의 부족을 보여주는 것이라고 생각하는 것이다. 하나님의 백성들을 위한 하나님의 규칙적인 패턴은 매일의 필요를 돌보기 위한 자원들을 책임 있게 관리하는 것임이 상식이다. 예를 들어, 충분한 양식으로 희생과 제사를 공급할 수 있도록 하나님의 율법의 상당한 부분이 삶을 규제했다(출 22-23장). 게으름뱅이는 이웃들이 자기를 지원할 것으로 예상하는 사람이다. 이런 이들은 여름날에 겨울에 필요한 것들을 모으는 상식을 개미로부터 배워야 한다(잠 6:6; 30:25). 요셉의 삶을 돌보신 하나님의 조예는 장차 가뭄이 들 칠 년 동안에 사용할 곡식을 저장하도록 바로에게 조언하는 것을 포함했다. 하나님은 그것으로 요셉의 식구들을 구하는데 사용하셨다(창 42:33-36; 45:7). 책임 있는 부모들은 자녀들을 위해서 저축하곤 한다(고후 12:14). 하나님은 우리가 상식을 사용하여 미래에 필요한 것들을 준비하기를 원하신다. 그것은 하나님이 자기 백성들의 주인이요 공급자로서의 위치를 유지시키시는 한 방식이다.

(3) 세 번째 극단은 부분적으로라도 이윤을 남기기 위한 목적으로 사업과 상업에 참여함은 믿음이 부족한 것이라고 예수가 가르치고 있다고 생각하는 것이다. 다시금 자기 백성들을 위한 삶에 대한 하나님의 명령은 현명한 비즈니스 감각을 포함한다. 현명한 여인에 대한 칭찬은 이것을 가르쳐준다(잠 31:10-31). 예수는 재능의 비유에서 현명한 사업과 저축의 습관을 칭찬하신다(마 25:14-30). 야고보는 마태복음 6:34의 예수의 진술에 의존한 것으로 보이는데, 그는 "주의 뜻이면 우리가 살기도 하고 이것이나 저것을 하리라"(약 4:15)고 말함으로써 현명한 사업 계획의 올바른 균형을 설정한다. 우리는 미래를 알 수 없지만 하나님은 아신다. 그러므로 현명한 사업가는 하나님의 뜻을 구한다.

(4) 마지막 극단은 모든 부유한 사람들이 그들의 하나님으로서 돈에 무릎을 꿇은 것으로 생각하여 부자들이 하나님의 제자가 될 수 없다고 간주하는 것이다. 위에서 살펴본 것처럼, 하나님의 복을 받은 표지가 물질적인 부가 될 수도 있다. 아브라함은 매우 부자였다(창 13:2). 하지만 그는 하나님의 친구라 불렸다(대하 20:7;

24. 예를 들어, 에녹1서. 108:8-9을 보라: "하나님을 사랑하는 사람들은 금이나 은을 사랑하지 않고, 세상에 속한 모든 좋은 것들을 사랑하지 않는다. 그들은 육체를 고통에 거하게 한다—그들의 순수한 존재의 시간부터 세상의 음식을 갈망하지도 않고, 그들 자신을 (단순히) 지나가는 숨으로 간주했다."

사 41:8; 약 2:23). 욥이 시험을 받은 후에 그의 삶에 대한 하나님의 복은 두 배로 늘어났다(욥 42:10-15). 삭개오가 회심하였을 때 상당한 재물을 갖고 있었던 세관원이었다. 그래서 그는 자기가 갖고 있던 것의 절반을 나누어주었고, 남에게 착취한 것이 있으면 네 배나 갚을 것을 약속하였다. 이것은 그가 아직도 상당한 재물을 갖고 있었음을 암시한다(눅 19:2-10). 아리마대 요셉은 부유한 예수의 제자였다(마 27:57). 그는 주님의 장사를 예비하는 특권을 가질 수 있는 부를 간직할 수 있도록 허락 받은 제자의 사례다.

모든 제자들을 위한 핵심적인 사실은 어떤 다른 신을 갖지 않는 것이다—그것이 돈이든, 성공이든, 자기 자아이든 말이다. 오직 먼저 주의 나라와 의를 구함으로써 예수를 우리의 주인이요 공급자로 두라.

현대적 의미

내가 여러 번 보았던 잘 알려진 범퍼 스티커 몇 개는 현대 세계의 우상숭배를 표현해 준다: "많은 장신구를 갖고 죽는 사람이 승리한다." "죽으면 그것으로 끝이다." 이 잠언의 이면에 있는 철학적 사상에 따르면 이 땅의 삶과 사후의 삶이 아무런 실제적 의미를 갖지 못함으로 이 세상의 물질주의와 쾌락에 가치를 두고 열심히 노력하라는 야망을 독려한다.

이스라엘은 바벨론으로 포로로 잡혀갔다. 이교도의 우상을 숭배한 벌로 인한 것이다(렘 25:1-11). 그들이 포로에서 돌아왔을 때, 한 민족으로서 다시는 우상숭배의 형태에 굴복하지 않았을지라도, 또 다른 형태의 우상숭배가 그들에게 판을 쳤다. 물질주의의 신인 맘몬을 섬기는 것으로서 말이다. 현대 세계에서 우리는 이교도의 우상에게 절하는 것은 생각할 수 없지만, 물질주의와 쾌락을 실제적인 신으로 만든 이스라엘의 유혹에서 배워야 한다. 물질주의는 지금 세계적인 유혹이라고 할 수 있는 만연한 암이다. 이루어놓은 삶의 스타일을 어떻게 유지할 수 있는가 하는 것으로 사람들은 끊임없이 염려한다.

물질주의의 우상. 사람들이 이 땅에서 "재물"을 축적하는 몇 가지 이유가 있다.

- **안전.** 우리는 자신이 보호를 받고 있음을 알기 원한다. 인생과 영혼의 가장 커다란 안전을 가져오는 것은 물질적인 안전함을 갖는 것이다.
- **개인의 가치, 평가, 척도.** 물질적인 소유와 부가 사람들이 그들의 생애에서 성공했음을 가리키는 것으로 자주 인식한다. 좋은 옷을 입고 좋은 차를 운전하며,

좋은 식사를 하며, 집안을 잘 꾸몄을 때, 스스로 좋은 느낌을 갖는다.

- **권세**. 부와 물질적인 성공으로 인해 원하는 것을 가질 수 있고 얻을 수 있고 될 수 있다고 믿는다. 부가 자신의 운명과 다른 사람들을 조절할 수 있다고 여긴다.
- **자유로움**. 재물로 인해 스스로 "신"이 될 수 있다. 어느 것에도 의존하지 않을 수 있다.
- **즐거움**. 재물로 인해 모든 환상적인 것들을 탐닉할 수 있다. 그것이 에로틱한 여행이든, 사치스러운 결혼식이든, 멋진 식사이든, 가장 사치스러운 집이든지 간에 말이다.

시편기자는 재물을 추구하는 삶을 지독히 추구하는 사람들에게 현명한 관점을 제시하고 진부한 범퍼 스티커의 철학을 파기시킨다.

> 사람이 치부하여 그의 집의 영광이 더할 때에 너는 두려워하지 말지어다 그가 죽으매 가져가는 것이 없고 그의 영광이 그를 따라 내려가지 못함이로다 그가 비록 생시에 자기를 축하하며 스스로 좋게 함으로 사람들에게 칭찬을 받을지라도 그들은 그들의 역대 조상들에게로 돌아가리니 영원히 빛을 보지 못하리로다 존귀하나 깨닫지 못하는 사람은 멸망하는 짐승 같도다(시 49:16-20).

물질적인 부를 좇는 삶은 어두운 공간을 채우려는 빈약한 시도다. 이 공간은 우리의 유일한 주인이시오 공급자이신 예수에게 고정된 선한 눈에 의해서만 사실상 채워질 수 있다. 우리는 자주 스스로 이렇게 묻는 것이 좋다. "내 삶에서 가장 가치 있는 것은 무엇인가?" 그리고 어디에다가 시간을 사용하고 삶을 투자하며, 돈을 어디에 소비하는가를 평가해야 한다. 시간이든, 관계이든, 돈이든 간에 좋은 계수는 우리의 가치에 대한 좋은 척도다.

돈, 재물 그리고 소유는 성경에서 적어도 세 가지 주요한 목적을 갖는다. (1) 자기 가족을 적절히 돌보고, 그들이 다른 이들에게 짐이 되지 않게 하는 것(살전 4:11-12; 살후 3:6-15; 딤전 5:8). (2) 궁핍한 사람들 특히 믿음의 공동체에 속하는 가족을 돕는 것(잠 19:17; 행 11:27-30; 롬 15:25-27; 고후 8:1-15; 갈 6:7-10; 엡 4:28; 딤전 5:3-7). (3) 하나님 나라의 복음을 가정과 세상에 확신시키는 하나님의 일을 지원하고 고무시키는 것(고전 9:3-14; 빌 4:14-19; 딤전 5:17-18). 삶의 중심에 예수를 둠으로써 갖고 있고 존재하는 것으로 그를 섬기고 사랑한다면, 우리는 삶의 모든 축복을 적절히 사용하여 물질주의의 현대적 우상숭배를 피하게 될 것이다.

염려의 우상숭배. 우리가 염려를 우상숭배의 형태로 생각하지는 않을지라도, 염려가 우리의 눈을 예수에게서 멀어지게 한다면 그것은 우상숭배나 다름없다. 우리는 좌절과 낙심과 두려움으로 하나님을 대신하고 환경을 스스로 노력하여 지배하려고 애쓴다. 이렇게 하는 것은 힘든 세상이 될 수 있고, 결과에 대한 근심은 우리를 마르게 한다. '타임' 지의 최근 표지 이야기는 현 세상의 삶과 세계적인 문제에 대한 생리적, 감정적, 심리적 반응으로서 염려가 대단히 높다는 증거를 제공한다. 수많은 사람들이 염려함으로 아파하고 있다.[25]

나는 이런 문제들을 어머니들이 많이 겪고 있음을 자주 놀라워한다. 이 글은 자주 나타나는 현상을 단정적으로 선언한다.

> 새벽 4시만 되면 당신은 눈이 번쩍 떠진다. 손은 땀에 젖어 있고, 심장은 두근거린다. 당신은 자녀에 대해서 염려하고 나이든 부모에 대해서 염려한다. 또한 당신 자신의 건강과 성적인 생활에 대해서도 염려한다. 당신 옆에서 편안히 잠자고 있는 배우자는 모든 것을 망각하고 있다. 그는(또는 그녀는) 어둠 속에 잠복하고 있는 위험을 보지 못하고 있는가? 그럴 것임이 확실하다. 그렇지 않았다면, 이런 판국에 휴가 기간에 플로리다로 여행하는 것을 지난밤 저녁 시간에 점잖게 말할 수 있겠는가?[26]

어머니들은 특별한 염려들을 갖고 있다. 자녀를 잉태하였을 때, 아기의 태어남과 이 어리고 약한 복덩이를 어떻게 돌볼 것인지를 염려한다. 어머니들은 자녀들의 건강한 성장과 좋은 친구들과 그 영향에 대해서 염려한다. 그들은 자녀들이 누구와 결혼할 것인지를 생각하고, 어머니로서 이 모든 책임을 감당할 수 있을지를 염려한다. 나아가서 어머니들은 어머니로서의 자신의 실패를 우려한다. 자녀들을 충분히 잘 훈련하고 사랑하였는지, 그들을 충분히 잘 이끌고 자유하게 하였는지, 또는 적합한 보상과 제한을 주었는지를 걱정한다. 물론 아버지들도 이와 동일한 활동에 관여하지만 어머니의 특별한 역할은 자녀들을 양육함에 있어서 과거와 미

---

25. Christine Gorman, "The Science of Anxiety," *Time* 159(June 10, 2002): 46-54.
26. Ibid., 46.

래를 보다 직접적으로 염려한다.

다른 신학교에서 짧은 시간 가르쳤을 때, 워렌 위어스비가 채플 설교 시간에 인상적인 코멘트를 하는 것을 들었다. "두 도둑들—어제의 후회와 내일의 염려—사이에서 우리는 십자가에 못 박혀 있다는 말을 자주 듣는다."[27] 어머니가 예수에게서 다른 곳으로 눈을 돌릴 때, 그녀의 책임 있는 근심은 자주 좌절이나 두려움 또는 절망의 염려로 바뀐다.

우리 이웃에 사는 한 여인이 염려를 많이 하는 문제를 갖고 있었다. 그녀의 자녀들이 모두 어느 정도 고통을 그녀에게 야기하였지만, 그들은 근본적으로 좋은 아이들이다. 그녀의 남편은 열심히 일하는 사람이지만 아주 좋은 사업가는 아니다. 그들은 과거에 재정적인 문제를 상당히 갖고 있었고, 지금은 파산을 걱정하고 있다. 그들은 신자들은 아니었고, 걱정이 그녀를 매일 지치게 하고 있었다. 그녀는 밤에 잠을 자지 못하고, 끊임없이 장래의 일을 노심초사하고 있다. 이제 그녀는 고혈압과 심장질환에 시달리고 있다. 그녀의 가장 긴급한 필요는 어제에 대한 후회를 보내고 내일에 대한 염려를 중단하는 것이다.

맥스 루카도는 어머니들을 위한 작은 경건서를 썼다. 그 책에는 "어찌하여 그리고 어떻게: 걱정의 짐"이라는 타이틀이 붙은 항목이 들어 있다. 그는 거기서 어머니들이 매우 잘 되묻는 질문을 기술한다. "'내가 어찌하여 코를 고는 남자와 결혼했는가?', '어떻게 아기의 학비를 댈 수 있는가?'"[28] 마태복음 6:34에서의 예수의 말씀을 설명하는 루카도는 "하나님이 그때가 되면 아주 어려운 일이라도 네가 감당할 수 있도록 도우실 것이다"라고 말한다. 그는 "그때가 되면"이란 어구에 특히 초점을 맞추어 어머니들에게 건강한 조언을 한다.

> "나는 내 남편이 죽는다면 어떻게 할지 모르겠어." '그때가 되면' 네가 할 수 있을 것이다.
>
> "내 아이들이 이 집을 떠나게 되면, 나는 이 집을 돌볼 수 없다고 생각해." 그것이 쉽지 않은 일이지만, '그때가 되면' 감당할 수 있는 힘이 생길 것이다.
>
> 핵심은 이것이다: 오늘의 문제를 오늘의 힘으로 감당하라. 내일의 문제를 내일까지 시비하지 말라. 당신은 아직 내일의 힘을 갖고 있지 못하다. 당신은 지금 오늘 감당할

27. 이 채플 메시지는 Trinity Evangelical Divinity School에서 1998년 11월 9일에 박사과정의 학생들과 교수들에게 행해졌다.
28. Max Lucado, *Traveling Light for Mothers*(Nashville: W Publishing Group, 2002), 65.

힘만을 충분히 갖고 있다.[29]

아내와 나는 예수와의 관계에서 오늘의 힘을 찾는 '염려하는 어머니들' 을 돕는 일을 하고 있다. 하지만 여기서 루카도의 조언은 우리 모두에게 해당된다. 우리는 한때 청구된 어음으로, 십대의 자녀가 늦은 밤에 집에 돌아오지 않음으로, 또는 해야할 일의 마감이 다가옴으로 잠을 자지 못하고 초조한 적이 있을 것이다. 우리는 모두 결혼이나 자녀의 양육을 앞두고 잘 감당할 수 있을지를 고민한 적이 있었을 것이다. 세속적인 대중가요가 이렇게 조언한다. "걱정하지 말라. 행복하라." 그렇다. 우리는 행복하기를 원한다. 하지만 바라는 것이 그대로 일어날 수는 없다. 걱정을 이기는 열쇠는, 오늘의 성취는 내일의 교훈이 되기 때문에, 오늘 우리 앞에 놓인 것을 이루기 위해서 하나님의 능력을 이용하는 방법을 배우는 것이다.

실제로 이 행복이 발생할 수 있게 하는 가장 중요한 방법 중 하나는 내일을 하나님께 의탁하면서 하나님이 하시고 있고 하신 일에 대해서 감사하는 마음을 규칙적으로 표현하는 것을 배우는 것이라고 나는 믿는다. 걱정의 추세를 바꿀 수 있는 방법은 우리가 갖고 있는 것과 하나님이 하신 일을 돌아보고, "감사합니다"라고 말하는 것이다. 그것이 "진정한 마음으로 감사를 드리라"는 감동적인 합창의 주제이며, 우리 대부분은 한때에 그 찬양을 불렀다.[30] 하나님은 우리의 주인이시오 공급자이시다. 그는 우리가 진실로 "감사합니다"라고 말할 수 있는 하나님 나라의 삶과 하나님 나라의 우선 순위 그리고 하나님 나라의 가치를 우리들에게 주신 분이시다.

29. Ibid., 74-75.

30. Henry Smith, "Give Thanks with A Grateful Heart," words and music: ⓒ 1978 Integrity's Hosanna! Music, Glyndley Manor, Stone Cross, Pevensey, East Sussez BN24 5BS.

마태복음 7:1-12

1 비판을 받지 아니하려거든 비판하지 말라
2 너희가 비판하는 그 비판으로 너희가 비판을
받을 것이요 너희가 헤아리는 그 헤아림으로
너희가 헤아림을 받을 것이니라
3 어찌하여 형제의 눈 속에 있는 티는 보고 네
눈 속에 있는 들보는 깨닫지 못하느냐
4 보라 네 눈 속에 들보가 있는데 어찌하여 형
제에게 말하기를 나로 네 눈 속에 있는 티를
빼게 하라 하겠느냐
5 외식하는 자여 먼저 네 눈 속에서 들보를 빼
어라 그 후에야 밝히 보고 형제의 눈 속에서
티를 빼리라
6 거룩한 것을 개에게 주지 말며 너희 진주를
돼지 앞에 던지지 말라 그들이 그것을 발로
밟고 돌이켜 너희를 찢어 상하게 할까 염려
하라
7 구하라 그리하면 너희에게 주실 것이요 찾으
라 그리하면 찾아낼 것이요 문을 두드리라
그리하면 너희에게 열릴 것이니
8 구하는 이마다 받을 것이요 찾는 이는 찾아
낼 것이요 두드리는 이에게는 열릴 것이니라
9 너희 중에 누가 아들이 떡을 달라 하는데 돌
을 주며
10 생선을 달라 하는데 뱀을 줄 사람이 있겠느냐
11 너희가 악한 자라도 좋은 것으로 자식에게
줄 줄 알거든 하물며 하늘에 계신 너희 아버
지께서 구하는 자에게 좋은 것으로 주시지
않겠느냐
12 그러므로 무엇이든지 남에게 대접을 받고자
하는 대로 너희도 남을 대접하라 이것이 율
법이요 선지자니라

원 의미

예수는 재물과 염려에 관한 개인적인 유혹을 제자들에게 경계하신 것에서 상호간의 인간관계에서 나타날 수 있는 유혹에 대한 경계로 전환하신다. 이것은 제자들을 위한 하나님 나라의 본질적인 주제를 전달한다. 구약성경에 나타난 하나님의 원 뜻을 이루는 하나님 나라의 삶에 대한 해석적인 원리를 주신 후에(5:17-48), 예수는 제자들에게 실제 세계에서 참된 하나님 나라의 삶을 어떻게 발전시킬 수 있는지를 가르치시는 것으로 나아간다(6:1-7:12). 이 단락은 이 주제를 다루는 세 단락 가운데 세 번째다(6:1-18 서두의 설명을 보라). 여기서 예수는 공동체의 관계에서 '대인 관계적' 인 하나님 나라의 영성을 제자들에게 말씀하신다(7:1-12).

예수는 상당한 시간을 종교 지도자들의 위선, 즉 사람들의 칭송을 받기 위한 의의 외적인 과시를 비판하는데 쏟으신다(6:1-18). 이제 주님은 그의 제자들도 위선에 빠질 수 있음을 인식하신다(7:1-5). 그때에 예수는 반대편 극단 즉, 분별 없음에 경고의 말씀을 덧붙이신다(7:6). 두 극단을 피하는 것은 사람의 힘으로는 불가능하다. 그러므로 예수는 이 문제와 다른 문제들에서 균형을 이루는 삶을 사는 방법을 제자들에게 보이기 위해서 기도의 항목을 삽입시키신다(7:7-12). 하나님 나라의 삶은 제자들이 다른 이들과의 관계에서 적절하게 살게 한다. 하나님 나라의 삶은 부적절한 판단의 태도에서 건져 내주고, 이 세상에서 참으로 고통을 주는 사람들에게 속지 않게 보호해준다.

부적절하게 다른 사람들을 판단하는 문제(7:1-5)

예수는 "비판을 받지 아니하려거든 비판하지 말라"고 경고하신다. 이 경고는 뒤이어지는 단락(7:1-5)의 원리를 설정해준다. 비판을 당하는 구체적인 이슈가 나타나 있지는 않지만, 그것은 폭넓은 적용을 할 수 있게 해준다. 동사 "비판하다"('크리노')는 문맥에 따라 서로 다른 많은 뉘앙스가 들어 있다. 그 용어의 의미는 통상적인 식별이나 평가(참조. 눅 7:43)에서 사법적인 기소(마 5:40), 상의 수여(19:28), 범죄의 선언(요 7:51), 그리고 한 사람의 운명에 대한 절대적인 결정(5:22; 8:16)에 이르기까지 범위가 넓다. 후자의 두 경우 즉 죄를 지었다고 선언하거나 한 사람의 운명에 대하여 판단하는 일이 여기에 염두에 두어지고 있다. 예수는 제자들에게 다른 이들보다 자신을 높게 설정하지 말 것과 하나님 앞에서 다른 이들의 죄를 선언하지 말 것을 경고하신다. 우리는 이런 종류의 판단을 조심해야 한다. 우리도 지금 자신이 정죄하고 있는 것보다 더 나쁜 죄를 범한 것으로 판단을 받을 수 있기 때문이다. 유사한 의미가 시락서 18:20에 나타난다: "판단하기 전에 네 자신을 살펴라. 이 살핌의 과정에서 당신은 용서를 발견하게 될 것이다." 야고보는 "입법자와 재판관은 오직 한 분이시니 능히 구원하기도 하시며 멸하기도 하시느니라 너는 누구이기에 이웃을 판단하느냐"(약 4:12)라고 경고한다.

예수는 이 경고의 원리를 재강조하신다. "너희가 비판하는 그 비판으로 너희가 비판을 받을 것이요." 헬라어 원문은 더 강조적이다. "너희가 판단하는 판단으로 너희가 판단을 받을 것이요." 그것이 산상수훈의 이전 원리를 반복하고 있음을 인식한다면, 이 경고의 배후에 있는 근본적 이유를 이해할 수 있을 것이다.[1] 판단에 대한 경고는 다섯 번째 복("긍휼히 여기는 자는 복이 있나니 그들이 긍휼히 여김을 받을 것임이요")에서 예수가 설파하신 긍정적인 복을 역으로 말씀하신 것이다. 이 경고는 주기도문의 다섯 번째 간구의 요지도 반복하고 있다. "우리가 우리에게 죄 지은 자를 사하여 준 것 같이 우리 죄를 사하여 주시옵고"(6:12). 천국의 도래로 하나님의 자비에 영향을 받은 참된 제자들은 다른 이들을 판단하지 않고 자비를 베풀 것이다. 참된 제자들은 용서를 받았기 때문에 다른 이들을 용서할 것이다.

다시 말해서 우리가 다른 이들을 판단하는 삶의 패턴에 빠진다면 그것은 우리가 하나님 나라의 참된 멤버가 아님을 보여주는 것이다. 절대적인 판단은 이것이 마치 그 문제에 마지막 선언인 것처럼 다른 이들의 죄를 단정적으로 선언하는 것이다. 자기 자신과 일을 하는 자신의 방식 그리고 자신의 견해를 절대적인 기준으로 삼는 사람은 잘못된 사람이다. 하나님만이 이런 방식으로 판단하실 수 있기 때문에 그는 하나님의 자리를 찬탈하고 있다.

제자들이 이런 비판적인 정죄적 태도를 삶의 패턴으로 발전시킨다면, 그들은 다른 이들과의 관계에서 사랑을 배제시키는 격이 된다. 예수가 베푸신 사랑의 종류는 제자들로 하여금 선한 것을 다른 이들에게 행하게 하는 것이지 정죄하게 하는 것이 아니다. 사랑을 갖지 않고, 마음에 악의적인 정죄의식을 갖는다면, 우리가 하나님의 자비와 용서를 진정으로 알지 못하고 있음을 보여주는 것이다. 신적인 수동태인 "너희가 비판을 받을 것이요"는 오직 절대적으로 판단하실 수 있는 심판자로서의 하나님이 주어임을 가리킨다.

이 경고는 "너희가 헤아리는 그 헤아림으로 너희가 헤아림을 받을 것이니라"는 평행적인 훈계로 계속 이어진다. 그것은 간음에 대한 랍비의 규율에서 발견할 수 있는 경고적인 논조와 유사하다. "자기가 재는 그 헤아림으로 그는 헤아림을 받게 될 것이다"(m. *Soṭah* 1.7). "헤아림"은 무게나 거리를 재는데 사용했던 저울, 그릇, 또는 막대기가 될 수 있지만 여기서처럼 "헤아림"이란 용어는 하나님의 균등한 판단을 지칭하는 것으로 자주 비유적으로 사용되었다(참조. 23:32).

예수가 사용하신 비유는 비판자가 정죄하는 구체적인 이슈가 중대한 결론이 되지 않음을 가리킨다. 다시 한번 예수는 자신의 요지를 설명하는 언어의 방식으로서 과장법(의도적인 과장; 참조. 5:29-30)을 사용하신다. "어찌하여 형제의 눈 속

---

1. 부르너는 7장의 첫 네 페리코프(pericope)를 흥미롭게 "요약"이라고 부른다. 그것이 이전의 산상수훈의 가르침을 상당히 요약하고 있기 때문이다. Frederick Dale Bruner, *Matthew 1-12, The Christbook: A Historical/Theological Commentary*(Waco, Tex.: Word, 1987), 272.

에 있는 티는 보고 네 눈 속에 있는 들보는 깨닫지 못하느냐?" 이 비유는 목수의 아들로서 예수의 배경이 표면에 깔려 있다(13:55). "티"('카르포스')는 작은 점이나 줄기를 가리킨다. 이것은 "들보"('도코스')와는 비교되는 하찮은 것을 나타낸다. 이 대조는 비판자가 갖고 있는 문제의 중대함과 비교되는 비판받는 자의 문제의 하찮음의 차이를 설명해준다. 비판자는 자신의 영적인 시각이 눈의 들보로 인해 손상을 입고 있기 때문에 다른 이들에게 도움을 줄 수가 없다.

실제 문제는 비판자가 "위선자"("외식자", 7:5)라는 사실이다. 예수는 "외식하는 자여"라는 단수 호격을 사용하신다. 여기서 그것은 위선이 예수를 따르는 자들 중에서도 감지되고 있음을 시사하면서 그 비난을 의인화한다. 이전처럼(참조. 6:2, 5, 16), 위선은 자신의 내적 부패를 심지어 자기 자신으로부터도 가리는 의의 외적인 행위만을 수행하는 것을 의미한다. 이 경우에 위선자(외식자)가 동료 제자들의 죄를 분명하게 볼 수 있다고 생각하고 하나님 앞에서 그들을 정죄하지만, 자신의 독선적이고 판단적인 태도를 보지 못한다.

위선은 치료할 수 있는 죄다. 제자들은 자기를 살피고 고백함으로써 그것을 근절할 수 있다(7:5). 하지만 위선은 더 치명적인 죄로 나타날 수 있다. 예수의 사역에서 사람들이 예수에게 왔지만 결코 진심으로 그를 믿은 것이 아니다. 주요한 사례가 가룟 유다의 경우이고, 이외에도 스스로 제자라 했던 많은 사람들이 있었지만, 그들은 진심으로 믿지 않았다(예. 요 6:60-66). 예수는 명목상의 제자들에게 자기를 살필 것을 요청하신다. 외식자는 하나님을 알지 못하기 때문이다(6:1-2의 주석을 보라). 종교성이 제자들을 위선으로 눈멀게 할 수 있다.[2] 제자들은 다른 이들의 잘못이 무엇인지를 알고자 하기 전에 자신의 영적인 치유와 용서를 가져올 수 있도록 하나님께 구해야 한다. 제자들이 자기 의의 들보를 제할 때, 형제들이 갖고 있는 티를 겸손의 눈으로 볼 수 있다. 제자된 공동체의 표지가 다른 이들의 삶에 있는 죄의 "티"를 제하도록 돕는 책임이 될 수 있을지라도(참조. 18:15-20), 그것은 독선적인 판단의 들보를 제거한 겸손하게 자기를 돌아보는 삶에서 나온다(갈 6:1-5). 그때서야 올바른 태도를 갖는 회복이 발생한다. "자기 비판이 있은 후에야, 정죄보다는 구속적인 공감의식에 기초한 관계가 형성된다."[3]

2. Morris, *Matthew*, 167: "자기 자신에 대한 상당한 무지는 다른 사람들, 특히 그들의 잘못을 알고 있다는 교만한 자기 과시와 자주 결합되는 인간 종족의 묘한 특징에 예수는 관심을 기울이신다."

3. William F. Warren, "Focuses on Spirituality in the Sermon on the Mount," *Theological Educator* 46(1992): 121.

적절하게 다른 이들을 평가하라(7:6)

예수는 다음에 위선적으로 판단하는 일의 반대편 극단에 있는 문제에 대해 말씀하신다: 순진한 수용. 예수는 옳고 그른 것 또는 좋고 나쁜 것을 적합하게 식별할 것을 요청하신다(7:6, 15-23). 이 세상에 사는 동안에 제자들은 규칙적인 평가를 해야하기 때문이다. 이때에 제자들은 현명하고 분별력이 있어야 한다.[4] 무엇보다도 "거룩한 것을 개에게 주지 말라." 현대의 독자들에게서 "개"는 잘 훈련된 가정용 개의 이미지를 연상할 것이나, 고대 세계에서 개란 더러운 곳에서 살며 음식을 찾아 헤매며 거리를 달리는 동물을 의미한다(시 59:14-15). 사람을 개로 표현하는 것은 심각한 모욕이었다. 이는 그 사람의 신분을 사회 계급에서 가장 하층민으로 축소시키는 것과 마찬가지다(삼하 16:9). 비유로서 "개"는 이스라엘의 언약 공동체와는 동떨어진 사람들이나 이스라엘의 대적들을 가리키는 모욕적인 지칭이었다.[5] 하지만 여기서 개의 언급은 더 넓으며, 이는 예수의 제자들에게 적대적인 모든 사람들을 포함한다. 이 문맥에서 "거룩한 것"은 하나님 나라의 복음의 메시지를 주로 언급한다. 이는 거룩한 메시지가 예수의 초대를 거부했거나 비수용적인 사람들에 의해 모독을 당할 수 있음을 가리킨다.[6]

개의 이미지는 돼지라는 유사한 이미지에 의해 강화된다. "너희 진주를 돼지 앞에 던지지 말라." 고대 세계에서 돼지는 "뚱뚱한 돼지"로 대변되는 우화적인 성격과는 상당히 다르다. 고대 지중해에 많은 사람들에게서 돼지가 상당히 비싼 음식이었을지라도, 유대인들(그리고 고대의 제사장 계열의 애굽인들)은 돼지고기를 먹는 것을 거부했다. 개처럼 돼지도 속된 짐승으로 여겼기 때문이다. 돼지의 게걸스러운 습관은 유대인들에게는 비난받을 습관인 부패한 음식을 먹기까지 했을 것이다. 돼지는 들판을 망쳐놓기 때문에 자주 위험스러운 동물에 속했다(시 80:13). 그리고 거리를 달리는 야생 돼지는 어린 아이들을 죽음에 이르기까지 했다.[7]

"진주"는 천국 메시지의 가치를 상징한다(13:45-46의 주석을 보라). 아주 가치있는 것들은 그러한 소중한 진리를 인식하지 못하는 사람들에게 주어서는 안 된

4. 또한 7:16-20; 10:11-15; 16:6, 12; 18:17-18의 주석을 보라; 참조. 고전 5:5; 요일 4:1.
5. 삼상 17:43; 시 22:16; 잠 26:11을 보라. 더 자세한 배경을 위해서는 마 15:26-28의 주석을 보라; 또한 "Dogs and Pigs in the Ancient World," in Wilkins, "Matthew," 51의 보조적인 해석을 보라.
6. Hagner, *Matthew*, 171-72.
7. "Dog," "Pork," *DJBP*, 172; "Animals," "Dogs," "Swine," *DBI*, 29, 213-14, 834-35; Edwin Firmage, "Zoology," *ABD*, 6:1130-35, 1143-44을 보라.

다. 천국 메시지의 거부가 그들의 본성을 드러낸다.

예수의 제자들은 사람들을 판단하지 않고 액면대로 간주하는 것이다. 그들의 행동이 천국의 대적자들인 것을 보여주는 사람들이 있다. 개와 돼지는 위험스럽고 의식적으로 불결한 짐승으로 성경의 다른 곳에서도 같이 연관되어 나온다(사 66:3; 벧후 2:22). 야생 동물들의 기괴한 행동은 두려움을 낳았다. 몹시 배고픈 야생동물들은 사람들을 공격하여 잡아먹기도 하였기 때문이다(참조. 시 22:16-17). 여기서 이 짐승들의 이미지는 천국의 메시지를 거부한 사람들의 위험성에 대해 제자들에게 경고한다. 이는 생각이 오로지 복음을 조롱하고 욕되게 하는데 있는 사람들에게 천국 복음을 선포하는 잘못된 열심에 대해 경고하신다.

다른 사람들과의 관계에서 하나님의 인도(7:7-12).

예수가 지금 산상수훈을 결말로 가져오고 있음을 이해하기 전까지는 이전 구절과 이 구절의 연관성이 다소 없는 듯 보인다. 이 구절에서 예수는 타락한 세상에서 참된 천국생활을 사는 법을 배울 때 제자들의 안정성의 근원에 초점을 맞추신다.

구하고, 찾고, 두드려라(7:7-8). 판단하지 말고 다른 이들을 현명하고 적절하게 평가하는 원리를 적용하기 위해서 제자들은 응답받을 것이라는 기대감으로 하나님 아버지께 나아가야 한다. "구하고…찾고…두드리라 그러면 그 문이 너희에게 열릴 것이다." 예수의 제자들이 긍휼을 베풀고 용서하면서도 동시에 현명하게 분별하고, 다른 제자들을 의심하지 않으면서도 공동체에 해를 입히는 사람들을 경계하며, 판단하지 않으면서도 사람들의 참된 성품을 알 정도로 현명하게 관찰하여 적합하게 그들을 대하는 것은 쉬운 일이 아니다. 예수의 제자들은 기도할 때 하나님이 공급하시는 역사로 인해 7:1-5와 7:6의 극단을 피할 수 있다.

"구하는" 것은 자연스럽게 기도를 가리키지만 "찾고" "두드리는" 것도 기도에 대한 비유다. 사도 요한의 계시에서 교회가 듣고 문을 열고 예수와 친밀한 교제를 나눌 수 있도록 부활하신 예수가 문을 "두드리는" 모습이 나온다(계 3:20).[8] 어떤 이들은 "구하고, 찾고, 두드리는" 현재 명령법을 실제적으로 동의어인 것처럼 여길지라도,[9] 예수가 이것을 통해 기도가 더 강렬해지는 상태를 나타내고 있고, 아버지

8. Wilkins, "Prayer," *DLNTD*, 941-48.

9. John Broadus, *Matthew: An American Commentary*(Valley Forge, Pa.: Judson, 1886), 158.

앞에서 살아가는 제자의 삶의 일관된 방식을 가리키는 것으로 보는 것이 더 좋다.[10] "구하다"는 아이가 아버지에게 나아오는 것처럼 겸손과 필요의 의식으로 하나님께 나아오는 것을 가리킨다. "찾다"는 하나님의 뜻을 추구하는 책임 있는 활동과 기도를 연관시킨다. 즉 기도자가 직장을 구하기 위해서 기도하고 동시에 직장을 찾기 위해 나아가는 것처럼 말이다. "두드리다"는 구하고 찾는 일의 인내를 포함한다. 제자들이 불신 가족의 구원을 위해서 기도로 인내하고 일생에 걸쳐서 복음을 말하고 살아가는 것처럼 말이다.[11] 예수의 제자들은 하나님의 뜻을 끊임없이 추구하는 삶의 양태를 가지고 하나님 아버지가 응답하실 것을 기대하는 부단한 결의를 유지하면서 하나님께 구해야 한다.

하지만 이런 현재 명령법이 제자들이 기도 속에서 '인내'를 보여야 함을 가르치고 있다면, 평행하는 반응들은 하나님 아버지가 그들의 기도에 응답하리라는 '확증'을 또한 알아야 함을 가르친다. 예견적인 반응—"너희에게 주실 것이요…찾아낼 것이요…너희에게 열릴 것이니"—은 제자들의 기도 응답의 놀라운 확증을 전하는 것을 반복한다. 그들의 기도가 응답되는 것은 소수가 아니라, 제자로서 예수를 따랐던 모든 사람들을 의미하는 "구하는 이마다"이다.

떡…돌…생선…뱀(7:9–11). 예수는 하나님이 아시기에 자녀들에게 좋은 것으로 하나님 아버지가 응답하실 것임을 증거하심으로써 기도 응답의 확실성을 가르치신다. "너희 중에 누가 아들이 떡을 달라 하는데 돌을 주며 생선을 달라 하는데 뱀을 줄 사람이 있겠느냐"(7:9-10). 유대인의 일상적인 식탁에 항상 올라오는 음식은 떡과 고기다. 책임 있는 인간 아버지들이 떡과 유사한 돌로 자녀들을 속이거나 심술을 피우지 않으며, 생선과 유사한 뱀으로 자녀들을 속임으로써 그들에게 상처를 입히지 않는다. 그처럼 책임 있는 아버지가 자녀들에게 일상생활에 필요한 양식을 정확하게 자녀들에게 공급한다면, 절대적으로 믿을 수 있는 하늘에 계신 하나님 아버지는 제자들이 진정으로 필요로 하는 것들을 항상 공급하실 것이다.

예수는 유대 랍비의 해석에서 '칼 와호머'라 불리는 포티오리(fortiori, 인정된 결론에서 더 자명한 결론을 도출해 내는 것) 논증으로 결론을 짓는다.[12] "너희가 악한 자라도 좋은 것으로 자식에게 줄 줄 알거든 하물며 하늘에 계신 너희 아버지께

10. France, *Matthew*(1985), 144.
11. Hendricksen, *Matthew*, 361-62.
12. 더 광범위한 사례를 위해서는 Keener, *A Commentary on the Gospel of Matthew*(1999), 247 n. 231을 보라.

서 구하는 자에게 좋은 것으로 주시지 않겠느냐"(7:11). 더 못한 자의 경우가 사실이라면(타락한 이 세상의 악에 물든 육신의 아버지의 활동), 더 위대하신 자의 경우(하늘 아버지의 응답)는 "하물며" 더 사실이지 않겠는가! 아담과 하와의 죄로 말미암아 인류에게 죄가 들어와서 악하게 되었을지라도, 세상의 아버지들은 자녀들을 올바로 대하려는 본질적인 마음을 갖고 있고, 그들을 해롭게 하거나 심술을 부리지 않는다(참조. 롬 5:12-14). 하물며 본질적으로 거룩하시고 선하신 하늘 아버지는 자녀들이 간구할 때 필요한 것들을 그들에게 항상 주시지 않겠는가!

황금률(7:12). 산상수훈의 주요한 가르침이 결론에 다가옴으로써 예수는 한 가지 교훈으로 하나님 나라의 방식을 절정으로 가져오신다. "그러므로 무엇이든지 남에게 대접을 받고자 하는 대로 너희도 남을 대접하라 이것이 율법이요 선지자니라"(참조. 눅 6:31). 이 금언을 통상적으로 "황금률"이라 부르는데, 알렉산더 세베루스(Alexander Severus) 황제는 벽에다가 금으로 이 글을 썼다.[13] "그러므로"('운')란 용어는 산상수훈의 핵심적인 요약적 결론이 되는 말을 도입한다. "이것이 율법이요 선지자니라." 이 말은 산상수훈에서 예수가 서두에서 전했던 유사한 말씀(5:17)과 인클루시오를 형성한다.[14] 산상수훈에서 예수의 가르침은 율법과 선지자를 "완전하게 하는"(5:17, '프렐루') 반면에 황금률은 율법과 선지자를 "요약한다"(7:12). 따라서 황금률은 구약성경에서 하나님의 백성들 그리고 지금은 예수의 제자들을 위한 하나님의 뜻의 본질을 요약한다. 이 결론적인 말씀을 하신 후에 예수는 청중들이 두 방식 중에 하나를 결정할 것을 요청하신다: 예수를 좇을 것인가 예수를 대적할 것인가(7:13-27).

황금률의 도덕적 금언은 여타 전승들에서 다양한 방식으로 나타난다. 그것은 긍정적인 방식으로 또는 부정적인 방식으로 진술되었다(아래를 보라). 이 교훈은 당대의 유대교에서 공통된 주제였던 것으로 보인다. 그리하여 장로 힐렐은 "네가 싫어하는 것을 네 이웃에게 하게 하지 말라"는 모토를 가졌다. 또 랍비 문헌은 "그것이 전체 토라이다. 나머지는 그것의 주석이다. 그것을 가서 배워라!"(*b. Šabb.* 31a)[15]고 장로 힐렐이 말했다고 간주한다.

예수의 황금률에서 우리들은 개인과 공동체의 삶을 자유하게 하는 근본적 원리

---

13. France, *Matthew*(1985), 145.

14. Guelich, *Sermon on the Mount*, 361-62; France, *Matthew*(1985), 145; Carson, "Matthew," 188; Morris, *Matthew*, 172; Davies and Allison, *Matthew*, 1:668-89.

15. P. S. Alexander, "*Jesus and the Golden Rule*," in *Hillel and Jesus*, 363-88을 보라.

를 발견할 수 있다. 우리가 행해야 할 올바른 원리는 무엇인가? 당신이 취급받기를 원하는 방식을 생각하고, 그것을 다른 사람들을 취급하는 방식의 가이드라인으로 삼아라. 이런 방식으로 우리는 하나님이 공동체의 의를 위해서 구약성경에서 뜻하신 모든 것을 표현하며, 예수가 제자들의 천국 공동체에서 기대하신 요약적 법칙을 가질 수 있다.

기도와 황금률에 대한 예수의 가르침은 제자들의 성장에 중요한 두 가지 의미 있는 요지를 밝혀준다. (1) 성장은 제자들이 하늘 아버지에게 의존하는 방법을 배울 때에 온다—이 세상에서 그들의 끊임없는 인내. 제자들이 어떤 필요를 갖고 있든 간에 그것이 물질적이든 영적이든 간에, 우리는 하늘 아버지에 대한 건강한 의존의식을 발전시켜야 한다(7:7-11). 하나님을 사랑하는 것은 우리를 돌보시는 하나님께 의탁하는 것이다.

(2) 제자들의 성장은 다른 이들의 이득을 위해 살아가는 건강한 헌신으로 인해 이루어진다(7:12). 진정으로 다른 이들을 사랑하는 것은 그들을 유익하게 하는 것이다. 진정한 상호적 사랑이 있을 때, 사람들은 서로 신뢰하고 다른 이들의 필요를 돌본다. 서로를 돌보는 적합한 신뢰가 하나님 아버지의 돌보심의 신뢰와 연결될 때, 예수의 제자들은 자신의 필요를 충족시키는 것을 생각하지 않는다. 그들의 필요는 우리를 돌보시는 하나님 아버지의 헌신을 닮아 가는 제자들의 사랑 공동체에서 충족되어진다.

상황잇기

산상수훈의 전체에 걸쳐서 예수가 행하신 것처럼, 그는 순종의 발생이 하나님의 역사로 내적 인간 속에서 발생할 수 있도록 제자도의 강력한 요지를 마음의 핵심으로 가져오신다. 참된 제자들은 서로를 부적절하게 판단하지 않을 것이다. 그들은 하나님의 자비와 용서를 경험했기에 동일한 자비와 용서를 하나님께 대한 감사로부터 다른 이들에게 확장할 것이다(7:1-5). 참된 제자들은 복음을 경멸하는 사람들에게 이 복음을 나누는 것이 합당한지를 알게 될 것이다(7:6). 제자들의 내적 성장의 계속된 발전을 하나님 아버지와의 끊임없는 기도 관계 속에서 발견할 수 있다. 하나님은 구하는 자들에게 좋은 것으로 응답하시겠다고 약속하셨다(7:7-11). 그리고 "좋은" 것의 결정은 산상수훈의 전체 가르침에서 충분히 나타나고 있는 하나님 나라의 가치에 기반한다.

황금률. 따라서 예수는 완결적인 황금률에서 구약성경에 나타난 하나님의 뜻의 본질과 제자들을 위한 하나님 나라의 삶의 본질을 한 문장으로 설명하신다. 인간 관계의 기준으로서 이 도덕적 금언은 부정적인 형태이든 긍정적인 형태이든 전체 역사를 통해서 여타 문맥에서 표현되었다. 고대 로마 철학가요 정치가인 세네카(B.C. 4-A.D. 65)는 긍정적으로 이 원리를 표현했다: "우리가 부여받기를 원하는 동일한 방식으로 다른 이들에게 관대함을 보이라"(*De beneficiis* 2.1.1). 반면에 중국의 철학자 공자(B.C. 551-479)는 그것을 부정적으로 언급했다: "사람들이 당신에게 하기를 원치 않는 것을 다른 이들에게 하지 마시오"(*Analects* 15:23).[16]

이 교훈은 예수 당시의 유대교에서 흔한 주제였던 것으로 보인다. 토빗서는 이 원리를 부정적인 형태로 설명한다. "아들아 네가 하는 모든 일을 조심하라. 너의 모든 행위에서 스스로 규율하라. 그리고 네가 싫어하는 것을 남에게 하지 말라"(Tobit 4:14b-15 NRSV). 우리는 장로 힐렐(약 B.C. 70-A.D. 10)이 유사한 모토를 가졌던 것을 위에서 살펴보았다. 하지만 고대 세계에서 이런 금언의 또 다른 표현이 '윤리적인 영감'을 나타낼지라도, 예수는 이 황금률이 그를 따르는 제자도의 '규범적인 명시'임을 선언하신다.

그처럼 황금률은 "율법과 선지자를 요약한다"(7:12; 참조. 5:17-20). 그것은 제자도의 강력한 요지를 핵심적으로 보여주기 때문이다. 예수가 산상수훈의 전체에 걸쳐서 말씀하신 것처럼, 이 황금률이 구약성경에 대한 하나님의 원 의도였음을 가리킨다. 모세는 계명들을 단순히 외적으로 행하는 것만이 아니라, 이스라엘 사람들의 마음에 새길 것을 말하였을 때, 이런 방향으로 지적하였다(신 6:6). 윤리적인 순종은 사람의 마음의 중심에서 나와야 한다. 사람들이 공리적인 윤리적 이상의 표현으로서의 황금률로 살고 있다고 말할 수 있으나, 그것이 마음에서 파생된 것이 아니라면 무익한 노력이거나 아마도 자기 자신을 섬기는 것에 불과할 것이다.

다시 말해서, 황금률은 가장 위대한 계명과 연관하여 행해야 한다. 나중에 율법에서 가장 위대한 계명이 무엇인지를 예수께서 질문 받았을 때, 그는 "네 마음을 다하고 목숨을 다하고 뜻을 다하여 주 너의 하나님을 사랑하라 하셨으니 이것이 크고 첫째 되는 계명이요 둘째도 그와 같으니 네 이웃을 네 자신 같이 사랑하라"(마 22:37-40; 참조. 신 6:4-5와 레 19:18)고 응답하셨다. 예수에 대한 제자도의 결과로서 황금률을 실천하는 것은 하나님과 이웃을 사랑하는 사람들의 핵심적인 삶의 표현이다.

---

16. 다른 사례를 위해서는 Betz, *The Sermon on the Mount*, 509-16을 보라.

이 말씀 속에서 우리는 개인과 공동체의 삶을 자유케 하는 원리를 발견할 수 있다. 하나님에 대한 사랑이 다른 사람들을 사랑할 수 있게 하고, 그것은 우리가 우리에게 행하기를 원하는 것처럼 매우 실제적인 의미에서 다른 이들에게 행하는 것을 의미한다. 하지만 무엇이 우리에게 가장 좋은 것인지를 항상 알 수는 없다. 황금률에 관한 고대의 표현들은 각기 사람들이 자기들에게 행하기를 원하거나 행하지 않기를 원하는 기대감을 가졌다. 따라서 황금률의 실천은 예수의 제자들이 그들에게 가장 좋은 것이 무엇인지를 알고 있음을 가정한다. 그들은 다른 이들에게 행하기 위한 기준으로서 그들이 알고 있는 가장 좋은 것을 사용할 수 있다. 이 기준은 그들의 삶에서 작용하고 있는 하나님 나라의 영향이다.

하나님 나라의 복음에 응답해서 예수의 제자들은 실로 가장 좋은 것을 경험했다. 예를 들어, 그들은 자녀로서 아버지의 사랑을 경험했으므로 이웃을 사랑할 뿐만 아니라 적들도 사랑할 것이다(5:43-47). 이것이 제자된 공동체의 중심적인 기준으로서 사랑을 형성시킨다. 그들은 하나님의 자비를 경험했으므로 제자도의 호혜적인 기준으로서 자비를 형성시킨다(5:7). 마찬가지로 그들은 용서를 받았기에 다른 이들을 용서할 것이다. 그들은 상호적인 제자도의 표시로서 용서를 형성시킨다(6:12). 제자들은 단일한 헌신이 아버지와의 관계에서 무엇을 의미하는지를 이해하기에 배우자에 대한 단일한 헌신을 확장시킨다. 그들은 정욕, 간음, 이혼을 신앙공동체에서 배제시킨다(5:25-32).

이런 식으로 산상수훈에서 예수의 모든 가르침은 황금률을 실제적으로 실천할 수 있는 기준을 형성한다. 황금률은 하나님의 형상으로 창조된 사람들의 가장 깊은 성향을 성취시키는 윤리적 이상이다. 이는 예수의 제자들이 외적인 율법적 순종이 아니라 하나님 나라를 수용함으로써 경험했던 하나님의 순전한 사랑을 다른 이들에게 구체적으로 확장시킬 수 있게 한다.

현대적 의미

몇 년 전에 두 설교자가 우리 대학에 와서 선교대회 기간 중 채플 시간에 일련의 메시지를 전했다. 이들은 하나님의 뜻을 찾는 방법을 대학생들에게 이해시키려고 노력했다. 첫 번째 메시지는 주제 구절로 시편 46:10을 선택했다: "너희는 가만히 있어 내가 하나님 됨을 알지어다 내가 열방 중에서 높임을 받으리라 내가 세계 중에서 높임을 받으리라"(NASB). 연사는 "포기하고 하나님이 가시게 하라"로 메시지의 제목을 잡았다. 두 번째 메시지는 주제 구절로 마태복음 7:7을 선

택했다: "구하라 그리하면 너희에게 주실 것이요 찾으라 그리하면 찾아낼 것이요 문을 두드리라 그리하면 너희에게 열릴 것이니." 이 연사는 "문을 두드리라"로 메시지의 제목을 잡았다.

첫 번째 메시지는 문제들을 자기가 해결하려 하지말고 하나님께 맡기라고 설파했다. 이 설교의 초점은 하나님이 그들의 삶을 지배하게 하고, 그들이 인생에서 하기를 원하는 것에서 평안을 발견하라는 것이다. 그들은 조용한 골방을 찾아서 하나님의 마음을 구하도록 도전 받았다. 그들은 자신의 야망과 계획과 투쟁을 버리고 하나님의 뜻을 찾으며 하나님이 그들의 삶에서 진실로 하나님이 되게 하도록 격려를 받았다. "포기하고 하나님이 가시게 하라!"

두 번째 메시지는 개인적인 책임을 설파했다. 이 설교의 초점은 인생에서 하나님의 뜻을 발견하는 수단으로 믿음을 행사하는 것이었다. 대학생들은 경건한 조언을 듣고 가능성을 탐구하며 다양한 대안들을 시도해보도록 도전 받았다. 하나님의 뜻을 발견하는 것은 믿음의 단계를 취할 때에 가능하다는 것을 조언 받았다. 주어진 모든 설명들은 움직이는 차가 주차된 차보다 조종이 더 쉽다는 의미였다. "하나님에게 문을 두드리라!"

많은 대학생들이 겉으로 보기에 모순된 이 메시지들로 인해 혼돈이 겪고 있는 것 같았다. 연사들이 상호 반대되고 있는 것들을 설교하고 있는 것으로 보였기 때문이다. 그 설교들은 실제로 모순되는가? 나는 그렇다와 아니다를 동시에 말할 수 있다. 각각의 설교들은 정확히 성경적 원리를 전했지만 우리의 제한된 시각으로 겉보기에 모순되어 보인다. 하지만 그렇지 않다. 그 설교들은 서로 반대되지 않는다. 어느 한쪽만을 선택하여 살지 않는 두 원리들은 우리를 위한 하나님의 뜻을 찾는데 중요한 의미가 들어 있다.

균형. 예수 그리스도의 제자로서 내 삶의 중요한 열쇠 중의 하나는 '균형'이다. 나는 이 균형이 바로 '그' 열쇠라고 말할 수는 없지만 많은 어려운 문제들에 대처할 수 있게 하는 '한' 열쇠라고 생각한다. 내가 확고히 하고 있는 종류의 균형은 이 세상에 만연하고 있는 현상에 기인한다. 아주 지적인 삶을 추구하는 오늘날 일상의 삶의 존재에서 우리는 자주 역설에 의한 딜레마를 직면한다. '딜레마'로 나는 "동등하게 바람직하지 못한 대안들 사이에서 선택을 강요하는 현상"이나 "둘 다 참인 것으로 보이는 대안들 사이에서 선택"을 의미한다. '역설'로 나는 "분명히 모순적인 본질을 보여주는 어떤 사람, 일, 또는 상황"을 의미한다.[17]

중요한 요지는 이 반대되는 대안들이 필연적으로 모순된 것이 아니라 관찰자의 시각에서 그것이 서로 모순되어 보인다는 사실이다. 딜레마를 일으키는 것은 이 대안들이 모두 분명히 참인 것으로 보이고, 그러므로 둘 다 분명히 간직해야만 하지만 어떻게 이 두 대안들을 동시에 보유할 수 있는지를 알지 못한다는 것이다. 게다가 한 대안은 자주 다른 대안보다 더 바람직해 보인다. 역사의 위대한 진리를 추구할 때, 하나님과 하나님의 계시를 이해하려고 시도할 때 딜레마를 경험하고, 또한 일상생활 속에서도 딜레마를 경험할 수 있다.

우리의 지적인, 윤리적인 일상적인 삶의 부분에서 많이 겪는 딜레마들이 우리에게 많은 중대한 문제들을 야기한다. 이런 경향들이 "대립" 또는 "극단"을 낳는다. 우리가 현상적으로 상반되는 진리에 부딪힐 때, 어느 하나를 붙들고 다른 하나를 무시하거나 배제하고 심지어 공격하기까지 한다. 세 가지 이슈들이 이런 경향에 영향을 미친다. 첫째로 우리의 유한한 능력이 둘 다 참이라는 사실을 충분히 이해하지 못하게 하고, 둘째로 삶의 현장이 복합성을 진정으로 이해하기 전에 즉시 어떤 결정을 행할 것을 요구하며, 셋째로 역사의 추가 한 대안에서 더 바람직한 대안으로 보이는 것으로 움직이고 있기 때문이다.

내가 제기하는 종류의 균형은 현상적으로 반대되어 보이는 두 진리를 취하여 동시에 적용하여 살아가는 것을 의미한다. 설사 그것이 어떻게 융합하는 지를 완전히 이해하지 못할지라도 말이다. 어떤 이들은 그렇게 하는 것이 우리가 삼가기를 원하는 타협이나 기회주의를 시도하는 것처럼 보이기 때문에 이런 균형의 개념을 피한다. 하지만 내가 여기서 의미하는 균형은 그런 것과는 상당히 다르다. 진정한 균형은 다음의 요지를 포함하는 과정이다.

1. 지각 있게 생각하라! 감정적인 반응을 담지 말라. 그러한 반응은 우리를 무능하게 만들고 극단적이 되게 한다.
2. 과거의 경험이나 배경을 상관하지 말고 정직하게 양 진리에 마음을 열라.
3. 외관상으로 반대되는 진리를 동시에 붙들라. 양쪽 모두가 성경적이라면 결정을 하는 과정에서 모두 가치가 있고, 궁극적으로 모순적이 아니라 보충적인 것으로 드러날 것이다.
4. 인생에서 양쪽 진리를 동시에 적용하라. 성경이 인생의 가이드이기 때문에,

17. 이 정의는 *Webster's Encyclopedic Unabridged Dictionary of the English Language*(Avenel, N. J.: Gramercy, 1989)에서 나왔다.

두 원리를 충분히 이해하지 못하더라도 더 쉽게 삶 속에서 실천할 수 있다.

예를 들어, 하나님의 주권과 우리의 책임이 공존하는 방식을 우리가 충분히 이해하지 못할지라도(그것은 성경의 중요한 이슈다), 일상생활의 경험에서 양 원리가 펼쳐지는 것을 보았던 경험이 있다. 우리는 하나님의 지시를 들을 필요가 있지만 이 지시를 찾을 필요가 있다. 양 원리는 실제 생활에서 하나님과 동행할 때 우리가 효과적으로 기능하게 하는데 필수적이다. 문제의 한 쪽 측면이나 다른 쪽 측면 가운데 하나를 취사선택하는 것이 일단 쉬워 보이나, 양쪽의 균형을 갖는 것이 더 현명하고 원만하다.

산상수훈을 통해서 우리는 하나님 나라의 삶의 본질에 대한 예수의 온전한 가르침을 이해하기 위해서는 균형이 있어야 함을 깨닫는다. 예를 들어, 예수가 제자들에게 "너희 빛이 사람 앞에 비치게 하여 그들로 너희 착한 행실을 보고 하늘에 계신 너희 아버지께 영광을 돌리게 하라"(5:16)고 권고하시지만, 뒷부분에서는 "사람에게 보이려고 그들 앞에서 너희 의를 행하지 않도록 주의하라"(6:1)고 훈계하시는 것을 우리는 보게 된다. 양 진리의 균형은 "'감추려고' 유혹할 때 보이고, '보여라' 고 유혹할 때 감춰라"[18]는 금언으로 신앙의 겁쟁이나 종교적 허영으로부터의 유혹을 피할 수 있게 해준다.

또는 먹거나 마시는 것을 염려하지 말라는 말씀을 듣지만 한편으로 일하기를 싫어하는 자에게는 교회의 양식을 주지 말라(살후 3:10)는 말씀을 듣는다. 이는 하나님의 돌보심과 우리 자신의 개인적 책임의 균형을 요청한다. 바울은 그리스도 안에 있는 우리의 신분적 의로 인해 안식할 것(롬 8:1)을 말하지만, 예수는 온전함을 향해 매진할 것을 말씀하신다(마 5:48). 나는 "평온한 불만족"이란 표현으로 이 원리의 균형을 발견한다.

이 단락에서 우리는 양 진리의 균형을 이루게 하는 많은 이슈들을 발견한다. (1) 판단하지 말아야 하지만(7:1), 현명하게 분별해야 한다(7:5). 정확한 판단을 하려고 하는 자는 문제의 내용을 알고, 증거를 수집하며, 양쪽편의 이야기를 듣고, 편견 없이 평결하며, 법에 따른 벌을 내려야 한다. 절대적인 판단(그것은 하나님만이 할 수 있다)은 금해야 하지만, 사람의 행동에 대한 상대적인 판단이나 평가는 필요하다.

(2) 거룩한 것을 개에게 주거나 진주를 돼지에게 주어서는 안 되지만(7:6), 심지

18. Bruce, "The Synoptic Gospels," 116.

어 대적하는 사람들조차도 사랑으로 복음을 항상 전해야 한다(5:43-47). 호전적인 술꾼과 복음을 나누거나 예수의 이름의 권능과 아름다움을, 그 이름을 헛되이 사용하는 사람들과 나누려 하는 것을 생각해 보라. 옛 격언은 "돼지에게 노래를 가르치려고 하지 말라. 그것은 당신의 시간을 낭비하는 것이요 돼지를 괴롭히는 것이다"라고 말한다. 한편으로 우리가 생각하기에 개나 돼지인 자가 우리가 갖고 있는 진주에 응답할 수 있다. 우리는 너무 성급한 "판단"을 해서는 안 된다. 예수는 종교 지도자들보다 세리와 죄인들 그리고 십자가의 강도와 같은 부류의 사람들에게 더 많은 것을 보이셨음을 기억하라.

(3) 구하고, 찾고, 두드려라(7:7)는 권고의 말씀을 따르면서 우리는 시편기자의 권고 즉 "너희는 가만히 있어 내가 하나님 됨을 알지어다"라는 조언과 균형을 이루어야 한다. 나는 우리 학생들이 이 진리를 발견하는 것을 도왔다.

균형 감각을 갖고 사는 것은 성경 해석과 그 해석을 나의 개인적인 삶에 적용하는데 매우 유용한 도구다. 하지만 때로 균형을 이루려는 시도가 잘못되거나 불필요한 균형을 진리로 오인하게 할 수 있다. 균형을 찾는 데만 너무 열중하면 진정한 모순이 있음을 간과할 수 있다. 그런 경우에 균형을 찾는 노력은 실제로 타협이나 잘못된 것으로 이끌 수 있다. 또한 역설을 계속해서 분석하는 일은 소비적인 과정이 되어 무능력한 상태에 이르는 지적인 탈진으로 끝날 수도 있다. 올바르게 접근하는 균형 잡힌 삶은 진리의 온전한 실현으로 이끌 수 있기 때문에 모든 삶을 생각하고 탐구하는 훌륭한 방식이다. 하지만 이 일은 우리가 항상 우리의 행동과 사상을 숙고하고 상기하는 것이기 때문에 상당한 노력을 요한다. 우리는 항상 과정 중에 있음을 인식해야 한다. 하지만 하나님의 진리의 모든 것을 이해하고 적용하는 목표 추구는 우리로 하여금 균형 잡힌 삶을 살 수 있게 한다.[19]

---

19. 나는 Michael J. Wilkins, "Balance as a Key to Discipleship," *Ratio: Essays in Christian Thought* 1/1(Spring 1993): 45-64에서 이것을 충분히 발전시켰다.

마태복음 7:13-29

13 좁은 문으로 들어가라 멸망으로 인도하는 문
은 크고 그 길이 넓어 그리로 들어가는 자가
많고
14 생명으로 인도하는 문은 좁고 길이 협착하여
찾는 자가 적음이라
15 거짓 선지자들을 삼가라 양의 옷을 입고 너
희에게 나아오나 속에는 노략질하는 이리라
16 그들의 열매로 그들을 알지니 가시나무에서
포도를, 또는 엉겅퀴에서 무화과를 따겠느냐
17 이와 같이 좋은 나무마다 아름다운 열매를
맺고 못된 나무가 나쁜 열매를 맺나니
18 좋은 나무가 나쁜 열매를 맺을 수 없고 못된
나무가 아름다운 열매를 맺을 수 없느니라
19 아름다운 열매를 맺지 아니하는 나무마다 찍
혀 불에 던져지느니라
20 이러므로 그들의 열매로 그들을 알리라
21 나더러 주여 주여 하는 자마다 다 천국에 들
어갈 것이 아니요 다만 하늘에 계신 내 아버
지의 뜻대로 행하는 자라야 들어가리라
22 그 날에 많은 사람이 나더러 이르되 주여 주
여 우리가 주의 이름으로 선지자 노릇 하며
주의 이름으로 귀신을 쫓아 내며 주의 이름
으로 많은 권능을 행하지 아니하였나이까 하
리니
23 그때에 내가 그들에게 밝히 말하되 내가 너
희를 도무지 알지 못하니 불법을 행하는 자
들아 내게서 떠나가라 하리라
24 그러므로 누구든지 나의 이 말을 듣고 행하
는 자는 그 집을 반석 위에 지은 지혜로운 사
람 같으리니
25 비가 내리고 창수가 나고 바람이 불어 그 집
에 부딪치되 무너지지 아니하나니 이는 주추
를 반석 위에 놓은 까닭이요
26 나의 이 말을 듣고 행하지 아니하는 자는 그
집을 모래 위에 지은 어리석은 사람 같으리니
27 비가 내리고 창수가 나고 바람이 불어 그 집
에 부딪치매 무너져 그 무너짐이 심하니라
28 예수께서 이 말씀을 마치시매 무리들이 그의
가르치심에 놀라니
29 이는 그 가르치시는 것이 권위 있는 자와 같
고 그들의 서기관들과 같지 아니함일러라

원 의미

산상수훈에서 예수의 가르침의 주된 대상은 제자들이다(참조. 5:1-2). 하지만 전체적으로 볼 때, 예수는 무리들과 종교지도자들도 염두에 두셨다. 그는 천국으로 들어가도록 무리들에게로 초대를 확대하셨고, 제자들과 무리들에게 종교지도자들 특히 율법사(서기관)와 바리새인들의 잘못된 리더십을 경계하신다(참조. 5:20).

영원한 운명에 관한 문제이기 때문에 예수는 이제 모든 세 종류의 그룹에게로 향하는 경고로서 산상수훈을 끝맺으신다. 그는 충성을 고백만 하는 사람들이 아니라 천국의 진정한 구성원 됨을 확실히 하기 위해서 스스로를 돌아보도록 '제자들'에게 경고하신다. 또한 예수는 '무리들'에게 그를 따를 것인지 대중적인 종교 지도자들을 따를 것인지를 신중하게 생각하도록 경고하신다. 그리고 예수는 '종교지도자들'에게 잘못된 곳으로 백성들을 이끄는 죄에 대해 경고하신다. 각기 네 가지 근본적인 경고—두 문과 길(7:13-14), 두 종류의 선지자(7:15-20), 두 종류의 제자(7:21-23), 그리고 두 기초들(7:24-27)—에서 선택을 해야 한다: 예수와 함께 할 것인가 예수를 대적할 것인가? 중간 지대는 없다. 또 다른 선택도 없다. 한 가지 결정—영원한 결과가 있는 선택—을 해야 한다.

좁은 문과 길 넓은 문과 길(7:13-14)

"좁은 문으로 들어가라"는 말씀은 산상수훈의 마지막 항목을 시작시킨다. 인생에서 두 길의 이미지가 천국으로 또는 지옥(*b. Ber.* 28b)으로 인도하는 분리된 길을 언급하든, 영원한 복의 넓은 길로 인도하는 인생의 고난의 좁은 길을 궁극적으로 언급하든 간에, 두 길의 이미지는 유대교에서 흔했다(예. 에스드라2서 7:3-9). 이 이미지에 대한 예수의 사용은 구체적이고 직설적이다. 넓은 문으로 들어간 사람은 멸망으로 인도하는 넓은 길에 들어서 있는 자신을 발견할 것이지만, 좁은 "문"으로 들어간 사람은 생명으로 인도하는 좁은 길에 들어서 있는 자신을 발견하게 될 것이다.

넓은 문과 길은 종교지도자들의 문화적이고 위선적인 규범을 따르는 사람들을 위한 수많은 여지를 제공하면서 그들을 초대한다. "크고" "넓은"이란 용어는 공간적이지만 쉽고 편한 감정을 상기시킨다. 사람들은 이 널찍한 길에서 편하고 방해받지 않게 들어가서 여행할 수 있다.[1] 하지만 그 안락은 속임수다. 그 길은 종국에 영벌에 대한 흔한 단어인 "멸망"('아폴레이아')으로 끝나기 때문이다(참조. 벧후 3:7; 계 17:8).

좁은 문과 길은 상당히 제한적이다. 예수와 예수를 따르는 제자도의 방식으로 한정되어 있기 때문이다. 이것은 소수의 길이다. 오직 소수만이 백성들과 종교 당국자들의 대중적인 견해를 감히 포기할 것이다. "좁고" "협착하여"란 용어도 공간적이지만, 그것은 어려움의 이미지를 환기시킴으로써 비유를 균형 잡는다. 이는

1. 참조. Hagner, *Matthew*, 1:179.

"협착하여"란 단어에서 더욱더 그러하다. 그것은 고난과 고통을 나타낸다(예. 고후 1:6; 4:8).[2] 좁은 길을 여행하는 사람들은 난관을 경험한다. 특히 예수를 따르는 삶의 방식의 도전은 넓은 길로 가는 사람들로부터 억압과 박해를 촉발시킬 것이다.

두 가지 중요한 연관된 해석적 특징이 이 비유의 내용에 들어 있다. (1) 길이 먼저인가 문이 먼저인가? (2) 넓든 좁든 간에 문을 통해 들어가는 것은 이 세상의 삶에서 발생하는 것인가 아니면 이 세상의 끝에서 발생하는 것인가? 이런 질문들에 대한 대답은 중요한 연관된 의미가 들어 있다. 혹자는 길이 먼저이고 이 길이 문으로 인도한다고 주장하며, 또한 예수가 이 비유에서 말씀을 듣는 자들이 인생여정의 끝에서 천국 문으로 들어갈 수 있도록 산상수훈의 가르침에서 제시된 의의 길을 시작하도록 그들에게 독려하고 있다고 주장한다.[3] 하지만 해석자들의 대다수(나도 그렇게 생각한다)는 성경에 실제 나타난 순서대로 예수가 먼저 문을 그 다음에 길을 의도했고 또한 그것은 이 세상에서 만들어지는 결정에 관한 언급이라고 제기한다.[4]

예수 자신이 좁은 문이며 그 문을 통해서 사람들이 천국의 초대에 응답하여 들어간다. 제자도의 길은 궁극적으로 영원한 생명으로 인도하는 이 땅에서의 삶을 통해 확장된다. 거짓 선지자들과 거짓 종교들이 표면적으로 볼 때 더 호소력이 있는 초대를 사람들에게 제공한다. 그들의 것은 의례적인 지혜에 적합한 더 쉬운 길이기 때문이다. 하지만 예수의 초대를 거부함으로써 대중적인 견해의 문으로 들어가기를 선택하는 사람들은 영원한 멸망으로 인도하는 길로 열려 있음을 알게 될 것이다.

참된 선지자와 거짓된 선지자(7:15-20)

좁은 길에 있는 제자들은 "거짓 선지자들을 조심해야" 한다. 예수는 의의 거짓된 형태로 백성들을 잘못 인도하는 종교 지도자들에 대해 이미 경고하셨다(5:20; 6:1-18). 하지만 예수는 이제 더 나아가서 예언의 거짓된 형태로 사람들을 오도하

---

2. 여기서 사용된 동사는 통상적으로 박해를 나타내는 "환난"('들립시스')이란 흔한 단어와 동족어인 '들립보'란 형태다.
3. 예를 들어, Tasker, *Matthew*, 82; Richard B. Gardner, *Matthew*(Scottdale, Pa.: Herald, 1991), 136.
4. 예를 들어, Betz, *Sermon on the Mount*, 524-26, Carson, "Matthew," 189-90; Davies and Allison, *Matthew* 1:697-99; France, *Matthew*, 146-47.

는 혁명 지도자들에 대해 경고하신다. 거짓 선지자들에 대한 경고는 마태복음에서 중요한 주제를 형성한다(예. 7:21-23; 24:11-12, 24). 이는 구약성경이 주었던 경고의 방식과 유사하다(예. 렘 6:13-15; 8:10-12; 겔 13:1-23; 22:27-29; 습 3:1-4). 이는 하나님을 거짓되게 말함으로써 백성들을 오도하려고 했던 사람들에 대한 경고였다. 요세푸스는 백성들을 선동으로 이끌었던 다양한 대중적인 선지자들에 대해 언급한다: "하나님의 영감을 가장하여 혁명적인 변화를 조장한 속이는 자와 노략자들이 대중들을 미친 사람처럼 행동하게 했고, 하나님이 구원의 증표를 광야에서 주실 것이라는 믿음을 그들에게 주어 그들을 그곳으로 끌고 나갔다."[5]

거짓 선지자들은 그들 그룹과의 대화와 관계에서 하나님의 양떼의 진정한 구성원인 것처럼 얼핏 보이지만 그들의 생각은 자기 만족을 위해서 양들을 유린하는 이리와 같이 악하다: "양의 옷을 입고 너희에게 나아오나 속에는 노략질하는 이리라." 이 표현은 양과 이리의 자연적인 반목에 의존한다(예. 사 11:6; 65:25). 이 말씀은 사도 바울이 나중에 에베소 장로들에게 경고할 때에 근거가 된다(행 20:29). 또한 초대교회 교부인 이그나티우스가 빌라델비아 교회에 경고할 때에도 이 말씀을 근거로 삼았다(Ign. *Phil.* 2:1-2).[6]

서로 형제와 자매들을 판단하지 않으면서도 순진하게 잘못된 것을 수용하지 않는 이전에 말씀한 균형(7:1-5)을 유지하시면서, 예수는 제자들에게 선지자들이 그들에게 올 때 현명하게 분별하라고 말씀하신다. "그들의 열매로 그들을 알지니." "열매"는 인간의 본질적인 삶에서 나타나는 부산물이다. 말하고 행동하는 모든 것이 그가 어떤 사람인지를 알려준다(약 3:9-12). 사도 요한은 세례를 받으러 나오는 사두개인과 바리새인들에게 "회개에 합당한 열매를 맺으라"(마 3:8)고 이전에 비판하였다. 마음속에 회개는 죄를 거부하는 통회하는 삶을 낳는다.

유사한 의미에서 바울은 나중에 갈라디아 교회에 자신의 삶과 거짓 선생들의 삶을 살필 것을 조언한다. 그리스도에게 진정으로 속한 사람들은 성령의 열매를 맺고 육체의 행위를 낳지 않기 때문이다(갈 5:16-24). 그리스도 안에서 성장하고 있는 교회의 표지는 의와 선한 행실의 열매다(빌 1:11; 골 1:10). 그리고 사도 요한

5. Josephus, *J.W.* 2.259. 이 운동의 지도자들 중에서 대중성을 가졌던 사람들 중에는 Theudas(약 A.D. 45; *Ant.* 20.97-98을 보라)와 애굽출신의 예언자(약 A.D. 56; *Ant.* 20.169-71; *J.W.* 2.261-63), 그리고 하나니아의 아들 예수(약 A.D. 62-69; 참조. *J.W.* 6.300-309)가 있다. 이 그룹의 개관을 위해서는 Horsley and Hanson, *Bandits, Prophets, and Messiahs*, 160-89을 보라.

6. 또한 고후 11:11-15; 벧후 2:1-3, 17-22을 보라.

은 예수가 참으로 육체로 오셨음을 고백하는 자들이 성령의 의해 인도를 받은 것인지를 알기 위해서 선지자들의 영을 시험해 볼 것을 교회에 요청한다(요일 4:1-3).

그러므로 예수는 제자들에게 공동체에 들어온 선지자들을 세심하게 평가할 것을 요청한다. 그들의 메시지가 산상수훈에서 예수가 제기하신 좁은 길에 합당한지를 알기 위해서 살펴야 할 뿐 아니라 그들의 행실과 삶이 산상수훈에서 예수가 제기하신 의의 하나님 나라의 삶에 부합하는지를 알기 위해서 살펴야 한다. "가시나무에서 포도를, 또는 엉겅퀴에서 무화과를 따겠느냐." 포도와 무화과는 팔레스타인에서 일상적으로 식탁에 올라오는 음식이다. 가시와 엉겅퀴는 해로운 잡초들이다. 이 잡초들은 토양의 영양분이 다른 식물들에게 가지 못하게 막는다. 또한 날카로운 가시로 인해 사람들에게도 해를 입힌다. 이 해로운 잡초는 건강한 열매를 생산할 수 없다. 삶에서 하나님께 나아감이 없는 거짓 선지자들은 하나님의 메시지를 말할 수 없으며 하나님이 생산하시는 천국의 의를 보일 수 없다.

포도와 나무는 그것의 본질과 일치하는 열매를 생산한다. 좋은 것은 좋은 열매를 나쁜 것은 나쁜 열매를 맺을 수밖에 없다(참조. 7:6). 예수는 제자들에게 자칭 선지자라 일컫는 사람들의 "열매 관찰사"가 될 것을 제자들에게 주언하신다. 거짓 선지자들은 나쁜 열매를 맺을 것이고, 구약성경의 관점에서 그것은 거짓 신을 따르도록 하나님의 백성들을 오도하거나(신 13:1-18) 이루어지지 않을 예언을 발하는 것(18:21-22)을 포함한다. 나쁜 나무는 땔감으로 사용되는 것 이외에는 쓸모가 없다(마 7:19). 이것은 거짓 선지자들에게 다가올 심판의 두드러진 인유다. 그때에 예수는 7:16을 반복하신다. "이러므로 그들의 열매로 그들을 알리라"(7:20). 이 말씀은 이 중요한 경고를 괄호로 묶는 인클루시오의 또 다른 사례다(참조. 5:3, 10).

참된 제자와 거짓된 제자(7:21-23)

거짓 선지자들이 공동체에 들어올 뿐만 아니라 공동체 내에 일부 사람들은 거짓 제자가 될 것이다: "나더러 주여 주여 하는 자마다 다 천국에 들어갈 것이 아니요." 이들은 예수를 주로 고백하지만 예수가 알기에 천국에 들어가기 위한 상태인 참된 회개에 이르지 못한 사람들이다. 예수의 사역의 이 시점에서 예수를 "주"('큐리오스')로 부른 것이 부활 후 시대에 주라고 칭호를 붙였던 완전한 신적 의미를 함축하고 있다고 보기는 어렵다(예, 요 20:28). 예수의 사역 동안에 이 용어는 주로 존경의 칭호로서 사람들이 사용했다(예. 마 18:21; 26:22).

하지만 마태복음에서 '퀴리오스'의 사용이 상당히 중요한 의미를 갖고 있음을 주목해야 한다. "주"는 신적인 도움을 위해서 예수에게 다가왔던 사람들이 규칙적으로 사용한 칭호다(예. 8:2, 5; 9:28; 15:22, 25; 17:15; 20:30, 31, 33). 제자들도 신적인 도움을 구할 때 이 용어를 사용했다(예. 8:25; 14:30).[7] 예수의 사역이 전개될 때, 제자들은 이 칭호를 더 존경하는 의미로 사용했다. 그들이 처음 생각했던 것보다 예수가 더 위대한 분이심을 보았기 때문이다. 예수는 하나님의 능력과 연관되었고, 통상적으로 하나님만이 보유했던 칭호인 "주"로 언급되는 '아들'로서 하나님과의 관계를 가지셨다(예. 14:28; 16:25; 17:4). 제자들이 오직 신만이 보유했던 활동인, 예수의 기적적인 행위를 보고, 그를 "주"라 부르며, 그를 경배할 때, 특히 이 칭호는 더 심상치 않은 의미를 가졌다.

"주"는 예수가 점차적으로 그의 거룩한 신분을 드러내기 위한 방식으로 자신을 일컫는, "인자"와 같은, 칭호 중 하나였다(8:20의 주석을 보라).[8] "내 아버지"로 하늘에 계신 하나님을 일컫는 분으로서(마태복음에서 처음으로 여기에 사용되고 있다[9]) 또한 거짓 선지자들을 영벌의 심판에 처할 수 있는 권위를 가지신 분으로서(7:22-23) 예수는 단순히 존경받는 선생 정도가 아니시다.

따라서 예수를 "주여 주여"라고 부르는 이런 거짓된 제자들은 자신도 제대로 모르고 있는 것을 말하고 있으나 이 기사를 읽는 마태의 공동체 사람들은 "주"라는 칭호의 온전한 의미를 포착했을 것이다. 입으로 예수를 주로 고백하는 것이 회개치 않은 마음을 가릴 수 있으므로 예수는 천국에 들어가는 것은 "하늘에 계신 내 아버지의 뜻대로 행하는 자라야"(7:21) 한다고 말씀하신다. 예수의 가족 공동체에 들어가기 위한 조건을 나타내는 것에서 이와 기본적으로 동일한 말씀이 나중에 나타난다(12:50; 참조. 6:10; 21:31; 26:42). 이것은 하나님의 뜻대로 구약율법을 순종하는 것을 단순히 의미하지 않는다. 아버지의 뜻은 진정한 의에 이르는 천국으로의 부르심에 순종하는 것을 의미한다. 예수가 구약성경의 완성이시기 때문에(5:17), 그는 아버지의 뜻의 완전한 순종의 모범이시다(26:42). 제자도에서 예수의 모범을 따르고 예수처럼 되는 것이 제자들이 매일의 삶에서 하나님의 뜻

---

7. Günther Bornkamm, "End-Expectation and Church in Matthew's Gospel," *Tradition and Interpretation in Matthew*, ed. Günther Bornkamm, Gerhard Barth, and Heinz Joachim Held, trans. Percy Scott(Philadelphia: Westminister, 1963), 41-43.

8. 9:38; 21:3; 22:43-45; 23:38; 24:42; 25:37, 44. France, *Matthew: Evangelist and Teacher*, 287-88을 보라.

9. 또한 10:32, 33; 11:27; 12:50; 16:17; 18:10, 19; 20:23; 25:34; 26:39, 42, 53을 보라.

을 행할 수 있게 해준다.

거짓된 제자들이 자신의 예언자적 신분을 주장하며, 제자도의 표시로서 은사적인 활동을 지적한다: "우리가 주의 이름으로 선지자 노릇 하며 주의 이름으로 귀신을 쫓아내며 주의 이름으로 많은 권능을 행하지 아니하였나이까?" 축사와 이적을 행함이 예수(예. 4:24; 8:3, 16)와 열두제자들(참조. 10:1, 7-8)의 복음 전파에 규칙적으로 수반되었다. 그러한 활동들은 메시지의 진정성을 확증해준다.

거짓 제자들도 "예수의 이름으로" 능력을 얻을 수 있다. 하지만 그들의 활동은 영원한 운명과는 상관이 없다. 그들은 하나님 나라의 참된 문으로서의 예수에게로 온 것이 아니다. 이들은 아버지의 뜻에 따른 활동에 참여하지 않고 있다(7:21).

예수는 외적인 것을 진정성의 최고의 표지로서 강조하시지 않는다. 그는 변화된 삶의 열매를 생산하는, 하나님의 뜻의 내적인 충성을 요구하신다. 하나님은 목표를 이루실 때, 설사 어떤 이가 자기 자신과 다른 이들을 속였을지라도, 예수의 이름을 고백하는 그 사람(심지어 "많은" 사람)을 사용하실 수 있다. 하지만 한 사람의 삶의 진정성에 대한 궁극적인 드러남이 심판의 때에 있게 될 것이다.

그러므로 예수는 영원한 심판의 종말론적 장면을 환기시키고 그들을 내치신다. "그때에 내가 그들에게 밝히 말하되 내가 너희를 도무지 알지 못하니 불법을 행하는 자들아 내게서 떠나가라 하리라."[10] 이것은 제자로서 예수와의 참된 관계를 갖지 못한 사람들에 대한 준엄하고 직접적인 거부다(참조. 25:13). 천국에 들어갈 자와 영벌로 쫓겨날 자를 결정하시는 권위가 있는 분으로서 예수가 자신을 두심은 가장 최고의 기독론적 주장을 하신 것이다. 구약성경을 통해서 하나님은 누구를 자기 백성으로 선택하셨는지를 "아신다"고 말씀하셨고(렘 1:5; 호 13:5; 암 3:2), 이 주제는 예수 그리스도를 통한 하나님과의 구원적인 관계를 언급하는 신약성경을 통해서 반복된다(참조. 갈 4:8-9; 딤후 2:19). 여기서 예수는 인간의 마음의 내적인 깊은 곳을 아시는 신적인 특권을 제기하신다.

현명한 건축자와 어리석은 건축자(7:24-27)

예수는 산상수훈의 결론과 설명적인 도전으로서 현명한 건축자와 어리석은 건축자와 어리석은 건

10. 마태복음에서 맹렬한 심판에 관한 학문적인 논의를 위해서는 David C. Sim, *Apocalyptic Eschatology in the Gospel of Matthew*(SNTSMS 88; Cambridge: Cambridge Univ. Press, 1996), 특히130-39을 보라.

축자에 관한 비유를 주신다(참조. 또한 눅 6:47-49을 보라): "그러므로 누구든지 나의 이 말을 듣고 행하는 자는…" "…하는 자"는 산상수훈의 주요한 수령자인 제자들을 포함하고, 뿐만 아니라 예수가 천국으로 초대를 일관되게 확장시키고 있는 무리들도 포함한다(5:1-2, 20의 주석을 보라). 또한 여기서 아마도 백성들을 하나님의 의에서 자기 의의 위선으로 오도하는 사람들의 부정적인 사례로서 예수가 일관되게 제기한 종교 당국자들의 대표자들도 은밀하게 참석하고 있었을 것이다(5:20; 6:1-2의 주석을 참조하라).[11]

흥겹고 귀여운 주일학교 노래("지혜로운 사람은 자기 집을 반석에 세운다네…")는 이 비유에서 준엄한 역사적 대조를 완화시킨다. 예수는 자기 자신과 종교 당국자들 사이에서 선택을 할 것을 요청하신다. 이는 예수가 계속해서 되풀이하시는 동일한 주제다: "나와 함께 있든지 나와 대적하여 있든지 하라." 예수는 산상수훈의 말씀을 들었던 사람들이 들은 말씀을 실천할 것을 요청하시며, 예수 자신과 인생의 어떤 다른 기초들 사이에 구분선을 그으신다. 차 오르는 물에 대한 표현은 전형적인 유대적 비유 용어다. 이는 쿰란 문헌(1QH 6.26; 7.8-9)과 2세기 초의 타나틱(Tannaitic)의 말에 반영되어 있다. 즉 타나틱은 "토라를 많이 연구한 사람의 좋은 행실을 무엇에 비유하리요? 먼저 돌을 놓고 그 다음에 벽돌을 쌓는 사람일 것이다. 많은 물이 차고 범람할 때도 그것이 그들을 몰아내지 못한다…"[12] 하지만 예수의 말씀은 주변 사람들과 그가 비판하시는 대상에 대한 보다 구체적인 언급을 반영한다.

예수는 이 비유에서 당시의 건축 기술에 익숙하셨음을 보여준다. 아마도 이것은 목수로서 아버지의 일을 예수가 훈련받았음을 암시한다(13:55): "그 집을 반석 위에 지은 지혜로운 사람 같으리니"(7:24-25). 갈릴리 근처의 설교 현장이 이 비유의 자연스러운 배경이 되고 있다. 바다에서 밀려온 충적된 모래는 뜨거운 여름날에는 표면이 단단하였다. 하지만 현명한 건축자는 표면의 상태에 의해 우롱을 당하지 않는다. 그는 때로 지표면 모래 밑에 십 피트를 파고 내려가 최하층의 바위에다가 자기 집의 기초를 놓는다. 겨울비가 내려 바다로 흐르는 요단 강이 강둑을 넘쳐흐를 때, 충적된 모래 표면에 세운 집들은 안정할 수 있는 기초가 없다. 하지만 반석에 세운 집은 홍수를 견뎌낼 수 있다. 이 지역에서 1970년 후반의 고고학 발굴

11. Guelich, *Sermon on the Mount*, 419-21.

12. *Abot de-Rabbi Nathan*, A 24(p. 77)에 들어 있다. Vermes, *The Religion of Jesus the Jew*, 102에서 인용함.

대는 고대 건물의 기초에 분명히 사용된 현무암으로 된 돌을 발견했다.[13]

산상수훈의 청중들은 이 비유에서 의도하고 있는 표면적 의미를 이해했을 것이다. 그들은 쉬운 방식을 선택하고 반석에다가 집을 짓지 않는 사람들이 얼마나 어리석은 지를 알았을 것이다. "비가 내리고 창수가 나고 바람이 불어 그 집에 부딪치되 무너지지 아니하나니." 하지만 이들은 이 비유에서 예수의 요지를 충분히 이해하였을 것인가? 그들은 서기관과 바리새인들의 종교 지도부들의 현재의 안전한 하지만 얕아서 변화가 발생할 수 있는 모래를 거부하고 그들의 삶의 기초로서 예수의 말씀을 선택할 것인가? 종교 당국자들은 종교적 위선의 불안정한 기초를 가리는 표면적인 의의 형태를 주창하고 있었다. 궁극적으로 그들의 불안정성은 사람들의 가장 깊은 필요에 대한 해답을 갖지 못하는 것으로 드러날 것이다. 이 비유에서 예수는 천국의 진정한 삶의 반석으로 무리들을 계속 초대하고 있지만, 그것은 인기가 없는 길이요 심지어 고통스러운 길이다. 예수를 따르는 사람들은 인기 있는 종교 당국자들과의 일치를 통해서 발견할 수 있는 위로의 방식을 뒤로 제쳐 두어야 하기 때문이다.

현명한 사람은 인생의 가르침에서 무너질 수 있는 모래를 유심히 살피고 예수만이 인생의 안전한 진리임을 이해한다(고전 3:10-11을 참조하라). 현명한 사람은 폭풍우와 희생이 있을 것임을 미리 생각하고, 예수의 말씀의 반석 위에 자신의 삶을 세운다. 이 선택은 우리 시대에도 준엄하게 적용된다. 현명한 사람들은 문화적이거나 종교적인 기후에 상관없이 예수 위에 그들의 삶을 세운다.

무리들의 반응(7:28-29)

마태가 산상수훈의 결론을 표시하는 것으로 사용하고 있는 문장이 그의 복음서의 각기 주요한 다섯 강화의 뒷 부분에 동일한 형태로 나타난다: "예수께서 이 말씀을 마치시매…"(7:28; 참조. 11:1; 13:53; 19:1; 26:1). 이 형식어구는 강화들을 구분하는 패턴의 일종이다. 이 강화들은 예수가 지상 사역에서 명하셨던 모든 것을 순종하도록 제자들이 역사를 통해서 새로운 제자들에게 가르치는 주요한 내용으로서 사용될 것이다(28:20).

예수가 산상수훈을 제자들을 위한 가르침으로 주로 의도하셨을지라도, "무리

13. Gordon Franz, "The Parable of the Two Builders," *Archaeology in Biblical World* 3(1995): 6-11.

들"이 주변에서 듣고 있었다(참조. 5:1-2). 사실상 예수는, 특히 끝 부분에서(예. 7:24), 천국으로 들어가는 초대로서 무리들에게 도전하고 있다(5:20).[14] 따라서 마태는 여기서 그들의 반응을 기록한다: "예수께서 이 말씀을 마치시매 무리들이 그의 가르치심에 놀라니 이는 그 가르치시는 것이 권위 있는 자와 같고 그들의 서기관들과 같지 아니함일러라"(7:28-29). 이것은 마태의 주요한 내용임을 강조하는 예수의 가르침의 권위를 웅변적으로 증거한다. 서기관들은 예수 시대에 구약성경의 합법적인 전문가들이었다(5:20; 8:19의 주석을 보라). 사람들 사이에서 그들의 권위는 이전의 권위 있는 것들을 읊송하고 새로운 해석을 형성함으로써 나온다. 하지만 아이러니하게도 그들의 관행은 성경의 권위를 약화시켰다. 그들은 수많은 전통들과 법적인 요구사항들을 추가함으로써 성경의 능력을 퇴보시켰다(예. 15:1-9). 그래서 그들은 권위로서 말하는 것이 아니라 권위의 유일한 근원을 약화시켰다.

하지만 예수는 본질적인 권위를 갖고 계신다. 이것은 예수가 구약성경을 성취시킴을 보여주면서 "내가 너희에게 말하노니"라는 '반제'에서 반복된 그의 선언에서 알 수 있고(5:21-48을 보라), 또한 인간의 영원한 운명에 대한 심판자로서 "내가 그들에게 밝히 말하되 내가 너희를 도무지 알지 못하니 불법을 행하는 자들아 내게서 떠나가라"(7:23)는 그의 드라마틱한 선언에서도 알 수 있다. 모세(출 11:4)에서부터 엘리야(왕상 21:23), 이사야(사 3:16), 스가랴(슥 11:4)에 이르는 선지자들과 구약성경의 저자들은 자신의 권위로 말하지 않고, "이것은 주께서 말씀하시는 것이다"라고 선언했다. 예수의 가르침은 아주 강력하여 하나님의 권위를 담고 있음을 분명히 보여준다.

하지만 마태의 결론은 아이러닉하다. 이들이 예수의 가르침에 놀란 것이 곧 수용을 의미하지는 않는다. "놀라다"란 용어는 '에크플레소'의 수동형인데, 마태복음에서 이 용어는 믿음을 묘사하는 말이 아니다. 그 용어는 다양한 감정적인 반응을 나타내는 것이지 예수의 메시아 사역에 대한 의탁을 나타내는 것이 아니다. 이 용어는 예수의 고향에서 그의 사역을 불신하는 자들의 행동(13:58)과 부자가 구원받기가 어렵다는 제자들의 놀라워하는 반응(19:25), 그리고 부활 시의 결혼에 대한 예수의 가르침에 놀라워하는 무리들(22:33)을 묘사하는데 사용된다. 놀라워함은 믿음의 의탁과 동일하지 않다. 예수의 초대를 받아들이고 하나님 나라로 들어올 때만이 예수의 제자가 된다.[15]

14. Wilkins, *Discipleship in the Ancient World and Matthew's Gospel*, 150-52.

한편으로 마태는 예수를 놀랬던 무리들을 칭찬한다. 그들이 당시의 종교 지도자들과 대비되게 예수의 권위를 인정했기 때문이다. 그러면서도 예수는 무리들에게 경고를 발하신다. 예수는 단지 백성들이 듣고 놀라워하는 것으로 만족하지 않으신다. 그는 백성들이 듣고 예수에 대한 어떤 결정을 하기를 원하신다. 결정을 하는 것은 무리들로부터 나와서 예수의 제자가 되는 것을 의미한다.[16]

이것이 산상수훈의 놀라운 영향이다. 산상수훈은 강력하게 삶을 변화시키는 도전이다. 산상수훈은 하나님이 본래 의도하셨던 뜻을 찬탈하는 종교적인 자기 기업을 세우려고 시도한 종교지도자들을 상당히 혼란하게 만드는 비판이다. 또한 산상수훈은 무리들에게도 놀라운 도전이다. 그들은 삶의 실제에 대한 예수의 유일무이한 권위적 선언에 매력을 가졌지만 아직 예수에게 믿음을 갖지는 못한 사람들이다. 산상수훈은 예수의 제자들에게서 삶의 가장 지고한 영감이고 가장 실제적인 지침이다. 이들은 산상수훈의 예수의 말씀이 하나님 나라의 삶의 놀라운 실제를 살아갈 때 하나님의 지침의 계속된 원천이라는 것을 발견한다.

상황잇기

"그 무너짐이 심하니라"(7:27). 장엄한 산상수훈에서 예수의 마지막 말씀은 비극적인 논조로 끝난다. 이는 많은 현대 설교자들이 설교를 결론짓는 방식이 아니다. 그렇게 설교하는 것은 상당히 "불과 유황"처럼 들린다. 우리는 격려의 논조를 끝나는 것을 더 선호한다. 분명히 예수는 이런 방식으로 메시지를 항상 끝내시지는 않았다. 십자가에 달리시기 전날 밤에 제자들에게 주셨던 다락방 강화인, 지상사역의 마지막 부분에 기록된 메시지에서, 예수는 매우 다른 논조로 끝을 맺는다. "이것을 너희에게 이르는 것은 너희로 내 안에서 평안을 누리게 하려 함이라 세상에서는 너희가 환난을 당하나 담대하라 내가 세상을 이기었노라"(요 16:33).

하지만 산상수훈의 혼합된 청중들은 서로 다른 도전을 받는다. 예수 운동의 이 초기 단계에서, 제자들은 예수를 따르는 그들의 헌신이 진정성을 갖고 있는지를 세밀하게 살피도록 예수에게서 도전을 받는다. 어느 날 그들은 그들의 고백에 대해 영원한 계수를 하게 될 것이다. 또한 예수는 무리들에게 천국으로 들어오라는

15. Kingsbury, "The Verb *AKOLOUTHEIN*," 61.

16. Wilkins, *Discipleship in the Ancient World and Matthew's Gospel*, 229-30 ; Guelich, *Sermon on the Mount*, 419-21 ; T.W. Manson, *The Teaching of Jesus*, 2d ed. (Cambridge : Cambridge Univ. Press, 1935), 19.

초대에 응할 것을 도전 하신다. 예수를 선택할 것이냐 예수를 대적할 것이냐의 그들의 선택이 영원한 결과를 낳기 때문이다. 마지막으로 예수는 종교 지도자들에게 무리들과 자기 자신을 멸망으로 이끄는 종교적 위선을 세밀히 살필 것을 도전하신다. 그러므로 예수가 산상수훈을 결론짓는 심판의 논조는 당시의 청중들에게 상당히 적합하고, 이는 심판에 관심을 끈다기보다는 심판을 시행하시는 분으로서 예수에게로 관심을 끈다.

예수의 가르침에서 무리들의 놀라워하는 반응은 예수가 산상수훈에서 말씀하셨던 권위를 강조한다. 따라서 마지막 스포트라이트는 예수 자신에게 주어진다. 마태는 독자들에게 예수의 말씀이 그의 존재 때문에 권위를 갖는다는 것을 알게 하기 원한다. 1-4장에서 예수는 족보와 유아 기사, 세례 요한의 우뢰 같은 설교와 사역, 광야에서 마귀와의 접전, 천국의 도래를 선포하기 위해 예수가 갈릴리에 나타나심, 그리고 사람을 낚는 어부가 되도록 첫 협력사역자를 부르심에서 이스라엘의 메시아로 소개되었다. 5-7장에서 예수는 비길 데 없는 산상수훈의 말씀 속에서 메시아로 제시되고 있고, 뒤이어지는 8-9장에서 이적 이야기의 집합 속에서 메시아로 제시될 것이다. 스포트라이트가 이스라엘의 소망의 권위적 메시아로 예수를 온전히 비추고 있다.

하지만 메시아로서 예수는 인간 운명의 권위적 판결자로서도 조명된다. 산상수훈을 결론짓는 간단한 네 짧은 장면에서 모든 인간들은 예수 앞에서 나아와 예수로부터 "너는 나와 무엇을 할 것인가?" 라고 질문 받는다.

- 7:13-14: 너는 천국으로 들어가는 생명의 문으로 들어가서 나를 따르는 삶을 시작할 것인가? 아니면 멸망으로 인도하는 넓은 문을 택하여 나를 배척할 것인가?
- 7:15-20: 너는 생명의 선한 열매를 맺는 내적 변화의 근원을 내 안에서 발견할 것인가? 아니면 생명의 약속을 속이고 너를 지옥 불로 이끄는 이 세상의 예언하는 소리를 따를 것인가?
- 7:21-23: 너는 내 아버지의 뜻을 순종하고 너의 유일한 주인인 나에게로 올 것인가? 아니면 영원한 벌이 있는 거짓된 영의 현시를 좇을 것인가?
- 7:24-27: 너는 굳건한 반석인 나에게 너의 생명을 세울 것인가? 아니면 네 삶의 즐거운 편리로 인해 이 생에서 다가올 폭풍우와 저 세상에서 비통 가운데 있게 할 폭풍우를 준비하지 않을 것인가?

영벌에 대한 이런 특징들은 기분 좋아 보이지는 않지만 우리를 포함하여 예수의 청중들이나 마태의 청중들에게 긴급하게 필요하다. 우리가 이 땅에서 부여받은 시간은 영원한 의미를 갖는다. 생각한 것보다 부여받은 시간이 더 빨리 끝날 수 있기 때문에 우리는 저 너머의 시간을 위해 준비해야 한다. 무엇보다도 이 시간에 살아가는 방식이 중요하다. 우리가 여기서 심는 것을 거기서 거둘 것이기 때문이다. 이것이 우리로 하여금 영원한 관점으로 살게 한다. 그것이 우리의 일과 생활, 관계성과 공동체, 그리고 청지기 정신과 봉사에서 우선순위에 영향을 미친다.

따라서 예수의 결론적인 비극적 논조는 우리의 설교와 교육, 그리고 우리의 개인적인 삶과 사역에 지침이 된다. 내가 극단으로 치달아 완전한 "지옥과 저주"의 설교자가 될 수는 없겠지만, 나의 사역과 리더십에서 예수가 인간들에게 행하신 일에 대한 영원한 책임을 생각해 보도록 사람들에게 요청할 책임이 있다. 예수가 물으신 것처럼, "당신은 예수에게 설 것인가 예수에게 대항할 것인가? 이 생과 저 세상에서 있게 될 삶의 양식에 대한 결과를 당신은 분명히 해결했는가?"

현대적 의미

"나쁜 사람이 좋은 행위를 할 수 없고, 좋은 사람이 나쁜 행위를 할 수 없다."[17] 이것은 초대교회의 교부요 신학자인 어거스틴이 좋은 나무와 나쁜 나무에 대한 예수의 비유(7:15-20)를 주석한 유명한 말이다. 예수 그리스도의 경건한 제자들이 삶의 패턴으로서 2천년 동안 산상수훈을 연구하고, 설교하며, 암기하고, 사용했다. 21세기에 사는 우리들은 당시 사람들의 경험으로 알려진 연구물들을 갖고 있지 못하기 때문에 자주 더 빈약해 보인다. 인쇄 기술의 도래로, 종교개혁자들의 연구물과 같은 산상수훈의 보다 최근의 연구물을 현대의 학생들이 접할 수 있게 되었지만 이전 세기들의 연구물들을 자주 접할 수 없었다. 하지만 최근에 교회는 성경에 대한 초대교회 교부들의 주석과 설교들의 전집과 입수 가능한 번역물들로 풍성해졌다.[18]

우리가 예상하는 것처럼, 오늘날 쓰여진 주석들을 살펴볼 때 발견할 수 있는 것과 유사하게 고대의 해석들 가운데서도 좋고 나쁜 것들의 보따리가 섞여 있음을

---

17. Augustine, *Sermon on the Mount* 2.24.79. 이 항목에서 초대교회 교부들의 모든 인용은 Simonetti, *Matthew 1-13*, 152-58의 모음집에서 가져왔다. 후대의 저자들은 모두 직접 인용한 것이다.

18. 가장 최근의 사례는 Thomas C. Oden이 책임편집자로 있는 진행중인 '고대 기독교주석'(Ancient Christian Commentary) 성경시리즈다.

알 수 있다. 그리고 우리는 수세기의 신학적 묵상과 현대의 고고학적 발견들이 해결을 도왔던 이 문서들에서 신학적인 경구들을 발견할 수 있다. 그럼에도 불구하고, 나는 산상수훈을 결론짓는 네 경고들을 살필 때, 초대교회 교부들의 견해를 개관하는 것이 도움이 되는 것을 발견한다. 예수가 여기서 지적하신 문제들은 초대교회나 오늘날의 교회나 유사하다. 예수의 말씀이 교회 역사를 통해서 지침이 되었던 방식을 보여주는 현대의 저작자들과 비교할 때, 고대 교부들의 시각은 도움이 된다. 우리가 여기서 예수의 준엄한 경고에 대한 고대와 현대의 묵상들로부터 배울 때 더욱더 현명해진다.

좁은 문과 길 넓은 문과 길(7:13-14). 하나님 나라로의 예수의 초대를 생각하는 사람들의 흔한 문제는 그것이 대중적인 방식이 아니라는 사실이다. "찾는 자가 적음이라"(7:14). 다수에 호소함으로써 항상 하나님의 뜻을 발견할 수는 없다. 우리의 길이 항상 하나님의 길이 아니기 때문이다. "'모든 사람들이 그 일을 행한다' 가 기독교 윤리의 매우 유용한 기준은 아니다"[19]라고 현대의 학자이자 목사인 데일 부르너(Dale Bruner)는 경구를 준다. 사람들을 기쁘게 하는 욕구가 동기가 될 때, 하나님을 전혀 기쁘게 하지 못할 수 있음을 발견한다. 종교개혁자 존 칼빈은 이렇게 적고 있다.

> 멸명할 것이라고 믿지 않는 한 전체 무리가 동시에 내려갈 때 사람들은 안심하고 달려갈 것이다. 하지만 이와는 반대로 신실한 자들의 적은 수는 수많은 겁쟁이들을 만든다. 세상을 포기하고 적은 사람의 방식으로 삶의 방식을 세우기가 어렵기 때문이다.[20]

그러므로 예수는 천국의 생명 길로 들어가는 용기 있는 헌신을 우리에게 요청하신다. 거기서 우리는 하나님 나라의 가치와 교제의 공통된 인식을 나누는 제자들의 공동체를 발견할 것이다.

하지만 하나님 나라로의 예수의 초대를 생각하는 사람들의 또 다른 문제는 그것이 쉬운 방식이 아니라는 사실이다. "크고" "넓은"이란 단어가 지옥으로 가는 고속도로를 택하는 사람들의 수가 많음을 우리에게 알려주고, 또 그것은 예수를 따르는 제자도의 "좁은" 문과 "협착한" 길의 고통과 억압과 혹독함이 없는 쉬운 길임

19. Bruner, *Matthew*, 1:283.
20. Calvin, *Matthew, Mark, and Luke*, 1:233.

을 시사한다. 예수는 나중에 "내 멍에는 쉽고 내 짐은 가벼움이라"고 말씀하신다. 이것은 우리가 제자도의 길을 따라갈 때 예수가 우리와 함께 멍에를 짊어지시고 우리가 인내할 수 있는 힘을 부여하실 것이라는 확신을 반영한다. 하지만 예수는 이 좁은 길이 매일의 삶에서 의미하는 대가를 치를 것을 우리에게 요청하신다. 부르너는 이렇게 말한다.

> 예수의 윤리가 어렵지 않다고 말함으로써 자신을 바보로 만들지 말라. 예수의 산상수훈은 피나는 노력과 도덕적 투자를 요구한다. 그것은 거친 길이다…세속과 초정신적인 성공주의는 예수의 명령에 순종함으로 살아가는 삶에서 발견할 수 있는 도덕적 기질과 지적인 의미를 결여하고 있다.[21]

하지만 초대교회 교부인 크리소스톰은 영원한 보상의 면류관을 바라볼 때, 이 길의 어려움에서 격려를 발견한다.

> 이 길은 생명으로 끝난다! 고생의 일시적인 본질과 승리의 면류관의 영원한 본질은 고생이 먼저 오고 승리의 면류관이 나중에 온다는 사실과 조합되어 있다. 이것은 마음의 격려가 된다.[22]

따라서 예수는 좁고 힘든 천국의 삶과 멸망으로 인도하는 대중적인 길 중에서 양자택일할 것을 미래의 제자들에게 요청하신다.

문과 길에 대한 예수의 도전에서 표면적으로 나타나는 부가적인 문제는 우리들이 올바른 순서를 잡지 못하면 예수가 행위의 제도를 시사하고 있다고 생각하게 된다. 어렸을 적 주일학교에 다녔을 때 나는 신학적으로 자유로운 교회에 출석하였기 때문에, 교사들이 길이 먼저고 문이 나중이라고 말했던 것을 분명히 기억한다. 즉 우리는 좋은 삶을 사는 것과 동의어인 좁은 길이든 부도덕한 삶과 동의어인 넓은 길을 선택하든 간에 한 길을 선택해야 한다. 좁은 길에서 이탈하지 않았다면, 우리는 이 세상의 삶의 끝에서 좁은 문을 통해 하늘에 들어가리라는 약속을 받는다는 것이다. 이런 가르침을 주었던 교사는 우리가 행위로 천국에 올라갈

---

21. Bruner, *Matthew*, 1:283.
22. Chrysostom, *The Gospel of Matthew*, Homily 23.5.

수 있음을 주창하고 있었다.

하지만 예수의 말씀을 자세히 살펴 볼 때, 문이 먼저라는 사실을 알 수 있다. 예수는 인생에게 이런 초대를 은혜로 제공하신다. 예수는 우리가 천국과 영원한 생명으로 들어가는 좁은 문이시다. 문처럼 길도 예수만큼이나 좁다. 좁은 길은 그 문에 들어간 후에 시작되는 제자도의 삶을 나타낸다. 넓은 문과 길은 예수보다도 이 세상의 길을 선택하는 결정을 가리킨다. 예수를 위해 선택할 것인지 예수에 대항하여 선택할 것인지의 결정이 이 세상의 삶에서 있다. 그것은 이 세상의 사람들이 해야 하는 가장 중요한 결정이다. 예수는 은혜로 구원과 그와 동행하는 삶으로 초대하신다.

선한 열매 나쁜 열매(7:15-20). 기만적인 예언에 대해서 경고하실 때, 예수는 공동체 내에 있는 양의 옷을 입은 이리의 비유로 암시하신다. 참된 제자들을 이리와 구분하는 유일한 방식은 그들의 삶의 열매를 통해서다. 교회 역사의 초기에 어거스틴은 양의 옷을 입은 이리의 무리, 곧 모든 사람에게 두 개의 적대적인 본성—좋은 본성과 나쁜 본성, 최고의 신과 어둠의 권세—이 있다는 이원론적인 그룹인 마니교도들에 대한 경고의 말을 썼다. 마니교도들도 자기들의 주장을 지원하기 위해서 나무에 대한 예수의 말씀을 활용했다. 그리하여 어거스틴은 그들의 잘못에 대항하여 이렇게 지적한다: "물론 나무는 영 곧 인격이며 열매는 그 사람의 행위다. 따라서 나쁜 사람은 좋은 행위를 할 수 없고, 선한 사람은 나쁜 행위를 할 수 없다."[23] 어거스틴은 악한 영이 선한 영으로 변화될 수 없음을 시사하고 있지 않다. 그는 선한 또는 나쁜 영이 선한 또는 나쁜 열매를 맺는다고 제기하고 있다. 영은 좋은 또는 나쁜 본성과 일치되게 열매를 맺는다.[24]

두 가지 중요한 의미가 우리의 관심을 끈다. (1) 참된 변화는 한 사람의 삶에서 천국의 영향을 보여주는 실제적인 검증이 된다. 하나님 나라의 변화된 능력을 경험하지 못한 사람은 예수가 산상수훈에서 가르치셨던 천국의 덕스러운 삶을 생산할 수 없다. 고대의 교부인 크리소스톰은 "퇴보적인 방식으로 살아가는 한, 좋은 열매를 만들어낼 수는 없다. 실로 악인이 덕 있는 사람으로 변화될 수는 있을지라도, 악에 거하고 있는 한 그는 좋은 열매를 맺을 수 없다."[25]

(2) 하나님의 말씀이라고 공언하는 사람들의 열매를 자세히 살펴라. 그들이 협

23. Augustine, *Sermon on the Mount* 2.24.79.

24. Simonetti, *Matthew 1-13*, 155 n. 19.

25. Chrysostom, *The Gospel of Matthew*, Homily 23.7.

잡꾼일 수 있기 때문이다. 우리가 배워야 하는 역사의 교훈이 있다면, 교회와 교단과 학교와 선교 단체가 거짓된 가르침에 노출되어 왔다는 사실이다.[26] 복음을 왜곡하여 제자들을 믿음에서 멀어지게 하려는 사악한 이리들로부터 양떼들을 보호할 책임이 우리에게 있다(참조. 행 20:28-30).

20세기의 저명한 성경 해석자인 윌리엄 바클레이는 갈대나무과에 속하는 가시나무 덤불에 대해 이야기한다. 그 식물은 포도와 약간 유사한 작은 검은 딸기를 갖고 있고, 멀리서 보면 무화과로 오인할 수 있는 꽃이 있는 엉겅퀴 덤불을 갖고 있다. 바클레이는 이 사례를 들어 참된 교사와 거짓 교사가 겉으로 유사함을 보여주는 방식을 설명한다. 하지만 참 교사와 거짓 교사의 삶의 본질이 마침내 그 메시지의 진실을 드러낸다. 바클레이는 거짓 교사의 근본적인 오류는 '자기 관심' 임을 제기한다.

> 참 목자는 자기 생명을 돌보는 것보다 양떼의 생명을 더 돌본다. 이리는 자기의 배를 채우고 탐욕을 채우는 것에만 관심을 갖는다. 거짓 선지자는 다른 사람들에게 줄 수 있는 것이 아니라 자신이 얻을 수 있는 것에만 가르침의 중심을 둔다.[27]

그때에 바클레이는 '자기 관심' 이 교사를 지배하는 세 가지 방식에 대해 복음 사역자들에게 경고한다. 그는 오로지 '이득' 을 위해 가르친다, 오직 '위신' 을 위해 가르친다, 오로지 하나님의 진리가 아니라 '자신의 개념을 전달하기' 위해 가르친다.[28] 거짓 선지자들의 소리에 대한 예수의 경고는 교회 역사에서 쭉 그래왔던 것처럼 오늘날의 교회와도 상관이 있다. 거짓 선지자들의 다수는 생명의 약속을 선전하지만 그들 자신과 추종자들을 지옥의 불로 데려갈 뿐이다.

아버지의 뜻을 듣고 행하는 자와 그렇지 못한 자(7:21-23). 세 번째 경고에서 예수의 이름으로 이적을 행하지만 예수에게 속하지 않은, 즉 예수를 믿는다는 고백만 있는 사람들에게 말씀하신다. 고대의 교부인 알렉산드리아의 시릴은 자신의 교회에 이렇게 훈계한다.

---

26. Keener, *Matthew*(IVPNTC: Downers Grove, Ill: InterVarsity, 1997), 164: "이 세상에서 부당한 이유를 도전해야 하는 우리들이 자신의 범주에서 수비적인 전투만을 하고 있는 것을 발견하게 된다."

27. William Barclay, *The Gospel of Matthew*, rev. ed. (DSB: Philadelphia: Westminister, 1975), 1:284.

28. Ibid., 1:284-85.

> 처음에는 옳게 믿고 열심히 덕스럽게 노력한 사람들이 있다. 이들은 심지어 이적도 행하고 예언도 했으며 마귀도 축출했다. 하지만 나중에 이들이 악하게 되어 자기 주장적인 기만과 욕심에 사로잡힌 것을 보게 된다. 예수는 이런 자들에 대해 "그들을 결코 알지 못한다"고 말씀하신다.[29]

시릴은 자기 주장적인 기만과 욕심이 거짓 제자들을 특징짓는다고 강조한다. 그들은 스스로를 속이고 다른 신자들을 속이며, 주변에 환호를 받는 것에만 관심을 쏟기 때문이다. 이것은 오늘날과 거반 다르지 않다. "영적인" 능력을 극적으로 보임으로써 자신들의 메시지의 진정성을 주장하는 설교자들에게 많은 사람들이 매료되는 것에 안타까움을 느낀다. 예수는 이적과 기사가 아버지의 뜻을 증명해주는 것은 아니라고 경고하신다. 그런 것들이 악마적인 세계나 인간의 조작을 포함하는, 하나님 이외의 다른 근원에서 나오는 것일 수 있기 때문이다(참조. 행 19:13-16; 살후 2:9-12; 계 13:13-14). 크레기 브롬버그(Craig Blomberg)가 지적한 것처럼, 은사적인 활동은 "열광과 쇼가 고통의 매력적이지 못한 순종을 대신하는" 경향이 있다. 하지만 이런 외적인 쇼는 어느 것도 증명할 수가 없다.[30]

사역의 최종적인 증명은 그것이 아버지의 뜻을 순종하는 일을 촉진하고 있느냐에 달려 있다. 잘 알려진 현대 교회의 목사인 존 스토트는 "우리는 교회에서 신경(creed)을 낭송하고, 그리스도에게 헌신을 표하는 찬양을 노래한다. 하지만 우리의 경건하고 전통적인 말들은 그리스도를 감동케 할 수 없다. 그리스도는 순종의 선한 행실 속에서 우리의 신실함을 증거하기를 여전히 원하신다."[31] 이외의 것들은 영원한 추방을 당하는 "불법을 행하는 자들"(7:23)의 부산물이다. 시릴은 계속해서 증거한다. "설사 처음에 그들이 덕스럽게 살았다 하더라도 정죄로 끝을 맺는다. 하나님은 그가 사랑하는 자들을 아시고, 한마음으로 하나님을 믿고 하나님을 기쁘시게 하는 일들을 행하는 자들을 사랑하신다."[32]

현명한 건축자와 어리석은 건축자(7:24-27). 예수의 네 번째 경고는 천국에 대한 예수의 선포에서 의를 찾는 지혜를 종교 당국자들의 자기 의를 좇는 어리석음과 비교하신다. 크리소스톰은 모래 위에 집을 지으려 하는 어리석은 사람을 "뇌가 없

---

29. Cyril of Alexandria, *Fragment* 88.

30. Blomberg, *Matthew*, 133.

31. Stott, *Sermon on the Mount*, 208.

32. Cyril of Alexandria, *Fragment* 88.

는"(brainless, "머리가 나쁜") 사람이라 일컫는다. 그들의 노력이 금방은 효과가 있어 보이나 영원한 멸망으로 인도되는 길이기 때문이다.[33] 삶의 기초로서 우리의 삶을 예수에게 세우느냐 아니면 다른 방식으로 세우느냐 사이에 선택을 생각할 때 "뇌가 없는 사람"이란 말은 오늘날에 적합한 표현이다.

유명한 목사이자 성경해석자인 제임스 몽고메리 보이스(James Montgomery Boice)는 이런 선택과 관련하여 사람들이 행하는 두 가지 잘못이 있음을 제기한다. 하나는 많은 젊은 사람들이 그리하는 것처럼 기초는 필요 없다고 말하는 것이다. 또 다른 하나는 많은 나이든 세대의 사람들이 그리하는 것처럼 어느 기초도 괜찮다고 말하는 것이다.[34] 우리는 전자를 절대적인 진리를 찾는 포스트모던의 회의주의에서 볼 수 있고, 후자를 현대 문화의 정략적인 다원주의에서 볼 수 있다. 하지만 교회 역사에서 참된 안정성과 보증 그리고 소망을 제공하는 반석은 예수 외에는 없다. 오직 예수와 예수가 산상수훈에서 선포하신 하나님 나라의 의의 삶만이 우리에게 안정과 소망을 준다. "나의 소망은 다른 것에는 세워질 수가 없네"라는 약간 오래된 옛 찬송에서 이 진리가 아주 아름답게 표현되어 있다.

> 나의 소망은 예수의 피와 의 이외에 다른 것으로는 세워질 수가 없네, 나는 그 어떤 다른 향긋한 것들을 신뢰할 수가 없고 오로지 예수의 이름만을 의지한다네, 나는 반석이신 그리스도 위에 서 있다네, 모든 다른 기초는 무너지는 모래일세, 모든 다른 기초는 무너지는 모래일세.[35]

내가 바라는 바는 산상수훈에 대한 우리의 연구가 예수의 가르침에 "놀라는" 것으로 그냥 그치지 않는 것이다. 단지 감정적인 반응만을 보일 것이 아니라 예수의 길을 따르기 위해서 모든 것을 버려 둔 제자들처럼 행동해야 한다. 그것이 모든 권위를 가지신 생명의 참된 기초요 근원이신 예수를 진정으로 높이게 한다.

---

33. Chrysostom, *The Gospel of Matthew* 157.
34. James Montgomery Boice, *The Sermon on the Mount: An Exposition* (Grand Rapids: Zondervan, 1972), 310-11.
35. William B. Bradbury, "My Hope Is Built on Nothing Less(1863).

마태복음 8:1-9:8

1 예수께서 산에서 내려 오시니 수많은 무리가
따르니라
2 한 나병환자가 나아와 절하며 이르되 주여
원하시면 저를 깨끗하게 하실 수 있나이다
하거늘
3 예수께서 손을 내밀어 그에게 대시며 이르시
되 내가 원하노니 깨끗함을 받으라 하시니
즉시 그의 나병이 깨끗하여진지라
4 예수께서 이르시되 삼가 아무에게도 이르지
말고 다만 가서 제사장에게 네 몸을 보이고
모세가 명한 예물을 드려 그들에게 입증하라
하시니라
5 예수께서 가버나움에 들어가시니 한 백부장
이 나아와 간구하여
6 이르되 주여 내 하인이 중풍병으로 집에 누
워 몹시 괴로워하나이다
7 이르시되 내가 가서 고쳐 주리라
8 백부장이 대답하여 이르되 주여 내 집에 들
어오심을 나는 감당하지 못하겠사오니 다만
말씀으로만 하옵소서 그러면 내 하인이 낫겠
사옵나이다
9 나도 남의 수하에 있는 사람이요 내 아래에
도 군사가 있으니 이더러 가라 하면 가고 저
더러 오라 하면 오고 내 종더러 이것을 하라
하면 하나이다
10 예수께서 들으시고 놀랍게 여겨 따르는 자들
에게 이르시되 내가 진실로 너희에게 이르노
니 이스라엘 중 아무에게서도 이만한 믿음을
보지 못하였노라
11 또 너희에게 이르노니 동 서로부터 많은 사
람이 이르러 아브라함과 이삭과 야곱과 함께
천국에 앉으려니와
12 그 나라의 본 자손들은 바깥 어두운 데 쫓겨
나 거기서 울며 이를 갈게 되리라
13 예수께서 백부장에게 이르시되 가라 네 믿은
대로 될지어다 하시니 그 즉시 하인이 나으
니라
14 예수께서 베드로의 집에 들어가사 그의 장모
가 열병으로 앓아 누운 것을 보시고
15 그의 손을 만지시니 열병이 떠나가고 여인이
일어나서 예수께 수종들더라
16 저물매 사람들이 귀신 들린 자를 많이 데리
고 예수께 오거늘 예수께서 말씀으로 귀신들
을 쫓아 내시고 병든 자들을 다 고치시니
17 이는 선지자 이사야를 통하여 하신 말씀에
우리의 연약한 것을 친히 담당하시고 병을
짊어지셨도다 함을 이루려 하심이더라
18 예수께서 무리가 자기를 에워싸는 것을 보시
고 건너편으로 가기를 명하시니라
19 한 서기관이 나아와 예수께 아뢰되 선생님이
여 어디로 가시든지 저는 따르리이다
20 예수께서 이르시되 여우도 굴이 있고 공중의
새도 거처가 있으되 인자는 머리 둘 곳이 없
다 하시더라
21 제자 중에 또 한 사람이 이르되 주여 내가 먼
저 가서 내 아버지를 장사하게 허락하옵소서
22 예수께서 이르시되 죽은 자들이 그들의 죽은
자들을 장사하게 하고 너는 나를 따르라 하
시니라
23 배에 오르시매 제자들이 따랐더니
24 바다에 큰 놀이 일어나 배가 물결에 덮이게
되었으되 예수께서는 주무시는지라
25 그 제자들이 나아와 깨우며 이르되 주여 구
원하소서 우리가 죽겠나이다
26 예수께서 이르시되 어찌하여 무서워하느냐
믿음이 작은 자들아 하시고 곧 일어나사 바람

과 바다를 꾸짖으시니 아주 잔잔하게 되거늘
27 그 사람들이 놀랍게 여겨 이르되 이이가 어
떠한 사람이기에 바람과 바다도 순종하는가
하더라
28 또 예수께서 건너편 가다라 지방에 가시매
귀신 들린 자 둘이 무덤 사이에서 나와 예수
를 만나니 그들은 몹시 사나워 아무도 그 길
로 지나갈 수 없을 지경이더라
29 이에 그들이 소리 질러 이르되 하나님의 아
들이여 우리가 당신과 무슨 상관이 있나이까
때가 이르기 전에 우리를 괴롭게 하려고 여
기 오셨나이까 하더니
30 마침 멀리서 많은 돼지 떼가 먹고 있는지라
31 귀신들이 예수께 간구하여 이르되 만일 우리
를 쫓아 내시려면 돼지 떼에 들여 보내 주소
서 하니
32 그들에게 가라 하시니 귀신들이 나와서 돼지
에게로 들어가는지라 온 떼가 비탈로 내리달
아 바다에 들어가서 물에서 몰사하거늘
33 치던 자들이 달아나 시내에 들어가 이 모든
일과 귀신 들린 자의 일을 고하니
34 온 시내가 예수를 만나려고 나가서 보고 그
지방에서 떠나시기를 간구하더라

9:1 예수께서 배에 오르사 건너가 본 동네에 이
르시니
2 침상에 누운 중풍병자를 사람들이 데리고 오
거늘 예수께서 그들의 믿음을 보시고 중풍병
자에게 이르시되 작은 자야 안심하라 네 죄
사함을 받았느니라
3 어떤 서기관들이 속으로 이르되 이 사람이
신성을 모독하도다
4 예수께서 그 생각을 아시고 이르시되 너희가
어찌하여 마음에 악한 생각을 하느냐
5 네 죄 사함을 받았느니라 하는 말과 일어나
걸어가라 하는 말 중에 어느 것이 쉽겠느냐
6 그러나 인자가 세상에서 죄를 사하는 권능이
있는 줄을 너희로 알게 하려 하노라 하시고
중풍병자에게 말씀하시되 일어나 네 침상을
가지고 집으로 가라 하시니
7 그가 일어나 집으로 돌아가거늘
8 무리가 보고 두려워하며 이런 권능을 사람에
게 주신 하나님께 영광을 돌리니라

원 의미

예수가 산상수훈을 마치고 산에서 내려오셨을 때, 많은 무리들이 그를 따랐다(8:1). 예수의 최초의 공적 사역은 큰 무리를 이끌었고(4:23-25), 산상수훈에서 그의 가르침은 무리들을 놀라게 했다(7:28). 그리하여 무리들이 갈릴리 주변에서 그를 따랐다. 마태는 예수가 위대한 구원의 메시지를 갖고 계실 뿐 아니라 위대한 메시아적 선교를 하시는 분이심을 보이기 위해 몇몇 기적 이야기들을 동시에 가져온다.[1] 예수는 말씀으로 메시아일 뿐 아니라(5-7장), 행위에서도 메시아이시다(8-9장).

1. 8-9장의 이적은 예수의 삶의 표준적인 조화에 따른 기독론적인 순서로 되어 있지 않다. 예를 들어, Thomas and Gundry, *The NIV Harmony of the Gospels*, 22-26에서 기적의 배치를 보라. 마태는 한 곳에 이 기적 이야기를 모을 때 신학적인 목적을 염두에 두었다.

예수의 이적은 적어도 세 가지 일반적인 부류로 나눌 수 있다: 치유, 축사, 그리고 자연의 이적(죽은 자를 일으키는 것은 자연의 이적에 속하는 것으로 분류할 수 있거나 독립적인 범주로 놓을 수 있다). 마태는 하나님 나라가 참으로 도래했다는 증표로서 이런 종류의 이적들에 초점을 맞춘다(참조. 12:28).

하지만 예수의 메시아적 선교는 많은 사람들이 예상한 대로 전개되지는 않는다. 첫째로 예수는 사회적으로 무시를 당하는 사람들을 치유하시고(8:1-7), 일반적인 제자도에 대한 기대를 저버리시며(8:18-22), 자연, 마귀, 질병을 포함하는 사탄의 요새를 무너뜨리신다(8:23-9:8). 예수는 예기치 않은 형태의 제자도를 드러내시고(9:9-17), 예상치 못한 자들을 치유하신다. 그리고 하나님 나라의 선교를 확장하기 위해서 예수의 메시아적 권위로 나아갈 수 있는 일꾼들을 모집하신다(9:36-10:4).

사회적으로 무시 당하는 사람들을 치유하심(8:1-17)

세 가지 간단한 장면에서 마태는 예수의 메시아적 사역이 유대 문화에서 자주 천대를 받던 사람들(문둥병자[8:1-4], 이방인[8:5-13], 여자들[8:14-15])의 회복을 가져오는 방법을 보여준다. 이런 방식에서 예수는 정결과 윤리적이고 인종적인 장벽을 깨뜨리심으로써 예수의 천국 초대에 모든 사람들이 응답하게 하신다.

문둥병자를 깨끗이 하심: 정결의 한계를 넘어서심(8:1-4). 이야기가 급작스럽게 시작된다: "한 나병환자가 나아와 절하며." 나병환자의 현대적인 개념은 저지대의 습기가 많고 열대성 기후를 가진 지역(아시아, 아프리카, 남아메리카, 태평양 섬)에서 나타나는 한센병으로 알려진 무섭고 쇠약하게 하는 병을 생각나게 한다. 그 병이 감염률이 매우 높지는 않지만, 귀와 코와 같은 인간의 사지와 말단을 망가뜨리는 병에 대한 공포가 이 병에 걸린 사람들을 격리시키게 했다.

하지만 고대 세계에서 나병은 다양한 피부질환(피부진물, 건선, 낭창, 백선이나 여타 의심스러운 피부질환)과 일반적으로 연관되었다. 구약성경은 이런 질병을 가진 사람들을 심사하고 다루는 특별한 지침이 있었다(레 13-14장을 보라). 이 질병이 대단히 전염률이 높다고 생각했기 때문이다.

나병환자는 예수의 널리 퍼진 치유사역에 대해서 들었다(마 4:23-25). 그가 예수 앞에 무릎을 꿇고 "주여 원하시면 저를 깨끗하게 하실 수 있나이다"라고 말하고 있기 때문이다. "주여"('큐리에')라는 호격 칭호는 하나님의 도움을 얻기 위해서 예수에게 나올 때 무리들이 흔히 사용했던 칭호다.[2] 나병환자가 예수의 참 신분을 알고 있었다고 가정할 수는 없고, 다만 하나님의 치유하시는 정결을 소유하신 분으로서 그에게 호소한다. 의학적인 정결과 영적인 정결간의 구분선이 진단의 불확실성 때문에 자주 모호해졌다. 나병을 가진 사람들은 제사장의 심사를 받도록 요구되었다. 이런 심사 후에 제사장은 그 사람이 정결한지 불결한지를 선언하였다(레 13:2ff). 나병이 발견되면, 이 병에 걸린 사람은 공동체의 다른 사람들로부터 격리되었으며, 낡은 옷을 입고 얼굴의 아랫부분을 가린 채로 "불결하다, 불결하다"(레 13:45-46; 민 5:2-4)라고 외쳐야 했다.

나병을 치유하는 근원이 예수 안에 있다. 그만이 직접적인 치유에 영향을 주실 수 있는 분이시다. 그가 나병환자를 만지셨을 때, 성경의 정결법을 위반하신 것이 아니다. 오히려 불결한 자가 되는 것이 아니라 나병환자를 치유하시고 영적인 정결로 깨끗하게 하신다. 예수는 나병환자에게 제사장에게 몸을 보이라고 율법에 규정된 의식을 따르를 것을 명하심으로써(8:4), 사회에 다시 들어오기 위해서 나병환자에게 요구된 율법을 이루신다(레 14:1-32). 예수가 모세의 율법을 이루실 때, 그것은 제사장과 백성들에게 그의 참된 신분을 "증거"('마르티리온')하신다(마 8:4).

하지만 나병환자는 "삼가 아무에게도 이르지 말라"고 가르침을 받는다. 통상적인 예수의 사역의 양상은 예수의 신분과 활동에 대해 은밀함을 유지할 것을 요청한다. 이런 양상은 마가복음에서 특히 강조되고, 마태복음에서도 마찬가지다(참조. 9:30; 12:16; 16:20; 17:9). 예수가 자신에 대해 침묵할 것을 바라심은 복음서 저자들이 자신들이 받았던 비메시아적 전승을 설명하려고 고안한 주제가 아니라,[3] 예수의 역사적인 선교를 특징짓는 주제다. 예수는 자신의 메시아적 신분의 오해를 대중들 속에서 불러일으키는 것을 조심스럽게 삼가신다. 이적이 천국의 도래에 대한 복음 메시지의 진정성을 증거할지라도, 예수는 오직 이적만을 외치는 무리들을 원치 않으신다. 그들은 예수가 단지 육체적인 치유에 영향을 미치기 위해서 오셨다거나 민족적으로 군사적인 해방을 가져다주기 위해서 오셨음을 의미하는 것으로 그의 메시지를 쉽게 오인할 수 있었다. 예수는 제자들과 무리들이 그의 주요한 사명이 죄 용서를 가져오는 것임을 이해하도록 이끄신다(9:1-8; 20:28; 26:28).

---

2. 예를 들어, 8:2, 5; 9:28; 15:22, 25; 17:15; 20:30, 31, 33; Bornkamm, "End-Expectation and Church in Matthew's Gospel," 41-43을 보라.

3. 이것은 1901년에 William Wrede, *The Messianic Secret*, trans. J. C. G. Greig(Cambridge: James Clarke, 1971)에서 시작해서 현재까지 다양한 형태로 제시되는 비평적인 주석가들에게서 흔한 해석이다. 예를 들어, C. M. Tuckett, ed., *The Messianic Secret*(Philadelphia: Fortress, 1983)을 보라.

이 죄용서가 참된 정결을 가져온다.

백부장의 종을 치유하심: 윤리적인 한계를 넘어서심(8:5-13). 우리는 이 내러티브에서 예수가 멀리서부터 온 사람을 치유하시는 놀라운 기사를 접할 뿐 아니라, 당시에 만연했던 윤리적이고 종교적인 기대를 반전시키신다. 예수의 사역과 마태의 내러티브의 초기 단계에서 이방인이 치유되고, 하나님 나라에 이방인들의 유입에 관한 약속이 드러나며, 회개하지 않으면 이스라엘 민족이 하나님의 구속의 경륜에서 배제될 수 있음을 경고한다. 이것은 예수의 말씀을 듣고 있던 청중들을 확실히 놀라게 했을 것이고, 마태복음의 독자들에게 제자도의 참된 본질에 대한 엄격한 상기가 되었을 것이다.

갈릴리 사역의 거점지인 가버나움으로 다시 돌아오신 예수(4:13의 주석을 보라)는 로마 군대의 장교인 백부장을 만나신다. 일백 명의 군사들의 모임인 '백부'(*centuria*)는 로마 군대의 가장 작은 단위였다. 이 무리들을 고대 로마의 중요한 전문직 장교였던 백부장이 통솔했다. A.D. 44년 이전에 갈릴리에 거주했던 '백부'에 대한 눈에 띄는 증거는 없을지라도,[4] 최근의 발굴은 가버나움의 군부대가 유대 마을의 동쪽 지역에 있었음을 보여준다. 이 발굴은 가버나움의 백부장에 대한 좀더 믿을 수 있는 해석을 제공해준다. 이 백부장은 유대 서민들과 좋은 관계를 가졌던 능력 있고 책임 있는 장교였을 것이다.

8-9장에 나오는 각각의 이적들에 관한 장면에서 마태는 사건의 주요한 인물이나 행위만을 얻기 위해서 내러티브를 요약한다. 마태는 백부장이 자기 자신을 위해서가 아니라 자기 부하를 위해서 예수에게 직접 부탁하기 위해서 접근한 것으로 적고 있다:[5] "내 하인이 중풍병으로 집에 누워 몹시 괴로워하나이다." 예수는 4:24에서 무리들이 그에게 동일한 질병(중풍)의 사람을 데려왔을 때에 이미 그 병을 치유하셨다. 아마도 백부장은 이 질병에 대한 예수의 권능에 대한 소문을 들었을 것이다. 이 하인은 매우 고통스러워하고 있었다. 이 사람의 중풍의 원인은 알려져 있지 않으나, 그의 병에 관한 묘사가 많은 고대 사회의 재앙이었던 급성 회백수염(소아마비의 일종)가 원인이었음을 암시하는 것으로 이끈다.

---

4. A. N. Sherwin-White, *Roman Society and Roman Law in the New Testament*(Oxford: Clarendon, 1963), 123-24.
5. 누가복음(눅 7:1-10)에는 보다 상세하게 기술되어 있다. 거기서는 종의 치유에 대한 실제적인 요청을 몇몇 유대 장로들과 그 다음에 다른 유대 친구들이 하는 것으로 되어 있다. 그들은 백부장이 그들을 위해서 회당을 지어주었기 때문에 그에 대한 감사의 마음으로 예수에게 나아오고 있다. 이 백부장은 이방인으로서 예수에게 접근하는 자신의 무가치성을 민감하게 인식한다(7:7).

"주여"라고 나병환자가 언급한 것과 동일한 칭호를 사용하고 있는 로마의 백부장은 유대의 선생이 이방인의 집에 들어올 가치가 없다고 생각함으로써 유대 전승을 상당히 인식하고 있음을 보여준다: "주여 내 집에 들어오심을 나는 감당하지 못하겠사오니." 이방인의 집에 들어가는 것은 유대인을 의식적으로 불결하게 만든다(참조. 행 10:28). 하지만 백부장은 자신의 종을 치유하실 있는 분으로서 예수의 탁월함을 인식하면서 이방인의 집에 대한 유대인들의 혐오를 뛰어넘는다. "다만 말씀으로만 하옵소서 그러면 내 하인이 낫겠사옵나이다." 전쟁 상황에서 긴급하게 필요한 것처럼 자기 부대의 사람들의 생명을 로마 군대의 장교가 쥐고 있었다. 하지만 이 백부장은 하나님의 말씀처럼(참조. 시 107:20) 예수의 말씀만이 치유하실 수 있다는 더 커다란 경의를 예수에게 표한다.

이 백부장이 하나님을 경외하는 이방인일 가능성이 따르는 자들에게 예수가 칭찬의 말씀을 주신 이유는 단지 아니었을 것이다: "내가 진실로 너희에게 이르노니 이스라엘 중 아무에게서도 이만한 믿음을 보지 못하였노라." 백부장은 예수 안에서 한 민족으로서 이스라엘이 인식해야 했던 구원자에 대한 소망이 있음을 이해하고 있다. 따라서 예수의 진술은 백부장을 모범적인 믿음을 가진 자로 선택하시고, 이스라엘을 믿음이 부족한 자로 비판하신다. 예수의 칭찬과 비판은 이방인에 대한 약속과 이스라엘에 대한 심판의 언어로 바뀐다: "또 너희에게 이르노니 동서로부터 많은 사람이 이르러 아브라함과 이삭과 야곱과 함께 천국에 앉으려니와."

"동서"란 어구는 땅 끝에서 오는 사람들의 광범위함을 나타낸다. 구약성경은 종말론적인 잔치에 이 땅의 모든 백성들이 포함될 것을 예기하였다(사 25:6-9; 56:3-8).[6] 아브라함이 이 땅의 모든 민족들의 복이 되리라는 언약의 약속(참조. 1:1; 창 12:1-3; 22:18)은 백부장에 대한 선언에서 이제 공개적이 된다. 예수를 믿는 이 땅의 백성들이 천국의 종말론적인 잔치에 족장들과 함께 있을 것이다.[7]

예수는 이방인이 하나님 나라에 포함될 것임을 분명히 하는 반면에 확실한 자리를 갖고 있는 것으로 보이는 자들의 배제를 드라마틱하게 예견하신다: "그 나라의 본 자손들은 바깥으로 쫓겨나." "본 자손들"(문자적으로는 "그 나라의 아들들") 이란 표현은 민족적인 이스라엘을 가리키는 셈 어투이다.[8] 이스라엘의 지도자들은

---

6. Gene R. Smillie, "'Even the Dogs': Gentiles in the Gospel of Matthew," *JETS* 45(March 2002): 73-97, 특히 91-97.

7. Scot McKnight, *A New Vision for Israel: The Teaching of Jesus in National Context*(Grand Rapids: Eerdmans, 1999), 150-55을 보라.

자신들이 아브라함의 유산을 통한 하나님 나라의 독점권을 주장하였다(3:8-9). 예수는 강력하게 세례 요한이 선포했던 심판의 주제를 존속시키신다(참조. 3:7-12). 천국에 대한 이스라엘의 주장은 백부장이 모범을 보였던 예수 안에서의 믿음의 길을 따르지 않고 회개하지 않는 자들에게는 무용지물이 될 것이다(21:43-46의 주석을 보라). 예수는 회개하지 않는 이스라엘의 미래의 저주스러운 모습을 흔히 지옥에 대해 묘사하는 용어(22:13; 참조. 에스라4서 7:93; 에녹1서 63:10)로 표현하신다: "어두운 데서 울며 이를 갈게 되리라."

이 선언은 예수의 말씀을 듣는 자들에게 충격을 주었을 것이나, 이는 이스라엘로 하여금 하나님께로 돌아오라고 일관되게 요청했던 구약성경의 선지자들과 일치한다. 예수는 당신이 시작시키신 하나님 나라로 이스라엘이 회개하고 들어올 것을 계속해서 호소하신다. 이것이 종말론적인 잔치에 참석하는 것을 포함하는, 아브라함, 이삭, 그리고 야곱을 통해 맺으신 이스라엘에 대한 언약을 성취시킨다. 종말론적인 잔치에 참여함은 인종적인 신분과 상관없는 하나님의 모든 자녀들을 위한 주요한 한 가지 요구사항이 있다: 메시아이신 예수 안에 있는 믿음. 믿음이 있는 이방인은 믿음이 있는 유대인과 합세할 것이다.[9] 유대인이든 이방인이든 믿음으로 메시아적 구원자에게 의탁하지 않는 사람들은 정당한 벌을 받을 것이다. 이방인 선교가 아직 선포되지는 않았지만, 백부장에 대한 예수의 반응은 천국의 문이 믿는 누구에게든지 열려 있음을 가리킨다.[10]

실제적인 치유는 백부장의 믿음의 양에 비례해서도 아니고(17:20의 주석을 보라), 백부장의 믿음이 치유를 야기한 것도 아니다(15:28의 주석을 보라). 그것은 치유하실 수 있는 분으로서 예수를 믿는 믿음에 따른 것이다. 유대교에서 기적적인 치유의 기사들은 드물고 아주 예외적인 것으로 간주되었다. 그리하여 이 이야기에서 예수의 치유는 아주 놀라운 것으로 간주되었을 것이다. 예를 들어, 바벨론 탈무드에 들어 있는 랍비 하니나 벤 도사(Hanina ben Dosa)에 관한 상당히 논쟁되는 이야기(*b. Ber.* 34b)에서 그 랍비는 자신은 중보기도자일 뿐이며 선지자의 신분을 갖지 못했음을 알고 있음을 보여준다.[11] 하지만 예수는 그 자신이 치유의 근원이심

8. 예를 들어, 눅 16:8은 "빛의 아들들"을 언급하고, 1QM 17.8은 "그의 진리의 아들"과 "그의 언약의 아들들"을 언급한다.
9. McKnight, *A New Vision for Israel*, 150-51.
10. Charles H. H. Scobie, "Israel and the Nations: An Essay in Biblical Theology," *TynBul* 43(1992): 283-305, 특히 293-94; Carson, "Matthew," 203.

(8:7)을 알고 계시고, 백부장도 그 사실을 알고 있다(8:8). 치유를 행하시는 자로서의 예수의 권위는 다른 이들과는 구별되며, 오직 거룩한 메시아만이 이 특권을 주장하시고 비준하실 수 있다.

베드로의 장모를 치유하심: 성(性)의 한계를 넘어서심(8:14-15). 예수는 정결(8:1-4)과 인종(8:5-13)의 한계를 넘어서시고, 세 번째 치유의 기적에서는 성의 한계를 넘어서 여성을 치유하신다. 당시에 여성들은 유대교의 범주에서 사회적으로 자주 천대받았다. 이전의 치유 이야기와 유사하게, 베드로의 장모의 치유 사건은 마태복음에서 축약되어 있다(참조. 막 1:21-31; 눅 4:31-39). 마태는 이 치유를 둘러싼 다른 요소들에는 관심을 기울이지 않고 오직 치유 사건에만 초점을 맞춘다.

이 장면은 가버나움의 베드로의 집에서 발생한다. 베드로와 안드레가 벳새다의 자기 고향에서(요 1:44) 가버나움으로 가족의 고기 잡는 일을 분명히 이동시켰고, 그곳 가버나움에서 집을 지었다. 예수는 베드로의 집으로 들어가신다. 이는 이전에 예수의 부르심에 대한 베드로와 안드레의 반응으로 인해 독자들에게 놀라움을 불러일으킨다: "그들이 곧 그물을 버려 두고 예수를 따르니라"(4:20). 예수를 따르는 것은 분명히 베드로가 자기의 가정이나 가족 구성원들을 버리는 것을 필요로 하지 않는다(하지만 19:27을 보라). 사람 낚는 어부가 되라는 베드로의 소명은 생명을 다해 예수를 따르는 것을 의미하는 것이지 가족의 책임을 타협하거나 물질적인 소유를 포기하는 금욕적인 삶의 양식을 가정하는 것을 의미하지 않는다.

흥미롭게도 1968년에 발굴대는 전통적으로 베드로의 실제 집이라고 말하는 지점을 발굴하였다. 아주 오래된 교회들의 유적지를 따라 이동하던 발굴자들은 거의 B.C. 63년에 지어졌다고 추정되는 한 집을 찾았다. 그리고 모든 역사적 고고학적 증거들은 다수의 학자들이 이 곳이 예수가 사역하셨을 때에 가버나움의 베드로의 원래 집이었다는 결론에 이르게 했다.[12] 이 집의 근처에 회당이 발굴됨은 마가복음과 누가복음의 이야기와 일치한다. 이 복음서들은 베드로의 집이 회당 근처에 있었다는 것을 함축하고 있다. 이 최근에 발굴된 유적지의 최하층 지반은 검은 현무암으로 된 1세기의 회당이고, 아마도 이 회당은 베드로의 집에서 몇 발자국 떨어지지 않은 예수가 설교하셨던 바로 그 회당이었을 것이다.[13]

11. 치유에 대한 랍비의 기도에 관한 설명을 위해서는 Wilkins, "Matthew," 55을 보라.
12. Wilkins, "Matthew," 56을 보라.
13. 베드로의 집과 회당의 발굴에 관한 잘 알려진 논의를 위해서는 Charlesworth, *Jesus Within Judaism*, 109-15; James F. Strange and Hershel Shanks, "Synagogue Where Jesus Preached Found at Capernaum,"

마가는 그 집이 베드로와 안드레가 소유했던 집이었음을 알려준다(막 1:29). 아마도 부모들의 집이었지만, 지금은 아들들과 적어도 베드로와 그의 아내 그리고 그의 아내의 부모들을 포함하는 그들의 확대가족들이 차지하여 살고 있었을 것이다. "열병으로 앓아 누운"이란 마태의 표현은 베드로의 장모가 심각한 질병, 아마도 말라리아의 고통 중에 있었을 것이다. 그 열병이 증상이 아니라 질병으로 간주되었기 때문이다(참조. 4:52; 행 28:8).

예수가 베드로의 집에 참석하시어 이 여인을 만지셨을 때, 이 황폐케 하는 질병의 세계를 권위로 물리치신다. 이 병이 낫는 기적은 즉시 효력을 발휘한다: "열병이 떠나가고 여인이 일어나서 예수께 수종들더라['디아코네오']." 직접적인 의미는 여인이 예수에게 식사를 대접했다는 뜻이다. 하지만 '디아코네오'에 대한 마태의 용법은 단순한 식사 준비를 넘어서는 의미를 담고 있다. 이 여인의 행위는 치유받은 것에 대한 즉각적인 감사를 표한다. 이것은 예수를 따르는 자들의 매우 의미있는 동기다(20:1-15의 주석을 보라).

귀신을 쫓아내고 많은 사람들을 치유하심(8:16-17). 마태는 마가복음 1:21-28과 누가복음 4:40에서 발견될 수 있는 안식일에 회당 축사를 기록하고 있지 않고, 단지 그 날의 시간에 대해서 일반적인 언급만을 할 뿐이다: "저물매." 안식일이 해가 지는 때에 끝나기 때문에 사람들은 안식일 법을 위반하지 않고 귀신들린 자들과 병든 친구와 친척들을 예수에게로 데리고 올 수 있었다. 백부장의 하인에게서 그러했던 것처럼, 예수의 강력한 "말씀"이 치유에 필요한 모든 것이었다.

마태는 다시 한번 예수의 삶과 사역이 구약성경의 성취라는 것을 강조한다(참조. 1:23, 25; 2:15, 23; 4:14). 그는 예수의 치유사역이 이사야 53:4("우리의 연약한 것을 친히 담당하시고 병을 짊어지셨도다")의 예언을 성취시킴을 거명한다. 이것은 이사야의 예언에 나오는 종에 대한 또 다른 암시다.[14] 이제는 치유를 행하시는 분으로서 종의 역할에 초점을 맞춘다. 마태가 인용한 헬라어 본문은 죄와 질병이 동시에 고려되고 있는 예언의 의미에 핵심을 건드린다. 이 인용은 중심적인 주제로서 대속의 의미를 갖는 이사야 52:13-53:12의 "종의 노래"의 큰 범주에서 인용한 것이다. 이 종(Servant)은 죽음과 고통을 통해 다른 이들의 질병을 짊어지신

Archaeology and the Bible: The Best of BAR, Volume II: Archaeology in the World of Herod, Jesus and Paul(Washington, D.C.: Biblical Archaeology Society, 1990), 200-207; Rousseau and Arav, "Capernaum(Capharnaum)," *Jesus and His World*, 39-47을 보라.

14. 2:23, 사 53:2의 "가지"를 보라; 또한 마 12:17-21; 26:28; 27:12; 27:38을 참조하라.

다. 마태는 이 예언에서 예수의 치유사역을 대리(substitutionary)의 주제와 연결시킨다. 예수는 자신이 병이 드실 수 없지만 권능으로 질병들을 물리치신다.

이것이 죄에 대한 예수의 대속적인 고난과 죽음을 명시적으로 도입하지는 않을지라도, 대속의 죽음에 대한 길을 분명히 준비한다.[15] 예수는 죄에서 자기 백성들을 구하기 위해서 오셨다(1:21). 예수의 치유는 일반적인 것들을 넘어서서 십자가와 죄 용서를 위해 쏟으신 그의 피로 인한 새 언약의 시작을 가리킨다(26:27-28). 모든 질병과 죽음은 궁극적으로 죄가 들어옴으로 자리를 잡았기에 하나님 나라를 여시는 예수의 전체 사역은 죽음과 고통의 사이클을 반전시키기 시작한다.[16]

현대의 일부 비판적 학자들은 1세기의 유대인들이 이사야 53:4을 메시아적으로 해석했을 것인가를 의심하지만[17] 후대의 랍비 본문들은 그 구절의 메시아적 해석을 알게 한다.[18] 따라서 마태가 보여주는 것처럼 예수 당시에 적어도 일부 유대인들이 이사야 53장의 고난의 종에 대한 메시아적 의미를 알고 있었다고 해야 할 것이다.[19] 마태는 예수 안에서 그 종이 자기 백성들의 질병을 짊어지셨다는 것을 분명하게 보여주며, 예수의 죄에 대한 대속적인 고난에 대한 온전한 명시는 예수의 사역이 전개될 때 보다 분명해진다(예. 20:18-19, 28; 26:27-28).

기대했던 제자도에 실망하다(8:18-22)

우리는 치유사역 후에 예수의 행위로 인해 의아해한다. 예수는 무리들을 보시고서 그들을 멀리 하신다(유사한 논조를 위해서는 5:1을 보라; 주석을 보라). 여기서 예수는 무리들을 보시고 제자들과 함께 있기 위해서 그곳을 떠나신다(8:18). 이는 마태의 일관된 대조법이다. 무리들은 복음과 치유를 선포하시는 예수의 사역의 대상이다. 예수는 그들이 제자가 되도록 하나님 나라로 초대하신다. 제자들은 예수의 초대에 응답한 사람들이다. 예수는 그들이 하나님 나라의 삶을 살고 다른 이들을 섬길 수 있는 특별한 가르침을 주신다. 다음에 나오는 사건들은 분명히 예수

15. Millard Erickson, *Christian Theology*(Grand Rapids: Baker, 1984), 836-41.

16. Carson, "Matthew," 206.

17. 예를 들어, Hooker, "Did the Use of Isaiah 53 to Interpret His Mission Begin with Jesus?" 88-103.

18. Hill, *The Gospel of Matthew*, 161; 예. *b. Sanh.* 98a-b: "확실히 그는 우리의 슬픔과 죄를 짊어지셨다. 하지만 우리는 그가 나병으로 찌들고 하나님께 맞으며 고통을 당하고 있다고 여긴다."

19. 이사야 52:13-53:12의 고난받는 종과 예언된 다윗 계열의 메시아적 왕과의 동일시에 관한 확대된 논의를 위해서는 Van Groningen, *Messianic Revelation in the Old Testament*, 619-50을 보라.

를 따르는 자가 되었으나 예수에 대한 제자도가 무엇을 의미하는지를 정확히 이해하지 못하고 예수께 나아온 두 명의 개별적인 사람들을 기록하고 있다. 예수는 이 두 사람의 결점에 대한 제자도의 핵심을 개별적인 형태로 선언하신다.

제자가 되려 하는 자의 기대(8:18-20). 예수는 제자들로 하여금 "호수 건너편으로 갈 것"을 지시하신다. "건너편"이란 표현은 갈릴리 해를 넘어서 이동하는 것을 통상적으로 의미한다. 이 경우는 서쪽의 주요한 유대 지역에서 동쪽의 주요한 이방인 지역으로 넘어가는 것을 뜻한다(참조. 8:28; 9:1). 하지만 그들이 떠나기 전에 한 "율법사"가 예수에게로 나온다(8:18; 5:20의 주석을 보라). 이 사람은 문서를 다루는 전문가였던 '그라마튜스'('서기관')였다. 고대 세계에서는 오직 소수의 사람들만이 글을 읽고 쓸 수 있었다. 유대인들이 읽고 쓰는 훈련을 받은 인구의 높은 퍼센트를 유지하였을지라도, 오직 특별한 그룹들만이 정규적으로 글로 된 문서를 갖고 일했고, 이보다 훨씬 더 적은 수만이 책이나 성경에 접근할 수 있었다. 서기관들의 수완은 단순히 서기적인 기술에 그치지 않고 율법을 가르치고 해석하고 규제하는 일을 포함하였다.

갈릴리에서 서기관들은 선생이나 해석사로서 회당에서 일한 하급 관료로 나타나지만(7:28-29), 예루살렘에서는 이들이 대제사장과 산헤드린과 연계된 고급 관료였다(2:4). 서기관은 갈릴리(15:1)와 예루살렘(23:13)에서 예수를 시험하기 위해서 바리새인들과 합세했고(15:1), 예수를 정죄하는 일에 예루살렘의 대제사장들 세력과 힘을 합쳤다(21:15). 그들은 종파적인 믿음을 가진 성경의 전문가들이었다(따라서 NIV는 "율법사"[teacher of the law]라 일컫는다).

8:19에서 율법사는 학문연구를 마치고 스스로 율법 전문가가 되기 전까지는 랍비의 제자로 있었다. 이런 그가 예수에게 나아와 히브리어 호칭인 "랍비"에 해당하는 "선생님"이라 부르는데, 이는 그가 랍비적 배경을 갖고 있었음을 암시한다(23:7-10의 주석을 보라). "저는 따르리이다"라는 말은 통상적으로 제자도의 관계에 대한 열정을 보여준다. 이 사람은 제자가 되려는 자가 다양한 주인을 살피고 가장 좋은 랍비나 가장 유명한 랍비의 명단에 자신의 이름을 등재하는 주인-제자의 관계의 종류를 염두에 두고 있다.[20]

율법사가 스스로 제자가 되겠다고 하는 자원에 대한 예수의 반응은 놀랍다:

---

20. Martin Hengel, *The Charismatic Leader and His Followers*, trans. James Greig(New York: Crossroad, 1981), 3-15을 보라; 인용한 책의 여기저기에 있다.

"여우도 굴이 있고 공중의 새도 거처가 있으되 인자는 머리 둘 곳이 없노라"(8:20). 예수는 자신의 주인-제자 관계 형태의 독특성을 설명하기 위해서 익숙한 비유에 상당히 의존하신다. 겉으로 볼 때에 상당히 엄격한 이 반응은 열정 있는 이 초심자를 절제케 한다. 예수의 제자도의 형태는 서기관이 이전에 훈련에서 경험했던 것과는 다른 종류이기 때문이다. 랍비는 유대교에서 상대적으로 높은 신분을 누렸지만 예수는 학파나 회당도 없고, 종교 당국자들 사이에서 높은 경외의 직분도 없으시다. 그는 사역의 대부분의 시간을 친구들, 친척들, 제자들의 집에 머무신다(예. 8:14). 그러므로 "머리 둘 곳이 없다"라는 표현은 집이 없는 견유학파적인 철학자를 일컫는 것이 아니라, 그의 사역이 안락한 혜택이 있는 제도적 장치를 얻게 하지 않을 것이며, 이는 그를 따르는 많은 사람들에게 똑같이 적용될 것이다.[21]

"인자"(8:20)라는 표현은 이 율법사에게 비교적 모호한 감정을 불러일으켰을 것이다. 율법사는 하나님이 90번 이상을 "인자"라는 표현으로 선지자에게 말하는 에스겔서의 사용을 기억했을 것이다(예. 겔 2:1, 3, 6, 8, 등등; 참조. 단 8:17). 에스겔서의 이 구절은 환상에서 나타난 전능하신 하나님 앞에 있는 한 인간으로서 에스겔의 나약함을 강조한다.[22] 하지만 율법사는 다니엘이, 상제(Ancient of Days, 곧 하나님)와 영원히 통치하실 묵시적인 메시아 형상인, 영광스러운 주권을 언급하기 위해서 "인자"를 사용했던 방식도 역시 상기했을 것이다(단 7:13-14). 이 후자의 표현의 의미가 유대교에서 나타난다. 가명의 문서인 에녹1서와 에스라4서 13장에 그와 같은 표현이 있기 때문이다. 에녹1서의 언급은 예수의 시대보다 앞서기 때문에 특히 흥미가 있다.

> 무리들이 영광의 보좌에 앉으신 인자를 볼 때 고통에 사로잡힐 것이다. 왕들과 통치자들 그리고 모둔 봉신들은 모든 것을 통치하시며 감추어져 계셨던 그에게 축복을 돌리고, 영광을 돌리며, 찬양할 것이다. 인자는 태초부터 감추어져 계셨고, 지극히 높으신 자는 그를 능력으로 보존하셨다. 이제 지극히 높으신 자는 인자를 성도들과 선택된 자들에게 드러내실 것이다(62:5-7).[23]

---

21. Jack Dean Kingsbury, "On Following Hesus: The 'Eager' Scribe and the 'Reluctant' Disciple(Matthew 8.18-22)," *NTS* 34(1988): 47-52, 특히 49.

22. Allen, *Ezekiel* 1-19, 38.

23. 에녹서의 이 부분의 연대가 논쟁이 되고 있을지라도, 현대의 학자들의 의견은 그것을 대략 헤롯 대제의 시대로 거슬러올라간다: 참조. E. Isaac, "1 (Ethiopic Apocalypse of) Enoch," *The Old Testament Pseudepigrapha*, ed. James H. Charlesworth(Garden City, N.Y.: Doubleday, 1983), 1.7.

그러나 이 칭호는 널리 사용되지는 않았다. 이러한 모호성 때문에 그 칭호는 예수가 그의 메시아적 신분을 전달하는 편리한 수단이 되었다. 인자는 "메시아", "다윗의 아들" 또는 "하나님의 아들"과 같은 칭호에 부여된 것과 같은 잘 알려진 연계 관계가 없었다. 따라서 예수는 "인자"를 언급하심으로써 자신의 신분의 참된 의미를 가르치실 수 있었다. 인자는 참으로 예수가 좋아하시는 자기지칭이었다.[24] 예수는 자신이 누구이며 자신의 사역이 무엇인지를 규명하기 위해서 일반적으로 세 가지로 발전되는 양상을 가지고 이 표현을 사용하신다.[25]

1. 인자는 지상 사역에서 공통된 죄인들의 죄를 용서하기 위해서 오신 겸손한 종이시다(8:20; 9:6; 11:19; 12:8, 32, 40).
2. 인자는 대속의 죽음과 부활로 자기 백성들을 구속하실 고난의 종이시다(16:13, 27-28; 17:9, 12, 22; 20:18, 28; 26:2, 24, 45).
3. 인자는 이 땅에 하나님 나라를 세우기 위해서 오실 영광스러운 왕이시오 심판자시다(10:23; 13:37, 41; 19:28; 24:27, 30, 37, 39, 44; 25:31; 26:64).

예수의 선교는 백성들, 종교지도자들 심지어 그의 제자들에게서조차도 잘못된 기대와 오해로 항상 취급되었다. 하지만 예수가 자신의 신분과 사역을 규명하기 위해 이 모호한 칭호를 사용하신 후에 가야바와 산헤드린 앞에서 심문을 받으실 적에 마지막으로 이 칭호를 사용하시는데, 거기서 그는 아주 분명하게 자신이 이스라엘의 거룩한 메시아라고 주장하신다(참조. 26:63-68).[26]

제자가 되려는 자의 문화적 기대(8:21-22). 이제 "또 한 제자"가 예수께 나아온다. "또"('헤테로스')란 용어가 율법사(서기관, 8:19)와 이 사람을 구분지어 준다고 제기하고, 율법사는 제자가 되려는 사람이지만 이 사람은 참된 제자였다고 주장한

24. 두 경우를 제외하고서 복음서들의 모든 사례에서, 이 칭호는 예수 자신의 입으로 나온다. 심지어 첫 번째 경우에도 예수가 이 칭호를 방금 전에 자신에 대한 지칭으로 사용했기 때문에(요. 12:23) 그 청중이 이 칭호를 사용하고 두 번째 경우에 천사는 단순히 예수의 말을 되풀이하고 있다(눅 24:7). 신약성경의 나머지 부분에서, 세 구약성경의 암시나 인용(히 2:6=시 8:5; 계 1:13과 14:14=단 7:13)을 제외하고서, 이 칭호는 오직 한번만 예수에 대해 사용된다(행 7:56).

25. 복음적인 학자들의 도움되는 개관을 위해서는 Robert H. Stein, *The Method and Message of Jesus' Teaching*, rev. ed. (Louisville: Westminister John Knox, 1994), 135-51을 보라. 유대 학자들의 흥미로운 논의를 위해서는 R. Steven Notley, rev. ed. (Jerusalem: Magnes, 1998), 124-33을 보라.

26. 예를 들어, Gerhardsson, "The Christology of Matthew," in *Who Do You Say That I Am?* 20-21: "마태복음에서 예수의 상태—그의 낮아지심과 높아지심에서—와 그의 전체 사역은 인자라는 말로 망라된다."

다.[27] 우리는 예수 운동의 역사적인 관점에서 이 두 사람을 구분하는 것이 더 도움이 된다. 예수 사역의 초기 단계에서 백성들이 예수께 나아와서 예수의 운동에 참여하겠다고 요청한다. 그들은 예수에 대한 제자도를 주로 자신의 과거 경험에 기초하여 예상한다. 하지만 사역이 진전된 단계에서 예수는 제자도의 형태가 유대교의 여타 형태와는 구분된다는 것을 분명하게 가르치신다. 따라서 이 두 사람은 제자란 용어의 느슨한 의미에서 제자들이다. 이들은 열두 제자 가운데는 속하지 않으며, 일찍이 예수의 주변에 모여든 넓은 제자군에 속하는 사람들이다(참조. 눅 6:13, 17). 이들 중에 많은 사람들이 예수의 제자도의 형태가 어떤 것과 관계가 있는지를 충분히 이해하지 못한다.

하지만 예수는 자신의 조건을 따르지 않고는 제자로 삼지 않으신다. 이 제자의 헌신을 검증하신다. 예수는 나중에 제자의 큰 무리들에게도 그와 동일하게 도전하신다. 그때에 진실로 믿지 않았던 자들이 드러난다(요 6:60-66).[28]

이 제자는 "주여 내가 먼저 가서 내 아버지를 장사하게 허락하옵소서"라고 요청한다. 죽은 자를 장사하는 일은 이스라엘의 다른 종교적 의무를 능가한다. 심지어 제사장이라도 가족의 구성원이 죽음으로 그 몸을 만짐으로써 더럽혀지는 것이 허락되었다. 죽은 자를 돌보는 의무는 "네 어머니와 아버지를 공경하라"(출 20:12; 신 5:16; 참조. 창 50:5; 토빗서 4:3; 6:15)는 명령에서 암묵적으로 나왔다. 죽은 자를 돌보는 일에 관한 미쉬나의 언급을 보라: "그 앞에 죽어서 장사되지 않은 자가 있는 사람은 '쉐마'를 읊송하는 일과 '테필라'를 말하는 일 그리고 호부를 차는 일을 면제받는다"(*m. Ber.* 3.1). 탈무드는 한 단계 더 나아간 언급을 한다: "죽은 친척이 있는 자는 '쉐마'를 읊송하는 일과 16가지 복(Eighteen Benedictions), 그리고 토라에서 언급한 모든 명령들에서 면제된다"(*b. Ber.* 31a).

예수의 반응은 충격적이지는 않을지라도 놀랍다: "죽은 자들이 그들의 죽은 자들을 장사하게 하고 너는 나를 따라라." 부모들을 올바르게 봉양하지 못한 것으로 예수가 바리새인들과 율법사들을 나중에 나무라신 것으로 보아서도(15:1-9), 여기서 이 제자가 구약성경의 규정을 위반할 것을 예수가 주창하고 있지는 않는다. 예수의 반응을 이해하려는 시도가 다양한 설명을 낳았다. 혹자는 이 사람의 아버지가 아직 죽은 것이 아니고, 아버지가 죽을 때까지 그가 집에 머물기를 원했다고 생

27. 예를 들어, Kingsbury, "On Following Jesus," 47-52.

28. Wilkins, *Following the Master*, 6장을 보라.

각한다. 또 다른 이는 아버지가 죽은 일년 뒤에 그 유골을 납골당으로 이선하는 장사의 두 번째 단계를 완수하려고 그가 돌아가려고 했다고 생각한다. 또 다른 사람들은 "'영적으로' 죽은 사람이 '육적으로' 죽은 사람을 장사하게 하라"는 것과 같이 예수의 말씀을 비유적인 암시로 설명하고자 시도한다.[29] 하지만 어느 경우에도 예수는 다른 것들에 대한 충성보다도 "나를 따르는" 소명을 위에 두신다. 예수에 대한 조건 없는 헌신을 방해하는 것들은 제쳐 두어야 한다.[30]

예수를 따라가는 것을 우선해야함은 현명한 사고를 요청한다. 예수의 제자들은 부모를 공경하라는 하나님의 명령을 따라야 하지만 주인으로서 예수의 최고 주권성을 항상 유념해야 한다. 어떤 경우에 예수는 무리들과 제자들에게 가족에 대한 헌신을 예수에 대한 헌신보다 우선하지 말 것을 도전하시기 때문에 가족에 대한 책임과 하나님에 대한 헌신을 균형 잡아야 하는 것이 문화에서 전형적인 갈등이 되기도 하였다(10:37-39; 눅 14:25-26).

사탄의 요새를 이기는 것(8:23-9:8)

예수와 사탄의 첫 번째 작은 전쟁은 마귀의 시험에 대한 예수의 승리를 낳았다(4:1-11). 예수는 이제 사탄의 주요한 세 가지 요새를 침입하시어 압도하신다: 예수가 폭풍우를 잠잠케 하실 때 자연에 대한 영역(8:23-27), 마귀를 쫓아내실 때 영의 영역(8:28-34), 중풍병자를 치유하실 때 질병과 죄에 대한 지배(9:1-8).

폭풍우를 잠잠케 하심: 자연에 대한 권위(8:23-27). 서기관의 바람("저는 따르리이다", 8:19)과 예수의 명령("나를 따르라", 8:22)이 이제 제자들에 의해 시연된다: "배에 오르시매 제자들이 따랐더니." "따르다"('아콜루데오')란 용어는 제자와 동의어다(참조. 4:20, 22). 이는 두 명의 제자 지망생들과 있었던 장면에서 호수 위에서의 제자들과 예수의 이야기로의 전환을 특징짓는다. 이전의 두 사람과는 대조되어 이 제자들은 예수를 따른다. 이들이 자연의 기적에 참여함은 예수에 대한 제자도에서 그들의 부족만이 아니라 예상되는 제자도의 성장도 역시 보여준다.

이미 이름이 거명된 네 명의 제자들(베드로, 안드레, 야고보, 요한; 4:18-22을 보라)은 전문적인 어부였기 때문에 여러 번 이 바다를 건넜을 것이다. 하지만 그들

29. Hagner, *Matthew*, 1:218을 보라.
30. 사회적 배경에 관한 논의를 위해서는 Joseph H. Hellerman, *The Ancient Church As Family* (Minneapolis: Fortress, 2001), 72-73을 보라.

은 영원히 잊지 못할 여행을 하게 된다. "바다에 큰 놀이 일어나 배가 물결에 덮이게 되었으되." 고대의 저자들은 모두 갈릴리 바다에 신선한 물이 있었으며, 사해바다와 달리 쾌적한 기온을 유지했다고 언급한다. 갈릴리 바다는 해변에 깨끗한 백사장이 있었고, 물고기들이 많았을 것이다.[31] 호수의 낮은 수면(바다 지평선에서 636피트 아래)은 연중 온화한 기온을 제공했고, 사람들이 흔히 집 바깥에서도 잠을 잘 수 있게 했다(예. 8:25).

그러나 호수 표면에서 2,650 피트나 올라간 동서 양쪽의 산맥으로 둘러싸인 호수는 악명 높게도 동풍이 산에서 불었고, 특히 봄과 가을에는 더 심했다(참조. 14:19, 24; 요 6:1-4). 호수의 낮은 배경은 급작스러운 돌풍이나 폭풍우를 야기하여(참조. 막 4:37; 눅 8:23; 요 6:18), 쉽게 배를 집어삼킬 정도로 7피트 이상의 파도를 일으켰다.[32]

밤에 갈릴리 바다를 횡단하는 것은 온 밤을 삼중그물을 사용하였던 어부들에게는 흔한 경험이었다.[33] 많은 배들이 배를 조종할 적어도 다섯 명의 어부를 필요로 했다(네 명의 노 젓는 자와 한 명의 키 잡는 자). 보통 배들은 열 여섯 명의 사람까지도 올라탈 수 있었다. 이 배들은 작업하지 않고 있을 때 고물에 누어서 잠을 잘 수 있을 정도로 충분한 공간이 있었고, 아마도 베개로 사용할 모래주머니를 승선하고 있었을 것이다(참조. 막 4:38).[34]

이 폭풍우는 제자들이 두려워할 정도로 아주 강력했다. 그리하여 그들은 "주여 구원하소서"라고 외친다. 그들이 스스로 운명을 제어할 수 없을 때, 이런 상황에서 그들의 간청은 충분히 의뢰할 만한 능력이 예수에게 있음을 그들이 이해하고 있음을 보여준다. 예수가 단순한 인간이시라면, 그들과 똑같이 어느 것도 행할 수 없을 것이다.

하지만 예수가 "어찌하여 무서워하느냐 믿음이 작은 자들아"라고 꾸짖고 계시기 때문에 예수에 대한 그들의 간청은 충분하지 못하다. 제자들은 믿음이 있으나 적절하게 기능하지 못한다(6:30; 17:17, 20의 주석을 보라). 예수는 제자들이 자신이 누구인지를 더 분명하게 알고, 그것에 따라 행동할 것을 요청하신다. 참된 믿음은 상황이 좋지 못할 때라도 하나님의 돌보심을 신뢰하게 한다.

---

31. Strabo, *Geography* 16.2; Pliny, Natural History 5.15, 71; Josephus, *J.W.* 3.506.
32. Freyne, "Galilee, Sea of," *ABD*, 2:900; Rainer Riesner, "Archeology and Geography," *DJG*, 37.
33. Nun, *The Sea of Galilee*, 16-44.
34. Wachsmann, *The Sea of Galilee Boat*, 326-28.

예수가 제자들에게 참으로 어떤 분이신 지를 더 분명하게 보여주기 위해서 "바람과 바다를 꾸짖으시니 아주 잔잔하게 되었다." 인간으로서 예수는 피곤한 하루를 보내고 쉬고 계셨지만 거룩한 능력으로 단순한 명령 한마디로 폭풍우를 잠잠케 하신다. 예수는 구약성경에서(참조. 삼하 22:16; 시 18:15; 104:7; 106;9; 사 50:2; 사 50:2; 나 1:4) 하나님이 바다를 "꾸짖으셨던" 것(모든 자연에 대한 하나님의 주권적인 지배를 보여준다)과 동일한 방식으로 자연의 세력도 명하실 수 있다. 이것은 분명히 이적이다. 만약 폭풍우가 자연적으로 갑자기 멈추었다면, 바람은 멈추었을 것이나, 파도는 얼마 동안 혼란했을 것이다.

제자들의 반응은 예수가 어떤 분이신 지를 그들이 이해하기 시작하고 있음을 상당히 말해준다: "그 사람들이 놀랍게 여겨 이르되 이이가 어떠한 사람이기에 바람과 바다도 순종하는가!" "놀랍게"란 단어는 '다우마조' 인데, 이는 산상수훈에서 무리들의 반응을 묘사하는데 사용한 것(7:28)과는 다른 용어다. 하지만 그것이 예수의 신분에 대한 명확한 이해를 나타내고 있지 않다는 점에서는 서로 유사하다.[35] 마태는 공식적인 "예수의 제자들"(8:23)이라고 부르지 않고 단순히 "그 사람들이"(8:27)라고 제자들을 부름으로써 예수의 정체성에 대한 그들의 이해의 부족을 나타낸다. 예수가 행하신 것은 하나님이 하실 수 있는 것의 일부였기 때문에 지금 제자들이 예수의 정체성을 온전히 이해하는 것은 시기상조다. 요나가 니느웨에 하나님의 말씀을 전파하라는 소명을 저버리고 도망하였을 때, 하나님은 폭풍우를 잠잠케 하셨고, 이는 선원들로부터 유사한 반응을 야기하였다(욘 1:16). 시편은 야훼를 폭풍우와 바다의 주인으로 찬양한다(시 65:7; 89:9; 104:6-7; 107:23-32).

다시 말해서 예수는 제자들이 이 시간까지 생각하고 있었던 개념을 훨씬 능가하신다. 우리는 예수를 자주 온전히 이해하지 못한다. 우리가 신인(神人)의 메시아로서 예수를 분명히 보고 그에게 놀라움을 금치 못하며 이 놀라움을 넘어서서 참된 예수의 제자로서 따르는 것으로 나아가는 것은 우리 모두에게 도전이다. 우리는 자신을 겸손히 낮추고 우리가 생각하는 것을 채워주실 분으로서 필요한 때에 그를 찾아야 한다.

마귀를 쫓아내심: 영적 세상에 대한 권위(8:28-34). 폭풍우를 기적으로 잠재우신 후에, 예수와 제자들은 갈릴리 해를 건너서 여행을 계속한다. 다음 사건에서는 오

35. 이 동사는 "놀랍고, 흥분될" 정도로 어떤 것이 매우 인상적이거나 혼돈됨을 나타낸다. 문맥에 따라 이것이 좋은 의미인지 나쁜 의미인지를 결정할 수 있다. 8:10; 15:31; 22:22; 27:14(참조. BDAG, 445-46)을 보라.

직 예수만 나타나신다. 제자들에 대한 언급이 없다. 마태는 "이이가 어떤 사람이기에"라는 놀라워하는 질문에 답을 주기 위해서 우리의 관심을 예수에게만 더 집중시킨다.

예수의 무리들은 가다라 지방에 이른다. 예수는 이제 데가볼리의 주로 이방인이 사는 지역에서 활동하신다. 이방인들이 불결하게 생각하는 짐승인 돼지가 길러지고 있는 것에서 그것을 알 수 있다(레 11:7; 신 14:8). "가다라"는 갈릴리해 남동쪽 5마일경에 위치하고 있는 가다라 마을을 지칭할 수도 있고, 갈릴리 해의 동부해변에 위치하고 엑소시즘의 전통적인 장소인 거라사(현대의 케라사 또는 쿠르시)의 작은 마을을 포함하는 주변 지역을 말할 수도 있다.[36]

예수가 거다라 지역에 도착했을 때, "귀신 들린 자 둘이 무덤 사이에서 나와 예수를 만"났다. 마가복음 5:1-20과 누가복음 8:26-39은 여기서 오직 한 귀신들린 자를 기록한다. 하지만 축사의 합법적인 이유를 위해서는 두 명의 증인을 필요로 했던 것처럼, 마태가 신학적인 의도로 두 번째 귀신들린 자를 추가시켰다고 가정하기보다는[37] 마태가 두 번째 사람에 대한 개별적인 지식을 갖고 있다고 추론할 수 있다.[38] 마태는 내러티브의 일반적인 설명을 자주 하기 때문에 단순히 두 명의 귀신들린 자를 언급한다. 반면에 마가와 누가는 대표되는 사람을 선택하여 그의 이름을 "군대"—이 사람을 붙들고 있는 마귀의 수에 대한 비유적인 표현—로 명명하면서 그를 보다 자세하게 설명한다. 로마 군대의 부대는 6천명이었다.

죽은 자를 접촉하는 것은 유대인을 의식적으로 불결하게 한다.[39] 그것이 이 귀신에 사로잡힌 자들이 이 유대인 대표단을 가까이 가기 위해서 나오고 있는 이유가 될 것이다. 하지만 무덤의 언급은 그 장면에서 죽음의 불길한 징조와 악을 연상하게 한다. 이런 위험성은 두 사람이 "몹시 사나워 아무도 그 길로 지나갈 수 없을 지경이더라"라는 표현을 읽게 될 때 더 가중된다. 대중들은 그들을 분명히 잘 알고 있었고, 그들은 위협적이었다.

마귀들은 "하나님의 아들"로서의 예수의 진정한 신분을 즉시 인식한다(참조. 4:3, 6). 이것은 하나님 아버지가 이는 내 사랑하는 아들이라(3:17; 17:5)고 계시

36. Van Elderen, "Early Christianity in Transjordan," 100-102. 이것은 공관복음서의 다양한 독법을 위한 가장 좋은 설명이다.

37. Hagner, *Matthew*, 1:225; 참조. 신 17:6; 19:15.

38. Carson, "Matthew," 217.

39. 민 19:11, 14, 16; 겔 39:11-15.

하셨던 분으로서 예수의 유일성을 제자들이 더 분명하게 알게 될 때 그들이 궁극적으로 사용하게 될 칭호다(14:33; 16:16; 참조. 27:54). 하지만 귀신들이 이 칭호를 사용함은 예수가 사탄의 또 다른 요새, 즉 영적인 세계의 영역을 침투하여 파괴하실 것임을 알고 있음을 가리킨다. 이 귀신들은 사탄의 세력이 심판 받게 될 정한 때를 잘 알고 있다. "하나님의 아들이여 우리가 당신과 무슨 상관이 있나이까 때가 이르기 전에 우리를 괴롭게 하려고 여기 오셨나이까"라고 그들은 외친다. 에녹1서 16:1의 저자는 생생하게 이에 관해서 적고 있다.

> 학살과 파괴의 시대로부터, 영과 육을 가진 영적인 존재와 거인들의 죽음으로부터, 위대한 시대가 완성될 때까지, 모든 것이 "당직자"와 사악한 자들에게 임할 때까지, 마귀들은 심판을 초래함이 없이 부패하고, 위대한 결론의 날까지 타락하기를 계속한다.[40]

예수의 사역에서 "때"는 축사(exorcism)를 행하시는 예수의 사역에서 이미 시작되었다. 마지막 심판의 때가 영광 중에 오실 예수를 기다리고 있을지라도, "때"는 하나님 나라의 도래와 사탄의 요새의 침공과 정복을 나타낸다(4:17; 12:28).

근처의 돼지 떼에게로 보내달라는 귀신의 간청은 유대인들에게는 불쾌한 생각은 아니다. 돼지와 귀신이 동일한 종에 속한다고 유대인들은 생각했기 때문이다. 예수는 제자들에게 돼지에게 보물을 던지지 말라고 경고하신다(7:6). 베드로는 거짓 선생들을 (돼지 같은) 이교도의 본질로 되돌아가는 사람들로 간주한다(벧후 2:22). 하지만 갈릴리 해의 동쪽 해변은 이방인 지역이기 때문에 이것은 멧돼지가 아니라 팔려고 기르는 돼지들이었다. 마가가 2천 마리로 추산하는 이 돼지들의 소유주는 많은 돼지의 손실에 화가 났다(막 5:13).

돼지들에게로 들어가게 해달라는 귀신의 요청은 추가된 사악한 목적이 있다. 귀신들은 하나님의 피조물들에게 상처와 고통을 주는 것으로 다른 곳에서 알려져 있다(예. 17:14-20). 그들은 예수와 사탄의 요새에 대한 예수의 침투를 반대하는 일을 자극할 수 있는 것은 무엇이든 한다. 돼지들의 파멸은 그 지역의 이방인들이 예수가 그곳을 떠나달라는 요청을 하게 한다(8:34). 이런 반응은 사람들의 왜곡된 가치에서 나오는 슬픈 언급이다. 사람들은 사탄의 지배에 대한 승리를 감사할 줄

---

40. 참조. 유 6; 계 20:10; 쥬빌리서 10:8-9; *T. Levi* 18:12; 1QS 3:24-24; 4:18-20; "당직자"는 타락한 천사들에 대한 언급이다(Metzger, *1 Enoch*, 13 n. 1을 보라).

모른다. 하지만 한 주석가가 언급한 것처럼, "이 세상의 모든 세대는 돼지를 좋아하기 때문에 예수를 거부해왔다."[41] 이 어두운 장면은 마귀의 군대가 물에 빠진 돼지에서 거주할 다른 자들을 찾기 위한 곳으로 나아간다. 이는 예수를 거부한 사람들의 불길한 징조다. 예수는 지금 마귀들을 파멸시키지는 않는다. 모든 것이 바로 잡혀질 "그 날"이 올 때까지 예수는 이 세상의 악이 횡행하는 것을 허락하신다.

마태는 축사의 결과를 우리들에게 말하지는 않지만 마가와 누가는 거라사의 귀신들린 자가 예수를 따르기를 간청했음을 언급한다. 하지만 예수는 집으로 돌아가서 가족과 친구들에게 하나님이 그에게 하신 일을 전하라고 말씀하신다(막 5:18-19; 눅 8:38-39). 귀신 들린 자는 제자들이 예수와 함께 있는 것을 보고 자신도 그들처럼 되기를 바란다. 하지만 예수는 그를 고향으로 보내서 증거하게 하신다. 열두 제자들은 사람을 낚는 어부가 될 것이고, 지금 예수의 제자가 된 이방인은 자기 마을 사람들에게 다른 방식으로 사람을 낚는 어부가 될 것이다.

중풍병자를 치유하심: 죄에 대한 권세(9:1-8). 예수는 바다를 잔잔케 하심으로 자연에 대한 영역에서 그의 권세를 보여주시고(8:23-27), 귀신에 사로잡힌 자를 온전케 하심으로 영적 세계에 대한 그의 권세를 보이신다(9:28-34). 이제 예수는 중풍병자를 치유하심으로써 질병과 고통 그리고 놀랍게도 죄에 대한 사탄의 지배에 대한 그의 권세를 보이신다. 그는 "본 동네"인 갈릴리 해의 유대지역으로 돌아오신다—분명히 갈릴리의 그의 사역의 거점지인 가버나움(참조. 4:17; 8:5; 11:23).

아마도 베드로의 집으로 돌아왔을 때(8:14-15을 보라), "침상에 누운 중풍병자를 사람들이 데리고 온다"(9:2). 이것은 중풍병자를 네 사람이 싣고 와서 지붕을 통해서 내렸던 유명한 장면의 기사와 유사하다(막 2:1-12; 눅 :17-26을 보라). 예수는 이미 중풍병자를 치유하셨다(마 4:24). 따라서 사람들은 예수의 초자연적인 치유의 능력에 대해서 들었을 것이고, 이제 치유 받기 위해 자기 동료를 예수에게로 데려오고 있다. 예수는 그들이 자기 동료를 예수가 치유하실 수 있는 능력이 있다는 믿음을 갖고 있고, 또 예수가 그렇게 하실 것이라고 기대하고 있음을 아신다.

하지만 예수의 초자연적인 능력은 단순히 치유로 끝나지 않으신다: "작은 자야 안심하라 네 죄 사함을 받았느니라." 죄와 질병간의 연관은 이전에 이미 제기되었다(8:17). 하지만 예수는 이제 그것이 서로 연관이 있음을 명시적으로 선언하신다. 이 세상에 죄가 들어옴으로 부패와 사망이 왔고, 이 세계적 현상을 반전시킬 수 있

41. Tasker, *Matthew*, 94에서 인용된 Paul P. Levertoff.

는 유일한 방법은 죄의 문제를 바로 잡는 것이다. 하나님은 이스라엘이 죄를 회개하고 용서를 구하면 그들에게 치유를 베풀어주실 것이라고 약속하셨다(대하 7:14; 참조. 시 103:3). 개인의 죄가 그 사람의 질병의 직접적인 원인은 통상적으로 아닐지라도(요 9:2-3을 보라), 인간 문제의 핵심에는 죄가 놓여 있다. 4:23-25에서 치유가 천국의 도래를 알리는 예수의 권위를 확증했고, 이제는 죄 용서가 천국의 도래를 수반하는 것을 치유가 확증한다. 죄가 용서되고 구속이 발생했으며, 모든 질병과 사망이 궁극적으로 사라지게 될 것이다(참조. 사 25:8-9).

하지만 모든 사람들이 구원의 예언적 시대를 시작하는 예수의 도래를 기뻐하지는 않는다. "어떤 서기관들이 속으로 이르되 이 사람이 신성을 모독하도다"라고 말한다. 이는 서기관(율법사)들이 갈릴리에서 예수에게 분명하게 적대적으로 나타나는 첫 번째 사례다. 신성모독은 인간이 하나님을 경외하지 않고 모욕하는 행위를 말한다. 이는 그 이름을 망령되이 일컫는 것으로 확장된다. 신성모독은 하나님을 경외하지 않고 하나님을 저주하며 더럽히는 것이며, 이에 대한 벌은 돌로 쳐죽이는 것이다(레 24:10-23; 왕상 21:9-14). 서기관은 예수가 죄를 용서하는 하나님의 특권을 자신에게로 돌림으로써 하나님을 경외하지 않고 있다고 믿기 때문에 예수를 신성모독으로 정죄한다(참조. 막 2:7; 눅 5:21).

우리는 왜 서기관들이 자주 예수를 대적하는지를 궁금해 할 것이다. 그들은 율법과 전승을 보존하는 책임이 있는 관리였다. 하지만 이제 예수는 하나님을 위해 말씀을 전하고 증거하신다. 공적 사역의 시작에서부터 예수는 서기관들과는 직접적으로 대조되는 권위 있는 새로운 말씀을 주고 있음을 백성들은 알았다(참조. 7:28-29). 서기관들은 몇 가지 방식에서 예수가 그들의 권세와 직위를 위협하는 것으로 알았다.

- 예수는 구약성경의 서기적인 해석과 적용을 도전하고 있다(5:17-48).
- 안식일에 병자를 치유하는 일(12:1-14)과 지금 여기서 죄를 용서하는 일(9:1-8)과 같이 하나님이 행하시는 방식에 대한 그들의 이해를 예수가 위협하고 있다.
- 예수는 율법의 보호자로서 그들의 전문적인 안전성을 위협하고 있다. 의에 관한 예수의 방식과 그들의 방식이 서로 대조되고 있기 때문이다(5:20).
- 예수의 사역이 많은 백성들이 따르는 매력이 있기 때문에 예수는 서기관들의 대중성을 위협하고 있다(21:15).

- 예수의 급진적인 사역으로 인해 야기되는 대중들의 흥분 때문에 서기관들은 예수를 민족적인 안정의 위협으로 보고 있다(21:12-13).

서기관들은 예수가 죄를 용서할 때 하나님과 동등하게 두고 있음을 올바르게 이해하고 있지만 그들은 예수에 대해 악한 생각을 갖는다. 그들은 예수가 잘못하고 있으며, 신성모독을 저지르고 있다고 여긴다. 나중에 산헤드린(그것은 서기관들을 포함한다)은 예수를 똑같이 신성모독으로 비난하고 죽음으로 정죄한다. 예수가 실제 누구인지를 말하였을 때, 이 당국자들에게 위협이 되었기 때문이다(참조. 눅 19:47-48).

예수는 공격적으로 전환하여 이들에게 질문을 던지신다. "네 죄 사함을 받았느니라 하는 말과 일어나 걸어가라 하는 말 중에 어느 것이 쉽겠느냐?" 이 수사적인 질문은 물론 죄가 사하여졌다고 말하는 것이 더 쉽다는 것을 전제한다. 왜냐하면 죄가 사하여졌는지 실제 확인할 길이 없기 때문이다. 어떤 이가 치유되었다고 선언하는 것은 분명히 훨씬 더 어려워 보인다. 그 사람이 실제로 걸을 수 있는 능력을 얻었는지를 당장 확인할 수 있기 때문이다. 그때에 예수는 다시 "인자"라는 칭호를 사용하여(8:20의 주석을 보라), 죄를 사하실 수 있는 권세가 있음을 선언하시면서 그의 신분의 또 다른 측면을 드러내신다. 서기관이 이미 확실히 한 것처럼, 죄를 사하는 것은 명백하게 하나님이라고 주장하는 것과 같다.

예수가 권세를 가지신 증거가 이 사람이 일어나서 집으로 갈 때에 분명하게 나타난다. 서기관은 이 기적적인 치유와 죄를 사하는 권세를 목격했을 뿐만 아니라 무리들도 이 일에 증인이다. "무리가 보고 두려워하며 이런 권능을 사람에게 주신 하나님께 영광을 돌리니라." 이것은 산상수훈의 결론(7:28-29)에서 무리의 반응과 유사하다. 그때는 단지 놀라워했으나 지금은 "두려움으로['포베오'] 가득 찬다." '포베오'란 용어는 통상적으로 두려움의 요소를 함축한다. 무리들은 예수의 신분의 온전한 의미를 알지는 못한다. 죄를 용서하는 권세가 인자가 아니라 "사람들"에게 주어졌다고 생각한다. 하지만 우리를 포함하여 마태의 독자들은 예수 안에서 전적으로 새로운 시대—예수가 태어나신 이유인 죄용서의 시대(1:21)—가 열렸음을 인식한다.

상황잇기

산상수훈과 두 인접한 장들은 가르치고 전파하고 치유하는 예수의 사역을 거의 동일하게 요약하는 두 문장 사이에 끼여 있다(참조. 4:23-25과 9:35-36). 이 요약은 책을 양끝에서 버텨주는 것처럼 안에 자료들을 열거하고 있기 때문에 문학적인 인클루시오를 형성한다. 이로 인해 많은 학자들이 산상수훈과 예수의 기적을 다루고 있는 장들이 예수의 사역에 대한 이중적인 구획을 형성하고 있다고 결론짓는다.[42] 예수는 말씀에서 메시아이실 뿐 아니라(5-7장), 기적적인 행위의 사역에 있어서도 메시아이시다(8-9장).

권위. 말씀과 행함에서 메시아로서 예수를 특징짓는 중심 주제는 "권위"('엑수시아')다. 마태가 이 단어를 사용하고 있는 아홉 번 중에서 다섯 번이 이 단락에 나온다. 무리들은 권위 있는 예수의 가르침에 놀라고(7:29), 백부장은 치유하시는 예수의 본질적인 권위를 인식하며(8:9), 예수는 인자가 죄를 용서할 권위가 있다고 선언하신다(9:6). 무리들이 예수의 이런 선포에 놀라움과 두려움으로 반응하며(9:8), 예수는 열두 제자들에게 천국의 동일한 메시지를 확증할 수 있는 기적적인 행위를 할 수 있도록 이 권위를 곧 부여하실 것이다(10:1, 7).[43] 예수가 갈릴리 사역의 초기 단계에서 말씀과 행위에서 메시아적 권위를 세우심으로써, 그는 나머지 지상사역과 제자들을 통한 뒤이은 사역(28:18-20)의 권위적인 기초를 놓으신다.

마태가 8-9장에서 세 그룹의 기적이야기를 모으고, 예수가 각각의 기적 후에 말씀하시도록 조직한 것을 사람들은 일반적으로 인정한다. 마태복음의 강조에서 전형적인 것처럼, 이런 배열은 권위적인 기독론과 제자도를 강조한다. 각각의 기적들은 예수의 위격과 사명에 관한 특별한 양상들을 내러티브의 중심적인 특징으로 조명하고, 기적 이후에 예수의 제자도에 대한 말씀은 그에게 충성을 요구하며, 고대 세계의 제자도의 여타 형태와는 상당히 다른 예수에 대한 소명을 강조한다.[44] 이런 양상은 예수의 십자가 죽음과 부활 그리고 대위임으로 이어지는 마태복음의 절정을 준비시킨다.

사람들은 어떤 특별한 영역에서 자신의 주장을 뒷받침할 수 있을 때 그 영역에

---

42. 8-9장을 특히 언급하는 예수의 이적에 대한 마태의 관점의 개관을 위해서는 Graham H. Twelftree, *Jesus the Miracle Worker: A Historical and Theological Study*(Downers Grove, Ill.: InterVarsity Press, 1999), 102-24을 보라.
43. '엑수시아'의 또 다른 사용은 21:23, 24, 27; 28:18이다; 관련된 동사인 '카텍수시아조' 즉 "권위를 행사하다"가 20:25에 나타난다.
44. 유사한 이해를 위해서는 Blomberg, *Matthew*, 136-37을 보라.

서 권위자가 된다. 법정의 사례를 살펴볼 때도 어떤 이가 자신의 주장을 뒷받침 할 수 있는 능력과 신임을 얻는다면, 그가 전문가가 되었다고 말한다. 갈릴리의 내러티브에서 예수의 치유는 그가 긍휼이 있음을 알려주나, 그가 가져올 하나님 나라의 메시지와 관련한 그의 권위를 특히 강조한다—제자들은 그를 신뢰하고 인생에서 그의 비전을 가져야 한다. 예수는 산상수훈을 선택적이거나 문화적으로 조건이 부여되는 것으로 제시하지 않으셨다. 산상수훈은 인생을 사는 모든 사람들에게 필요한 기초다. 이제 이 성경의 장들에서 예수는 이런 종류의 주장을 할 수 있는 권위를 그의 강력한 행위로 뒷받침하신다.

예수를 만난 사람들은 그에게 매력을 느끼든지 아니면 위협을 느끼든지 둘 중 하나다. 이 단락에서 우리는 예수의 권위적인 인격과 사명에 직면해서 어떻게 그에 대해서 적절한 반응을 가져야 하는지를 보게 된다. 한 가지 반응은 나아오는 모든 사람들의 필요를 예수만이 적절하게 채워주실 수 있다는 겸손한 인식을 갖고 그를 신뢰하는 것이다. 그들이 사회적으로 어떤 가치를 갖고 있든지 상관없다. 예수는 정결의 한계를 무너뜨릴 수 있는 능력을 갖고 계신다. 그리하여 문둥병자가 예수께 나와서 "주여 원하시면 저를 깨끗하게 하실 수 있나이다"(8:2)라고 말한다. 또한 예수는 인종적인 장벽을 무너뜨릴 수 있다. 그리하여 이방인 백부장이 예수께 나아와서 "주여 내 집에 들어오심을 나는 감당하지 못하겠사오니 다만 말씀으로만 하옵소서 그러면 내 하인이 낫겠사옵나이다"(8:8)라고 말한다. 이런 고백은 백부장의 믿음에 대한 예수의 열렬한 칭찬이 있게 하고(8:10), 예수를 신뢰하지 않는 자기 백성들의 불신앙을 책망하게 한다. 또한 예수는 베드로의 장모를 치유하시는 주도권을 행사하심으로써 성(性)의 장벽을 무너뜨릴 수 있는 권위를 보이신다(8:15).

예수의 권위에 대한 또 다른 적절한 반응은 예수의 위격과 사명에 조건 없는 충성을 다하는 것이다. 우리는 항상 우리의 세계의 중심에 예수를 두어야 한다. 우리의 삶에서 예수의 권위적인 역사가 우리가 그를 섬기게 하고(8:15), 오직 그만을 최우선으로 따르게 하며(8:18-23), 깊은 두려움의 순간에도 그를 항상 의지하게 한다(8:26). 예수는 자연의 파괴(8:26), 영적 세계의 억압(8:29-32), 그리고 인간을 가장 황폐하게 하는 질병인 죄(9:2-6)에 대한 권세를 갖고 계시기 때문이다.

하지만 비극적인 것은 그의 권위에 직면한 모든 사람들이 그의 위격과 사명에 대한 믿음과 충성으로 응답하지 않는다는 사실이다. 많은 사람들이 예수의 권위를 위협으로 본다. 어떤 이들을 혼합된 동기를 갖고서 예수에게 나아와서는 그를 따르는 것이 안락한 삶의 방식에 위협이 됨을 발견한다(8:18-20). 또 다른 이들은 이중적인 충성심을 갖고 나아와서는 예수에 대한 헌신이 사회적이고 문화적인 수용을 위협함을 발견한다(8:21-22). 여전히 또 다른 사람들은 이 세상의 권세에 대한 예수의 공격이 갖는 결과를 응시하고서는 만약 개인적인 모든 일상 세계에서 예수가 거주하시게 하면 그들의 삶에 있게 될 결과를 두려워한다(8:34). 또 다른 사람들은 예수의 요청이 자신들의 종교적 세계관의 핵심을 위협한다고 여기고, 예수가 마땅히 받아야 할 권위적인 역할을 그들의 삶에서 허락함으로써 오는 사상과 믿음의 구조에 패러다임의 변화를 단호하게 거부한다(9:3-4).[45]

예수의 정체성과 능력의 실체를 접하게 되었을 때, 적합한 반응은 예수의 권위적인 위격과 사명에 조건 없는 신뢰와 충성이다. 우리는 예수를 경외함으로 존경해야 할 뿐 아니라, 현 상태에서 어떤 위험과 대가를 치르게 될지라도, 그가 우리를 부르실 때 따라야 한다.

현대적 의미

두려움에 직면하여. 나는 바다 근처에서 내 삶의 대부분을 살았다. 나는 바다의 아름다움과 장엄함에 지치지 않는다. 매일 나는 다른 크기의 파도와 조수 대기층을 경험한다. 어떤 날은 바다가 파랗고-푸른 무지개 빛으로 빛나더니만 다음 날은, 폭풍이 지나갈 때처럼, 거품이 이는 끝 부분이 물결을 친다. 파도가 해변을 부드럽게 내리칠 때 바다는 아주 평화로운 기분을 준다. 하지만 거대한 파도가 영혼의 심장을 위협할 때면 바다는 가장 위협적인 장소가 되기도 한다. 현명한 사람은 바다를 볼 때 건전한 존중과 적절한 경외의 두려움을 가져야함을 일찍이 배운다.

몇 년 전에 내 딸이 베스트셀러인 세바스찬 융거(Sebastian Junger)의 『완전한 폭풍우』(*The Perfect Storm*)를 나에게 선물했다. 나는 이 책을 읽으면서 폭풍우의 장엄함과 거대한 파도에 사로잡혔다. 무엇보다도 폭풍을 당한 사람들이 경험했던 공포가 나를 사로잡았다. 기술이 뛰어난 선원이면서도 잘 훈련되고 구비된 해양경비대원과 경험 많은 상인들이 거대한 폭풍우에 충격을 받았다—특히 고기잡이배인 '안드레아 가일'에서 생명을 잃은 노련한 어부들이 느낀 공포는 충격적이었다. 그들은 1991년에 맑고 조용한 날씨에 황새치를 잡으러 나갔으나 자연의 가장

45. 갈등에 관한 마태의 관점을 다루는 학문적인 시각을 위해서는 Evert-Jan Vledder, *Conflict in the Miracle Stories: A Socio-Exegetical Study of Matthew 8 and 9*(JSNTSup 152; Sheffield: Sheffield Academic Press, 1997), 243-53을 보라.

강력한 세력—허리케인—에 치명적으로 일격을 당하였다. 융거는 자연의 이 강력한 현상을 이렇게 묘사한다.

> 대형 허리케인은 지구상에서 가장 강력한 힘을 갖는다; 미국과 구 소련의 핵폭탄 병기고를 합한 것이 한 날 허리케인이 간직하고 있는 에너지를 능가하지 못한다. 전형적인 허리케인은 대개 일백 입방 마일을 포함하고, 미국이 3-4년 동안 사용할 수 있는 전기를 제공할 수 있다.[46]

갈릴리해는 대양의 축소판이다. 그곳에서 예수의 제자들이 자연의 진노의 일격을 받는다. 이 베테랑 어부들이 '목수'에게 도움을 요청할 정도로 그들의 두려움과 간절함은 그들로서는 어찌할 수 없는 일을 예수가 할 수 있을 것이라고 생각하고 있음을 알려준다. 하지만 그들은 예수가 어떻게 행하리라고 생각하는가? 결국 예수가 폭풍우를 잠잠케 했을 때, 그들은 "이이가 어떠한 사람이기에"라고 자문한다 (8:27). 예수가 무슨 일을 행하실 것이라고 생각한 것으로 보아서 그들이 예수 안에서 어떤 확신을 가졌다고 볼 수 있기 때문에 그들은 믿음이 있다. 하지만 그것은 "작은 믿음"이다. 역사를 이루기에는 불충분하다. 진정으로 예수가 누구이시고 그가 무엇을 이루실지에 대한 보다 완전한 지식이 있을 때, 그들은 예수를 온전하게 두려움 없이 신뢰하게 될 것이다.

죄의 두려움에 직면하여. 제자들만이 이 본문에서 두려움을 가졌던 사람들이 아니다. 질병, 영적인 억압, 사회적인 천대, 그리고 자연적인 폭풍우의 파괴는 모두 두려움을 일으킨다. 하지만 마지막 장면은 모든 인생의 도전 가운데 가장 두려운 것이다—죄. 다른 두려운 도전들은 궁극적으로 육체적인 사망에 이르게 할 뿐이지만, 죄는 영원한 사망에 이르게 한다. 영원한 결과를 갖는 죽음에 직면하는 것이 모든 두려움 가운데 가장 큰 두려움을 불러일으킨다.

하지만 인생의 가장 두렵게 하는 상황에서 제자들을 돌보시는 예수의 능력을 믿는 믿음이 안전하게 자연의 폭풍우를 헤쳐나갈 수 있게 한 것처럼 죄를 용서하시는 예수의 능력을 믿는 믿음이 인생의 폭풍우에서 영원한 운명으로 우리를 안전하게 인도할 것이다. 우리는 우리의 복리와 안전에 가장 커다란 위협인 죄가 사라

---

46. Sebastian Junger, *The Perfect Storm: A True Story of Men Against the Sea*(New York: Norton, 1997), 127-29.

질 것을 안다. 이런 관점을 유지하는 것이 중요하다. 이런 믿음이 우리가 직면하는 두려움을 야기하는 도전들에서도 활기차게 걸을 수 있게 하기 때문이다.

가슴에 종양을 발견하였을 때 여인이 경험하는 심한 두려움을 생각해 보라. 또는 자기 집에 도둑이 들은 것을 알았을 때 사람들이 느끼는 정신적인 공황을 생각해 보라. 자녀가 차 사고를 당해 죽었음을 알았을 때 부모가 경험하는 공포를 생각해 보라. 또는 해고되었음을 통보 받는 사람이 느끼는 창자가 뒤틀리는 듯한 고통을 생각해 보라. 또는 미래의 배우자의 불신실성과 부적절성의 전망을 생각할 때 결혼을 앞두고 많은 신랑 신부가 느끼는 염려를 생각해 보라.

이 모든 것들이 인생의 실제적인 폭풍우다. 하지만 무엇보다도 먼저 해야할 것이 있다. 영원한 운명에 대해 올바른 관점을 갖는 것이 매일에 닥치는 도전들에 다른 관점을 갖게 한다. 죄를 용서받았음을 아는 우리들은 우리의 죽을 운명이 궁극적으로 안전한 영원의 세계로 인도될 것임을 안다. 사랑하는 자의 죄가 용서받았음을 아는 것이 우리가 구세주에게 그를 돌보아줄 것을 의탁할 때 염려를 넘어서서 평안을 얻게 된다. 우리가 인생에서 고통을 경험할 때, 죄 용서를 위해서 십자가의 죽음의 고통을 당하신 구세주가 영원한 쉼의 장소에서 우리를 기다리시고 또 인생의 고통을 참아내고 있을 때 우리와 함께 동행해주신다는 앎 속에서 안전하게 평안할 수 있다.

역으로 말해서 영원을 무시한다면, 우리가 이곳에 있는 선택의 결과를 이생의 안목으로만 한정할 수 있다. 인생의 우선순위는 지금 우리가 하고 있는 모든 일에 대한 계수가 있게 될 것이라는 것을 인식할 때에 변화된다. 하나님과 그의 길에 대한 불순종은 오늘 행한 잘못을 수정할 수 있는 미래의 가능성이 없음을 인식하는 사람들에게는 범람하지 못할 것이다.

따라서 영성 작가인 게리 토마스(Gary Thomas)는 "현명한 크리스천은 사망자 명부를 오려둔다"고 익살스럽게 조언한다[47]—죽음에 병적으로 사로잡혀서가 아니라 영원과 인생에 대한 올바른 관점을 유지하는 실제적인 방법으로서 말이다. 우리는 인생을 하나님의 방식으로 살았던 승리한 크리스천들을 기억해야 한다. 이 세상의 폭풍우의 도전을 두려워하지 않도록 영원한 삶의 전망으로 감사하자. 모든 인생의 도전에 대한 예수의 권세로 인해 주가 따르도록 요청하실 때마다, 우리는 영원한 전망으로 온전하게 그를 신뢰하게 된다.

---

47. Gary Thomas, "Wise Christians Clip Obituaries," *Knowing and Doing*(Spring 2002): 12-15, 23.

마태복음 9:9-38

9 예수께서 그곳을 떠나 지나가시다가 마태라
하는 사람이 세관에 앉아 있는 것을 보시고 이
르시되 나를 따르라 하시니 일어나 따르니라
10 예수께서 마태의 집에서 앉아 음식을 잡수실
때에 많은 세리와 죄인들이 와서 예수와 그
의 제자들과 함께 앉았더니
11 바리새인들이 보고 그의 제자들에게 이르되
어찌하여 너희 선생은 세리와 죄인들과 함께
잡수시느냐
12 예수께서 들으시고 이르시되 건강한 자에게
는 의사가 쓸 데 없고 병든 자에게라야 쓸 데
있느니라
13 너희는 가서 내가 긍휼을 원하고 제사를 원
하지 아니하노라 하신 뜻이 무엇인지 배우라
나는 의인을 부르러 온 것이 아니요 죄인을
부르러 왔노라 하시니라
14 그때에 요한의 제자들이 예수께 나아와 이르
되 우리와 바리새인들은 금식하는데 어찌하
여 당신의 제자들은 금식하지 아니하나이까
15 예수께서 그들에게 이르시되 혼인집 손님들
이 신랑과 함께 있을 동안에 슬퍼할 수 있느
냐 그러나 신랑을 빼앗길 날이 이르리니 그
때에는 금식할 것이니라
16 생베 조각을 낡은 옷에 붙이는 자가 없나니
이는 기운 것이 그 옷을 당기어 해어짐이 더
하게 됨이요
17 새 포도주를 낡은 가죽 부대에 넣지 아니하
나니 그렇게 하면 부대가 터져 포도주도 쏟
아지고 부대도 버리게 됨이라 새 포도주는
새 부대에 넣어야 둘이 다 보전되느니라
18 예수께서 이 말씀을 하실 때에 한 관리가 와
서 절하며 이르되 내 딸이 방금 죽었사오나
오셔서 그 몸에 손을 얹어 주소서 그러면 살
아나겠나이다 하니
19 예수께서 일어나 따라가시매 제자들도 가
더니
20 열두 해 동안이나 혈루증으로 앓는 여자가
예수의 뒤로 와서 그 겉옷 가를 만지니
21 이는 제 마음에 그 겉옷만 만져도 구원을 받
겠다 함이라
22 예수께서 돌이켜 그를 보시며 이르시되 딸아
안심하라 네 믿음이 너를 구원하였다 하시니
여자가 그 즉시 구원을 받으니라
23 예수께서 그 관리의 집에 가사 피리 부는 자
들과 떠드는 무리를 보시고
24 이르시되 물러가라 이 소녀가 죽은 것이 아
니라 잔다 하시니 그들이 비웃더라
25 무리를 내보낸 후에 예수께서 들어가사 소녀
의 손을 잡으시매 일어나는지라
26 그 소문이 그 온 땅에 퍼지더라
27 예수께서 거기에서 떠나가실새 두 맹인이 따
라오며 소리 질러 이르되 다윗의 자손이여
우리를 불쌍히 여기소서 하더니
28 예수께서 집에 들어가시매 맹인들이 그에게
나아오거늘 예수께서 이르시되 내가 능히 이
일 할 줄을 믿느냐 대답하되 주여 그러하오
이다 하니
29 이에 예수께서 그들의 눈을 만지시며 이르시
되 너희 믿음대로 되라 하시니
30 그 눈들이 밝아진지라 예수께서 엄히 경고하
시되 삼가 아무에게도 알리지 말라 하셨으나
31 그들이 나가서 예수의 소문을 그 온 땅에 퍼
뜨리니라
32 그들이 나갈 때에 귀신 들려 말 못하는 사람
을 예수께 데려오니
33 귀신이 쫓겨나고 말 못하는 사람이 말하거늘

무리가 놀랍게 여겨 이르되 이스라엘 가운데
서 이런 일을 본 적이 없다 하되
34 바리새인들은 이르되 그가 귀신의 왕을 의지
하여 귀신을 쫓아낸다 하더라
35 예수께서 모든 도시와 마을에 두루 다니사 그
들의 회당에서 가르치시며 천국 복음을 전파
하시며 모든 병과 모든 약한 것을 고치시니라
36 무리를 보시고 불쌍히 여기시니 이는 그들이
목자 없는 양과 같이 고생하며 기진함이라
37 이에 제자들에게 이르시되 추수할 것은 많되
일꾼이 적으니
38 그러므로 추수하는 주인에게 청하여 추수할
일꾼들을 보내 주소서 하라 하시니라

원 의미

8:1-9:8에서 기적 이야기와 제자도에 대한 언급은 예수가 하나님 나라의 능력을 보이셨을 때 예수의 위격과 사명의 메시아적 권위를 강조했다. 하지만 예수의 메시아적 사명은 많은 사람들이 기대한 대로 진행되지는 않았다. 그는 종교적 사회적 엘리트들의 입맛을 맞춰주지 않았다. 오히려 정결, 인종적 그리고 성적 장벽들을 깨뜨리시면서 사회적으로 천대받는 자들을 치유하셨다(8:1-17). 예수는 제자도가 경제적인 복리나 문화적인 기대에 기초하고 있지 않음을 알리심으로써 그를 따르기 원했던 사람들이 가졌던 제자도에 대한 기대를 실망시키셨다(8:18-22). 그는 메시아적 나라의 권위가 군사적이거나 정치적인 능력에서 오는 것이 아니라 자연, 사탄의 세계, 질병, 그리고 가장 중요한 죄에 대한 사탄의 요새를 이기는 목표에서 온다는 것을 보이셨다.

예상치 못한 예수의 선교는 적대자를 만들어내기 시작한다. 사람들은 그들의 세계관이 흔들리고 바뀌는 것을 좋아하지 않는다. 예수는 따르는 사람들에 대한 예상치 못한 형태를 요구하실 때, 종교 당국자들로부터 저항에 직면하신다(9:9-17). 그가 환영받지 못하는 사람들을 치유하실 때, 무리들은 놀라움으로 반응하나 종교 지도자들은 예수의 선교가 진실로 하나님에게서 온 것이 아니라 사탄에게서 왔다고 여긴다(9:18-35). 하지만 종교당국자들의 반대가 예수의 사명을 방해할 수는 없다. 사실상 무리들에 대한 예수의 긍휼은 종교지도자들과는 엄격하게 대조를 이룬다. 종교지도자들은 백성들의 삶을 더 잔인하게 만들었다. 그러므로 예수는 권위적인 메시지와 능력으로 다른 사람들을 보내심으로써 이스라엘에 대한 그의 선교를 확장시키신다(9:36-38).

예상치 못한 제자도를 드러내시다(9:9-17)

마태를 부르심(9:9). 예수가 제정하신 제자도의 형태는 뜻밖이며 충격적이다. 그는 사회적 등급간의 장벽을 깨뜨리시고, 복리에 대한 종교적 개념을 뒤엎으시며, 종교 문화적 전통에 대한 맹목적인 집착을 폐하신다. 그 일은 지역의 세관원인 마태를 부르시는 것에서 시작된다.

고대 로마의 세금은 수급 계약에 가장 높은 입찰을 한 자가 징수했으나 팔레스타인에서 세관원은 규정된 세금을 모으고 일반적으로 공적인 질서를 관장하는 것으로서 로마 당국의 대표자로서 고용되었다. 로마는 팔레스타인의 세관원을 통상적으로 지역 주민들로부터 선발했으므로 그들은 지역 사람들과 지역의 관습을 잘 알고 있었다. 세관원들은 로마 당국이 정해 놓은 세금의 양을 거두어야 했으며, 징수하고 남는 것은 수수료로 챙겼다. 따라서 과도하게 징수하는 이들의 경향은 반감을 사서 백성들의 미움을 샀다(참조. 눅 19:8). 따라서 그들은 자기만 생각하는 사람으로 혹평이 나 있었다(마 5:46).

마태의 세관원 업무실은 가버나움 변두리 해변의 끝을 통과하는 지역에 있었을 것이다.[1] 마태는 이 지역을 넘나드는 상인들로부터 통행세나 갈릴리 해에서 잡은 고기에 대한 세금을 징수했을 것이다. 이에 대한 책임이 헤롯 안티파스에게 있었다. 예정된 돈을 힘든 생활을 하고 있었던 갈릴리 사람들에게서 거두어들이는 것은 아주 무거운 세금이었다. 따라서 마태는 그 지역에서 존중받지 못하는 사람이었을 것이다. 사실상 주민들은 그를 로마 점령자들에게 자기 백성을 파는 자로서 매국노라고 생각했을 것이다.[2]

그때에 예수께서 나타나셔서 "나를 따르라"고 마태에게 말씀하신다. 마태는 즉시 일어나 예수를 따른다. 이것은 예수와 마태 사이에 드라마틱한 첫 번째 만남이었을 것이고, 예수의 권위적인 인격과 소명의 강력한 힘은 즉각적인 순종을 불러일으킨다.[3] 하지만 이런 현상은 이전의 관계로 인해 절정에 이른 것이다. 베드로와 안드레, 야고보와 요한의 형제들을 부르실 때와 유사하다고 볼 수 있다(4:18-22의 주석을 보라).[4] 마태를 부르시는 용어들은 네 명을 부르실 때에 사용하셨던 것과

1. Pixner, *With Jesus Through Galilee*, 35.
2. Keener, *A Commentary on the Gospel of Matthew*(1999), 291-93.
3. Thomas Long, *Matthew*(Westminister Bible Companion : Louisville : Westminister John Knox, 1997), 103-4.
4. McKnight, *Turning to Jesus*, 40-43.

다소 다르지만,[5] 동일한 함축이 들어 있고, 마태의 응답을 묘사하는데 사용한 단어는 똑같다—그가 "예수를 따르니라."

이것은 마태가 한동안 예수의 영향 하에 있었음을 암시해주는 듯하다. 예수의 공개적인 치유, 축사, 설교와 가르침이 갈릴리에서 진행되었고, 가버나움 지역에서 주로 일어나고 있었다. 마태는 그것을 직접 목격했을 것이고, 이제는 예수에게 합세할 준비가 되어 있었다. 이전에 형제들의 소명이 그 패턴을 확장하고 있다면 이것은 회심이야기라기보다는 열두 제자의 멤버로서 사람 낚는 어부가 되는 훈련에 이전에 네 명에게 합세하라는 소명을 의미한다. 열두 제자의 목록은 마태를 네 명의 두 번째 그룹에 둔다. 제자의 목록에서 마태복음서는 마태를 "세리 마태"(10:3)라 부른다.

예수를 위해서 마태는 어려운 개종을 한다. 마태는 예수를 좇기 위해 직접적인 대가를 치러워했다. 세금을 징수하는 일은 정부의 돈궤를 채울 뿐 아니라, 세관원에게도 상당한 수입을 가져왔다(참조. 삭개오, 눅 19:1-10). 어부는 항상 다시 어부로 돌아갈 수 있지만, 세관원이 다시 그 일로 돌아가는 것은 거의 어려웠다고 봐야 한다. 하지만 저자 마태는 이 희생이 어떤 일과 관계되는지를 적고 있지 않다. 이로 보건대, 우리는 첫 복음서의 저자인 마태가 상당히 겸손한 사람이었다는 미묘한 가르침을 얻게 된다.

세리를 부르시는 일을 설명하고 있는 이 복음서는 그를 "마태"(9:9)라 일컫고, 마가복음은 그를 "알패오의 아들 레위"(막 2:14)라 부르며, 누가복음은 그를 단순히 "레위"(눅 5:27)라 부른다. 어떤 학자들은 레위가 열두 제자 중 한사람이 아니었음을 보이려고 시도한다. 따라서 이 레위는 마태와는 다른 사람이라고 결론을 짓는다. 하지만 그것은 보증되지 않은 추측이다. 마태복음과 마가복음/누가복음에서 소명에 대한 상황이 모두 동일하기 때문이다.[6]

많은 추측들이 마태의 이름이 서로 다른 이유를 둘러싸고 발생했다. 하지만 대부분의 학자들은 이 세리가 마태와 레위라는 두 이름을 갖고 있었다고 제기한다. 일부 학자들은 "레위"가 유대인의 태생적 이름이며 "마태"는 사울/바울과 유사하게 회심 후에 그에게 붙여진 이름이라고 추측한다.[7] 또 다른 학자들은 마태가 크리

---

5. "나를 따라오라"(Follow me) 대 "나를 좇아라"(Come after me).

6. 마태와 레위를 한 사람으로 동일시하는 증거를 위해서는 France, *Matthew: Evangelist and Teacher*, 66-70을 보라.

7. Hagner, *Matthew*, 1:237-38.

스천 이름이라는 증거가 거의 없기 때문에 "마태 레위"가 태생 시부터 그에게 주어진 이중적 이름이었을 것이라고 제기한다.[8] "레위"란 이름은 그가 레위 족속 출신임을 나타냄으로 그가 레위적 관습에 익숙했을 것이다.[9] 마가는 그를 "알패오의 아들"이라고 언급한다. 그것은 그가 "알패오의 아들 야고보"의 형제임을 의미하는 것이라고 일부 학자들이 이해하게 만들었다(참조. 막 3:18). 하지만 형제들의 다른 쌍이 형제들로 거명되고 있고 서로 연관되어 있기 때문에 마태-레위와 야고보가 형제일 것 같지는 않다.

마태가 지금 그의 이름을 갖고 있는 이 복음서를 썼다는 2세기로부터 널리 증거되는 전승을 제외하고는 마태-레위에 관한 것은 알려져 있지 않다. 세리로서 그는 세속적인 서기적 기술을 익혔을 것이고, 갈릴리의 유대 크리스천으로서 예수의 생애를 구약성경의 소망의 관점에서 해석할 수 있었을 것이다.[10] 유세비우스는 마태가 처음에 "히브리인들"에게 전파했으며 그 다음에 페르시아, 파르디아 그리고 시리아와 같은 지역을 포함하는 "다른 사람들"에게 복음을 전파했다고 말한다.[11] 전승들은 마태의 죽음과 관련하여 서로 다르다. 어떤 전승은 그가 순교의 죽음으로 죽었다고 말하고, 어떤 전승은 그가 자연적인 죽음으로 죽었다고 말한다.[12]

세리와 죄인들(9:10-13). 마태는 예수를 즉시 따르고 예수와 다른 제자들을 위해서 자기 집에서 연회를 베푼다(참조. 눅 5:29). 세리가 보통 재정적으로는 부자였지만, 착취를 행한 것으로 인해 지역 주민들에게 멸시를 받아왔기 때문에, 예수가 마태를 부르신 것과 그의 반응은 상당히 비범한 일이며 마태의 생애에 기적적인 전환이라고 할 수 있다. 연회에는 "많은 세리와 죄인들"이 초대된다. 아마도 이 시점에서 마태와 아주 가까운 동료들이 모였을 것이다.

식탁 교제는 고대 세계의 많은 그룹들 중에서 중요한 사회 종교적 관습이었다. 식사 자리에 포함되거나 배제되는 자들간에 경계선이 형성되었다. 참여자들 사이에서 종교적인 윤리적 의무가 형성되었다. 유대교에서 테라푸태(Therapeutae, 치유파), 에센파, 바리새파는 식탁 교제가 자신들의 그룹의 정체성을 나타내는 역할을 하는 것으로 특히 유명하였다.[13] 음식을 나누는 그룹의 멤버들은 의식적인 정결

8. Carson, "Matthew," 224.
9. Albright and Mann, *Matthew*, clxxvii-clxxviii, clxxxiii-clxxxiv.
10. 참조. France, *Matthew: Exangelist and Teacher*, 70-74; Gundry, *Matthew*, 609-22.
11. Eusebius, *History* 3.24.6.
12. Wilkins, *Following the Master*, 161-62.
13. 예를 들어, Philo, *Vita. Cont.* 40-89; 1Qsa 2을 보라.

례나 십일조와 같은 다양한 의례적 실천을 통해 거룩하게 되었을 때, 공동적인 식사에 공식적으로 참여할 수 있었다. 또한 이런 식사에 참여자들은 자주 할례나 침수와 같은 사전에 요구되는 입문식을 받은 사람들로 특징지어졌다.[14]

많은 사람들이 세리에 대해 일반적으로 느꼈던 거부감은 그들이 이방인과 상시적인 접촉으로 의식적으로 이미 불결한 상태에 있는 것으로 간주되었고, 그들이 안식일에도 일을 했기 때문이었다.[15] 따라서 바래새인들은 예수가 세리들과 함께 그리고 "죄인들"과 함께 식사하고 있는 것을 못마땅해 했다. 그리하여 그들은 "어찌하여 너희 선생은 세리와 죄인들과 함께 잡수시느냐"라고 묻는다.

바리새인들은 "죄인"('하마르톨로스')이란 용어를, 율법에 대한 순종을 자기들이 이해한 것과 해석으로 비추어보았을 때, 하나님 뜻에 반대되는 사람들을 지칭하는 단위를 가리키는 것으로 자주 사용했다(예. 눅 7:36-50; 참조. 마 26:45).[16] 이들은 적절한 유대인의 행위의 올바른 한계를 의도적으로 무시하는 사람들로 간주되었다. 마태의 동료들은 매국적인 세관원일 뿐 아니라 율법의 바깥에서 살고 있는 유대인들이다. 바리새인의 심중에 이런 종류의 사람들과 식사를 나누고 있는 예수는 그들을 자신의 동료로 포함시키고 있음을 나타낸다. 그것은 그들의 행위를 예수가 용서한다는 것으로 바리새인들에게 보였다.[17]

예수는 자신이 누구며 어떤 사명과 관련이 있는지를 의사의 비유를 사용하심으로써 설명하신다: "예수께서 들으시고 이르시되 건강한 자에게는 의사가 쓸 데 없고 병든 자에게라야 쓸 데 있느니라." 예수의 메시지와 사역의 가장 두드러진 특징 중 하나는 "죄인들"에 대한 구원의 약속이다.[18] 하지만 통렬한 언어유희로 예수는 바리새인들과는 다르게 죄인이 무엇을 의미하는지에 관한 견해를 갖고 계심을 보여주신다. 바리새인들에게 죄인은 자신들의 해석에 따른 율법을 범한 사람이다. 하지만 예수에게서 죄인은 하나님의 뜻을 거스리며 살고 있는 사람들이다. 바리새인들은 자기들이 해석한 율법을 지키는 것—그들의 "제사"—으로써 의를 규정하기 때문에 하나님 앞에서 스스로 올바르게 건강하다고 생각한다. 하지만 그들은

14. Dennis E. Smith, "Table Fellowship," *ABD*, 6:302-4; Neusner and Green, "Table Fellowship," *DJBP*, 613.

15. J. H. Harrop, "Tax Collector," *IBD*, 3:1520-21.

16. 복음서들에서 "죄인"을 다양하게 사용한 배경을 위해서는 Michael J. Wilkins, "Sinner," *DJG*, 757-60; Keener, *A Commentary on the Gospel of Matthew*(1999), 294-96을 보라.

17. I. Howard Marshall, "'Sins' and 'Sin'," *BibSac* 159(January-March 2002): 3-20.

18. E. P. Sanders, *Jesus and Judaism*(Philadelphia: Fortress, 1985), 174.

하나님 앞에서 참된 죄성에 무지하다.

따라서 예수는 계속해서 말씀하신다: "내가 긍휼을 원하고 제사를 원하지 아니하노라 하신 뜻이 무엇인지 배우라 나는 의인을 부르러 온 것이 아니요 죄인을 부르러 왔노라." 예수와 함께 모인 일단들은 자신들의 죄성을 피할 수 없다. 마태도 그들 중에 한 사람이다. 하지만 그는 예수의 자비로운 구원으로의 부르심을 경험했다. 그러므로 이제 그는 자신의 죄 있는 동료들을 예수에게로 데려온다. 그는 자기 친구들이 영원의 동일한 치료를 받기를 원한다. 이런 자들을 위해 예수는 긍휼의 메시지를 주러 오셨다.[19] 분파적인 규칙을 지키는 것과는 달리 예수가 죄인들에게 구원을 제공하심은 바리새인의 삶의 방식을 위협하지만 그것이 예수가 선포하시는 복음의 핵심이다.[20]

마태의 소명과 뒤이어지는 연회는 예수의 위대한 자비를 우리에게 보여준다. 예수는 드러난 죄인들과 사회적으로 버림받은 자들에게 이르시고, 그들 중에 한사람인 마태를 취하셔서 교회의 기초적인 지도자인 사도가 되게 하신다(행 10:1-4; 행 1:13). 바리새인들은 종교적인 자기 의에 사로잡혀서 자신의 굳은 죄성을 보지 못한다. 예수의 자비로운 사역은 죄로 찌든 사람들을 찾아서 그들에게 영혼의 치유를 경험하도록 초대하고 예수와 우리가 갖는 교제로 들어오게 하는 우리의 소명에 모범을 보여주신다.

제자도와 종교적 전통(9:14-17). 세리와 죄인들과 예수가 식사를 같이 하심은 바리새인들의 기분을 상하게 하지만 또한 예수의 선구자인 세례 요한의 제자들에게도 좋지 않은 마음을 가져다준다. 그들은 예수에게 나와서 "우리와 바리새인들은 금식하는데 어찌하여 당신의 제자들은 금식하지 아니하나이까"라고 묻는다. 이 사람들은 메시아의 시대를 소개하는 선지자 요한을 수종 들며 그에게 오는 사람들을 세례 주는 일을 도왔고, 금식과 기도와 같은 엄격한 종교적 관례들을 좇았다(눅 5:33; 11:1). 그리고 "바리새인의 제자들"(막 2:18; 참조. 마 22:16)은 아마도 바리새파에 완전히 입회하기 위한 훈련 과정에 있는 사람들이었을 것이다. 그들은 구두적인 율법과 전통의 종교 관행들에 몰두했을 것이다.

금식은 구약성경에 속죄일에 행하도록 규정되어 있었지만(참조. 레 16:29, 31; 23:27, 32), 자발적인 금식의 경우가 발생했을 것이다(금식에 대한 더 자세한 것을

19. Warren Carter, "Jesus' 'I have come' Statements in Matthew's Gospel," *CBQ* 60(1998): 44-62을 보라.
20. Wilkins, "Sinner," *DJG*, 760.

위해서는 마 6:16-18의 주석을 보라). 요한의 제자들은 예수의 제자들이 회개의 표지와 영적 훈련의 표시로서 규칙적으로 금식하지 않는 이유를 이해하지 못한다. 예수는 이들의 질문에 반응해서 구약성경에서 하나님(야훼)에 해당하는 "신랑"으로 자신을 암시하신다(참조. 사 62:5; 호 2:19-20): "혼인집 손님들이 신랑과 함께 있을 동안에 슬퍼할 수 있느냐?" 하나님 나라의 도래는 이스라엘에 대한 약속을 성취시켰다. 지금은 결혼 예식을 하는 동안에 경험하는 것처럼 기뻐할 때다(참조. 마 25:12-13). 지금은 금식하는 것이 적절하지 못하다. 그러나 예수를 "빼앗겼"을 때에는 금식이 적합하다. 이것은 아마도 예수가 십자가의 죽음을 경험하실 고난의 종에 대한 폭력을 암시한다(사 53:8b; 마 8:17).[21]

예수의 반응은 영적인 성장과 전통적인 관습에 대한 적절한 시각을 갖게 하는 중요한 가이드라인이다. 영적인 성장은 어떤 특별한 영적 훈련을 의식적으로 지킴으로써 자동적으로 얻어지는 것이 아니다. 산상수훈에서 예수는 금식과 기도와 같은 훈련이나 가난한 자들을 구제하는 것이 하나님 아버지의 완전하심을 닮고자 하는 겸손한 마음으로 행하지 않는다면 아무런 가치가 없다(5:48-6:18)고 말씀하신다. 더욱이 그러한 관습들은 율법적으로가 아니라 적절하게 해야 한다. 전통들은 인간이 일상생활에서 성경의 원리를 적용하기 위해서 의도한 것이지 하나님의 명령에 의한 것이 아니다. 전통들을 적절하게 실천한다면 도움이 되지만, 영적인 계시 자체보다 더 중요한 것으로 여긴다면 이는 숨 막히게 하는 것이다.

예수는 영적인 성장과 전통적인 관습에 대한 관점을, 오늘날 잘 알려져 있는, 일상생활에서 흔한 두 가지 예증을 사용하여 설명하신다. 예수는 전통적인 관습을 지원하기 위해서 이 예증을 드시는 것이 아니라, 하나님에 대한 전적인 새로운 접근을 제공하기 위해서 이 말씀을 하신다. 예수의 하나님 나라 삶은 전적으로 새로운 의복이며 전적으로 새로운 포도주다. 그것은 적절한 전통적인 실천을 가져야 한다.

(1) 예수는 의복으로부터 한 예증을 사용하신다. "생베 조각을 낡은 옷에 붙이는 자가 없나니." 만일 생베 조각을 쭈그러든 낡은 옷에 붙이면, 새로운 베를 물에 씻을 때 쭈그러듦으로써 낡은 옷을 헤어지게 만들어 구멍이 날 것이다. 예수는 옛 종교적 전승을 기우려고 오신 것이 아니라 새로운 옷을 주려고 오셨다. 예수는 그 옷을 구체적으로 거명하시지는 않지만, 5:20에 하나님 나라에 들어가는 핵심적인 진술은 결혼식 잔치의 비유에서 요구되는 결혼 예복과 연관된다(22:11-13). 우리는 예수가 하나님 나라의 의를 가리키고 계신 것으로 결론 내릴 수 있다. 예수는

종교적인 유대교 내에서 전통적인 의의 행위를 수선하기 위해서 오신 것이 아니시다. 하나님 나라의 제자도를 통해 참된 의의 진정한 성장을 주기 위해서 오셨다.

(2) 다음에 예수는 흔한 포도주 부대에서 예증을 사용하신다: "새 포도주를 낡은 가죽 부대에 넣지 아니하나니." 포도주 부대는 짐승의 가죽을 무두질하여 사용하였다. 때로 오래 사용하여 포도주 부대가 한계에 다다라 마침내 터지기도 하였다. 그런데 새 포도주를 헌 포도주 부대에 집어넣으면 여전히 발효하고 있는 새 포도주는 부피를 확장시켜 헌 가죽부대를 터뜨리게 한다. 그리하면 새 포도주와 헌 포도주 부대를 동시에 사용하지 못하게 될 것이다.

새 포도주는 새 부대를 필요로 한다. 다시 말해서 예수는 옛 유대인들의 전통적인 시스템을 새로운 삶으로 채우기 위해서 오신 것이 아니다. 그것은 하나님 나라의 새로운 삶에 부적합하다. 오히려 새로운 형태가 예수의 나라에 필요하다. 새로운 실천이 예수에 대한 제자도의 새로운 삶을 수용할 수 있다. 이는 구약성경을 폐하거나 대체하지 않는다. 예수는 구약성경을 완성시키기 위해서 오셨다(5:17). 그것은 예수에 대한 제자도가 유대교의 전통적인 관습을 율법적으로 엄격하게 고수하는 것을 대체함을 보여준다.

예상치 못한 기적들이 특별한 긍휼을 보이시다(9:18-34)

8-9장에서 기적 이야기와 제자도에 대한 언급을 마태가 수집한 것은 메시아로서의 예수의 권위를 행동적으로 증거한다. 하지만 예수의 메시아적 사명의 예상치 못한 성격은 무리들을 계속 놀라게 만들고(예. 7:28; 8:8; 9:33), 종교당국자들의 적대를 자극한다(9:3-4, 11, 14). 세 가지 기적의 첫 번째 주기에서 예수는 자신이 종교적 또는 사회적 엘리트들의 입맛을 달래기 위해서 오신 것이 아니라 천대받는 자들을 치유하기 위해서 오셨음을 보여주신다(8:1-17의 주석을 보라). 세 가지 기적의 두 번째 주기에서 예수는 메시아 나라의 권위는 군사적이거나 정치적인 힘에 달려 있지 않고 자연, 악마적 세계, 그리고 질병/죄에 대한 사탄의 요새를 물리치는 것에 달려있음을 보여주신다(8:23-9:8의 주석을 보라). 세 가지 기적 이야기의 마지막 세 번째 주기에서 예수는 죽은 자에게 생명을 주고(9:18-26), 맹인이 눈을 뜨게 하며(9:27-31) 벙어리가 말을 하게 함으로써(9:32-34), 예상치 못한 기적을

---

21. France, *Matthew: Evangelist and Teacher*, 169.

행하실 때 특별한 긍휼을 보이신다.

예수의 명성이 상당한 지역으로 퍼져나갈 때, 무리들의 반응은 점차적으로 노골적이 됨으로써(9:31) 종교지도자들의 적대를 가중시킨다. 그리하여 바리새인들은 예수의 기적적인 능력을 귀신의 왕의 힘을 빌려서 행한 것이라고 치부한다(9:34). 그럼에도 불구하고 예수는 무력하고 괴로움을 당하는 자들에 대한 사랑으로써 복음과 하나님 나라의 능력으로 백성들을 섬기는 방식을 제자들에게 모범이 되어주신다(9:35-38).

죽은 자를 살리시다(9:18-26). 이 세 번째 주기의 첫 기적 이야기는 하혈하는 여인의 치유를 포함하고 있지만 관리의 딸이 다시 사는 것으로 절정을 이룬다(9:18-25). 그것은 그 지역 전체에 예수의 이름이 알려지는 적극적인 반응을 불러일으킨다(9:26).

예수의 행하시는 일에 대한 종교지도자들의 비난에 맞서신 예수는 긴급한 필요가 있는 유대 공동체 지도자 중 한사람의 방문을 받는다. 이 사람을 "관리"('아르콘')라고 마태가 언급한 것은 그가 한 공동체의 리더였거나 회당의 장이었을 것이다(막 5:22과 눅 8:41은 회당장이라고 구체적으로 언급한다). 아마도 작은 공동체에 속한 이 사람(마가복음과 누가복음에는 야이로라고 일컫는다)은 한 공동체와 회당의 리더로서 동시에 역할했을 것이다.[22] 예수 앞에 무릎을 꿇은 것은 그가 예수에게 줄 수 있는 최대의 경의를 보인 것이다. 무릎을 꿇는 것은 하나님 앞에서(예. 창 22:5; 출 4:31; 신 26:10; 시 5:7), 또는 왕이나 상급자(예. 삼상 24:9; 왕상 1:16, 23) 앞에서 취하는 적절한 자세이기 때문이다.

이 관리의 부탁은 매우 긴급하다: "내 딸이 방금 죽었사오나 오셔서 그 몸에 손을 얹어 주소서 그러면 살아나겠나이다." 이 관리는 문둥병자(8:2-4), 백부장(8:5-13) 그리고 중풍병자와 그의 친구들(9:2-7)이 그러했던 것처럼 치유하시는 예수의 능력을 그들과 동일하게 확신하는 신뢰를 갖고 있다. 하지만 그의 믿음은 자기 딸이 죽은 자 가운데서 다시 살아날 것을 믿을 만큼 깊다. 예수는 죽은 자를 아직 살리지 않으셨지만, 엘리야(왕상 17:17-24)와 엘리사(왕하 4:32-37)와 같은 구약성경의 하나님의 사자들은 죽은 자를 일으킨 것으로 잘 알려져 있었다. 마태는 다시 이 기적 이야기를 압축한다. 마태의 기사에서 이 딸은 이미 죽어 있지만(9:18), 마가복음 5:23과 누가복음 8:42에서 이 딸은 죽음 직전에 있다. 예수의 긍휼은 즉각적

---

22. Levine, *The Ancient Synagogue*, 402-3.

이다. 그는 곧바로 "일어나 따라가고 제자들도 갔기" 때문이다.

야이로의 집으로 예수가 급하게 가시는 중에 또 다른 긴박한 필요가 있는 사람이 예수의 가는 길을 방해한다—"열두 해 동안이나 혈루증으로 앓는 여자가 예수의 뒤로 와서 그 겉옷 가를 만지니." 아마도 이 여인은 월경의 흐름이 비정상적으로 길었던 질병인 월경과다증을 앓고 있었는데, 이 병은 통상적으로 빈혈증을 낳았다.[23] 여인의 이런 상태는 우리가 생각하는 것보다 훨씬 고통을 주었는데, 그녀는 의식적으로 불결하다고 간주되어 정상적인 사회 종교적 관계에서 배제되었다. 다른 이들이 그녀를 접촉하는 것을 불결하다고 여겼기 때문이다(레 15:25-30).

그녀는 열두 해 동안을 이런 상태로 고통했고, 모든 알려진 의료적 치료를 감행했으나(참조. 막 5:26; 눅 8:43), 어느 것도 치료에 도움이 되지 못했기에, 예수에게 접근하여 "겉옷 가"('크라스페돈')를 만진다. '크라스페돈' 이란 용어는 23:5에 "술"이라고 번역되고 있는데, 그것은 여기서도 마찬가지의 의미일 것이다. 남자들이 입는 옷의 네 모서리에는 겉옷에 부여된 "술"이 있었다. 민수기 15:37-42과 신명기 22:12이 이것을 확증해준다. 이 술들은 옷을 입은 자들이 하나님의 명령을 순종하고 하나님 앞에서 거룩해야 함을 상기시켰다.

야이로와 예수의 치유능력을 들었던 다른 사람들처럼 이 여성은 자신을 치유하실 수 있는 예수의 능력을 전적으로 신뢰했다: "이는 제 마음에 그 겉옷만 만져도 구원을 받겠다 함이라." 마태는 다시 한번 축약된 기사를 제공한다. 마가복음과 누가복음의 기사에서는 이 여인의 치유가 예수로 하여금 능력이 그에게서 나간 것을 인식하게 만들었기에 그는 그의 옷을 만진 자가 누구인지를 알기 위해서 가는 길을 멈추신다(막 5:29-30; 눅 8:44-45). 하지만 마태는 예수의 마지막 진술만을 단순히 기록하고 있다: "딸아 안심하라 네 믿음이 너를 구원하였다."

"딸아 안심하라"는 예수의 표현은 다시금 그의 긍휼을 강조하며, "네 믿음이 너를 구원하였다"라는 선언은 치유의 근원을 가리킨다. 그렇다고 믿음 자체가 치유를 일으키지는 않으며, 하나님이 치유하신다. 이 여인은 자신을 치유하실 수 있는 예수의 능력을 믿었고, 그 믿음이 예수의 치유를 얻기 위해 위험한 공개적인 장소로 나올 수 있게 했다. 백부장은 예수가 자신의 집에 오시지 않고도 자기 하인을 치유할 수 있다고 믿었고, 이 여인은 예수의 어느 부분이라도 접촉할 수만 있다면, 설사 예수가 그것을 알지 못한다할지라도, 치유될 것임을 믿고 있다. 따라서 그녀

23. D. H. Trapnell, "Health, Disease and Healing," *IBD*, 2:619.

의 믿음이 하나님이 그녀를 치유하실 수 있는 곳으로 나오게 한 것이다. 그녀의 치유를 공개적으로 선언하심으로써 예수는 그녀의 육체적 상태에 대한 공개적인 낙인을 제거하시고, 그녀가 정상적인 사회 종교적인 생활을 다시 행하는 것을 용이하게 하신다.

하지만 예수는 그녀와 여타 사람들이 그녀를 치유한 것이 마술적인 옷이 아니라는 것을 제자들처럼 분명히 주목하기를 원하신다. 그 일을 행하신 것은 하나님이시다. 치유하는 능력이 흘러나간 것은 하나님의 주권과 그녀의 믿음의 역사로 말미암은 것이다. 치유하는 능력은 예수로부터 계속해서 흘러나가지는 않는다. 이것은 하나님의 활동이다. 마태는 보다 심오한 사건이 이 여인의 삶에서 투영되고 있음을 알려준다. 예수의 선언("치유하였다"—개역개정은 "구원하였다")과 마태의 내러티브("치유 받았다"—개역개정은 "구원을 받으니라")는 동사 '소조'를 사용한다. 그것은 통상적으로 "구원받다"라는 의미로 사용된다. 치유를 위해 예수에게 나아오는 그녀의 믿음의 행위는 죄에서 그녀를 구원하실 수 있는 분으로서 예수를 믿는 믿음을 그녀가 행사하고 있는 순간이기도 하다(참조. 1:21).

예수는 야이로의 집으로 가시고, 그곳에서 전형적인 유대인들의 장례식 장면을 보게 된다—"피리 부는 자들과 떠드는 무리." 이 관리처럼 저명한 사람의 가족이 죽었을 경우에는 전문적으로 곡하는 사람들이 가족에 합세하고 관리의 친구들이 그들의 슬픔을 표현하였다. 그러나 예수는 어린 소녀의 죽음이 단지 "잠을 자고 있다"고 말하고, 곡하던 자들은 이를 비웃는다. 따라서 예수는 이런 회의주의자들을 집에서 내보신다. 베드로의 장모를 치유하셨던 때와 동일하신 사랑의 만지심으로(8:15), 예수는 소녀의 손을 잡으시고 그녀를 죽음의 잠에서 깨우신다. 이 장면은 신자들에게 죽음이 마지막 부활을 기다리는 동안에 몸이 잠자는 상태에 있다는 것을 확증해준다(고전 11:30; 15:20-23, 51-55; 살전 4:13-18).

죽은 자를 일으키시는 이 첫 번째 기사는 예수에 대한 소문이 "그 온 땅에 퍼지"게 하였다. 예수는 나중에 세례 요한에게 죽은 자가 일어나는 것이 그가 메시아임을 알려주는 또 다른 표지임을 강조하신다(11:2-5).

눈먼 자가 보다(9:27-31). 두 번째 기적 이야기는 두 명의 맹인이 치유 받는 이야기를 적고 있다. 보지 못하는 것은 고대 세계에서 최악의 질병 중 하나였다. 그리하여 그것은 죽음보다 약간 덜 심각한 고통에 해당했다.[24] 그럼에도 불구하고 보지

24. Twelftree, *Jesus the Miracle Worker*, 83-84(see also b. Ned. 64b).

못하는 병은 흔했다. 여기서 두 명의 맹인들이 예수를 "따른다"('아콜루데오'). 이 동사는 때로 공간적인 움직임을 단지 나타낼 수 있으나(예. 4:25), 예수에 대한 제자도를 갖고 따르는 것을 암시할 수도 있다(4:20, 22; 9:9). 각각의 경우에 문맥이 그 용법을 결정한다.[25] 예수의 진정한 신분에 대한 맹인들의 이해는 그들이 예수의 제자로서 따랐음을 암시한다. 그들은 "다윗의 자손이여 우리를 불쌍히 여기소서"라고 외친다. 그들은 예수가 "다윗의 자손"임을 이해하고 있고, 그 칭호를 마태복음에서 처음으로 부른다(참조. 1:1).

다윗의 자손이란 표현은 영원히 끝나지 않는 다윗가의 나라에서 구세주가 오실 것이라는 약속을 언급한다(삼하 7:12-16; 참조. 솔로몬의 시편 17:23). 메시아의 시대에는 눈먼 자가 고침을 받을 것임이 약속되었고(사 29:18; 35:5; 42:7), 예수는 세례 요한에게 눈먼 자가 고침을 받는 것이 오실 메시아의 표지 중 하나임을 말씀하신다(마 11:2-6). 구약성경은 눈먼 자의 치유를 기록하고 있지 않으며,[26] 예수를 따르는 자 중에 어느 누구도 맹인에게 광명을 찾게 해주었다는 기록이 없다.[27] 하지만 예수의 맹인에 대한 치유는 가장 자주 일어나는 기적 중 하나였다(9:27-31; 12:22-23; 15:30-31; 20:30-34; 21:14-15). 이 맹인들은 눈먼 자를 치유하실 다윗의 아들에 관한 예언을 심오하게 예수와 연결시키고(참조. 12:22-23; 21:14-15), 메시아의 자비의 선물을 구한다.

그들은 집으로 들어가신 예수를 끝까지 따르고, 예수는 그들에게서 믿음의 진술을 이끌어내신다: 너희는 "내가 능히 이 일 할 줄을 믿느냐?" 그들은 "주여 그러하오이다"라고 대답한다. 이전의 치유를 받았던 사람들처럼 맹인들은 치유하실 수 있는 예수의 능력을 믿는다. 예수가 "다윗의 아들"이라는 확증과 연관시켜 예수를 "주"('큐리오스')라고 부른 것은 예수를 단순히 선지자로 보고 있지 않음을 가리킨다. 다시 한번(참조. 8:15; 9:25) 예수의 사랑 어린 어루만지심은 치유를 가져오는 명령을 수반한다: "그들의 눈을 만지시며 이르시되 너희 믿음대로 되라." 하혈하는 여인에게도 그렇게 말씀하셨던 것처럼(9:22), 맹인들이 치유를 바라고 예수가 그 일을 하실 수 있다는 그들의 믿음이 기적적인 은혜가 일어나게 했음을 예수

25. Wilkins, *Discipleship in the Ancient World and Matthew's Gospel*, 137-41.

26. 외경에서 토빗을 그의 아들 토비아스가 생선의 담즙으로 눈먼 것을 고친다(Tobit 11:7-15).

27. 아나니아가 사울(바울)에게 손을 대었을 때 그의 눈에서 떨어져나간 비늘은 예외가 될 수도 있다. 하지만 아나니아가 치유를 위해 기도한 것이 아니라 성령이 부어지는 통로로서 그것이 임했기 때문에 예수의 경우와는 다르다(행 9:17-19).

는 강조하신다.

눈이 회복되었을 때, 예수는 이들에게 경고하신다. "삼가 아무에게도 알리지 말라." 비밀을 지킬 것을 요구하심은 예수의 사역의 규칙적인 패턴이다(8:4의 주석을 보라; 참조. 12:16; 16:20; 17:9). 그것이 그들이 집 안으로 들어올 때까지 예수가 치유를 늦추신 이유였을 것이다. 예수는 그의 메시아적 신분에 오해를 불러오지 않도록 무리들을 자극하는 것을 피하신다. 기적이 천국의 도래에 대한 그의 복음 메시지의 진정성을 증거할지라도, 무리들이 오직 기적만을 열광하거나 그를 메시아적 이적 수행자로 생각하지 않기를 원하신다. 예수는 죄에서 구원을 가져오기 위해서 오신 구세주이시다.

아울러 예수의 이적 사역을 공개적으로 축하함은 종교지도자들의 더 강한 적대를 곧 불러온다(참조. 9:34). 하지만 치유 받은 것에 대한 맹인들의 열정이 그들을 자제시키지 못한다. 예수의 경고와는 반대로 "그들이 나가서 예수의 소문을 그 온 땅에 퍼뜨린"다. 예수에 대한 순종이 예수를 믿는 믿음의 확실한 특징으로 아직 자리잡고 있지 못하다. 자신이 치유 받은 것을 공개적으로 퍼뜨리는 것이 종교지도자들이 가질 예수에 대한 적대를 가중시키리라는 것을 그들은 알지 못한다.

벙어리가 말을 하다(9:32-34). 이 기적의 집합에서 마지막 이적은 치유와 축사와 관련이 있다. "그들이 나갈 때에 귀신 들려 말 못하는 사람을 예수께 데려오니." 귀신에 사로잡힌 것은 다양한 형태를 취한다. 가다라 지방에 두 귀신 들린 자의 경우에 그들의 형태는 사람들을 위협하는 난폭한 행동을 보였다(8:28). 여기서 나타나는 현상은 그 사람이 말을 못하게 하는 것이다(12:22을 보라). 귀신을 내쫓고 벙어리가 듣게 하는 치유는 천국이 궁극적으로 도래하였음을 보여주는 강력한 특징이다.

이 기적 이야기의 결론에서 무리들은 놀라서 외친다. "이스라엘 가운데서 이런 일을 본 적이 없다." 예수는 이스라엘의 메시아이시지만 많은 사람들이 예상했던 메시아와는 다르시다. 그는 군대의 파워나 궁전의 팡파르와 함께 오시지 않았다. 그 대신에 무리를 놀라게 하는 강력한 메시지와 구별되는 사역으로 오셨다(참조. 7:28-29).

하지만 기적의 독특성이 예수의 사역에서 하나님의 활동을 무리들에게 알리는 표지라면, 종교 당국자들은 하나님이 이런 방식으로 역사하시지 않는다고 확신한다. 그래서 예수가 기적적으로 귀신을 쫓아내는 능력의 근원이 하나님이 아니라면, 그것은 "그가 귀신의 왕을 의지하여 귀신을 쫓아내고" 있다고 그들은 예수를 비난한다(9:34; 참조. 9:3).[28] 믿음의 눈으로 보지 않기에, 바리새인들은 예수가 말씀과 행위의 역사로 이스라엘에서 특별한 일을 행하시고 있음을 편협한 경험을 넘어서서 보지 못한다. 따라서 그들은 자신들의 종교적 지배를 보전하고, 예수로부터 백성들을 보호한다고 생각하며, 예수에 대한 적대를 더욱 키운다. 이것은 불길한 징조이며, 불가피하게 있게 될 십자가의 궤도를 비극적으로 설정한다.

행동하고 계신 메시아가 일꾼을 모집하시다(9:35-38)

마태는 이적 이야기와 제자도에 대한 언급의 집합을 예수가 갈릴리에서 공적 사역을 시작하실 때 사용했던 것과 동일한 내러티브 표현으로 결론짓는다: "예수께서 모든 도시와 마을에 두루 다니사 그들의 회당에서 가르치시며 천국 복음을 전파하시며 모든 병과 모든 약한 것을 고치시니라"(9:35; 참조. 4:23). 이 구절들은 인클루시오를 형성함으로써, 이 구절들 사이에 있는 성경의 장들의 자료를 돋보이게 하는 북앤드(책버팀) 역할을 한다. 5-7장에서 예수는 산상수훈의 말씀 속에서 권위적인 메시아가 되시고, 8-9장의 기적 이야기의 행위 속에서 메시아가 되신다.

무리들은 예수의 사역의 대상이고, 예수의 긍휼이 이를 촉진시킨다. "무리를 보시고 불쌍히 여기시니." "불쌍히 여기다"란 동사는 '스플랑크니조마이'("내적인 부분에서 감동이 오다")이며, 일반적으로 이는 마음과 정서의 깊은 감정을 나타낸다. 그밖에 다른 곳에서 이 용어는 무리들을 치유하시고 먹이시고(14:14; 15:32), 맹인을 치유하시는 예수의 동기를 묘사한다(20:34; 참조. 18:27).[29]

이 경우에 예수가 보신 이들의 문제는 "그들이 목자 없는 양과 같이 고생하며 기진함이다." 양과 목자의 비유는 이스라엘의 역사에서 잘 알려져 있었다. 이 비유는 속죄일과 유월절의 희생양에서부터(출 12:1-4; 29:35-42) 목자로서 하나님이 양으로서의 이스라엘과 갖는 관계성(사 40:10-11), 그리고 목자로서 하나님에 대한 시편기자의 전적인 의존(시 23편)에 이르기까지 널리 퍼져 있었다. 다윗계의 메시아는 목자로서 이스라엘의 영원한 언약을 세우실 것이다(겔 37:24).

이스라엘의 역사에서 지도자들은 목자로서 비유된다. 여호수아는 "여호와의 회

---

28. 바리새인들은 12:24에서 그 참소를 반복한다. 거기서 그들은 바알세불을 귀신의 왕과 동일시하며, 예수는 그런 참소에 대응하신다.
29. BDAG, 938.

중이 목자 없는 양과 같이 되지 않도록"(민 27:17) 모세를 뒤이어 지명된 지도자였다.[30] 하지만 예수 시대에 이스라엘이 이같이 유리하고 있었다. 지도자들은 백성들을 인도하고 보호할 책임을 완수하지 않음으로써 그들은 "고생하며" "기진하고" 있었다. 백성들은 힘든 고통을 감내하고 있었고, 자기 자신을 돌볼 능력이 없었다. 목자의 일은 양을 쉴만한 물가로 평화롭게 인도하며, 그들의 부족한 것을 돌보는 것인데, 오히려 이 지도자들은 백성들을 괴롭히고 무기력하게 했다. 이스라엘 백성들을 지배하고 있는 로마군대의 압박 하에서 고통당하며, 그들에게 닥치는 매일의 염려와 비통함과 고통들을 감내하고 있었다.

이전의 기적 이야기에서(8-9장), 예수는 병들고 아픈 자를 치유하셨고, 죽은 자를 일으키셨으며, 바다의 폭풍우를 잠잠케 하셨다. 또한 귀신을 내쫓으셨다. 이런 필요들은 대단히 중요하지만, 이 장면에서 예수는 훨씬 더 나쁜 결핍을 인식하신다. 한마디로 그것은 "죄"다. 예수는 자기 백성들의 연약함과 그들의 죄를 짊어지시는 약속된 고난의 종이시다(8:17; 참조. 사 53:4-5). 중풍병자의 더 깊은 병과 세리와 바리새인의 영적인 질병도 마찬가지로 죄가 놓여있다(9:2; 13). 따라서 이스라엘의 지도자들의 실제적인 실패는 그들이 백성들의 영적인 필요를 적절히 돌보지 못하고 있음이다. 예수는 무리들의 필요를 깊이 보시고 몸과 영혼을 치유하신다.

이 비유는 괴롭힘을 당하고 무기력한 양에서 추수할 일꾼을 필요로 하는 풍성한 추수 현장으로 바뀐다(9:37-38). 비유가 변하고 있을지라도 그 의미는 동일하다. 뒤이어지는 선교 강화가 분명히 하는 것처럼(특히 10:5-23을 보라) "추수"는 긴급한 필요를 갖고 있는 이스라엘의 무리들이다. 추수의 주제는 유대교에서 흔하였다. A.D. 130년 경에 한 랍비는 "날은 짧고, 할 일은 많은데 일꾼들은 부족하다. 급료는 풍성하고 집의 주인은 한시가 급하도다"(*m. ʾAbot* 2.15). 예수의 선교가 필요한 자들에게 하나님 나라의 복을 가져오는 것이므로, 그는 합세할 제자들을 원하신다. "추수할 것은 많되 일꾼이 적기" 때문이다.

마태가 통상적으로 예수 주변의 제자들의 작은 그룹을 강조할지라도, 여기서는 열둘로 제한할 필요는 없다. 제자들은 천국으로 부르시는 예수에게 응답한 모든 사람들이다. 예수는 특별한 사명으로 열둘을 이스라엘로 보내실 것이지만(10:1-15), 필요한 무리들이 있는 한 그는 온 세대를 통해 추수할 일꾼들이 될 제자들을 부르신다(10:16-23). 예수는 이 추수의 비유를 나중에 더 확대하시고, 심판의 날을

30. "Sheep, Shepherd," *DBI*, 782-85.

함축하는 것으로 사용하신다(13:30, 39; 참조. 사 17:11; 욜 3:13; 계 14:14-20).

제자들은 "추수하는 주인에게 청하여 추수할 일꾼들을 보내" 달라고 해야 한다. "추수하는 주인"은 추수할 일꾼에 대한 기도에 응답하실 하나님이시다. 하지만 예수님은 열둘을 위임하시어 사역지로 보내심으로써 그들의 기도에 응답하신다. 추수의 사명은 이스라엘에게만 복음의 메시지를 전하도록 열두 제자들에게 급박한 할당을 주신 것(10:1-15)과, 인자가 다시 올 때까지 온 세상에 복음을 전파하는 제자들의 폭넓은 사명을 포함한다(10:16-23).

상황잇기

기독론과 제자도는 마태복음의 가장 중요한 주제에 속한다. 8장과 9장에서 기적과 가르침의 장면이 교대로 나오는 것은 이 주제들을 강화시킨다. 그것은 예수의 신분과 사명을 계시함으로써 예수의 사역의 핵심으로 우리를 이끈다. 나아가서 예수에 대한 우리의 제자도의 의미를 더 분명하게 이해하도록 돕는다. 이적의 능력이 외적 현상에 깔려 있는 잠재적인 이슈는 하나님 나라 선교다. 예수의 기적의 사역은 무리들을 놀라게 하고 종교 당국자들을 위협하다. 하지만 믿음의 눈을 가진 사람들은 기적의 능력이 제자도에 대한 의미를 가짐을 본다.

죄인을 치유하심. 예수의 사역의 시작에서부터, 천국의 도래는 가장 커다란 이적이 자주 가장 적게 눈에 띈다는 것을 알려준다. 그 가장 커다란 이적은 용서의 기적이다. 예수가 악명 높은 세리 중 하나였던 마태를 부르셨을 때, 하나님 나라의 선교의 매우 중요한 선언—죄로 찌든 세상에 치유를 가져오시는 것—을 하신 것이다. 그의 긍휼은 종교 엘리트들에 의해 자주 멸시받고 홀대 받아온 예상치 못한 사람들에게로 확대된다.

죄는 종교에 의해 치유되지 않는다. 예수가 사회적으로 천대받는 자들과 식사를 같이 하는 것을 문제삼는 바리새인들과 예수의 만남에서 우리는 죄가 내적인 영적 질병임을 보게 된다. 이 영적인 질병은 종교적인 의를 시도함으로써는 치유되지 않음을 정직하게 인식할 수 있어야 한다. 죄는 위대한 의사에 의해서만 치유된다. 게다가 죄는 인간을 비참하게 한 진짜 범인이다. 하혈하는 여인과 맹인의 육체적인 고통은 실제적이었고, 예수는 그들의 필요를 도왔지만, 그를 믿는 믿음을 지적하심으로써 예수는 깊은 영적인 문제가 더 시급함을 알리신다. 무리들은 죄로부터의 구원의 더 깊은 필요를 수반하지 않는 치유를 원하는 듯이 보인다. 이 문제를 가중시키는 것은 백성들이 종교지도자들에 의해 괴롭힘을 당하고 무력해지고 있다는 사실이다. 종교지도자들은 죄의 문제를 가리는 종교적인 활동으로 그들을 억누르고 있었다.

우리가 가장 필요하다고 생각하는 관심이 실제는 그렇지 않을 수 있다. 하나님의 손에 우리 자신을 맡길 때, 우리가 이해하는 것보다 하나님이 우리의 삶을 더 잘 이해하신다. 때로 하나님은 우리의 삶의 위로에 관심을 가지시기보다는 우리의 마음의 발전에 더 관심이 있으시다. 하나님이 자녀들에게 좋은 선물을 주심으로 기뻐하신다는 것은 의심할 여지가 없다(7:11). 하나님은 우리의 고통을 긍휼히 여기신다(9:18-34). 하지만 때로 우리가 생각하기에 가장 위대한 선물이라고 생각한 것이 우리의 삶의 깊은 필요를 항상 충족시키지는 못한다. 우리의 마음은 죄의 영향으로 심각하게 오염될 수 있고, 죄가 우리의 정서와 하나님과의 관계를 갖는 우리의 능력의 중심을 훼손할 수 있다. 하나님은 우리에게 가장 좋은 것에 항상 관심이 있으시지만 가장 좋은 것이 우리의 복리를 위해서 우리가 생각하거나 추구하는 것이 아닐 수 있다. 죄된 마음이 위대한 의사의 돌보심을 받지 못한다면, 육체적인 고통의 치유는 오직 표면적인 것일 뿐이다.

영적인 전투. 예수의 초자연적인 능력 나타남에 깔려 있는 두 번째 이슈는 그것이 예수가 참여하고 있는 우주적인 영적 전투를 알려주고 있다는 사실이다. 이스라엘 백성들은 하나님이 어느 날 악과 미움과 상처에서 그들을 구원하기 위해서 메시아를 보내시고 하나님이 제어하실 것임을 수세기 동안 들어왔다. 하지만 그들은 지금 어느 때보다도 억압 하에 있다. 하나님의 구원의 약속은 어디에 있는가? 하나님은 어디에 계신가?

상처와 좌절 속에 있는 그들에게 예수는 악한 영에 대한 권위로, 그의 말씀으로, 치유 사역으로 오신다. 악한 영을 내치시고 질병을 치유하심은 천국의 실제의 외적 증거이며, 이제 사람들은 메시아적 구원자이신 예수에게 나아와야 한다. 예수의 권위적인 선교는 사탄의 영역을 침투하신다. 사탄은 더 이상 이 세상의 도도한 지배자가 아니다. 사탄은 예수의 도래로 호적수 아니 그 이상 가는 분을 만났다. 그리고 예수의 대사들이 예수의 권위를 갖고 나아가서 힘없고 고통 당하는 자들에게 자유를 줄 때, 사탄의 악한 세력은 계속해서 영적 대결에 직면할 것이다.

하지만 영적인 싸움이 기만적일 수 있다. 그것이 필연적으로 사람들을 더 "종교적"이게 하지는 못한다. 예수가 바리새인들의 종교적 기대에 부응하지 않고, 바리새인들이 주창한 종교적 삶으로 사람들을 이끌지 않았기 때문에 예수가 마귀의 장난을 치고 있는 것으로 바리새인들은 여겼다(9:34). 예수의 영적인 자유케 함은 그가 산상수훈에서 촉발시킨 천국 생활의 의로 백성들을 인도하시지 종교 당국자들의 기대한 대로 이끌지 않으신다. 바리새인들은 그들만의 식탁 교제와 금식과 같은 의의 외적인 행위를 세심하게 고집하는 것에만 사로잡혀 자기 마음을 위한 영적 전투는 인식하지 못한다.

현대적 의미

내가 1950년대에 성장하는 어린 아이였을 때, 강력한 이미지를 나타내는 표현이나 말이 있었다. 그중 하나는 "진주만"이었다. 그 말은 하와이에 있는 미국의 해군 기지를 일본이 급습한 것을 즉시 상기시킬 뿐 아니라, 세계적으로 피 흘리는 전쟁에 4년 동안 미국이 참전한 것을 상징했다. 또 다른 표현은 "냉전"이었다. 그 말은 핵전쟁의 거의 신경증적인 두려움과 널리 퍼진 공산주의의 방심할 수 없는 위협을 생각나게 했다. 수많은 세월이 지나면서, 이런 표현들이 감정적인 충격을 주지 못하게 되었다. 이것이 기억에서 사라지기도 했고, 또 위협도 사라졌다.

하지만 지난 몇 년 사이에 또 다른 용어가 강력한 의미를 갖는 것으로 나타났다. "콜룸빈"(Columbine, 극중 여자 어릿광대—옮긴이)은 강력한 이미지를 상기시키는 이름이다. 이는 꽃의 이름(콜룸빈은 "참매발톱꽃"에 해당한다—옮긴이)에 관한 것이 아니라 두 명의 고등학생들이 행한 대량 학살의 공포에 관한 것이다. 많은 사람들이 텔레비전 생중계로 이 광경을 지켜보았다. "9/11"은 비상시에 거는 전화번호를 상기시키는 숫자이지만 지금은 비행기를 납치하여 사람들이 활동하고 있는 빌딩으로 돌진한 테러리스트들의 냉혹한 대량학살의 공포를 상기시킨다. 우리 많은 사람들이 텔레비전으로 생중계 되는 이 광경을 지켜보았다. 이 새로운 표현들은 이 세상에 실제 악이 있고 끔찍하게 잘못된 것이 있다는 비극적인 인식을 가져다주었다. 현대의 기술적인 발전이 더 강력한 악과 공포의 기회를 제공해주고 있다.

고대의 이스라엘도 연상적인 이미지를 갖는 용어들이 있었다. "애굽"은 노예와 민족적인 고통의 이미지를 상기시켰다. "느부갓네살"은 바벨론 유배의 민족적인 고난의 끔직한 기억과 예루살렘 성전의 파괴를 상기시켰다. 독특한 차원에서 "불결"과 같은 표현은 물리적인 치료가 있을 수 없는 질병의 고통을 상기시켰고, 이것은 의식적이고 사회적인 소외의 감정적인 두려함을 의미했다.

하지만 이스라엘은 사람들에게 희망을 가져다주는 또 다른 표현이 있었다. "유월절"은 애굽의 노예상태에서 이스라엘을 하나님이 구원하신 것을 기념하는 연례 행사를 상기시켰다. "주님의 날"은 어느 날 이스라엘의 대적자들이 사라지고 이스라엘이 예루살렘에 재형성될 것이라는 희망을 제공했던 표현이었다(욜 1:15; 2:1, 11, 31; 3:14-21). "다윗의 아들"은 치유와 정결을 약속했던 구원의 시대를 시작하시는 다윗가의 기름부음 받은 자에 대한 소망을 표현했다(삼하 7:11-16; 사 35:1-10; 42:1-7). 희망을 강력하게 상기시키는 이 표현은 해당 구절들을 살필 때 우리에게도 상당한 의미를 갖는다.

악은 실제다. 콜룸빈과 9/11은 악이 실제임을 고통스럽게 상기시킨다. 이 세계는 죄의 장악 하에 있고, 악한 것들이 아직 온전하게 사라지지 않았다. 죽음도 우리의 얼굴을 응시하는 실제적 현상이다. 마귀와의 대면을 개인적으로 경험했든지 또는 보았든지 간에(나는 당신이 마귀들을 실제 찾아 볼 것을 지금 제안하고 있지 않다), 이 세계는 영적인 전쟁터다.

하지만 덜 드라마틱한 종류의 악도 있다. 우리가 다루고 있는 본문에서 바리새인들이 세리와 죄인들을 향해 보인 종교적 엘리트주의의 악이 있다(9:10-13). 한 여인을 육체적 고통과 사회 종교적 불결로 가둔 질병의 악이 있다(9:20). 보지 못하는 것과 같은 육체적 핸디캡과 한 남성을 벙어리로 가두어놓는 마귀의 지배가 있는 악이 있다(9:27, 32). 군사적이거나 종교적인 권세로 평범한 사람들을 억압하는 악이 있다(9:36). 그리고 아이러닉한 비극은 자유케 하시는 하나님의 구원의 계획을 적대하는 종교적인 악이 있다(9:34).

이런 것들은 당신과 내가 일상생활에서 볼 수 있는 악의 장면들이다. 그것이 질병과 죽음을 경험하고 있는 사랑하는 자로 인해 괴로워하는 것이든, 종교적인 컬트(이단)에 사로잡혀 미련한 젊은 이상주의자의 비극을 지켜보는 것이든, 도시 갱단의 잔인함을 보는 것이든 간에, 악은 이 세상에서 실제한다. 우리는 실제로서 그 악과 함께 살고 있다. 정치적이고 종교적인 낙천주의의 맹목적 확신에도 불구하고, 이 세상은 현대적인 발전과 더불어 영적으로, 윤리적으로 또는 도덕적으로 더 나아지고 있지 못하다.

하지만 악의 이 압도적인 장면에서도, 예수의 메시아적 사명은 희망을 제공하기 위해서 오신다. 유월절이 이스라엘에게 상징했던 죄의 노예상태에서 자유케 함은 "세상 죄를 지고 가는 하나님의 어린 양"(요 1:29)이요 "의인을 부르러 온 것이 아니라 죄인을 부르러 오신"(마 9:3) 예수 안에서 이제 온전하게 성취되었다. 그는 아픈 자를 치유하셨고, 귀신을 쫓아내셨으며, 1세기에 종교적 위선자들을 논박하셨다. 오늘날 그는 동일한 구원을 죄로 찌든 세상에 가져오신다. 이것은 당신과 나

그리고 삶에 지친 이웃과 같은 죄인들을 포함한다. 예수는 무력한 상태에 있는 우리를 구원하기 위해서 자비와 은혜로 오셨다.

콜룸빈의 비극이 있은 후 며칠 뒤에, 나는 동네의 상점에 갔었는데, 거기서 나는 대중 잡지의 커버에 대문자로 적힌 글을 보았다. "나의 하나님, 나의 하나님!" 이 문구 아래에는 고등학생 부모들의 사진이 담겨 있었다. 이 용어는 콜로라도주 리틀톤 사람들의 도움을 청하는 외침과 고통의 울부짖음이었다. 그들은 예수 안에서만 악으로부터의 구원을 찾을 수 있음을 우리로부터 듣고 알 필요가 있는 우리 주변 사람들과 별반 다르지 않다.

반대가 있다. 주님을 위해서 선한 일을 할 때 반대에 부딪힐 것임은 그리스도인의 경험에서 잘 알려진 현상이다. 하지만 이 반대가 내부에서 온다는 것을 알게 될 때 가장 마음이 아프다. 이스라엘의 최대의 적은 이스라엘이었다. 이스라엘의 민족적인 역사는 이런 경우로 얼룩졌다. 이스라엘 백성들은 주변 민족들의 우상과의 불순한 관계에 참여하는 경향 때문에 대체로 고통을 당했다(예. 렘 3:6-10). 느부갓네살의 침입과 예루살렘의 파괴는 이스라엘의 불신앙에 대한 하나님의 고통스런 심판이었다(참조. 렘 21-22장).

예수가 구원의 계획을 갖고 오셨을 때, 그는 거의 즉시 반대에 부딪히셨지만, 비통한 것은 자기 백성들 특히 이스라엘의 종교지도자들로부터 주로 박해를 받았다는 사실이다. 이스라엘의 종교지도자들은 예수가 하나님 나라의 회개를 요청하시면서 죄인 된 백성들과 관계를 가지셨을 때, 그를 반대하였다(9:11). 그들은 예수의 제자들이 영적인 훈련에 헌신하지 않는다고 비난하였다(9:14). 그들은 예수의 영적인 자유의 형태를 비난하였다. 그것이 자신들의 종교적인 편협된 경향에 맞지 않기 때문이었다(9:34). 이 종교 지도자들, 특히 바리새인들은 예수의 복음 메시지의 진리를 듣고 볼 수 없는 정도로 자신의 전통을 강조하였다. 그들의 인간적 전통과 해석들은 하나님의 말씀을 대체했고, 예수의 메시지를 왜곡했다. 예수는 "장로들의 유전"에 대한 바리새인들의 위험스러운 경향을 경고하신다(15:1-9). 심판의 날이 이런 길로 계속해서 나아가는 자들을 기다리고 있다(예. 23장).

우리도 역시 하나님의 방식으로 하나님의 일을 행하려 하면 반대에 부딪힐 것이다. 우리가 현재의 세속적인 문화에 물들 수 없기에 죄에 대한 진리를 말하고 영화나 오락 심지어 교육 철학에서 오늘날의 풍조에 대한 성경적 평가를 하면, 반대에 직면함을 자주 발견하게 된다. 우리는 반대를 예상해야 한다. 하지만 비통한 것은 그 반대가 내부에서 있을 때다. 당신의 확대 가족 중 한 사람이 선교 현장으로

가려하는 당신의 결정을 반대할 때가 있다. 목사가 예배에 대한 비전의 차이 때문에 잘 알려진 음악 지도자를 그만 두게 하려는 시도를 교회에서 행할 때, 반대에 부딪힌다.

이런 사례는 한이 없다. 하지만 한 가지 부연해야 할 것은 누가 옳은지를 각각의 상황에서 쉽게 결정할 수는 없다는 사실이다. 관계에 긴장이 있을 때, 여러 다른 상황에서 주님의 원리와 인도를 분명하게 확신할 수 있도록 우리는 의사소통의 활로를 열어서 서로의 이야기를 들어야 한다. 확신하건대 바리새인들은 자신들이 예수를 반대하는 것이 옳았다고 생각했을 것이다. 그들은 예수가 부당하게 백성들 사이에서 자신들의 리더십을 반대하고 있다고 느꼈을 것이다. 하지만 그들의 완악한 마음이 예수의 메시지를 듣고 성령이 진리로 그들을 인도하시게 하지 못했다. 우리가 옳은 일을 한다하더라도, 반대를 예상해야 한다. 하지만 이때에 겸손한 마음으로 혹 우리에게 잘못이 있다면 솔직히 인정할 수 있어야 한다.

예수는 자애로우시다. 예수에게 직면한 반대와 악이 그의 마음을 굳게 할 수도 있었으나, 이 장면에서 가장 두드러진 특징 중 하나는 예수는 긍휼하시다. 긍휼은 예수가 전 사역을 통해서 무리들에게 느끼시는 감정이다. 하지만 예수 안에서 이것은 단순히 "감정적"이라고 할 수 없다. 그는 자신의 메시지를 들을 수 있도록 죄인들을 한데 모으신다(9:10). 그는 죽은 자와 병든 자에게 다가가 어루만지신다(9:25, 29). 예수는 설교와 치유의 구원사역으로 무리들에게 나아가신다(9:36). "다윗의 아들"로서 예수는 맹인들의 눈을 사랑으로 만지신다. 이는 메시아적 사역이 치유와 정결을 가져온다는 표지다. 예수의 긍휼은 사람들의 진정한 필요에 대한 깊은 이해에 의해 인도된다.

이 긍휼은 한 가지 중요한 교훈을 제공한다. 우리가 주변 사람들의 필요를 볼 때, 그것을 깊이 공감하는 마음이 있어야 한다. 하지만 거기서 멈추어서는 안 된다. 그들의 가장 깊은 필요에 대해 하나님 나라 복음의 치유하시는 어루만짐을 우리가 어떻게 가져올 수 있는가를 알기 위해서 그들에게 가까이 나아가야 한다. 예수에게서 하나님 나라의 구원하는 능력의 메시지는 주로 영적인 치유의 사역이었다.

하지만 이것이 교회가 전인(全人) 사역의 역할을 소홀히 하는 핑계가 되게 할 수는 없다. 우리는 사람들의 고통을 경감하기 위해 할 수 있는 모든 것을 해야 한다. 한 개인의 육체적, 감정적, 또는 정신적 필요를 돌보는 것은 그 사람에게 예수의 긍휼을 보이는데 아주 중요하다. 그것은 자주 복음 메시지에 반응하는 태도를 낳는데 기여한다. 이것이 도시의 노숙자들에게 다가가는 선교의 한 접근방식이 될 수 있다. 복음의 메시지가 직접적인 물리적 필요를 다루지 않는다면, 소귀에 경 읽기가 될 것이다. 어떤 남성이 에이즈로 고통하고 있다거나, 어떤 여성이 알코올 중독자인 남편의 정신적 육체적 학대를 받고 있다면 하나님이 돌보시고 있음을 이들에게 확신시키는 것은 쉬운 일이 아니다.

균형의 적절한 감각은 긍휼에 대한 영원한 관점을 유지하는데서 온다. 악한 이 세상에서 빛과 소금이 되는 우리의 책임이 악의 근절을 낳지는 못한다. 우리가 얼마나 많은 물질적, 감정적, 또는 심리적 문제의 치유를 제공하든 간에 각 사람은 어느 날 영원한 계수를 하게 될 것이다. 우리가 영원한 관점을 갖지 않는다면, 이 세상에 대한 우리의 긍휼은 불신실할 수밖에 없다. '위대한 의사' 가 없다면 인간은 영원한 죽음에 이른다. 우리는 예수의 치유하는 어루만지심을 담고서 이웃과 세상에 나아가는 사람이 되어야 한다. 그들이 이 은혜의 추수에 가담하지 않는다면 심판의 다음 추수를 직면하게 될 것이기 때문이다. 이 소명이 예수가 모든 시대의 제자들에게 주시는 중대하고 놀라운 책임이다.

마태복음 10:1-42

1 예수께서 그의 열두 제자를 부르사 더러운 귀신을 쫓아내며 모든 병과 모든 약한 것을 고치는 권능을 주시니라

2 열두 사도의 이름은 이러하니 베드로라 하는 시몬을 비롯하여 그의 형제 안드레와 세베대의 아들 야고보와 그의 형제 요한,

3 빌립과 바돌로매, 도마와 세리 마태, 알패오의 아들 야고보와 다대오,

4 가나나인 시몬 및 가룟 유다 곧 예수를 판 자라

5 예수께서 이 열둘을 내보내시며 명하여 이르시되 이방인의 길로도 가지 말고 사마리아인의 고을에도 들어가지 말고

6 오히려 이스라엘 집의 잃어버린 양에게로 가라

7 가면서 전파하여 말하되 천국이 가까이 왔다 하고

8 병든 자를 고치며 죽은 자를 살리며 나병환자를 깨끗하게 하며 귀신을 쫓아내되 너희가 거저 받았으니 거저 주라

9 너희 전대에 금이나 은이나 동을 가지지 말고

10 여행을 위하여 배낭이나 두 벌 옷이나 신이나 지팡이를 가지지 말라 이는 일꾼이 자기의 먹을 것 받는 것이 마땅함이라

11 어떤 성이나 마을에 들어가든지 그 중에 합당한 자를 찾아내어 너희가 떠나기까지 거기서 머물라

12 또 그 집에 들어가면서 평안하기를 빌라

13 그 집이 이에 합당하면 너희 빈 평안이 거기 임할 것이요 만일 합당하지 아니하면 그 평안이 너희에게 돌아올 것이니라

14 누구든지 너희를 영접하지도 아니하고 너희 말을 듣지도 아니하거든 그 집이나 성에서 나가 너희 발의 먼지를 떨어 버리라

15 내가 진실로 너희에게 이르노니 심판 날에 소돔과 고모라 땅이 그 성보다 견디기 쉬우리라

16 보라 내가 너희를 보냄이 양을 이리 가운데로 보냄과 같도다 그러므로 너희는 뱀 같이 지혜롭고 비둘기 같이 순결하라

17 사람들을 삼가라 그들이 너희를 공회에 넘겨주겠고 그들의 회당에서 채찍질하리라

18 또 너희가 나로 말미암아 총독들과 임금들 앞에 끌려 가리니 이는 그들과 이방인들에게 증거가 되게 하려 하심이라

19 너희를 넘겨 줄 때에 어떻게 또는 무엇을 말할까 염려하지 말라 그때에 너희에게 할 말을 주시리니

20 말하는 이는 너희가 아니라 너희 속에서 말씀하시는 이 곧 너희 아버지의 성령이시니라

21 장차 형제가 형제를, 아버지가 자식을 죽는 데에 내주며 자식들이 부모를 대적하여 죽게 하리라

22 또 너희가 내 이름으로 말미암아 모든 사람에게 미움을 받을 것이나 끝까지 견디는 자는 구원을 얻으리라

23 이 동네에서 너희를 박해하거든 저 동네로 피하라 내가 진실로 너희에게 이르노니 이스라엘의 모든 동네를 다 다니지 못하여서 인자가 오리라

24 제자가 그 선생보다, 또는 종이 그 상전보다 높지 못하나니

25 제자가 그 선생 같고 종이 그 상전 같으면 족하도다 집 주인을 바알세불이라 하였거든 하물며 그 집 사람들이랴

26 그런즉 그들을 두려워하지 말라 감추인 것이 드러나지 않을 것이 없고 숨은 것이 알려지

지 않을 것이 없느니라
27 내가 너희에게 어두운 데서 이르는 것을 광
명한 데서 말하며 너희가 귓속말로 듣는 것
을 집 위에서 전파하라
28 몸은 죽여도 영혼은 능히 죽이지 못하는 자
들을 두려워하지 말고 오직 몸과 영혼을 능
히 지옥에 멸하실 수 있는 이를 두려워하라
29 참새 두 마리가 한 앗사리온에 팔리지 않느
냐 그러나 너희 아버지께서 허락하지 아니하
시면 그 하나도 땅에 떨어지지 아니하리라
30 너희에게는 머리털까지 다 세신 바 되었나니
31 두려워하지 말라 너희는 많은 참새보다 귀하
니라
32 누구든지 사람 앞에서 나를 시인하면 나도 하
늘에 계신 내 아버지 앞에서 그를 시인할 것
이요
33 누구든지 사람 앞에서 나를 부인하면 나도
하늘에 계신 내 아버지 앞에서 그를 부인하
리라
34 내가 세상에 화평을 주러 온 줄로 생각하지
말라 화평이 아니요 검을 주러 왔노라
35 내가 온 것은 사람이 그 아버지와, 딸이 어머
니와, 며느리가 시어머니와 불화하게 하려
함이니
36 사람의 원수가 자기 집안 식구리라
37 아버지나 어머니를 나보다 더 사랑하는 자는
내게 합당하지 아니하고 아들이나 딸을 나보
다 더 사랑하는 자도 내게 합당하지 아니하며
38 또 자기 십자가를 지고 나를 따르지 않는 자
도 내게 합당하지 아니하니라
39 자기 목숨을 얻는 자는 잃을 것이요 나를 위
하여 자기 목숨을 잃는 자는 얻으리라
40 너희를 영접하는 자는 나를 영접하는 것이요
나를 영접하는 자는 나를 보내신 이를 영접
하는 것이니라
41 선지자의 이름으로 선지자를 영접하는 자는
선지자의 상을 받을 것이요 의인의 이름으로
의인을 영접하는 자는 의인의 상을 받을 것
이요
42 또 누구든지 제자의 이름으로 이 작은 자 중
하나에게 냉수 한 그릇이라도 주는 자는 내
가 진실로 너희에게 이르노니 그 사람이 결
단코 상을 잃지 아니하리라 하시니라

원 의미

예수의 선교는 이제 잘 구축되었다. 그는 핵심적인 메시지를 선포하셨고(4:17), 자신의 첫 협력자를 부르셨다(4:18-22). 제자도의 표준적인 강령을 선포하셨으며(5-7장), 권위적인 능력을 증명하셨다(8-9장). 반대하는 자들이 형성되고 있기 때문에, 이제는 동일한 메시지와 능력으로 제자들을 보내심으로써 그의 영향을 확장할 때다. 예수는 이스라엘의 구원 역사적인 우선권 때문에 그의 백성들인 이스라엘에 먼저 제자들을 보내신다(10:5-15). 하지만 예수는 이방인들에게도 제자들의 폭넓은 선교를 준비시키신다(10:16-23). 예수의 훈련은 제자들이 하나님 나라의 선교를 실행할 때 구체화할 필요가 있는 특징들을 직접적으로 언급하신다(10:24-42).

열두 제자들을 선교하도록 위임하심(10:1-4)

열두 제자들(10:1). 추수할 곳에 일꾼들을 보내달라는 추수의 주님에 대한 기도에 응답하여(9:38), 예수는 열두 제자들을 그에게로 부르신다. 이는 예수의 거룩한 신분에 대한 기독론적인 단서의 극치다.[1] 이것이 마태가 열두 제자를 명시적으로 언급한 첫 번째일지라도, 그들을 소개하는 비공식적인 방식은 이들이 이전에 이미 인정된 그룹이었다는 것을 암시한다.[2] "열둘"(the Twelve)이라는 칭호가 규칙적으로 다른 곳에서도 나타나지만, 마태만이 "열두 제자"(twelve disciples, 11:1; 20:17)라고 언급하는 신약성경의 저자다.[3] 내러티브의 이 시점까지 마태는 오직 다섯 명의 제자들의 이름만을 소개했는데—베드로, 안드레, 야고보, 요한 그리고 마태(4:18-22; 9:9)—여기서 제자들의 전체 그룹을 거명한다. 마가와 누가는 '소명'의 문맥에서 열둘을 언급한다(막 3:13-19; 눅 6:12-16). 반면에 마태는 '위임'의 문맥에서 열두 제자들을 알려준다.

"열둘"은 분명히 구원 역사적인 의미가 들어 있다. 이 수는 야곱의 아들들인 이스라엘의 열두 족장에 상응한다. 이 족장들로부터 이스라엘의 열두 지파가 생성된다. 예수가 천국이 도래한 것을 이스라엘 집의 잃어버린 양에게로 가서 선포하도록 열두 제자들을 보내실 때, 그들은 하나님의 계획 속에 있는 구원 역사의 연속성을 상징했다(참조. 10:5-6).[4] 하지만 열둘이 이스라엘 집을 심판하는 보좌에 앉을 것이기 때문에 불연속성도 역시 들어 있다(참조. 19:28). 예수의 사역으로 천국이 도래함은 선택된 백성인 이스라엘의 적절한 반응을 요청한다. 열두 제자들을 모으심에서, 우리는 예수가 온 세대에 하나님의 백성들을 연합하기 위해 오신 참으로 이스라엘의 메시아적 왕이라는 암시를 발견한다.[5] 8-9장에 예수의 사역을 특징지

---

1. Eduard Schweizer, *The Good News According to Matthew*, trans. David E. Green(Atlanta: John Knox, 1975), 235-36; Filson, *The Gospel According to St. Matthew*, 125.
2. 예수의 사역에서 열두 제자의 역사적 사실성에 대한 논의를 위해서는 Scot McKnight, "Jesus and the Twelve," *BBR* 11(2001): 203-31; John P. Meier, "The Circle of the Twelve: Did It Exist During Jesus' Public Ministry?" *JBL* 116(1997): 635-72; idem, *A Marginal Jew: Volume III: Companions and Competitors*(New York: Doubleday, 2001), 3:125-63을 보라; 반대로는 Robert W. Funk and the Jesus Seminar, *The Acts of Jesus: The Search for the Authentic Deeds of Jesus*(San Francisco: HarperSanFrancisco: 1998), 71에서 소수파의 견해를 보라.
3. 예를 들어, 26:14, 20; 막 4:10; 6:7; 눅 8:1; 9:1; 요 6:67, 70; 행 6:2; 등등.
4. 참조. McKnight, "Jesus and the Twelve," 220-31; Karl H. Rengstorf, "δώδεκα," *TDNT*, 2:326.
5. 참조. Seán Freyne, *The Twelve: Disciples and Apostles. A Study in the Theology of the First Three Gospels*(London: Sheed & Ward, 1968), 23-48; A. B. Bruce, *The Training of the Twleve*(repr.: Grand Rapids: Kregel, 1971), 32-33.

었던 동일한 권위가 열둘에게 지금 주어지고 있다. 예수처럼 이 권위는 그들이 악한 영을 쫓아내고, 모든 종류의 질병과 아픔을 치유하게 한다(10:1; 참조. 4:23; 9:35). 열둘이 성취할 모든 것은 그들이 받은 예수의 권위에 기초한다. 모든 시대의 제자들은 예수에게 순복함으로써만 그들의 권위를 발견하게 될 것이다. 예수가 열두 제자들을 부르심으로써 그들은 하나님 나라의 봉사자로 선발되고(4:18-22), 산상수훈의 말씀으로 하나님 나라의 삶을 사는 법을 배웠다. 이제 예수의 위임으로 그들은 하나님 나라의 능력과 메시지를 갖고 나아간다(10:1-5; 참조. 9:6, 8; 28:18-20).[6]

"악하거"나 "더러운" 영은 마태복음에서 오직 다른 한 경우에만 언급된다(12:43). 하지만 그 용어들은 다른 곳에서 "귀신"이라 불렸던 것과 동일한 악한 영을 일컫는다(예. 8:28-32). 예수의 사역에서 천국의 진척은 계속해서 영적인 전투에 직면한다. 불결한 영은 하나님께 불순종하고 인간을 정신적, 도덕적, 육체적으로 해롭게 한다. 귀신에 사로잡힌 사람들이 다른 질병과 나란히 고침 받고(예. 4:24), 귀신이 쫓겨남은 하나님의 심판의 때가 이 세상의 악의 요새 위에 임하기 시작했다는 것을 가리킨다(8:16, 17, 29).

열둘이 귀신을 내어쫓고, 질병을 치유할 때, 그것은 천국의 임재의 실제를 증명하는 것이기에 사람들은 메시아적 구원자로서 예수에게 나아와야 한다. 제자들의 권위 있는 선교는 이 세상을 지배하는 사탄의 영역을 제어하는 권능을 행사한다. 더 이상 사탄은 이 세상의 무경쟁의 통치자가 아니다. 사탄은 예수의 도래로 호적수 아니 그 이상의 적을 만났다. 예수의 사자들이 포로로 잡힌 사람들을 풀어주기 위해서 권위로 나아갈 때 사탄의 악한 세력은 예수의 경우와 유사하게 약화된다.

열두 사도(10:2-4). 이 제자들은 "사도"(10:2)이기도 하다. '사도'(apostle)란 용어는 '제자'와는 상당히 다른 의미가 있다. '제자'는 예수를 참으로 믿는 사람들을 가리키지만 '사도'는 예수의 대표자로 위임된 자들을 말한다. 이것이 열둘의 역할에 대한 단서가 된다. 제자로서 열둘은 예수가 모든 신자들 속에서 이루신 것의 모범이다. 사도로서 열둘은 새로운 운동에서 리더로서 구별된다. 게다가 열둘과 사도의 구분은 열둘이 제자로서 이스라엘에 보내어질 때에 예수의 역사적 지상사역의 시대에서(10:5-15), 그들이 사도로서 온 민족들에게 보내어질 때인 예수의 승천하신 사역의 때로 전환되는 단서가 된다.

---

6. Hagner, *Matthew*, 1:265.

마태는 여기서만 "사도"라는 말을 사용한다. 그는 "열두 사도"라는 표현을 사용하는 유일한 복음서 저자다(참조. 계 21:14). "사도"는 신약성경에서 좁은 의미와 넓은 의미가 있다. 여기처럼 좁은 의미는 교회의 형성에서 기초를 놓는 역할을 하기 위해서 예수가 특별히 선택한 권위적인 대표자들을 의미하는 통상적 의미다.[7] 바울은 열둘을 언급하기 위해서 자주 이 용어를 사용한다. 하지만 그는 자기 자신도 이방인의 특별한 사도로서 열두 사도 중에 포함시킨다(고전 15:8-10).

"사도"의 넓은 의미는 동사 '아포스텔레오'("내가 보내다", 예. 10:5)에서 오고, 따라서 단순히 "보냄을 받는 자"(요 13:16)를 의미하거나 "우리가 고백하는 사도요 대제사장인"(히 3:1) 예수를 일컬을 수 있다. 또는 열둘과 바울보다 더 큰 선교 집단에 속하는 바나바, 디도, 또는 에바브로디도와 같은 사람을 지칭할 수 있다.[8]

"열둘"은 초대 교회의 기초를 놓는 시대에 중요한 인물들이다. 그들은 오순절 전 날에 나타나고, 오순절 후의 초기 시대에 한 그룹으로 역할한다. 그들은 제자들의 분파간에 음식을 대접하는 일로 분열이 일어날 때 리더십을 발휘한다(행 6:2). 그러나 그때 이후부터 우리는 사도행전의 이야기에서 "열둘"이라는 칭호를 사용하는 것을 발견하지 못한다. 신약성경의 서신들에서도 그 칭호가 나타나지 않는다. 열둘의 목록이 네 번 신약성경에 나타난다.

열두 제자의 목록들

	마태복음 10:2-4	마가복음 3:16-19	누가복음 6:13-16	사도행전 1:13
네 명의 첫 그룹				
1	첫 번째 시몬 (베드로라 하는)	시몬(예수가 그에게 베드로라는 이름을 주셨다)	시몬(예수가 베드로란 이름을 지어주었다)	베드로
2	그의 형제 안드레	세배대의 아들 야고보	안드레	요한
3	세배대의 아들 야고보	요한	야고보	야고보
4	그의 형제 요한	안드레	요한	안드레

7. 참조. 갈 1:17, 19; 고전 9:1-5; 15:7; 엡 2:19-22.

8. 행 14:4, 14에서의 바나바; 고후 8:23에서의 디도; 빌 2:25에서의 에바르로디도; 살전 1:1; 2:6에서의 디모데와 실라; 롬 16:7에서 안드로니고와 유니아. 예수의 형제 야고보는 "교회의 기둥"으로서 예루살렘의 사도들 중에 포함되는 것으로 보인다(갈 1:17; 2:9).

	마태복음 10:2-4	마가복음 3:16-19	누가복음 6:13-16	사도행전 1:13
네 명의 두 번째 그룹				
5	빌립	빌립	빌립	빌립
6	바돌로매	바돌로매	바돌로매	도마
7	도마	마태	마태	바돌로매
8	세리 마태	도마	도마	마태
네 명의 세 번째 그룹				
9	알패오의 아들 야고보	알패오의 아들 야고보	알패오의 아들 야고보	알패오의 아들 야고보
10	다대오	다대오	셀롯이라는 시몬	셀롯이라는 시몬
11	가나나인(셀롯인) 시몬	가나나인 시몬	야고보의 아들 유다	야고보의 아들 유다
12	가룟 유다 곧 예수를 판 자라	가룟 유다니 이는 예수를 판 자더라	예수를 파는 자될 가룟 유다라	

열두 제자들의 목록의 구조는 의미가 있다.[9]

1. 마태는 쌍으로 이름을 조직하고 있고, 그것은 헬라어 원문에서 특히 잘 인식할 수 있다. 이는 예수가 열둘을 둘씩 보냈다는 마가의 진술과 상응한다(막 6:7).[10]
2. 열둘은 네 명의 세 그룹으로 인식할 수 있는 갈래가 있다. 각 그룹의 첫 번째 이름은 모든 목록에서 똑같다(첫 번째, 다섯 번째, 아홉 번째를 각기 베드로, 빌립, 알패오의 야고보가 차지한다). 나머지 이름의 순서는 바뀐다. 그룹의 순서는 각 목록에서 동일하다. 이 그룹지음은 열둘이 한 리더가 있는 더 작은 단위로 조직되었음을 암시한다.[11]
3. 첫 번째 그룹은 맨 처음 부름을 받았던 두 형제들의 쌍으로 구성되어 있다—베드로와 안드레, 야고보와 요한(마 4:18-22). 흔히 이들을 "핵심 서클"이라

9. Wilkins, *Following the Master*, ch. 8; idem, "Disciples," *DJG*, 179-81에서의 논의를 보라. 또한 Meier, *A Marginal Jew*, vol. 3, ch. 27을 보라. 열두 제자에 대한 묵시적 전승에 관한 논의에 대해서는 Hennecke, *New Testament Apocrypha*, 2 vols을 보라.
10. 두 이름의 짝은 서로를 돋보이게 하고 단순한 접속사 "and"(과)로 연결이 지어진다: 예를 들어, "빌립과 바돌로매; 도마와 마태"; Carson, "Matthew," 237을 보라.
11. Meier, *A Marginal Jew*, 3:130-31; Bruce, *The Training of the Twelve*, 36-40.

부른다. 그러나 야이로의 딸의 치유(막 5:37-40)와 예수의 변용(마 17:2)과 같은 어떤 의미 있는 때에는 베드로와 야고보 요한만이 예수를 수반한다. 이 세 사람은 감람산 강화의 청중이었고(막 13:3; 안드레도 포함된다), 겟세마네 동산에서 예수가 고뇌하실 때 그와 함께 있었다(마 26:37).

4. 베드로는 모든 목록에서 제일 먼저 나온다. 그는 항상 열두 제자의 대표다.[12] 초대교회 시대에서 베드로는 교회의 반석으로서 그리고 천국의 열쇠를 쥐고 있는 자로서 기초적인 역할을 행하는 예수의 예견을 이룬다.[13] 베드로는 열둘의 리더로서 동등한 사람들 가운데서 먼저라는 의미에서 "제일 처음에" 나온다(예. 10:2).[14]
5. 열두 제자는 어떤 특별한 경우에 개인으로서 나오지만 대체로 한 그룹으로서 언급된다. 열둘의 개별적인 인물됨에 대해서는 알려진 것이 거의 없다. 성경의 간단한 데이터와 초대교회 교부들의 일부 진술 이외에는 알려진 것이 없다.
6. 열둘은 상당히 다양함을 보여준다. 그 다양함이 이스라엘에게 효과적으로 다가갈 수 있는 일부 이유이기도 할 것이다(현대적 의미를 보라).[15] 베드로, 안드레, 야고보, 요한은 갈릴리 바다에서 고기 잡는 일을 성공적으로 해냈던 파트너들이다(4:18-22을 보라). 마태는 미움 받는 세리였다(9:9의 주석을 보라). 셀롯인 시몬은 열광적인 혁명가였다. 그는 게릴라 전략으로 로마로부터 이스라엘을 해방시키는 대의를 위해서 죽을 각오가 되어 있는 사람이다. 어쩌면 이 사람들은 서로 칼을 들이댈 수 있는 사이였을 것이나 여기서 예수를 둘러싼 그룹의 일원이 되었다.
7. 가룟 유다는 항상 마지막에 위치하는데, "예수를 판 자"로 각주가 붙는다. "가룟"은 아마도 유다의 고향을 지칭한다. 그의 아버지를 "가룟 시몬"(요 6:71)이라고 묘사하고 있기 때문이다. 유다는 사도단의 회계였다(요 12:4-6). 따라서 우리는 그가 다른 사람들이 인정할 수 있는 적극적인 특징을 보였다고 추정할 수 있다.

---

12. 마 14:28; 15:15; 18:21; 26:35, 40; 막 8:29; 9:5; 10:28; 요 6:68.
13. 마 16:17-19; 참조. 행 1:8; 2:14; 10:34.
14. Wilkins, *Disciples in the Ancient World and Matthew's Gospel*, 174-75을 보라; 또한 Oscar Cullmann, *Peter: Disciple-Apostle-Martyr. A Historical and Theological Essay*, trans. Floyd V. Filson, 2d ed. (Philadelphia: Westminister, 1962), 19; Joseph Fitzmyer, *To Advance the Gospel*(New York: Crossroad, 1981), 112-13을 보라.
15. Keener, *A Commentary on the Gospel of Matthew*(1999), 311.

이스라엘 단기선교를 위한 지침(10:5-15)

제자/사도의 선교를 위한 지침은 마태복음의 다섯 강화에서 두 번째 강화에 해당한다(서론을 보라). 이 강화는 세 가지 근본적인 항목으로 나뉜다: 특별한 역사적 상황을 위한 선교 지침(10:5-15), 미래의 선교사로서 제자들의 역할에 관한 개관(10:16-42), 모든 시대의 제자-선교사를 위한 제자도의 원리(10:24-42).

제한(10:5-6). 예수는 놀라운 제한으로 시작하신다: "이방인의 길로도 가지말고 사마리아인의 고을에도 들어가지 말고 오히려 이스라엘 집의 잃어버린 양에게로 가라." 선교가 분명히 유대 갈릴리로 제한되고 있다. 당시에 갈릴리는 사마리아가 있는 남쪽을 제외하고는 이방나라로 사방이 둘러싸여 있었다.[16] 선교할 대상에 대한 확실한 표현은 "이스라엘 집의 잃어버린 양"이다. 이것은 잃어버린 이스라엘의 어떤 일부를 함축하는 것이 아니라 하나님 나라의 복음에 대한 어떤 결정을 하도록 요청을 받고 있는 잃어버린 전체 이스라엘을 함축한다.

제한의 열쇠를 여기서 발견할 수 있다. 이것은 이스라엘의 무리들에 대한 예수의 지상 사역 시에 제자들이 행하는 특별한 선교다. 이 무리들은 목자 없는 양과 같이 기진하며 고생하고 있다(9:36). 예수는 먼저 이스라엘로 가신다(참조. 15:21-28). 하나님이 세상에 복을 가져오기 위해서 사용하실 도구인 이스라엘과 맺으신 구원 역사적인 순서를 이루기 위해서다.[17] 그 다음에 예수는 열한 제자에게 열방으로 나아가서 역사적인 사역을 계속할 수 있도록 책임을 지우실 것이다(28:19-20). 바울은 나중에 이것을 구원에서 유대인의 우선권으로 보았다. 하나님의 계획은 "먼저 유대인에게요 그 다음에 이방인"이기 때문이다(롬 1:16; 2:9-10).[18] 이스라엘에 대한 예수의 관심은 하나님의 언약과 하나님의 목적의 연속성, 그리고 이스라엘에 대한 하나님의 계획의 신실하심을 강조한다.

예수는 어쨌든 이방인과 사마리아인들에게 가지 말라는 사실이 주어지는 그러한 제한을 주시는 것을 왜 감행하시는가?(참조. 행 10장; 11:1-4, 15에서 초대교회

---

16. Hill, *Matthew*, 184-45; Morna D. Hooker, "Uncomfortable Words X: 'The Prohibition of Foreign Missions(Mt. 10:5-6),'" *ExpTim* 82(1971): 364.
17. 예를 들어, 창 12:2-3; 22:18.
18. Douglas J. Moo, *The Epistle to the Romans*(NICNT; Grand Rapids: Eerdmans, 1996), 69, 139; Wayne A. Brindle, "'To the Jew First': Rhetoric, Strategy, History, or Theology," *BibSac* 159(April-June 2002): 221-33. 또한 J. Julius Scott, "Gentiles and the Ministry of Jesus: Further Observations on Matt. 10:5-6; 15:21-28," *JETS* 33(1990): 161-69을 보라.

의 반감) 아마도 예수는 자신이 하나님의 구원역사의 계획과 이스라엘에 주어진 약속을 성취하시는 메시아인가라는 그 어떤 의심도 쫓아버리기를 원하신다. 하지만 여기에는 경고도 있다. 종말론적인 수확이 시작되고 있다. 이것은 이스라엘의 기회이지만 여기서부터 이스라엘은 자신의 결정에 대한 완전한 책임이 있다.[19]

메시지와 기적(10:7-8a). 제자들의 메시지는 세례 요한과 예수가 전한 메시지와 동일하다: "천국이 가까이 왔다"(3:2; 4:17의 주석을 보라). 제자들은 예수와 동일한 권위로 나아간다(10:1)—"병든 자를 고치며 죽은 자를 살리며 나병환자를 깨끗하게 하며 귀신을 쫓아낸다." 열두 제자의 능력은 예수의 능력의 확장이며 동일한 방식으로 실행된다. 죽은 자를 일으키는 위임은 야이로의 딸을 일으킨 예수의 엄청난 이적을 상기시킨다(9:25-26).

선교를 위한 준비(10:8b-10). 제자들은 하나님 나라의 은사로 우선해서 혜택을 입은 사람들이다—그들이 믿었던 메시지에서, 불결한 영과 질병과 모든 악에 대한 권세에서(10:1), 그리고 지금 그들이 받고 있는 위임에서 말이다. 또한 그들은 이스라엘 집의 잃어버린 양에게 복음의 사역을 거저 주어야 한다: "너희가 거저 받았으니 거저 주라." 제자들은 사역하고 있는 사람들로부터 사례를 받아서는 안 된다. 그렇지 않으면 돈을 위해 일하는 사업가가 될 것이다. 예수가 은혜로 그들의 권위 있는 능력을 주시므로, 그들도 기적을 행한 것으로 대가를 취해서는 안 된다.

아울러, 예수는 제자들에게 "전대에 금이나 은이나 동을 가지지 말고 여행을 위하여 배낭이나 두 벌 옷이나 신이나 지팡이를 가지지 말라 이는 일꾼이 자기의 먹을 것 받는 것이 마땅함이라"고 말씀하신다. 예수는 이런 것들을 제자들이 소유하는 것을 금하신 것이 아니라, 선교의 긴급성과 필요를 강조하고 있다. 열두 제자는 얼마 동안 외국으로 나갈 것을 예정하고 있는 사람들처럼 당장 필요 없는 것을 꾸림으로써 시간을 낭비하지 않아야 한다.

이것을 금지한 두 가지 이유가 있다. (1) 이 선교는 갈릴리 지역을 통한 비교적 발빠른 설교 여행이다. 광범위하게 필요한 것들을 갖추는 것이 불필요하다. (2) 예수는 "일꾼이 자기의 먹을 것 받는 것이 마땅하다"고 말씀하신다. 이 짧은 선교 여행을 하는 중에 열두 제자들은 그들에게 건네지는 호의를 받아야 한다. 따라서 돈이나 과외적인 옷이나 준비물들은 필요치 않다. 그것은 그들이 사역하고 있는 사람들의 책임이다(10:10).[20] 그들이 열두 제자들의 사역에 책임이 있지는 않을

19. Kingsbury, *Matthew: Structure, Christology, Kingdom*, 22-23; Broadus, *Matthew*, 219.

지라도, 열두 제자들은 그들이 사역하는 사람들이 주는 호의를 받아야 한다(참조. 요삼 5-8절).

선교에 합당한 자(10:11-14). 열두 제자가 선교여행을 하는 동안에, "그 중에 합당한 자를 찾아내야" 한다. "가치 있는"('악시오'; 10:13에서는 "합당한")이란 용어는 높은 도덕적 종교적 신분을 갖춘 사람을 가리키는 것이 아니라 제자가 선포한 메시지에 적극적으로 반응하는 사람을 일컫는다.[21] 인사를 받는—누가는 그 인사를 "이 집이 평안할지어다"라고 말한다— 개인, 가정, 또는 도성(10:11, 12, 14)이 열두 제자가 하나님의 사자임을 인식하고 메시지를 받는다. 그런데 어떤 가정이 하나님의 메시지와 사자를 영접하지 않는다면, 그때에 선교사는 그곳을 떠날 때 발 밑에 먼지를 떨어야 한다. 이것은 이방인 지역을 떠날 때 유대인들이 사용했던 방식인데, 그들이 불결한 요소를 완전히 제거했다는 표시다(*b. Sanh.* 12a). 선교사들에게서 그것은 선교 메시지를 거부하는 자들에 대한 심판의 비유다.[22] 바울은 자신의 메시지를 거부했던 지역을 떠날 때, 이 상징을 실천했다(행 13:51).

선교를 거부하는 자들에 대한 심판(10:15). 지금까지 함축적이었던 심판의 요소가 이제 명시적이 된다: "내가 진실로 너희에게 이르노니 심판 날에 소돔과 고모라 땅이 그 성보다 견디기 쉬우리라." 복음 설교는 이스라엘에 약속이기도 하지만 위협이기도 하다. 하나님의 계시의 가중된 빛은 가중된 책임을 지운다. 예수의 사역과 제자들의 증거를 받은 자들은 이 특권에 대한 더 큰 책임이 있다(또한 11:20-24을 보라). 이 전체적인 장면은 예수의 지상사역의 기간이 단기이기 때문에 긴급함이 스며 나오고 있고, 하나님 나라의 복과 심판의 벌이 이스라엘의 결정을 기다리고 있다.

이 세상을 위한 장기 선교 지침(10:16-23)

이리 가운데 양(10:16a). 열두 제자의 선교를 거부한 이스라엘에 대한 심판의 주제가 양의 비유의 놀라운 반전으로 이끈다: "내가 너희를 보냄이 양을 이리 가운데로 보냄과 같도다." 지금까지 제자들은 양에게로 간다—즉 고생하며 기진하고 있는

---

20. Alfred Plummer, *Matthew: An Exegetical Commentary on the Gospel According to Matthew*(London: Stock, 1909), 149. 사도 바울은 나중에 이 원리를 전임기독교 사역자들의 지원을 위한 이론적 근거로 삼았다(고전 9:14; 딤전 5:18; 참조. *Did.* 13:1-2).
21. Albright and Mann, *Matthew*, 212.
22. G. E. Ladd, *A Theology of the New Testament*, 2d ed. (Grand Rapids: Eerdmans, 1993), 88.

무리들 곧 이스라엘의 잃어버린 사람들(9:36; 10:6). 하지만 이제 그들은 양으로서 이리 가운데 보내진다(참조. 눅 10:3을 보라). 이것이 왜 반전인가? 예수가 또 다른 주제를 다루고 있기 때문이다. 위임의 첫 번째 부분에서 예수는 지상사역을 하시는 동안에 이스라엘 단기 선교에 대해서 제자들에게 지침을 주셨다. 이제 그는 이 사역 이후에 전 세계로 나아가는 장기 선교에 대한 지침을 제자들에게 주신다.[23]

우리가 그것을 어떻게 알 수 있는가? (1) 예수는 말씀을 현재시제에서 미래시제로 전환하신다. 미래시제는 분명히 다른 미래의 사역임을 구분지어 준다. (2) 이 사역은 열두 제자가 삼가도록 지시를 받았던(10:5) "이방인들"에 대한 증거와 관련이 있다(10:18). 이는 대위임의 전 세계적 선교를 암시한다(20:18-20). 두 번째 항목을 통해서 예수는 제자들에게 강력한 박해를 준비시킨다. (4) 종말에 관한 예수의 메시지를 기록하고 있는 24:9-13과 마가복음 13:9-13에서 유사한 경고의 출현은 제자의 선교사역이 종말에 예수가 다시 오실 때까지 인내해야 하는 문제를 포함하고 있음을 가리킨다.

마태는 실제로 열두 제자들이 선교현장으로 갔다거나 돌아왔다거나 하는 언급을 하지 않는다. 이런 방식에서 이 위임은 이스라엘에 대한 임박한 선교와 종말 때까지 열방들에게 선교하는 지침을 포함하는 것으로 충분히 열려 있다. 이스라엘 백성들에게 열두 제자를 예수가 파송하시는 역사적 장면은 열방들에게 기독교 선교를 행하는 지침을 설명하는 사례를 제공했다.

지혜로운 뱀과 순결한 비둘기(10:16b). 양의 비유의 반전으로 예수는 제자들에게 경계하지만 순수한 것이 미래의 선교에서 필요함을 교훈하신다. 제자들은 굶주린 이리 사이에서 힘없는 양으로서 모험을 강행하지만, 위험 가운데서 그들을 경각시키는 것은 "뱀처럼 지혜롭고 비둘기처럼 순결한"(10:16)이다. 뱀은 지혜와 모략과 명철의 상징이었다(창 3:1; 시 58:5). 반면에 비둘기는 순수함을 나타냈다(호 7:11). 이것을 유지하는 것은 힘들지만 꼭 필요한 균형이다. 순수함이 없는 뱀의 지혜는 간교와 사악한 책략이다. 지혜가 없는 비둘기의 순수함은 순진하고 무기력하여 잘 속아넘어간다. 슈바이처는 "제자의 보증은 영악한 외교적 수완에 있지 않고, 참되고 가면을 쓰지 않는 삶의 순수성에 있다"[24](또한 롬 16:19을 참조하라)고 말한다.

23. Köstenberger and O'Brien, *Salvation to the Ends of the Earth*, 92-93.

24. Schweizer, *Matthew*, 240.

유대 회당에서의 채찍질(10:17). 예수의 경계는 이제 명시적이 된다: "사람들을 삼가라 그들이 너희를 공회에 넘겨주겠고 그들의 회당에서 채찍질하리라." 이 용어는 유대 종교지도자들이 선교사들을 학대하는 방식에 대한 예수의 예언적인 선언을 반영하고 있다(참조. 23:33-34). 회당은 예배를 위해서 모이는 장소만이 아니라 징계가 실행되는 재판의 장소이기도 하였다(참조. 요 9:35). 여기서 "우리"나 "너의" 회당이 아니라 "그들의" 회당이 되고 있음을 유념하라. 회당은 예수의 제자들을 적대하는 자들에게 속한다.[25]

이방인들에게 증거함(10:18-20). 예수의 미래 선교는 "너희가 나로 말미암아 총독들과 임금들 앞에 끌려가리니 이는 그들과 이방인들에게 증거가 되게 하려 하심"이다. 사도행전은 초대교회 지도자들이 먼저 유대 관리들 앞에 호출되고(행 4:1-22; 5:17; 7:12), 그 다음에 이스라엘의 통치자들 앞에(12:1-4; 21:27-23:11), 마지막으로 로마의 통치자들 앞에(14:5; 16:19-34; 17:1-9; 18:12-17; 23:24-26:32; 28:17-31) 호출된다. 이 때에 재판을 받는 과정에서 선교하는 제자들은 예수가 가져오신 복음 메시지의 진리를 통치자들에게 증거할 것이다.

미래의 선교에서 제자들은 매우 어려운 박해의 순간에도 성령이 말씀하시도록 의탁해야 한다. 성령은 예수의 생명을 발생시키고, 인도하시며, 힘을 부여하신 능력이다(1:18, 20; 3:11, 16; 4:1; 12:18, 28). 이 동일한 성령을 통해서 제자들은 증거를 주는 능력과 인도를 받을 것이다.

제자들의 박해받음과 인내(10:21-23). 박해가 유대인과 이방인 관리들만이 아니라 가까운 가족에게서도 온다: "장차 형제가 형제를, 아버지가 자식을 죽는 데에 내주며 자식들이 부모를 대적하여 죽게 하리라." 모세는 형제나 자녀들, 아내나 가까운 친구들이 우상숭배로 속이려고 하면 이 사람을 돌로 쳐죽이라고 경고하였다(신 13:6-11). 제자들이 예수를 경배하라고 외치는 것을 일부 유대인들이 백성들을 우상숭배로 인도하고 있다고 앞으로 생각할 수 있다. 결과적으로 이들은 선교하는 제자들을 박해와 죽음에 넘길 것이다.[26] 이는 예수의 신분과 메시지에 대한 비극적인 오해가 된다.

오로지 예수에게만 헌신하라는 것 때문에 가족들이 서로 밀고함으로써 제자들이 "나로 인해 모든 사람들의"(또한 24:9을 참조하라) 미움과 분노를 느끼게 될 것

---

25. 매질에 관한 더 자세한 것을 위해서는 Wilkins, "Matthew," 69을 보라.

26. D. Neale, "Was Jesus a Mesith? Public Response to Jesus and His Ministry," *TynBul* 44(1993): 89-101, 특히 94-98을 보라.

이다. 과장법의 요소가 여기에 포함되어 있지만, 이 진술은 예수의 메시지를 붙드는 데서 오는 불가피한 결과를 나타낸다. "나로 인해"(개역개정판은 "내 이름으로 말미암아")는 문자적으로는 "내 이름으로 말미암아"다. 이는 이스라엘의 예배와 충성의 유일한 초점으로서 하나님의 위격을 대표하며, 구약성경에 하나님의 이름의 의미를 상기시키는 중요한 기독론적 표현을 담고 있다(예. 출 3:15; 6:3; 9:16; 20:7). 예수의 제자들은 예수의 이름을 담지하는 특권이 있으나 고통도 함께 갖게 될 것이다. 예수에게 향하는 미움이 제자들에게 자연스럽게 떨어질 것이기 때문이다(참조. 요 15:21; 딤후 3:12; 벧전 4:13-14).

하지만 예수는 "끝까지 견디는 자는 구원을 얻으리라"고 약속하신다(또한 24:13을 보라). 이 진술로 예수는 박해의 증가에도 불구하고 인간의 미움이 제자들을 이기지 못한다는 커다란 확신을 주신다. "견디는"에는 능동적인 저항을 포함하지만, 심한 박해가 있는 어떤 환경에서도 굴하지 않는 의지로 참아내는 것을 뜻한다. 끝까지 견디는 자는 예수가 올 때, 세상이 끝날 때, 구원을 얻게 된다.

여기서 "구원 얻다"는 죽음에서의 구원을 의미하지 않는다. 많은 크리스천들이 순교를 당했다. 오히려 예수는 구체적인 약속과 보증의 조언을 하신다. 그의 '약속'은 끝까지 그의 이름에 헌신한 사람들은 박해로 소멸하지 않고 온전한 복과 하나님 나라의 구원의 평화를 경험하게 될 것이다. 보증의 '조언'은 예수에 대한 제자들의 실제 헌신의 증거가 끝까지 견디느냐에 달려 있다는 것이다. 성령을 통해 예수는 어떤 어려움이 오든지 간에 견뎌내는 자원을 제공하실 것이다(10:19-20); 사실상 예수 자신도 끝까지 제자들과 함께 있을 것이다(28:10).

"끝까지"라는 언급과 함께(10:22) 예수는 놀라운 진술이 들어 있는 선교 위임의 예언적인 양상을 절정에 이르게 하신다: "내가 진실로 너희에게 이르노니 인자가 오기 전에 이스라엘의 성을 네가 다 다니지 못하리라"("내가 진실로 너희에게 이르노니 이스라엘의 모든 동네를 다 다니지 못하여서 인자가 오리라"—개역개정). 이것은 성경에서 가장 의문시되는 구절 중에 하나다. "인자가 오기 전에"는 이 문맥에서 무엇을 의미하는가?[27] 혹자는 제자들이 첫 번째 팔레스타인 선교에서 또는 그의 부활에서 또는 오순절에서, 또는 A.D. 70년에 예루살렘의 파괴 시에 인자의 마지막 오심을 목격할 것을 예수가 제자들에게 약속하고 있다고 주장한다.[28] 또 다

---

27. Ben Witherington III, *Jesus, Paul, and the End of the Wolrd: A Comparative Study in New Testament Eschatology*(Downers Grove, 1Il.: InterVarsity Press, 1992), 39-42.

른 사람들은 이 약속이 종말에 인자의 오심과 연관되어 있다고 제기한다.

후자가 더 넓은 문맥에서 적합하다. 유대인들이 구원과 심판의 우선권(10:6)을 갖지만, 그 심판은 하나님의 종말론적인 약속에서 그들을 영구적으로 배제하지는 않는다. 다가올 열방들에 대한 선교는 유대인과 이방인을 포함한다(28:18-20의 주석을 보라). 예수가 궁극적인 구원에 대하여 선교하는 제자들에게 위로를 주실 때(10:22), 그는 이스라엘을 버리지 않을 것을 경고하신다. 한 도성에서 박해를 당할 때, 제자들은 다른 도성으로 도망해야 한다. 이스라엘에 대한 선교는 인자가 오시기 전에는 끝나지 않을 것이기 때문이다.

다시 말해서 재림 때까지 이방인에 대한 선교와 더불어 이스라엘에 대한 선교를 계속 해야 한다.[29] 이스라엘의 굳은 마음에도 불구하고 하나님은 이스라엘에 대한 언약의 약속에 신실하시다. 선교하는 제자들은 박해와 가족의 소외 그리고 추방에도 불구하고 모든 이들에게 복음을 전파하는 소명에 충실해야 한다. 이것은 예수의 사역에서 유대인들과 마태복음을 듣고 있는 사람들에게 강력한 변호가 된다: 하나님은 언약의 약속을 버리시지 않았다. 그것은 하나의 도전이며, 모든 백성—유대인과 이방인—에게 복음의 메시지를 끝까지 인내하며 전하라는 선교하는 제자들에 대한 진지한 소명이다.

선교하는 제자들의 특징(10:24-42)

예수의 선교 명령은 예수의 지상사역 동안에 제자들에 대한 지침(10:5-15)과 종말에 예수의 재림 때까지 전 세계적인 선교를 하는 사도/제자들에 대한 지침(10:16-23)을 포함한다. 이 마지막 항목은 제자들이 세상에서 예수의 선교를 행할 때 지침이 되는 제자도의 특징을 전달한다.

선교에서 제자와 선생(10:24-25). 이 항목은 아주 중요한 언설로 시작한다: "제자가 그 선생 같고 종이 그 상전 같으면 족하도다." "학생"("제자"—개역개정)은 '마데테스' 다. 이는 "제자"와 공통된 단어다. 제자의 궁극적인 목표는 선생처럼 되는 것이다—유대교와 그리스 로마 세계에서 선생-제자 관계의 일반적인 원리. 제

28. 이 견해와 다른 견해에 관한 논의를 위해서는 Carson, "Matthew," 250-53을 보라. 그는 다른 견해를 지지한다.

29. Blomberg, *Matthew*, 176; Davies and Allison, *Matthew*, 2:189-90. 또한 Gundry, *Matthew*, 194을 보라. 하지만 그는 그 말의 확실성을 의심한다.

자도의 이런 일반적인 원리는 선생과 주인으로서 예수와의 관계에도 적용된다. 예수의 제자들은 예수의 권위를 받았기에 그의 메시지와 능력으로 나아간다(10:1, 7-8). 예수가 종교지도자들에게서 받기 시작하고 있는 학대는 다가올 선교에서 제자들의 몫이 될 것이다.

바리새인들은 사탄의 다른 이름인 "귀신의 왕"(9:34)을 의지하여 귀신을 내쫓는다고 예수를 참소하였다. 그 귀신의 왕의 신분이 "바알 세붑"[30]—또는 더 좋게는 "집주인"('오이코데스포테스')에 대한 예수의 언어유희가 나타내는 것처럼 "바알 세불"("집주인"을 의미한다)—으로 드러난다: "집 주인을 바알 세불이라 하였거든 하물며 그 집사람들이랴." 바알 세붑이라는 용어는 대체로 바알 사마임(Baal Shamayim)과 함께 하는 악한 영들의 대장의 신원에서 나온다. 안티오커스 에피파네스 4세는 성전에서 이 바알 사마임의 예배를 제정했다.[31] 예수가 사탄과 동맹하여 사역을 하고 있다고 하는 참소는 자연이 제자들에게도 제기될 것이다.

두려워하지 않는 제자들(10:26-31). 예수에 대한 참소가 거짓이고 근거가 없는 것이기 때문에, "그들을 두려워하지 않아야" 한다. 그때에 예수는 제자들이 두려워하지 않아야 할 세 가지 이유를 주신다. (1) 예수의 사역에 대한 진실이 밝혀질 것이다: "감추인 것이 드러나지 않을 것이 없고 숨은 것이 알려지지 않을 것이 없느니라." 종교지도자들의 모사로 실행되고 있는 예수의 사역에 대한 잘못된 반대는 거짓으로 드러날 것이다.

예수의 참된 정체성과 사명이 드러날 때 천박한 오해와 사악한 반대가 나타나리라는 것을 예수는 역시 알고 있다. 무리들이 그의 정체성과 사명을 오해하고 그것이 종교지도자들에 대한 위협이 될 것이기 때문이다(8:4; 9:30의 주석을 보라). 하지만 사람이 자기 집의 지붕 위로 올라가서 도성에 대고 외치는 것처럼, 비밀스런 메시지를 공개적으로 알릴 때가 다가오고 있다.

(2) 선교하는 제자들이 두려워하지 않아야 할 그 다음 이유는 그들이 영원한 운명을 확보하고 있기 때문이다. 세상 끝날까지 선교에 헌신하라는 소박한 소명은 박해가 심지어 생명의 상실이라는 냉엄한 현실을 맞을 수도 있다(10:21). 따라서 예수는 제자들이 두려워하지 않아야 할 이유를 재확증하신다: "몸은 죽여도 영혼은 능히 죽이지 못하는 자들을 두려워하지 말고." 이것은 박해에 직면하여 용기를

30. 히브리 사람에게서 "곤충의 제왕"을 의미하는 바알 세붑(Baal Zebub); 또한 12:24, 27을 참조하라.
31. Neusner and Green, "Beelzebul," *DJBP*, 84.

북돋는 말이다. 예수의 제자들은 두려움으로 인해 사명을 버릴 수 있기에 그들에게 어떤 일을 행하는 자보다 우위를 점하여야 한다. 지옥이 가까이 있다(10:28). 예수를 메시아로 고백하는 것을 두려워하는 자는 육체적 죽음보다 훨씬 더 커다란 심판의 위엄에 직면할 것이다. 따라서 사명을 이루는 것은 아버지의 복을 받는 것이다(10:32). 예수의 말씀은 위로와 용기를 가져다준다. 인간들이 제자들에게 행할 수 있는 것은 한계가 있다. 제자들이 끝까지 참아내면 보상을 받을 것이지만, 복음 메시지의 진리에 충성하지 못하면 궁극적인 정죄에 직면하게 될 것이다.

(3) 10:29-31이 증거하는 것처럼, 제자들은 그들의 삶에 대한 하나님 아버지의 준엄한 주권적인 감독이 있기 때문에 이 세상의 선교를 시작할 때 두려워해서는 안 된다. "참새"는 잘 알려진 미물이고 앗시리온('아사리온')은 로마에서 가장 가치가 적은 동전이다(참조. 5:26에 '커드란스'). 하늘 아버지가 이런 하찮은 미물에도 끊임없는 주권적 관심을 기울이신다면, 선교하는 제자의 작은 부분, 심지어 머리털까지도 다 세시는 분이 그들을 돌보실 것이다. 하늘 아버지가 사랑하는 아들을 보낸 것은 제자들임으로(3:17), 절대적인 보호를 이들에게 확실히 행하실 것이다. 박해가 올 때, 두려워 말라. 하나님이 아시고 제어하신다.

공개적으로 예수의 주권을 인정하라(10:32–33). 예수와 하나님의 선교에 대한 제자들의 헌신에 대한 검증은 박해가 올 때에 나타난다. 박해를 피하는 손쉬운 방법은 예수의 제자가 아니라고 부인하는 것이다. 하지만 참된 제자들은 죽음을 두려워하지 않으므로(10:28), 예수를 자신의 주인으로(10:24-25), 하나님으로, 하늘 아버지의 아들로(10:32) 공개적으로 인정하거나 고백할 것이다. 예수에 대한 공개적인 제자도는 영원을 가져올 것이다. 예수도 하나님 아버지께 그 사람을 인정할 것이기 때문이다. 이는 예수와 아버지가 누리는 특별한 관계의 또 다른 진술이다(참조. 7:21). 하지만 예수를 공적으로 부인함으로써 박해를 피하려는 제자들은 자신이 참된 제자가 아니요, 예수를 자신의 주인이요 하나님으로 공적으로 고백하지 않았다는 것을 드러낸다. 그러한 부인은 하늘 아버지에 의해 영원한 거부를 낳을 것이다.

가정에서 예수의 주권에 대한 충성(10:34–39). 우리는 여기서 예수가 "오신 것"에 대한 또 다른 이유의 진술을 듣게 된다.[32] 제자도의 공적인 본질은 제자들의 고백을 검증하고, 제자도의 사적인 본질은 예수에 대한 절대적인 충성을 검증할 것

32. Carter, "Jesus' 'I have come' Statements in Matthew's Gospel," 44-62.

이다. 후자의 검증은 가정에서 있게 된다. 무엇보다도 예수에 대한 고백은 가정의 구성원들을 나눈다: "사람이 그 아버지와, 딸이 어머니와, 며느리가 시어머니와 불화하게 하려 함이니." 이것은 예수가 단순히 현 상태를 완화하기 위해서 오시지 않았다는 것을 보이는, 1세기 유대교의 사회적 환경에서 예수의 급진적인 언설 중 하나다.

10:34에서 "검"은 비유적인 검이다. 겟세마네 동산에서 자신을 보호하기 위해서 실제로 검을 든 사람을 책망하신 것이 이를 입증해준다(26:52). 검은 하나님의 심판의 은유가 될 수 있고(시 7:12), 여기서처럼 한 가족일지라도 믿는 사람과 믿지 않는 사람간에 분리의 은유가 될 수 있다. 이전에 예수는 선교사역에 대한 반대가 제자의 가장 가까운 가족 구성원들로부터 올 수 있다는 것을 알리셨다(10:21-23의 주석을 보라). 그러므로 예수의 메시아 신분과 권위에 대한 권리는 가족을 포함하여 사람들 사이에 분열을 야기할 수 있다. 예수를 믿느냐 믿지 않느냐다. 중간지대는 없다. 예수 자신의 가족도 그의 진정한 정체성과 사명을 인식하기 전에는 예수를 반대했다(13:53-58; 막 3:21; 요 7:3-5). 따라서 주인처럼 예수의 제자들도 가족 구성원들이 예수의 사명을 실천하는 것을 막으려 할 때 한 가정에서 분열이 일어나는 것을 예상할 수 있다.

아울러 예수에 대한 제자도는 제자들의 삶에서 예수의 주권을 제한하지 않는 것을 의미한다: "아버지나 어머니를 나보다 더 사랑하는 자는 내게 합당하지 아니하고 아들이나 딸을 나보다 더 사랑하는 자도 내게 합당하지 아니하며." "합당한"('악시오스', 10:11의 주석을 보라)이란 표현을 다시 언급하시면서 예수는 제자도의 형태가 부모나 자녀들보다 우선되는 궁극적인 주권, 즉 가장 존경받는 랍비도 요구하지 않았던 것을 드리는 것을 요청함을 말씀하신다. 이것은 예수의 신성에 대한 암묵적인 선언이다. 오직 하나님만이 인간의 아버지와 어머니보다 더 귀한 존경의 자리에 둘 수 있기 때문이다. 이에 대한 선례를 레위족에 대한 모세의 칭찬에서 발견할 수 있다.

> 그는 그의 부모에 대하여 이르기를 내가 그들을 보지 못하였다 하며 그의 형제들을 인정하지 아니하며 그의 자녀를 알지 아니한 것은 주의 말씀을 준행하고 주의 언약을 지킴으로 말미암음이로다(신 33:9-10).

가족에 올바른 우선순위를 주는 것은 먼저 하나님께 순종할 때다. 그때에야 아버지와 어머니 아들과 딸을 올바르게 존귀케 할 수 있다. 이스라엘에서 가족에 대한 사랑이 하나님에 대한 헌신을 대체하는 경향이 종종 있었다(8:21-22의 주석을 보라). 여기서 예수는 가장 사랑하는 사람이라도 하나님으로서 예수에게 우선권을 주는 소명에 일치하여야 함을 말씀하신다.[33] 십자가가 아들의 삶에 대한 하나님 아버지의 뜻이었던 것과 동일한 방식으로 자신의 십자가를 지는 것은 생명을 다해 하나님 아버지의 뜻을 짊어지는 것을 의미하는 은유다. 생명을 다해 하나님 아버지의 뜻을 짊어지는 것은 예수의 제자로서 참된 생명을 얻게 될 것이다(16:24-26의 주석을 보라).

선교하는 제자를 영접하는 자의 상(10:40-42). 예수는 선교사들이 예수의 메시지와 권위를 갖고 나아가기 때문에(10:1, 7) 선교가 자신이 하는 일임을 반복하여 말씀하심으로써 선교에 대한 강화(講話)를 결론짓는다. 예수는 전반적으로 이 강화의 대상이었던 제자/사도들에게 직접적으로 말씀하신다: "너희를 영접하는 자는 나를 영접하는 것이요 나를 영접하는 자는 나를 보내신 이를 영접하는 것이니라." 선교하는 제자들은 열두 제자를 포함하여(10:5-15), 인자가 오실 때까지 모든 미래의 제자들을 포함한다(10:16-23, 24-25). 선교하는 제자들은 예수의 권위와 메시지로 나아감으로써 그들을 영접하는 자들은 예수를 영접하는 것이다. 이것은 "선지자", "의인", 그리고 "작은 자"를 포함한다.

"선지자"와 "의인"은 다른 곳에서도 서로 연결되어 있다(13:17; 23:29). 여기서 그들은 그리스도인 예언자(참조. 23:34)와 의로운 자(참조. 13:43, 49; 25:37, 46)를 일컫는다. 이 구분은 상호 배타적이지 않다. "선지자"는 하나님에 대해 말하는 사람을 일컫는다(참조. 5:10-12; 7:15-23), "의로운 자"는 예수를 순종함으로 천국의 의를 갖고 있는 사람들의 포괄적인 범주를 말한다. 여기에는 하나님의 은혜로운 구속의 도래를 믿음으로 고대했던 이전 세대의 의로운 사람들도 포함한다(참조. 롬 4:1-25). 이 "선지자"와 "의인"을 영접하는 것은 하나님 나라의 예수의 복음을 받아 그 권위에 따라 삶으로서 인생의 가장 커다란 보상—하나님 나라의 구원과 하나님 나라의 삶—을 받는 것을 의미한다. 선지자와 의인은 천국에 들어가는 보상으로 이미 복을 받았고, 그들의 커다란 특권은 다른 이들과 그 복을 나누는 것이다(참조. 5:12).

박해를 경험하며 희생하는 선교하는 제자들을 영접하는 자에 대한 보상과 관련

---

33. Hellerman, *The Ancient Church As Family*, 20-21.

한 문맥은 종말론적인 강화에서 의미 있게 다시 나타나는 주제인 "작은 자"를 대접하는 자에 대한 보상과 혼합되어 있다(참조. 25:31-46). "작은 자"는 어려움 가운데 있는 제자들을 명시적으로 가리키고, 자주 보호에서 배제되고 있는 자임을 강조한다. 관심이 주로 제자 공동체의 유명한 사람들에게 주어지기 때문이다. 이것은 누가 천국에서 가장 위대하냐는 논쟁이 벌어졌을 때 예수가 제자들에게 주었던 훈계와 일치한다(18:1). 예수는 그 장면에서 어린 아이와 같이 될 것을 조언하셨다. 예수의 이름으로 어린 아이를 영접하는 것은 예수를 영접하는 것과 같기 때문이다(18:2-5).

이것은 교회에서 가난한 자들을 천대하고 부자를 더 대우하는 일을 보이는 교회를 야고보가 책망하고 있는 것과도 일치한다(참조. 약 2:1). 따라서 예수는 신자들이 서로를 돌보아야 하지만, 특히 그들 가운데 빈약하고 작은 자, 무엇보다도 가난하지만 예수의 선교에 절대적으로 헌신을 하는 사람들을 보살펴야 함을 확증한다.

상황잇기

이 복음서의 예수의 두 번째 강화에서 마태는 제자들이 순종하도록 가르치라는 예수의 명령(28:20)의 또 다른 중요한 집합을 제공한다. 산상수훈에서(5-7장), 예수는 모든 일상생활에서 "하나님 나라의 생명"을 가진 제자로서의 삶을 특징짓는 원리들을 설명하셨다. 선교 강화라는 이 두 번째 강화는 "선교하는 제자"가 의미하는 바를 전개한다. 예수의 제자들은 이방인과 적대적인 세계에서조차도 하나님 나라의 복음의 메시지를 나누며 살기 위해서 나아가야 한다. 네 가지 주요한 주제가 여기서 부상한다.

선교. 첫 번째는 "선교"다.[34] 이것은 몇 가지 중요한 특징들을 포함한다.

1. 예수는 구속의 구원 역사적인 선교를 전개하신다. 제자들은 하나님의 언약적 약속을 실현하기 위해서 이스라엘에 먼저 나아가고(10:6), 그 다음에 이방인에게 나아가야 한다(10:18). 제자들은 예수가 다시 올 때까지 온 세대를 통해서 유대인과 이방인에 대한 양면 선교를 해야 한다(10:23). 선교하는 제자들

---

34. 참조. Köstenberger and O'Brien, *Salvation to the Ends of the Earth*, 87-109; Donald Senior and Carroll Stuhlmueller, *The Biblical Foundations for Mission*(Maryknoll, N.Y.: Orbis, 1983), 250-51.

은 각각의 국면에 맞게 적절하게 구비되어야 한다. 예수의 역사적 사역 동안에 이스라엘에 대한 긴급한 선교는 그 배경에 맞는 독특한 준비가 필요했다(참조. 10:5-15). 그것은 후대에 전 세계적인 선교에 확실한 적용을 할 수 있도록 현명하게 평가되어야 한다(10:16-42).

2. 제자들은 예수의 선교를 특징지었던 동일한 권위 있는 메시지와 능력으로 나아간다(10:1-8).
3. 선교에 대한 책임이 제자들에게 주어지고 있기 때문에, 이 선교는 모든 신자들의 책임이다(10:24, 40-42). 선교는 특별한 범주의 사람에게만 해당되지 않는다. 선교는 세상에 대한 공적인 고백으로(10:32-33) 가정에 대한 사적인 헌신으로 나타난다(10:34-39).
4. 예수처럼, 제자들은 유대인들과 이방인들 심지어 가장 가까운 가족과 친구들에게서조차도(10:24-25) 박해와 반대를 예상할 수 있다(10:17-21). 예수는 세상과 제자들을 나누어놓는 구분선이시다(10:22).
5. 제자들의 능력과 인도의 근원은 성령이시고(10:19-20), 보호와 제어의 근원은 하나님 아버지의 주권적인 뜻이시다(10:28-33). 그러므로 제자들은 두려워하지 않아야 한다(10:26-27).
6. 선교는 공동체의 이슈다. 영접하는 자는 메시지를 전하고 있는 사람의 보상을 공유한다(10:40-42).
7. 선교는 하나님의 능력을 선포하고 증거할 뿐 아니라, 가난한 자들의 돌봄을 포함한다(10:42).
8. 선교는 영적인 변화를 포함한다. 제자들이 점차적으로 예수를 닮아갈 수 있도록 제자들의 삶에서 예수의 구심성은 선교의 가장 왕성한 특징이다(10:24).
9. 이 모든 이슈들은 예수의 제자들이 담대하고 효과 있게 선교를 감당할 수 있도록 예수의 제자들을 준비시키고 구비시킨다. 마태는 이 복음서를 쓴 전반적인 목적을 이해하는 열쇠가 되는 대위임의 선교(28:18-20)로 이 복음서를 결론짓는다.

배타주의와 보편주의. 마태복음을 연구하는 일에서 잘 알려진 난제 중의 하나는 예수가 이스라엘의 잃어버린 양에게만 선교할 것을 강조한 배타주의적인 의미(10:6; 15:24)와 예수가 모든 민족에 대한 선교를 강조하는 보편주의적인 의미간에 긴장을 어떻게 이해하느냐는 것이다. 예수는 부활 이후까지는 보편적인 선교에 대한 공공연한 선언을 유보하셨다. 하지만 마태복음은 전체에 걸쳐서 이런 날이 올 것을 암시한다. 이것이 예수가 갖고 있는 이 땅에서의 구원역사의 경륜이며 마태는 이것을 유대 친족들과 유대 기독교인 공동체에 대한 변증의 메시지를 위해서 강조한다(10:6의 주석을 보라).[35] 이스라엘 선교와 열방 선교의 이중적인 전망은 모든 제자들에게 현재의 보편적인 책임을 가르친다.

마태의 배타주의적인 주제를 너무 강조하는 것은 우리를 인종적인 편견으로 이끌 것이고, 보편주의적인 주제를 너무 강조하는 것은 인종적인 반셈족주의로 이끌 것이다. 하나님의 구원 역사의 계획을 인식할 때, 적절한 균형을 발견할 수 있다—먼저는 유대인에게요 그 다음에 열방들에게다. 이스라엘에게만 관심을 기울이라는 제자들에 대한 예수의 훈계(10:6)는 언약의 약속에 대한 하나님의 신실하심을 강조하지만 이방인들에 대한 증거를 함축함으로써(10:18), 이 선교는 모든 인류에 대한 구원의 목적을 이룬다. 아울러 예수는 인자가 올 때까지 이스라엘에 대한 구원계획은 끝나지 않을 것임을 뒤이어 선포하심으로 이 균형을 강조하신다(10:23).

제자도. 선교강화의 또 다른 강조는 제자도다. 마태는 권위(10:1), 메시지(10:1), 활동(10:7-8), 선교(10:18), 고난(10:18, 24-25, 38), 고백(10:32), 영접(10:40)을 포함하는 예수와 제자들 사이에 논쟁할 수 없는 유대관계가 있음을 강조했다. 열둘은 온 세대를 통한 제자들이 예수와 향유하는 관계를 대표하기 때문에(28:16-20을 보라), 이 강화의 무한한 역사적 본질은 우리 자신의 선교에 구체적인 모범을 제공한다.

하지만 위에서 주목한 것처럼, 예수의 지상 사역 동안에 이스라엘에 대한 열둘의 긴급한 선교(예. 10:5-15)는 보증할 수 없는 적용을 하지 않도록 역사적으로 이해해야 한다. 이 강화는 예수의 제자들이 선교에 참여하는 것을 이해하게 하고, 예수를 닮는 것으로 항상 변화됨으로써 인생의 요구를 충족할 수 있게 만든다. 제자도는 인생에 대한 하나님의 뜻을 상징하는 십자가를 짊어짐으로써 그리고 이 땅에 있는 동안에 모든 상황에서 예수를 따름으로써 시작된다. 선교하는 제자들의 특징을 설명하고 있는 이 확장된 항목은 이 두 주제를 함께 가져온다. 예수가 분명하게 제정하신 제자도의 형태는 제자도와 선교를 연관시킨다—모든 신자들은 제자/선교사이며, 세상에 대한 선교를 실행할 때 각 역할이 다른 역할에 영향을 준다.

박해와 고난. 박해와 고난은 예수의 삶에서 그러했던 것처럼 제자도와 선교의 보

35. John P Meier, "Salvation-History in Matthew: In Search of a Starting Point," *CBQ* 37(1975): 203-15.

편적인 양상이다(10:24-25). 몇 가지 요지가 박해와 고난에 관한 예수의 관점을 알 수 있게 만든다.

1. 박해를 참아내느냐가 그 사람이 영원한 의미를 갖는 제자냐 아니냐를 근본적으로 결정한다(10:32-34).
2. 박해는 거부, 소외, 미움 그리고 궁극적으로 순교를 당하는 것을 포함한다(10:21-22, 28, 38-39).
3. 박해와 고난의 심각성이 예수에 대한 충성을 제한할 수 없다. 예수는 어떤 다른 관계성보다도 자신이 우선됨을 경고하신다. 어떤 박해의 두려움이라도 그에 대한 충성을 부인하게 할 수 없다. 제자들은 오직 몸만을 죽이는 자를 두려워할 것이 아니라 몸과 영혼을 지옥에 멸하실 수 있는 분을 두려워해야 한다(10:28). 이 땅에서 예수를 부인함은 천국에서 하늘 아버지로부터 거부를 당하게 될 것이다(10:33).
4. 예수의 제자들은 중상모략을 당하고, 그들의 메시지와 특징을 거짓되게 퍼뜨림을 당할 수 있음을 예상할 수 있다. 예수도 이와 동일한 일을 겪으셨기 때문이다(10:25). 그러나 이런 파괴적인 박해를 두려워하지 말라. 결국에 사실이 드러날 것이기 때문이다(10:26).
5. 아주 중요한 것은 박해를 당하는 동안에 성령이 그 모든 상황에서 올바른 증거의 말을 할 수 있도록 능력과 지침을 주신다(10:19-20). 하나님 아버지가 모든 상황에 대한 주권적인 지배를 행하신다. 선교하는 제자들은 박해가 하나님의 제어하심 하에 있음을 알고 두려워하지 않아야 한다(10:29-31).

현대적 의미

텔레비전 뉴스 앵커인 톰 브로카오는 베스트셀러인 『가장 위대한 세대』(*The Greatest Generation*)라는 좋은 책을 썼다.[36] 그것은 대공항 시대에 성장했던 세대에 관한 이야기의 모음집이다. 그들은 세계2차대전을 전선에서 싸움으로써 세계를 구하려는 삶을 보여주었고, 그 뒤에는 즉시 본국과 이전의 적국의 정치적 경제적 제도를 재건하는 불굴의 책임을 취하였다.

브로카오가 밝히려고 했던 가장 중요한 주제 중 하나는 이 도전에 맞서기 위해

36. Tom Brokaw, *The Greatest Generation* (New York: Random House, 1998).

서 참여했던 이들이 평범한 사람이라는 사실이다. 이 위대한 세대를 형성한 것은 엘리트 집단이 아니었다. 그들은 어떤 재능이 있든 간에 조국에 봉사하기 위해서 소명에 응답했던 평범한 남녀들이다. 어떤 이는 전선에서 적군과 싸웠고, 또 어떤 이는 후방에서 부상당한 이들의 건강을 치료하는 일을 도왔다. 어떤 영웅은 영광의 메달을 겸손하게 받았는가 하면, 또 어떤 이는 알려지지 않은 곳에서 조용히 봉사했다. 세계2차대전에서 연합군의 승리와 무너진 세계를 재건함은 전(全) 세대의 온전한 동력이 없었다면 쉽게 이루어지지 않았을 것이다.

우리가 열두 제자들의 예수 선교에 대한 이야기를 읽을 때, 교회의 위대한 세대로 그들을 역시 생각할 수 있다. 그들은 로마 제국의 점령 하의 고난에서 부름을 받았다. 그들은 검과 마차가 아니라 천국의 도래에 대한 좋은 소식과 변화의 메시지로 전쟁에서 싸웠다. 그들은 교회의 기초를 놓기 위해서 나아갔고, 대부분이 주 예수의 이름으로 순교했다.

마찬가지로 성경은, 그것이 육과 피의 전쟁은 아닐지라도 전쟁의 용어를 사용하여 제자도를 이야기한다(예. 엡 6:10-20; 참조. 딤전 2:18). 그리스도인은 이방과 적대적인 세계에서 하나님의 나라를 발전시키기 위해서 부름을 받은 사람들이다. 우리는 예수 그리스도의 몸인 교회다. 어떤 이의 봉사는 공적이고 외적인 영예를 받지만 또 어떤 이는 아무도 모르게 겸손하게 자신의 봉사를 행한다. 그러나 모든 신자들이 각기 이 세상에서 교회의 적절한 기능을 행하는데 매우 필요하다.

마틴과 그라시아 번함은 평범한 사람들이다. 그들은 1986년에 필리핀의 '새부족 선교회'(New Tribes Mission)의 선교사로서 봉사하는 일을 시작했다. 그곳에서 그들은 세 자녀를 키웠다. 마틴은 선교사인 부모들과 함께 필리핀에서 성장했고, 그는 전 생애를 선교하는 항공비행사가 되기를 소원했다. 그와 그라시아는 다른 선교사들과 필리핀 사람들에 대한 봉사와 사랑의 모범이었다.

그들은 열여덟 번째 결혼 기념일을 팔라완 섬의 도스 팔마스 리조트에서 기념하고 있었던 2001년 5월 27일에 필리핀 반군 테러리스트인 아부 샤얍 무리들에 의해 납치되었다. 그들은 376일을 바실란과 민다나오 정글에서 억류되었다. 필리핀 군인들이 그들을 구출하려고 시도했을 때, 그라시아는 심한 부상을 입었고, 마틴은 죽임을 당하였다.

그들은 포로로 있는 동안에 그들에게 보내졌던 음식들을 그들을 납치한 자들과 나누었고, 반군의 무슬림 신앙을 도전하면서 그들에게 복음도 나누었었다.

그라시아가 캔자스의 로스 힐에 있는 가족과 자녀들을 만난 후에 "억류되어 있던 모든 날에 하나님이 우리에게 매우 선하셨습니다. 마틴은 다른 억류자들에게 힘을 주었습니다. 그는 좋은 사람이었고, 하나님의 은혜로 먼저 하나님 품으로 갔습니다"라고 말했다. '새부족 선교회'의 사무총장인 단 저먼은 마틴과 그라시아에 대해 이렇게 말했다. "이들은 하나님을 사랑했던 사람들입니다. 이들은 선교 현장에 마지못해서 가지 않았습니다. 그들은 그 일을 기쁘게 받아들였습니다. 그들의 눈이 하나님에게 고정되어 있었기 때문입니다. 그런 의미에서 그들은 현대의 영웅입니다."[37]

마틴과 그라시아는 이 세상에서 우리 모든 이들의 모범이다. 예수의 선교 강화는 제자로 부름 받았음을 용기 있게 말하는 모든 이들에게 해당된다. 언젠가 마틴은 "저는 필리핀으로 부름을 받거나 선교사로 부름을 받은 것이 아니라 그리스도를 섬기라고 부름을 받았습니다"라고 말했다. 그는 정말 그리스도를 섬겼다—우리도 역시 하나님의 은혜로 그리할 수 있다. 그런 의미에서 교회의 모든 세대는 가장 위대한 일을 행하도록 부름을 받았다. 그 일이 우리 모든 제자들이 해야할 일이 아니라면, 잃어버린 사람들의 마음과 영혼에 대한 전쟁은 상실하고 말 것이다.

선교지향적인 제자도. '모든 제자는 선교사다.' 우리들은 "응, 이 일이 나와 무슨 상관이 있는 거야? 이들은 열두 제자들이잖아. 나는 그들과는 다르다"라고 말함으로써 선교강화와 같은 구절을 피하려고 하는 경향이 있다. 하지만 그 말씀이 열두 제자들의 역사적인 사역에서 그들을 위한 특별한 의미를 갖지만, 모든 시대에 제자들을 위해서도 직접적인 관계가 있다. 예수가 열두 제자들을 그에게로 부르시고 권위를 주실 때(10:1), 우리 모두도 '제자'로 열두 제자들과 동일시해야 한다. 자신을 크리스천이라고 칭한다면, 우리는 예수의 제자들이고(참조. 5:1-2; 28:18-20), 이 구절은 선교 활동이 예수에 대한 우리의 제자됨의 필수적인 요소임을 알려준다. 하나님의 권위와 목적은 변하지 않는다. 따라서 이 강화에서 요약된 원리가 원 제자들에게 해당했던 것처럼 오늘날 우리에게도 상관이 있다.

'모든 제자는 선교사이지만 모든 선교사들이 해외로 나가지는 않는다.' 동등하게 중요한 것은 예수의 제자들 모두가 집을 떠나 선교 여행을 한 선교사는 아니라는 사실이다. 예수의 시대에도 그의 제자들 중 많은 이들이 예수를 주변에서 따르거나 선교여행에 동참하지는 않았다. 귀신들렸던 거라사인은 예수와 함께 있기를 원했지만 고향사람들에게 예수가 행하신 것을 알리기 위해서 고향으로 보냄을 받았다(눅

37. Ted Olsen, "Special Report," *Christianity Today* 46/8(July 8, 2002): 18-22. 새부족선교회(The New Tribes Mission) 웹사이트(www.ntm.org/connect/burnham/update.shtml)는 더 자세한 정보와 배경을 전해준다.

8:38-39). 우리는 아리마대 요셉이나 니고데모가 예루살렘이나 자신의 거주지를 떠났다는 증거를 갖지 못하지만, 그들이 예수의 제자였으며 중요한 순간에 예수에게 장사할 곳을 제공하는 일로 쓰임 받았다(마 27:57-61; 요 19:38-42). 다비다라는 여성은 고향을 떠나지는 않았지만, 봉사의 행위로 죽음에서 다시 살아난 기적으로 전 지역에 영향을 미치는 하나님의 종이 되었다(행 9:36-43).

우리 모두가 전임 사역자가 될 수는 없을지라도, 모든 제자들이 어떤 형태로든 선교에 참여하도록 부름을 받고 있음이 분명하다. 우리가 선교에 직접적으로 참여하든 후원하는 역할을 하든 간에 보상은 동일하다(10:41-42). 선교에 어떻게 참여하느냐에 대한 구체적인 사항들은 자신의 은사와 능력에 맞게 조정되어야 하지만 예수의 제자들은 복음 메시지를 세상에 전하는 것이 제자됨의 필수적인 요소라는 사실을 알게 된다.

'세계 선교의 후원은 모든 제자들의 책임이다.' 초대교회의 전도와 교육 사역의 많은 부분이 여행하며 선교하는 선교사들에 의해 수행되었다. 그들은 생계를 다양한 교회를 섬기며 방문했던 교회 구성원들의 환대와 선물에 의존했다. 이 일의 두드러진 예는 가이오다. 그는 환대하는 일에 특히 신실했다(요삼 6절). 여행하면 선교하는 많은 선교사들이 요한의 교회에서 가이오의 환대를 받았다. 요한은 이런 가이오의 환대를 칭찬하고 그가 계속 그 일을 행할 것을 격려한다. 선교사들이 회심하지 않은 자들의 도움을 받을 수는 없다. 그러한 사람들의 도움을 받는 것은 복음을 파는 자의 모양을 띄게 되고, 선교사를 봉사에 대한 사례를 요구했던 다양한 대중 철학자와 종교 전파자들로 축소시키는 일이 될 것이다.

이것은 직접 선교사역의 일을 행하지 않더라도 교회의 선교 사역을 후원하는 책임이 우리에게 있다는 사실을 말해준다. 우리가 집에 머물지만 가는 선교사들을 지원할 때, 이 선교사들과 우리는 동료 사역자가 되는 것이다(요삼 8절). 하나님은 우리 제자들에게 관대하게 베푸시므로, 우리도 마찬가지로 전임 선교 사역에 참여하고 있는 선교하는 제자들에게 관대하게 베풀어야 한다. 하워드 마샬이 말한 것처럼, "크리스천 사역자들과 선교사들은 하나님이 자신들의 필요를 공급하시도록 하나님의 백성들을 고무시킨다는 믿음으로 산다. 그러한 공급에 인색하기보다는 관대한 것이 좋다."[38]

변화된 제자. 제자도는 크리스천들이 이 세상의 삶과 전투를 위해 구비되고 변화

38. I. Howard Marshall, *The Epistles of John*(NICNT; Grand Rapids: Eerdmans, 1978), 86.

되는 방법에 관한 과정을 일컫는다. 즉 공중의 권세 잡은 자를 여전히 붙들고 있는 어두운 세상에 빛이 되는 과정을 언급한다. 첫 열두 제자/사도들은 우리가 보통 상상하는 것보다 우리와 비슷한 게 더 많은 사람들이다. 우리는 이 제자들과 예수의 제자였던 많은 남녀들을 살필 때, 그들이 우리와 많이 다르지 않다는 사실을 발견한다. 열두 제자들을 간단하게 요약한 설명을 살피고, 그들 중 어느 누구와 당신이 유사한 게 있는지를 생각해 보라.

- 베드로—리더십의 자리에 자주 있었던 기업가.
- 베드로의 형제 안드레—하나님의 인도하심에 대단히 민감했던 사람, 하지만 형제 베드로의 그늘에 많이 가리움을 당했다.
- 세베대의 아들 야고보—예수를 따르기 위해서 성공적인 가족 사업을 버린 사람, 그는 첫 번째 순교자가 되었다.
- 야고보의 형제 요한—격렬한 성격을 가졌으나 하나님에 대한 깊은 사랑을 가졌다.
- 빌립—제자의 핵심 서클에 속한 사람은 아니었으나 덜 알려진 사도들 중에 리더격이었다.
- 바돌로매—아주 솔직한 정직성을 가졌던 사람으로 알려짐(그는 아마도 요 1:43-51에 나다나엘이라고 불렸던 사람일 것이다).
- 도마—회의주의자였으나 결과적으로 예수의 신인(新人)의 정체성에 대한 가장 심오한 신학적 이해를 가진 사람이다.
- 세리 마태—이전에 자기와 자기 가족을 지원하기 위하여 백성들의 매국노가 되었으나 이 복음서를 쓴 선교사가 되었다.
- 알패오의 아들 야고보—젊었으며, 다른 야고보보다 덜 알려져 있다. 그는 온 삶을 통해 신실하였지만 그의 신앙은 거의 조명을 받지 못했다.
- 다대오(또는 레바우스)—소위 야고보의 아들 유다라 불렸다. 그는 가룟 유다와 자주 혼동되었으며, 그의 평판은 거의 알려지지 않는다.
- 셀롯 시몬—예수를 메시아로 영접하기 전에는 하나님의 나라를 무력으로 가져오기 원했던 게릴라 대원이었다.
- 예수를 판 가룟 유다—돈과 권력을 사랑하여 가장 가까운 친구들을 버리고 배반했다.

열두 제자들을 이상화할 필요는 없다. 우리는 그들을 살펴볼 때, 그들이 당신과 나와 그렇게 많이 다르지 않다는 사실을 발견할 수 있다. 나는 그들을 우리의 수준으로 끌어내리기 위해서 이 말을 하는 것이 아니라, 우리가 생각하는 것보다 우리가 그들과 많이 유사하다는 사실을 강조하기 위해서다. 열두 제자 중 한 사람과 자신을 현실적으로 동일시를 시도해 보라. 즉 그들의 개인적인 장점만이 아니라 단점도 적용해 보라. 당신은 어느 제자를 닮았는가? 그들 중 어느 누구에게서 당신과 동일한 단점을 발견하는가? 당신의 독특한 사역과 동일한 잠재력을 그들에게서 볼 수 있는가? 하나님이 이 제자들의 삶을 변화시키셨다면, 우리도 역시 변화될 수 있다. 그것이 예수의 사역의 압도적으로 강력한 이야기다. 어떤 자리에 있든 간에 우리의 바람은 예수가 우리를 만들기 원하는 사람이 되는 것이다.

당신과 내가 이 세상 악의 커다란 공격에 연루되지는 않을지라도, 복음 메시지에 응답하는 사람들의 변화는 이 세상에서 우리와 함께 시작된다. 열두 제자들은 우리 모두 변화가 필요하다는 분명한 이해를 전달해 준다. 예를 들어, 사도 요한은 격렬한 성격 때문에 천둥의 아들이라 불렸다. 한 때 그와 그의 형제 야고보는 예수를 경외하지 않는 사마리아의 마을을 하늘에서 불이 내려와 태워주기를 예수께 요청했다(눅 9:51-55). 하지만 그의 마음이 하나님의 사랑으로 사랑하는 법을 배우는 것으로 변화되었을 때, 나중에 복음을 가지고 그때의 동일한 사마리아로 건너갔다(행 8:14-17). 이것이 우리 모두가 이해할 수 있는 실제적인 변화다. 궁극적으로 존재의 모든 양상에 영향을 미치는 것은 마음의 변화다.

제자가 받는 박해와 고난. 박해는 선교강화의 또 다른 이슈이며, 우리는 이것을 우리의 일상생활과는 상관이 없다고 생각할는지 모른다. 많은 이들이 초대교회가 직면했던 동일한 정도의 박해를 경험하지 않는 문화와 사회 속에 살고 있다. 하지만 여기에 우리가 적용할 수 있는 폭넓은 원리가 있다. 우리가 얼마나 안락한 삶을 살고있든지 간에, 주님에 대한 충성과 복종을 보이는 매일의 선택이 항상 있고, 변함 없이 박해와 반대가 따르고 있다.

박해는 우리가 생각하는 것보다 더 가까이 있다. 2천년 대의 시대에 들어섰을 때, 예수의 이름을 대변하는 신자들은 교회가 존재했던 1세기에 경험했던 것과 유사한 박해를 상당히 직면하고 있다. 공산주의, 이슬람, 또는 민족주의자들이 지배하고 있는 곳에는 반 기독교적인 폭력과 억압이 새로이 발발하고 있다. 이로 인해 그리스도인들이 잡혀가고 투옥되고 있을 뿐 아니라 고문과 처형을 당하고 있다.[39] 예를 들어, 미국과 서방 나라와의 강력한 유대에도 불구하고 사우디 아라비아에서 기독교인에 대한 박해와 처형이 흔하다. 이슬람 신정국가로서 정부는 좁은 코란과 메카와 메디나 사원의 정결을 보존해야 한다고 믿는다. 그것은 종교 자유의 부정이 그 정체성에 필수적임을 의미한다.

사우디 아라비아의 리얄드에 있는 필리핀 목사인 오스왈도(왈리) 마그당갈의 가정교회가 눈에 띠게 성장하자 정부는 이슬람을 불경하게 한다고 그를 체포했다. 샤리아 법(사람이 바르게 살아가는 법을 구체적으로 설명한 것—옮긴이)은 "배교자들"—이슬람을 포기한 사람들—의 참수를 요구한다. 종교 경찰들은 마그당갈의 신체의 일부를 고문했고, 그가 자신의 신앙을 포기하도록 강요했다. 그는 210분간의 혹독한 심문을 당했다. 그 시기에는 공개적인 장소에서 적어도 한 사람의 처형이 없이는 금요일을 그냥 지나가지 않았다. 그래서 왈리 목사는 1992년 12월 25일 금요일에 처형되는 것으로 언도되었다. 하지만 서방의 인권 단체들의 공조된 노력과 사우디 정부에 있는 왈리 목사의 친구들을 통해 하나님이 기적적으로 그 일에 간섭하시어 왈리 목사는 풀려났다. 그는 지금 캘리포니아 새크라멘토에 위치하고 있는 지원그룹인 '위기 속에 있는 기독교인들'(Christians in Crisis)의 새 의장으로 있다.[40] 그의 목표는 오늘날 전 세계의 기독교인들이 경험하고 있는 실제적인 박해를 교회에 일깨우는 것이다.

아울러 서양 문화가 더욱더 세속화되어짐은 우리 그리스도인들을 잘 수용하지 못한다. 지금 그리스도인들은 외설, 포르노그라피, 그리고 동성연애와 같은, 성경에서 정죄하고 있는 관행들을 쉽게 비난하지 못하고 있다. "종교의 자유"라는 명목으로 언젠가 누렸던 신앙의 통상적인 행위 중 많은 것들—공중기도나 크리스마스에 구유 장면의 연출과 같은—이 금지 당하고 있다. 많은 공적 정책의 일정들이 종교로 '부터의' 자유처럼 보이고, 세속주의자들의 공적 정책을 비판하는 사람들의 행보가 더욱더 어려워지고 있다.

예수는 옳고 좋은 일을 행하였을 때 고난을 당하였고, 박해는 초대교회 시절부

---

39. Kim A. Lawton, "The Suffering Church," *Christianity Today* 40(July 15, 1996): 54-61, 64. 또한 Susan Bergman, ed., *Martyrs: Contemporary Writers on Modern Lives of Faith*(San Francisco: HarperSanFrancisco, 1996)을 보라.

40. 마그당갈(Magdangal) 목사의 이야기는 Jeff M. Sellers, "How to Confront a Theocracy," *Christianity Today* 46(July 8, 2002): 34-40에 나와 있다. '위기 속에 있는 크리스천' 을 위한 웹사이트(www.christiansincrisis.org)는 더 자세한 설명을 주며 이 조직의 사명을 말한다: "CIC(Christian in Crisis)는 복음을 세계에 전파하기 위해 존재하며, 위기에 직면하여 주 예수 그리스도를 믿는 신앙 때문에 박해를 받는 하나님의 사람들을 위한 변호와 대변자로서 섬긴다."

터 교회의 운명을 특징지었다. 하지만 그러한 박해가 어떤 대가를 치르더라도 예수를 따르는 열정을 흐리게 하지 못했다. 바울은 젊은 목사인 디모데에게 "무릇 그리스도 안에서 경건하게 살고자 하는 자는 박해를 받으리라"(딤후 3:12)고 말한다. 하지만 우리가 위로를 받는 것은 우리의 고통이 우리를 그리스도와 연결시켜준다는 사실이다. 우리는 살든지 죽든지 간에 예수가 받은 고통과 동일시할 때 예수와의 특별한 교제를 발견하게 된다(빌 3:10). 사도 베드로는 선교강화에서 예수로부터 들었던 것과 동일한 주제를 설명한다. 그것은 2천년 대를 살아가는 우리와 상당히 관계가 있다.

> 사랑하는 자들아 너희를 연단하려고 오는 불 시험을 이상한 일 당하는 것 같이 이상히 여기지 말고 오히려 너희가 그리스도의 고난에 참여하는 것으로 즐거워하라 이는 그의 영광을 나타내실 때에 너희로 즐거워하고 기뻐하게 하려 함이라 너희가 그리스도의 이름으로 치욕을 당하면 복 있는 자로다 영광의 영 곧 하나님의 영이 너희 위에 계심이라 너희 중에 누구든지 살인이나 도둑질이나 악행이나 남의 일을 간섭하는 자로 고난을 받지 말려니와 만일 그리스도인으로 고난을 받으면 부끄러워하지 말고 도리어 그 이름으로 하나님께 영광을 돌리라 하나님의 집에서 심판을 시작할 때가 되었나니 만일 우리에게 먼저 하면 하나님의 복음을 순종하지 아니하는 자들의 그 마지막은 어떠하며(벧전 4:12-17).

그리스도인에게서 고난은 무조건 피해야 하는 것이 아니다. 고난이 올 때, 그것은 그리스도와 우리를 연합하게 하는 수단이 될 수 있다. 그리스도는 우리가 매우 필요로 하는 시간에 우리와 연합할 것을 약속하셨다.[41]

이 세상에서 마음을 보호하라. 선교강화에서 예수의 중심 되는 경고 중 하나는 이 세상에서 예수와 함께 삶을 살아갈 때 상처와 유혹과 영적인 공격에 우리의 마음이 약해질 수 있다는 사실이다. 잠언서는 "모든 지킬 만한 것 중에 더욱 네 마음을 지키라 생명의 근원이 이에서 남이니라"(잠 4:23)고 말한다. 영적인 전쟁에서 하나님의 갑주를 입을 때, 의의 흉배는 우리의 마음을 보호한다(엡 6:14). 하지만 예수는 선교하는 제자로서 이 세상을 걸어나갈 때 미묘한 균형을 유지해야함을 경고하신다. 즉 우리는 상처로부터 마음을 보호해야 하지만 동시에 너무 보호적이 되어

41. 더 자세한 논의를 위해서는 Wilkins, *In His Image*, 192-93을 보라.

서 마음을 경직케 해서도 안 된다. 세상으로 보내지는 제자들에게 예언적인 비전을 주실 때, 예수는 "보라 내가 너희를 보냄이 양을 이리 가운데로 보냄과 같도다 그러므로 너희는 뱀 같이 지혜롭고 비둘기 같이 순결하라"(마 10:16)고 말씀하신다.

예수는 세상에서 안식의 안전한 피난처로 우리를 부르시지 않았다. 우리는 굶주린 이리가 있는 곳으로 무방비한 양으로서 나아감으로 마음을 보호해야 한다. 그 마음을 보호하는 것은 뱀처럼 현명해져야 함을 의미한다. 우리는 세상의 방식, 특히 우리를 기다리는 함정을 알아야 한다. 우리는 사람들이 어떻게 우리에게 상처를 주고 학대하는가를 분명히 이해해야 한다. 세상에는 자기 자신을 섬기는 일정을 영속시키기 위해서 우리를 지배하고자 하는 사람들이 있다. 우리는 우리 자신과 우리에게 책임이 있는 사람들을 보호해야 한다. 우리의 길을 방해하는 유혹에 대해서 현명해야 하고, 그것을 피할 수 있는 방법을 알아야 한다.

동시에 비둘기처럼 순수해야 한다. 우리의 마음이 이 세상의 이리들을 경계하고 불신하는 일에 너무 방어적이어서 그들의 마음을 굳게 해서도 안 된다. 뱀처럼 지혜로워야지 뱀의 간교를 배워서는 안 된다. 나는 여러 번 과거에 "나는 어느 누구도 신뢰할 수 없어"라고 말했다. 사람들에 의해 상처받은 마음에서 그런 말이 나왔다. 많은 사람들을 신뢰할 수 없다는 것은 사실이지만, 나는 그것을 너무 지나치게 취했다. 나는 사람들을 신뢰하지 않고 거짓된 동기나 불성실함을 비난함으로써 그들에게 상처를 주었다. 비둘기는 남에게 상처를 주지 않는다. 비둘기는 사랑과 아름다움을 가져온다. 비둘기는 평화의 상징이다.[42]

이 세상에서 마음을 보호하는 것은 구원과 은혜의 메시지가 없음으로 영원히 죽어가고 있는 세상에 선교하는 제자로서 하나님 나라의 복음의 메시지를 전할 때, 어렵지만 꼭 필요한 균형이다. 나는 "위대한 세대"의 일부로서 자부할 수는 없지만, 나의 세대와 뒤잇는 세대에게 하나님 나라의 복음을 가져오는 확고한 헌신으로 부름을 받았음을 안다. 이것이 교회의 모든 세대에 대한 예수의 선교강화의 명쾌한 외침이다.

42. Wilkins, *In His Image*, 179-80을 보라.

마태복음 11:1-30

1 예수께서 열두 제자에게 명하기를 마치시고
이에 그들의 여러 동네에서 가르치시며 전도
하시려고 거기를 떠나 가시니라
2 요한이 옥에서 그리스도께서 하신 일을 듣고
제자들을 보내어
3 예수께 여짜오되 오실 그이가 당신이오니이
까 우리가 다른 이를 기다리오리이까
4 예수께서 대답하여 이르시되 너희가 가서 듣
고 보는 것을 요한에게 알리되
5 맹인이 보며 못 걷는 사람이 걸으며 나병환
자가 깨끗함을 받으며 못 듣는 자가 들으며
죽은 자가 살아나며 가난한 자에게 복음이
전파된다 하라
6 누구든지 나로 말미암아 실족하지 아니하는
자는 복이 있도다 하시니라
7 그들이 떠나매 예수께서 무리에게 요한에 대
하여 말씀하시되 너희가 무엇을 보려고 광야
에 나갔더냐 바람에 흔들리는 갈대냐
8 그러면 너희가 무엇을 보려고 나갔더냐 부드
러운 옷 입은 사람이냐 부드러운 옷을 입은
사람들은 왕궁에 있느니라
9 그러면 너희가 어찌하여 나갔더냐 선지자를
보기 위함이었더냐 옳다 내가 너희에게 이르
노니 선지자보다 더 나은 자니라
10 기록된 바 보라 내가 내 사자를 네 앞에 보내
노니 그가 네 길을 네 앞에 준비하리라 하신
것이 이 사람에 대한 말씀이니라
11 내가 진실로 너희에게 말하노니 여자가 낳은
자 중에 세례 요한보다 큰 이가 일어남이 없
도다 그러나 천국에서는 극히 작은 자라도
그보다 크니라
12 세례 요한의 때부터 지금까지 천국은 침노를
당하나니 침노하는 자는 빼앗느니라
13 모든 선지자와 율법이 예언한 것은 요한까
지니
14 만일 너희가 즐겨 받을진대 오리라 한 엘리
야가 곧 이 사람이니라
15 귀 있는 자는 들을지어다
16 이 세대를 무엇으로 비유할까 비유하건대 아
이들이 장터에 앉아 제 동무를 불러
17 이르되 우리가 너희를 향하여 피리를 불어도
너희가 춤추지 않고 우리가 슬피 울어도 너
희가 가슴을 치지 아니하였다 함과 같도다
18 요한이 와서 먹지도 않고 마시지도 아니하매
그들이 말하기를 귀신이 들렸다 하더니
19 인자는 와서 먹고 마시매 말하기를 보라 먹
기를 탐하고 포도주를 즐기는 사람이요 세리
와 죄인의 친구로다 하니 지혜는 그 행한 일
로 인하여 옳다 함을 얻느니라
20 예수께서 권능을 가장 많이 행하신 고을들이
회개하지 아니하므로 그때에 책망하시되
21 화 있을진저 고라신아 화 있을진저 벳새다야
너희에게 행한 모든 권능을 두로와 시돈에서
행하였더라면 그들이 벌써 베옷을 입고 재에
앉아 회개하였으리라
22 내가 너희에게 이르노니 심판 날에 두로와
시돈이 너희보다 견디기 쉬우리라
23 가버나움아 네가 하늘에까지 높아지겠느냐
음부에까지 낮아지리라 네게 행한 모든 권능
을 소돔에서 행하였더라면 그 성이 오늘까지
있었으리라
24 내가 너희에게 이르노니 심판 날에 소돔 땅
이 너보다 견디기 쉬우리라 하시니라
25 그때에 예수께서 대답하여 이르시되 천지의
주재이신 아버지여 이것을 지혜롭고 슬기 있
는 자들에게는 숨기시고 어린 아이들에게는

나타내심을 감사하나이다
26 옳소이다 이렇게 된 것이 아버지의 뜻이니
이다
27 내 아버지께서 모든 것을 내게 주셨으니 아
버지 외에는 아들을 아는 자가 없고 아들과
또 아들의 소원대로 계시를 받는 자 외에는
아버지를 아는 자가 없느니라
28 수고하고 무거운 짐 진 자들아 다 내게로 오
라 내가 너희를 쉬게 하리라
29 나는 마음이 온유하고 겸손하니 나의 멍에를
메고 내게 배우라 그리하면 너희 마음이 쉼
을 얻으리니
30 이는 내 멍에는 쉽고 내 짐은 가벼움이라 하
시니라

원 의미

예수가 제자들에게 이스라엘로 먼저 가고(10:1-7) 그 다음에 모든 민족들에게 가는(10:16-23; 28:18-20) 권위를 주셨을지라도, 그는 아직 제자들에게 완전히 그의 사역을 맡기시지는 않았다. 예수는 몸소 가르치고 전파하기를 계속하신다. 그는 여전히 "갈릴리 마을"(11:1, "그들의 여러 동네"—개역개정)로 그의 사역을 제한하시지만, 곧 온 백성들이 복음의 메시지를 듣는 기회를 갖게 될 것이다(참조. 4:13-17; 11:20-24). 그때에 예수는 이스라엘의 주변 도시와 이방 지역으로까지 사역을 확대하실 것이다(15:21-34). 예수의 사역에 대한 부분적인 저항이 가끔씩 나타났지만(9:3-4), 이제 명백한 반대가 시작된다. 이런 격론은 세례 요한의 질문을 통해 단순하게 시작하지만(11:2-19), 유대 종교 지도자들의 반대와 적대가 재빠르게 상승한다(12:1-45).

세례 요한이 예수에게 질문한다(11:1-6)

전환(11:1). 선교강화의 결론이 "예수께서…명하기를 마치시고"(11:1; 참조. 7:28; 13:53; 19:1; 26:1)라는 형식어구로 표시된다. 이 형식어구는 내러티브의 다음 장에 대한 전환으로서 기능한다(11-12장). 마태는 열두 제자의 실제적인 선교에 대해서는 언급하지 않는다(참조. 막 6:30; 눅 9:10과는 대조된다). 이 복음서에서 제자들이 출현하는 다음 장면은 그들이 예수의 단기 여행에 동참하고 있음이다.

요한이 자신의 제자들을 통해 예수에게 묻다(11:2-3). 내러티브의 초기에 마태는 갈릴리 사역을 시작하시는 예수에 대한 모습을 설명하면서 세례 요한의 체포를 주목했었다(4:12). 요한은 헤롯 안티파스에 의해 마케라우스 요새의 감옥에 갇혔다.[1]

그는 그곳에서 결국 죽음을 당하였다(14:1-14을 보라). 그가 자신의 운명을 기다리고 있을 때, "메시아의 행위"(11:2; NIV "그리스도께서 하신 것"—개역개정) 곧 그의 가르침(5-7장), 이적(8-9장), 갈릴리에서의 선교(10장)를 들었다. 마태는 "그리스도"와 "메시아"('호 크리스토스')라는 칭호를 서두장(1:1, 16, 17; 2:4)에서 사용한 이래로 처음으로 다시 사용한다. 이는 요한이 메시아로서 예수의 신분과 사역에 대한 확실한 이해를 원했음을 보여준다.

요한은 예수에게 자신의 제자 몇 사람을 보냈다. 이 제자들은 요한의 주변을 따라다녔던 헌신된 제자들이었고, 구원의 시대를 여시는 메시아를 위한 길을 준비하는 선지자로서의 세례 요한의 사역을 도왔다(요 1:35-42; 3:22-4:3; 마 9:14의 주석을 보라). 그들은 세례 요한이 감옥에 있는 동안에 할 수 있는 한 요한과 가까이 있었고, 요한은 분명히 이들과 의사소통할 수 있었다.

요한과 더불어 그의 제자들은 구원 계획의 미래에 대해 점점 의아한 생각이 들었다. 이전에 그들은 자신들이 참여하고 있는 금식에 예수의 제자들이 참여하지 않음을 의문하고 예수에게 질문했었다(9:14-17의 주석을 보라). 요한의 질문으로 무장한 이들은 베레아를 통해 북쪽 마게루스 요새에서부터 요단강을 따라 가버나움 근처의 갈릴리를 건넜다(그곳에서 예수가 사역하고 계셨다)—이는 도보로 거의 일백 마일의 거리에 해당했다.

요한은 예수에게 "오실 그이가 당신이오니이까 우리가 다른 이를 기다리오리이까"라고 질문할 것을 자신의 제자들에게 지시했다. "오실 그이"란 표현은 오실 분인 메시아에 대한 암시이며, 요한이 공적 사역의 시작에서 예수에 대해 말했던 표현이다(3:11). 이 어구는 시편 118:26에 "여호와의 이름으로 오는 자가 복이 있음이여"와 같은 표현에 의지하고 있으며, 스가랴 선지자의 "보라 네 왕이 네게 임하시나니 그는 공의로우시며 구원을 베푸시며 겸손하여서 나귀를 타시나니 나귀의 작은 것 곧 나귀 새끼니라"(슥 9:9)라는 말씀을 상기시킨다—이 예언은 예루살렘으로 예수가 입성함으로 성취된다(마 21:4).

요한의 질문은 이전에 오실 이로 예수를 담대하고 용기 있게 선언한 그의 성격과는 맞지 않아 보인다(참조. 3:1-14). 따라서 어떤 주석가는 요한의 질문이 그 자신이 가졌던 의문이 아니라 그의 제자들이 가졌던 의문이었다고 설명한다. 하지만 예수는 요한에게 그 질문의 대답을 주시는 것으로 말씀하신다. 또 다른 주석가들

1. Josephus, *Ant.* 18.112, 119을 보라.

은 요한의 질문이 감옥에 갇혀 있음으로 인해 오는 우울함의 상태를 반영한다고 주장한다. 하지만 그 질문은 그의 상태보다는 메시아의 도래에 대한 관심을 더욱 보인다. 아마도 요한은 자신의 현재의 경험이 오실 이에 대하여 그가 말했던 메시지, 즉 회개하는 자들에게 복을 약속하고 회개하지 않는 자들에게는 심판을 약속했던 이전의 선포와 일치하지 않고 있기 때문에 그것을 우려하고 있는 것으로 보인다.

요한이 감옥에서 쇠약해지고 있을 때, 당혹스러움을 경험하는 것은 자연스럽다. 엘리야와 같은 선지자도 이전에 그러했다(예. 왕상 19:1-18). 그들의 경험이 그들을 통한 하나님의 메시지와 온전히 일치하지 않았기 때문이다. 요한은 메시아가 심판하시는 분임을 옳게 예상했지만, 사건들이 그가 예상했던 대로 전개되지 않았다. 거룩한 심판과 구원의 복의 때가 그가 생각했던 대로 임하지 않았다. 예수는 심판을 실행하시는 것이 아니라 치유와 도움을 주는 일에 집중하신다. 요한은 자신이 이해하고 있던 구원의 계획을 재확증하는 것이 필요했다.[2]

예수가 요한의 질문에 대답하시다(11:4-6). 예수는 그의 사역을 전개하는 방식(8-9장)이 예언적 약속과 일치한다는 것을 요한의 제자들에게 설명하신다. 예수의 사역으로 오실 메시아의 사역을 묘사했던 이사야의 예언이 성취된다: 눈먼 자가 보고(9:27-32); 사 29:18; 35:5), 못 걷는 자가 걷고(마 15:30-31; 참조. 사 35:6), 나병환자가 치유되고(마 8:1-4; 참조 사 53:4), 귀먹은 자가 듣고(막 7:32-37; 참조. 사 29:18-19; 35:5), 죽은 자가 살아나고(마 10:8; 참조. 사 26:18-19), 좋은 소식이 가난한 자에게 전파된다(마 5:3; 참조. 사 61:1).[3]

> 그러므로 예수의 사역으로 복의 구원의 시대가 임하였음을 예수는 확증하신다. 하지만 예수에 의해 수반된 기적이 이전에 하나님과 연관된 기대와 주님의 종말론적인 날을 성취하기 때문에 그 의미는 더욱더 심오하다. 예수는 하나님을 대신해서 하나님의 일을 행하기 위해서 오셨음을 알린다.[4]

---

2. Witherington, *The Christology of Jesus*, 43.
3. 쿰란의 4QMessianic Apocalypse(4Q521) 1, 6-8, 11-13에 이와 유사한 병행이 있다. 그것은 오실 메시아의 사역의 특징으로서 이런 활동들을 열거한다. John J. Collins, "The Works of the Messiah," *DSD* 1(1994): 71-97; Flusser, *Jesus*, 260을 보라.
4. Edward Meadors, "The 'Messianic' Implications of the Q Material," *JBL* 118(1999): 259.

예수는 구원의 시대의 복이 그의 사역으로 도래했음을 요한에게 확증하신다. 하지만 예수는 자신의 사역의 큰 그림을 볼 수 있도록 요청함으로써 요한과 그의 제자들을 온화하게 꾸짖기도 하신다: "누구든지 나로 말미암아 실족하지 아니하는 자는 복이 있도다." 이 복(5:3의 주석을 보라)은 경고와 도전의 역할을 한다. 그것은 예수의 신분과 사역을 정확하게 이해하지 못하고 예수의 구원하는 사역을 믿는 믿음에서 실족하는 사람들에 대한 경고다. 또한 그것은 하나님이 요한의 메시지와 예수의 사역으로 예수에 대해 계시하신 것을 확고히 믿는 믿음의 눈을 가진 사람들에게는 도전이다.

요한과 그의 제자들은 하나님의 타이밍의 큰 그림과 예수의 구원 사역의 복과 심판에 대한 표증을 볼 필요가 있다. 한편으로 구약성경의 선지자들은 자주 하나님의 계획의 가깝고 먼 사건들을 압축하였음으로 미래의 사건이 현재의 사건과 나란히 나타난다. 요한과 그의 제자들은 예수의 현재와 미래의 사역에서 복과 심판의 완전한 성취에 관한 하나님의 타이밍을 보아야 한다(참조. 24:36-42). 한편으로 예수가 그의 사역으로 완성되고 있는 것으로 암시하고 있는 예언들은 인접한 문맥의 복과 심판에 대한 언급들을 포함한다(사 35:4-6; 61:1-2). 요한과 그의 제자들은 믿음의 눈을 사용하여 복과 심판을 인식해야 한다. 예수는 치유의 복과 복된 소식을 가난하고 눌린 자들에게 가져오셨지만(11:4-5), 그의 사역과 메시지를 거부한 사람들은 지금 예수가 선포하고 있는 확실한 심판을 받을 것이다(11:20-24; 참조. 요 3:31-36; 5:25-35).[5]

세례 요한에 대한 예수의 찬사(11:7-19)

예수의 구원 계획의 온전한 그림을 믿음의 눈으로 보지 못한 요한을 온화하게 꾸짖으신 후에 예수는 무리들에게 요한에 대해 여자에게서 태어난 사람 가운데 가장 위대한 자라는 찬사를 주신다(11:11-15). 그 다음에 예수는 무리들과 종교지도자들에게 그의 사역만이 아니라 요한의 사역에 대해서도 응답하지 않은 것을 꾸짖으신다(11:16-19).

요한은 선지자보다 더 나은 자다(11:7-10). 요한은 이스라엘 백성들에게 상당히

---

5. Yamasaki, *John the Baptist in Life and Death*, 106-10; Robert L. Webb, "Jesus' Baptism: Its Historicity and Implications," *BBR* 10(2000): 305-7.

영향력이 있었다(3:1-6). 무리들은 예수의 메시아적 신분에 대해 요한이 질문한 것을 들었을 것이다. 그리고 요한이 예수에 대해 의심하고 있었다면, 무리들도 요한을 따라 예수에 대해 의심하고 있었을 것이다. 따라서 예수는 무리들 가운데서 요한이 본래 행했던 놀라운 영향을 상기시키신다.

예수는 무리들에게 요한의 신분과 사명을 정확하게 상술하게 함으로써 그에 대한 찬사를 시작하신다. 나아가서 그 찬사는 예수의 신분과 사명에 대한 분명한 이해로 이끈다. 예수는 "너희가 무엇을 보려고 광야에 나갔더냐"라고 물으신다. 군중들이 요한에게 계속해서 몰려왔을 때, 회개하라는 그의 외침은 특별했다(3:5). 세 가지 수사적인 질문을 통해 예수는 무리들에게 요한에 대한 대조적인 선택을 하게 하고, 요한의 참된 정체성과 사명을 인식하게 만든다.

(1) 요한은 "바람에 흔들리는 갈대"였는가?" 요단 강변에서 자라고 있는 키 큰 갈대의 비유는 도전이나 기회의 모든 변화를 주는 바람에 유약함과 동요를 암시한다. 이런 갈대의 성격과는 대조되어 요한은 모든 도전에 맞서서 진리를 말하고자 하는 결의로 인해 감옥에서 고통을 당하고 있다.

(2) 요한은 "부드러운 옷 입은 사람"인가? 예상되는 대답은 "물론 아니다"이다. 요한은 회개하라는 자신의 요청에 맞는 금욕적인 삶의 양식을 일관되게 살았다. 예수에 대한 요한의 질문은 물질적인 기회주의에서 나온 것이 아니다.

(3) 무리들이 4세기만에 하나님으로부터 보내어진 첫 선지자를 보기 위해서 사막으로 갔었음을 상기해야 한다. 요한은 구약성경의 선지자와 같았다. 그가 백성들에게 회개를 요청하고 구원의 하나님의 계획을 선포한 하나님의 대변자였기 때문이다.

요한은 구약성경의 어느 선지자보다 위대했다. 예언이 주어졌던 바로 그 선지자—메시아의 도래와 천국의 고취를 선언하는 자—였기 때문이다. 무리들이나 심지어 예수의 제자들도 이 시점에서 예수의 사역에서 신적인 특징을 잘 이해하지 못하고 있을지라도, 말라기 3:1이 하나님의 길을 예비하는 것을 언급하고 있기 때문에 예수는 자신의 신적인 신분을 인상적으로 함축하신다.[6]

요한의 위대성과 천국의 위대함(11:11). 예수는 요한의 사역의 위대함을 지적하심으로써 요한을 변호하기를 계속하신다. 또한 예수는 천국에 있는 사람들의 위대성

---

6. Gundry, *Matthew*, 214; Keener, *A Commentary on the Gospel of Matthew*(1999), 338. 말라기의 인용에서 일인칭("나를/[그, the]") 대신에 이인칭("너/너의")을 사용함으로써 예수는 자신이 야웨의 오심과 야웨의 종말론적인 날을 상징화하고 있음을 분명히 하신다.

을 지적하심으로써 놀라운 진리가 들어있는 말씀을 주신다: "내가 진실로 너희에게 말하노니 여자가 낳은 자 중에 세례 요한보다 큰 이가 일어남이 없도다 그러나 천국에서는 극히 작은 자라도 그보다 크니라." "여자가 낳은 자 중에서"라는 어구는 통상적인 인간의 태생(욥 14:1; 15:14; 25:4)과 천국으로 새로 태어난 사람들의 탄생과 대조시킨다. 이것은 인간의 성취간의 대조가 아니라 시대간의 대조다. 천국의 도래는 이전의 어느 시대보다도 위대한 시대를 도입한다.

요한은 오실 이의 길을 준비했던 과도기적인 인물이지만, 예수는 요한이 천국의 온전한 도래를 보지 못할 것임을 여기서 암시하신다.[7] 예수의 피에 의한 새 언약의 제정이 구분선이다. 십자가, 부활, 승천 그리고 오순절에 성령의 오심을 포함하는 사건들의 연속은 하나님 나라의 구속적인 생명의 도래를 가져오는데, 그때에 이미 요한은 죽임을 당하였다. 요한은 구약성경 시대에 태어난 자들 중에서 가장 위대하다. 메시아와 그의 나라를 위한 길을 예비한 요한의 중요한 역할 때문이다. 요한의 선교는 그가 소개한 자의 위대함 때문에 위대하였다. 하지만 하나님 나라에 속한 사람들은 실제로 그 나라에 들어가는 특권을 갖고 있기 때문에 더 위대하다.

침노와 천국(11:12). 초기 단계에서 천국이 오실 이의 사역으로 곧 도래할 것이라는 요한의 선언을 상기시킴으로써, 예수는 요한에 대한 찬사를 계속하신다: "세례 요한의 때부터 지금까지 천국은 침노를 당하나니 침노하는 자는 빼앗느니라." 예수의 이 말씀은 동사 '비아조'(NIV는 "강하게 추진하는")와 명사 '비아스테스'(NIV는 "밀어붙이는 사람들")가 긍정적인 방식으로 사용되었느냐 부정적인 방식으로 사용되었느냐 때문에 주로 나타나는 난제로 인해 대단히 논쟁이 있었다.[8]

이 해석은 두 어절을 긍정적으로 또는 부정적으로 또는 이 둘의 조합으로 보느냐에 달려 있다. (1) 긍정적인 측면에서, 혹자는 그것이 예수가 천국의 강력한 전개와 천국에 들어오라는 초대를 과감하게 받는 사람들의 열심과 용기를 가리키고 있다고 주장한다.[9] (2) 부정적인 측면에서 혹자는 그것이 예수가 천국이 악하고 비열

---

7. 해석자들의 다수는 Blomberg, Matthew, 187; Carson, "Matthew," 264-65; France, *Matthew*, 194-95; Hagner, *Matthew*, 1:305-6; Morris, *Matthew*, 280-81을 포함하여 이 추론을 따른다. Witherington, *The Christology of Jesus*, 46-47은 소수 견해를 대표한다. 그는 이것이 인간의 상태를 평가하는 두 방식간에 비교라고 주장하면서 요한을 하나님 나라 가운데 있는 것으로 포함시키려 한다. 하지만 이런 견해는 구속역사의 단계에 관한 의도된 비교를 놓친다. 참조. Flusser, *Jesus*, 261-64.

8. Davies and Allison, *Matthew*, 2:254-55은 일곱 개 가량의 다른 해석들을 열거한다. 해석의 역사를 위해서는 P. S. Cameron, *Violence and the Kingdom: The Interpretation of Matthew 11:12*(Frankfurt: Peter Lang, 1984)을 보라.

9. NIV의 번역은 이 견해를 암시한다: Hendriksen, *Matthew*, 489-90; Brad H. Young, *Jesus the Jewish*

한 사람들의 손에 의해 고통을 당하고 있는 폭력을 가리키고 있다고 주장한다.[10] (3) 또 다른 사람들은 예수가 긍정적인 측면과 부정적인 측면을 조합해서 가리키고 있다고 주장한다—천국은 강력하게 전개되고 있지만, 악한 사람들이 그것을 폭력적으로 공격하고 있다.[11]

두 번째 견해는 명사 '비아스테스'가 항상 그렇지는 않더라도 "폭력적인 사람"을 지칭하는 부정적인 방식으로 보통 번역되고 있다는 사실에 지지를 받는다. 동사 '비아조'와 명사 '비아스테스'가 서로 관련이 있기 때문에, 마태는 예수가 유사한 표현을 반영하고 있는 것으로 의도하고 있으며, 이는 두 어절을 동일한 뜻으로 자연스럽게 해석해야한다는 것을 의미한다. 따라서 세례 요한의 부정적인 상황과 예수의 사역에 대한 상승하는 박해에 비추어볼 때, 예수는 천국이 세례 요한의 시대 이래로 침노를 당하고 있는 진행중인 박해를 지적하고 계신다. 첫 어절은 일반적으로 종교 당국자들의 반대를 말하고 두 번째 어절은 요한을 지금 감금하고 있는 헤롯 안티파스와 같은 구체적인 악한 사람을 가리킨다. 이 언급은 예수의 체포, 수난, 유대 대제사장 가야바와 로마 총독 본디오 빌라도에 의한 십자가 처형에서 절정을 이룰 예수에 대한 점증하는 박해를 전조한다.

요한과 엘리야(11:13-15). 요한에 대한 예수의 찬사는 요한이 행했던 역할의 강력한 증언에서 절정에 달한다. 예수는 전체 구약성경의 계시를 언급하기 위해서 "율법과 선지자"(5:17)라는 표현을 사용했다. 이제 예수는 아마도 구약성경과 요한의 예언적인 역할을 강조하시면서 율법과 선지자라는 이 순서를 뒤바꾸신다: "모든 선지자와 율법이 예언한 것은 요한까지니." 요한은 메시아 나라의 도래를 고대했던 예언의 오랜 역사의 극치다. 그 예언적인 소망은 천국에 대한 예수의 시작을 위한 요한의 준비에서 실현되었다.

따라서 예수는 무리들을 향하여 선언하신다. "만일 너희가 즐겨 받을진대 오리라 한 엘리야가 곧 이 사람이니라." 말라기는 엘리야가 메시아를 위한 길을 준비할 것임을 예언했다(말 3:1; 4:5). 말라기는 엘리야의 환생이나 엘리야가 자신이 이 땅을 떠났던 방식인 회오리 바람을 타고 인간의 세계로 다시 올 것이라고 함축하지는 않았다. 아마도 요한이 이전에 자신이 엘리야임을 부정했던(요 1:21) 이유가

Theologian (Peabody, Mass.: Hendrickson, 1995), ch. 6도 마찬가지다.

10. Blomberg, *Matthew*, 187-88; Davies and Allison, *Matthew*, 2:256; France, *Matthew*, 195-96; Hagner, *Matthew*, 1:306-7. Morris, *Matthew*, 281-32; Witherington, *The Christology of Jesus*, 46-49.

11. Carson, "Matthew," 266-68.

바로 그 때문일 것이다. 요한의 사역을 받고 있는 사람들에게 그는 말라기의 예언을 성취한다(마 17:10-13을 보라).

그러므로 예수는 무리들에게 요한의 준비적인 메시지와 메시아적 구원자로서 예수의 신분을 믿는 믿음을 행사하도록 요청하신다: "귀 있는 자는 들을지어다." 이 구절은 무리들에게 반응을 요청하고, 동시에 메시아 예수와 천국을 확립하기 위한 길을 준비하는 요한의 역할을 대체로 배척하는 이스라엘에 대한 예수의 책망을 도입한다. 요한을 말라기 예언의 성취로 인식할 것을 요청하심은 엘리야가 주님의 위대하고 놀라운 날에 주님의 오심을 준비할 것임을 상기할 때 드라마틱해진다(참조. 말 3:1; 4:5-6). 예수는 메시아로서의 그의 사역을 하나님 자신의 도래와 동등시하신다. 이는 그의 거룩한 신분의 또 다른 경이로운 계시다.[12]

만족하지 못하는 세대(11:16-19). 예수는 현 세대를 꾸짖으신다. "이 세대"라는 표현은 요한과 예수의 사역을 배척했던 이스라엘 백성들—무리들과 종교지도자들을 포함하는—의 현 세대를 하대하여 지칭하는 것으로 마태복음에서 자주 나타난다(참조. "사악하고 음란한 세대"와 같은 연관된 표현을 참조하라).[13] 이것은 이스라엘 전체에 대한 정죄가 아니다. 예수의 제자들도 유대인이고 유대인의 상당한 무리들이 여전히 예수를 따라다니고 있기 때문이다(참조. 14:13-21). 하지만 슬프게도 그것은 현 세대의 소수만이 요한과 예수의 초대를 받아들이는 천국의 좁은 문으로 들어간다는 사실을 알려준다(7:13-14).

예수는 어린이들이 시장에서 노는 게임을 생각하게 함으로써 현재의 문화적 배경을 두드리신다. 많은 마을에서 시장은 부모들이 장을 보고 물건을 나누고 지역의 정보를 나누는 동안에 어린이들의 일상적인 놀이터가 되었다. 하지만 예수는 흥미롭게도 어린이들의 순수한 놀이를 악한 게임을 일삼고 있는 어른 세대들의 정도를 벗어난 일과 비교하신다. 그것은 긍정적인 의미가 있는 순수함(childlike)과 본질적으로 이기적이고 자기 것만 고집하는 순진함(childish)간에 차이다.

게임을 같이 하도록 다른 어린이들이 합세하도록 초대할 때, 이기적인 어린이들은 자신의 방식만을 고집한다. 마치 현 세대는 자신의 게임 일정만을 계속해서 하기 원하는 어린이들과 같다. 그들은 자기 일정을 따라주지 않는다고 다른 어린이들을 비판하는 뿌루퉁하고 별난 어린이들과 같다. 이 세대는 그들이 놀기 원하

---

12. 참조. 11:10; France, *Matthew*, 194, 196; idem, *Jesus and the Old Testament*(Downers Grove, Ill: InterVarsity Press, 1971), 91-92, 155.
13. 참조. 12:39, 41-42, 45; 16:4; 17:17; 23:36; 24:34.

는 게임이 "결혼식"임을 피리를 연주함으로써 모든 이들에게 알릴 때, 다른 어린이들이 춤을 추지 않음으로 불쾌해진다. 그 다음에 그들이 게임을 바꾸어서 "장송가"를 부름으로써 장례식 게임을 선언할 때, 다른 어린이들이 슬픈 얼굴을 하고서 즉시 이 줄에 서지 않음으로 불쾌해진다. 이기적인 순진함은 자기 방식만 고집한다.

마찬가지로 요한과 예수가 이 세대의 사람들이 원하는 놀이를 하지 않았기 때문에 이 세대는 천국으로의 초대를 거부한다. 그들은 자기들이 즐거워하기를 원할 때에 요한이 춤을 추지 않았기 때문에 그를 배척했고, 또 자기들이 금식하기 원할 때에 예수가 슬퍼하지 않기에 그를 배척하고 있다(예. 9:14-17). 마음이 굳은 죄인들처럼, 예수 당시의 세대는 요한과 예수가 자기들의 기대에 부응해주기만을 바랐고, 하나님의 일정에 자신들의 일정을 맞추기를 전혀 허락하지 않았다.

"요한이 와서 먹지도 않고 마시지도 아니하매 그들이 말하기를 귀신이 들렸다 하더니." "먹지도 않고 마시지도 아니하매"란 표현은 곧 도래할 천국에 비추어서 회개의 메시지를 전한 요한의 엄격한 모습을 태평한 방종과 대조시킨다(3:1-11의 주석을 보라). 요한의 메시지를 배척했던 사람들은 그의 억센 모습과 금욕적인 사막의 습관을 무덤이나 사막에서 살기를 선택하는 마귀들처럼 귀신에 사로잡힌 자의 증거라고 비판했다(8:28; 12:43). 이렇게 말했던 동일한 사람들이 예수가 그들과 갈등을 일으키면서 안식일에 귀신을 쫓아낼 때, 그를 귀신에 사로잡힌 자라고 참소한다(12:24). 그것은 말씀을 전하는 자들을 거짓되게 참소함으로써 메시지를 거부하는 그들의 결정을 합리화하기 위한 굳은 마음을 가진 사람들의 방식이다. "인자"로 자기 자신을 다시 한번 언급하심으로써 예수는 죄에서 구원의 치유의 어루만짐을 필요로 했던 사람들을 찾아다니시는 위대한 의사로서의 유일한 메시아적 신분에 대한 또 다른 말씀을 주신다(8:20의 주석을 보라). 영적인 치유를 필요로 하는 사람들과 함께 하는 예수의 구원적인 관계를 왜곡하여(5:46; 9:9-13의 주석을 보라) 탐욕적인 술꾼의 도당으로 그를 참소하는 것이 굳은 마음을 가진 세대들이 하는 짓이다.

하지만 예수는 "지혜는 그 행한 일로 인하여 옳다 함을 얻느니라"라고 말씀하신다. 지혜('소피아')는 일상생활에서 자녀에게 실제적인 지침을 주는 여인으로 유대교에서 자주 의인화된다(잠 8장; 참조. 솔로몬의 지혜서 7-8; Sir 51:13-20). 이런 의인화는 인생에 대한 하나님의 실제적인 접근으로 인도를 받는 사람들의 의로운 결정 방식을 예증했다. 여기서 그 말씀은 잠언적인 것으로 보인다. 어떤 이들은 지혜(Wisdom)가 성육신하신 것처럼 예수와 동일시함으로써 그것을 기독론적으로 해석한다.[14] 신약성경의 다른 곳에서 예수는 "하나님의 지혜"(고전 1:24, 30)로 언급되고, 복음의 메시지는 십자가에서 예수의 죽음으로 말미암아(고전 2:8) 실제가 된 "하나님의 지혜"(고전 2:7)다.[15] 이런 견해에 따르면, 지혜가 구현하는 것처럼, 예수의 반대자들이 비판하는 것들을 포함하여 예수의 행위는 궁극적으로 그를 변호할 것이다.

하지만 이 구절에서의 강조가 주로 기독론이 아니라 요한과 예수의 점진적인 사역에서 구원-역사적인 것에 맞추어져 있기 때문에 여기서 "지혜"를 하나님의 지혜와 연관된 보다 통상적인 의미로 이해하는 것이 더 좋다. 하나님의 지혜는 요한과 예수의 사역과 삶의 양식에서 나타난 행위에 의해 "옳다 함"을 얻을 것이다("변증될 것이다"). 지혜는 하나님의 임재 하심 속에서 삶의 구체적인 모범이 되는 방식으로 살아가는 지식의 적용을 일컫는다. 이 세대가 세례 요한과 메시아를 올바르게 취했다면 선구자와 메시아로서의 그들에 관한 지식은, 겉보기에 자기들의 삶의 양식과는 반대되어 보이지만, 그들의 행위에 의해 옳다 함을 얻었을 것이다. 이 해석이 이 문맥에서 그 말의 출현에 가장 적합한 설명으로 보인다.[16]

심판과 초대(11:20-30)

무리들과 종교 지도자들이 예수와 요한의 사역에 응답하지 않음을 책망하신 예수는 회개하지 않는 자들에 대한 심판의 말씀을 발하신다(11:20-24). 그러나 예수는 무리들에게 그의 제자가 되고 그와의 관계에서 쉼을 얻으라는 매우 따뜻한 초대를 주시는 것으로 나아가신다(11:25-30).

특권을 입었으나 회개하지 않는 도시(11:20-24). 예수는 복음의 메시지를 거부했던 도시들을 "비판하는" 것으로 방향을 돌리신다. 가버나움, 고라신(또는 코라신)과 벳새다—이 도시들은 "복음의 삼각주"라 불린다—예수가 이적을 가장 많이 베풀었던 도시들이다(11:20).[17] 그 도시들이 예수의 선교를 배척하였기에 각기 일련

---

14. M. Jack Suggs, *Wisdom, Christology, and Law in Matthew's Gospel*(Cambridge, Mass.: Harvard Univ. Press, 1970), 36-58을 보라; Boring, "Matthew," *NIB*, 8:269; Davies and Allison, *Matthew*, 2:264-65; Hagner, *Matthew*, 1:311; Keener, *A Commentary on the Gospel of Matthew*(1999), 343도 이 견해를 따른다.
15. 지혜 모티브의 간단한 논의를 위해서는 Eckhard J. Schnabel, "Wisdom," *NDBT*, 843-48을 보라.
16. 참조. Carson, "Matthew," 270-71; France, *Matthew*, 197.
17. 이 도성들에 관한 더 자세한 것을 위해서는 Wilkins, "Matthew," 74을 보라.

의 "화"가 선포된다(23:13의 주석을 보라). 두로와 시돈은 북서쪽의 빌리스티아/페니키아에 있는 이방인 도시들이다. 구약성경에 이 도시들은 이교도를 대표했으며, 자주 구약성경의 선지자들로부터 정죄의 대상과 연관되었다. 그들의 바알 숭배와 권력과 부에서 교만한 자부심이 원인이었다.[18]

예수의 이적 사역을 목격한 특권이 천국의 초대에 회개하고 수용하는 것으로 복음의 삼각주에 사는 사람들에게 작용해야 했지만 그렇지 못했다. 회개는 하나님 나라의 메시지를 입증해주는 예수의 이적에 적합한 반응이었지만, 그들은 그렇게 하지 않았다(참조. 4:23; 9:35). "베옷과 재"는 회개의 익숙한 상징이었다(참조. 에 4:1-3; 욘 3:5-8).

이런 대조는 예수가 갈릴리의 거점지로 사용하였던 도시인 가버나움(9:1, 9; 참조. 4:13)을 언급할 때 더욱더 강화된다. 그 도시의 교만한 자기 자랑은 "음부"에까지 낮아지게 될 것이다(NIV는 "깊은 곳"; 참조. 사 14:12-15).

소돔은 죄가 극성했던 곳으로 잘 알려진 도시다.[19] 하지만 소돔이 만약 예수의 이적의 계시를 받는 특권을 누렸다면, 천국 복음의 실제를 붙잡고 회개하였을 것이다. 가버나움과 비교해서 소돔이 덜 벌을 받을 것이라는 사실은, 받은 계시에 따라 벌이 주어짐을 나타낸다.

아버지 하나님에 대한 찬양의 기도(11:25-26). 예수와 하나님과의 관계의 밀접성은 그가 "아버지"로서 하나님을 부를 때에 다시 드러난다(6:9; 참조. Sir. 51:10). 의문, 배척 그리고 심판의 문맥에서(참조. "그때에"), 예수는 현명한 구속의 계획에 대해 하나님을 찬미하신다. "천지의 주재"라는 표현은 유대 문헌에서 표현된 것처럼 위로와 안전을 가져다주는 "주권"에 대한 칭호다: "나의 딸들아 용기를 가져라; 하늘의 주재가 너의 슬픔을 대신해서 기쁨을 주리라"(토빗서 7:16).

예수는 "이것을 지혜롭고 슬기 있는 자들에게는 숨기시고 어린 아이들에게는 나타내심을 감사하나이다"라고 하나님 아버지를 찬양하신다. 이것을 "숨기고 나타냄"은 하나님의 손길을 보기 위해서 겸손한 믿음의 눈을 필요로 하는 천국의 좋은 소식에 관한 활동을 나타낸다. 이것은 "오실 이"로서 예수의 신분을 가리켰을 때(11:3-5) 요한과 그의 제자들이 인식했어야 하는 "그리스도께서 하신 일"(11:2)이다—그 일로 인해 이 세대는 판단 받는다(11:16-24). "지혜롭고 슬기 있는 자들"

18. 예를 들어, 사 23:1-17; 렘 25:22; 27:3-7; 겔 26:2-9; 욜 3:4-8; 슥 9:2-4.
19. 창 18:16-19:29; 겔 16:48; 참조. *m. Sanh.* 10.3.

은 학문적으로 특별한 사람들을 가리키는 것이 아니라, 예수로부터 하나님의 참된 방식을 배우고 회개하기를 단호히 거부하는 자들을 말한다(즉 가버나움, 고라신, 벳새다의 현 세대들; 참조. 23:25-28). "어린 아이들"은 아버지로부터 예수의 계시를 순수하게(순진하게가 아니다) 받아들이는 자들이다(참조. 18:1-5). 그러므로 아버지의 거룩한 주권과 응답자의 책임이 완벽한 조화를 형성한다.

그것은 예수의 메시지를 거부하는 사람들의 교만과 자기 만족 그리고 하나님 나라의 도래에 대한 예수의 선포를 통해 하나님의 무한한 돌보심에 열려 있는 사람들의 겸손한 필요에 대한 인식을 대조시킨다. 예수는 사람들의 마음을 검증하는 방식으로서 비유로 가르치실 것이므로 이에 영적으로 응답하는 사람들은 더욱더 배우게 될 것이고, 회개하지 않는 사람들은 마음과 귀를 닫을 것이다(참조. 13:10-16). 예수는 아버지의 주권과 구속의 현명한 계획을 찬양하실 뿐만 아니라 배후에 있는 아버지의 동기도 찬양하신다. 그것이 "기쁘신 아버지의 뜻"이기 때문이다(11:26). 모든 이들이 겸손하고 회개하는 어린이와 동일한 방식으로 하나님을 돌보심을 받는 것이 아버지의 뜻이다.

아버지와 아들의 유일한 관계(11:27). 예수는 아버지와의 관계에 대한 놀라운 진술을 짧은 기도 형태로 하신다—"공관복음의 기독론 연구에서 가장 중요한 구절"[20]이라 일컫는 진술. "내 아버지께서 모든 것을 내게 주셨으니 아버지 외에는 아들을 아는 자가 없고 아들과 또 아들의 소원대로 계시를 받는 자 외에는 아버지를 아는 자가 없느니라." 예수는 깊은 신적인 자의식을 갖고 계신다. 그는 아들로서 세례에서 입증되었고(3:17), 하나님의 아들로 증거되었으며(4:2-10), 하나님의 아들로 경배를 받았고(14:33), 살아있는 하나님의 아들로 고백을 받았으며(16:16), 변용 시에 아들로 입증되었고(17:5), 주인과 결혼식 잔치의 비유에서 아들로서 자신을 암시하시며(21:23-46; 22:1-14), 아버지의 아들로 자신을 언급하신다(24:36). 또 수난과 십자가 죽음에서 하나님의 아들임을 강력하게 강조하시며, 새로운 제자들의 세례에서 하나님 아버지와 성령과 함께 연관되신다(28:18-20). 아들의 주제는 마태복음의 기독론의 중요한 요지이며 일반적으로 공관복음에도 해당된다.[21]

아들로서의 성육신한 상태와 영원한 상태에서 예수와 아버지는 독점적인 관계를 누리는 것을 의미하는 특별한 방식으로 서로를 아신다. 아들로서의 예수에게서

20. Ladd, *A Theology of the New Testament*, 164.
21. Stein, *The Method and Message of Jesus' Teachings*, 131-35.

아버지는 "나의 아버지"시다.[22] 그들은 아버지와 아들로서의 신적인 관계에 기초한 직접적이고 직관적인 앎을 누리신다. 그처럼 아버지와 아들이 나누는 것은 모든 인간관계와 인간의 지식과는 다르다.[23] 따라서 예수의 아들됨은 인간의 부모와 자식간의 의식을 능가하며, 그것은 아버지와 아들간의 본질적인 특별한 관계와 연관이 있다.[24]

성육신의 상태에서 예수는 아버지를 계시하는 특별한 권위를 아버지로부터 받았다. 그것은 아버지에 대한 아들의 열등함을 함축하지 않고, 다만 계시의 순서일 뿐이다.[25] 인간은 아들이 계시하는 주권적인 뜻을 통해서만 아버지를 알 수 있다. 그러므로 예수의 메시아적 선교의 중요한 요소는 사람들에게 중개적인 하나님에 대한 지식을 부여하는 것이다. 그것은 아들됨과 메시아됨이 동일하지 않음을 나타낸다. 아들됨이 메시아됨에 우선하고, 전반적인 메시아적 선교를 위한 기초를 이룬다. 구원역사에 대한 하나님의 계획은 아버지와 아들간의 유일한 신적인 관계에서 나온다.

수고하고 무거운 짐진 자들에 대한 초대(11:28-30). 오직 아버지와 구속의 신적인 계획을 드러내실 수 있는 예수는 마태복음에서만 나오는 초대의 말씀을 하신다. "수고하고 무거운 짐진 자들아 다 내게로 오라 내가 너희를 쉬게 하리라." 예수는 베드로와 안드레를 이와 유사한 표현으로 부르셨다(4:19). 하지만 4:19에서의 표현은 (문자적으로) "나를 따라 오라"이지만 여기서의 표현은 "나에게 오라"다. 이는 피곤하고 무거운 짐진 자들이 예수에게 가까이 나아오라는 친밀한 외침이다. "수고한"(피곤한)은 일이나 여행으로 인해 지친 사람들의 모습을 나타내지만, "짐진"은 무거운 짐을 짐으로써 눌려 있는 사람을 가리킨다. 그들은 마치 예수가 이전에 말씀하셨던 목자 없는 양처럼 "고생하며 기진한"(9:36) 무리들과 같다.

뒤이어지는 진술에 비추어 볼 때, 서기관과 바리새인들은 다시 한번 예수의 비판의 대상이 되고 있는 것으로 보인다(참조. 5:20; 6:1-18). 예수는 율법적인 전통이 사람들에게 지우는 짐에 대해 유대 지도자들을 노골적으로 나중에 정죄하신다(23:4). 따라서 이것은 제자가 되고, 바리새인들의 율법적 궤변에서는 발견할 수

---

22. "아버지"("the Father")가 아니다; 또한 7:21; 10:32, 33; 12:50; 16:17; 18:10, 19; 20:23; 25:34; 26:39, 42, 53을 참조하라.
23. Ladd, *A Theology of the New Testament*, 165-66.
24. Ibid., 166.
25. Guthrie, *New Testament Theology*, 307.

없는 안식을 예수 안에서 찾으라는 무리들에 대한 초대다.

예수는 "나는 마음이 온유하고 겸손하니 나의 멍에를 메고 내게 배우라 그리하면 너희 마음이 쉼을 얻으리니"라고 말씀하심으로써 초대의 말씀을 확장하신다. "멍에"('지고스')는 무거운 짐을 나르기 위해서 두 짐승(보통 황소)을 연결하는 나무로 된 구조물이었다. 이 이미지는 다른 것에 한 개인이 종속되는 것을 비유적으로 묘사하는데 사용되었다. 후자의 의미에서 멍에는 율법에 대한 유대교의 흔한 비유다: "율법의 멍에를 두는 사람은 그에게서 나라의 멍에(권력을 가진 사람들이 주는 고통)를 벗게 할 것이지만, 율법의 멍에를 벗어버리는 사람은 그에게 나라의 멍에와 세속의 염려의 멍에가 주어지게 될 것이다."[26]

시락서는 의인화된 지혜를 통해서 토라를 연구하는 멍에를 질 것을 사람들에게 요청했다: "돈 없이 스스로 지혜를 얻어라. 너의 목에 지혜의 멍에를 매고, 너의 영혼에 지침을 얻어라. 지혜를 가까이에서 발견하라"(Sir. 51:25-26; 참조. 6:23-31). 시락서의 구절은 예수의 말씀에 배경으로 자주 인용되고, 최근에 지혜가 성육신한 것으로 주장하는 예수에 대한 많은 논의를 파생시켰다.[27] 하지만 시락서와 예수의 말씀간의 대조가 두드러진다. 시락서는 토라 연구를 위한 "배움의 집"으로 독자들을 초대한다(시락서 51:23). 발전하고 있는 지혜 전승은 제자도가 바리새인의 권위로부터 배우고 구두 율법의 철저한 준수와 관련이 있는 것으로 이해했다.[28] 구두 율법이 신적인 기원이 있다고 생각했기 때문에, 그것의 방대한 의무조항은 성경 자체보다도 훨씬 더 무거웠고, 세월이 지나가면서 더 많은 규정들이 추가되었다. 따라서 전체 제도를 뒤바꾸지 않는 한, 랍비들은 그 부담을 줄일 수 없었다.

또한 멍에는 외국의 억압에 종속된 이스라엘을 묘사하는 구약성경에서 아주 익숙한 비유다: "우리를 뒤쫓는 자들이 우리의 목을 눌렀사오니 우리가 기진하여 쉴 수 없나이다"(애 5:5). 애굽의 포로에서 이스라엘이 돌아옴은 노역의 무거운 멍에에서 해방된 것으로 묘사된다: "나는 너희를 애굽 땅에서 인도해내어 그들에게 종된 것을 면하게 한 너희의 하나님 여호와이니라 내가 너희의 멍에의 빗장을 부수고 너희를 바로 서서 걷게 하였느니라"(레 26:13; 참조. 출 6:6-8). 그리고 이스라엘 백성들이 회개하였을 때 하나님이 외국의 억압의 멍에를 깨뜨리시고 안식을 주

26. *m. ʾAbot* 3:5; 참조. *m. Ber.* 2:2.

27. Suggs, *Wisdom, Christology and Law in Matthew's Gospel*, 107; Celia Deutsch, *Hidden Wisdom and the Easy Yoke*(JSNT 18; Sheffield: JSOT Press, 1987), 130.

28. 신약성경의 그밖에 다른 곳에서 율법주의의 멍에를 언급한다(행 15:10; 갈 5:1).

시며, 그 땅으로 돌아오게 하실 것을 선지자들은 약속했다(예. 사 14:25; 렘 2:20; 5:5; 30:8; 겔 34:27).[29]

예수의 초대는 바리새주의의 종교적인 짐이나 외국의 억압자들의 군국주의적인 짐과는 엄격히 대조된다. 그의 멍에—예수에 대한 제자도의 비유—는 종교적인 규제와 인간의 억압의 피곤과 짐에서 쉼을 약속하신다. 그것은 다름 아닌 예수에 대한 헌신을 의미한다. 천국의 구원을 시작하시는 분으로서 예수는 하나님의 진리에 대한 그의 권위적인 이해를 통해서 그들의 영혼에 쉼을 주신다. 그의 멍에는 예수가 율법을 성취하기 위해서 오셨음을 선언한 산상수훈을 상기케 하는 참된 앎을 가져올 것이다. 예수로부터 배우는 것은 율법이 진정으로 의도한 그의 계시로부터 배우는 것이다(참조. 5:17-48).

제자도의 멍에는 예수가 "마음이 온유하고 겸손"(11:29)하기 '때문에'('호티'; NIV의 "for") 쉼을 가져다준다. 예수는 천국의 구성원으로서 제자들이 보여주어야 할 바로 그 특징—온유함(5:5)과 겸손(약 4:6; 벧전 5:5)—을 예시해준다. 예수는 서기관과 바리새인들을 위선적인 자기 의에 대해 혹평하셨고(5:20; 6:1-18), 그들의 오만한 종교적 모습, 특권적 자리, 그리고 엘리트적인 칭호에 대해 정죄하실 것이다(23:5-7). 하지만 예수는 그의 권위를 과시할 필요가 없으시다. 그는 온유하게 천국 도래의 좋은 소식을 전파하고 가르치신다. 그는 죄로 찌든 인간을 겸손한 인간의 모습으로 치유하신다. 이것이 이스라엘이 소망했던 참된 종말론적인 쉼이고, "깊은 존재론적 평화 곧 샬롬의 실현이거나 하나님과 하나님의 계명과 관련한 궁극적인 복리의 감정이다."[30] 예수의 가르침은 율법의 참된 성취이며, 그에게 오는 사람들은 영혼에 쉼이 있는 제자도로 들어간다(참조. 렘 6:16).

예수에 대한 제자도가 바리새인의 규제의 짐에서 자유를 가져올지라도, 그것은 무법적인 것이 아니다. 예수는 "내 멍에는 쉽고 내 짐은 가벼움이라"고 말씀하신다. 이 두 어절은 예수의 제자도의 방식을 강조하는 동의어적인 평행이다. 예수를 따르는 제자도는 쉽거나 편리한 멍에다. 그의 가르침은 인생이 살아가도록 계획된 방식에서 하나님의 뜻을 가장 효과적으로 살게 하도록 구비시켜 주기 때문이다. 게다가 그의 제자도는 바리새적인 율법주의의 억압적인 짐이 아니라(23:4), 인생의 짐을 다루기 쉬운 것으로 전환시켜준다(참조. 6:5).

---

29. B. Charette, "'To Proclaim Liberty to the Captives': Matthew 11.28-30 in the Light of OT Prophetic Expectation," *NTS* 38(1992): 290-97.

30. Hagner, *Matthew*, 1:324.

예수는 인생이 갖는 짐에서 제자들을 풀어주시지는 않는다. 예수 자신도 성육신에서 인생의 짐을 피하지 않으셨기 때문이다. 질병과 재난과 비극은 마지막 회복 시까지 타락한 인간의 일부로 남아 있지만, 하나님 나라에 있는 사람들은 제자도의 멍에를 질 수 있도록 예수의 보호하시는 도움의 약속을 갖고 있다.

사실상 율법에 관한 예수의 해석에서 그를 따르라는 도전은 바리새인들보다 더 철저한 요청인 것으로 볼 수 있다. 예수는 단순히 외적인 순종이 아니라 마음의 순종으로 율법을 이룰 것을 요청하시며(5:21-47), 하늘에 계신 아버지가 온전하시기 때문에 제자들도 온전할 것을 요청하고 계시기 때문이다(5:48). 하지만 예수의 요청은 짊어지기에 쉬운 멍에이며, 나르기에 가벼운 짐이다. 하나님 나라의 도래와 새 언약의 시작으로, 인간을 구속하는 봉사의 짐을 지기 위해서 예수 자신도 의존했던 성령이 우리가 짐을 지고 갈 때에 동일한 능력을 주실 것이다.[31]

하지만 하나님의 진리로 살아가는 방법을 예수로부터 배우기 위한 탐구에서, 예수에 대한 제자도가 본질적으로 종교적인 의무가 아님을 자각하지 못한다면, 예수의 제자들이 그의 멍에를 견딜 수 없는 짐으로 바꿀 수 있음을 기억하는 것이 중요하다. 오히려 우리의 쉼은 "나에게 오라"와 "나에게서 배우라"고 요청하시는 분과의 친밀한 관계다. 인생이 복잡할지라도, 제자도란 마음에서부터 이 세상에서 예수와 단순하게 동행하며, 예수의 방식대로 인생을 살아가는 방법을 매순간 가르쳐 주시도록 성령께 의탁하는 것이다.

상황잇기

예수의 구원의 메시지(5-7장)와 이적 사역(8-9장)이 이루어지고, 이스라엘에 대한 제자들의 선교사역이 위임됨으로써(10장), 마태는 변화를 이룬다. 무리들은 여전히 예수를 따르지만 분위기가 다르다. 예수에 대한 불만족이 시작되고 있다. 그것은 이스라엘의 메시아로서 예수를 거부하는 움직임의 불길한 징조다. 11장에서 우리는 예수의 정체성과 사명에 대해 제기하는 많은 의문들을 발견한다. 이것이 12장에서는 노골적인 반대로 나타난다. 이스라엘은 구원역사에서 메시아를 영접할 수 있는 첫 번째 기회가 주어지는 특권을 갖고 있고, 예수는 그들의 메시아로서 자신을 인정할 수 있는 더 많은 기회를 주신다. 하지만 그들이 책임 있게 결정할 때가 다가오고 있다. 예수에게 서느냐 예수를 대적하느냐? 특권과 책임은

31. Hafemann, *The God of Promise and the Life of Faith*, 203.

11장에서 전반적으로 나타나는 두 대응되는 주제다.

메시아 예수를 목격하는 비할 데 없는 특권. 하나님의 구원역사의 정점은 모든 역사에서 가장 특권이 부여된 세대에 메시아의 행위로 나타났다. (1) 유대의 그 세대들은 이 사건들이 전개되는 것을 목격하는 특권을 가졌다. 예수는 자신이 메시아라는 확증을 치유와 설교의 행위로 알리신다(11:4-5). 이 기적적인 메시아의 행위를 목격한 무리들과 도성의 종교지도자들은 가장 큰 특권이 부여된 사람들 가운데 속한다(11:20-23).

(2) 그 세대는 세례 요한의 세례를 목격하는 영광을 입었기 때문에 가장 특권이 부여된 자들이다. 요한은 그의 권리에서 가장 위대한 자로 인식되어야 한다(11:11). 그는 몇 백년 만에 이스라엘에 나타나서 전파한 선지자다. 그는 대단히 중요한 역사적 인물이다. 그가 구약성경에서 하나님의 구원하시는 활동과 메시아 예수의 사역에서 구원하시는 활동 사이에 고리역할을 하기 때문이다. 이 세대의 백성들은 선지자보다 위대한 자, 즉 하나님의 도래를 위한 길을 준비하는 엘리야에 관한 말라기의 예언을 성취하는 사명이 부여된 자를 목격하는 특권을 가졌다.

(3) 요한이 가졌던 영광은 예수의 메시아 사역에 응답하여 믿음과 용기를 가진 사람들, 즉 천국에 들어가는 사람들과 비교가 되지 않는다(11:11). 하나님의 구원역사에서 이 시대에 속한 것은 가장 영광스러운 특권이다. 우리는 예수와의 관계에서 죄 용서함과 성령에 의한 중생의 변화를 경험하고(26:26-29), 그리스도의 몸인 교회에 속하며(16:18-19), 새로운 제자로서 열방에 예수를 전하는 대위임의 사명이 있는 더 커다란 특권을 가졌다. 예수로 인한 위대함은 주로 이 세상에 범람하는 잣대인 성공과 성취와 관련이 있지 않다. 예수는 그의 구속 사역을 획득하고, 하나님 나라의 대의를 개진함으로써, 다른 이들을 섬기는 봉사에서 그 사람의 위대함을 측정하신다(참조. 18:1-4; 20:20-28). 천국의 특권은 신분상의 위대함의 우위를 점하는 데서 오지 않고, 예수가 가져오신 새로운 질서의 구성원이 되며, 그를 증거하는 데 있다. 예수는 그것을 받는 모든 이들에게 특권을 주신다.

(4) 이 세대는 아버지와 아들간의 관계의 놀라운 계시를 먼저 목격하고, 이제는 그 관계에 포함되는 영광을 입었다. 영원서부터 아버지와 아들은 서로를 투명하게 알 수 있는 유일한 지식을 갖고 있다. 아버지와 아들은 각자의 본질적인 존재를 강력하고도 직관적으로 아시고 서로의 생각과 감정과 의지를 나누신다. 도성인신하심으로써 예수의 선교는 인간에게 이 아버지와의 관계를 계시하셨고, 그러한 놀라운 계시에 응답하는 사람들을 그 안에 포함시키신다. 기적 중의 기적인 이 관계에

들어간 사람들은 만사를 이해하려는 인간의 노고에서 쉼을 발견할 것이다. 우리는 예수로부터 직접 배우는 제자도의 관계에 들어간다. 예레미야는 새 언약의 삶의 종류에 대해 이미 예언했다.

> 나는 그들의 하나님이 되고 그들은 내 백성이 될 것이라 여호와의 말씀이니라 그들이 다시는 각기 이웃과 형제를 가리켜 이르기를 너는 여호와를 알라하지 아니하리니 이는 작은 자로부터 큰 자까지 다 나를 알기 때문이다(렘 31:33-34).

이사야도 일상생활에서 직접적인 인도를 하시는 하나님과의 관계를 경험하게 되는 다가올 날을 이스라엘에 예언했다.

> 주께서 너희에게 환난의 떡과 고생의 물을 주시나 네 스승은 다시 숨기지 아니하시리니 네 눈이 네 스승을 볼 것이며 너희가 오른쪽으로 치우치든지 왼쪽으로 치우치든지 네 뒤에서 말소리가 네 귀에 들려 이르기를 이것이 바른 길이니 너희는 이리로 가라 할 것이며(사 30:20-21).

자기 백성들과 함께 하는 하나님에 관한 구약성경의 주제는 예수의 제자도의 쉬운 멍에와 가벼운 짐을 지는 특권이 부여되는 예수의 관계에서 명백한 성취를 발견한다.[32]

우리는 이런 방식으로 예수를 따르는 제자도를 생각하고 있는가? 천국의 일원이 되는 것이 얼마나 큰 특권인지를 이해하고 있는가? 나는 예수와 갖는 관계, 하나님 아버지와 갖는 평화 그리고 그리스도의 몸으로서 교회의 실제를 너무도 자주 당연한 것으로 여기고 있다고 생각한다. 심지어 현재의 영적인 존재의 상태가 가능한 것은 하나님의 자발적인 위대한 사랑과 희생으로 말미암으며, 이 존재의 본질이 예수 이전에 있었던 어느 누구보다도 위대하다는 사실을 우리는 잊어버린다.

우리는 인간으로서 우리가 어떠한 사람인지를 온전히 깨달음으로써 예수에 대한 제자도의 가장 커다란 혜택을 취할 수 있다. 우리는 의무로부터가 아니라 새롭게 된 사랑의 영으로 하나님과 이웃을 사랑하고 섬기는 자다(참조. 5-7장). 이 사실이 우리가 의도적으로 영적인 성장을 추구할 수 있도록 힘을 불어넣게 해야 한다.

32. 이 주제에 관한 더 자세한 것을 위해서는 Wilkins, *Following the Master*, 51-69을 보라.

특권을 수반하는 회피할 수 없는 책임. 이 장의 두 번째 주요한 주제는 특권과 기회는 피할 수 없는 책임이 따라온다는 사실이다. 메시아의 행위를 목격할 때, 우리의 책임은 겸손히 믿음으로 반응하는 것이다. 요한과 그의 제자들은 예수의 길을 준비하는 특권을 부여받았으나, 그 특권은 메시아 예수의 선교를 겸손히 믿는 개인적인 책임이 있었다. 설사 그들이 예상한 대로 진행되지 않았을 때라도 말이다. 그들이 믿음으로 예수를 메시아로서 환호하지 않는다면, 다른 이들을 실족케 할 수 있기 때문에 특권이 부여된 자에게는 더 큰 책임이 있다.

요한과 예수의 사역을 목격하는 혜택이 부여된 이들은 하나님의 도래와 주님의 날을 준비하는 엘리야에 관한 예언을 요한이 성취시켰던 메시지를 듣고(11:15), 반응하며, 행사해야 하는(11:14) 피할 수 없는 책임이 있다(참조. 11:10; 말 3:1; 4:5-6). 하지만 이 세대는 요한과 예수의 메시지를 거부하고, 하나님의 말씀을 전하는 두 메신저를 모욕적으로 정죄하면서 자신들의 생각만을 이기적으로 요구했다(11:16-19). 구원역사에서 하나님의 지혜는 이 사악한 세대의 잘못을 입증할 것이고, 그들은 하나님의 메신저를 거부한 책임을 지게 될 것이다.

예수의 메시아적 행위를 목격한 고라신, 벳새다, 그리고 가버나움의 도성에 있는 사람들의 특권은 메시아로서 예수를 인정하고 회개하는 책임을 수반하지만, 그들은 자기를 높이는 일만을 일삼음으로써 예수를 거부했다. 따라서 그들의 특권과 수반하는 책임은 더 커다란 재앙으로 그들을 이끌 것이고, 그들의 심판은 고대 세계의 죄악으로 악명 높은 도성보다도 더 심할 것이다.

아버지와 아들간의 관계에 관한 지식의 계시를 받은 사람들의 혜택(11:25-27)은 이 관계의 신성함을 영화롭게 하는 책임이 있다. 이 앎을 거부하는 것은 하나님에 대한 신성모독을 저지르는 것이며, 예수로부터 이 앎을 받는 것은 예수에 대한 제자도의 멍에를 겸손히 받고 예수를 섬기는 영예를 존엄하게 지니는 것이다. 우리에게 다가오는 말씀으로 예수로부터 매일 배울 때(11:29), 예수의 제자—예수가 우리가 행하기를 요청하시고, 우리가 되기를 요청하시는—가 되는 것이 정확히 무엇인지를 아는 더 큰 책임이 있다.

따라서 예수의 제자로서 우리에게는 특권이 책임과 균형을 이룬다. 알면 알수록 더 큰 책임이 있다. 즉 이 앎에 순종하고, 다른 이들과 이 앎을 나누어야 하는 책임이 있다. 하지만 우리의 모든 특권과 책임에서 예수가 우리의 멍에는 쉽고 짐은 가볍다고 말씀하신 것을 잊지 말아야 한다. 왜 쉽고 가벼운가? 예수가 멍에와 짐을 우리와 나누시기 때문이다. 더그 웹스터는 예수가 우리에게 뻗치시는 쉬운 멍에와 가벼운 짐의 도전과 약속에 대해 언급한다.

> 예수의 쉬운 멍에는 값싸거나 편리한 것이 아니다. 쉬운 멍에의 놀라운 약속은 자기를 섬기는 행위에 기초한 종교에서 우리를 자유케 한다. 예수의 멍에는 우리를 자기중심주의의 짐에서 해방시킨다는 점에서 쉽다. 그것은 자기 의의 짐에서 우리를 자유케 하고 하나님이 우리로 살기 원하시는 방식으로 살게 한다…쉬운 멍에는 모순 어법처럼 들린다. 밭을 갈거나 짐을 내리는 것은 쉬운 일이 아니다! 예수는 경작을 위한 부드러운 땅이나 짐을 나르기 위한 평평한 길을 약속하지 않으신다. 예수가 약속하고 있는 것은 예수 자신과의 관계다. 그 요구는 크지만, 예수와 갖는 관계는 그 짐을 가볍게 한다.[33]

현대적 의미

쉼. 매주 기독교 예배에 함께 모이는 사람들의 여러 다른 유형들 중에서 한 그룹은 특별한 관심을 받을 만하다: 쉼을 필요로 하는 마음의 의문을 갖고 주님께 나아오는 사람들. 그것은 돌보지 않는 사장 밑에서 일함으로 고생하는 사람일 수 있고, 가정을 돌보지 않고 속이는 배우자와 결혼생활을 하고 있는 사람일 수 있다. 또 영적으로 잘못된 길을 가는 자녀를 가진 신실한 부모일 수 있고, 비극적인 죽음으로 친구를 잃은 젊은이일 수 있다. 때로 이런 종류의 사람들은 인생에 대한 주님의 지배를 의문하며 예배에 참석하곤 한다—때로는 경외하는 마음으로 때로는 그렇지 못하게 예배에 참석하곤 한다. 그들은 응답을 받지 못하고, 심지어 하나님이 응답하실 것인가를 의심하는 삶의 커다란 문제를 마음속에서 해답을 찾고자 한다. 그들이 필요로 하는 것은 쉼이다.

많은 사람들이 쉼을 필요로 하여 교회에 나오고 있음을 인식하는 현명한 목회자나 젊은이 사역자 또는 주일학교 교사가 있다. 예수는 모든 사람들이 동일한 방식으로 그에게 응답하지는 않을지라도, 각 사람에게 동일한 쉼의 초대를 하신다.

(1) **경험과 기대.** 어떤 이는 하나님의 뜻이 이루어지리라고 기대했던 방식과 그들의 현재의 경험이 일치하지 않기 때문에 의문을 갖는다. 메시아의 길을 준비하는 하나님의 선지자로서 세례 요한은 예수의 메시아 신분에 대한 특별한 계시를 갖고 있었다. 하지만 감옥에서 처형을 기다리고 있는 그의 현재의 경험은 메시아

---

33. Doug Webster, *The Easy Yoke*(Colorado Springs: NavPress, 1995), 8, 14.

의 도래가 가져올 심판에 대한 예상과 들어맞지 않았다. 이에 대한 예수의 반응은 주의 사역의 양상이 어떠한지를 요한이 살피고 하나님의 활동에 맞추어 그의 기대를 조정하게 하신다(11:1-6).

많은 사람들이 요한의 상황과 관련이 있다. 남편이 암으로 진단을 받은 세 자녀의 젊은 엄마는 예상치 못한 홀로됨의 짐을 그녀에게 남기고 그가 떠날 수 있는지 이해할 수 있게 해달라고 하나님께 간구한다. 새로운 담임목사로 인해 교회에서 갑자기 쫓겨나게 된 젊은 목사는 하나님의 인도하심을 따르는 것이 참으로 무엇을 의미하는지를 질문한다. 하나님의 메시지를 전하기 위해 온 삶을 바쳤던 베테랑 선교사 부부가 교단의 은급 자금이 뜻밖에 소실된 것을 발견하고서 자신들의 지혜와 하나님의 공급하심에 질문을 던진다. 이것은 마음에 떠올릴 수 있는 세 가지 실제적인 상황이다. 이외에도 우리들은 하나님의 인도를 따를 때 우리의 경험이 예상했던 것과 일치하지 않는 여러 경우를 생각할 수 있다. 요한의 질문에 대한 예수의 응답에서 우리는 그러한 질문에 대한 세 가지 가이드라인을 추론할 수 있다.

ⓐ 예수의 응답은 요한의 상황과 고통에 대한 긍휼을 보이신다. 그것은 고통 가운데서 질문이 파생되어 나오는 사람들에 대한 우리의 반응에서 항상 포함될 수 있는 필수적인 요소다. 남편이 암으로 죽었던 젊은 아내이자 엄마는 믿음의 공동체에 의해 수년간 사랑의 돌봄을 받았다. 그것은 아주 어려운 상황에서도 하나님의 지혜를 신뢰할 수 있는 힘을 그녀에게 가져다주었다.

ⓑ 예수는 의문하는 현재의 요한의 상황이 이전에 요한이 가졌던 용기 있는 사역을 무로 돌리지 않게 하셨다. 요한에 대한 예수의 찬사는 요한 자신이 오랫동안 전파했던 메시지를 다시 돌아보는 것이 필요함을 상기시켰다. 이전의 교회 사역에서 해고된 젊은 목사는 자신이 한 사람에게는 인정을 받지 못했다할지라도 그것이 그의 온 사역을 통해 있었던 수많은 삶을 취소하지 못한다는 것을 상기하는 것이 필요했다. 그는 이런 어려운 경험에서 배울 필요가 있다. 그는 과거에 그가 행했던 효과적인 사역의 기억을 무로 돌리게 하거나 그의 미래의 사역을 저해하는 일이 없게 해야 한다.

ⓒ 아마도 가장 중요한 것은 치유와 전파 사역에서 예수가 성경의 성취를 지적하셨다는 사실이다. 요한의 기대는 계속해서 하나님 말씀의 실제로 인도를 받아야 한다. 은퇴한 선교사는 그의 온 삶을 통해서 하나님의 말씀에 의존했고, 그것이 그들로 하여금 인생에서 하나님의 목적에 대한 실제적인 이해를 가져오게 했다. 인간은 그들을 실패케 할지라도, 하나님의 말씀은 하나님이 그들에게 신실하시다는

것을 약속하셨고, 그들은 이런 곤경 가운데서 놀라운 평화를 발견했다. 결과적으로 크리스천 공동체는 그들을 위한 사랑과 후원을 쏟아 붓는 것으로 반응했다. 하나님은 다시 한번 그들의 삶에서 신실하심을 입증하셨다.

내가 이 구절을 읽을 때 충격을 받았던 한가지 부가적인 요소를 덧붙이고자 한다. 이 위대한 선지자가 의문을 가졌다면 우리도 역시 의문을 갖는 것이 당연하다는 것을 요한의 질문이 확인해 준다. 나는 나의 신앙이나 이해에 부담을 주는 상황을 만날 때 정직해야 하며, 나의 경험이 나의 기대를 당황하게 할 때 이를 표현할 수 있어야 한다. 우리가 전에는 직면하지 않았던, 우리를 곤란하게 하는 상황에 처했을 때, 우리를 이해하고 도움을 줄 수 있는 동료나 친구를 갖는 것이 중요한 이유가 바로 이 때문이다. 예수는 이런 상황에 있는 요한에게 신실한 친구로서 행동하셨다.

하지만 한편으로 우리가 의문을 가질 때 다른 사람들을 실족하게 할 가능성이 있다. 예수는 그의 사역에서 요한이 성경의 성취를 분명하게 보지 못함을 온화하게 책망하신다(11:6). 요한이 예수의 사역에서 하나님이 활동하시는 실제를 보지 못하는 상황에 처하게 된다면, 그는 자기 자신만 넘어지는 것이 아니라 그의 제자들과 하나님의 선지자로서 그를 존경했던 무리들을 실족하게 할 수 있다. 우리는 처한 상황을 조용히 인내하며 하나님의 인도하심을 신뢰할 필요가 있다. 나는 기독교 지도자들이 힘든 상황에 숨통을 트이게 할 수 있는 동정적인 귀를 얻고자 배우자에게 교회 일을 상세히 알리기 때문에 실제로 사역을 망친 경우를 본다. 한 친구는 이런 일을 규칙적으로 행함으로써 자기 자신과 아내가 목양지의 신자들을 경멸하게 하는 상태에 이르렀다. 그들은 나쁜 것만 말하고 좋은 것을 나누지 않았기 때문이다. 그들은 마지막 두 번의 목회지에서도 똑같은 일을 반복함으로써 이제는 사역에서 완전히 떠나게 되었다.

우리의 현재의 경험이 우리의 삶과 다른 이들의 삶에서 하나님의 활동을 바라보는 방식에 상당한 영향을 미친다. 우리가 긍휼과 존경과 하나님의 말씀에 따른 하나님의 뜻의 분명한 이해를 경험할 때, 인내할 수 있는 꿋꿋함을 발견할 수 있다.

(2) **일정과 동기.** 하나님의 일에 대한 개인의 생각은 하나님의 메신저들의 동기를 의문하고 왜곡하게 한다. 예수는 현 세대를 다른 어린이들도 자신이 원하는 게임을 할 것을 고집스럽게 요구하는 어린이와 비교하신다. 어린이들은 자기 방식으로 같이 놀아주지 않을 때, 다른 어린이들을 비난한다. 이 세대를 기쁘게 해 줄 수 있는 방법은 없다. 궁극적으로 그들이 자신들의 종교적 일정을 하나님의 구원계획

앞에 내려놓기를 원치 않기 때문이다. 그들이 보기에 요한은 너무 금욕적으로 종교적이며, 예수는 충분히 경건하지 못하였다.

이 세대의 반응은 몇 가지 요지를 제공해준다. ⓐ 우리가 자신의 일정이 하나님의 일을 행하는 올바른 방식이라고 믿고 확신할지라도, 건강한 겸손함을 갖는 것은 하나님이 우리의 일정을 조정할 수 있는 여지를 남겨준다. 종교지도자들과 무리들은 예수와 요한의 메시지를 놓쳤고 오해했다. 예수와 요한의 메시지에서 하나님의 음성을 듣지 못하는 그들의 완고함 때문이다.

내 동료 중에 한 사람이 40년 이상을 복음적인 학계에서 리더로 있었다. 그는 학문과 사역을 하는 방식에 대한 자신의 이해와 교리에 아주 확고하였다. 어떤 사람이 천국에 관한 그의 견해와 교회와 학교에서의 리더십이 이루어져 나가는 방법을 바꾸려 하는 것은 꽤 힘든 일일 것이다. 하지만 하나님의 말씀과 사역에 관한 그의 이해를 계속해서 성장할 수 있도록 경각시키는 것은 깊은 곳에 자리 잡은 겸손이다. 그는 어떤 이슈에 대해서 내가 그의 의견을 들을 것을 요구하기보다 나의 견해를 말할 것을 요청한다. 이것은 제안에 대해 건강한 회의주의를 가질 수 없다거나 하나님이 우리에게 가르치신 것에 건강한 확신을 갖고 있지 않음을 암시하지 않는다. 그것은 예수와 그가 다른 이들을 통해서 우리에게 가져오시는 사역을 충분히 수용할 만큼 우리들이 온유한 마음을 갖는 것이 필요함을 암시한다.

ⓑ "지혜는 그 행한 일로 인하여 옳다 함을 얻느니라"(11:19)라는 말씀에서 예수는 거부를 당하는 중에서도 변호를 받게 되는 위로의 확신을 주신다. 예수와 요한이 배척을 당한 것과 같이 지금 예수를 따르는 사람들도 배척을 경험할 수 있다. 예수는 계속해서 그를 따르는 사람들의 고난을 설명하신다. 하지만 각 사람의 행위 속에서 그리고 궁극적으로 우리에게 능력과 확신을 주는 정의로우신 하나님의 손 안에서 분명히 드러나는 변호의 과정이 있다. 우리가 하나님의 말씀의 진리를 확신하고 그 진리를 좇을 때, 진리 자체가 우리의 행위를 변호할 것이다. 분명히 이것이 위에서 지적한 것, 즉 우리의 일정을 교만하게 고집하는 것을 조심해야 하는 것과 조합되어야 한다. 건강한 겸손함으로 살아갈 때 우리는 하나님의 말씀의 진리를 위해 싸우는 일에 확신할 수 있다.

(3) **잘난 체와 굳은 마음**. 메신저의 동기를 의문하는 사람들의 자기 자신을 섬기는 일정은 결국 예수를 배척하는 것으로 나아간다. 굳은 마음의 완고함은 임박한 영원한 심판으로 이끈다. 이것이 고라신, 벳새다, 가버나움의 사람들의 운명이고 (11:20-24), 예수의 신분과 메시지를 의문하는 오늘날 혜택을 입은 자들의 운명이

다. 이것이 자유주의적인 기독교 학문에서 자주 발견할 수 있는 슬픈 이야기이며, 이 학문들이 예수를 구세주로 고백했던 교회에서 발생하고 있으며, 이들의 점증적인 세속주의는 예수에 대한 깊은 회의주의로 인도될 것이다.

악명 높은 예수 세미나(Jesus Seminar)의 창시자인 신약학자 로버트 푼크(Robert Funk)는 예수를 개인의 구세주로서 고백했던 젊은 시절부터 사역의 삶을 버리고 궁극적으로 예수가 거룩한 구세주임을 인정하는 것을 거부했던 초기 성인 시절에 이르는 자신의 여행에 대해서 이야기했다. 그는 신약성경의 예수와 교회의 신조를 믿는 사람들은 "받은 전통에 대한 유순하고 생각 없는 고집쟁이들"[34]이라고 주장하면서 자신의 현대적 일정에 더 편하게 순응하는 예수의 모습을 만들어내는 것을 좋아한다. 이런 말을 하게 되는 것은 슬픈 일이다.

로버트 푼크와는 매우 다른 신약학자인 데일 부르너(Dale Bruner)는 부활하신 그리스도의 기적적인 임재를 경험한 특권을 가진 모든 이들에게 인생에서 예수를 지금 올바른 자리에 두고 있는가를 알도록 경고한다. 가버나움은 "네가 하늘에까지 높아지겠느냐"(11:23)라는 이사야 14:13에 기초한 일종의 모토를 가진 것으로 보인다. 이는 그들의 도성에 거점을 두고 사역하신 예수를 가진 것에 대한 교만한 감정을 나타내며, 결국 그들은 예수를 메시아로 인정하지 않았다. 동일한 방식으로 교회와 말씀의 사역을 통해서 예수의 기적적인 임재를 경험한 특권이 있었던 현대의 나라들과, 미국처럼 "우리는 하나님을 신뢰합니다"라고 자랑하는 사람들은 예수와 함께 행한 것을 계수하도록 명함 받을 것이다. 부르너는 이렇게 말한다.

> 크리스천 국가들이 심판 날에 더 특별한 어려움을 겪을 것이다. 예수가 그들의 공동체에 진정으로 없었기 때문이 아니라 예수가 그들의 공동체에 있었기 때문이다. 변화가 없는 예수의 임재는 소돔성의 사람들보다 더 깊은 정죄로 인도될 것이다…가버나움은 자의식이 강한 기독교를 대변한다. 모든 기독교인들이 예수의 소유와 자기들이 예수의 사역의 중심에 있다고 자랑하지만…예수는 항상 감명을 받지 못하신다. 심판 날에 스스로 만족하는 신자들보다 악명 높은 이교도가 더 대우를 받을 것이다. 문제의 핵심은 이것이다: '그리스도인들'은 예수를 진지하게 취해야 한다. 우리가 그리할 때, 심판을

34. Robert W. Funk, *Honest to Jesus: Jesus for a New Millennium*(San Francisco: HarperSanFrancisco, 1999), 12. 그의 여행의 더 많은 부분이 1장(pp. 1-14)에서 자세히 설명되고 있고, "Jesus for a New Age," 297-314라는 장에서도 묘사된다.

피할 수 있지만 그리 하지 않을 때 심판을 초래하게 된다.[35]

이것은 심각한 말이지만 예수의 사역을 목격하는 특권이 부여되었으나 잘난 체와 굳은 마음으로 예수를 거부했던 도성 사람들에 대한 예수의 경고도 이와 마찬가지로 심각하다.

(4) **수고와 쉼**. 마지막으로, 이스라엘 백성들은 하나님과의 친밀한 관계를 얻으려고 열심히 노력하였지만, 자기 의의 종교 지도자들의 습관을 따름으로써 피곤하고 점차적으로 짐이 무거워졌다. 예수는 그들이 참된 쉼을 알 수 있도록 초대하신다. 그들의 수고와 짐은 예수의 제자도의 멍에에서만 쉼을 얻을 수 있다(11:28-30).

우리는 궁극적인 쉼을 제자도의 쉬운 멍에와 가벼운 짐에서 발견할 수 있다. 하나님 나라를 찾는 것을 개인의 위로 이전에 두어야 하고, 천국 메시지에 마음이 굳어져 있는 사람들의 박해를 받는 높은 헌신을 요구하는 것이기에, 제자도의 방식에서 쉼을 얻는 것은 직관적으로 이에 반하는 것으로 보인다. 하지만 이 멍에는 가장 위대한 특권으로서 예수가 우리에게 주신 것이다.

이 세상은 어떠한가? 예수가 아닌 곳에서, 말하자면 텔레비전, 술, 도피적 여행, 음란물, 또는 인생의 고통을 무디게 하는 다른 많은 것들에서 쉼을 얻으려 한다. 하지만 참된 삶으로 위장한 여타 것들에서 쉼을 얻을 수 있는 것이 아니라 예수의 멍에에서 참된 쉼을 얻을 수 있다. 우리가 인생의 고통을 덜기 위해서 사용하는 많은 것들이 정확히 그 반대편에 서 있다. 그것은 우리에게 일시적인 쾌락만을 줄뿐이며, 결국에는 텅 빈 감정만을 남길 것이다. 하지만 예수가 우리에게 주는 것은 그와 같지 않다. 참된 삶(요 10:10)은 안에서부터 형성되며(마 5:20의 주석을 보라), 예수의 제자도의 쉬운 멍에 아래서 새롭게 된 본성으로부터 하나님을 사랑하고 섬기는 사람으로 만든다. 웹스터는 인상적인 말로 쉬운 멍에에 관한 그의 연구를 결론짓는다.

> 그리스도의 은혜와 십자가의 구원하시는 사역과 분리해서, 쉬운 멍에가 실천할 수 있고 더군다나 쉬운 것이라고 사람들에게 납득시키기란 불가능하다. 예수의 멍에 아래서 살아가는 사람들에게서 절대적으로 다른 방법은 없다. 자아, 돈, 탐욕과 권력의 신으로 돌아갈 수 없다. 위선적인 행동과 판단주의의 사당으로 다시 돌아갈 수는 없다. 사랑이

35. Bruner, *Christbook: Matthew 1-12*, 425, 28.

미움보다 좋고, 순결이 탐욕보다 좋으며, 화해가 복수보다 좋지 아니한가? 그리고 이기적인 교만함보다는 영혼에 쉼이 있는, 말하자면 그 성격을 측정할 때, 세상의 편리함보다는 (예수의 멍에처럼) "쉬운" 것이 더 좋지 아니한가?[36]

그것이 예수의 제자도의 쉬운 멍에에서 오는 쉼이다.

36. Webster, *The Easy Yoke*, 201.

마태복음 12:1-50

1 그때에 예수께서 안식일에 밀밭 사이로 가실
새 제자들이 시장하여 이삭을 잘라 먹으니
2 바리새인들이 보고 예수께 말하되 보시오 당
신의 제자들이 안식일에 하지 못할 일을 하
나이다
3 예수께서 이르시되 다윗이 자기와 그 함께
한 자들이 시장할 때에 한 일을 읽지 못하였
느냐
4 그가 하나님의 전에 들어가서 제사장 외에는
자기나 그 함께 한 자들이 먹어서는 안 되는
진설병을 먹지 아니하였느냐
5 또 안식일에 제사장들이 성전 안에서 안식을
범하여도 죄가 없음을 너희가 율법에서 읽지
못하였느냐
6 내가 너희에게 이르노니 성전보다 더 큰 이
가 여기 있느니라
7 나는 자비를 원하고 제사를 원하지 아니하노
라 하신 뜻을 너희가 알았더라면 무죄한 자
를 정죄하지 아니하였으리라
8 인자는 안식일의 주인이니라 하시니라
9 거기에서 떠나 그들의 회당에 들어가시니
10 한쪽 손 마른 사람이 있는지라 사람들이 예
수를 고발하려 하여 물어 이르되 안식일에
병 고치는 것이 옳으니이까
11 예수께서 이르시되 너희 중에 어떤 사람이
양 한 마리가 있어 안식일에 구덩이에 빠졌
으면 끌어내지 않겠느냐
12 사람이 양보다 얼마나 더 귀하냐 그러므로
안식일에 선을 행하는 것이 옳으니라 하시고
13 이에 그 사람에게 이르시되 손을 내밀라 하
시니 그가 내밀매 다른 손과 같이 회복되어
성하더라
14 바리새인들이 나가서 어떻게 하여 예수를 죽
일까 의논하거늘
15 예수께서 아시고 거기를 떠나가시니 많은 사
람이 따르는지라 예수께서 그들의 병을 다
고치시고
16 자기를 나타내지 말라 경고하셨으니
17 이는 선지자 이사야를 통하여 말씀하신 바
18 보라 내가 택한 종 곧 내 마음에 기뻐하는 바
내가 사랑하는 자로다 내가 내 영을 그에게
줄 터이니 그가 심판을 이방에 알게 하리라
19 그는 다투지도 아니하며 들레지도 아니하리
니 아무도 길에서 그 소리를 듣지 못하리라
20 상한 갈대를 꺾지 아니하며 꺼져가는 심지
를 끄지 아니하기를 심판하여 이길 때까지
하리니
21 또한 이방들이 그의 이름을 바라리라 함을
이루려 하심이니라
22 그때에 귀신 들려 눈 멀고 말 못하는 사람을
데리고 왔거늘 예수께서 고쳐 주시매 그 말
못하는 사람이 말하며 보게 된지라
23 무리가 다 놀라 이르되 이는 다윗의 자손이
아니냐 하니
24 바리새인들은 듣고 이르되 이가 귀신의 왕
바알세불을 힘입지 않고는 귀신을 쫓아내지
못하느니라 하거늘
25 예수께서 그들의 생각을 아시고 이르시되
스스로 분쟁하는 나라마다 황폐하여질 것이
요 스스로 분쟁하는 동네나 집마다 서지 못
하리라
26 만일 사탄이 사탄을 쫓아내면 스스로 분쟁하
는 것이니 그리하고야 어떻게 그의 나라가
서겠느냐
27 또 내가 바알세불을 힘입어 귀신을 쫓아내면
너희의 아들들은 누구를 힘입어 쫓아내느냐

그러므로 그들이 너희의 재판관이 되리라
28 그러나 내가 하나님의 성령을 힘입어 귀신을
쫓아내는 것이면 하나님의 나라가 이미 너희
에게 임하였느니라
29 사람이 먼저 강한 자를 결박하지 않고서야
어떻게 그 강한 자의 집에 들어가 그 세간을
강탈하겠느냐 결박한 후에야 그 집을 강탈하
리라
30 나와 함께 아니하는 자는 나를 반대하는 자
요 나와 함께 모으지 아니하는 자는 헤치는
자니라
31 그러므로 내가 너희에게 이르노니 사람에 대
한 모든 죄와 모독은 사하심을 얻되 성령을
모독하는 것은 사하심을 얻지 못하겠고
32 또 누구든지 말로 인자를 거역하면 사하심을
얻되 누구든지 말로 성령을 거역하면 이 세상
과 오는 세상에서도 사하심을 얻지 못하리라
33 나무도 좋고 열매도 좋다 하든지 나무도 좋
지 않고 열매도 좋지 않다 하든지 하라 그 열
매로 나무를 아느니라
34 독사의 자식들아 너희는 악하니 어떻게 선한
말을 할 수 있느냐 이는 마음에 가득한 것을
입으로 말함이라
35 선한 사람은 그 쌓은 선에서 선한 것을 내고
악한 사람은 그 쌓은 악에서 악한 것을 내느
니라
36 내가 너희에게 이르노니 사람이 무슨 무익한
말을 하든지 심판 날에 이에 대하여 심문을
받으리니
37 네 말로 의롭다 함을 받고 네 말로 정죄함을
받으리라
38 그때에 서기관과 바리새인 중 몇 사람이 말
하되 선생님이여 우리에게 표적 보여주시기
를 원하나이다
39 예수께서 대답하여 이르시되 악하고 음란한
세대가 표적을 구하나 선지자 요나의 표적
밖에는 보일 표적이 없느니라
40 요나가 밤낮 사흘 동안 큰 물고기 뱃속에 있
었던 것 같이 인자도 밤낮 사흘 동안 땅 속에
있으리라
41 심판 때에 니느웨 사람들이 일어나 이 세대
사람을 정죄하리니 이는 그들이 요나의 전도
를 듣고 회개하였음이거니와 요나보다 더 큰
이가 여기 있으며
42 심판 때에 남방 여왕이 일어나 이 세대 사람
을 정죄하리니 이는 그가 솔로몬의 지혜로운
말을 들으려고 땅 끝에서 왔음이거니와 솔로
몬보다 더 큰 이가 여기 있느니라
43 더러운 귀신이 사람에게서 나갔을 때에 물
없는 곳으로 다니며 쉬기를 구하되 쉴 곳을
얻지 못하고
44 이에 이르되 내가 나온 내 집으로 돌아가리
라 하고 와 보니 그 집이 비고 청소되고 수리
되었거늘
45 이에 가서 저보다 더 악한 귀신 일곱을 데리
고 들어가서 거하니 그 사람의 나중 형편이
전보다 더욱 심하게 되느니라 이 악한 세대
가 또한 이렇게 되리라
46 예수께서 무리에게 말씀하실 때에 그의 어머
니와 동생들이 예수께 말하려고 밖에 섰더니
47 한 사람이 예수께 여짜오되 보소서 당신의
어머니와 동생들이 당신께 말하려고 밖에 서
있나이다 하니
48 말하던 사람에게 대답하여 이르시되 누가 내
어머니이며 내 동생들이냐 하시고
49 손을 내밀어 제자들을 가리켜 이르시되 나의
어머니와 나의 동생들을 보라
50 누구든지 하늘에 계신 내 아버지의 뜻대로
하는 자가 내 형제요 자매요 어머니이니라
하시더라

원 의미

예수의 사역의 진척은 이스라엘의 종교당국자들 특히 서기관과 바리새인들의 잠재적인 반대를 경험했다. 이제 그 반대가 표면에 나타난다. 이 종교지도자들은 예수의 사역이 하나님으로부터 온 것이 아니라고 확신한다. 백성들을 보호하고 하나님의 대의를 발전시킨다는 자기 속임수적인 의무에서 그들은 하나님의 율법을 노골적이고 악하게 위반한 것으로 예수를 정죄하는 덫을 씌우기를 시도한다. 그들은 안식일법의 위반에 초점을 맞추고(12:1-4), 나아가서 예수가 사탄과 연계되어 있다고 참소한다(12:22-37).

하지만 예수는 안식일의 하나님의 참된 주인이요(12:8), 정의의 하나님의 참된 종이요(12:18), 성령이 부어진 하나님 나라의 개시자로서 자신을 변호하신다(12:28). 그처럼 예수는 이 종교 지도자들을 마음이 굳어진 신성모독자로 정죄의 심판을 선언하신다(12:30-45). 하지만 그는 아버지의 뜻을 순종하고 예수의 제자 곧 그의 가까운 가족이 되도록 초대하는(12:46-50) 억압받는 백성들을 위한 정의의 소망이시다(12:18-21).

안식일에 대하여 바리새인들과 논쟁하심(12:1-14)

예수와 바리새인과의 대결의 장면은 안식일을 범한 것으로 예수의 제자들과 예수에게 두 가지 참소를 하는 것으로 시작한다. 하나님은 안식과 거룩의 날로서 안식일을 주셨다. 네 번째 계명은 안식일에 아무 일을 하지 말라는 것으로 구체화되어 그 날을 하나님께 거룩하게 바쳐야 했다. 시간이 흐르면서 이 안식일 법은 할례와 음식법과 더불어 유대 백성들의 가장 두드러진 특징 중 하나가 되었다. 하지만 일하지 말라는 명령은 이스라엘 내의 분파 그룹들에 의해 제각기 이해되었다. 그리하여 안식일 법은 사람들을 위해서 해석해야 했다. 바리새인들은 이 안식일을 범하지 않도록 백성들을 인도할 수 있는 광범위한 율법을 구두로 전승하여 발전시켰다.

이어지는 두 사건들은 공관복음서에서도 각기 기록되어 있고(참조. 막 2:23-3:6; 눅 6:1-11), 예수의 제자들에게 안식의 입장에 대한 심오한 원리를 제공해준다. 산상수훈에서 율법과 선지자에 관한 해석에서 처럼(참조. 5:17-47), 예수는 그 계명을 주신 하나님의 뜻과 동기의 핵심을 전달하는 안식일에 관한 놀라운 권위적 선포를 하신다.[1] 따라서 예수가 현 세대의 지도자들 곧 바리새인들이 그들의 전승적인 율법의 의무로 백성들을 피곤하게 하고 짐을 지우고 있음을 비판하셨던 이전 장에 비추어 이 구절을 읽어야 한다. 예수는 그의 제자도의 멍에를 지는 사람들에게 쉼을 주기 위해서 오셨다(참조. 11:28-30). 이것이 안식일의 쉼이 의도하였던 참된 쉼의 종류다.

예수의 제자들에 대한 바리새인들의 참소(12:1-2). 첫 번째 논쟁은 바리새인들이 예수의 제자들이 안식일에 "일"을 하고 있다고 예수를 공박하는 것으로 나타난다. 예수는 안식일에 회당 예배에 규칙적으로 참석하셨다(참조. 막 1:21). 그 후에는 제자들과 함께 가버나움의 베드로와 안드레의 집에서 자주 모임을 가지셨을 것이다(막 1:29; 참조. 마 8:14). 때로 예수는 제자들을 동반하여 안식일 법이 허락하는 범위에서 길을 가셨을 것이다(마 12:1).[2] 마을과 마을을 여행할 수 있게 한 좁은 길이 가족의 일터의 경계선을 형성했을 것이다(13:4).

길을 갈 때에 "제자들이 시장하여 이삭을 잘라먹었다." 들판을 경계짓는 길을 따라 걸을 때, 제자들은 오후의 배고픔을 달래기 위해서 밀알을 잘라먹기가 쉬웠을 것이다. 율법은 굶주린 사람들이 이웃의 들판에서 먹을 것을 얻을 수 있는 조항을 두었다(신 23:24-25). 이와 비슷하게 들판의 변두리는 보통 추수하지 않았는데, 가난하고 배고픈 사람들, 외국의 여행객들, 그리고 과부와 고아들이 그 곡식을 거둘 수 있게 하기 위해서였다. 첫 수확 이후에 남겨진 기름이나 포도도 이에 포함되었다(24:19-22; 참조. 룻 2:2-3).

바리새인들이 안식일을 위반하는 사람들을 찾기 위해서 들판을 규칙적으로 순찰하였다고 말할 수는 없지만, 예수의 사역을 반대하면서 그들은 예수와 그의 제자들을 율법을 범한 것으로 기소할 수 있는 기회를 찾고 있었을 것이다.[3] 바리새인들이 예수의 제자들이 밀을 잘라먹는 것을 보았을 때, "예수께 말하되 보시오 당신의 제자들이 안식일에 하지 못할 일을 하나이다"라고 말한다. "하지 못할 일"이란 표현은 구약성경의 명백한 지침(예. 12:4; 14:4)이나 구약성경의 계명에 관한 해석(예. 12:10; 19:3; 27:6)을 언급할 수 있다. 예수의 제자들은 곡식을 따서, 겨를 걸러내고, 먹기 위해서 손으로 곡식을 비빌 때 몇 가지 랍비적 규칙을 위반했을 수

---

1. 신학적인 의미를 위해서는 Yong-Eui Yang, *Jesus and the Sabbath in Matthew's Gospel*(JSNTSup 139; Sheffield: Sheffield Academic Press, 1997), 305-6을 보라.
2. 쿰란 공동체는 1/4마일로 여행을 제한했고(CD 10.21), 랍비들은 반 마일 가량으로 여행을 제한했다(*m. Soṭah* 5:3). 이 여행의 제한에 대한 신약성경의 유일한 언급은 행 1:12이다.
3. M. Casey, "Culture and Historicity: The Plucking of the Grain(Mark 2.23-28)," *NTS* 34(1988): 1-23, 특히. 4-5.

있다. 하지만 모든 사람들이 안식일에 대한 바리새인의 견해를 공유하지는 않았다. 그것이 예수와 바리새인간에 점증하는 긴장의 인식을 강화시켰다.[4]

예수가 제자들을 변호하시다(12:2-7). 예수의 반응은 바리새인들이 방어적이게 만든다. 예수는 제자들에 대한 그들의 기소를 대항하기 위해서 바리새인들이 스스로 전문가라고 자부했던 구약성경을 사용하고 계시기 때문이다. 그리고 예수는 제자들을 책망하는 대신에, 바리새인들의 비난을 효과적이지 못하게 만드는 두 개의 구약성경의 예증을 인용하시고, 나아가서 이런 예증의 사용을 더 분명히 하기 위한 세 번째 반응을 주신다. 그는 랍비적 논쟁에 들어가는 것이 아니라, 산상수훈에서처럼 예수의 권위적인 도래와 가르침이 어떻게 율법을 성취시켰는가를 보이신다.

(1) 첫 번째 예증은 다윗이 자기를 죽이려는 사울왕에게서 도망할 때의 사건이다(삼상 21:1-7; 22:9-23). 이 "진설병"(성별된 떡)은 이스라엘의 열두 부족과 하나님이 맺으신 언약을 나타내는 제사로서 구워져서 매 안식일에 장막에 두도록 규정한 열두 조각의 떡을 말한다. 이 떡은 제사장들만이 먹을 수 있었다(레 24:5-9). 전문적으로 볼 때, 다윗과 그의 무하늘이 하시 못할 일을 하였으나 주목할 필요가 있는 것은 성경이 그 떡을 먹은 자들을 정죄하지 않았으며, 다윗의 일행들이 그렇게 하도록 허락한 아비멜렉 제사장도 역시 정죄함을 받지 않았다는 사실을 예수는 지적하신다.

구약성경의 사건들에 대한 예수의 호소와 제자들에 대한 바리새인들의 기소와의 관계에서 예수의 의도를 다양하게 이해할 수 있다.[5] 분명히 아비멜렉은 하나님의 기름부음 받은 자로서 다윗이 하나님을 섬기는 자이며 필요한 때에 그 떡을 하사 받을 수 있음을 이해했다. 다윗에게 떡을 주는 아비멜렉의 행위에 대한 의미는 나중에 분명해진다. 사울은 아비멜렉이 미래의 왕인 다윗과 그의 사람들을 도왔기 때문에 아비멜렉과 제사장 가문에 속한 여타 사람들을 죽음에 처하도록 명했다(참조. 삼상 22:9-23). 아비멜렉은 도망하는 다윗을 먹임으로써 하나님의 목적을 이루었다. 율법의 의도는 하나님의 사람들을 섬기는 것이지, 하나님의 사람들이 율법

4. Keener, *A Commentary on the Gospel of Matthew*(1999), 351-54.

5. Davies and Allison(*Matthew*, 2:310-11)은 여덟 가지 다른 해석들을 열거한다. 가장 영향력 있는 해석은 (1) 인간의 필요가 율법적인 전문성에 우선하고 (2) 예수가 성문 토라가 아니라 구두 전승을 비판하고 있으며 (3) 선을 행했을 때 설사 율법을 범했다할지라도 용서를 받는다거나 (4) 기름부음 받은 자를 대표하는 다윗이 예수의 메시아적 권위를 보여주고 있음을 예수가 암시하고 있다고 제기한다.

을 섬기는 것이 아니다. 다음 두 반응은 이 요지를 분명히 해준다.

(2) 예수가 언급하신 다음 구약성경의 사건은 제사장에게 안식일에 희생제사를 드릴 것을 요구한 구약성경의 지침을 암시한다(예. 민 28:9-10): "또 안식일에 제사장들이 성전 안에서 안식을 범하여도 죄가 없음을 너희가 율법에서 읽지 못하였느냐?" 제사장은 안식일에도 자신의 의무를 수행하였을 때, 규칙적으로 안식일 법을 어겼다. 하지만 그들은 죄가 없는 것으로 간주되었다. 하나님의 율법이 안식일에도 일할 의무를 제사장들에게 요구하였기 때문에 하나님은 안식일 법의 예외를 두셨다. 다윗과 그의 부하들처럼, 하나님이 율법의 엄격한 해석과 충돌하는 어떤 의무를 사람들에게 요청하셨을 때, 그 위반에 대한 예외를 두셨다.

예수는 이론적 근거를 주심으로써 요지를 강화시킨다: "내가 너희에게 이르노니 성전보다 더 큰 이가 여기 있느니라." 전형적인 랍비적 논리를 사용하시면서, 예수는 성전을 지키는 자가 제사의 율례를 수행하는 더 좋은 것을 위해서 안식일을 위반할 수 있도록 허락되었다면, 하물며 예수와 제자들이 주어진 하나님의 일을 행할 때 죄가 없는 것으로 간주해야 함을 강조하신다. 결국, 예수는 성전보다 더 큰 이시다. 이것은 바리새인들을 매우 놀라게 하는 말이었음이 틀림없다. 무엇이 성전보다 클 수 있는가? 지금 여기에 더 큰 이는 무엇을 말하는가? 이 말은 천국의 도래를 선포하는 예수의 제자들의 사역이나 예수 자신 또는 이 둘의 조합을 가리킬 수 있다. 예수의 기독론적 신분에 초점을 맞추는 뒤이어지는 진술은 "더 큰 이"가 예수 자신을 언급하지만 그의 개인적인 신분보다는 사역에서 우월한 위대함의 속성에 초점을 맞추고 있는 것으로 보인다.[6]

(3) 예수의 세 번째 응답은 호세아 6:6에서 두 번째로 인용함으로써(참조. 9:13) 그 논증을 더 진전된 단계로 이끄신다: "나는 자비를 원하고 제사를 원하지 아니하노라 하신 뜻을 너희가 알았더라면 무죄한 자를 정죄하지 아니하였으리라." 예수의 제자들은 바래새인들로부터 정죄가 아니라 자비를 받을 만한 무죄한 자들이다. 위대한 자비로움을 가지신 하나님은 주간의 일을 행하지 않고 피조물들에게 일상의 짐에서 쉼을 주기 위해서 안식일을 주셨다. 제자들은 구약성경의 율법에 따라서는 죄를 지은 것이 아니지만, 바리새인의 율법의 해석에 따르면 죄를 지은 것이 된다. 만약 바리새인들이 호세아 선지자의 글을 단지 읽는 것에 그치지 않고 그 의도를 이해했더라면, 안식일에 관한 판결에서 자비를 구하고 희생을 더 요구

6. Gundry, *Matthew*, 223; Davies and Allison, *Matthew*, 2:314.

하지는 않았을 것이다. 예수는 구두 전승의 축적을 통해 백성들의 일상 생활에 짐을 더 과중시키는 바리새인들의 경향의 핵심을 공격하신다.[7]

안식일의 주인(12:8). 예수는 또 다시 자신의 신분과 권위를 놀랍게 밝히심으로 논쟁을 종결하신다: "인자는 안식일의 주인이니라." 천국 복음의 위대한 사역의 도래는 안식일의 주인으로서 예수 안에서 구현되며, 인자라는 언급을 통해서 그의 신분이 더 분명하게 규명된다(8:19을 보라). 예수는 이스라엘이 오랫동안 고대했던 메시아—구약성경의 율법을 성취시키기 위해서 오신 분(5:17-20)—로서 자신을 드러내셨다. 예수가 산상수훈에서 지적하신 방식과 유사한 형태로 안식일 법은 제자도의 예수의 멍에가 가져온 쉼에서 성취된다(11:25-30). 구원하시는 인자는 안식일의 역할을 포함하여 율법의 참된 해석을 주실 수 있는 권위가 있으시다.

다시 말해서, 예수는 안식일 법 자체를 도전하신 것이 아니라 그 법의 범람하는 해석에 도전하신 것이다. 다윗이 제사장 아비멜렉에게 자신의 사명을 속이고 그와 그의 부하들이 부여되지 않은 장막의 떡을 먹었을지라도 정죄를 당하지 않은 것은 하나님의 자비였다. 안식일에 성전에서 봉사하는 제사장들을 죽음으로 치시지 않은 것도 하나님의 자비였다. 전체 희생제사 제도의 근거를 형성하고 있는 것이 하나님의 자비이기 때문이다.[8]

따라서 예수는 안식일이 바리새인들의 세심한 준수에 의해 성취되는 것이 아니라 안식을 주기 위해서 의도된 안식일의 원 의도와 동기를 따라 살아감으로써 이루어진다는 것을 구약성경을 통해 보여주심으로써 제자들에 대한 비난에 대응하신다.[9] 가중된 희생제사는 더 큰 짐으로 작용했다. 안식일의 주인으로서 예수는 제자도의 쉬운 멍에와 가벼운 짐 아래서 쉼을 얻는 안식일의 원 뜻에 관한 참된 해석을 주신다(참조. 11:28-30).

안식일에 치유하심(12:9-13). 마태는 분명히 또 다른 안식일에 발생하고 있는 다른 안식일 논쟁으로 재빨리 이동한다(참조. 6:6): "거기에서 떠나 그들의 회당에 들어가시니 한쪽 손 마른 사람이 있는지라 사람들이 예수를 고발하려 하여 물어 이르되 안식일에 병 고치는 것이 옳으니이까?" 이 사람의 손이 마른 이유는 알려져 있지 않으나 아마도 중풍의 한 형태였을 것이다.

예수를 참소하는 자들의 신원을 언급하고 있지 않으나, 아마도 이전에 논쟁을

7. 참조. Yang, *Jesus and the Sabbath in Matthew's Gospel*, 187-88.
8. 자비에 대한 고전적인 진술을 다윗의 참회 시에서 발견할 수 있다(시 51:16-17).
9. Keener, *A Commentary on the Gospel of Matthew*(1999), 357.

일으켰던 바리새인들일 것이다. 이들은 이 논쟁의 말미에 예수를 거세하기 위해서 모의한다(12:14). 그들은 예수가 병든 자를 치유하고 죄용서를 선언하는 것을 보았다(9:1-7). 그들은 그것을 신성모독이라 생각했다(9:3). 그들은 예수가 안식일에 대한 그의 권위와 제사보다 자비를 원한다는 그의 선언을 목격했을 것이다(12:7-8). 따라서 그들은 예수를 함정에 빠뜨리려는 시도로 논쟁을 일으킨다. 랍비들의 가르침은 생과 사의 급박한 경우에만 안식일을 범할 수 있도록 허락하였다.[10] 손 마른 이 사람은 한동안 이런 상태에 있었고, 생명에 위험이 있는 상태가 아니기 때문에 다음 날을 기다릴 수 있었다. 바리새인들에 따르면 그는 안식일에 치유를 받기 위한 적절한 대기자가 아니다.

예수는 질문하심으로써 이에 대응하신다: "너희 중에 어떤 사람이 양 한 마리가 있어 안식일에 구덩이에 빠졌으면 끌어내지 않겠느냐?" 이 질문은 단순히 수사적이 아니다. 당시에 그러한 요지에 관해서 유대교 안에서 활발한 논쟁이 있었다. 많은 경우에 이 논쟁은 인간이 하나님과 하나님의 거룩한 날을 영화롭게 하기 위해서 기꺼이 희생하고자 하는 방식에 주로 맞추어져 있었다. 쿰란 공동체는 다른 사람들보다 이 문제에 대해 더 엄격했다: "어느 누구도 안식일에 새끼를 낳는 짐승을 도와주지 말라. 만약 우물이나 구덩이에 짐승을 빠뜨렸다 하더라도 안식일에는 그 짐승을 꺼내지 말라"(CD 11:13-14). 동일한 문서에서 쿰란 공동체는 살아 있는 사람이 물에 빠졌다면, 사다리나 로프 또는 기구를 사용하여 그를 구하지 말라고 주장한다(CD 11:16-17).

하지만 예수는 대부분의 바리새인들과 다른 유대 해석자들이 안식일에 짐승을 구해주는 예증에 동의할 것이기 때문에 그 논증을 진전시키신다. 논증의 전형적인 랍비적 방법을 사용하심으로써 예수는 더 높은 차원의 원리는 안식일에 활동을 금하는 것이 아니라 안식일에 선한 일을 행하는 것임을 제기하신다(12:12). 이 추론의 양상은 안식일에 성전 봉사의 선한 일을 행하고서 죄를 지은 것으로 간주되지 않은 이전에 열거된 제사장들의 사례를 따른다(12:5).

예수는 자신이 한 말의 직접적인 확증을 위해서 "그 사람에게 이르시되 손을 내밀라 하시니 그가 내밀매 다른 손과 같이 회복되어 성하게 되었다." 이 기적은 안식일에 이런 선언을 하신 예수의 권위를 확증해주고, 메시아적 인자가 되신다는

---

10. 어떤 사람이 목구멍에 어떤 고통스러운 것을 갖고 있다면, 안식일에 약을 입에 넣을 수 있다. 왜냐하면 생명이 위험한 지경에 있을 수 있기 때문이다. 하지만 생명이 위험하지 않은데도 이런 일을 하는 것은 안식일을 유린하는 것이다(*m. Yoma* 8:6).

그의 주장을 다시 한번 입증해준다(참조. 9:1-8; 12:8).[11] 손 마른 자의 마디를 만지거나 치유의 명령을 하지 않고서도 예수는 이 사람의 손을 완전하게 고치신다. 이것은 야훼가 모세의 병든 손을 제어하신 방식과 유사하다(출 4:6-7).

바리새인들의 공모(12:14). 이 문제의 심각성이 드러난다. 안식일에 대한 예수의 행위와 선포에 대한 반응에서 바리새인들은 예수를 죽이려고 모의한다(12:14). 아무리 율법적인 문제로 강력하게 논쟁을 벌였다할지라도, 바리새인들은 해석의 차이 때문에 다른 사람을 죽음으로 몰아넣지는 않았다. 그러므로 이 구절은 율법을 해석하는 메시아적 권위에 대한 예수의 주장이, 그들이 보기에, 죽음에 해당하는 이단적인 주장이라고 분명히 이해하고 있음을 보여준다. 그들은 예수가 하나님의 대리자가 아니라고 확신한다.

율법은 안식일을 지독히 위반한 신성모독의 경우에만 죽음에 해당하는 벌을 주도록 규정했다(출 31:14; 35:2). 하지만 로마의 지배 하에서 유대인들은 죽음에 처할 수 있는 벌을 내리거나 실행할 임의적인 권력이 없었다(참조. 요 18:31). 하지만 내러티브가 전개될 때 나타나는 것처럼, 바리새인들이 가이바와 대제사장들 그리고 공회원들과 결탁한 모의는 결과적으로 예수를 죽음에 처하도록 로마인들을 설득하기에 충분했다(참조. 27:1-2).

하나님의 영으로 기름부음 받은 종(12:15-21)

다시 한번 위협에 반응해서, 예수는 그곳을 물러나신다(참조. 2:14, 22; 4:12; 14:13). 예수는 박해를 피하려고 물러나신 것이 아니라 예견된 배신과 체포 그리고 죽음에 이르는 시간에 아직 이르지 않았기 때문이다(참조. 16:21; 17:22-23; 20:17-19; 26:45). 그는 여전히 공적인 사역을 온전히 시행하신다. "많은 무리들이 그를 따라다니고 그는 모든 병든 자를 고치신다"(12:15). 예수가 공적인 사역을 시작했을 때부터 사람들이 주변 지방에서 치유를 받기 위해 예수에게로 나왔고(참조. 4:24-25; 9:35), 이제는 일백 마일 이상 떨어진 이두매와 같은 지역의 사람들도 예수에게로 나온다(막 3:7-8을 보라).

예수는 오는 모든 사람들을 치유하실 뿐 아니라, "그들이 자신이 누구인지를 말하지 말 것"을 경고하신다. 우리는 예수의 사역에 대한 규칙적인 양상이 그의 신분

11. Yang, *Jesus and the Sabbath in Matthew's Gospel*, 209.

과 행위를 비밀로 할 것을 요청하고 있음을 이미 보았다(8:4; 참조. 12:16; 16:20; 17:9). 예수는 무리들이 그의 메시아 신분을 오해하는 것을 조심스럽게 피하신다. 이스라엘의 전형적인 사람들은 로마 지배의 압제에서 해방되기를 원했고, 이스라엘에 다윗 왕국의 위엄을 회복시킬 메시아의 약속의 성취를 고대했다. 예수는 자신이 온 목적이 항상 그들의 기대를 충족시키지 않을 것임을 알기를 원하신다. 마태가 지금 분명히 하는 것처럼, 예수는 참으로 메시아이시지만, 이스라엘 백성만이 아니라 온 세상의 구원을 이루기 위해서 온유하게 오셨다. 기적이 하나님 나라의 도래에 대한 그의 메시지의 진정성을 증거할지라도, 무리들이 오직 기적만을 외치는 것을 그는 원치 않으신다. 그들은 오직 민족적이고 군사적인 해방을 가져다주기 위해 오신 것을 의미하는 것으로 그의 메시지를 오해할 수 있었다.

마태는 자신의 전형적인 성취공식을 사용하여(참조. 1:22; 2:15), 이 복음서에서 가장 긴 구약성경의 인용을 소개한다. 그것은 예수를 이사야 42:1-4의 메시아 종과 동일시한다: "보라 내가 택한 종 곧 내 마음에 기뻐하는 바 내가 사랑하는 자로다 내가 내 영을 그에게 줄 터이니 그가 심판을 이방에 알게 하리라." 이사야의 예언에서 이 문맥은 자주 '종의 노래'라 불리는 항목이다. 이 종의 정체성은 복합적이다. 그것이 종으로서의 이스라엘 민족(41:8-10; 44:1-3, 21; 45:4[49:3?])과 그 민족을 이끄는 개인(42:1-4; 49:5-7) 사이를 왔다갔다하기 때문이다. 그 개인은 이스라엘과 민족들에게 사역과 선교를 행하는 종 메시아로 나타난다.[12] "내 마음에 기뻐하는 바 내가 사랑하는 자"라는 어구는 예수가 세례 받을 때를 독자들에게 상기시키고, 나아가서 아버지가 사랑하는 아들에게서 얻는 동일한 기쁨을 표현하시는 예수의 변용 시의 장면을 생각나게 한다(3:17; 17:5).

이 성취 인용구에서 마태는 메시아로서 예수가 가지신 뜻을 아주 분명하게 선언한다: 그는 온유하며 성령으로 충만하며, 이방에 정의의 선교를 알게 하는 고난받는 종이시다.[13] 나중에 베드로는 선을 행하고 치유를 베풀기 위해서 하나님이 예수를 성령으로 기름 부으셨음을 선포한다(행 10:37-38). 궁극적으로 동일한 성령이 베드로가 이방인 백부장 고넬료에게 가서 복음의 메시지를 전하게 한다(10:44-48). 예수가 천국의 도래와 함께 시작한 시대는 성령의 시대다. 따라서 성령의 역

12. 이런 복합적인 주제에 관한 간단한 개관을 위해서는 Kaiser, *The Messiah in the Old Testament*, 173-81; Van Groningen, *Messianic Revelation in the Old Testament*, 575-618을 보라.

13. Richard Beaton, "Messiah and Justice: A Key to Matthew's Use of Isaiah 42.1-4?" *JSNT* 75(September 1999): 5-23.

사에 반하여 말하는 자는 하나님을 모독하는 것이며, 이는 용서받을 수 없는 죄다(마 12:28, 31-32의 주석을 보라). 예수가 "이방"(열방)에 가져오시는 "심판"(정의)은 천국의 도래에 수반하는 내적인 의의 주제를 특징지었던 은혜와 심판의 의미를 조합하고 있다(예. 5:20). '종' 은 천국의 생명으로 초대하는 하나님 나라의 도래를 선포하지만, 그것은 이 세상의 통치자들에 대한 심판의 선언이기도 하다.

이 종은 예상치 못한 행동을 한다. 마태는 정복의 강압적인 특징을 보이는 모습을 그리는 것이 아니라, 이사야의 고난 받는 종에 관한 인용을 계속한다.

> 그는 다투지도 아니하며 들레지도 아니하리니 아무도 길에서 그 소리를 듣지 못하리라 상한 갈대를 꺾지 아니하며 꺼져 가는 심지를 끄지 아니하기를 심판하여 이길 때까지 하리니 또한 이방들이 그의 이름을 바라리라 함을 이루려 하심이니라.

이것이 온유한 종의 메시아의 특징이다. 그는 정의의 선언으로 충성을 공공연하게 요청하는 것이 아니라, 아주 궁핍한 중에 있는 사람들을 온유하고 겸손하게 초대하신다(11:28-30). 상한 갈대와 꺼져 가는 심지에 관한 이중적인 비유는 그 종이 학대받고 고통 당함으로 사라져 가는 자들을 긍휼로 돌보실 것이다—이 모습은 외국 로마의 침략적인 세력과 이스라엘 종교 당국자들의 율법적인 짐으로 압제 당하고 있는 고생하고, 기진하며(9:36), 수고하고, 무거운 짐진 자들과의 연관성을 발견할 수 있다.

심판의 고난받는 종의 활동은 학대받는 자들을 괴롭히거나 거의 자원이 없는 자들을 더 숨막히게 하지 않으신다. 그는 하나님 나라에 들어오라는 초대에 응하는 사람들에게 궁극적인 승리를 가져오신다.

강하고 능력 있는 자는 이 생에서 자주 승리를 맛본다. 그들은 다른 사람들을 학대하고 가난한 자들을 돌보는 일을 하지 않고서도 자신의 대의를 발전시킬 수 있기 때문이다. 하지만 악이 궁극적인 승리를 가져오지 못하는 것을 이사야가 알았던 것처럼, 마태도 예수를 가리키며 승리가 하나님의 정의를 찾는 자들에게 곧 임할 것이라고 선언한다.

하지만 그 승리는 이스라엘에게만 한정되지 않는다. 모든 "민족들"이 마태가 나사렛 예수라고 선언한 분이신 이 종의 이름에 소망을 둘 것이다(참조. 2:23; 12:21). 12:21에 "이름"은 그의 신분과 사명을 포함하는 전체적인 인격을 나타낸다. 메시아 예수는 성령으로 충만하며 소망을 제공하는 고난받는 종이시다. 천국의 진척은 이 세상의 모든 민족을 위한 승리를 약속하기 때문이다.

예수의 기적적인 능력의 근원에 관한 바리새인과의 논쟁(12:22-37)

바리새인들이 예수를 귀신 숭배자로 참소하다(12:22-24). 12:22에 "그때에"란 연결사는 안식일에 예수와 제자들의 활동에 대한 바리새인들의 참소와 예수의 치유와 축사에 대한 그들의 참소를 주제적으로 함께 연결시켜준다. 보지 못하고 말하지 못하는 귀신에 사로잡힌 자가 예수에게 인도되었을 때, 이 논쟁은 악화된다. 예수는 마귀를 쫓아내심으로써 "그 말 못하는 사람이 말하며 볼 수 있게 치유하신다"(참조. 17:18, 여기서 예수는 마귀를 쫓아내심으로써 간질을 앓고 있는 소년을 치유하신다). 이전에 주목했던 것처럼(참조. 9:27-31), 눈먼 자를 치유하는 것은 예수의 이적에서 가장 흔한 일이었고, 이는 그의 메시아적 신분을 나타낸다.[14]

사람들은 눈멀고 말 못하는 귀신에 사로잡힌 자를 예수가 치유함으로 놀라서 "이는 다윗의 자손이 아니냐"(12:23)라고 외친다. 서로 다른 유대 그룹들은 구약성경의 다양한 메시아적 약속(예를 들어, 선지자, 제사장, 왕)을 모두 하나로 묶는 것에 어려움이 있었다. 평민들은 다윗의 메시아적 아들이 해방자가 될 수 있도록 전사와 왕으로서의 다윗에 특히 초점을 맞추었다. 따라서 그들은 여기서 당황하여 "오실 메시아가 해방자이면서도 축사자일 수 있는가?"라고 묻는다. 다윗을 이적을 행하는 자로 생각하지는 않았을지라도, 그는 구약성경에서 귀신을 내쫓는 일을 한 것으로 유일하게 기록된 사람이다(삼상 16:14-23). 온유하게 치유하는 분(8:17; 12:18-21) 곧 예수는 자기 백성들을 인도하고 언약적 평화의 시대를 가져오는 다윗의 아들이시다(겔 34:23-31; 37:24-28).

그러나 내러티브의 초점은 바리새인과 예수 간의 점증되는 대결에 있다. 무리들의 반응과는 대조되게 바리새인들은 축사를 예수에 대한 참소에 더 불을 지르는 것으로 바라본다(9:3, 11, 34; 12:14). 예수의 축사는 바리새인들로 하여금 예수가 사탄과 연계되어 있는 것으로 정죄하게 만든다(12:24). 고대 세계에서 축사자는 다양한 주문과 부적, 향료, 반지, 귀걸이 등을 영적인 세계를 조정하기 위해 시도하는 마술적인 재료로 사용했다.[15] 하지만 축사를 행하시는 예수의 형태는 이와는 전

---

14. 또한 9:27-31; 15:30-31; 20:30-34; 21:14-15; Twelftree, *Jesus the Miracle Worker*, 127을 보라.

15. Mark Strauss, "Demonization and Exorcism in the First Century," in "Luke," *ZIBBC*(Grand Rapids:

혀 달랐다. 그는 마귀들을 권위로 명하셨고, 마귀들은 즉시 순복했다. 축사는 예수의 말과 행위에서 천국의 시작을 확증하는 것을 의미했다.

그럼에도 불구하고, 바리새인들은 눈멀고 귀먹은 사람에게서 귀신을 쫓아내기 위해서 예수가 "바알세붑"(Beelzebub)(또는 더 확실하게는 "Beelzeboul", 10:24-25의 주석을 보라)의 힘을 이용한다고 참소한다. 바리새인들이 이 기적을 부인하지는 않지만 예수의 능력을 사탄에게 돌린다.[16] 이는 아주 심각한 참소이다. 사탄의 힘을 입어 마술을 행하는 것은 돌로 쳐죽임을 당하는 사형 죄에 해당하는 것이기 때문이다.

예수의 변호(12:25-29). 예수는 먼저 두 개의 짧은 비유를 들어 그의 축사의 사역을 변호하시고, 그 다음에 바리새인들에게 두 혹평을 행하신다(12:30-37). (1) 축사의 배후에 있는 힘이 하나님일 수도 있고 사탄일 수도 있다. 바리새인들은 예수가 하나님의 대리자가 아니라고 이미 결론 내렸기 때문에(참조. 12:14), 예수의 권능의 근원을 사탄으로 치부한다. 그들은 귀신이 인간으로부터 나갔기 때문에 그것은 귀신의 통치자로서 사탄에게 그 귀신이 순종하고 있는 증거라고 간주한다. 하지만 예수는 그들의 사고의 비합리적인 본질을 보여주신다(12:25-26). 만약 사탄이 이 세상의 통치권을 유지하기 원한다면, 그는 사람을 지배하고 있는 귀신을 내어쫓음으로서 스스로 자기 자신에 대항하는 일을 하지는 않을 것이다. 그것은 이 세상의 지배를 유지하려는 그의 시도에 반하는 일이다. 당연한 논리적 결론은 그 사람이 마귀에서 놓이게 되고, 눈먼 것에서 치유되며 말할 수 있게 되었다면, 그것은 예수의 능력의 근원이 사탄의 나라에 대항하는 그의 전쟁 속에 임하는 하나님이심을 가리킨다.

사탄의 나라가 예수의 축사에 의해 물리쳐지고 있기 때문에, 그것은 "하나님의 나라"가 도래했다는 구체적인 증거다(12:28). 예수의 축사에 잠재되어 있는 능력은 바알세불이 아니라 하나님의 성령이시다. 예수의 치유와 함께 축사는 그가 종말론적인 시대의 복을 시작하고 있는 메시지를 입증해준다. 이것은 하나님 나라의 현 실제에 대한 마태복음의 가장 분명한 진술 중 하나다.

Zondervan, 2002), 397. Hans Dieter Betz, ed., *The Greek Magical Papyri in Translation*(Chicago: University of Chicago, 1986)을 보라. 축사에 관한 예수의 형태와 가장 밀접한 헬라적 병행이 3세기 문서인 *Life of Apollonius of Tyana*, 4:20(LCL)에 나타난다.

16. 후대에 유대교는 초기 교회 시대에도 예수를 마술사라고 낙인찍으면서 이 참소를 계속했다(예. *b. Sanh.* 43b: "그[예수]는 마술을 행하고 이스라엘 백성들을 배교로 유혹하기 때문에 돌로 쳐죽임을 당해야 했다").

마태복음에서는 "하나님의 나라"(kingdom of God)라는 표현이 아주 드물게 나타난다(19:24; 21:31, 43). 마태는 통상적으로 "천국"(kingdom of heaven)이라는 표현하기를 좋아한다(역자는 kingdom of God과 kingdom of heaven을 서로 구분하지 않고 문맥에 따라 "천국" 또는 "하나님 나라"로 혼용하여 번역한다). 이 두 표현은 동의어적인 표현이지만(3:2의 주석을 보라), 여기서 그것은 하나님과 사탄의 적대관계를 강조한다. 사탄의 귀신들을 내어쫓음에서 예수를 통해서 역사하시는 성령의 능력은 하나님의 나라가 도래했다는 눈에 보이는 확증이다.[17]

하지만 동시에 이적은 강압적인 증거가 되지 못한다. 고라신, 벳새다, 그리고 가버나움의 도성들은 예수의 기적의 행위들을 많이 목격하였을지라도 회개하지 않았다(11:20-24). 예수의 이적을 똑같이 목격한 이 바리새인들도 회개하지도 예수를 믿지도 않는다. 이적의 진정한 의미는 메시아 예수의 위격을 믿는 믿음에 의해서만 인식될 수 있다. 말하자면 축사는 "하나님의 아들의 숨겨진 커튼에서 새어나오는 가느다란 빛"에 해당할 뿐이다.[18] 축사는 하나님 나라의 도래의 실제를 드러내지만, 예수의 메시아적 신분에 대하여 굳은 마음을 갖고 있는 사람들은 예수가 귀신을 방금 쫓아내었던 사람보다도 더 눈이 멀어 있다.

(2) 예수는 바알세불로 귀신을 쫓아낸다고 하는 바리새인들의 참소에 두 번째 간단한 예화로 대응하신다. "사람이 먼저 강한 자를 결박하지 않고서야 어떻게 그 강한 자의 집에 들어가 그 세간을 강탈하겠느냐 결박한 후에야 그 집을 강탈하리라." 예수는 경호원이 있는 집에 들어가(사탄과 그의 마귀들이 권세 잡은 집) 주인의 소유물을 강탈하는 것으로 그 나라를 시작하는 그의 역할을 암시하신다. 예수가 축사를 통해 잡힌 자를 놓아주기 전에 그는 사탄을 "눈멀게" 해야 한다. 예수는 여기서 사탄의 권세가 하나님의 나라의 도래로 이제 제한을 받고 있음을 선언하신다.

예수가 비판하심(12:30-37). 예수는 공격적으로 전환하여 바리새인들에게 두 가지 혹평을 하심으로써 그의 메시아적 사역을 반대하는 자들의 결과를 선언하신다. (1) 예수는 도전을 던지심으로써 시작하신다: "나와 함께 아니하는 자는 나를 반대하는 자요 나와 함께 모으지 아니하는 자는 헤치는 자니라." 예수에게서 중간지대는 없다. 그는 메시아이거나 메시아가 아니다. 바리새인들은 그가 메시아가 아

17. John P. Meier, *Matthew*(New Testament Message 3; Wilmington, Del.: Michael Glazier, 1980), 135.
18. C. E. B. Cranfield, *The Gospel According to Saint Mark*, 2d ed. (CGTC; Cambridge: Cambridge Univ. Press, 1972), 83.

니라고 이미 결정했다. 그리하여 그들이 이미 보여주는 것처럼 예수를 적대한다. 그러나 이 말씀은 듣고 있는 모든 자들과 중요한 관계가 있다. 무리들은 회개하고 천국에 들어갈 수 있는 많은 기회를 제공받았으나 이 기회의 날이 오래가지는 않을 것이다. "예수를 위해 적극적으로 결정하기를 거절하는 것은 이미 예수에 대항하여 결정한 것이다."[19] 슬픈 비극은 많은 무리들이 결과적으로 종교지도자들의 설득을 따라서 예수의 처형을 요구하는 대열에 합류할 것이라는 사실이다(27:20-25).

바리새인들은 예수에게 점증하는 신성모독의 죄를 뒤집어씌우지만, 이제 예수는 그들의 모든 참소가 스스로 신성모독을 저지르고 있음을 보여주신다: "그러므로 내가 너희에게 이르노니 사람에 대한 모든 죄와 모독은 사하심을 얻되 성령을 모독하는 것은 사하심을 얻지 못하겠고." 구약성경은 하나님과 그의 법을 대적하는 의도적이고 도전적인 죄를 하나님의 백성에서 완전히 끊어지는 죄인 신성모독이라고 간주했다(민 15:30-31). 유대인들은 그러한 도전적인 죄를 용서받을 수 없는 죄로 생각했다(예를 들어, 쥬빌리서 15:34을 보라). 성령으로 입증된 예수의 사역을 거부함은 도전적이고 의도적인 죄의 종류와 동일하다. 성령의 능력과 역사를 사탄에게로 돌림으로써 바리새인들은 하나님께 최대의 불경을 보여주고 있다. 축사와 치유 그리고 이적의 증거를 거부하는 것은 죄를 용서하는 하나님 나라의 제안을 거부하는 것이다. 이 증거를 계속 거부하는 한, 바리새인들은 용서를 받을 수도 천국에 들어갈 수도 없다.

이는 죄와 의와 심판에 대하여 사람을 책망하시는 성령의 역할과 일치한다(요 16:8). 성령을 거부하는 한, 죄에 대한 용서를 찾을 수 없다. 분명히 예수는 바리새인들의 마음의 상태를 아시고, 그들이 이미 돌이킬 수 없는 지점으로까지 마음이 강퍅해진 상태에 이르렀음을 알고 계신다.

이 구절은 잘 모르는 많은 무지한 신자들을 괴롭게 만드는데, 그들은 성령에 대한 어떤 언어적 공격을 통해 이 죄를 저질렀다고 생각하고서 자신이 영원한 정죄에 이를 것이라고 생각한다. 하지만 이것은 유대 지도자들이 그들의 삶에서 성령의 사역을 거부했던 변함 없는 거부에 관한 마음의 죄다. 랄프 마틴은 이렇게 지적한다.

이 구절은 그리스도의 구원에 대한 성령의 부르심을 일관적이고 의도적으로 거부하는

19. Meier, *Matthew*, 135.

> 것에 관한 엄숙한 경고다. 인간의 무감각은 불가피하게 도덕적 불감의 상태로 이끌고, 악을 선한 것처럼 수용하는 도덕적 이슈의 혼돈으로 인도한다…그러한 마음의 구조에서 회개가 이 굳은 마음에 일어날 수가 없다. 죄에 대한 인식이 더 이상 불가능하고 자비에 대한 하나님의 제안은 사실상 안하무인격으로 거부된다.[20]

이 죄는 구원으로 이끄시는 성령의 사역을 거부하는 불신자들에게만 오늘날 저질러질 수 있다. 죄를 지은 것을 두려워하는 신자들에 대해 크란필드는 "자신이 이 죄를 저질렀다는 두려움으로 압도를 당하고 있는 사람에게, 그가 고통하고 있다는 사실이 그 죄를 저지르지 않았다는 분명한 증거라고 절대적으로 확실한 말을 해주는 것은 목회적으로 대단히 중요한 문제다"라고 현명하게 말한다.[21]

예수는 자신을 거부한 것과 성령의 사역을 거부한 것을 구분하심으로써 비판적인 공격의 말씀을 계속하신다: "또 누구든지 말로 인자를 거역하면 사하심을 얻되 누구든지 말로 성령을 거역하면 이 세상과 오는 세상에서도 사하심을 얻지 못하리라." 인자를 거역하여 말하는 것은 그 사람이 예수의 온전한 신분을 알지 못하고 있음을 함축한다. 따라서 더 큰 계시와 이해를 통해 그 사람의 부족이 극복될 수 있고, 회개에 이를 수 있으며 죄 용서함을 발견할 수 있다. 성령의 증거하시는 책망의 사역에 순복함으로써 바로 이 지점에 이를 수 있다. 하지만 계속해서 성령의 역사를 거부함은 그 사람이 이 지점에 이를 수 없게 만든다.

궁극적으로 어떤 사람이 이 생에서 회복할 수 없는 지점으로까지 마음을 굳게 하거나(13:14-15의 주석을 보라), 회개하지 않고 죽었다면, 용서받을 수 있는 기회는 이미 지나갔다. 그는 영원을 위한 문제를 이 생에서 준비하지 못했다. 참으로 "사함 받을 수 없는 죄"는 구세주로서 예수의 실제를 증거하는 성령의 역사를 의식적으로 의도적으로 계속해서 거부할 때다. 성령의 역사를 수용하지 않는 사람은 예수에게로 나아갈 수 없고, 따라서 용서를 받을 수 없다.

(2) 예수의 두 번째 공격적인 진술은 예수에 대한 바리새인들의 참소가 그들의 본질적인 악에서 나오고 있음을 인식하게 한다. 제자들과 무리들에게 산상수훈에서 말씀하셨던 도전처럼(7:15-20), 예수는 삶의 열매를 돌아보도록 바리새인들에게 말씀하신다—나무의 본성 때문에 좋은 나무는 좋은 열매를 맺고, 나쁜 나무는

---

20. Ralph P. Martin, "Blasphemy of the Spirit," *IBD*, 1:201.
21. Cranfield, *Mark*, 142.

나쁜 열매를 맺는다(12:33; 참조. 3:8). 세례 요한이 바리새인과 사두개인들에게 말하기 위해서 사용한 것과 동일한 맹렬한 독설로 예수는 "독사의 자식들아 너희는 악하니 어떻게 선한 말을 할 수 있느냐 이는 마음에 가득한 것을 입으로 말함이라 선한 사람은 그 쌓은 선에서 선한 것을 내고 악한 사람은 그 쌓은 악에서 악한 것을 내느니라"고 선포하신다.

"독사의 자식들아"란 표현(참조. 3:7; 23:33)은 어미 뱀에게서 나오는 작은 여러 마리의 위험한 새끼 뱀들을 언급한다. 독사는 창조 시의 원 뱀처럼 간교한 접근과 공격으로 잘 알려져 있다(창 3장). 바리새인들은 자신의 사악한 신성모독을 감추고 예수를 신성모독으로 정죄하기를 시도한다. 하지만 예수는 바리새인들의 문제의 핵심을 드러내신다—그들의 마음은 악하다. 백성들을 예언의 거짓된 말로 유리하게 만들었던 거짓선지자들처럼, 영원한 심판이 바리새인과 서기관들을 기다리고 있다. 그들은 예수를 신성모독의 죄로 모략함으로써 무리들이 예수를 따르지 못하게 하였다. 하지만 그들의 중상모략은 실제로 하나님의 영에 대한 신성모독이다. 그들이 회개하기를 거부하고 있기 때문에 심판 시에 그들의 모든 말에 책임이 있다.

표적을 요구하는 바리새인과의 대결(12:38-42)

안식일(12:1-14)과 예수가 행한 기적의 능력의 근원(12:22-37)에 대한 예수와 바리새인간의 논쟁은 예수를 함정에 빠뜨리려는 또 다른 시도로 보인다. 바리새인들과 서기관들은 예수에게 "표적"을 보여주기를 구한다(12:38). "표적"은 명백한 메시지를 전달하는 눈에 보이는 표시나 행동의 일종이다. 백성들이 가인을 죽이지 못하게 경고했던 표적(창 4:5)이나 방언의 행위가 불신자들에게 복음 메시지의 실제적 증거가 되는 방식(고전 14:22)과 같은 그러한 종류 말이다. 영광스러운 인자로서 예수의 재림은 이 세상의 종말론적 완성을 선언하는 표적이 될 것이다(마 24:9을 보라; 참조. 16:27; 26:64).

표적이 갖는 문제는 그것이 여러 다른 방식으로 해석될 수 있다는 사실이다.[22] 여기서 바리새인들은 예수의 능력이 사탄에게서가 아니라 하나님으로부터 온 것임을 논쟁할 수 없게 만드는 종류의 초월적인 능력의 장엄한 광경을 행할 것을 예

22. James D. G. Dunn, "Sign," *IBD* 3:1450.

수에게 요구하고 있다. 하지만 그들의 요청이 설사 순수하다할지라도, 그들은 선한 믿음에서 그것을 요청하고 있지 않다. 그들은 예수를 책잡기 위해 사용할 수 있는 표적을 요구하고 있다. 예수는 많은 이적들을 공개적으로 이미 행하셨고, 바리새인들은 그 중에 몇몇 이적을 제일 먼저 목격했다(참조. 12:9-14). 하나님의 메시지에 마음이 열려 있었다면, 그들은 예수가 진정으로 메시아라는 사실을 수용했을 것이다. 하지만 그들의 굳은 마음은 기적에서 입증되는 권능을 거부했고, 동일한 기적을 예수가 사탄의 도구가 되고 있다고 참소하는 근거로 삼았다(12:24). 예수는 그들의 악한 동기를 인식하시고 참소하는 수단으로 제공할 수 있는 함정에 빠지시지 않는다.

그때에 예수는 함정에 빠뜨리려는 바리새인들의 기만적인 시도를 전환시키고, 그들의 이중적인 동기와 임박한 정죄로 공박하신다. "악하고 음란한 세대가 표적을 구하나 선지자 요나의 표적밖에는 보일 표적이 없느니라."[23] 요나가 니느웨 백성들 중에 나타났을 때, 자신의 메시지가 죽은 자 가운데서 그를 구원하신 하나님으로부터 온 표적이 되었다(욘 3:1-5). 예수의 메시지를 듣고 그의 사역을 본 이 세대는 그가 메시아라는 것을 입증하는 충분한 증거를 그의 기적 속에서 가졌다. 하지만 예수의 이적을 보았을 때 회개하는 것이 아니라, 그가 사탄과 연계되어 있다는 참소의 근거로서 그 이적들을 사용하였다(12:24). 그들의 악한 의도 때문에, 예수가 주시는 또 다른 표적은 요나가 니느웨 백성들에게 그러했던 것처럼 그들에게 다가오는 하나님의 심판의 표적이다.[24]

"요나가 밤낮 사흘 동안 큰 물고기 뱃속에 있었던 것 같이 인자도 밤낮 사흘 동안 땅 속에 있으리라." "밤낮 사흘"이란 표현은 금요일 오후에 묻혀서 주일 아침에 살아나시는 예수에 대한 공관복음서의 모습과 모순되지 않는다. 예수는 자신이 "사흘째 되는 날"에 다시 살아날 것을 여러 차례 말씀하셨다(16:21; 17:23; 20:19). 예수가 무덤에서 문자적인 삼일 낮과 삼일 밤을 말씀하신다면, 그는 나흘째 되는 날에 다시 살아났을 것이다. 하지만 구약성경은 낮의 일부를 온전한 한 날로 자주 계산했고,[25] 랍비 사상에서도 날의 일부를 온전한 한 날로 간주했다.[26] 사

---

23. "요나…의 표적"은 요나가 가져온 종류의 표적이 아니라, 요나가 바로 그 표적임을 주목하라.
24. Hans F. Bayer, *Jesus' Predictions of Vindication and Resurrection: The Provenance, Meaning and Correlation of the Synoptic Predictions*(WUNT 2/20; Tubingen: J.C.B. Mohr [Paul Siebeck], 1986), 141-45, 182.
25. 참조. 창 42:17-18; 삼상 30:12-13; 왕상 20:29; 대하 10:5, 12; 에 4:16; 5:1.
26. y. Šabb., 12a, 15, 17(참조. *b. Naz. 5b; b. Pesaḥ* 4.2)을 보라; Gerhard Delling, "ἡμέρα," *TDNT*, 2:949-50

흘 낮과 사흘 밤은 거의 잠언적인 표현이며 세 구별된 날의 조화를 의미할 뿐이다.

예수의 도래하심에도 회개하지 않는 바리새인과 서기관들의 무도함은 그들의 잘못된 인도를 따랐던 전체 세대들에게로 확장된다. 그들은 커다란 특권을 받았으나(11:20-24), 정죄에 이르고, 훨씬 덜 특권이 부여된 사람들—니느웨의 이교도들—은 하나님의 사자인 요나가 도달했을 때 회개했다(12:41). "요나보다 더 큰 이가 여기 있도다."

바리새인을 비판하는 두 번째 특징은 또 다른 이교도다—"남방 여왕"(12:42), 즉 시바의 여왕이다(왕상 10:1-29). 그녀는 하나님의 계시가 이교도인 그녀의 마음에 스며들게 했다. 솔로몬과의 비교에서 예수는 다시 한번 솔로몬보다 "더 큰 이"라는 메시아적 주장을 하신다. "예수가 [솔로몬]보다 더 크다고 말씀하시는 것은 그가 참된 메시아라는 것을 주장하시는 것이다; 그는 종말론적인 성전을 세우실 것이다. 그를 통해서 다윗가의 나라가 회복될 것이다."[27]

요컨대, 예수가 성전, 선지자 요나, 현명한 왕 솔로몬보다 더 큰 이 세 가지 방식(12:6, 41, 42)은 예수의 위격, 선포, 하나님 나라의 시작이 이스라엘의 세 가지 가장 위대한 성직수임—제사장, 선지자, 왕—보다 더 큼을 고양시킨다. 하나님 나라의 예수의 도래는 이스라엘이 역사에서 목격한 모든 것을 능가한다. 그러나 슬프게도, 아이러닉하게도, 이방인들이 바리새인들과 그 중대한 세대들이 보지 못한 것을 본다.[28]

악한 세대와 악령의 돌아옴(12:43-45)

천국의 메시아 예수의 시작을 거부한 것에 대한 심판의 장면 후에 예수는 악한 세대의 싸움에 관한 비유적인 계시를 주신다. 눈멀고 귀먹었던, 귀신에 사로잡힌 사람의 사건은 바리새인들과의 전반적인 대결구도를 자극하였다(12:22-37). 따라서 예수는 축사의 주제를 마무리 단계로 가져오신다. 바리새인들은 사탄의 권세로 귀신들을 쫓아내는 것으로 예수를 참소했으나, 기묘한 방식으로 예수는 이 종교지도자들과 그들의 인도를 따르고 있는 이 세대의 사람들이 사탄의 악한 영의 영향하에 있음을 보여주신다.

에서 인용됨.

27. Wright, *Jesus and the Victory of God*, 535.

28. Hagner, *Matthew*, 1:355.

예수는 악령이 활동하는 방식에 관한 일반적인 진술로 시작하신다: "더러운 귀신이 사람에게서 나갔을 때에 물 없는 곳으로 다니며 쉬기를 구하되 쉴 곳을 얻지 못하고." 동사 "나가다"는 악령이 축사로 말미암아 쫓겨났음을 암시한다. 악령은 사막(물 없는)과 같은 장소를 그들의 집으로 자주 연관시킨다(사 13:21; 34:14; 34:14; 토빗서 8:3; 에녹1서 10:4). "쉬다"는 악령이 육체를 갖고 있지 않은 상태에서 존재할지라도, 그것의 악한 목적은 육체적인 상태 속에서 가장 잘 활동한다는 것을 시사한다.

악령이 어떤 사람의 비물질적/물질적 자아의 재소유를 추구한다: "내가 나온 내 집으로 돌아가리라"(문자적으로는 "내 집"—그것이 악마의 '소유'라 불리는 이유다). 악령은 어떤 사람의 소유권을 유지하기 원하는 일을 끊임없이 추구하는 경향이 있다. 따라서 "이에 가서 저보다 더 악한 귀신 일곱을 데리고 들어가서 거한다." 일곱이란 수는 성경에서 완성, 성취 그리고 완전과 연관된다.[29] 여기서 일곱 수는 악령이 다시 돌아옴으로써 그의 소유가 완전하게 되었음을 가리킨다.

예수가 말씀을 전하고 있는 악한 세대는 그의 강력한 사역 특히 축사를 통한 그의 사역을 경험했다. 그것은 이스라엘에게 좋은 일이었다. 하지만 이스라엘은 회개하지 않았고 천국으로 돌이키지도 않았다. 따라서 이 세대는 전보다 악한 영의 권세에 더 허약하다. 이 비유의 비극적인 요지는 "그 사람의 나중 형편이 전보다 더욱 심하게 되느니라"는 진술에 있다. 현 세대가 계속해서 예수를 거부한다면, 그들도 악령에 다시 사로잡힌 사람과 같이 될 것이다—그들의 마지막 심판의 상태는 예수가 그들에게 오기 전보다 더 심할 것이다(참조. 12:32, 36).

이 구절은 어떤 요지를 전달하기 위해서 실제 상황에 의존하여 이야기하지만 본질적으로는 비유다. 그것은 전반적으로 이 세대와 연관이 있지만, 개인들에게도 지침이 된다. 즉 이 비유는 귀신이 쫓겨났으나 예수에게 나아오지 않고 천국에 들어가지 못한 불신자를 가리킨다(참조. 12:28). 귀신이 나간 사람은 메시아로서 예수를 믿고 하나님 나라에 들어가서 예수의 영을 통해서 새로운 삶을 경험하라는 그의 초대에 반응하지 않는다. 여기서 그것은 이 사람이 천국에 들어가지 못했다는 것을 의미한다. 천국으로의 변화가 없다면, "깨끗해진" 사람은 소유권을 되돌리기 위한 악한 세계의 새롭고도 끊임없는 공격에 더 취약할 수 있다. 그는 더러운 귀신과 일곱 개의 더 사악한 벗들에 쉽게 다시 사로잡히게 되고, 형편이 더 나빠지

29. 초기 시대부터 일곱 수는 거룩과 연관성이 있었다. 창 2:2; 4:24; 21:28; 출 20:10; 레 25:2-8.

며 악한 것들에 완전히 지배를 당하게 될 것이다. 하지만 이 사람이 예수와 그의 나라를 영접한다면, 사탄은 이 제자의 삶에 역사하는 하나님의 임재로부터 도망할 것이다(약 4:7; 요일 4:4).

예수의 제자들은 그의 참된 가족이다(12:46-50)

종교 당국자들과의 대결은 천국복음에 대한 예수의 선포와 무리들과 종교 당국자들의 기대간에 명백한 차이를 드러내준다. 예수는 안식일의 주인으로서 율법의 성취를 가져오실 때(12:8), 바리새적인 율법주의의 짐과 사탄의 악령적인 세계에 눌려 있는 억압된 노예상태에서 그에게 반응하는 사람들을 풀어주신다. 하지만 예수와 그를 따르는 자들을 저해하는 또 다른 세력이 있다.

이 구절은 예수의 생애와 사역(13:1-17의 주석을 보라)만이 아니라 예수를 따르는 자들의 사역을 특징짓는 표지(아버지의 뜻을 순종하는 것, 12:50)를 분명히 선언함으로써 아주 의미 있는 전환을 준비시킨다. "예수께서 무리에게 말씀하실 때에"란 표현은 외부 사람들(즉, 무리들과 바리새인들)에게 초점이 맞추어졌던 이전 항목에서 내부 사람들(즉, 제자들)에게로 내러티브를 전환시킨다. 마태의 내러티브는 세 그룹의 두드러진 대조를 유지한다: 제자들, 무리들 그리고 이스라엘의 종교 당국자들(5:1-2의 주석을 보라). 제자들은 천국 복음에 대한 예수의 초대에 적극적으로 응했던 사람들이다. 무리들은 예수의 메시지와 사역에 관심이 있지만 아직 천국에 들어가는 결심을 하지 못했던 사람들이다. 종교지도자들은 예수의 메시지와 사역에 끊임없이 반대하는 사람들이다.

마태복음 12:9-45은 제자들에 대한 어떤 언급도 포함하지 않았다. 이는 거기서 논의된 주제들이 천국에 대한 삶의 지침이 아니라 천국에 들어감에 대한 것이라는 단서를 제공해준다. 그러나 이제 예수가 무리들에게 다시 말씀하실 때(12:46), "그의 어머니와 동생들이 예수께 말하려고 밖에 서있다." 예수는 제한 없는 초대로 모든 사람들에게 천국 복음을 선포하는 일에 초점을 맞추셨다. 이 초대는 계속되지만, 이제 그는 그 초대가 확장되는 사람들의 책임을 요구하기를 시작하신다.

"아버지"란 용어가 생략되어 있음은 요셉이 이때에 이미 사망했음을 암시한다. 마태는 예수의 가족이 예수에게 무엇을 말하기 위해서 왔는지를 밝히지 않는다. 다만 마가가 이전에 예수의 가족이 나사렛에서 가버나움으로 왔음을 알려준다. 그들은 예수의 사역이 일으키고 있는 동요에 대한 소식을 들었기 때문이다. 예수의 가족들은 예수를 타일러 그의 사역을 바꾸게 하기를 원했다. 그들은 예수가 하고 있는 주장과 종교의 현 상태를 바꾸려는 그의 시도를 생각할 때, 그가 제정신이 아니라고 생각했기 때문이다(막 3:21; 참조. 요 7:5).[30] 이와 더불어 예수가 장남으로서의 의식을 갖게 하기 위해서였을 것이다. 요셉이 죽은 후에 예수의 어머니와 어린 형제와 자매들의 책임이 장남인 예수에게 있었기 때문이다.

마리아의 영원한 처녀성을 주장했던 사람들은 여기서 "형제들"이란 말을 요셉이 마리아를 아내로 맞기 이전에 결혼하여 난 아들들이나 마리아의 여동생의 아들들 곧 예수의 사촌을 가리키는 것으로 해석하기를 시도했다. 하지만 요셉이 마리아를 아내로 맞기 이전의 결혼으로 인해 자녀가 있었다는 역사적인 근거가 없다. 만약 그랬다면 요셉을 통한 다윗의 보좌의 합법적인 상속자는 예수가 아니라 그의 첫아들이었을 것이다.[31] "형제"란 용어가 사촌을 포함하는 넓은 의미를 가질지라도, 여기서 그런 의미로 읽을 만한 문맥상의 확실한 보증이 없다.[32] 특히 유아기사(1:24-25의 주석을 보라)와 나중에 예수의 형제와 자매에 대한 언급(13:55-56)에 비추어서 이 구절에 대한 가장 자연스러운 독법은 예수가 태어나자 요셉과 마리아는 정상적인 성적 관계를 유지했고, 예수의 이복동생들이 되는 다른 자녀들을 낳았다는 것이다.

이런 문맥을 염두에 둘 때, 마리아와 예수의 형제들은 그를 나사렛으로 데려가기 위해서 말씀을 전하고 있는 장소에 온 것으로 보인다. 어떤 이가 예수에게 말한다. "당신의 어머니와 동생들이 당신께 말하려고 밖에 서 있나이다." 하지만 예수는 그의 메시아적 선교를 방해받지 않는다. 그것이 생물학적인 충성을 따르지 않는 것을 의미할지라도 말이다. 예수는 "누가 내 어머니이며 내 동생들이냐 하시고 손을 내밀어 제자들을 가리켜 이르시되 나의 어머니와 나의 동생들을 보라"고 말씀하신다. 예수는 그에 대한 헌신으로 인해 가족 구성원 사이에 발생하는 불가피한 분열을 제자들에게 이미 강조하셨다(10:34-39; 참조. 8:21-22). 그는 가족을 경

---

30. R. T. France, *The Gospel of Mark*(NIGTC: Grand Rapids: Eerdmans, 2002), 164-65; Guelich, *Mark 1-8*, 172-73; George Aichele, "Jesus's Uncanny 'Family Scene,'" *JSNT* 74(June 1999): 29-49을 보라.
31. Carson, "Matthew," 299.
32. 주요한 로마 가톨릭의 마태 학자들은 여기에 "형제들"을 마리아의 자녀들 이외의 다른 어떤 것으로 해석하는 문제에 난관이 있음을 오늘날 인식한다. 예를 들어, 해링톤(Harrington)은 이렇게 말한다. "마태가 마리아의 영원한 순결성에 관한 전승을 알았다는 것은 의심스럽다"; Daniel J. Harrington, S.J., *The Gospel of Matthew*(Sacra pagina 1; Collegeville, Minn.: Liturgical, 1991), 191. 이 전체적인 이슈에 관한 개관을 위해서는 Richard J. Bauckham, "Relatives of Jesus," *DLNTD*, 1004-6을 보라.

시하려고 오신 것이 아니다. 나중에 그는 자녀들에게 부모들을 경외할 것을 명하는 율법을 칭찬하시고 ,부모들을 공경하기를 회피하는 전통들을 발전시키는 자들을 책망하신다(15:3-9). 그리고 우리들은 비유 강화 이후에 예수가 가족이 여전히 살고 있는 나사렛으로 돌아와서 회당에서 전파하시는 것을 보게 된다(13:54-58). 하지만 예수는 그와 천국에 대한 헌신이 무엇보다 우선됨을 여기서 보여주신다. 천국은 사람들을 새로운 영적 가족이 되게 한다.

예수는 영적인 가족을 이루고 특징짓는 구체적인 특징을 설명하신다: "누구든지 하늘에 계신 내 아버지의 뜻대로 하는 자가 내 형제요 자매요 어머니이니라." 하늘 아버지의 뜻을 행하는 주제는 마태복음에서 주를 이루는 모티브이며, 깊은 유대적 뿌리를 반영한다(참조. 6:10; 7:21; 18:14; 21:31; 26:42).[33] 하나님 아버지의 뜻은 진정한 의에 이르는 천국의 소명에 순종하는 것을 의미한다. 이스라엘과의 족보적 관계가 천국의 자리를 차지하는 보증이 되지 못하며, 가족관계를 이루지 못한다. 각 사람은 하늘 아버지의 뜻에 응답하고 천국으로의 예수의 부르심에 순종하여 그의 제자가 되어야 한다. 예수는 계시된 아버지의 뜻을 순종하신 궁극적인 모범이시므로(11:27; 26:42), 제자도에서 예수의 모범을 따르고 그를 닮는 것이 아버지의 뜻을 일상적으로 행하는 그의 제자가 되게 한다.

예수는 어머니와 형제들을 언급할 뿐 아니라, "자매"를 언급함으로써 그의 제자에 여성들을 포함시키는 성적인 언급을 의도적으로 넓히신다.[34] 예수의 메시지와 사역은 제자도의 유일한 형태를 시작시킨다. 당시에 유대교에서, 특히 랍비들 중에서 오직 남자만이 랍비의 제자가 되고 토라를 연구할 수 있었다. 하지만 예수에게는 어떤 사람—남자든 여자든, 젊은이든 나이든 사람이든, 유대인이든 이방인이든—이든 천국복음에 반응하고 영원한 생명을 위해 그를 믿는 자는 제자가 된다. 다시 말해서, 예수에 대한 제자도는 랍비적 모델에 의해 규정되는 것이 아니라, 아버지의 뜻을 순종하는 것을 의미하는 예수와의 관계에 의해 규정된다.[35] 구약성경은 하나님의 방식으로 살아가는 민족과 개인의 중요성을 강조함으로써 이 개념을 준비시켰고, 이제는 하나님의 새로운 가족을 만드는 예수에 대한 제자도 속에서 그것이 성취된다.[36]

33. Senior, *Matthew*, 145.
34. Hagner, *Matthew*, 1:360.
35. Wilkins, "Women in the Teaching and Example of Jesus," 91-112을 보라.
36. Wilkins, *Following the Master*, 66-68; Hellerman, *The Ancient Church As Family*, 64-70.

제자도의 이런 형태는 중심적인 명령이 "모든 민족을 제자로 삼아"(28:19)라는 예수의 마지막 대위임에서 절정을 이룬다. 사도행전은 남자와 여자를 포함하여 제자가 됨을 확인해준다. 초대 교회 시대에 "제자들"은 "믿는 자들"(5:14)이나 "교회"(8:3)라 불렸던 남자와 여자를 일컫는다(행 6:1-7; 9:10, 36; 16:1).[37] 모든 제자들은 예수가 명한 모든 것을 순종하도록 가르침 받으며(참조. 마 28:19-20), 그것은 궁극적으로 매순간 매일 하나님 아버지의 뜻을 순종하는 것으로 이끈다.

상황잇기

마태는 예수의 참된 신분과 사역을 분명히 드러내는 자료의 상당한 양을 그의 복음에서 조직하였다. 그는 예수의 신적인 기원(1-2장), 예언적이고 성령에 인도된 준비(3-4장), 이적 사역(8-9장) 그리고 구원의 메시지를 선포하는 그의 메신저들의 선교(10장)를 세심하게 드러내었다. 예수의 선교가 온전히 구축되자 마태는 두 장에서 이스라엘에서 점증되고 있는 예수에 대한 반대를 드러낸다. 예수의 예언적인 선구자인 세례 요한이 예수의 사명에 관한 실제를 의심할 뿐만 아니라(11:1-6), 예수의 가르침과 이적을 목격하는 가장 커다란 기회를 가진 사람들이 그를 반대하고 스스로 정죄에 빠진다(11:7-24). 그리고 이제 우리는 예수를 인식하고 이스라엘을 예수에게로 인도하는데 가장 책임이 있는 종교지도자들이 예수의 주된 반대자가 되고 있음을 보게 된다.

바리새인과 예수의 논쟁의 장면은 예수가 지상사역에서 겪었던 갈등을 보여주며, 그것은 예수와 천국의 도래에서 발생했던 일들에 관한 우리의 이해에 실제적인 가치를 제공한다. 우리는 이 장에서 마태가 강조했던 몇 가지 의미 있는 주제들을 볼 수 있다. 바리새인들과 서기관들은 왜 예수를 도전하고 반대하는가? 그들은 예수의 사역에서 하나님의 손길을 왜 인식할 수 없었는가?

예수는 천국을 여는 메시아로 오셨지만 이 구원자를 인식하는데 가장 책임이 있는 사람들이 가장 영적으로 눈 먼 사람들이 된다. 이것은 우리가 멈추어서 생각할 문제들을 야기한다. 우리가 삶에서 예수의 역할을 도전할 때, 바리새인처럼 될 수 있다. 따라서 이 대결의 배후에서 동기부여를 하고 있는 세력을 조심스럽게 살펴보는 것은 상당한 교훈이 된다.

예수의 반대자들은 신실한 동기를 가졌다고도 볼 수 있다. 예수의 사역의 진척은 이

37. Wilkins, *Following the Master*, ch. 13을 보라.

스라엘의 종교당국자들, 특히 바리새인과 서기관들의 잠재적인 반대를 경험했다. 하지만 이제 이 반대는 공개적으로 나타난다. 지도자들은 예수의 사역이 하나님으로부터 오지 않았다고 이제 확신한다. 예수가 하나님만이 행하실 수 있는 방식으로 자기 자신에게 특권을 부여하자 그들은 예수가 신성모독을 저지른 것으로 믿고서 의심을 더욱 갖는다(예. 죄 용서함, 9:3). 또한 예수가 죄인들과 관계하고(9:11), 악령을 제어하시기(9:34) 때문에 그들은 더욱 의심한다.

어느 누구도—선지자, 제사장, 왕—이스라엘 역사에서 그와 같은 방식으로 행하지 않았다. 그들의 사고방식으로는 예수가 하나님의 대사도 아니며, 메시아는 더더욱 아니다. 그들은 예수가 백성들을 잘못된 방향으로 인도하고 있다고 믿는다—하나님을 향하게 하는 것이 아니라 하나님에게서 물러나게 한다. 그러므로 예수를 멈추게 해야 한다. 예수는 단순히 하나님의 율법을 다르게 가르치는 선생이 아니라, 죽음에 해당하는 범죄인 율법을 깨는 자다(12:14).

그는 세례 요한과 같은 하나님의 철저한 선지자도 아니고, 사탄의 악령적인 사신이며, 그의 활동은 죽음에 해당하는 벌을 받을 만하다. 따라서 그들은 예수를 모함하고 두 가지 근본적인 계산으로 대결한다: 안식일을 범하고(12:1-14) 사탄의 힘을 입어 이적을 행하고 있다(12:22-37). 종교지도자들은 그들이 예수의 사역에서 인식하고 있는 악에서 백성들과 율법과 하나님을 보호한다는 선한 양심으로 그 일을 행하고 있다고 믿는다.

예수의 반대자들은 참으로 잘못하고 있다. 이제 진정한 이야기를 말해야 한다. 겉으로 보기에 신실한 동기나 노력에도 불구하고, 바리새인들은 잘못되었다. 그들은 단지 실수하고 있는 것이 아니라 아주 심각하고 치명적인 상태에 있다. 그들이 눈이 멀고 마음이 굳어 있기에 예수를 참소했던 바로 그 활동이 예수의 가르치고 치유하는 사역의 신적인 근원을 실제로 입증하고 있음을 보지 못한다. 따라서 그들이 예수를 반대할 때, 그는 그 대결을 그의 가르침(12:8)과 치유(12:12) 그리고 신분의 진정한 신적 근원을 드러낼 수 있는 기회로 삼으신다(12:15-21).

예수는 각각의 대결을 바리새인들이 일으키고 있는 재앙적인 영향을 논박하는 것으로 전환하신다. 그들의 전통은 하나님의 법의 축복을 백성들이 괴로움을 당하는 수고하고 무거운 짐으로 바꾸고 있을 뿐 아니라(11:28-29; 12:7), 그들의 악한 마음에서 예수를 정죄함으로써 범하고 있는 악이 나온다(12:34-37). 성령이 부여된 인자로서 예수는 이 종교지도자들에게 용서받을 수 없는 불경과 죄로 굳은 마음에 대한 심판을 선포하신다(12:31, 37, 41, 45).

예수는 이스라엘의 가장 훌륭한 제도를 성취하신다. 예수는 굳은 마음의 반대자들과 대결하실 때, 하나님의 참된 안식일의 주인으로서 자신을 변호하시면서(12:8), 율법을 주신 하나님의 뜻은 단순한 순응이 아니라 궁핍한 사람들에게 선을 베푸는 것임을 보여주신다(12:3-7, 11-13). 그는 하나님의 참된 종이시요(12:18), 종교지도자들의 율법적인 함정에 빠진 사람들에게 정의를 가져오는(12:18-21), 성령이 부여된, 하나님의 나라를 시작하는 분이시다(12:28). 그리고 예수는 성전보다 크시고(12:6), 요나 선지자보다 크시며(12:41), 현명한 솔로몬 왕보다 더 크시다(12:42). 예수의 위격, 선포 그리고 천국의 시작은 이스라엘의 세 위대한 제도—제사장 선지자, 왕—보다 더 크시며 그것의 완성이시다. 하나님 나라를 도래케 하시는 예수는 이스라엘이 온 역사에서 목격했던 모든 것을 능가한다. 그것은 가장 기쁜 날이 되었어야 했다. 하지만 비극적이게도 바리새인들과 이 운명의 세대는 마음을 굳게 하여 예수를 대적했다.

악령의 활동의 비참한 희생자들. 이 대결에서 나타나는 아이러닉한 상태는 악령의 활동의 실제와 예수를 대적했던 자들이 그것의 비참한 희생자가 된다는 사실이다. 악령이 발생시키는 질병에 대한 예수의 권세는 그가 악마의 대장과 연계되어 있다는 참소를 불러일으켰고, 예수는 그것을 재빨리 논박했다(12:25-37). 하지만 예수는 귀신이 쫓겨난 사람의 비유를 이용하여, 바리새인들과 그들의 인도를 따르며 예수를 반대하던 그 시대의 사람들이 스스로 자초한 악마의 지배의 희생자가 될 것임을 묘사하신다(12:43-45). 그들은 자기 집을 "깨끗이" 하기를 시도하는 귀신이 쫓겨난 사람과 비교된다. 하지만 그들이 천국 복음에 응답하는 사람들에게 수반되는 변화를 경험하지 못했기 때문에 원래의 악령의 지배보다도 일곱 배나 강한 지배를 받게 되어 전보다 훨씬 더 악화된다. 악령의 활동을 진단하는 전문가라고 생각했던 자들이 그 자신이 행한 참소의 희생자가 된다.

예상치 못한 심판의 수령자. 하지만 예수와 바리새인과 서기관 사이에 대결의 와중에서 또 다른 주제가 흘러나온다. 예수는 안식일의 권위적 주인이실 뿐 아니라(12:8), 열방에 정의를 가져오시는 성령이 부여된 종이시다(12:18). 그는 요란하게 자기의 말을 들을 것을 요구하기 위해서 오신 것이 아니라 온유하고 겸손하게 억압받는 민족들에게 정의의 소망을 가져오기 위해 오셨다(12:15-21). 메시아 예수와 가장 가까운 관계에 있는 사람들은 생물학적 가족의 구성원도 아니고(12:46-49), 종교적 혈통에서 권위를 행사하는 사람들도 아니다. 예수가 아버지의 뜻을 드러내신 것처럼 순종하는 사람들이 그의 제자요 그의 가장 가까운 가족 구성원이 된다(12:50).

악한 마음이 예수를 참소하는 근원이 되고 있는 종교지도자들과 대비되어(12:33-37), 예수의 제자들은 율법의 의도를 이해하고 전달하는 마음의 변화를 경험하고(12:1-6), 예수를 따르며 정의의 승리로 인도하는 열방들에 대한 소망의 대사가 되며(12:20-21), 하나님 나라의 백성들을 상징하는 좋은 말을 하며(12:35), 하늘 아버지의 뜻을 순종한다(12:49-50).

예수와 종교지도자들간의 전투는 유대 백성들 사이에 단순한 논쟁이 아니라 예수의 첫 도래 이래로 있었던 우주적인 영적 전투의 한 증상이다. 예수는 헤롯왕의 위협, 이스라엘 왕권을 가지라는 잘못된 요구, 그를 죽이려는 예루살렘의 종교 당국자들을 경험했다. 이 모든 박해의 배후에는 사탄이 도사리고 있다. 사탄은 이 세상에서 자신의 요새가 도전 받고 있음을 알고 있다. 광야의 시험을 통해 사탄은 병으로 찌든 세상에서 예수의 활동을 저해하려고 시도했다(4:1-11). 12장에서 슬프게도 사탄은 종교지도자들이 예수를 반대하도록 속였고, 그들을 스스로 자기 자신의 정죄에 빠지게 했다. 예수를 인식해야 하는 가장 커다란 책임이 있는 사람들이 가장 눈이 멀어 사탄의 악령적인 세력들에 의해 심각하게 영향을 받았다. 하지만 겸손하게 하나님의 정의의 사자로서 예수를 영접한 사람들에게는 악한 세력에 대한 승리를 매우 현실적으로 소망할 수 있다.

현대적 의미

예수와 바리새인 그리고 서기관과의 논쟁은 다소 예기치 않은 논조로 끝이 난다. 예수는 자신의 생물학적 가족이 아니라 제자들을 가리키시며 "누구든지 하늘에 계신 내 아버지의 뜻대로 하는 자가 내 형제요 자매요 어머니이니라"(12:50)고 말씀하신다. 이 말씀으로 예수는 일련의 대결 시리즈를 정돈하신다. 예수는 아버지의 뜻을 행하기 위해서 오셨고(11:27; 26:42), 그의 메시지와 사역을 수용하는 자들은 아버지를 순종한다. 그를 부인하는 자들—또는 더 악하게는 박해하는—은 아버지를 부인하고 박해하는 것이다. 이스라엘의 종교 지도자들은 메시아의 도래를 예언한 성경을 알 수 있는 가장 커다란 기회를 가졌음으로 믿음의 눈으로 예수를 인식하고 예언적 소망의 성취로서 그를 백성들에게 알렸어야 했다. 하지만 성령의 인도를 순종하는 대신에 이들은 성령에 대하여 마음을 굳게 하고 악령적인 세력의 인도를 따랐다.

아버지의 뜻을 순종함. 이 기사에서 현대의 독자들인 우리들이 적용할 수 있는 몇 가지 요지가 있지만 아버지의 뜻에 대한 순종이 중심을 이룬다. 예수의 모범을 닮음으로써 구약성경을 올바르게 적용하고,[38] 영적인 전투에 참여하는 동안에 박해를 경험하며, 공동체의 제자도를 발전시키는 것은 모두 이 장의 주제들이다. 그리고 이 모든 것은 메시아 예수가 드러내신 아버지를 올바르게 순종하는 데서 이루어진다.

교회 역사를 통해서 박해받는 예수의 제자들의 끊임없는 외침이 있었다. 현대의 크리스천 뮤직 그룹인 드 톨크(dc Talk)는 『예수의 열광자』(*Jesus Freaks: Stories of Those Who Took a Stand for Jesus*)라 불리는 매력 있는 책을 쓴 크리스천 사역인 '순교자들의 목소리' (The Voice of the Martyrs)와 팀을 이루었다. 그 책은 타협 없이 박해를 당하는 교회의 메시지를 갖고 있는, 미국에 한정되지 않은 세계적인 간증의 집합이며, 이는 주로 십대들을 목표로 하고 있다. 그 책의 서론에서 마이클 타이트(Michael Tait)는 책의 목적을 이렇게 설명한다: "하나님의 뜻을 대신하여 자유의지 위에 세워진 세계에서 우리는 열광자가 되어야 한다. 우리가 인생에서 순교하도록 부름을 받지는 않았을지라도, 인생의 방식을 순교적으로 살아야 한다. 우리는 이기적인 방식을 죽음에 이르게 하고, 다른 싸움을 해야 한다. 그때에 이 세상은 예수를 알게 될 것이다"[39] 이 책은 하나님의 뜻을 순종했던 교회 역사를 통해서 전 세계 거의 150명의 사람들의 간증과 인용이 가득하다. 이들의 대부분은 순교에 이르렀다. 이 책에는 인생의 어느 상황에서라도 우리를 인도하시는 승리의 주를 따를 때, 모든 크리스천들이 새겨야 할 강력한 메시지가 들어 있다.

이 책은 중세에 이탈리아의 성 안젤로에서 순교한 겔러지움(Geleazium)의 이야기를 설명한다. 그는 이와 같은 말을 했다: "죽음은 작은 부인으로 생명을 유지하는 것보다 진리의 증언으로 나에게 아주 향기로웠다."[40] 이는 아버지의 뜻을 순종하는 놀라운 영감의 헌신을 의미한다.

우리 시대에서 설사 손해를 보더라도 하나님의 말씀의 진리를 붙들고 그것을 소중하게 여기는 것은 이에 못지 않게 중요하다.

'순교자들의 목소리' 의 사무총장인 톰 화이트는 전도 책자를 배포한 이유 때문에 17개월을 쿠바에서 투옥되었던 사람이다. 그는 베트남에서 크리스천들이 당하

38. 오늘날 구약성경을 적용하는 원리에 대해서는 이 주석 5:17-20의 현대적 의미 항목을 보라.
39. dc Talk and The Voice of the Martyrs, *Jesus Freaks: Stories of Those Who Stood For Jesus, the Ultimate Jesus Freaks*(Tulsa: Albury, 1999), 8.
40. Ibid., 135.

는 고난에서 모범을 보았다. 그는 "나는 베트남의 중앙산악지역에 있었는데, 그때에 어떤 사람이 크리스천들이 거기서 얼마나 고난을 당하고 있는지 모른다고 나에게 말했다. 한 베트남 크리스천은 '고난은 우리에게 일어날 수 있는 최악의 사건이 아닙니다. 하나님에 대한 불순종이 우리에게 일어날 수 있는 최악의 사건입니다'[41] 라고 말했다"고 적고 있다.

다가올 반대를 평가하라. 하나님 나라의 사역에 대한 반대는 실제적이다. 예수는 당대의 종교 지도자들에 의해 박해를 받았다. 우리의 삶에서도 아버지의 뜻을 순종함으로 박해를 예상할 수 있다. 예수가 열두 제자들을 첫 번째 선교 사역으로 보내실 때, 그는 불길한 예언을 하셨다: "제자가 그 선생 같고 종이 그 상전 같으면 족하도다 집 주인을 바알세불이라 하였거든 하물며 그 집 사람들이랴"(10:25). 예수가 종교지도자들로부터 받았던 험악한 취급은 이 세상 끝 날까지 제자들의 몫이다.

우리가 직면하는 박해는 다양한 형태를 띤다. 21세기의 점증하는 세속적인 사회에서 우리는 대중 문화로부터 믿음의 반대를 직면하게 된다. 미국의 순회재판소(U.S. 9th Circuit Court of Appeals)의 심사단이 충성의 맹세에 "하나님 아래"라는 말을 첨가하는 1954년에 의회에서 통과된 법을 계류시켰을 때, 미국의 기독교 공동체는 2002년 여름에 충격을 받았다. 법원은 이 용어가 교회와 국가의 분리를 요구하는 헌법 수정 제1항의 확립된 대의를 침범한다고 말했다. 이 송사는 법학학위를 갖고 있는 무신론 박사에 의해 제기되었다. 그는 학교에 다니는 자녀들이 헌법 수정 제1항의 권리를 침범 당하고 있다고 주장했는데, 말하자면 "하나님 아래서 한 민족"이라고 선포하는 맹세를 급우들이 행하도록 교사가 이끌 때, 자녀들이 의무적으로 그것을 모두 듣게 된다는 것이다.[42] 이 글을 쓰는 현 시점에서는 법적인 호소가 아직 결론이 나지는 않았지만, 이 사건은 현대 문화에서 하나님의 실존과 우리를 위한 하나님의 뜻에 대한 인식의 공개적인 특징들이 점차적으로 거부되고 있음을 분명히 보여준다.

예수처럼 우리도 가족들이 하나님을 섬기기 원하는 방식을 이해하지 못한다면 그들의 반대에 직면하게 될 것이다. 나는 기독교 대학에 가기 위해서 전액장학금을 받는 국립대학을 그만 두려는 것을 가족들에게 말했던 한 젊은이를 기억한다.

---

41. Ibid., 40.
42. Evelyn Nievese, "Judges Ban Pledge of Allegiance from Schools, Citing 'Under God,'" *New York Times*(June 27, 2002), National Desk, 1.

그의 계부는 그를 불러다가 "기독교 공부를 하려고 국립대학을 그만두는 것은 좋은 머리를 끔직한 쓰레기로 만드는 것이다"라고 말했다. 기독교 대학에서 공부하는 내내 그는 가족의 지원은커녕 적극적인 반대를 경험했다.

더 격렬한 차원에서 그리스도인들은 복음의 메시지를 선포할 때 반대를 예상할 수 있다. 아프리카에서 온 최근의 잊을 수 없는 칼라 사진은 "신실한 자들에 대한 전 세계적인 박해"라는 타이틀이 붙은 특별한 보고서를 설명하고 있었다. 그것은 "여전히 전파하고 있음"이라고 적힌 표제를 들고서 나귀등에 앉아 있는 수단 사람의 모습을 담고 있었다. 이 사람의 발은 이 마을 저 마을에 복음을 전하지 못하도록 잘려 있었다. 하지만 이 끔직한 행위가 그의 열정을 멈추게 할 수는 없었다. 그는 지금도 예수 그리스도의 복음을 전파하기 위해서 나귀를 타고 있다. '워싱턴 타임즈'의 간행물에 포함된 이 기사는 놀라운 진술로 세계 곳곳에서의 박해의 상승을 적고 있었다. "더 많은 크리스천들이 이전 19세기에 있었던 것보다 20세기에 더 죽임을 당하고 있다."[43]

반대에 대한 예수의 반응을 닮아라: 상처 입은 제자들에 대한 귀뜸. 예수가 반대의 불가피성을 예언하셨기에 우리도 박해를 다루시는 예수의 모범을 잘 살펴야 한다. 마태는 우리가 예수의 삶을 살필 때 그가 메시아라는 사실을 알게 될 뿐 아니라, 예수가 살았던 삶을 닮아감으로써 그의 제자가 되는 것이 무엇인지를 배우게 한다. 예수는 모든 방식에서 깊은 상처를 입었다. 그가 구원하기 위해 왔던 사람들이 그를 배척했고(11:20-24), 그의 선구자가 그를 의문했으며(11:1-6), 그의 가족 구성원들이 그를 방해하려고 했다(12:46). 궁극적으로는 무리와 종교지도자들을 포함하는 자기 백성들이 그를 체포하여 죽게 만들었다(27:17-25). 하지만 예수는 매우 커다란 상처를 입었을지라도, 그의 사명을 중단하지 않으셨다. 그는 온 생명으로 아버지의 뜻에 순종하셨고, 열방에 정의를 가져오는 성령이 부여된 종으로서 신실하셨다(12:18). 산상수훈에서 예수는 원수를 사랑하고 박해한 자들을 위해 기도하라고 제자들에게 말씀하셨다(5:44). 박해에 반응해서 예수는 원수들을 사랑하셨음을 확증할 수 있다.

이 말씀을 읽고 있는 사람들, 우리가 사역하고 있는 모든 사람들이 상처를 입고 있다. 예수가 당하신 것처럼 우리의 상처가 깊지는 않지만, 잘못된 신실함으로 우리를 공격하며, 우리의 동기를 의문하거나 중상모략하는 겉으로 보기에는 좋은 의

43. "The Global Persecution of the Faithful," *World & I* (December 2000), 18.

도를 가진 사람들이 우리에게 상처를 준다. 우리는 이에 어떻게 반응해야 하는가? 우리를 반대하고 상처를 주는 사람들을 사랑하면서 아버지의 뜻에 대한 헌신을 어떻게 유지할 수 있는가?

이전에 나는 예수가 사랑했던 방식의 핵심을 설명하는 사랑의 정의를 제안했다: '사랑은 하나님의 의도된 목적으로 관계를 가져오기 위해서 미완성적인 사람에게 자기 자신을 주는 헌신이다.'[44] 우리가 반대를 직면할 때나 관계에서 적어도 어려움이 있을 때, 예수가 사랑했던 대로 사랑해야 한다. 여기서 우리에게 상처를 주는 사람을 사랑하고 섬기는 방법을 배우기 위한 제안으로 "상처 입은 제자들을 위한 귀뜸"을 몇 가지 제시한다.

(1) **책임과 의무로만이 아니라 당신 자신을 다른 사람들에게 주라.** 궁극적인 의미에서 하나님의 사역을 성취시켰던 것은 예수의 인격이었다. 그것은 그의 사랑, 그의 성품, 이 세상에 스며든 그의 은혜의 구현이었다. 하나님은 자기 아들을 이 세상을 구원하기 위해서 주셨고, 아들은 받을 만한 가치가 없는 사람들에게 은혜로 자기 자신을 내어주셨다(요 10:14-18). 이 세상은 직업 때문에 취하는 피상적인 행위가 아니라 예수의 사랑과 긍휼과 성품의 구현을 우리 안에서 볼 필요가 있다. 관계가 의무에만 기반한다면 차갑고 생명력이 없다. 의무와 책임만이 아니라, 우리가 다른 사람들에게 자기 자신을 내어줄 때, 진정한 관계가 형성된다.

내 아내가 몇 년 전에 일했던 회사의 한 크리스천 고용주가 계속된 인사 문제를 갖고 있었다. 그는 다소 퉁명스러운 노인이었고, 고용인들과는 거리를 두었다. 나의 아내는 어느 날 과도한 이직률과 직원들 간의 빈약한 사기를 일으키는 문제에 대해 그와 이야기하려고 시도했다. 이런 요청에 대해 그는 퇴짜를 놓으며 "나는 봉급을 지불하고 있습니다. 나는 그들의 친구가 될 수는 없습니다"라고 말했다. 이것은 극단적인 한 예이지만 내가 전달하고자 하는 요지를 잘 설명해 주고 있다. 자신을 내어줌이 없이 책임을 수행하는 것으로 충분하다고 생각할 때 관계적인 문제들이 발생한다.

예수는 랍비들의 전형인 겉으로의 학문적인 관계만을 수행하신 것이 아니라 제자들과 인격적인 관계에 들어가는 종의 리더십의 모범을 보이셨다. 리더나 고용주로서 적합한 역할을 향상시키는 것은 쉬운 일이 아니지만, 우리를 위해 일하고 있는 사람들과의 적절한 관계를 발생시키기 위해서 우리 자신을 내어주는 아주 작은

---

44. 5:43-47의 현대적 의미 항목을 보라.

방법이라도 매우 긴요하다. 마찬가지로 남편과 아버지인 우리들은 돈을 벌어다줌으로써 아내나 자녀에 대한 의무를 다한 것으로 생각하고 우리 자신을 내어주지 않고 있지는 않은가? 나는 아버지나 어머니 또는 둘 다 경제적으로 가족을 부양하는 일에 몰두하여 자녀들에게 그들 자신을 관계적으로 주지 않는다는 사실을 한탄하는 다 큰 어린이들과 많은 대화를 가졌다.

(2) **받는 것에서 주는 것으로 관계적 활동을 바꾸어라.** 사역에서 예수의 모범을 따를 때, 우리는 그가 주기 위해서 오셨지 받기 위해서 오시지 않았다는 것을 발견한다. 그것이 아들을 보내신 아버지의 전체적인 목적이다(요 3:16; 롬 5:8). 그는 섬김을 받으러 온 것이 아니라 섬기고 백성들을 위해 대속물로 자기 생명을 주기 위해서 오셨다(마 20:28; 참조. 막 10:45). 또한 그러한 내어줌의 태도가 가장 가까운 사람과의 관계에서도 특징이 되어야 한다.

대부분의 사람들에게 왜 결혼하기 원하는 지를 물어보아라. 그러면 그들은 보통 '얻는다' 는 측면에서 이유를 설명할 것이다: "나는 결혼해서 더 많은 것을 얻을 것이야", "나는 남편과 아이들 그리고 내 가정을 갖기를 항상 원했어." 이런 동기들이 필연적으로 나쁘다는 것은 아니지만, 하나님이 본래 의도하셨던 결혼은 풍성함을 위해서 서로에게 자기 자신을 내어주는 관계다.

파트너를 통해 자신의 필요를 충족하는데 몰두하는 배우자는 그 필요에서 전혀 눈을 떼지 못하고 상대방의 필요를 돌보지 못한다. 그러면 관계성은 기생(寄生)적이 된다. 서로간의 필요에 대한 줄다리기는 그 필요를 충족하기 위해서 계속해서 받는 것을 요구한다.

아주 고통을 가져다주는 관계성에서도 그런 흐름을 자주 바꾸어놓는 것은 자기 자신을 내어줄 때다. 예수가 이스라엘의 구원자로서 자기 생명을 내어주기 위해서 그의 마지막 주간에 예루살렘에 입성하셨을 때, 도성을 보시고 우셨다. 그 민족이 그를 부인하고 심판을 받게 될 것을 아셨기 때문이다(눅 19:41). 예수는 자기 백성들의 죄를 위해 산 제물로 생명을 드렸고, 그를 십자가에 못박은 사람들을 위해 용서를 구하셨다(눅 23:34). 예수가 자기 자신을 주심은 우리 제자들의 모범이다: "너희 중에 누구든지 크고자 하는 자는 너희를 섬기는 자가 되고 너희 중에 누구든지 으뜸이 되고자 하는 자는 너희의 종이 되어야 하리라"(마 20:26-27). 이것이 우리에게 상처를 준 사람의 마음을 열게 한다. 따라서 우리는 뱀처럼 지혜롭게 분별하며 비둘기처럼 순결해야 한다(10:16). 하지만 놀라운 약속은 사랑이신 하나님이 우리의 삶에 그의 사랑을 계속해서 쏟으실 것이다. 그리고 우리가 하나님의 사랑을 받을 때, 다른 사람들, 심지어 우리에게 상처를 주었던 형제나 자매들이라도 그들에게 그 사랑을 역시 주어야 한다(요일 3:11-16; 4:7-21).

(3) **관계성을 위한 하나님의 기대에 맞추어 당신 자신을 주어라.** 예수는 그의 삶과 사역을 위한 아버지의 뜻에 대한 분명한 관점을 유지하셨다. 그는 다른 사람들이 그에 대해서 바랐던 것으로 인해 방해를 받지 않으셨다. 그는 백성들의 죄를 위한 용서를 제공하는 이스라엘의 메시아이시다. 그는 그 소명에 온전히 집중하셨다. 우리의 삶과 사역도 필연적으로 우리 또는 다른 이들이 원하는 것이 아니라, 하나님이 뜻하시는 것에 관계를 가져오려고 노력하는 것에 초점을 맞추어야 한다. 다른 이들이 우리를 조정하려고 하기도 한다. 또한 우리를 위한 가장 좋은 것을 알고 있다고 그들이 신실하게 생각할 수도 있다. 물론 우리는 듣는 태도를 유지하고 다른 이들을 통한 하나님의 음성에 열려 있는 진정한 겸손함이 있어야 한다. 하지만 하나님이 원하시는 것을 알 정도로 충분히 현명해야 하고, 정치나 고압적인 사람의 압력에 휘둘림을 당해서는 안 된다.

(4) **다른 이의 삶의 경험으로 들어가라.** 두 의미 있는 단어가 여기서 매우 중요하다: "나는 이해한다." 예수는 당대의 종교적이고 감정적인 분위기를 분명히 이해하셨다. 그는 무리들을 보시고 로마와 종교지도자들 하에서 그들의 고통을 공감적으로 느끼셨다. 또 하나님 앞에서 세심한 정결을 위한 바리새인들의 욕구도 느끼셨다. 예수는 그들이 가장 필요로 하는 곳에 그의 구원 사역으로 다가가셨다. 예수는 사람들을 공감적으로 이해하심으로써 개별적으로 그들을 다루셨고, 심지어 그를 가장 반대했던 사람들조차도 수용하셨다.

다른 이들이 당신을 반대하는 방식을 이해하기 위해서 그들의 자리에 당신 자신을 두라. 불순종하는 십대의 아들이나 딸의 자리에 당신을 두고서 그들을 이해하려고 해 보라. 나이든 부모님들이 건강하지 못해서 힘들어하거나 외로워하시는 것을 이해하려고 하고, 때로 그들이 사는 것을 왜 그리 힘들어하는지를 인식하라. 그런 공감적 인식이 당신이 다른 이들을 다루는 방법에 변화를 가져다 줄 것이다.

5) **당신의 삶과 행동의 각 영역에서 예수의 비전을 다른 이들에게 주라.** 바리새인과 예수와의 논쟁에 관한 내러티브의 중간에 마태는 다투지도 외치지도 않고 상처 입은 자와 억압받는 자를 온유하게 대하며 승리의 심판으로 인도하는 일에 요동함이 없는 성령이 부여된 종으로서 예수에 관한 강력한 예언을 삽입시킨다(12:18-21). 이것은 강함과 부드러움, 심판과 긍휼, 옳은 것을 행함에 흔들림 없는 헌신이 있지

만 다른 이들을 쳐부수지 않는 겸손한 종 됨의 특출한 조화의 모범이다. 우리에게 상처를 주는 사람도 우리의 삶에서 예수를 보아야 한다. 우리가 관계에서 반대와 난관에 직면할 때마다, 그리스도의 형상으로 변화되는 일이 눈에 띠게 달라질 것이다(참조. 고후 3:18). 그리스도의 형상을 닮는 일은 우리가 예수처럼 행동하고, 생각하고, 말하고, 예수처럼 성령의 열매를 맺을 때에 가능하다.

나의 삼촌인 레온은 은퇴한 목사다. 그와 숙모인 마리아는 겨울에 두 달 동안 남켈리포니아의 우리 마을로 온다. 시골 콜로라도의 산에 있는 그들의 집에 내리는 눈을 피하기 위해서다. 주마다 하는 산행을 마치고 아침 식사를 하는 동안에 우리는 섬겼던 목회사역을 반성하고 있었다. 그는 소박한 목회적 교훈을 상기함으로써 자신의 목회철학의 상당 부분을 요약했다: "언젠가 나이든 설교자가 젊은 목사에게 말했다. '너는 사람들에게 선해야 한다고 말하지 말라. 그들은 이미 그것을 알고 있다. 너는 선해지는 방법을 그들에게 보여야 한다.'" 당신의 삶과 행위의 각 영역에서 예수의 비전을 다른 이들에게 주라.

(6) **당신이 깃발을 꽂고 죽을 수 있는 '언덕'을 세심하게 선택하라.** 예수는 천국을 세우는 사명이 그를 인간 구속을 위한 십자가로 이끌 것임을 분명히 알고 계셨다. 그는 율법에 대한 사소한 랍비적 말다툼에 사로잡히지 않으셨다. 현대적 어조를 이용하면, 예수는 사소한 것이 아니라 중요한 것에 관심을 두셨다. 그는 골고다라 불리는 언덕을 향해 얼굴을 두시고서 그의 삶의 과제를 이루는 방법을 세심하게 선택하셨다. 우리에게 매일 닥쳐오는 많은 이슈들이 있고, 서로 이기려고 다투는 것은 사람을 대단히 지치게 만들며, 큰 그림을 상실하게 만든다. 지혜는 가장 중요한 것을 구분한다. 반대나 논쟁의 모든 언덕이 싸울 만한 가치가 있는 것은 아니다. 내가 나이가 들수록 죽을 만한 가치가 있는 이슈는 매우 적다는 것을 알았다. 하지만 이전에 내 삶은 모든 신학적 문제에 대해 싸울 준비가 되어 있는 사람과 같았다. 당신이 깃발을 꽂고 죽을 수 있는 언덕을 세심하게 선택하라.

(7) **사람들을 "좋아하는" 것과 "사랑하는" 것을 구분하라.** 나는 예수가 많은 우호적이지 못한 사람들을 만나셨음을 상상할 수 있다. 바리새인들은 참을 수 없는 완고하고 좁은 고집쟁이를 나에게 연상시킨다. 하지만 예수는 그들 모두를 사랑하고 천국으로 초청하기 위해서 오셨다. 오늘날 우리 교회에는 좀 불쾌한 사람들이 있고, 심지어 가족 가운데도 그런 사람이 있을 수 있다. 우리는 그들의 개성이나 선호하는 것들을 좋아하지 않을 수 있다. 일부 어떤 사람은 우리를 잘못된 길로 강요할 수 있다. 우리가 개인적으로 의기투합할 수 없는 사람들이 있다. 불쾌한 사람을 좋

아하는 것과 하나님의 사랑으로 그들을 사랑하는 것을 구분하는 것은 중요하다.

나는 아내와 힘든 때가 있었다. 내가 너무 예민하고 무례하거나 이기적일 때가 있었다. 그때에 그녀는 이빨을 갈면서 "나는 당신을 지금 좋아하지 않아요. 하지만 내가 당신을 사랑함으로 참을 겁니다"라고 말했다. 우리는 어떤 사람이 행동하는 방식을 좋아하지 않을 수 있으나 그들을 사랑하도록 부름을 받았다. 즉 하나님이 이루기 원하시는 것을 위해 그들에게 우리 자신을 주는 것이다.

(8) **다른 이들과의 관계에서 하나님의 관점을 가질 수 있도록 당신의 비전을 넓혀라.** 관계성을 위해 하나님의 기대에 맞추어 우리 자신을 주는 것과 더불어(#3), 관계성에서 하나님의 관점을 유지할 필요가 있다. 항상 예수는 자신이 누구인지 이 세상의 사명에서 무엇을 이루기 위해서 오셨는지를 아셨다. 다른 이들이 그의 신분과 목적을 의문했으나, 예수는 그의 삶을 위한 아버지의 뜻을 저해할 수 있는 기회를 그들에게 허락하지 않으셨다. 하나님은 우리가 이해한 것보다 더 커다란 우리의 관계성을 위한 비전을 갖고 계신다.

목사로서, 나는 교회의 고용인이나 단지 설교자로 있지 않음을 점점 더 이해하게 되었다. 참으로 어떤 사람들은 방금 말한 그런 용어로 거의 나를 보았다. 하지만 다른 이들, 심지어 아주 불쾌한 사람들과의 관계에 대한 하나님의 비전을 더욱더 이해하게 되면서, 나는 큰 그림을 더욱 깨닫게 되었다. 나는 사람들의 삶을 변화시키는 과정에서 하나님의 사랑과 격려의 대리자로 부름을 받았다. 다른 이들과의 관계에서, 특히 다른 이들이 우리로부터 원하는 것이 좁은 비전일 때, 하나님의 관점을 갖는 것은 우리의 비전을 넓히게 해준다.

(9) **다른 사람을 험담하는 일을 삼가라.** 험담은 죄다(예. 고후 12:20). 따라서 우리는 죄 없으신 구세주가 그를 대적하는 자들을 절대로 험담하지 않았다고 안전하게 결론을 내릴 수 있다. 하지만 험담은 많은 사람들이 좋아하는 심심풀이다. 남자들의 라커룸과 여자들의 찻집은 바가지를 긁는 아내나 게으른 남편을 불평하며 깎아내리는 또는 자주 이보다 더 심한 판단이 발생하는 규칙적인 대화의 장소다. 배우자는 가장 최근에 논쟁이 되었던 일들을 발산함으로써, 그들의 상처를 동정하는 다른 사람들을 통해 위안을 얻고자 한다. 하지만 이로 인해 다른 배우자의 명예는 손상을 입게 된다.

불행하게도 나는 선호하는 주제가 상처를 주는 교인들이나 집사들을 혹평하는 많은 목사들의 집회에 참석한 적이 있다. 물론 부당하게 상처를 입는 많은 목사들이 있지만, 상처의 분위기를 만들어내는 것은 치유에 도움이 되지 않는다. 그것은 오히려 "우리 대 그들"이라는 구조를 강화시키고, 교회의 구성원들을 나쁜 사람이 되게 한다. 나는 젊은이 커플이나 젊은 목사들에게 다른 사람에게 자신의 배우자나 교인들에 대한 부정적인 것들을 말하지 않는 삶의 패턴을 발전시킬 것을 조언한다. 상담이 필요하면, 당신의 부정적인 태도만을 강화시킬 수 있는 사람들에게 하지말고, 자격이 있는 사람에게 가서 하라.

(10) **부정적인 외부의 영향에서 당신과 아주 가까운 관계에 있는 사람들을 보호하라.** 예수는 바리새인들에게서 떠났을 때, 제자들이 모일 수 있는 집으로 가셨다. 아마도 그는 바리새인들과의 충돌에서 제자들을 멀리하게 하기를 원하셨을 것이다. 우리는 나중에 예수가 대제사장적 기도에서 이 제자들을 염두에 두고 계심을 알게 된다. 제자들이 세상으로 보내어질지라도, 예수는 하나님 아버지께 그들을 보호해 주시고, 악한 것들에게서 안전하게 지켜주시며, 진리로 거룩하게 해줄 것을 간구하신다(요 17:11-17). 우리와 아주 가까운 관계에 있는 사람들을 악에서 보호하기 위한 방법으로 우리도 이 진리를 붙들어야 한다.

잘 알려진 신학교에서 행정을 보고 있었던 한 친구가 있다. 그는 다른 행정직원들과 보통 흔하고 그렇게 심각하지 않은 불화가 있었다. 하지만 그는 집으로 돌아갔을 때 매일 밤 아내와 그 문제를 나누었다. 그것이 그의 문제를 해소하는 방식이라고 그는 생각했다. 불행하게도 그는 캠퍼스에서 발생하는 많은 긍정적인 것들은 아내에게 강조하지 않았다. 그는 아내가 그런 것들은 이미 알고 있다고 생각했다. 얼마 있지 않아 발생한 것은 그의 아내가 아주 마음을 굳게 하고 격화되어서 그 신학교에 대해서 전혀 좋은 것을 생각하지 않게 되었다. 그녀가 느낀 것의 대부분은 사실상 정당하지 않았다. 그는 마침내 그 학교를 사직하였다. 요즈음 그의 아내는 이전 학교, 실제로는 일반적인 모든 신학교에 대해서 앙심을 품고 있다.

나는 많은 배우자들이 동일한 실수를 하고 있음을 본다. 그들은 집에 가서 자신의 직장이나 교회에서 받는 스트레스를 배우자를 통해 발산하려고 한다. 나는 아내에게 말하지 않았던 많은 부정적인 경험을 목회사역에서 했다. 내가 문제점을 이야기로 발산함으로써 일시적으로 기분을 좋게 할 수는 있으나, 내가 그 날 경험한 좋고 나쁜 것의 온전한 상황을 그녀는 알 수가 없다. 나는 나의 부정적인 경험으로 인해 아내가 부당하게 마음이 굳어지거나 격화되는 것에서 보호하기를 원한다. 이것은 언제 아내와 이야기를 나누고 나누지 않아야 할지를 분별하는 것을 요한다. 내가 갖고 있는 좋은 가이드라인은 내 문제에 대한 일시적인 발산이 그녀가 나를 도울 수 있는 것인지 아니면 부당한 짐으로 작용할 것인지를 자문하는 것이다.

(11) **이슈에 대한 비판과 개인적으로 당신에 대한 비판을 구분하라.** 예수는 공격을 받고 모략을 당할 때에도 건강한 객관성을 보여주신다. 사탄의 힘을 빌어 축사를 행한 것으로 참소를 받으실 때, 그는 안정된 논리로 그 공격을 해소시키시며, 개인적으로 분노하는 방어에 사로잡히지 않으신다. 그는 더 깊은 영적인 이슈들을 인식하신다. 인자로서 예수에게 행해진 중상모략은 실제로는 성령에 대한 저항이다(12:32). 예수는 실제적인 이슈에 대해서 안목을 유지하시며 단순히 자신을 방어하는 일에만 사로잡히지 않으신다.

우리가 너무 예민하여 이런 구분을 상실하는 때가 있다. 사람들이 의도적으로 상처를 주는 때가 있으나, 우리의 사역이나 일이나 노력에 대한 비판을 너무 개인적인 감정의 차원에서 대응하지 않아야 한다. 한 순간 물러서서 이 이슈를 감정과 분리시키는 것이 도움이 된다. 우리가 객관적으로 이슈들을 다루고 감정을 상하게 하지 않는다면, 반대를 극복할 수 있다. 설사 그 반대를 이기지 못한다할지라도, 객관성을 유지하면, 하나님의 목적을 상실하는 유치하고 감정적인 비판에 사로잡히지 않을 것이다. 이슈에 대한 비판과 개인적으로 우리 자신에 대한 비판을 구분하는 방법을 배울 필요가 있다.

우리는 모두 반대를 경험한다. 우리는 모두 상처를 입고 있다. 예수가 직면한 반대와 그가 지상 사역에서 경험한 상처는 상상을 초월한다. 상처 입은 제자들인 우리들에게서 예수의 모범은 상처를 주는 사람들과 그 반대에 반응하여 우리를 인도하는 지침이 된다. 그는 하나님이 뜻하신 목적을 다른 사람들의 삶에서 가져오기 위해서 자기 자신을 내어주신 가장 깊은 사랑의 모습을 보인 우리의 모범이시다.

마태복음 13:1-52

1 그 날 예수께서 집에서 나가사 바닷가에 앉
으시매
2 큰 무리가 그에게로 모여 들거늘 예수께서
배에 올라가 앉으시고 온 무리는 해변에 서
있더니
3 예수께서 비유로 여러 가지를 그들에게 말씀
하여 이르시되 씨를 뿌리는 자가 뿌리러 나
가서
4 뿌릴새 더러는 길 가에 떨어지매 새들이 와
서 먹어버렸고
5 더러는 흙이 얕은 돌밭에 떨어지매 흙이 깊
지 아니하므로 곧 싹이 나오나
6 해가 돋은 후에 타서 뿌리가 없으므로 말랐고
7 더러는 가시떨기 위에 떨어지매 가시가 자라
서 기운을 막았고
8 더러는 좋은 땅에 떨어지매 어떤 것은 백 배,
어떤 것은 육십 배, 어떤 것은 삼십 배의 결실
을 하였느니라
9 귀 있는 자는 들으라 하시니라
10 제자들이 예수께 나아와 이르되 어찌하여 그
들에게 비유로 말씀하시나이까
11 대답하여 이르시되 천국의 비밀을 아는 것이
너희에게는 허락되었으나 그들에게는 아니
되었나니
12 무릇 있는 자는 받아 넉넉하게 되되 없는 자
는 그 있는 것도 빼앗기리라
13 그러므로 내가 그들에게 비유로 말하는 것은
그들이 보아도 보지 못하며 들어도 듣지 못
하며 깨닫지 못함이니라
14 이사야의 예언이 그들에게 이루어졌으니 일
렀으되 너희가 듣기는 들어도 깨닫지 못할
것이요 보기는 보아도 알지 못하리라
15 이 백성들의 마음이 완악하여져서 그 귀는
듣기에 둔하고 눈은 감았으니 이는 눈으로
보고 귀로 듣고 마음으로 깨달아 돌이켜 내
게 고침을 받을까 두려워함이라 하였느니라
16 그러나 너희 눈은 봄으로, 너희 귀는 들음으
로 복이 있도다
17 내가 진실로 너희에게 이르노니 많은 선지자
와 의인이 너희가 보는 것들을 보고자 하여
도 보지 못하였고 너희가 듣는 것들을 듣고
자 하여도 듣지 못하였느니라
18 그런즉 씨 뿌리는 비유를 들으라
19 아무나 천국 말씀을 듣고 깨닫지 못할 때는
악한 자가 와서 그 마음에 뿌려진 것을 빼앗
나니 이는 곧 길 가에 뿌려진 자요
20 돌밭에 뿌려졌다는 것은 말씀을 듣고 즉시
기쁨으로 받되
21 그 속에 뿌리가 없어 잠시 견디다가 말씀으
로 말미암아 환난이나 박해가 일어날 때에는
곧 넘어지는 자요
22 가시떨기에 뿌려졌다는 것은 말씀을 들으나
세상의 염려와 재물의 유혹에 말씀이 막혀
결실하지 못하는 자요
23 좋은 땅에 뿌려졌다는 것은 말씀을 듣고 깨
닫는 자니 결실하여 어떤 것은 백 배, 어떤 것
은 육십 배, 어떤 것은 삼십 배가 되느니라 하
시더라
24 예수께서 그들 앞에 또 비유를 들어 이르시되
천국은 좋은 씨를 제 밭에 뿌린 사람과 같으니
25 사람들이 잘 때에 그 원수가 와서 곡식 가운
데 가라지를 덧뿌리고 갔더니
26 싹이 나고 결실할 때에 가라지도 보이거늘
27 집 주인의 종들이 와서 말하되 주여 밭에 좋
은 씨를 뿌리지 아니하였나이까 그런데 가라
지가 어디서 생겼나이까

28 주인이 이르되 원수가 이렇게 하였구나 종들
이 말하되 그러면 우리가 가서 이것을 뽑기
를 원하시나이까
29 주인이 이르되 가만 두라 가라지를 뽑다가
곡식까지 뽑을까 염려하노라
30 둘 다 추수 때까지 함께 자라게 두라 추수 때
에 내가 추수꾼들에게 말하기를 가라지는 먼
저 거두어 불사르게 단으로 묶고 곡식은 모
아 내 곳간에 넣으라 하리라
31 또 비유를 들어 이르시되 천국은 마치 사람
이 자기 밭에 갖다 심은 겨자씨 한 알 같으니
32 이는 모든 씨보다 작은 것이로되 자란 후에
는 풀보다 커서 나무가 되매 공중의 새들이
와서 그 가지에 깃들이느니라
33 또 비유로 말씀하시되 천국은 마치 여자가
가루 서 말 속에 갖다 넣어 전부 부풀게 한
누룩과 같으니라
34 예수께서 이 모든 것을 무리에게 비유로 말
씀하시고 비유가 아니면 아무 것도 말씀하지
아니하셨으니
35 이는 선지자를 통하여 말씀하신 바 내가 입
을 열어 비유로 말하고 창세부터 감추인 것
들을 드러내리라 함을 이루려 하심이라
36 이에 예수께서 무리를 떠나사 집에 들어가시
니 제자들이 나아와 이르되 밭의 가라지의
비유를 우리에게 설명하여 주소서
37 대답하여 이르시되 좋은 씨를 뿌리는 이는
인자요
38 밭은 세상이요 좋은 씨는 천국의 아들들이요
가라지는 악한 자의 아들들이요
39 가라지를 뿌린 원수는 마귀요 추수 때는 세
상 끝이요 추수꾼은 천사들이니
40 그런즉 가라지를 거두어 불에 사르는 것 같
이 세상 끝에도 그러하리라
41 인자가 그 천사들을 보내리니 그들이 그 나
라에서 모든 넘어지게 하는 것과 또 불법을
행하는 자들을 거두어 내어
42 풀무 불에 던져 넣으리니 거기서 울며 이를
갈게 되리라
43 그때에 의인들은 자기 아버지 나라에서 해와
같이 빛나리라 귀 있는 자는 들으라
44 천국은 마치 밭에 감추인 보화와 같으니 사
람이 이를 발견한 후 숨겨 두고 기뻐하며 돌
아가서 자기의 소유를 다 팔아 그 밭을 사느
니라
45 또 천국은 마치 좋은 진주를 구하는 장사와
같으니
46 극히 값진 진주 하나를 발견하매 가서 자기
의 소유를 다 팔아 그 진주를 사느니라
47 또 천국은 마치 바다에 치고 각종 물고기를
모는 그물과 같으니
48 그물에 가득하매 물 가로 끌어 내고 앉아서
좋은 것은 그릇에 담고 못된 것은 내버리느
니라
49 세상 끝에도 이러하리라 천사들이 와서 의인
중에서 악인을 갈라 내어
50 풀무 불에 던져 넣으리니 거기서 울며 이를
갈리라
51 이 모든 것을 깨달았느냐 하시니 대답하되
그러하오이다
52 예수께서 이르시되 그러므로 천국의 제자된
서기관마다 마치 새것과 옛것을 그 곳간에서
내오는 집주인과 같으니라

원 의미

11-12장에서 예수와 종교지도자들 간에 대결은 예수가 가장 가까운 가족으로서 제자들을 지적하시고 "누구든지 하늘에 계신 내 아버지의 뜻대로 하는 자가 내 형제요 자매요 어머니이니라"(12:50)고 말씀하신 장면에서 절정을 이루

었다. 예수는 아버지의 뜻을 이루기 위해서 오셨고(11:27; 26:42), 그의 메시지와 사역을 수용하는 자들은 아버지를 순종한다. 예수를 부인하고 심지어 그를 배척하는 자들은 하나님 아버지를 부인하고 배척하는 자다. 예수의 제자들과 종교지도자들 간의 대조는 이제 명백하게 확립된다. 예수의 제자들은 아버지의 뜻을 순종하고, 종교지도자들은 아버지의 뜻을 순종하지 않는다. 종교지도자들은 천국으로의 예수의 초대를 거부한다.

하지만 무리들은 어떤가? 그들은 예수를 주변에서 따르고 천국으로 예수의 초대를 받았으며, 그의 메시지를 듣고 기적도 목격하였다. 하지만 그들은 천국으로 들어가서 예수의 제자들의 인도를 따르고 아버지의 뜻을 순종하며 제자가 될 것인가? 아니면 종교지도자들의 인도를 따르고 예수를 거부할 것인가? 그들은 충분한 기회가 있었고, 이제 예수는 그들의 반응을 실험하신다.

동시에 예수는 천국의 모습에 대해 제자들에게 가르치신다. 따라다니던 많은 사람들이 예수가 이스라엘의 다윗 권좌를 확립하실 것을 기대하고 있었지만, 그는 먼저 마음에서 그러한 상태를 획득할 것을 계속해서 요청하신다. 천국으로 들어가는 것은, 예수의 제자가 되는 것으로 인도하는, 신사들의 마음에서 하나님의 의를 확립할 때에 발생한다(5:20의 주석을 보라). 이것은 많은 사람들이 예상했던 것과는 상당히 다른 천국의 모습이다. 심지어 제자들도 그렇게 예상하지 못했다. 따라서 예수는 구원 역사의 하나님의 계획에서 천국은 이 시점에서 참으로 무엇과 같은지를 설명하신다.

무리들을 검증하고 제자들을 가르치시는 구체적인 수단은 비유의 사용이다. 따라서 보통 '비유 강화'라 일컫는 이 강화에서 예수는 이전과는 다른 가르침의 형태로 전환하신다.

비유 강화에 대한 배경(13:1-3a)

12장의 많은 날 동안 예수는 "그 집"(13:1), 아마도 가버나움의 베드로와 안드레의 집에 머무셨다(8:14을 보라). 예수는 이제 그 집을 떠나서 갈릴리 바다의 "해변에" 앉으신다. 앉아서 가르치는 것은 이 당시 선생들의 전형적인 자세다(참조. 5:1-2). 무리들은 그가 가르침의 사역을 행하려고 하신다는 것을 분명히 이해했으므로 큰 무리가 그의 말씀을 듣기 위해서 나아온다. 그러한 커다란 무리는 지금까지 대중들에게 인기가 있었던 바리새인들의 반목을 가중시켰을 것이다. 바리새인들은 자신들의 영향이 계속해서 예수에게로 이동하는 것을 보았기 때문이다.

한편 무리들이 예수에게로 몰려듦으로써 그는 배 위에서 가르치셨다(눅 5:1-3). 이 때에 배는 베드로의 소유였고, 여기서 다시 한번 예수는 그것을 사용하신다. 지역의 전승은 이 강화가 '비유의 내포'(內浦)라 일컫는 독특한 해안만이나 후미진 곳에서 있었다고 말한다. 계곡을 둘러싼 지역이 자연적인 U자 형의 원형이 형성되어서 일백 미터 이상 떨어진 해변에 모인 몇 백 명의 무리들에게도 예수의 목소리가 전달될 수 있는 음향효과를 제공했을 것이다. 이스라엘 과학자들은 현대에 그곳에서 음향효과를 검증했고, 예수의 비유가 많은 이들에게 들려질 수 있음이 사실임을 발견했다.[1]

산상수훈의 시작에서 예수는 무리를 떠나 앉으셔서 제자들에게 가르치셨으나, 지금 이 경우에는 비유로 무리들에게 말씀하신다.[2] 나중에 예수는 제자들에게 이 비유를 설명하실 것이다(13:10-23, 36-52). 비유는 무리들과 제자들을 서로 구분하는 목적이 있었다. 이전에 예수가 몇 가지 개별적인 비유를 주셨지만[3] 지금 이 강화는 마태가 "비유"라는 용어를 사용한 첫 번째 순간이다. 이 용어의 기저에 깔려 있는 것은 헬라어 '마살' 이다. 그것은 비유나 분석에 기초한 개념의 폭넓은 현상을 언급한다.[4] 예수가 사용하신 것처럼 비유는 도덕적 또는 영적 증거를 위해서 내러티브 유추를 통해 진리를 전달하는 한 방식이다.

예수가 사용하신 비유의 유형 중에는 잠언(6:22-23), 직유(10:16), 비교(13:33), 스토리(20:1-16), 그리고 알레고리(우화, 21:28-32)가 있다.[5] 언어의 활발한 특징들을 사용함으로써 예수는 관심과 호기심을 불러일으키고, 청중들을 편하게 하고 특별한 필요에 호소하는 흔한 경험에 의존함으로써, 그들의 관심을 유지시키신다.[6] 예수가 요지를 끌고 나가기 위해서 사용하는 분석이나 비교는 일상생활의 경험에

---

1. Charles R. Page II, *Jesus and the Land*(Nashville: Abingdon, 1995), 85; Pixner, *With Jesus Through Galilee According to the Fifth Gospel*, 40.
2. 13:3B에 '오클로스'란 용어는 NIV에서처럼 "백성"이 아니라 "무리"로 가장 잘 번역된다(참조. 4:16; 26:24-25).
3. 예. 5:14-15; 7:24-27; 9:16, 17; 11:16-19; 12:27-29, 43-45.
4. 속담, 잠언, 지혜언어, 스토리, 알레고리를 포함함. 유대적 용법과 관련한 개관을 위해서는 Vermes, *The Religion of Jesus the Jew*, 90-97을 보라. 유대 랍비 문헌에서 비유의 광범위한 논의를 위해서는 David Stern, *Parables in Midrash: Narrative and Exegesis in Rabbinic Literature*(Cambridge, Mass.: Harvard Univ. Press, 1991)을 보라.
5. Robert H. Stein, "The Genre of the Parables," *The Challenge of Jesus' Parables*, ed. Richard N. Longenecker(Grand Rapids: Eerdmans, 2000), 30-50.
6. Mark L. Bailey, "Guidelines for Interpreting Jesus' Parables," *BibSac* 155(January-March 1998): 29-38.

서 오며, 의도된 영적 의미를 청자들이 직접 찾도록 이끄신다. 그것이 대중설교에서 예수의 비유가 "천상의 의미를 갖는 지상의 이야기"로 자주 일컫는 이유이다.

하지만 비유는 깊이가 있고, 심지어 좌절감과 당혹감을 일으키기도 한다. 비유의 이야기는 예기치 않은 전환을 이루고, 개인적인 적용이 주어질 때 청자들에게 불쾌감을 야기하기도 한다.[7] 예수가 분명히 보여주시는 것처럼, 그의 비유는 각 사람에게 극적으로 다른 결과를 갖도록 서로 다른 방식으로 기능한다. 무리들에게는 그의 비유가 진리를 감추고, 제자들에게는 그의 비유가 진리를 소통한다.

예수의 비유에 관한 해석의 역사는 지극히 다양하다. 초기 해석은 알레고리적이었다. 따라서 비유의 모든 작은 요소라도 무언가를 가르치는 것으로 이해하였다. 더욱 더 최근에는 비유가 한 요지만을 전달하기 위해 있으며, 다른 상세한 부분들은 단지 한 요지를 뒷받침하기 위해 존재하는 것으로 해석한다.[8] 이제 대부분의 해석자들은 비유가 각각의 주요한 인물이나 인물들의 그룹과 연관한 요지들을 통해서 예수가 의도하신 유추를 이룰 수 있다고 제기되는 부분까지 해석을 밀고 나간다.[9] 우리는 씨를 가진 자와 네 가지 특별한 형태의 토양이 있는 첫 번째 비유에서 심은 씨가 근본적으로 다른 결과를 갖는 것을 보게 된다. 이것은 우리가 각각의 의미를 묻도록 유도한다.[10]

씨를 심는 자와 토양의 비유(13:3b-9)

예수의 비유의 탁월함은 청자들의 일상적인 경험에서 그 비유가 비롯된다는 사실이다. 첫 번째 비유는 씨를 심으러 나간 농부의 이야기를 사용한다(13:3). 예수의 청자들은 농사짓는 기술을 잘 알고 있다. 그들 대부분은 자신의 밭과 정원을 돌보고 있거나 땅주인의 밭을 일구고 있었기 때문이다.

---

7. John W. Sider, *Interpreting the Parables: A Hermeneutical Guide to Their Meaning*(Grand Rapids: Zondervan, 1995), 88-89.
8. 예를 들어, Joachim Jeremias, *The Parables of Jesus*, rev. ed. (New York: Scribner's, 1972). 이런 견해를 갖는 최근의 문서적 접근은 Warren Cater and John Paul Heil, *Matthew's Parables: Audience-Oriented Perspectives*(CBQMS 30; Washington, D.C.: Catholic Biblical Association of America, 1998), 1-22이다.
9. 참조. Klyne R. Snodgrass, "From Allegorizing to Allegorizing: A History of the Interpretation of the Parables of Jesus," *The Challenge of Jesus' Parables*, ed. Richard N. Longenecker(Grand Rapids: Eerdmans, 2000), 3-29. 비유가 알레고리라고 주장하는 것을 가장 극단적으로 몰고 나아가는 사람은 Craig L. Blomberg, *Interpreting the Parables*(Downers Grove, 1Il.: InterVarsity Press, 1990), 29-69이다.
10. 예. David Wenham, *The Parables of Jesus*(Downers Grove, 1Il.: InterVarsity Press, 1989), 41-48.

많은 주석가들은 이 비유에서 씨를 심는 자에 주로 강조점을 준다. 그처럼 그들은 하나님 나라의 복음을 선포하시는 예수의 사역에 초점을 맞추면서 기독론적인 비유로서 이것을 주로 해석한다.[11] 그러나 씨를 심는 자는 이 비유의 시작에만 나타난다. 이 인물은 비유에서 사라지고 초점이 토양으로 전환된다. 이 비유는 복음 메시지를 갖고서 도래하신 예수를 강조하지만 좋은 토양과 나쁜 토양 그리고 씨에 대한 토양들의 반응간에 대조를 상당히 강조한다.[12]

(1) **길가에 떨어진 씨(13:4).** 씨는 밭을 걸으면서 모든 방향으로 그것을 "살포하는" 형태로 심겨졌다. 밭은 씨를 심기 전에 분명히 갈았을 것이고, 씨가 심겨진 후에 토양에 떨어진 씨를 덮기 위해서 원래의 밭고랑을 다시 한번 갈아엎었을 것이다. 밀씨를 갈아엎을 때에 의도된 토양의 깊이는 통상적으로 1-3인치 가량이었으나 표토가 낮은 곳에서는 그 정도의 깊이로 심겨지지 못했을 것이다. 그리고 밭을 둘러싼 딱딱한 길에 우연히 씨가 살포되는 경우가 흔했다. 그럴 경우에 새들이 달려들어 씨를 먹었다.

(2) **돌 위에 떨어진 씨(13:5–6).** 이스라엘의 많은 지역에서 농사를 짓는 조건은 좋지 못했다. 많은 곳에서 지형이 평평하지 못했고, 토양이 바위를 얇게 덮고 있었다. 이런 얕은 토양에 떨어진 씨는 깊은 토양에 심겨진 씨보다 더 빨리 발아하기를 시작하나 깊이 뿌리를 내리지 못하고 옅은 토양에서 습기를 제대로 흡수하지 못한다.[13] 따라서 금방 발아한 이 씨는 뜨거운 태양이 내리쬘 때, 곧 말라서 죽는다(13:6; 참조. 약 1:11).

(3) **가시떨기 위에 떨어진 씨(13:7).** 세 번째 장면에서 씨는 가시덤불 속에 떨어졌다. 이 식물은 토양에서 양분을 흡수하기 위해 사투하고, 야생 덤불은 이 식물이 토양에서 필요로 하는 것들을 쉽게 강탈한다. 야생 식물들이 다른 식물과 함께 자랄 때, 이 가시덤불은 덜 왕성한 식물의 기운을 막아 죽게 만든다.

(4) **좋은 토양에 떨어진 씨(13:8).** 네 번째 사례에서 씨는 "좋은 토양"에 떨어졌다. 씨가 발아하여 성장할 때, 그것은 심겨진 것에 삼십 배, 육십 배, 백 배의 결실을 맺는다. 이 비유의 직접적인 의미는 오직 좋은 토양에 심겨진 씨만이 작물을 거두었다는 사실이다. 하지만 수확의 양이 주는 의미는 다양하게 이해된다. 어떤 사람은

11. Ibid.

12. Blomberg, *Interpreting the Parables*, 226-29; 참조. Guelich, *Mark 1-8*: 26, 192.

13. Oded Borowski, "Agriculture," *ABD*, 1:97-98; idem, *Agriculture in Ancient Israel*(Winona Lake, Ind.: Eisenbrauns, 1987).

전형적인 팔레스타인의 수확이 심겨진 양에 5-10배 가량 산출했다고 주장하면서 이것을 예외적이고 기적적인 수확으로 본다.[14] 또 다른 사람들은 아주 좋은 수확을 의미하는 삼십 배, 육십 배, 백 배의 수확을 초자연적인 것이 아니라 매우 좋은 수확 즉, 하나님에 의해 복 받은 수확의 전형을 의미하는 것이라고 이해한다.[15] 구약성경에 이삭의 수확과 같은 보고는 후자의 견해를 지지해준다: "이삭이 그 땅에서 농사하여 그 해에 백 배나 얻었고 여호와께서 복 주시므로"(창 26:12). 따라서 좋은 토양에 심겨진 씨는 개별적인 잠재력을 반영하는 다양한 양으로 최대의 수확을 이루어내었다.

영적인 귀(13:9). 예수가 "귀 있는 자는 들으라"(13:9; 참조. 11:15; 13:43)고 말씀하시기 전까지는 단순히 농학 세미나를 하시는 것처럼 보인다. 이 캐치프레이즈는 더 깊은 의미가 의도되어있음을 청중들에게 경각시킨다. 이 비유는 하나님의 계획이 있는 신학적인 목적을 갖고 있다. 뒤이어지는 설명적 내러티브는 누가 귀를 갖고 있고(13:10-11), 누가 듣고 이해할 것인지(13:12-17), 어떤 진리가 소통되고 있는지(13:18-23)를 명확히 할 것이다. 들으라는 이 요청은 모든 사람들이 들을 수 있는 귀나 들을 수 있는 능력이 있지 않다는 것을 의미하거나 듣는 사람들이 항상 그들의 귀를 사용하거나 듣지는 않는다는 것을 의미한다. 13:10-17의 설명을 볼 때, 전자에 그 강조가 있음을 알 수 있다. 즉 이 비유는 듣고 있는 모든 사람들을 위한 것이 아니라 이 비유에 구현된 영적인 메시지를 들을 수 있는 능력을 가진 영적인 귀가 있는 사람들을 위한 것이다.

비유로 말씀하시는 예수의 목적(13:10-17)

예수는 마태복음에서 이미 두 중요한 강화를 말씀하셨다—산상수훈(5-7장)과 선교 강화(10장). 예수는 나중에 공동체 강화(18장)와 종말론적 감람산 강화(24-25장)을 행하실 것이다. 여타 강화들은 주로 예수의 제자들에게 맞추어져 있지만, 여기서 예수는 해변에 서 있는 "무리들"(13:2)에게 비유로 말씀하신다. 제자들 이

---

14. Joachim Jeremias, *The Parables of Jesus*, 149-51; Rousseau and Arav, "Agriculture, Cereals," *Jesus and His World*, 8-12; Keener, *A Commentary on the Gospel of Matthew*(1999), 377-78.

15. Philip Barton Payne, "The Authenticity of the Parable of the Sower and Its Interpretation," *Gospel Perspectives*, ed. R. T. France and D. Wenham(Sheffield: JSOT Press, 1980), 1:181-86; Carson, "Matthew," 305; Bailey, "The Parable of the Sower and the Soils," 183-84.

외에 무리들에게 말씀하시는 것이 다소 통상적이지 않기 때문에, 예수의 제자들은 예수에게 다가와 왜 비유로 무리들에게 말씀하셨는가를 묻는다(13:10). 제자들과 무리들을 구분함은 비유로 말씀하시는 예수의 목적을 이해하는데 중요하다. 그는 청자들이 하나님 나라에 대한 결정을 할 수 있도록 비유를 사용하신다.

천국의 비밀(13:11). 예수가 비유로 무리들에게 말씀하신 이유는 하나님이 무리들에게가 아니라 제자들에게 "천국의 비밀"을 알게 하도록 허락하셨기 때문이다(신적인 수동태인 "허락되었으나"를 참조하라).[16] "비밀"은 헬라어로 '미스테리아'("신비들")이다. 그것은 하나님의 선택된 자에게 가려진 말로 전수된 종말론적 비밀(아람어로 '라즈')을 언급하는 셈어적 배경에 의존한다. 이 용어를 다니엘 2:18-19에서 분명히 발견할 수 있다: "이 은밀한 것이 밤에 환상으로 다니엘에게 나타나 보이매"(또한 욥 15:8; 시 25:14; 잠 3:32; 암 3:7을 참조하라). 처음부터 예수의 메시지는 천국이 도래했음을 선언하였지만 관찰자들에게 항상 투명하지는 않았다. 예수는 제자들에게 지금 이 세상에서 작동하고 있는 그리고 작동할 천국에 관한 이해를 주신다. 하나님 나라는 현재에 임했지만 완전하게 드러난 능력으로 임하지는 않았다. 조지 라드는 이렇게 언급한다.

> 신비는 주의 나라를 세우는 하나님의 목적의 새로운 계시다. 예수의 인격과 사명과 관련하여 남녀들에게 지금 주어인 새로운 진리는, 다니엘서에서 예견된 것처럼, 마지막 종말론적 능력이 임할 하나님 나라가 인간들 속에서 은밀하게 역사하기 위해서 숨겨진 형태로 이미 이 세상에 들어왔다는 사실이다.[17]

이 신비는 이스라엘에서 잘 알려진 예언적 소망이었던 그 나라를 하나님이 앞으로 세우리라는 것이 아니라, 사람들이 예상했던 것과는 다른 형태로 이미 임하였다는 것이다. 이것이 하나님이 선택하신 예수의 제자들에게 베일로 가려진 언어로 지금 드러나고 있는 비밀이다. 따라서 이 비유는 하나님의 나라가 마지막으로 강력하게 드러나는 조짐(예수는 그것을 24-25장에서 밝히신다)이 있기 전에 이 세상에서 하나님의 나라가 어떻게 작동하는가를 제자들에게 보여준다. 다른 한편으로 제자들에게 드러난 진리는 영적인 무반응 때문에 무리들에게는 감추어져 있다

16. 예수는 제자들의 질문에 대한 대답을 인과접속사인 "왜냐하면"('호티'; NIV와 개역개정에는 반영되어 있지 않음—옮긴이)으로 시작한다. 이는 예수가 비유로 무리들에게 말씀하시는 이유를 알려준다.

17. Ladd, *Theology of the New Testament*, 92.

(13:12-13을 보라). 하나님에 의해 예수를 통해 주어진 것으로서 제사들이 지금 갖고 있는 천국의 비밀에 대한 최초의 이해는 확장됨으로써 그들이 온전하게 이해하게 될 것이다. 하지만 무리들이 어떤 이해를 갖고 있든 간에 지금 그들이 갖고 있는 것도 빼앗기게 될 것이다. 다시 말해서, 이 비유는 무리들에게 진리를 드러내지 않을 뿐 아니라, 그들이 갖고 있는 것조차도 잃게 만들 것이다.

하나님의 주권과 인간의 책임(13:12-13). "그들이 보아도 보지 못하며"라고 번역된 어절은 종속절 '호티'(NIV에서는 번역되고 있지 않다)에 의해 도입되고 있는데, 그것은 통상적으로 원인적이다; 이것은 비유를 보지 못하게 하는 요인이 무리들의 영적인 굳은 마음으로 인한 것임을 보여준다. 그러나 마가는 여기서 종속절 '히나'를 사용하는데, 그것은 "…하기 위해서"(in order that, 4:12)와 같은 목적절을 자주 도입한다. 이것은 예수가 무리들이 보지 못하게 하는 목적을 갖고서 비유를 주고 계심을 암시한다. 어떤 주석가들은 결과나 목적 어느 한쪽을 강조하기를 좋아하지만, 무리들의 삶에서 이 비유의 영적인 활동에 관한 폭넓은 관점을 줄 수 있도록 양쪽 설명을 취하는 것이 바람직하다.

무리는 예수에 대해 혼합된 태도를 갖고 있다. 어떤 이들은 예수의 제자가 되는 쪽으로 기울고 있으나, 또 다른 이들은 바리새인을 따르고 예수를 대적하는 일로 기울고 있다. 또 어떤 이는 헌신의 울타리에 걸터앉아 있다. 그러나 예수는 중간 지대는 없다고 말씀하신다(예. 12:30). 무리들은 어떤 결정을 해야 한다. 비유는 그런 이슈를 강조한다. 하나님은 예수의 메시지에 마음을 굳게 닫을 사람들을 아시므로, 궁극적으로 응답할 수 없는 지점으로까지 사람들의 마음을 주권적으로 굳게 하는 데 비유를 사용하신다(13:15). 또한 하나님은 복음의 메시지에 응답하는 사람들을 아시므로, 예수에게 와서 제자가 되고 설명을 구하는 적극적인 반응을 비유가 이끌어낸다(참조. 13:10). 따라서 비유의 말씀은 하나님의 거룩한 주권과 개인적인 인간의 책임간에 균형을 이루게 한다.[18]

마음이 굳은 무리들(13:14-15). 예수는 이스라엘 백성들이 하나님의 이전 선지자들을 배척하고 불신한 오랜 배경을 갖고 있는 것처럼 무리들도 지금 하나님에 대해 마음을 굳게 하고 있음을 보여주기 위해서 이사야 6:9-10을 인용하신다. 무리들은 이사야 선지자가 사역했던 이스라엘 백성들을 반영해준다. 그들은 영적으로 죽었기 때문에 메시지를 거부했다. 종속절 '메포테'("하지 않도록" 또는 "그렇지 않

18. 더 자세한 논의를 위해서는 Carson, "Matthew," 308-10을 보라.

고"[13:15]에서 NIV, 한글개역개정에서는 어구가 번역되어 있지 않음—옮긴이)는 하나님이 마음을 굳게 하시는 목적을 나타내고 마가복음 4:12에서의 사상과 유사하다.[19] 비유는 예수를 배척했던 사람들의 마음을 굳게 하도록 자극하며, 그들을 고치시는 하나님을 향해 전환하는 것을 막는다. 무리들 중에 불신자들은 용서받지 못할 죄를 짓고(12:31-32), 기회의 날을 상실한 바리새인들과 같다.

이 비유가 이스라엘 사람들이 예수를 더욱더 배척하고 반대하는 단락에 바로 이어서 나오고 있음을 주목하라. 하나님은 하나님 나라의 메시지를 인정하도록 사람들에게 강요하지 않으신다. 비유에 대한 무리들의 반응이 그들의 마음의 본성을 말해준다. 무리 중에 사람들이 영적인 귀가 없다면, 그들의 마음은 점차적으로 더 굳어지고 예수 그리고 천국과 함께 오는 치유를 차버리게 될 것이다(13:15).

복 받은 제자들(13:16-17). 반대로 예수의 제자들은 영적으로 살아 있어서 영적인 눈과 귀로 천국의 실제를 보고 듣는다(13:16). 토양의 비유를 결론짓는 캐치프레이즈(즉 "귀 있는 자는 들으라")의 의미가 이제 드러난다. 예수의 비유는 영적인 "귀"나 청중의 삶을 검증하는 것으로 의도되어 있다. 영적으로 살아 있는 제자들은 예수로부터 자세한 이해를 구하게 될 것이고, 이는 그들의 삶과 명철을 확장하게 만든다. 선지자와 구약성경의 의로운 사람들이 오래 기다렸던 모든 것을 예수의 제자들이 참여하는 특권을 누린다.

"선지자"는 하나님을 대변하여 말하는 사람들이고, "의인"은 하나님의 은혜로운 구속과 그 나라의 도래를 간절히 기다렸으나 이전에 죽은 구약 시대의 사람들이다(참조. 롬 4:1-25). 따라서 듣지 못하는 무리들은 이사야 시대의 영적으로 보지 못하는 무지한 사람들과 유사하고(마 13:14-15), 제자들은 하나님의 계시에 신실하게 응답했던 구약성경의 선지자와 의인들과 유사하다.

우리는 예수가 비유에서 두 가지 중요한 일을 이루신다는 것을 일반적으로 말할 수 있다. (1) 비유는 듣는 자들의 마음을 검증한다. 비유는 영적인 심사로서 작용하고 그 사람의 마음이 예수의 메시지에 열려 있는지 닫혀 있는지를 나타내는 청자들로부터의 반응을 촉진시킨다. 후자의 경우(마음을 굳게 함)에 비유는 혼란이나 노골적인 반대를 자극할 것이고, 예수와 진리로부터 멀어지도록 청자들을 촉발시킬 것이다(13:11-15). 하지만 그 사람의 마음이 예수의 메시지에 열려 있다면, 그는 제자들처럼 그 비유의 의미에 대해서 더 분명한 해석을 얻고자 예수에게 나

19. BDAG, 648.

아올 것이다(13:10). 진리에 대한 예수의 계시와 제자들의 순종적인 수용성이 이해와 불이해를 가르는 구분선이다.

(2) 비유는 반응하는 사람들에게 가르침을 준다. 비유는 그 신비를 명확하게 해주면서 예수의 제자들에게 천국의 본질에 대해서 알려준다. 즉 종교지도자들과 무리들이 예상했던 것과는 다른 방식으로 이 세상에서 천국이 작용하는 방법을 보여준다. 즉 비유 강화에서 예수는 천국의 전개(씨뿌리는 자: 13:18-23; 가라지: 13:24-30; 겨자씨: 13:31-32; 누룩: 13:33)와 하나님 나라의 비할 수 없는 가치(보화: 13:44; 진주: 13:45-46), 하나님 나라의 구성원(그물: 13:47-50), 그리고 하나님 나라에서의 봉사(율법 선생[서기관]: 13:51-52)에 관한 지침을 주신다.

제자들을 이상화할 수는 없을지라도, 그것은 그들의 영적인 민감성을 함축한다. 제자들의 적극적인 반응은 자세한 해석을 구하도록 촉발시키고(13:10, 36), 그들의 요청은 하나님 나라의 신비(13:44-52)에 대한 부가적인 진리로 보상받는다(13:18-23, 37-43). 이해에 있어서 제자들이 완벽하지는 않을지라도, 온전하게 발전할 수 있는 잠재성과 욕구를 갖고 있다. 제자들은 듣고 순종하기 때문에 결국 이해하게 될 것이다(13:51).

씨뿌리는 자와 토양의 비유에 대한 해석(13:18-23)

예수는 제자들에게 계속해서 말씀하시고 그들에게 비유를 설명하신다. 제자들은 구원 역사에 대한 하나님의 계획의 분명성을 얻는 특권이 주어지고, 구약성경의 성도들이 목격하지 못한 복을 얻는다(13:16-17). 그들은 천국의 비밀에 대한 진리를 들을 수 있는 영적인 귀가 있다. 이 제자들이 이전에 무엇을 이해하고 있었든지 간에 그것은 더 성장할 것이다. 그들이 영적으로 민감하기 때문이다.

굳은 마음(13:19). 하나님 나라에 대한 예수의 선포는 네 유형의 토양을 배경으로 삼는다. 토양의 비유를 설명하시면서 예수는 좋은 씨를 심은 분은 인자임을 알리신다(13:37). 그는 이스라엘 백성들의 마음에 씨를 심는 농부와 같다.[20] 씨는 "천국 말씀"(13:19)을 대변한다. 이는 마태가 자주 사용하는 표현인 "천국 복음"(참조. 4:23; 9:35; 24:14)과 동의어적인 어구다.[21] 따라서 예수의 모든 씨는 좋으므로,

20. Bailey, "The Parable of the Sower and the Soils," 179.

21. Donald A. Hagner, "Matthew's Parables of the Kingdom(Matthew 13:1-52)," *The Challenge of Jesus' Parables*, 106."

그 강조가 좋거나 나쁜 토양에 있게 된다.[22]

제자들과 대비되어 무리들은 예수의 메시지에 마음을 굳게 했다. 마음이 굳어짐은 복음의 씨가 뿌리를 내리지 못하게 하고, 결국 진리를 이해하지 못하게 만든다. 그렇게 되면 그들을 낚아채는 "악한 자"인 사탄에 취약하게 된다. 다시 말해서 천국 복음의 전파가 이런 사람의 유형에는 영향을 미치지 못한다. 그들은 애초부터 예수를 배척했던 서기관과 바리새인처럼 되고 만다.

얕은 마음(13:20-21). 얕은 토양이 있는 돌 위에 심겨진 씨는 씨가 발아할 수 있는 충분한 수용성을 가졌으나 뿌리를 내리기에는 충분하지 못한 마음의 유형을 의미한다. 생명이 씨에 있지 토양에 있지 않음을 인식하는 것이 중요하다. 환경이 적합할 때, 씨 속에 있는 생명이 싹트기를 시작한다. 그런데 씨를 담고 있는 토양이 생명을 발아할 수 있는 잠재력은 있지만 단지 피상적이다. 이런 유형의 마음은 겉으로 보기에 복음의 수용을 보여주지만("즉시 기쁨으로 받되"), 뿌리를 내리지 못한다. 이는 예수의 제자가 되는 개인적인 헌신을 하지 않는 무리들과 같다. 복음 메시지의 씨는 이런 사람의 마음에서 중생의 변화를 생산할 수 있도록 침투하지 못한다.

예수는 천국으로 그를 따르는 사람들에게 힘든 시간이 있을 것임을 미리 예견하셨다(5:11-12; 10:16-25). 따라서 예수를 따를 것을 고백하는 제자들은 고난을 예상해야 한다. 하지만 고난과 박해의 뜨거운 열이 임할 때(13:6, 21), 신실한 고백을 하는 제자들은 참된 본질을 드러내지만, 그렇지 못한 사람들은 걸려서 넘어지고 만다. 이런 사람은 하나님 나라의 열매를 맺지 못하여 심판에 던져질 거짓 선지자와 같다(7:15-20; 참조. 12:33-37).

가시에 막힌 마음(13:22). 토양의 세 번째 유형은 가시로 덮혀 있다. 이런 유형의 마음은 복음을 받아들이지만 세상과 경쟁한다. 두 번째 토양처럼 이런 유형의 마음은 씨의 생명을 발아하기를 시작하는 생산의 충분한 잠재력을 갖고 있지만, 가시덤불과의 경쟁으로 인해 묘목의 단계에서 죽고 만다. 복음의 메시지가 세상과 경쟁함으로 참된 제자로 그를 변화시킬 수가 없다. "세상의 염려"는 이 사람이 다른 것보다 하나님 나라를 우선해서 두지 않고, 자기 스스로 삶을 운영해 나가려고 하는 것을 보여준다. 예수는 산상수훈에서 그러한 염려를 이미 경고하셨지만(참조.

---

22. Brad H. Young, *The Parables: Jewish Tradition and Christian Interpretation*(Peabody, Mass.: Hendrikson, 1998), 251-76.

6:25-34), 여기서 비극적이게도 염려가 씨의 생명을 죽이고 만다.

그리고 "재물의 유혹"이 염려와 합세하여 이 씨의 생명을 질식시킨다. 하나님과 동떨어져서 스스로 생명을 유지하려고 하고 세상적인 자원들에서 해결책을 찾으려고 노력하기 때문이다.[23] "유혹"('아파테')이란 명사는 "기쁨, 쾌락"(벧후 2:13)과 "현혹"(골 2:8; 살후 2:10)을 표현하는데 사용되고, 그것은 재물이 어떻게 기만적인 기쁨을 주는가를 경고하는 것과 조합된다(참조. 딤전 6:9에서의 바울의 경고). 염려에 대한 일침과 더불어 재물의 기만적인 기쁨에 대한 세력을 예수가 산상수훈에서 어떻게 경고하셨는지를 주목하라(참조. 6:19-24). 염려와 재물을 하나님 나라와 경쟁케 함으로써 그는 천국 메시지의 생명을 질식시켜 열매를 맺지 못한다.

수용적인 마음(13:23). 오직 네 번째 토양만이 "좋다"고 표현된다. 이것은 복음 메시지를 들을 뿐 아니라 그것을 이해하고 마음에 온전히 뿌리를 내리게 함으로써 열매를 맺는 사람을 대변한다. 이 토양은 참으로 믿는 제자들을 나타낸다. 예수의 메시지를 적극적으로 받아들이는 사람의 마음은 하나님 나라의 생명의 열매를 맺을 것이고, 그것은 그들이 참으로 하나님 나라의 자녀들임을 증거한다. 예수는 열매가 그 나무의 성격을 드러낸다고 말씀하셨다(7:15-20; 참조 12:33-37). 따라서 예수는 이제 복음의 씨앗의 메시지가 하나님 나라의 작물로 열매 맺지 못한다면 그 사람에게는 생명이 없음을 선포하신다. 각 사람들에게 다양한 양의 수확이 있을 것이나 생산이 틀림없이 있게 된다.

비유를 주실 때 어디에서도 그 열매가 무엇인지를 말씀하시지 않는다. 많은 사람들은 신자들을 통해 얻어진 그리스도께 나아온 회심자들을 가리킨다고 생각한다. 이것은 부분적으로 분명히 맞지만, 문맥상에서 볼 때, 열매는 더 근본적인 것들을 의미한다—천국에 들어간 사람의 변화. 네 번째 토양에서 열매는 성령의 열매(참조. 갈 5:22-23)의 생산과 관련한 특별한 언급들을 포함하는 씨의 생명이 낳는 외적인 것들(참조. 요일 3:19)과 신자들의 삶에 은사로 나타난 성령의 역사(고전 12장)를 나타낸다. 이것이 성령으로 생산되는 의와 선한 행위의 열매를 낳고(예, 골 1:10), 실로 신자의 증거를 통해서 새로운 회심자를 얻는다(예. 롬 1:13). 생산된 열매는 하나님 나라의 내적 생명의 실제를 외적으로 증거한다.

---

23. "세상의 염려"와 "재물의 유혹"이란 두 어구는 "막히다"라는 동사의 이중적인 주어다. 이는 하나님 나라의 삶을 공통적으로 위협하는 세력을 말한다.

이전에 주목한 것처럼(13:8의 주석을 보라), 수확된 양의 의미는 초자연적인 양을 나타내기보다는 하나님이 복 주신 수확을 의미한다. 좋은 토양에 심겨진 씨는 이 땅이 생산할 수 있는 최대의 수확을 거두며, 이 양의 다양함은 각 개인의 잠재력을 반영한다.[24]

무리들에게 비유를 더 말씀하시다(13:24-35)

예수는 다시금 무리들에게 비유로 말씀하시는 것으로 전환하신다(참조. 13:34-36). 그는 세 가지 비유를 주시는데, 이 모든 것이 천국의 본질에 초점이 맞추어져 있고, 무리들을 당혹케 할 수 있는 개념으로 묘사하신다. 천국은 가라지를 구별할 것이고(13:24-30), 미미하게 시작되지만 새들이 거하는 거대한 장소가 되며(13:31-32), 누룩처럼 스며든다(13:33). 이것은 천국의 도래에 대해 많은 사람들이 기대하고 있었던 것이 아니므로, 그 비유의 은밀한 성격을 설명해 주는 것을 필요하게 만든다. 이 비유를 하신 다음에 예수는 무리들을 떠나 제자들에게 나머지 강화를 말씀하신다.

곡식과 가라지 비유(13:24-30). 예수는 독특한 표현으로 세 비유를 각기 도입하신다: "천국은…같으니." 천국의 주제가 예수의 사역에 충만하지만[25] 이 도입은 그가 천국의 활동을 일상생활의 경험과 비교하고 있음을 함축한다. 그의 첫 번째 예증은 "좋은 씨를 밭에 심었던 사람"에 관한 사례다. 씨뿌리는 자와 토양의 비유처럼 예수는 씨를 뿌리는 사람으로 시작하신다. 그러나 이제 씨는 '좋은 씨'로 묘사되고, 그것은 좋은 곡식의 성장을 막으려 하는 원수와 대비된다. 이 원수는 곡식 가운데 '지자니온', 즉 "독보리"나 "독초"를 일컫는 잡초의 일종을 뿌려놓는다. 이 가라지는 초기 단계의 성장에서는 곡식처럼 보이고, 추수 때나 쉽게 구분할 수 있는 해로운 잡초다.

가라지가 자라고 있다고 종이 보고할 때, "주인"(문자적으로는 "집의 주인")은 원수가 그 일을 했다는 것을 즉시 안다. 하지만 가라지를 뽑는 것은 추수 때까지 참아야 한다. 가라지를 뽑으려다 곡식을 위험스럽게 할 수 있다. 가라지가 곡식과 아주 유사하게 섞여 있어서 이 둘을 다 뽑을 수 있기 때문이다.[26] 종들은 원수가 가

24. Payne, "The Authenticity of the Parable of the Sower and Its Interpretation," 181-86; Bailey, "The Parable of the Sower and the Soils," 183-84.

25. 예를 들어, 3:2; 4:17; 5:3-20; 10:7; 11:11-15; 13:11의 주석을 보라.

라지를 뿌린 것을 막지 못한 책임이 없다. 비난받는 것은 원수의 사악한 행위다. 종말에 종의 임무는 좋은 것과 나쁜 것을 구분하여 가라지를 태우는 것이다.

예수는 이 비유에서 이 강화의 나머지 부분에서도 나타나는 종말론적인 논조를 외치신다. 천국이 실로 이 세상에 왔지만, 그것의 진척이 원수를 이 세대에서 완전히 근절하는 것을 의미하지 않는다. 천국은 연장된 마지막 심판을 기다린다.[27] 예수는 나중에 제자들의 질문에 응답하여 이 비유의 의미를 설명하신다(13:36-43).

겨자씨 비유(13:31-32). 다음 비유도 "천국은…같으니"(참조. 13:24)라고 시작한다. 다시 한번 예수는 흔한 현상을 사용하여 천국의 활동을 설명하신다. "천국은 마치 사람이 자기 밭에 갖다 심은 겨자씨 한 알 같으니라." 겨자씨는 당시에 팔레스타인에서 잘 알려진 아주 작은 씨였다. 작은 겨자씨와 마지막 커다란 결과를 현격하게 대조시킴은 유대교에서 잠언적인 특징을 지녔다(참조. 17:20).

예수는 씨뿌리는 자와 토양의 비유 그리고 곡식과 가라지의 비유를 해석하시지만 겨자씨 비유와 누룩 비유는 해석하지 않으신다. 이 비유들이 영적으로 민감한 제자들의 귀와 마음에 진리를 밝히고 있기 때문에, 아마도 그들이 겨자씨 비유와 누룩 비유의 진정한 의미를 이해하고 있었다고 예상할 수 있다(참조. 13:10-11, 16-17).

하나님 나라를 묘사하는 은유로서 겨자씨의 잘 알려진 미미함은 무리들에게 충격을 주었을 것이다. 이스라엘은 하나님 나라가 이 땅에 이루어질 때, 그것이 엄청날 것이라고 항상 믿었다. 그들은 미미한 시작을 기대하지 않았다. 하지만 이 비유를 통해서 예수는 아직 미약한 모습을 보이고 있을지라도, 천국이 이미 이곳에 내재해 있다고 선포하신다. 그러한 시작은 예수의 대적자들과 무리들에게 하나님 나라의 표징을 경시하게 만들었을 것이다. 하지만 무리들은 그 나라의 궁극적인 위대함을 보아야 한다.[28] "이 세상에서 크게 보이지는 않는 것이 사실상 하나님의 모든 약속을 성취케 할 것이다."[29] 가지에 거하는 새들이 있는 커다란 나무의 이미지는 위대한 나라에 대한 구약성경의 몇몇 언급들을 생각나게 한다(참조. 겔 17:22-24; 31:2-18; 단 4:9-27).

누룩 비유(13:33). 무리들에게 주어진 이 네 번째 마지막 비유에서 예수는 겨자

26. Keener, *A Commentary on the Gospel of Matthew*(1999), 387.
27. Hagner, "Matthew' s Parables of the Kingdom," 110; Vermes, *The Religion of the Jesus the Jew*, 100.
28. Ladd, *Theology of the New Testament*, 96.
29. Blomberg, *Matthew*, 220.

씨 비유의 사상을 계속 잇는다. 이스라엘이 하나님 나라의 도래를 기대했던 것과는 다른 놀라운 방식으로 예수는 "천국은 마치 여자가 가루 서 말 속에 갖다 넣어 전부 부풀게 한 누룩과 같으니라"고 선포하신다. 예수는 천국의 임재를 무리들이 이해하도록 자극할 목적으로 누룩과 연관된 흔한 나쁜 이미지를 바꾸어놓으신다.

누룩은 발효로 인해 급속하게 증가하는 균의 일종이다. 빵은 부풀어오르게 하기 위한 누룩(또는 "효모")을 필요로 했다. 따라서 이전의 빵에서 분리한 발효하고 산을 내는 밀가루 반죽의 작은 덩어리가 새로운 밀가루에 "섞여져" 있거나 "숨겨져서" 반죽된다. 구약성경은 누룩을 거의 예외 없이 부정적인 은유로 사용하는데, 아마도 발효가 부패와 풍화작용을 함축하기 때문이다(출 12:8, 15-20). 하지만 예수는 이 세상에서 천국의 긍정적이고 숨겨진 침투를 상징하는데 누룩을 사용하신다.

유대인들은 천국의 도래가 이 세상일의 질서에 변화를 가져오는 것을 의미한다고 올바르게 이해했다. 하지만 예수의 도래는 예상한 직접적이고 외적인 극적 변화를 수반하지 않았다. 따라서 그의 비유는 현재의 눈에 띠지 않는 하나님 나라의 형태가 마지막에 있게 될 하나님 나라에 대한 이해를 보지 못하는 우매자가 되지 않도록 무리들에게 가르친다. 천국은 지금 이 순간에는 온전하게 관찰할 수 없을지라도 그것이 마음의 내적 변화에서 시작하기 때문에 사실상 활동하고 있다.

겨자씨 비유와 누룩 비유는 예수의 사역에서 천국의 본질을 드러내는 것으로 함께 작용한다. 겨자씨는 천국의 눈에 띄지 않는 시작에서 외적으로 커다란 성장으로 전환되는 것을 강조하고, 누룩은 천국의 눈에 띄지 않는 침투와 변화를 시사한다. 눈에 잘 띄지 않는 작은 시작에도 불구하고, 천국은 이 세상에서 확장되어 마침내 예언된 위대함을 이룰 것이다.

감춰진 것을 드러내는 비유(13:34-35). 마태는 "예수께서 이 모든 것을 무리에게 비유로 말씀하시고 비유가 아니면 아무 것도 말씀하지 아니하셨으니"라고 전함으로써 무리들에 대한 예수의 비유적 메시지를 결론짓는다. 이것은 예수가 이전에 제자들에게 분명히 알려주신 무리들과 예수의 관계를 강조한다(13:10-17을 보라). 무리들은 천국 복음에 대한 예수의 선포를 들을 수 있는 기회를 가졌다. 이제 그들은 응답해야 한다. 이 비유는 예수가 무리들의 마음을 검증하는 수단 중 하나다. 그것은 예수에게 나아오느냐 예수를 대적하느냐를 촉진시킨다(12:30). 기회의 날이 거의 끝나가고 있다. 그들은 영원히 중간 지대에 머물 수는 없다.

마태는 무리들과 예수의 관계에 대한 구약성경의 선례에 의존한다: "이는 선지자를 통하여 말씀하신 바 내가 입을 열어 비유로 말하고 창세부터 감추인 것들을 드러내리라 함을 이루려 하심이라." 시편기자인 아삽은 이스라엘의 역사를 반영했고, 이스라엘 백성들이 그들의 역사에서 배우고 하나님의 구원하시는 역사에 굳은 마음을 갖는 불순종하며 뻣뻣한 목을 가진 사람이 되지 않도록, 하나님의 구원 역사적 사건의 의미를 비유를 통해서 규명하였다(시 78:2, 8). 마태의 표준적인 성취 공식(1:22; 2:15의 주석을 보라)은 예수가 당대의 이스라엘 백성들에게 유사한 행위를 하고 계심을 언급한다. 예수는 처음에 감추어졌던 천국의 비밀을 비유로 드러내신다.[30]

전체 구약성경은 천국의 개시를 고대했고, 그의 사역에서 예수는 어떤 이들에게는 전혀 그럴 것 같지 않아 보이는 예언적 소망의 많은 요소들을 가져오신다.[31] 비유에서 천국의 비밀에 대한 그의 계시는 구원과 구속에 대한 하나님의 계획을 밝히신다. 무리들이 해야할 중요한 의무는 예수에 대한 반응이다. 영적으로 살아있는 자들은 비유를 분명하게 알기 위해서 예수에게 나아와서 그의 제자가 될 것이지만 영적으로 죽은 사람은 예수에게서 떠나갈 것이다.

제자들에게 말씀하신 해석과 비유들(13:36-50)

밀려오는 무리들로부터 안전한 장소인 "집"은 다시 한번 가버나움에 있는 베드로와 안드레의 집일 것이다(8:14; 13:1의 주석을 보라). 그곳에서 예수의 제자들은 가라지와 관련한 비유를 분명히 알기 위해서 예수에게 묻는다(참조. 13:10). 예수는 가라지 비유를 설명하신 후에 마지막으로 세 비유를 주신다. 그런데 이번에는 무리들에게가 아니라 제자들에게만 그리하신다(13:44-50). 예수의 제자들은 이 세 가지 비유의 의미를 해석 없이 알고 있음을 보여줌으로써 그들이 영적인 진리에 이제 민감함을 감지하게 만든다(참조. 13:10-15, 51). 제자들의 수가 이제 더 많이 늘어났을지라도, 마태는 열둘의 더 작은 그룹을 계속해서 강조한다. 이 열두 제자들은 독자들에게 제자도의 성장의 모범으로서 그리고 예수가 다가올 교회의 리더십을 위해서 그들을 훈련하는 방식의 모범으로서 작용한다.[32]

곡식과 가라지의 비유를 해석하심(13:36-43). 곡식과 가라지의 비유에 대한 해석

30. Morris, *Matthew*, 354-55.

31. Ito, "Matthew and the Community of the Dead Sea Scrolls," 29-30.

32. Wilkins, *Following the Master*, 176-93.

은 예수가 종말론적인 결론으로 이끄는 주요한 이야기의 요소들을 확인해줌으로써 그 방식에서 독특하다. 이 요소들은 각기 다른 비유들을 해석하는데 도움이 된다. 몇몇 요소들은 비유의 대상이 확인되지 않는다(예를 들어, 종들[사람들]과 그들의 양들; 13:25). 이는 모든 요소들이 은유에서 의미를 갖는 것은 아님을 상기시켜준다.

- 좋은 씨를 '심는 자'는 인자, 곧 예수다(8:20을 보라). 확대해서 적용해 볼 때, 씨를 심는 자가 하나님의 말씀을 선포하는 예수의 제자들이 될 수 있음을 시사한다.
- '밭'은 세상이다. 천국은 이스라엘에서 온 세상으로 확대될 것이다. 천국의 비밀은 내재해 있지만 이 세상에서 감추어져서 역사하고 있다.[33] 예수가 이 비유에서 교회의 활동에 대한 교훈을 주고 있지 않음을 아는 것이 중요하다. 교회는 하나님 나라의 봉사를 위해서 이 시대에 보이는 제도이지만, 예수는 '밭'과 교회를 동일시하지는 않는다(16:18-19; 18:15-20의 주석을 보라). 그의 비유는 이 시대에 천국의 활동을 묘사한다. 교회의 활동의 특징으로서 이것을 해석하는 것은 많은 오해와 잘못된 적용을 낳는다.

  예를 들어, 많은 사람들이 참되고 거짓된 신자들이 섞여 있는 교회의 특징과 이 비유를 잘못되게 동일시한다. 우리가 많은 교회에서 참된 신자와 거짓된 신자를 발견할 수 있음을 사실이지만, 예수가 바로 그 원칙을 선포하고 있다고 주장하는 것은 패배주의적이다. 오히려 예수는 천국이 이 시대에 악한 자의 아들들과 어떻게 공존하고 있는가를 보여주시고 있다. "이 비유는 종말론적인 예상을 다루고 있지 교회론적인 문제를 다루고 있지 않다."[34]
- 좋은 씨는 하나님 나라의 백성들이다. 이들은 천국 말씀의 설교를 수용하며 예수의 제자가 된 사람들이다. 그들은 씨뿌리는 자와 토양의 비유에서 "좋은 토양"이고 가라지 비유의 알곡이다.

  '가라지'는 악한 자에게 속한 사람들이다. 그들은 예수와 동시대에 불신하는 자들이며, 복음 메시지를 거부하는 이 시대의 모든 사람들이다.
- '원수'는 몰래 침투하여 곡식에 가라지를 뿌린 자이며, 예수의 시험(4:5, 8의

33. Ladd, *Theology of the New Testament*, 94-95.
34. Carson, "Matthew," 317; Morris, *Matthew*, 350. 다음에 나오는 13:36을 보라.

주석을 보라)에서 사탄과 동일한 용어로 사용된 "마귀"다. 악한 자는 덮치는 새처럼(13:19) 그리고 (여기서) 좋은 곡식(제자들)의 성장을 저해하는 악한 농부로서 이 세상에서 활동한다.

- '추수'는 시대의 종말을 나타내며, 천국의 설립이 완성되는 인자의 오심에 수반하는 심판을 말한다(24:3).
- '추수꾼'은 예수의 천사들이다(13:39). 이들은 예수가 그의 나라를 확립하고 심판을 시행하는 일을 수종든다(24:31).

비유의 주요한 작용인들이 무엇인지를 확인하신 예수는 이 시대의 종말에 투명하게 나타날 사건들에 대해서 부가적으로 설명하신다. 그가 이 땅에 그의 나라를 완성하실 때, 모든 죄와 죄인들을 이 세상에서 멸하기 위해서 천사들을 보내신다. 여기서 처음으로 "그(his) 나라"(13:41)로 불려진다. 예수의 거룩한 주권성이 이때에 이 세상의 모든 피조물들을 분명하게 가르실 것이다. 악한 자의 아들들에 대한 심판이 뜨거운 풀무불에서 시행될 것이고(참조. 3:11; 5:22), 그곳에서 그들은 "울며 이를 갈게" 될 것이다(13:42; 참조. 8:12). 이것은 영원한 심판에 대한 예수의 전형적인 표현이다.

그때에 의인(13:43)—내적인 변화를 경험하고 이 시대에서 자라고 있는 알곡인 예수의 제자들—은 하나님 나라의 영광의 온전한 확립을 경험할 것이고, "해와 같이 빛나"게 될 것이다. 예수의 제자들은 하나님 나라의 완성을 기다리는 동안에 이 시대에 하나님의 빛이다(6:14-16). 하지만 하나님 나라의 완성 시에는 그들이 제한 없는 탁월함으로 빛나게 될 것이다. "자기 아버지 나라"라는 표현은 아들의 나라와 아버지의 나라 사이에 구분이 있음을 암시하는 것이 아니라, 아버지의 뜻이 아들의 활동으로 이 땅에서 온전히 이루어질 것임을 시사한다. 아버지와 아들의 의지와 활동간에는 온전한 일치가 있다.

이 땅에서 아버지의 뜻이 이루어지고 그 나라가 오게 되는 것을 위해서 하나님께 기도하라는 예수의 가르침(6:10)은 그때에 온전하게 응답될 것이다. 따라서 예수는 이 비유에 대한 해석을 익숙한 후렴구로 결론지으시는데, 그는 아버지의 뜻에 순복할 것을 선포하실 때, 이 어구를 자주 사용하신다—"귀 있는 자는 들으라."

감추어진 보화의 비유(13:44). 여기서 예수는 처음으로 제자들에게만 비유로 말씀하신다. 제자들은 그 집에서 무리로부터 여전히 멀리 떨어져 있다(13:46). 그러므로 비유의 의도는 감추는 것이 아니라 하나님 나라에 대한 비밀을 더 자세히 알리는 것이다(13:10-17의 주석을 보라). 파루시아와 하나님 나라의 완성을 고대하는 알곡과 가라지의 비유와 대비되어, 이 두 비유는 이미 부분적으로 시작된 그 나라의 현재적 가치를 강조한다.

천국은 "밭에 감추어진 보화"에 비견된다. 어떤 사람이 그 보화를 발견했을 때, 기쁨으로 달려가서 자신이 갖고 있는 모든 것을 팔아 그 밭을 샀다. 고대에 보화들이 자주 밭에 감추어져 있었다. 오늘날 우리들이 알고 있는 것과 같은 공식적인 은행이 당시에는 없었기 때문이다(참조. 25:25).[35] 약탈을 일삼는 군대가 접근하였을 때 값나가는 것들을 숨기는 일은 흔했다. 그런데 집주인이 적군의 침략에서 살아남지 못하면 그 보화는 잊혀져서 찾는 이가 없게 된다. 이렇게 감춰진 보화는 어느 누구도 인식하지 못한 채로 땅주인이 여러 번 바뀐다.

따라서 천국은 그것의 감추어진 본질 때문에 인식하지 못하고 박혀 있는 보화와 같다. 그러나 예수는 그 사람이 그 보화를 의도적으로 찾고 있지 않았음을 강조하신다. 그는 우연히 그것을 발견했고, 즉각적으로 그것의 가치를 인정한다. 그리고 그는 밭을 소유하기 위해 필요한 모든 것을 판다. 그는 자신이 갖고 있는 어떤 소유보다 더 가치 있고 밭 자체보다 훨씬 가치 있는 것을 손에 넣는다.[36] 다른 비유의 윤리적인 이슈에서처럼 보물이 있는 것으로 알려진 땅을 몰래 사는 것은 문제가 되지 않는다. 단지 놀라운 발견이 그 드라마를 강화시킨다.[37] 비유의 강조가 다른 이들이 보지 못한 보화의 놀라운 가치에 있고, 어느 희생이라도 치르고라도 그 보화는 획득할 만한 가치가 있다.

종교지도자들과 무리들이 현재의 하나님 나라의 실존에 무지하고 눈이 멀어 있을지라도(11:25; 13:13-15), 예수의 비유는 제자들에게 놀라운 가치를 드러낸다(13:11-12, 16-17). 어느 희생이 있더라도, 하나님의 뜻으로 살고 주인으로서 예수와의 제자도 관계를 경험하는 것보다 위대할 수는 없다.[38] 슬프게도 예수를 따르기 위해 갖고 있던 모든 것을 버리지 못한 부자 청년에게서 이와 대비되는 양상을 볼 수 있다(19:16-22). 사도 바울은 예수와의 제자도 관계의 놀라운 가치를 분명하게 이해했다: "또한 모든 것을 해로 여김은 내 주 그리스도 예수를 아는 지식이 가장

---

35. 쿰란에서 발견된 구리 두루마리는 보물이 분명히 숨겨져 있었던 팔레스타인의 64개의 장소를 언급한다.
36. 미쉬나는 토지의 판매가 그곳에 내용물을 모두 포함한다는 것을 명시하는 계약서를 요구했다(*m. B. Bat.* 4.9); 참조. Vermes, *The Religion of Jesus the Jew*, 107.
37. Hagner, "Matthew's Parables of the Kingdom," 117.
38. Young, *The Parables*, 199-221을 보라.

고상하기 때문이라 내가 그를 위하여 모든 것을 잃어버리고 배설물로 여김은 그리스도를 얻고"(빌 3:8). 이 비유에서 예수는 하나님 나라를 획득하기 위해서 즐거이 포기하는 것과 같은 자기 희생을 언급하고 있지는 않다.[39]

값진 진주의 비유(13:45-46). 예수는 하나님 나라의 가치와 관련한 이전 비유에 담겼던 사상을 계속해서 표현하신다. 그러나 이 비유에서는 숨겨진 보화를 우연하게 발견하는 것이 아니라 의도적으로 찾아다니는 상인임을 우리는 알게 된다. 이 상인은 사업을 위해 좋은 진주를 찾아서 직접 여행하는 진주 도매상이다. "극히 값진 진주 하나를 발견하매 가서 자기의 소유를 다 팔아 그 진주를 사느니라."

보화의 비유에서처럼 이 비유는 하나님 나라의 비교할 수 없는 특성을 강조한다. 하지만 두 주요한 인물들 간에 대조는 단지 감춰진 보화를 우연히 발견하는 것이 아니라 그 가치를 충분히 잘 알고 있는 사람의 성실한 추구가 궁극적으로 하나님 나라로 이끈다는 사실이다. 게다가 전문가로서 이 상인은 자신이 갖고 있는 모든 것을 판다면, 그가 소유하는 진주가 이전에 자신이 갖고 있는 부를 능가할 것임을 안다.

중요한 요지는 하나님 나라로 들어가는 방법을 사는 것이 아니라, 하나님 나라의 지극한 가치를 인식하는 것이다.[40] 이전에 예수는 돼지들이 인식할 수 없는 복음의 소중한 본질을 설명하기 위해서 진주라는 용어를 사용하셨다(7:6). 예수 시대의 종교 지도자들은 예수가 선포하셨던 하나님 나라의 위대함을 이해할 수 있는 자격이 부여된 전문가들이었으나, 그들은 위선과 경건한 평판과 백성들로부터 영예에 대한 욕구로 인해 눈이 멀었다(6:1-3). 예수의 제자들은 하나님 나라의 소유보다 더 가치 있는 것은 이 세상에 없음을 알고 있다.[41]

그물 비유(13:47-48). 예수는 그물에 대한 짤막한 비유로 결론을 맺고, 즉시 그 의미를 간단하게 설명하신다. 이 비유는 하나님 나라와 관련한 선택의 종말론적인 결과에 클라이막스적으로 초점을 맞추고 있다. 그물은 예인망이나 후릿그물('사게네')을 말하며, 호수에서 사용할 수 있는 가장 오래된 형태의 그물이다. 이는 최근까지도 가장 주요한 고기 잡는 방법이었다. 그물은 750-1,000개의 작은 구멍으로 형성되어 있고, 중앙은 25피트 가량, 끝은 5피트 가량의 높이로 되어 있다. 그물의 아래 끝은 추가 달려 있고, 위 끝은 코르크로 되어 있어서 물에 뜨게 되어 있으며,

---

39. Wenham, *The Parables of Jesus*, 206-7을 보라.

40. Young, *The Parables*, 199-221.

41. Hagner, "Matthew's Parables of the Kingdom," 118.

해변으로 끌고 나올 때 양끝이 모아져서 고기들이 안에 잡히게 만들어졌다(4:18-22에서 고대의 고기 잡는 일에 관한 주석을 보라).[42] 좋은 물고기와 나쁜 물고기를 분류하는 것은 이스라엘의 고대 전통이었다. "나쁜 고기"로 사려되는 것들 중에는 깨끗하지 못한 것으로 간주된 지느러미나 비늘이 없는 고기들을 포함했다(레 11:9-12).

예수는 이 은유를 좋은 것과 나쁜 것을 구별하는 종말의 심판을 묘사하는데 사용하신다. 이는 알곡과 가라지의 비유에서 종말에 분리가 이루어짐을 묘사했던 방식과 유사하다(13:24-30, 36-43). 예수가 권능으로 오실 때, 그는 이 땅에 하나님 나라의 건설을 완성하실 것이다. 그는 천사들을 보내서 사악한 자들(복음의 메시지를 거부했던 자들)과 의로운 자들(복음에 응답하여 천국에 들어온 자들; 참조. 5:20)을 구분하는 심판을 시행하실 것이다. 사악한 자에 대한 심판의 말씀은 13:42의 용어들을 반복한다. 천국의 최종적인 도래는 이 세상에 그물을 던지는 일을 확장할 것이며, "어느 종족도 어느 범주의 사람도 이 마지막 심판을 피하지 못할 것이다. 모든 자들이 두 그룹으로 분류된다. 하나님이 수용하는 자와 하나님이 거부하는 자로 말이다."[43]

집주인의 곡간에 관한 비유(13:51-52)

아마도 베드로와 안드레의 집에서 제자들에게 천국의 비밀에 관한 마지막 비유를 주신 후에 예수는 그들에게 "이 모든 것을 깨달았느냐?"라고 물으신다. 전체 강화의 클라이맥스로서 예수는 천국의 비밀에 대한 그들의 이해를 함축하는, 설명하지 않은 비유와 설명한 비유에 관한 그들의 이해를 염두에 두신다. 제자들은 예수로부터 설명을 요청했을 때, 이전에 온전한 이해를 갖지 못했지만(13:10, 36), 이제 그들의 반응은 신속하고 확실하다: "그러하오이다." 예수께서 이전에 말씀하셨던 것처럼(13:10-17) 무리들과는 대조되어 제자들은 예수의 비유를 이해하고 있다. 참된 제자로서 그들은 이해에서 성장하고 있다. 하지만 그들이 예수의 가르침에 대한 흔들림 없는 관심과 순종을 주지 않는다면, 무리들과 유사한 우둔함을 보일 것이다(예. 15:16). 그들의 확신이 나중에 우유부단함을 보이나 참으로 하나님 나

42. Nun, *Sea of Galilee and its Fishermen*, 16-44.
43. Blomberg, *Interpreting the Parables*, 202.

라의 이해에서 성장하고 있다.

예수는 그들이 현재의 특권과 미래의 역할에 대한 비유에 확고하게 "예"라고 말한 것에 반응하신다. "그러므로 천국의 제자된(마데튜오) 서기관마다 마치 새것과 옛것을 그 곳간에서 내오는 집주인과 같으니라." 다른 곳의 '마데튜오'의 용법에 비추어 여기서 선호되는 번역은 "제자[마데테스]된"이나 "제자가 되어진"[44]이다.

예수가 여기서 그들이 이해한 결과를 말씀하고 계시기 때문에(참조. "그러므로", 13:52), 그들을 서기관으로 비유하시고, 나아가서 "집주인"(오이코데스포테스)으로 말씀하신다. '오이코데스포테스'는 예수의 비유에서 하나님(21:33), 예수(10:25; 13:27) 또는 예수의 제자들(24:43)을 일컫는 것으로 사용되며, 때로 일꾼들의 품삯이나(20:1-16) 농부를 위한 토지의 임대(21:33-43)로 자신의 재산을 나누어주는 것으로 가끔 묘사된다.[45] 예수는 집주인이 새것과 옛것을 곡간에서 내오는 것을 나타내는 것으로 여기서 은유를 확대하신다. 그는 재물로 단순히 추파를 던지려는 것이 아니라 다른 사람의 유익을 위해서 그것을 분배한다.[46]

이 대조는 유대교의 서기관과 예수의 제자들 사이에서 이루어진다. 토라로 훈련받은 서기관은 훌륭한 랍비 아래서 수학했고, 그들의 전통과 해석을 답습했다. 하지만 천국의 제자된 모든 자들은 오직 예수만을 그들의 선생으로 가지며, 나아가서 예수가 그들에게 가르치신 것을 다른 이들에게 충실하게 전수할 것이다. 그들은 이 비유에서 영적인 진리를 적절하게 끌어내는 방법을 이해하며, 예수의 도래가 어떻게 메시아의 오심과 그 나라의 약속을 성취시켰고(예. 1:22; 2:5, 15, 17, 23; 3:15; 4:14-17), 또한 예수가 어떻게 율법과 선지자를 진정으로 완성하는가(5:17-20)를 이해하게 된다.[47]

이것은 이 시대에서 제자들이 미래에 행할 역할을 위한 훈련에서 중요한 성장을 특징짓는다. 예수가 제자들을 성장시킨 것과 동일한 방식으로, 그들은 모든 족속으로 제자를 삼고 예수가 가르치신 모든 것을 이 새로운 제자들에게 가르쳐야 한다(28:19-20). 예수는 제자들을 단순히 묘사하고 있는 것이 아니라, "비유에서

---

44. Hagner, Matthew, 1:401-2; Wilkins, *Discipleship in the Ancient World and Matthew's Gospel*, 160-63을 보라.
45. BDAG, 695.
46. Carson, "Matthew," 332.
47. David E. Orton, *The Understanding Scribe: Matthew and the Apocalyptic Ideal*(JSNTSup 25; Sheffield: JSOT Press, 1989), 특히 140-53.

통상적인 것처럼, 제자들이 어떤 역할을 하도록 도전하고 계신다: 그들은 예수의 지침을 통해서 '보화'를 받았다. 이제 그들은 다른 이들을 가르치는 것으로서 '그것을 꺼내야' 한다."[48] 예수의 제자들은 주시하는 세상에서 예수의 계시의 보화가 될 수 있도록 하나님 나라의 우선권에 항상 관심을 기울여야 한다.

상황잇기

비유 강화는 메시아 예수와 천국복음에 대한 마태의 설명에서 중심적인 위치를 차지한다. 이것은 마태가 독자들을 위해 보존한 예수의 주요한 강화의 세 번째에 해당하고, 무리들의 마음을 검증하고 예수의 제자들을 위한 지침을 제공하는 비유를 기록하고 있다. 이 비유가 이 시대를 사는 독자들에게도 마찬가지로 검증과 지침을 준다. 마태는 수집한 다섯 강화에서 예수의 가르침의 가장 커다란 집합을 우리에게 제공하는데, 그것은 제자들이 예수를 섬기는 일생의 제자도를 발전시키는데 순종해야할 것들이 무엇인지에 근거하고 있다(28:20).

예수의 강화와 제자도. 각각의 강화에 묘사된 제자의 유형에 관한 간단한 개관은 예수가 의도한 제자도의 발전에서 비유 강화의 위치를 이해할 수 있는 배경을 제공해준다.

(1) 첫 번째 강화인 산상수훈(5-7장)에서, 예수는 '하나님 나라에 속한 제자들의 삶'이 무엇을 의미하는지를 전개하신다. 그는 하나님 나라의 임재와 권능 속에서 살고 있는 근본적인 제자도의 실제를 설명하신다. 이런 종류의 제자도는 하나님 나라의 의에 대한 안에서 바깥으로의 변화와 관련이 있다(5:20). 이런 의의 궁극적인 모범은 예수 자신이시다. 그는 구약성경에 나타난, 자기 백성들을 위한, 하나님의 뜻을 이루기 위해서 오셨다(5:17, 21-47). 예수의 제자들이 하늘 아버지가 온전하신 것처럼 온전해지는 목표를 분명히 추구할 수 있도록 말이다(5:48). 따라서 하나님 나라의 삶은 예수에 대한 제자도가 이 시대에 무엇을 의미하는지의 양상, 즉 윤리적, 종교적, 감정적, 경제적, 부부 관계적 차원을 포함하는 모든 측면들을 말해준다.

(2) 선교 위임은 '선교 지향적인 제자'가 무엇을 의미하는지를 전개한다(10장). 예수는 모든 제자들에게 가서 이방인들, 심지어 적대적인 세계에 그가 다시 오시는 날까지 하나님 나라의 복음을 전하고 나누도록 위임하신다. 이 시대의 선교는

48. France, *Matthew*, 231.

특별한 범주에 속한 사람들의 책임만이 아니라 모든 신자들의 책임이다(10:24-25, 40-42). 이 선교의 일은 한 가정의 개인적인 헌신(10:34-39)으로만이 아니라 세상에 대한 공개적인 고백으로(10:32-33) 나타난다. 예수처럼, 제자들은 유대인과 이방인, 종교적인 세계와 정치적인 세계, 그리고 자기와 가장 가까운 가족이나 친구들(10:17-21)로부터의 반대와 박해를 예상할 수 있다(10:24-25). 하지만 두려워할 필요가 없다. 성령이 권능과 인도함을 주실 것이고(10:19-20), 하나님 아버지가 주권적인 보호와 제어를 하실 것이기 때문이다(10:28-33). 제자들의 삶에서 예수의 임재의 구심성은 그들이 점차적으로 '주인'을 닮도록 성장시키는 선교의 가장 중요한 특징이다(10:24).

(3) 중앙에 있는 강화인 비유 강화(13장)는 '은밀한 하나님 나라의 제자' 됨이 무엇을 의미하는지를 전개한다. 이 강화는 하나님 나라 복음의 단순한 설명에서 예수를 따르는 무리들에 대한 검증과 천국의 놀라운 본질에 관한 예수의 제자들에 대한 가르침으로 전환한다. 우리들은 조금 뒤에 이 강화를 더 자세히 살펴볼 것이다.

(4) 네 번째 강화인 공동체에 대한 처방(18장)에서 예수는 '공동체에 기반한 제자'가 되는 것이 무엇인지를 전개하신다. 그는 하나님 나라의 삶이 제자들을 통해서 이 땅에 형성하실 교회에서 어떻게 표현되는지를 선포하신다. 교회는 겸손, 순결, 책임, 용서, 화해, 그리고 회복을 특징으로 한다.

(5) 마지막 주요한 강화는 감람산 강화다(24-25장). 그것은 '소망하며 기다리는 제자'가 무엇인지를 전개한다. 예수는 자신의 재림, 종말, 그리고 메시아의 보좌의 설립에 대한 긴 여정과 예언을 돌아보신다. 이 강화는 제자들이 "이미 하지만 아직 아닌"의 하나님 나라의 완성의 시대에 살면서 권능으로 그가 다시 오실 것을 준비하며 살아가는 방법을 묘사함으로써 제자들에 대한 그의 가르침을 절정에 달하게 한다.

은밀한 하나님 나라의 제자들. 따라서 13장에서 예수는 제자들이 은밀한 하나님 나라의 표징 속에서 제자의 삶을 살아감을 보여주신다. 예수를 따랐던 무리들 중 많은 이들이 정치적이고 군사적인 힘이 있는 명백한 모습을 하나님 나라의 도래에서 기대하고 있었다. 예수의 대한 그들의 관심은 예수가 천국의 도래를 선포하시면서 의도하신 것에 기초하지 않고 자신들이 기대한 것 즉, 메시아 시대의 축복에 기초하고 있다.

복을 소망하는 것이 나쁜 게 아니라, 그것이 예수가 선포하신 참된 메시지를 간과하게 만든다. 사실상 물리적이고 물질적인 복에 대한 소망이 그들의 영적인 상태를 인식하지 못하게 만들고 있다. 그들은 종교지도자들 특히 자신의 성취를 자랑하며 영적인 결핍을 간과하는 바리새인들에 의해 더욱더 영향을 받는다. 종교지도자들의 영향으로 인해 무리들은 결과적으로 하나님 나라에 대한 예수의 형태를 적대하여 마음을 굳게 하고, 로마를 전복시켜 이스라엘의 물리적인 나라를 세우려 하는 사람인 반란자의 리더격인 바라바를 선호하여 예수의 처형을 요청한다(27:20의 주석을 보라).

예수를 따르는 자들도 예수가 제정하고 있는 하나님 나라의 모습의 독특함을 온전히 이해하지 못한다. 감옥에 갇혀 있을 때, 예수의 예언적 선구자인 세례 요한도 예수의 메시아적 신분을 의문했다. 예수의 나라의 계획이 요한이 예상했던 것과 일치하지 않았기 때문이다(참조. 11:2-6). 예수가 권좌에 앉지 않고 십자가에 죽으심으로써 예수와 가장 가까이 있었던 제자들도 예수를 버린다.

이 세 번째 주요한 강화에서 예수는 '은밀한 하나님 나라의 제자'가 무엇을 의미하는지를 전개하신다. 비유를 통해서 예수는 천국의 메시지가 뿌리를 내리고 열매를 맺을 것인지 아니면 열매를 맺지 못할 것인지를 드러내기 위해서 무리들의 마음을 검증하신다(13:18-23). 그들은 예수에게 설 것인지 예수를 대적할 것인지를 결정해야 한다. 아울러, 비유를 통해서 예수는 이 시대에 하나님 나라는 숨겨진 형태로 존재한다는 것을 알게 하시면서 제자들에게 하나님 나라의 비밀을 드러내신다. 하나님의 나라는 가려진 나라이지 많은 사람들이 예상하는 명백하게 드러난 정치적이고 군사적인 하나님의 통치의 명시가 아니다(13:31-33). 따라서 이 비유는 아직 하나님 나라의 충만한 완성을 경험하지 못한 이 세상에 하나님 나라의 종복으로 살아가는 예수의 제자들에게서 그것이 무엇을 의미하는지를 드러낸다.

나아가서 이 비유는 예수의 제자들이 이 세상에 속한 사람들과는 매우 다르다는 것을 보여준다. 예수가 산상수훈에서 말씀하신, 안에서 바깥으로의, 변화는 예수의 제자로서 그들을 분명하게 특징짓는 열매를 그들 안에 생산한다. 하지만 누가 천국에 속하고 누가 천국에 속하지 않은지를 온전하게 알게 하는 마지막 분리는 이 시대의 끝에 있게 된다(13:41-43, 49-50). 감추어지고 눈에 띄지 않는 부조화의 모습은 많은 이들이 하나님의 나라를 간과하고 거부하게 만들지만 그 나라의 임재를 발견하는 사람들에게는 그것은 아주 소중한 이 시대의 계시다(13:44-46). 따라서 예수의 제자들은 경계하는 세상에 계시의 보화가 될 수 있도록 삶을 통해 하나님 나라의 우선권에 긴밀히 관심을 기울여야 한다(13:51-52).

마음을 굳게 한 것에 대한 책임은 누구에게 있는가? 천국의 은밀한 비유로 게시를 주심으로써 가리어진 메시지를 이해하지 못한다할지라도 무리들이 용서를 받을 것이라고 독자들은 생각할 수 있다. 하지만 예수가 비유로 말씀하시는 목적을 설명하셨을 때, 예수는 그의 메시지와 사역에 마음을 굳게 한 사람들을 단호하게 비판하셨음을 위에서 주목했다: "너희가 듣기는 들어도 깨닫지 못할 것이요 보기는 보아도 알지 못하리라"(13:13의 주석을 보라). 비유로 말씀을 주시는 목적으로서 이 인용에 관한 마가의 강조를 함께 취할 때(막 4:11-12), 우리는 이 두 기사가 합쳐져서 무리들의 삶에서 비유의 영적인 활동에 관한 폭넓은 관점을 제공한다는 것을 알게 된다.

무리들의 예수에 대한 태도는 혼합적이다. 어떤 이는 예수의 제자가 되려 하지만 또 어떤 이는 바리새인을 따르고 예수를 대적하는 것으로 향하고 있다. 또 어떤 이들은 헌신을 할 것인가 말 것인가를 결정하지 못하고 울타리에 걸터앉아 있다. 그런데 예수는 비유를 사용하시어 무리들이 어떤 결정을 하게 하신다. 하나님은 예수의 메시지에 대항하여 마음을 굳게 할 사람들을 아시므로 결국에 응답하지 않을 상황으로까지 이 사람들의 마음을 주권적으로 굳게 하시는데 이 비유들을 사용하신다(13:15). 또한 하나님은 복음의 메시지에 응답할 사람들을 아시므로, 이 비유는 예수에게 나아와서 제자가 되고 설명을 구하는 긍정적인 반응을 유도한다(참조. 13:10). 따라서 마태복음과 마가복음의 두 말씀의 사용은 하나님의 거룩한 주권과 인간의 개인적인 책임을 균형 짓게 한다.

균형 잡힌 크리스천의 사고와 삶. 이것은 마태복음이 얼듯 보아 모순적인 진리를 유지하는 경향이 있는 "균형"의 개념을 되돌아보게 한다.[49] 예를 들어, 예수가 제자들에게 "이같이 너희 빛이 사람 앞에 비치게 하여 그들로 너희 착한 행실을 보고 하늘에 계신 너희 아버지께 영광을 돌리게 하라"(5:16)고 권고하셨지만, 나중에 "사람에게 보이려고 그들 앞에서 너희 의를 행하지 않도록 주의하라"(6:1)고 교훈하셨다. 사람들은 애석하게도 다른 진리를 소홀히 하고 한 진리만을 성급하게 강조하는 경향이 있다. 이 말씀의 양 균형이 겁쟁이가 되거나 종교적인 허영에 사로잡히는 유혹에서 벗어나게 해준다(참조. 6:1-2).

마태복음과 일반적으로 성경은 액면으로 볼 때 모순되어 보이는 양극단의 균형을 요하는 많은 이슈들이 있다. 불행하게도, 인간은 한쪽 편 이슈를 취함으로써 또

49. 7:1-12의 현대적 의미 항목을 보라.

는 그 입장을 지원하는 성경의 다른 증거를 소홀히 하거나 재해석함으로써 부조화를 경감하려는 경향이 있다. 올바른 균형의 종류는 겉보기에 두 반대되는 진리를 취하여 동시에 그 둘을 함께 사용하여 살아가는 것을 의미한다. 설사 그것들이 어떻게 조화되는지를 완전하게 이해하지 못한다 할지라도 말이다.

이 항목에서의 진리들—하나님의 주권과 인간의 책임—은 세심한 균형을 요한다. 나는 겉보기에 서로 반대되는 진리를 만날 때 다음과 같은 과정을 격려한다.

(1) 현명하게 생각하라! 감정적인 반응을 담지 말라. 겉으로 보이는 모순에 감정적인 반응을 하는 것은 역기능적이 되거나 한 극단으로 나아갈 수 있다.

(2) 과거의 경험이나 배경에 상관하지 말고 양 진리에 정직하게 마음을 열라. 우리의 교단적인 배경이나 교회의 배경이 자신의 신학적인 전통에서 덜 강조하는 진리를 무작정 배척할 수 있다. 우리는 하나님의 말씀의 진리에 마음을 열어야 한다.

(3) 겉보기에 서로 반대되는 진리를 동시에 붙들라. 그것이 성경의 진리이고 단순히 어떤 사람의 견해가 아니라면, 결정을 만드는 과정에서 가치가 있을 것이고, 궁극적으로 모순적인 것이 아니라 보충적인 것으로 드러날 것이다.

(4) 삶에 이슈의 양 측면을 동시에 적용하라. 성경이 인생의 가이드이기 때문에, 양 원리들을 완전히 이해하는 것보다 더 쉽게 삶에 적용할 수 있다. 우리들이 하나님의 주권과 인간의 책임이 공존하는 방법을 완전하게 이해하지 못할지라도, 삶의 일상적인 경험에서 양 원리들이 작동하는 것을 보는 경험을 갖게 된다. 하나님이 이 생에서 발생하는 모든 것을 절대적으로 제어하시지만, 우리는 자신의 행동에 개별적으로 책임이 있고, 영원히 계수해야 함을 인식해야 한다.[50]

예수의 비유는 진리들이 균형을 잡는 방식의 특출난 모범을 보여준다. 하나님의 주권은 하나님 나라에 들어가는 요소로서 인간의 책임을 간과하지 않는다. 인간의 운명에 대한 하나님의 제어는 하나님께 적합하게 반응해야 하는 인간의 도덕적 책임과 올바르게 균형을 이룬다.[51] 균형 잡힌 자세가 양쪽 진리의 실제를 확증해준다.

점진적인 영적인 퇴보나 계속된 영적인 동화의 법칙. 무리들이 예수의 비유를 들을 때, 그들의 마음이 검증되고, 하나님의 거룩한 계시를 받을 수 있는 기회가 주어진다. 하지만 비유는 각 사람마다 다르게 영향을 준다. 어떤 이는 비유를 듣고 즉시

50. 더 완전한 논의를 위해서는 Wilkins, "Balance as a Key to Discipleship," 45-64을 보라.

51. Hagner, *Matthew*, 1:373.

마음을 굳게 하고 가르침 받은 진리를 대항하거나 예수로부터 돌아선다. 비유의 진리를 듣고 거부할 때마다 그의 마음은 더욱더 굳어진다. 또 다른 이는 비유를 듣고 즉시 그 진리에 응답하여 예수에게 나아가서 제자가 되며 그로부터 배운다. 그 사람이 비유의 진리를 듣고 적극적으로 반응할 때마다 그의 마음은 그리스도처럼 변한다. 한 주석가는 이것을 "점진적인 영적인 퇴보"나 "계속된 영적인 동화"의 법칙이라고 부른다. 그는 이런 식으로 그것을 설명한다.

> 심판은 듣고 적절히 반응하지 않는 사람들에 대해 명백하게 적고 있다: 영적인 진리의 이해와 적용에 대한 그들의 능력은 그것이 완전히 사라질 때까지 감소한다. 역으로 말해서 하나님의 계시된 진리에 동화될수록 동화된 진리에 대한 우리의 능력이 일종의 영적인 기하학적 진보로 성장할 것이다.[52]

이 주석가는 "하나님의 진리에 대한 영적인 인식이 위기에 처해 있다: 우리가 하나님의 진리대로 행동하지 않는다면, 그 진리는 우리를 정죄한다. 상승된 지식은 상승된 책임을 불러온다(LK. xxii.48)"[53]고 진숙함으로써 결론을 맺는다.

이것이 무리들 내에서 불신자들의 끔직한 상황이다. 예수의 비유는 천국의 진리를 그들에게 제시한다. 이 진리를 배척하는 것은 실제에 대한 부정과 종국적으로 돌아섬의 가능성이 없는 굳은 마음의 오랜 길을 시작하는 것이다. 이것이 복음의 진리로 그들을 이끄는 성령의 역사를 이미 부정했고 결과적으로 회복의 가능성이 없이 마음이 굳어버린 바리새인들의 상황이다(참조. 12:30-32). 예수의 메시지에 대한 그들의 배척은 스스로 속는 자의 전형이다. 그들은 종교적 평결을 하나님으로부터 부여받은 분배자인 것처럼 예수에 대한 그들의 판단을 합리화하였다.

하지만 그것이 예수의 메시지를 배척하는 모든 사람들의 상황이다. 그들은 하나님의 견해보다 자신의 견해를 궁극적으로 높게 세운다. 복음에 대항하여 마음을 굳게 할 때마다 그 사람은 자신의 실제에 대한 진리를 알고 있다고 생각함으로써 속고 있고, 예수에 대한 자신의 결론을 합리화한다. 이들은 복음이 다원주의적 관용에 너무 배타적이라고 생각하거나 복음의 의에 대한 예수의 메시지가 계몽되고 자유하는 현대인들에게 너무 점잔을 빼는 고풍스타일이라고 여긴다. 또한 자기를

---

52. Alan Cole, *The Gospel According to St. Mark: An Introduction and Commentary*(TNTC; Grand Rapids: Eerdmans, 1961), 91.

53. Ibid.

부인하고 십자가를 지고 예수를 따르라고 주장하는 것은 너무 율법적이라고 여긴다. 하지만 이것은 참으로 하나님이 우리의 삶에 하나님이 되기를 원하는 것이다. 달라스 윌라드는 걱정스럽게 말한다.

> '종국적으로 잃어버린 사람은 하나님을 원치 않는 사람이다.' 그는 하나님이 하나님 되는 것을 원치 않는다. 다수의 사람들이 매일 이 세상을 떠나서 영원으로 들어간다. 그들이 하나님을 발견하지 못하는 이유는 그들이 하나님을 원치 않거나 '그'가 하나님 되는 것을 원치 않는다는 사실이다. 하나님이 하나님 되기를 원하는 것은 하나님이 나를 돕기를 원하는 것과는 매우 다르다.[54]

불신자의 경우가 그러하다. 하지만 신자들은 어떠한가? 신자들도 항상 조심해야 한다. 복음의 진리를 거부하는 것은 하나님에 대항하여 마음을 굳게 하는 것으로 이끈다. 비유의 주요한 해석은 천국 메시지에 대한 청자들의 최초의 반응을 주로 다루지만, 제자들과 예수의 상호작용을 이해하고 순종하기 위해서 비유에서 구현된 진리에 열린 마음을 유지해야 한다는 것을 보여준다.

리더의 위치에 있을 때, 오랜 기간 동안 불법적인 성적 관계를 가져온 것으로 드러난 대중적인 기독교 지도자들을 우리는 알고 있다. 그들은 성령의 깨닫게 하심과 죄에 대한 하나님 말씀의 진리를 계속해서 거부하고, 하나님에 대해서 마음을 굳게 했다. 험담, 편협한 고집, 폭음, 교만과 같은 죄와 더불어 살며 그것을 합리화하는 어느 신자들의 경우도 마찬가지다. 이것들은 눈에 잘 보이지 않지만 그럼에도 불구하고 하나님의 인도하심에 마음을 굳게 하고 있음을 알려주는 죄들이다.

나는 이런 것들이 신자들의 구원을 상실케 한다고 말하지는 않는다. 중생한 마음은 영생에서 떠날 수 없다. 하지만 하나님의 말씀의 진리를 계속해서 대항하여 마음을 굳게 하는 사람은 아직 중생되지 않았음을 반증한다고 생각할 수 있다. 고린도 교회의 신자들의 경우가 그와 같았다. 그들은 신자들의 공동체에서 뻔뻔스럽게 죄를 지었다. 그러므로 하나님이 공동체에 정결을 유지할 수 있도록 병과 죽음으로 훈육하셨다. 이 아픔과 죽음이 영원한 상실을 위협하지는 않지만, 하나님의 훈련은 사랑하는 하나님이 자기 자녀들을 교정하시는 수단으로 이해할 수 있다.[55] 하나님께 민감한 마음은 죄를 저지른 것에 대한 진정한 후회를 보여준다.

---

54. Willard, *Renovation of the Heart*, 58; 그의 강조들.

이런 참회가 없다면, 그리스도처럼 성장할 가능성은 없다. 윌라드는 계속해서 말한다.

> 우리의 전적인 황폐함을 깨닫지 못한다면, 그리고 그 씁쓸한 깨달음으로 인해 자연스럽게 다가오는 진정으로 삶을 교정하고 개정하고자 하는 마음이 없다면, 내적인 변화로의 분명한 길은 찾을 수 없다. 심리적으로 영적으로 그것은 불가능하다. 우리가 여기저기서 "작은 하나님을 사용하고자" 하는 것에만 관심을 갖는다면, 우주의 권좌에 끊임없이 자기 자신을 앉히게 될 것이다.[56]

예수는 "귀 있는 자는 들을지어다"(13:9)라고 말씀하신다. 하나님 나라의 통치와 그리스도를 닮는 개인적인 성장의 가능성이 마음에 발생하는 것은 진리를 듣고 순종할 때이기 때문이다.

현대적 의미

감추어져 있으나 강력한 나라. 세계2차대전 중에 나치 독일이 유럽을 점령하였을 때 수백만의 사람들이 말할 수 없는 공포를 경험했다. 소수 집단들 주로 유대인만이 아니라 집시, 동성연애자, 반나치 민간인들이 먼저 감금되고 처형된 포로수용소가 유럽 전역에 생겨났다. 모든 사람들이 느낀 체포의 두려움은 경악케 하는 공포로 변했다. 일상생활이 독일 군대와 공포의 독일 경찰(Schutzstaffel, "보호감찰 계층"이란 독일어)의 세력에 의해 지배를 받았다.

하지만 이런 공포에서 나치의 규율을 반대했던 다양한 비밀 결사 그룹으로 형성된 또 다른 반응이 있었다—지하 "레지스탕스." 남쪽 프랑스에서 북쪽의 스칸디나비아 그리고 멀리 떨어져 있는 소련에 이르기까지 다양한 민간 그룹들과 무장한 당파와 게릴라 대원들이 독일의 점령에 대항하여 은밀하게 저항했다. 이들은 비밀리에 신문을 출판하는 일에서 유대인과 적군의 영토에 떨어진 동맹군 조종사를 피신시키는 일, 아울러 태업을 일으키고 독일 경찰의 순찰을 방해하는 활동 등을 펼쳤다. 이들은 강력한 독일 세력에 대항하여 공공연하게 저항한 것이 아니라 자기네 백성에게 자유를 가져오기 위해서 암암리에 활동한 용감한 남녀들이었다.

---

55. Gordon D. Fee, *The First Epistle to the Corinthians*(NICNT; Grand Rapids: Eerdmans, 1987), 566.
56. Willard, *Renovation of the Heart*, 60; 그의 강조들.

그렇게 싸울 수 있었던 의지와 능력은 대체로 한 가지 소망—동맹군이 오리라는 소문—에 의해 보존되었다. 1939년에 폴란드와 독일의 첫 전투로 시작하여 벨기에, 네덜란드 그리고 1940년에 프랑스에 이르는 독일의 성공적인 침략에 이르기까지 수백만의 사람들이 오랫동안 억압을 당했다. 아마도 저항의 능력과 자원과 노력은 해방이 다가오고 있다는 소망이 없었다면, 거의 사라졌을 것이다. 몇 달 몇 년을 지나면서 이 레지스탕스의 가장 중요한 노력 중에 하나는 동맹군에게 정보를 전달함으로써 공격을 준비하고 협조하였다는 것이다. 마침내 1944년 6월 D-Day에 소위 오버로드(Overlord) 작전이라 일컫는 서방 유럽의 동맹군의 공격이 개시되었다.

표면적으로 독일 점령 하에 유럽은 모두 매우 무기력하고 소망이 없어 보였다. 하지만 저항했던 사람들은 공포에 떨고 있는 자들 중에 숨어 있던 사람들이고 대체로 자유를 약속했던 강력한 동맹군과 연계되어 있었다. 조셉 스탈린을 지지했던 소련에 속한 사람들과 같은 그들 중 일부는 나중에 자기네 백성들을 괴롭힌 이념적인 계획을 가졌기 때문에 우리가 이들을 이상화할 수는 없다. 하지만 레지스탕스는 '숨어 있는 세력의 효과적인 모습'을 현대적으로 설명해준다. 그것은 나치와의 전쟁에서 적을 교란하는데 아주 효과적이었다. 그것은 유럽 전역에 있는 보통 사람들에게 영감을 불어넣었다. 겉으로 보기에 무기력한 모습에도 불구하고 레지스탕스는 자유에 대한 그들을 노력을 돕는 동맹군의 공격에 대한 약속된 소망에 의존했다.[57]

예수가 천국의 도래를 선언함으로써 가져오신 힘은 많은 사람들이 기대했던 방식의 권능을 보이지 못했다. 예수는 실로 강력한 이적을 베푸셨지만, 그들에게서 그것은 길지 못했고, 선택적이었다. 많은 사람들이 축복의 메시아 시대와 관련지었던 이 세상의 완전한 거듭남은 그들이 볼 때에 도래하지 않았다. 로마는 여전히 그 땅을 지배하고 있었고, 무자비한 지도자들은 여전히 감금과 처형의 공포를 가져왔다. 백성들은 여전히 죽어나가고 있었다. 굶주림과 질병이 여전히 일상적인 경험이 되고 있었다.

따라서 예수는 천국은 비밀스러운 것임을 이 비유에서 규명하신다. 천국은 감추어져 있으나 영적인 변화의 능력에서 강력하다. 그 시작은 작지만 믿음의 눈과

57. "Resistance," *Encyclopedia Britannica*, http://www.britannica.com/eb/article?eu=64876 [Accessed August 12, 2002].

열린 마음으로 천국으로 나아오는 사람들에게 죄로부터 구원의 실제를 가져온다. 악한 자들과 그 추종자들에게 임할 하나님의 심판은 확실하며 강력하지만 현 세대와 다음 세대에 항상 그런 방식으로 나타나지는 않는다. 병든 세상을 자유케 하기 위해서 영광스런 능력으로 예수가 다시 오심은 우리에게 활력을 주고 삶의 목적을 가져다주는 구체적인 약속이다. 이것이 천국의 비밀을 드러내는 비유의 진리이고, 이 시대에 하나님의 강력한 하지만 숨겨져 있는 활동의 소망과 계시와 인도를 제공한다.

우리가 이 장엄한 강화에서 비유의 현대적 의미를 개략적으로 보기 전에, 예수가 전달하고자 하는 메시지를 분명하게 들을 수 있도록 비유의 해석에 관한 원리를 개관해보자.

천국의 비밀을 담은 비유를 해석하기. 모든 좋은 선생이나 설교자는 일상생활에서 사례를 들어 가르치는 일의 중요성을 알고 있다. 이렇게 하는 것이 추상적인 개념을 청중들에게 구체적이고 연관된 개념으로 만들어준다. 하지만 예화를 단순히 즐기는 것으로 의도해서는 안 된다. 그렇게 한다면 교사나 설교자는 단지 이야기 전달자가 되고 있을 뿐이다. 시드니 그레이다누스(Sidney Greidanus)가 경각시킨 것처럼, "단순히 관심을 불러오기 위해서 예화를 선별하지 말고, 진리를 확실히 하거나 특별한 구절의 적용을 구체화하기 위해서 그리해야 한다."[58]

예수는 훌륭한 이야기 전달자이시지만 그 이상을 행하셨다. 그의 비유는 관심을 포착했을 뿐 아니라 확신을 불러일으키고 반응을 요구했다. 현대의 독자들에게서 비유가 동일하게 영향을 미치고 있음이 사실이다. 예수의 반복된 후렴구인 "귀 있는 자는 들을지어다"(13:9)와 듣지 않는 사람들의 비참한 결과에 대한 연관된 표현(예. 13:13-17)은 예수가 그의 비유에서 전달하고 있는 진리를 세심하게 인정하도록 우리에게 요청한다.

예수는 이전에 그밖에 다른 곳에서도 사역을 행하실 때 비유를 사용하셨지만 마태복음 13장에서 비유의 집합은 그의 역사적인 사역에서 특별한 목적이 있다. 이 비유들로 예수는 무리들의 마음을 검증하시고, 그들이 그의 편에 설 건지 아니면 대적할 것인지를 강조하신다. 동시에 예수는 제자들에게 하나님 나라의 비밀을 드러내고 영광 중에 재림하실 때까지 이 세상에서 하나님 나라의 역사에 관한 진

58. Sidney Greidanus, *The Modern Preacher and the Ancient Text: Interpreting and Preaching Biblical Literature*(Grand Rapids: Eerdmans, 1988), 340-41.

리를 그들에게 전달하기 위해서 이 비유들을 사용하신다. 예수의 비유를 해석하는 세부적인 것들에 대해서 학자들 간에 차이가 있을지라도, 다음의 근본 원리가 비유의 목적을 이해하는데 중요하다고 널리 인식되고 있다.[59]

(1) 우리는 예수의 사역에 관한 1세기의 역사적 문화적 종교적 배경을 이해하려고 해야 한다. 이것은 비유를 촉발시킨 정황과 언급된 이슈들의 의미를 이해하는 것을 포함한다. 예수의 비유의 많은 부분들이 1세기 청자들의 일상적인 경험에 의존하지만 현대의 독자들에게는 그것이 생소하기 때문에 이 단계가 필요하다. 예를 들어, 집주인과 임차인의 사회적 신분, 다가올 하나님 나라와 관련한 구약성경의 배경, 또는 유대교 내에서 바리새인들의 종교적 지향은 원 배경에서 예수의 메시지를 분명하게 하는데 아주 중요하다.

(2) 우리는 예수의 사역과 각각의 구별된 복음서 그리고 전반적으로 신약성경 내에서 이 비유의 문학적, 신학적 배경을 이해해야 한다. 우리는 비유의 해석의 단서가 되는 그밖에 다른 곳에서 예수의 전반적인 사역의 배경과 가르침을 탐구하여야 한다. 예수가 제자들을 위해서 몇몇 비유를 해석하고 계시기 때문이다(예. 13:18-23, 37-43, 49-50).

게다가 각각의 복음서의 저자는 비유에 대한 독특한 관점을 갖고 있다. 예를 들어, 마태는 그의 전반적인 기록의 구조 내에서 이해하는 것이 중요한 비유강화에 대한 목적을 갖고 있다. 우리는 비유의 해석에 초기 단서가 되는 다른 복음서 저자들이 제공하는 문맥적이고 해석적인 암시에서 지침을 얻어야 한다. 우리는 신약성경의 가르침의 폭넓은 문맥을 소홀히 해서는 안 된다. 예수의 가르침이 초대교회의 사상과 가르침에 기초가 되고 있기 때문이다.

(3) 우리는 비유가 가르치고자 하는 중심적인 진리를 결정해야 한다. 설교나 가르침의 교훈을 적절하게 조명하는 예화를 제공할 때, 화자는 보통 주요한 핵심적인 요지를 만들려 한다. 그러나 지원하는 세부적인 것들이 의도한 교훈에 중요한 하부요지를 추가시켜준다. 이것이 예수의 방법이었던 것으로 보인다. 대부분의 주석가들은 이 비유들이 예수가 의도한 유추를 핵심 요지를 통해서 이룬다는 것을

59. 예를 들어, Bailey, "Guidelines for Interpreting Jesus' Parables," 29-38; Blomberg, *Interpreting the Parables*, 29-69; Sider, *Interpreting the Parables*, 13-26, 171-246; Klyne R. Snodgrass, "Parables," *DJG*, 591-601; idem, "From Allegorizing to Allegorizing," 3-29; Robert H. Stein, *An Introduction to the Parables of Jesus*(Philadelphia: Westminister, 1981), 15-41; Wenham, *The Parables of Jesus*, 11-25, 225-38을 참조하라.

지금 인식하지만, 각각의 주요한 인물이나 인물들의 집단은 부가적인 요지가 하부 요지를 제공해준다.[60] 우리는 사소한 세부설명에 보증되지 않는 의미를 부여함으로써 확대 해석해서도 안되지만, 의도된 지원 요소들의 의미를 간과함으로써 축소 해석해서도 안 된다. 우리는 전체와 연관하여 세부적인 것들을 평가해야 한다.

(4) 우리는 예수가 천국에 대해 만들고 계신 요지를 구별해야 한다. 반복된 도입인 "천국은…같으니"(예. 13:24, 31, 33, 44, 45)는 천국에 대한 교훈이 이 강화에서 차지하고 있는 중심적인 자리를 경각시켜준다. 우리는 이것이 천국의 변화시키는 능력, 어렴풋이 나타나고 있는 심판, 천국의 놀라운 출현, 셀 수 없는 가치, 그리고 천국을 확산할 제자들의 책임을 이해하는 것을 의미함을 아래에서 살펴볼 것이다.

(5) 비유의 핵심 진리들이 어떻게 개별적인 신자와 불신자의 삶에 적용되는지를 결정해야 한다. 영적인 적용은 청중들의 필요와 항상 관련이 있다. 따라서 비유를 촉발시킨 필요를 발견하는 것이 중요하다. 비유는 이야기가 예기치 않은 전환을 취하고 개인적인 적용을 할 때 청중들에게 불편을 야기하기 때문에 당혹스러움과 좌절을 일으킬 수 있다. 이 비유들은 예수의 제자들에게 천국의 비밀을 드러내는 것으로 의도되었다(참조. 13:10-17). 그 비유들은 악한 것들이 유동치는 이 세상에 우리가 사는 동안 천국의 진리를 예수의 제자도에 적용할 수 있는 방식의 구체적인 사례를 제공한다.

(6) 비유의 진리를 온 시대와 오늘을 통해서 어떻게 교회의 삶에 적용할 수 있을지를 설정해야 한다. 비유의 현대적 메시지를 묵상하는 것은 비유의 역사적인 의미에 기초해야 하며,[61] 천국의 비밀 가운데 하나는 그것이 현재적이지만 이 세상에서 감추어져서 역사하고 있다는 것을 인식하는 것을 포함한다(참조. 13:37-43). 이 비유에서 우리는 천국이 이 시대를 통해서 어떻게 존재하는가를 보여주고자 하시는 예수의 본래 의도에 맞추어야 한다. 예수는 교회의 활동에 대해 직접적으로 교훈하고 있지 않다. 교회는 하나님 나라를 봉사하는 온 시대를 통해서 눈에 보이는 제도이지만 예수는 하나님 나라를 교회와 동일시하지 않으신다(3:3; 4:17; 16:18-19; 18:15-20의 주석을 보라). 그럼에도 불구하고 비유에서 적절하게 그것을 교회에 적용할 수 있다.

마태복음의 비유 강화를 해석하는 이런 지침을 가지고서 우리는 예수가 각각의

60. 참조. Snodgrass, "From Allegorizing to Allegorizing," 3-29; Blomberg, *Interpreting the Parables*, 29-69.

61. Wenham, *The Parables of Jesus*, 237-38.

비유에서 전달하시고자 했던 영적인 진리와 그것이 오늘날의 크리스천들에게 간략하게 어떻게 적용되는지에 초점을 맞출 수 있다. 이 강화에서 천국의 비밀에 대한 일곱 가지 주요한 비유들 중 몇 가지는 전달하는 진리에서 중복되고 때문에 우리는 네 가지 주요한 표제 하에 그것을 요약할 수 있다: (1) 하나님 나라의 변화케 하는 능력, (2) 어렴풋이 나타나는 심판, (3) 하나님 나라의 놀라운 출현, (4) 하나님 나라의 셀 수 없는 가치.

천국의 변화시키는 능력-씨뿌리는 자와 토양 비유(13:1-9, 18-23). 많은 점에서 씨뿌리는 자와 토양의 비유는 비유들에 관한 비유다. 그것은 비유들에 구현되어 있는 진리가 어떻게 그 메시지를 듣는 사람들의 삶에 영향을 미치는가를 설명해준다. 천국 복음이 전파되고 이 세상에 차별 없이 가르쳐질 때(4:23-25; 9:35-38), 다양한 반응이 있다. 어떤 사람의 외적인 반응은 그의 내적인 영적 상태를 알려준다. 생명을 주는 힘이 씨에 있지 토양에 있지 않으므로 토양이 씨에 어떻게 반응하느냐가 그 사람의 마음에 하나님 나라의 삶이 어떻게 영향을 미치고 있는가를 말해준다. 이것은 굳은 마음으로 노골적으로 거부하거나, 얕은 형태로 받아들임으로써 온전한 뿌리를 내리지 못하거나, 세상 것들과 경쟁함으로써 씨를 질식케 하는 경우를 포함한다. 메시지를 마음에 깊이 받아들인 사람만이 뿌리를 내리고 열매를 맺는 하나님 나라의 생명을 주는 천국 복음이 허락된다.

주되게 조명하는 초점이 씨뿌리는 자에 있지 않고 토양에 있기 때문에 이 세상에서 천국 메시지를 뿌리는 자를 역사적인 사역을 하고 계시는 예수와 단기 선교 여행을 나갔던 열두 제자(10:5-15)를 안전하게 상정할 수 있고, 이 메시지를 들고 나간 온 시대의 예수의 제자들에게도 적용할 수 있다(10:16-42; 28:16-20). 이것은 예수가 그의 메시지에 다양한 반응을 얻었듯이 우리도 역시 다양한 반응을 얻게 될 것이다. 복음을 심는 이의 신실함이 중요하지 반응하는 사람의 수가 중요하지 않다.

마찬가지로 열매를 맺는 사람과 비교해서 복음에 온전하게 반응하지 않는 사람들의 부적절한 반응은 많은 사람들이 넓은 문과 파멸의 길로 들어서고 오직 적은 수만이 좁은 문과 생명으로의 길로 나아간다는 예수의 진술과 일치함을 인식해야 한다(7:13-14). 이런 결과는 궁극적으로 하나님의 손안에 있지만 개인의 선택도 무시할 수 없다. 우리의 책임은 예수가 했던 것처럼 씨를 심고 하나님을 신뢰하고 불가피하게 혼합된 반응이 있을 것임을 이해하는 것이다.

어느 것도 복음 메시지와 비교할 수는 없다. 복음 메시지만이 죽은 토양에 생명을 낳을 수 있는 잠재적인 능력을 갖는다. 외국 나라에서 한 회심자를 얻기 위해 수년 간 노력한 선교사에 관한 많은 이야기들이 있다. 만족은 순종하고 결과를 하나님께 맡기는 데서 온다.

첫 번째 토양에서 복음 메시지를 노골적으로 거부하는 무감각한 자들과 네 번째 토양에서 열매를 생산하는 자들간에 명백하고 변함 없는 구분이 있다. 하지만 처음에는 말씀을 받아들이나 나중에는 실족하는 사람들의 당혹스러운 중간 지대가 있다. 어떤 이들은 말씀을 들으나 인생의 시련과 환난 때문에 실족하고 만다(13:20-21). 또 다른 이들은 하나님 나라의 가치와 세상과의 우선순위를 놓고 경쟁함으로써 기운을 빼앗긴다(13:22). 이 모든 것들은 하나님 나라에 대항하고 열매를 맺지 못하는 사람들에 대한 경고다. 궁극적으로 천국에 진정으로 반응하는 사람들과 그렇지 못한 사람들을 구분 짓는 것은 진행중인 열매의 생산이다.

우리에게 개인적인 변화의 소망을 가져다주는 것이 바로 이 열매다. 천국복음을 자신의 마음에 받아들이는 자는 예수가 산상수훈에서 묘사한 바로 그 삶인 하나님 나라의 변화를 경험할 것이다(예. 5:3-16, 21-48). 그러므로 우리는 변화를 단지 소망하는 것이 아니라 성령으로 활성화된 천국 복음이 생명을 주시는 능력의 결과를 예상해야 한다. 천국을 기업으로 받는 사람은 이전의 육체적인 습관에서 성령에 의해 생산되는 인격적 특징으로의 변화를 경험할 것이고(갈 5:16-23), 삶에서 성령의 은사를 경험할 것이다(고전 12:1-31). 이 변화는 성령으로 생산되는 의와 선한 행위의 열매들을 낳는 것으로 확장되고(예. 골 1:10), 복음전도에 참여함은 신자들의 증언을 통해서 얻어지는 새로운 회심자들을 낳는다(예. 롬 1:13). 좋은 밭에 심겨진 씨는 개별적인 잠재력에 따라서 최대의 수확을 얻을 것이다.

우리는 열매의 생산에 대한 책임이 성령의 능력을 부어주시는 복음의 생명 활동에 있지만 그것이 제자들 자신의 책임을 면제시켜 주지는 않는다는 것을 주목하기 위해서 이 유추를 한 단계 더 확장시켜야 한다. 우리는 하나님의 말씀으로 계속해서 물을 얻고 서로 신자들을 보호하는 공동체에서 활동함으로써 우리의 복리에 대한 적절한 영양과 보호를 세심하게 공급해야 한다. 또한 우리는 다음 비유가 지적하는 것처럼 이 세상의 가라지들이 우리를 질식시키지 않도록 조심해야 한다.

천국의 어렴풋한 심판-알곡과 가라지 비유(13:24-30, 36-43)와 그물 비유(13:47-50). 천국이 복음의 씨를 심는 일을 통해서 이 세상에 시작되고 많은 사람들이 예수의 제자가 될지라도, 천국의 도래는 대적자들을 사라지게 하거나 이 세상에서 악한 사람들의 생존을 막지는 않는다. 표면적인 차원에서 예수의 제자들은 이 세상의 다른 사람들과 겉보기에 다를 바 없지만 삶에서 천국의 영향으로 인해 생산되는 변화의 결과로 본질적인 차이가 있다. 천국의 알곡과 생선은 "좋고"(13:38, 48), "의롭다"(13:43, 49). 이것이 인격적인 변화를 낳는 하나님 나라의 의이다(참조. 5:20).

하지만 이 비유는 또 다른 중요한 요지를 담고 있다. 우리는 세상 끝날 전에 악한 것들의 근절이나 멸망을 보지는 못한다. 이 세상에는 혼합된 본질이 있으며, 그것은 하나님이 통치하시는 나라의 당대 개념에 직관적으로 반하는 형태로 보인다. 예수는 이 비유에서 온전한 신정통치를 주시지는 않고 다만 그런 소망을 위한 든든한 근거를 주신다. 악은 하나님으로부터 오는 것이 아니라 악한 것들로부터 나온다. 우리는 악에 오염되어 있는 환경에서 살 때, 이 시대에서 영적인 전투를 예상해야 한다. 하지만 여기에는 예수의 제자들을 구원하시고 악한 것과 연계되어 있는 자들을 심판하시는 역사의 지평선이 꾸물거리고 있다. 예수의 제자들은 이 시대에 세상 바깥으로 부름을 받은 것이 아니라, 세상에서 우리 위에 임하시는 하나님의 보호하시는 손길을 요청하시는 예수의 계속된 기도가 있을 것이라는 약속을 받고 있다(참조. 요 17:15-19).

이 비유가 이 세상에서 악한 자의 아들과 하나님 나라의 아들간의 공존을 언급하고 있을지라도, 교회에 대한 부차적인 적용이 있다. 알곡과 가라지의 비유는 우리가 대적자의 계획을 알게 만든다—사탄이 교회에 침투할 것이다. 우리는 자신을 보호하는 방법을 알아야 한다. 즉 사탄의 계획에 맞서 기도할 것을 격려 받는다. 사탄이 이 세상에서 심판 날까지 활동할지라도, 우리의 공동체에서 기반을 다지지 않도록 죄된 활동을 허락하지 않고(엡 4:27), 공동체에 있는 죄를 효과적으로 재빨리 다룸으로써(18:15-20) 사탄의 영향을 축소시킬 수 있다.

더욱이 커다란 그물처럼 천국은 "사람을 낚는 사람들"(4:19)의 전파에 여러 종류로 응답할 것이다. 모여 있는 사람들의 참된 본질은 슬프게도 가룟 유다가 예증하는 것처럼 곧바로 항상 나타나지는 않는다. 심판 때에 온전한 상태가 밝혀질 것이다.[62]

천국의 놀라운 출현 – 겨자씨와 누룩비유(13:31–32, 33). 이 두 비유는 천국의 주요한 비밀 중 하나를 강조하기 위해 조합되어 있다—천국은 놀랍게도 감추어진 방식으로 온다. 예수는 천국이 궁극적으로 보여주게 될 위대함과 영광을 부인하시지는

62. 참조. Keener, *A Commentary on the Gospel of Matthew*(1999), 393.

않지만 이 시대에 감추어지고 눈에 띄지 않는 형태로 존재한다는 것을 강조하신다. 이 비유는 마지막 완성과 천국의 부분적인 시작을 대조시킨다. 이 시대에 천국의 존재는 두드러지지 않을 것이나 천국의 실존은 이 세상에 침투하여 하나님의 아들딸들의 마음에 감추어진 변화를 이룰 것이다.

이 비유들은 믿음의 대중성과 하나님 나라를 동일시하는 것을 경고한다. 지난 세기들에서 이 비유는 천국의 표지로서 교회를 언급하는 것으로 이해되었다. 교회는 세계 역사의 다양한 시기에 놀라운 성장을 경험하였지만 세상에 오염되는 대가를 치렀다. 이것은 다시금 우리가 하나님 나라와 교회를 동일시하는 것을 경고한다. 인자의 도래만이 눈에 보이는 권세와 영광으로 하나님 나라를 완전하게 세울 것이다.

우리는 교회의 대중성이 서방세계에서 상당히 축소되고 제3세계에서 매우 왕성한 때에 살고 있다. 겨자씨와 누룩 비유는 이 시대에 하나님 나라의 대중성과 일치시켜 생각하는 것을 경고하신다. 하나님 나라는 마지막 시연을 기다리고 있다. 믿음의 안목을 갖지 않는다면, 하나님 나라는 눈에 띄지 않고 보이지 않는다. 천국 시민으로서 우리는 세상의 소금이사 빛이다(5:13-16). 우리는 교회의 사랑하는 공동체로 사람들을 데려와야 하지만 이런 대중성이 하나님 나라의 참된 영향의 최종 계량기가 되는 것은 아니다.

천국의 셀 수 없는 가치-감추어진 보화(13:44)와 값비싼 진주(13:45-46)의 비유. 이 비유는 천국의 측량할 수 없는 가치에 초점이 맞추어져 있다. 겨자씨와 누룩의 눈에 띄지 않는 사상(13:31-32, 33)을 계속 전개하고 있는 감추어진 보화의 비유는 천국이 열린 공간에서 바라보고 있는 사람들이 기대했던 것을 훨씬 능가하는 가치가 있음을 강조한다. 값비싼 진주의 비유는 잘 훈련된 전문가가 그 어느 것과도 비교할 수 없는 가치가 있는 천국의 실제를 발견한 것을 강조한다. 어떤 가치가 있는 것이라도 천국에 속한 혜택과는 비교할 수 없다. 천국의 구원과 의는 이 세상이 제공하는 그 어느 것보다 큰 보화이며, 가장 커다란 기쁨의 근원이다(13:44). 구원자와 영생의 실존 속에서 삶의 가치를 온전히 인식할 때, 우리가 갖는 모든 희생은 현재 누리고 있는 실제의 기쁨과 비교할 수 없다.

불행하게도 이런 가치를 상실하고 기쁨을 잃어버리기가 너무 쉽다. 이것이 훌륭한 크리스천 가정과 좋은 교회에서 성장하였지만 그것을 당연한 것으로 여기는 사람들에게 내포되어 있는 위험이다. 하나님 말씀을 항상 일상적으로 알고 있었다면 그는 복음의 가치와 하나님 나라의 존재의 실제를 진정으로 이해하지 못할 수 있다. 하지만 인생의 와중에서 영적인 실제에 대한 분명한 인식을 하였다면, 복음의 소중한 선물에 대한 심오하고 겸손한 감사를 배웠을 것이고, 하나님 나라의 선물이 없는 사람들을 위해서 동등하게 심오하고 겸손한 긍휼을 베풀 것이다.

또한 이것이 성경을 연구하고 예수를 가르치고 교회에서 학생들과 어른들을 위해 기도하는 사역자들에게 발생할 수 있는 위험성이다. 우리는 하나님의 일에 너무도 익숙하여 우리가 가르치는 것의 형용할 수 없는 가치를 상실할 수 있다. 인생의 가장 위대한 특권 중의 하나가 우리가 사역하는 상태에 있다는 사실이다. 예수를 전하고 다른 신자들을 위해 기도하며 매일의 삶에서 그리스도의 종이 되고 성경의 난제들을 해석하고, 십자가의 대적자들을 대항하여 믿음을 변호하는 이 모든 일이 우리 사역자들이 규칙적으로 행하는 활동이다.

그럼에도 불구하고 우리가 과로하거나 감사하지 않을 때, 또는 핍박에 직면할 때, 이런 활동들이 고역이 될 수 있다. 우리가 책임을 다하는 모든 순간 다른 이들이 예수를 보다 명쾌하게 들을 수 있도록 도우며 예수와 더욱더 긴밀하게 동행하며 예수를 더욱더 기쁘게 섬기는 것이 얼마나 큰 특권인지를 상기하는 것이 중요하다. 우리는 이 세상의 가장 위대한 보화인 천국의 대사이며, 우리가 매일 반복해서 다루고 있는 이 선물의 형언할 수 없는 가치에 대해 감사해야 한다. 우리의 참된 기쁨이 거기에 있다.

마태복음 13:53-14:36

53 예수께서 이 모든 비유를 마치신 후에 그곳
을 떠나서
54 고향으로 돌아가사 그들의 회당에서 가르치
시니 그들이 놀라 이르되 이 사람의 이 지혜
와 이런 능력이 어디서 났느냐
55 이는 그 목수의 아들이 아니냐 그 어머니는
마리아, 그 형제들은 야고보, 요셉, 시몬, 유
다라 하지 않느냐
56 그 누이들은 다 우리와 함께 있지 아니하냐
그런즉 이 사람의 이 모든 것이 어디서 났느
냐 하고
57 예수를 배척한지라 예수께서 그들에게 말씀
하시되 선지자가 자기 고향과 자기 집 외에
서는 존경을 받지 않음이 없느니라 하시고
58 그들이 믿지 않음으로 말미암아 거기서 많은
능력을 행하지 아니하시니라

14:1 그때에 분봉 왕 헤롯이 예수의 소문을 듣고
2 그 신하들에게 이르되 이는 세례 요한이라
그가 죽은 자 가운데서 살아났으니 그러므로
이런 능력이 그 속에서 역사하는도다 하더라
3 전에 헤롯이 그 동생 빌립의 아내 헤로디아
의 일로 요한을 잡아 결박하여 옥에 가두었
으니
4 이는 요한이 헤롯에게 말하되 당신이 그 여
자를 차지한 것이 옳지 않다 하였음이라
5 헤롯이 요한을 죽이려 하되 무리가 그를 선
지자로 여기므로 그들을 두려워하더니
6 마침 헤롯의 생일이 되어 헤로디아의 딸이 연
석 가운데서 춤을 추어 헤롯을 기쁘게 하니
7 헤롯이 맹세로 그에게 무엇이든지 달라는 대
로 주겠다고 약속하거늘
8 그가 제 어머니의 시킴을 듣고 이르되 세례
요한의 머리를 소반에 얹어 여기서 내게 주
소서 하니
9 왕이 근심하나 자기가 맹세한 것과 그 함께
앉은 사람들 때문에 주라 명하고
10 사람을 보내어 옥에서 요한의 목을 베어
11 그 머리를 소반에 얹어서 그 소녀에게 주니
그가 자기 어머니에게로 가져가니라
12 요한의 제자들이 와서 시체를 가져다가 장사
하고 가서 예수께 아뢰니라
13 예수께서 들으시고 배를 타고 떠나사 따로
빈 들에 가시니 무리가 듣고 여러 고을로부
터 걸어서 따라간지라
14 예수께서 나오사 큰 무리를 보시고 불쌍히
여기사 그 중에 있는 병자를 고쳐 주시니라
15 저녁이 되매 제자들이 나아와 이르되 이 곳
은 빈 들이요 때도 이미 저물었으니 무리를
보내어 마을에 들어가 먹을 것을 사 먹게 하
소서
16 예수께서 이르시되 갈 것 없다 너희가 먹을
것을 주라
17 제자들이 이르되 여기 우리에게 있는 것은
떡 다섯 개와 물고기 두 마리뿐이니이다
18 이르시되 그것을 내게 가져오라 하시고
19 무리를 명하여 잔디 위에 앉히시고 떡 다섯
개와 물고기 두 마리를 가지사 하늘을 우러
러 축사하시고 떡을 떼어 제자들에게 주시매
제자들이 무리에게 주니
20 다 배불리 먹고 남은 조각을 열두 바구니에
차게 거두었으며
21 먹은 사람은 여자와 어린이 외에 오천 명이
나 되었더라
22 예수께서 즉시 제자들을 재촉하사 자기가 무
리를 보내는 동안에 배를 타고 앞서 건너편

으로 가게 하시고
23 무리를 보내신 후에 기도하러 따로 산에 올
라가시니라 저물매 거기 혼자 계시더니
24 배가 이미 육지에서 수 리나 떠나서 바람이 거
스르므로 물결로 말미암아 고난을 당하더라
25 밤 사경에 예수께서 바다 위로 걸어서 제자
들에게 오시니
26 제자들이 그가 바다 위로 걸어오심을 보고
놀라 유령이라 하며 무서워하여 소리 지르
거늘
27 예수께서 즉시 이르시되 안심하라 나니 두려
워하지 말라
28 베드로가 대답하여 이르되 주여 만일 주님
이시거든 나를 명하사 물 위로 오라 하소서
하니
29 오라 하시니 베드로가 배에서 내려 물 위로
걸어서 예수께로 가되
30 바람을 보고 무서워 빠져 가는지라 소리 질
러 이르되 주여 나를 구원하소서 하니
31 예수께서 즉시 손을 내밀어 그를 붙잡으시며
이르시되 믿음이 작은 자여 왜 의심하였느냐
하시고
32 배에 함께 오르매 바람이 그치는지라
33 배에 있는 사람들이 예수께 절하며 이르되
진실로 하나님의 아들이로소이다 하더라
34 그들이 건너가 게네사렛 땅에 이르니
35 그곳 사람들이 예수이신 줄을 알고 그 근방
에 두루 통지하여 모든 병든 자를 예수께 데
리고 와서
36 다만 예수의 옷자락에라도 손을 대게 하시기
를 간구하니 손을 대는 자는 다 나음을 얻으
니라

원 의미

비유강화의 결론과 다시금 예수의 사역에 관한 내러티브 묘사로 전환함을 나타내기 위해서 마태는 그의 복음서의 모든 강화에서 결론을 특징짓는 공식적인 표현을 사용한다("예수께서…마치신 후에", 13:53; 참조. 7:28; 11:1; 19:1; 26:1). 13장의 비유강화의 결론에서부터 18장의 공동체 강화에 이르기까지 마태는 예수의 지상 사역에서 새로운 주요한 강조를 이야기한다. 예수는 메시아로서 자신의 신분에 대해 제자들에게 더욱더 분명한 가르침을 주시는데, 그것은 베드로의 고백(16:15-19)과 예수의 변용(17:1-8)에서 절정에 달한다. 하지만 예수는 또한 다가오는 고난의 희생을 예언하기를 시작하신다(16:21-28; 17:22-23; 20:17-19).

예수의 갈릴리 사역의 놀라운 대중성은 5천명을 먹이시는 사건으로 계속되지만(14:13-21), 예수가 예루살렘과 십자가상에서의 마지막 운명을 향해 방향을 맞추실 때 분위기는 우울해진다. 이 우울함은 자기 백성들에게 존귀를 받지 못하는 하나님의 선지자들의 두 사건으로 시작된다—예수는 나사렛의 고향에서 무시를 당하고 세례 요한은 마케루스 요새에서 죽임을 당한다(14:1-12). 하지만 예수가 폭풍우를 잠잠케 하신 후에 하나님의 아들로서 제자들이 그를 엎드려 경배할 때, 그는 적절한 존귀를 받으신다(14:33).

예수가 나사렛에서 배척을 당하시다(13:54-58)

예수는 가족들이 살고 있고, 어렸을 적에 자라났던 고향 나사렛으로 돌아오신다(2:23의 주석을 보라). 마태는 "그들의 회당에서 가르치시니"라고 말하는 것을 제외하고는 예수가 이곳에 돌아오신 이유를 설명하지 않는다. 누가는 예수의 공적 사역의 시작에서 나사렛 회당에서 설교하는 장면을 기록한다. 그때에 동네 사람들은 하나님의 구원 역사의 계획이 이방인들을 포함한다는 예수의 말을 듣고 분개하여 그를 죽이려 했다(눅 4:16-30).

많은 학자들은 마태의 기사를 누가복음에 기록된 기사의 주제적인 요약이라고 여긴다.[1] 하지만 이것이 두 번째 방문을 위해 갈릴리로 나중에 다시 돌아오는 것일 수도 있다(또한 막 6:1-6을 보라). 누가복음에 기록된 것처럼 이전 나사렛 방문까지는 예수의 사역의 의미 있는 부분이 아니었던 "이 지혜와 이런 능력"에 대한 언급을 주목하라. 그렇다면 이제 그의 가르침과 설교 그리고 이적 행함의 사역으로 인해 갈릴리 전역에 예수가 잘 알려지셨기 때문에, 이전 방문의 적대감이 다소 완화되고 있음을 알 수 있다. 마태복음 4:13에서 "나사렛을 떠나"라는 암시가 누가복음의 사건과 더 유사한 것으로 보인다.[2]

나사렛으로의 귀환은 다소 놀랍다. 비유강화를 시작하시기 전에 예수의 어머니와 형제들은 예수를 만나려고 시도하였고 겉보기에 예수가 그들의 방문을 거절하였기 때문이다(12:46-50의 주석을 보라). 아마도 예수가 나사렛으로 귀환할 때, 그는 집으로 돌아오라는 어머니와 형제들의 요청을 승낙하고 있다. 유사한 패턴을 가나의 혼인잔치에서 포도주가 없다는 마리아의 언급에 대한 예수의 반응에서 식별할 수 있다. 거기서 예수는 겉으로 보기에 마라아의 요청을 거절한 것처럼 보이나 실제로는 그녀의 요청을 들어주셨다(참조. 요 2:1-10). 예수는 자신의 사역이 방해받는 것을 원치 않으시나 노골적으로 가족을 거절하는 것을 삼가신다.

네 형제들(야고보, 요셉, 시몬, 유다)은 부활 이전에는 예수의 권위를 인정하지

1. 예를 들어, Blomberg, *Matthew*, 227; Davies and Allison, *Matthew*, 2:452-54; France, *Matthew*, 232.
2. 예를 들어, Carson, "Matthew," 335; Morris, *Matthew*, 364.

않았다(참조. 막 3:21; 요 7:5). 부활하신 예수는 야고보에게 나타나셨고(고전 15:7), 바울이 회심한 지 3년 뒤에 야고보는 예루살렘 교회의 기둥 중 한사람이 되었다(갈 1:19; 2:9). 유다의 헤롯 아그립바 1세 왕이 세베대의 아들 사도 야고보를 참수하고 베드로가 예루살렘에서 도망한 후에(행 12:1-17; 약 A.D. 44년), 야고보는 보다 중요한 리더십의 역할을 감당했다. 그는 바울의 이방인 선교(행 15:13)와 관련하여 그리고 바울의 예루살렘으로의 마지막 방문(행 21:18) 시에 중추적인 역할을 한 예루살렘 공의회에서 예루살렘 교회의 대표자였다. 나중에 전승은 그의 도덕적이고 경건한 행동을 주목한다. 아마도 야고보는 자신의 이름을 담고 있는 성경책의 저자일 것이다.

예수의 또 다른 형제 유다는 유다서의 전통적인 저자이다. 예수의 다른 형제나 자매들에 대한 역사적인 가치가 들어 있는 어떤 자료도 알려져 있지 않다. 이 "형제들"과 "자매들"이 예수와 어떻게 관련되는지에 대한 이론은 12:46-50의 주석을 보라.

예수가 회당에서 가르치기 시작할 때, 고향 사람들은 놀라며 "이 사람의 이 지혜와 이런 능력이 어디서 났느냐"라고 묻는다. 예수의 사역의 시작에서(눅 4:16-30) 고향 사람들은 하나님의 구원 계획에 이방인들을 포함시킨 예수에 대해 분개하지만 이제 그들은 예수가 갈릴리를 통해 보여주신 지혜와 이적의 보고로 인해 놀라워한다. 가버나움의 바리새인들처럼(12:24), 그들은 권능의 근원에 대해 의문한다. 그가 하나님의 권위로부터 그 일을 행하고 있는가 아니면 다른 근원으로부터 그 일을 행하고 있는가?

이런 질문들을 할 때, 그들은 이미 마음속에 그 대답을 갖고 있다. 그들이 목수 아버지와 그 어미 마리아와 형제들을 갖고 있는 예수의 인간적 뿌리를 잘 알고 있기 때문에, 그는 특별한 어떤 것이 결코 될 수 없다. 그는 자신이 주장하는 것처럼 되고자 노력하는 고향의 아들일 뿐이다. 따라서 고향 사람들은 예수가 단지 목수[3]의 훈련을 받은 사람이기에 지혜의 적절한 근원이 될 수 없고, 초자연적인 능력을 주장할 수 없다고 결론 내린다.

따라서 예수의 지혜와 이적이 그의 신적인 기원을 증거하는 것이 아니라, 고향 사람들은 오히려 "배척한다"('스칸달리조'; 13:57). 마태복음에서 이 표현은 믿음의 방해를 나타낸다(5:29; 11:6). 예수의 참된 신분과 메시아적 사명을 배척했던

3. 막 6:3은 예수를 목수라 부른다.

가버나움의 무리들처럼(13:10-17), 예수의 고향 사람들은 편협성을 넘어서지 못한다. 예수는 응답하신다: "선지자가 자기 고향과 자기 집 외에서는 존경을 받지 않음이 없느니라." 이 잠언적인 말씀에서 예수는 선지자의 칭호를 사용하여 자신을 언급하신다.

다시 말해서 예수는 항상 기분 좋은 소식이 아니었던, 민족들에 대하여 하나님의 뜻을 드러내는, 구약성경의 선지자들과 자신을 일치시키신다.[4] 이 사자들은 이스라엘 백성들에게 끊임없이 배척을 당했다. 예수도 마찬가지로 거부를 당하신다. 당시에 어느 선지자도 수백년 동안 이스라엘에 예언을 선포하지 않았지만 예수의 고향에서도 이 백성들은 하나님의 진리를 선포하는 그의 사역에 대해 마음을 굳게 한다. 게다가 헤롯 안티파스로 대변되는 이스라엘의 꼭두각시 지도부는 또 다른 선지자인 세례 요한을 참수한다. 그것은 이스라엘에 매우 슬픈 날이다.

굳은 마음으로 예수의 고향 사람들은 그의 사역에 마음을 열지 않는다. "그들이 믿지 않음으로 말미암아 거기서 많은 능력을 행하지 아니하시니라." 예수가 이적에서 중요한 요소가 믿음이 아니었던 곳에서도 사람들을 분명히 치유하셨을지라도,[5] 굳은 마음과 배척이 생명의 치유 사역을 가로막고 있다. 그것이 죄용서함을 가로막은 것처럼 말이다(12:31-32).

세례 요한이 헤롯 안티파스에 의해 참수되다(14:1-12)

마태는 점증하고 있는 이야기 흐름에 맞추어 헤롯 안티파스가 세례 요한을 처형하는 기사를 제공한다. 메시아 예수가 고향에서 존귀히 여김을 받지 못하는 선지자가 되고 있을 뿐 아니라(13:57), 선지자 세례 요한이 처형을 당한다. 요한은 이전에 일년 반 가량을 감옥에 있었고, 예수의 활동에 관한 보고도 들었다. 예수는 자기 제자들을 통한 요한의 질문에 대해 그가 이루신 것을 충분히 설명함으로써 답변하셨다(11:2-6의 주석을 참조하라). 요한은 14장의 사건이 있기 몇 달 전에 처형된 것으로 보인다. 이 처형에 관한 마태의 내러티브는 순간적으로 과거 역사로 돌아간다.

갈릴리에서 거의 2년 가량의 사역을 하시자, 예수의 가르침과 이적의 권능이 헤

4. Morris, *Matthew*, 366.
5. 예를 들어, 가다라 지방에 귀신 들린 자들(8:28-34)과 요한복음 5장에 운신하지 못하는 자.

롯 안티파스라는 그 지역의 최고 통치자의 귀에 들어갔다(14:1). 그의 아버지인 헤롯 대제가 죽자(2장의 주석을 보라), 이스라엘 나라는 헤롯 대제의 세 아들이 나누어서 통치하였다. 헤롯 안티파스는 수년 동안(4 B.C-A.D. 39) 갈릴리와 베레아 지역의 분봉왕이 되었다. 신약성경의 그의 주요한 악명은 세례 요한을 처형한 것과 십자가 처형 전에 예수를 심문한 것이다(참조. 눅 23:6-12).

헤롯 안티파스의 수도인 디베리아는 예수의 사역 기지인 가버나움의 갈릴리 해변에서 8마일 반 정도 떨어져 있었다. 어쨌든 이스라엘, 베레아 그리고 데가볼리에 사는 대다수의 사람들에게 예수의 소문이 널리 퍼짐은 헤롯 안티파스의 귀에도 들어갔다. 헤롯의 반응은 감정적, 신학적 미신적 요소가 요상하게 섞여 있다: "이는 세례 요한이라 그가 죽은 자 가운데서 살아났으니 그러므로 이런 능력이 그 속에서 역사하는도다." 요한을 처형한 일에 대한 헤롯의 죄책감은 복귀하는 영에 대한 반이교도적 미신 개념과 맥을 같이 하는 일부 바리새파의 신앙에 기반한 부활에 관한 혼란한 개념과 조합되어 있다.

헤롯 안티파스는 나바테아의 아레타스 4세 왕의 딸과 결혼했다. 이는 아마도 이 지역의 평화를 유지하기 원하는 로마의 아우구스투스 황제가 주선한 정치적인 결혼이었을 것이다. 이 결혼은 안티파스가 이복형제인 헤롯 필립 1세의 아내인 헤로디아와 사랑에 빠지기 전까지 15년간 지속되었다.[6] 헤롯 필립은 아내와 같이 로마에서 살았던 민간인이었다. 그런데 로마로 여행했던 안티파스가 그 집에 머물렀을 때, 헤로디아와 사랑에 빠졌다. 그들은 결혼하기로 결심하였지만, 먼저 안티파스가 자기 아내와 이혼해야 한다고 헤로디아는 요구하였다.[7] 몇 년 뒤에(A.D. 36), 아레타스 4세 왕은 안티파스의 군사기지를 공격하여 적어도 자기 딸을 부끄럽게 만든 안티파스에 대한 복수를 감행했다.[8]

안티파스가 헤로디아와 결혼했을 때, 이복 질녀가 되기도 하는 이복동생의 아내와 결혼한 안티파스를 대중적인 인기를 얻고 있는 세례 요한이 공개적으로 비난했다. 요한은 단정적으로 "당신이 그녀를 갖는 것은 불법입니다"라고 선포했다(14:4). 그러한 결혼은 하나님의 율법에 대한 근친상간적 죄라고 간주하였다(레

---

6. 헤로디아는 아리스토불루스(헤롯 대제의 아들)와 버니스(헤롯 대제의 여동생 살로메의 딸)의 딸이다. 이로 인해 그녀는 남편 헤롯 빌립 1세와 헤롯 안티파스의 이복 질녀가 된다.

7. Josephus, *Ant.* 18.5.1 §§ 109-15.

8. 간단한 개관을 위해서는 Harold W. Hoehner, "Herodian Dynasty, *DJG*, 322-25을 보라. 이 시대에 관한 가장 광범위한 취급을 위해서는 같은 저자의 *Herod Antipas: A Contemporary of Jesus*(Grand Rapids: Zondervan, 1980)을 보라.

18:16; 20:21). 요세푸스와 복음서 저자들은 안티파스가 군중들의 영향으로 인해 요한을 사로잡고 결국에는 처형했다는 것에 일치한다. 나아가서 그들은 요한을 체포한 근원적 동기에 대한 도움이 되는 서로 다른 관점을 제공한다. 마태에 따르면 "헤롯은 요한을 죽이기를 원했으나 백성들이 그를 선지자로 여기고 있기 때문에 그들을 두려워하였다." 요세푸스는 하나님이 요한에 대한 안티파스의 취급을 심판하셨다고 추측한다.[9]

헤롯의 생일날에 거대한 축하연이 요한이 갇혀 있는 마케루스 궁전에서 성대하게 열렸다.[10] 이 운명의 날에 헤로디아의 딸(요세푸스에 따르면 그녀의 이름은 살로메다)이 안티파스를 위해 춤을 춘다. 이 소녀는 아마도 12-14살 가량이었을 것이고, 퇴폐적이고 현혹적인 현장에서 그녀가 매우 육감적인 춤을 추었을 것이다. 그녀가 "연석 가운데서 춤을 추어 헤롯을 기쁘게 하니 헤롯이 맹세로 그에게 무엇이든지 달라는 대로 주겠다고 약속"할 정도였기 때문이다.

헤로디아는 이때에 자기 남편의 통치에 위협이 될 수 있는 것을 근절시키려고 획책한다. 그녀는 살로메에게 소반에 세례 요한의 목을 가져다달라고 요구하도록 촉발시킨다. 요한의 비판하는 소리를 없애기를 원했기 때문이다. 이는 무자비한 지도자들에게서는 상대적으로 흔한 관습이었다. 예를 들어, 헤롯 대제는 누군가 자기 권좌를 찬탈할지 모른다는 신경증적 두려움에 싸여 자기 아내들과 자녀들을 죽였다. 헤롯 안티파스는 요한이 대중들에게 인기 있는 선지자라는 것을 알고 있기에 그를 처형하기를 원치 않는다. 하지만 손님들이 보는데서 체면을 구기는 일도 원치 않는다. 그러므로 "주라 명하고 사람을 보내어 옥에서 요한의 목을 베어 오게 한다. 곧 요한의 머리는 소반에 담겨져서 소녀에게 주어지고 그녀는 자기 어머니에게 그것을 넘겨주었다."

요한의 제자들은 요한이 감옥에 있을 시에도 충성스럽게 수종 드는 의무를 다했고, 이제 그들은 요한의 가족이 당시에 끊겼기 때문에 추종자의 의무를 다한다. 그들은 요한의 시신을 취하여 적절하게 장사한다. 그 다음에 갈릴리의 예수에게로 다시 가서 요한이 죽었다는 비극적인 소식을 전한다(14:12). 우리는 다음 몇 십 년에 걸쳐서 요한의 또 다른 제자들에 관한 소식을 듣게 된다. 그들이 요한의 진정한 메시지에서 점점 더 분리되었을지라도 말이다(행 19:1-7). 그들의 본질적인 전환

9. "John the Baptist's Execution by Herod Antipas as Recorded by Josephus," in Wilkins, "Matthew," 90을 보라.

10. 마케루스에 요한의 투옥에 관해서는 Josephus, *Ant.* 18.112, 119을 보라.

은 예수를 따르는 것이 되었어야 했다.[11]

자비를 베푸시는 치유자요 공급자(14:13-21)

이때쯤 예수는 나사렛에서 가버나움으로 돌아오셨다. 고향 사람들이 예수를 배척하고(13:53-58) 헤롯 안티파스가 요한을 처형함(14:1-12)은 하나님 나라를 세우는 일의 급속한 반대를 표시해준다. 하지만 이런 점증되고 있는 폭풍우에도 불구하고 예수는 단호하게 자신의 길을 가신다.

갈릴리에서 물러나기를 시작하시다(14:13-14). 마태의 언급은 우울한 논조를 보여준다: "예수께서 들으시고 배를 타고 떠나사 따로 빈 들에 가시니." 이것은 예수가 요한의 죽음에 관한 소식을 듣고 개인적으로 묵상하고 애도하기 위한 기간을 갖기 위해서 은거하고자 하신다고 의미할 수 있다.[12] 하지만 요한이 이미 몇 달 전에 처형된 것으로 보이기 때문에 예수의 은거는 그의 사역에 대한 헤롯 안티파스의 반응(14:1-2)과 연관이 있다고 또 다른 사람들은 주장한다.[13]

하지만 마태는 이 두 요인들을 함께 연관짓기를 의도하고 있다. 예수의 사역의 초기에 요한이 헤롯 안티파스에 의해 옥에 갇혔다는 소식을 들었을 때 그는 갈릴리로 물러나신다(4:12). 이는 두려워서 헤롯으로부터 도망한 것이 아니라 중요한 사건의 전환을 보시고서 그의 사역을 의도적으로 새롭게 시작하기 위한 것이다. 마찬가지로 여기서 예수는 헤롯에게서 도망한 것이 아니라 요한의 죽음과 안티파스의 편집증적 반응으로 말미암은 급속한 반대를 보시고서 그의 사역의 새로운 국면을 의도적으로 시작하기 위한 것이다. 헤롯이 요한을 비겁하게 처형한 것은 갈릴리가 회개하지 않을 것임을 보여주므로, 예수는 그곳에서 물러나기를 시작하신다. 갈릴리는 그의 사역의 주요한 장소였다(4:12-17의 주석을 보라). 그러나 헤롯 안티파스의 박해, 무리들의 잘못된 열정, 종교지도자들의 점증된 적대감, 다가올 세대에서 사도적 역할을 감당케 하기 위한 열두 제자들에 대한 집중적인 훈련, 그리고 예루살렘에서 십자가를 짊어지려는 예수의 단호한 의지가 그가 갈릴리로부터 물러나시게 한다.

이 내러티브에서 예수는 두 번 한적한 곳으로 물러나신다(14:13, 23). 예수는 사

11. Wilkins, *Following the Master*, 86-88, 253-56.

12. France, *Matthew*, 236; Hagner, *Matthew*, 2:417.

13. Carson, "Matthew," 340-41; Morris, *Matthew*, 417.

역의 중요한 순간에 자주 그리하셨다. 그는 하늘 아버지와만 보내는 시간에서 얻어지는 영적인 능력이 필요한, 다가올 중요한 사건을 준비하시기 위해 이러한 경우를 사용하신다(참조. 마 4:1-2; 26:36-46; 막 1:35; 눅 5:16; 6:12). 예수의 사역의 열쇠는 아버지의 뜻을 듣고 순종하는 방식이었다. 그것은 자주 은거의 훈련을 통해서 발생했다. 예루살렘과 십자가로의 마지막 예정된 여행을 하기 위해서 갈릴리에서 물러나심으로써 예수는 하나님 아버지와의 교제와 위로와 인도하심을 추구한다.

따라서 예수는 갈릴리 바다를 건너 "빈 들"로 나아가신다. 하지만 백성들이 그가 그곳에 있음을 알고서 커다란 무리가 따라왔다. 즉 그가 그곳에 계시다는 소문이 퍼졌고, 주변 마을에서 많은 사람들이 해변을 따라 걸어 왔다. 예수가 있던 곳에 커다란 무리들이 그를 만나고자 하였다. 그 무리들이 상당히 변덕스러울지라도(참조. 13:10-17), 예수는 그들에게 자비를 베푸신다. 그들은 마을에 병든 자를 예수에게 데려오고 예수는 그들을 치유하신다(14:13-14).

5천명을 먹이심(14:15-21). 이 한적한 들이 무리들과 합해져서 놀랍게도 5천명이 식사를 하는 장면을 연출한다. 이 5천명을 먹이시는 기적은 유일하게 사복음서에 모두 기록된 예수의 지상사역의 이적이다.[14] 마태의 기록이 가장 적나라한 설명을 담고 있다. 이 기적의 전통적인 장소는 가버나움 서쪽 "비유의 계곡"을 넘어서 약 1마일 가량 지난 곳이었을 것이다(참조. 13:1-3).[15]

그 날 전체를 여행하고 치유를 베푸셨기에 예수의 제자들은 논리적인 방식으로 예수에게 접근한다. 먼 지역의 사람들이 먹을 수 있는 음식이 없으므로 "이 곳은 빈 들이요 때도 이미 저물었으니 무리를 보내어 마을에 들어가 먹을 것을 사 먹게 하소서"라고 말하며 그들을 보낼 것을 예수에게 요청한다. 그러한 커다란 무리는 주변 마을에 문제를 야기할 수 있었다. 그들이 먹을 풍성한 음식이 통상적으로 볼 때 금방 구해질 수는 없을 것이기 때문이다.[16] 따라서 예수는 제자들에게 그 문제를 다시 환원시키고, 백성들의 필요를 공급하는 긍휼의 중요성을 보이시면서 먹을 것을 무리들에게 주라고 말씀하신다.

---

14. 막 6:32-44; 눅 9:10-17; 요 6:1-15을 보라.
15. 제자들이 이 이적 이후에 향한 장소로서 마가가 벳새대를 언급하고(막 6:45), 음식의 이적이 벳새다에서 발생한 것으로 누가가 언급하고 있는 것과 연관해서 조화에 어려움이 있다; 이 문제를 푸는 것은 이 주석의 범위를 넘어선다.
16. Keener, *A Commentary on the Gospel of Matthew*(1999), 403-4.

무리들은 그 날을 위해 음식을 이미 먹었거나 예수를 급히 따라 나섬으로써 먹을 것을 아무것도 가지고 오지 못했을 수 있다. 분명히 제자들도 그들 자신을 위한 음식을 갖고 있지 않았다. 그들 주변에서 얻은 것은 물고기 두 마리와 떡 다섯 개뿐이었다(14:17). 떡과 마른 또는 절인 물고기는 일상적인 음식이었고, 짧은 산행을 나갈 때 갖고 가기에 적합했다. 당시에 계절은 봄이었기에 풀이 무성하고 개울에 물이 넘치게 흐르고 있었다. 따라서 예수는 무리들을 풀밭에 앉히도록 지시하신다. 그는 떡덩어리(롤빵 사이즈)와 물고기를 취하여 하늘을 우러러보신다. 이것은 전형적인 기도의 자세다(참조. 요 17:1). 그는 감사와 복을 아뢰고 떡을 떼신다(14:19). 예수는 떡을 축사하신 것이 아니라 떡의 기적적인 공급이 있기를 위해 하나님에게 복을 비신다.

이제 제자들은 예수가 시키는 대로 할 수 있게 된다—먹을 것을 무리들에게 나누어준다. 예수는 제자들이 기적적으로 증폭된 떡을 주시고, 그들은 무리들 사이로 다니면서 그것을 나누어준다. 마태는 무리들이 배불리 먹을 때까지 먹었고, 제자들이 "남은 조각을 열두 바구니에 차게 거두었"다고 거의 무심코 말한다. 열둘이라는 수는 이스라엘의 열두 부족과 열두 제자/사도를 분명히 의미하지만 여기서 그 의미는 확실하지 않다. 아마도 예수의 메시아적 사역의 성취에 대한 또 다른 암시일 수 있다(참조. 10:1-6; 19:28). 이 지역의 무리들은 다시 이 놀라운 양식의 공급을 경험하지 못할 것이므로 남겨진 것을 모으는 것은 하나님이 이미 공급하신 것을 소홀히 해서는 안 된다는 것을 상기할 수 있다.

마태는 음식을 먹은 5천명의 사람이 오직 남자였지 여성이나 아이들을 포함시키지 않았다는 것을 주목한 유일한 복음서 기자다. 따라서 음식을 먹은 사람들의 전체 수는 일만을 넘었을 것이다. 이는 갈릴리바다 주변에 있는 대부분의 마을 사람들의 인구를 능가한다. 많은 유대인들이 메시아가 유월절의 계절인 봄에 오기를 고대하였다. 모세를 통해서 만나로 이스라엘을 먹이셨던 이적을 반복할 수 있게 말이다.[17] 이와 연관해서 사도 요한은 무리들이 예수를 그들의 왕으로 삼고자 밀려왔지만 예수는 그들로부터 다시 물러나셨다고 지적한다(요 6:14-15). 무리들은 예수가 이제 이스라엘의 권좌를 회복할 것이라고 분명히 생각한다. 그들은 예수의 메시지를 듣는 동기에 물질적인 필요의 안목에서 눈을 떼지 못한다. 그러므로 예수는 구원에 대한 그의 제시를 받을 사람들에게 초점을 돌리신다.

---

17. Hagner, *Matthew*, 2:418.

하지만 기적은 제자들에게 좋은 교훈을 제공한다. 그들은 필요한 규모와 인간이 가진 자원의 부족함을 보고, 예수가 본 것처럼, "필요한 규모와 하나님의 자원의 위대함을 보는 것을 배워야 한다."[18]

하나님의 아들로 경배를 받다(14:22-36)

무리들의 필요를 공급하고 치유하시는 그의 진정한 능력을 입증하는 5천명을 극적으로 먹이신 후에 예수는 자연의 요소에 대한 진정한 지배를 가지신 하나님의 진정한 아들로 자기 자신을 드러내심으로써 오직 하나님께만 합당한 경배를 받으신다.

예수가 물위로 걸으시다(14:22-27). 이 날은 예수와 제자들에게 힘든 날이었다. 그는 헤롯 안티파스의 잠재적인 위협과 세례 요한의 죽음에 대해 생각해볼 수 있는 한적한 장소로 나아가기를 원하셨지만 무리들에게 치유와 설교를 행하시는 것으로 그 날이 끝난다. 예수와 제자들은 집에서 멀리 떨어져서 보내는 밤을 준비하시 못했기에 그러한 다수의 무리들이 짐을 질 수 있는 장소가 없었다. 그리므로 그는 무리들을 집으로 보낼 것을 지시하는 동안에 쉴 곳을 찾을 수 있도록 제자들이 다른 쪽으로 배를 타고 갈 것을 명하신다. 무리들과 제자들이 떠나자 예수는 마침내 홀로 있게 되신다. 산 위에서 예수는 온 저녁과 밤을 하늘 아버지와 갖는 기도의 시간에 집중하신다(14:13-14의 주석을 보라). 사역의 중요한 전환점에서 예수는 앞으로 예루살렘으로 건너갈 것을 생각하시면서 이방인 지역으로의 여행을 준비하신다.

예수가 기도하시면서 홀로 산 위에 있는 동안 제자들은 갈릴리 바다를 건너는 힘든 시간을 보낸다. 그들은 호수로 불어오는 갑작스런 폭풍우를 다루기에 적합한 고기 잡는 배를 타고 있었을 것이다(8:23-27의 주석을 보라). 제자들은 육지로 나아가기 위해 돛을 조정하고 열심히 노를 저었을 것이다.

마태는 "바람이 거스르므로 물결로 말미암아 고난을 당하더라"고 불길하게 나열한다. 배를 향해 부는 바람은 그들이 서쪽에서 동쪽으로 이동하고 있음을 나타내는데, 대부분의 심각한 폭풍우는 동쪽 산 아래로 불었기 때문이다. 헬라어에서 육지에서 "수리나 떠나서"라는 말을 문자적으로 "상당한 시거(視距) 측량"('스타

18. Keener, *A Commentary on the Gospel of Matthew*(1999), 405.

디온'은 약 600피트를 말한다)이며, 그것은 아마도 그들이 호수에서 2-3마일 가량 떨어져 있음을 의미한다. 그들은 9시간 이상을 폭풍우와 씨름했다—해지기 전부터 "4경"까지(새벽 3시부터 6시까지). 예수가 배의 고물에서 주무시고 있었을지라도, 폭풍우를 잠재웠던 이전 사건에서 그는 제자들과 함께 계셨다(8:24). 이제 그는 바다에서 그들에게로 걸어오신다.

제자들은 이전의 폭풍우에서 죽는 것을 두려워하였지만(8:25), 이번에는 예수가 물위로 걸어오는 것을 보고서 두려워한다. 그들은 예수를 "유령"('판타스마'; 14:26)으로 생각하였다. 헬라 문헌에서 이 용어는 꿈속의 환상이나 영의 출현을 위해 사용되지만 구약성경에서는 "현혹"을 의미한다(사 28:7; 욥 20:8 70인경; 참조. 솔로몬의 지혜서 17:14).[19] 제자들은 어떤 악한 영이 자기들을 유혹하려는 줄로 생각한다. 예수는 자신이 유혹하는 악한 영이 아니라 진정으로 그들의 주라고 곧바로 확신시킨다: "안심하라 나니 두려워하지 말라." "나니"(It is I)라는 표현(문자적으로는 "나다")은 불타는 덤불에서 여호와의 음성(출 3:14)과 구세주로서 주님의 신분과 임재를 이스라엘에 확신시키는 음성(사 43:10-13)을 암시한다. 이 단락을 통해서 예수는 제자들에게 그의 참된 본질을 보이시고, 이 강력한 진술은 폭풍우를 잠잠케 하는 그의 기적과 일치한다.

폭풍우 속에서 물위로 제자들에게로 예수가 걸어오심은 하나님의 아들로서 그의 진정한 신분과 사명에 믿음을 불러일으키는 것이 의도되어 있다. 이번에는 제자들이 예수 운동의 리더로서 책임을 다하는 조치를 취할 때다. 베드로가 비틀거리며 그 모범을 보이기를 시도한다.

베드로가 물위로 걷다(14:28-32). 놀랍게도 베드로가 예수의 음성을 듣자 폭풍우를 향해 크게 외친다. "주여 만일 주님이시거든 나를 명하사 물 위로 오라 하소서." "주여"('큐리오스')라는 표현은 다른 곳에서 존경의 칭호(예. 8:21)나 거짓된 믿음의 선언(예. 7:21)으로 예수를 부르는데 사용되었다.

하지만 여기서 그 칭호는 훨씬 더한 의미를 지니고 있다. 예수는 몰아치는 폭풍우 속에서 물 위로 걸으시고, 이는 베드로가 이제껏 알고 있었던 어느 분보다 예수를 칭송케 하는 일이었다. 하지만 예수가 진정으로 주님이시고 유령이 아니라면 두려워할 필요가 없다. 예수의 참된 신분에 베드로가 믿음으로 초점을 맞춤은 그가 두려움을 극복케 하고 예수에게 외치며 예수가 그를 물위로 올 수 있게 하실 것

19. R. Bultmann/D. Lühmann, "φάντασμα," *TDNT*, 9:6. 이 용어는 여기와 막 6:49에서만 나타난다.

임을 인식한다. 베드로는 물위로 "걸으라"고 명하도록 요청하지 않고 "오라"고 명하도록 요청한다. 이는 호숫가를 단순히 산책하는 것이 아니기 때문에 그 요청에 적합한 조건이다.

베드로의 요청에 응답해서 예수는 권위적으로 "오라"고 말씀하신다. 베드로는 배에서 나와서 예수를 향해 기적적으로 걷는다. 우리는 그가 바다 위를 얼마나 오래 또는 얼마나 멀리 걸었는지는 알 수 없지만 갑작스럽게 현실에 부딪힌다. 그는 바람을 본다. 이는 그곳에 있었던 바람의 영향을 생각나게 한다. 또한 베드로는 소용돌이치는 하얀 파도와 밀려오는 파고 그리고 바람에 날리는 분무를 보고 자신이 지금 어디에 있는지를 인식하고 두려움을 느낀다. 베드로는 경험 있는 어부였기에 그 위험을 알고 있다. 베드로는 이 사건에서 놀라운 용기를 보여주었으나 동시에 물위로 예수에게 나아가는 그의 용기는 실패를 하게 된다. 그는 예수의 거룩한 신성에 맞춘 믿음을 상실하고, 바다로 가라앉기 시작한다. 하지만 그때에 매우 중요하게도, 베드로는 "주여, 나를 구원하소서"라고 외친다. 물위로 걸으시고 베드로가 물위로 걷게 하신 동일하신 주님이 그가 물 아래로 가라앉는 것을 구하실 수 있음은 당연하다.

예수는 즉시 베드로의 손을 잡아서 그를 구조하시고, "믿음이 작은 자여 왜 의심하였느냐"고 말씀하신다. "믿음이 작은"('올리고피스토스')이란 말은 고향의 나사렛 백성들의 굳은 마음에서 보여주는 "믿음이 없는"과는 다르다(13:58). 믿음이 없는 자는 예수를 인식할 수도 없고, 그에게 외칠 수도 없다. 하지만 베드로는 믿음을 갖고 있다. 단지 믿음이 적절하게 기능하지 못할 뿐이다. 그것은 "효과적이지 못한 믿음"(참조. 17:20)을 의미한다. 베드로의 믿음은 예수의 참된 신분을 인식하고 물위로 그에게로 올 수 있게 해달라고 요청할 수 있게 했다. 하지만 그것은 감정적인 에너지의 분출일 뿐이다. 그의 믿음은 동기부여를 갖게 하기에 충분하지만 그를 지탱하게 할 만큼 효과적이지는 못하다. 핵심 열쇠는 바람에 날리는 파도의 위험을 보는 대신에 그의 눈을 확고하게 예수에게 초점을 맞추어야 했다. 따라서 예수는 자신이 누구인지를 더 분명하게 이해하게 하고 그것에 따라 행동하도록 베드로를 지적하신다. 믿음은 베드로가 더 필요로 하는 일용품과 같지 않고 그가 행하도록 요청 받은 것을 이루기 위해서 예수를 끊임없이 신뢰해야 하는 것이다.

이 이야기의 강조는 예수의 은혜와 능력에 있다. 예수와 베드로가 다른 제자들과 함께 배로 올라갔을 때, 바람은 잔잔해진다. 이것은 제자들이 폭풍우 이는 바다가 기적적으로 잔잔해지는 것을 목격한 두 번째 경우다(8:26을 보라). 마태는 여기서 예수가 어떤 말씀을 주시거나 행한 것을 기록하지는 않는다. 다만 바람이 수그러들었음을 주목한다. 베드로를 그렇게 놀라게 했던 바람이 이제 예수의 제어 하에 있다.

예수가 하나님의 아들로 경배를 받으시다(14:33). 이 인상적인 모든 사건들—예수가 폭풍우 이는 바다 위에서 걸으시고, 베드로가 예수에게 나아가기 위해서 물위로 걸으며, 이제 바람이 잔잔해진 것—은 제자들을 압도하고 마태는 명백하게 진술한다: "배에 있는 사람들이 예수께 절하며 이르되 진실로 하나님의 아들이로소이다 하더라." 절한 것은 성경에서 하나님께 해당하는 행위다. 경외의 상징으로서 존경하는 사람 앞에서 자기 자신을 부복할 수 있다. 사울왕 앞에서 다윗(삼상 24:8), 또는 다윗 앞에서 아비가일(삼상 25:23)의 경우가 그러하다. 하지만 거룩한 의미가 들어 있는 문맥에서 제자들은 예수가 이보다 훨씬 더한 실재임에 사로잡힌다. 그는 하나님의 아들이시므로 그를 경배한다.

제자들이 예수를 "하나님의 아들"이라고 호칭을 사용한 첫 번째 경우다. 그들이 얼마나 예수에 대해 이해하고 있는지는 불확실하다(참조. 6:51-52). 오직 부활 시에 그들은 예수의 신적인 신분의 근본적인 진리를 온전히 이해하기 때문이다. 하지만 지금 그들의 이해는 점점 상승하고 있다. 그들이 예수를 오직 하나님께만 해당하는 경외의 행위를 하고 있기 때문이다. 예수를 하나님의 아들로 인식한 것은 나중에 베드로의 결정적인 고백에서 표현된 계시의 일부일 것이다: "주는 그리스도시요 살아 계신 하나님의 아들이시니이다"(16:16). 그들은 예수가 하나님 아버지와 유일하게 연관되어 있음을 더 분명하게 이해하고 있다.

이 고백과 관련한 예수에 대한 그들의 경배는 구약성경에서 신적인 노출을 경험한 사람들의 즉각적인 반응과 유사하다(예. 창 24:26-27a; 출 34:8). 제자들이 예수의 실제 존재를 온전히 인식하지 못하고 좌절하기도 하지만, 하나님께만 올바르게 수여할 수 있는 방식으로 예수에게 경의를 표하고 있다.[20]

하나님의 아들이 게네사렛에서 치유를 행하시다(14:34-36). 폭풍우가 있은 후에 예수와 제자들은 게넷사렛에 도착한다. 이곳은 갈릴리 북서쪽 해변을 따라 한 마일 반에서 삼 마일 반에 이르는 평지였을 것이다. 이 평지는 갈릴리 해변에 인접한 경작하기 좋은 땅이었고, 그곳의 비옥한 토양은 호두나무, 종려나무, 무화과, 그리고 올리브 나무와 같은 식목들이 자랄 수 있게 했다. 그곳은 예수 시대에 대단히 인구

20. Peterson, *Engaging with God*, 85-86.

가 많았고, 디베리아의 핵심도시인 헤롯 안티파스의 정교하고 요란한 수도와 막달라 마리아의 고향인 막달라와 아주 가까웠다.[21]

게네사렛 지역은 복음서에 기록된 예수의 사역에서 두드러지게 나타나지는 않는다. 우리는 예수가 이전에 이곳에서 사역했다는 기록을 갖지 못한다. 하지만 예수의 평판을 이들은 잘 알고 있었다. 백성들이 예수가 누구인지를 인식하였을 때, 그들은 주변 지역에 소문을 퍼뜨림으로써 그 반응은 괄목할 만하였다. 그들은 예수에게 병자를 데려오고, 그의 옷자락이라도 만진다면 치유 받을 수 있을 것으로 믿는다. "옷자락"이란 표현의 이면에는 '크라스페돈'(9:20의 주석을 보라)이란 용어가 있다. 옷자락이나 술을 만지는 것으로 인해 게네사렛의 사람들이 예수의 옷의 치유하는 능력을 미신적으로 믿었음을 함축하지 않는다. 오히려 그들은 예수의 능력이 아주 위대해서 그와의 의도적인 접촉이 치유를 가져오기에 충분하다는 것을 알고 있다. 하혈하는 여인의 경우처럼(9:20-22), "예수에게 손을 대는 모든 사람들이 치유를 받았다." 이것은 다음 몇몇 사건에서 나타나는 바리새인과 서기관들과 대조를 이루는 놀라운 믿음의 모습이다. 바리새인과 서기관의 율법주의적인 종교성이 예수의 정결케 하심을 그들이 필요로 함을 보지 못하게 만든다(15:1-20).

상황잇기

비유강화에서 마태의 전환적인 장면은 예수가 나사렛의 예수의 고향에 있음을 발견하게 된다. 예수는 자신의 비유가 메시지를 듣고 있는 사람의 마음을 검증함을 그 강화에서 설명하셨다. 즉 비유는 예수를 거부하는 사람들의 마음을 굳게 하지만, 그를 수용하는 사람들에게 천국의 활동을 이해할 수 있게 한다. 거부와 수용의 이중적인 주제는 이 복음서의 나머지 부분을 통해서 마태의 내러티브를 특징짓게 만든다.

거부. 무리들과 종교지도자들을 포함하는 이스라엘의 대다수가 궁극적으로 예수를 그들의 메시아로서 거부할 것이고, 지금 이 순간에도 예수로부터 멀어지고 있다. 예수를 배반하는 아주 비극적인 장면이 연출될 것이지만 예수는 그를 거부하는 사람들을 계속해서 섬기려하고 있음을 주목하는 것이 중요하다. 마태는 비유로 무리들에게 말씀하시려는 이유를 예수가 설명한 부분에서 강조했던 것처럼, 굳은 마음의 책임은 각 사람에게 있다(13:10-17). 하지만 굳은 마음을 가진 자들이

21. Douglas R. Edwards, "Gennesaret," *ABD*, 2:963.

예수를 거부함에도 불구하고, 예수는 천국에 대한 초대를 끊임없이 보여주고 그들의 필요를 채우시는 자비로운 돌보심을 계속하신다.

마태는 하나님의 선지자들이 가장 커다란 특권을 가졌던 사람들에 의해 거부당하고 있는 두 장면에서 이 거부의 주제를 강조한다. (1) 예수는 하나님의 말씀이 육신이 된 최후의 선지자다. 그가 회당에서 설교하기 위해서 나사렛으로 돌아오셨을 때, 그와 그의 메시지는 고향 사람들에 의해 배척을 당한다. 그들은 굳은 마음의 편협성을 극복하지 못한다. 그들은 하나님이 누추한 가문을 통해서 메시아를 보내리라고 믿지 않는다. 마리아와 요셉 그리고 예수의 형제와 자매들이 특별한 어떤 것이 없었기 때문에 예수도 평범한 사람을 넘어설 수 없다고 생각한다. 그들은 왜 예수가 그러한 지혜로 말씀하시고 놀라운 이적을 베푸시는가를 설명하지 못하지만, 굳은 마음은 예수와 그들의 삶에서 그의 놀라운 이적의 역사를 거부한다. 그들은 메시아의 고향에서 살고 있는 인간 역사의 가장 커다란 특권을 입었지만, 그 특권이 오히려 치명적인 파멸로 작용하고 있다. 옛 표현이 사실이다— '잘 알고 있음이 경멸을 낳는다.'

(2) 마태는 선지자 세례 요한의 배척을 역시 기록하고 있다. 하지만 그를 배척한 자는 헤롯 안티파스다. 헤롯은 갈릴리의 정치적 리더십의 자리에 있는 특권이 주어졌다. 그는 갈릴리 해변을 따라 8마일 이상의 넓은 수도를 갖고 있었다. 이런 특권에 대한 인식이 그가 세례 요한의 예언적 음성을 조심스럽게 들을 수 있게 했어야 했고, 또한 이스라엘의 윤리적 도덕적 기준에 대한 민감성을 갖고 통치했어야 했다. 하지만 그는 감정에 지배를 당했고 기회주의적으로 무자비하게 아내에 의해 조종을 당하였다. 자신이 잘못하고 있음을 알고 있었을지라도 이에 저항하고 요한의 메시지를 거부하였으며 종내 그를 죽게 만들었다.

선지자를 통한 하나님의 복음 메시지의 거부는 여기서 끝나지 않는다. 현대의 서방 세계의 세속주의자들은 예수를 역시 잘 알고 있다. 그들은 스스로 초현대적이고 포스트모던이라고 자랑하며 그러한 고대의 메시지가 현 세계와 관련이 있다고 생각하지 않는다. 예수는 크리스마스 때에 신을 수 있는 편안한 옛 구두에 불과하며 그들의 일상생활에 아무런 영향을 주지 못한다. 따라서 그들은 21세기의 삶의 실제를 이해하기 위한 어떤 가치가 있는 것으로서 예수를 간주하지 않는다. 그들은 우리의 세계를 설명하는데 필요한 새로운 어떤 것, 즉 하나님에 대한 많은 방식이나 삶의 기원에 관한 설명 그리고 하나님의 존재를 배척하는 의미를 포함하는 아주 다원적인 교리와 같은 것들을 필요로 한다.

그들이 속해 있는 교회와 가정의 배경이 예수를 잘 알고 있는 사람이다. 그들은 일상 생활 어디에서도 그들의 삶의 하나님으로서 예수에 대한 관점을 상실하고 있다. 그들은 불교주의자나 무신론자가 아니기 때문에 스스로를 크리스천이라고 계속 부르지만, 중심적인 우선권과 삶의 기쁨으로 예수를 두는 세계관을 갖지 않는다. 예수는 일상생활에서 매우 중요하고 절대적인 가이드라인이 아니며, 사상과 가치에서 현재 함께 하시는 친구가 아니다. 따라서 그들은 예수와 그의 메시지를 점점 더 거부한다.

또한 예수는 하나님 나라의 메시지가 너무 지나치게 엄중한 윤리적 도덕적 요구를 그들의 삶에 두고 있다고 여기는 사람에 의해 배척을 당하고 계신다. 예수와 요한은 외적인 영향을 미치는 내적인 변화에 대한 의의 메시지를 전파했다. 그 메시지는 다른 사람들의 감정을 조종하거나 오늘날 감정에 의해 지배를 받는 사람들 또는 그들의 "권리"를 요구하는 사람들에게는 불쾌하다. 많은 사람들이 일탈적인 라이프스타일을 수용하는 관용적인 메시지를 좋아하고 예수의 하나님 나라 기준을 배척한다.

하지만 예수의 사랑 많은 자비는 아식 그에게 헌신하지 않고 있는 사람들에게로 확장된다. 예수는 그들의 굳은 마음이 치유의 효과를 가로막아 많은 능력을 베풀지는 않으셨을지라도, 그들이 배척한 후에도 나사렛의 백성들을 치유하신다(13:58). 나중에 5천명의 무리들은 예수의 메시지를 더욱더 거부하는 특징을 보여주지만, 그는 그들을 치유하기를 계속하시고 물리적인 필요를 돌보신다(14:13-21).

예수의 자비는 우리 시대에도 확장되며, 예수와 그의 메시지를 배척했던 사람들을 향한 우리의 행동을 통해서 자명하게 나타나고 있다. 우리는 지혜로워야 하고 우리를 해롭게 하거나 하나님 나라를 모욕하는 사람들에게 복음 메시지의 진주를 던지지 않아야 한다(7:6). 하지만 우리는 복음을 누가 배척했고 누가 여전히 열려 있는지를 항상 확신할 수는 없다. 고로 우리에게 주는 도전은 굳은 마음을 인식하는 지혜의 예수의 모범을 따라야 하지만(12:30-32), 하나님 나라에 대한 계속된 열린 소명으로 긍휼을 베풀어야 한다.

수용. 하나님 나라의 복음을 용기 있게 수용하고 예수의 제자가 된 사람들에게 예수는 변화케 하는 그의 계획을 계속해서 수행하실 것이다. 하나님 나라의 능력은 보통의 사람들을 주인 되신 예수를 닮은 자로 변화시킨다. 마태는 변화케 하는 능력의 수령자로서 그 과정에 대한 심오한 통찰을 제공한다. 이 시점까지 어느 제자도 특출 나게 마태의 내러티브 단계에 주요한 행동자가 아니었다. 우리는 두 형제들의 짝—베드로와 안드레, 야고보와 요한(4:18-22)—과 마태 자신(9:9)에 대해서 약간만 알고 있을 뿐이다. 이들은 모두 예수에게 응답한 사람들이다. 이 제자들을 넘어서서는 상대적으로 알려지지 않은 개성이 없는 집단으로서 기능하고 있다.[22] 하지만 이 시점에서 베드로가 점차적으로 중요한 역할을 감행하는 것으로 개시된다. 다음 다섯 장에서 마태는 베드로가 특출나게 드러나는 다섯 사건들을 열거한다.[23]

여기서 그의 초점은 두 가지다. (1) 마태는 예수가 그의 제자들을 변화시키는 방식의 모범으로서 베드로의 개인적인 삶과 특징에 초점을 맞춘다. 베드로는 예수에 대한 제자도의 발전과정에 있는 모든 제자들의 모범이 된다.

(2) 마태는 베드로의 리더십과 다가올 교회에서 역할하게 될 리더의 종류로 예수가 베드로를 성장시키는 방식에 초점을 맞춘다. 베드로는 예수를 따르는 리더십의 발전과정에 있는 여타 사람들에게 모범이 된다. 의미심장하게도 선교강화에서 열두 제자의 목록 가운데, 베드로가 가장 "먼저" 지칭되는데, 이는 그가 제자들의 리더와 대변인으로서 역할함을 나타낸다(10:2의 주석을 보라). 나중에 예수는 다가올 교회에서 베드로가 중심적인 역할을 감당할 것을 예언하신다(16:17-19). 그것은 온 시대를 통한 리더들의 모범을 제공해준다(참조. 18:18; 요 20:23; 21:15-19).

두 가지 초점을 통해서 마태는 베드로의 점증된 중요성을 강조하지만 베드로가 성장의 과정에서 얼마나 불완전한 제자이며 리더였는지를 또한 보여준다. 성장과 실패의 차이는 베드로가 하나님의 계시와 뜻에 수용적이냐 그렇지 않느냐에 달려 있다. 그가 하나님의 일에 열려 있을 때, 개인적인 제자도에서 그리고 리더십의 책임에서 성장한다. 하지만 그가 하나님의 일에 수용적이지 않을 때, 그는 제자도와 리더십의 책임 이 모두에서 실패하고 만다. 이 이야기들은 온 시대를 통해서 교회 내의 제자들과 리더들을 위한 경고로서 작용한다. 베드로처럼 이런 차이는 우리가 예수 안에서 보여주는 믿음의 종류에 달려있다.

마이론 아우그스부르거(Myron Augsburger)는 다음의 통찰로 이 항목의 사건들을 이해할 수 있는 단계를 제공한다.

---

22. 참조. Wilkins, *Discipleship in the Ancient World*, 163-72.

23. 14:28-31; 15:15; 16:17-19; 17:24-27; 18:21을 보라.

그리스도의 역사는 우리의 불신앙으로 인해 제한을 받는다. 하나님이 우리와 사회를 위해서 하기 원하시는 많은 것들이 확실히 있다. 하지만 그 결과가 우리 자신의 성취가 아니라 하나님에 의한 것임을 인식하느냐 하지 못하느냐에 따라서 하나님이 그 행위를 제한하신다. 하나님께 영광을 가져오는 곳으로 하나님이 움직이신다고 말하는 것이 그의 은혜의 고결성을 인식하는 것이다.[24]

나사렛 백성들의 예수에 대한 냉혹한 배척과 헤롯 안티파스의 세례 요한에 대한 극악무도한 살해는 그들의 삶에서 하나님의 역사를 방해하는 불신앙의 전형을 보여준다.

무리들의 계속된 호기심과 필사적인 필요의식이 그들이 예수를 따르게 하고 있다. 그들은 예수를 만지기만 하면 병이 나을 것으로 시도하고, 예수의 기적적인 양식 공급을 경험한다.

하지만 예수의 제자가 되는 효과적인 믿음의 종류로 예수의 은혜와 자비에 아직 응답하지는 않는다. 이에 반해서 예수의 제자들의 신앙은 성장하고 있다. 그들은 예수의 신적 신분과 능력을 더욱더 인식한다. 예수가 5천명을 먹이셨을 때, 아무리 불가능한 환경일지라도 그 어떤 필요도 충족시키실 수 있는 분임을 그들은 알게 된다. 이런 예수의 신적인 신분에 대한 인식이 이 제자들 중 한 사람이 폭풍우가 치는 바다에서 예수를 향해 믿음으로 걸어갈 수 있게 했고, 또한 믿음이 부족하여 도중에 실패할 때 도움을 요청할 수 있게 했다. 이 폭풍우 이는 바다를 잠잠케 하는 예수의 기적적인 능력에 대한 제자들의 경험은 하나님의 아들로 그를 경배하기 위해 무릎을 꿇게 한다. 이러한 배척과 인정은 오늘날 우리에게 경고와 격려를 제공한다.

현대적 의미

내러티브에서 발견할 수 있는 예수의 천국 복음에 대한 폭넓은 반응의 범위는 한 가지 공통된 요소에 따라 정해진다: 예수의 신분과 메시지에 대한 믿음의 행사. 나사렛 사람들은 예수가 인간 이상의 어떤 자가 될 수 없는 고향의 소년이었다고 그를 배척한다. 반면에 세례 요한은 예수의 도래를 선포했던 메시지를 용기 있게 견지한다. 설사 그가 죽음에 직면하여 개인적인 의심과 박해를 경험했을

24. Myron S. Augsburger, *Matthew*(The Communicator's Commentary; Waco, Tex.: Word, 1982), 182.

지라도 말이다. 예수가 5천명을 먹이시고 물위로 걸으시는 믿기 어려운 경험을 한 제자들의 믿음은 이전에는 어느 누구도 가능하다고 생각하지 못했던 것—인간의 형상을 입은 신적인 본질—을 예수 안에서 보는 것으로 확장된다. 사람들의 믿음은 오늘날 비슷한 결과를 갖는 동일한 극단적인 모습을 보인다. 이 내러티브는 예수의 신분과 메시지에 대한 우리의 믿음에 성장을 제공한다.

메시지와 메신저에 대한 공격. 이전에 우리는 반대에 대한 예수와 우리의 반응에 관하여 주목했다(10-12장). 반대는 가족(10:21, 34-39), 또는 적(10:24-25), 종교지도자(10:17) 또는 세속의 지도자(10:18)에게서 온다. 하지만 모든 반대들은 우리가 갖고 있는 메시지를 단순히 거부하는 것이 아니라 개인적으로 우리도 거부하는 것일 수 있다. 예수와 세례 요한은 그들의 메시지를 공격하는 것만이 아니라 그 메시지를 거부하는 사람들에게서 개인적으로도 공격을 받는다는 사실에 우리의 관심을 주목시킨다.

예수의 배경을 너무 잘 알고 있다. 예수는 자신의 배경이 고향사람 즉, 나사렛 사람들과 별로 다르지 않기 때문에 공격을 받는다. 그곳의 사람들은 예수와 그의 가족을 잘 알고 있고, 그가 소년이나 십대였을 때 두드러진 특징이나 기적적인 능력을 보여주지 않았기 때문에, 예수를 자신들이 정해 놓은 상자로 제한시킨다. 그들은 예수가 어떤 분인지를 자기들의 편협성을 넘어서 보지 못한다.[25]

사람들은 다른 사람들의 과거를 잊는 것을 좋아하지 않는다. 인생의 어떤 시점에서 특별하게 두드러지거나 은사가 주어진 것으로 보이지 않으면, 가족들이나 친구들 그리고 이웃들은 그가 의미 있는 어떤 자로 성장하는 것을 허락하지 않는다. 제프가 어린 시절에 미카엘을 기억한다면, 미카엘이 이룬 모든 성취에 대한 소문은 분명한 사기나 환상이 되고 만다. 그렇지 않다면 제프는 자기 자신의 성취를 의심하기 시작한다. 또는 미카엘에게 편승하여 미카엘이 이룬 모든 선한 것들의 실제적인 기여를 한 자가 자신이라고 교만하게 생각한다. 죄로 정의되는 교만과 자아는 비교가 가져다주는 암적 존재의 근원이다. 인생의 전쟁에서 죄스러운 비교는 교만과 자아의 먹이이기 때문에 부적절하게 자기 자신을 상실하는 원인이 된다.

이것이 거의 모든 교회가 어떤 점에서 씨름하고 있는 이슈다. 옛 세대의 사람들은 다가오는 세대가 나이든 세대의 정체성을 자주 위협함을 현명하게 유념해야 한

25. Hagner, *Matthew*, 1:406: "나사렛 사람들의 주요한 실수는 그들이 이전에 예수에 대해 알고 있었던 익숙한 틀로 자동적으로 예수를 제한하고 있다는 것이다. 이것이 그들로 하여금 예수의 메시지와 행위에 근거해서 그를 평가하지 못하게 한다."

다. 나이든 사람들, 심지어 나이든 목사들도 교회에서 성장하고 있는 젊은이들이 활동하기 시작하는 영향을 저항한다. 그들은 새로운 스타일, 즉 옷과 차만이 아니라 가르치는 방식이나 예배의 혁신에 대해서 저항한다. 그리하여 참되고 때로 새로운 방식이 좋은 것보다는 해로운 것으로 끝나는 경우가 있다. 옛 세대는 젊은이들에게 그들의 은사와 하나님으로부터의 소명을 입증할 수 있는 기회를 줌으로써 젊은이들이 존중을 얻을 수 있는 기회를 가질 수 있도록 허락하고 있는가? 아니면 그들을 너무 잘 알고 있기 때문에 다짜고짜 거부하고 있는가?

요한의 메시지에 아주 위협을 느끼다. 세례 요한에 대한 사악한 배척과 처형은 예수에 대한 배신과 처형을 전조(前兆)하지만, 이것으로 하나님의 메시지를 전하는 사람들을 위한 의미와 결과를 생각해 보아야 한다. 요한은 헤롯 안티파스가 형제의 아내와 불법적으로 결혼한 것에 이의제기를 함으로써 그의 분노를 사기도 하였지만, 헤로디아의 정치적 야심에 위협이 되기도 하였다. 그리하여 이 위협을 제거하는 유일한 방법은 요한을 죽이는 것이었다. 우리가 살고 있는 비그리스도인 범주에서 우리는 도덕적인 가치를 구현하는 자가 될 것이다. 온건한 의미에서 우리가 어떤 방에 들어갈 때, 사람들은 남을 욕하는 것을 멈추거나 상스러운 조크를 삼갈 것이다. 잘못된 일을 행하고 있거나 결혼 전에 보이프랜드와 동거하고 있는 가족들의 모임에 우리가 참석하고 있을 때에는 그들을 더욱 불쾌하게 만들 것이다.

하지만 메신저에 대한 공격의 사악함은 그 메신저가 자기들의 야망을 방해할 때 특히 가중된다. 동료의 동기에 대해 의문을 제기하고 거짓말을 지적하며 비윤리적인 기업 경영을 들추어내는 것은 성공을 향한 사람의 권력의 흐름을 위협하게 되므로, 우리는 공격이나 육체적 감정적 위협에 직면할 수 있다. 하지만 그러한 것들은 어두운 세상에 소금과 빛이 되는 제자들의 책임이기도 하다(5:14-16의 주석을 보라).

두 가지 경고. 나는 예수와 세례 요한을 배척한 일에서 얻을 수 있는 두 가지 경고를 언급할 수 있다. (1) 우리는 잘 아는 사람을 섬기려 하면 그 결과를 감당하는 것을 배워야 한다. 우리는 존경을 요구할 수 없고, 단지 존경을 얻어야 한다. 우리가 다른 이들의 존경을 얻지 못한다면, 배척의 결과를 수용하고, 우리를 배척하는 자를 사랑하는 것을 유지해야 한다. 우리를 배척하는 자를 사랑하는 것은 심히 어렵지만 예수가 우리의 모범이시다. 그들을 사랑하고, 메시지를 감사함으로 받을 수 있는 곳으로 은혜롭게 나아가라.

또는 우리가 윤리적이거나 도덕적인 판단을 구축할 필요가 있다고 믿는 곳의 현장으로 나아가면, 그곳에서 우리에게 어떤 일이 있을 것인지를 인식해야 한다. 그것은 우리가 예수와 요한처럼 죽임을 당하는 것과 같은 끔찍한 일은 의미하지는 않을 수 있으나, 가족의 구성원들로부터 소외나 상관들을 기분 나쁘게 하였다고 진급을 유보 당하거나, 나쁜 영향을 미친다고 판단되는 이웃의 파티에 우리 아이들을 참석시키지 않는 것에 대해 이웃들로부터 괴롭힘을 당할 수 있음을 의미한다. 우리는 우리가 구현하는 메시지로 인해 개인적으로 공격을 당할 수 있다. 하지만 예수와 요한은 자신의 메시지를 굽히지 않고 용감하게 그 결과를 받아들였다.

(2) 메신저의 '부적절한' 공격이 때로 메시지를 거부케 하는 원인이 될 수 있음을 인식해야 한다. 세상물정을 모르는 크리스천들이 있다. 그들은 빈약한 사회적 기술과 엉성한 매너를 갖고 있다. 그들은 그리스도인과 비그리스도인 모두를 무례하게 대한다. 스스로 십자군 운동이라는 명목 하에 다른 이들을 함부로 대한다. 어떤 크리스천은 너무 율법적으로 좁은 마음을 갖고 있어서 자기 이외에 어떤 것도 옳지 않게 여긴다.

나는 이교도의 지도자처럼 오만하고 허영적인 많은 크리스천 리더들을 만났다. 이들은 자신의 '부적절한' 태도에 맹목적으로 사로잡혀 있다. 이들의 이런 태도는 실제로 복음 메시지에 장애가 된다. 다른 사람들은 이런 크리스천들이 담고 있다고 말하는 은혜의 메시지를 그들의 태도를 넘어서서 보지 못한다. 이것이 우리 주변에 사실을 말해주고 책임 있는 행동을 보일 것을 조언하는 사람을 갖는 것이 중요한 이유다. 우리가 모난 성격을 갖거나, 친절과 선에서 성장할 필요가 있다면, 또는 우리 자신을 적합하지 않게 높이 생각하고 있다면, 이를 지적해줄 좋은 사람이 필요하다. 예수와 요한은 민족에게 책임을 다하라는 강력하게 진실한 메시지를 구현했지만, 인격적 태도로 부당하지 않게 그리하였다.

신앙과 예배를 통해서 제자도와 리더십을 이끌어내라. 한날의 오랜 사역을 한 후에 베드로는 음식을 찾아 나서도록 무리들을 헤칠 것을 원했으나(14:15), 예수가 모든 문제에 도움을 주실 수 있는 근원이라는 것을 5천명을 먹이신 사건에서 배운다. 또한 베드로는 예수가 물위로 걸으시는 사건에서 모든 재앙의 해결자임을 배운다. 그는 리더십에서 성장을 배우고 있다. 그와 다른 제자들이 미래의 교회 지도자로서 보여야 할 필요가 있는 것을 발견하고 있기 때문이다. 이 사건은 예수 안에서 갖는 제자도와 리더십은 그의 거룩한 능력을 효과적으로 믿는 믿음과 그의 거룩한 신분을 겸손하게 경배하는 일을 필요로 한다.

예수의 거룩한 능력을 효과적으로 믿음. 베드로는 열두 제자/사도의 리더로서 부상했다. 열두 제자의 목록에서 마태는 그를 "제일 먼저" 묘사한다. 그리고 베드로는 끊임없이 다른 제자들의 대변인이 된다(예. 15:15; 16:16; 17:4, 24).[26] 또한 가장 인간적이었던 것으로 보인다. 그의 이야기는 반복된 성공과 실패의 이야기다. 그는 충동적이고, 배짱을 부리며, 교만하면서도 한편으로 열정적이고, 헌신적이며, 참회적이다. 이런 현상이 널리 알려진 베드로의 성격의 특징에 기여한다—예수에 대한 최상의 믿음에서 최하의 믿음의 부족으로, 심지어 예수를 부인하는 데까지 이른다.

- 베드로는 예수의 말씀에 순종함으로써 물위를 걷는 훌륭한 믿음을 행하지만 예수에게서 눈을 뗌으로써 비효과적인 믿음을 보여준다.
- 그는 예수의 정체성을 훌륭하게 고백하지만, 즉시 마귀의 도구로 바뀐다 (16:16-19, 22-23).
- 그는 예수의 변용에서 핵심적인 세 제자와 함께 있지만 그곳에 장막을 치자는 지각없는 말을 한다(17:1, 4).
- 그는 세겔을 머금고 있는 물고기를 잡는 신앙을 보이지만 형제를 얼마나 많이 용서해주어야 하는지를 놓고 옥신각신한다(17:24-27; 18:21).
- 그는 겟세마네에서 마지막 시간을 예수와 함께 보내는 세 핵심 제자에 속하지만 깨어서 기도하라는 예수의 말씀을 지키지 못한다(26:37, 40-41).
- 그는 다른 이들이 그리하지 못할지라도 예수를 끝까지 따르겠다고 장담하고 예수가 산헤드린 공회에서 심문을 받는 곳으로 따라가지만, 예수가 예견한 세 번의 비극적인 부인 이후에 마태복음에서 사라진다(26:33-41, 58, 69-75).[27]

마태는 어떤 다른 복음서의 저자보다도 베드로의 리더십에 특출남을 주지만, 실패가 없는 리더로 그를 이상화하는 모습을 보여주지 않는다. 오히려 마태는 초대교회 시절에 예수가 베드로를 어떻게 리더십의 역할로 준비시키시는가에 초점을 맞춘다. 여기에는 베드로가 심각하게 흠이 있는 성격을 어떻게 극복하는가가

26. Pheme Perkins, *Peter: Apostle for the Whole church*(Studies on Personalities of the New Testament, gen. ed. D. Moody Smith; Columbia, S.C.: Univ. of South Carolina Press, 1994), 18-21.
27. 마태복음에서 베드로의 믿음의 유동성을 드라마틱하게 설명하면서 베드로의 행위를 개관하는 서론의 그래프를 보라.

포함된다.[28]

특히 우리는 예수 안에서의 리더십이 그의 신적인 능력을 믿는 효과적인 믿음을 요청한다는 것을 보게 된다. 베드로는 주제넘게 물로 나아갈 수 있게 해달라고 예수께 요청한 것으로 인해 현대의 설교자들에 의해 자주 비판을 받는다. 하지만 예수는 배에서 나온 것에 대해 베드로를 전혀 꾸짖지 않으시고 다만 배에서 나와서 온전하게 예수께 오지 못한 것에 대해서만 온화하게 꾸짖으실 뿐이다. 물위에 있는 예수를 따르는 것은 아마도 우리 대부분의 사람들이 갖고 있는 것보다 더 많은 용기를 필요로 한다. 베드로는 환경을 볼 때까지는(14:30의 "바람을 보고") 물위로 걸을 수 있었다. 그가 예수에게서 눈을 떼자 두려움과 곤란을 발견하였다.

하지만 이런 순간적인 실패를 통해 베드로는 예수의 명령에 순종하여 배 바깥으로 나오는 그의 용기가 가져다주는 교훈을 배운다. 우리는 그의 실패에 초점을 맞추지만 그의 순종은 예수의 보호하시는 능력을 믿는 미래의 믿음의 성장에 대한 토대가 된다. 존 오트버그(John Ortberg)는 이렇게 말한다.

> 베드로만이 자신이 물에 빠지고 있을 때, 예수가 거기에 계시고 자신을 온전하게 구원하시기에 적합하다는 것을 알고 있었다. 다른 제자들은 배 바깥에 있지 않았기 때문에 그것을 알 수 없었다. 이것은 근원적인 진리가 담겨 있다. 우리가 물위로 걷기를 원한다면, 배 바깥으로 나와야 한다. 당신이 삶에서 하나님의 능력을 경험하기 원한다면, 믿음의 발걸음을 취해야 한다. 그것은 위험스러운 순종을 포함한다.[29]

우리는 준비되지 않은 많은 환경에 직면한다. 그리고 우리가 직면하는 어려움은 나날이 바뀐다. 하지만 우리가 이 세상의 삶에서 가질 수 있는 절개는 예수이시다. 우리가 어떤 환경에서도 예수와 밀접하게 동행하는 삶을 살아갈 때, 우리의 상황에 주님의 항구성을 적용하는 방법을 배운다. 우리가 베드로와 동일한 상황에 놓이지는 않겠지만 그로부터 배울 수 있다. 배 바깥으로 나오는 것이든 나중에 초대교회의 리더가 되는 것이든 주님이 베드로에게 명하셨을 때, 예수는 항상 그를 돌보셨다.

---

28. 베드로와 그의 발전하는 리더십의 역할에 관한 마태의 설명을 위해서는 Wilkins, *Discipleship in the Ancient World and Matthew's Gospel*, 173-216, 264을 보라.
29. John Ortberg, "If You Want to Walk on Water, You've Got to Get Out of the Boat," *Pathways* 1/1(Fall-Winter 2001), 11. 이것은 동일한 이름의 책에서 발췌했다(Grand Rapids: Zondervan, 2001).

나중에 30여 년 뒤에 우리는 이런 변화에 모범을 보이는 아마도 60대 중반이 된 노인의 베드로를 보게 된다. 그가 그리스도의 재림으로 오게될 구원의 위대한 날에 대해 언급할 때, 믿음의 인내에 관하여 힘차게 표현한다.

> 그러므로 너희가 이제 여러 가지 시험으로 말미암아 잠깐 근심하게 되지 않을 수 없으나 오히려 크게 기뻐하는도다 너희 믿음의 확실함은 불로 연단하여도 없어질 금보다 더 귀하여 예수 그리스도께서 나타나실 때에 칭찬과 영광과 존귀를 얻게 할 것이니라 예수를 너희가 보지 못하였으나 사랑하는도다 이제도 보지 못하나 믿고 말할 수 없는 영광스러운 즐거움으로 기뻐하니 믿음의 결국 곧 영혼의 구원을 받음이라(벧전 1:6-9).

허풍도 사라지고 비효과적인 믿음도 사라졌다. 베드로와 그의 독자들이 지금 예수를 보지 못할지라도, 그들은 예수를 신앙의 안목에서 떼어놓지 않는 교훈을 배웠다. 주님이 무엇을 베드로에게 명한다할지라도, 믿음은 그 명령에 '예' 라고 말하는 것을 의미한다. 초대교회의 리더로서 베드로는 이런 종류의 믿음을 예증하고, 교회의 신자들은 이런 그의 모범을 세심하게 따랐다.

베드로의 인생여정의 이야기는 예수 안에서 우리가 얻을 수 있는 놀라운 은혜와 온유한 회복의 능력을 강조한다. 우리 중 어느 누구도 하나님의 목적을 위해서 하나님이 사용하실 수 없을 정도로 수없이 실패한 사람은 없다. 아직 부닥치지 않은 환경으로 인해 불안해하지 말고 예수에게 초점을 계속해서 맞추자. 이것이 일관된 크리스천의 라이프스타일과 어떤 리더십의 역할이 주어지든 간에 안정감을 가질 수 있는 열쇠다. 우리는 인생에서 그리스도의 임재에 항상 의존할 수 있다. 그리스도는 우리가 의로운 결정을 할 수 있도록, 심각한 반대에 직면하여 용기를 얻을 수 있도록, 괴로운 상황에서 위로를 얻을 수 있도록, 우리와 함께 하신다. 이것이 이 세상에서 그리스도를 닮는 삶을 위한 필수적인 요소다. 우리가 이런 삶을 살 수 있게 하는 세 가지 방식을 제안해 보겠다.

(1) 예수의 임재를 실천하는 것을 배워라. 어디로 가든 예수에게 의식적인 관심을 줄 수 있도록 마음을 열고, 어떤 환경에서도 예수와의 커뮤니케이션을 발전시키는 것을 배워라. 나는 중요한 모임이나 만날 사람을 향해서 운전해 갈 때, 내 차의 옆자리에 예수가 앉아 계신 것처럼 이야기한다. 나는 어떤 사람을 조언하려고 할 때 (묵상으로) 이 조언을 위해 예수에게 구한다. 오직 예수만이 필요로 하는 조언을 정확하게 아시기 때문이다. 나는 모든 순간에 예수가 임재하시도록 얼마나

허락하는 정도에 따라서 적어도 나의 영적인 건강을 측정한다.

(2) 현재 당신의 상황이 당신을 위한 예수의 사랑의 척도가 아니라는 것을 알라. 예수는 당신을 홀로 내버려두지 않으시고 당신을 덜 사랑하지도 않으신다. 설사 당신의 상태가 예수를 의심하게 야기할지라도 말이다. 이 세상의 삶은 때로 힘들다. 최근에 건강과 부에 대한 메시지들의 일부가 물질적으로나 물리적으로 성공한 사람들만이 참된 신앙을 갖고 있고 그 사람의 복이 하나님의 사랑을 나타내는 것이라고 주장한다. 하지만 예수의 삶의 목적이 우리를 위해 십자가에서 고난 당하시는 것이었던 것처럼 우리도 예수를 위해서 고난을 당하도록 부름을 받았다(빌 1:29). 그 고난이 우리의 신앙에 대한 박해에서 직접적으로 비롯된 것인지, 이 생의 영적인 전투에 참여하는 것인지, 또는 죄와 죽음의 저주 아래 여전히 있는 이 세상에서 사는 것이든 간에 우리는 예수의 고난에 동참해야 한다. 예수가 멀리 떠나 있다고 우리가 느낄지라도, 예수는 우리를 덜 사랑하시지 않는다.

(3) 어려운 시기일수록 의식적으로 예수의 능력과 임재와 사랑에 마음을 열라. 이 요지는 우리의 사랑이 우리를 위한 예수의 사랑의 척도가 아니라는 사실에서 온다. 예수가 우리와 가까이 계심을 알 때, 우리는 예수를 부를 수 있고 불러야 한다. 베드로는 실패할 때에도 이런 믿음으로 예수의 구원하시는 도움을 요청하였다.

나와 아내는 자녀를 양육하는 동안에 일찍이 이런 교훈을 배웠다. 우리의 장녀가 네 살이었을 때 뇌막염으로 높은 열에 의해 혼수상태에 빠졌다. 응급실에 의사들은 그 아이가 오늘밤을 넘기지 못할 수 있다고 말하였다. 이 말을 들었을 때 우리는 공황상태에 빠졌고, 절망의 구덩이에 떨어진 듯하였다. 그러나 이런 절망의 와중에서 나와 아내는 서로를 붙들고 하나님께 부르짖었다. 우리는 어린 미첼을 하늘에 계신 아버지께 의식적으로 드렸다. 그가 우리가 사랑하는 것보다 더 그 아이를 사랑하시는 것을 알기 때문이다. 하지만 우리는 그 아이의 삶에서 예수의 치유하시는 어루만지심을 또한 구했다. 우리는 그 날밤 하나님의 평화의 홍수가 따뜻하게 우리의 영혼을 감싸는 것을 경험했다. 또한 우리는 딸아이의 기적적인 치유도 경험했다.[30]

우리는 그때 이래로 많은 다른 어려운 상황들을 겪었다. 그 모든 것이 좋은 것으로 바뀌지는 않았다. 하지만 미첼이 사경을 헤매다가 회복된 그 날밤에 우리는 진정으로 중요한 것은 결과가 아니라는 사실을 깨달았다. 하나님이 그녀를 치유하

30. 나는 이 이야기를 Wilkins, *In His Image*, 157-59에서 더 자세하게 설명한다.

신 것은 우리의 복이지만 주님이 그 아이를 주님 곁으로 데려가신다 할지라도, 주님이 그 위기에서도 우리를 보호하시고 지탱케 하실 것임을 안다. 중요한 것은 어떤 상황에서든지 예수의 능력과 임재와 사랑을 계속해서 요청하는 것이다.

사도 베드로와 우리 내외는 예수가 항상 우리와 함께 계신다는 것을 깨달았다. 그가 어떤 상황에서도 능력을 가지시고, 우리를 사랑하시는 것을 멈추지 않는다는 것을 배웠다. 설사 그런 고난의 와중에는 그렇게 보이지 않을지라도 말이다. 환경이 아니라 예수에게 가까이 초점을 맞추는 것이 우리가 어떤 길을 가든 어떤 결과에 부딪히든 간에 하나님을 신뢰하게 한다. 예수를 따르는 제자도와 리더십은 그의 거룩한 능력을 믿는 효과적인 믿음을 필요로 한다.

예수의 거룩한 신성을 겸손하게 경배함. 이 내러티브의 사건들은 예수를 따르는 제자도와 리더십은 그의 거룩한 신분을 겸손히 경배하는 것을 요한다. 예수의 고향인 나사렛 사람들은 예수를 거부케 하는 잘못된 이해를 갖고 있었다. 하지만 제자들이 보여준 것처럼 예수가 무리들을 치유하시고, 먹이시며, 물위로 걷는 것을 보여주시고, 베드로가 물위로 걷게 하시며, 그를 구조하시고, 나아가서 폭풍우를 잠잠케 하셨을 때, 그들은 예수에 대한 매우 다른 이해를 가졌다.

이 구절들은 마태복음 14-17장에서 점차적으로 드러나고 있는 예수의 정체성에 대한 점증된 이해와 연관이 있다. 이 사건들은 '예수는 누구이신가?' 라는 질문에 대답할 수 있게 해준다. 병든 자를 치유하시고 배고픈 자에게 음식을 제공하시는 데서 알 수 있는 것처럼 예수는 '긍휼' 이 많으심을 우리는 알 수 있다. 그는 이 사랑으로 인해 병든 자의 몸을 온전하게 치유하시고(14:14, 35), 육체적인 자양분을 주시며(14:19-21), 어려움 가운데 있는 제자들에게 임재하심으로 안전을 보장하신다(14:22-23). 궁극적으로 예수는 바다를 잔잔케 하시는 데서 볼 수 있는 '모든 피조물에 대한 권위를 행사하신다' (14:32-33). 이 모든 요소들은 강력하게 예수의 신분을 알려주며, 이 내러티브는 제자들이 예수의 신분을 외치면서 그를 경배하는 것으로 마무리짓는다: "진실로 하나님의 아들이로소이다"(14:33). 따라서 이 사건은 두 가지 차원을 연출한다: 예수가 어떤 종류의 메시아인지를 그의 백성들에게 보여주기 위해서 제자들은 하나님의 아들로서 그의 신분을 고백한다.

예수에 대한 분명한 비전을 발전시키는 것이 우리에게 대단히 중요하다. 많은 사람들에게서 예수에 대한 이해가 단편적이거나 왜곡된 이미지로 점철되어 있다. 우리는 온전한 성경적 특징에 의해서가 아니라 우리의 문화, 교단, 교회, 또는 교제 그룹들이 통상적으로 사용하는 예수에 대한 이미지에 너무도 자주 익숙해 있다.

개별적인 교회와 교단 그리고 선교단체 조직들은 그들의 신학이나 소명에 관한 이해를 뒷받침하는 예수에 관한 어떤 특징에 몰두하는 경향이 있다. 이런 단조로움은 예수에 대한 진리의 단편을 제공할 뿐이며 자주 온전한 이야기를 놓쳐서 말하는 경향이 있다. 그들은 구세주, 목자, 교사, 주, 친구, 혁명적인 지도자, 또는 공급자로서 예수에게 초점을 맞춘다. 예수에 관한 부분적인 이미지는 실제 예수가 누구인지, 그가 크리스천 삶에 의미하는 바가 무엇인지, 그리고 그가 우리 안에서 무엇을 이루기를 원하시는 지에 대한 완전한 이해를 제공하지 못한다. 예수가 우리에게 오로지 친구라면, 그가 인생에서 우리에게 요청하시는 것을 이루는데 필요한 능력을 공급하실 수 있는 우주의 강력한 주님이시라는 것을 우리가 이해할 수 없다. 예수가 단지 온유한 목자라면, 종교적 위선을 책망하시는 신앙의 혁명자로서의 예수를 인식할 수 없다.

예수는 앞서 열거한 모든 이미지들 아니 그 이상의 모든 이미지들을 포함하신다. 예수에 대한 균형 잡힌 원만한 이해는 예수의 본질과 특징의 모든 양상들을 포함하게 만든다. 예수에 대한 잘못된 생각은 예수를 거부하게 하거나 예수가 우리의 삶에서 이루기 위해 오신 것의 일부 이해만을 우리의 삶에 기초로 삼게 만든다. 하지만 예수에 대한 분명하고도 정확한 이해는 예수를 경배케 만든다. 궁극적으로 그것은 하나님으로서 예수에게 우리의 삶을 온전하게 드리는 것을 의미한다. 이전에 폭풍우를 잠잠케 하셨던 사건에서 제자들은 단지 놀라워했으나(8:27), 이제 예수가 어떤 분이신 지를 더 완전하게 이해한 후에는 그를 경배한다(14:33). 예수의 능력에 대한 적절한 인식은 단지 놀람만이 아니라 경배를 낳는다.

경배는 하나님을 존귀히 여기고 섬기며 존경하는 것을 포함한다. 아울러 하나님과의 특별한 관계를 방해하는 어떤 다른 것에 대한 충성이나 헌신을 버리는 것이다. 이것은 인생의 모든 영역과 관련한 하나님과의 인격적 도덕적 교제의 표현이다. 신약성경에서 예배의 출발점은 하나님이 아들의 위격 속에서 하나님 자신을 드러내셨다는 확증이다. 예수 그리스도는 하늘과 땅의 궁극적인 접합점이고, 하나님과 인간의 결정적인 화해의 수단이다.[31]

우리가 예수가 참으로 어떤 분이신 지를 알게 될 때, 우리는 자연에 대한 그의 권위에 기초한 그의 자비와 공급과 보호하심에 영향을 받는다. 우리는 예수가 우리와 우리의 현재 상황을 돌보심을 알게 된다. 그는 자비로 우리를 공급하실 것이

31. Peterson, *Engaging with God*, 283-85.

다. 믿음으로 나아갈 때, 우리는 예수가 함께 하신다는 것을 신뢰할 수 있다. 우리는 이 세상을 통해 나아갈 때, 예수가 우리와 함께 계시기 때문에 두려워할 필요가 없다. 우리는 모두 베드로처럼 비효과적인 믿음의 단계에서 출발하지만 예수가 우리에게 계속해서 신실하심을 보일 때 믿음이 성장하게 된다. 예수를 신뢰할 수 있는 이유는 그가 모든 만물에 대한 권위를 갖고 계시기 때문이다. 그의 허락이 없다면 그 무엇도 우리를 해칠 수 없다.

맥스 루케이도는 제자들 중 한 사람이 예수가 폭풍우를 잠잠케 하신 후 다음 날 아침에 일기를 쓴다면 아래와 같이 글을 쓸 것이라 상상하였다. 이 상상적인 묵상은 제자들이 경험했던 실제적인 감정을 드러낸다. 그는 이렇게 말한다.

> 지금까지 나는 어제 예수를 보았던 것처럼 그를 보지 못했다. 나는 그의 능력을 보았고, 현명함을 보았다. 나는 그의 권위를 목격했고, 그의 능력에 놀랐다. 하지만 어제 밤에 내가 목격한 것은 결코 잊을 수 없을 것이다.
>
> 나는 하나님을 보았다. 폭풍우가 아주 강력할 때도 가만히 앉아 계시지 않는 하나님을 보았다. 하나님은 내가 그를 필요로 하도록 놀라게 했으며 그를 볼 수 있도록 가까이 나아가게 했다. 하나님은 폭풍우를 사용하시어 나를 그의 길로 오게 하셨다.
>
> 나는 하나님을 보았다. 내가 그를 볼 수 있도록 폭풍우를 취하셨다. 나는 그를 보았다. 나는 다시는 그와 같은 경험을 하지 못할 것이다.[32]

폭풍우 속에서의 베드로와 다른 제자들에 관한 이야기는 물위로 주 예수가 완벽하게 걸으신 사건에 의해서 특출 나다. 그 걸으심 속에서 우리는 하나님을 본다. 예수를 분명하게 보고 인생에서 예수의 부르심에 순종할 때, 우리는 놀라운 경험을 하게 될 것이다.

---

32. Lucado, *In the Eye of the Storm*, 182.

마태복음 15:1-39

1 그때에 바리새인과 서기관들이 예루살렘으
로부터 예수께 나아와 이르되
2 당신의 제자들이 어찌하여 장로들의 전통을
범하나이까 떡 먹을 때에 손을 씻지 아니하
나이다
3 대답하여 이르시되 너희는 어찌하여 너희의
전통으로 하나님의 계명을 범하느냐
4 하나님이 이르셨으되 네 부모를 공경하라 하
시고 또 아버지나 어머니를 비방하는 자는
반드시 죽임을 당하리라 하셨거늘
5 너희는 이르되 누구든지 아버지에게나 어머
니에게 말하기를 내가 드려 유익하게 할 것
이 하나님께 드림이 되었다고 하기만 하면
6 그 부모를 공경할 것이 없다 하여 너희의 전
통으로 하나님의 말씀을 폐하는도다
7 외식하는 자들아 이사야가 너희에 관하여 잘
예언하였도다 일렀으되
8 이 백성이 입술로는 나를 공경하되 마음은
내게서 멀도다
9 사람의 계명으로 교훈을 삼아 가르치니 나를
헛되이 경배하는도다 하였느니라 하시고
10 무리를 불러 이르시되 듣고 깨달으라
11 입으로 들어가는 것이 사람을 더럽게 하는
것이 아니라 입에서 나오는 그것이 사람을
더럽게 하는 것이니라
12 이에 제자들이 나아와 이르되 바리새인들이
이 말씀을 듣고 걸림이 된 줄 아시나이까
13 예수께서 대답하여 이르시되 심은 것마다 내
하늘 아버지께서 심으시지 않은 것은 뽑힐
것이니
14 그냥 두라 그들은 맹인이 되어 맹인을 인도
하는 자로다 만일 맹인이 맹인을 인도하면
둘이 다 구덩이에 빠지리라 하시니
15 베드로가 대답하여 이르되 이 비유를 우리에
게 설명하여 주옵소서
16 예수께서 이르시되 너희도 아직까지 깨달음
이 없느냐
17 입으로 들어가는 모든 것은 배로 들어가서
뒤로 내버려지는 줄 알지 못하느냐
18 입에서 나오는 것들은 마음에서 나오나니 이
것이야말로 사람을 더럽게 하느니라
19 마음에서 나오는 것은 악한 생각과 살인과 간
음과 음란과 도둑질과 거짓 증언과 비방이니
20 이런 것들이 사람을 더럽게 하는 것이요 씻
지 않은 손으로 먹는 것은 사람을 더럽게 하
지 못하느니라
21 예수께서 거기서 나가사 두로와 시돈 지방으
로 들어가시니
22 가나안 여자 하나가 그 지경에서 나와서 소
리 질러 이르되 주 다윗의 자손이여 나를 불
쌍히 여기소서 내 딸이 흉악하게 귀신 들렸
나이다 하되
23 예수는 한 말씀도 대답하지 아니하시니 제자
들이 와서 청하여 말하되 그 여자가 우리 뒤
에서 소리를 지르오니 그를 보내소서
24 예수께서 대답하여 이르시되 나는 이스라엘
집의 잃어버린 양 외에는 다른 데로 보내심
을 받지 아니하였노라 하시니
25 여자가 와서 예수께 절하며 이르되 주여 저
를 도우소서
26 대답하여 이르시되 자녀의 떡을 취하여 개들
에게 던짐이 마땅하지 아니하니라
27 여자가 이르되 주여 옳소이다마는 개들도 제
주인의 상에서 떨어지는 부스러기를 먹나이
다 하니
28 이에 예수께서 대답하여 이르시되 여자여 네

믿음이 크도다 네 소원대로 되리라 하시니
그 때로부터 그의 딸이 나으니라
29 예수께서 거기서 떠나사 갈릴리 호숫가에 이
르러 산에 올라가 거기 앉으시니
30 큰 무리가 다리 저는 사람과 장애인과 맹인
과 말 못하는 사람과 기타 여럿을 데리고 와
서 예수의 발 앞에 앉히매 고쳐 주시니
31 말 못하는 사람이 말하고 장애인이 온전하게
되고 다리 저는 사람이 걸으며 맹인이 보는
것을 무리가 보고 놀랍게 여겨 이스라엘의
하나님께 영광을 돌리니라
32 예수께서 제자들을 불러 이르시되 내가 무리
를 불쌍히 여기노라 그들이 나와 함께 있은
지 이미 사흘이매 먹을 것이 없도다 길에서
기진할까 하여 굶겨 보내지 못하겠노라
33 제자들이 이르되 광야에 있어 우리가 어디서
이런 무리가 배부를 만큼 떡을 얻으리이까
34 예수께서 이르시되 너희에게 떡이 몇 개나
있느냐 이르되 일곱 개와 작은 생선 두어 마
리가 있나이다 하거늘
35 예수께서 무리에게 명하사 땅에 앉게 하시고
36 떡 일곱 개와 그 생선을 가지사 축사하시고
떼어 제자들에게 주시니 제자들이 무리에게
주매
37 다 배불리 먹고 남은 조각을 일곱 광주리에
차게 거두었으며
38 먹은 자는 여자와 어린이 외에 사천 명이었
더라
39 예수께서 무리를 흩어 보내시고 배에 오르사
마가단 지경으로 가시니라

원 의미

많은 바리새인들과 서기관들이 하나님 앞에서 정결을 발전시키기 위해서 그들의 삶의 가장 평범한 활동조차도 규제했던 정결의 외적 활동들에 아주 집중했다. 하지만 예수는 그의 전반적인 가르침을 통해서 시사했던 것을 명확하게 하신다. 즉 참된 정결은 하나님에 의해서 의롭게 되는 마음으로부터 온다(참조. 5:20).

유대 장로들의 전통(15:1-9)

예수의 제자들에 대한 비난(15:1-2). 예수의 사역은 지역의 바리새인들을 곤란하게 했으므로(12:1-14), 그들은 예루살렘 지도부의 높은 사람들에게 말을 전했고, 이들 중 몇몇이 제자들의 습관에 대해 예수를 공박하기 위해 갈릴리에 도착하였다.[1] 주장의 주요한 요지는 예수가 구두 율법, 즉 여기서 "장로들의 전통['파라도시스']"이라고 일컫는 묶는 권위를 인식하지 않고 있다는 것이다. 장로들의 전통이

1. 바리새인과 서기관에 대해서는 3:7; 5:20; 8:19을 보라. 또한 D. R. de Lacey, "In Search of a Pharisee," *TynBul* 43.2(1992): 353-72을 보라.

란 어구는 과거에 유명한 랍비들이 만들고, 후대 세대에 구두로 전해진 성경해석을 언급하는 전문적인 표현이 되었다. 이것은 신실한 자들이 성경을 따라 살아가고 행동하는 지침의 율법을 설명하는 미쉬나의 '할라카'와 나중에 연계되었다.[2] 유대 전승에 따르면, "모세는 시내산에서 [구두] 율법을 받았고, 그것을 여호수아에게 전달하였으며, 여호수아는 장로들에게 장로들은 선지자들에게 전달하였다. 그리고 선지자들은 그것을 대회당의 사람들[아마도 에스라가 시작한 지도그룹]에게 전달하였다"(*m. ʾAbot* 1.1).

예수의 제자들에 대한 이전에 바리새인들의 비난은 그들이 안식일을 범하였다는 것이다(12:1-7). 이제 예루살렘에서 온 바리새인과 서기관들은 "떡 먹을 때에 손을 씻지 아니하나이다"라고 제자들을 비난한다. 육체적인 정결은 고대 세계에서 대단히 높은 가치가 있었다. 덥고 먼지가 많았기 때문에 건강과 깨끗함을 위해서 자주 씻는 일이 필요하였다. 고대 이스라엘에서 주인은 여행자들에게 발씻을 물을 제공함으로써 몸을 깨끗이 하고 식사를 할 준비를 하게 하였다(창 18:4; 19:2; 삼상 25:41; 참조. 요 13:1-10). 손은 정결과 특별히 관계가 있었다. 불결한 것이 자기 자신과 남에게 전달될 수 있었기 때문이다. 따라서 제사장들은 봉사의 제사를 드리기 전에 손과 발을 씻는 것이 요구되었다(출 30:18-21). 바리새인들은 위생적으로 깨끗이 하고자 하는 관심을 의식적인 정결로 바꾸어 그것을 보통의 이스라엘 사람들에게도 적용시켰다.

예수의 반박(15:3-9). 예수는 바리새인들과 서기관들이 "전통"에 대한 헌신 때문에 하나님의 계명을 위반하고 있는 이유를 되물으심으로써(15:3) 제자들에 대한 바리새인들의 비난을 반박하신다. 이 질문에서 예수는 문제의 핵심으로 나아가신다. 그것은 발달하고 있는 구두 율법과 성문 율법과의 관계다. 장로들의 전승은 단순히 삶에서 선호하고 있는 방식이 아니라, 성문 율법과 권위에서 동등하게 두고 있다. 따라서 예수는 구약성경은 하나님으로부터 왔지만 장로들의 전승은 인간들의 선언임을 분명히 하신다.

구체적인 사례는 하나님에 대한 맹세와 관련한 바리새인의 전승이 부모를 공경하라는 구약성경의 지침을 실제로는 위반하게 하였던 방식과 관련이 있다. 하나님은 이스라엘 백성들이 자기 부모들을 조건 없이 공경해야 함을 분명히 하셨다: "하나님이 이르셨으되 네 부모를 공경하라 하시고 또 아버지나 어머니를 비방하는

2. Samuel Sandmel, *Judaism and Christian Beginnings*(New York: Oxford, 1978), 103.

자는 반드시 죽임을 당하리라." 하지만 하나님께 드려진 선물과 관련한 인간 전통에 대한 바리새인들의 헌신은 하나님의 법을 위반하게 한다: "너희는 이르되 누구든지 아버지에게나 어머니에게 말하기를 내가 드려 유익하게 할 것이 하나님께 드림이 되었다고 하기만 하면 그 부모를 공경할 것이 없다 하여 너희의 전통으로 하나님의 말씀을 폐하는도다."

"하나님께 드려진 선물"("하나님께 드림이 되었다"—개역개정)이란 표현은 히브리 용어인 '고르반'(참조. 막 7:11에서의 "고르반")을 반영한다. 이는 하나님께 행한 형식적인 맹세를 지칭하는 전문적인 용어다. 그것은 여기서 성전에 드리기 위한 선물을 의미한다. 바리새인들은 맹세와 서원과 관련한 규칙의 복잡한 시리즈를 발전시켰다. 예를 들어, 사람들은 장래에 어떤 것을 금하는 헌신의 맹세를 할 수 있었다(15:5에서처럼). 그러한 공식적인 맹세는 나이든 부모를 지원하는 것과 같은 다른 이에 대한 책임을 면할 수 있게도 해주었다.

예수는 장로들의 전승이 율법을 범하게 하였다는 요지를 정곡으로 찌르시면서 그들이 인간 전통을 실천하려는 열심으로 "하나님의 말씀을 폐하고" 있다고 말씀하신다(15:7). 대부분의 유대인들처럼 바리새인들은 부모를 공경할 것을 요구했다. 그들은 나이든 부모들을 지원하는 것을 포함하는 부모들에 대한 공경을 옳게 여겼다. 하지만 예수가 지적하신 것처럼, 맹세를 허락하는 그들의 인간 전승이 실제로는 성경을 대체시키고 있었다. 그들은 어려움 중에 있는 부모를 돕기 위해서 맹세(즉, 인간 율법)를 깬 사람들을 심각한 죄를 저지른 것으로 간주했다. 따라서 예수는 도전하신다: 하나님의 쓰여진 말씀이 인간의 전통보다 권위가 있고 인간이 그들의 전승으로 율법적으로 얽매이게 할 때, 그것은 하나님의 말씀의 참된 권위를 헛되게 하는 것이다.

이전에 예수는 사람들에게 높임을 받고자 의의 행위를 하는 종교지도자들을 정죄하셨다(6:1-18). 거기서 그는 "너희 외식하는 자들"(15:7)이라고 그들을 명백하게 꾸짖으신다. 예수는 바리새인들이 자기들의 전승을 발전시키고자 하는 동기를 정죄하기 위해서 이사야의 경험과 유사한 상황을 사용하신다. 이사야는 하나님으로부터 칭찬을 받을 것처럼 형식적으로 의식과 가르침을 발전시킨 예루살렘의 종교지도자들을 정죄하였다. 하나님의 이 예언적인 말씀은 하나님의 백성들의 온 세대에 대한 심판을 대변한다. 바리새인과 서기관들은 외적으로만 종교의식을 수행하였다. 그들의 주된 동기는 하나님에 대한 온전한 내적 인격으로 헌신하지 않았다. 따라서 그들의 인간 전통과 가르침은 하나님의 말씀을 폐할 뿐 아니라(15:6,

9), 그들의 예배는 진정한 의미가 비어 있었다(15:9). 예수는 이런 행위에 대해 이스라엘의 주요한 종교당국자들을 강하게 비판하셨다.

마음으로부터의 정결과 불결(15:10-20)

무리들에 대한 경고(15:10-11). 바리새인과 서기관들이 평민들에게 매우 영향력이 있었기 때문에 예수는 무리들에게로 전환하여 동일한 함정에 빠지지 않도록 경고하신다. 이 경고는 정결과 불결에 관한 근원을 선포하심으로써 유대 지도자들의 비난에 대답하신다. 15:15에서 제자들은 이 경고를 비유라고 칭한다. 그것은 이전에 예수의 비유에서 언급된 목적과 일치한다(13:10-17). 그것은 청중들의 영적인 수용성을 검증할 것이다. 그들이 하나님의 뜻을 이해할 수 있도록 그의 가르침에 더 응답할 수 있도록 요청한다. 수용하지 않는 무리들에 속한 사람들은 이 말씀에서 바리새인과 서기관들을 따르는 것으로 바뀌지만, 수용하는 사람들은 그의 제자가 되고 그의 가르침을 통해서 더 자세하게 이해를 추구하는 것으로 응답할 것이다(15:15-20).

예수는 영적인 불결이 의식적으로 깨끗하지 않은 음식을 먹는 것으로 감염되지 않는다는 사실을 단호하게 말씀하신다: "입으로 들어가는 것이 사람을 더럽게 하는 것이 아니라." 여기서 그는 먹기 전에 의식적으로 정결을 요구했던 바리새인의 전통을 공개적으로 비판하신다. 그는 위생적인 정결을 말씀하고 계신 것이 아니라, 영적인 정결에 관해 말씀하고 계신다. 의식적인 정결이 경건을 낳는데 필수적인 요소는 아니다. 하나님에 대한 헌신의 위선적인 시연은 구약성경에 나타난 하나님의 뜻을 행하고자 하기보다는 종교적인 평판을 얻는데 몰두했던 마음을 위장한다(참조. 6:1-18).

장로들의 전통에 순응할 것을 예수에게 요구하는 과정에서 바리새인들은 자신의 내적인 삶이 정결하지 않다는 것을 드러낸다. 그들은 천국의 도래에 견지에서 회개하지 않았고, 성령이 생산하는 의를 얻지 못했다. 그들은 자신들의 외적인 의의 관행을 계속해서 의지하고 있다. 그것은 천국으로 들어가게 하지 못한다(5:20의 주석을 보라). 그들은 스스로 속고 있으며 그들의 전승으로 다른 사람들을 잘못 인도하고 있기에 예수는 무리들에게 적절한 경고의 말씀을 주신다.

제자들의 우려(15:12-14). 언젠가 예수가 사적으로 바리새인들을 책망하셨지만, 이제 영적인 정결에 대한 바리새인들의 잘못된 접근을 공개적으로 비판하실 때,

그들은 사람들 앞에서 자신들의 평판이 손상을 입은 것에 "걸림"('스칸달리조', "불쾌해")이 된다. 제자들은 그것에 대해서 듣고 예수와 함께 집(아마도 베드로의 집; 참조. 8:14)에서 다시 모였을 때, 이에 대해 예수에게 말한다. 그들은 예수가 종교 지도자들과 불화할 뿐만 아니라, 종교지도자들의 영향을 받는 사람들과도 관계가 좋지 않게 됨을 염려한다. 아마도 제자들 자신의 평판도 염려했을 것이다. 사두개인들과 대비되어 바리새인들(3:7의 주석을 보라)은 성경의 권위적인 해석자요 일상생활에서 아주 의로운 자로 이스라엘에서 점점 더 영향력이 있었다.[3] 그들은 예수가 백성들에 대한 그들의 영향을 감소시키는 전체 종교적인 전통을 비평하는 자로서 자신을 올려놓고 있음을 옳게 이해하고 있다.

예수는 두 비유로 제자들의 우려에 반응하신다. (1) 그는 바리새인들의 운명을 식물의 운명에 비교한다: "심은 것마다 내 하늘 아버지께서 심으시지 않은 것은 뽑힐 것이니." 가라지와 알곡의 비유를 생각나게 하는 이 말씀은 하나님 아버지가 바리새인들을 심지 않았다는 것을 선포하신다. 예수는 바리새인의 전통보다 우월한 성경의 진정한 내용에 대한 선언을 고양시키시며, 그들의 뿌리를 뽑을 장래의 심판을 지적하신다(참조. 13:29). 가라지의 비유에서처럼 뿌리뽑힘에 함의된 결과는 하나님의 심판의 불에 던져지는 것이다(13:42).

(2) 예수는 바리새인들을 맹인 인도자로 비유하신다: "그냥 두라 그들은 맹인이 되어 맹인을 인도하는 자로다 만일 맹인이 맹인을 인도하면 둘이 다 구덩이에 빠지리라." 바리새인들의 위선은 내적인 불결로 그들을 인도할 뿐 아니라, 그들의 맹목으로 백성들을 유리하게 만든다. 구약성경의 하나님의 참진리를 보지 못하기 때문이다(참조. 23:16-22).

베드로의 질문(15:15-16). 제자들의 대변자로서(10:2; 14:28-31의 주석을 보라) 베드로는 비유에 대한 해석을 묻는다. 여기서 베드로가 혼자서 질문하고 있지 않음을 전체적으로 제자들이 질문하고 있는 마가복음에서 알 수 있다(막 7:18; 마 15:16의 예수의 응답에서 그가 복수 "너희들"을 사용하고 있음을 주목하라). 예수의 비유와 가르침을 이해하는 것이 제자도의 핵심 요소이다. 참된 제자들은 예수의 가르침의 진리, 즉 무리들이 갖지 못한 것을 들을 수 있는 영적인 귀와 볼 수 있는 영적인 눈을 갖고 있기 때문이다(참조. 13:10-17, 51). 하지만 예수는 마땅히 제

3. 사두개인과 바리새인을 비교하면서 요세푸스는 그들이 상당한 차이를 보인다고 말했다. 그 중에 하나는 "사두개인들은 부유한 사람들에게는 신뢰를 얻었지만 대중의 인기는 얻지 못했다. 하지만 바리새인들은 대중의 지지를 받았다"(Josephus, *Ant.* 13.10.6§298).

자들이 가져야 하는 영적인 민감성을 갖지 못한데 대해 그들을 꾸중하신다. 그러면서도 다른 곳에서처럼 이해의 핵심적인 열쇠는 예수의 가르침이기에 그는 비유에 관한 해석을 제자들에게 주신다.

예수가 영적인 정결에서 마음의 역할에 대해 설명하시다(15:17-20). 예수는 비유의 설명에서 마음이 영적인 정결에서 차지하는 중요한 역할을 제자들에게 요약하신다. 입으로 들어가는 음식이 영적인 마음에 영향을 미치지 못한다. 그것은 단지 소화기를 통해 배설물로 배출된다(15:17). 음식이나 음식을 먹는데 수반되는 의식적인 정결이 사람들의 내적인 정결에 영향을 미치지 못한다. 따라서 예수는 음식의 정결법에 대한 바리새인들의 괴팍하고 강박적인 집착을 쓸데없는 것으로 치부하신다—특히 여기서 손을 씻어야만 한다는 정결법. 장로들의 전통은 참된 영적인 정결과 아무런 상관이 없다. 외적인 물리적 활동에만 초점을 맞추고 있기 때문이다. 그것이 하나님 앞에서 불결한 사람을 만들지 못한다. 하나님의 심판은 마음에서 기원되는 행동과 관계가 있다.

영적인 마음은 본성적으로 악하며(참조. 7:11), 예수가 하나님 나라의 도래로 시작시킨 의를 필요로 한다. 먹기 전에 의식적인 정결과 관련한 전통을 범한 것에 대한 바리새인들의 비난(15:2)은 예수가 모든 인류의 활동에 대해 말씀하신 일반적인 진술로 이끈다. 즉 내적이고 영적인 죄가 외적이고 의식적인 죄보다 치명적이다. 영적인 마음이 악하므로 무엇보다도 그것을 깨끗히 해야 한다. 그리할 때에 말과 생각과 동기와 행위와 관계에서 의로운 정결을 보여줄 수 있는 삶을 살 수 있다.

이것은 산상수훈의 예수의 가르침에 함의되었던 마음에 관한 명백한 진술이다. 예수는 구약성경에 나타난 자기 백성들을 위한 하나님의 뜻을 이루고, 그의 메시지에 응답하는 사람들에게 천국의 의를 가져오기 위해서 오셨다. 이 의는 마음에서 시작하여 제자의 삶의 과정을 통해 역사하는 안에서 바깥으로의 변화다. 이들은 마음의 의로 아버지의 온전하심을 쫓는 동안에 외적인 의를 낳는다(참조. 5:17-48).

이방인을 위한 치유자와 공급자(15:21-39)

예수가 이방인 지역으로 물러나시다(15:21). 예수는 갈릴리 바다 북서쪽 해변에 있는 유대의 게네사렛 지역에서 한동안 머무셨지만(14:34), 이제는 악명 높은 도시였던 두로와 시돈의 이방인 지역으로 분명히 물러나시고 있다(이 장소에 관해서는 11:20-24의 주석을 보라). 갈릴리의 유대인들은 천국 도래의 선포를 입증해주는 예수의 메시지와 기적을 보고 듣는 특권이 주어졌지만(4:12-17), 그들의 회개의 부족은 스스로를 정죄하고 만다(11:20-24). 나사렛의 고향사람들에게 예수가 배척을 당하시고(13:53-58), 세례 요한이 체포되고 처형되며, 헤롯 안티파스에 의해 공개적으로 위협을 받음(14:1-2)은 예수의 갈릴리 사역의 종말을 예고하는 것으로 조합되어, 예수는 그곳에서 "나가신다"(4:17; 14:13의 주석을 보라). 예수와 제자들은 유대와 마지막 종착지인 예루살렘으로 향하시기 전에 이방인 지역으로 가신다.

이방인 여인이 다윗의 아들로 예수를 인식하다(15:22-28). 이방인 지역에서 예수가 처음으로 만난 사람은 가나안 여인이다. 그녀는 예수에게 나아와 울면서 "주 다윗의 자손이여 나를 불쌍히 여기소서"라고 외친다. 이 가나안 여인(즉, 이교도인 비유대인)은 예수를 "다윗의 아들"로 부름으로써 유대의 메시아 전승을 잘 알고 있음을 보여주고(1:1; 9:27의 주석을 보라), 자기 딸을 위해 자비의 기적적인 축사 사역을 배풀어주실 것을 간청한다. 치유의 신인 에쉬문(Eshmun)에게 헌정한 성전이 시돈의 북서쪽 3마일 경에 자리하고 있었기 때문에 이 여인은 이교도 신에 대해서도 아주 잘 알고 있었을 것이다.[4] 하지만 예수에 대한 평판이 이교도의 신을 앞서고 있다. 그녀는 자기 딸의 치유를 위해서 예수에게 나아온다. 세 번이나 "주"라는 말을 그녀가 사용함(15:22, 25, 27)은 매우 커다란 존경의 호칭을 의미했을 것이지만 그녀가 깨달은 것 이상의 말을 하고 있다.

예수는 도움을 구하는 이 여인의 외침에 응답하지 않으시므로 제자들은 여인의 부탁을 예수가 거절하시는 것으로 여긴다. 따라서 그들은 "그 여자가 우리 뒤에서 소리를 지르오니 그를 보내소서"라고 예수에게 간청한다. 제자들은 이전에 이방인에게 가지말고 이스라엘의 잃어버린 양에게로 가라는 지침을 포함하는 예수의 명령을 아마도 기억했을 것이다(참조. 10:5-6). 참으로 이 이방인 지역에서 예수는 "나는 이스라엘 집의 잃어버린 양 외에는 다른 데로 보내심을 받지 아니하였노라"(15:24)고 말씀하심으로써 보냄 받은 사명을 이루기 위한 그의 헌신을 유지하신다. "이스라엘의 잃어버린 양"이란 어구는 어떤 이는 잃어버리고 어떤 이는 잃어버리지 않은 것처럼 이스라엘 '중에' 잃어버린 양을 의미하는 것이 아니다. 이 표현은 이스라엘 집에 '있는' 잃어버린 양을 의미한다. 예수는 모든 이스라엘을 구원하기 위해서 고난 받는 종으로서 오셨다. 예수는 자기 백성에게 주어진 약속에 대해 이방인들이 하나님을 영화롭게 할 수 있도록(참조. 롬 15:8-9) 이스라엘 민족에게 주

---

4. 참조. Rousseau and Arav, "Tyre and Sidon," *Jesus and His World*, 327-28.

어진 약속을 이루기 위해서 먼저 이스라엘에 오셔야 한다(참조. 사 53:6-8).

하지만 자기 딸을 괴롭히는 귀신을 내어쫓게 해달라는 이 여인의 간절한 필요는 인내심을 가져오고, 그것은 이 여인이 예수가 확실히 도움을 주실 수 있음을 믿고 알고 있었다는 표시다. 그녀는 예수 앞에 겸손히 부복하여 무릎을 꿇고 도움을 구하기 위해 두 번째로 "주여"라고 예수를 부른다(15:25). 하지만 예수는 "자녀의 떡을 취하여 개들에게 던짐이 마땅하지 아니하니라"고 반응하심으로써 이스라엘에 대한 그의 사명을 다하는 일을 여전히 유지하신다. "자녀의 떡"은 하나님이 언약의 자녀들 즉, 이스라엘에 제공할 것을 약속하신 보호를 강조한다(신 14:1-2; 호 11:1).

비유로서 "개"는 이스라엘의 언약 공동체와 분리되어 있거나 대적자인 비천함의 딱지다(삼상 17:43; 시 22:16; 잠 26:11).[5] 예수는 산상수훈에서 이 비유를 유사하게 사용하셨다. 그것은 천국 복음의 거룩한 메시지를 예수의 초대를 수용하지 않거나 거부하는 사람들에 의해 더럽힘을 당해서는 안 된다는 사실을 가리킨다(7:6).

이 여인도 이 비유를 계속해서 사용하지만 개도 "주인"과 돌봄의 관계에 있다는 것을 강조하기 위해서 그것을 사용한다. 이 당시에 대부분의 개는 집에서 길러지지 않고 더러운 곳을 돌아다니며 살거나 먹을 것을 찾아 거리를 헤맸다(시 59:14-15). 어떤 개들은 가축과 인간을 보호하기 위해서 훈련을 받았으나(사 56:10; 토빗서 6:2; 11:4), 통상적으로 집에서 길러지지 않았다. 그러나 혹 어떤 개들은 감시견으로서 집에서 길러지고 집에서 같이 먹었다(참조. *Jos. Asen.* 10:13). 지각 있는 이 여인은 이미 예수를 메시아적 다윗의 아들로 고백했고, 이제는 이방인에게 약속된 확장된 복을 요청함으로써 예수를 감동시킨다. 이스라엘이 언약의 일차적인 복을 받을지라도, 이방인들도 복의 수령자가 될 수 있었다(창 12:3; 마 1:1; 8:5-13의 주석을 보라).[6] 이 여인은 메시아 예수의 도움을 구하기 위해서 그 약속에 의존한다.

그녀는 하나님의 계획이 먼저 이스라엘에게 있다는 것을 이해하지만 의지를 굽히지 않는다. 어떤 점에서 예수는 그녀를 실험하고 계신다. 그녀가 과연 이스라엘

---

5. "Dog," *DJBP*, 172; "Animals," "Dogs," *DBI*, 29, 213-14을 보라.

6. F. Gerald Downing, "The Woman from Syrophoenicia, and Her Doggedness: Mark 7:24-31(Matthew 15:21-28)," *Women in the Biblical Tradition*, ed. George J. Brooke(Studies in Women and Religion 31; Lewiston N. Y.: Edwin Mellen, 1992), 129-49.

과 이방인의 구원 역사적인 구분을 알고 하나님이 궁극적으로 모든 백성들에게 치유를 가져오길 바라신다는 것을 인식하고 있는가? 그녀는 이스라엘의 메시아로서 예수가 모든 이들의 주인이시오 유대인이건("자녀") 이방인("개")이건 모든 사람들의 필요를 돌보시리라는 것을 인식하고 있기 때문에 우수한 성적으로 예수의 검증을 통과한다. 그녀의 반응은 "훌륭한 믿음"을 가졌다고 예수의 칭찬을 듣는다. 그 믿음은 바로 그 시간에 딸이 치유되는 보상을 얻는다(15:28).

하나님이 어떤 계획을 갖고 계실지라도, 참된 믿음에는 응답하신다.[7] 특권이 부여된 나사렛 사람들은 믿음으로 응답하지 않으므로 예수의 치유 사역을 얻을 수 없었다(13:59). 하지만 이방인 여인은 예수에게 열려 있어서 그의 치유하는 사역을 받을 수 있었다. 여기서 우리는 믿음이 인생의 목적과 실제로서 하나님의 계시와 뜻을 받아들이는데 본질적으로 중요하다는 것을 알게 된다. 믿음의 "위대함"이 전혀 그럴 것 같지 않은 사람—이스라엘 바깥에 있는 이방인 여인—이 하나님의 구원 역사적 계획과 예수의 역사에 대한 분명한 이해를 보여준다는 사실을 알려준다. 이것은 "치유"가 축사로 불리는 또 다른 사건이며(참조. 12:22-23), 예수의 메시아적 사역을 확증한다. 이방인 여인의 딸을 치유하심으로써 예수는 궁극적으로 모든 열방 백성들을 모으시는 안목을 갖고 있음을 보여주신다(8:5-13).[8]

많은 이방인들이 이스라엘의 하나님을 영화롭게 하다(15:29-31). 예수는 갈릴리 지역으로 돌아가시지만 마가는 데가볼리로 가심을 거명한다(막 7:31). 이곳은 갈릴리 바다 남동 해변에 있는 주로 이방인 지역이다. 여기서 예수는 무리들 중에게 많은 이적을 베푸심으로써 하나님의 나라가 도래했다는 그의 메시지를 입증하신다. 이스라엘에게 먼저요 그 다음에 이방인이라는 구원 역사적인 우선권을 강조했던 이전의 이야기와 더불어 이방인 어머니와 딸에게 "부스러기"를 떨어뜨림은 이방인에게로의 전환을 준비시키며 4천명을 먹이는 이적을 베푸신다.

종교 지도자들이 백성들을 예수로부터 떼어내기 위한 작업을 하면서 예수의 사역의 초점은 점차적으로 이방인들이 되어진다.[9] 이스라엘이 하나님 나라를 거부할 때, 이방인들은 예수의 메시지와 치유의 수령자로서 자주 나타난다. 이스라엘의 무리들처럼 이방인들은 예수의 이적 사역을 볼 때 놀라워하고, "이스라엘의 하나

---

7. Smillie, "Even the Dogs': Gentiles in the Gospel of Matthew," 73-97; 특히 93-95; T. W. Manson, "Only to the House of Israel?" in *Facet Books Biblical Series* 9(Philadelphia: Fortress, 1964), 22-23.
8. Scott, "Gentiles and the Ministry of Jesus," 161-69.
9. Carson, "Matthew," 356-57.

님께 영광을 돌린다"(15:31; 참조. 9:33). 하지만 이스라엘의 무리들처럼 놀라는 것으로 충분하지 않다. 이스라엘의 메시아로서 그를 믿고 그의 제자가 되어야 한다.

4천명을 먹이심(15:32-38). 이것은 예수에게 나아오는 사람들을 치유하면서 시간을 보내신 후에 기적적으로 수천 명의 사람들을 먹이신 두 번째 사건이다. 이번에는 이 기적이 데가볼리의 이방인 지역에서 발생한다.[10] 이전에 이적으로 군중들을 먹이신 것처럼 예수는 치유를 받기 위해 모인 무리들을 긍휼이 여기신다. 그들은 사흘을 예수와 함께 있었기에(15:32), 갖고 있었던 것과 기력이 거의 소진하여 적절한 공급이 없으면 집에 당도하기 전에 쓰러질 것이다(15:32). 예수는 제자들에게 5천명을 먹였던 이전의 이적을 상기시키면서 무리들의 필요를 확인하신다. 하지만 제자들은 예수의 신분의 위대함을 완전하게는 이해하지 못하고 있다. 그들이 그러한 수많은 무리들을 먹일 수 있는 자원을 어디서 찾겠느냐고 반문하고 있기 때문이다. 다시 한번 예수는 이적을 베푸심으로써 그들을 가르치신다.

4천명을 먹이시는 이 이적에서 작은 떡 조각의 수는 일곱이며 남겨진 것도 일곱 바구니다. 5천명을 먹이신 사건에서 열두 광주리가 남겨진 것은, 대부분이 그렇게 생각하는 것처럼, 이스라엘을 상징한다. 또한 통상적으로 완전이나 완벽을 상징하는 일곱 광주리가 여기서 남겨진 것은 이방인들을 포함하여 모든 백성들의 필요를 하나님이 충족하시는 일의 완전성과 충만함을 상징한다고 볼 수 있다.[11] 5천명을 먹이신 것처럼 마태는 음식을 먹은 4천명이 여자와 아이를 제외한 남자들이었음을 구체화한다. 그렇다면 음식을 먹은 사람은 일만 명에 해당하는 많은 인원이었을 것이다.

유대인 영토로 잠시 돌아오심(15:39). 이적으로 먹이시는 사건이 끝났을 때 예수는 무리들을 보내시고, 다시 한번 배로 갈릴리 바다를 횡단하신다. 그것은 유대인 영토로 다시 돌아감을 의미한다. "마가단"이란 이름은 신약성경에서 여기만 나타난다(막 8:10은 달마누다를 언급한다). 이 마을이나 지역의 신원은 혼란스럽다. 이 지역을 알려주는 역사적이거나 고고학적 기록이 없기 때문이다. 대부분의 주요한 주장들은 마가단이 막달라 마리아의 고향인 '막달라'에 대한 변형된 문자일 것이라고 제기한다(27:55; 참조. 눅 8:2).[12]

---

10. 더 자세한 논의를 위해서는 14:13-21에서 오천 명을 먹이신 사건을 보라.
11. 참조. Hagner, *Matthew*, 451-52; Carson, "Matthew," 359은 덜 확신한다.
12. Gundry, *Matthew*, 322; Keener, *A Commentary on the Gospel of Matthew*(1999), 420; Rousseau and

막달라는 게네사렛 평지의 디베랴에서 3마일 북쪽에 위치한 탈무드 시대의 미그달 눈야("물고기의 탑")와 일반적으로 일치한다.[13] 그 이름은 이 도시가 갈릴리 해에서 가장 중요한 어업 중심지 중 하나가 되며, 주변 지역의 행정적인 좌소가 되는 갈릴리 해양 산업의 중심지였음을 암시한다.[14] 고고학자들은 막달라의 1세기 유적지에서 항해를 위한 돛과 배젓기를 위한 노가 들어 있는 배를 묘사한 장식용 모자이크를 발견했다.[15]

상황잇기

예수의 갈릴리 사역에 전환을 가져다주는 장을 보여주는 곳에서 마태는 하나님 나라와 제자도의 형태를 특징짓는 세 주제를 분명하게 조명한다—하나님의 말씀의 수위권, 마음의 중요성, 모든 사람들을 위한 믿음의 필연성. 이 주제들은 내재적으로 나타났으나 예수와 종교지도자들과의 대결이 뜨거워질 때 표면적으로 부상한다. 제자들을 위한 하나님 나라의 삶은 인간의 종교적 노력을 통한 방식에서 떠날 것을 요구한다. 마태는 예수에 대항하는 이스라엘 백성들의 굳은 마음과 그들이 전통적인 종교 관행을 선호함은 예수가 점차적으로 그들로부터 돌아서서 참된 믿음을 가진 모든 사람들에게로 향하는 문을 준비하는 것으로 귀결시킨다.

하나님의 말씀의 수위권. 예수와 예루살렘의 종교지도자들간의 대결은 그들간에 가장 중요한 구분선을 조명해준다—어떤 다른 권위보다도 하나님의 말씀이 우선됨. 마태는 청중들이 바리새인의 전통을 잘 알고 있음을 전제한다.[16] 바리새인들과 서기관들은 구약성경을 당대의 삶과 연관짓고자 하는 교사와 해석자들의 오랜 역사에서 출현했다. 유대인들은 성전이 파괴된 후 포로로 잡혀가 있는 동안에, 죄에 대한 희생제사에 관한 구약의 규정이 무용지물로 보였다. 그러므로 유대 해석자들은 정결에 대한 하나님의 뜻을 이룬다고 믿었던 방식으로 일상적인 삶에 대한 규

Arav, "Magdala," *Jesus and His World*, 189-90.

13. *Migdal Nunya*의 첫 음절의 생략이 달마누다(Dalmanutha, 막 8:10)와 유사한 Dalnunya 형을 발생시킨다고 추측한다; 참조. Gundry, *Matthew*, 322; Blomberg, *Matthew*, 247 n. 87.
14. James F. Strange, "Magdala," *ABD*, 4:463-64.
15. Dodo Joseph Shenhav, "Loaves and Fishes Mosaic Near Sea of Galilee Restored," *BAR* 10(1984): 22-31. 여기서부터 일 마일 가량 떨어진 데서 1세기의 고기 잡는 배를 발견했다(4:21의 주석을 보라).
16. 이것은 이 논쟁의 배후에 있는 청중들을 설명하면서, 바리새인의 관습에 대해 확장된 묘사를 주고 있는 마가복음과는 다르다.

정을 적용시키는 교육과 해석을 발전시켰다. 랍비들은 합의가 이루어질 때까지 어느 해석이 권위적인지를 서로 논쟁했다.[17]

예수는 장로들의 전통의 권위적인 위치가 더욱더 발달하고 있음을 보시고, 쓰여진 하나님의 말씀과 전통과의 충돌에 대해 바리새인과 서기관들을 공박하신다. 일부 전통들은 구약성경의 요구와 충돌함으로 그들은 의도적으로 그러한 전통들을 버려야 한다. 하지만 슬프게도 그들은 하나님과의 올바른 관계를 이루는 방법에 대해 자신들의 전승에 사로잡혀 성경과의 충돌을 보지 못하고, 하나님 말씀의 진리에 반하여 마음이 굳어져 있다.

예수의 선포는 단호하다. 오직 하나님의 말씀만이 모든 실제적 영역에 대한 진리의 최종적 진술이다. 말씀만이 종교적, 사회적, 관계적, 윤리적, 정치적, 그 어느 것이라도 하나님의 말씀이 최고의 결정권을 갖는다. 모든 인간의 전승, 가르침, 해석, 추론 등은 하나님의 쓰여진 말씀 앞에 부복해야 한다.

하지만 예수는 모든 바리새인들이 필연적으로 그들의 전통을 실천하거나 악한 이면적 동기를 갖고서 하나님을 경배하고 있다고 말하지는 않으신다.[18] 하지만 많은 바리새인들이 부모들에 대한 의무를 의도적으로 회피하지 않는 선한 믿음으로 맹세하고 있었다 할지라도, 그들의 맹세가 결과적으로 부모들을 공경하는 것과 상충됨을 깨닫지 못한다. 전통을 지키려는 그들의 열성이 구약성경에서 하나님이 뜻하시는 마음으로부터의 참된 헌신을 대체했다. 그들이 예수와 제자들에게 정결법 가운데 하나로 문제를 만들고 있을 때, 그들의 행위가 하나님의 본래 목적에 반하는 강퍅한 마음에서 나오고 있음을 보여준다.

예수의 선언을 들었던 일부 사람들은 구약성경의 말씀과 상충되는 장로들의 전통을 인식했다. 니고데모와 같은 바리새인들은 예수가 구약성경을 참되게 이해하고 있음을 알았기에 제자가 되었다(요 3:1-9; 7:50-51; 19:38-39). 나중에 바리새인의 핵심 멤버였던 사울이 부활하신 그리스도를 만났을 때, 극적으로 회심하여 인간의 전통들은 모두 예수 그리스도의 복음 앞에 부복해야 한다는 것을 깨달았다(참조. 갈 1:13-16). 사도로서 바울은 "누가 철학과 헛된 속임수로 너희를 사로잡을

---

17. A.D 70년에 예루살렘과 성전의 영구적인 파괴와 유대인의 이산이 있은 후에 구약성경을 일상생활과 관련하여 적용하고자 하는 필요가 더욱더 언급되었고, 궁극적으로 장로들의 매는 전통은 성문화되어 미쉬나를 낳았다.

18. 악한 동기는 가난한 부모에게 유용한 것을 주어야 하는 의무를 의도적으로 피하려 하는 아들과 같다. 이 악한 아들은 장래에 어떤 것을 하나님께 드릴 것이므로, 다른 이에게 그것을 주는 것을 금한다. 결국 이 아들은 자신을 위해서 그것을 소유하고 사용한다. 그는 의도적으로 부모에 대한 의무를 지키지 않는다.

까 주의하라 이것은 사람의 전통과 세상의 초등학문을 따름이요 그리스도를 따름이 아니니라"(골 2:8)고 경고한다.

이것은 모든 전통이 본래부터 잘못되었음을 가정하고 있지 않다. 바울은 동일한 용어인 전통('파라도시스')을 사용하여 그가 교회에 전수한 복음 진리를 언급하고 있으며(고전 11:2; 살후 2:15; 3:6), 관련된 동사인 '파라디도미'로 그가 받아서 교회에 전수한 십자가와 부활에 관한 근본적인 진리를 언급한다(고전 15:1). 또한 전통은 이전 세대의 가르침을 전하는 유익한 방식이므로 각각의 새로운 세대는 교리적 진리의 잘 알려진 틀을 다시 창안할 필요가 없다. 이런 형태의 올바른 전통과 유대교 내에서 발전된 전통간에 본질적인 차이는 예수가 성육하셨다는 사실에 있다. 예수는 하나님의 계시의 구현이시다. 따라서 바울은 자신이 받아서 교회에 전수한 전통은 메시아 예수의 계시를 통해서 하나님에게서 나왔다고 선언한다. 그것이 일반적인 전통과의 중요한 차이다.

결정적인 특징은 구약성경에 선포되고 예수의 사역에서 완성되며, 사도적 메신저들을 통해 계시된 하나님의 말씀의 수위권이다. 예를 들어, 바리새인과의 대결에서 가족과 관련한 하나님의 진리에 대한 예수의 말씀은 그가 다른 곳에서 말씀하신 반대되는 우선순위와 비교해야 한다. 가족에 대한 전통적인 의무를 유대인들이 대단히 소중하게 여겼기 때문에 예수는 제자들과 제자들이 되려는 자들에게 부모에 대한 의무가 그를 따르고 주인으로서 그를 존경하는 것을 대체할 수는 없음을 주의시키시면서 도전하셨다(참조. 8:21-22; 10:34-39; 참조. 눅 14:26). 믿음의 일차적인 훈련의 토대로서 생물학적인 가족의 역할이 재차 강조되어야 하지만, 하나님 아버지의 뜻에 대한 예수의 선포는 보충적인 영적인 가족을 낳으며, 생물학적인 가족이 그것을 대신할 수는 없다(12:46-50의 주석을 보라).

예수의 주된 강조는 모든 전통들은 하나님의 말씀의 수위권에 순복해야 한다는 것이다. 전통이 하나님의 쓰여진 말씀보다 위에 서거나 대체할 때, 그 전통은 잘못된 것이다.

마음의 중요성. 예수는 개인의 삶에서 마음의 역할에 대한 가르침에서 외적인 것과 내적인 것을 반복해서 대조시키신다. 마음이 청결한 자는 하나님을 볼 것이지만(5:8), 바리새인과 서기관의 위선적인 자기 의는 하나님 앞에서 보상을 받지 못할 것이다(참조. 5:20; 6:1-18). 유대 지도자들을 능가하는 마음의 정결과 의는 예수의 부르심에 순종하여 회개하고 천국에 들어감을 통해서 온다(5:20의 주석을 보라). 율법과 선지자를 예수가 완성시킨다는 마음으로부터의 순종에서 천국 생활의 의를 발견할 수 있다(참조. 5:17, 28; 참조. 5:21-48). 어떤 이가 외적으로 중요시하는 것이 그 사람의 내적인 마음의 가치와 우선순위를 드러낸다(6:21).

종교적인 율법적 활동으로 인한 외적인 피곤함과 짐은 예수의 마음의 온유함을 짊어지는데서 발견할 수 있는 영혼의 쉼을 가져올 수 없다(11:28-30). 사람의 말이 선한 내적인 마음에서인지 악한 내적인 마음에서인지를 외적으로 증거해 준다(12:34-35). 궁극적으로 사람의 마음에 심겨진 하나님의 말씀의 씨가 그 사람이 천국 메시지를 받았는지 천국 메시지에 대항하는 굳은 마음을 갖고 있는지를 외적으로 드러내준다(13:10-23).

하나님의 말씀을 전통보다 위에 놓고 종교적인 정결을 추구하는 바리새인들을 예수가 책망하실 때, 그는 핵심적인 문제—그들의 마음—를 지적하신다. 인간의 본성적인 마음의 악함은 잘 알려져 있었다. 예레미야 선지자는 "만물보다 거짓되고 심히 부패한 것은 마음이라 누가 능히 이를 알리요마는"(렘 17:9)이라고 솔직하게 선언한다. 새로운 마음을 위한 바람은 악한 영을 새롭게 하는 것이어야 한다(겔 18:31). 바리새인들은 이것이 하나님이 바라시는 것임을 알고 있었지만 잘못된 순서에 집착한다. 하나님의 율법은 어느 날 마음에 쓰여질 것이지만(렘 31:33), 바래새인들은 마음을 정결하게 하기 위해서 의식적인 정결례의 외적 율법에 집중한다. 그러므로 예수는 외적인 준수가 아니라 악한 마음을 고치는 것이 제일 먼저 이루어져야 한다고 선포하신다. 모든 악한 생각과 행동과 말이 나오는 것이 마음에서부터이기 때문이다(마 15:18-19).

이것은 예수의 제자도의 두드러진 특징이다. 자신의 피로 새로운 언약을 제정하심으로써 예수는 이스라엘과 온 인류가 바라는 새로운 마음을 가져오신다. 이 내적인 변화는 인간의 법이 아니라 성령에 의해 능력이 부여되며, 위선적인 율법주의가 아니라 마음으로부터의 진정한 순종을 낳을 것이다. 에스겔은 이렇게 예언한다: "또 새 영을 너희 속에 두고 새 마음을 너희에게 주되 너희 육신에서 굳은 마음을 제거하고 부드러운 마음을 줄 것이며 또 내 영을 너희 속에 두어 너희로 내 율례를 행하게 하리니 너희가 내 규례를 지켜 행할지라"(겔 36:26-27).

마음으로부터 전 인격에 미치는 안에서 바깥으로의 변화를 어떻게 수행해야하는가는 예수와 믿음의 새로운 공동체에 달려 있다. 이에 대한 몇몇 암시를 이어지는 내러티브에서 발견할 수 있다. 거기서 예수는 다른 신자들을 용서하는 것이 마음으로부터 출원하며(18:35), 하나님과 이웃에 대한 사랑도 마음으로부터 사랑이 시작되어야 한다는 것을 선포하신다(22:37-40). 이것은 신자들의 공동체에서 예수에 대한 제자도가 어떠해야 하는가를 풍성하게 예조한다.

모든 백성들을 위한 믿음의 필연성. 이 장에서 마태는 하나님 나라를 시작시킨 분으로서 메시아 예수에 대한 참된 믿음이 인종, 국적, 성이 무엇이든 간에 모든 사람들에게 필요하다는 것을 강조한다. 예수의 천국 초대를 제일 먼저 듣고 받는 특권이 부여된 유대 갈릴리의 사람들은 기회가 주어졌으나, 그 판결이 분명해졌다. 예수의 고향 마을인 나사렛처럼 그들은 예수의 메시지에 대하여 마음을 굳게 하였다.

이와는 대조적으로 제자들은 믿음을 가진 자로서 특징지어진다. 설사 그 믿음이 발전하는 과정에 있을지라도 말이다. 어떤 때에는 그들의 믿음이 효과적이고, 또 다른 때에는 비효과적이다. 베드로는 폭풍우 이는 바다를 걸을 수 있도록 부름을 받음으로써 예수의 참된 신분을 믿는 것에 대한 보상을 받았지만, 그의 "적고" 비효과적인 믿음은 물에 가라앉게 만들었다(14:27-31). 제자들의 믿음은 예수가 바다를 잔잔하게 했을 때 예수를 경배하게 했지만(14:32-33), 예수를 믿는 그들의 믿음은 백성들의 필요를 공급하시는 그의 능력을 이해하는 것으로 온전하게 확장되지 못했다. 그들은 5천명을 먹이신 것에서 예수의 능력에 관한 교훈을 얻지 못하였다. 4천명을 먹일 수 있는 자원을 어디에서 얻을 수 있을 것인가를 얼마 안 있어 예수에게 의문하기 때문이다(참조. 14:15-21; 15:33).

그러나 가나안 여인은 "커다란 믿음"의 소유자다. 그 믿음은 그녀의 딸을 고쳐달라는 간청에 예수가 응답하는 보상을 얻는다(15:28). 커다란 믿음은 양이 많음을 의미하는 것이 아니라, 어떠한 환경과 곤란에 직면해서도 하나님의 말씀과 뜻을 요동함이 없이 신뢰하는 것을 의미한다. 이런 인내하는 이방인 어머니의 믿음은 이방인 지역에서 인간을 위한 하나님의 말씀과 뜻을 분명하게 이해하는 데서 나오는 불편한 마음에도 불구하고, 그녀가 딸의 치유를 얻기 위한 확고한 결심을 지닌 사람임을 알려준다. 그녀가 예수의 진정한 신분과 사명에 열려 있음이 치유하시는 예수의 사역이 있게 만든다. 그녀는 믿음의 핵심적인 요소인 삶의 실제와 목적으로서 하나님의 계시와 뜻을 받아들인다. 마태는 전혀 그럴 것 같지 않은 사람과 지역에서 참된 믿음의 필연성을 조명한다. 그것은 모든 세대의 남녀들에게 소망을 제공한다. 예수의 사랑의 돌보심은 그의 말씀과 뜻을 삶의 실제와 목적으로 받아들이는 모든 이들에게 해당된다.

현대적 의미

상황잇기에서 설명한 세 가지 영역은 하나님의 말씀을 어떤 다른 전통이나 권위가 대체할 수 없으며, 삶을 변화시키는 하나님의 역사는 마음에서 시작해서 바깥으로 진행되며, 믿음은 우리의 삶에서 하나님이 구원하시고 치유하시고 어루만지시는 통로임을 깨닫게 한다. 종교개혁에서 이 세 가지 명쾌한 소리는 '솔라'(오직)라는 핵심적인 교의로 표명되었다: 솔라 스크립트라(오직 성경), 솔라 그라티아(오직 은혜), 솔라 피데이(오직 믿음). 성경만이 사람들을 위한 권위가 있다. 교회와 공의회가 아니다. 구원은 오직 은혜에 의한 마음속에 하나님의 역사다. 우리는 이 구원을 오직 믿음으로 얻는다. 행위와 교회와 성례가 아니다.

하나님의 말씀의 궁극적 권위. 수세기를 통해서 사람들은 인생을 위한 하나님의 뜻을 발견하려고 노력했다. 그런 탐구는 개인적인 차원에서 그리고 공동체적인 차원에서 시행되고 있다. 이 탐구는 우리 삶의 최종적인 권위로서 성경의 일상적 역할에서 궁극적으로 응답되어야 한다.

그러나 오늘날 어떤 이들은 하나님의 뜻을 인간의 영적 경험을 통해 발견하려고 한다. 성경이 그들에게 중요하기는 하지만 사주 인간의 지식이나 이성 또는 경험이 최종적인 판단을 한다. 성경의 완전 영감을 부인하는 사람들은 겉보기에 모순되어 보이는 성경의 구절들을 그들의 오성에 융합할 수 있는 방식으로 판단한다.

성경의 거룩한 영감에 대해 높은 견해를 가질 것을 주장하는 사람들은 현대 세계와 관계가 없어 보이는 옛 문화적 가치들을 반영하는 가르침들을 배격한다. 일부 그룹들의 격앙케 하는 사례는 동성연애의 관행이다. 서양 문화의 많은 지역에서 동성연애 활동이 용인되고, 용서되고, 보호되고 있다. 어떤 주요한 교단들 내에는 성직자들에게서도 용인할 수 있는 라이프스타일로 동성연애를 선언하는 그룹들이 포함되어 있다.[19] 그러한 대의의 주창자들은 자신들의 추론과 경험으로 성경의 가르침을 부인하게 만든다. 이런 경우에 인간의 이성과 경험이 성경보다 더 권위가 있게 된다.

여전히 또 다른 사람들은 하나님의 뜻을 다양한 교회 전통을 통해 명료하게 하

19. 예를 들어, 장로교회 내의 한 그룹(PC, USA)이 수년 동안 장로교회(USA)의 헌법에서 성직 후보자에게 요구하는 조항인 "남자와 여자간의 결혼의 서약 속에서 정절을 지키거나 독신으로 있을 시에 정결함으로 살아야 한다"는 것을 삭제하는 수정안을 가결하려고 시도하였다. 이 수정안의 주창자들은 게이와 레스비언 장로교인들의 성직수임의 길을 열어놓기를 희망했다. 이것은 장로교 대회에서 끊임없이 부결되었지만 그 교단 내에서 계속해서 뜨거운 감자인 것으로 보인다. 이 논쟁에 대한 최근의 보고를 위해서는 http://www.pcusa.org/pcnews/02389.*htm*을 보라.

려고 한다. 종교개혁의 투쟁이 이런 문제에 맞추어져 있다. 로마 가톨릭 교회의 권위적인 가르침이 성경 계시와 동등한 차원으로 고양된다. 최근에 존 폴 2세 교황이 주도한 '가톨릭 교회의 교리'는 복음의 거룩한 계시가 두 형태(즉, 거룩한 성경과 교회의 지도적 전통)로 전달된다고 재확인했다.[20] 전승의 권위를 높이 올려놓는 일은 정통(Orthodox) 교회에서도 발견할 수 있다. 역사적인 세계 공의회의 교의적 정의는 오류가 없다고 간주하고 성경과 동등한 권위가 있는 것으로 나란히 둔다.[21]

당시의 종교 지도자들, 특히 사두개인들의 정치적 합리주의와 바리새인들의 종교적 권위주의와의 예수의 대결은 우리시대에 하나님의 뜻을 올바르게 이해하는 일의 지침을 제공한다. 성경에 계시된 하나님의 말씀은 구원과 영적인 삶을 위해 필요한 모든 것을 포함하는 유일한 권위로서 이해해야 한다. 말씀을 어느 인간의 전통보다도 높이 두어야 한다(15:2-9). 우리가 일상생활과 신앙 공동체의 삶을 위한 하나님의 뜻의 분명한 이해를 얻는 것은 하나님의 말씀 속에서다. 교사와 설교자 그리고 교리 서술서는 개인과 교회에 유익한 가이드이지만 성경이 최종적인 권위로 항상 견지되어야 한다.[22]

실제적인 방식에서 우리는 세상의 말과 하나님의 말씀을 비교하고, 하나님이 우리의 매일의 선택과 우선순위 그리고 삶의 표준에 대해 무엇을 말씀하시는가에 항상 귀기울임으로써 이것을 이룰 수 있다. 이것이 성장의 수단으로 예수가 명하신 모든 것을 순종하도록 새로운 제자들을 가르치라는 대위임에서 정확히 예수가 말씀하신 지침이다(28:20). 우리는 하나님 말씀의 가르침을 얻고 순종하는 삶의 습관을 발전시켜야 한다.

이것은 단순히 학문적인 취득이 아니다. 하나님의 말씀과 상호 작용하는 것은 영적인 활동이기 때문이다. 히브리서 4:12을 유념하라: "하나님의 말씀은 살아 있고 활력이 있어 좌우에 날선 어떤 검보다도 예리하여 혼과 영과 및 관절과 골수를 찔러 쪼개기까지 하며 또 마음의 생각과 뜻을 판단하나니." 우리가 어느 주제에 관한 하나님의 가르침을 얻을 때, 그것은 인생에서 우리의 가치와 동기와 목적을 바꾸어놓는다. 우리는 하나님의 뜻대로 살므로써 죄된 습관에서 자유로워야 한다. 우리의 전 인격—육체적, 정신적, 감정적/사회적, 영적—이 하나님의 뜻과 성품에

---

20. *Catechism of the Catholic Church*(Mahwah, N.J.: Paulist, 1994), par. 81.
21. 예. Timothy Ware, *The Orthodox Church*(London: Penguin, 1993), 202.
22. 이 문제에 대한 도움되는 개관을 위해서는 Robert L. Saucy, *Scripture: Its Power, Authority, and Relevance*(Nashville: Word, 2001), 230-40을 보라.

순응해야 한다.

하나님의 말씀에 대한 마틴 루터의 헌신은 종교개혁에 헌신할 수 있는 강한 힘을 배양케 했고, 삶을 변화시키는 강한 능력을 얻었다.

> 하나님의 약속이 거룩하고, 진실하고, 의롭고, 자유롭고, 평화로운 말씀과 선으로 가득 차 있기에 확고한 믿음으로 그 약속을 붙드는 영혼은 그것과 긴밀하게 연합되고 전적으로 그것에 흡수되어 그 모든 능력을 공유할 뿐 아니라, 그 약속으로 충만하고 열정을 갖게 된다. 그리스도의 어루만짐이 치유를 이룬다면, 이 가장 온유한 어루만짐, 즉 이 흡수하시는 하나님의 말씀은 그 말씀에 속한 모든 것들을 그 영혼과 교감하게 할 것이다.[23]

일상생활에서 하나님의 말씀의 능력과 역할에 대한 루터의 묘사는 역시 온유한 어루만짐을 기다리는 우리 모두에게 교훈이 된다.

마음으로부터의 변화. 인간의 전통을 하나님의 말씀보다 높게 올려놓는 바리새인을 예수가 정죄하심은 긴급한 문제를 밝혀준다—사람의 마음의 악은 종교적인 활동으로 정결해질 수 없다. 구약성경의 선지자들과 마찬가지로 바리새인들도 인간의 마음의 악한 성향이 원죄의 타락 하에 살고 있는 사람들에게 본질적이라는 것을 알고 있었을 것이나, 그들이 종교 의식을 통해서 이 문제를 보속하려는 시도는 무익한 것이다.

예수가 여기서 완전한 설명을 주지는 않으시지만, 새 언약의 중생한 마음을 가져오시는 성령의 역할과 관련한 그의 후대의 가르침과 사도들의 가르침에 대한 길을 준비하신다(예. 26:27-29; 요 13-16장, 딛 3:4-7; 요일 4:21). 하나님에 대하여 무감각한 마음이 영적인 마음이 기능하는 것처럼 변화하여 기능할 수 있는 것은 이런 성령의 활동을 통해서다. 하나님의 중생하시는 역사를 필요로 하는 자는 무엇보다도 불신자들이지만, 하나님의 계속된 성화의 역사를 경험하는 신자들의 경우에서도 필요하다.

영적인 마음은 두 가지 방식으로 무감각해진다. (1) 하나님이 우리로부터 원하시는 것을 아니오라고 말할 때 안에서부터 마음이 굳어진다. 우리가 죄를 지을 때 마음이 더욱 굳어진다. 우리를 깨닫게 하는 성령에 저항한다. 우리가 죄에 대해서

23. Martin Luther, "The Freedom of a Christian," *Luther's Works*, 31:349; cited in Saucy, *Scripture*, 238.

하나님께 아니오라고 말하는 상태로 살고 있는 한 마음을 더욱더 굳게 만든다.

(2) 하지만 상처받은 일에서 우리를 보호하려고 할 때 외부에 대해서 굳은 마음을 가질 수 있다. 이 글을 읽고 있는 모든 사람들이 다른 사람들에 의한 상처를 갖고 있고, 우리의 삶에 고통을 가져다줄 수 있는 사람들에 대항하여 마음을 굳게 함으로써 다시금 상처를 받지 않으려고 자주 시도한다. 이런 종류의 굳은 마음은 자신을 보호하려는 수단으로 두려움과 교만 또는 비통함을 낳는다.

우리가 굳은 마음을 가리울 수 있기 때문에 자신에 대해서 순전히 정직해야 한다. 굳은 마음을 가리는 주요한 방법 중 하나는 종교의 외적 행위의 뒤로 숨는 것이다. 오늘날 교회에서 굳은 마음을 가진 사람들이 많다. 그들은 정규적으로 교회에 출석하고 신앙적인 것처럼 보이지만 실상 그들의 마음은 하나님과 하나님의 백성들에 대하여 굳은 마음을 갖고 있다. 또한 굳은 마음을 화려한 활동으로 가릴 수 있다. 그 활동이 설교든, 찬양이든, 기도하는 것이든 말이다. 종교적인 마음의 질병은 그 질병을 갖고 있는 사람들에게는 자주 보이지 않는다. 그 질병들이 사람의 영적인 건강을 갉아먹고, 치유 대신에 질병을 가중시키는 종교적인 활동에 의해 가려질 수 있다. 위에서 지적한 것처럼, 예수는 위선으로 굳은 마음을 감추고 있는 당대의 종교 지도자들을 호되게 비판하신다.

영적인 마음의 질병의 유일한 치료책은 삶에 침투하여 변화케 하는 하나님 나라의 역사를 통해서 이루어진다. 예수가 우리의 마음에 성령의 능력을 풀어놓으실 때, 우리의 사상, 행동, 감정, 그리고 관계에 영향을 주기 시작하는 내적인 변화를 경험하게 될 것이다.

예수는 순종의 중요성을 망각하지 않으신다. 사랑의 하나님 나라의 능력으로 중생한 마음에 기초하지 않은 의로운 행위는 그 행위의 도덕적 가치를 상실한다. 존 파이퍼가 정확하게 질문한 것처럼, 기념일을 맞이해서 자신의 의무이기 때문에 아내에게 장미를 선사하는 것과 아내에게 작은 헌신의 모습을 보이는 것을 기뻐하기 때문에 장미를 선사하는 것 중에서 무엇이 도덕적으로 더 좋은 행위이며, 어느 것을 아내가 더 감사하겠는가?[24] 하나님에 대한 우리의 삶과 그에 대한 예배도 그와 같다. 존 파이퍼는 주장한다.

---

24. John Piper, *Desiring God: Meditations of a Christian Hedonist*, expanded ed. (Sisters, Ore.: Multnomah, 1996), 83-84.

하나님의 실제가 말씀 속에서 우리에게 나타나고 있는데 우리가 마음속에 어떤 슬픔이나 간절함이나 소망이나 두려움이나 경건이나 기쁨이나 감사나 확신을 느끼지 않는다면, 기분 내키는 대로 의무적으로 찬양하고 기도하며 낭송하고 시늉하는 것이다. 그것은 참된 예배가 아니다. 우리의 "마음이 하나님으로부터 멀어져 있다면" 하나님을 존귀하게 할 수 없다.[25]

1세기의 바리새인이건 21세기의 율법주의자이건 신앙적인 순종은 마음에서 우러나오는 것에 따라서 가치가 있다.

커다란 믿음을 가진 자와 감사하지 못하는 특권자들. 이 구절에서, 예수가 비이스라엘 사람이기 때문에 이 여인의 간청을 무시하려고 하는 것에 처음에 충격을 받을 수 있다. 그리하여 일부 비평가들은 인종적인 민감성을 결여하고 있다고 예수를 비판하지만,[26] 위에서 지적한 것처럼 예수는 이방인에 대한 인종적 편견을 보이고 계신 것이 아니라 이스라엘에 대한 구원 역사적인 우선순위를 말씀하고 계신 것이다. 그의 선교는 우선해서 이스라엘이고, 그 다음에 이스라엘을 통해 전 세계가 복을 받는 것이다. 예수는 이런 계획을 발전시키지만, 여기서 전 세계(28:19)와 온 민족의 무리들(21:43)을 향한 폭넓은 시계를 단지 맛을 볼뿐이다.

지상 사역 동안에 예수가 이스라엘의 특별한 우선순위를 거두어들이시고 있다는 실제적인 증거는 없지만,[27] 우리는 이스라엘의 인종적 한계를 넘어서 비이스라엘 사람인 이방 여인에게 도움을 주고 있는 것에서 예수가 뜻하고 있는 암시를 엿볼 수 있다(또한 백부장의 종을 참조하라, 8:5). 이것이 예수의 마음을 보여준다. 목자 없는 양같이 유리하는 이스라엘의 무력하고 괴로워하는 사람들에게 긍휼을 베푸신 것과 동일한 방식으로(9:36), 예수는 소망의 부스러기도 없는 개와 같은 여인과 어린 딸에게 긍휼을 보이시고 이에 반응하신다. 두 경우에 예수의 반응은 믿음의 눈으로 보고 반응하는 열린 마음을 가진 사람들에게 해당한다. 예수를 먼저 보고 듣는 특권을 가진 이스라엘 사람들의 대다수는 궁극적으로 예수를 거부한다. 따라서 커다란 믿음을 가진 이 여인은 우리에게 적절한 경고와 교훈을 준다.

---

25. Ibid., 83.
26. 예. Beare, *Matthew*, 341-42.
27. Frederick W. Schmidt, "Jesus and the Salvation of the Gentiles," in *Through No Fault of Their Own? The Fate of Those Who Have Never Heard*, ed. William V. Crockett and James G. Sigountos(Grand Rapids: Baker, 1991), 97-105.

특권은 책임을 요구하고 예수의 신분과 사명을 믿는 믿음은 천국의 복을 어루만지게 된다. 이 복은 재산의 복이나—아마도 이 여인은 부를 갖고 있었을 것이다—건강의 복이 아니다. 어머니는 아무것도 받지 않았고 그녀의 어린 딸도 결과적으로는 육체적으로 죽게 될 것이다. 오히려 백부장처럼, 커다란 믿음을 가진 이 이방인 여인은 천국으로의 예수의 부르심에 응답하는 모든 곳의 사람들이 누릴 구원의 종말론적 향연의 약속을 미리 맛보고 있다(8:10-12).

나는 물질적으로나 육체적으로 커다란 특권 속에서 살고 있다. 복음을 자유롭게 선포할 수 있는 문화에서 자라는 축복을 얻었다. 하지만 이 특권이 영적인 실제를 방해할 수 있다. 하나님 나라의 복은 우리의 전형적인 특권 개념을 뒤바꾸어 놓는다. 나는 온 세상에서 커다란 믿음을 가진 여러 종류의 사람들을 보면서 상당히 감동을 받는다. 필리핀의 마닐라 외곽 슬럼가에 살고 있는 가난한 교인들의 환한 모습은 그리스도의 새롭게 하시는 영생을 경험한 그들의 특권을 인식함에서 온다. 중앙 아시아의 회교 나라에서 일단의 목사 그룹들의 끊임없는 용기는 예수의 이름으로 고난받는 "선물"을 누리는 데서 온다. 이 세상에 있는 병원의 중환자실에 있는 환자의 헤아릴 수 없는 평안은 부드러운 손으로 그들의 영혼의 건강을 쥐고 계신 분이 그들을 사랑하고 있다는 인식에서 온다.

인내하는 어머니의 놀라운 이야기는 예수가 결사적인 필요로 그에게 나아오는 용기를 가진 사람들에게 항상 반응하신다는 것을 우리에게 경각시키고 교훈하신다. 참된 특권은 믿음으로 예수에게 열려 있음으로 말미암아 오기 때문이다.

마태복음 16:1-28

1 바리새인과 사두개인들이 와서 예수를 시험
하여 하늘로부터 오는 표적 보이기를 청하니
2 예수께서 대답하여 이르시되 너희가 저녁에
하늘이 붉으면 날이 좋겠다 하고
3 아침에 하늘이 붉고 흐리면 오늘은 날이 궂
겠다 하나니 너희가 날씨는 분별할 줄 알면
서 시대의 표적은 분별할 수 없느냐
4 악하고 음란한 세대가 표적을 구하나 요나의
표적밖에는 보여 줄 표적이 없느니라 하시고
그들을 떠나 가시니라
5 제자들이 건너편으로 갈새 떡 가져가기를 잊
었더니
6 예수께서 이르시되 삼가 바리새인과 사두개
인들의 누룩을 주의하라 하시니
7 제자들이 서로 논의하여 이르되 우리가 떡을
가져오지 아니하였도다 하거늘
8 예수께서 아시고 이르시되 믿음이 작은 자들
아 어찌 떡이 없으므로 서로 논의하느냐
9 너희가 아직도 깨닫지 못하느냐 떡 다섯 개
로 오천 명을 먹이고 주운 것이 몇 바구니며
10 떡 일곱 개로 사천 명을 먹이고 주운 것이 몇
광주리였는지를 기억하지 못하느냐
11 어찌 내 말한 것이 떡에 관함이 아닌 줄을 깨
닫지 못하느냐 오직 바리새인과 사두개인들
의 누룩을 주의하라 하시니
12 그제서야 제자들이 떡의 누룩이 아니요 바리
새인과 사두개인들의 교훈을 삼가라고 말씀
하신 줄을 깨달으니라
13 예수께서 빌립보 가이사랴 지방에 이르러 제
자들에게 물어 이르시되 사람들이 인자를 누
구라 하느냐
14 이르되 더러는 세례 요한, 더러는 엘리야, 어
떤 이는 예레미야나 선지자 중의 하나라 하
나이다
15 이르시되 너희는 나를 누구라 하느냐
16 시몬 베드로가 대답하여 이르되 주는 그리스
도시요 살아 계신 하나님의 아들이시니이다
17 예수께서 대답하여 이르시되 바요나 시몬아
네가 복이 있도다 이를 네게 알게 한 이는 혈
육이 아니요 하늘에 계신 내 아버지시니라
18 또 내가 네게 이르노니 너는 베드로라 내가
이 반석 위에 내 교회를 세우리니 음부의 권
세가 이기지 못하리라
19 내가 천국 열쇠를 네게 주리니 네가 땅에서
무엇이든지 매면 하늘에서도 매인 것이요 네
가 땅에서 무엇이든지 풀면 하늘에서도 풀리
리라 하시고
20 이에 제자들에게 경고하사 자기가 그리스도
인 것을 아무에게도 이르지 말라 하시니라
21 이 때로부터 예수 그리스도께서 자기가 예루
살렘에 올라가 장로들과 대제사장들과 서기
관들에게 많은 고난을 받고 죽임을 당하고
제삼일에 살아나야 할 것을 제자들에게 비로
소 나타내시니
22 베드로가 예수를 붙들고 항변하여 이르되 주
여 그리 마옵소서 이 일이 결코 주께 미치지
아니하리이다
23 예수께서 돌이키시며 베드로에게 이르시되
사탄아 내 뒤로 물러 가라 너는 나를 넘어지
게 하는 자로다 네가 하나님의 일을 생각하
지 아니하고 도리어 사람의 일을 생각하는도
다 하시고
24 이에 예수께서 제자들에게 이르시되 누구든
지 나를 따라오려거든 자기를 부인하고 자기
십자가를 지고 나를 따를 것이니라
25 누구든지 제 목숨을 구원하고자 하면 잃을

것이요 누구든지 나를 위하여 제 목숨을 잃
으면 찾으리라
26 사람이 만일 온 천하를 얻고도 제 목숨을 잃
으면 무엇이 유익하리요 사람이 무엇을 주고
제 목숨과 바꾸겠느냐
27 인자가 아버지의 영광으로 그 천사들과 함께
오리니 그때에 각 사람이 행한 대로 갚으리라
28 진실로 너희에게 이르노니 여기 서 있는 사
람 중에 죽기 전에 인자가 그 왕권을 가지고
오는 것을 볼 자들도 있느니라

원 의미

16장은 마태복음에서 중추적인 장이다. 예수의 메시아적 사역에 대한 유대 종교지도자들의 상승하는 반대(12:9-14, 22-37)와 지역의 정치적 리더의 점차적인 위협(14:1-13)이 있게 되자, 예수는 자신의 유일한 신분과 사명을 보다 분명하게 이해할 수 있도록 제자들을 돕는 것으로 방향을 돌리신다. 자기 백성들 중에서 존경을 받고 있지는 못할지라도 그는 선지자이시다(13:53-58). 백성들이 예수의 지상사역을 잘못 인식하고 있을지라도, 그는 이스라엘의 필요를 공급하고 치유하는 사랑이 많은 분이시다(14:13-21). 제자들이 예수를 온전하게 바라보는 것에 실패할지라도, 그는 물위로 걸으시고 폭풍우 이는 바다를 잔잔케 하신 경배를 받기에 합당한 하나님의 아들이시다(14:22-36). 그는 하나님의 말씀의 참된 교사이시다. 이것이 제자들의 사회적 안전을 위협할지라도 말이다(15:1-20). 예수는 이방인의 필요를 공급하고 치유하는 긍휼이 많은 분이시다. 설사 제자들이 그 사실을 때로 잊을지라도 말이다(15:21-31).

예수는 자신의 참된 신분의 위대함을 제자들이 이해할 수 있도록 지금까지 천천히 그들을 이끄셨다. 종교 지도자들과 무리들은 그를 메시아로서 인식할 수 있는 기회를 가졌으나 굳은 마음이 분명하게 예수를 보지 못하게 만든다(참조. 13:10-17). 그들은 더 이상의 표적을 받지 못할 것이다. 하지만 예수의 정체성과 사명에 열려 있는 제자들은 이제 예수의 신분을 가장 깊이 간파하는 계시를 하나님 아버지로부터 받는다(16:13-20). 나아가서 이 계시는 예수의 삶의 소명에 대한 계시를 그로부터 더 듣게 된다—그는 죽임을 당하고 다시 살아나실 것이다(16:21). 이것은 우리들이 보는 것처럼 제자들이 지금 이해하기에 쉬운 계시가 아니다. 제자들, 특히 베드로는 이해를 시도하지만 정작 이해하지 못한다. 그들은 하나님의 계시에 초점을 맞출 때 믿음으로 진보를 보이지만, 자신의 명철을 의존할 때 비틀거린다(16:22-23).

예수가 자신의 신분과 사명에 대하여 더 이상의 표적을 주시지 않다(16:1-4)

마가단에 도착하신 후 유대 영토로 돌아오신(15:39) 예수와 제자들은 종교지도자들을 다시 대면하신다. 아마도 이전에 예루살렘으로부터 온 주요한 사절단의 일원이었을 것이다(15:1). 하지만 이번에는 바리새인들이 사두개인과 연합한다. 그들이 자주 서로 적대적이었을지라도, 자신들의 리더십이 위협을 받는 것으로 보이자 힘을 합한다. 세례 요한이 광야에서 활동했을 때에 그리한 것처럼 말이다(참조. 3:7).

바리새인과 사두개인들이 하늘로부터 오는 표적을 보여달라고 예수에게 요청함으로써 그를 시험하려고 나아온다(16:1). "표적"('세메이온')은 확실한 메시지를 담고 있는 눈에 보이는 표지나 행위를 말한다. 히스기야가 이사야에게 자신의 치유를 보증하는 표적을 하나님으로부터 구했던 것과 같다(왕하 20:8-11; 사 38:7-8). 바리새인은 예수의 능력이 사탄으로부터 오는 것이 아니라 하나님으로부터 오는 것을 확증할 수 있는 증거로서 이전에 표적을 구했다(12:38-42의 주석을 보라).

하지만 표적을 다른 방식으로 해석할 수 있다.[1] 바리새인과 사두개인은 하늘에서 보여지는 것과 같은 하나님으로부터 표적을 구한다. 그들의 요청이 충분히 순수하다 할지라도, 마태는 그들이 좋은 신앙으로 그렇게 구하지 않고 있음을 강조한다. 그들은 예수를 "시험하고", "유혹하려"('페이라조') 하고 있다. 동일한 단어가 사탄이 예수를 시험한데서 사용되고 있다(4:1). 그들은 예수를 책잡기 위해 이용하려는 표적을 구한다.

예수는 그들의 계략을 아시고, 그가 이미 보이신 메시아적 신분과 사명에 관한 표적을 해명하도록 요청하신다(참조. 11:2-6): "너희가 날씨는 분별할 줄 알면서 시대의 표적은 분별할 수 없느냐." 자연과 가까이 살고 있는 사람들은 미래의 자연현상을 예조하는 일상적인 패턴과 그 패턴들의 불규칙성을 인식한다. 자연으로부터 그러한 신호를 포착하는 수많은 금언과 잘 알려진 표현이 있다. 예를 들어, 바다 사람들은 날씨의 패턴을 예견하는 발전된 처세훈을 가진 것으로 유명하다. 그들은 안전한 항해를 위해 매시간은 아닐지라도 매일 날씨를 유념한다. 따라서 "밤에 붉은 하늘은 항해자들에게 좋은 징조이고, 아침에 붉은 하늘은 항해자들에게 좋지

---

1. James D. G. Dunn, "Sign," *IBD*, 3:1450.

않은 징조"라는 잘 알려진 격언이 있다.

예수는 "하늘"(sky, '우라노스', 16:3)의 자연적인 현상에 종교지도자들이 익숙한 것과 그들이 요청하는 "하늘"(heaven, '우라노스', 16:1)로부터의 초자연적 현상을 대비시키기 위해서 문화적인 환경에서 이끌어낸 유사한 금언을 사용하신다. 하지만 그들은 영적으로 눈이 멀어 있어서 그것을 식별할 수가 없다. 유대 종교지도자들이 좋은 신앙을 추구하고 있지 않기 때문에, 예수가 그의 메시아적 권위를 제공할 수 있는 유일한 유효적 표적은 니느웨에 요나가 나타난 것과 같은 그의 부활이 될 것이다(12:40-41을 보라).

"요나의 표적"은 요나가 가져온 표적의 일종이 아니라 요나가 바로 그 표적이다. 그의 출현이 그의 메시지가 하나님으로부터 왔다는 것을 니느웨 사람들에게 증거한다(욘 3:1-5). 죽은 자 가운데서 예수가 부활하심은 그의 메시지를 듣는 세대에 심판의 표적이 될 것이다.[2] 요나의 설교로 회개했던 이방인 니느웨 사람들의 행위는 하나님 나라의 도래에 대한 예수의 선포에 회개하지 않는 모든 자들의 심판을 파생시키며, 완고하게 고집을 부리는 유대 종교지도자들이 여기에 포함된다(욘 3:1-5; 참조. 눅 11:29). 오순절의 극적인 설교에서 사도 베드로는 예수를 십자가에 못박은 이스라엘 집의 죄를 봉인하는 하데스(지옥)를 정복한 것으로서 예수의 부활을 지적한다(참조. 행 2:22-36).

예수는 많은 이적들을 공개적으로 이미 베풀었고, 그 중에 어떤 것은 제일 먼저 종교지도자들이 목격했다(참조. 12:9-14, 22). 믿음의 눈을 가진 사람들에게 예수의 기적은 메시아로서 그의 신분을 입증한다. 종교지도자들이 하나님의 메시지에 열려 있었다면, 그들은 예수가 진정으로 메시아라는 표적을 충분히 얻었다. 하지만 그들의 굳은 마음은 입증하는 이적의 능력을 배격하고 도리어 그가 사탄의 도구가 되었다는 비난의 근거로서 이 이적을 사용한다(12:24). 예수는 악한 그들의 동기를 인식하시고, 그들에게 더 이상의 공격수단을 제공할 수 있는 함정에 빠지지 않으신다. 마태는 "그들을 떠나가시니라"고 불길하게 이야기한다.

바리새인과 사두개인의 영적인 누룩(16:5-12)

갈릴리 바다를 다시 한번 건너신 예수와 제자들은 북서쪽 해변의 유대 지역에

2. Bayer, *Jesus' Predictions of Vindication and Resurrection*, 141-45, 182.

서 빌립보 가이사랴 지역으로 향하는 북동 해변의 이방인 지역으로 넘어가신다(참조. 16:13). 예수는 그의 갈릴리 사역의 대부분을 마치셨고, 남쪽 유다로의 여행을 준비하기 위해서만(참조. 19:1) 유대 갈릴리 지역(17:22, 24)으로 돌아가실 것이다.

제자들이 연장된 여행을 위해 양식을 가져오는 것을 잊었기 때문에(16:5-17:20), 예수는 자신을 함정에 빠뜨리려 했던 바리새인과 사두개인들에 대해서 가르치기 위한 기회로 삼으신다: "삼가 바리새인과 사두개인들의 누룩을 주의하라." 예수는 천국의 침투하는 본질을 대변하기 위해서 긍정적인 비유로서 누룩을 이전에 사용했었다(13:33의 주석을 보라). 이제 그는 부정적인 비유로 누룩을 사용하여 부패와 분열의 악이 선한 것에 침투하는 방식을 지적하신다(예. 출 12:8, 15-20).

이전에 천국의 신비에 관한 비유에서 누룩을 사용했으므로 제자들은 예수가 누룩을 다시금 비유적으로 사용하고 있다는 것을 이해했어야 했으나 물질적인 필요에만 몰두하여 예수의 영적 가르침의 지침을 간과한다. 예수에 대한 제자도는 그의 가르침에 영적으로 민감해져야함을 의미한다. 그들이 이해를 위한 영적인 눈과 귀를 가졌기 때문이나(13:10-17). 하지만 이런 이해부족은 그들이 아직 진정한 제자처럼 행동하지 않고 있음을 시사한다. 오히려 무리들처럼, 더 나쁘게 말하면, 바리새인과 사두개인처럼 행동하고 있다. 제자들은 예수의 신원을 확증하며 수용적인 귀와 마음을 가진 사람들에게 믿음을 불어넣기 위해서 의도된 이적을 기억하지 못했다.

하지만 예수는 제자들이 이해할 수 있는 의미로 실수하는 제자들을 인내로 이끄신다. "그제서야 제자들이 떡의 누룩이 아니요 바리새인과 사두개인들의 교훈을 삼가라고 말씀하신 줄을 깨달으니라." 바리새인과 사두개인의 누룩에 대한 예수의 가르침에 제자들이 열려 있음이 종교 지도자들이 예수와 그의 사명을 위협하고 있음을 이해하도록 이끈다.[3]

마태가 "바리새인과 사두개인들의 교훈[누룩]"을 언급하는 방식은 이 두 그룹이 공통적으로 갖고 있는 어떤 가르침을 암시한다. 예수는 바리새인과 사두개인의 가르침간에 상당한 차이가 있다는 것을 잘 아시고 있다(22:23-33의 주석을 보라; 또한 행 23:6-10을 보라). 예수는 바리새인과 사두개인이 전반적으로 동일한 신학적 개관을 공유하고 있다고 여기서 제기하고 있는 것이 아니라, 이 두 그룹이 자신

3. 필자는 Wilkins, *The Concept of Disciple in Matthew's Gospel*, 134, 165-66, 230-31에서 이 관점을 더 자세하게 탐구했다.

에 대하여 악한 공모를 획책하고 있음을 인식하신다. 그들은 예수를 대적하는 일에 협력하고 있다. 예수는 그들의 민족주의적인 기대를 이룰 수 없기 때문에 그들이 바라는 메시아적 성취자가 아니시다. 바리새인과 사두개인들은 열방들 중에서 이스라엘의 우주적인 탁월함을 정치적/군사적으로 이루는 것을 기대하고 있었다. 예수가 그들의 기대를 이룰 수 없기 때문에 이 그룹들은 무리들 심지어 제자들도 예수를 따르지 못하게 시도한다.

인자는 누구인가?(16:13-14)

예수는 갈릴리를 떠나 주요한 이방인 지역인 빌립보 가이사랴라 일컫는 갈릴리 바다 북-북동쪽으로 이동하신다. 이 지역은 속주의 왕인 빌립에 의해서 통치를 받고 있었다. 그는 헤롯 대제의 세 아들 중 하나다.[4] 빌립은 16살이었을 때 이 지역을 하사 받았고, 37년간을 통치하였다. 그는 헤로디아의 딸인 살로메와 결혼하였는데, 그녀는 헤롯 안티파스가 세례 요한을 참수하도록 야기했던 유명한 향연에서 춤을 추었던 여인이다(참조. 14:6-11; Josephus, *Ant.* 18.5.4§§136-37).

예수와 제자들이 그곳으로 건너갈 즈음에 빌립보 가이사랴는 중요한 그리스 로마 도시였고, 주민들은 주로 이교도인 시리아 사람과 그리스 사람이었다. 이 지역은 바알과 그리스 신 판(Pan), 나아가서 로마황제를 숭배하는 이교도의 요새였는데, 이곳이 예수가 자신의 신분에 대해서 결정적인 질문을 하신 곳이 되었다. 하나님 아버지는 여기서 예수가 실로 예언된 메시아라는 것을 베드로에게 드러내신다(16:13-20).

그의 사역에서 이 시점까지 예수는 자신의 진정한 신분과 사명을 드러내는 칭호로서 비교적 모호한 표현인 "인자"를 사용하셨다(8:20의 주석을 보라; 지금까지 이 칭호의 출현은 9:6; 10:23; 11:19; 12:8; 13:37-43을 포함한다). 예수가 메시아나 다윗의 아들과 같이 합당하게 주장되는 또 다른 칭호들은 백성들에게 널리 퍼진 군사적이고 정치적인 이미지를 불러일으킴으로서 예수의 유일성과 영적인 구원과 자유의 메시지를 간과하게 만들 것이다(.16:27-28; 17:9-12; 19:28; 20:18, 28; 24:27, 30, 37, 39, 44; 25:31; 26:2, 24, 45, 64). 하지만 예수의 갈릴리 사역의 소명을 근본적으로 결론짓는 이 중요한 시점에서 예수는 사람들이 그를 어떻게 생

4. Wilkins, "Matthew," 102을 보라.

각하고 있는지 또한 제자들이 그를 어떻게 이해하고 있는지를 제자들로부터 이끌어내신다.

따라서 예수는 "사람들이 인자를 누구라 하느냐"(16:13)라고 물으신다. 제자들의 반응은 인상적이다. 그들은 인자의 정체성에 관한 이해를 사람들로부터 몇 가지 보고를 들었다. 사람들은 그를 세례 요한, 엘리야, 예레미야, 또는 선지자 중 한 사람으로 이야기했다(16:14). 각각의 반응들은 이스라엘에서 통용되고 있는 메시아적 기대와 일치하는 선지자를 지칭한다. 이것은 나타나게 될 위대한 선지자에 관한 예언의 요소를 상기시킨다. 이 요소에는 모세의 예언의 종말론적인 선지자(신 18:15-18),[5] 엘리야의 귀환(말 4:5; 마 17:12-13의 주석을 보라), 그리고 이사야와 예레미야와 같은 구약성경의 예언적 인물들의 예상된 귀환이 포함된다(에스라 4서 2:18).[6]

헤롯 안티파스가 이전에 반응했던 것처럼, 어떤 이들은 예수가 죽은 자 가운데서 일어난 세례 요한이라고 생각한다. 이것은 환생을 믿는 미신적인 신앙의 호기심 어린 요소를 드러낸다. 필로와 같은 몇몇 유대인들은 플라톤과 여타 자료들에 영향을 받아서 그들의 세계관에서 환생을 인정했다. 그러나 대부분의 팔레스타인 유대인들은 시대의 종말에 예견된 육체적인 부활을 믿었다(단 12:2).

예수가 죽은 자로부터 일어난 세례 요한과 같은 인자라고 생각한 사람들은 구약성경에서 엘리야와 엘리사가 일으킨 일시적인 소생을 생각했을 것이다(왕상 17:22; 왕하 4:34-35). 공관복음에서 마태만이 예레미야를 인자로서의 예수와 연관시킨 선지자에 속한다. 예레미야는 마태복음에서 예언적인 목소리로 자주 출현하는데[7] 아마도 그의 메시지와 사역이 이스라엘에 의해 배척을 당했던 것처럼 예수가 그리될 것임을 상기시킨다.[8] 하지만 예수를 예레미야와 동일시한 사람들조차도 예수의 진정한 신분을 분명하게 보고 있지 못하다.

예수의 신분에 대한 베드로의 고백(16:15-16)

인자를 일반적으로 선지자적인 기대와 연관시키는 것만으로는 충분치 못하다.

5. 참조. 요 6:14; 7:40, 52; 행 3:17-22; 7:37.
6. Flusser, "Son of Man," *Jesus*, 124-25.
7. 예레미야 선지자는 마태복음에서 세 번 언급되고, 신약성경의 다른 곳에서는 나오지 않는다.
8. Knowles, *Jeremiah in Matthew's Gospel*, 81-94.

예수가 제자들에게 인자라는 칭호를 사용하심으로써 그의 신분과 사명에 대해 가르침을 주신 것을 통해서 그들은 이제 예수가 어떤 분이신 지를 이해한 것을 설명해야 한다. 그러므로 예수는 그들에게 "너희는 나를 누구라 하느냐"고 물으신다.

베드로는 다시 한번 리더로서 그리고 다른 제자들의 대변자로서 앞장선다(참조. 10:2의 주석[9]). 그는 "주는 그리스도시요 살아 계신 하나님의 아들이시니이다"(16:16)라고 선언한다. 이전에 "그리스도"란 표현은 마태의 설명 속에서만 출현했다. 이제는 어떤 사람이 예수를 직접적으로 거명하는 것으로는 여기가 처음이다. "그리스도"는 칭호이고, 헬라어 '크리스토스'의 음역이며, 히브리어 '메시아'("기름부음을 받다")의 번역이다. 그리스도는 구약성경에서 왕(예. 삼하 1:14, 16; 참조. 1QSa 2:14, 20), 제사장(예. 출 28:41; 참조. 1QS 9:11), 선지자(예, 시 105:15; 참조. CD 2:12; 5:21-6:1)를 묘사하기 위해서 39번 나타난다.

"기름부음 받은 자"는 유대인의 심성에 이스라엘의 기름 부음 받은 왕 다윗과 연계되어 있고, 이스라엘 백성들의 소망의 빛이 될 "기름부음 받은 자"의 약속과 연관이 있다. 다윗의 결점에도 불구하고 하나님은 다윗의 집과 보좌가 영원히 서게 될 것이라고 나단 선지자를 통해 다윗에게 약속했다(삼하 7:11b-16).[10] 그 약속은 이스라엘 민족을 위한 다가오는 시대의 복을 소망하는 고정의식이 되었다(예. 사 26-29, 40장). 이 나라는 다윗가의 종말론적인 통치를 가져올 인물에 의해 시작된다(참조. 시 2:2; 단 9:25-26). 1세기 경에 '메시아'나 '그리스도'라는 용어는 다윗처럼 이스라엘의 대적자들을 종국에 쳐부수시는 왕적인 인물을 나타냈다.[11]

나아가서 베드로는 예수의 신분을 "살아 계신 하나님의 아들"이라고 표현한다. 이것은 고대의 바알, 판, 그리고 가이사 숭배로 가득한 빌립보 가이사랴 지역에서 특별한 의미를 갖는 표현이다. 예수는 살아 계신 하나님의 아들이시다. 그는 돌에 새겨진 신비적이고 미신적인 형상들과는 완전히 다르다. 더 의미심장하게는 이 표현이 마태복음 전체를 통해서 예수와 하나님을 특징짓는 관계성을 증언하고 있다

---

9. 예수가 제자들의 그룹에 이 질문을 제기했기 때문에(16:15에 복수 "너희들"), 베드로는 열두 제자들의 대변자로서 적어도 부분적으로 기능하고 있다. 이것은 베드로가 특출나게 나타나는 마태복음에만 있는 다섯 사건 중에 세 번째다(14:28-31; 15:15; 16:17-19; 17:24-27; 18:21).

10. 사무엘서의 예언에 관한 개관을 위해서는 Ronald F. Youngblood, "1, 2 Samuel," *EBC*, 3:879-96을 보라. 다소 다르게는 Philip E. Satterthwaite, "David in the Books of Samuel: A Messianic Hope?" in *The Lord's Anointed*, 41-65을 보라.

11. 예를 들어, Lawrence H. Schiffman, *The Eschatological Community of the Dead Sea Scrolls: A Study of the Rule of the Congregation* (SBLMS 38; Atlanta: Scholars Press, 1989)을 보라.

는 사실이다. 예수는 유일하신 하나님의 아들이시다—이것은 그의 잉태(1:21-23), 애굽에서 돌아옴(2:15), 세례(3:17), 마귀의 시험(4:2, 5), 축사(8:29)와 같은 사건에서 증거 되었다. 마태복음서 전체에서 예수는 하늘에 계신 아버지와의 유일한 관계를 제기하신다.[12]

이것은 다윗가에 대한 심오한 예언을 상기시킨다. "나는 그에게 아버지가 되고 그는 내게 아들이 되리니"(삼하 7:14). 그것은 직접적으로는 솔로몬을 언급하지만, 장래의 메시아 가문을 일컫는다. 구약성경과 유대 문서들이 증거하는 것처럼 그 가문을 잇는 계승자 중에서 하나님의 아들이 태어날 것이다. 다윗계의 왕이신 주의 기름부음 받는 대관식과 성별식을 언급하는 장엄한 왕적 시편 중 하나인 시편 2장은 "내가 여호와의 명령을 전하노라 여호와께서 내게 이르시되 너는 내 아들이라 오늘 내가 너를 낳았도다"(시 2:7; 참조. 89:27)라고 선언한다. B.C 1세기의 솔로몬의 시편은 아들과 왕의 조합된 소망을 이야기한다: "오 주님 보소서 당신이 예견하는 시대에 다윗의 아들을 그들의 왕으로 일으키사 당신의 종 이스라엘을 통치하게 하소서"(Pss. Sol 17.21).[13]

베드로의 고백은 메시아로서 예수에 대한 첫 번째 인식은 아니지만 이 시점에서 그것은 완전하다.[14] "그리스도"로서 예수에 대한 적절한 인식은 그가 "살아 계신 하나님의 아들"이시라는 베드로의 부가적인 진술과 연계해서만 온전히 이해할 수 있다. 예수는 어떤 다른 종류의 메시아적 인물과 비교할 수 없는 하나님과의 특별한 관계가 있다. 예수는 하나님의 아들로서 유일한 신분을 갖는 메시아이시다(16:17의 확증을 보라).[15]

그러나 베드로는 지금 예수의 신분에 대해서 실제로 그가 알고 있는 것 이상으로 고백을 하고 있다. 그는 예수의 사명을 아직 온전히 이해하지 못하고 있다. 그가 곧바로 구속의 목적을 가지신 예수의 뜻을 막으려고 시도하기 때문이다(참조. 16:22). 하지만 예수가 어떤 분이시고 무엇을 이루기 위해서 오셨는지에 대한 하나님의 계시에 관심을 기울일 때, 나머지 열두 제자에 속하는 사람들과 더불어 베

12. 7:21; 10:32-33; 11:25-27; 12:50; 15:13; 18:35; 20:23; 24:36; 25:34; 26:39, 42; 26:53; 28:19을 보라.

13. 개관을 위해서는 Marinus de Jonge, "Messiah," *ABD*, 4:777-88을 보라; 이 개념의 평가와 명확한 술어법에 대해서는 Edward Meadors, "The 'Messianic' Implications of the Q Material," *JBL* 118(1999): 253-77을 보라.

14. 사도 요한이 요 1:41; 3:28; 4:25-26, 29에 전달하는 부가적인 관점을 보라.

15. Keener, *A Commentary on the Gospel of Mattew*(1999), 424-25, n. 72.

드로의 이해는 더욱더 상승한다.

베드로에 대한 예수의 선언(16:17-20)

베드로가 예수에 대한 장엄한 고백을 하자, 예수는 베드로에 대한 장엄한 선언을 하신다. 이 구절들은 예수의 말씀을 이해할 수 있도록 돕는 분명한 대구법을 형성하고 있다. 세 어절들(삼행)에는 세 평행 그룹이 있는데, 각 단위의 첫 번째 소절은 주제를 설정하거나 베드로에 대한 선언을 형성하고, 두 번째 소절과 세 번째 소절(대조되는 평행을 형성한다)은 첫 번째 소절에 대한 설명이나 결과를 구성하고 있다.[16]

(1) 예수께서 대답하여 이르시되 바요나 시몬아 네가 복이 있도다
이를 네게 알게 한 이는 혈육이 아니요
하늘에 계신 내 아버지시니라(16:17)
(2) 또 내가 네게 이르노니 너는 베드로라
내가 이 반석 위에 내 교회를 세우리니
음부의 권세가 이기지 못하리라(16:18)
(3) 내가 천국 열쇠를 네게 주리니
네가 땅에서 무엇이든지 매면 하늘에서도 매일 것이요
네가 땅에서 무엇이든지 풀면 하늘에서도 풀리리라(16:19)

(1) 베드로는 복 받은 계시의 수령자다(16:17). 예수의 첫 번째 진술은 베드로가 받은 복과 관련이 있다. "복이 있도다"('마카리오스')란 헬라 말은 산상수훈의 팔복에 나타나는 것과 동일하다(5:3의 주석을 보라). 그곳에서처럼 이것은 복의 '수여'가 아니라 베드로가 하나님, 즉 예수의 아버지로부터의 계시에 의해서 개인적으로 복을 받았다는 '인정'이다(참조. 5:3-11; 11:6; 13:16; 24:46). 베드로의 복된 상태는 예수의 아버지로부터 계시를 받은 특권에 기인한다.[17] 예수는 인간이 그에 대해 말하는 것("사람들이 인자를 누구라 하느냐?")과 예수의 가르침과 아버지의 계

16. Wilkins, *The Concept of Disciple in Matthew's Gospel*, 186-87을 보라.
17. 참조. P. Bonnard, *L'Evangile selon Saint Matthieu*, 2d ed. (CNT; Neuchâtel: Delachaux et Niestlé, 1970), 244.

시로 인해 제자들이 엿본 것을 대조시키신다.

베드로가 제자들의 그룹을 위한 대변자로서 분명히 행동하고 있을지라도, 예수의 반응은 베드로에게 향해 있다. 베드로에 대한 예수의 선언은 모두 이인칭 단수로 되어 있다" 베드로는 아버지의 계시의 '개인적인' 수령자다. 그것은 베드로에게 '개인적인' 복이다. 그럼에도 불구하고, 베드로가 고백하고 있는 것은 모든 제자들에 의해서 이미 고백되었고(참조. 14:33),[18] 복의 표현은 천국의 신비의 계시를 받은 모든 제자들에게 이미 주어진 것과 유사하다(참조. 13:11, 16).[19]

베드로만을 분명히 지칭하고 있지만, 그는 여전히 제자들과 같이 있다. 그는 나머지 제자들과 분리되어 있지 않다.[20] 실로 대변자로서 베드로는 그룹의 공통된 견해를 말하고 있고, 복과 계시가 간접적으로 그룹의 사람들에게도 향해 있다. 그의 고백은 제자들을 '위한' 응답이고(16:15-16), '모든' 제자들에 대한 책임을 자극한다(16:20). 아마도 베드로가 이 고백을 하는 지도적인 행위로 선발되었을지라도, 그의 지도적 역할은 제자들의 범주 '내에' 있다고 말하는 것이 가장 좋다. 베드로의 특별한 역할에 대한 신인에 나머지 제자들도 유사한 역할로 역시 포함될 것이다(예를 들어, 18:18-20).

베드로는 "요나의 아들 시몬"이고, 그것은 그의 본래의 유대 이름을 상기시킨다(4:18; 10:2; 참조. 요 1:42, 아람어역은 "요한의 아들"이다). 완전한 이름에 관심을 돌림으로써 예수는 거룩한 아버지로부터 영감을 받은 계시적 고백과 대조되는 시몬과 그의 태생적 아버지의 "인간됨"을 강조하고 있는 것으로 보인다.

(2) 베드로, 반석 그리고 영원한 교회(16:18). 두 번째 삼행은 "내가 네게 이르노니"로 시작한다. 이 어구는 16:16의 베드로의 진술에 따른 결과를 언급하는 것으로 논조가 진행된다. 예수는 시몬을 처음 부르셨을 때에 그에게 준 이름으로 여기서 베드로를 부르고 있다. 그것은 요한복음 1:42의 아람어 게바로부터의 음역이다. 요한이 지적한 것처럼 베드로('페트로스')란 이름은 '게바'의 헬라어 동의어다. 예수의 이전 진술은 예언이었지만 지금 그것이 사실이 된다. 어떤 이들은 이것

---

18. 대부분의 주석가들은 기독론적인 진술의 주요한 특징이 14:33에 유사한 고백이 있는 "하나님의 아들"로서 예수를 고백하는 것과 관련이 있었다는 것에 동의한다. 참조. Jack Dean Kingsbury, "The Figure of Peter in Matthew's Gospel as a Theological Problem," *JBL* 98(1979): 74 n. 25; idem, *Matthew*, 78-83; Carson, "Matthew," 367; Gundry, *Matthew*, 330; Schweizer, *Matthew*, 340; Hill, *Matthew*, 260; Tasker, *Matthew*, 159.

19. M. D. Goulder, *Midrash and Lection in Matthew*(London: SPCK, 1974), 387.

20. Contra Beare, *Matthew*, 354; T. W. Manson, *The Sayings of Jesus*, 2d ed. (London: SCM, 1999), 204.

이 그 이름을 주게된 사례로 이해하지만[21] 이것은 이미 그 이름을 갖고 있는 베드로의 고백으로 촉발되는 선언이라고 하는 것이 더 가능성이 있다.[22]

이것은 성경에서 가장 논의되고 논쟁되며 연구되는 구절 중 하나이고,[23] 베드로와 다가올 교회에 대한 예수의 뜻을 분명하게 이해할 수 있는 것으로 해석할 수 있는 세 가지 의미 있는 특징을 포함한다: 베드로와 "이 반석"의 관계, "교회"의 본질, 그리고 교회와 관련해서 "음부[하데스]의 문[권세—개역개정]"의 의미.

ⓐ **베드로와 반석**. 첫 번째 특징은 헬라어에서 잘 알려진 언어유희다: "너는 베드로['페트로스']라 내가 이 반석['페트라'] 위에 내 교회를 세우리니." 예수가 거의 확실히 이 때에 말했을 언어인 아람어에서 동일한 말('게바')은 "베드로"와 "반석"이 둘 다에 사용되었을 것이다. 그것을 헬라어로 번역한 마태는 자연스럽게 여성명사인 '페트라'로 "반석"을 사용했을 것이다. 그것이 '게바'와 가장 근접한 동의어이기 때문이다.[24] 하지만 헬라어에서 언어유희로 기록했을 때, 마태는 언어유희의 전반부에 덜 흔한 남성 명사인 '페트로스'를 사용해야 했다. 그가 베드로를 여성명사로 언급할 수는 없었기 때문이다.[25] 그럼에도 불구하고 두 개의 서로 다른 헬라어를 사용함은 언어유희의 근본적인 의미를 바꾸지는 않는다. '페트로스'와 '페트라'가 때로 상호교환해서 사용할 수 있었기 때문이다.[26] 본질적으로 예수는 "너는 반석이고, 이 반석 위에 내가 나의 교회를 세울 것이다"라고 말씀하고 있다.

이것은 세 가지 주요한 방식으로 해석되는 언어유희의 의미로 해석할 수 있다. i) 아람어와 헬라어 용어의 근접한 관계와 개인적인 고백의 문장론적인 특출남에 의존한 한 견해는 언어유희의 가장 분명한 의도가 베드로를 언급하는 것임을 강조한다. 베드로는 예수의 교회의 설립에 기초적인 역할을 한다.[27]

---

21. 예를 들어, Schweizer(*Matthew*, 341)는 이것을 그 이름에 대한 마태의 수여라고 칭한다.
22. 참조. W. Mundle, "πέτρα," *NIDNTT*, 3:383; Josef Blank, "The Person and Office of Peter in the New Testament," trans. Erika Young, in *Truth and Certainty*, ed. Edward Schile beeckx and Bas van Iersel(Concilium 83; New York: Herder & Herder, 1973), 50.
23. 이 논의의 역사에 관한 개관을 위해서는 Oscar Cullmann, *Peter: Disciple-Apostle-Martyr. A Historical and Theological Essay*, 2d ed. (Philadelphia: Westminster, 1962), 155-70; J. A. Burgess, *A History of the Exegesis of Matthew 16:17-19 from 1781 to 1965*(Ann Arbor: Edwards Brothers, 1976); Raymond E. Brown, Karl P. Donfried, and John Reumann, eds., *Peter in the New Testament*(Minneapolis/New York: Augsburg/Paulist, 1973)을 보라.
24. Fitzmyer, "Aramaic *Kephaʾ* and Peter's Name in the New Testament," in To *Advance the Gospel*, 115.
25. Cullmann, Peter, 18-19; Mundle, "πέτρα," 3:383.
26. Colin Brown, "πέτρα," *NIDNTT*, 3:386.
27. 초기 시대에 많은 이들이 교황권 확립을 위해 그것을 이용하는 것에 대항하여 싸웠을지라도, 이는 대부분의 초대교회 교부들의 해석이었다(예. Ignatius, Justin, Origen, Tertullian, Cyprian, Frimilian;

ii) 두 번째 견해는 인간 위에 세워지는 교회의 개념을 거부하고 '페트로스'와 '페트라' 간의 구분에 논의를 집중한다. 지시대명사 "이"는 한 인간으로서 베드로가 아니라 그의 '양상'을 지칭한다.[28] 이런 견해에 따르면 교회가 세워지는 반석은 베드로의 고백의 진리나[29] 그의 고백에서 표현된 신앙[30]이다.

iii) 마지막 견해도 역시 예수가 '페트로스'와 '페트라' 사이에 대조를 의도하고 있다고 주장하지만 다른 신약성경의 구절들이 "반석"[31]과 "기초"로서 그리스도를 언급하고[32] 예수가 자기 자신을 교회가 세워질 반석으로 언급하고 있다는 것을 관찰함으로써 견해를 달리 한다. 이 견해는 지시대명사 "이"가 베드로가 아니라 예수 자신을 가리키는 것이라고 주장한다.[33]

각각의 견해는 장점이 있으나 여러 가지를 고려해 볼 때 첫 번째 견해를 가리키는 것으로 조합할 수 있다—예수는 그의 교회를 세울 "반석"의 선행자로서 베드로를 의도하고 있다. i) 예수의 선언은 언어유희 이전이나 이후나 개인적으로 베드로를 향하고 있고, 어떤 분명한 지침이 없이 언급의 변화가 발생할 수 없다. ii) 연계 접속사인 "and"('카이')는 언어유희의 절반을 지칭하고 있음을 표시한다: "너는 베드로라…이 반석 위에…" 이 언급이 고백이나 그리스도를 가리키는 것이라면 대조를 나타내는 접속사가 필요했을 것이다. iii) "베드로"는 "반석"에 분명히 가장 근접한 선행사이고, 문맥에서 어떤 것이 다른 언급을 구체화하지 않는다면, 일반적

Cullmann, *Peter*, 159-62을 보라). 이것은 로마 가톨릭 교회의 견해가 되었고, Brown, Donfried, 그리고 Reumann, *Peter*, 92-93으로 대표되는 사람들과 같은 학자들에 의해서도 오늘날 지지된다. 하지만 Albright and Mann, *Matthew*, 647; Carson, "Matthew," 367-69; France, *Matthew*, 254-55; Morris, *Matthew*, 422-24; Stendahl, "Matthew," 787와 같은 폭넓은 고백적 배경에 속하는 사람들도 견지하는 지배적인 견해다.

28. 이 견해는 존 크리소스톰에 의해서 교회 역사의 초기에 견지되었고, 오리겐, 유세비우스, 암부로스와 데오도르(Thedore of Mopsuestia, 참조. Cullmann, Peter, 162; Brown, Donfried, and Reumann, *Peter*, 93)에 의해서도 증거되었다. 더 최근에는 Allen, *Matthew*, 176; Alan McNeile, *The Gospel According to St. Matthew*(London: Macmillan, 1915), 241; Mundle, "πέτρα," 384-85, and Chrys C. Caragounis, *Peter and the Rock* 58(BZNW 58; Berlin: de Gruyter, 1990)에 의해서 제기되었다.

29. Caragounis, *Peter and the Rock*, esp. 88-119.

30. 이것은 루터가 주장한 견해이고(Cullmann, *Peter*, 162에서 인용함), 금세기 초에는 A. B. Bruce, "The Gospel According to Matthew," *The Expositor's Greek Testament*, vol. 1(Grand Rapids: Eerdmans, repr. 1976), 224가 주장한다; 또한 Tasker, *Matthew*, 162을 참조하라.

31. 예를 들어, 사용된 용어가 '리도스' 일지라도 21:42; '페트라'가 나타나는 고전 10:4.

32. 예를 들어, 고전 3:11; 벧전 2:4-8.

33. 이 견해는 초기에 오리겐과 어거스틴과 같은 사람에 의해 제기되었다(참조. Cullmann, *Peter*, 162; Brown, Donfried, and Reumann, *Peter* 93 n. 216). 이것은 루터, 칼빈, 그리고 많은 종교개혁가들의 주요한 견해였다(참조. Cullmann, *Peter*, 162-63).

으로 근접 선행사가 함축적이거나 더 멀리 떨어져 있는 다른 선행사보다 선호된다. iv) 아람어의 기본 토대는 베드로가 의도된 선행사와 거의 확실히 동일시된다('페트로스'와 '페트라'란 용어의 상호교환적인 능력으로 볼 때). 이 경우에 예수가 아람어로 말씀하고 있을 가능성이 예수가 헬라어로 말하고 있었다고 볼 때보다 이런 가능성을 더 높여준다.[34]

따라서 이 언어유희의 가장 자연스러운 독법은 예수가 그의 교회의 설립에서 기초적인 역할을 하는 자로서 베드로를 지적하고 있다고 보아야 한다. 이 개념은 처음에 베드로가 열두 제자들의 대변자요 리더였던 방식과 일치한다. 예수는 베드로가 이 시기에 역할하기 시작한 리더십을 인정하시고, 교회의 기초를 놓는 일에 그 리더십을 확대시킬 것임을 약속하신다.

이런 양상은 역사적인 기록으로도 입증된다. 예수는 부활 후에 베드로에게 나타나시고(눅 24:34), 예수의 양을 돌보라는 특별한 격려를 주신다(요 21장). 베드로는 오순절 전에(행 1:15-26), 오순절에(2:14, 37-38), 그리고 오순절 이후에(예. 3:4, 6, 12; 4:8; 8:14-25; 10:9-11:18) 제자들 가운데서 리더십의 위치를 차지한다. 베드로는 교회의 기초를 놓는 일에 특별한 역할과 위치를 점한다. 이것은 그가 교회를 세운다는 것을 의미하는 것이 아니라(예수는 "내가 내 교회를 세우리니"라고 말씀하신다), 그가 교회를 형성하는 초기 시기에 중요한 역할을 한다는 것을 의미한다. 교회의 기초가 놓여진 후(행 16장 이후)에는 그가 사도행전의 이야기에서 사라지고 있음을 유념하라.[35]

나중에 로마 가톨릭에서 베드로에게 리더십의 권위와 계승을 부여하는 극단을 베드로의 근본적인 역할에서 취하였다고 해서,[36] 우리는 이 언어유희의 자연스러운 독법을 거부하고 반대편 극단으로 나아가서는 안 된다. 칼슨(D. A. Carson)이 주목한 것처럼, "로마 가톨릭의 해석의 극단에 대항하는 프로테스탄트의 반작용이 없었다면, 많은 이들이 베드로 이외의 어떤 것이나 인물로 '반석'을 취하지는 않았을 것이다."[37]

ⓑ **베드로, 예수 그리고 교회**. 베드로에 대한 첫 번째 말씀의 두 번째 어구는 예수

34. 또 다른 가치 있는 지원을 위해서는 Carson, "Matthew," 367-69을 보라.

35. 참조. Oscar Cullmann, "πέτρος," *TDNT*, 6:108

36. 어떤 이들은 신학적 주해를 상실한 성경 해석의 최대의 사례로서 이것을 언급한다: 참조. Cullmann, *Peter*, 214ff.; Colin Brown, "The Teaching Office of the Church," *Church-man* 83(1969), 187ff.

37. Carson, "Matthew," 368.

의 새로운 공동체 곧 교회에 대한 예언을 준다. 마태는 "교회"('에클레시아'; 참조. 18:18)라는 용어를 사용한 유일한 복음서 저자다. 에클레시아는 "주님의 공동체/모임['카할']"를 떠올린다(신 23:3; 참조. 5:22). 이스라엘에 성취의 메시지를 갖고서 나아가는 열두 제자/사도를 선별하신(10:1-6) 예수는 그의 제자들 곧 그의 신앙의 가족들(12:48-50)을 "나의 교회"라 불릴 때를 예견하신다. 이 교회는 민족적인 이스라엘과 달리 메시아 곧 하나님의 살아 계신 아들로 예수의 정체성을 믿는 제자들의 교제가 될 것이고(16:16), 그들이 죄용서 함과 자비를 받고 또한 서로에게 자비와 용서를 보일 때 모든 다른 충성들을 이보다 뒤에 두게 될 것이다(18:15-35의 주석을 보라).

예수가 그의 교회를 세울 것이지만, 사도와 선지자들이 기본적인 활동을 통해 이를 이룰 것이다(엡 2:20). 베드로는 사도들 중에 리더가 될 것이지만 그가 이 역할을 이룬 다음에 그 무대에서 사라질 것이다. 그의 위치가 다른 이에게 전수되지 않는다. 그리고 베드로가 예수의 아버지의 인도에 항상 열려 있지 않다면, 그는 리더십의 역할에 손상을 입을 것이다(마 16:22-23).

하지만 베드로가 "이 반석"의 선행사로 보일지라도, 주어진 연급을 너무 좁게 이해해서는 안 된다. "베드로"는 그 사람 이상의 의미를 내포하고 있다. 언어유희에 포함된 것은 시몬을 "바위가 많은 암붕"으로 만드는 특징이 있다. 지시 대명사 "이"를 주목하라. "이 반석"은 베드로가 그 시간에 존재하고 있는 모든 것을 일컫는다. 이것은 앞장서는 용기 있는 고백자이며, 제자들의 대변인이요, 계시의 복 받은 수령자요 그리스도에 대한 공적인 고백을 최초로 한 자요, 믿음의 영역과 표현으로 제자들을 이끈 자로서의 베드로를 일컫는다. 이런 베드로 위에 예수는 교회를 세우실 것이다. 시몬이 그런 식으로 기능한다면, 그는 반석이 된다. 하지만 그가 그런 식으로 기능하지 못한다면, 걸림돌이 될 수 있다(16:23).

동시에 예수의 선언은 개인의 유일한 수위권을 수여하고 있지 않다. 베드로는 특별한 인정이 주어지지만 그렇다고 다른 제자들 위에 있거나 분리되어 위치를 점할 수 없다. 이것이 신약성경의 역사에서 증명된다. 베드로는 다른 제자들과 거의 항상 같이 있다. 사도행전의 초기에 그는 인정된 리더였으나 예루살렘 공의회에서 야고보가 리더십을 공유한다(참조. 행 15:13-21). 이후에는 베드로가 사도행전 이야기에서 사라지고, 바울이 교회의 사역을 계속하는 특별한 주목을 받는다. 베드로는 교회의 기초를 놓는 역할에서는 대단히 중요한 인물이지만, 그는 기초를 놓는 일에 일부에 지나지 않는다(참조. 엡 2:19; 계 21:14).

ⓒ **예수와 그의 영원한 교회(16:18).** 예수가 역사의 긴 여정을 보시고, 심지어 그를 십자가로 이끄는 경로를 보시고, 그의 교회가 이 세상 끝 날까지 지속할 것이라는 절대적인 약속을 주신다: "내가…내 교회를 세우리니 음부의 권세가 이기지 못하리라"(18:18). 음부(하데스) 또는 쉐올은 죽은 자의 영역이며 안전과 도성의 힘에 필수적인 "문"(권세—개역개정)이란 말은 권세를 나타낸다. 따라서 근본적으로 "음부의 문"과 동일한 구약성경과 후대의 유대 문헌[38]에서 "죽음의 문"[39]이란 표현은 죽음의 영역과 죽음의 권세를 일컫는다. 고로 예수는 믿음의 가족인 교회를 죽음이 이기지 못할 것임을 약속하신다(참조. 마 12:48-50).

잠시 후에 예수는 다가올 죽음에 관한 네 예언 중에 첫 번째 예언을 말씀하실 것이다. 제자들이 이것을 이해하기는 어렵다. 그러므로 예수는 여기서 수수께끼 같은 암시를 주시는 것이 아니라 죽음에 대한 그의 권세를 말씀하신다. 그의 대적자들이 그를 죽일지라도, 죽음이 그를 이기지 못할 것이다.[40] 오순절에서 베드로의 첫 번째 설교를 보라. 그때에 예수의 부활에서 음부(NIV에서 "죽음")를 정복하시는 예언적 소망의 실제가 발생했음을 베드로는 선포한다(행 2:31). 새로운 공동체가 순교와 박해에 직면할지라도, 교회는 사라지지 않을 것이다. 죽음에 대한 예수의 승리가 죽음의 모든 세력에 대항하여 그가 그의 교회를 세우시고 있다는 살아있는 증거다.[41]

(3) 베드로, 열쇠, 그리고 묶고 푸는 것(16:19). 이전의 선언에서 건축에 대한 은유는 베드로에 대한 마지막 선언에서 "열쇠"에 관한 논의로 자연스럽게 이끈다. 여기서 모든 경우에 사용되거나 함축된 대명사는 이인칭 단수다.

ⓐ **천국 열쇠.** "열쇠"의 은유는 베드로에게만 주어진[42] "총칭적인 권세" 또는 하나님의 집에 대한 그의 "권위"를 가리킬 수 있었다.[43] 하지만 이전 말씀에서 건축의 은유는 예수가 천국의 문을 열거나 닫는 베드로의 역할을 선언하는 것으로 더 긴밀하게 준비시킨다.[44] 이 말씀은 천국의 입장에 대한 선언을 주시지만 권위가 제

---

38. 사 38:10; Wisd. Sol. 16:13; 3 Macc. 5:51; *Pss. Sol.* 16.2.
39. 욥 38:17; 시 9:13; 107:18; 참조. 1QH 6:24-26.
40. McNeile, *Matthew*, 242.
41. 이 말씀의 역사적인 개관을 위해서는 Jack P. Lewis, "The Gates of Hell Shall Not Prevail Against It' (Matt 16:18): A Study of the History of Interpretation," *JETS* 38.3(1995): 349-67을 보라.
42. Brown, Donfried, and Reumann, *Peter*, 96, 100-101.
43. Blank, "Peter," 51; Manson, *Sayings*, 205; Stendahl, "Matthew," 787.
44. Bonnard, *Matthieu*, p. 246; Kingsbury, "Peter," 76 n. 27.

거된 것은 아니다. 즉 베드로는 천국의 입장을 인정하는 권위가 주어져 있다.

이런 방식에서 베드로는 천국 입장을 가로막는 서기관과 바리새인들과 대조된다(23:13).[45] 베드로의 사명은 사람들이 천국으로 나아오게 하는 것이고, 이 사명은 복음 전파와 특히 관련이 있다.[46] 메시아의 정체성을 최초로 선언한 대표적인 제자인 베드로는 오순절(행 2장)에 유대인들에게, 사마리아인들에게(행 8장), 마지막으로 이방인들에게(행 10장) 천국 문을 연 사도행전의 인물이다. '입장(入場)'의 이미지가 가장 고려되고 있으므로, "열쇠는 예수의 대변자로서 행하는 베드로가 연대기적으로 그 메시지를 선언하는 첫 번째 사람이라는 사실을 언급한다."[47] 사마리아 사람들이 빌립의 설교를 통해 예수를 "믿었을"지라도(8:4-13), 하나님이 사마리아 사람들을 이제 하나님의 백성에 포함시켰다는 초대 교회의 확증으로서 그들이 성령을 받게 하기 위해서 베드로가 그곳으로 가야만 했음을 유념하라.[48] 베드로가 하나님 나라의 문을 여는 열쇠들을 사용한 다음에 그는 무대에서 사라진다. 천국 문은 온 시대를 통해 열려 있기에 그 열쇠들이 더 이상 필요치 않다.

ⓑ **매고 푸는 것.** 랍비 문헌에서 "매고 푸는 것"은 훈련하고 가르치는 랍비들의 권위를 묘사한다. 그들은 교리적인 결정으로 의무를 부여하거나 제하며, 또는 어떤 것을 허락하거나 금하는 선언을 할 수 있었다.[49] 따라서 어떤 이들은 베드로가 교회 생활에서 묶는 해석을 적용하는 "최고의 랍비"로서 권위가 주어졌다고 주장한다.[50] 하지만 베드로가 천국 문을 여는 권위가 주어졌음을 열쇠가 암시하고 있기 때문에 매고 푸는 은유는 하나님이 천국으로의 입장과 배제를 부여하는 조건들을 베드로가 선언하는 권위가 부여된 자임을 가리킴으로써 이 주제를 지속시킨다.

베드로의 권위는 그의 고백과 직접적으로 연관이 있다. 하나님 아버지의 계시와 살아 계신 하나님의 아들 메시아로서의 예수에 대한 개인적인 고백을 통해 베드로는 복을 받았고 교회의 기초를 놓는다. 그의 고백은 복음의 농축이고, 베드로의 복음 설교와 그를 따르는 다른 이들의 설교로 말미암아 죄가 용서되고 천국으

---

45. 예수가 바리새인들과 서기관들을 "지식의 열쇠"를 남용하는 것으로 책망하시는 눅 11:52의 유사한 언급을 참조하라. Dietrich Müller, Colin Brown, "κλείς," *NIDNTT,* 2:732; Donald Guthrie, *New Testament Theology*(Downers Grove, I11.: InterVarsity Press, 1981), 714을 보라.

46. Müller, Brown, "κλείς," 732.

47. Guthrie, Theology, 714.

48. Müller, Brown, "κλείς," 732; Guthrie, Theology, 714.

49. Friedrich Buchsel, "δέω(λύω)," TDNT, 2:60을 보라; 그는 Str.-B., 1:739, *b. Mo'ed Qat.* 16a; *b. Menaḥ* 34b를 인용했다.

50. 예. Stendahl, "Matthew," 787; Beare, *Matthew,* 355.

로 들어가게 된다.

이 의미를 명확하게 하는 두 구절들은 마태복음 18:18과 요한복음 20:22b-23이다. i) 마태복음 18:18은 교회 내에서 죄의 용서나 유지를 묘사하며 전반적으로 제자들은 죄를 용서하거나 지역교회의 교제에서 형제들을 추방하는 책임이 있음을 설명하고 있다. 유사한 진술들로서 예수의 이 말씀은 천국(16:19)과 지역 교회(18:18)로의 입장이나 추방에 대한 근거다.[51] 마태복음 16:19과 18:18의 이 두 말씀은 죄의 용서와 관련이 있다.

ii) 요한복음 20:22b-23도 죄 용서와 관련이 있다. 모든 제자들이 성령을 받음은 하나님이 죄를 용서하거나 유지케 하는 조건들을 선언할 수 있게 할 것이다. 마태복음 16:19에서 완곡한 미래시제(shall, 문자적으로는 "매일 것이요…풀릴 것이요")는 동일한 운치를 갖는다. 수동태 동사와 "천국"이란 어구는 하나님의 행위를 묘사하는 셈어적 완곡법이다.[52] 다시 말해서 베드로와 제자들이 당시에 행하고 있는 것은 하나님에 의해 이미 결정되었다.[53] 베드로는 하나님이 사용하시는 도구일 뿐이다. 하나님만이 죄의 용서와 천국으로의 입장을 부여하실 수 있기 때문이다. 그는 하나님이 죄를 용서하고 유지하는 조건들을 선언할 권위가 주어져 있다.[54]

이 세 번째 선언은 베드로의 특별하고 대표적인 역할을 세워준다. 베드로만이 그 열쇠들을 갖고 있다. 일단 천국 문이 열리면 더 이상의 열쇠가 필요 없기 때문이다. 베드로가 유대인과 사마리아인 그리고 이방인들에게 문을 연 다음에는 모든 제자들이 계속해서 복음을 선포할 것이다. 그들 모두가 "매고" "푸는" 권위를 공유하고 있기 때문이다(참조. 18:18; 요 20:22b-23). 복음을 영접하는 사람들은 죄에서 풀려나서 천국의 열린 문으로 들어갈 수 있다. 복음 메시지를 거부하는 사람들은 천국으로 들어가지 못하게 하는 죄에 매여 있게 된다.

예수가 그리스도로서 자신의 신분을 공개적으로 밝히는 것을 경고하시다(16:20). 예

---

51. 16:18-19에서의 언급은 "교회"(16:18)와 "천국"(16:19)간의 구분을 보이지만, 교회의 훈육과 관련한 어구에서 나타나는 매고 푸는 유사한 언급의 포함(18:16-18)으로 인해 '들어감'에 대한 요건이 교회와 천국에서 동일하다: 죄의 용서.

52. 브라운(Brown), 돈프리드(Donfried), 그리고 루만(Reumann, *Peter*, p.96 n. 220)은 C. H. Dodd, *Historical Tradition in the Fourth Gospel*(Cambridge: Cambridge Univ. Press, 1963), 347-49을 인용한다. 요한도 역시 요 20:23에서 신적인 수동태를 사용하고 있음을 보라.

53. Gundry, *Matthew*, 335; Carson, "Matthew," 370-74의 탁월한 논의를 보라.

54. 참조. Bonnard, *Matthieu*, 246; Carson, "Matthew," 370-74; Cullmann, *Peter*, 205; Müller, Brown, "κλείς," 733; Nickelsburg, "Enoch, Levi and Peter," *JBL* 100(1981): 594-95. Guthrie(*Theology*, 714)는 베드로가 죄를 풀고(행 2:38) 매는(행 5:3) 것을 역사적으로 제일 먼저 선포하고 있다고 지적한다.

수의 사역의 규칙적인 특징은 자신의 신분과 사명에 대해 비밀을 유지하도록 명하신다는 것이다(8:4의 주석을 보라; 참조. 9:30; 12:116; 16:20; 17:9). 예수는 무리들에게 그의 메시아적 신분의 오해를 불러오는 것을 피하셨다. "그리스도/메시아"라는 칭호는 정치적-군사적 해방의 개념을 대중적으로 내포하고 있었기에 사람들은 예수가 혁명을 일으키기 위해서 오셨다고 그의 메시지를 쉽게 오해할 수 있었다. 베드로의 고백은 예수의 신분을 메시아/그리스도로서 밝혔지만 무리들은 여전히 그를 오해할 수 있었고, 심지어 제자들도 그럴 수 있었다. 베드로도 곧바로 이런 경우를 보여준다. 따라서 예수는 자신이 메시아라는 것을 무리들에게 발설하지 말라고 제자들에게 경고하신다. 그의 메시지는 사람들을 죄에서 풀어주는 천국의 등장에 초점이 맞추어져서 이해되어야 한다.

메시아 예수가 자신의 고난과 부활을 예언하시다(16:21-23)

마태는 "이 때로부터"라는 어구로 빌립보 가이사랴에서 이 장면의 전환적인 본질을 가리킨다(16:21). 이 어구는 이전에 4:17에서 나타났고, 그것은 갈릴리에서 이스라엘에 대한 예수의 선교를 시작하는 일을 특징지었다. 여기서 "이 때로부터"라는 어구는 예수의 갈릴리 사역의 종결과 예루살렘 여행의 시작과 십자가 사명을 특징짓는다. 하나님 아버지가 예수의 참된 신분을 베드로에게 밝히심은 제자들에 대한 예수의 참된 사명을 예수가 밝히시는 것에 상응한다. 예수의 십자가는 선택적인 사역이 아니다. 종교지도자들이 예수와 제자들을 율법의 위반으로 책잡기 위해서 예루살렘에서 왔던 것처럼, 그들은 이제 예수를 모함하기 위해서 모이고 있다. 그러므로 예수는 그들의 손에 고난을 받기 위해서 "예루살렘으로 올라가야" 한다.

다가오는 십자가를 의식함은 예수에게서 새로운 개념이 아니다. 우리는 예수가 지상사역의 운명이 십자가가 될 것으로 최초로 언제 이해하였는지는 알 수가 없다. 그가 메시아적 신분을 최초로 언제 이해하였는지를 알 수 없는 것처럼 말이다. 열두 살의 소년이었을 때, 적어도 예수가 자신의 유일성을 이해하는 초보의식을 가졌다. 그때에 그는 "나의 아버지의 집"이라는 그의 자의식에 특별한 의미를 가졌다(눅 2:49). 이제 그는 그의 지상 사역이 고난과 그 이상의 사명을 포함해야 함을 밝히신다.

고난과 부활하신 메시아(16:21). 이것은 예수가 자신의 체포와 십자가 죽음을 예언하신 네 경우 중 첫 번째다(16:21; 17:22-23; 20:17-19; 26:2). 하지만 그가 이 사명의 필연성을 이해시키려고 제자들에게 시도할 때마다 제자들은 그 의미를 계속해서 오해한다. 예수는 혁명적인 해방자가 되시는 것이 아니라 고난받는 메시아이시다. 무리들은 말할 것도 없고, 그의 제자들도 그것을 이해하는데 어려움을 겪는다. 예루살렘의 종교 지도자들의 손에 넘겨져서 고난의 죽음을 필연적으로 받으셔야 함을 말씀하심으로써 예수는 그의 생애에 주어진 사역에 대한 궁극적인 목적과 운명을 밝히기 시작하신다. 어느 것도 예수의 사명을 막을 수 없다. 어떤 점에서 이것은 순교(종교적인 원리를 포기하기보다는 죽음을 선택하는 행위)일 수 있으나, 예수의 경우는 전통적인 의미에서 순교가 아니다.[55] 유대 역사에서 여타 사람들이 순교를 경험했을지라도, 그것은 그들에게서 확신의 '결과'이지만, 예수의 경우에 그 죽음은 그가 역사에 들어오신 '목적'이다(참조. 20:28).

예수의 고난에 책임이 있는 세 그룹들을 언급하는 각 항목("장로들", "대제사장들", "서기관들")은 예루살렘의 종합적인 지도부를 일컫는다. "장로들"은 연륜, 경험, 인격이 바리새인과 사두개인과 같은 그룹에서 리더십의 위치에 있게 한 사람들을 총칭하는 칭호다. "대제사장들"은 하스모네, 헤롯, 그리고 로마 지배자들의 통치 시에 주요한 유대지역을 통치하던 귀족들의 일부를 형성한다. 그들은 예수의 시대부터 A.D. 70년까지 예루살렘에서 유대의 정사를 지배했던 대제사장들의 네 주요한 가문들 출신이었다. 그들은 교대로 대제사장, 금사장, 회계의 직무를 맡았다.[56] "율법사"나 "서기관"은 율법의 전문적인 해석자였으며 복음서에서 바리새인과 특히 연관되었다(8:19의 주석을 보라. 참조. 12:38; 21:5).[57]

하지만 예수는 예루살렘의 공식적인 지도부의 의해 고난과 죽음을 당할 것이라는 첫 예언을 주실 뿐 아니라, 부활에 관한 첫 예언도 주신다: "제삼일에 살아나야 할 것을 제자들에게 비로소 나타내시니"(16:21). 여기에 사용된 수동태는 "음부의 권세"(16:18)에서 아들을 보호하시는 아버지의 활동을 증거한다. 이전에 삼일 낮과 삼일 밤을 땅에서 있겠다는 예수의 암시가 이제는 그의 죽음, 장사 그리고 부활

---

55. James D. Tabor, "Martyr, Martyrdom," *ABD*, 4:574-79; Arthur J. Droge and James D. Tabor, *A Noble Death: Suicide and Martyrdom Among Greeks and Romans, Jews and Christians in the Ancient World*(San Francisco: HarperSanFrancisco, 1992)을 보라.

56. 예수의 체포와 십자가 처형 시에 대제사장이었던 가야바(26:3)는 대제사장 안나스의 딸과 결혼했다. 안나스는 강력한 대제사장 가문의 우두머리였다.

57. 이 그룹의 개관을 위해서는 Brown, *The Death of the Messiah*, 1425-29을 보라.

과 직접적으로 연관된다.[58] "제삼일에"("삼일 낮 후에" —영어성경)는 낮과 밤의 어느 부분을 일컫는 전형적인 방식이다(12:40의 주석을 보라). 예수의 부활은 제자들을 교회의 기초로 전환시키는 사건이 될 것이다(28:1-20). 하지만 지금은 제자들이 예수가 예언하고 있는 것의 의미를 이해하지 못한다.

베드로의 무례(16:22-23). 과감한 억지로 베드로는 충격 받은 제자들의 대변자로서 다시 한번 앞장서서 자신의 주인을 이미 선포된 고난의 운명에서 구하기를 시도한다. 유대의 스승-제자 관계에서 제자가 스승을 책망하는 것은 물론이려니와 주인을 바로 잡고자 하는 것은 생각할 수도 없는 일이다. 여기서 베드로는 그 일을 하고 있다.[59] 여기서 베드로가 예수를 "주"로 호칭함에 있어서 그의 신적인 주인으로서 예수를 생각하고 있는 것이 아니라, 예수에 대한 인간적 이해에 다시 한번 맞추고 있다. 따라서 이 칭호는 단순히 존경의 형태로서 부르고 있다. 예수를 훈계하려고 함으로써 베드로는 인간적 오해의 새로운 깊은 곳으로 빠지고 만다. 여기서 사용된 헬라어 구문(미래시제 동사와 함께 '우 메')은 베드로가 중재하여 주가 예루살렘의 종교 지도자들의 손에서 고난을 당하고 죽게 되지 않게 할 것처럼 헬라어에서 가장 강력한 부정에 속한다.

이것이 예수에 대한 적절한 관심을 반영하고 있는 것처럼 보일지라도, 예수는 베드로의 조언의 근원을 알고 계신다: "사탄아 내 뒤로 물러가라 너는 나를 넘어지게 하는 자로다 네가 하나님의 일을 생각하지 아니하고 도리어 사람의 일을 생각하는도다." 예수의 지상 사역의 시작에서 사탄은 예수가 하나님 아버지의 뜻을 수행하지 못하도록 유혹하려고 했다(4:1-11의 주석을 보라). 이제 사탄은 하나님 아버지로부터 은밀하게 계시를 받았던 자(16:17)인 제자 베드로를 통해 예수의 사역을 방해하려고 함으로써 또 다른 전략을 사용한다. "넘어지게 하는 자"는 길에 장애를 말하지만 죄를 짓게 하거나 믿음을 저해하는 것에 대한 은유다(참조. 13:41; 18:7; 동족어가 11:6에 나타난다).[60] 베드로는 메시아의 길에 대한 자신의 개념을 갖고 있으나 하나님의 계획을 알아야 한다. 두 가지 선택만이 있다: 하나님의 방식이냐 사탄의 방식이냐. 하나님의 방식은 인간의 방식과는 자주 꽤 다르다.

베드로는 여기서 하나님의 방식이 아니라 인간의 방식을 염두에 두고 있다. 그는 예수의 정체성과 사명을 자신이 생각한 의미로 이해하고 있다. 그것이 그로 하

58. Bayer, *Jesus' Predictions of Vindication and Resurrection*, 182-88.
59. Wilkins, *Discipleship in the Ancient World*, 116-24.
60. 다시 말해서 베드로 "반석"은 베드로 "걸림돌"이 된다.

여금 사탄의 유혹에 취약하게 만들었다. 그는 확실히 예수를 보호하려고 생각하고 있다. 하지만 한 주석가가 지적한 것처럼 "여기서 예수는 새롭고 더 위험한 형태의 그의 옛 대적자를 인식한다. 우리의 사명보다 위로에 더 관심을 두는 좋은 친구보다 더 강력한 유혹의 도구는 없다."[61] 예수는 하나님의 방식이 베드로와 모든 제자들을 위한 십자가의 길이라는 것을 베드로에게 이제 보이실 것이다.

제자도의 대가(16:24-28)

예수는 베드로에게 모든 제자들을 향한 제자도의 중심적인 원리 중 하나를 밝히신다: 제자는 자신의 십자가를 지고 예수를 따라야 한다.

십자가를 짊어짐(16:24). 1세기에 십자가 처형은 사형의 가장 무서운 형태였다. 로마인들은 제국의 속국에서 폭동이나 반역을 저지하는 강력한 도구로서 이것을 효과적으로 사용하였다. 십자가 처형은 끔직한 방식으로 죽게 만드는 것이다. 십자가형을 언도 받은 죄인은 처형 장소로 자주 십자가 대들보를 짊어지고 가야했다(27:26, 35의 주석을 보라). 처형장소에서 그들은 십자가 대들보에 못 박혀 들어 올려졌다.

십자가의 끔찍한 공포가 예수의 비극적 운명이 될 것이다. 유대인들 중에서 십자가 처형은 가장 끔직하고 수치스러운 죽음이었지만[62] 그것이 무죄한 고난자나 순교자들과도 연계될 수 있었다.[63] 예수는 후자의 경우를 생각하고 있다. 예수는 강조의 충격적인 전환을 이루시면서 십자가와 십자가 처형을 제자도의 이미지로서 사용하신다. 현대 사회는 자주 개인의 고난이나 인생의 지극한 운명을 참아내는 것으로서 이 십자가의 이미지를 이해하나, 여기서 예수가 사용하신 것처럼, 십자가는 훨씬 심오한 의미가 있다: 자신의 뜻을 버리고 하나님의 뜻을 따라야 한다(참조. 16:25-26).

십자가상에서의 예수의 고난과 죽음의 길은 아버지의 뜻을 순종하는 궁극적인 모범이다.[64] 참으로 십자가는 예수가 배반을 당하고 십자가에 처형되기 전에 동산

61. A B. Bruce, "The Gospel According to Matthew," 226.
62. 예. 4QNahum Pesher, frag. 3-4, col. 1.6-8 and 11QTemple Scroll 64:7-13.
63. David W. Chapman, "Perceptions of Crucifixion Among Jews and Christians in the Ancient World" *TynBul* 51(2000): 313-16.
64. "Cross," *DBI*, 184.

에서 "나의 원대로 마시옵고 아버지의 원대로 하옵소서"(26:39)라고 하나님 아버지께 외치신 것처럼 그의 삶을 위한 중심적인 목적을 상징한다. 십자가는 예수 그리고 제자로서 그를 따르는 사람들에게서 제자의 삶을 위한 아버지의 뜻을 나타내는 은유다. 그것은 부정적인 의미의 "자기를 부인하는 것"(자기를 위한 자신의 뜻)과 긍정적인 의미의 "십자가를 짊어지고"(하나님의 뜻을 수용하는 것) "예수를 따르는 것"(하나님의 뜻을 실천하는 것)을 포함한다. 사도 바울은 예수의 죽음이 구원의 모든 요소와 크리스천 삶의 발전과 연관이 있는 역사적인 사건으로 십자가를 알려준다. 칭의(롬 3:21-26), 화해(골 2:11-14), 그리고 중생(갈 2:19-20)이 여기에 포함된다. 십자가는 하나님의 아들의 끔찍한 죽음을 상기하게 할 뿐 아니라 은혜의 대치할 수 없는 상징과 제자로서 살아가는 크리스천 삶의 비할 수 없는 순전한 이미지다.

십자가를 짊어지는 이유(16:25-28). 각기 '가르'("for"; NIV는 26절에서 '가르'를 번역하지 않는다)로 시작하는 25-27절은 제자가 필연적으로 십자가를 짊어져야 하는 세 가지 관련된 이유를 제시한다.[65] 역설적인 수사적 대구법으로 제시되는 첫 번째 두 이유는 하나님 나라의 생명을 경험하라는 예수의 소명에 응답하는 사람들의 삶을 위한 하나님의 뜻의 긴급한 우선성을 강조한다. 16:25의 "목숨"과 16:26의 "목숨"에 상응하는 것이 헬라어 '푸시케'다. 양 구절에서 이 단어가 동일하게 강조적으로 사용되는데, 이것은 육체적인 생존과 성공을 초월하는 존재성을 가리킨다.

(1) 목숨을 구원하는 것과 잃는 것(16:25). 자신의 뜻을 주장하고 하나님이 그에게 원하시는 것을 거부하는 사람들은 이 생에서 얻고자 했던 모든 것을 궁극적으로 잃게 된다. 역설적으로 말해서 그 사람이 육체적 존재를 보존하기 위해서 지극히 노력하거나 자기 존재의 본질을 발견하려고 했지만 결국에 하나님의 뜻의 중심을 떠나서는 그에게 남는 것이 없고 영혼의 죽음만이 있을 뿐이다. 한편으로 자기 중심적인 욕구를 버리고 그를 위한 하나님의 뜻을 수용하는 사람들은 참된 생명—구원과 의 그리고 천국 생명의 실제를 받아들임으로써 얻는 성취—을 발견하게 될 것이다. 예수를 위하여 자기 목숨을 잃는 것은 자신의 뜻을 포기하고 생명의 핵심적인 추진 능력인 하나님의 뜻을 발견함으로써 예수를 따르는 것이다. 이 개념은 나중에 바울의 선언에서도 반영되어 있다. "그런즉 누구든지 그리스도 안에 있으면 새로운 피조물이라 이전 것은 지나갔으니 보라 새 것이 되었도다"(고후 5:17).

---

65. Hagner, *Matthew*, 1:27.

옛 삶을 예수에게 내어주고, 예수를 따르는 새로운 삶을 발견함으로써만 우리는 하나님 나라의 새로운 생명을 발견할 수 있다.

(2) 천국 영혼의 가치(16:26). 영적인 존재를 "상실한다"면 이 세상의 물질적인 부와 쾌락과 권세 이 모든 것들이 궁극적으로 아무런 소용이 없다. 신약성경에서 여기서만 발견되고 마가복음 8:37에서 유사한 단어가 나오는 "바꾸다"('안탈라그마')는 시락서에서 두 번 나타나는데, 그것은 비교할 수 없는 가치가 있는 어떤 것을 표현한다: 신실한 친구와 헌신된 아내(시락서 6:15; 26:13-14). 여기서 그 용어는 천국으로의 예수의 초대에서 영혼이 구원과 생명의 참된 회복을 발견하는 비교할 수 없는 가치를 강조한다. 우리는 빈손으로 이 세상에 와서 빈손으로 돌아갈 것이다. 세상이 주는 모든 획득은 하나님 나라로 부르시는 예수의 초대를 응답함으로써 하나님의 뜻을 순종하는 참된 생명을 얻는 복된 부요함과 비교할 수 없다. 이 세상의 끝에 우리는 영혼의 건강함에 의해 측정되지, 가진 재산의 풍성함에 의해 측정되지 않는다. 사도 바울은 이스라엘의 종교 제도에서의 옛 삶의 가치에 비해 예수를 따르는 제자도에서 발견할 수 있는 삶의 우월성을 분명하게 이해하고 있다.

> 그러나 무엇이든지 내게 유익하던 것을 내가 그리스도를 위하여 다 해로 여길뿐더러 또한 모든 것을 해로 여김은 내 주 그리스도 예수를 아는 지식이 가장 고상하기 때문이라 내가 그를 위하여 모든 것을 잃어버리고 배설물로 여김은 그리스도를 얻고 그 안에서 발견되려 함이니 내가 가진 의는 율법에서 난 것이 아니요 오직 그리스도를 믿음으로 말미암은 것이니 곧 믿음으로 하나님께로부터 난 의라(빌 3:7-9).

(3) 영혼이 천국 생명을 얻는 보상(16:27-28). 제자도에서 십자가를 짊어지는 것이 긴급하게 필요하다. 천국 생활로 부르시는 예수에게 응답함으로써 각 사람이 하나님의 뜻을 따랐는지를 인자의 오심이 갑작스럽게 계수를 가져올 것이기 때문이다(16:27). 인생의 끝에서든, 인자가 예기치 않은 때에 영광 중에 오심에서든, 우리가 행한 선택에 모두 책임을 져야 한다.

인자가 죽을지라도(16:21), 그는 영광 중에 오실 것이다. 이는 다니엘 7:13-14의 예언의 암시다(더 자세한 것은 마 19:28; 24:30-31; 25:31에서 예수가 말씀하신 것을 보라). 예수의 죽으심과 영광 중에 오심을 병렬로 놓은 것은 적어도 첫 제자들에게서 오해를 불러일으켰고(참조. 20:17-22), 현대의 해석자들 중에서 예수가 의도한 의미에 논쟁을 불러일으킨다. "인자가…오리니"란 표현에 '멜로'(문자적으로는 "내가…할 예정이다") 동사가 있는데, 그것은 모호하다. 이 동사는 가까운 미래에 있게 될 어떤 것을 나타내는데 사용된다. 예를 들어, 다가올 예수의 십자가 처형의 예견에서도 이 동사가 사용되고 있다(17:12, 22; 20:22; 또한 헤롯이 예수를 곧 찾으려했던 2:13에서의 그 동사의 사용을 참조하라). 그러나 이 동사는 세례 요한이 "임박한"(3:7)이라고 말했던 심판의 막연한 시간을 일컫기도 한다. 또한 그것은 "다가올" 시대(12:32)를 언급하거나 끝 날까지 제자들이 이 시대에서 듣게 될(will) 전쟁과 전쟁의 소문을 가리키기도 한다(24:6).

따라서 인자가 "영광으로 오시리라"고 말한 것으로 예수는 무엇을 의미하고 있는가? 일반적인 원리로서 천사와 함께 영광 중에 오시는 인자의 도래는 십자가를 짊어지지 않은 사람들에게는 심판을, 십자가를 짊어진 사람들에게는 보상을, 의미한다. 이것은 복음의 초대를 받은 모든 시대의 사람들에게로 확장되는 원리다.

하지만 그때에 예수는 그와 함께 있는 열두 제자들에게 특별한 적용을 주신다: "진실로 너희에게 이르노니 여기 서 있는 사람 중에 죽기 전에 인자가 그 왕권을 가지고 오는 것을 볼 자들도 있느니라." "진실로 너희에게 이르노니"란 어구는 전형적으로 중요한 선언을 도입한다. 여기서 그것은 십자가로 상징되는 하나님의 뜻을 짊어짐으로써 예수 제자의 형태를 따르는 사람들에게 주어질 보상의 결론적인 선언을 나타낸다. "죽음을 맛보다"("죽기 전에"—개역개정)란 표현은 "죽다"의 관용어적인 표현이다. 빌립보 가이사랴에서 예수와 함께 있었던 열두 제자들 중에 일부가 인자가 그의 나라로 오시는 것을 볼 때까지 생존해 있을 것이다.

그러므로 심판과 보상에 대한 시간 구조가 열두 제자와 연관한 가까운 미래로 좁혀지지만, 이 해석은 논쟁이 되어진다. 예수는 곧바로 있게 될(17:1-8) 그의 변용을 일컫는 것인지,[66] 부활,[67] 오순절에 성령의 강림, 초대교회의 전파로 하나님 나라의 확산,[68] A.D. 70년에 성전과 예루살렘의 파괴,[69] 또는 그의 다시 오심과 심판 그리고 그 나라의 마지막 설립이 있는 파루시아(재림)[70]를 일컫고 있는가?

이 구절에서 어떤 다른 암시도 없으므로, 인접한 문맥이 예수가 인자로서 그의

66. Blomberg, *Matthew*, 261.

67. Davies and Allison, *Matthew* 2:679.

68. France, *Matthew*, 261; Carson, "Matthew," 382; 그들은 이것을 부활에 대한 인유와 다소 조합시킨다.

69. Hagner, *Matthew*, 2:487.

70. 이 견해를 고수했던 사람들은 예수와 함께 있던 사람들의 일생에서 발생하는 것에 관한 예언은 실수였다거나 이것은 마태의 편집일 것이라고 주장한다. 참조. Davies and Allison, *Matthew* 2:679-81.

나라로 오시는 것을 나타내는 것으로 의도된 사건은 곧바로 이어질 그의 변용임을 암시한다(또한 막 9:2-10; 눅 9:28-36). 단지 엿새 후에 있게 될 변용을 목격하는 세 제자들을 언급하기 위해서 "여기 서 있는 사람 중에 죽기 전에"라고 말하는 것을 이상하게 보일지 모른다.[71] 하지만 우리는 예수가 지금 십자가로 향하는 하나님 나라의 선교에 긴급한 응답을 계속해서 요청하고 있음을 기억해야 한다. 가장 가까운 제자들 중에서 베드로는 사탄의 영향 하에서 예수를 방해하려고 했고(16:23), 사탄의 소유 아래서 유다는 예수를 곧 배반할 것이다(26:21-25, 47-50; 참조. 요 13:27). 예수의 공적 사역을 접하고 있는 사람들에게서 하나님 나라로 들어오라는 예수의 초대에 응답할 수 있는 시간이 짧다. 제자도에서 십자가를 짊어지는 것은 연기할 수 있는 것이 아니다. 인자의 죽음이나 오심이 확실한 책임과 심판을 가져올 것이다.

다시 말해서 예수는 열두 제자에게 십자가를 진정으로 짊어질 것인지 그렇지 않을 것인지를 심사숙고해야 한다고 말씀하시고 있다. 심판이 그들이 생각한 것보다 빠르기 때문이다. 그들이 선택을 심사할 수 있는 확장된 시간이 있다고 믿고 있을지라도, 유다가 알게 되는 것처럼, 심판은 곧 있게 될 것이다. 하나님 나라의 순종의 십자가를 짊어지는 헌신에서 등락을 경험한 베드로는 능력으로 예수의 오심을 변용과 나중에 연관시킨다. 그것은 심판에 대한 그의 관심을 보여준다.[72] 그는 베드로후서 1:16-18에서 이렇게 적고 있다.

> 우리 주 예수 그리스도의 능력과 강림하심을 너희에게 알게 한 것이 교묘히 만든 이야기를 따른 것이 아니요 우리는 그의 크신 위엄을 친히 본 자라 지극히 큰 영광 중에서 이러한 소리가 그에게 나기를 이는 내 사랑하는 아들이요 내 기뻐하는 자라 하실 때에 그가 하나님 아버지께 존귀와 영광을 받으셨느니라 이 소리는 우리가 그와 함께 거룩한 산에 있을 때에 하늘로부터 난 것을 들은 것이라.

따라서 이 문맥에서 예수의 말씀은 제자들이 자기 십자가를 짊어져야 하는 긴

71. 예. Carson, "Matthew," 380; Hagner, *Matthew*, 2:486.
72. 나중에 베드로의 언급은 마태복음에서의 예수의 예언과 "여기 서 있는 사람 중에는 죽기 전에 하나님의 나라가 권능으로 임하는 것을 볼 자들도 있으니라"(막 9:1)고 예수가 말한 것으로 기록하고 있는 마가복음에서의 예언과의 일치를 가져온다. 예수의 변형은 하나님의 충만한 권능으로 권위적인 하나님 나라의 설립의 시연이며, 그것은 산 자들에 대한 예수의 소명에 직접적인 순종을 요구한다(참조. France, *Mark*, 344-46).

급성을 지적하신다. 그들이 알게 되는 것처럼, 예수는 몇 날 있지 않아서 하나님 나라의 영광으로 변용되실 것이다. 그들은 자기 십자가를 짊어지고 그들의 삶을 위한 하나님의 뜻을 적용하는 것을 연기해서는 안 된다. 어떤 의미에서 모든 날이 임박한 보상이나 심판의 가능성을 갖고 있기 때문이다.

상황잇기

마태복음서는 다른 복음서들처럼 메시아 예수와 하나님 나라에 대한 그의 선언의 이야기다. 다른 인물들과 이슈들은 무대에서 나타났다가 사라지기도 하며 우리의 관심을 끈다. 우리가 16장에 왔을 때, 예수에게 고정된 스포트라이트를 본다. 마태는 독자들에게 우리 자신의 관점이 아니라 예수의 관점에서 예수와 그의 사명을 보도록 요청한다.

예수의 신분. 16장 전체를 통해서 마태의 독자들은 인간의 관점에서가 아니라 하나님의 관점에서 예수를 보도록 끊임없이 요청받는다. 종교지도자들은 예수의 관점이 아니라 자신들의 관점에서 예수의 메시아적 신분의 표적을 원한다. 그것은 예수의 부활로 확증되는 심판의 선언을 낳는다. 그룹으로서 예수의 제자들은 하나님 아버지로부터 오는 예수의 신분에 대한 계시에 관심을 기울일 때 종교지도자들의 악한 의도를 식별할 수 있다. 예수의 신분에 관한 인간의 견해는 부적절하다. 구약성경의 예언적 소망을 부분적으로 이해하고 있기 때문이다. 하나님의 계시로 인해 영감을 받은 것이지만 예수의 신분에 대한 베드로의 고백도 한계에 부닥치는데, 예수를 인간적인 생각으로 이해하도록 사탄이 베드로에게 영향을 주기 때문이다. 예수를 가장 분명하게 이해하려는 사람은 그의 신분과 사명에 대해 예수 자신이 가르치신 것에서 분명히 알 수 있는 것처럼 하나님 아버지의 계시에 의해 인도를 받아야 한다.

마태는 인간의 이성에만 의존하는 위험을 직접적으로 알고 있다. 제자들이 함께 있었을 시에, 마태는 예수의 신분과 사명에 대해 계시되었던 모든 것을 은밀히 알고 있었던 유다를 지켜보았다. 그러나 결국에 유다는 그 계시를 받아들이는 것을 거부하고 인간의 야망으로 예수를 배반하였다(26:14-16). 마태는 예수의 신분을 최초로 고백했지만 십자가로 가야하는 하나님의 원 뜻을 곧바로 방해하려고 시도했던 베드로도 지켜보았다(16:22-23). 마태는 베드로가 예수를 알지도 못한다고 부인하는 것을 나중에 지켜보았을 것이다. 이는 베드로가 하나님의 통찰이 아니라 인간의 통찰로 행하고 있다는 확실한 표지다.

마태는 부분적인 인간 이해가 궁극적으로 재앙적이라는 것을 우리가 알게 한다. 그는 독자들에게 인간의 관점에서가 아니라 하나님의 관점에서 예수의 신분과 사명을 수용하도록 요청한다. 살아 계신 하나님의 아들인 그리스도/메시아로서 예수에 대한 베드로의 고백은 마태복음과 그의 교회의 핵심적인 신조이지만,[73] 그것은 인간이 이해할 수 있는 것 이상의 의미가 들어 있다. 메시아로서 예수는 베드로가 이 때에 알고 있고, 억압받는 많은 이스라엘의 무리들이 기대했던, 종류의 구원자 그 이상을 의미한다. 예수는 죄에서 자기 백성들을 구원할 메시아이시다. 그가 예루살렘으로 가시는 방도는 정치적이고 군사적인 정복이 아니라 고난과 죽음과 부활의 방도다(16:21). 예수는 예언되었던 고난받는 종으로서의 역할을 그의 이적 사역에서 계시하셨지만(참조. 8:17), 이제는 이것이 그의 삶을 위한 하나님 아버지의 목적이라는 것을 명백하게 드러내신다.

따라서 예수의 신분과 사명을 발견하기 위해서 현대의 독자들을 포함하여 마태의 독자들은 이성에 따라서 그것을 해독하려고 하지말고 하나님의 계시에 마음과 정신을 내어놓아야 한다. 오직 그렇게 할 때만이 역설적으로 예수의 십자가에서 오는 참된 생명과 그를 따르기 원하는 모든 사람들이 짊어져야 하는 십자가를 발견하게 될 것이다.

예수의 교회와 천국. 예수의 신분과 사명에 대하여 하나님이 알려주신 계시로 인해 역사를 통한 하나님의 목적이 분명해진다. 천국에 대한 예수의 선언은 대부분의 사람들이 온전하게 이해할 수 없는 방식으로 하나님의 목적을 드러내신다. 교회의 기초를 놓는 일과 천국으로의 입장에서 베드로의 역할에 대한 예수의 선포는 이 시대에 하나님의 목적의 중요한 이정표를 드러낸다.

(1) 이 시대에 하나님의 목적을 드러내는 한 특징은 이스라엘과 예수와의 관계성이다. 예수는 하나님 나라와 함께 유대 백성들에게 유대인으로서 오셨다. 하지만 이윽고 이스라엘은 예수와 천국에 대한 그의 메시지를 거부한다. 그럼에도 불구하고 이스라엘의 상당한 무리가 믿음으로 반응한다. 예수에 대한 제자도는 그에 대한 헌신이며, 그것은 새로운 제자가 예수의 위격 속에서 하나님 나라의 임재로 들어갈 수 있음을 의미한다.

그러므로 천국은 예수의 위격 속에서 역사에 들어왔고, 그 복은 제자들의 삶 속에서 보여지고 있다.[74] 어떤 이는 메시아적 구원의 수령자로서 제자들이 이스라엘

---

73. Gerhardsson, "The Christology of Matthew," in *Who Do You Say That I Am?* 20을 보라.

을 대치한다고 주장하지만,[75] 몇몇 구절들이 우리로 하여금 이스라엘이 미래에 여전히 역할이 있다고 결론 내리도록 이끈다. 우리는 천국을 통한 하나님의 목적을 수행하는 역할이 현 세대에 이스라엘 민족으로부터 빼앗겨져서 예수의 제자들이 천국의 복과 복음 메시지를 전달하는 역할을 누린다는 것을 나중에 볼 것이다(21:43). 하지만 이스라엘은 어느 날 예수 나라의 약속의 종말론적 성취를 받는 것으로 여전히 간주된다(마 10:23; 23:37-39; 참조. 롬 11:25-32; 15:7-13; 계 7:1-8).[76] 열두 제자들은 이스라엘에 대한 약속의 성취를 일부 대변하지만 그들이 이스라엘을 대치하거나 이스라엘이 될 수는 없다.

(2) 아울러 교회(16:18)와 천국(16:19)과 관련한 말씀을 병렬로 놓음은 현 세대에 하나님의 목적을 더 분명하게 이해하게 만든다. 예수의 사역에서 이전에 주목했던 것처럼, 천국이 시작되었을지라도, 그것의 온전한 확립은 영광 중에 오실 왕의 도래를 기다리고 있다. 그러므로 이 구절은 천국과 교회의 관계에 대한 네 가지 요지를 이해할 수 있게 돕는다.

ⓐ 하나님의 나라는 교회와 동일하지 않다. 하나님의 나라는 성령의 새 언약적 복을 구축함으로써 하나님의 구원 역사적 구속 계획의 성취를 시작하기 위해 오신 왕의 임재다. 하나님에 의한 죄의 고백과 용서가 천국에 들어가게 한다.

ⓑ 구속에 대한 하나님의 계획의 구원역사적 성취와 함께 천국이 도래함이 교회를 발생시킨다. 예수는 그에게 응답하고 천국에 들어가도록 사람들을 도전하셨고(5:20), 그것은 예수 안에서 새로운 제자도의 교제를 가져왔다(12:46-50). 예수가 발생시키고 이 시대에 세우신 공동체가 교회이며, 그것은 예수의 초대에 응답하여 왕의 이름으로 그 나라에 들어와서 지금은 새 언약의 복을 누리고 있는 사람들로 형성되어 있다. 이 초대에 응답하여 이 시대에 중생과 성화로 그들의 삶 속에 성령의 역사를 받아들이는 자는 그리스도의 몸된 교회를 형성하는 사람이다.

ⓒ 교회는 핵심적인 사명으로서 하나님 나라의 임재의 실제를 선포한다. 교회는 다가올 시대에 능력으로 그 나라의 온전한 확립의 증거인 하나님 나라의 생명과 교제를 악한 현 세대에 보인다. 이 증거는 제자들이 자기 자신이 아니라 다른

---

74. 참조. Ladd, *Theology of the New Testament*, 104-6.

75. 라드(Ladd)는 이 견해의 대표자다: "예수의 제자들은 메시아적 구원의 수령자이고, 하나님 나라의 백성이며, 참된 이스라엘이다"(*Theology of the New Testament*, 106).

76. 예. Scott Hafemann, "Eschatology and Ethics: The Future of Israel and the Nations in Romans 15:1-13," *TynBul* 51(2000): 161-92.

이들을 섬길 때에 발생하는 겸손 그리고 용서받은 사람이 다른 이들을 용서할 때에 보여주는 용서에서 특히 분명해진다(18:23-35).

ⓓ 교회는 천국의 수호자이며 도구다. 베드로에게 천국 열쇠가 주어질 것이라는 선언은 베드로가 천국으로 들어가는 메시지를 제공하는 자임을 가리킨다. 베드로는 모든 백성들에게 천국의 문을 여는 열쇠를 사용했다(16:18). 그것은 역사에서 단회적인 행위다. 그러나 모든 제자들이 대위임을 수행할 때 동일한 원리를 사용한다(참조. 18:15-20; 요 20:22-23). 온 시대 동안에 교회는 천국의 임재가 성령의 역사를 통해서 알려지는 도구다.[77] 그리고 예수의 부활로 죽음의 권세가 부서졌고, 그것은 음부의 권세가 교회를 이기지 못하리라는 확실한 약속이다(마 16:18).

(3) 열두 제자/사도를 선택함은 이스라엘과의 연속성과 불연속성을 동시에 보여준다. 더 이상 이스라엘이 아니라 교회가 현 시대에 복음 메시지의 주요한 증인이요 수호자다. 그러나 이것은 증인으로서 이스라엘의 미래의 역할을 부인하지는 않으며(예. 계 7:1-8), 한 민족으로서 복음 메시지의 수령자가 되는 이스라엘에 대한 약속을 대체하지는 않는다(마 10:23; 23:37-39; 롬 11:25-33; 15:7-13). 미래의 어느 날에 회개하는 이스라엘[78]은 중심적인 역할을 다시 할 것이나, 이 시대에 그리스도의 몸으로서 교회가 천국 생활을 실제 보이는 표증이 된다.

베드로의 역할. 이것은 지금까지 베드로의 역할과 관련해서 마태복음에서 가장 중요한 구절이다. 예수의 선언은 적어도 여섯 가지의 중요한 특징을 밝혀준다.[79]

(1) 베드로는 하나님 아버지로부터 계시의 수령자가 된다. 그것이 그를 복되게 한다. 베드로는 그의 고백에서 제자들의 대변자로서 행동함으로써 열두 제자의 리더로서 기능하고, 예수는 교회의 기초를 놓는데, 그리고 그 나라의 열쇠의 사용에서 그가 리더십의 역할을 가질 것으로 말씀하신다.

(2) 베드로는 제자들의 대표자로서 행동한다. 그가 예수의 신분을 선언했을 때, 그의 고백은 모든 제자들의 고백을 대표한다. 그러므로 그가 복과 영광을 얻을 때, 베드로는 모든 제자들이 받을 복과 영광을 대표한다.

(3) 베드로는 교회의 초기 시절에 적어도 두 가지 중요한 방식으로 기능한다. 첫 번째로 그는 고백자로서 교회를 이끈다. 하나님 아버지로부터의 계시와 고백하는 그의 개인적인 용기는 모든 제자들을 예수의 신분과 사명에 대한 더 분명한 이해

77. 참조. Ladd, *Theology of the New Testament*, 106-14.

78. 예. 슥 12:10-14.

79. 확장된 논의를 위해서는 Wilkins, *The Concept of Disciple in Matthew's Gospel*, 208-16을 보라.

로 이끈다. 이것은 교회의 기초적인 역할을 연출하고, 교회의 계속된 고백과 미래의 성장을 위한 궤도를 설정한다. 두 번째로 베드로는 갓 태어난 교회가 모든 백성들을 하나님 나라의 복의 수령자가 되도록 이끈다. 세 가지 중요한 사건에 그가 있음(행 2, 8, 10장)은 하나님이 모든 백성들에게 성령을 부어주셨다는 것을 의미한다—유대인, 사마리아인, 이방인. 천국 열쇠의 사용자로서 베드로는 하나님이 모든 백성들을 위한 구원 역사적 복의 문을 열었음을 알린다.

(4) 제자들 중에서 베드로가 말과 행동에서 특히 주목을 받지만 그렇다고 해서 그가 다른 제자들보다 위에 있다고 말할 수는 없다. 그의 리더십은 특별한 것이 아니라 "동등한 자들 중에서 우선"(*primus inter pares*)할 뿐이다. 베드로는 교회에서 기초적으로 기능할 것이고, 다른 제자들도 교회에서 어떤 기초적인 역할을 공유할 것이다(엡 2:20). 베드로만이 천국 열쇠를 받을지라도, 문이 열렸을 때 천국으로 들어가고 들어가지 못하게 하는, 죄를 풀고 묶는 것을 제자들과 공유한다(마 18:18; 요 20:23).

(5) 이 구절의 개인적인 본질 때문에 베드로에게 맞추어져 있는 모든 것들은 그의 일생 동안으로 시간적으로 한정되어 있다. 따라서 하나님 나라의 문을 열고 교회를 설립하는 일에 특별한 방식으로 사용된 자로서 복된 이 사도를 우리가 적절히 존경하는 것은 합당할지라도, 어느 곳에서도 베드로가 계승자를 통해서 영속적인 역할을 하도록 예수가 지시하지 않으셨음을 기억해야 한다.

(6) 베드로는 모든 제자들을 대표하고, 마태복음에서 제자들이 모든 신자들을 위한 모범으로 작용하기 때문에,[80] 베드로는 모든 신자들을 위한 개인적인 모범으로 행동한다. 그의 고백은 모든 신자들을 위한 모범적 고백이고, 앞장서는 그의 용기는 예수에 대한 다양한 의견에 맞서는 담대함을 보여준다. 그가 대변자로서 행한 방식은 담대함의 전형이다. 또한 그는 천국으로 들어가는 것이 어떻게 이루어지는가를 보여준다: 고백과 죄 용서를 통해서, 동시에 열두 제자 중에 리더로서 독보적인 역할을 갖는 베드로는 모든 교회의 리더들을 위한 모범으로서 기능한다. 하지만 우리가 보는 것처럼, 베드로가 자신의 생각으로 예수의 십자가의 길을 저해하려고 했던 것처럼 부정적인 모범도 있다.

---

80. 제자도의 이런 양상이 마태의 신학적인 목적의 핵심이며 예수의 전체 지상사역의 기초적인 특징이다. 참조. Wilkins, *Following the Master*, 174-93.

현대적 의미

일관성. 아내와 나는 딸들을 로스앤젤레스와 산디애고 중간에 있는 남캘리포니아에 위치한 멋진 해변 마을에서 키웠고, 지금도 여전히 그곳에서 살고 있다. 우리 집에서 두 블록을 건너면 내가 매우 좋아하는 서핑 지점 중 하나가 있다. 밀려오는 파도가 100야드 해변에 잠겨 있는 바위들에 부딪혀서 깊은 물 속에서 파도를 일으키며 포말을 형성한다. 이 파도는 양쪽 날개에서 A자형의 중심을 형성하고, 이 파도에서 벗어날 때면, 곡선으로 꺾이면서 아주 스릴 있는 장면을 연출한다.

하지만 이곳이 참으로 좋은 파도를 갖고 있을지라도 내가 여기서 서핑을 한 것은 지난해에 두세 번에 불과하다. 그것은 놀랍게 들릴지 모른다. 이 장소가 그렇게 좋다면 내가 왜 더 자주 이곳에서 서핑을 하지 않는가? 내가 너무 바빠서 인가? 아니다. 나는 적어도 한 주에 한번씩 다른 장소에서 서핑을 하려고 한다. 그곳이 너무 위험한가? 아니다. 그곳은 암초와 충돌하지 않을 정도로 수심이 충분히 깊다. 그곳은 너무 사람이 많은가? 아니다. 그곳에서 서핑 하는 사람을 거의 볼 수가 없다. 그곳에 상어가 출몰하는가? 또 다시 아니라고 말할 수밖에 없다.

그렇다면 내가 왜 더 자주 그곳에서 서핑을 하지 않는가? 한 마디로 일관성이 없다. 날씨가 아주 좋고 포말이 크게 일며, 조류가 크게 높지 않으며, 모든 상태가 아주 좋은 날에 이곳은 정말로 서핑하기에 아름답고 좋은 곳이다. 하지만 나쁜 날에는 당신은 어느 파도도 그곳에서 볼 수가 없다. 그것이 우리가 사는 지역이 훌륭한 서핑 지역으로 알려지지 않은 이유다. 환경이 파도를 결정하기 때문이다. 이곳 환경의 적당한 형성은 일년에 한두 번 정도 발생할 뿐이다.

이제 내가 이런 이야기로 어디로 가려고 하는지 궁금하겠지만 이 장에서의 성격을 고려할 때 너무 다른 곳을 바라보아서는 안 될 것이다. 베드로와 나머지 제자들의 핵심적인 요소는 예수에 대한 제자도에서 '일관성'을 배우는 것이다. 그것은 특히 그들의 신실성을 환경이 결정하지 않게 하는 것을 의미한다.

제자들의 오랜 생애의 이야기는 예수에게서 오는 놀라운 은혜와 온유하며 회복케 하는 능력을 우리에게 강조해준다. 우리 중 어느 누구도 하나님이 그의 성공적인 목적을 위해 우리를 사용하실 수 없을 만큼 여러 번 실패하지 않는다.

우리는 이전에 결코 만나지 않았던 환경에 의해 불안해하지 말고 예수에게 일관되게 초점을 맞추는 것을 배워야 한다. 이것이 일관성 있는 제자도의 주요한 열쇠다. 우리는 어떤 환경에서도 인생에서 하나님의 임재에 의존할 수 있다. 하나님은 우리가 올바른 결정을 할 수 있도록 도우시며, 유혹이나 박해에 직면해서 용기를 주시며, 힘든 상황에서도 우리를 위로하신다. 이것이 이 세상에서 그리스도를 닮는 삶을 살기 위한 필수적인 요소다.

사도 베드로는 이 원리의 뛰어난 모범자로서 역사 속에 나타나 있다. 그의 개인적인 잠재력은 괄목하였다. 그는 갈릴리의 산업에 중요한 어업에서 성공적인 어부였다. 그는 비참한 가난 속에 있는 지역에서 성장하는 기업과 집의 공동소유자였다. 그는 역사에서 하나님의 계시를 받아 하나님의 구원 역사적인 프로그램을 확립하는 일에 헌신한 유대인이다. 그는 탁월한 용기, 영적인 민감성, 하나님의 계시에 열려 있음 그리고 이 땅에서 하나님의 목적을 확립하는 일에 사용되려는 의지를 특출 나게 보였다. 하지만 그는 두려움, 공적인 견해, 정치적인 흐름, 그리고 종교적인 율법주의의 환경에 휘둘리기도 하였다.

우리가 베드로를 판단하기는 쉽다. 하지만 솔직히 말해서 나도 다양한 환경에 의해 휘둘림을 당하는 경향이 있다. 나는 베드로가 구원역사의 사역에서 보여준 강력하고 용기 있는 자세와 역할을 깊이 인식할 필요가 있다. 하지만 베드로의 실패에서도 배워야 한다. 다시금 핵심은 일관성이다. 우리가 하나님의 계획의 역사에서 의미 있는 사람이 되기 원한다면, 삶에서 하나님의 인도하심에 일관되게 자신을 순복해야 한다.

초대교회에서 베드로의 역할의 위대함은 그의 개인적인 능력이나 은사에서 오는 것이 아니었다. 교회 역사에서 베드로가 훌륭한 역할을 하도록 이끈 것은 삶의 모든 영역에서 예수에게 헌신하는 일관성을 발전시킨 데에 있다. 그는 환경과 상관없이 하나님의 방식, 하나님의 일, 하나님 뜻—자기 자신의 것이 아니라—에서 일관되게 자기 자신을 드렸다. 베드로는 우리의 삶에서 하나님의 부르심—우리의 일, 가정, 교회, 이웃과의 관계—에 응답하는 삶의 방식의 중요한 모범이다. 우리는 주인이신 예수에 대한 헌신을 일관성 있게 발전시켜야 한다.

따라서 마태복음 16장에서 우리는 환경과 상관없이 예수와 일상적인 동행을 일관성 있게 발전시켜야 하는 세 가지 영역들을 적어도 볼 수 있다: 영적인 인식과 수용의 일관성, 우리의 관점이 아니라 하나님의 관점에서 예수를 알려는 동기의 일관성, 십자가의 삶을 살려는 의지의 일관성.

(1) 영적인 인식과 수용의 일관성. 마음의 인식은 지성의 인식과는 다르다. 물질적인 세계와 관련하여 지적으로 똑똑할 수 있으나 영적인 성장을 이끄는 실제 세계에는 무지할 수가 있다. 자주 근본적인 문제가 영적인 수용성의 문제일 수 있다. 영

적인 신호에 열려 있는 마음은 하나님의 음성을 듣지만 하나님에 대하여 굳은 마음을 가진 사람은 하나님의 음성을 듣거나 볼 수 없다.[81] 마태는 예수에 대한 나쁜 수용성과 좋은 수용성을 계속해서 대조시킨다. 종교 지도자들은 "표적"에 대한 요구로 영적인 무지를 가리려 하면서 예수를 거부하는 반면에 예수의 제자들은 예수에게 열려 있음으로 배우려 한다. 예수는 종교 지도자들에게 더 이상의 표적을 주기를 거부하시는데, 어느 표적도 그들을 확신시킬 수 없음을 알고 계시기 때문이다. 하지만 신실한 제자의 표지는 예수의 신분에 대한 하나님 아버지의 계시에 수용적이다. 설사 그 제자가 비틀거릴지라도 말이다.

우리에게서 제자로서 하나님께 열려 있음은 영적인 인식과 관련이 있다. 예수는 하나님의 음성을 듣고 그의 인도에 응답하기에 충분한 민감성 있는 마음을 가진 순종하는 제자들을 여전히 찾고 계신다. 달라스 윌라드가 쓴 것처럼, "하나님의 음성을 듣는 것-좋은 감각으로 매일 하나님의 인도하심의 실제를 신뢰하는 것-은 하나님의 영광과 천국의 발전에 헌신하는 사람들에 해당한다. 예수 그리스도의 제자들은 그를 닮는 것을 가장 선호한다."[82]

하나님의 음성은 하나님의 말씀 속에서 가장 먼저 들려지지만 경건한 조언의 지혜와 우리의 길에 대한 일상의 질서, 그리고 일상생활에서 하나님의 섭리적인 돌보심 속에서도 들을 수 있다. 윌라드는 하나님의 음성을 들을 수 없다고 항상 말함으로써 그분에게 순종하지 않는 사람들에 대해 말한다: "아마도 우리는 하나님의 음성을 듣는 것을 기대하지 않기 때문에 그 음성을 듣지 못한다. 다시 말해서 우리는 독자적으로 우리의 삶을 온전히 운영하는 것을 알고 있고, 진지하게 그 외에 다른 것들을 생각하지 않고 있기 때문에 그것을 기대하지 않는다."[83]

순종하는 제자들은 하나님의 음성에 수용적이다. 이 구절에서 구체적인 이슈는 예수의 가르침에 민감하고 그를 신뢰함이 영적인 성장의 문을 연다는 요지를 보여준다. 사사로운 관심에 너무 집중하는 신뢰의 부족이 우리로 하여금 예수의 메시지를 듣고 이해하는 일을 방해한다. 이 문제가 대수롭지 않는 내러티브처럼 보이는 것에서 나타난다: "제자들이 건너편으로 갈새 떡 가져가기를 잊었더니"(16:5). 이 하찮은 지적이 더 깊은 것을 암시한다. 즉시 예수와 제자들 사이에 홍미 있는

81. Hagner, *Matthew*, 2:456.
82. Dallas Willard, *Hearing God: Developing a Conversational Relationship with God* (Downers Grove, I11.: InterVarsity Press, 1999), 70.
83. Ibid., 71.

상호작용이 일어나기 때문이다. 그들은 여행을 위한 양식을 가져오지 않은 것과 바리새인과 사두개인의 누룩을 조심하라는 예수의 가르침을 듣고서 혼돈한다. 그들 자신의 부적절한 행동의 산만함이 예수의 진정한 가르침을 듣는 일을 방해한다. 예수가 계속해서 그들의 무감각을 지적하고 그가 진정으로 의미하는 바가 무엇인지 설명했기 때문에 그들은 마침내 예수의 참된 요지에 이르게 된다. 그들은 그들의 필요를 돌보시는 예수에게 적절히 의지하는 법을 배우지 못했다.

제자들은 예수의 말씀을 옳게 들을 수 있도록 준비되었어야 했다. 그들은 5천명과 4천명을 예수가 먹이시는 것을 목격했으므로(14:15-21; 15:32-38), 그들이 양식을 가져오지 않은 곤란에 처했을지라도, 예수가 그들의 물질적 필요를 돌보실 수 있음을 믿었어야 했다. 그리고 그들이 이전에 "오늘날 일용할 양식을 주옵시고"(6:11)라고 기도하도록 가르침 받고, 먹을 것과 마실 것과 입을 것을 염려하지 말라고 훈계 받았던(6:31), 산상수훈에서의 예수의 가르침을 기억했어야 했다. 예수의 제자들이 먼저 그의 나라를 구할 때, 하나님 아버지가 그들이 필요로 하는 것을 공급하실 것이다(6:32-33).

이것은 먼저 하나님의 나라를 구하는 것이 무엇을 의미하는지의 실제적인 모범이다—영적인 실제에 대해 예수로부터 배울 수 있는 자리에 우리 자신을 두고 그가 우리에게 주기를 원하시는 것을 받는 것. 우리는 각기 그렇게 행하도록 부름을 받고 있다. 제자들이 배 안에 있었으므로 육체적으로 아주 근접하여 예수로부터 배우고 있었다. 하지만 그들의 영적인 마음의 상태가 예수의 가르침을 받을 수 있도록 준비되어 있지 않았다. 양식을 가져와야 하는 그들의 개인적인 책임을 잊어버린 것이 그들을 산란하게 함으로써 "영적인 귀"가 진정으로 예수의 메시지를 들을 수 있도록 맞추어져 있지 못했다. 게다가 과거에 그들의 필요를 돌보시는 예수의 섭리를 잊고 있음이 현재에 예수가 주실 수 있는 양식을 간과하게 하고 있다.

중요한 것은 균형이다. 균형의 한쪽은 우리의 책임이다. 일상의 책임에 적절한 관심을 갖는 것—세금을 지불하고, 자녀들과 함께 시간을 보내고, 집안 일을 하고, 나이든 이웃 노인을 돌보는 것—은 하나님의 음성을 듣지 못하게 하는 감정적인 산만함을 줄여준다. 때로 우리는 실패로 인해 혼란스러워져서 하나님께 방향을 맞추지 못한다. 마귀는 우리가 실패했을 때 마음을 산란케 하여서 하나님이 더 이상 우리를 돌보지 않는다고 생각하게 만든다는 것을 기억하라.

균형의 또 다른 한쪽 편은 하나님의 섭리적인 돌보심이다. 하나님은 우리가 갖고 있는 모든 것을 공급하신 하나님이시다. 보통 우리가 직장을 얻는 것이 자기 자신의 성공적인 교육 때문이라고 생각하고, 자녀들의 교육적 필요를 돌볼 수 있는 것이 우리가 예산을 세심하게 운영하였기 때문이라고 생각하며, 우리가 교회에 헌금을 많이 할 수 있는 것이 우리를 승진할 수 있게 만든 뛰어난 근면 때문이라고 생각할 수 있을지라도 말이다. 크리스천과 이교도 사이에 차이는 삶의 모든 영역에서 하나님의 손길을 우리가 알고 경험하고 있다는 것이다. 하지만 하나님의 손길을 보는 것은 세심한 영적 민감성을 요한다. 우리가 인생에서 하나님의 손이 활동하는 것을 볼 때마다 장래에 우리를 보호하시는 손길을 확실히 신뢰하도록 강화시킨다.

우리는 우리의 책임과 하나님의 보호하심의 균형으로 매순간 매일 살아가고 있다. 우리 가족의 가장 놀라운 경험 중 하나는 자주 아주 커다란 어려움을 통해서 이런 균형의 삶을 사는 방법을 배운다는 것이다. 결혼생활의 대부분 나와 아내 그리고 나중에 우리 자녀들은 그 달 그 달 살아갔고, 세심하게 예산을 살핌으로써 빚을 지지는 않았다. 하지만 몇 가지 중요한 시점에서는 하나님이 우리로 하여금 희생을 하도록 요청하셨다. 나와 같이 세심한 사람은 그 달에 어느 정도의 돈을 지불해야 하는지를 확실히 아는 것은 그리 어렵지 않다. 하지만 희생을 해야만 했던 시기에 하나님은 우리의 필요를 기적적으로 공급하셨다: 세미나에 참석하고, 교회 개척을 하며, 박사과정을 시작하고, 기독교 대학과 세미나에서 가르칠 수 있는 상당한 수입을 남기는 것.

각각의 상황에서 예산을 계속해서 긴밀하게 살피고 빚을 지지 않았지만 하나님의 음성이 희생적인 봉사의 시간을 우리에게 요청하시는 것을 들었을 때, 하나님은 우리의 필요를 공급하시지 않는 어떤 것을 하도록 우리에게 요청하지 않으신다는 사실을 알았다. 내가 예산서를 보았을 때 문자 그대로 신음하며 그 달의 시작에 머리를 곤두세웠다. 식품점에 가고 딸들에게 적절한 옷을 사 입히는 것을 아무리 세심하게 하더라도 그 달은 아주 황량해 보였다. 하지만 그 달에 나는 예기치 않은 부업을 얻거나 길 건너 가족이 예기치 않은 재회를 통해 식품을 공급하거나 아내의 부모들이 예기치 않은 보너스를 얻었다고 우리로 하여금 그것을 쓰도록 말하곤 하였다. 나는 자존심이 있는 사람이라서, 그들이 나를 모욕하는 것처럼 이런 도움을 자주 거절하곤 하였지만 훨씬 더 영적으로 하나님의 은혜에 맞추어져 있는 나의 아내가 그 배후에 있는 하나님의 손길을 알렸다. 하나님의 섭리적인 돌보심을 볼 때마다, 필요한 때에 언제라도 그를 신뢰하도록 우리는 더 확고히 준비되었다.

이것은 어떻게든 우리가 배울 수 있는 자리, 즉 교회의 예배나 개인 또는 그룹성경공부에 자기 자신을 가까이 두어야하는 중요성을 강화시킨다. 하지만 이런 자리에 가까이 있다고 해서 그것이 적절한 수용을 보증하지는 않는다. 하나님의 인도하심과 가르치심에 대한 수용은 적절한 개인의 책임과 하나님의 양식에 대한 적절한 신뢰가 균형을 이루어야 한다.

(2) 우리의 관점이 아니라 하나님의 관점에서 예수를 아는 일관성. 우리가 마태복음에서 규칙적으로 보는 것처럼, 일관성은 베드로의 영적 성장에 매우 긴급한 필요였다. 베드로가 메시아의 길에 대한 자기 자신의 생각을 가졌으나 그는 하나님의 계획을 아는 것이 필요했다. 하나님의 방식은 인간의 방식과는 자주 다르다. 베드로는 예수의 메시아 됨을 부분적으로 이해하였으나 그가 이해하지 못했던 하나님의 계획의 양상에 이르렀을 때(즉, 예수가 십자가의 길로 나아가야 하는 것), 그는 자신의 이해로 그 길을 막으려 했다. 그때에 예수는 그를 "걸림돌"로 표현하셨다. 이것은 불길한 선언이었다. 끊임없이 하나님의 뜻에 대해 민감하지 않는다면, "반석" 베드로는 "걸림돌" 베드로가 될 것이다. 하나님의 관심이 아니라 인간의 관심으로 베드로가 그 상황을 보았기 때문이다(참조. 16:21-23).

베드로는 영적인 성장에서 "오르내리는" 사람으로 자주 묘사된다. 37쪽의 서론에서 우리는 그것을 그래픽으로 보았다. 이 단락에서 베드로는 높은 곳으로 올라갔다가 아주 낮은 곳으로 떨어진다. 베드로가 가졌던 잠재적인 결과를 두려워하지 않을 크리스천은 없다고 나는 생각한다. 이런 가능성은 예수를 따르는 모든 자들에게 해당하고, 특히 지도자들에게 더욱 그러하다. 우리는 하나님의 회복케 하시는 은혜를 붙들어야 한다. 다음 장에서 베드로는 핵심 서클에 속하는 제자들과 함께 예수의 변용을 목격할 수 있도록 부름을 받는다(17:1). 베드로는 예수를 부인하는 운명의 시간까지 오르내리는 패턴을 계속한다. 오순절에 성령의 강림으로 드라마틱한 능력을 입지만, 그럼에도 불구하고 베드로가 영적인 성장에서 계속해서 오르내림을 경험하는 것을 우리는 보게 될 것이다.

내가 베드로의 경험에서 취할 수 있는 주요한 교훈은 나의 명철로 예수를 강요하는 것이 아니라 그의 형상으로 나를 변화시킬 수 있도록 내 삶에 그의 임재를 항상 허락하는 것이다. 이것은 나 자신의 개인적인 삶에서만이 아니라 크리스천 리더로서의 나의 삶에 하나님이 주신 잠재력을 알고 하나님이 우리를 부르신 모든 것을 극대화할 수 있도록 초점을 맞추어야 한다는 것을 의미한다. 베드로는 "반석의 사람"으로서 중요한 인물이지만 그의 책임을 과도하게 취하여서 때로 삶의 정열이 오만의 선을 넘어서기도 했다. 1세기에 랍비를 존중하는 제자들은 스승을 감히 지적할 수 없었지만 베드로는 어떤 다른 랍비보다 위대하신 분이라고 방금 선언했던 예수의 길을 저지하려고 했다. 이것은 예수의 사명을 막으려는 사탄이 야기하는 유혹이었다.

오만, 건방, 자기만족은 모두 확신의 위조품이다. 확신은 하나님이 우리가 어떤 것을 행하도록 주시고 우리가 하나님의 능력으로 그것을 행할 수 있다는 인식이다. 예수의 제자로서 적절하게 우리 자신을 수행하는 것은 그의 뜻을 분명히 알지 못하고서는 영원한 가치가 있는 것을 할 수 없음을 인식하고 하나님의 하게 하심을 깊이 경험하는 것이다. 우리들은 하나님에 의해 창조되고 은사를 부여받고 부름 받았음을 알고, 하나님이 독특하게 은사를 받은 그릇으로서 우리를 통해서 하나님이 하기를 원하시는 모든 것을 극대화하는데 헌신한다면, 우리의 삶에서 바위와 같은 일관성을 보일 수 있다. 그렇게 하기 위해서는 우리의 관점이 아니라 하나님의 관점에서 예수를 아는 것으로 동기부여가 되고 인생에서 그의 부르심을 매우 진지하게 취하는 것이다—그러나 그 과정에서 너무 진지하게 우리 자신을 취하지 않는 것이다.

(3) 초대와 교훈으로서 십자가의 삶을 사는 일관성. 예수에 대한 제자도의 일관성을 배우는 또 다른 방식이 십자가의 비유에 나타나 있다. 십자가는 예수를 죽게 한 극악한 도구이지만 그의 성육신의 목적을 나타내는 상징이며 우리의 삶에서 그를 따르는 표상이다. 제자의 삶에서의 일관성은 십자가의 삶을 살려는 계속된 의지와 관련이 있다. 예수를 따르기 위해서 자기 십자가를 짊어지는 것이 크리스천 삶의 시작일 뿐 아니라 계속되는 제자도의 기준이다.

마가복음의 유사한 구절과의 비교는 이것을 분명하게 해준다. 마가복음 8:34("누구든지 나를 따라오려거든 자기를 부인하고 자기 십자가를 지고 나를 따를 것이니라")은 제자들만이 아니라 무리들에게도 역시 이 말씀을 하시고 있음을 알려준다. 이것은 복음서에서 규칙적인 패턴을 따른다. 예수가 무리들에게 말씀하실 때, 그를 따르는 제자도 속에서 구원을 발견하는, 하나님의 나라로 들어오도록 그들을 '초청하신다'—복음전도. 제자들에게 말씀하실 때, 그는 제자들의 성장하는 삶에 대해 '가르치신다'—교화(5:1-2의 주석을 보라). 따라서 이 말씀은 우리가 제자도의 크리스천 삶으로 들어가는 방식을 특징지을 뿐 아니라 예수에 대한 우리의 헌신이 발전하는 방식도 특징짓는다.

자기를 부인하고 십자가를 짊어지며 예수를 따르는 삶의 종류는 일상의 삶에서 분리되어 항상 고독한 시간을 가질 것을 의미하지 않는다. 그것이 얼마나 도움되는지를 전혀 상관하지 않고서 말이다. 오히려 예수는 우리 자신을 일상생활 속에서 어떻게 행동해야 하는지를 보여주신다. 우리는 십자가의 삶을 사는 일관성을 배워야 한다. 자기 자신을 부인하고 십자가를 짊어지는 것은 우리 자신의 뜻보다 하나님의 뜻을 우선하는 원리를 가리킨다. 십자가에서 우리의 구속을 완성하기 위해서 하나님의 뜻을 따른 예수의 희생을 통해서 하나님의 은혜로운 구원을 발견할 때, 이것이 그리스도의 제자됨을 출발시킨다.

하지만 우리가 하나님의 뜻을 위하여 인생에서 우리 자신의 뜻을 포기하는 것이 예수에 대한 우리의 제자도를 역시 특징지어야 한다. 우리는 규칙적으로 날마다, 매순간, 하나님이 우리를 위해 원하시는 것에 비추어서 우리가 원하는 것을 심사하고 있는가? 우리가 하나님의 뜻을 먼저 생각하면 할수록 우리의 마음이 예수처럼 사랑하는 것으로 변화되고(요 13:34-35; 15:12), 우리의 마음이 예수처럼 생각하는 것으로 더욱 훈련된다(롬 12:1-2; 빌 2:5). 그때에 우리는 일상생활이 예수를 반영하는 삶의 종류와 예수의 이름으로 어떤 것을 구하고 그것을 응답 받을 수 있는 기도의 종류를 경험하게 될 것이다(요 15:7).[84]

또한 이 가르침을 제자들에게로 향하심으로써, 헌신을 한 후에도 자기 자신을 평가하도록 예수가 요청하고 있음을 우리는 유념해야 한다. 그는 진정으로 자기 자신을 부인하지 않고 예수를 따르는 십자가를 지지 않은 유다에게로 이 말씀을 최소한 직접적으로 향하고 있을 것이다. 유다는 예수의 사람으로 지금 남아 있지만 진정으로는 예수의 사람이 아니다. 그는 영원한 어둠의 심판의 운명을 갖게 될 것이다. 또한 우리는 영원한 생명을 위한 하나님의 참된 아들로서 예수를 믿을 때 가져야 하는 확신을 상실할 정도로 너무 심하게 우리 자신을 심사하도록 강조해서도 안 된다(참조. 요일 5:13-15). 하지만 참으로 자기 자신을 부인하고 십자가를 짊어지는 사람은 예수를 따르고 변화된 삶으로 그의 나라의 가치를 따라 살 때 이 세상에서 두드러지게 될 것이다.

84. 마태는 이 말씀의 구성에서 그것을 암시한다. 그는 부정과거 명령법인 "자기를 부인하고"와 "자기 십자가를 지고"에서 현재명령법인 "나를 따를 것이니라"로 전환한다. 그것은 예수를 따르는 현재 진행중인 삶을 암시한다(참조. Turner, *Syntax*, 76).

마태복음 17:1-27

1 엿새 후에 예수께서 베드로와 야고보와 그
형제 요한을 데리시고 따로 높은 산에 올라
가셨더니
2 그들 앞에서 변형되사 그 얼굴이 해 같이 빛
나며 옷이 빛과 같이 희어졌더라
3 그때에 모세와 엘리야가 예수와 더불어 말하
는 것이 그들에게 보이거늘
4 베드로가 예수께 여쭈어 이르되 주여 우리가
여기 있는 것이 좋사오니 만일 주께서 원하
시면 내가 여기서 초막 셋을 짓되 하나는 주
님을 위하여, 하나는 모세를 위하여, 하나는
엘리야를 위하여 하리이다
5 말할 때에 홀연히 빛난 구름이 그들을 덮으
며 구름 속에서 소리가 나서 이르시되 이는
내 사랑하는 아들이요 내 기뻐하는 자니 너
희는 그의 말을 들으라 하시는지라
6 제자들이 듣고 엎드려 심히 두려워하니
7 예수께서 나아와 그들에게 손을 대시며 이르
시되 일어나라 두려워하지 말라 하시니
8 제자들이 눈을 들고 보매 오직 예수 외에는
아무도 보이지 아니하더라
9 그들이 산에서 내려올 때에 예수께서 명하여
이르시되 인자가 죽은 자 가운데서 살아나기
전에는 본 것을 아무에게도 이르지 말라 하
시니
10 제자들이 물어 이르되 그러면 어찌하여 서기
관들이 엘리야가 먼저 와야 하리라 하나이까
11 예수께서 대답하여 이르시되 엘리야가 과연
먼저 와서 모든 일을 회복하리라
12 내가 너희에게 말하노니 엘리야가 이미 왔으
되 사람들이 알지 못하고 임의로 대우하였도
다 인자도 이와 같이 그들에게 고난을 받으
리라 하시니
13 그제서야 제자들이 예수께서 말씀하신 것이
세례 요한인 줄을 깨달으니라
14 그들이 무리에게 이르매 한 사람이 예수께
와서 꿇어 엎드려 이르되
15 주여 내 아들을 불쌍히 여기소서 그가 간질
로 심히 고생하여 자주 불에도 넘어지며 물
에도 넘어지는지라
16 내가 주의 제자들에게 데리고 왔으나 능히
고치지 못하더이다
17 예수께서 대답하여 이르시되 믿음이 없고 패
역한 세대여 내가 얼마나 너희와 함께 있으
며 얼마나 너희에게 참으리요 그를 이리로
데려오라 하시니라
18 이에 예수께서 꾸짖으시니 귀신이 나가고 아
이가 그때부터 나으니라
19 이 때에 제자들이 조용히 예수께 나아와 이르
되 우리는 어찌하여 쫓아내지 못하였나이까
20 이르시되 너희 믿음이 작은 까닭이니라 진실
로 너희에게 이르노니 만일 너희에게 믿음이
겨자씨 한 알 만큼만 있어도 이 산을 명하여
여기서 저기로 옮겨지라 하면 옮겨질 것이요
또 너희가 못할 것이 없으리라
21 (없음)
22 갈릴리에 모일 때에 예수께서 제자들에게 이
르시되 인자가 장차 사람들의 손에 넘겨져
23 죽임을 당하고 제삼일에 살아나리라 하시니
제자들이 매우 근심하더라
24 가버나움에 이르니 반 세겔 받는 자들이 베
드로에게 나아와 이르되 너의 선생은 반 세
겔을 내지 아니하느냐
25 이르되 내신다 하고 집에 들어가니 예수께서
먼저 이르시되 시몬아 네 생각은 어떠하냐
세상 임금들이 누구에게 관세와 국세를 받느

냐 자기 아들에게냐 타인에게냐
26 베드로가 이르되 타인에게니이다 예수께서
이르시되 그렇다면 아들들은 세를 면하리라
27 그러나 우리가 그들이 실족하지 않게 하기
위하여 네가 바다에 가서 낚시를 던져 먼저
오르는 고기를 가져 입을 열면 돈 한 세겔을
얻을 것이니 가져다가 나와 너를 위하여 주
라 하시니라

원 의미

살아 계신 하나님의 아들이신 메시아로서의 예수의 신분을 베드로가 고백한 후에 그리고 고난과 부활을 처음으로 예언하신 후에 예수는 임박한 수난 사건으로 제자들을 마지막 준비시키는 것으로 그의 지상 사역을 방향 잡으신다. 17장에서 예수는 변용으로 그의 거룩한 영광을 보이시고(17:1-8), 마태는 (1) 어떻게 세례 요한의 사역이 예언된 엘리야 선지자의 도래를 완수하는지(17:9-13), (2) 어떻게 불신앙적이고 비효과적인 믿음이 하나님의 뜻을 저해하는지(17:14-22), (3) 어떻게 예수의 임박한 죽음이 배신을 통해서 발생할 것인지(17:22-23), (4) 어떻게 제도적인 종교적 규칙이 예수와 제자들을 주장할 수 없는지(17:24-27)를 우리에게 보인다.

예수의 변용(17:1-8)

높은 산(17:1). 베드로의 고백과 예수의 고난과 죽음에 대한 첫 번째 예언이 주어진 후 일곱째 날에 더 드라마틱한 사건인 예수의 변용이 발생한다. 분명히 예수는 제자들과 함께, 아마도 열두 제자와 여타 제자들(16:13)과 함께 한 주간을 빌립보 가이사랴 지역에서 머무셨다.[1] 예수는 제자들의 핵심 서클을 데리시고—베드로, 야고보, 요한—"높은 산"에 오르신다. 누가는 산에 오르는 목적을 기도하기 위한 것이라고 언급한다(눅 9:28). 하지만 예수는 교회에서 있게 될 미래의 리더십의 역할을 위해 그들이 부가적인 경험을 할 수 있도록 핵심 서클을 데리고 가셨을 것이다.

이 산은 확인되지 않는다. 교회 전승의 많은 부분들이 다볼산을 선호한다. 그것은 나사렛에서 6마일 가량 갈릴리 바다에서 12마일 가량 떨어져 있다. 하지만 오늘

1. 대안적으로 "엿새 후에"(17:1)라는 언급은 예수가 변형되신 장소에서 여행하는데 걸린 시간을 의미할 수 있다.

날 학자들은 예수가 변용하신 장소가 이곳이라고 거의 주장하지 않는다. 예수의 시대에 로마 점령군의 요새가 그곳에 있었음을 우리가 알고 있기 때문이다.

아울러 마태가 그 산으로 함축하고 있는 것이 갈릴리 외곽이기 때문에(참조. 17:22), 대부분의 학자들은 헬몬산으로 간주하기를 선호한다. 예수와 제자들이 빌립보 가이사랴 지역에 있었고, 이 산은 그곳에서 매우 가까운 곳에 있었다. 그 산은 해양 지표면에서 9,166피트 솟아 있는, 그 지역에서 가장 장엄한 봉우리를 형성하고 있다. 그것의 덜 높이 솟아 있는 두 개의 다른 봉우리들과 함께 주요한 정상은 한해의 상당 기간을 눈에 덮혀 있다. 이곳이 바로 그 산이라면 예수와 제자들은 정상에 올라갔다기보다는 은거할 수 있는 장소까지 올라갔을 것이다.

변화되신 곳을 헬몬산으로 정의하는데 주요한 어려움은 예수와 제자들이 산에서 내려왔을 때, 그들이 사람들의 무리와 예수에게 치유를 구하는 어떤 사람을 만났는데 그 중에 "서기관"(막 9:14)이 있었다는 사실이다. 이것은 이교도 지역에서는 그럴 법하지 않은 장면이다. 그럼에도 불구하고 헬몬산이 가장 적절한 장소로 볼 수 있다. 하지만 여전히 논쟁이 되고 있다.[2]

예수가 변형되시다(17:2). 예수가 임박한 영광에 비추어 자기 십자가를 짊어질 것을 이전에 제자들에게 긴급하게 요청한 것(참조. 16:24-28)이 이제 곧바로 이해되어진다. 제자들 중 세 명이 예수의 신분을 확실하게 보여주는 장면을 보기 때문이다. 마음과 영혼에서 예수를 따르는 일을 망설이거나 지체해서는 안 된다. 메시아 예수에 대한 기탄 없는 헌신이 그의 영광을 목격한 사람들에게 요청된다.

공관복음서들은 모두 예수가 베드로, 야고보, 요한과 함께 그 산에 있는 동안에 "변형"되셨음을 알려준다(막 9:2-10; 눅 9:28-36). 마태는 수동태 동사인 '메타모르푸'를 사용하여 하나님이 이 변형의 배후에 계셨음을 알려준다. 바울은 이와 동일한 동사를 사용하여 신자들이 중생의 결과로 경험하는 영적인 변화를 묘사한다(롬 12:2; 고후 3:18). 하지만 여기서 예수는 제자들의 눈에 보이는 육체적인 변화를 가지신다. 그것은 예수의 성육신과 거룩한 영광을 상기시키고(요 1:14; 17:5; 빌 2:6-7), 다가올 승귀를 미리 보여준다(벧후 1:16-18; 계 1:16). 이 영광은 왕적인 임재를 나타낸다. 그의 위격 속에서 하나님의 나라가 그의 백성들과 함께 있기 때문이다. 제자들의 핵심 서클은 예수의 신분만이 아니라 그의 사명에 대한 심오

---

2. 더 자세한 논의를 위해서는 Wilkins, "Matthew," 106("The 'High Mountain' of Jesus' Transfiguration")을 보라.

한 계시를 목격한다.

모세와 엘리야가 나타나다(17:3). 이 변형의 시간에 가장 위대한 구약성경의 두 인물이 나타난다. 그들은 구약성경을 완성하시는 메시아 예수에 대한 증인으로서 율법과 선지자를 대표한다(참조. 5:17). 모세는 하나님이 율법을 주시기 위해서 사용한 사람이고, 엘리야는 이전에 사무엘 시대의 은사적인 선지자와 후대에 성문 선지자들 사이를 연결하는 자다. 모세는 선지자의 모델로 상고되고(신 18:18), 엘리야는 메시아의 선구자다(말 4:5-6; 참조. 마 3:1-3; 11:7-10).

모세와 엘리야는 모두 산에서 하나님의 영광의 계시를 받았다—모세는 시내산에서(출 24:15) 엘리야는 호렙산에서(왕상 19:8-16) 그것을 받았다. 그리고 이 두 사람은 이 땅에서 독특한 끝맺음을 가졌다—엘리야는 하늘로 곧바로 올려졌고(왕하 2:11-12), 무덤이 발견되지 않는 모세(신 34:6)는 랍비 전승에서 마찬가지로 하늘로 곧바로 올려졌다고 언급된다(참조. *As. Mos*; *b. Soṭah* 13b). 두 사람은 말라기 4:4-6에서 함께 언급된다: 하나님의 종 모세를 통해 율법이 수여되고, 다가올 주의 날 이전에 선지자 엘리야를 보내심. 예수와 함께 이 산에 그들이 출현함은 하나님의 아들로 선언되시는 분으로서 그 두 사람을 초월하는 예수의 위대함을 나타낸다.

베드로의 반응(17:4). 베드로가 이에 "반응한다."[3] 그것은 이 특별한 광경에 반응할 때, 다른 사람들을 위한 리더요 대변자로서 그가 다시 한번 앞장섬을 보여준다. 이것은 베드로의 주요한 역할을 마태가 강조하는 다섯 번째 사건 중에 네 번째다(14:28-31; 15:15; 16:17-19; 17:24-27; 18:21). 각각의 사건은 리더십의 역할로 사용될 그의 성격의 적극성을 나타내지만, 그가 영적 성장의 과정에서 불완전한 리더였음도 드러낸다.

베드로의 언급과 제안을 이해하는 것은 난해하다: "주여 우리가 여기 있는 것이 좋사오니 만일 주께서 원하시면 내가 여기서 초막 셋을 짓되 하나는 주님을 위하여, 하나는 모세를 위하여, 하나는 엘리야를 위하여 하리이다." 세 제자들이 이 사건을 목격한 것이 얼마나 큰 특권인지를 베드로가 나타낼 수도 있다. 하지만 "좋은"이 다소 약해 보인다. 또는 "우리가 여기에 있는 것이 좋사옵나이까"라고 실제로는 질문을 하고 있다고 주장할 수도 있다—그들이 이 놀라운 사건을 경험하고

---

3. 문자적으로는 "그때에 반응하여 베드로가 말했다"이다. 이것은 마태의 내러티브에서 전형적인 문체다(예. 3:15; 4:4; 8:8; 11:4; 16:16, 17); NIV는 "반응하여"(answering)라는 언급을 생략한다.

있는 두려움을 나타낸다.[4] "초막 셋"을 짓자는 제안은 구약성경의 장막을 상기시킨다. "초막"이란 용어는 구약성경에서 장막에 대해서 사용하던 것과 동일하다(출 25:9). 하지만 그 용어는 구약의 장막절에 세워졌던 초막(은신처)으로도 사용되었다(레 23:42).

아마도 가장 합당한 베드로의 제안은 그가 예수의 압도적인 변형과 위대한 인물들의 출현을 보고서 그들의 위업을 기념할 수 있는 어떤 것을 만들기를 희망하고 있다는 것이다. 그러나 다음 구절들이 보여주는 것처럼, 베드로는 예수의 목적을 충분히 이해하지 못한다. 예수는 모세와 엘리야와 같은 단지 구약성경의 인물이 아니기 때문이다. 예수는 모든 면에서 탁월하시고, 그의 변형은 하나님 나라의 종말론적 시작을 확증해준다.

하나님 아버지의 선언(17:5). 이 상황을 제대로 파악하지 못한 베드로의 말을 가로막는 영광스러운 장면이 계속된다. 하나님이 구약성경의 여러 다른 때에 나타나셨던 방식을 상기시키는 "빛난 구름"이 나타난다. 하나님의 임재의 구름은 시내산의 모세(출 34:5-7, 29-35), 장막을 채운 속죄소의 영광(40:34-35), 광야에서 헤매던 때에 이스라엘을 인도하신 하나님의 임재의 구름(13:21-22; 40:36-38), 그리고 솔로몬의 성전을 채운 주의 영광의 구름(왕상 8:10-13)으로 나타났다. 이사야는 주의 영광의 구름이 시온을 감쌀 때 주의 가지가 예루살렘의 회복을 가져올 날을 바라본다(사 4:1-6). 주의 영광의 구름은 메시아가 자기 백성들을 모으고 언약궤의 위치를 드러내실 때로서 유대 문헌에서 인정되었다(마카비 2서 2:7-8).

구름으로부터 하나님 아버지의 음성은 예수의 세례 시에 주어졌던 공적인 승인을 다시금 가져온다(3:17의 주석을 보라). 이것은 시편 2:7("이는 내 아들이라")과 이사야 42:1("그와 함께 내가 기뻐하노라")에서 예언된 요소를 조합하고 있고, 예수가 아들이시오 고난 받는 종이심을 알린다. 예수는 율법과 선지자를 완성했고(참조. 5:17), 이제 그가 모세와 엘리야보다 탁월하다는 것을 분명히 하신다. 이들의 계시는 궁극적으로 예수를 가리킨다. 예수는 하나님의 육화되신 아들이시고 모세의 예언적 소망을 완성하는 최종적 선지자시다(신 18:15-22). 따라서 제자들은 그의 메시아적 사명을 이해하기 위해서 그로부터 들어야 한다. 이 영광스럽게 변화되신 메시아 예수가 십자가의 거룩한 희생이 될 것이지만(17:12), 그는 메시아

4. Randall E. Otto, "The Fear Motivation in Peter's Offer tot Build τρεῖς σκηνάς," *WTJ* 59(1997): 101-112(특히 105).

적 구원자로서 영원히 살기 위해서 죽은 자 가운데서 부활하실 것이다

하나님의 임재의 구름으로부터 오는 하나님 아버지의 음성으로 인해 제자들은 "엎드려 심히 두려워하"였다(17:6). 하나님의 임재의 놀라운 실제적 경험은 그들이 구름 속에서 하나님의 임재를 목격한 것이든 그의 음성을 들은 것이든 간에 구약성경의 사람들에게 보통 두려움을 발생시켰다.[5] 하지만 예수는 두려워하는 제자들에게 온유하게 손을 대시며 두려워하지 말라고 말씀하신다(17:7). 그들이 방금 전에 예수의 거룩한 본질을 아연케 하는 계시를 경험했을지라도, 이것은 예수가 그들이 알고 있는 동일한 주시라는 것을 재확증한다.

제자들이 바라보았을 때, 예수 외에는 어느 누구도 보지 못한다(17:8). 그들의 초점은 모세와 엘리야가 바랐던 방식인 오직 예수에게만 있다. 모세와 엘리야가 존재한 궁극적 의미는 하나님의 아들 메시아와 그의 구속적 사명을 위한 길을 준비하는 것이었기 때문이다.[6] 제자들은 예수의 정체성에 관한 가장 분명한 계시를 받았으나, 그들이 경험한 것을 여전히 온전하게 이해하지는 못한다.[7]

세례 요한과 엘리야의 강림(17:9-13)

침묵의 필요성(17:9). 그들이 산에서 내려오고 있을 때, 예수는 그들이 본 것을 어느 누구에게도 말하지 말 것을 마지막으로 제자들에게 당부하신다(참조. 8:4; 9:30; 12:16; 16:20). 그들은 변형의 이 엄청난 사건을 예수가 죽은 자로부터 부활하신 이후에나 다른 이들에게 말할 수 있다. 그렇게 하지 않는다면, 제자들과 무리들이 예수의 변형과 모세와 엘리야를 만난 일을 이 때가 민족적이고 군사적인 해방을 이룰 수 있는 시기라고 예수의 사명을 잘못 오해할 수 있다. 예수의 메시지는 십자가의 고난으로 말미암은 죄 용서에 초점을 맞추고 있음을 이해해야 한다. 거룩한 성령을 통해서 권능으로 예수는 죽은 자로부터 그의 부활에 의해 하나님의 아들로 선포되실 것이다(참조. 롬 1:3). 그때에 모든 사람들이 예수가 누구이시고 그가 무엇을 이루기 위해서 오셨는지를 결국에 알게 될 것이다("인자"에 대한 언

---

5. 예를 들어, 출 19:16; 20:18; 34:30; 신 4:33; 5:5, 23-27; 합 3:2-6, 16을 보라.

6. 참조. Markus Öhler, "The Expectation of Elijah and the Presence of the Kingdom of God," *JBL* 118 (1999): 461-76.

7. James A. Penner, "Revelation and Discipleship in Matthew's Transfiguration Account," *BibSac* 152(April-June 1995): 201-10을 보라.

급은 8:20의 주석을 보라).

엘리야와 세례 요한(17:10-12). 침묵의 필요성이 제자들이 묻고 있는 질문에서 즉시 설명된다: "그러면 어찌하여 서기관들이 엘리야가 먼저 와야 하리라 하나이까?" 예수가 변형되시고 엘리야가 나타난 후에 예수의 제자들은 예수가 참으로 메시아라면, 선구자로서 엘리야에 관한 말라기의 예언이 예수 안에서 어떻게 성취될 수 있는가를 이해하지 못한다. 예수는 그들과 지금 함께 있고 엘리야는 지금 이 산에서 나타났다. 엘리야가 예수를 앞서 오지 않았기에 예수가 어떻게 말라기의 예언의 성취가 될 수 있는가? 죽은 자로부터 살아나는 예수에 관한 더 발전된 이야기가 제자들을 더 혼란스럽게 한다.

엘리야가 주의 날 이전에 오리라는 예언을 말하는 말라기는 그때에 모든 것이 회복되고 특히 아버지의 마음을 자녀에게로 돌이키게 하고 자녀들의 마음을 그들의 아버지에게로 돌이키게 한다고 예언했다(말 4:5-6). 예수는 모든 것이 엘리야의 도래로 회복되리라는 것을 확증하신다(17:11). 하지만 분명한 것은 모든 것을 회복하는 것은 엘리야가 아니다. 그렇다면 엘리야가 메시아가 될 것이다. 요한의 출현은 메시아가 곧 그 일을 이루시기 위해서 오실 것임을 알리면서 이 사건의 시작을 보여준다.

따라서 예수는 세례 요한의 사역과 예수의 도래 그리고 요한과 예수의 하나님 나라 선포에 대한 이 백성들의 반응에 비추어서 말라기의 예언을 규명하신다—요한의 사역은 말라기의 예언의 부분적인 성취다. "내가 너희에게 말하노니 엘리야가 이미 왔으되 사람들이 알지 못하고 임의로 대우하였도다 인자도 이와 같이 그들에게 고난을 받으리라." 말라기의 예언은 엘리야와 같은 다른 예언의 목소리가 메시아를 통한 하나님의 회복과 심판을 선언할 때를 미리 알려주는 격렬한 예언적 음성으로서의 엘리야에 관한 기억에 의존했다. 분명히 종교 지도자들은 엘리야가 직접 다시 올 것으로 의미한다고 말라기의 예언을 오해했다. 그들의 소망은 군사적/정치적 메시아를 위한 군사적/정치적 엘리야에 주로 초점을 맞추었다. 하지만 세례 요한은 자신이 환생한 엘리야가 아니라고 분명히 밝혔다(요 1:19-27).[8] 환생은 미신적인 이교도적 신앙이다.

이 예언의 정확한 이해는 요한이 "엘리야의 심령과 능력으로" 온다는 것이다

---

8. 자신이 엘리야라는 것을 요한이 강력하게 부정하는 것을 언급하는 Elijah, B. F. Westcott(*The Gospel According to St. John*, 2 vols. [London: John Murray, 1908], 18)은 "세례 요한의 부인은 육체적으로 엘리야가 다시 올 것이라는 유대인의 기대에 맞추어져 있다"고 말한다.

(눅 1:17). 요한은 예기된 엘리야의 도래의 성취이고, 그는 메시아 예수의 길을 예비하기 위해 하나님이 보내신 선지자다(마 3:1-3; 17:12-13). 백성들과 종교지도자들이 온전히 회개하고 요한과 예수의 천국 복음의 말씀을 받아들였다면, 요한은 말라기 예언의 온전한 성취가 될 수 있었을 것이다(11:14). 하지만 요한과 예수의 사역은 온전하게 수용되지 않았다. 오히려 요한을 처형했고, 예수도 그렇게 할 것이다. 따라서 말라기의 회복과 심판의 약속에 대한 완전한 성취는 지금은 이루어질 수가 없다. 또 다른 엘리야 형태의 인물이 다시 그 길을 준비하러 장래에 와야 할 것이다(17:11). 하지만 그때에는 모든 것을 회복시키고 회개하지 않은 자에 대한 하나님의 진노를 가져오는 다시 오시는 인자를 위한 길을 준비하면서 말라기에 예언된 주의 날의 마지막 완성을 위해서 올 것이다.[9]

제자들이 이해하다(17:13). 예언된 엘리야적 인물이 연출할 역할을 예수가 규명하심은 제자들의 기억을 상기시킨다. 예수는 이전에 세례 요한과 말라기의 예언을 연관시켰었다(11:14). 따라서 지금 그들은 그 연관을 이해한다. 마태복음에서 이런 '이해'는 예수의 제자들이 갖는 핵심적인 요소다. 하지만 우리가 비유 강화에서 보았던 것처럼, 그들의 이해는 그들이 부여받은 특별한 자질에 달려있지 않고 예수의 가르침에서 온다(13:10-17, 51을 보라).

우리가 마가복음과 마태복음의 내러티브를 비교함으로써 이 중요한 구분을 관찰할 수 있다. 몇 가지 중요한 경우에 마가는 제자들이 예수가 누구이시고 그가 무엇에 대해 말씀하고 계신가를 이해하지 못함을 지적하는 반면에(막 6:52; 8:21; 9:10, 32), 관련된 구절에서 마태는 이 제자들이 예수가 말씀하신 의미를 결국에 이해하게 되었다고 언급한다(마 14:33; 16:12; 17:13, 23; 참조. 13:51). 마가가 예수의 신분과 가르침을 이해하는 일의 심오한 역사적 신학적 난해함을 강조하려는 목적을 갖고 있다면, 마태는 사건들에 대한 혼란스러움과 오해의 와중에서 예수가 제자들이 궁극적으로 이해의 자리에 나아오게 하는 가르침이나 계시를 어떻게 주고 있는가를 한 단계 더 나아가 규명한다. 마태는 예수와 그의 가르침이 제자들이 가는 길에서 어떻게 교화되는가를 강조한다.[10]

---

9. "두 증인"(계 11:3)은 자주 모세와 엘리야와 자주 동일시된다.
10. 참조. Wilkins, *Discipleship in the Ancient World*, 164-66.

간질을 앓고 있는 소년의 치유와 축사(17:14-20)

예수와 핵심 서클의 세 제자는 변화 산상에서 내려와서 뒤에 남아 있던 제자들에게 합세한다. 다음 장면은 유대적 배경을 가진 것으로 보이는데, 왜냐하면 마가는 율법사가 제자들과 논쟁하고 있다고 우리에게 말해주기 때문이다(참조. 막 9:14). 이것은 그들이 헬몬산과 빌립보 가이사랴 지역을 떠나 갈릴리 지역으로 여행했다거나 이 산이 사실상 유대 지역에 있었다는 것을 가리킨다. 하지만 율법사가 예수와 제자들이 가는 곳마다 그들을 따라다녔을 가능성이 있다. 그들이 율법을 범하는지의 증거를 잡기 위해서 말이다.

예수의 제자들이 치유하지 못한 간질병을 앓고 있는 소년(7:14-16). 그들이 산에서 내려왔을 때, 무리들이 간질병을 앓고 있는 소년의 치유에 관한 논쟁으로 인해 모여 있었다. 소년의 아버지는 커다란 경외함으로 예수에게 다가와서 "주여 내 아들을 불쌍히 여기소서 그가 간질로 심히 고생하여 자주 불에도 넘어지며 물에도 넘어지는지라"고 말한다. 이 사람은 예수를 "주"라고 부름으로써 경건한 주인으로서 예수를 공경하고, 예수가 자기 아들을 치유하는 자비를 확대하실 것을 기대한다. 그는 이적을 베푸는 자로서 예수에 대한 평판을 어디서 분명히 듣고서 괴로움을 당하는 자기 아들을 도와주기를 구한다. 이 소년이 스스로 제어하지 못함은 그에게 커다란 고통을 안기고 있었다.

예수가 핵심 서클인 세 제자와 함께 산 위에 있었을 때, 소년의 아버지는 뒤에 남아있던 제자들에게 도움을 구했다. 이 아비는 치유하시는 예수의 능력을 확신하고 있었기에 제자들도 역시 이런 능력을 갖고 있다고 생각했다. 하지만 그 확신은 꺾였다: "내가 주의 제자들에게 데리고 왔으나 능히 고치지 못하더이다."

"믿음이 없는" 세대(17:17-18). 예수의 반응은 주목할 만하다. 예수는 소년을 치유하지 못하는 제자들의 무능력을 지적하는 것만이 아니라 전체 세대를 비판하신다. "믿음이 없고 패역한 세대여 내가 얼마나 너희와 함께 있으며 얼마나 너희에게 참으리요." 예수는 여기서 오랫동안 기다렸던 메시아로서 자신의 신분을 증거하는 이적을 목격한 모든 이들을 가리키시며 그들을 "믿음이 없고 패역"하다고 외치신다. "믿음이 없는"('아피스토스')은 현 세대가 전반적으로 고대하던 메시아로서 예수를 믿지 않고 있음을 가리키고, "패역한"('디에스트람메노스')은 그들이 예수에 대한 평가에서 왜곡되었음을 가리킨다. 회개하라는 예수의 요청을 의도적으로 거부하고 그들에 대한 종교 지도자들의 영향으로 인해 말이다.

예수는 이 세상이 자신의 참된 본향이 아님("내가 얼마나 너희와 함께 있으며")을 분명히 인식하고 있고, 그가 이 세상을 떠남은 이 세상이 그에게로 완전히 돌아서지 않을 것이라는 인식에 일부 기초한다("얼마나 너희에게 참으리요"). 그는 변용의 영광과 이 세상의 실제 간에 대조만이 아니라 하나님 아버지와 함께 그의 천상적인 기원에 관한 의식적인 이해를 드러내신다. 예수는 마귀가 활동하는 세계와 불신앙 그리고 결국에 십자가를 통과하신 후에는 천상의 영광으로 다시 돌아가실 것이다. 그가 질병의 사탄적인 기원에 대한 궁극적 권위를 갖고 계심을 보여주기 위해서, 소년을 데리고 오라고 그의 아버지에게 명하신다. 그때에 예수는 마귀를 꾸짖으시고 소년에게서 나오라고 명하시자 그는 즉시 나음을 입는다.

이는 악한 영을 추방함이 육체적인 질병을 치유하는 일을 낳는 또 다른 사건이다(참조. 9:32-33). 그것은 이 세상의 영적이고 자연적인 세력의 상호작용의 완전한 이해를 드러낸다. 모든 질병이 사탄의 활동에 따른 직접적인 결과는 아닐지라도, 이 세상의 타락은 우리의 전체 존재에 영향을 미친다. 참된 치유는 전인—육체적, 감정적, 영적—과 관련이 있다. 현대 세계의 많은 사람들의 경향은 인간의 상태가 뒤엉켜 있는 방식을 인식하지 못함으로써 사람들을 파편이 되게 한다.[11]

제자들의 '적은 믿음'(17:19-20). 예수가 이 세대를 "믿음이 없다"고 비판하시는 것을 들은 제자들은 소년을 치유하기 위해 마귀를 내쫓는 일을 하지 못한 그들의 무능력에 대해서 개인적으로 예수에게 묻는다. 예수는 그들이 "믿음이 작은" 탓이라고 말씀하신다. 이 당시에 이스라엘의 세대는 "믿지 않고"(문자적으로는 "믿음이 없고", 17:17) 있다. 즉 그들은 전반적으로 회개하고 메시아로서 예수에게 믿음을 두고 있지 않다. 그리고 제자들은 예수에 대한 믿음을 갖고 있지만 적절하게 기능하지 못한다. 그것은 "작은 믿음"이거나 불완전한 믿음이다(17:20; 13:58; 14:31의 주석을 보라). 분명히 현재의 사건에서 제자들은 축사를 행할 수 있다는 자기 자신의 능력을 의존하였거나 하나님이 그들로 하여금 행하도록 허락하지 않은 일을 하고 있었다고 말할 수 있다. 또는 아마도 그들은 자신의 칭송을 위해서 무언가 보여주려고 그 일을 했을 수도 있다.

---

11. 이런 단편적인 사례가 잘 알려진 *New England Journal of Medicine*에서 정신분열증의 원인에 관해서 내가 읽은 편집적인 글이다. 그 글의 저자는 정신분열증의 원인을 둘러싸고 있는 복합성을 인식하였지만 거의 신경증적인 원인을 찾는 데만 집중했다. 그녀는 영적이거나 감정적인 원인을 포함하는 다른 가능한 원인을 언급하지 않는다. Nancy C. Andreasen, "Understanding the Causes of Schizophrenia," *New England Journal of Medicine* 340(1999): 645-47을 보라.

"효과적인 믿음"의 성취(17:20). 제자들이 보여주었던 비효과적인 믿음 대신에 예수는 효과적인 믿음의 성취가 보여주는 주목할 만한 대조를 말씀하신다: "진실로 너희에게 이르노니 만일 너희에게 믿음이 겨자씨 한 알 만큼만 있어도 이 산을 명하여 여기서 저기로 옮겨지라 하면 옮겨질 것이요 또 너희가 못할 것이 없으리라." 예수는 믿음의 양을 지적하시는 것이 아니라 믿음의 효과성을 말씀하고 계신다. 팔레스타인에서 가장 작은 씨로 알려진 겨자씨와의 대조를 통해서 예수는 믿음의 가장 작은 양이라도 놀라운 일을 이루어낼 수 있음을 선언하신다. 제자들은 겨자씨보다 훨씬 더 큰 믿음의 양을 가졌다고 스스로 여길 것이다. 그러므로 예수는 믿음의 참된 본질을 그들이 바라보게 하신다. 중요한 것은 믿음의 '양'이 아니라 믿음의 '포커스'다.

믿음은 제자들이 더 많이 가지면 가질수록 더 많이 이룰 수 있는 어떤 특별한 물질이 아니다. 마음대로 조작할 수 있는 마술적인 은사도 아니다. 믿음은 하나님이 우리로 하여금 하기 원하시는 것을 할 수 있다는 확신이다—그것은 "하나님의 말씀대로 하나님을 붙잡는 것"이다. 그러므로 제자들은 자신들이 갖고 있는 것에 확신을 둘 것이 아니라 하나님이 그들로 하여금 어떤 일을 하도록 요청하시면 하나님의 능력으로 그것을 할 수 있다는 확신을 가져야 한다.

산을 움직이는 것은 유대 문헌에서 사실상 불가능한 일을 하는 것에 대한 잠언적인 문구다(사 40:4; 49:11; 54:10; *b. Sanh.* 24a; 참조. 마 21:21-22).[12] 믿음은 하나님이 어떤 일을 행하라 명하시면 하나님의 능력과 인간의 순종으로 말미암아 그것을 해낼 수 있음을 단순히 의미한다. 세상의 관점으로는 아주 터무니없는 일이라도 하나님이 그것을 하라고 명하시면 해낼 수 있다.

이런 전반적인 장면은 "믿음"에 중심을 두고 있다. 믿음이 있거나(제자들에게서처럼), 또는 없을 수 있으나(이 세대들에게서처럼), 그 믿음이 효과적으로 기능하거나 기능하지 못할 수 있다. 예수는 작은 믿음을 정죄하시는 것이 아니라 설사 작은 믿음이라 할지라도 믿음을 하나님의 뜻과 능력에 둔다면 모든 것을 해낼 수 있음을 지적하신다. 효과적인 믿음의 아주 작은 양이라도 산을 움직일 수 있으나, 아무리 커다란 양의 믿음이라 할지라도 잘못 인도된 믿음은 어느 것도 할 수 없다.

---

12. Keener, *A Commentary on the Gospel of Matthew* (1999), 442.

두 번째 수난 예언(17:22-23)

예수와 제자들은 갈릴리로 지금 다시 돌아가신다. 이것은 예루살렘으로의 최후 여행이 있기 전에 그 지역을 마지막으로 방문하는 것이다. 예수는 그를 기다리고 있는 운명에 대해 두 번째로 예언하신다: "인자가 장차 사람들의 손에 넘겨져 죽임을 당하고 제삼일에 살아나리라." 예수는 베드로가 예수의 신분에 대해 가졌던 심오한 고백이 있은 후에 이 임박한 사건의 첫 번째 예언을 하셨다(참조. 16:16-17). 이제 그의 변용과 하나님 아버지로부터의 음성으로 들려진 그의 거룩한 본질에 관한 심오한 계시가 있은 후에(17:1-9), 예수는 다시금 자신이 죽임을 당하고 죽음에서 부활하실 것임을 드러내신다(17:22-23). 이것은 예수의 일생의 사명을 위한 아버지의 뜻이고, 나머지 마태복음의 내러티브를 통해 점증적으로 밝혀질 것이다. 따라서 순종하는 고난의 종으로서 예수는 예언의 배후에 담겨 있고 그의 궁극적인 의무로서 그 앞에 놓여 있는 구속적인 희생으로 자기 자신을 단호하게 내어주실 것이다.

이 두 번째 예언은 불길한 요소를 추가시킨다: 예수는 단지 종교지도자들에 의해 체포되시는 것이 아니라 배반을 당하실 것이다. 앞에 놓여 있는 비극을 점차적으로 이해함과 더불어 이중적이고 악한 배신이 그 배후에 놓여 있다는 사실을 아는 것은 제자들을 "매우 근심하게" 만든다. 그들은 사악한 배신자가 그들 중에 한 사람이고(참조. 26:21-25, 47-50; 27:3-5), 그들이 인간적으로 가장 필요한 순간에 예수를 버림(참조. 26:56)을 알고서 더 큰 슬픔을 겪게 된다는 것을 아직 거의 모르고 있다.

성전세를 내는 것(17:24-27)

예수와 제자들이 가버나움에 도착하고 종교적인 세금을 걷는 자들이 가까이 나아와 묻는다: "너의 선생은 반 세겔을 내지 아니하느냐." 구약성경은 매년 인구 조사 시에 20살이 넘은 사람들은 장막을 지원하기 위한 반 세겔의 헌금을 주님에게 드려야 했고(출 30:11-16), 그것은 나중에 성전을 지원하기 위한 것으로 적용되었다. 반 세겔의 성전세는 헬라의 은돈인 '디드라크마', 곧 "두 드라크마" 동전에 해당하는 것이었다. 하지만 사람들 중에서 가장 흔하게 사용된 동전은 데나리온이었고, 이것은 한 날의 품삯에 해당한다. 따라서 어떤 한 사람으로부터 세금을 거두어들이는 사람은 두 데나리온을 받았는데, '디드라크몬'은 좀처럼 발행되지 않았기 때문이다. 또는 두 사람이 두로의 '스타테르'나 헬라의 '테트라크마'로 그들의 합산된 성전세를 낼 수 있었다(참조. 17:27).[13]

성전세 징수자는 마태가 예수로부터 부름을 받기 전에 행했던 종류의 세관원이 아니다. 그는 로마 지배자들을 위해 일했지만(참조. 9:9), 성전세 징수자들은 성전을 관장하는 예루살렘의 유대 종교 당국자들을 대변한다. 대제사장은 성전세를 징수할 책임이 있었다. 아달의 열다섯 번째 날[14]에 디아스포라에서는 지역 공동체의 리더가 반 세겔 세금을 거두었는데, 그들은 지역 사람들이 성전세를 낼 수 있는 트럼펫과 같이 생긴, 성전에서 발견할 수 있는 것과 같은 용기를 눈에 잘 띄는 지역의 중앙에 설치하였다.[15] 팔레스타인에서 예루살렘 제사장들의 대표자가 전 지역을 다니며 이 성전세를 징수하였다.[16]

예수에게 직접 접근하는 대신에 세금 징수자가 제자들의 리더인 베드로에게 접근한다. 이는 유명한 선생을 존중하는 의미에서의 관례였다(참조. 9:11).[17] 질문의 문법적인 구조는 성전세의 대리자가 긍정적인 대답을 이끌어내기 위한 시도를 하고 있음을 알려준다: "그도 세금을 내겠지요?" 이는 누가 세금을 내야하는가 하는 당대의 종교지도자들 중에서의 논쟁에 예수를 끌어넣기 위한 시도를 위장하고 있다.[18] 예루살렘 성전의 이 대표자는 표리부동하게 성전에 대한 예수의 불충성에 대한 책임을 고발하기 위해서 이를 시도하고 있다.

베드로는 율법에 대한 예수의 충성을 이미 알고 있기에(5:17-19), 그렇다라고 대답한다. 그는 어떤 의미에서 옳다. 하지만 예수가 집에 베드로와 홀로 있게 되셨을 때, 베드로에게 이 문제에 대해서 더 심오한 통찰을 주신다. 예수는 분명히 베드

13. 예수 당시의 상응하는 무게와 화폐에 관한 도표를 위해서는 Wilkins, "Matthew," 116을 보라.

14. 매년 변하는 그 날짜는 3월 중순에 거의 해당한다.

15. *m. Šeqal.* 1.3; 2.1; *y. Šeqal.* 6:1, 5; Josephus, *War* 5.5.2§200; *Ant.* 18.9.1§§312-13을 보라.

16. 참조. Josephus, *Life* 12§§62-63. Powell, "Weights and Measures," pp. 905-8; Rousseau and Arav, "Temple, Treasury," *Jesus and His World*, 309-11; "Tax Collectors" and "Taxes," *DJBP*, 618-19.

17. 그들은 그를 '디다스칼로스'라고 부른다. 이는 제자가 아닌 사람들이 예수를 부르는, 마태복음에서 흔하게 사용되는 칭호다. 참조. 9:11; 12:38; 19:16; 22:16, 24, 36.

18. 이 논쟁을 위한 증거가 쿰란에서 발견된다. 거기서 어떤 사람들은 인두세가 일생에 단 한번 내야했던 것으로 제기한다(4QOrdinances 1.6-7). 또한 *m. Šequl.* 1.3-7에서도 그러하다. 유대교 내에서 논쟁의 개관을 위해서는 W. Horbury, "The Temple Tax," *Jesus and the Politics of His Day*, ed. E. Bammel and C. G. D. Moule(Cambridge: Cambridge Univ. Press, 1984), 265-86; David E. Garland, "Matthew's Understanding of the Temple Tax(Matt. 17.24-7)," *SBLSP* 1987, ed. Kent H. Richards(Atlanta: Scholars Press, 1987), 190-209을 보라.

로와 성전세 징수자간에 서로 이야기하는 것을 우연히 듣게 되셨을 것이다. 예수는 베드로를 그의 태생적 이름인 "시몬"이라고 부르신다. 이것은 예수가 이 복음서에서 그를 부르는 통상적인 방식이다(16:18-10을 제외하고서). 이것은 통치자가 신하들에게 거두는 시민세와 인두세인 "의무와 세금"에 관한 문제로 이끈다(22:17의 주석을 보라). 예수는 물으신다: "세상 임금들이 누구에게 관세와 국세를 받느냐 자기 아들에게냐 타인에게냐?"

베드로의 반응이 이미 예견된다: 통치자들은 자신의 자녀에게서 세금을 거두는 것이 아니라 타인에게서다. "그렇다면 아들들은 세를 면하리라"고 예수가 결론을 내리는 것처럼, 이것은 유추를 완성시킨다. 성전은 하나님 아버지의 집이다. 따라서 예수가 하나님 아버지의 아들이시기 때문에 성전세에서 면제된다. 그리고 지금 아버지의 가족의 일원이 된 예수의 제자들도 역시 면제된다. 이것은 심오한 기독론적인 진술이다. 유추에 의해 궁극적인 왕이신 아버지와의 관계를 나타낼 뿐만 아니라, 율법의 완성이 되는 방식을 나타내기 때문이다. 십자가가 마지막 희생이 될 것이기 때문에 성전에서 희생을 더 이상 드릴 필요가 없게 될 것이다(참조. 히 7:26-28). 그러므로 예수의 세자들도 성전세를 면하게 될 것이다.

예수와 제자들은 세금을 낼 의무가 없다. 하지만 예수와 성전에 대한 예수의 목적을 통한 해방을 경험하지 못한 유대인들의 양심을 거스르지 않기 위해서 예수와 제자들은 세금을 낼 것이다. 예수의 사례의 의해 양심을 거스리게 될 유대인들은 죄를 지을 수 있을 것이다. 여기서 예수는 예루살렘 당국자들을 거스리지 않게 않거나 "그들이 실족하지 않게"('스칸달리조' ; 참조. 고전 8:13) 하기 위한 원리를 선포하신다. 이 동일한 원리가 나중에 이교도들과의 생활에서 나타날 수 있는 문제를 해결하는데 사도 바울의 원리를 이끈다(참조. 롬 14:13-23; 고전 8:13-9:1, 12, 22).

제자들이 오래도록 기억할 수 있는 두드러진 인상을 주기 위해서 예수는 세금을 낼 동전을 발견할 수 있는 낚시 줄을 던지도록 베드로에게 지시하신다. 갈릴리 바다에서 고기를 잡는데 통상적으로 낚시 줄을 사용했을지라도, 그물이 상업적인 어업을 위한 가장 효과적인 방법이었다(4:18-22을 보라). 신약성경에서 고기를 잡는 모든 다른 언급들은 그물을 사용하는 것이었다. 이 사건을 기념하여 "성 베드로의 고기"로 통상적으로, 하지만 아마도 부정확하게, 알려진 이 고기는 '머쉬트' 물고기이지만, 아마도 베드로는 잉어과에 속하는 왕성한 식욕을 자랑하는 '바벨'을 낚았을 것이다. 이 고기에 입에서 발견한 동전은 두 '디드라크마'에 상응하는 '스

타테르' —즉, 한 세겔—이었다.[19]

이 기적은 예지(참조. 21:2)와 하나님의 공급에 관한 것이다. 하나님은 알려진 현상이든 아주 특이한 현상이든 간에 호수의 바닥에서 빛나는 동전을 삼킨 고기를 섭리적으로 준비하셨다. 어느 것이든 이것은 무화과나무의 저주처럼(21:19) 제자들에게 표증이 되지만 여기서 그것은 특히 성전에 대한 예수의 우월성을 나타낸다(참조. 12:6). 하나님 나라의 시대가 밝아왔다. 하나님의 다가올 구속과 죄 용서에 대한 궁극적인 소망으로서 세워졌던 성전이 이제 십자가를 향한 예수의 끊임없는 행보 속에서 그 소망이 성취된다.

상황잇기

17장에 기록된 사건들은 16장에서의 계시를 명확하게 해준다. 변용, 간질 소년에 대한 치유, 그리고 성전세를 기적적으로 공급하심은 구원하시는 하나님의 아들로서 예수의 참된 신분의 실제를 확증해준다(참조. 16:16-17). 일반적으로 기대하는 것과는 매우 다른 그의 사명은 죽고 다시 사는 것이다. 마태는 사람들이 예수의 말씀을 듣고 아버지에 대한 그의 순종의 모델을 따라야 한다는 것을 특히 강조한다. 그 속에서 참된 생명이 발견된다. 예수를 참으로 따르기 원하는 사람들과 예수의 말씀과의 연관은 그들이 자기 십자가를 짊어지고 그들의 생명을 잃음으로써 참된 생명을 발견하는 것이다(16:24-28). 그들이 생명을 위해 하나님의 뜻에 순복한다면, 진정한 생명을 발견할 것이다. 하나님의 계획에 순복하거나 또는 그렇게 하지 않는 것이 영원한 결과를 낳는다.

하지만 예수의 가르침은 마지못해 따르거나 전혀 귀를 기울이지 않는 사람들에게도 자주 떨어진다. 따라서 예수의 변용에서 제자들은 예수의 사명에 대한 하나님 아버지의 직접적인 확증에 기초한, 장엄하고 강력한 방식으로 그의 사명의 증거를 보게 된다: "이는 내 사랑하는 아들이요 내 기뻐하는 자니 너희는 그의 말을 들으라." 만약 그들이 이전에 예수의 말씀을 진지하게 취하지 않았다면, 이제는 그것을 확실히 해야 한다. 산 위에서 있었던 사건은 베드로에게 극적인 영향을 주었기에 그는 예수의 참된 신분에 대한 심오한 확증적 증거로서 나중에 그것을 언급한다(벧후 1:16). 산 위에 사건들은 (모세의 존재와 메시아에 대한 선구자로서의 엘리야 속에서 반영된) 예수의 현 사명에 대한 말씀을 확증할 뿐 아니라, 예수의

19. 더 자세한 논의와 예수 당대의 화폐와 상응하는 무게에 관한 도표는 Wilkins, "Matthew," 116을 보라.

부활 후에 영광스러운 상태를 전조한다. 이 변용은 예수의 신분과 사명을 강력한 방법으로 비준하고 확증한다.

예수를 가까이 대하고 있음이 예수에 대한 분명한 비전을 가리울 수 있다. 즉 예수와 아주 가까이 있는 특권을 가진 사람들이 사전 지식으로 인해 예수의 신분과 사명을 온전히 이해하는데 자주 방해를 받기도 한다. 베드로와 다른 제자들은 예수를 육체적으로 가까이에서 볼 수 있는 영광을 얻었지만, 바로 그 근접성이 예수의 위격과 사명의 위대함을 이해하는데 오히려 장애가 되었다. 그들은 메시아가 어떤 분이신 지에 대한 선입견을 갖고 있었다. 그것은 실제 예수가 어떤 분이신 지를 아는 데 장해가 되었다. 그들은 예수를 너무도 가까이에서 보았기에 그의 성육신의 위대함을 이해하지 못했다. 예수는 그들이 함께 걷고, 이야기하고, 음식을 나눴던 분이셨다. 그들은 예수가 하나님의 메시아, 즉 하나님에 의해 부여된 이스라엘의 구원자임을 믿었다. 하지만 그의 변용은 예수가 단지 신이 부여하신 메시아가 아니라, 예수 자신이 실제 신이라는 것을 확실하게 증거해 주었다.

예수를 잘 앎이 우리도 역시 예수가 참으로 어떤 분이신 지를 진정으로 보지 못하게 할 수 있다. 우리는 원 제자들의 가르침과 문서만이 아니라 2,000년 간의 신학적 숙고를 가까이 접할 수 있는 특권이 부여되어 있다. 교회 역사의 세심한 서술을 통해서 우리는 성부, 성자, 성령의 삼위일체적 관계에 대한 정확한 이해를 갖고 있다. 우리는 한 위격이신 예수 그리스도를 형성하는 두 본질 즉, 인간과 신의 본질적인 합일에 관한 정통적인 견해도 갖고 있다. 우리는 예수 당시의 1세기의 첫 제자들보다도 예수에 대한 보다 세심하게 형성된 이해를 갖고 있다. 하지만 이렇게 예수를 잘 아는 것이 그의 성육신의 진리에 대한 순수한 위대함을 인식하는 것을 방해할 수 있다. 우리는 신학적인 서술에 대해 너무 익숙해서 그의 위격과 사역의 유일함에 대한 충격을 상실할 수 있다.

하나님은 우리가 너무 안일해지는 것도 무지해지는 것도 원치 않으신다. 더 온전한 이해로 베드로와 다른 제자들을 환기시키신 것처럼 하나님은 말씀을 통해 인내하시며 당신 자신을 드러내심으로써 예수의 신분과 예수의 목적에 대한 사명을 우리가 더욱더 인식하고 소망할 수 있게 하신다. 하나님 아버지의 의도적인 계시가 1세기에 예수의 신분과 사명에 대한 분명한 이해에 대한 사회적, 종교적, 철학적 장애요인을 극복케 하였고, 현 시대에 있는 동일한 장애요인을 마태가 우리를 인도하기 위해 기록한 말씀을 유념함으로써 극복할 수 있다.

변용 되신 산이 우리의 세계관을 바꾼다. 이전에 16:16-17에서 베드로의 고백은 베드로 자신이 이해했던 것 이상의 의미를 담고 있었다. 따라서 이 산상의 장면에서 하나님은 베드로와 다른 제자들이 예수의 유일성을 더 온전하게 이해할 수 있도록 이끄신다. 제자들은 예수가 모세에게 부여되었던 특권을 가진 또 다른 율법수여자가 아님을 인식해야 한다. 예수는 엘리야에게 주어졌던 위대한 역할이었던 단지 또 다른 선지자가 아니다. 그는 단지 이스라엘 사람들의 소망과 꿈이었던 하나님이 부여하신 메시아적 구원자만이 아니라, 위대한 구약성경의 인물들인 모세와 엘리야가 경의를 표하며 복종하는 분이시다. 예수는 신적으로 부여되신 분이 아니라 바로 그 신이시다.

이것은 예수가 변화되신 산에서 울려 퍼지는 놀라운 진리다. 하나님 아버지는 예수의 선존재적 형태(빌 2:5-7)와 종말적 형태의 거룩한 영광(단 7:13-14; 마 24:30)을 드러내시고 있을 뿐 아니라, 바로 이 순간에 하나님의 아들로서의 예수 안에서 존재하는 영광을 드러내신다. 예수가 하나님의 아들로서 담지하고 있었지만 성육신 속에서 가리어졌던 거룩한 영광이 바깥 세상에서 변모되신다. 데일 부르너(Dale Bruner)는 "예수의 '안에' 존재하고 있었던 것이 바깥으로 보여졌다"[20]고 언급한다. 변형의 신학적인 기능은 겉보기에 물질한 예수의 역사가 하나님의 존재론적 아들로서의 그 거룩한 차원을 항상 담지하고 있었음을 제자들에게 보이는 것이었다.[21]

따라서 변화의 산은 제자들의 세계관에 근본적인 전환을 요구한다. 그들은 전과 동일하게 있을 수 없다. 그러한 놀라운 실제를 전에는 생각해 보지 못했다. 인간의 형상을 입은 하나님의 존재론적인 아들로서 예수를 철학적, 종교적, 또는 신학적 범주로 한정할 수 없다. 그러므로 그러한 것들이 변화되어야 한다. 그 변화는 모든 것에 영향을 줄 것이다—실제에 대한 모든 사고, 종교적 행동에 대한 모든 활동, 개인 삶의 모든 꿈과 야망.

제자들의 세계관의 변화는 천천히 있게 될 것이다. 즉시 다루기에는 그것이 너무 방대하기 때문이다. 베드로는 변화산상에서 있었던 일을 기념하는 것으로서 이 진리를 가두어두려고 시도했을 때, 그는 아직 그것을 온전히 이해하지 못하고 있음을 보여준다. 십자가 사건과 부활 그리고 오순절의 중생케 하고 변화케 하는 성령의 오심이 제자들이 세계관의 변화를 온전히 이루게 할 것이다. 그들의 세계관

20. Bruner, *Matthew*, 2:602.
21. Ibid.

이 그후부터는 전과 동일하지 않기 때문에 역사를 일구어낼 수 있다. 산상에서 보았던 놀라운 사건은 구세주와 하나님으로서 예수의 메시지를 모든 곳으로 선포하러 나갔을 때 보여준 상상할 수 없는 용기에 자리를 내어준다. 그들의 용기는 이 세상 주변의 모든 종교적, 철학적 정치적 세력에게 도전했다.

예수의 변화는 우리 자신의 세계관에서도 변화를 요구한다. 우리가 성육신하신 하나님의 존재론적인 아들로서 참으로 예수를 볼 때, 그것은 실제를 보는 완전히 새로운 방식을 우리에게 약속한다. 제자 요한이 기록한 것처럼 예수는 길이요 진리요 생명이다(요 14:6). 예수는 영원한 생명을 위해 필수적인 아버지에게로 가는 유일한 길이실 뿐 아니라 모든 실제를 중심으로 가져오시는 유일한 진리이시다. 그는 하나님이 우리로 하여금 살기 원하시는 방식으로 살 수 있게 하는 삶의 종류로 이 세상에서 접근 가능한 유일한 통로이시다. 예수가 변화산상의 사건이 선포한 참된 하나님의 아들이시라면, 그것은 그의 질서를 통해서 이 세상의 모든 것을 바라볼 것을 요구한다.

예수가 우리의 세계관을 변화시키도록 마음을 열어놓는다면, 실재에 관한 우리의 견해는 전과는 다를 것이다. 종교적, 과학적, 경제적, 정치적, 사회적 영역이든, 어디든 그러할 것이다. 이 세상의 모든 사상들을 우리가 이 산에서 보는 예수의 계시에 비추어서 심사해야 한다. 우리의 세계관은 하나님에게로 가는 모든 길을 동등하게 타당한 것으로 여기는 종교 다원주의가 될 수 없다. 하나님과 동떨어져서 생명의 기원이나 실재에 관한 해석을 설명하는 과학적 물질주의가 될 수 없다. 계급 투쟁을 통해서 역사의 발전을 설명하는 막스주의적 변증법이나 역사적 물질주의가 될 수 없다. 개인의 에고이즘과 기풍이 이타주의, 사회 순응주의 그리고 다른 이들을 위한 희생보다 우월한 것으로 조장하는 사회적 객관주의가 될 수 없다.[22] 세계관의 중심에 있는 예수로 인해 이런 사상의 모든 것들이 조정될 필요가 있다.

하나님의 아들 예수를 우리의 실제의 중심에 둘 때 세계관은 변화될 것이다. 사상만이 아니라 우리의 일상생활의 우선권과 가치도 예수의 계시에 비추어서 평가되어야 한다. 하나님 아버지는 선포하신다. "너희는 그의 말을 들으라." 인생을 사는 방식에서 예수의 지시를 들어야 한다—얼마나 많이 텔레비전을 시청하고 어떤 종류의 영화를 볼 것인지, 수입을 가지고 어떻게 예산을 세울 것인지, 배우자와 자

22. Ayn Rand의 *The Fountainhead*(1943), *Atlas Shrugged*(1957), *The Virtue of Selfishness*(1965)에서 표현된 것처럼.

녀들을 어떻게 존귀하게 여길 것인지, 어떤 종류의 차를 몰 것인지, 어떤 형태의 옷을 입을 것인지, 입술에 어떤 용어를 사용할 것인지를 유념해야 한다. 예수의 구심점으로 인해 존재하는 모든 것이 우리가 세상을 바라보고 제자로서 사는 방식에 영향을 미친다.

현대적 의미

지역 뉴스 시간에 앵커가 최근의 한 광고를 조롱했다. 그가 조롱한 광고는 "예수는 무엇을 탈 것인가?"라는 제목이 붙었다. 그는 시청자들에게 예수는 타는 것을 전혀 상관하지 않으며, 만약 어떤 것을 탄다면 나귀를 타셨을 것이라고 설득하면서 광고를 만든 크리스천들에게 농담을 하고 있었다. 나는 이 광고가 자동차 모델의 판매를 높이기 위해서 고안된 크리스천 자동차 세일즈맨에 의한 속임수라고 생각하면서 다소 황당하게 생각하였지만, 자세히 살펴보았더니, 그 요지를 알게 되었다. '크리스천 투데이'의 최근호에 복음주의적 환경론 네트워크(EEN, Evangelical Environmental Network)라는 문구 옆에 실린 "예수는 무엇을 탔을 것인가?"라는 동일한 타이틀이 달린 전면 광고가 있었다. 그 광고는 다음과 같은 주장을 하였다.

> 소비자로서 우리가 만드는 모든 선택 가운데 우리가 모는 자동차가 하나님의 모든 창조에 단일하게 가장 커다란 영향을 미칩니다. 자동차 매연은 질병과 죽음을 낳고, 노인과 가난한 자, 병든 자와 젊은이들에게 가장 커다란 영향을 미칩니다. 자동차의 매연은 세계의 기후에 온난화를 야기하여 수백만 명의 사람들을 가뭄과 홍수와 굶주림과 집 없음의 위험에 처하게 합니다…운송은 이제 도덕적 선택이고 크리스천 묵상의 이슈입니다. 단순히 기술의 문제가 아닙니다—그것은 윤리의 문제입니다. 순종의 문제입니다. 우리가 이웃을 사랑하는 문제입니다. 그러므로 예수는 무엇을 탔을 것인가?[23]

당신은 이 주장에 대해 동의하지 않을 수 있으나, 이 광고는 크리스천들이 세계관의 중심에 예수의 가치를 둘 것을 올바르게 도전한다. 모든 크리스천들이 자신이 모는 차를 예수의 가치의 관점에서 생각하지는 않는다. 하지만 우리는 그렇게 해야 한다. 우리의 모든 행위, 모든 언어, 모든 사고, 모든 선택에 대해 동일하게 예

---

23. *Christianity Today* 47/1(January 2003): 17. 또한 웹사이트www.WhatWouldJesusDrive.org을 보라.

수의 관점에서 생각해야 한다. 그것이 예수가 우리에게 미치시는 영향이다. 우리의 삶에 예수의 살아 계신 임재는 우리의 존재하는 모든 것을 도전한다.

우리가 이 장에서 볼 수 있는 예수의 모습은 경이롭다. 그는 하늘 아버지와의 거룩한 관계를 보여주기 위해서 변용되신다. 그것은 우리의 세계관에 근본적인 도전을 제시하고, 나아가서 우리가 행하고, 말하고, 생각하는 모든 것에 영향을 미친다. 이것이 이 사건들에서 그를 둘러싸고 있는 사람들에게 미치는 영향이다. 마태는 세 가지 주요한 장면을 제시하는데—산 위에서의 변화에서부터 마을에서의 불완전한 믿음 그리고 바다에서 기적적으로 공급되는 동전—이는 구원역사의 하나님의 계획에서 메시아 예수의 구심성을 나타내고, 따르는 자들에게 세계관의 궁극적인 구심성을 예수에게 둘 수 있도록 설득한다. 아울러 이것은 우리의 모든 관계성과 사역의 우선순위에 영향을 미친다.

순종은 예수에게 듣는 것을 의미한다. 변화산상에서 존재론적인 하나님의 아들로서 예수에 관한 놀라운 계시는 세 개의 장막을 짓자는 베드로의 거의 코믹한 반응을 촉발시켰다. 베드로가 기념할 만한 것을 짓자고 말한 것은 이 엄청난 계시에 둘러싸인 그의 정신적 영적인 측면에서 최선을 다하고 있는 것이라고 말할 수 있으나, 그가 예수의 본질을 아직 온전하게 이해하지 못하였음을 보여준다. 산 위에서 그들을 둘러싼 영광스러운 구름으로부터 하나님 아버지의 음성은 하나님의 아들로서의 예수의 관계성을 다시 한번 선포하며, 권위적으로 "그에게 들으라"고 요구하신다. 이것은 예수의 사역이 모세로 대변된 율법과 엘리야로 대변된 선지자를 완성함을 보여주는 강력한 말씀이다.

예수는 하나님의 비할 데 없는 권위적인 계시이고, "죽을 운명의 인간들은 예수가 말하는 모든 것을 유념해야 한다."[24] 이것은 그의 열정이 끊임없이 걸림돌이 되게 한 베드로에게서 특히 그러하다. 하나님 아버지는 "베드로야, 네가 예수가 어떤 분이시고 무엇을 하기 위해서 오셨는지를 진정으로 이해하기 원한다면, 조용히 침잠하고 네 스스로 그것을 이해하려고 하지말고, 하나님이 너에게 계시하시는 것을 들으라"고 말씀하시는 것과 같다. 이 장의 나머지 부분을 통해서, 그리고 사역의 나머지 부분을 통해서, 예수는 베드로와 다른 제자들을 더 분명한 이해로 이끄실 것인데, 그들에게 요구되는 모든 것은 예수에게 듣기 위해서 자신의 말을 멈추는 것이다.

24. Morris, *Matthew*, 441.

합리적이고 이성적인 추리 능력을 가진 인간은 우리가 살고 있는 이 세상을 이해하려는 먼 길을 갈 수 있지만, 예수를 통한 하나님의 계시는 궁극적이고 최종적인 말씀이다. 따라서 우리 자신을 예수의 권위에 복종하는 것을 배워야 한다. 그것은 예수가 우리로 하여금 되기 원하시고 하기 원하시는 것을 순종함으로써 계시에 비추어서 우리의 삶을 평가하는 것을 의미한다. 우리가 예수의 말씀을 듣는다면 우리가 좋아하는 것만을 선택하여 이용할 수는 없다. 고난이 제자가 되는 길에 수반할 수 있을 것이고, 우리가 참된 생명을 찾기 원한다면, 예수가 우리에게 요청하시는 것을 품어야 한다.

믿음은 예수에게 초점을 맞추는 것을 의미한다. 뒤에 남아있던 제자들이 간질병 걸린 소년을 치유할 수 없었던 마을에서 두 번째 사건이 발생했다. 이것은 우리 개인의 삶과 사역에서 믿음의 기능을 보여주는 가장 두드러진 사건 중 하나다. 그 시대가 "믿음이 없는"(17:17) 것으로 묘사되지만, 예수의 제자들은 "작은 믿음"(17:20)을 가진 것으로 묘사된다. 예수가 제자들 속에 믿음의 '양' 에 대하여 언급하지 않으셨던 것은 모든 씨 중에서 가장 작은 겨자씨 비유에서 암시된다. 예수는 양이 아니라 믿음의 '효과' 를 지적하신다. 적절히 초점을 맞춘다면, 가장 작은 믿음이라도 산을 옮길 만한 커다란 행위를 할 수 있다. 우리 스스로는 아무것도 이룰 수 없다. 우리를 통해서 역사 하시는 분은 하나님이시고, 우리의 역할은 하나님이 원하시는 것을 이룰 수 있도록 그에게 순복하는 것이다. 그러므로 중요한 것은 다시 한번 예수에게 청종하고, 그가 우리에게 하도록 요청하시는 것을 들으며, 우리를 위한 그의 뜻에 '예' 라고 말하는 것이다.

아내와 내가 처음으로 목회 했던 곳에서 이 사실을 생생하게 보았다. 우리 교회의 장로 중 한 사람의 아내가 매우 심각한 병에 걸려서 병원에 실려 갔다. 의사들은 그녀가 오늘을 넘기기 어려울 것이라고 말했다. 그녀의 남편은 어느 저녁에 나에게 전화를 걸어 내가 다른 장로들을 모아서 그녀를 위해 기도해 줄 수 있는지를 물었다. 나는 아직 젊고 완전히 경험이 없는 목사였으나 그들은 나를 바라보며 어떤 소망을 던져주기를 기대하였다. 교회의 리더들이 병실에 다 모였을 때, 우리는 그녀를 위해 기도하고 성령의 은혜를 구했다. 그 날밤에 그녀가 겪고 있는 시련으로 인해 나는 몹시 지쳐서 집으로 돌아왔지만 하나님의 손에 그녀를 맡김으로써 왠지 마음이 평안했다. 다음 날에 그녀의 남편은 흥분된 목소리로 이른 아침에 나에게 전화를 걸어왔다. 그는 아내가 기적적으로 병에서 회복됨을 보이고 있다고 전했다. 의사들은 그녀의 회복에 대해 놀라워했고, 2-3주 경 뒤에 그녀는 병원에서 퇴원했다. 그녀가 70의 나이가 있었고 그 병의 영향으로 인해 계속 고생했을지라도, 그녀는 4년을 더 살다가 천국으로 올라갔다.

이것은 전체 교회에 상당히 영향을 준 기적적인 치유였다. 우리 교회의 다른 장로 중에 한 사람도 병들어 누어 있는 아내가 있었다. 그녀는 심각한 척수 부상을 입고 고통하고 있었다. 그녀도 역시 우리가 와서 기도해달라고 요청했다. 나는 새로운 사역의 전반적인 분위기가 고양되고 있다고 느꼈다. 우리가 그녀의 침대에 모두 모여서 동일한 기도와 성령의 은혜와 소망을 가졌다. 하지만 이 여성은 치유되지 않았다. 사실상 그녀는 더 악화되었다.

우리가 두 번째 여성에게 기도했을 때보다 첫 번째 여성에게 기도했을 때 더 큰 믿음을 가졌는가? 아니다. 나는 그렇지 않다고 믿는다. 나는 우리가 동일한 확실한 동기를 가지고 행했다고 믿는다: 우리는 각각의 여성을 위한 하나님의 뜻을 구하고 있었다. 첫 번째 경우에 그녀가 치유를 받은 것은 하나님의 뜻이었다. 두 번째 경우에 그것은 하나님의 뜻이 아니었다. 우리는 하나님이 그의 뜻을 보이신 하나님의 도구였다. 두 번째 여성은 치유 받지 않은 것이 자신에게 일어날 수 있었던 가장 좋은 것이었다고 나중에 우리에게 말했다. 그녀가 고통의 와중에서 하나님께 의지하는 법을 배웠기 때문이다. 이 고통은 궁극적으로 그녀가 동일한 상황에 있는 다른 사람들에게 봉사를 확장할 수 있게 만들었다.

이적을 일으키는 것은 믿음의 양이 아니다. 예수의 뜻에 따라서 우리를 통해 이적을 베푸시는 예수에 대한 믿음의 포커스에 있다. 예수의 요지는 믿음의 어느 양을 가진 사람도 상상할 수 없는 일을 행할 수 있다는 것이다. 하나님이 우리로 그것을 행하도록 요청하신다면 말이다. 따라서 우리는 우리가 가진 것에 확신을 두지 말고, 세상의 관점에서 볼 때 아무리 터무니없이 불가능할지라도, 하나님이 어떤 일을 하도록 요청하신다면, 그의 능력으로 그것을 할 수 있다고 확신해야 한다. 그것이 사도 요한의 진술의 주요한 요지다: "그를 향하여 우리가 가진 바 담대함이 이것이니 그의 뜻대로 무엇을 구하면 들으심이라 우리가 무엇이든지 구하는 바를 들으시는 줄을 안즉 우리가 그에게 구한 그것을 얻은 줄을 또한 아느니라"(요일 5:14-15).

자유는 우리의 권리를 요구하는 능력이 아니라, 옳은 일을 하는 능력을 의미한다. 세금을 내기 위해서 예수가 고기의 입에서 동전을 찾을 것을 베드로에게 말씀하신 갈릴리 바다에서의 사건은 두 가지 중요한 의미를 우리에게 전해준다.

(1) 십자가상에서의 다가올 구속 사건의 영향을 여기서 우리는 맛볼 수 있다. 성전 의식과 희생 제도는 예수 자신의 희생으로 완성될 것이고, 그의 제자들은 죄의

속박에서 자유롭게 되어질 것이다. 예수가 십자가상에서 이 일을 완성하셨다는 인식은 우리로 하여금 그의 희생적 죽음의 적용을 깊이 이해하게 만든다. 예수는 죽음을 통해 우리의 죄의 대가를 치르셨다. 예수는 자신의 생명으로 우리의 죄를 위한 대속물이 되셨다(20:28).

(2) 이 사건에서 우리는 예수의 희생이 가져오신 자유는 다른 이들을 위해 옳은 일을 하는 능력을 우리에게 부여하심을 알 수 있다. 다른 이들이 죄를 짓는 걸림돌로 작용하지 않도록 예수가 성전세를 지불하도록 베드로에게 지시하신 것처럼, 참된 자유란 우리 자신을 섬기는 것이 아니라 다른 이들을 섬기는데 있음을 알려준다. 예수가 그리 해야할 의무가 없을지라도 성전세를 지불하심으로써, 베드로는 자유의 또 다른 형태—자기 자신을 넘어서서 다른 이들을 섬기는 능력—를 발견한다.

우리는 원하는 것을 할 수 있는 능력으로 자주 자유를 단순히 생각한다. 이 개념이 맞는 말이기도 하지만, 인간에게 미치는 죄의 영향에 대한 성경적 이해에서 오는 또 다른 자유의 의미가 있다. 타락한 후에 인간은 옳은 일을 일관되게 할 수 있는 능력이 없다(참조. 롬 3:9-18). 인간은 죄의 저주 아래 있고, 그 저주는 우리를 자기 중심적이고 하나님이 우리로 하기 원하시는 것을 불순종하게 묶어둔다. 하지만 우리의 죄성에 대한 예수로부터의 진리를 알게 되고 그의 놀라운 희생을 믿을 때 우리는 죄의 속박에서 자유로워진다(롬 6:1-14; 참조. 요 8:31-32). 그 자유는 전에는 할 수 없었던 올바른 일을 우리로 하여금 하게 한다.

따라서 참된 자유는 우리가 원하는 것은 무엇이나 하는 제한 없는 능력을 의미하는 것이 아니라 다른 이들의 선을 위해서 우리 자신을 희생하는 능력을 의미한다. 이것은 다양한 배경의 신자들이 교회로 유입되는, 다양한 관습에 젖어 있는 이교도 문화 속에서 살고 있는, 교회를 위해 사도 바울이 언급한 원리다(롬 14:13:13-23; 고전 8:13-9:1, 12, 22). 교회가 하나님 나라의 생활을 특징짓는다. 이 세상에서 제자로서 살아가는 삶은 우리의 권리를 주장하는 것이 아니라 다른 이들에게 베풀고 섬기는 자유를 일컫는다. 마틴 루터가 말한 것처럼 "크리스천은 가장 자유로운 주인이며 어느 것에도 속박되지 않는다. 그러면서도 크리스천은 가장 의무가 주어진 종이며 모든 이들에게 속박되어 있다."[25]

25. Martin Luther, "Concerning Christian Liberty," *The Harvard Classics*, trans. R. S. Grignon(New York: Collier & Son, 1910), 36:353.

마태복음 18:1-35

1 그때에 제자들이 예수께 나아와 이르되 천국
에서는 누가 크니이까
2 예수께서 한 어린 아이를 불러 그들 가운데
세우시고
3 이르시되 진실로 너희에게 이르노니 너희가
돌이켜 어린 아이들과 같이 되지 아니하면
결단코 천국에 들어가지 못하리라
4 그러므로 누구든지 이 어린 아이와 같이 자
기를 낮추는 사람이 천국에서 큰 자니라
5 또 누구든지 내 이름으로 이런 어린 아이 하
나를 영접하면 곧 나를 영접함이니
6 누구든지 나를 믿는 이 작은 자 중 하나를 실
족하게 하면 차라리 연자 맷돌이 그 목에 달
려서 깊은 바다에 빠뜨려지는 것이 나으니라
7 실족하게 하는 일들이 있음으로 말미암아 세
상에 화가 있도다 실족하게 하는 일이 없을
수는 없으나 실족하게 하는 그 사람에게는
화가 있도다
8 만일 네 손이나 네 발이 너를 범죄하게 하거
든 찍어 내버리라 장애인이나 다리 저는 자
로 영생에 들어가는 것이 두 손과 두 발을 가
지고 영원한 불에 던져지는 것보다 나으니라
9 만일 네 눈이 너를 범죄하게 하거든 빼어 내
버리라 한 눈으로 영생에 들어가는 것이 두
눈을 가지고 지옥 불에 던져지는 것보다 나
으니라
10 삼가 이 작은 자 중의 하나도 업신여기지 말
라 너희에게 말하노니 그들의 천사들이 하늘
에서 하늘에 계신 내 아버지의 얼굴을 항상
뵈옵느니라
11 (없음)
12 너희 생각에는 어떠하냐 만일 어떤 사람이
양 백 마리가 있는데 그 중의 하나가 길을 잃
었으면 그 아흔아홉 마리를 산에 두고 가서
길 잃은 양을 찾지 않겠느냐
13 진실로 너희에게 이르노니 만일 찾으면 길을
잃지 아니한 아흔아홉 마리보다 이것을 더
기뻐하리라
14 이와 같이 이 작은 자 중의 하나라도 잃는 것
은 하늘에 계신 너희 아버지의 뜻이 아니니라
15 네 형제가 죄를 범하거든 가서 너와 그 사람
과만 상대하여 권고하라 만일 들으면 네가
네 형제를 얻은 것이요
16 만일 듣지 않거든 한두 사람을 데리고 가서
두세 증인의 입으로 말마다 확증하게 하라
17 만일 그들의 말도 듣지 않거든 교회에 말하
고 교회의 말도 듣지 않거든 이방인과 세리
와 같이 여기라
18 진실로 너희에게 이르노니 무엇이든지 너희
가 땅에서 매면 하늘에서도 매일 것이요 무
엇이든지 땅에서 풀면 하늘에서도 풀리리라
19 진실로 다시 너희에게 이르노니 너희 중의
두 사람이 땅에서 합심하여 무엇이든지 구하
면 하늘에 계신 내 아버지께서 그들을 위하
여 이루게 하시리라
20 두세 사람이 내 이름으로 모인 곳에는 나도
그들 중에 있느니라
21 그때에 베드로가 나아와 이르되 주여 형제가
내게 죄를 범하면 몇 번이나 용서하여 주리
이까 일곱 번까지 하오리이까
22 예수께서 이르시되 네게 이르노니 일곱 번뿐
아니라 일곱 번을 일흔 번까지라도 할지니라
23 그러므로 천국은 그 종들과 결산하려 하던
어떤 임금과 같으니
24 결산할 때에 만 달란트 빚진 자 하나를 데려
오매

25 갚을 것이 없는지라 주인이 명하여 그 몸과
아내와 자식들과 모든 소유를 다 팔아 갚게
하라 하니
26 그 종이 엎드려 절하며 이르되 내게 참으소
서 다 갚으리이다 하거늘
27 그 종의 주인이 불쌍히 여겨 놓아 보내며 그
빚을 탕감하여 주었더니
28 그 종이 나가서 자기에게 백 데나리온 빚진
동료 한 사람을 만나 붙들어 목을 잡고 이르
되 빚을 갚으라 하매
29 그 동료가 엎드려 간구하여 이르되 나에게
참아 주소서 갚으리이다 하되
30 허락하지 아니하고 이에 가서 그가 빚을 갚
도록 옥에 가두거늘
31 그 동료들이 그것을 보고 몹시 딱하게 여겨
주인에게 가서 그 일을 다 알리니
32 이에 주인이 그를 불러다가 말하되 악한 종
아 네가 빌기에 내가 네 빚을 전부 탕감하여
주었거늘
33 내가 너를 불쌍히 여김과 같이 너도 네 동료
를 불쌍히 여김이 마땅하지 아니하냐 하고
34 주인이 노하여 그 빚을 다 갚도록 그를 옥졸
들에게 넘기니라
35 너희가 각각 마음으로부터 형제를 용서하지
아니하면 나의 하늘 아버지께서도 너희에게
이와 같이 하시리라

원 의미

사역에 대한 종교당국자들의 반대가 상승할 때(참조. 12:22-32; 15:1-20; 16:1-12), 예수는 그들의 손에 고난을 당하고 십자가에 죽었다가 다시 살아날 것임을 두 번 예언하셨다(16:21; 17:22-23). 그는 지상사역을 마칠 때가 다가 왔음을 아시고서, 상당한 시간을 제자들과 보내시면서 그의 신분과 사명을 분명하게 가르치신다(14-17장). 조금 있으면 제자들과 같이 있지 못할 것이므로, 예수는 제자들에게 서로간의 관계와 세상과의 관계를 특징짓는 공동체의 삶의 종류를 가르치는데 시간을 보내신다.

이 확장된 가르침은 마태가 그의 복음서에서 기록한 예수의 다섯 강화 중 네 번째를 형성한다(서론을 보라). 공동체에 관한 처방이라고 할수 있는 이 네 번째 강화는 이 시대에 하나님 나라의 존재를 실제적으로 증거하는 제자들의 공동체로 교회를 설명한다. 이 제자들의 증거는 복음 메시지의 선포와 겸손, 순결, 책임, 훈련, 화해, 회복, 용서로 특징지어지는 믿음의 가족으로서의 삶을 통해서 나타난다.

여기에 나오는 많은 자료들이 마태복음에서만 유일하다. 특히 마태복음에서만 나타나는 18:17의 '에클레시아'의 출현이 더욱 그러하다(참조. 16:18). 마태복음에서 교회 공동체의 삶에 관한 폭넓은 처방이 20장까지 계속된다. 따라서 예수와 제자들은 마지막으로 갈릴리를 떠나서 베레아라 불리는 요단강 건너 지역을 지나서(19:1) 유대의 여리고로 들어감으로써(20:29) 예루살렘으로 향하신다.

겸손의 위대함(18:1-4)

17:24-27에서 예수와 제자들은 가버나움에 있었다. 마태가 공동체에 관한 처방에 관한 예수의 말씀이 있었던 장소를 기술하지 않고 있을지라도, 19:1에서 막 그들이 갈릴리를 떠나고 있는 것으로 우리들에게 말해준다. 따라서 예수는 갈릴리 사역의 거점지인 가버나움의 베드로와 안드레의 집에서 마지막으로 제자들과 함께 모였을 것이다(8:14의 주석을 보라).

이 강화를 촉진시키고 있는 사건은 천국에서 가장 큰 자가 누구냐는 예수의 제자들[1]의 급작스러운 질문이다. 그들은 유대교와 폭넓은 그리스 로마 세계에서의 제자의 형태와는 다른 예수의 특별한 형태의 제자가 무엇을 의미하는지에 관한 이해를 여전히 육성하고 있다. 고대 세계에서 제자도는 스승의 전문적인 수준에 도달하기 위해서 연구와 삶의 방식의 혹독한 훈련 과정으로 의미 있게 헌신하는 것과 관련이 있었다.

위대함에 이르기 위한 야망은 인간 성취의 핵심적인 추구이고, 자연적인 차원에서 볼 때, 그것은 부적절한 것은 아니다. 예수는, 천국에서 가장 작은 자도 요한보다 크다고 충격적으로 부연하셨을지라도, 옛 질서의 최상의 선지자로서 세례 요한의 위대함을 말씀하셨다(11:11). 예수의 제자들은 아마도 그 비유를 기억했고, 그들이 생각하기에, 예수가 지적하신 천국에서 가장 위대한 사람의 종류를 알려고 시도한다. 그들은 지난 2-3년 간을 이곳저곳 예수를 따라다님으로써 상당히 희생했기에 예수의 나라에서 가장 커다란 헌신된 차원에 이르기를 원한다(나중에 20:20-28을 또한 참조하라).

하지만 뒤이어지는 예수와 제자들간에 상호작용이 보여주는 것처럼, 제자들은 예수가 의미했던 것과는 다른 큰 자의 종류를 염두에 두고 있다. 요한의 위대함과 천국에서 가장 작은 자의 위대함에 대해 언급하셨을 때, 예수는 그들이 메시아를 위해 준비함으로써 하나님을 섬기고 그의 피를 통해서 새 언약의 복의 도래를 경험하는 것으로 인해 오는 영광을 의미하셨다(11:11의 주석을 보라). 하지만 제자들은 예수가 인간의 열정과 영웅적 성취로 인해 오는 위대함을 주로 의미한다고 이해했다. 18장에서 예수의 주요한 목표 중의 하나는 "큰 자"에 대한 제자들의 이

1. 마태복음의 전형적인 것으로서 "제자들"에 대한 언급은 보통 열두 제자를 가리키지만, 예수의 제자들의 더 큰 범주도 역시 고려된다. 더 넓은 제자들의 범주는 하나님 나라의 삶으로의 초대에 응답한 모든 사람들을 포함한다(참조. Wilkins, *Concept of Disciple in Matthew's Gospel*, 163-72).

해를 하나님이 큰 자에 대해서 생각하고 있는 방식으로 교정하는 것이다.[2]

예수는 어린 아이를 부르시어 제자들 가운데 서게 하심으로써 시각적인 도움으로 이 과정을 시작하신다. 그때에 그는 놀라운 설명을 주신다: "진실로 너희에게 이르노니 너희가 돌이켜 어린 아이들과 같이 되지 아니하면 결단코 천국에 들어가지 못하리라." 예수는 어린 아이들이 본질적으로 선하다고 칭찬하고 있지 않다. 구약성경은 어린이들의 죄성과 가치에 대해 균형된 관점을 보여준다. 그들이 불순종적이고 심각한 벌에 처해질 수 있다(예. 신 21:18-21). 또 시편기자는 잉태부터 죄성이 있음을 알고 있다(시 51:5). 하지만 어린이들은 하나님의 놀라운 피조물이며(139:13-14), 유대 전승은 어린이들이 하나님으로부터 오는 복과 선물이라고 여겼다(127:3-5; 128:3-4; 솔로몬의 시편 1:3).

예수는 어린이의 죄 없음을 지적하시는 것이 아니라, 어린이들을 활용하여 그들의 연약함에서 오는 겸손에 관한 객관적인 교훈을 말씀하신다: "그러므로 누구든지 이 어린 아이와 같이 자기를 낮추는 사람이 천국에서 큰 자니라." 고대세계에서 어린이들은 노동력을 확장함으로써, 방어 능력을 얻음으로써, 그 집의 장래 영광을 보증함으로써, 가족에게 가져다주는 혜택으로 주로 가치 평가가 되었다. 하지만 그들은 가족의 장래 가치 이외에는 아무런 권리나 의미가 없었고, 사회에서 능력이 없었다. 어린이의 겸손함은 부모의 도움과 지원이 없다면 자신의 대의를 개진할 수 없는 무능력을 형성할 뿐이다.

하지만 예수는 어린이의 연약함, 무방비, 취약성에서 오는 겸손을 칭찬하신다. 어린이는 자신을 위해서 진정으로 어느 것도 할 수 없고, 홀로 남겨진다면 죽게 될 것이다. 세상의 위대함의 형태와 천국의 위대함의 형태를 대조하는 시각적인 도움으로서 예수가 사용하고 것은 이런 겸손함의 종류다. 팔복에서 있었던 가치처럼(5:3-10), 이것은 천국에서 무가치해 보이는 사람들에 대한 은혜의 분명한 선언과 스스로 가치 있다고 생각하나 그렇지 못한 사람들에 대한 정죄의 선언이다. 천국에 들어가기를 원하는 사람들은 자신의 힘과 자기 추구에서 돌이켜 어린 아이와 같은 겸손으로 천국에 들어갈 수 있게 해달라고 하나님의 자비를 구해야 한다. 어린이의 모습이 제자도의 가치에 관한 예수의 비유에 해당한다.[3]

---

2. 마태복음에서 예수의 메시지와 선교를 계속해서 이해하지 못하는 제자들의 부족을 강조하는 연구에 대해서는 Jeannine K. Brown, *The Disciples in Narrative Perspective: The Portrayal and Function of the Matthean Disciples*(SBL Academia Biblica 9; Atlanta: SBL, 2002), 특히 147-52을 보라.

3. Warren Carter, *Households and Discipleship: A Study of Matthew 19-20*(JSNTSup 103; Sheffield: JSOT Press, 1994), 96-97.

따라서 어린이와 같음은 모든 참된 제자들의 특징이다. 하나님의 자비를 통해서만 천국에 들어가고 죄 용서함과 천국생활을 영위할 수 있는 위대함을 발견할 수 있기 때문이다. 예수가 이미 제자가 된 사람들에게 이것을 말씀하고 있음을 특히 주목하라(참조. 18:1). 그는 당시에 유대교에서 발견할 수 있는 형태와 예수의 메시지에 반응하여 스스로 그의 제자가 되었다고 고백했던 사람들의 기대와는 다른 제자도의 형태를 명백하게 설명하고 계신다. 어떤 이들은 자신의 계획에 따라서 예수에게 나아왔다—이중에 가장 두드러진 자는 가룟 유다이지만 예수의 신분과 사명을 진정으로 믿지 않은 다른 사람들이 많이 있다(참조. 요 6:60-66). 예수를 따르는 사람들은 예수의 제자도의 형태를 진정으로 이해해야 한다.

지금은 제자들이 자기 자신을 점검해야할 중요한 시기다. 그들이 "제자들"이란 이름을 달고 있을지라도, 진정으로 믿지 않고 있다면, 회개하고 하나님 나라로 들어가야 한다. 스스로 예수의 제자라 부르는 모든 이들이 진정으로 하나님 나라에 속한 자들은 아니다. 그 증거를 적어도 어린 아이와 같은 제자도의 특징에서 발견할 수 있다. 겸손은 하나님 나라에 들어감으로써 생산되는 새로운 삶을 얻게 한다.

겸손한 자를 위한 보호(18:5-9)

예수는 천국으로 들어가기 위해서 그리고 그의 제자가 되기 위해서(18:1-4) 하나님의 자비를 겸손하게 받아야 하는 것과 동일한 방식으로, 겸손은 제자들의 삶의 특징이 되어야 한다는 것을 계속해서 말씀하신다.[4] 제자들은 하나님 나라에서 봉사할 때 하나님이 그들의 길을 인도하게 하시는 법을 배워야 한다. 연약함에서 오는 어린이와 같은 겸손은 예수를 따르는 제자도의 주요한 특징이다. 제자들이 인간의 성취를 자랑하지 않고 하나님의 자비를 끊임없이 받게 하기 때문이다. 이 말씀은 위대함에 이르고 위대하게 성장하는 방법에 관한 전형적인 인간적 개념을 뒤바꾼다.

겸손한 제자들을 돌봄(18:5). 하지만 연약함, 무방비, 취약성에서 오는 제자들의 어린이와 같은 겸손을 주창하시면서 예수는 서로를 돌볼 것을 권고하신다. "또 누구든지 내 이름으로 이런 어린 아이 하나를 영접하면 곧 나를 영접함이니." "어린

---

4. 부르너는 "마태복음 18:1-4은 우리에게 겸손을 요청하고, 5절은 겸손을 실천하는 주요한 방법을 우리에게 제공한다"(*Matthew* 2:637)고 언급한다. 그것은 18:1-4은 천국으로 들어가라는 요청이고, 18:5은 천국에서의 봉사의 삶임을 가리킨다.

아이"는 천국에 들어가게 하시는 하나님의 자비를 겸손하게 받고, 지금 하나님을 봉사하고 있는 참된 제자들이다. 예수는 선교 위임에서와 유사한 언급을 상기시킨다(10:40-42). 예수는 그곳에서 복음 메시지를 전하는 제자 선교사들을 "대접하는"('데코마이'; 18:5에서 "영접하는") 자마다 예수를 대접하는 것이라고 말씀하셨다. 그리스도의 이름으로 소자를 영접하는 것은 크리스천 제자의 증거를 수용하고 믿는 것을 의미한다.

겸손한 제자들을 실족케 하는 것에 대한 경고(18:6-7). 예수는 겸손한 제자들을 돌볼 것을 격려하실 뿐 아니라, 제자들을 실족케 하는 자들을 경고하신다. 제자들은 주님을 섬길 때, 그들을 보호하시는 하나님 나라의 능력과 강력함을 갖고 있다. 예수는 제자의 비유로서 "어린이"란 용어에서 "믿는 이 작은 자"란 말로 전환하시는데, 그 의미는 본질상 동등하다.

산상수훈의 말씀을 생각나게 하는 과장법을 사용하시는(예. 5:27-30) 예수는 제자도의 길을 갈 때 실족케 하는 사람의 심각성을 강조하신다(18:6). "죄를 짓게 하는"("실족하게 하는"—개역개정)이란 어구는 단순하게 식별할 수 있는 지각없는 행동을 나타내지 않는다. 그것은 동사 '스칸달리조'의 비유적인 본질에 의존하여 죄로 유리되고 하나님과의 동행에서 실족한 사람을 가리킨다.[5] 규칙적으로 예수의 겸손한 제자들을 죄로 이끄는 삶의 방식을 행하는 것은 영원한 정죄로 향하는 것이므로, 위험스럽게 그러한 궤도에 머무르기보다 생명의 일부를 절단하는 것이 더 나음을 알려준다.

예수가 "실족하게 하는 일들이 있음으로 말미암아 세상에 화가 있도다 실족하게 하는 일이 없을 수는 없으나 실족하게 하는 그 사람에게는 화가 있도다"라고 선언하심으로써 경고의 강도가 가중된다. 이전에 회개하지 않는 도성에 대하여 선포하신 "화"에서처럼, 예수는 강력하게 이 세상의 운명을 선언하신다. "세상에 화"는 다른 이들에게 죄를 짓게 하는 도구로서 기능하는 사람들에 대한 심판의 선언이다. 실족하게 하는 일이 없을 수는 없으나 실족하게 하는 그 사람은 책임을 면할 수 없다. 나중에 이 선언은 예수를 파는 죄를 지은 유다에게 있게 된다(26:24).

자기 자신을 죄에 빠지게 한 자에 대한 경고(18:8-9). 예수는 행위에 대한 책임을

5. "실족하게 하다"("Cause to stumble") = "죄를 짓게 하다"("cause to sin", NIV). '스칸달리조'의 사용은 17:27과 연계되나, 여기서 이 용어의 사용은 죄를 야기한 것보다는 믿음을 상실하고 하나님에게서 멀어짐으로써 배교를 야기한 것을 가리킨다(Davies and Allison, *Matthew*, 2:761-62; Blomberg, *Matthew*, 274).

제자들에게 직접적으로 말씀하신다. 모든 죄된 행위가 다른 사람이 그들에게 죄를 짓게 한 때문이라고 생각함으로써 스스로 속지 않도록 예수는 죄를 짓게 한 그들의 성향에 대한 책임을 져야 한다고 선포하신다(18:6에서처럼 다시금 '스칸달리조'). 산상수훈에서의 과장법과 유사하게(5:29-30), 예수는 손이나 발을 자르거나 한 눈을 빼어내는 것이 죄를 짓게 한 생명의 일부를 허락함으로 영원한 심판에 이르는 것과 비교가 되지 않음을 말씀하신다(18:8-9). 예수는 육체적인 자해를 주창하고 계신 것이 아니라 헌신된 제자들에게 필요한 냉엄한 자기 훈련을 지적하신다.

제자들의 행위는 마음의 상태를 나타내고(15:19), 끊임없이 죄에 굴복하는 사람은 영원한 정죄를 받는다. 그러한 죄가 그 사람이 예수의 제자가 아님을 드러내기 때문이다. 게헨나의 영원한 지옥불이 하나님의 심판을 받을 사람들을 기다리고 있다.[6]

작은 자를 천사가 보호하심(18:10)

예수는 제자를 실족케 하는 자들에 대한 경고를 계속하신다. 여기서 "작은 자"란 표현은 무력한 어린 아이처럼 자신을 낮추는 제자를 말한다(참조. 18:2-6). 제자들이 문자 그대로 어린이에게 주어야 하는 관심이 이중적으로 들어있을지라도 말이다. 제자들이 자신을 낮추어 비이기적이 되고, 연약함과 무방비 그리고 취약성을 갖고 있는 어린 아이처럼 겸손함을 보일 때(참조. 18:1-4), 제자들은 하늘에 계신 아버지가 천사들 곧 하나님과 항상 교통하는 자를 통해 그들의 안위를 살필 것임을 확신할 수 있다.

천사들은 인간의 정사에, 하지만 개별적인 방식으로 활동할 수 있는 것으로 잘 알려져 있기에 예수는 "그들의 천사들"이라고 언급하신다.[7] 성경은 야곱과 같은 개별적인 사람(창 48:16; 참조. 시 34:7; 91:11), 개별적인 교회(계 1:20), 그리고 민족(단 10:13)을 천사들이 돌본다고 말한다. 유대 문헌은 개별적인 사람의 수호

---

6. 힌놈의 골짜기가 지옥의 영벌에 대한 비유적인 언급이 되었던 방식에 관한 논의를 위해서는 3:12; 5:22; 25:42을 보라.

7. 칼슨(Carson)은 "작은 자들"의 "천사들"이 하늘에 계신 아버지의 임재 속에 항상 있는 죽음 이후에 신자들의 영들이라는 B. B. Warfield의 견해를 지지하여 인용한다("Matthew," 401). 하지만 주석가들의 대다수는 문맥이 천사들에 의한 현 생활에서 제자들과 그들의 보호를 언급한다는 것을 올바르게 강조한다(참조. Morris, *Matthew*, 464-65; Davies and Allison, *Matthew*, 2:768-72).

자로서 천사에 관한 일관된 강조가 있다.[8] 예수의 말씀이 개별적인 신자들을 지키는 수호천사를 함축하고 있든지 그렇지 않든지 간에[9] 그것은 하늘에 계신 아버지가 천사들을 활용하여 어린이와 같은 제자들을 돌보심을 확증한다(참조. 히 1:14). 일부 유대 문헌들이 하나님께 접근할 수 있는 천사의 위계 질서를 높은 계층으로만 한정하여 묘사하고 있을지라도,[10] 그들이 "하늘에 계신 내 아버지의 얼굴을 항상 뵈옵는"다는 예수의 말씀은 제자들의 천사가 하나님께 항상 접근 가능하고 교통할 수 있다는 것을 가리킨다. "내 아버지"는 예수와 천상의 아버지간의 유일한 관계를 다시 강조한다.[11]

잃어버린 양을 찾아가시는 하나님(18:12-14)

예수는 "작은 자"에 대한 천사의 보호와 양에 대한 다음의 비유간에 연관을 만들 것을 제자들에게 요구하신다("너희 생각에는 어떠하냐?").[12] 핵심은 다른 이들이 그들로 하여금 죄를 짓게 했든지(18:6-7), 그들 자신의 선택으로 죄를 지었든지 간에 유리하고 있는 제자들에 대한 관심이다. 아버지는 그들이 제자도를 회복할 수 있도록 천사들을 보내실 뿐만 아니라, 그들이 안전한 장소로 복귀할 수 있도록 모든 노력을 직접 아끼시지 않을 것이다.

예수는 안전한 양과 실족한 양의 비유를 사용하시어 그의 요지를 설명하신다. 하나님의 양으로서 그의 백성들에 관한 안전의 이미지는 구약성경을 통해 충분히 반복된다(예. 시 23편; 사 53:6; 렘 13:17; 슥 10:3; 13:7), 유리하는 자의 비참함의 이미지도 마찬가지다(예. 시 119:176; 사 53:6; 렘 23:1-4; 50:6; 겔 34:1-30). 이 비유는 본질적으로 예수와 관련이 있다. 그는 여기서 이스라엘과 모든 인류에

---

8. 예를 들어, Tobit 12:13-22; *1 En.* 100:5; *Jub.* 35:1; *T. Levi* 5.3; *T. Jac.* 2.5-6. 더 자세한 문헌을 위해서는 Keener, *A Commentary on the Gospel of Matthew*(1999), 450-51; Davies and Allison, *Matthew*, 2:770을 보라.

9. 대부분의 주석가들은 여기서 수호천사에 대한 가능한 언급을 보지만, 신약성경의 그밖에 다른 곳에서 증거가 부족하기 때문에 이 구절이 최종적인 입증에는 미치지 못한다. 예를 들어, Blomberg, *Matthew*, 276; Davies and Allison, *Matthew*, 2:771-72; Hagner, *Matthew*, 2:527; Keener, *A Commentary on the Gospel of Matthew*(1999), 450-51; Morris, *Matthew*, 464-65를 보라.

10. 참조. *1 En.* 14:21; 40:1-10.

11. 참조. 7:21; 10:32-33; 11:27; 12:50; 16:17; 18:19; 20:23; 25:34; 26:39, 42, 53.

12. 제자들에 대한 천사의 보호에 관한 예수의 진술과 양의 비유간에 전환이 다소 거칠기 때문에 몇몇 사본들은 부가적인 11절을 첨가하였다(NIV 본문의 각주를 보라): "인자는 잃어버린 자들을 구원하기 위해서 오셨다." 이 어구는 가장 훌륭한 사본에는 없다.

대한 그의 사명의 핵심적인 부분으로서 그것을 암시하고[13] 있는 것으로 보인다(참조. 요 10:7-18; 벧전 5:2-4; 계 7:17). 양들이 언덕에서 풀을 뜯어먹을 때, 목자들이 자주 함께 일을 했기 때문에 99마리의 양을 남겨두고 떠나는 것은 어려운 일이 아니었다. 다른 목자들이 그들을 돌보아줄 수 있었기 때문이다. 일백 마리의 양은 목자가 쉽게 돌볼 수 있었던 평균적인 양떼의 규모를 나타낸다.[14]

여기서 예수는 놀라운 선언을 하신다: "진실로 너희에게 이르노니 만일 찾으면 길을 잃지 아니한 아흔아홉 마리보다 이것을 더 기뻐하리라." 잃어버린 양을 찾은 기쁨이 그 양이 다른 양들보다 더 가치가 있음을 의미하지는 않는다. 오히려 목자의 기쁨은 모든 양들에 대한 관심, 배려, 그리고 사랑의 깊이를 보여준다. 그 사랑의 깊이는 잃어버릴 가능성에 직면했을 때만 자주 경험된다.

예수는 비유의 핵심을 말씀하신다: "이와 같이 이 작은 자 중의 하나라도 잃는 것은 하늘에 계신 너희 아버지의 뜻이 아니니라." "작은 자"에 대한 언급은, 고백은 하지만 잘못된 제자들을 포함하는, 다른 사람들로 말미암아 발생하는 죄의 유혹이나 잘못된 취급으로 인해 제자의 길에서 실족한 제자(18:6-7)나 자신의 정열로 말미암아 죄로 넘어진 제자들을 다시금 가리킨다(18:8-9).

누가복음 15:3-7에서의 유사한 비유는 구원받지 못한 죄인들을 대표하는 잃어버린 양을 나타내는 반면에 여기서 그 비유는 유리하는 신자를 함축하고 있음을 유념하라. 아마도 예수는 서로 다른 목적으로 두 경우에 이 유사한 비유를 말씀하셨거나, 예수의 의도는 실족한 제자들에 대한 관심과 회복의 차원에서 잃어버린 모든 사람들에 대한 관심을 보여주기 위한 것이다.[15] 어쨌든 마태의 기사에서 예수의 강조는 영원한 심판의 위험에 있는 실족한 제자들의 회복에 있다. 그 위험성은 그들이 전혀 제자가 될 수 없다는 실제적인 가능성에 있다. 유다는 잘못된 길에 들어서려고 잠복하고 있고, 그것은 마태의 독자들에게 준엄한 상기로 작용할 것이다. 유다가 아주 강렬하게 예증해주는 것처럼, 하나님 아버지는 어느 누구도 억지로 회개케 하지 않으신다. 하지만 하나님은 제자들의 공동체가 실족한 상태에 있는 형제와 자매들을 회복케 할 수 있는 모든 것을 행할 것을 명하였다. 하늘 아버지가 행하신 것과 동일한 마음을 제자들이 가져야 하기 때문이다.

---

13. Davies and Allison, *Matthew*, 2:773-74을 보라.
14. Edwin Firmage, "Zoology(Animal Profiles): Sheep," ABD, 6:1126-27; Keener, A *Commentary on the Gospel of Matthew*(1999), 452.
15. Blomberg, *Matthew*, 275-76은 전자에 의존하지만 Young, *The Parables*, 191-200은 후자로 이해한다.

잘못을 저지른 제자들을 훈육하기(18:15-17)

이 페리코프(마태복음에서만 유일한)는 제자들이 저지른 죄에 대한 이전의 경고에서 논리적으로 뒤따라 나온다. 예수는 공동체가 죄를 범한 상황에 적용해야 하는 훈육(또는 징계)의 단계(18:15-17)와 확증의 방식(18:18-20)을 말씀하신다.

예수는 문제점을 지적하시면서 시작하신다: "네 형제가 죄를 범하거든…" 실족한 "작은 자"는 이제 죄를 범한 형제라 불려진다. "형제"는 예수를 따름으로써 하나님 아버지의 뜻을 순종하는 제자들이 "모친이요, 형제요, 자매"(참조. 12:46-50)라고 예수가 강조하신 장면을 상기시킨다. 제자의 성(gender)은 여기서 고려되고 있지 않고, 신앙의 가족의 어느 구성원에게도 이것을 적용할 수 있다. 예수는 신자의 공동체가 그 가족 중 한 사람이 죄를 범하면 어떻게 해야 하는지를 말씀하신다. 마태복음 18:16에서 이 구절의 인용이 암시하는 것처럼, 이 과정의 근거는 신명기 19:15-18에 기초해 있다.[16]

예수는 제자 공동체에서 죄를 지은 구성원을 다루는 네 단계를 설명하신다. 그것은 죄를 지은 형제나 자매를 순결의 상태로 회복시키고 교제의 몸으로 복귀케 하는 것을 목표로 하고 있다.

(1) 직접적인 대면. "가서 너와 그 사람과만 상대하여 권고하라 만일 들으면 네가 네 형제를 얻은 것이요." 피해를 입은 당사자나 형제의 죄를 인식한 공동체의 멤버가 죄를 지은 사람에게 가서 그의 잘못을 설명해야 한다. 그러한 대면은, 문제를 해결한다면 공동체의 구성원이 저지른 죄의 비극에 부당한 관심이 주어지지 않도록, 사적으로 취해져야 한다. 이 대면의 궁극적인 목적은 벌을 주고자 하는 것이 아니라 회복에 있다. 즉 형제가 제자도의 신실한 길로 회복됨으로써 그를 얻는 것에 있다.

(2) 대면의 증인을 만들라. 첫 번째 단계에서 회개함으로 돌아서지 않는다면 공동체의 한 두 사람이 이 대면과 죄지은 형제가 회개하기를 거부하고 있음을 목격할 수 있게(그들은 원래의 죄의 목격자는 아니니다) 되돌아가야 한다. 증인들이 조정에 도움을 줄 수 있거나, 고집스런 반항의 경우에, 회개치 않는 모습에 증인이 있어야 한다. 이것은 신명기 19:15에서 제공하는 지침을 따르고 있다: "사람의 모든 악에

---

16. 레위기 구절도 쿰란 공동체에서 발견된 삼 단계의 징계를 암시한다: 개별적인 대면, 증인들, 그리고 필요하다면 공동체의 지도자에 의한 최종 판단(1QRule of the Community 5:24-6:1을 보라; 또한 CD 9:2-4을 참조하라).

관하여 또한 모든 죄에 관하여는 한 증인으로만 정할 것이 아니요 두 증인의 입으로나 또는 세 증인의 입으로 그 사건을 확정할 것이며."

(3) 교회의 관여. 회개치 않는 자의 경우에 세 번째 단계는 교회 앞에 이 문제를 가져오는 것이다: "만일 그들의 말도 듣지 않거든 교회에 말하고." 이것이 "교회"('에클레시아')라는 단어가 마태복음에 나타나는 두 번째 경우다. 이 두 경우 모두 예수에 의해 사용되었다. 이것은 현 시대에 신자들의 공동체로서 제자 가족들의 미래적 기능을 예수가 미리 보고 계신다(16:18의 주석을 보라).

실족한 제자를 회복시키려는 목적과 더불어("양"; 18:12-14), 훈육의 과정에 교회를 포함시키는 의도는 죄를 범한 형제가 자기 죄를 인식케 하려는 시도에 신자들의 넓은 몸과 연관시키는 것이다. 공동체의 교제를 나누고 있는 사람들은 죄를 범한 형제가 자신의 행동에 책임을 인정할 수 있도록 설득할 수 있다.

초대교회의 작은 가정교회에서 실행되었던 이 방식은 오늘날과는 꽤 다를 수 있다. 초대교회 때는 그러한 죄가 공동체에 즉시 자명해질 수 있었다. 오늘날의 몇몇 교회들도 실제로 목록을 만들어 공포하거나 강대상에서 공식적으로 언급을 하기도 한다. 나는 교회 지도자가 죄를 지은 사람의 상황을 인식하고 공개적인 선언을 하기보다 회복을 이루려는 노력을 기할 때, 이런 작업이 아주 효과적임을 보았다.

(4) 불신자로 대하라. 훈육의 네 번째 단계는 회개하기를 거부하는 죄지은 형제를 이교도('에드니코스', 문자적으로는 "이방인")나 세리(하나님과 하나님의 백성들에게 의식적으로 반항하는 사람들에 대한 흔한 칭호들)로 취급하는 것이다. 벌을 적용하는 구약성경의 처방은 회당을 관장했던 유대교에 의해 나중에 적용되었다. 회당은 예배, 훈계, 교제의 장소만이 아니라 훈육(징계)의 장소였다. 극심한 징계는 매질과 공동체에서의 추방을 포함했다(*m. Mark.* 3.1-2; 10:17의 주석을 보라). 하지만 예수는 교회의 교제에서 영적인 추방에 초점을 맞추고 있다. 그것은 영적인 죽음을 상징한다.

다시금, 오늘날 이것을 수행하는 방식은 개별적인 상황에 따라서 결정되어야 한다. 어떤 이는 교회의 어느 활동에도 그 사람을 참여시켜서는 안 된다고 주장한다. 하지만 불신자가 복음을 들을 수 있는 공회에 나올 것을 격려 받고 있기 때문에 엄격한 제외와는 다른 어떤 것을 의미한다. 오히려 이것은 죄를 지은 사람이 신자가 아니라고 교회가 생각할 때, 이것이 가장 잘 적용된다. 고백하지 않는 죄와 함께 사는 소위 고백하는 제자들은 예수의 영적인 가족 구성원이 진정으로는 아니며 그 교제를 향유할 수 있도록 허락 받을 수 없다는 것을 그들의 삶으로 보여준다.

그들은 회개하는데 필요한 동일한 긍휼과 긴급성을 요하는 불신자로 취급되어야 한다. 그들은 동료 제자들이 갖고 있는 공동체의 내적 교제에 똑같이 열려 있을 수 없다.

공동체의 훈육과 삶에 관한 교감(18:18-20)

예수는 제자들의 공동체에 대한 책임이 하나님 아버지의 뜻을 실행하는데 하늘과 땅간에 일치가 있는 집합적인 교감이 있어야 한다는 것을 계속 강조하신다.

훈육에서의 교감(18:18). 그것은 잘못된 행동으로 비난받는 형제들의 행동에 대해서 하나님의 뜻을 먼저 찾고, 이런 상황에서 아버지의 뜻을 어떻게 적용할지를 구하는 것을 의미한다. 예수는 "진실로 너희에게 이르노니 무엇이든지 너희가 땅에서 매면 하늘에서도 매일 것이요 무엇이든지 땅에서 풀면 하늘에서도 풀리리라"고 말씀하신다. 이 언급은 여기서 동사가 복수라는 두드러진 차이 이외에는, 교회의 기초에서 베드로의 역할에 관해 주어진 선언과 사실상 거의 같다(16:19의 주석을 보라). 이것은 베드로의 기초적인 권위가 전체 제자 공동체에 확장되는 것을 나타낸다. 이 문맥에서 제자 공동체 곧 교회는 하나님이 빗나간 제자들의 죄를 용서하거나 용서하는 것을 거부하는 조건을 선언할 권위가 주어져 있다.

다시 말해서 전체로서 제자들은 죄를 용서하거나 지역교회의 교제에서 어떤 사람을 추방하는 진술을 선언할 수 있는 권위가 주어져 있다. 평행적인 진술로서 예수의 이 말씀들은 천국(16:19)과 지역교회(18:18)로의 허입과 추방의 근거가 된다.[17] 이 두 말씀들(16:19; 18:18)은 죄 용서와 관계가 있다. 세 번째 구절인 요한복음 20:22b-23도 죄용서와 관계가 있고, 거의 유사한 구성의 삼중적 언급이다. 완곡한 미래시제는 베드로와 제자들이 현재에 행하고 있는 것이 하나님에 의해 이미 결정되었음을 나타낸다.[18]

교회는 죄용서를 부여하거나 심판을 선언할 수 있는 하나님의 도구다. "매일 것이요"와 "풀리리라"는 수동태와 "하늘에"라는 어구는 하나님의 행위를 묘사하는

17. 16:18-19에서의 언급은 "교회"(16:18)와 "천국"(16:19)간의 구분을 보이지만, 교회의 징계 과정에서 나타나는 매고 푸는 것에 관한 평행적인 언급(18:16-18)의 결론으로 '들어감'의 요건은 양자 모두에서 동일하다: 죄의 용서.

18. Gundry, *Matthew*, 335; Carson, "Matthew," 370-74; 16:19의 주석을 보라.

셈어적 완곡법이다.[19] 하지만 교회는 "매고 푸는" 즉 하나님이 죄를 용서하거나 유보할 수 있는 조건을 선언할 수 있는 권위를 갖고 있다(참조. 요 20:22b-23). 예수의 진술은 하늘에 계신 하나님이 죄를 범한 형제에 대한 심판을 확증한다는 것을 교회에 확신시킨다.

공동체에서 하나님의 뜻을 위해 기도하는 교감(18:19). 제자들의 공동체에서 추구되는 하늘과 땅간에 일치는 이 땅에서 일반적으로 하늘 아버지의 뜻을 실천하는 교회의 행위를 인도할 것을 약속한다(참조. 6:10; 26:39-42): "진실로 다시 너희에게 이르노니 너희 중의 두 사람이 땅에서 합심하여 무엇이든지 구하면 하늘에 계신 내 아버지께서 그들을 위하여 이루게 하시리라." 교회 구성원의 죄를 매고 푸는 일에서 공동체의 행위에 관한 확증은 공동체의 요청을 실천하는데 있어서 하나님의 행위와 뜻과 확실하게 연관이 있다.[20]

공동체에서 예수의 임재를 경험하는 일에 있어서의 교감(18:20). 예수의 세 번째 진술은 첫 두 진술을 확장시킨다. 이것은 공동체가 동료 신자를 훈육하는 일에 일치를 이루는데서 우리는 교제가 실제로는 예수의 임재에 의해 이루어지고 있음을 가리킨다. "두세 사람이 내 이름으로 모인 곳에는 나도 그들 중에 있느니라." 유대 공의회는 지역 공동체의 사소한 사건과 관련한 결정을 하기 위해서 적어도 세 사람의 재판관을 필요로 했다. 그것은 셰키나(즉 하나님의 현현)가 의로운 법정에 임재해 있음을 가정한다.[21] 마찬가지로 두 사람이 법을 논의하기 위해 모였을 때, 셰키나가 임재하였다: "두 사람이 함께 앉아서 율법의 말씀을 서로 언급하고 있다면, 거룩하신 임재가 그들 사이에 있다"(*m. ʾAbot* 3:2).

하지만 인상적인 선언으로 예수는 제자들이 징계의 문제에서 인도하심을 위한 기도를 구함으로써 일치에 이를 때, 그 실행에 있어서 하늘에 계신 아버지가 그들을 인도하실 것임을 보증하면서, 제자들 중에 신적인 임재가 있을 것임을 가정하신다. 확신의 근거는 예수의 이름으로 모이는 제자들 가운데 예수의 계속된 임재다. 이것은 그의 부활하심으로 영원히 제자들과 함께 하시겠다는 약속을 전조한다(28:20의 주석을 보라).

이 구절이 기도에서의 일치와 관련한 약속으로 통상적으로 이해될지라도(그리

19. 논의를 위해서는 16:19의 주석을 보라.

20. David McClister, "Where Two or Three Are Gathered Together': Literary Structure As a Key to Meaning in Matt 17:22-20:19." *JETS* 39(1996): 556-57을 보라.

21. 참조. *m. Sanh.* 1:1; *b. Ber.* 6a; "셰키나"(Shekinah)는 하나님의 임재를 의미한다.

고 이와 관련하여 적절한 적용이 있을지라도) 여기서 이 약속은 죄를 범한 구성원에 관한 결정에서 교회의 일치와 특히 관련이 있다. 하지만 이 말씀에 기초를 이루는 원리는 교회의 훈육(징계)의 문제를 넘어선다. 공동체에 관한 처방의 폭넓은 문맥에서 예수가 약속하신 임재는 하나님의 "작은 자"들이 예수의 이름으로 모일 때 진정한 능력이 있게 한다.

마태의 특별한 강조는 예수의 임재가 하나님이 우리와 함께 하시는 임마누엘로 자기 백성들을 부여하신다는 것이고(1:24), 이는 세상 끝 날까지 예수가 계속 같이 있을 것임을 가리킨다(28:20). 데이비드 커프(David Kupp)는 제자들의 모임에 예수가 임재 하심은 "공동체의 삶에서 일반적이고도 특별한 사건을 위한 신적인 권위, 초점, 그리고 일관성으로 채우시는 모인 사람들에 대한 사회적이고 종교적인 경험"[22]이라고 말한다. 부활하신 예수가 공동체에 임재하심은 아버지의 뜻에 확고하게 헌신한 예수를 본받아 아버지의 뜻을 끊임없이 수행할 수 있도록 근본적인 변화를 가져온다.

죄를 지은 제자들에 대한 공동체의 용서(18:21-35)

반복된 용서(18:21-22). 죄를 지은 형제를 제자도의 길로 회복시키는 것은 회개하는 자를 용서하고 회복케 해야 하는 교회 훈육의 목적이다. 하지만 현명한 제자는 회개하고 용서를 구하는 사람들이 허식으로 그리하고 곧 잘못된 방식으로 되돌아갈 수 있음을 인식한다. 그러한 사람은 다른 사람들의 삶에 상당한 영향을 미치고 공동체의 적절한 기능을 손상시킨다. 마태복음에만 유일한 이 짤막한 상호작용에서 베드로는 예수에게 가까이 나아가서 질문할 때 이런 문제점을 생각한 것으로 보인다: "주여 형제가 내게 죄를 범하면 몇 번이나 용서하여 주리이까 일곱 번까지 하오리이까?"

우리는 베드로의 질문을 촉발시킨 보다 커다란 이슈를 이해하기 위해서 유대적 배경을 살펴야 한다. 구약성경에서 용서는 자비의 희생을 제정하신 은혜의 하나님으로부터 왔다. 하나님이 피 흘림을 통해서 죄를 사하는 수단을 제공하셨기 때문이다(레 17:11). 하지만 하나님이 이를 선포하셨을 때, 사악함과 불순종과 죄를 용서하시는 동일한 하나님이 "벌을 면제하지 아니하고 아버지의 악행을 자손 삼사

22. Kupp, *Matthew's Emmanuel*, 199.

대까지 보응"하신다(출 34:6-7)고 말씀하신다. 일상 생활에서 죄를 짓고 회복을 구하는 통상적인 패턴에 사람들이 사로잡힐 수 있다.

따라서 유대교의 가르침(암 1:3; 2:6; 욥 33:29, 30에 기초한)은 용서의 정신을 보이는 것은 세 번으로 충분하다는 것이다. 랍비적 유대교는 반복해서 범법을 행하는 자는 진정으로 회개한 것이 아님을 인정한다: "어떤 사람이 첫 번째 두 번째 세 번째 죄를 범하면 용서를 받을 수 있으나, 네 번째는 용서받을 수 없다"(*b. Yoma* 86b, 87a). 미쉬나는 이보다 덜한 용서를 말한다: "어떤 사람이 '죄를 짓고 회개하고 또 다시 죄를 짓고 회개한다' 고 말했다면 그는 다시는 회개할 기회가 주어지지 않을 것이다… 어떤 사람과 동료 사이에 있게 된 죄에 대해서 그가 자기 동료를 달래기 원한다면 속죄일에 속죄가 효과적이다"(*m. Yoma* 8.9).

베드로의 질문은 이런 흐름을 따른 것으로 보인다. 그는 자신에 대하여 반복해서 죄를 범하는 자를 얼마나 많이 용서해주어야 하는지를 궁금해한다. 그 사람에게 일곱 번을 용서하면 되느냐는 그의 제안은 위에 언급한 진술보다 두 배 이상으로 용서해 주는 것이므로 아주 관대한 것이다. 이것은 일곱 수가 통상적으로 불러일으키는 완전에 대한 욕구를 반영하고 있다. 하지만 그는 관대함의 영에 이런 제한을 그을 수 있는지를 궁금해한다.

예수의 놀라운 반응은 베드로가 일곱 번의 관대한 수로 용서를 하는 것이 아니라 무수하게 용서해야 한다는 것이다: "예수께서 이르시되 네게 이르노니 일곱 번뿐 아니라 일곱 번을 일흔 번까지라도 할지니라." 예수가 사용하신 숫자의 의미는 불분명하다. 그것을 창세기 4:24의 70인경에서 나타나는 것과 동일한 단어인 "칠십 칠 번"으로 읽을 수 있거나, 덜 그럴법한 "70에 일곱 배"로 읽을 수 있다.[23] 본질적으로 예수는 숫자는 문제가 되지 않음을 말씀하고 있는 것으로 보인다. 베드로와 다른 제자들은 수를 세지 말고 용서해 주어야 한다. 이전에는 듣지 못한 이런 사상에 대한 이유가 곧바로 뒤따라 나오는 비유에서 주어진다—베드로는 자신의 용서에 대한 실제가 하나님이 사람들을 용서하시는 방식에서 증거되었기 때문에 계속해서 용서를 해야 한다.

용서하지 않는 무자비한 종에 대한 비유(18:23-35). 천국의 신비에 관한 비유와 동일한 방식으로 비유를 도입하심으로써(참조. 13:24, 31, 44, 45, 47), 예수는 천국을 경험한 사람들에게서 용서가 어떠한 것인지를 베드로와 다른 제자들에게 말씀하

23. BDF §248(2), 130을 보라; KJV와 NASB 는 이것을 갖는다.

신다. 그 나라는 자기 종과 결산을 하기 원했던 왕과 같다(18:23).

첫 번째 종(18:23-27). "결산하다"란 표현은 왕에게 빚진 것을 계수하는 과정을 상정함으로서 심판의 불길한 논조를 반영한다. 이 사람이 빚진 양(만 달란트)은 상상을 초월한다. 이 양은 종이 빚지고 있는 셀 수 없는 양을 과장적으로 나타낸다. 아마도 그는 한 지역의 책임자이거나 왕의 세관원이었을 것이나, 그 돈을 탕진했다.

정확한 화폐의 가치를 결정하기는 어렵다. "달란트"가 동전이 아니라 화폐를 계산하는 단위이기 때문이다. 은 한 달란트는 6천 데나리온에 해당하는 약 75파운드였다. 데나리온이 노동자의 한 날 임금에 상응했기 때문에(17:24-27의 주석을 보라), 미국 돈으로 시간당 5.15달러의 최소임금을 계산한다면, 일반적인 노동자들은 하루에 41.20달러를 버는 것으로 예상할 수 있다. 따라서 한 달란트는 거의 247,200(참조. 25:15) 달러의 가치가 있으므로,[24] 이 모든 달란트를 합하면 적어도 25억 달러를 이 사람은 빚지고 있다. 그 수치가 어마어마하므로, 1세기 팔레스타인에 그 돈의 양은 현대 시대에 동일한 양과는 훨씬 더 비교가 되지 않을 것이기에 이것을 수치상으로 비교하기 어려울 정도다. 어떤 이들은 이 양이 수천만 달러에 해당하는 것이라고 추산한다(25:15의 주석을 보라). 어느 경우에도 이 비유의 과장법은 실감난다.[25]

이 사람이 그러한 천문학적인 돈을 갚을 수 없기 때문에 왕이 노예로 팔겠다고 시사한 것처럼, 그와 가족들은 빚을 갚기 위해서 팔려져야 한다. 이런 관행은 고대 세계에서 흔했다. 빚쟁이는 빚진 자의 자녀들을 강제적으로 자주 노예로 팔거나 자신의 노예로 삼았다(참조. 왕상 4:1; 느 5:4-8). 빚쟁이의 노예는 빚을 갚는 의미보다는 벌로서 자주 간주되었다. 이 경우처럼 빚진 양을 갚을 수 없었기 때문이다.

왕의 종은 조금만 참으시면 빚을 갚겠다고 주장함으로써 터무니없는 탄원을 한다(18:26). 하지만 그가 당하고 있는 비참한 곤경은 왕의 동정을 사고, 그런 대접을 받을 수 없는 이 종에게 왕은 빚을 취소시키고 방면하는 은혜를 베푼다(18:27). 비유를 듣고 있던 제자들은 이 비유가 소개하는 용서의 주제를 여기서 상기했을 것이다(18:21-22). 이 첫 번째 장면은 왕이신 하나님만이 그에게 죄를 범한 사람들에게 보이실 수 있는 용서의 강력한 모습을 설정한다.

두 번째 종(18:28-30). 다음 장면에서 상상할 수도 없는 만 달란트의 돈을 용서받

---

24. 예수의 시대에 중량과 치수 그리고 화폐의 목록에 대해서는 Wilkins, "Matthew," 115을 보라.

25. 유대적 문맥에서 비유의 개관을 위해서는 Young, *The Parables: Jewish Tradition and Christian Interpretation*, 127-44을 보라.

은 종이 100데나리온을 자기에게 빚진 동료 종을 만난다. 이전에 산술한 돈의 가치를 놓고 비교할 때, 두 번째 종은 4천 달러 조금 넘는 돈을 빚진 것으로 보인다. 이는 첫 번째 종이 빚진 수십 억 달러와는 비교가 되지 않는 작은 돈이다. 하지만 그토록 많이 용서 받은 자가 동일한 연민으로 반응하지 않고 오히려 극단적으로 나아간다. 그는 "동료 한 사람을 만나 붙들어 목을 잡고 이르되 빚을 갚으라" 요구했다. 두 번째 종은 첫 번째 종이 왕의 자비를 구했을 때 사용했던 것과 동일한 행동과 말로 간청했다. 하지만 첫 번째 종은 동일한 긍휼과 은혜로 반응하는 것이 아니라, 두 번째 종의 목을 조르는 육체적인 벌을 가하고, 그를 노예로 판 것이 아니라 빚진 자의 감옥에 가둔다. 이는 왕이 그를 위협했던 것보다도 더 심각한 벌에 해당한다. 감옥에 가두는 것은 빚진 자가 빚을 갚는 일을 전혀 할 수 없게 만든다(18:29-30).

첫 번째 종의 벌(18:31–34). 하지만 은혜를 모르는 종은 자신의 배신적인 행위를 계속할 수 없다. 왕의 다른 종들이 부당한 학대를 보고 매우 딱하게 여겨 왕에게 그 사실을 말했기 때문이다(18:31). 이 종의 진정한 본질이 드러난다. 그는 "악한" 종이라 불린다.

왕은 악한 종에게 묻는다: "내가 너를 불쌍히 여김과 같이 너도 네 동료를 불쌍히 여김이 마땅하지 아니하냐?" 첫 번째 종에 대한 주인의 자비와 은혜가 이 사람의 삶과 가치에 영향을 미쳐서 다른 이들에게 역시 자비와 은혜를 보였어야 했다. 하지만 그의 사악한 본성은 주인을 이기적으로 이용했을 뿐이다. 이제 그는 처음에 마땅히 받아야 했던 벌을 받는다. 그는 "옥졸" 즉 빚진 자를 감시하며 죄수에게 고통을 가하는 교도관에게 넘겨진다. 이 종이 그 엄청난 양을 갚을 수 없기 때문에, 이 장면은 그가 영원히 벌을 받을 것이라는 냉엄한 확실성으로 결론을 내린다. 이는 영원한 심판의 운명에 대한 가혹한 비유적 암시다(참조. 8:12; 10:28; 13:42, 49-50; 24:51).[26]

비유의 원리(18:35). 비유의 의미의 핵심을 마지막 구절에서 발견할 수 있다: "너희가 각각 마음으로부터 형제를 용서하지 아니하면 나의 하늘 아버지께서도 너희에게 이와 같이 하시리라." "자비"는 마땅히 그래져야 할 사람에게 그렇게 '하지 않는 것' 이며, "은혜"는 마땅히 받지 못할 사람에게 '주는 것' 이다. 이것이 예수가

---

26. 마태복음에서 거센 심판에 대한 학문적 논쟁을 위해서는 Sim, *Apocalyptic Eschatology in the Gospel of Matthew*, 특히 130-39을 보라.

시작하신 하나님 나라의 삶을 나타내는 중심적인 원리다. 하나님 나라의 임재에 응답함으로써 하나님의 자비와 은혜를 진정으로 경험한 사람들은 예수의 제자로 변화된다. 그것은 아주 근본적인 방식에서 변화된 마음을 경험하는 것을 의미하며, 이는 하나님으로부터 받았던 동일한 자비와 은혜를 주는 변화된 삶을 낳는다(참조. 사 40:2).

그러한 변화는 제자들의 삶에서 말과 행동으로 나타난다(12:33-37; 13:8; 15:17-20). 하나님의 은혜와 자비를 진정으로 경험하지 못한 사람들은 하나님의 용서를 경험하지 못한 것이다. 그는 첫 번째 종처럼 개인적인 혜택을 받았으나 그것이 피상적이다. 굳고 사악한 마음에 은혜가 침투하지 못하여 변화를 생산하지 못한다. 따라서 그러한 사람은 영원한 정죄를 경험할 것이다. 예수의 제자들은 다른 이들을 용서해야 한다. 하나님의 은혜와 자비를 통해서 용서를 경험했기 때문이다.

베드로와 다른 제자들은 그들의 삶을 영원히 특징지을 상상할 수 없는 진리를 얻었다. 그들이 예수의 삶과 사역을 가까이에서 보고 십자가와 텅 빈 무덤의 의미를 이해하게 될 때, 사랑하는 구세주 메시아요 주인이신 예수 속에서 증거된 하나님의 자비로우신 긍휼과 은혜로 구비될 것이다. 그러한 변화는 하나님의 자비가 제자 공동체의 주요한 특징으로 삶에서 나타날 것이다. 베드로는 나중에 베드로전서 2:9-10에서 말한다.

> 그러나 너희는 택하신 족속이요 왕 같은 제사장들이요 거룩한 나라요 그의 소유가 된 백성이니 이는 너희를 어두운 데서 불러내어 그의 기이한 빛에 들어가게 하신 이의 아름다운 덕을 선포하게 하려 하심이라 너희가 전에는 백성이 아니더니 이제는 하나님의 백성이요 전에는 긍휼을 얻지 못하였더니 이제는 긍휼을 얻은 자니라.

상황잇기

마태가 기록한 긴 다섯 개의 강화는 성경에 나타나 있는 예수의 가르침의 가장 광범위한 집합이다. 그것은 역사에서 교회를 이끈 하나님 나라 원리의 보고다. 다섯 강화는 예수가 명하신 모든 것을 제자들이 가르쳐 지키게 하는 주요한 자료를 포괄하고 있기 때문에 모든 제자들을 위한 예수의 목적과 직접적으로 연관되어 있다(참조. 28:18-20; 이에 관해서 더 자세한 것은 서론을 보라). 공동체에 관한 처방을 담고 있는 네 번째 강화는 이 시대에서 하나님 나라의 임재의 실제를 증거하는 제자 공동체로 교회를 설명한다. 제자들의 증거는 복음 메시지의 선포를 통해서 그리고 겸손, 순결, 책임, 훈육, 화해, 회복, 용서로 특징지어지는 믿음의 가족으로서 복음 메시지를 따라 살아가는 모범을 통해서 이루어진다.

첫 번째와 세 번째 강화가 예수의 제자들에게 주로 언설되지만, 무리들도 다른 특별한 목적을 위해 포함되고(5:1-2; 7:28-29; 13:1-2, 10-17의 주석을 보라), 종교지도자들도 함축된 비판의 대상이 된다(5:20; 6:1-18; 12:24-32, 46-50). 하지만 두 번째 강화와 다섯 번째 강화처럼, 이 네 번째 강화는 예수의 제자들에게로 향해 있다. 이 자료의 독특성은 믿음의 새로운 공동체가 이 시대에 예수의 몸으로서 이스라엘을 대체하여 하나님 나라의 임재의 실제를 증거하는 자로 기능할 때를 준비시키는 예수의 긴급성을 강조한다.

공동체의 삶을 위한 이 처방의 독특성은 천국의 임재가 세상의 가치를 뒤바꾸는 방식과, 어떻게 새 공동체 곧 교회가 이런 역전에 살아 있는 증인이 될 것인가를 강조한다. 이 강화는 몇 가지 방식에서 공동체의 가치를 보여준다.

하나님 나라 삶의 위대성. 위대성은 개인적인 성취를 통해서 이루어지는 것이 아니라, 하나님의 은혜를 받는 겸손을 통해서 이루어진다. 세상의 패턴은 사람의 성취를 세어본다. 특히 그것이 개인적인 희생과 관련될 때 말이다. 제자들은 하나님 나라에 대해서 이런 종류의 노력으로 헌신했고, 누가 가장 많이 이루었고, 따라서 누가 천국에서 그들 가운데 가장 큰 자인가를 알고자 하였다.

하지만 예수는 그런 가치를 뒤바꾸시고 참으로 변화된 삶은 개인의 노력에 의해서 이루어지는 것이 아니라 하나님이 그들의 인생에 영적인 변화를 가져오시도록 겸손하게 낮춤으로써 이루어짐을 어린 아이의 예를 들어 보여주신다. 새롭게 하시는 활동이 하나님 나라의 영역으로 사람을 데려온다. 이것은 산상수훈의 팔복과 상당히 동일한 메시지다. 그곳에서 하나님 앞에 서기 위해서 스스로 노력하는 일을 포기하는 자들은 하나님 나라 삶의 은사를 받을 것이다(참조. 5:3-16). 인간이 겸손하게 이 생명의 은사를 받을 때, 그는 예수의 제자가 되고 예수와 하나님 아버지와의 친밀한 관계로부터 나오는 모든 위대함을 얻는 당사자가 된다(18:4).

아마도 우리는 고대 왕실의 사례를 생각해 볼 수 있겠다. 왕실의 가족으로 태어난 소녀가 자신의 노력으로 말미암아 공주가 되지 않는다. 그러한 자리를 부여받은 것을 하등 자랑할 것이 없다. 오히려 현명한 공주라면 겸손할 것이다. 다른 모든 어린 아이처럼 그녀는 연약하고, 무방비하며, 취약성을 갖고 태어난다. 그녀가 큰 자의 자리에 있게 된 것은 왕실 가족으로 태어난 은혜에 의한 것이다. 그녀가 왕실에서 자랄 때, 미래의 여왕으로서의 그녀의 위대함은 자기 백성들을 섬기는 데서 오는 것임을 깨달아야 할 것이다. 그녀의 모든 성취는 그런 직분으로 태어난 특권으로 인한 것이다.

마찬가지로 큰 자가 됨은 당신이나 내가 이루어놓았기 때문이 아니라 하나님이 그의 나라로 우리를 부르심으로써 우리의 삶 속에서 행하신 것 때문이다. 우리는 하나님 나라를 위해서 예수의 종됨의 형태를 따르는 삶으로 헌신할 수 있고, 그것은 우리로 하여금 겸손한 위대함의 종류로 발전할 수 있게 할 것이다(참조. 20:25-28).

다른 사람들의 정결을 위한 책임. 예수는 그의 공동체가 다른 사람들의 삶의 패턴에 모범이 되어야 할 책임이 있음을 보여주신다. 그들이 죄로 인도되지 않도록 말이다. 문맥이 큰 자가 되고자 하는 개인적인 노력과 관련이 있기 때문에(18:1-4), 우리는 이것이 예수의 기점이라고 가정할 수 있다. "어린 아이", 새로운 제자는 하나님 나라에 겸손히 들어왔을 때, 아마도 연약하고, 무방비하며, 취약하다. 그들은 앞선 제자들의 유형을 보고, 그들의 모범을 따르는 일에 대단히 수용적이다. 모든 제자들이 겸손한 어린 아이같이 됨으로써 하나님 나라에 들어가야 할지라도(18:3), 큰 자에 대한 세상의 패턴은 제자 공동체에 속하는 사람들을 위험스러운 방향으로 유혹한다. 공동체의 구성원들은 세상의 기준에 따라서 위대함을 추구하며, 그들의 성취를 세어보고 비교하며, 그들의 형제와 자매들의 노력을 정죄하기를 시작한다.

만약 이런 좋지 않은 방식이 공동체에 의해 채택된 패턴이라면, 새로이 제자된 사람들은 그런 모델을 닮는 제자도의 삶의 형태를 살도록 유혹을 받을 것이므로, 예수는 다른 제자들에 대한 책임을 우리가 진지하게 취할 것을 선포하신다. 다른 형제들이 잘못된 패턴을 따르고 있다면, 천국의 겸손함 대신에 세상적인 위대함의 죄로 그들을 인도하는 것이기 때문이다.

따라서 신앙 공동체의 핵심적인 가치는 다른 제자들의 삶의 정결에 대해 책임이 있다. 그가 큰 자에 대한 태도를 갖고 시작하고 있다면 말이다. 예수의 경고가 다른 이들의 죄된 행동(18:5-7)과 우리 자신의 행동(18:8-9)에 대한 책임에 방향이 맞추어져 있는 이유가 분명히 이 때문이다. 세상의 패턴은 주로 자기 자신만을 생각하지만 신앙 공동체는 우리가 행하는 모든 것이 다른 이들에게 영향을 미칠 것이다. 따라서 모든 제자들이 다른 사람의 정결에 대한 책임으로 살아가는 삶의 패턴을 발전시키는 것이 공동체 내에서의 높은 가치가 되어야 한다.

회복에 대한 책임. 공동체가 다른 이들의 정결에 미치는 책임에 뒤이어서 우리는 실족한 사람들의 회복을 위해 나누어야 하는 책임이 있다. 잃어버린 양(18:10-14)의 비유는 하나님의 마음을 드러낸다. 목자는 99마리의 양들을 데리고 돌아올 수 있었다. 그것도 좋은 퍼센트다. 양들 중에 얼마를 잃어버리는 것은 야생 환경에서는 흔히 있는 일이다. 그는 잃어버린 양으로 인해 비난받지 않을 것이다. 하지만 하나님이 어린 제자들을 위해 보호하는 천사를 보내시는 것처럼(18:10), 실족한 제자를 쓸모 없다고 생각하지 않으신다. 공동체의 리더들만이 실족한 사람들을 돌아오게 하는 상당한 책임이 있다고 우리는 생각할 수 있으나, 모든 구성원들이 상당한 정도로 실족한 형제와 자매들을 회복케 하는 일에 책임이 있다.

우리는 실족한 형제나 자매들을 신앙이 부족한 자라고 치부하면서 비난하거나 그 사람이 야기한 상처에 대해 되 갚으려고 하기가 쉽다. 하지만 필요한 것은 그들이 신앙과 일치를 통해 힘을 얻음으로써 공동체로 다시 들어올 수 있게 하는 것이다. 공동체는 실족한 사람들을 회복시키는 기꺼이 헌신하는 목자의 책임이 있다.

훈육과 화목. 마찬가지로 공동체는 교제에 죄된 행동을 가져오는 사람들로부터 공동체의 순결을 보호할 책임이 있다. 죄를 대결하기보다는 공동체의 순결을 디협하는 것이 때때로 더 쉬울 수 있다. 또는 이 세상의 금언처럼 절대적인 기준을 유지하는 것이 어렵기 때문에 "너는 너대로 나는 나대로" 하기가 쉽다. "나도 완전하지 않은데 누구를 판단하겠어"라는 말도 자주 또 다른 지침이 되기도 한다. 하지만 신앙 공동체의 구성원들을 위한 용기 있는 관심은 죄를 짓고 있는 사람의 곤경과 죄가 교제 공동체에 영향을 미치지 못하게 하는 공동체의 순결을 진지하게 취한다.

공동체에서 훈육을 행하는 가장 중요한 두 가지 지침은 의도된 목표와 훈육(징계)의 궁극적인 자원(source)이다.

(1) 의도된 목표는 화목이다. 형제나 자매가 훈육(징계)을 받아들인다면, 그것은 그 사람을 얻는 목표를 이룬 것이다(18:15). 죄를 계속 짓는 제자는 하나님과 다른 신자들과의 순결한 교제에서 멀어진다. 그 사람이 죄를 고백할 때, 하나님과 다른 신자들과의 교제가 회복된다.

(2) 훈육(징계)의 궁극적인 자원은 '하나님'이다. 하나님만이 죄를 용서하거나 유보하실 수 있기에 하나님의 기준을 이해하고, 하나님의 뜻에 대한 이해로 이끄는 성령과의 일치를 추구하며, 공동체에서 예수의 임재하심의 인도를 따라가는 것은 공동체의 책임이다. 구성원들을 훈육하는 공동체는 그리스도 안에서 형제와 자매로서 진정으로 하나로 이끄는 하나님 아버지의 사랑, 긍휼, 정결을 보여야 한다.

무조건적인 용서. 아마도 세상이 이해하기가 가장 어려운 하나님 나라의 가치는 예수가 이 강화에서 말씀하신 종류의 용서다. 그것은 조건적인 수용이 아니라 다른 이들에 대한 무조건적인 용서다. 적어도 세상이 이 가치를 이해하지 못하는 한 가지 이유는 잘못된 관계에서 발생한 상처가 실제적이라는 사실이다. 우리가 상처를 받았을 때, 다시 상처를 받기를 원치 않는다. 우리가 다른 사람에게 남용되기를 원치 않는다. 오히려 우리를 잘못 대한 사람에게 보복하기를 원한다. 만약 우리가 다른 사람들을 용서한다면, 자주 용서하는 자의 행위에 조건적으로 기초한다. 하지만 예수가 보여주시는 것은 우리가 하나님의 무조건적인 용서하심을 경험할 때, 그것이 우리가 존재하는 모든 것에 영향을 미치고, 우리의 모든 관계성에 영향을 미칠 것이라는 사실이다. 경험된 자비는 나타나는 자비를 낳을 것이다.

이것이 공동체 강화를 함께 묶어준다. 하나님의 자비를 경험하고 그의 용서를 받은 사람들은 천국의 생명으로 겸손하게 들어갔다. 이전에 이 세상의 모든 가치가 바뀌어졌다. 나는 더 이상 최고에 있을 필요가 없다. 가장 큰 자가 되는 것이 필요치 않다. 내가 그렇게 할 때, 역시 가장 큰 자가 되기를 원하는 다른 사람들과 소원해진다. 건강하지 못한 경쟁과 비교는 우리의 교제에서 이제 근절되어야 한다. 나는 나의 가장 좋은 것이 아니라 당신의 가장 좋은 것을 지금 구한다. 나는 섬기는 열망으로 당신의 선을 북돋는다.

이것이 예수가 세우신 공동체, 즉 오늘날 그리스도의 몸인 교회에 독특한 것이다. 우리가 교회의 건강함의 지표로서 어떤 것을 사용하든 간에 예수는 제자 공동체가 이 시대를 통해서 하나님 나라의 존재의 실제에 대한 주요한 증인이라고 말씀하신다. 우리의 증거는 복음의 선포와 신앙의 가족으로서 복음을 따라 살아감을 통해서 이루어진다. 우리의 교제를 특징짓는 것은 겸손, 정결, 책임, 훈련, 화목, 회복, 그리고 용서다.

현대적 의미

공동체. 유명한 여론 조사원들인 조지 갤럽과 그의 아들 조지 갤럽 주니어는 1930년 대 이래로 미국 사람들의 습관과 선호를 연구했다. 몇 년 전에 갤럽의 연구들 중 하나에서 그는 우리가 이 땅에서 가장 외로운 사람들 가운데 살고 있다고 결론지었다. 그는 이에 기여하는 여러 다양한 요인들을 인용했고, 그 중에 서구의 개인주의가 도시, 기술 그리고 소비자 중심주의에 의해 가속화된 고립주의로 바뀌었다.[27]

이 사실은 완고한 독립심을 가진 많은 사람들이 인정하기를 좋아하지 않는 사실—우리는 서로를 필요로 한다—을 지적해 준다. 어느 누구의 도움을 필요로 하지 않고서 자기 스스로를 돌보는 능력을 우리는 자랑스럽게 여긴다. 하지만 그것은 우리가 창조되어진 방식이 아니다. 공동체는 하나님의 창조의 중요한 요소다. 죄의 황폐케 하는 영향에도 불구하고, 공동체는 하나님이 그의 창조를 보존하기 위해 세우신 꼭 필요한 요소다. 하나님의 창조의 면류관으로서 인간은 공동체의 모범적인 절정으로서 기획되었다. 아담이 홀로 있는 것이 좋지 않았기에 하나님은 그를 돕는 자를 창조하셨다. 그때 이래로 인간이 홀로 있는 것은 좋지 않다.

공동체는 태어날 적부터 우리에게 세워지는 요소다. 그것은 넓은 창조의 세계에서 발견할 수 있는 요소다. 생물학에서 '군락' 은 동일한 지역에서 다양한 종들의 상호작용하는 그룹이다. 예를 들어, 생물학적인 군락은 동물들이 서식하며 박테리아와 균들을 포함하고 있는 토양에 뿌리내린 나무들과 식물들의 숲으로 이루어진다. 다양한 요인들이 생물학적인 군락의 전반적인 구조를 결정짓는다. 여기에는 다양한 종들(다양성), 각 종들의 풍부함(생산성), 종들 간에 상호작용과 가뭄이나 화재와 같은 파괴적인 영향이 있은 뒤에도 정상적으로 군락을 회복할 수 있는 능력(회복력과 적응력)을 포함한다. 오랜 시간에 걸친 생물학적인 군락의 성장과 변화는 생태학적인 계승으로 잘 알려져 있다.[28]

하나님은 스스로 보존하고 이어나갈 수 있는 창조의 공동체를 세우셨다. 사슴은 생물학적인 공동체를 형성하는 숲의 모든 요소의 놀라운 상호의존성이 없다면 생존할 수 없다. 하나님의 형상으로 창조된 그의 피조물 가운데 우리 인간은 가장 높은 가치 중 하나로 공동체를 두어야 한다. 신성도 삼위일체 공동체의 놀라운 상호작용이기 때문이다. 하지만 죄가 공동체를 파괴한다. 개별적인 인간들은 공동체의 선보다 개인의 선을 우선하기 때문이다. 다양성, 풍부성, 상호작용, 회복성과 적응성을 포함하는 창조를 지탱하는 공동체의 바로 그 요소가 우리를 나누어놓는 요인이기도 하다.

하지만 천국의 도래로 그리고 천국의 초대에 반응하는 사람들의 근본적인 삶의 변화로, 공동체는 이제 새롭게 되어진다. 이 공동체 강화에서 예수의 메시지는 죄의 파괴적인 영향을 성경적 공동체를 촉진하는 인간관계로 전환하기 위한 처방을

---

27. George Gallup Jr., *The People's Religion* (New York: Macmillan, 1989), passim.
28. 브리타니카 백과사전에서 "공동체"의 허입을 보라.

제공한다. 이 강화에서 예수는 공동체를 파괴하는 것을 뒤바꾸는 구체적인 이슈에 초점을 맞춘다. 세 가지 파괴적인 이슈가 눈에 띈다: 경쟁, 개인주의, 보복. 아울러 이런 파괴적인 요소를 극복하는 세 가지 자질이 역시 주목을 받는다: 겸손, 책임, 자비. 이런 종류의 교회 공동체는 이 시대에 예수의 임재를 증거하는 자로서 충실하게 기능할 것이다.

겸손은 경쟁을 바꾸어놓는다. 공동체에 관한 이 강화를 촉발시킨 질문은 천국에서 누가 가장 큰 자인 지를 알고자 하는 제자들의 탐구로부터 발생한다(18:1). 자신의 삶을 극대화하려는 노력은 그 자체로 볼 때 나쁜 것은 아니다. 하지만 예수가 제자들에게 보여주시는 것처럼, 천국은 다른 동기가 그것을 지배한다. 인생의 목표로서 가장 큰 자가 되고자 하는 것은 관계성을 파괴하는 경쟁을 촉발시킨다. 위에서 언급한 생물학적인 유사적 특징에 의존한 경쟁은 먹을 것이나 있을 곳과 같은 자원이 그 공동체에서 함께 살고자 하는 종들의 필요를 충분히 채우지 못할 때 경쟁을 낳는다. 그런 종류의 경쟁이 발생하면, 더 어리고, 약하고 소외된 구성원들은 제외되거나 궁극적으로는 자주 죽고 만다. 이것이 죄로 인해 지배되는 창조의 방식이다.

하지만 나는 모든 경쟁이 나쁘다고 주장하고 있지는 않다. 적절한 겸손이 경쟁을 이끌 때, 스포츠에서 건강한 경쟁이 공동의 선을 낳고 잠재력을 극대화할 수 있게 한다. 신약성경은 긍정적인 유추로서 운동경기의 경쟁을 지적한다(고전 9:24; 엡 6:12). 그러나 이 유추는 크리스천들이 인간 성취의 면류관을 추구할 것이 아니라 영생의 썩지 않는 면류관을 추구해야 함을 가리킨다(고전 9:25; 딤전 4:8)[29] 생산의 질과 소비자에 대한 적절한 공급에 초점을 맞춘 경제 제도는 경쟁을 통해 이익을 발생시킨다. 하지만 다른 이들의 희생을 대가로 자신의 이익 도모가 동기일 때, 그 경쟁은 파괴적이다.

학문 세계에서도 경쟁은 공동체에 상당히 파괴적일 수 있다. 나는 부적절한 종류의 경쟁을 매년 학생들에게 경고한다. 학생들은 서로에 대한 시기와 의심과 질투와 미움을 발생시키는 방식으로 서로 경쟁할 수 있다. 또는 그와 다르게, 함께 노력하고, 서로의 은사를 인정해 주고, 서로를 격려하는 것을 배움으로써 궁극적으로 하나님 나라를 세우는 공통된 선을 도모하는 삶의 목표를 발견할 수 있다.

오래 전에 신학교에 재학 중이었을 때 나는 이런 문제에 부딪혔다. 고등학교 시

---

29. "Athletics," *DBI*, 54.

절에는 나의 개인적인 문제 때문에 학교 공부에 그렇게 열심을 내지는 못했고, 오히려 스포츠나 파티를 좋아했다. 그러다가 군대를 제대한 후에 나는 크리스천이 되었고, 그때부터 갑자기 학문에 대한 사랑을 발견했다. 나는 대학에서 열심히 공부했고, 신학교에서 나의 세계를 밝히는 연구 분야에 입성했다. 그러므로 나는 학교에서 나의 시간을 극대화하기 위한 나 자신과의 경쟁에 참여했다. 나는 전력을 다해서 공부하고 있음을 예수가 알게 하기를 원하였다. 게다가 나는 결혼하여 갓 태어난 어린 소녀를 두고 있었다. 아내는 내가 신학교를 다니는 동안에 나를 위해 매우 헌신했다. 그러므로 내가 집에 돌아왔을 때, 그녀의 희생이 값짐을 의미하는 좋은 성적표를 보여주기를 원했다. 나는 그것이 나의 공부를 극대화하게 만드는 자신과 싸우는 건강한 경쟁이었다고 생각한다. 그것은 내가 학문 세계의 경력을 향해 나아가는 시발적인 인식이 되었다.

하지만 나의 친구 중에 한 사람이 내가 생각하기에 건강하지 못한, 학점에 대하여, 나와 경쟁의식을 발전시켰다. 그는 내가 페이퍼를 어떻게 써냈으며, 내가 퀴즈나 학점에서 어떤 성적을 거두었는지를 알기를 원했다. 그는 졸업할 때에 나보다 더 좋은 학점을 얻기를 원했다. 나는 그의 성적이 어떠한지는 전혀 문제가 되지 않았다고 지금 솔직히 말할 수 있다. 하지만 그는 그렇지 않았다. 어쨌든 이것이 우리의 친구관계에 영향을 미쳤다. 나는 그를 경계하게 되었고, 그는 나를 앞서기 위해서 더 공격적이 되었다. 지금도 우리는 친구로 남아 있지만, 여전히 경쟁의 생각이 떠나지 않는다. 오래 전에 부지중에 이런 경쟁에 참여했음을 오늘날 인식하고 있고, 이런 종류의 경쟁이 공동체에 얼마나 파괴적이라는 것을 특히 잘 알고 있다.

예수는 혁명적인 대안을 제공하신다—겸손. 이것은 자신이 아무런 쓸모가 없는 것처럼 감정적으로나 육체적으로 자기 자신을 학대하는 자기 비하의 종류가 아니다. 자기 비하의 종류는 하나님의 형상으로 유일하게 창조된 인간으로서의 개인의 가치를 부정한다. 그것이 아니라, 예수가 제시하신 겸손은 하나님 앞에서 아무것도 아니라는 연약함의 상태에 자신을 두는 것이다. 두 가지 주요한 방식으로 겸손함이 공동체를 창출하고 발전시키는 일이 이 구절에서 나타난다.

겸손함이 공동체를 낳는다. 우리의 노력으로 자신의 위상과 삶의 목표를 획득하려고 공격적으로 추구하는 것이 아니라, 천국의 선물로서 생명을 얻는다(18:1-4). 우리가 이 생명에 들어갈 때, 예수의 제자로서의 개인적인 가치를 발견한다. 우리는 예수와의 관계를 세울 때 받는 무조건적인 은혜로 말미암아 "가장 큰 자"가 된다. 우리는 이 관계 속에서 자신의 삶의 목적과 다른 사람들과의 관계를 이해한다. 공동체는 우리의 본질적인 동등성으로 인해 창출된다. 우리는 동일한 아버지를 갖는 예수의 동등한 형제요 자매와 같은 가족의 일원이다. 우리가 하나님 나라에 들어갈 때 예수의 제자로서 세워지는 하나님의 은혜를 겸손히 경험할 때, 공동체가 창출된다.

겸손함이 공동체를 발전시킨다. 또한 겸손이 공동체를 발전시킨다. 서로 누가 큰지를 경쟁하는 대신에 예수와의 유일한 개인적 관계성이 그들의 궁극적 선과 이 세상에서 하나님 나라의 선을 위해서 서로 섬기게 한다. 비교는 인간 관계의 암이다. 그것은 자기를 다른 사람들보다 높게 올려놓음으로써 다른 이들의 유일성을 강탈한다. 예수는 우리가 어린 아이처럼 하나님 나라에 들어갈 때 마찬가지로 겸손하게 하나님 나라에 들어간 다른 사람들을 보호해야 함을 강조하신다(18:5-9).

겸손은 잘못된 방향으로 나아갈 때 다른 사람들에게 보여주기 위한 속임수적인 특징이 될 수 있다. 우리가 겸손하다고 생각하자마자 교만해질 수 있다. 한편 자부심을 갖지 못하는 사람은 자신의 재능과 은사를 사용하는 용기를 갖지 못한다.

올바른 균형을 유지하기가 자주 어렵다. 나는 이 문제를 한 사람의 이야기를 들어 자주 상기한다. 이것은 주일학교 어린이들을 봉사하면서 오랜 동안 겸손을 보여온 데 대한 인정으로 옷깃에 핀을 꼽아주기 위해서 교회의 앞좌석으로 불려온 사람에 관한 이야기다. 하지만 그가 그 다음 주에도 그 핀을 꼽은 옷을 입고서 교회에 나타났을 때, 목사는 그가 자랑하고 있기 때문에 그에게서 그 핀을 떼어버렸다. 겸손은 교활한 비즈니스일 수 있다.

언젠가 내가 시험을 잘 본 학생을 축하해 주자, 그가 "아닙니다. 그렇게 한 것은 제가 아니라 주님이십니다"라고 말했을 때, 이런 사례를 또 다시 발견한다. 물론 그는 겸손하려고 했지만 온 밤을 공부한 것은 주님이 아니었고, 어려운 헬라어 구문을 공부한 것도 주님이 아니었다. 나는 모든 일에 하나님께 영광을 돌리려는 이 학생의 의도를 이해하기는 하지만 그의 반응은 실제로 교만의 미묘한 형태일 수 있다. 학급의 다른 학생들은 그만큼 경건하지 않은가? 주님은 그들을 통해서는 역사하지 않으시는가? 그들은 왜 그가 받은 높은 점수를 받지 못했는가? 적절한 겸손은 그 사람의 재능과 은사가 하나님으로부터 왔다는 것을 인식하고, 주님과 다른 사람들을 봉사하는 데 그것을 바치는 것이다.

나는 교회에서 봉사하는 직분을 어떤 학생에게 주고자 하였을 때, 또 다른 극단을 보게 된다. 그녀는 그 제안을 거절했다. 그 일에 자신이 부족하다고 생각했기 때문이다. 그녀는 자신을 불구로 만드는 무능에 대한 인식에 사로 잡혀서 자신의 놀라운 자연적 능력과 성령의 은사를 활용할 수 있도록 주님이 사용하시게 하지 못했다. 그녀는 하나님이 어떤 일을 하도록 부르신다면 그것을 할 수 있는 은사와 능력을 공급하시라는 것을 겸손히 인식할 필요가 있다.

책임이 개인주의를 극복한다. 독립은 서구문화에서 대단히 인정받는다. 그것이 다른 이들, 특히 다른 나라에 대한 영향과 제어 또는 결정에서 자유함을 나타내는 것이기 때문이다. 우리가 다른 이들에게 의존하지 않거나 다른 이들이 우리에게 의존하지 않는 것을 높이 살 때 그것은 개인적인 차원으로까지 깊이 스며들었다. 이런 독립의 형태가 건강한 방식으로 추구될 때에 가치 있는 것이라 할지라도, 그것은 공동체를 파괴하는 방심할 수 없는 요소가 될 수 있다. 우리가 어느 사람도 필요하지 않고 홀로도 괜찮다고 생각함으로써 모든 사람들이 오직 스스로에게만 책임이 있는 고립주의를 발전시킬 수 있다.

책임이 공동체는 낳는다. 현대세계에서 많은 사람들이 갈망하는 격렬한 독립주의는 미묘한 인간 죄성의 또 다른 증거일 수 있다. 이런 독립주의를 극복하는 것은 적절한 책임감이다—다른 사람들이 우리를 필요로 한다. 나는 아주 어려운 임신을 했던 한 젊은 여성을 알고 있다. 이 여성은 강인하고 자신의 길에 닥치는 그 어느 것도 잘 다룰 줄 아는 능력과 독립심을 자랑하고 있었다. 그녀는 고등학교와 대학에서 뛰어난 운동선수였다. 하지만 그녀의 몸 속에 어린 아기가 잉태되었을 때 그녀의 독립에 상당한 장애가 발생했다. 그녀는 배속의 아기가 커져갔을 때 좋아하는 스포츠 경쟁에 참여할 수 없었다. 그녀는 자신이 하기 원하고 하기 원할 때 무엇이든 할 수 있는 능력을 아기가 강탈했다고 느꼈다. 그녀는 심지어 배속의 생명에 대해 분개하기까지 했다. 그러한 생각과 감정이 그녀를 몹시 힘들게 했다. 그런 태도가 옳지 않다는 것을 확실히 알지만 자기도 어쩔 수가 없었다.

하지만 아기가 태어나자 모든 것이 변했다. 그녀는 이 작은 아기가 자신을 필요로 한다는 사실에 갑작스럽게 사로잡혔다. 그녀는 강력하게 이 어린 소녀에게 헌신했다. 이제 그녀의 모든 생각과 행동은 이 아기의 필요에 맞추어졌다. 자신에 대해서는 전혀 돌보지 않았다. 그녀의 남편은 바깥으로 나가서 조깅과 수영을 할 것을 그녀에게 강요해야만 했다. 지금 그녀는 더 높은 우선순위를 갖고 있다고 느낀다. 이는 흥미를 자아내는 변화다. 그녀의 개인주의는 아기와 남편에 대한 책임에 의해 극복되었다.

공동체 처방은 다른 사람의 필요에 대한 적절한 책임이 다른 사람들로부터의 건강하지 못한 개인주의를 극복할 수 있는 방식을 지적한다. 모든 필요에 대해 수종하는 천사를 보내시도록 하나님을 촉발케 하는, 그의 자녀들을 위한 하나님의 마음을 갖는다면, 우리의 안목은 우리에게 책임으로 주신 사람들의 필요에 열려 있게 되고, 하나님의 공동체의 종류를 창출하는 책임 있는 관계성을 형성할 것이다.

책임이 공동체를 발전시킨다. 아담과 하와에게 주어진 책임 중 하나는 하나님의 피조물들의 청지기가 되는 것이고, 그것은 제자들의 공동체에서 우리가 갖는 책임을 설명해 준다. 우리는 서로의 청지기다. 우리는 곤란을 겪고 있는 다른 사람들의 필요를 돌볼 수 있다—예를 들어, 돈이 궁할 때, 다른 사람들이 잠시 거처할 장소나 기대어 울만한 어깨를 필요로 할 때. 우리는 방금 동네로 이사와서 교제를 필요로 하는 사람들을 도울 수 있고, 집으로 이사하는 것을 도울 수 있다. 우리는 의미 있는 사역의 기회에 그들을 포함시킬 수 있다. 이런 종류의 돌봄을 표현할 수 있는 다양한 방식이 있다. 본질적으로 우리는 하나님이 그들을 돌보시기 때문에 형제와 자매들을 돌보아야 한다.

우리는 책임이 공동체를 발전시키는 두 가지 방식을 공동체의 처방에서 볼 수 있다: 실족한 사람을 찾아가고, 잘못하고 있는 사람을 훈육하는 것.

(1) 잃어버린 양의 비유(18:12-14)는 실족한 사람을 돌보는 것과 연관되어 있지만 공동체의 모든 제자들의 영적인 복리로 확장된다. 우리가 각 사람을 사랑하고 하나님 나라의 혈족 관계가 부여한 존경심으로 그들을 대할 때, 우리는 그들의 삶의 방향에 대해 많은 것을 돌볼 수 있다. 우선 이 비유는 불신자를 찾아갈 것을 함축하고 있는 것으로 해석된다. 특히 그것은 평행적인 누가복음의 구절의 의미다. 하지만 마태복음의 문맥에서 그것은 제자들이 실족한 형제나 자매를 찾아가야 함을 시사한다. 하나님이 그 사람에게 바라시는 것이 바로 그 형제를 찾아가는 것임을 알고서 말이다.

수년에 걸쳐서 나는 빗나간 자녀들로 인해 크리스천 부모들의 눈에서 깊은 고통을 보았다. 그들은 그들 자신과 그들의 신앙적 실제를 의심한다. 왜 그들은 자녀들에게 보다 더 영향을 미치지 못했는가? 그들은 좀더 엄격했거나 더 인자했으면 어땠을까 궁금해하면서 그들의 양육에 대해서 죄책감을 느끼고 있다. 그들은 강제로라도 자녀들을 교회 활동에 더 참여하게 하거나 또는 덜 참여하게 했어야 했는가? 그들의 자녀들이 경력이나 교육에서 대단히 성공적일지라도, 기독교적인 적응력이 없다면, 다른 이교도들과 어떤 차이가 있겠는가? 그들의 영원한 운명은 어떤가? 손주들에게 미치는 영향은 어떠한가? 비유에서 목자가 실족한 양을 발견한 것을 나타내는 기쁨과 슬픔의 감정을 이해할 수 있는 것은 부모들의 이런 종류의 사랑이다. 부모들은 실족하지 않은 자녀들을 덜 사랑하거나 덜 기뻐하지 않는다; 그들은 실족한 자녀들의 상실을 영적으로 슬퍼한다.

그러한 부모들은 제자 공동체 내에서 상호적인 책임의 필요성을 예증해준다. 부모들은 고집 센 자녀라도 결코 포기하지 않는다. 공동체에서 우리들은 그리스도 안에서 완고한 형제와 자매들을 포기해서는 안 된다. 우리가 그들을 사랑하고 있고, 계속해서 그들을 찾아갈 것임을 알게 할 필요가 있다. 그들이 우리가 어디까지 계속 관계할 수 있게 할 것인지를 알 필요가 있겠지만, 우리는 계속해서 그들을 찾아나가야 한다.

나의 친형제가 한두 해 정도 예수와 동행하는 생활을 하다가 동성연애의 어두운 길로 빠져들었다. 그가 교회를 떠났을 때, 나는 그를 이해할 수 없었고, 거의 배척했다. 하지만 기도하기를 계속했다. 그리고 거의 15년이 지난 뒤에 나는 그에게 다가갈 수 있는 가장 좋은 방법을 배웠다. 나는 그를 정죄하기를 멈추고, 내가 그의 선택과 상관없이 그를 사랑한다고 말했다. 2년 뒤에 그는 에이즈 감호소에서 죽었다. 나는 그를 붙들고 그의 마지막 비극적인 순간에 울면서 기도했다. 그때에 그는 자그마한 소리로 내가 그를 사랑하고 결코 포기하지 않은 것에 대해 감사했다. 나는 사랑하는 주 예수가 그에게 이르러서 그를 회복시켰다고 믿는다. 나의 동생이 결국에 커다란 비통함과 회개를 보여주었기 때문이다. 나는 이 생에서 확실히 알지는 못하겠지만, 그가 실족한 사람들을 결코 포기하지 말 것을 나에게 가르쳤음을 믿고 있다. 나는 원하는 결과를 얻지는 못할지라도, 우리가 서로를 위해서 가져야 하는 책임이 있다.

두 가지 중요한 요지가 이로부터 나온다. ⓐ 우리는 크리스천 봉사와 성숙에 매진하는 일에 너무 사로잡혀서 실족한 자들을 포함하여 다른 제자들을 돕는 것을 잊어서는 안 된다. ⓑ 하나님이 99마리의 신실하고 순종하는 양들을 사랑하고 그들과의 관계를 기뻐할지라도, 그의 마음은 모든 양들이 안전할 때까지 온전히 평안할 수가 없다. 우리가 크리스천 교제의 기쁨에 참여해야 할지라도, 실족한 자들을 위한 기도와 찾아 나섬과 회복에 헌신할 수 있어야 한다.

(2) 죄를 범한 형제나 자매를 다루는 네 가지 단계(18:15-19)는 우리 시대에 교훈적이다. 징계는 인기 있는 주제가 보통 아니다. 제임스 돕슨(James Dobson) 박사는 『과감히 징계를 행함』(*Dare to Disciplins*)이라는 제목의 유명한 베스트셀러 책을 썼다.[30] 그것은 현 시대에 범람하고 있는 양육에 대한 문제점을 도전했다. 오

늘날 교회는 마찬가지로 죄에 빠진 사람들을 과감히 징계하는 것을 필요로 한다. 그냥 내버려두는 지배적인 형태를 도전함으로써 말이다. 소송을 하기 좋아하는 대중 문화의 분위기에서 예수가 발전시킨 징계의 과정을 실행하여 소송의 위협에 직면하기보다는 사람들이 죄를 짓도록 그냥 내버려두기가 자주 더 쉽다. 그리고 우리 시대에 만연하고 있는 이 교회 저 교회로 옮겨다니는 카페테리아 형태에서 한 교회에서 죄를 지은 사람이 다른 교회의 몸으로 그냥 가도록 허락하는 것이 때로 더 쉽다. 교회간에 상호적인 책임이 거의 없기 때문이다.

하지만 우리는 예수가 말씀하신 이 과정을 실제적으로 취하는 것이 중요하다. 나는 미국의 복음주의적 자유교회(Evangelical Free Church of America)에서 목사 임직을 받았고, 성직자들이 수년 전에 도덕적 실패로 떨어진 사람들에 대한 징계와 회복의 문제를 연구하였을 때, 이에 대한 용기를 얻었다. 몇 년의 연구 기간을 걸친 이 문서는 징계의 과정에서, 바라기는 도덕적 실패에 책임이 있는 목사와 리더들을 회복시키기 위한 과정에서, 개별적인 교회와 교단에 도움을 주도록 의도된 문서를 만들었다. 이 문서는 마태복음 18:15-20을 주본문으로 하였으나, 비방 받는 자와 교회를 경각시키는 디모데전서 5:19-22에서의 바울의 지침을 포함하는 성경의 풍부한 조언을 바탕으로 전개하였다.

이 문서는 이 과정을 인도하도록 돕는 내가 알기에 가장 섬세한 자료 중의 하나다. 그것이 모든 문제들을 해결하지는 못할지라도, 성경의 가이드라인을 따르는 용기 있는 시도다. 이 문서는 징계 그리고 의도된 목표로서 회복에 끊임없는 초점을 유지한다. 이것은 임직 받은 사역자와 관련하여 징계를 어떻게 실행할 수 있을지의 아주 어려운 실제적 문제들에 대해 많이 대답을 했지만, 죄를 범한 형제나 자매들의 상황에도 역시 도움이 된다.[31]

형제와 자매들에 대한 징계는 유쾌한 일은 아니지만 성경의 가르침을 따를 때, 우리 가운데 부활하신 주 예수의 임재의 신실한 증거가 있는 제자들의 공동체를 만드는데 기여할 것이다. 그 목표가 징계나 벌에 단순히 있지 않음을 항상 유념하는 것이 중요하다. 모든 징계의 의도된 목표는 죄를 범한 형제나 자매들을 순결의 상태로 되돌리고, 지체 내에서 평강의 교제를 다시 나눌 수 있게 하는 것이다.[32]

---

30. James C. Dobson, *Dare to Discipline*(Wheaton: Tyndale House, 1970).
31. 이 보고서를 돕는 웹사이트인 http://www.efca.org/freechurch.html을 통해 받을 수 있다.
32. 실제적인 적용을 위해서는 Ken Sande, *The Peacemaker: A Biblical Guide to Resolving Personal Conflict*(Grand Rapids: Baker, 1997)을 보라.

자비는 소외를 없앤다. 범퍼 스티커가 흔했던 몇 년 전에 "나를 미치게 했다면 나도 그리할 것이다"라는 문구를 나는 보았다. 그것이 웃기는 이야기이겠지만, 이 문구가 나에게 오싹한 느낌을 가져다 주었다. 그것이 몇 년 전에 나의 태도를 묘사하고 있었기 때문이다. 나는 나의 가족과 나에게 커다란 고통을 안겨다준 의붓아버지 아래서 자랐다. 그는 내가 십대 초반이었을 때, 우리 가족을 떠났고, 나는 그에 대한 깊은 복수심을 키웠다. 내가 베트남에 있었을 때, 나의 복수심은 더욱 극에 달해서 내가 고국으로 돌아가서 그를 보게 되는 첫 날 그를 죽일 것이라고 맹세했다. 나는 그가 나의 가족에 행했던 것을 되 갚으려 했다. 그런 다짐을 하고 몇 개월 뒤에 나는 고국으로 돌아왔고, 일년이 지나기 전에 크리스천이 되었다. 나의 세계가 변하기 시작했고, 나의 사고에서 의붓아버지를 지웠다.

이 의붓아버지가 나와 아내 그리고 어린 딸이 살고 있는 나의 집을 갑작스럽게 방문했을 때인 약 4년 남짓은 전혀 그에 대해서 생각하지 않았다. 그는 우리 가족을 추적하였다. 사랑이 많은 사람인 나의 아내는 그를 집안으로 받아들였다. 우리가 앉아서 정중하게 이야기를 하고 있었을 때, 이전에 내가 했던 맹세가 갑자기 마음속에 떠올려졌다. 나는 그에게 "나는 베트남에서 당신을 보는 순간 죽여버릴 것이라고 맹세했습니다. 오늘이 바로 그 날이군요"라고 말했다. 그 순간에 그의 얼굴에 나타난 공포의 모습을 잊을 수가 없다. 그는 식은땀을 흘리더니 소파로 미끄러져 들어갔다. 나는 "하지만 지금 저는 당신보다 더 좋은 사람이 아니라고 알고 있습니다. 하나님이 저를 용서하셨습니다. 하나님이 나와 같은 죄인을 용서하신다면, 저도 당신을 용서해야지요. 저는 다시는 당신이 저의 가족에게 상처를 주게 하지 않을 것입니다. 이것이 약한 마음에서 나오는 것이 아니라고 생각합니다. 그것이 아니라 제가 용서받았기 때문에 당신을 용서합니다"라고 말했다.

나는 그때에 그만큼 충격을 받았다. 나는 용서의 말을 하리라고는 생각해 보지 않았지만 그 말이 당시에 편하게 나왔다. 나는 하나님이 나에게로 확장하신 자비와 용서를 깊이 인식했다. 나는 어느 누구보다도 나의 죄를 더 잘 알고 있다. 내가 이전에 의붓아버지처럼 학대하지는 않았고, 우리 가족을 상처 주었던 것과 동일한 방식으로 다른 사람들을 상처주지는 않았지만 나 자신의 이익 추구로 다른 사람들을 학대했고 상처를 주었다. 내가 이런 인식을 가졌을 때, 내가 용서와 자비를 필요로 했다는 것을 알았다. 예수가 십자가상에서의 사역을 통해 나에게 확장하신 생명의 선물을 받았을 때, 이전에 나의 의붓아버지에게 자비와 용서를 확대하는 것은 자연스러운 반응이었다. 이전에 나의 맹세는 깊이 상처를 입은 비통함에서 나오는 젊은 죄인의 무모하고 책임 없는 반응이었다. 그러나 나중에 용서를 할 수 있었던 나의 능력은 내 죄를 위해 희생하신 예수의 영원하고 사랑스런 은혜의 행위로부터 왔다. 나는 용서의 열쇠란 다른 사람들에게 우리에게 행한 것에 초점을 맞추지 않고 예수가 우리들에게 행한 것에 초점을 맞추는 것임을 깨달았다.

자비가 공동체를 창출한다. 나는 이 진리를 모범으로 보여준 사람을 아는 특권을 가졌다. 그의 이름은 톰 탈란츠(Tom Tarrants)다. 그는 C. S. 루이스 연구소의 회장으로 재직하고 있다. 이 단체는 루이스가 주창했던 "단순한 기독교"에 대한 공통된 헌신을 위해 다양한 배경의 신자들 사이에 쌓여 있는 담을 허물려는 프로그램과 집회를 지원하고 있다. 톰은 자신의 배경 때문에 적지 않게 이 리더십을 제공할 수 있는 자격이 부여되었다. 그는 워싱턴 D.C.의 혼합 인종적인 교회의 협동목사이며, 받은 자비가 공동체를 낳는 방법을 배운 사람이다.

1960년대와 70년대에 쿠 쿠륵스 클랜(Ku Klux Klan)의 격렬한 활동에 참여했던 이전에 인종차별주의자였던 톰은 미시시피 감옥에서 구세주로서 예수 그리스도를 영접했다. 그의 삶의 변화는 놀라웠다. 그의 미움은 사랑으로 대치되었고, 완고함은 화해로 바뀌었다. 그는 이전에 흑인 운동가였던 존 퍼킨스와 협력하여 『그는 나의 형제입니다』(*He's My Brother*)라는 책을 썼다. 그것은 그들의 이야기를 말해줄 뿐 아니라, 다른 배경과 색깔을 가진 사람들 간에 이해와 화해의 다리를 놓는 실제적인 전략을 제시하고 있다.[33] 그들의 확고한 메시지는 인종적인 화해는 양쪽편의 사람들이 자비함으로 죄를 용서하시는 하나님을 경험할 때까지는 불가능하다고 역설했다. 하나님의 용서하심이 예수 그리스도의 화목케 하는 사역에 기반한 신앙 공동체를 낳는다는 것이다. 이들은 하나님의 자비와 용서에 대한 깊은 감사의 우물에 힘입어 활동했고, 그것은 그들이 언젠가 미워했던 사람들에 대한 용서를 보이는 것으로 작용했다.

자비가 공동체를 발전시킨다. 화목에 기반한 제자 공동체의 생성은 공동체를 발전시키는 계속된 과정을 요구한다. 존 퍼킨스는 그것을 이런 식으로 설명한다.

> 하나님은 그가 하신 방식대로 우리가 형제와 자매들을 귀하게 여기기를 기대하신다… 나는 그것을 선택으로 보지 않고 복음의 필수적인 요소로 본다. 또한 나는 화목을 시간

33. John Perkins and Thomas A. Tarrants III, with David Wimbush, *He's My Brother: Former Racial Foes Offer Strategy for Reconciliation*(Grand Rapids: Baker, 1994).

을 요하는 것이라고 여긴다. 우리나라에서 분열은 심각할 정도로 깊다. 아직 치유하기를 시작하지 못한 깊은 상처들이 우리에게 있다. 우리는 아직 다루지 못한 상처와 분개가 있다. 그것은 화목에 대한 이런 장애를 극복하는 시간, 인내 그리고 의지를 필요로 한다.[34]

탈란츠와 퍼킨스는 개인의 삶과 사역에서 하나님과 각 사람들에게서 경험했던 화목에 모범을 보였다. 자비를 받음으로써 그들은 자비를 보이고 있다.

당신은 다른 이들에 대한 미움의 동일한 간증을 갖고 있지 않으나, 우리의 상처와 분개, 심지어 교회 내의 사람들을 향하여 있는 이런 감정은 참된 공동체를 방해한다. 영적이지 못한 공동체들은 예수의 십자가와 부활의 실제와 관련해서 살지 않는다. 오히려 세상의 지배적인 문화적 패러다임의 가치에 따라서 산다. 우리는 이익이나 지역, 심지어 정치적 사상과 같은 것들의 주변을 따라 뭉치려고 한다. 하지만 예수가 발전시킨 종류의 공동체는 은혜와 용서를 받은 것에 기초함으로 우리로 자비와 용서를 보이게 한다.

두 빚간에는 대조적으로 강력한 것이 있다(18:23-35). 첫 번째 사람은 사신에게 대한 다른 사람들의 죄에 반응하는 방식에 진정으로 영향을 미쳐야 하는 엄청난 양의 용서를 받았다. 이 빚은 하나님 아버지가 우리를 용서하신 빚의 종류를 대변한다. 우리는 그러한 어마어마한 빚을 갚을 수가 없고 단지 간청함으로써 이 빚을 탕감 받았다. 따라서 우리들은 우리에게 대한 형제들의 잘못을 기꺼이 용서할 수 있어야 한다. 그것은 우리의 탕감과 비교할 때 질적으로 아무것도 아니기 때문이다. 이미 언급했던 것처럼, 용서의 열쇠는 다른 사람들이 우리에게 어떻게 하느냐에 초점을 맞추지 않고, 예수가 우리에게 어떻게 하였느냐에 초점을 맞추는 것이다.

확실한 적용은 우리에게 잘못한 사람들을 단순히 관용하는 것 이상을 의미한다. 그것은 "마음으로부터"(18:35) 용서하는 것이다. 참된 화목은 동일한 장소에 살고 있는 다른 이들에 대해 단순히 관용하는 태도가 아니라 사람들 사이에서 예수가 의도하신 참되고 인격적이며 사랑스러운 관계를 형성하는 것이다. 용서의 진정한 마음의 태도가 없다면, 이런 형태의 연관은 불가능하다.

고려해야할 또 다른 중요한 양상은 다른 사람들에 대한 우리의 용서가 다른 이

34. Ibid., 228.

들에 대한 하나님의 용서를 그들에게 자주 알려준다는 것이다. 용서는 공동체에 친밀함을 유지해줄 뿐 아니라 사람들로 하여금 인생의 변화를 이루게 하고 하나님과 더 깊은 친밀함을 향해 나아갈 수 있게 만드는 강력한 방책이다.

나의 학생 중의 한 사람이 노동 세계의 일상적 현실 속에서 이에 관한 영향을 경험했다. 그는 인쇄 가게에서 일했는데 나중에 돈을 갚으리라 생각하고 자신의 자료를 그곳에서 만들었다. 그는 마침내 다른 직업을 갖게 되었는데 그가 이전에 만들었던 자료에 대해서 주인에게 돈을 지불하는 것을 잊었다. 나중에 주님이 주인에게 돈을 갚도록 촉발시키어 그는 자신이 만들었던 자료에 대한 빚을 주인에게 갚았다. 그는 이전에 돈을 지불하지 못한 것에 대해 주인에게 용서를 구했다. 주인은 기꺼이 그를 용서해주었고, 나의 학생은 이로 인해 감동이 되었다. 이것은 사소한 이슈이지만, 그는 우리를 향한 하나님의 용서하심에 대한 살아 있는 실제 사례를 이 사건이 그에게 가져다주었음을 깨달았다. 그는 이 작은 일에서 예수가 세우신 용서의 표준에 대한 한 경건한 사람의 즉각적인 순종으로 인해 더 깊은 차원으로 하나님 아버지와 연결될 수 있었다.

마태복음 19:1-30

1 예수께서 이 말씀을 마치시고 갈릴리를 떠나
요단 강 건너 유대 지경에 이르시니
2 큰 무리가 따르거늘 예수께서 거기서 그들의
병을 고치시더라
3 바리새인들이 예수께 나아와 그를 시험하여
이르되 사람이 어떤 이유가 있으면 그 아내
를 버리는 것이 옳으니이까
4 예수께서 대답하여 이르시되 사람을 지으신
이가 본래 그들을 남자와 여자로 지으시고
5 말씀하시기를 그러므로 사람이 그 부모를 떠
나서 아내에게 합하여 그 둘이 한 몸이 될지
니라 하신 것을 읽지 못하였느냐
6 그런즉 이제 둘이 아니요 한 몸이니 그러므
로 하나님이 짝지어 주신 것을 사람이 나누
지 못할지니라 하시니
7 여짜오되 그러면 어찌하여 모세는 이혼 증서
를 주어서 버리라 명하였나이까
8 예수께서 이르시되 모세가 너희 마음의 완악
함 때문에 아내 버림을 허락하였거니와 본래
는 그렇지 아니하니라
9 내가 너희에게 말하노니 누구든지 음행한 이
유 외에 아내를 버리고 다른 데 장가 드는 자
는 간음함이니라
10 제자들이 이르되 만일 사람이 아내에게 이같
이 할진대 장가 들지 않는 것이 좋겠나이다
11 예수께서 이르시되 사람마다 이 말을 받지
못하고 오직 타고난 자라야 할지니라
12 어머니의 태로부터 된 고자도 있고 사람이
만든 고자도 있고 천국을 위하여 스스로 된
고자도 있도다 이 말을 받을 만한 자는 받을
지어다
13 그때에 사람들이 예수께서 안수하고 기도해
주심을 바라고 어린 아이들을 데리고 오매
제자들이 꾸짖거늘
14 예수께서 이르시되 어린 아이들을 용납하고
내게 오는 것을 금하지 말라 천국이 이런 사
람의 것이니라 하시고
15 그들에게 안수하시고 거기를 떠나시니라
16 어떤 사람이 주께 와서 이르되 선생님이여
내가 무슨 선한 일을 하여야 영생을 얻으리
이까
17 예수께서 이르시되 어찌하여 선한 일을 내게
묻느냐 선한 이는 오직 한 분이시니라 네가
생명에 들어 가려면 계명들을 지키라
18 이르되 어느 계명이오니이까 예수께서 이르
시되 살인하지 말라, 간음하지 말라, 도둑질
하지 말라, 거짓 증언 하지 말라,
19 네 부모를 공경하라, 네 이웃을 네 자신과 같
이 사랑하라 하신 것이니라
20 그 청년이 이르되 이 모든 것을 내가 지키었
사온대 아직도 무엇이 부족하니이까
21 예수께서 이르시되 네가 온전하고자 할진대
가서 네 소유를 팔아 가난한 자들에게 주라
그리하면 하늘에서 보화가 네게 있으리라 그
리고 와서 나를 따르라 하시니
22 그 청년이 재물이 많으므로 이 말씀을 듣고
근심하며 가니라
23 예수께서 제자들에게 이르시되 내가 진실로
너희에게 이르노니 부자는 천국에 들어가기
가 어려우니라
24 다시 너희에게 말하노니 낙타가 바늘귀로 들
어가는 것이 부자가 하나님의 나라에 들어가
는 것보다 쉬우니라 하시니
25 제자들이 듣고 몹시 놀라 이르되 그렇다면
누가 구원을 얻을 수 있으리이까
26 예수께서 그들을 보시며 이르시되 사람으로

는 할 수 없으나 하나님으로서는 다 하실 수
있느니라
27 이에 베드로가 대답하여 이르되 보소서 우리
가 모든 것을 버리고 주를 따랐사온대 그런
즉 우리가 무엇을 얻으리이까
28 예수께서 이르시되 내가 진실로 너희에게 이
르노니 세상이 새롭게 되어 인자가 자기 영
광의 보좌에 앉을 때에 나를 따르는 너희도
열두 보좌에 앉아 이스라엘 열두 지파를 심
판하리라
29 또 내 이름을 위하여 집이나 형제나 자매나
부모나 자식이나 전토를 버린 자마다 여러
배를 받고 또 영생을 상속하리라
30 그러나 먼저 된 자로서 나중 되고 나중 된 자
로서 먼저 될 자가 많으니라

원 의미

위대한 갈릴리 사역은 이제 끝났다. 갈릴리는 주요한 거점지로 가버나움 도성이 있었던 예수의 지상 사역의 주요한 초점이었다(4:12; 8:14의 주석을 보라). 엄청난 무리들이 예수의 가르침과 이적을 목격했다. 하지만 무리들은 자신들이 의도했던 정치적, 군사적 나라를 예수가 세우려 하지 않는다는 것을 깨달았을 때 그의 명성은 약해지기 시작했다(13:10-17의 주석을 보라). 예수와 제자들은 예루살렘으로의 중요한 여행을 이제 시작한다. 그것은 십자가와 장사 그리고 A.D. 30년의 첫 주에 부활로 정점을 이룰 것이다.[1]

유대를 통해서 예루살렘으로 여행하시다(19:1-2)

예수와 제자들이 갈릴리에서 유대로 가는 루트는 마태가 "요단 강 건너"(19:1)라고 칭한 지역을 통해서다. 이곳은 사마리아와 데가볼리 사이에 놓여 있는 요단 강 동편의 거의 베레아 지역일 것이다. 갈릴리와 함께 그곳은 대체로 유대인들이 거주하였고, 헤롯 안티파스가 관장하였다.[2] 세례 요한이 참수된 마케루스 요새는 베레아 남부지역에 위치하였다. 갈릴리에서의 치유 사역에 대한 예수의 평판이 그곳에 이미 널리 펴졌고, 많은 무리들이 그 지역을 통해서 예수의 움직임을 따랐다.

1. 연대의 논의를 위해서는 21:21; 26:17의 주석을 보라.
2. 19:1에서 마태의 말은 유대가 요단강 건너(트랜스요르단)을 포함하는 것으로 보인다. 마가복음 10:1의 유사한 구절은 "그리고"(and)를 의미하는 '카이'란 용어가 있다("유대 지경과 요단강 건너편". 하지만 실제로 이 '카이'는 불확실하다. 배경을 위해서는 Van Elderen, "Early Christianity in Transjordan," 97-117; Diane I. Treasy-Cole, "Perea," *ABD*, 5:224-25을 보라.

갈릴리에서 보여준 유사한 긍휼로, 예수는 그들을 치유하신다.

예루살렘으로의 거의 여섯 달간의 여행에 관한 마태의 내러티브에서 어느 사건들이 베레아에서 발생했고, 유대에서 발생했는지를 결정하기는 어렵다. 유대에 위치한 여리고에서 마지막 사건이 발생했을지라도 말이다(20:29-34). 공동체 처방(18장)에 뒤이어서 마태는 결혼(19:3-12의 신성함을 포함하여, 모든 다른 것들 즉 신분(19:13-15), 재물(19:16-29), 보상(20:1-15), 서열(20:20-28), 그리고 능력(20:29-34)을 포함하는 모든 것들을 능가하는 하나님 나라의 가치와 같은 제자들의 공동체에서의 삶이 어떠한가를 드러내는 사건들을 기록한다.

공동체에서 결혼의 신성함(19:3-12)

예루살렘으로의 여행 중에 예수는 종교지도자들을 여러 번 대면하신다. 그들은 자신들의 전통에 따라서 평가할 때, 예수가 율법을 잘못 해석하고 있는 부분을 책잡으려고 노력하면서 예수를 "시험하고" 있다. 바리새인들은 예수를 적대하기를 계속하는데, 이 가운데는 갈릴리 출신의 바리새인들(예. 12:1-2)과 예루살렘에서 온 바리새인들(예. 15:1)이 있었다. 이제 그들은 "어떤 이유가 있으면 그 아내를 버리는 것이 옳으니이까"라고 물음으로써 이혼에 관해서 초점을 맞추고 있다.

이혼의 문제(19:3-9). "어떤 이유가 있으면"이란 표현은 마태복음에서만 유일하고, 그것은 이 논쟁에 관한 그의 기억을 반영한다. 논쟁의 주안점은 모세의 이혼에 관한 규제를 어떻게 해석하느냐다.[3] 예수 시대의 주요한 바리새인들은, "그에게 수치되는 일이 있으면"(신 24:1) 자기 아내와 이혼하게 허락했던, 모세가 설정했던, 이혼에 대한 근거를 서로 논쟁했다. 논쟁은 "수치 되는"이란 단어에 초점이 맞추어졌다.

미쉬나의 논문인 '기틴'(이혼 증서)은 서로 다른 해석(*m. Giṭ.* 9:10)을 기록한다. 보다 보수적인 삼마이 학파는 모세의 율법에 관한 서신을 견지하여 "수치 되는"이란 말이 "정결치 못한"을 의미한다고 말했다. 보다 진보적인 힐렐 학파는 "수치"를 "아내가 그를 위한 접시를 망가뜨린다 할지라도 그녀와 이혼할 수 있음"을

3. 현대적 적용과 씨름하는 이 구절의 매우 훌륭한 개관을 위해서는 Craig L. Blomberg, "Marriage, Divorce, Remarriage, and Celibacy: An Exegesis of Mt 19:3-12," *TrinJ* n.s. 11(1990): 161-96을 보라. 목회적 의미로 결론을 내리는 아주 훌륭한 충분한 다룸을 위해서는 Instone-Brewer, *Divorce and Remarriage in the Bible*을 보라.

의미하는 것으로 해석했다. 힐렐 학파에 속했던 저명한 랍비 아키바는 "그가 현재의 아내보다 더 훌륭한 아내를 발견한다면"이란 말을 나중에 첨가하여 이혼이 아주 피상적인 이유에 의해서도 가능함을 보여준다.

예수는 산상수훈에서 천국의 도래가 구약성경을 완성하는 방식의 예증으로서 결혼의 신실성과 이혼에 관한 문제를 제기하셨다. 그는 구약성경의 말씀을 범하게 하는 방식의 사례로서 이혼 문제를 역시 사용하셨다(5:31-32의 주석을 보라). 여기서 그는 동일한 주장을 하시지만, 이 죄를 범하고 있는 바리새인들에게 직접적으로 말씀하신다.

예수는 결혼 제도에 대한 하나님의 뜻을 보여주기 위해서 창조의 시작을 회고하신다. 그는 창세기 2:24을 인용하여 하나님이 여자와 남자로 인류를 창조하기로 의도하셨던 것을 주목하신다. 즉 결혼은 육체적인 성교로 성별 되는 새로운 연합으로 남자와 여자를 영원히 결합시켜준다. 하나님은 이혼을 "싫어하신다." 영원한 결합으로 간주되었던 것을 분리시켜 놓기 때문이다(참조. 말 2:16). 따라서 예수는 바리새인들의 주장을 삼가시고, 인간은 하나님의 뜻으로 돌아가야 하며, 결혼이 하나님의 본래의 계획의 일부라는 것을 이해해야 함을 요청하신다.[4] 이혼은 하나님이 짝지어 주신 것을 분리시킨다(마 19:4-6).[5]

하지만 바리새인들은 예수를 함정에 빠지게 하려고 생각한다. 그들은 이혼 증서를 자기 아내에게 줄 것을 남편에서 허락했던 모세의 율법을 지적한다. "여짜오되 그러면 어찌하여 모세는 이혼 증서를 주어서 버리라 명하였나이까?" 결혼한 배우자의 잘못된 남용이 고대 세계에 실제로 흔했기 때문에 모세는 세 가지를 행하기 위해 의도된 규제를 제정했었다: (1) 결혼 관계를 더럽히는 "부정한" 일을 하는 것에서 결혼의 신성함을 보호하기 위해서, (2) 어떤 이유 없이 아내를 단순히 버리는 남편에게서 여성을 보호하기 위해서, (3) 합법적으로 이혼한 여성이란 증서를 줌으로써 이 여성을 창녀나 도망한 간음자로 취급하지 않도록 하기 위해서. 바리새인들은 모세가 이혼을 허락했다면, 결혼한 배우자가 이를 고려하는 것은 타당한 선택이라고 주장한다.

예수는 다시 한번 결혼에 대한 하나님의 원 뜻을 상기함으로써 반박하신다: "모세가 너희 마음의 완악함 때문에 아내 버림을 허락하였거니와 본래는 그렇지

4. G. D. Collier, "Rethinking Jesus on Divorce," *Restoration Quarterly* 37(1995): 80-96. 예수는 이혼과 재혼의 경박한 허가를 좇는 관행을 공격하신다.

5. Instone-Brewer, *Divorce and Remarriage in the Bible*, 133-41.

아니하니라." 이혼의 경우에 마땅히 그래야 할 타당한 이유 없이 그리하는 것은 잘못이기에 모세는 이 죄를 다루는 하나님의 처방을 주었다. 따라서 예수는 이혼이 도덕적으로 중립적인 선택인 것으로 이해해서는 안 된다는 것을 강조하신다. 그것은 죄의 임재, 곧 굳은 마음을 항상 증거한다.[6] 바리새인들은 잘못된 이슈에 초점을 맞추고 있다. 그들은 하나님의 원 뜻을 바라보아야지 표면적인 모세의 규정만을 보아서는 안 된다.[7] 천국 복음의 도래로, 결혼의 구원을 의미하는, 타락한 질서의 반전이 시작되었다. 굳은 마음은 새로 거듭날 수 있고, 이혼증서는 폐물이 되었다.

하지만 모세가 그랬던 것처럼, 예수는 피해를 입은 파트너를 보호하고 결혼 제도를 더럽히는 것에서 보호하기 위해 한 가지 예외를 허락하신다.[8] 포르네이아, 즉 NIV에서 "혼인의 불충"으로 적절하게 번역된 '포르네이아'를 범하였을 경우가 그렇다. 마태복음에만 유일하게 나오는 어구로(또한 5:32을 보라), 예수는 "내가 너희에게 말하노니 누구든지 '음행한'[포르네이아] 이유 외에 아내를 버리고 다른 데 장가드는 자는 간음함이니라"고 말씀하신다. "음행"이 다른 단어('모이큐오'; 5:27-28; 19:9)로 이미 거명되었기 때문에, '포르네이아'는 성적인 부정보다는 덜 구체적이지만 모세의 의도를 따르는 사소한 문제를 넘어서는 어떤 것을 말한다.

'포르네이아'의 셈어적인 범위는 결혼 관계를 의도적으로 분열시키는 것, 즉 간음, 동성연애, 매춘, 괴롭힘, 또는 수치스러운 노출과 같은 성적인 범죄와 관련되지만, 그것에 제한 받지 않는 것들을 포함한다.[9] 후대에 랍비들은 이혼이 간음의 경우에 요구된다고 선언했다(신 24:1-4에서 모세가 규정한 당사자들을 죽음에 처하는 벌을 부과하는 것은 더 이상 실천되지 않았다). 간음이 합법적인 사실의 문제로서 결혼을 와해시킨 불결의 상태를 낳았기 때문이다(*m. Soṭah* 5:1; *m.*

6. Carson, "Matthew," 413.

7. Andrew Warren, "Did Moses Permit Divorce? *Modal wequṭal* As Key to New Testament Readings of Deuteronomy 24:1-4," *TynBul* 49(1998): 39-56을 보라.

8. Allen R. Guenther, "The Exception Phrases: Except πορνεία, Including πορνεία or Excluding πορνεία(Matthew 5:32; 19:9)," *TynBul* 53(2002): 83-96은 문법적인 구성의 문제를 취한다. 예수가 그것을 포괄적으로("남편이 아내가 부정하지 않았을지라도 이혼하면"), 또는 예외적으로("아내가 부정한 것을 제외하고서 남편이 아내와 이혼하면"), 또는 배타적으로("남편이 아내와 이혼하면—'포르네이아'가 갈라놓는 이슈다) 의미했는지가 자주 논쟁이 되어졌다. 궤드너(Guenther)는 맨 마지막의 배타적인 해석을 수용하지만, 브르워(Instone-Brewer)는 전통적인 예외적 해석이 여기와 5:32에서 요구하는 방식을 보여준다(Instone-Brewer, *Divorce and Remarriage*, 155-56).

9. Blomberg, "Marriage, Divorce, Remarriage, and Celibacy," 177; David Janzen, "The Meaning of Porneia in Matthew 5.32 and 19.9: An Approach from the Study of Ancient Near Eastern Culture," *JSNT* 80(2000): 66-80.

Yebam. 2:8).[10]

예수는 이혼을 요구하지 않으시지만, 위반한 사람을 보호하기 위해서 이혼이 발생할 수 있음을 허락하신다. 이런 특별한 경우가 없이 이혼하는 것은 산상수훈(5:27-30)에서 선포된 추잡한 본질을 갖는 간음을 낳는다. 불법적인 이혼은 새로운 결혼의 양 당사자들을 간음자로 만들기 때문이다. 그러나 이혼이 '포르네이아'의 예외조항 하에서 부여된다면, 재혼은 허락될 수 있다.[11]

예외조항 구절은 예수의 유아 기사(1:18-25)에서 "의로운" 자로 요셉의 행동을 칭찬했던 것과 일치한다. 마리아가 약혼 상태에서 성령으로 말미암아 잉태되었을 때, 요셉은 이런 초자연적인 기원을 알지 못한 채 마리아의 상태를 먼저 알게 된다. 의로운 자로서 그가 이혼 증서를 주는 것은 합법적이다. 그녀가 간음을 범한 것으로 생각했기 때문이다. 하지만 주의 천사가 나타나서 그에게 아내될 자가 간음하지 아니하였음을 알릴 때 그는 이혼 절차를 밟지 않는다.

공동체에서 혼자 사는 문제(19:10-12). 제자들은 예수의 진술의 충분한 의미를 포착하지 못한 것으로 보인다. 그들은 바리새인들이 떠난 후에 예수에게 다가와서 더 완전한 이해를 얻고자 한다(참조. 13:10; 15:12). 그들은 일찍이 결혼생활을 취급했던 것보다 그것이 훨씬 더 영구적이고 깰 수 없는 헌신이라는 것을 이제 이해하지만, 그 헌신을 고통스러운 의무인 것으로 오해한다. 만약 그렇다면, 제자들은 결혼하지 않는 것이 더 좋을 것이라고 잘못 추측한다(19:10).

제자들이 만족할 수 없는 주장을 예수가 하고 있다고 그들이 생각하고 있을지라도, 예수는 긍정적인 방식으로 그들의 언급을 전환하신다. 즉 하나님의 뜻이 어떤 이가 혼자 있는 것이라면 그것을 수용해야 함을 제시하신다(19:11). 예수는 하나님의 창조의 올바른 질서란 남자와 여자가 결혼하여 영구적으로 함께 하는 것이라는 이전의 확증에 모순을 일으키지 않으면서도(19:4-6), 독처 하는 삶을 상고하는 제자들의 냉소적인 태도를 채택하지도 않으신다. 문자 그대로(타고날 적부터 또는 인간이 만든) 고자이든, 스스로 고자가 된 비유적인 고자(19:12)이든 간에 혼자 사는 것을 하나님이 그 인생에 할당하였다면, 독처는 적절한 대안이다.

어떤 고자들은 태어날 적부터 적절하게 발달된 생식기가 없으므로 성적인 관계에 능력이 없을 수 있다.[12] 또 어떤 사람들은 에디오피아의 내시처럼(행 8:27), 특

10. Markus Bochmuehl, "Matthew 5.32; 19.9 in the Light of Pre-Rabbinic Halakah," *NTS* 35(1989): 291-95을 보라.
11. 참조. Philip H. Wiebe, "Jesus' Divorce Exception," *JETS* 32(1989): 327-33.

별히 그런 문화 속에 있으므로 공식적인 임무 기능을 위해서 거세될 수 있다. 또 다른 종류의 사람들은 세례 요한과 예수처럼 하나님이 천국의 특별한 일을 위해서 예외로 두었기 때문에 금욕을 채택한 사람들이 있다. 바울은 교회의 특별한 상황에 근거해서 어떤 이가 혼자 사는 것이라면, 그것이 더 좋을 수도 있다고 지적한다(고전 7:7-9). 하지만 성경 어디에도 결혼하는 것보다 결혼하지 않는 것이 영적인 형태에서 상위를 차지한다고 말씀하지 않는다.

천국 공동체는 어린이들에게 해당된다(19:13-15)

어린이의 주제가 결혼 다음에 나타난다. "그때에 사람들이 예수께서 안수하고 기도해 주심을 바라고 어린 아이들을 데리고 오매." 복을 빌기 위해 어린이들에게 손을 얹는 것은 이스라엘에서 오랜 역사를 갖는다. 복을 한 세대에서 다음 세대로 전수할 때에 특히 그러하다(참조. 창 48:14; 민 27:18). 하지만 어린이들을 복받게 하기 위해서 예수에게 데려오는 것은 제자들을 귀찮게 했기에 그들은 그 일을 한 자들을 책망한다. 제자들은 어린이들이 예수에게 데려오기를 원치 않았다. 어린이들이 사회적인 신분에서 미약했고, 시급하게 천국을 선포하는 일이 더 중요한 문제로 보고서 어린이들을 데려옴은 그것을 방해한다고 생각했기 때문이다.

하지만 이 장면은 제자들이 영광을 추구하는 일을 꾸짖기 위해서 예수가 제자도의 비유로서 어린 아이들을 활용하셨던 방식을 생각나게 한다. 예수는 다시 한 번 당시에 우세했던 사회적 가치를 전환하시고 사회에서 어린이들의 낮은 위치가 하나님 나라로 들어가는데 필요한 겸손을 예증하고 있음을 보이신다(19:14; 18:1-5의 주석을 보라). 어린이 같음이 천국으로 들어가는 필수요소일 뿐 아니라, 예수의 제자들의 일생에 필요한 특징을 형성한다. 연약하고 무방비하며 취약한 어린 아이처럼, 제자들도 그들의 인생에 두어진 제자도의 목적과 능력 그리고 그 의미를 위해서 하늘 아버지를 항상 의존해야 한다.[13]

따라서 예수는 어린 아이들에게 손을 얹으심으로써 천국에 속한 사람들에게서 이 가치를 확증하신다(19:15). 이것은 교회 역사에 어떤 이들이 그것을 실제적인 것을 의미하는 것으로 해석한 것처럼 천국 생명의 실제적인 수여가 아니라, 상징

12. Blomberg, "Marriage, Divorce, Remarriage, and Celibacy," 185.
13. Carter, *Households and Discipleship*, 113-14을 보라.

적인 시연이다.[14] 이 행위를 통해서 예수는 제자들과 무리들에게 그들 속에 생성된 천국 생명의 특징에 관한 본질적인 특징을 보여주신다. 제자들은 영광, 능력, 그리고 위대함의 모든 사상이 예수의 체포와 십자가 처형으로 소멸될 때 절대적으로 이것을 상기할 필요가 있다.

제자도에 관한 비유적인 교훈이 어린이들과 관련한 문자적인 교훈을 대치해서는 안 된다. 어린 아이들이 예수의 메시지에 가장 수용적이게 하는 것은 그들의 연약함과 취약성이다. 인생의 상처를 경험함으로써 굳은 마음을 형성하기 전에 연약한 어린이들은 복음에서 발견할 수 있는 소망과 구원의 메시지를 신뢰하는 것을 배울 수 있다. 어린이들에게 예수가 온유하게 열려 계시고, 긍휼로 어루만지시며, 보호의 말씀을 하심은 사회 주변부에 있는 자들을 복음 전도의 주요한 대상으로 올려놓게 만든다.

모든 인간들은 예수에게서 동등하게 귀하고, 예수가 온유하게 어린이들을 어루만지신 모습은 역사에서 교회를 위한 선교적이고 인간적인 노력의 표상이 되었다. 제자 공동체는 예수의 행위에서 첫 제자들의 귀찮아함을 극복하고 어린이들만이 아니라 무력하고 상처입고 소외된 자들에 대한 영적이고 물리적인 돌봄에 어떻게 헌신해야 하는가에 관한 특징을 보게 된다.

어린 아이들이 새로운 제자들에게 독특한 관점을 가져오고 있음을 인식하는 것이 또한 중요하다. 우리는 어린이들의 기여를 가치 있게 여기고, 장래의 발전적 측면에서만이 아니라 지금 그들이 기여하고 있는 측면에서 영적인 성장과 발전을 바라봄으로써 많은 것을 배울 수 있다. 자주 어린 아이들은 우리가 제자도에서 상실할 수 있는 태도와 통찰을 부여한다. 예수는 천국의 참된 본질을 정확히 습득하고 있는 어린 아이들의 독특한 관점을 확증하신다. 우리는 어린이들로부터 배워야 한다.

부자 젊은이의 비극(19:16-22)

부자 젊은이의 사건이 세 공관복음서에 모두 나온다(19:16-22; 막 10:17-22; 눅 18:23). 각각의 저자들이 그 사람이 부자임을 밝히지만 보다 자세한 신분에 대

14. Hagner, *Matthew*, 2:553은 유아세례가 거의 관련성이 없는 이 구절에 때로 기초하고 있다고 지적한다. 이 구절에서는 물도 없고, 어린이들이 하나님 나라의 삶을 받는 실제적인 수여자로서 아니라 은유로 사용되고 있다.

해서는 다소 다르게 진술한다: 마태는 그를 "청년"(19:20)이라고 일컫고, 마가는 그를 "한 사람"(10:17)이라고 단순히 진술하며, 누가는 그를 "어떤 관리"(18:18)라고 부른다. 이 젊은이(20-40세 사이)는 아마도 바리새파에 속하는(율법에 대한 세심한 준수로 볼 때) 종교적인 평신도 리더였을 것이다. 이 사람은 상류층에 속했기 때문에 경제적으로 넉넉했다. 1세기 팔레스타인에서 로마 점령자들은 자치의 형태를 유지했고, 유내교 내에서 종교 지도자들이 리더십을 행사했다.[15]

예수에게 존경의 칭호("선생")를 사용한 것으로 보아서, 그는 예수가 성경에 대해서 습득한 것에서 어떤 도움을 받을 수 있을 것으로 생각한다. 이 젊은이는 분명히 영생을 얻는 일을 그에게 확신시킬 수 있는 의로운 종류의 행위를 수행하는 일의 필요를 인생에서 경험했다. "선생님이여 내가 무슨 선한 일을 하여야 영생을 얻으리이까?"[16]

이 청년은 영생을 얻기 위해 율법을 순종하는 일에서 어떤 부족함이 있다고 믿었던 것으로 보인다. 예수는 영생을 얻기 위해서 나아온 사람에게 선한 분으로서 오직 하나님에게만 초점을 맞출 것을 청년에게 요구하신다(19:17). 예수는 자신이 선하거나 하나님과 동등되시다는 것을 부정하고 있는 것이 아니라, 선한 분으로서 하나님을 이해함으로써만 율법을 뛰어넘는 선한 행위라도 영생을 얻게 하지 못한다는 것을 부자 청년에게 알게 하기 위해서다. 유대 문서들은 참으로 선한 분으로서 하나님을 찬미할 것을 사람들에게 권고했다: "좋을 때나 나쁠 때나 '선하시고 선한 행위자이신 하나님은 복있으시도다' 라고 말해야 한다"(*m. Ber.* 9.3).

예수는 "네가 생명에 들어가려면 계명들을 지키라"고 말씀하신다. 예수는 청년이 참으로 선하신 분을 믿는 신앙의 표현으로서 율법을 순종하라고 명하신다. 선하신 하나님은 자기 백성들을 위해 그의 선하신 뜻을 기록하셨다.[17] 어린이처럼 천국에 들어가는 이전의 논의와 연관해서 부자 청년은 영생을 포함하여 모든 선의 근원으로서 율법의 순종을 보여야 한다. 이것이 영원한 생명을 얻게 하는 것은 아니지만, 하나님의 선을 믿는 어린이와 같은 신앙으로 율법을 겸손하게 순종하는 것이 필요하다.

예수는 세 가지 관점에서 영생의 개념을 여기서 접근하신다. (1) 영생은 세상에

---

15. Saldarini, *Pharisees, Scribes and Sadducees*, 277-97.
16. 표면적으로 청년이 다른 바리새인들처럼(예. 16:1; 19:3) 예수를 신학적 오류의 올무에 걸리게 하려는 것으로 보이지만, 마태는 그것을 지적하고 있지 않다.
17. Larry W. Hurtado, "First-Century Jewish Monotheism," *JSNT* 71(1998): 3:26.

태어난 인간 존재와는 다른 존재 양식으로 들어가는 것이다(19:17). 사람들은 지금 여기서 이 형태로 들어가지만, 그것은 육체적인 죽음 이후에도 계속된다(참조. 25:46). (2) 영생은 천국으로 들어가는 것과 동등하며(19:23), 그것은 현재와 미래, 영적인 실제와 육체적 실제가 있는 하나님과 하나님의 나라의 계속된 임재 속에서 자신의 생명을 바라보는 것이다(3:2; 4:17의 주석을 보라). (3) 영생은 구원받는 것과 동등하며(19:25), 그것은 구원의 관점에서 죄에 수반하는 심판으로부터 인간의 존재를 바라보는 것이다. 한 단락에서 이 세 가지 관점을 발견하는 것은 드물다.

19:18에서 청년은 "어느 계명이오니이까?"라고 물음으로써 계명을 순종하라는 예수의 명령에 반응한다. 예수는 율법의 대표적인 목록을 줌으로써 반응하신다. 그것은 십계명의 후반부 다섯 계명(참조. 출 20:1-17; 신 5:7-21)과 가장 위대한 두 계명 중 두 번째(레 19:18; 참조. 마 22:36-40)를 포함한다. 아무런 거리낌이 없는 확신으로 청년("청년"으로 처음 밝힌다)은 자신이 그 모든 계명을 지켰다고 말한다. 그리고 그는 예수가 인용하신 계명만을 지킨 것을 의미하지 않는다. 그는 전체 율법의 대표적인 것들로서 이 계명들을 인식한다. 율법에 대한 그의 순종은 완벽하다.

청년이 모든 계명을 지켰음을 말할 때 건방져 보일지라도, 그만이 그런 것이 아니다. 시락은 독자들이 율법을 순종할 것을 요청했을 때, 그들의 자유로운 선택의 능력을 인식하도록 요청하고 이렇게 그들에게 도전한다. "만약 당신들이 선택한다면 그 계명들을 지킬 수 있으며, 신실하게 그것을 준행하는 것은 당신의 선택의 문제입니다"(시락서 15:15). 바울이 바리새인으로서 그의 이전 삶을 회고하면서 율법에 대한 그의 순종을 거론했을 때, "율법의 의로는 흠이 없는 자라"(빌 3:6)고 자신을 생각한다.

하지만 율법에 대한 순종으로는 이 청년을 여전히 만족시키지 못한다. 그는 여전히 어떤 것이 부족함을 인식한다: "아직도 무엇이 부족하니이까?" 그가 있어야 할 곳이 바로 이곳이다. 예수는 순종의 부족을 발견하여 교정할 수 있도록 그를 더 도전할 수 있으셨지만, 필요한 이슈는 외적인 수행의 문제가 아니다. 바리새인들은 율법의 순종을 통해서 의에 이르렀다고 스스로 자랑했다. 하지만 예수는 청년을 그의 가치를 형성하는 내적인 장소(그의 마음)로 데리고 가셔서, 무엇이 그의 가장 소중한 가치—본질적으로 그의 삶을 지배하는 신—인지를 보도록 도전하신다. 바울은 마음의 내적인 장소로 가서 탐욕추구라는 내적인 욕구에 비추어서 자신을 심사하였을 때, 자신이 죄로 가득하다는 것을 깨달았음을 주목하라(참조.

롬 7:7-12).

예수는 "네가 온전하고자 할진대 가서 네 소유를 팔아 가난한 자들에게 주라 그리하면 하늘에서 보화가 네게 있으리라 그리고 와서 나를 따르라"고 응답하신다. 청년은 과거에 가난한 자들을 거의 확실히 구제했을 것이다. 구제하는 것은 유대교의 경건의 한 기둥이었기 때문이다. 특히 바리새인들에게는 더욱 그러했다(6:1-4의 주석을 보라). 하지만 가난한 자들을 구제하는 것은 자신이 갖고 있는 것이 풍성하기 때문에 그리할 수 있었다. 구제는 사람에게 능력과 자부심을 줄 수 있다. 하지만 예수는 이 사람의 삶에서 핵심적으로 부족한 부분을 지적하신다. 그의 부는 인생에서 개인적인 정체성의 수단, 능력, 목적, 인생의 의미가 되었다. 부가 실제적인 의미에서 그의 신이 되었다. 따라서 예수는 부의 신을 참되신 한 분 하나님만을 따르는 것으로 전환할 것을 그에게 요청하신다.[18] 그가 어린 아이처럼 되기까지는—무력하고 무방비하고 하나님 아버지의 영향을 필요로 하는—계속 부족할 수밖에 없다(18:1-4; 19:13-15). 청년의 반응은 성경에서 진정으로 비통한 구절 중 하나다: "그 청년이 재물이 많으므로 이 말씀을 듣고 근심하며 가니라." 청년은 그의 삶에서 부족한 것을 예수가 정확하게 꼬집었음을 알고 있다. 그는 이 문제가 중요함을 알고 있다. 하지만 그의 많은 소유가 그의 마음을 사로잡고 이 신을 예수와 바꾸지 못한다(참조. 6:21-24). 청년은 그의 결정이 영원한 결과를 갖는다는 것을 마음에 깊이 알고서 근심하며 떠나간다(참조. 26:22, 37). 그는 자신이 영생을 위해 무엇이 부족한지를 쭉 알고 있었고, 예수가 그에게 그것을 지적하였을 때, 생명에 대한 초대를 거부하고 떠나간다.

예수를 따른 사람들을 위한 은혜로운 보상(19:23-30)

부자가 천국으로 들어가는 것이 어려움(19:23-26). 예수는 제자들을 위한 객관적인 교훈으로서 부자 청년의 사건을 활용하신다: "내가 진실로 너희에게 이르노니 부자는 천국에 들어가기가 어려우니라." 이 사람은 생명의 근본적인 원리를 예증해준다—부는 무모하게 흥분시키는 자극제다. 하나님이 필요하지 않다고 생각하

---

18. 지중해에서 가족생활의 1세기 모델의 공동체 패턴과 마가복음의 관점에서 예수의 대안적인 영적 패턴에 의존하고 있는 유사한 관점을 위해서는 Joseph H. Hellerman, "Wealth and Sacrifice in Early Christianity: Revisiting Mark's Presentation of Jesus' Encounter with the Rich Young Ruler," *TrinJ* n.s. 21(2000): 143-64을 보라.

도록 사람을 어리석게 만드는 모조품을 제공하기 때문이다. 부자는 어린 아이와 반대다. 어린 아이는 능력도, 방어도, 자신이 인생에서 원하는 것을 이룰 수 있는 개인적인 자원도 없다. 어린 아이처럼 되는 것은 부족한 것을 공급하시는 하나님을 인생에서 영접하게 한다(18:1-5; 19:13-15). 하지만 부자는 자기 충족적이다. 능력이 있어서 외부의 착취와 고난에서 자신을 보호할 수 있으며, 원하는 것을 스스로 행할 수 있는 자원을 갖고 있다.

부자가 천국에 들어가는 것이 어려움을 설명하기 위해서[19] 예수는 팔레스타인에서 가장 커다란 동물에 해당하는 낙타와 가정에서 발견할 수 있는 가장 작은 구멍인 바늘귀를 사용한 유추를 드신다(19:24). 이슈의 심각성만 아니라면, 이 유추는 예수의 말씀을 듣는 자들에게 웃음을 자아내게 했을 것이다. 흔한 바늘의 작은 귀를 통해서 거대하고 털이 많은 짐승이 지나가는 일의 지극한 불가능성을 생각했을 때 말이다. 하지만 터무니없이 불가능한 것이 하나님으로는 가능하다는 것을 무리들이 알게 함으로써 충격을 주기 원하기 때문에 예수는 이 우스꽝스러운 장면으로 분위기를 띄우려고 하셨을 것이다(19:26).[20]

제자들은 부자가 하나님 나라에 들어가는 것이 어렵다는 예수의 말씀에 놀란다. 부자는 하나님의 은혜의 복을 받은 자로 자주 동일시되었기 때문이다(신 28:1-14). 아브라함의 부는 하나님을 경외하는 사람으로서 그의 순종에 대한 보상으로 가정되었고(창 13:2), 시편기자는 주를 경외하는 사람들에 대해서 "여호와를 경외하며 그의 계명을 크게 즐거워하는 자는 복이 있도다 그의 후손이 땅에서 강성함이여 정직한 자들의 후손에게 복이 있으리로다 부와 재물이 그의 집에 있음이여 그의 공의가 영구히 서 있으리로다"(시 112:1-3)고 선포한다. 겉으로 보기에 하나님에게서 가장 복을 받은 사람들이 구원을 받지 못한다니, 그렇다면 누가 구원을 받을 수 있는가?(마 19:25) 제자들이 "천국/하나님의 나라에 들어가는 것"(19:23-24)은 "구원받는"(19:25) 것과 동등하며, 나아가서 그것은 영생을 얻고 그곳에 들어가는 것과 동등하다(19:16-17).

---

19. 예수는 여기서 "하나님의 나라"(kingdom of God, 19:24)를 사용한다. 그것은 이전 구절(19:23)에서 "천국"과 유사하게 사용된다. 이 표현이 상호 교환적으로 사용되었음을 상기시킨다(참조. 3:2; 4:17).

20. 일부 중요하지 않은 사본들은 여기서 '카멜론'(낙타)보다는 '카밀론'(로프, 배의 끈)으로 읽는다. 이는 바늘을 통해서 잡아당겨지는 로프를 암시한다. 중세 시대에 기원한 대중적인 해석은 예루살렘에 "침문"(eye of the needle)이라 불리는 작은 문이 있었고 낙타들이 이 문을 통과하기 위해서는 힘들게 무릎을 구부려야만 했다고 주장한다. 하지만 이 문에 대한 역사적이거나 고고학적 지원이 없다. 이 두 주장들은 천국에 들어가는데 부자들의 불가능성을 강조하는 이 유추의 요지를 놓치고 있다.

예수는 부요함이 사람의 눈을 하나님에게서 멀어지게 함을 아신다. 하지만 예수는 사람들의 삶에서 하나님의 역사를 아시고, 인간으로서는 불가능하지만 부자가 참으로 하나님을 신뢰한다면 하나님이 그것을 가능하게 한다는 것을 말씀하신다(19:26). 부자 청년은 자신의 삶에서 어떤 것이 부족하다는 깊이 자리잡은 인식을 갖고 있다. 예수는 그에게 내적인 문제 즉, 그의 삶을 지배하고 있는 세력인 재물을 지적하시고, 그 재물을 주인으로서 예수와 교환함으로써 그가 예수의 제자가 되고 천국에 들어가며 영생을 발견하기를 바라신다. 하지만 청년은 이것이 너무 어렵다고 여기고 예수에게서 떠나간다. 다른 부자 즉 아리마대 요셉(27:57)과 삭개오(눅 19:9-10) 같은 사람들은 예수의 제자가 됨으로써 구원을 발견한다. 우리가 해야할 필요가 있는 모든 것은 무엇이 우리의 삶을 통치하는가를 인식하고 이 보물을 하나님으로서 예수란 보물과 바꾸는 것이다(참조. 눅 14:25-33).

예수를 따르는 자의 보상(19:27-30). 예수가 이 극적인 말씀을 하시자, 베드로는 다시 한번 제자들의 대변자로서 나선다: "우리가 모든 것을 버리고 주를 따랐사온대 그런즉 우리가 무엇을 얻으리이까?" 베드로는 예수의 요지를 알고 있으나 완전하지는 않다. 그는 초점이 부자에게만 있지 않고 모든 사람들에게 있다는 것을 옳게 이해한다. 예수의 그 말씀은 모든 사람들을 위한 전형을 제공해 주기 때문이다. 베드로와 제자들은 예수를 따르기 위해서 모든 것을 버렸다(4:18-22). 하지만 베드로는 거기서 그만두지 않는다. 그는 천국에 이미 들어왔고 구원을 얻었지만 보상에 초점을 맞춘다. 예수는 제자들이 받을 보상을 인식하시지만 베드로의 보상에 대한 자기 추구는 20:1-15에서의 비유를 설정하게 하며, 그것은 자기 추구에 대한 미묘한 꾸지람이다.

베드로에 대한 예수의 반응에서 복수 "너희도"(19:28a)는 베드로의 질문에 나머지 제자들이 참여했음을 함축한다: "내가 진실로 너희에게 이르노니 세상이 새롭게 되어['팔린게네시아'][21] 인자가 자기 영광의 보좌에 앉을 때에 나를 따르는 너희도 열두 보좌에 앉아 이스라엘 열두 지파를 심판하리라." 디도서에서 바울은 성령에 의해서 거듭난 각 사람이 천국에 들어갈 때 경험할 개인적인 중생을 언급한다(참조. 요 3:3; 고후 5:17; 벧전 1:3). 하지만 개인적인 중생은 예수가 마태복음 19:28에서 언급하고 있는 새롭게 됨을 바라본다. '팔린게네시아'는 새롭게 되는 미래의 시간, 즉 장래에 이스라엘의 민족적 회복을 유대인들이 기대하는 것을

---

21. '팔린게네시아'(갱신, 중생)는 신약성경에서 여기서와 디도서 3:5에서만 나타난다.

기저로 하고 있는 소망을 가리킨다.[22]

"심판"이 민족의 메시아로서 예수를 거부한데 대한 이스라엘의 정죄를 나타낼 수 있을지라도,[23] 인자로서의 예수와 열두 제자의 통치나 지배의 개념이 지배적이다(참조. 계 3:21; 20:6). 이스라엘을 정죄하는 것은 제자들에게는 상당히 기분이 안 좋은 일이지만, 보상은 그렇지 않았을 것이다. 그것이 베드로가 질문한 요지이기 때문이다(마 19:27). 예수는 열둘이 이 땅에 하나님 나라의 최종 설립에 참여할 때, 즉 이스라엘이 이 땅으로 회복되고 열둘이 메시아 예수와 함께 통치할 때인 새롭게 될 때를 예언하신다.[24]

이 땅에 하나님 나라가 설립될 때에 이스라엘과 관련해서 열둘의 특별한 구원 역사적 보상이 있게 될지라도, 예수의 제자가 된 모든 사람들에 대한 보상도 역시 있게 될 것이다: "또 내 이름을 위하여 집이나 형제나 자매나 부모나 자식이나 전토를 버린 자마다 여러 배를 받고 또 영생을 상속하리라." 예수에게서 떠나갔던 부자 청년과 달리 자신을 심사하고 제자로서 예수를 따르기 위해서 자기의 '작은 신들'을 버린 사람들은 그 작은 신이 가정이든 소유물이든 땅이든 간에(참조. 10:34-39; 눅 14:24-33)[25] 영생의 기업의 충만한 실제적 보상을 받게 될 것이다.

예수는 보상을 얻고 개인적인 특출남을 얻기 위한 주요한 목적을 위해서 예수와 하나님 나라를 섬기는 것은 제자들의 동기 중 가장 낮은 수준임을 보이신다(19:30). 보상을 얻고자 하는 목적으로 섬기는 사람들은 나중 될 것이요 예수의 명령을 순종하려는 동기로 섬기는 자들은 먼저 될 것이다(참조. 20:1-16).

상황잇기

19:1에서 전환적인 어구인 "예수께서 이 말씀을 마치시고"는 베레아와 유대를 통해서 예루살렘으로 가는 예수의 여행 이야기의 시작을 특징짓는다. 마태는 유사한 어구로 예수의 다섯 가지 주요한 강화의 결론을 각기 표시한다(7:28; 11:1; 13:53; 19:1; 26:1). 하지만 각각의 강화들에서 발전되고 있는 주제들은 예

22. 참조. Sanders, *Jesus and Judaism*, 103. Contra David C. Sim, "The Meaning of palingenesia in Mt 19.28," *JSNT* 50(1993): 3-12.

23. Carson, "Matthew," 426; 참조. George Beasely-Murray, *Jesus and the Kingdom of God*, 275-76.

24. 참조. Saucy, *The Case for Progressive Dispensationalism*, 267-69.

25. Thomas E. Schmidt, "Mark 10.29-30; Matthew 19.29: 'Leave Houses…and Region?'," *NTS* 38(1992): 617-20. 쉬미트(Schmidt)는 '아그루스'를 기저로 하고 있는 아람어가 예수가 제자들에게 집, 가정 그리고 전토를 떠날 것을 요구하셨음을 가리킨다고 제기한다. 그것은 새로운 가족과 나라를 요청한다.

수의 사역과 얽혀져 있어서 그의 활동의 내러티브가 그가 강화에서 주신 계시의 설명이 된다.

뒤이어지는 내러티브와 네 번째 강화에서 발견되는 주제의 상호작용에서 이것을 곧바로 알 수 있다. 18장의 공동체 처방은 이 시대에 그 나라의 임재를 증거하는 제자 공동체로서 교회를 설명한다. 제자들의 증거는 복음 메시지의 선포와 겸손, 순결, 책임, 훈육, 화해, 화목, 용서로 특징지어지는 믿음의 가족으로서 복음을 따라 살아가는 삶의 모범을 통해서 이루어진다. 19-20장은 이 공동체의 주제를 설명한다. 예수 제자들의 공동체는 이론적인 개념이 아니라 하나님 나라가 실제 삶의 관계의 영향을 미치는 방식의 구체적인 표현이다. 19-20장은 제자들이 예수가 명하신(28:20) 모든 것을 순종하도록 가르쳐야 하는 방식을 설명한다. 이 원리 중 어떤 것은 공동체의 생활을 파괴하는 부정적인 사례를 통해서 설명된다.

굳은 마음. 예수는 인간의 상태를 놀라운 통찰로 바라보시면서, 모세가 이혼 증서를 주게 된 이유는 "너희 마음의 완악함 때문이라"(19:8)고 말씀하신다. 우리는 예수가 구체적인 죄들을 지적할 것을 기대할 수 있으나, 그는 인간의 마음의 상태만을 살피신다. 굳은 마음은 다양한 방식으로 결혼을 파괴한다. (1) 굳은 마음은 각 사람과 결혼에 대한 하나님의 뜻을 저항한다. 이런 종류의 사람은 자신의 길을 원하고 하나님의 길에 대항하여 죄를 짓는다. 그러므로 죄가 관계성에 침투해서 결혼의 하나됨의 정결을 더럽힌다. 굳은 마음은 하나님이 시작시킨 하나됨을 깨뜨린다.

(2) 굳은 마음을 가진 사람은 배우자에 대해서 마음을 열지 않는다. 사랑이 어떤 사람에 대한 헌신이라면 미움은 어떤 사람을 거부하는 것이다. 결혼보다도 이 진리를 더 적절하게 예증할 수 있는 것은 없다(5:43-47의 주석을 보라). 어떤 이유에서든 간에 사사로운 것에서부터(예를 들어, 나이가 듦으로써 젊었을 적 모습을 배우자가 상실하였을 때) 아주 복합적인 일에 이르기까지(예를 들어, 배우자가 몰고 가던 차가 사고를 당해 자녀를 잃었을 때), 그것이 남편이나 아내가 그토록 헌신적이었던 사람에게 마음을 굳게 하기를 시작하게 할 가능성이 있다. 부부가 언젠가 누렸던 서로에 대한 영적, 감정적, 관계적 열려 있음이 차단되고, 당시의 헌신이 점차적으로 노골적인 반대로 바뀌고 결혼의 연합이 손상을 입는다.

(3) 굳은 마음은 용서를 받거나 할 수 없게 만든다. 이것은 가장 비극적이다. 이런 식으로 마음을 굳게 한 사람은 자신의 작은 세계로 물러나서 죄된 행동과 태도를 합리화하면서 사실을 왜곡하고, 다른 사람들을 비난하며, 모든 관계성을 왜곡시키는 씁쓸함을 발전시킨다. 이런 종류의 사람은 회개하고 하나님의 용서를 수용

하는 것을 거부하고 배우자에게로 용서를 확대하는 것을 거부한다. 아내는 남편의 기대를 파악할 수 없고 남편도 아내의 기대를 파악할 수 없다. 이전의 하나됨이 망가진다.

이런 종류의 마음을 굳게 함은 결혼에서 한 파트너가 다른 파트너에 의해 계속해서 상처를 받을 때에 발생한다. 상처가 발생할 때마다 상처를 입은 파트너는 다시는 상처를 받지 않으려고 다른 배우자에 대하여 마음을 경직시킨다. 신뢰의 부족은 회복으로 마음을 열지 않고 자신을 소외시킴으로서 결혼을 파괴시키는 다른 곳에서 관계를 찾는다.

죄된 행동이 발생하는 것은 이런 굳은 마음의 종류에서다. 하나님은 이런 관계를 한탄하시지만 이 무정한 사람이 배우자를 파괴하지 못하게 하기 위해서 이혼을 허락하신다. 마찬가지로 예수는 '포르네이아'가 굳은 마음에서 발생할 때 이혼을 허락하신다(우리는 아래에서 이에 관한 의미를 탐구할 것이다).

우리는 공동체 처방에서 예수의 가르침이 굳은 마음을 위한 해독제임을 보았다—겸손, 정결, 책임, 훈육(징계), 회복, 그리고 용서. 굳은 마음이 결혼관계에서든 교회에서든 말이다. 예수는 배우자에 대한 사랑과 제자 공동체의 형제 자매들을 위한 사랑을 측정하기 위해서 우리의 마음을 규칙적으로 점검할 것을 권고하신다. 가장 좋은 출발점은 겸손히 용서에 참여하는 것이다. 즉 하나님과 다른 사람들에게 용서를 구하며, 하나님이 우리에게 확장하신 방식으로 용서를 확장하는 것이다.

땅에 보물. 부자 청년의 비극은 그가 이 땅의 보물을 하늘의 보물보다 더 좋아했다는 사실이다(19:21). 그것이 그의 삶의 "신"을 예수에 대한 제자도로 전환하지 못하게 했다. 제자들을 놀라게 한 진리는 그들이 하나님의 복과 연관시켰던 재물이 부자가 천국에 들어가고 제자 공동체에 합세하지 못하게 실제로 막는다는 것이다.

하지만 공동체 바깥에 있는 사람들에 대한 경고에 해당하는 것이 공동체 내에 있는 우리들에게도 적용된다. 우리가 예수를 따랐을 때 버렸던 삶의 "신들"이 다시금 우리를 실족하게 만들 수 있다. 이것이 예수가 공동체에 경고하신 죄의 유혹의 배후에 놓여 있는 미묘함이다(예. 18:6-9). 어떤 이가 어린 아이처럼 연약하게 자신을 겸손히 낮출 때, 공동체의 나머지 사람들은 그를 살피고 그가 삶의 유혹을 이길 수 있도록 도와야 한다. 베드로가 자신과 제자들이 희생한 것을 말하고 그들의 보상이 무엇인지를 묻기 위해서 나서자마자 옛 삶의 보물이 손짓한다. 이 경우에 예수는 제자들이 누가 가장 큰 자 인지를 경쟁했던 것(18:1; 20:20-21을 또한 보라)

과 동일한 방식으로 먼저 되고자 하는 베드로를 미묘하게 나무라시고 있는 단서를 주신다(19:30). 예수의 제자들은 자신들만이 아니라 서로에게 책임이 있다. 항상 임재하시는 예수에 대한 책임과 정결을 유지해야 한다(18:20).

현대적 의미

공동체. 예수가 공동체 처방에서 제시하시고 10장과 20장에서 설명된 공동체의 종류는 우리 많은 사람들이 "공동체"라고 말할 때 생각하는 것을 뛰어넘는다. 공동체는 깊은 상처와 필요를 살피고 예수의 이름으로 생활하고 함께 하는 제자들을 이끄는 치유의 처방을 제공한다. 예수의 공동체는 어느 지역, 어느 시간, 어느 형태의 사람들에게도 작용하는 패러다임이다.

랜디 프레이즈(Randy Frazee)는 텍사스의 알링톤에 있는 성장하는 교회의 목사다. 그의 사역이 수년에 걸쳐서 발전하였을 때, 그는 공동체가 사람들의 가장 긴요한 필요이며, 교회의 근본적인 특징 중 하나라고 인식하게 되었다. 프레이즈 목사는 "연결시키는 교회"라는 글을 쓰고 있다. 그는 교회가 사람들을 공동체의 세 가지 중요한 요소로 연결시킴으로써 세 가지 문제를 극복하는 방법을 설명한다. 성경적 공동체는 사람들을 공통된 목적으로 연결시킴으로써 개인주의를 극복하고, 사람들을 공통된 장소로 연결시킴으로써 소외의 문제를 극복하며, 나아가서 사람들을 공통된 소유와 연결시킴으로써 소비자 중심주의의 문제를 극복한다. 그의 사상은 마태의 네 번째 강화와 뒤이어지는 내러티브에서 전개되고 있는 원리를 반영한다.

그의 책에는 많은 지혜와 실제적인 조언 그리고 경험이 들어 있다. 프레이즈가 말한 것처럼 "이 책의 가장 심오한 사상은 이것이다: '성경의 공동체는 오늘날 이 땅에서 그리스도의 생명이다.' 교회가 교회로서 충분히 기능할 때, 그것은 예수 그리스도의 임재와 능력과 목적을 발산한다."[26] 우리가 천국의 실제를 증거할 때, 예수의 생명이 교회의 생명이 된다. 우리의 증거는 복음 메시지의 선포와 겸손, 정결, 책임, 징계, 화해, 회복 그리고 용서로 특징지어지는 믿음의 가족으로서 복음 메시지를 따라 사는 삶의 모범을 통해서 이루어진다. 두 가지 주요한 영역이 우리의 관심을 끈다: 결혼의 신성함과 그 사람의 "신."

---

26. Randy Frazee, *The Connecting Church: Beyond Small Groups to Authentic Community*(Zondervan, 2001), 22.

결혼의 신성함. 결혼식을 집례하는 것은 목회 사역의 가장 커다란 기쁨 중의 하나다. 나는 커플이 결혼준비를 하는 몇 달 동안 상당한 시간을 그들과 보낸다. 나는 그들이 자기 자신과 그들의 관계성을 탐구하는 것을 돕고, 하나님이 의도하신 결혼의 본질을 이해할 수 있게 한다. 그런 다음에 결혼예식에서 그리스도 안에서 그들을 하나가 되게 하는 것은 나의 특권이다. 결혼관계를 세우시고 거룩하게 하신 분이 하나님이시기 때문에 자주 기쁨의 눈시울을 적시는 젊은 얼굴에서 비춰는 순수한 의기양양함은 남녀들의 순수한 열정으로 우리를 하나가 되게 한다.

창세기에서 하나님은 아담을 창조하신 다음에 이렇게 말씀하셨다. "사람이 혼자 사는 것이 좋지 아니하니 내가 그를 위하여 돕는 배필을 지으리라"(창 2:18). 솔로몬은 "아내를 얻는 자는 복을 얻고 여호와께 은총을 받는 자니라"(잠 18:22)고 적고 있다. 에베소 교회에 서신을 보내고 있는 사도 바울은 결혼을 주 예수 그리스도와 교회간의 관계로 묘사했다. 그것은 친밀한 관계다. 거룩하고 성스러운 관계다. 바울에게서 결혼은 상호적인 복종과 사랑의 관계다(엡 5:21-33).

이 말씀은 결혼에 대한 순수한 이상적인 마음을 담고 있다. 만약 당신이 결혼을 왜 하느냐가 사람들에게 묻는다면, 그들은 "얻는다"는 측면에서 그 이유를 말할 것이다. 하지만 진정한 결혼은 주는 관계다. 하나님이 의도하신 결혼은 무조건적으로 서로에게 자신을 주는 것이다. 다른 배우자의 필요를 충족시키기 위한 방법을 찾는 것이다. 우리 자신을 초월하여 파트너의 행복을 추구하는 것이다. 이런 종류의 결혼의 아름다움이 우리가 서로에게 무조건적으로 줄 때—몸, 마음 그리고 정신—우리가 하나되는 것이 분리되어 있는 것보다 훨씬 더 위대하다는 사실을 알려준다.

이런 종류의 결혼은 오늘날의 세계에서는 불가능하게 들린다—한가지 중요한 경우를 제외한다면 그럴 것이다. 결혼을 세우신 동일한 하나님이 그 결혼을 완전하게 하는 용기와 능력을 주신다. 하나님의 사랑을 예수 그리스도와의 인격적 관계에서 받은 사람들은 하나님이 서로를 섬기기 원하는 대로 서로에게 헌신할 수 있는 사랑의 무한한 저장소를 갖는다. 따라서 결혼은 하나님의 복으로 결혼에 들어가는 모든 사람들에게 신비한 연합이고 은혜의 근원이다. 결혼은 중심에 그리스도와 함께 평화의 결합을 갖는다. 결혼은 우리의 온유한 돌봄과 작은 것에 대한 관심 그리고 인내와 서로에 대한 희생으로써 아름답고 풍성하게 이루어 가는 것이다.

이혼은 선택이 아니다. 내가 처음부터 예비 신랑 신부에게 강조하는 요지 중 하나는 서로에게 무조적인 헌신을 하라는 것이다. 이혼을 선택이라고 생각해서는 안

된다. 당신은 이런 맹세를 기억할 것이다.

> 나는 당신을 나의 남편/아내로 취하여 이 날부터 나쁠 때나 좋을 때나, 부요할 때나 가난할 때나, 아플 때나 건강할 때나 죽음이 서로를 갈라놓을 때까지 함께 하며, 서로 사랑하고 소중히 할 것이다. 하나님의 거룩한 예식을 따라서 나는 나의 삶을 당신에게 서약한다.

신랑과 신부는 평생을 서로에게 헌신하는 것이다. 결혼을 준비하는 사람들에 대한 나의 책임은 그들이 이런 헌신을 갖게 하는 것이고, 다가올 어려움을 분명히 이해하고 서로 함께 헤쳐 가는 법을 알게 하는 것이다.

오늘날 많은 사람들이 이런 종류의 맹세를 하지 않는다. 입으로 그것을 말하던 하지 않든 간에 그들의 맹세는 조건적이다. 법정에서 가장 자주 나오는 표현은 커플들이 "화해할 수 없는 차이점" 때문에 이혼한다는 것이다. 그것은 경력의 목표에서 오는 갈등에서부터 재산권 분쟁 그리고 성격적인 차이에 이르는 어느 것이라도 가장 잘 묘사해준다. 그들은 이혼을 도덕적으로 중립적인 선택이라고 생각한다.

바리새인들은 모세의 예외에 관한 의미를 갖고 논쟁했다. 보다 자유로운 학파에서는 이혼증서가 선택이었다. 남편이 아내에게 못마땅한 것이 있다면, 이혼함으로써 그녀를 내보낼 수 있었다. 예수는 이런 태도를 정죄하신다. 그것이 결혼의 연합의 영구성을 의도하신 하나님의 뜻을 위반하기 때문이다. 그리스도에게 중심을 둔 결혼은 그들 사이에 어떤 문제가 생긴다해도 함께 헤쳐 나가는 것을 무엇보다도 먼저 맹세한다.

이혼은 한가지 예외가 있다. 이혼이 선택이 아니라고 생각한다면 예수는 왜 그것을 허락하시는가? 모세를 통해서 하나님이 허락하신 것처럼 예수는 한 가지 예외 조항으로서 이혼을 허락하신다. 어떤 파괴적인 죄가 관계성에 침투해서 하나님이 세우신 연합을 파괴하였기 때문이다. 이혼은 피해를 입은 배우자를 보호하기 위해 허락된다. 이혼을 한 가지 예외로 허락함으로써 예수는 죄된 행동으로 인도하는 굳은 마음을 정죄하시고, 인생의 이런 영역에 영향을 주는 천국의 프로그램을 통해서 볼 수 있는, 마음의 갱신을 간접적으로 제시하신다. 이혼을 허락하고 상처받은 당사자의 권리를 보호하기 위한 증서를 주는 것은 타락한 세계에서 그 이상의 피해를 막는다.

간음과 유기. 근본적으로 간음과 동등하다고 이해할 수 있고 의도적으로 결혼 관계를 분열시키는 것(예를 들어, 근친상간, 동성연애, 매춘, 괴롭힘, 수치스러운 노출[27])을 포함하는 '포로네이아'의 경우에, 이혼과 나아가서 재혼이 허락된다. 사도 바울은 또 다른 예외를 포함시킨다: 믿지 않는 파트너의 유기(참조. 고전 7:12-16).[28] 더불어 예수와 바울의 가르침은 결혼서약의 두 주요한 요소를 언급한다—성적인 관계와 충성이나 헌신으로 절정을 이루는 상호적인 친밀함. "부정함과 유기는 결혼 서약의 양쪽 절반을 깨뜨린다. 부정함은 성적인 관계의 특별성을 파괴하고 유기는 헌신의 약속을 어기고 '버리고 쪼개놓는다.'"[29]

우리 시대에 크리스천들은 하나님이 의도하신 계획으로서 결혼의 영구성을 견지하고, 이혼을 도덕적으로 중립적인 선택으로 생각해서는 안 된다. 공동체 내에서 발생하는 다른 죄와 마찬가지로 회복은 의도적인 목표다. 이런 특별한 예외조항을 경험하고 있는 결혼한 사람들은 이혼을 의무적인 것으로 보아서는 안 된다. 그들은 죄를 지은 파트너가 회개하고 건강한 상태로 결혼을 회복할 수 있도록 모든 노력을 아끼지 않아야 한다. 경험한 상처와 신뢰의 손상으로 그것이 쉽지 않을 것이나, 예수가 주창하신 하나님 나라 삶의 실제는 성령의 새롭게 하시는 능력을 공동체의 모든 관계에 가져오는 치유와 회복의 거룩한 근원이다.

신앙 공동체에서 우리는 이런 어려움을 겪고 있는 사람들을 지원하는 책임을 진지하게 취해야 한다. 결혼의 유대를 깨뜨리는 죄를 범한 사람들은 징계와 회복이 있는 우리의 관심을 필요로 한다. 그들은 우리가 찾아가야 하는 실족한 양이다(18:10-14). 이혼을 경험하고 상처를 입은 사람들은 우리의 온전한 수용을 필요로 한다. 통상적으로 그들은 영구적인 수치를 갖는 이등급 크리스천인 것처럼 스스로 느낀다. 그들은 공동체의 교제를 필요로 한다.

독신의 성스러움. 하나님을 가장 잘 섬긴다고 믿는 방식의 표현으로 독신으로 남기를 선택한 사람들은 형제와 자매들의 공동체로서 우리들을 필요로 한다. 하나님이 독신은사를 주신 사람들은 용인할 수 있는 삶의 양식이라고 예수는 선언하신다. 바울은 결혼하지 않고 있다면, 가정의 책임을 돌보아야 하는 많은 양으로 인해 방해를 받지 않는 위치에 있고, 하나님의 나라를 이롭게 할 수 있는 것으로 예수의

27. Blomberg, "Marriage, Divorce, Remarriage, and Celibacy," 177; Instone-Brewer, *Divorce and Remarriage in the Bible*, 278-79.

28. 세심한 논의를 위해서는 Instone-Brewer, *Divorce and Remarriage in the Bible*, 189-212, 279-82; 또한 Gordon Fee, *The First Epistle to the Corinthians*, 267-70을 보라.

29. Blomberg, "Marriage, Divorce, Remarriage, and Celibacy," 192.

말씀을 확장시킨다(고전 7:27, 39-40).

불행하게도, 우리 교회의 많은 사람들이 결혼을 성숙의 표시로 부여하고 결혼한 사람들이 교회의 보다 "책임 있는" 사역의 기회를 얻게 되는 경향이 있다. 독신인 사람들은 아직 "안정되지" 않은 사람으로 본다. 우리는 이런 방식을 재평가하고 사역에서 독신들을 소중히 여겨야 한다.

화해와 회복. 또한 우리는 이런 예외적인 상황으로 떨어진 이혼과 재혼의 실제를 진지하게 취해야 한다. 화해와 회복은 회개와 용서로 말미암는 궁극적인 목표다. 이혼은 용서받을 수 없는 죄가 아닌데, 비성경적으로 이혼하고 재혼한 사람들을 극단적으로 생각하는 경향이 있다. 우리는 영구적인 낙인을 찍어 버림받은 신분으로 그들을 격하시키거나, 마치 아무 일도 없었던 양 겉발림으로 행동할 수 있다. 18장에서 예수의 공동체 처방을 특징짓는 회개, 용서, 회복 그리고 화목의 주제가 이런 모든 상황에서 우리의 생각을 인도해야 한다.[30]

그 사람의 신. 이 장에서 부요한 청년에게서 재물이 그가 하나님 나라에 들어가는 것은 막았다(19:23). 이로부터 우리는 "재물의 속임수"를 조심해야 함을 배운다(참조. 13:22). 하지만 이 구절은 재물이 잘못되었다고 주장하는 것은 아니다(참조. 27:57; 예수의 제자인 아리마대 요셉은 부자였다). 복음의 효과를 감소시키고 천국에 들어가지 못하게 하는 재물에 대한 문제를 제기하고 있을 뿐이다. 부자 청년은 자신의 종교적 노력으로 채워지지 않는 인생의 부족을 인식했다. 그것은 천국에 들어가고 내적인 마음의 변화를 경험함으로써 오는 완전으로만 채워질 수 있었다. 하늘 아버지가 완전하신 것처럼 이 두 가지가 그를 완전으로 가는 길에 있게 할 것이다(5:48의 주석을 보라). 내적인 변화는 안에서 바깥으로의 변화를 낳을 것이다.

인생의 보화. 자신의 삶의 보화를 천국의 보화로 바꿈으로써 시작해야 한다. 예수는 부자 청년의 삶을 지배하는 이슈를 충분히 잘 알고 계셨다—그것은 그에게 힘, 의미, 신분을 제공했던 재물이었다. 재물이 그의 인생의 신이 되고 있다. 재물이 그의 가치, 우선순위, 야망을 결정지었다. 예수는 재물을 천국의 제자도를 따르는 것으로 바꿀 것을 그에게 요청하셨다.

이 젊은이가 예수에게서 떠나감은 비극이지만, 그것은 우리의 삶의 방식을 지

---

30. 이혼과 재혼과 관련한 모든 종류의 시나리오를 다루고 있는 유익한 목회적 관점을 위해서는 Instone-Brewer, *Divorce and Remarriage in the Bible*, 300-314을 보라.

배하고 있는 세력을 마찬가지로 설명해주고 있다. 크리스천도 그들의 충성을 잘못된 것으로 대치할 수 있다. 우리는 자신의 마음의 보물이 무엇이 되고 있는지를 정직하게 알 필요가 있다.

모든 사람들의 인생의 메시아 구원자로서 예수의 위치가 견고해야 한다. 우주만이 아니라, 우리가 구원을 발견하고 제자도를 발전시키려면 우리의 개인적인 삶에서도 예수는 우리의 하나님이 되기를 원하신다. 어느 무리의 사람들에게서도 개인의 삶을 몰고 가는 우선순위가 혼합되어 있다. 예수를 구세주로서 삼기 위해서 자신의 삶의 "신"을 하나님으로서 예수를 갖는 것으로 바꾸어야 한다. 그 대가는 각 사람의 삶의 신에 따라서 각기 다양하지만 그것을 직면해야 한다.

우리는 제자로서 우리의 성장에 도전을 받는다. 예수는 우리의 삶을 지배하는 것들에 우리가 정직할 것을 요청하신다. 그것은 마약 중독, 또는 보이 프랜드가 될 수도 있다. 박사학위(Ph.D)의 추구일 수도, 동료들의 인정과 존경일 수도, 인생의 쾌락과 놀이에 대한 탐욕스러운 바람일 수도 있다. 이런 추구들이 일시적으로 제공하는 기쁨과 안정과 위로는 나쁜 것으로 보이지 않을지라도, 그것은 자아를 섬기는 일이 주된 동기로 작용하고 있다.

베드로와 보상. 베드로의 반응은 그가 역시 천국의 순전한 보화보다는 덜한 것에 의해서 이끌림을 받고 있다는 것을 보여준다(19:23-30). 부자 관원은 자신의 재물을 예수를 따르는 것과 바꾸는 것을 거부했다. 그때에 예수는 제자들에게 재물이 영원한 구원을 얻는 일에 방해가 될 수 있음을 경고하셨다. 베드로는 그와 제자들이 예수를 따르기 위해서 취했던 희생을 과시하며 대담하게 "그런즉 우리가 무엇을 얻으리이까?"(19:27)라고 묻는다. 그의 질문은 잘못된 동기를 드러낸다. 보상을 얻고 개인적인 특출함을 보이는 주된 목적을 위해서 예수와 천국을 섬기는 일이 그를 이끌어가고 있다. 예수는 베드로의 희생을 인정하시고 그가 받을 보상을 말씀하시지만, 이런 태도는 제자들이 취할 수 있는 저급한 동기에 해당한다. 나중 된 자와 먼저 된 자에 대한 역설적인 진술(19:30; 참조. 20:16)은 보상을 받으려는 주요한 동기로 섬기는 자는 나중 될 것이요, 예수의 명령에 순종함으로 응답하기 위해서 섬기는 자는 먼저 될 것임(참조. 20:1-6)을 선포한다.

따라서 지금 우리의 삶을 무엇이 지배하고 있는가? 인생의 자유와 충만함을 경험하지 못하게 하는 것들을 내려놓아야 한다. 예수는 우리로 하여금 와서 그를 따르라고 요청하신다. 그는 옛 삶의 방식에서 우리를 구원하시고 새로운 방식을 주실 수 있다. 우리는 우리를 통제하는 것을 내려놓고 새로운 통치자를 받아들여야 한다. 천국의 통치 하에 있는 사람들은 하나님의 말씀과 성령의 인도하심으로 하나님의 참된 아들과 딸로 변화될 수 있다. 그리하여 이 땅에서 그의 뜻을 실행할 수 있다.

온 세대를 통해서 크리스천들은 예수를 따르기 위해서 자신의 세상적 쾌락과 안녕을 대가로 지불해야 했다. 물질주의와 쾌락의 추구는 새로운 것이 아니다. 교회 역사의 신학적 거장인 어거스틴은 이런 "신들"에 의해 유사하게 포로로 잡혀 있었다. 그는 회심 후에 이렇게 썼다.

> 나의 오랜 정부(情婦)인 놀이 중에 놀이가, 허영 중에 허영이, 나를 여전히 붙잡고 있었다. 그들은 나의 육체적인 옷을 잡아당기고서는 부드럽게 속삭였다. "너는 영원히 우리를 버릴 것이냐? 이 순간부터 영원히 우리가 더 이상 너와 함께 하지 않게 할 것이냐?"
>
> 나는 그들로부터 뛰쳐나와 자유롭게 되는 것을 주저했다. 잘못된 강력한 습관이 나에게 말했다. "네가 그들 없이도 정말로 잘 살 수 있다고 생각하느냐?"

하지만 성령이 로마서의 바울의 말을 읽을 것을 촉구하였을 때, 그는 그의 삶에서 이런 세력들을 물리칠 수 있었다.

> 나는 나의 눈이 먼저 떨어지는 성경 구절들에 사로잡혔고, 오랜 침묵으로 그것을 읽었다: "낮에와 같이 단정히 행하고 방탕하거나 술 취하지 말며 음란하거나 호색하지 말며 다투거나 시기하지 말고 오직 주 예수 그리스도로 옷 입고 정욕을 위하여 육신의 일을 도모하지 말라"(롬 13:13-14).
>
> 나는 더 이상 읽기를 원치 않았다. 아니 더 이상 읽을 필요가 없었다. 이 문장을 읽고 나자 즉각적으로 나의 마음에 주입된 평온의 빛이 모든 의심의 어둠을 사라지게 했다.[31]

어거스틴은 기독교의 진리에 대해 철학적인 의심으로 씨름했다. 그는 또한 도덕적인 타락과도 씨름했다. 역사가 윌 듀란트(Will Durant)는 어거스틴의 회심에 대해 이렇게 말한다. "지적인 회의주의를 내려놓은 어거스틴은 처음으로 인생에서

31. *The Confessions of Saint Augustine*, trans, Edward B. Pusey(New York: Macmillan, 1961), 8. 12(pp. 129-30; 나는 몇몇 부분에서 Pusey의 번역을 새롭게 고쳤다).

도덕적인 자극과 정신적인 평안을 발견했다.[32] 그가 자신의 삶을 지배했던 쾌락적인 신들을 포기하고 예수가 통치하시도록 허락했을 때, 전에는 알지 못했던 존재의 실재를 발견했다.

구원은 획득하는 것이 아니라 하나님의 은혜로 말미암아 믿음으로 부여되는 것이다. 하지만 동시에 구원은 대가가 있다. 구원은 예수의 생명을 대가로 했다. 구원은 우리의 삶을 역시 대가로 요구한다. C. S. 루이스는 예수와의 관계성의 대가를 지불하라는 도전이 무엇을 의미하는지를 인식했다. 그는 우리의 삶을 예수의 손에 맡기는 것을 필요로 함을 알았다. 예수가 우리를 완전하게 그의 형상으로 변화시키는 일을 수행할 수 있도록 말이다. 루이스는 예수의 관점을 이렇게 강력하게 설명한다.

> 이것이 예수가 크리스천이 되기 전에 "대가를 지불할" 것을 사람들에게 경고하신 이유다. "너희가 나에게 맡기면 나는 너희를 완전하게 할 것이다. 너희가 나의 손에 맡기는 순간 내가 너희 안에 역사한다. 그 이상도 그 이하도 아니다. 너희는 자유 의지를 갖고 있어서 너희가 선택하면 너희는 나를 밀어낼 수 있다. 하지만 너희가 나를 밀어내지 않는다면, 내가 이 일을 이루어나감을 알라. 이 땅의 너희 삶에서 어떤 고통을 대가로 요구하든, 죽음 이후에 어떤 상상할 수 없는 정결을 너희에게 요구하든 간에, 너희가 문자 그대로 완전해질 때까지 나는 쉬지 않을 것이고 너희도 쉬지 않게 할 것이다. 나의 아버지가 나로 인해 기뻐한다고 말씀하셨던 것처럼 하나님 아버지가 너희로 인해 역시 기뻐한다고 지체 없이 말씀하실 때까지 말이다. 나는 이것을 할 수 있고 할 것이다. 나는 이보다 덜한 어떤 것도 행하지 않을 것이다.[33]

예수의 제자가 된다는 것은 대가를 지불한 사람들이고, 우리를 구원하기 위해서 이 땅에 오시고 그의 형상으로 우리를 사랑스럽게 끊임없이 변화시키시는 구세주로부터 받는 참된 생명, 즉 영생을 원하는 사람들이다. 우리가 예수를 두려워하며 거부한다면 이것은 우리를 곤란하게 하는 말이 될 것이지만, 우리의 삶을 스스로 지배하는 것을 포기한다면 그것은 소망, 약속, 평화 그리고 기쁨의 말이 될 것이다.

---

32. Will Durant, *The Story of Civilization*: vol. 4: *The Age of Faith*(New York: Simon Schuster, 1950), 66.
33. C. S. Lewis, *Mere Christianity*, new ed. (New York: Macmilan, 1960), 158.

마태복음 20:1-34

1 천국은 마치 품꾼을 얻어 포도원에 들여보내
려고 이른 아침에 나간 집 주인과 같으니
2 그가 하루 한 데나리온씩 품꾼들과 약속하여
포도원에 들여보내고
3 또 제삼시에 나가 보니 장터에 놀고 서 있는
사람들이 또 있는지라
4 그들에게 이르되 너희도 포도원에 들어가라
내가 너희에게 상당하게 주리라 하니 그들이
가고
5 제육시와 제구시에 또 나가 그와 같이 하고
6 제십일시에도 나가 보니 서 있는 사람들이
또 있는지라 이르되 너희는 어찌하여 종일토
록 놀고 여기 서 있느냐
7 이르되 우리를 품꾼으로 쓰는 이가 없음이
니이다 이르되 너희도 포도원에 들어가라 하
니라
8 저물매 포도원 주인이 청지기에게 이르되 품
꾼들을 불러 나중 온 자로부터 시작하여 먼
저 온 자까지 삯을 주라 하니
9 제십일시에 온 자들이 와서 한 데나리온씩을
받거늘
10 먼저 온 자들이 와서 더 받을 줄 알았더니 그
들도 한 데나리온씩 받은지라
11 받은 후 집 주인을 원망하여 이르되
12 나중 온 이 사람들은 한 시간밖에 일하지 아
니하였거늘 그들을 종일 수고하며 더위를 견
딘 우리와 같게 하였나이다
13 주인이 그 중의 한 사람에게 대답하여 이르
되 친구여 내가 네게 잘못한 것이 없노라 네
가 나와 한 데나리온의 약속을 하지 아니하
였느냐
14 네 것이나 가지고 가라 나중 온 이 사람에게
너와 같이 주는 것이 내 뜻이니라
15 내 것을 가지고 내 뜻대로 할 것이 아니냐 내
가 선하므로 네가 악하게 보느냐
16 이와 같이 나중 된 자로서 먼저 되고 먼저 된
자로서 나중 되리라
17 예수께서 예루살렘으로 올라가려 하실 때에
열두 제자를 따로 데리시고 길에서 이르시되
18 보라 우리가 예루살렘으로 올라가노니 인자
가 대제사장들과 서기관들에게 넘겨지매 그
들이 죽이기로 결의하고
19 이방인들에게 넘겨 주어 그를 조롱하며 채찍
질하며 십자가에 못 박게 할 것이나 제삼일
에 살아나리라
20 그때에 세베대의 아들의 어머니가 그 아들들
을 데리고 예수께 와서 절하며 무엇을 구하
니
21 예수께서 이르시되 무엇을 원하느냐 이르되
나의 이 두 아들을 주의 나라에서 하나는 주의
우편에, 하나는 주의 좌편에 앉게 명하소서
22 예수께서 대답하여 이르시되 너희는 너희가
구하는 것을 알지 못하는도다 내가 마시려는
잔을 너희가 마실 수 있느냐 그들이 말하되
할 수 있나이다
23 이르시되 너희가 과연 내 잔을 마시려니와
내 좌우편에 앉는 것은 내가 주는 것이 아니
라 내 아버지께서 누구를 위하여 예비하셨든
지 그들이 얻을 것이니라
24 열 제자가 듣고 그 두 형제에 대하여 분히 여
기거늘
25 예수께서 제자들을 불러다가 이르시되 이방
인의 집권자들이 그들을 임의로 주관하고 그
고관들이 그들에게 권세를 부리는 줄을 너희
가 알거니와
26 너희 중에는 그렇지 않아야 하나니 너희 중

에 누구든지 크고자 하는 자는 너희를 섬기
는 자가 되고
27 너희 중에 누구든지 으뜸이 되고자 하는 자
는 너희의 종이 되어야 하리라
28 인자가 온 것은 섬김을 받으려 함이 아니라
도리어 섬기려 하고 자기 목숨을 많은 사람
의 대속물로 주려 함이니라
29 그들이 여리고에서 떠나 갈 때에 큰 무리가
예수를 따르더라
30 맹인 두 사람이 길 가에 앉았다가 예수께서
지나가신다 함을 듣고 소리 질러 이르되 주
여 우리를 불쌍히 여기소서 다윗의 자손이여
하니
31 무리가 꾸짖어 잠잠하라 하되 더욱 소리 질
러 이르되 주여 우리를 불쌍히 여기소서 다
윗의 자손이여 하는지라
32 예수께서 머물러 서서 그들을 불러 이르시되
너희에게 무엇을 하여 주기를 원하느냐
33 이르되 주여 우리의 눈 뜨기를 원하나이다
34 예수께서 불쌍히 여기사 그들의 눈을 만지시
니 곧 보게 되어 그들이 예수를 따르니라

원 의미

마태복음에서만 나오는 일꾼과 포도원에 관한 비유(20:1-16)는 예수와 부자 청년의 만남(19:16-22)과 특히 베드로의 반응(19:23-30)으로부터 파생한다. 예수는 보상을 받을 목적으로 그리고 개인적인 특출함을 이루기 위한 목적으로 예수와 하나님 나라를 섬기는 것은 제자들의 동기 중 가장 저급한 것에 속한다는 것을 설명하신다. 먼저 된 자와 나중 된 자에 대한 역설적인 말씀(19:30; 20:16)은 보상을 받기 위해서 섬기는 자는 나중 되고, 예수의 명령에 순종하여 반응하기 위해서 섬기는 사람들은 먼저 될 것이다(참조. 20:1-16).

포도원 일꾼의 비유: 천국 공동체의 감사와 봉사(20:1-16)

포도는 이스라엘 땅에서 가장 중요한 작물 중 하나이고, 이스라엘을 묘사하는 중요한 비유 중 하나다—하나님의 "포도"와 "포도원"(예. 렘 2:21; 호 10:1).[1] 여기서 예수는 세상적인 활동의 영역을 대변하기 위해서 포도원을 사용하신다(참조. 마 21:28-46): "천국은 마치 품꾼을 얻어 포도원에 들여보내려고 이른 아침에 나간 집 주인과 같으니." "천국은…같으니"라는 전형적인 도입 형식어구(참조. 13:24, 31, 33, 44, 47; 18:23)는 예수가 이 세상에서 천국의 활동에 관한 교훈을 주고 있는 단서를 제공해준다. 예수는 주인이 추수를 돕기 위해서 일꾼들을 고용할

1. "Vine and Vineyard," *DJBP*, 657-58.

때인 추수의 시기를 상정하신다.[2] 주인은 장터로 이른 아침에 나가서 고용해주기를 바라면서 기다리고 있는 일꾼들을 모은다. 한 데나리온의 약속한 금액은 예상할 수 있는 돈이다. 한 데나리온은 한 사람의 일꾼을 위한 하루 품삯이었기 때문이다(17:24-27; 18:24-28의 주석을 보라).

고대의 노동시간은 오전 6시에서 오후 6시까지 세 시간마다 보통 나뉘었다. 주인은 첫 번째 일꾼을 온 종일 일을 시키기 위해서 그 날의 시작에 고용했다. 삼시(오전 9시)에 주인은 풍성한 수확을 위해 더 많은 일꾼들을 필요로 했기에 장터로 돌아가서 일할 기회를 찾으러 여전히 기다리고 있는 사람들을 발견한다. 고대 세계의 가족들은 자주 그 날 그 날 공급해서 먹고 살았다(참조. 6:11). 그들이 일할 곳을 찾지 못한다면 먹을 음식이 충분하지 않기에 자신을 고용해줄 사람들을 마냥 기다렸다. 이 일꾼들은 "적합한"("상당한"—개역개정) 임금을 받을 것을 동의하고 일했다. 그들은 그 날의 정규적인 품삯에 비례해서 줄어든 돈을 받을 것을 예상했을 것이다. 추수할 것이 많아 주인은 여섯시(정오)와 9시(오후 3시)에도 일꾼을 구하러 나가게 했다.

여전히 더 많은 일꾼들이 필요한 주인은 장터로 다시 나가서 필사적으로 일을 얻기 위해 기다리는 거의 절망적인 일꾼들을 발견했다. 그때는 이미 일이 끝나갈 무렵인 11시(오후 5시)였다. 이 일꾼들은 한 데나리온을 위해 일했던 사람의 1/12을 받을 것을 예상했을 것이다. 그들도 역시 포도원에서 일할 수 있도록 고용되었다.

날이 저물어 끝에 청지기나 책임자(눅 8:3; 갈 4:2)가 임금을 지불했을 때 놀라운 일이 발생했다. 마지막으로 고용되었던 일꾼들이 온전한 데나리온을 받았다. 그것은 온 종일 일한 사람들이 기대할 수 있는 품삯이었다. 이런 상황은 더 오래 일했던 사람들이 그들이 받을 품삯의 상당한 증가가 있을 것임을 기대하게 만들었다. 하지만 그렇지 않았다. 종일 더운 날 일했던 사람들도 한 시간 일했던 사람들과 동일한 품삯을 받았다. 그것은 최초의 일꾼들이 다른 사람들과 동등한 취급을 받을 수 없다는 항의를 촉발시킨다. "동등하지 않은 자들에게 동등한 취급을 하는 것보다 더 부당한 일은 없어 보였다."[3]

온유하게, 하지만 태도를 강직하게 하고서, 주인은 첫 번째 고용한 일꾼들을 "친구여"라고 부른다. 이 사람은 정규적인 일을 갖지 못하였었다. 그가 한 데나리

2. Young, *The Parables: Jewish Tradition and Christian Interpretation*, 74-80.
3. Blomberg, *Matthew*, 303.

온을 받을 것을 동의하여 그것을 얻은 것으로 족함은 주인이 그를 부르지 않았다면 그 날의 끝에 아무것도 없었을 것임을 의미하기 때문이다. 그는 가족의 그 날의 필요를 돌보기에 충분한 돈을 얻은 것에 단지 감사해야 한다. 이 일꾼의 중심적인 이슈는 자기 중심적이다. 그는 자기 자신만 생각하고 주인의 관대함과 다른 일꾼들의 행운에 대해서는 전혀 생각하지 않는다.

"네가 시기하고 있다"("네 것이나 가지고 가라"—개역개정, 20:14)란 표현은 문자적으로 볼 때, "너의 눈이 악하도다"이며 이는 이 일꾼이 자기 중심적인 시기심으로 인해 눈이 멀어 있기 때문에 전혀 감사하지 않음을 가리킨다. 고대 세계에서 "악한 눈"은 다른 이에게 속한 것을 시기심으로 탐내는 자다. 그것은 탐욕스럽고 욕심 많은 눈이다(또한 6:23을 보라). 제자들의 눈이 자신의 가치와 개인적인 의미 그리고 세상적인 안전으로서 물질적이고 세속적인 보화에 고정되어 있다면, 악한 가치의 어둠이 그 사람의 마음의 상태를 사로잡는다. 우리가 악한 것에 초점을 맞출 때, 눈은 악한 것이 그 사람의 내적 인격을 채우는 통로가 된다.

20:16에서 예수의 결론적인 진술은 19:30을 반복하지만 비유의 결론을 강조하기 위해서 순서가 뒤바뀐다. 마지막에 고용된 사람들은 마땅히 받을 만한 자격이 없으나 먼저 돈을 받고 처음 고용된 사람들과 동등하게 대우를 받는다. 먼저 고용된 사람들은 나중에 지불 받고 그들이 나중에 고용된 사람과 똑같이 대우를 받았을지라도, 그들의 관점으로 볼 때, 부당하게 취급을 받는다. 특혜가 있는 대우와 보상을 원하는 베드로(19:27)와 그의 요청에 대한 의도된 적용이 분명하게 나타난다. 부자 청년과 달리 베드로와 열두 제자가 예수를 따르기 위해 갖고 있었던 모든 것을 먼저 포기했을지라도, 예수는 모든 참된 제자들을 동일한 일을 한 것으로 포함시킨다(19:29).

따라서 이 비유는 감사와 봉사의 동기에 관한 교훈이다. 이 비유는 영생을 얻고 구원을 얻는 것에 관한 것이 아니다. 구원은 행위로 얻어지는 것이 아니기 때문이다(엡 2:8-9; 딛 3:5-6). 또 이 비유는 봉사에 대한 보상에 관한 것이 아니다. 하나님은 봉사에 따라서 서로 다르게 신자들을 보상할 것이기 때문이다(고전 3:8; 요 4:36). 데나리온이 보상을 나타낸다면, 모든 일꾼들이 동일한 보상을 받았기 때문에 서로 구분이 없음을 의미하게 된다. 오히려 이것은 봉사에 대한 제자들의 동기가 어떠해야하는가에 대한 심오한 비유다. 우리는 감사함으로 섬겨야 한다. 제자들이 무언가를 받을 수 있는 것은 오직 예수의 관여하심을 통해서다. 다른 사람들이 우리가 가졌던 기간이나 노고만큼 봉사하지 않았다 할지라도 그들이 그 나라로 부름을 받았을 때, 우리는 오직 기뻐하는 것에만 관심을 가져야 한다.

우리가 봉사의 시간, 노력, 헌신으로 인해 마땅히 어떤 것을 받아야 한다고 생각한다면, 우리가 행한 참된 가치를 무효로 만든다. 예수의 천국 초대에 하나님의 은혜로 반응하는 모든 사람들은 모두 동등한 제자들이다. 우리는 우리가 행한 것, 희생한 것으로 우리의 가치를 측정하지 않도록 조심해야 한다.[4] 우리의 소명은 은혜의 소명이고, 감사하는 마음은 보상에 대한 생각이나 다른 이들과의 비교함이 없이 섬기는 것이다. 주인이 지적한 것처럼 보상을 생각하고 다른 이들과 비교하는 것은 하나님의 지혜와 정당함을 의문하고 다른 제자들을 시기하게 만든다(20:15).

세 번째 수난 예언(20:17-19)

예수와 제자들이 유월절에 예루살렘에 도착하려는 최종 목적을 갖고서 갈릴리에서 베레아를 거쳐서 유대로 가는 여행을 계속한다(19:1). 분명히 상당히 많은 파견단득이 예수를 수반했을 것이고, 여기에는 예수의 필요를 수종들고(눅 8:1-3) 십자가 처형을 목격한(마 27:55-56의 주석을 보라) 여성 제자들이 포함되었다. 예루살렘에서의 운명의 사건을 몇 주 남겨두고 예수는 열두 제자들을 따로 모으시고 임박한 배신의 또 다른 예언을 주신다. 이것은 그의 체포와 십자가 처형에 관한 네 예언 중에서 세 번째이지만, 그 장면은 예루살렘에 대한 첫 번째 언급과 예수를 죽음에 처하는 종교지도자들의 정죄에 대한 첫 번째 언급, 그리고 처형을 집행하는 이방인들에 대한 첫 번째 언급으로 정점을 달린다(16:21의 주석을 보라; 참조. 17:22-23; 26:2).

공동체의 희생, 고난 그리고 봉사에 대한 예수의 모범(20:20-28)

방금 주목한 것처럼, 몇몇 여성들이 예수와 열두 제자들을 예루살렘으로 가는 여행에 동행하고 있다. 예수가 예루살렘에서 그의 임박한 위기에 관한 예언을 주실 때, 이 여성들 중에 한 사람인 세베대의 아들들의 어머니(4:19-20을 보라)가 자기 아들들과 함께 예수께 나아와서 "무릎을 꿇고"("절하며" — 개역개정) 예수의 호

4. 또한 B. Rod Doyle, "The Place of the Parable of the Labourers in the Vineyard in Matthew 20:1-16," *ABR* 42(1994): 39-58을 보라.

의를 구한다. 이 여성은 예수를 충성스럽게 따라다니는 추종자(제자)였다. 나중에 살로메로 신원이 확인되는 이 여성은 십자가 처형 시에 예수를 지켜보았으며, 빈 무덤을 목격한 여성 중 한 사람이다(참조. 27:56; 막 15:40; 16:1). 여성들의 목록이 가장 잘 나타나 있는 목록이 그녀가 예수의 어머니인 마리아의 누이로서 살로메를 확인해 준다(참조. 요 19:25). 따라서 그녀는 예수의 이모이고 그녀의 아들들인 야고보와 요한은 예수의 어머니 편에서 볼 때 예수의 사촌에 해당한다. 예수가 예루살렘으로의 마지막 운명의 여행을 취하고 있을 때, 예수의 어머니와 이모도 제자들의 무리와 여행에 동참했다. 이것은 예수와 예루살렘으로 가는 무리들과 여행하고 있는, 십자가 처형과 부활을 목격하는, 여타 여성들과의 스캔들이 없었음을 암시할 수 있는 이유를 적어도 부분적으로 설명해준다(예를 들어, 막달라 마리아, 다른 마리아 그리고 요안나; 참조. 27:55-56; 눅 24:10).[5]

살로메가 예수 앞에서 무릎을 꿇을 때, 그녀는 메시아적 주인으로서 예수에 대한 경의를 보여주고 있지만, 한편으로 예수와의 세상적인 친족의 혜택을 행사하려고 나아오고 있다. 마가는 이 두 제자들이 스스로 예수께 호의를 구하는 것으로 묘사한다(막 10:35-36). 그것은 이런 욕구가 어머니만이 아니라 아들들의 욕구이기도 하다는 것을 알려준다.

호의를 요청하는 어머니의 요구는 직설적이다: "나의 이 두 아들을 주의 나라에서 하나는 주의 우편에, 하나는 주의 좌편에 앉게 명하소서." 그녀는 아들들이 원치 않는 것으로 그들을 밀어놓고 있는 것이 아니라, 앞에 놓여 있는 일들에서 예수를 지원하는 일에 공통된 헌신을 보여주고 있다.[6] 늙은 다윗 왕에게 아들 솔로몬의 옥좌를 구하는 밧세바처럼, 권위 있는 사람에게 직접적인 간구를 통해서 아들의 발전을 구하는 어머니는 잘 알려진 현상이다(왕상 1:15-21).

이 요청은 19:28에서 예수가 말씀하신 것에서 자극을 얻었을 것이다. 그때에 예수는 열두 제자들이 장래에 그와 함께 통치하게 될 역할을 선포하셨다. 예수가 영광스러운 보좌에 앉아 있을 때, 열두 제자들은 이스라엘 열두 지파를 심판하는 열두 보좌에 앉게 될 것이다. "심판"이 정죄보다는 통치를 더욱더 두드러지게 말해주기 때문에, 예수가 장차 있을 나라에 취임하실 때, 그 어머니는 가장 높은 중요한

---

5. Emily Cheney, "The Mother of the Sons of Zebedee(Matthew 27.56)," *JSNT* 68(December 1997): 13-21.
6. 오히려 같은 책에서 체니(Cheney)는 자기 아들들과 그녀가 같이 배석한 것은 신앙의 가족에 대한 헌신의 부족을 가리킨다고 제기한다. 제자들이 가져야할 자세와 상관없이 그들이 신앙의 가족관계를 유지하였기 때문이다(19:19).

자리를 자기 아들들이 차지하기를 바란다.

우편에 앉는 것은 영광의 가장 전형적인 자리다. 그것이 왕의 우편에 있는 왕의 어머니이든(왕상 2:19), 하나님의 우편에 있는 다윗 왕이든(시 16:11), 하나님의 우편에 있는 메시아이든 간에 말이다(시 110:1, 5; 참조. 마 22:44). 좌편은 왕조에서 두 번째로 가장 높은 지위자에게 부여된다. 사울 왕은 이 두 자리를 자기 아들과 장군을 위해서 부여했다(Josephus, *Ant.* 6.11.9§235를 보라). 어떤 이를 우편에 두는 대신에 좌편으로 격하시키는 것은 상징적으로 비호의적인 자리가 될 수 있으나(예. 25:33-46), 여기서처럼 전반적으로 그것은 높은 중요한 자리에 해당한다.

예수는 "너희는[이인칭 복수] 너희가[이인칭 복수] 구하는 것을 알지 못하는도다"라고 선포하실 때 직접적으로 형제들에게 말씀하신다. 그들(그리고 그들의 어머니도)은 앞에 놓여 있는 것에 대해 아주 희미한 개념만을 갖고 있을 뿐이다. "내가 마시려는 잔을 너희가 마실 수 있느냐?" 성경 전체를 통해서 "잔"은 거룩하게 지정된 운명을 비유적으로 일컫는다. 그것이 복과 구원이든(시 16:5; 116:13), 진노와 재앙이든(사 51:17; 렘 25:15-29) 간에 말이다. 예수는 방금 전에 세 번째로 예언을 주셨던(20:17-19) 십자가상에서의 다가올 고난의 잔을 말씀하고 있다(마 26:39).

"할 수 있나이다"라는 형제들의 반응은 그들이 예수가 그들에게 도전하고 있는 것을 아직 오해하고 있음을 알려준다. 예수는 그들에게 종말론적인 나라를 세우는 전쟁에 놓여 있는 어려움을 인내할 수 있는지를 묻고 계신다. 그들은 아마도 잔의 비유에서 복과 고난의 이야기를 듣고, 그들이 앞에 놓여 있는 영광의 보상에 대한 어떤 고난도 참아낼 준비가 되어 있음을 선언한다. 아마도 그들은 위기의 시간에 담대하게 앞장서서 하나님을 위해 자원해서 싸웠던 이스라엘 역사에서 여타 영웅들을 생각했을 것이다. 예를 들어, 다윗이 골리앗을 죽인 사람은 재물과 왕의 딸과 결혼하는 보상이 주어진다는 것을 알았을지라도, 살아 계신 하나님의 영광을 변호하기 위해서 골리앗과 자원해서 싸웠다(삼상 17:25-37). 제자들은 다락방에서 예수와 예수의 운명에 대한 헌신을 재확증하지만(26:31-35), 앞에 놓여 있는 것에 대해서 적은 지식만을 갖고 있다. 예수에 대한 헌신과 장래의 영광의 보상을 위해서 어떤 어려움도 기꺼이 직면하려는 의지는 칭찬할 만하지만, 그들은 자신에 대해서 또는 장래에 대해서 정말로 모르고 있다.

예수는 형제들이 천국을 위해 고난 당할 시기를 바라보시고 이렇게 말씀하신다. "너희가 과연 내 잔을 마시려니와 내 좌우 편에 앉는 것은 내가 주는 것이 아니라 내 아버지께서 누구를 위하여 예비하셨든지 그들이 얻을 것이니라." 야고보는 교회의 첫 번째 순교자가 되고(행 12:2), 요한은 분명히 순교는 아닐지라도 박해와 유배를 겪는다(계 1:9). 그들은 예수의 축복의 잔을 나눌 것이지만, 예수가 그리하신 것처럼 그들의 장래를 위한 하나님 아버지의 뜻에 순복해야 한다. 예수는 아버지가 할당하신 임무를 이루기 위해서 오셨다. 그것은 영광의 길이지만 종의 길이기도 하다. 제자들은 그들에게도 마찬가지로 순종의 요구가 있을 것임을 알게 될 것이다.

형제들과 그들의 어머니는 이런 요청을 하기 위해서 예수와 따로 만났을 것이다. 다른 제자들은 야고보와 요한의 요청의 뻔뻔스러움 때문이라기보다는 원하는 것을 얻기 위해서 자기 어머니의 예수와의 가족관계를 이용하려고 하였기 때문에 분개했을 것이다.[7] 모든 제자들은 이전에 천국에서 누가 가장 큰 지를 논쟁했었고(참조. 18:1), 그들은 이스라엘에 대한 예수의 종말론적 통치 시에 보좌에 앉게 되리라는 약속을 이미 받았다(19:28).

그때에 예수는 모든 제자들을 함께 모아 큰 자에 대한 세상의 개념과 천국에서의 개념을 대조시킴으로서 그들의 지극히 인간적인 개념을 바꾸어놓으신다. 이방인들 중에서 큰 자는 다른 사람들을 "지배하고" "권위를 행사하는" 직위에 있는 것으로 측정된다(20:25). "집권자"나 "고관"인 사람들은 다른 사람들에게 원하는 것을 할 수 있고, 원하는 바를 행할 수 있다. 제자들의 마음에 먼저 고려된 것은 이스라엘이 수십 년 동안 고통을 당하고 있는 로마의 통치다. 그것은 무거운 세금과 외국인의 군사적 통치를 의미한다. 그러한 고난의 압박을 받는 사람들에게서 권력과 권위의 자리를 차지하는 것은 자아 존중과 의미의 척도를 얻는 가장 좋은 방법이다. 권력과 권위의 자리를 추구하는 것은 세상의 권력 구조에서 대단히 가치가 있는 야망이다.

다시 말해서 이 세상의 지배적인 격언은 섬기는 자가 아니라 지배하는 자가 인간의 가장 좋은 자리라는 것이다. 하지만 예수는 제자들 중에서 주요한 가치가 되어야 하는 다른, 쇼킹한, 종류의 야망을 제시하신다: "너희 중에는 그렇지 않아야 하나니 너희 중에 누구든지 크고자 하는 자는 너희를 섬기는 자가 되고 너희 중에 누구든지 으뜸이 되고자 하는 자는 너희의 종이 되어야 하리라." "섬기는 자"('디

7. 동사 '아가낙테오'("마음 아파하다")는 "분개한"으로 가장 잘 번역된다. 이는 기대를 상실한 데 대한 분노를 가리킨다. 26:8에서의 제자들과 21:15에서 대제사장들과 서기관들도 그리한다.

아코노스')는 주인의 가정과 재산을 유지하는 일을 위해 고용된 자인 반면에 "종"('둘로스')은 봉사의 일로 세워졌다. 인간적인 눈으로 볼 때, 봉사는 위엄스럽지 못하다. 이 둘은 사회의 규모에서 가장 낮은 직급 가운데 속한다. 하지만 예수는 그들의 신분을 제자 공동체에서 "크고" "으뜸"이 되는 자로 반전시키신다.

예수의 제자들은 가장 큰 자가 되고(18:1) 가장 먼저 된 자(20:21)가 되려는 야망이 있으므로, 예수는 그들이 하나님 나라의 가치에 따라서 행동할 수 있는 수단을 제공하신다. 그들은 다른 이들의 이익을 위해서 자신을 내어주는 목표를 갖는 삶을 살아야 한다. 바울이 인간과 교회의 복리를 위해 자신의 삶을 주는, 자기 자신[8]과 다른 사람들[9]을 묘사하기 위해서 이 칭호를 채택한 것은 우연이 아니다. 요한은 나중에 자기 자신을 예수의 '둘로스'(종; 계 1:1)라고 칭하고, 베드로(벧후 1:1)와 예수의 동생들(약 1:1; 유 1)도 마찬가지다.

제자들에 대한 궁극적인 모범은 예수 자신의 삶이다: "인자가 온 것은 섬김을 받으려 함이 아니라 도리어 섬기려 하고 자기 목숨을 많은 사람의 대속물로 주려 함이니라"(20:28). 인자(8:20의 주석을 보라)로서—그는 모든 영광과 존귀를 받아야 하는 하나님의 아들 메시아가 되심을 드러내셨다(예. 16:16-17)—예수는 더 높은 목적, 즉 자기 생명을 많은 사람들의 대속물로 내어줌으로써 섬기기 위해 그 모든 특권을 기꺼이 버리셨다. 이 말씀은 예수가 곧 고난 받게 될 십자가 처형의 목적에 대한 예수 자신의 분명한 이해를 가리킨다(참조. 16:21; 17:22-23; 20:17-19).

예수는 자신의 생명을 "대속물"('리트론')로 주실 것이고, 그것은 "속량의 대가"를 의미한다. 이 용어는 노예를 풀어주기 위해 지불되는 돈으로 자주 사용되었다. 신약성경에서 신학적인 개념으로서 "구속"이나 "보속"은 애굽의 노예상태에서 이스라엘이 풀려난 경험에 기초한다. 이 용어는 이사야 53장, 특히 53:6b("여호와께서 우리 모두의 죄악을 그에게 담당시키셨도다")의 고난받는 종의 구절을 암시한다.

"많은 사람의"("for many", "for"은 "대신해서"[in place of][10]를 나타낸다)란 어

---

8. 예를 들어, '디아코노스': 고후 3:6; 엡 3:7; 골 1:23; '둘로스': 롬 1:1; 갈. 1:10.
9. 예를 들어, '디아코노스': Phoebe, Rom. 16:1; Tychicus, Eph. 6:21; Epaphras, Col. 1:23; *doulos*: Epaphras, Col. 4:12;
10. '안티' 전치사는 사실상 "위해서"를 의미하지 않고 "대신해서"란 사용을 요구한다(참조. Wallace, *Greek Grammar*, 365-67). "많은"은 선택된 자들의 공동체로 적용을 제한할 수 있는 배타적인 의미에서의 "많은 하지만 모두는 아닌"으로 이해할 수 있거나(예. 1QS 6:1-23) 제한 없이 모든 사람들에게 적용이 열려

구는 그들의 죄에 대한 지불을 수용한 모든 사람들을 대신해서라는 개념을 의미한다. 예수의 이 말씀은 십자가상에서의 그의 희생의 사역으로 대속의 교리를 위한 길을 준비시킨다. 그것은 모든 것 중에서 가장 값진 대가인 인자의 생명과 관련된다.[11]

예루살렘으로 가는 도중에 여리고에서 두 눈먼 장님을 자비로 치유하심 (20:29-34)

예수와 제자들은 갈릴리로부터 베레아와 유대에 이르는 사역을 이제 막 마치시고 예루살렘으로 올라가기를 준비한다. 그들의 루트는 여리고를 통해서 이루어지는데 많은 무리들이 그를 따르고 그곳에서 두 맹인을 만난다. 여리고는 예수의 시대에도 중요한 장소였다.[12] 이 도시는 구약성경에서 유명한 고대의 도시였고(예. 수 5장), 여전히 사람들이 거주하고 있었다.[13] 새로운 여리고는 고대 도시의 언덕 남쪽 일 마일 경 3에이커 규모에 하스모니안가가 처음 세웠던 거대한 궁전 단지로 둘러싸인 발전된 곳을 언급하며, 그곳은 헤롯 대제에 의해 훨씬 더 팽창되었다.

마태는 이 치유를 예수가 여리고를 떠날 때라고 기록하지만, 누가는 예수가 여리고 가까이에 가고 있었다고 적고 있다(눅 18:35). 이는 여전히 거주민이 있었던 두 여리고의 현상에 비추어서 쉽게 해결될 수 있는데, 예수는 옛 여리고의 장소를 떠나서 예루살렘의 길목에 새 여리고로 들어가고 있었다고 볼 수 있다.[14]

이전에 갈릴리 사역에서 유사한 장면(9:27-31을 보라)이 예수가 새로운 지역으로 들어갈 때 이런 종류의 만남이 상대적으로 자주 있었음을 알려준다. 예수의 잘 알려진 평판이 그가 그곳에 들어가는 것을 앞선다. 마가와 누가는 단순히 한 맹인 거지를 언급하고, 마가는 그 사람을 바디매오라고 칭한다(막 10:46; 눅 18:35). 그들은 둘 중에 더 두드러진 자로서 바디매오에 분명히 초점을 맞춘다. 맹인들은 예

있는 포괄적인 "많은, 많은 개인들을 포용하는 전체"를 의미하는 것으로 이해할 수 있다. 상당히 설득력 있는 역사적 언어학적 논증이 후자를 확증해 준다; 참조. Joachim Jeremias, "πολλοί," *TDNT*, 6:536-45.

11. 참조. Sydney Page, "Ransom Saying," *DJG*, 660-62; Scot McKnight, "Jesus and His Death: Some Recent Scholarship," *CurBS* 9(2001): 185-228.

12. 더 자세한 배경을 위해서는 Wilkins, "Matthew," 125을 보라.

13. T. A. Holland, "Jericho," *ABD*, 3:737. 여리고는 이 때에 "이 세상에서 가장 오래도록 거주했던 오아시스"로 만들어준 근처에 솟아나는 샘의 신선한 물로 인해 주로 지속되었다.

14. Morris, *Matthew*, 513-14을 보라. 또 다른 사람들은 예수가 이 도성을 접근하였을 때 이 사람들을 먼저 만났을지라도(눅 18:35), 기적은 예수가 그 도성을 떠났을 때에 발생했다(20:29; 막 10:46)고 주장한다.

수를 "다윗의 아들"(9:27-31; 또한 11:2-6의 주석을 보라)이라고 이해함으로써 그들의 눈먼 상태를 치유할 수 있는 메시아적 자비의 선물을 구한다. 예수가 자기 백성들로부터 점차적으로 배척을 당하고 예루살렘에 들어갈 때 궁극적인 배신과 핍박에 직면할지라도, 그는 매우 심각한 필요가 있는 사람들에게 긍휼을 베푸는 일을 계속하시고, 맹인들의 눈을 만져 그들을 치유하신다. 그러자 그들은 예수를 따른다.

이 사건에서 대조적인 것은 무리들이 두 맹인들을 침묵하게 만들고 있지만 두 맹인은 예수가 지침을 내리시는 장본인이 된다. 예수를 따를 수 있는 자연적인 능력이 없는 사람들이 예수의 치유의 어루만지심으로 그를 따를 수 있게 된다.

상황잇기

예수와 제자들의 무리는 예루살렘 가까이에 있다. 곧 예수는 지상사역의 궁극적인 목적과 시험을 당하실 것이다. 그는 체포되고 십자가에 못 박히실 것이지만 다시 살아나실 것이다. 예수의 육체적인 임재가 제자들을 연합하게 하는 요인이었던 것과 같은 방식으로 예수의 부활의 임재는 제자들을 공동체로서 계속 연합하게 할 것이다(18:20). 예수는 더 이상 육체적으로 제자들과 함께 하지 못할 때를 준비하기 위해서 공동체 처방의 강화를 주셨다(18장). 19-20장의 내러티브는 18장에서 요약한 공동체의 주제를 예증하는 것으로 기능한다. 예수의 제자들의 공동체는 이론적인 개념이 아니라 천국이 실제 삶의 관계에 영향을 미치는 방식의 구체적인 표현이다.

공동체의 연합. 연합은 공동체의 본질적인 요소다. 연합이 없다면 교제가 붕괴된다. 이 세상에서 공동체를 분열시키는 많은 요소들이 있다. 예수가 다가올 교회들을 준비시키는 박해와 같은 외적인 요인들이 있지만(예, 10:16-25; 24:15-28), 연합을 분열시키는 더 주요한 요인은 내적인 것이다. 인간이 교만과 자기 중심적인 사고를 갖고 있기 때문에, 제자된 공동체는 그들의 관계에서 이런 분열의 특징들이 나타나지 않도록 조심해야 한다.

천국의 도래는 개인과 공동체에 변화를 위한 능력을 제공했다. 천국의 실제에 대한 증거가 공동체에 특히 겸손, 정결, 책임, 징계, 화해, 회복, 그리고 용서로 표현되는(18장의 주석을 보라) 관계성의 변화를 가져온다. 하지만 결합을 파괴하는 제자들 사이에서 작용하고 있는 세력들이 있다. 보상과 탁월한 지위에 관한 문의에서 베드로와 세베대의 아들들(그들의 어머니를 포함하여)은 제자로서 희생한 것 때문에 받는 보상의 욕구가 제자들의 동기가 되고 있음을 보여준다(19:27; 20:20-21). 이런 동기는 세상의 주요한 가치이지만 예수는 그것을 뒤바꾸신다. 그렇다. 보상은 신실하고 희생적인 제자들을 위해 주어지지만 보상을 얻는 것이 주요한 동기가 되어진다면 그것은 시기, 비교, 자아 도모 그리고 경쟁을 파생시킴으로써 연합을 깨뜨릴 것이다.

그렇다면 어떻게 이런 위험을 극복할 수 있는가? 예수는 두 가지 하나님 나라의 영감된 동기로 그것을 대체하신다. 감사와 봉사. 제자들이 이 두 요인으로 나아간다면 연합이 유지되고 강화될 것이다. 천국의 역사는 더 효과적으로 진전되고, 봉사의 희생에 대한 보상은 단순히 부산물이 된다. 이 두 혁명적인 하나님 나라의 원리는 하나님의 형상으로 창조된 인간의 깊은 영적 영감을 반영한다. 하지만 인간들은 자기 중심주의와 교만의 필적하는 세력에 포로로 잡혀 있다.

감사. 포도원과 일꾼 비유에서 예수는 감사가 제자 공동체를 위한 주요한 동기가 되어야 한다는 것을 설명하신다. 19:27에서 베드로의 질문은 예수에 대한 헌신적 희생이 보상을 얻고자 함이 주된 동기가 되고 있음을 보여준다. 문맥에 비추어 볼 때, 베드로가 기대하고 있던 보상은 주로 물질적인 것이다. 재물이 경건함과 봉사에 대한 보상으로 이해되었기 때문이다. 하지만 그러한 자기 도모는 시기와 비교를 낳을 것이고, 나아가서 그룹의 결합을 파괴할 것이다.

우리는 모두 베드로의 생각을 이해하지만 예수가 이 비유에서 설명하신 것은 하나님이 우리를 위해 행하신 것을 깊이 살펴보아야 한다는 것이다. 아무것도 없는 우리가 천국으로 부름을 받고, 보상의 약속과 함께 예수의 제자가 되는 특권이 부여되었다. 우리가 천국으로 부름 받지 않았다면 있게 될 끔직한 다른 방식을 인식하면서, 이 특권을 적절하게 존중할 때, 우리의 마음에서 감사의 깊은 우물이 생성된다. 우리가 존재하는 모든 것, 갖고 있는 모든 것, 이루기를 소망하는 모든 것이 순전한 선물이다—이에 대한 적절한 반응은 감사일뿐이다.

확실히 우리가 주님을 위해 행한 일로 인해 복을 받을 것을 알지만, 보상은 우리가 이미 받은 하나님 나라의 삶의 선물에 비추어서 아무것도 아니다. 구세주가 우리를 위해 행하신 것에 비추어서, 보상의 면류관에 대해 표현할 수 있는 가장 위대한 영광은 우리가 모든 것을 창조하신 하나님의 보좌 앞에서 감사의 예배를 드리는 것이다. 24장로들이 천상에서 찬미의 표현을 행하는 것처럼 말이다(계 4:10-11).

섬김. 예수는 세베대의 아들들과 그들의 어머니와의 상호작용에서 섬김과 감사가 제자 공동체의 쌍둥이 동기가 되어야 함을 드러내신다. 이 아들들은 하나님 나라에서 개인적인 특출함으로 보상받을 수 있는 한 어떤 희생의 종류도 감당할 만큼 열정이 있다(20:20-23). 하지만 다시금 진리로 나타나는 것처럼, 이런 종류의 자극은 책략과 경쟁을 발생시킴으로써 연합을 파괴할 것이다.

우리는 이 형제들과 어머니의 동기를 이해할 수 있다. 이것이 우리 모두 잘 아는 세상의 방식이기 때문이다. 하지만 섬김을 우리가 하나님 나라의 구성원으로서 보유하고 있는 직분의 선물로 이해함으로써 감사와 연결한다면, 우리의 안목을 우리 자신에게서 벗어나게 할 수 있다. 우리는 모두 한 하나님 아버지의 동등한 형제와 자매이기 때문에, 한 선생이요 주인이신 분의 동등한 제자이기 때문에, 우리보다 더 높은 지위란 있을 수 없다(23:8-12).

우리의 지위가 이미 설정되었기 때문에 이 세상의 큰 자의 패턴을 바꿔서, 제자 공동체의 사람들의 필요를 찾는 것에서 우리의 위대함을 발견하고, 그들을 섬기기 위해서 우리 자신을 내어줄 수 있다. 하나님 아버지가 우리의 모든 필요를 공급하시고(6:11, 25-33), 주님이 우리의 능력을 넘어서지 않는 쉬운 멍에를 주실 것임(11:28-30)을 무조건적으로 신뢰할 수 있기 때문에, 신자들의 교제에서 부소선식으로 우리 자신을 내어줌으로써, 인도하시는 하나님의 손에 우리 자신을 맡길 수 있다.

우리 앞에 놓을 수 있는 강력한 모범은 예수님 자신이시다. 그는 이 세상의 환경에도 불구하고 우리를 섬기기 위해 자기 자신을 기탄 없이 내어주심으로써 하나님의 아들로서 그의 신분을 확증하신다. 예수는 능력의 패러다임을 뒤바꾸신다. 십자가상의 인간의 가장 연약함이 이 세상이 알고 있는 능력의 가장 위대한 모습이 되었다. 이 단번의 대속의 봉사 행위로, 예수가 죄의 대속물로서 자신을 드리셨을 때, 인간의 모든 지극한 필요들이 충족되었다. 이 행위는 무감각한 세상에서 우리들이 제자들의 상호 공동체로 부름 받은 섬김의 궁극적인 모범으로서 우리 앞에 놓여 있다

현대적 의미

혼합된 동기를 갖는 유혹이 항상 있기 때문에 주로 동기에는 속임수적인 현상이 들어 있다. 나는 아내에게 꽃을 갖다 줌으로써 무조건적인 사랑을 표현하기를 원하지만 그 배후에는 텔레비전에서 L.A. 레이커스가 농구경기를 하는 것을 볼 때에 아무런 거리낌이 없기를 바라서 그녀의 마음을 조정하기 위한 것일 수도

있다! 그것은 사소한 예이지만 더 심각한 혼합된 동기를 생각할 수 있다. 나는 우리 이웃이 크리스천이 되기를 바라는 엄청난 욕구가 있지만, 그것은 전적으로 그들의 영원한 선을 위해서 인가? 또는 나의 복음전도 기술의 놀라운 솜씨를 보임으로써 나의 평판을 생각하고 있는 것은 아닌가?

우리는 산상수훈에서 예수가 위선적인 종교지도자들을 나무라신 것을 보았다. 그 문맥에서 종교지도자들은 '잘못된 이유'를 위해 '올바른 일을 행하고' 있었다. 그들은 한 가지 압도적인 목적으로 경건의 외적 종교 행위를 수행하고 있었다: 사람들과 종교 당국자들로부터 명망을 얻는 것(6:2의 주석을 보라).[15] 나도 동일한 함정에 빠질 수 있음을 안다.

이제 예수는 제자들에게로 관심을 전환하신다. 우리가 동기를 조심하지 않는다면, 잘못된 이유를 위해서 올바른 일을 함으로써 동일한 종류의 위선에 빠질 수 있다. 6장에서 바리새인들의 경우와 거반 다르지 않은 현 상황은 봉사에 대한 보상의 동기와 관련이 있다—물질적인 보상과 개인적인 특출함과 지위에 대한 보상. 따라서 예수 제자들의 공동체를 다루고 있는 이 결론적인 항목을 살필 때, 우리는 봉사에 대한 두 가지 주요한 동기에 비추어서 우리 자신의 행위를 평가해야 한다—감사와 섬김. 섬김을 받으러 온 것이 아니라 섬기기 위해 오신 예수의 지상 사역에서 그의 모범에 초점을 더욱 맞출수록, 우리가 행하는 것을 왜 하는지를 더욱더 정결하게 할 수 있다. 내가 언젠가 어떤 설교자에게 말하는 것을 들은 것처럼, 보상자(Rewarder)가 우리의 마음을 채워야지 보상(reward)이 채워서는 안 된다.

감사의 태도. G. K. 체스터톤은 "감사는 모든 덕성의 어머니다"라고 말한 것으로 널리 인용되고 있다. 그는 "태어난 생일"을 계속해서 감사하였고, 모든 것 중에서 감사의 감정을 인류에게 권고하신 것을 기억하기를 소망했다. 그가 말한 이 구절은 그것을 잘 표현해 준다.

> 오 주여 당신이 아주 많은 문을 여시고 나에게 아주 많은 선물을 주신다면 나에게 좀더 시간을 주소서, 그렇지 않으면 그 모든 것을 감사할 수가 없나이다.[16]

감사는 창조와 구속에서 하나님의 은혜의 선하심에 대한 믿는 자들의 반응이다.

---

15. Marshall, "Who Is a Hypocrite?" 특히 137, 149-50.
16. J. D. Douglas, "G. K. Chesterton, the Eccentric Prince of Paradox," *Christianity Today*(May 24, 1974), http://www.christianitytoday.com/ct/2001/135/52.o.html에서 인용함.

감사는 예수 제자들의 진정한 표지다. 우리가 아무것도 받지 않았다면 가진 것이 아무것도 없음을 알고 있다. 이런 인식으로부터 우리가 존재하며, 행하고, 말하며, 우리의 삶을 어떻게 행동해야하는가에 영향을 미치는 감사의 샘물이 나온다. 감사는 우리가 예배를 드리게 하고(시 126:1-2; 엡 5:19), 봉사를 하게 하며(롬 12:1), 계속된 감사를 고무시킨다(엡 5:20; 살전 5:18). 키에르케고르는 구속받은 인간의 특징적인 태도로서 감사를 주목할 만한 표현이라고 말한다: "나는 하나님이 책임 맡으시고 내가 예상했던 것보다 형언할 수 없이 많은 것을 위해 행하신 가련한 자이다…나는 하나님에게 오직 감사하기 위해서 영원의 평안을 갈망할 뿐이다."[17]

체스터톤과 키에르케고르는 유사한 관점에서 공동체 패턴의 깊은 진리를 반영한다. 하나님의 자비와 용서를 받은 사람들은 그가 받은 새로운 삶에 대한 감사의 깊은 감정을 갖게 되고, 나아가서 자연적인 반응으로서 다른 이들에게 자비와 용서를 확장시킨다. 용서하는 능력은 우리의 죄를 위해서 희생하신 예수의 은혜의 영원하고 사랑스런 행위에서 나온다. 이를 행하는 열쇠는 다른 이들이 우리에게 무엇을 행했는가에 초점을 맞추는 것이 아니라 우리를 위해 예수가 무엇을 했는가에 초점을 맞추는 것이다.

보상. 포도원의 일꾼에 관한 비유에서 "정당함"이나 보상에 자극을 받기보다는 감사가 가장 고귀한 동기부여가 되어야 한다. 감사의 심오한 의미는 우리가 감사해야 하는 사람에게만이 아니라 다른 모든 사람들에게 그것이 영향을 미친다는 사실이다. 가난한 자들에게 베풀고, 은밀한 마음으로 기도하며, 금식하는 자들은 보상을 받을 것이다(6:4, 6, 18).

하지만 보상은 사리 추구가 없는 삶의 부산물로서 언급된다. 신약성경학자인 해롤드 호흐너(Harold Hoehner)는 "이 세상의 삶에서 신자들의 동기가 목적으로서 보상을 얻는 것에 있지 않아야 한다. 우리의 동기가 전심으로 하나님을 기쁘시게 하는 것에 있어야 한다. 하나님이 그리스도를 통해서 우리에게 행하신 것을 감사하면서 말이다."[18]

봉사. 하나님 나라의 봉사에 우리 자신을 드리는 일은 감사의 마음에서 나온다. 하나님은 본래 남자와 여자를 창조의 청지기로서 봉사하도록 창조하셨다. 인간은 하나님의 창조의 가장 하이라이트이지만, 하나님은 창조의 나머지 것들을 지배하

17. Kierkegaard, *The Journals*, cited by Stuart B. Babbage, "Gratitude," *Baker's Dictionary of Christian Ethics*, ed. Carl F. H. Henry(Grand Rapids: Baker, 1973), 275.
18. Harold H. Hoehner, "Rewards," *NDBT*, 740.

라고 인간을 창조하시지는 않았다. 오히려 하나님을 위해 창조물들을 돌보도록 위임받았다(창 1:26-29; 2:15; 참조. 눅 16:1-3). 하지만 비극적이게도 죄가 침투함으로써 이 청지기 됨의 정신이 왜곡되었다. 인간은 자기 중심적이 되어 주는 대신에 취하고, 섬기는 대신에 지배하며, 사랑하는 대신에 미워하는 욕망을 갖게 되었다.

하지만 하나님의 사랑이 그의 아들을 보내시게 했을 때, 근본적인 변화가 그의 선물을 받기 위해서 겸손히 낮춘 사람들에게 발생했다. 이 변화는 갖는 것에서 주는 것으로, 자기 중심주의에서 이타주의로 전환되는 충격을 가져다주었다. 우리의 삶에서 하나님의 사랑의 영향 때문에 우리는 지금 사랑할 수 있다(요일 4:19). 그리고 우리의 삶에서 은혜로우신 하나님의 선물의 변화케 하는 영향 때문에, 우리는 이제 다른 사람들을 섬기기 위해서 우리 자신을 내어줄 수 있다.

내가 19살이었을 때 베트남 전에 일년 동안 참전한 것을 이전에 언급했다. 그것은 전쟁의 강렬한 싸움이 있는 충격적인 한해였다. 나는 많은 젊은이들이 이 전쟁에서 생명을 잃는 것을 보았다. 나는 고국으로 돌아온 뒤 일년 뒤에 크리스천이 되었다. 이후에 어느 날 한 친구가 "마이크, 네가 베트남에서 죽었다면 지금 어디에 있었겠어?" 처음으로 나는 생명의 영원한 결과에 대해 치를 떨었다. 나는 지옥의 영원 속으로 떨어졌을 것이다. 나는 나의 삶이 선물이라는 사실을 압도적으로 느꼈다. 나의 삶은 나 자신의 삶이 아니라 진정으로 하나님으로부터 받은 삶이다. 이 선물을 위한 감사의 적절한 반응은 하나님이 원하시는 방식으로 나를 사용하시도록 하나님께 나 자신을 드리는 것이다.

내가 하나님께 나의 삶을 전환시킨 것은 어떤 추상적인 종교적 감정이 아님을 나는 분명히 알았다. 나는 하나님께 나의 삶의 모든 영역을 드릴 수 있었다. 하나님의 은혜가 내 안에 이전과는 매우 다른 종류의 삶을 생성하였기 때문이다. 내가 관리인, 배관공, 또는 십대 아이들의 성경공부 리더였을 때, 그것이 수수하고 다양했을지라도, 하나님이 그의 솜씨를 나의 삶을 통해서 사용하셨기 때문에 어떤 직업을 갖고 있었든지 간에 나 자신을 줄 수 있었다.

삶의 패턴으로서 항상 베풀고 관대한 것이 크리스천 삶의 개념의 배후에 있다. 우리 자신을 주는 것—우리의 경력, 관계성, 재능, 자원 그리고 시간을 포함하여—은 하나님이 우리에게 주신 것에서 생성되는 우리 삶의 변화에서 온다. 우리 자신을 봉사에 내어줄 수 있는 동기는 감사하는 마음에서 온다.

왜 "받는 것보다 주는 것이 복"(행 20:35)된가? 왜 하나님은 "기쁨으로 주는 자"(고후 9:7)를 사랑하시는가? 왜 가난한 과부의 헌금이 적은 돈이라 할지라도 실제로 "다른 이들 것보다 많은가?"(눅 21:3) 각각의 경우에 그 드려짐이 하나님의 임재 속에서 사는 감사하는 삶의 충만함에서 나왔기 때문이다. 신실한 "주는 자"는 하나님을 끝없이 신뢰하는 삶을 사는 자이므로, 그의 전체 존재를 은혜의 선물로서 다른 이들에게 내어줄 수 있다. 자녀들과 오후를 보낼 계획을 세우거나 비서에게 용기를 주는 말을 나가는 중에 하거나, 지역의 노숙자 쉼터에서 하루를 봉사하거나, 선교사 친구들에게 그들이 사역의 은사를 온전히 행할 수 있도록 희생적인 선물을 줄 수 있다. 각각의 선물과 봉사가 당신의 삶에서 하나님의 은혜에 의식적으로 의존하는 것에서 나오고 있음을 확신하면서 말이다.

만약 자기 자신의 자원으로부터 선물(봉사)을 이끌어내려고 애쓴다면, 당신은 결국에 지쳐버리고 말 것이다. 하지만 당신이 삶 속에서 은혜의 하나님의 선물에 의존한다면, 당신은 삶의 모든 활동에서 다른 이들에게 하나님의 선물이 될 것이다. 사도 베드로가 "각각 은사를 받은 대로 하나님의 여러 가지 은혜를 맡은 선한 청지기 같이 서로 봉사하라"(벧전 4:10)고 선포한다. 그것이 감사하는 마음의 충만함으로 천국의 포도원에서 예수 제자들의 공동체를 섬기는 것이 의미하는 바다.

섬기는 야망. 내가 가르치는 신학교에서 매년 우리는 교수 수련회를 갖는다. 금년에는 우리 교수들 중 한 사람이 집회에서 상당한 시간동안 예배를 인도했다. 첫날 저녁에 그는 시편 95편을 우리들에게 펼쳐 보였다. 우리는 그 구절들을 합독했다. 그 다음에 그는 6절에 초점을 맞추었다: "오라 우리가 굽혀 경배하며 우리를 지으신 여호와 앞에 무릎을 꿇자." 그 다음에 그는 "우리를 만드신 주님 앞에서 우리는 왜 모두 무릎을 꿇지 않나요?"라고 말함으로써 우리 모두를 놀라게 했다.

이 교수의 모습을 생각해 보자. 그는 본래 콜로라도 산악지역 출신이다. 그는 교수라기보다는 마치 벌목꾼처럼 보인다. 하지만 그는 매우 명석하다. 그는 옥스퍼드 대학에서 철학박사 학위를 받았다. 그는 교수와 학자로서 성공적인 경력을 갖고 있다. 바로 그가 무릎을 꿇었을 때, 그것은 세상의 안목으로 그를 인상 있게 만들었던 것들을 모두 내려놓는 것을 의미했다. 그는 하나님 앞에 무릎을 꿇은 평범한 데이브였다.

그때에 산의 통나무집에 희미한 불빛 속에 모여 있던 모든 교수들은 함께 자신의 무릎을 꿇었다. 모든 이들이 학문적인 박사학위를 갖고 있었고, 그들 중에 몇몇은 이 세상에서 아주 영향력 있는 기독교 학자들이었다. 그들 모두는 이 나라에서 교회 리더들 중에서 존경받고 있었다. 하지만 모든 사람들이 어떤 명예를 얻고 있든지, 그들이 생각하기에 갖고 있다고 생각하는 그 어떤 지위와 권력이라도 내려 놓고 무릎을 꿇었다. 거기서 시편 95편의 말씀으로 인도되고, 창조자요 우리가 섬기는 분으로서 하나님을 바라본 우리들은 기도하고 찬양함으로 하나님을 경배했다. 참석한 모든 사람들이 예수의 종임을 함께 선언하는 것으로 연합되었을 때, 그들의 삶에서 가장 강력한 경험을 하였다고 나중에 말하였다.

잘 알다시피, 학문적인 세계와 학문 사회는 대단히 경쟁적이다. 학위를 얻기 위해서 그 분야의 학문 세계를 섭렵해야 한다. 학계에서 인정받기 위해서는 신학적이고 성경적인 문제들에 대한 더 좋은 해답을 내놓아야만 한다. 그리고 때때로 크리스천 학자로서 우리들은 다른 사람들과 마찬가지로 단조로울 수 있음을 의미한다. 우리는 자기를 섬기는 자가 될 수 있다.

세상의 방식. 당신의 경력과 공동체 활동이나 교회에서 당신의 참여를 생각해 보라. 세상의 방식은 다른 사람들보다 더 지배적이고, 더 강력하고, 더 위협적이며, 더 요구함으로써 앞선 자가 되려 한다. 이 구절에서 야고보와 요한은 예수에게 접근해서 그의 나라에서 탁월한 지위를 구했기 때문에 다른 제자들의 분노를 샀다. 그들은 어떤 고난이 필요하든지 간에, 어떤 희생이 요구되든지 간에 그들이 예수의 나라에서 탁월한 위치를 점할 수만 있다면 기꺼이 인내하려고 하고 있다.

예수의 모범. 희생은 자기 이득의 측면에서 생각할 때 곧바로 이해되는 개념이다. "고통이 없이는 얻는 것도 없다"라는 옛 속담이 있다. 그것은 잘 알려지고 인정되는 가치다—우리는 개인적인 이득을 얻기 위해서는 현재의 기쁨을 희생해야 한다. 그것은 건강한 육체적 마음을 얻기 위해서 행하는 고통을 의미하거나 오래도록 기대하는 직업을 얻기 위해서 쌓는 희생의 고통일 수 있다.

예수는 이 원리를 완전하게 뒤집어놓지는 않으시지만, 초점을 바꾸어놓으신다: "나의 고통, 다른 이들의 이득." 예수의 희생적인 종됨은 예수 자신의 이득을 위한 것으로 향해 있지 않고, 십자가상에서의 그의 사역을 믿고 죄 용서함을 받는 사람들을 위해 있다. 예수의 종됨은 우리가 서로를 향해서 지금 보여야 하는 모범을 우리에게 제공한다. 우리는 다른 이들에게 힘을 북돋기 위해서 희생해야지 우리가 지배적인 힘을 얻기 위해서가 아니다. 인간의 야망의 배경과는 달리 예수는 그의 나라에서 적절한 목표는 다른 이들에 대한 권위가 아니라 그들에 대한 봉사라는 것을 설명하신다.

야망을 비이기적인 섬김과 연결시켜라. 하지만 모든 야망이 잘못되었음을 의미하지 않는다는 사실을 곧바로 덧붙이기를 나는 원한다. 야망은 탐욕적이고, 다른 사람들을 상처 주고 이용하며, 다른 이들보다 자기 자신을 더 높게 올려놓을 때, 그리고 교만할 때에 문제가 된다. 야고보와 요한은 야망이 있는 사람들이었다. 그들은 그들의 삶에서 어떤 것을 이루기 원했다. 의미 있는 자가 되기를 원했고 하나님 나라에서 크게 사용되기를 원했다. 이런 야망은 올바른 방식으로 초점이 맞추어질 때 강점이 된다.

하지만 야망의 올바른 종류는 우리의 열망을 비이기적인 섬김과 연결시키는 것이다. 야고보와 요한의 강점은 탐욕적이고 이기적이었기 때문에 약점이 있었다. 하지만 야망이 비이기적으로 봉사를 향해 있을 때, 하나님은 강력한 방식으로 그 마음을 사용하신다. 요한의 강력한 추구는 예루살렘의 초대교회를 인도하고 양육했다. 야고보의 열정은 순교의 고난을 당하는 첫 사도로 이끌었다. 그의 순교는 교회에 용기를 북돋는 전환점이 되었다. 예수의 제자들은 세상의 어느 사람들처럼 목표 지향적이 되어야 하나 그 야망은 비이기적인 섬김과 연결되어야 한다—우리의 삶을 우리가 책임이 있는 사람들의 복의 근원으로서 주는 것. 그것은 우리의 가장 가까운 관계에서부터 시작하여 확대된다—배우자, 자녀들, 이웃들, 직장 동료들 그리고 동료 크리스천들.

이런 종류의 섬김이 가능한 이유는 십자가를 짊어지신 예수의 섬김이 교만과 자기 중심주의의 죄의 권세로부터 우리를 자유롭게 했기 때문이다. 우리 자신을 섬기려는 동기가 깨어지고, 다른 이들을 섬기는데 초점을 맞출 수 있게 되었다. 예수가 구속적인 종이 되셨던 것처럼, 우리의 진정한 제자도는 비이기적인 섬김과 관련이 있다.

우리가 수련회의 예배시간에 취했던 교훈은 우리가, 문자적으로든 비유적으로든, 규칙적으로 의도적으로 하나님 앞에 무릎을 꿇고 우리의 존재를 다른 사람들에게 인식시키기 위해서 행하고 말하는 모든 것들을 내려놓고 하나님의 백성들을 섬김으로써 예수를 봉사하는 것이 참으로 중요하다는 사실이다. 학생들로부터 존경과 영광을 요구하는 대신에 크리스천 교수로서 우리의 소명은 예수의 종으로서, 학생들의 종으로서 우리 자신을 간주하고, 교회 또는 선교 현장에 있는 사람들을 봉사의 삶으로 준비시키는 것이다.

이 주말에 우리 교수들이 재헌신한 것은 우리 모두가 이것을 생각해 보도록 부름을 받았다. 비즈니스, 군인, 공무원 또는 당신이 어떤 현장에서 일을 하던 간에 학문의 세계는 그런 세계와 그리 다르지 않다. 흥미롭게도 이 세상의 많은 문화들이 이 원리를 이해하고 있다—정치가와 공무원들은 자주 "국민을 섬기는 자"라고 일컫는다. 내 고향에서 지역의 경찰들은 모든 경찰차의 옆면에 "보호하고 섬깁니다"라는 표지를 달고 있다. "섬김"은 수많은 비즈니스 세계의 모토가 되고 있다. 레스토랑에서 주유소, 상점, 그리고 인터넷 공급자에 이르기까지 거의 동일하다. 섬김은 인간의 이상을 대변한다. 하지만 이들의 섬김의 방식은 '자기 중심적'이다. 이 세상은 죄의 이기심에서 해방을 경험할 때까지 참된 섬김을 경험할 수 없다.

주도권 다툼. 이 원리는 우리의 가족과 교회에서 발생하고 있는 것과 별반 다르지 않다. 우리는 모두 이런 주도권 다툼을 경험했다. 섬김 정신은 감정적이고 관계적인 자기중심주의의 사악한 전쟁을 끝낼 수 있다. 다른 이들의 삶에 하나님의 복을 가져올 수 있도록 우리 자신을 그들 속에 투자함으로써 말이다.

많은 결혼이 "주도권 다툼" 신드롬이라 불리는 것을 경험한다. 배우자들은 자신들의 필요를 다른 배우자가 채워주도록 다툰다. 아내는 자신의 필요가 충족되기를 원하고 남편이 그 일을 해주기를 바란다. 하지만 남편은 아내의 필요를 충족시키기 전에 자신의 필요가 충족되기를 기다린다. 그들은 비교적 만족할 수 있을 만큼 충분히 열심히 줄다리기를 하고 나서야 평형의 상태에 이른다. 하지만 당신이 이런 주도권 다툼의 전쟁중에 있다면, 이 평형은 긴장을 통해서만 유지되기 때문에 매우 허약하다. 많은 커플들이 이런 종류의 계속된 씨름에 지쳐서 결혼 생활을 포기하게 된다.

하지만 커플들은 주도권 대신에 섬기는 법을 배울 수 있다. 혼전 상담이나 결혼 상담을 할 때 나는 커플들에게 이 섬기는 법을 가르친다. 나는 한 가지 실험을 커플들이 해보기를 부탁한다. 말하자면 두 달 동안 자신들의 개인적인 필요를 채워주도록 요구하지 말고 어떻게 상대방의 필요를 충족시킬 수 있는지를 묻는 것으로 헌신할 수 있도록 그들에게 요구한다. 이것은 보통 거대한 패러다임의 전환이며, 꽤 힘들 수 있다.

내가 이 실험을 처음에 제안할 때, 커플들은 보통 의심쩍게 반응한다. 한 젊은 여인이 꽤 정직하게 "저는 남편이 집안 일을 돕지 않기에 자주 그에게 바가지를 긁곤 합니다. 남편은 저를 외식하는 장소에 데려가지 않습니다. 그는 나의 필요에 대해서는 거의 아랑곳하지 않습니다"라고 말했다.

하지만 그들이 우리를 향한 은혜의 하나님의 패턴을 따르는 일을 이해하기 시작했을 때, 서로에 대한 반응에서 놀랍게 변했다. 남편은 생활의 우선순위에 전적으로 새로운 형태를 발전시켰다. 그는 끊임없이 물었다. "아내가 오늘 나의 지원을 필요로 하는 어떤 것이 있는가?" 나아가서 아내는 남편이 필요로 한다고 느꼈던 것을 그가 얻을 수 있도록 보증해주었다. 자녀들과 야구놀이를 할 수 있도록 규칙적으로 토요일 오후를 만드는 것과 같은 종류의 일 말이다. 놀랍게도 남편은 아내가 자기를 필요로 하는 것을 알면 그 시간을 자발적으로 포기하였다.

이 실험은 대부분의 경우에 섬김이 주요한 가이드라인이 되는 결혼 관계의 새로운 종류의 기초를 세우는 것으로 결과를 맺는다. 커플들이 얻는 평형은 긴장의 평형이 아니라 은혜와 봉사의 평형이다. 이런 종류의 은혜로운 평형은 하나님의 은혜와 자비를 우리의 삶에서 경험할 때에 이루어지는 근본적인 변화에 의해서만 가능하다.

나는 우리를 섬기신 예수의 선하심을 생각할 때 경이로움을 느낀다. 하지만 그의 섬김이 나의 섬김의 기초요 모범이라는 사실을 발견할 때 나는 더욱더 경이로움을 느낀다. 예수는 인간이 줄 수 있는 모든 영광과 존귀를 마땅히 받으셔야 하지만 인간의 필요를 먼저 생각하셨다. 이 세상이 죄의 어둠 속에서 길을 잃었기에 정당하게 그에게 속하는 것들을 포기하시고 사람들에 대한 종으로서 그 자신을 내어주셨다.

우리가 어떤 권리나 권위를 주장하기보다는 한 가지 모범을 가져야 한다—하늘 영광의 모든 것을 버리시고 인간을 섬기기 위해서 십자가를 짊어지신 예수. 우리가 삶에서 예수의 사역을 경험할 때, 주변에 사람들을 섬길 수 있도록 우리의 모든 가치의 변화를 경험할 수 있다.

이런 도전을 생각하며 당신의 무릎을 꿇어라. 문자적으로 그리하라는 것이 아니다. 당신이 생각하기에 중요한 모든 것을 내려놓고, 예수와 다른 사람들의 종으로 자신을 생각하라.

마태복음 21:1-46

1 그들이 예루살렘에 가까이 가서 감람 산 벳
바게에 이르렀을 때에 예수께서 두 제자를
보내시며
2 이르시되 너희는 맞은편 마을로 가라 그리하
면 곧 매인 나귀와 나귀 새끼가 함께 있는 것
을 보리니 풀어 내게로 끌고 오라
3 만일 누가 무슨 말을 하거든 주가 쓰시겠다
하라 그리하면 즉시 보내리라 하시니
4 이는 선지자를 통하여 하신 말씀을 이루려
하심이라 일렀으되
5 시온 딸에게 이르기를 네 왕이 네게 임하나
니 그는 겸손하여 나귀, 곧 멍에 메는 짐승의
새끼를 탔도다 하라 하였느니라
6 제자들이 가서 예수께서 명하신 대로 하여
7 나귀와 나귀 새끼를 끌고 와서 자기들의 겉옷
을 그 위에 얹으매 예수께서 그 위에 타시니
8 무리의 대다수는 그들의 겉옷을 길에 펴고
다른 이들은 나뭇가지를 베어 길에 펴고
9 앞에서 가고 뒤에서 따르는 무리가 소리 높
여 이르되 호산나 다윗의 자손이여 찬송하리
로다 주의 이름으로 오시는 이여 가장 높은
곳에서 호산나 하더라
10 예수께서 예루살렘에 들어가시니 온 성이 소
동하여 이르되 이는 누구냐 하거늘
11 무리가 이르되 갈릴리 나사렛에서 나온 선지
자 예수라 하니라
12 예수께서 성전에 들어가사 성전 안에서 매매
하는 모든 사람들을 내쫓으시며 돈 바꾸는
사람들의 상과 비둘기 파는 사람들의 의자를
둘러 엎으시고
13 그들에게 이르시되 기록된 바 내 집은 기도
하는 집이라 일컬음을 받으리라 하였거늘 너
희는 강도의 소굴을 만드는도다 하시니라
14 맹인과 저는 자들이 성전에서 예수께 나아오
매 고쳐주시니
15 대제사장들과 서기관들이 예수께서 하시는
이상한 일과 또 성전에서 소리 질러 호산나 다
윗의 자손이여 하는 어린이들을 보고 노하여
16 예수께 말하되 그들이 하는 말을 듣느냐 예수
께서 이르시되 그렇다 어린 아기와 젖먹이들
의 입에서 나오는 찬미를 온전하게 하셨나이
다 함을 너희가 읽어 본 일이 없느냐 하시고
17 그들을 떠나 성 밖으로 베다니에 가서 거기
서 유하시니라
18 이른 아침에 성으로 들어오실 때에 시장하신
지라
19 길 가에서 한 무화과나무를 보시고 그리로
가사 잎사귀 밖에 아무 것도 찾지 못하시고
나무에게 이르시되 이제부터 영원토록 네가
열매를 맺지 못하리라 하시니 무화과나무가
곧 마른지라
20 제자들이 보고 이상히 여겨 이르되 무화과나
무가 어찌하여 곧 말랐나이까
21 예수께서 대답하여 이르시되 내가 진실로 너
희에게 이르노니 만일 너희가 믿음이 있고
의심하지 아니하면 이 무화과나무에게 된 이
런 일만 할 뿐 아니라 이 산더러 들려 바다에
던져지라 하여도 될 것이요
22 너희가 기도할 때에 무엇이든지 믿고 구하는
것은 다 받으리라 하시니라
23 예수께서 성전에 들어가 가르치실새 대제사
장들과 백성의 장로들이 나아와 이르되 네가
무슨 권위로 이런 일을 하느냐 또 누가 이 권
위를 주었느냐
24 예수께서 대답하시되 나도 한 말을 너희에게
물으리니 너희가 대답하면 나도 무슨 권위로

이런 일을 하는지 이르리라
25 요한의 세례가 어디로부터 왔느냐 하늘로부
터냐 사람으로부터냐 그들이 서로 의논하여
이르되 만일 하늘로부터라 하면 어찌하여 그
를 믿지 아니하였느냐 할 것이요
26 만일 사람으로부터라 하면 모든 사람이 요한
을 선지자로 여기니 백성이 무섭다 하여
27 예수께 대답하여 이르되 우리가 알지 못하노
라 하니 예수께서 이르시되 나도 무슨 권위
로 이런 일을 하는지 너희에게 이르지 아니
하리라
28 그러나 너희 생각에는 어떠하냐 어떤 사람에
게 두 아들이 있는데 맏아들에게 가서 이르
되 얘 오늘 포도원에 가서 일하라 하니
29 대답하여 이르되 아버지 가겠나이다 하더니
가지 아니하고
30 둘째 아들에게 가서 또 그와 같이 말하니 대
답하여 이르되 싫소이다 하였다가 그 후에
뉘우치고 갔으니
31 그 둘 중의 누가 아버지의 뜻대로 하였느냐
이르되 둘째 아들이니이다 예수께서 그들에
게 이르시되 내가 진실로 너희에게 이르노니
세리들과 창녀들이 너희보다 먼저 하나님의
나라에 들어가리라
32 요한이 의의 도로 너희에게 왔거늘 너희는
그를 믿지 아니하였으되 세리와 창녀는 믿었
으며 너희는 이것을 보고도 끝내 뉘우쳐 믿
지 아니하였도다
33 다른 한 비유를 들으라 한 집 주인이 포도원
을 만들어 산울타리로 두르고 거기에 즙 짜
는 틀을 만들고 망대를 짓고 농부들에게 세
로 주고 타국에 갔더니
34 열매 거둘 때가 가까우매 그 열매를 받으려
고 자기 종들을 농부들에게 보내니
35 농부들이 종들을 잡아 하나는 심히 때리고
하나는 죽이고 하나는 돌로 쳤거늘
36 다시 다른 종들을 처음보다 많이 보내니 그
들에게도 그렇게 하였는지라
37 후에 자기 아들을 보내며 이르되 그들이 내
아들은 존대하리라 하였더니
38 농부들이 그 아들을 보고 서로 말하되 이는
상속자니 자 죽이고 그의 유산을 차지하자
하고
39 이에 잡아 포도원 밖에 내쫓아 죽였느니라
40 그러면 포도원 주인이 올 때에 그 농부들을
어떻게 하겠느냐
41 그들이 말하되 그 악한 자들을 진멸하고 포
도원은 제 때에 열매를 바칠 만한 다른 농부
들에게 세로 줄지니이다
42 예수께서 이르시되 너희가 성경에 건축자들
이 버린 돌이 모퉁이의 머릿돌이 되었나니
이것은 주로 말미암아 된 것이요 우리 눈에
기이하도다 함을 읽어 본 일이 없느냐
43 그러므로 내가 너희에게 이르노니 하나님의
나라를 너희는 빼앗기고 그 나라의 열매 맺
는 백성이 받으리라
44 이 돌 위에 떨어지는 자는 깨지겠고 이 돌이
사람 위에 떨어지면 그를 가루로 만들어 흩
으리라 하시니
45 대제사장들과 바리새인들이 예수의 비유를
듣고 자기들을 가리켜 말씀하심인 줄 알고
46 잡고자 하나 무리를 무서워하니 이는 그들이
예수를 선지자로 앎이었더라

원 의미

예수의 메시아 사역의 최고조는 그가 위대한 왕(시 48:1-2)의 도성이요 이스라엘의 영적인 삶과 메시아 소망의 중심지인 예루살렘에 들어갈 때 발생한다.[1] 갈릴리로부터 베레아와 유대에 이르는 순환 루트는 예수가 제자들에게 새로운 공동체인 교회로서 제자들이 보여줄 특징들을 주로 설명할 수 있는 확장된 시간을 가져다주었다. 갈릴리는 예수의 메시아적 정체성과 선교를 보여주는 주요한 지역으로 특권이 부여되었다면 예루살렘은 마지막 계시의 현장이 된다. 절정의 한 주간으로 예수는 지상 선교의 주된 목적을 완수하신다—인간의 구속.

이 시점까지 예수의 지상 선교에 대한 설명이 20장으로 이루어진 반면에 마태는 이 복음서의 거의 30%가 되는 여덟 장을 이 거룩한 한 주간에 바친다(상황잇기를 보라). 예루살렘에서 이 마지막 장들은 모두 부차적인 논제로 산입(算入)될 수 있다. 예루살렘 도성에 도착한 첫날 예수는 예루살렘에 대한 그의 권위를 강조하신다. 이 사실이 절정의(승리적인) 입성(20:1-11), 성전에서의 그의 행위(21:12-17), 무화과나무에 대한 저주(21:18-22), 성전에서 종교 지도자들과의 일련의 논쟁과 바리새인과 서기관들에게 선포하시는 화(23:1-39)에서 드러난다.

그때에 예수는 그가 권능과 영광으로 다시 오실 사건을 제자들에게 마지막 긴 강화로 주시고, 그를 따르는 자들이 어떻게 그가 다시 오실 때까지 행동해야 할 것인지를 말씀하신다(24-25장). 예수의 마지막 유월절과 주의 성찬의 제정, 체포, 수난, 십자가 처형과 장사의 사건들이 연속되는 한 내러티브로 기록되어 있고(26-27장), 마지막 장은 예수의 부활과 제자들에 대한 대위임을 설명하고 있다(28장).

이 마지막 날들의 광범한 취급은 메시아 예수의 구속적인 사역의 중대한 의미를 이스라엘 백성들과 온 민족의 백성들에게 증거하고 있다.

예루살렘으로의 절정적인 입성: 메시아로서의 예수의 권위(21:1-11)

갈릴리에서 베레아와 유대를 통하여 예루살렘으로 들어가는 여행의 기록된 마지막 정류장은 여리고였다(20:29). 여리고에서 예루살렘으로 들어가는 길은 약 15마일 가량이고 메마른 사막을 통하여 3천 피트 정도를 올라가는 것에 해당한다.

1. 이스라엘, 기독교, 이슬람의 예루살렘의 중요성에 대한 개관을 위해서는 *City of the Great King: Jerusalem from David to the Present*(Cambridge, Mass.: Harvard Univ. Press, 1996)을 보라.

그것은 6-8시간 걸리는 오르막길이었으며 예수와 제자들은 밤을 맞기 전에 그들의 목적지로 열심히 갔다. 도상은 강도들이 출몰하는 것으로 유명했다(참조. 눅 10:30-35). 예루살렘으로 가까이 왔을 때, 그들은 예수의 마지막 주간의 거처지였던 베다니를 지나가는 감람산 뒤편(동쪽)으로 접근할 수 있었다(마 21:17; 참조. 요 12:1-10). 베다니는 예루살렘 남동쪽 2마일 경에 위치해 있었다(요 11:18). 이 길은 감람산으로 이어져서 기드론 골짜기를 통해 내려가서 예루살렘으로 들어갈 수 있었다.

해저에서 2,660피트 가령 솟아 있는 감람산(21:1)은 예루살렘 동쪽에 위치해 있고, 직접 성전 지역을 내려다볼 수 있었다. 그 산은 네 개의 식별할 수 있는 정상으로 이루어진 완만하고 평평한 봉우리였다. 감람산이란 이름은 고대 시대에 그곳을 덮고 있었던 감람유 숲에서 유래되었다. 겟세마네 동산의 전통적인 지역은 감람산 기슭 가까이에 있었고, 이는 기드론 골짜기 너머에 서쪽 경사진 곳을 의미한다.

마지막 주간에 대한 전통적인 설명들에 따르면 예수와 제자들의 여행단은 금요일 오후에 베다니에 도착해서, 그곳에서 금요일 저녁부터 토요일 저녁에 끝나는 안식일을 기념했다. 예루살렘 지역에서 예수를 가까이 따르는 자들과 함께 하는 안식일 기념은 베다니에서 토요일 저녁에 있었을 것이고, 그때에 마리아가 예수의 발에 기름을 부었다(26:6-13의 주석을 보라; 참조. 요 12:1-8).[2] 주일 저녁에 예수는 제자들에게 지시하여 예루살렘 입성을 준비케 하셨다.

예루살렘 입성을 위한 준비(21:1-7). 베다니 근처에 벳바게란 마을이 있다(21:1). 마태는 그 지역에서 예수가 예루살렘 입성을 지시하였다고 기록한다. 그 마을은 오늘날 이곳 가까이에서 다시 살아난 나사로를 기념하여 이름지은 엘아자리에(el-Azariyeh)라 불리고 있다(요 11:1, 17-18). 전통적인 장소는 예루살렘 동쪽 1마일을 떨어져 있지 않은 감람산 남동쪽 경사진 곳을 일컫는다. 벳바게(히. '베트 파게이')란 이름은 "어린 무화과의 집"[3]을 의미한다.

---

2. 다양한 가능성의 도움되는 해결책과 핵심으로 니산 15일 금요일을 사용한 성주간의 실제적 날짜를 확정하는 난제의 간단한 개관을 위해서는 미 해군 측우소(U.S. Naval Observatory)의 천문학 적용 부서의 웹사이트에서 "예수의 십자가 죽음의 날짜에 관한 문제"라는 간단한 자료를 보라: http://aa.usno.navy.mil/faq/docs/crucifixion.html. 그들은 A.D 30년 4월 7일 금요일이나 A.D 33년 4월 3일 금요일로 예수의 십자가 죽음의 날짜를 제공한다. 보다 광범위한 논의가 있는 유사한 연대를 위해서는 Kenneth F. Doig, *New Testament Chronology*(Lewiston, N.Y.: Edwin Mellen, 1990)을 보라. 그는 A.D. 30년의 연대를 주장한다. 우리가 A.D. 30년의 연대를 따른다면, 예수는 베다니에 3월 31일 늦은 금요일 오후에 도착하셨고, 베다니에서 제자들과 안식일을 보내셨으며, 4월 1일 금요일 저녁에 베다니에서 축하하는 식사를 하셨다. 절정의 승리적 입성은 4월 2일 주일에 발생했고, 4월 7일에는 십자가 죽음 그리고 4월 9일 주일에 부활하셨다.

예수는 벳바게에서 두 제자를 보내시며 예루살렘 입성을 위해서 나귀와 나귀 새끼를 데려오게 하신다. 이 제자들은 이 짐승들을 풀어서 예수에게로 데려와야 하며, 어느 사람이 왜 그리하는 지를 묻거든 "주가 쓰시겠다"(21:3)고 말하면 된다. "주"('큐리오스')란 용어는 세상의 주인이나 신성을 지칭할 수 있다. 그 용어는 10:24에서 종의 주인을 일컫는데 사용되었지만, 추수의 주인으로서 하나님(9:38), 포도원의 주인(20:8), 하늘과 땅의 주(11:20, 25), 그리고 메시아로서 예수를 일컫는 것으로 자주 사용된다(행 10:36). 제자들이나 어떤 사람이 이 상황에서 '큐리오스'가 무엇을 의미하는지 이해하고 있었다고 말하기는 어렵지만 예수는 이 사건을 주권적으로 예지하고 있는 분으로서 자신을 언급하신다. 지상사역의 절정의 시간에, 예수는 더 분명하게 자신을 드러내신다.[4]

예수는 이 민족에게 그의 신분을 의도적으로 선포하신다. 예수가 예루살렘에 입성한 상황은 백성들 사이에서 여러 다양한 반응을 일으켰다. 유월절 기간에 메시아에 대한 열망이 극도에 달하는 경향이 있었다. 팔레스타인의 다양한 지역과 디아스포라 지역에서 예루살렘으로 모여드는 순례자들과 함께 메시아 출현에 대한 소망은 폭발할 준비가 되어 있었다. 최근에 나사로가 다시 살아남은 예수에 대한 새로운 관심을 자극시켰다—기적을 일으키는 해방자로서 예수에 대한 무리들의 소망과 민족적인 안정에 대한 위협으로서 예수를 간주하는 종교지도자들의 반대(요 11:45-53; 12:9-11, 17-19).

예수가 감람산에서 예루살렘으로 내려가심은 주의 발이 감람산에 서서 민족들에 대항하여 그가 싸우며 예루살렘이 해방될 것이라는 스가랴의 예언의 이미지를 불러일으킨다(슥 14:3-21). 그의 백성들을 자유케 하기 위해 오는 메시아 왕에 대한 스가랴의 예언을 성취시키면서 예수가 나귀를 타심은 이런 흥분을 자극한다(슥 9:9-13; 참조. 마 21:4-5). 이것은 단순한 우연이 아니다. 무리들의 환호는 예수가 어떤 분이 되기를 원하는 기대감에서 나온다. 하지만 예수에게서 그것은 자기 백성들의 운명을 확증하는 이스라엘에 대한 자기 노출이나, 제자들이 예수의 십자가와 부활 후에 믿음의 눈으로 이 사건을 반성할 때, 그것은 그들에게 역시 하나의 증거가 될 것이다.[5]

---

3. Scott T. Carroll, "Bethphage," *ABD*, 1:715을 보라.
4. 또한 Carson, "Matthew," 437; Gundry, *Matthew*, 593을 참조하라.
5. Carson, "Matthew," 437.

"이는 선지자를 통하여 하신 말씀을 이루려 하심이라"(21:4)는 성취 어구는 나귀를 타고 예루살렘으로 예수가 입성함이 스가랴 9:9의 예언을 성취시킨다는 마태의 언급을 일컫는다: "시온 딸에게 이르기를 네 왕이 네게 임하나니 그는 겸손하여 나귀, 곧 멍에 메는 짐승의 새끼를 탔도다"(21:5). 이제는 예수가 의로우신 다윗계의 메시아라는 것을 공개적으로 선언할 수 있는 때가 왔다. 이것은 야곱이 유다 계열의 왕을 예언한 창세기 49:12도 역시 암시한다.

> 그의 나귀를 포도나무에 매며 그의 암나귀 새끼를 아름다운 포도나무에 맬 것이며 또 그 옷을 포도주에 빨며 그의 복장을 포도즙에 빨리로다.

야곱의 예언은 유다의 후손 가운데 영원한 왕가에 대한 약속의 문맥에서 나타나며, 그의 통치는 온 민족들의 순종을 포함한다.

스가랴의 예언은 예수의 도래에 관한 본질을 나타낸다: 그는 정복하는 군사적 지도자로서가 아니라 구원을 주시는 의로운 자로서 오신다. 그는 평화의 시대에 때로 나귀를 모는 통치자들이 그랬던 것처럼 화목자로 오신다(삿 5:10; 왕상 1:33). 이 사건을 통해서 예수는 그가 군사적 정복을 하기 위해서 오지 않으셨음을 분명히 하신다.

스가랴의 예언은 어린 나귀, 곧 나귀의 때묻지 않은 망아지가 이스라엘에 평화를 가져오는 왕이 예루살렘을 입성하는 짐승이라는 것을 동일한 병행구에서 구체적으로 언급하고 있다. 사복음서 중에서 마태만이 두 짐승을 언급하고, 나아가서 제자들이 두 짐승을 끌고 와서 그 위에 자기 옷을 올려놓으니 "예수께서 그 위에 타신"(마 21:7) 것으로 언급한다. 구약성경의 예언에 대한 마태의 세심한 주의는 예수가 두 짐승을 모는 것을 제기함으로써 스가랴의 예언의 병행을 그가 간과하지 않게 만든다. 오히려 마태의 기사는 역사적인 회상을 추가시킨다: 길들여지지 않은 어린 나귀는 소란의 와중에서도 어미가 동반하여 갈 때에 가장 잘 제어된다.[6]

제자들은 겉옷(참조. 5:40)을 두 짐승 위에 두지만 예수는 새끼 위에 두어진 겉옷 위에 앉으신다. 그가 메시아적 다윗의 아들인 예기된 왕으로서 예루살렘으로 나아가시는 것임이 확실하다. 하지만 그의 입성은 역설적인 의미에서 승리적이다.

---

6. 참조. Gundry, *Matthew*, 409-10; Hagner, *Matthew*, 2:594-95.

그의 승리는 십자가에 못박이시는 방식으로 오게 될 것이다.[7]

예루살렘으로의 예수의 클라이막스적인 입성(21:8-11). 예수가 제자들을 준비시킨 사건들이 이제 전개되기 시작한다. 예수가 도성으로 입성하기 위해서 감람산에서 내려갈 때, "대다수의 무리"가 예루살렘으로의 그의 도착을 인식하고 모여든다. 무리들 가운데 어떤 이들은 예수가 가는 길에 옷[8]을 펴는데, 이는 왕으로서 그에게 복종함을 상징한다(21:8).[9] 또 다른 사람들은 종려나무 가지를 베어서(참조. 요 12:13) 예수가 가는 길에 뿌려놓는다(마 21:8). 유다 마카비와 그의 추종자들이 안티오커스가 더럽혀 놓은 성전과 예루살렘을 회복시켰을 때처럼 종려나무는 유대인의 민족주의와 승리를 상징했다(마카비 2서; 참조. 마카비 1서 13:51). 예수 당시에 많은 동전들은 유대와 로마에서 모두 일반적으로 민족주의를 표현하는 종려의 잎을 담고 있었다.

마태는 "앞에서 가고 뒤에서 따르는 무리"를 언급한다. 요한복음은 이 모습을 우리가 이해할 수 있도록 돕는다. 무리들은 예수를 보기 위해서 예루살렘으로부터 왔다. 이들은 나사로를 다시 살리신 예수의 놀라운 공적에 대한 소식을 듣고 메시아적 기대에 사로잡힌 분명히 유월절에 예루살렘의 순례자들이있다(요 12:12). 그들은 지나가시는 예수를 만났고, 앞선 행렬을 형성했을 것이다. 반면에 제자들을 포함하여 베다니로부터 예수를 수반하던 사람들은 예수의 뒤를 따랐다.

커다란 무리들은 혼합된 종류의 사람들이었다. 누가는 많은 예수의 제자들의 무리가 있었음을 우리에게 말해준다(눅 19:37). 그것은 열두 제자들과 갈릴리로부터 예수를 따랐던 많은 무리를 포함한다. 이 무리들 가운데는 갈릴리에서부터 예수를 따랐던 여성 제자들도 있었을 것이나(마 27:55-56), 예루살렘 지역에 믿는 자들의 무리들도 있었을 것이다—그들 중에는 나사로, 마르다, 마리아와 예수가 나사로를 다시 살렸을 때 믿음을 가졌던 여타 사람들이 있었을 것이다(참조. 요 12:1-3). 무리들 가운데 예수의 제자가 아니라 예수의 사역 내내 따라다녔던 전형적인 무리들의 일부를 형성했던 사람들도 있었을 것이다. 그들은 아마도 예수가 예루살렘과 이스라엘 백성들을 로마의 압제에서 해방시키기 위해서 오셨다고 생각하면서 특별한 기대감으로 계속 예수를 따라다녔을 것이다. 또 다른 사람들은

7. Hagner, *Matthew*, 2:595.

8. 제자들이 두 짐승 위에 두었던 옷과 동일한 용어인 '히마티아'(21:7).

9. 엘리사가 예후가 기름 부은 왕이 될 것을 선언하자. 예후의 동료 부하들이 "각각 자기의 옷을 급히 가져다가 섬돌 위 곧 예후의 밑에 깔고 나팔을 불며 이르되 예후는 왕이라"(왕하 9:13) 하였다.

호기심으로 나와서 흥분에 사로잡혔을 것이다. 누가는 무리들 가운데 권위에 대한 예수의 주장을 반대하며 계속 주시하고 있는 바리새인 파견단과 같은 일부 종교지도자들도 있었다고 밝힌다(눅 19:39).

무리들은 "오 구원하소서"(참조. 삼상 14:4; 왕하 6:26)를 의미하는 히브리 표현의 음역인 "호산나"를 외친다. 이것은, 특히 시편 118:19-29(특히 118:25: "오 여호와여, 이제 우리를 구원하소서")에서 들려지는 이스라엘의 메시아 소망을 표현하는, 유월절 기간 동안에 노래했던 할렐(Hallel)과의 연관을 만들어준다. 무리들은 예수를 "다윗의 아들"(21:9)이라고 외친다. 호산나와 연계된 "다윗의 아들"이란 칭호는 확실히 메시아적이다. 무리들은 예수가 스가랴 9:19의 성취 속에서 이미 말씀하셨음을 인식한다: 그는 압제에서 그들을 구원하도록 외칠 수 있는 다윗계의 메시아다(1:1의 주석을 보라).

앞선 무리들이 도성에 들어갈 때, "온 성이 소동하여 이르되 이는 누구냐 하거늘." 이것은 박사들이 유대인의 왕으로 태어난 분을 찾았을 때 예루살렘의 반응을 독자들에게 상기시킨다—"온 예루살렘"이 "소동하였다"(2:3). 이제 예수가 예루살렘에 들어가자, "온 성"이 "소동했다." "온 성"이란 표현은 종교 당국자들이 다시 한번 이 '분'(예수)으로 인해 편집증적이 되고 있음을 가리킨다. 그들은 예수가 자신들의 권세를 찬탈하려고 하고 있다고 믿고, 예수가 스스로 어떤 분이라고 말하는지에 관한 설명을 원한다.

무리들은 일반적으로 "갈릴리 나사렛에서 나온 선지자 예수라 하니라"고 일반적으로 대답한다. 이 대답은 예수의 예루살렘 입성을 따랐던 사람들의 혼합된 본질을 나타내 준다. 무리들 중에 어떤 이들은 예수를 선지자라 칭하고 있다. 예수의 사역에서 많은 사람들이 예수를 선지자로 알았다(16:14; 21:46). 이것은 예수가 모세의 예언에 나오는 바로 '그' 종말론적 선지자인 것으로 그들이 이해하고 있음을 함축하고 있지 않고(신 18:15-18),[10] 그냥 고향이 나사렛이며 갈릴리에서 큰 소동을 일으킨 선지자라고 이해하고 있다. "호산나"라고 외친 또 다른 사람들은 고대의 이스라엘 왕들과 최근의 마카비가의 사람들이 그리했던 것처럼 예수가 해방을 가져올 것으로 기대했을 수 있다.

그러나 예수는 무리들 중 많은 사람들이 기대했던 것과는 다른 종류의 "승리적 입성"을 취하신다. 예수는 앞에 놓여 있는 십자가의 의로운 희생을 통하여 구원을

10. 참조. 요 6:14; 7:40, 52; 행 3:22; 7:37.

자기 백성들에게 가져오시면서, 죄의 대적자들에 대하여 승리하실 것이다. 무리들 가운에 많은 사람들이 육체적이고 군사적인 해방을 생각했을 수 있다. 그들은 지금 "호산나"를 외치나, 곧 예수가 그들이 바라는 해방을 가져오지 않음을 알고, 결과적으로 "그를 십자가에 못박아라"(27:22)고 외칠 것이다. 무리들이 커다란 환호를 하고 있을지라도, 예수는 그들이 왜 그를 환호하고 있는지를 아신다. 그는 그들의 민족적인 야망과 변덕을 아신다. 그러므로 누가는 예수가 도성을 보고 우셨다고 전한다(눅 19:42-44).

성전에서의 행위: 성전 당국자들에 대한 예수의 선언(21:12-17)

마태는 성주간 동안에 예수의 활동에 대한 내러티브를 요약하고 있다. 예수가 성전을 청결케 하신 사건에 대한 순서의 내러티브가 여기에 해당한다. 다른 복음서들과 비교해 보면 더 자세한 사건의 순서를 알 수 있다. 예루살렘으로의 클라이막스적인 입성을 하신 후에 예수는 성전 경내로 가셔서 되어지고 있는 활동들을 살피신다(막 11:11). 그런 뒤에 그 날(주일 오후), 예수는 열두 제자들과 함께 베다니로 돌아오시고(11:11), 그곳에서 밤을 보내신다. 월요일 아침 일찍이 예수와 제자들은 다시 예루살렘으로 돌아가고, 가던 중에 예수는 무화과나무를 상징적으로 저주하신다(11:12-14). 도성에 들어가신 후에 예수는 성전으로 나아가신다. 이 시점부터 마태는 이 내러티브를 전개한다.

* * * *

성전에서의 예수의 행위에 관한 요한복음과 공관복음서의 진술. 요한복음은 예수의 사역의 초반부에 성전에서의 예수의 유사한 행위에 관한 이야기를 전개한다(요 2:13-17). 많은 학자들은 요한이 예수의 이 행위를 주제적인 목적으로 초반부에 두고 있는 반면에 공관복음서는 실제 역사적인 시간 순서로 이야기를 전개하고 있다고 주장한다.[11] 공관복음서의 저자들이 주제적으로 자료를 배열하는 것은 흔한 일임을 우리가 볼 수 있기에[12] 이것이 두 가지 다른 설명에 대한 이유가 될 수 있다.

---

11. 예를 들어, George Beasley-Murray, *John*, 2d ed. (WBC; Nashville: Thomas Nelson, 1999), 38-42; Hagner, *Matthew*, 2:559-600.
12. 예를 들어, 예수의 기적에 대한 마태의 주제적 배열(8장과 9장)과 예수의 시험의 순서에 대한 누가의 주제적 배열(눅 4:1-13; 참조. 마 4:1-11).

오늘날 학자들은 두 유사하지만, 시기적으로 다른 성전 행위(예수의 사역의 초반부에 한번, 말미에 한번)를 거의 견지하지 않는다. 학자들은 종교 지도자들이 두 번씩이나 예수가 이런 행위를 하도록 내버려두었을 지를 의문한다.

우리는 이 문제에 대해서 확신할 수는 없지만 예수가 이스라엘과 그 지도부들에 대한 메시지를 갖고 성전으로 두 번 가셨다는 견해를 주장할 수 있다.[13] 사역 초반부에 예수는 요한복음에 기록된 성전에서의 행위로 그의 메시아적 사역의 본질을 선포하셨다. 그것은 이스라엘에 대한 경고였다. 종교지도자들이 이것을 간과하지 않았음이 후대에 예수의 심문에서 예수를 거짓되게 참소할 때, 첫 번째 성전 사건에서 예수가 선언한 말을 인용하고 있는 데서 알 수 있다(요 2:19; 마 26:61; 막 14:58; 참조. 행 6:14).

예수가 사역의 말미에 예루살렘에 도착하였을 때, 종교 당국자들은 이스라엘 백성들을 천국의 도래에 비추어 회개로 이끌지 못했음이 분명하다. 그러므로 사역의 말미에 예수의 성전 행위는 이제 심판의 상징적인 행위가 된다. 첫 번째 사건에서 성전의 권위자들은 놀라움에 사로잡혔으나, 두 번째 사건에서는 민중들이 예수에게 쏠려 있음으로 공개적으로 예수에 대항하는 행위를 하거나 성전에서의 예수의 행위를 감히 막을 수가 없다. 하지만 이제 종교 지도자들은 자신들의 권위를 거부하고 있는 예수의 분명한 혁명적인 본질을 간과하지 않고, 그를 책잡기 위한 논쟁을 시도함으로써 함정에 빠뜨리려 한다(21:23-27; 22:15-46). 하지만 이런 시도에 실패한 종교지도자들은 예수를 체포하여 죽일 것을 모략한다(21:46; 26:3-5). 대중들로부터 그리고 로마의 통치자들로부터 그들에게 발생할 수 있는 위협을 피하기 위해서다.[14]

성전에서의 예수의 행위(21:12). 성전 경내의 남부 쪽에서 예수는 훌다 문(Huldah Gate)을 통해서 성전에 들어가신다. 그때에 그는 40개의 두터운 기둥이 사 열로 펴

13. 참조. Leon Morris, *John*, rev. ed. (NICNT: Grand Rapids: Eerdmans, 1995), 166-69; Carson, *John*, 176-78.

14. 공관복음서에서 첫 번째 성전 사건이 없음은 공관복음서 저자들의 내러티브에서 예수의 초기 유대 사역을 전반적으로 생략하고 있는 것과 일치한다. 성주간의 요한의 내러티브에서 두 번째 성전 사건이 없는 것은 예수의 고난에 대한 강조가 다르기 때문이다. 공관복음서는 성전에 대한 예수의 말씀에 대한 고소(마 26:61; 막 14:58)와 신성모독에 관련된 고발에 초점을 맞추는 반면에, 요한은 예수의 가르침에 대한 안나스(이전의 대제사장)의 모호한 질문만 기록하고 있다(요 18:19-23).

져 있는 긴 홀의 보랑(步廊)으로 들어가기 위한 일련의 발걸음을 떼신다. 이 보랑 내에는 성전 행위에 참여하기 위해서 디아스포라에서 온 순례자들에게 상행위를 할 수 있게 하는 상점들이 있었다. 여기서 순례자들은 다양한 화폐를 성전세를 내는데 사용할 성전 화폐(두로의 세겔)로 교환하고(17:24-27; 참조. 출 30:11-16), 희생제사를 위한 짐승들과 다른 생산품들을 샀다.[15]

이때에 예수는 사고 파는 모든 자들을 즉시 몰아내기 시작하시고, 화폐를 교환하는 자들의 책상과 비둘기를 파는 자들의 의자를 뒤엎으신다(21:12). 돈 바꾸는 사람들과 비둘기를 파는 사람들은 이것을 단순히 상업적인 행위로 하고 있고, 성전 기금에 잉여 세금이 할당되었기 때문에 이런 유혹은 실제적이었다(*m. Šeqal.* 2:5). 비둘기는 가난한 자들(그들은 짐승의 희생을 드릴 여유가 없었다)과 개인적인 제사의 다양한 형태를 취하려는 사람들이 행하는 희생제사였다(참조. 레 5:7; 12:6; 15:14, 29). 성전의 상행위는 때때로 혜택 받지 못한 사람들을 착취하는 것으로 악명이 높았다(*m. Ker.* 1:7). 물론 예수의 행위는 이런 행위들을 영구적으로 멈추게 하지는 못했을 것이다. 사실상 예수의 십자가 죽음이 유사한 방식으로 행동하기를 원하는 여타 사람들을 억제할 것이다.

예수의 행위는 성전의 권위자들에 의해 곧바로 중단되었을 것이라고 생각할 수 있으나, 그는 아주 먼 지역의 사람들에 의해서도 선지자로 간주되고 있었다(21:11). 하나님을 위한 대변자로서 많은 선지자들이 심지어 성전 영내에서조차 하나님의 심판을 선언하는 행위를 했다(참조. 토기장이의 그릇을 깨뜨린 예레미야; 렘 19장). 대중들에 대한 예수의 인기가 종교지도자들이 무리들을 두려워하게 했다. 하지만 예레미야처럼 무리들이 예수에게서 멀어지자, 종교지도자들은 예수를 체포한다.

강도의 소굴(21:13). 예수는 성전의 관리자들에게 심판의 권위적인 선언을 뻗치신다. 그들이 의도된 영적인 행위를 하는 것이 아니라 상업적인 행위로 성전을 더럽히고 있기 때문이다. 그는 "기록된 바 내 집은 기도하는 집이라 일컬음을 받으리라 하였거늘 너희는 강도의 소굴을 만드는도다"라고 선포하신다. 종교 지도자들은 강도들이 소굴—불법적으로 얻은 재물을 쌓아놓고 장래의 불법적인 행위를 도모하는 피난처—로 이용할 수 있도록 성전을 취급하고 있다. "강도"('레스테스')는

15. 성전 순례에 대한 유익한 통찰을 위해서는 Kathleen Ritmeyer, "A Pilgrim's Journey," *BAR* 15/6(November-December 1989): 43-45을 보라.

흔한 도둑들에 대한 용어가 아니라 바라바 그리고 예수가 못 박히실 때 양옆에 있던 혁명가와 같은 반동자들을 일컫는다.[16] 이것은 성전 당국자들이 성전을 민족주의적인 요새를 만들고 있음을 나타내는 용어의 미묘한 사용이거나,[17] 더 미묘하게는 하나님이 뜻하신 성전에 대한 계획에 반하는 선동자들이 있는 장소로 만들고 있음을 나타낼 수 있다.

마태는 성전이 기도하는 집이라는 어구에서 "만민이"(참조. 막 11:17)를 빠뜨리지만, 예수가 정결케 한 곳은 이방인들이 출입할 수 없는 영역이기 때문에 이 비판에 "만민이" 이미 함축되어 있다. 예수의 당대 사람들은 이방인들이 이 장소를 사용할 수 없게 막았으며, 이곳을 강도의 소굴을 만듦으로써 따로 기도할 수 없게 만들었다. 그들은 하나님의 복을 모든 민족들에게 확대하는 수단을 하나님에게서 빼앗고 있다.[18] 성전의 주요한 목적이 종교적 행위의 광란적 활동에 의해 상실되고 있다. 성전 지도부는 정죄를 받는다.

여기서 예수의 행위는 성전을 "깨끗이 한 것"으로 자주 일컬어진다. 이는 예수가 부패한 관행에서 성전을 정결케 하고, 하나님이 의도하신 대로 적절한 사용으로 성전을 회복케 하기를 시도하고 있음을 함축한다. 부패한 관행이 확실히 비판을 받고 있을지라도, 예수는 깨끗게 하는 것을 넘어서서 이스라엘 종교 지도부에 대한 상징적인 심판의 행위를 의도적으로 시행하는 것으로 나아가신다.[19] 또한 이것은 성전 희생 제도에 대한 예수의 권위를 극적으로 진술하고 있다. 그것은 예수의 죽음으로 성전 휘장이 찢어진 것에서 하나님이 극적으로 선언하신 것처럼 그의 임박한 십자가로 성취될 것이다(27:51).[20]

치유와 찬미(21:14-16). 마태만이 예수가 성전에서 상행위를 일소한 후에 행하신 치유와 연이은 대제사장들과 서기관들과 대면을 언급한다. 하나님을 접근하는 사람들이 보여야 할 것으로 기대되는 정결을 상징하는 성전 활동에 맹인과 저는 자가 온전히 접근하는 것이 규제되었다(참조. 레 21:18-19). 예수가 맹인과 저는 자를 치유하실 때, 그는 하나님을 예배하려는 모든 사람들 속에 정결을 창출하는 권위가 있음을 보이신다. 이는 성전보다 더 위대한 분(12:6)으로서 예수가 하나님의

---

16. 참조. Wilkins, "Barabbas," *ABD*, 1:607.
17. Carson, "Matthew," 442; Hagner, *Matthew*, 2:601.
18. Peterson, *Engaging with God*, 87-90을 보라.
19. France, *Matthew*, 300-303; Morris, *Matthew*, 525-26; Davies and Allison, *Matthew*, 3:133-37; Sanders, *Jesus and Judaism*, 61-69.
20. Peterson, *Engaging with God*, 87-90.

임재로 나아오는데 필요한 성전의 관행들을 폐하는 구약성경의 규정을 성취시킴을 증거한다.[21]

예수의 치유 행위는 예루살렘으로 예수가 극적으로 입성하는 동안에 무리들로부터 이전에 들었던 "호산나 다윗의 자손이여"라는 노래를 성전에서 어린이들이 모방하도록 촉발시킨다(21:9, 15). 맹인과 저는 자를 치유하시고 심판을 선언하시는 예수의 성전에서의 행위는 종교 당국자들로 하여금 어린이들이 순진하게 그리고 자기도 모르게 확인해주고 있는 다윗의 아들 메시아로서의 예수의 권위를 인식할 수 있게 해야 했다.[22] 하지만 그들은 그렇지 못하고 당국자들에 대한 예수의 도전에 "노한다." "노하여"('아가나크테오')란 말은 예수의 나라에서 특권적인 자리를 얻게 해달라고 친족의 특권을 이용하려 했던 세베대의 아들들과 그들의 어머니의 시도에 대한 열 제자들의 반응에서 사용된 것과 동일한 용어다(20:14).

종교지도자들은 종교적인 특혜를 부여받고 있는 그들의 위치에 대한 위협으로 예수를 인식한다. 예수는 어린이들이 자기도 알지 못하고 부여한 영광을 인식하고 있고, 그것을 시편 8:2과 연관시킨다. 이는 종교 지도자들이 성경의 증거를 진정으로 알았다면 마땅히 했어야 하는 것을 하지 못한 것에 대해서 그들을 나무라신다. 시편 기자는 어린이들의 찬미를 하나님에게 적용시키지만, 여기서는 어린이들이 다윗의 아들로서 예수에 대한 찬미로 귀결시킨다. 그러므로 예수는 복/찬미를 받으심으로써 그의 메시아됨을 인정하시고, 하나님에게만 시편에서 적용되었던 것을 개인적으로 수납하심으로써 심지어 어린이들이 외치고 있는 것 이상으로 나아가신다(21:16).[23]

베다니로 돌아오심(21:17). 성주간의 월요일의 극적인 사건이 있은 후에 예수는 종교지도자들을 떠나신다. 그들의 입이 거칠어지고 분노가 끓어오르기 시작하고 있었던 것으로 보인다. 예수는 도성과 성전으로 다시 돌아오셔서 확장된 논쟁에 참여하실 것이지만 지금은 베다니로 돌아가신다(21:1의 주석을 보라). 예루살렘은 유월절 기간에 순례자로 가득 찼고, 많은 사람들은 도성 바깥에서 은신처를 찾았다. 아마도 예수는 죽은 상태에서 살아난 나사로와 그의 누이인 마리아와 마르다의 집에 머물고 계셨을 것이다(눅 10:38-42; 요 11:1-44).

---

21. Schweizer, *Matthew*, 408.
22. Rudolf Schnackenburg, *The Gospel of Matthew*, trans. R. R. Barr(Grand Rapids: Eerdmans, 2002), 203.
23. France, *Matthew*, 302-3; Keener, *A Commentary on the Gospel of Matthew*(1999), 502-3.

무화과나무를 저주하심: 이스라엘 민족에 대한 예수의 심판(21:18-22)

마태는 무화과나무의 저주와 그것이 마른 것을 본 제자들의 반응을 동시에 총론적으로 논의하는 반면에[24] 마가는 더 가능성 있는 시간적인 순서로 전달한다. 이 나무는 월요일 아침에 성전 지도부의 심판을 선언하기 위해 도성으로 가던 중에 저주를 받았다(막 11:19). 제자들은 월요일 밤에 베다니로 돌아오고(막 11:19), 화요일 아침에 예루살렘으로 다시 들어가던 중에 말라버린 이 나무를 보고 반응한다(참조. 11:12-14, 20-26).

베다니에서 예루살렘으로 가던 예수와 제자들은 벳바게의 작은 마을을 지난다(21:1의 주석을 보라). 이 지역에서 무화과나무의 잎의 출현은 향기로운 어린 무화과의 전망을 밝혀주었다. 하지만 이 나무는 전혀 무화과를 갖지 못하고 잎만 무성하였다. 이는 이스라엘의 영적 상태를 지적하기 위해서 예수가 사용할 수 있는 적절한 대상이 되어준다(참조. 호 9:10, 거기서 이스라엘은 열매가 있는 무화과나무로 비유되었다). 이것은 제자들에게 두드러진 교훈을 제공해준다.[25] 무화과나무에 열매가 있음은 건강함의 상징인 것처럼, 열매 있음은 언약의 표준에 이스라엘이 신실함을 나타내준다. 하지만 특히 종교지도자들로 대변되는 이스라엘은 성전의 관행들을 왜곡시켰고, 천국의 도래를 선포하는 메시아 예수의 출현에도 회개하지 않았기에 이스라엘은 하나님에 의해 심판을 받을 것이다.

제자들은 예수의 말씀 한마디에 무화과나무가 재빨리 말라버릴 수 있음에 놀라지만, 예수는 제자들도 역시 그러한 일을 할 수 있으며 심지어 더 큰 일도 할 수 있다고 말씀하신다(21:20-21). 예수가 무화과나무를 저주하심은 순간적인 화가 아니라 상징적인 행위이며, 하나님의 피조물들은 그들이 창조된 대로 생산해야함을 보여준다—예수와의 제자도 관계에 들어가고 기도에 의해 부여되는 믿음의 삶의 관계에서 열매를 보여줌을 의미하는 하나님의 뜻을 순종하는 것.[26]

감람산이나 기드론 골짜기 건너에 있는 성전의 산 등 가까운 대상을 사용하시어 예수는 믿음이 있는 사람들은 이 산을 바다로 던질 수 있다고 말씀하신다

24. 8-9장에서 기적에 관한 마태의 총론적인 배열을 참조하라.
25. 무화과나무도 하나님의 통치가 온전히 세워질 때인 새로운 메시아 시대를 대변한다(참조. 슥 3:10; 미 4:4). 무화과나무와 이스라엘의 상징에 관한 논의를 위해서는 "Fig, Fig Tree," *DBI*, 283-84을 보라.
26. 사도 바울은 예수에 대한 관계에서 제자들의 통상적인 열매는 우리의 삶에서 생성되는 성령의 열매 속에서 특히 발견된다는 것을 나중에 강조한다(참조. 갈 4:6-7; 5:13-26).

(21:21). 그때에 이전에 말씀(17:20-21)과 유사하게 예수는 "너희가 기도할 때에 무엇이든지 믿고 구하는 것은 다 받으리라"고 선포하신다. 여기서 요지는 큰 일을 행하는 제자들의 믿음의 양이 아니라 하나님의 능력으로 하나님의 뜻을 이루는 그들의 믿음이다. 하나님이 산을 옮기도록 그들에게 지시하신다면, 하나님이 그것을 이룰 수 있는 능력을 공급하실 것이다. 그들은 단지 순종하고 하나님의 뜻에 예라고 말해야 한다.

예수의 권위에 대한 성전 영내에서의 논쟁(21:23-27)

아마도 성주간의 화요일 아침에 예수는 성전으로 다시 나아가신다. 그가 거기서 사람들에게 가르치고 있을 때, 이전 날에 성전에서 예수가 행하신 상징적인 심판의 대상이었던 종교지도자들이 이 일을 행하는 그의 권위에 대해 도전한다. 예수는 하나님 나라에 대한 예수의 초대에 백성들이 반응하게 해야 하는 종교지도자들이 그 책임을 완수하지 못한 것에 대해서 하나님의 심판을 드러내시는 세 가지 확장된 비유를 주신다(22:15-22:46). 그리고 종교지도자들이 예수를 함정에 빠뜨리려는 네 가지 시도가 있은 후에 예수는 하나님의 아들로서 자신의 참된 신분을 본격적으로 드러내기를 시작하신다(22:15-22:46). 예수는 이스라엘의 종교지도자들에 대한 결정적인 화를 선언하심으로써 이 항목을 마감하신다(23:1-39).

이 논쟁은 아마도 여러 사람들이 공개적으로 볼 수 있는 장소에서 발생했을 것이다. 예수는 "대제사장들과 백성들의 장로"를 대면하신다. 대제사장들(chief priest)은 성전의 활동, 관리, 그리고 제사적 질서를 관장하였던 대제사장(high priest)에 협력하는 제사장 계열의 상층 구성원이었다. "장로들"(또한 26:3, 47; 27:1을 참조하라)은 통치체인 산헤드린(공회)의 구성원들이었다. 그들은 사두개인과 바리새인들의 대표자였다(참조. 26:57; 막 14:53).

예수가 종교지도자들을 이전 날에 상징적으로 심판하시고, 그들이 종교적 권위를 행사하는 무리들 앞에서 공개적으로 부끄럽게 하셨기 때문에, 그들은 "네가 무슨 권위로 이런 일을 하느냐"라고 묻는 것으로 반응한다.[27] "이 일"을 하는 권위를 언급함은 이 전날에 성전에서의 상행위를 예수가 방해한 것을 언급한다고 볼 수

27. Joseph H. Hellerman, "Challenging the Authority of Jesus: Mark 11:27-33 and Mediterranean Notions of Honor and Shame," *JETS* 43(June 2000): 213-28을 보라.

있으나(21:12-13), 예수가 치유를 행하며(21:14-16) 성전에서 가르치는(21:23) 권위를 의문하고 있을 수도 있다. 결국 예수는 이들의 분파적 기준에 따르면 공식적인 제사장도 서기관적 권위도 갖고 있지 않다.

이들의 도전 앞에서 예수는 위축을 당하시는 것이 아니라, "나도 한 말을 너희에게 물으리니 너희가 대답하면 나도 무슨 권위로 이런 일을 하는지 이르리라"고 반응하신다. 그는 지금 종교지도자들과 전형적인 랍비적 형태를 따른 논쟁에 참여하신다: 적대적인 질문, 뒤따르는 반박적인 질문, 수용 그리고 마지막 답변.[28]

예수는 "요한의 세례가 어디로부터 왔느냐 하늘로부터냐 사람으로부터냐"라고 물으신다. 세례 요한이 메시아가 곧 오심에 비추어서 회개를 모든 이스라엘에게 요청하는 사역을 행한 것이 하나님의 권위로서냐 인간의 권위로서냐? 이 질문을 종교지도자들에게 하심으로써 예수는 논리적인 함정을 놓으신다(21:25B-26). 요한의 인기 있는 예언적 사역이 하나님으로부터 오지 않았다고 말한다면, 그들은 백성들로부터 소외될 수 있다. 백성들이 그들에게서 돌아설 가능성과 로마의 지원을 받고 있는 지도부를 곤경에 빠뜨릴 수 있는 폭동(21:26)을 일으킬 수 있음을 그들은 두려워한다.

하지만 종교지도자들은 회개하지 않고 있다고 그들을 정죄했던 바로 그 선지자를 인정할 수도 없다(참조. 3:7-10). 예수가 그들이 인정하도록 요구하고 있는 의미는 참된 선지자로서 요한의 권위가 하나님으로부터 왔고 요한이 예수를 메시아로 지목했다는 사실이다(참조. 3:11-17; 11:1-6; 요 1:19, 26-27). 그들이 요한의 권위가 하나님으로부터 왔다고 반응한다면, 그것은 성전에서의 사건만이 아니라 예수가 말하고 행하시는 모든 권위를 유효케 하는 것이고, 그들의 질문에 분명한 대답이 될 것이다. 만약 이 종교지도자들이 메시아로서 예수를 지목했던 선지자가 하나님으로부터 온 것을 인정하지 않는다면, 가장 최근에 이스라엘의 지도부를 심판하는 모습을 보여주신 메시아로서 예수를 그들이 인정하지 않는 것이 될 것이다.

따라서 종교지도자들은 예수가 그들에게 가져온 딜레마를 인식하였기에 대답을 하지 못한다. 이렇게 대답을 거절한 것은 그들의 부정직함을 보여주므로 그들은 그들의 죄를 인정해야 한다. 이제 예수는 그의 권위에 대한 질문에 대답할 의무가 없음을 느끼신다. 그들이 예수의 질문에 답해야 하는 책임을 수용하지 않았기 때문이다. 그들은 알고 있는 진리를 인정하지 않음으로써 영적으로 부정직하며,

28. 배경과 문학을 위해서는 Keener, *A Commentary on the Gospel of Matthew*(1999), 506을 보라.

하나님의 계시에 대해 마음이 굳어 있다. 이것은 바리새인들이 이전에도 범했던 용서받을 수 없는 죄다(12:30-32).

이스라엘의 종교지도부를 향해 있는 정죄의 비유(21:28-46)

이제 주도권은 예수에게로 넘어간다. 그는 유대 지도자들에게 세 개의 비유로 압박하신다(21:28-22:14). 각각의 비유에서 하나님이 이스라엘의 관리자들로 인해 기뻐하지 않고 있음이 자명하게 드러난다. 이 각각의 비유는 그들의 부정직함과 백성들의 리더로서의 실패를 다루고 있다.

두 아들의 비유: 종교 지도자들은 세례 요한을 유념하지 않았다(21:28-32). 첫 번째 비유는 아버지의 포도원에서 일할 것을 요구받은 두 아들에 관한 이야기다. 이 비유는 하나님이 부여하신 세례 요한의 예언적 사역을 종교지도자들이 올바르게 인식하지 못하고 있다는 요지로 압박한다. 포도는 고대 이스라엘에서 가장 중요한 작물이고, 하나님의 "포도"나 "포도원"으로 이스라엘을 묘사하는 가장 중요한 은유 중 하나가 되었다(예. 렘 2:21; 호 10:1). 이 비유와 다음 비유(21:33-46; 참조. 20:1-16)는 이스라엘 민족을 섬김으로써 하나님을 섬기도록 부름 받은 종교지도자들을 상기시킨다. 이 비유에서 한 아들은 처음에 일하러 가기를 거부했으나 나중에 가고, 다른 아들은 처음에 가기로 동의했으나 가지 않는다.

예수는 이런 질문으로 바리새인과 사두개인을 압박하신다: "그 둘 중의 누가 아버지의 뜻대로 하였느냐?" 그들은 올바른 대답으로 응답한다–순종했던 자. 이 대답을 주도록 종교지도자들을 압박하심으로써 예수는 이스라엘 종교지도자로서 그들의 책임을 인정하게 만든다. 처음에 거부했지만 순종했던 아들은 세리와 창기처럼 율법에 불순종했던 이스라엘의 사람들과 같다. 하지만 요한이 하나님 나라의 도래에 대한 선언을 통해서 참된 의의 메시지를 갖고 왔을 때, 세리와 창기들은 요한을 통한 하나님의 부르심에 순종하여 회개했다. 이와는 대조적으로 종교지도자들은 처음에 일하러 가기로 동의했지만 가지 않은 아들과 같다. 그들은 율법을 외적으로 순종했지만 하나님이 그의 사자인 요한을 보냈을 때 그를 통한 하나님의 메시지를 순종하지 않았다.

회개한 죄인들은 하나님을 순종할 것이고 그렇게 함으로써 회개를 보일 것이다. 그들이 언젠가 하나님을 등졌다 할지라도 문제가 되지 않는다. 하나님은 지금 순종을 원하신다. 유대 지도자들은 말은 많이 하나 말에 따른 삶을 살지 않는 위선자다. 분석해 볼 때, 우리가 하나님의 사자를 통한 하나님의 말씀에 순종하는지 하지 않는지를 입증해주는 것은 삶의 열매다.

사악한 소작농에 대한 비유: 하나님이 이스라엘로부터 하나님 나라를 옮기시다 (21:33-46). 예수는 이전 비유에서 있었던 포도원 은유를 계속하신다. 이사야 5:1-7을 분명히 암시하면서, 하나님의 심판을 선언하심으로써 예수는 종교지도자들에 대한 책망을 강화하신다: 하나님 나라를 이스라엘로부터 빼앗아 다른 백성에게 줄 것이다.[29]

예수는 포도재배에 대한 직접적인 지식을 보여주신다. 수확을 위한 포도원의 준비에 대한 묘사가 이 당시에 다른 자료에서 알려진 관행들과 일치하고 있기 때문이다. 산울타리가 도둑과 야생동물로부터 포도원을 보호하기 위해서 포도원 주위에 세워졌고, 더 큰 포도원은 감시하기 위해 세워진 망대가 있었다. 팔레스타인에서 외국인이나 부유한 유대인들이 소유하여 가난한 유대 농부들에게 빌려준 대단위 농장은 흔한 일이었다. 부유한 주인은 농부들을 직접 고용하거나 다른 할 일이 있다면 소작농들에게 포도원을 빌려주었다.[30]

소작농들에게 빌려준 포도원의 평화로운 장면이 이제 추하게 바뀐다. 추수 때가 왔음으로, 주인은 자신에게 속한 열매의 분배를 얻기 위해 자기 종들을 농부들에게 보낸다. 하지만 상상할 수 없는 일이 벌어진다: "농부들이 종들을 잡아 하나는 심히 때리고 하나는 죽이고 하나는 돌로 쳤다." 많은 부재중인 주인들이 소작농들을 착취하는 것으로 알려져 있었으나 여기서는 그 장면이 역전된다. 주인의 종들이 열매의 분할을 얻고자 왔을 때 학대를 당한다. 주인은 정당하게 자신의 것을 얻기 위해서 다른 종들을 다시 보낸다. 하지만 이들 마저도 동일한 방식으로 취급을 당한다(22:36). "종들"에 대한 취급은 구약성경의 역사에서 하나님의 선지자들을 대했던 것과 동일한 운명을 상기시킨다(예. 왕상 18:4; 렘 20:1-2). 예수는 이스라엘에 보내진 선지자와 지혜 있는 자들을 악하게 대한 서기관과 바리새인들의 죄를 곧 제기하실 것이다(참조. 마 23:34).

마지막으로 주인은 생산물을 얻기 위해서 자기 아들을 보낸다. 그는 "그들이 내 아들은 존대하리라"고 말한다. 이것은 아들 예수를 하나님 아버지가 보내신 것을 분명하게 암시한다(참조. 10:40-41; 3:17; 11:27; 15:24; 17:5). 나아가서 그것은

29. 더 자세한 분석을 위해서는 Klyne R. Snodgrass, "Recent Research on the Parable of the Wicked Tenants: An Assessment," *IBR* 8(1998): 187-215을 보라.

30. Rousseau and Arav, "Viticulture," *Jesus and His World*, 328-32을 보라.

하나님의 유일한 아들로서의 예수의 신분에 대한 예수의 자의식을 증거해 준다(참조. 3:17; 11:27). 이 비유를 통해서 예수는 종교지도부와 무리들에게 하나님의 거룩한 아들 됨을 공개적으로 제기하고 계신다.[31]

이 이야기는 소작 농부들이 "이는 상속자니 자 죽이고 그의 유산을 차지하자 하고 이에 잡아 포도원 밖에 내쫓아 죽이자"고 말할 때 감히 상상할 수 없는 끔찍한 일이 발생한다. 종교지도자들은 예수를 하나님의 아들로서 공개적으로 인정하지도 않을 뿐 아니라 무리들이 두려워서 예수를 공개적으로 정죄하지도 못한다(참조. 21:45-46). 하지만 예수는 그들이 은밀하게 맹목적으로 그에게 어떤 일을 할 것인지를 예언하신다. 그들은 메시아를 가장하는 자로 예수를 정죄하고 이방인의 손에 죽게 할 것이다. 이렇게 함으로써 이스라엘의 종교적 권위에 대한 그들의 주장을 계속해서 간직할 수 있다고 생각한다. 예수는 제자들에게 종교지도자들의 손에 십자가의 죽음을 당하게 될 것임을 몇 달 동안 말씀하셨고(16:21; 17:23; 20:18), 이제 비유적인 형태로 이 지배자들에게 그것을 말씀하신다.

하지만 유대 지도자들은 그들의 표리부동을 제하지 못한다. 예수는 그들의 진멸을 예언하심으로써 이 비유를 결론짓는다. 예수는 종교지도자들에게 포도원 주인이 돌아올 때에 이 사악한 농부들에게 어떻게 할 것인지를 물음으로써 그들 자신의 입을 빌어서 스스로 정죄케 하신다(21:40). 그들은 마땅히 그래야 하는 유일한 답변을 주고 있다: "그 악한 자들을 진멸하고 포도원은 제 때에 열매를 바칠 만한 다른 농부들에게 세로 줄지니이다." 이것은 예수가 그들의 거부와 심판을 예언하는 것으로 분명히 언급하고자 하는 자기 정죄에 해당한다(21:42-44).

예루살렘으로의 예수의 입성 시에 무리들은 마지막 할렐 시편인 시편 118:25-26(참조. 마 21:9)의 인용인 "오 주여 구원하소서"의 일부를 노래했다. 이제 예수는 시편 118:22에 의존하여 그에 대한 거부와 미래의 변호를 지적하신다: "건축자들이 버린 돌이 모퉁이의 머릿돌이 되었나니"(마 21:42). 하나님은 고난 받는 종에게 "모퉁이 돌"과 같은 특출함을 주신다. 이것은 모통이에 서 있는 두 열의 돌이거나("모퉁이돌"), 돌을 쌓아놓은 아치형의 정점에 있는 쐐기꼴의 돌일 수 있다. 아들의 고난은 궁극적으로 탁월한 상태로 바뀔 것이다.

예수는 독설적인 선언으로 종교지도자들에 대한 비난을 절정에 이르게 하신다:

---

31. 킹스버리(Kingsbury)는 이것이 하나님의 아들됨에 대한 예수의 첫 번째 공적인 주장이라고 제기한다. Jack Dean Kingsbury, "The Parable of the Wicked Husbandmen and the Secret of Jesus' Divine Sonship in Matthew: Some LIterary-Critical Observations," *JBL* 195(1986): 643-55을 보라.

“그러므로 내가 너희에게 이르노니 하나님의 나라를 너희는 빼앗기고 그 나라의 열매 맺는 백성이 받으리라.” 이것은 이전 비유에 대한 예수의 명확한 결론이다. 종교지도자들은 책임을 갖고 있는 하나님에 대한 의무를 완수하지 못했다. 그들 자신의 삶에서만이 아니라 이스라엘 백성들을 인도하는 일에서도 그러하다. 그들은 하나님 나라의 도래에도 회개하지 않았다. 오히려 그 나라의 도래를 선포하는 바로 그 아들을 거부하고 있다. 이것은 그들이 받을 심판에 대한 진술이며, 열매를 맺지 못하는 무화과나무를 저주하신 것에서 상징적으로 제자들에게 이미 알려졌다(21:18-21).

하나님의 “포도원”을 돌보는 종교지도자들의 특권적인 역할은 이제 빼앗겨진다. 하지만 이것은 하나님 나라의 설립에서 이스라엘 백성의 특권적 역할이 빼앗겨져서 다른 사람들에게 주어지는 것을 또한 암시한다. “백성”은 단수 ‘에드노스’이며, 그것은 함께 모인 사람들의 민족, 곧 교회가 현 세대의 하나님 나라의 역사에서 유대인과 이방인을 함께 포함할 때를 준비시킨다. 복수 “민족들”(28:19, ‘에드네’)에서 각각의 제자들이 된 모든 사람들은 새로운 “민족”으로 불려질 것이다. 베드로도 나중에 단수 ‘에드노스’가 교회를 언급하는 “돌”에 대한 문맥에서 사용한다(벧전 2:9). 이것은 민족적으로 이스라엘에게 주어진 약속들을 폐하지는 않지만(참조. 롬 11:25-33), 현 세대에 하나님의 계획에서 교회에 주어지는 리더십과 탁월함으로의 전환을 가리킨다.

하나님의 나라는 예수의 새로운 제자들이 이 새 민족에서 열매를 맺을 것이다. 그것은 새 언약의 설립에서 성령의 역사를 미리 지적한다. 하나님의 강력한 임재의 통치가 의의 열매(마 5:20)와 선한 행위들(골 1:5-10), 성령으로 생산되는 인격의 변화(갈 5:21-24), 그리고 이 땅에서 천국의 실제를 증거하는 새로운 세대의 제자들의 열매(마 28:18-20; 참조. 요 15:16)로 특징지어지는 삶을 통해서 중생한 사람들 속에 나타난다.

이 모든 것들이 이스라엘에서 생성되는 열매가 될 수 있었으나 그렇지 못하고 그들에게서 빼앗겨진다. 예수는 “이 돌 위에 떨어지는 자는 깨지겠고 이 돌이 사람 위에 떨어지면 그를 가루로 만들어 흩으리라”고 말씀하심으로 심판의 주제를 계속 이어가신다. 21:42에서보다는 여기서 돌에 대한 서로 다른 단어를 사용하고 있는데, 그 의미는 서로 연결되고 있는 것으로 보인다. 돌의 이미지의 두 부분은 다소 불가사의하지만, 심판에 강조가 들어 있음이 분명하다. 전반부는 예수의 신분을 올바르게 인식하지 못함으로써 죄에 걸려 넘어지거나 떨어지는 각 사람들의 개인적인 죄를 언급한다. 이것은 아마도 이사야 8:13-15의 이미지에 의존하고 있을 것이다.

> 만군의 여호와 그를 너희가 거룩하다 하고 그를 너희가 두려워하며 무서워할 자로 삼으라 그가 성소가 되시리라 그러나 이스라엘의 두 집에는 걸림돌과 걸려 넘어지는 반석이 되실 것이며 예루살렘 주민에게는 함정과 올무가 되시리니 많은 사람들이 그로 말미암아 걸려 넘어질 것이며 부러질 것이며 덫에 걸려 잡힐 것이니라.

21:44의 후반부는 예수에게 걸려 넘어지는 사람들에게 임하는 절대적인 심판을 강조한다. 아마도 다니엘 2:34-35, 44-45의 잘 알려진 돌 이미지에 의존하고 있을 것이다. 예수는 이스라엘과 그 지도부에 대한 경고를 발하기 위해서 돌의 모티브로 돌아가신다. 하나님 나라의 역사에서 이스라엘의 특권적인 위치와 역할은 빼앗겨질 뿐 아니라, 심판이 아들을 거부한 자들에게 임할 것이다. 종교지도자들처럼 돌에 걸려 넘어지고 그것을 파괴하려고 하는 자들은 멸망할 것이다. 종말에 예수는 심판자로서 그를 거부했던 자들에게 임할 것이다(참조. 24-25장). "버린 돌(42절)이 하나님에 의해서 선택되고 최고의 자리로 오를 것이고, 또한 그것은 위협적이다."[32]

예수와 종교지도자들간의 대결(지금 "대제사장들과 바리새인들"로 거명되고 있는, 21:45)이 전면적으로 부상한다. 종교지도자들은 예수가 심판의 말씀으로 그들을 정죄하고 있는 요지를 놓치지 않는다. 그들은 예수가 선언한 말씀의 근본적인 본질을 이해하고 그를 체포하려 한다. 예수는 종교지도자들의 모든 권세를 위협할 수 있는 방식으로 무리들을 선동할 수 있었다.

선지자 세례 요한으로 인한 백성들의 분노를 이전에 두려워했던 것이 무리들이 선지자로 역시 인식하고 있는 예수를 체포하는 일을 하지 못하게 한다(참조. 21:45; 참조. 11절). 적어도 이 시간까지는 무리들의 열정이 예수의 체포를 종교지도자들이 획책하는 것을 막아주고 있다. 하지만 공개적으로 그 일을 하는 것을 두려워하고 있는 종교지도자들은 은밀하게 이 일을 추진할 계획을 갖는다. 결국에 그들은 예수의 죽음을 요구하도록 무리들을 설득하는데 성공한다(참조. 27:20).

---

32. Carson, "Matthew," 454.

상황잇기

예수가 마지막 주간에 예루살렘으로 들어갈 때 그의 삶과 선교에 대한 모든 것이 지상 사역의 정점에 이르는 결정적 초점에 이르게 된다. 그가 가르쳤던 모든 것, 모든 이적과 보여주셨던 온유한 행위는 마지막 주간의 행위 속에서 궁극적인 의미를 찾는다. 그는 천국의 도래를 선언하시고 복음을 전파하심으로써 죄로부터 구원의 좋은 소식과 치유의 이적과 축사로 하나님 나라의 권능을 보여주신다. 이 마지막 주간은 그의 피로 새 언약을 세우심으로써 하나님 나라의 선교를 최고조에 이르게 한다(26:26-29). 십자가상에서의 그의 희생으로 인간의 죄의 실제적인 보속이 완성되고, 그것은 오순절에 성령의 도래로 새로운 인간의 창조를 위한 기초가 된다.

성주간. 이 주간을 교회 역사에서 "성주간"이라고 올바르게 칭했다. 이 어구는 4세기의 알렉산드리아의 주교였던 아다나시우스와 콘스탄티아의 주교였던 에피파니우스에 의해서 적어도 사용되었다. 일부 전승에서는 이 주간을 "수난주간"("수난"은 라틴어 '파시오'[passio], "고난"에서 왔다)이라 칭했다. 신약성경의 라틴어 번역은 '파시오'란 용어를 예수의 고난과 수반되는 사건에 대한 복음서의 내러티브를 가리키는 것으로 채택했다.

니케아 종교회의 이전 교회들은 위대한 축제인 성만찬이나 기독교 유월절을 토요일과 부활주일 아침에 기념함으로써 그 관심을 집중시켰다. 하지만 4세기말에 교회는 다양한 사건들을 분리하여 그것이 발생한 주간의 날짜에 맞추어 기념하기를 시작했다. 본래 성금요일과 토요일은 거룩한 날로 지켜졌고, 나중에 수요일이 가룟 유다가 예수를 배신한 날로 추가되었다. 그때에 완전한 성주간의 기념일은 예수가 극적으로 예루살렘에 입성한 날을 특징짓는 종려주일로 시작해서, 세족례의 성목요일은 유다의 배신과 성만찬의 제정으로 특징지었으며, 성금요일은 예수의 고난, 죽음 그리고 장사를 기념하였고, 부활절 주일에는 예수의 부활이 기념되었다.

마태는 모든 복음서 기자들처럼 예수의 마지막 주간에 특별한 관심을 갖는다. 사도들이 전한 예수에 대한 가장 근본적인 메시지는 그의 죽음, 장사 그리고 부활에 집중되었다. 이 사실을 우리는 초대교회의 설교에서 알 수 있다.[33] 이 근본적인 메시지가 '케리그마'("설교"를 의미하는 헬라어)이며, 그것은 불신자와 신자들에

33. 예를 들어, 행 2:23-36; 3:13-26; 7:51-53; 10:39-43; 13:26-31; 고전 15:1-7.

게 표준적인 메시지가 되었다. 따라서 우리가 마태복음의 마지막 여덟 장을 연구하기 시작할 때 우리는 성주간으로 들어간다.

선지자, 제사장, 왕으로서의 예수의 모습. 마태는 예수가 소망하던 메시아의 다양한 예언적 역할을 이루시는 방식을 규명하기 위해서 이 마지막 주간의 활동을 제시한다. 다양한 분파로 나뉘게 하고 구약성경 예언의 예수의 성취를 이해하기 어렵게 한 1세기 유대교의 두드러진 특징 중의 하나는 자주 다른 요소들을 제외시키고 메시아 예언의 한가지 요소에만 집중하는 그들의 경향이었다. 예를 들어, 많은 사람들이 다윗의 보좌에 앉기 위해서 오실 왕적인 정복자의 예언에 집중했다(예. 삼하 7:11-16). 또 다른 사람들은 하나님의 율법의 권위적인 해석을 전달한 모세와 같은 위대한 선지자의 예언에 집중했다(신 18:15-18). 여전히 또 다른 사람들은 제사장적인 구절을 살피고 메시아적 기능을 갖는 멜기세덱과 같은 신비한 인물을 기대했다(창 14:18-20; 시 110:4).[34]

그러나 우리는 이스라엘의 일부 사람들은 적어도 이 세 가지 예언적 요소를 긴장 속에서 유지했다는 증거를 발견할 수 있다. 쿰란 공동체에서 한 문서의 메시아적 증거 본문의 3부작은 먼저 종말론적인 모세와 같은 선지자(신 5:28-29; 18:18-19), 그 다음에 대적자들을 부수는 이스라엘의 떠오르는 왕권과 부상하는 왕적인 별(민 24:15-17), 마지막으로 모세가 축복했던 레위와 같은 제사장적 인물을 언급한다.[35] 그러나 이것은 아마도 쿰란 공동체가 한 메시아 이상(즉 다수)을 기대했다는 것을 암시할 수도 있다. '공동체의 규칙'(Rule of the Community)에서 이 유명한 어구를 주목하라: "선지자와 이스라엘의 메시아와 아론이 올 때까지."[36] 우리는 선지자, 제사장, 왕의 이 모든 세 직무를 한 위격 속에서 성취시키는 일관된 이해를 어느 곳에서도 발견할 수 없다.

예수의 사역의 다양한 시기에서 그는 이 요소를 어떻게 성취시키는지를 드러내셨지만, 수난 내러티브에서 그의 메시아적 선교가 이 세 가지 모두를 어떻게 성취시키는가를 가장 분명하게 드러낸다. 마태는 참된 메시아 다윗의 아들로서 예수가 구약성경에 예언된 유대인의 소망과 기대를 종말론적인 선지자, 제사장 그리고 왕

34. 메시아 소망에 대한 개관을 위해서는 Craig A. Evans, "Messianism," *DJG*, 698-707을 보라.

35. 문제가 되고 있는 문서는 4QTestimonia이다.

36. 1QRule of the Community [1QS] 9:11. 논의를 위해서는 John J. Collins, *The Scepter and the Star: The Messiahs of the Dead Sea Scrolls and Other Ancient Literature*(ABRL; New York: Doubleday, 1995), 74-101을 보라.

의 기능을 수행하심으로써 이루심을 우리가 알게 한다. 사실상 모든 복음서 저자들은 예수를 교사, 죄를 짊어진 자, 그리고 통치자(즉 선지자, 제사장, 왕)로서 삼중적인 역할을 갖는 하나님의 메시아로 제시한다.

선지자. 이스라엘의 많은 사람들이 하나님을 대변하여 현재와 미래에 대해 백성들에게 하나님의 뜻을 선포하는 선지자들을 바라보았다. 그들은 종말론적인 선지자에 대한 모세의 예언을 성취시킬 가장 위대한 선지자인 하나님의 음성인 메시아를 고대했다(신 18:15-18). 예루살렘에 예수의 도래는 무리들이 갈릴리 나사렛 출신의 선지자로서 예수를 말하도록 촉발시킨다(마 21:11). 그것은 아마도 그들이 예수를 세례 요한과 같은 또 다른 소리로 이해했음을 가리킨다. 하지만 이전에 일부 사람들이 보았던 것처럼[37] 예수는 자기 백성들에게 아버지를 드러내고 설명하시는 모세가 예언한 바로 그 위대한 선지자시다(요 1:18; 6:14; 7:40).

제사장. 구약성경의 제사장 계열은 죄용서를 구하기 위해 하나님 앞에서 이스라엘을 대변했다. 쿰란 공동체는 제사장적 메시아를 고대했던, 1세기 유대교의 사람들을 예증한다. 특히 "아론의 기름 부은 자"(예. 1QS9:11)라는 어구에서 알 수 있다. 성전에서의 예수의 행위와 성전의 기능을 왜곡시켰던 사람들에 대한 심판의 선언은 예수가 제사장적 소망을 실현함을 알려준다. 십자가상에서의 예수의 외침과 휘장이 둘로 갈라지는 것에서 정점을 이루는 수난 주간에 전개되는 활동은 예수가 이런 소망을 성취시켰음을 선포한다. 히브리서에 따르면, 예수는 참된 정결은 마음의 문제이며 정결과 의가 안에서부터 바깥으로 나온다는 것을 보여주시면서 신자들을 위해서 매일 중보하신다고 되어 있다(히 7:24-25).

왕. 유다 족속 출신 가운데 왕으로서 통치하는 메시아적인 왕을 예언했다: "규가 유다를 떠나지 아니하며 통치자의 지팡이가 그 발 사이에서 떠나지 아니하기를 실로가 오시기까지 이르리니 그에게 모든 백성이 복종하리로다"(창 49:10). 이 주제는 다윗가의 왕조를 포괄하는 고전적인 메시아적 구절들로 확장되는데, 기름부음 받은 왕이 하나님의 대적자들을 물리치고 예루살렘의 영원한 보좌 위에서 백성들을 통치하기 위해서 일어나신다는 것이다(삼하 7:16; 참조. 시 2:6; 110). 하지만 이 예언의 특징적인 긴장은 이 기름부음 받은 자가 인간의 통치가 아니라 하나님의 통치를 행할 것이라는 사실이다.

예루살렘으로의 예수의 극적인 입성은 이런 긴장을 가져온다. 그는 미래의 왕

---

37. 참조. 요 6:14; 7:40, 52; 행 3:22; 7:37.

에 대한 다윗가의 예언을 성취시키지만 온 시대를 통하여 신자들의 마음에서 통치하는 영적인 방식으로 천국을 세우시는 신-인의 왕이시다(엡 3:17). 아울러 인간의 대표자로서 예수는 하나님을 위해 이 세상을 다스리도록 창조되어진 인간의 원래 의도된 목적을 실현하신다(참조. 창 1:26-28; 시 8:3-8). 마태는 예수의 사명의 마지막 주간을 이야기할 때, 예수의 메시아적 신분에서 왕적인 측면을 강조한다. 그가 이 세부적인 사실을 비극적으로 제시할지라도 말이다—예수를 유대인의 왕의 칭호를 주장하였다고 반역으로 기소하고(27:11-14), 무리들이 그의 왕권을 모욕하는 것으로 나타난다(예. 27:29).

선지자, 제사장, 그리고 왕에 대한 구약성경의 메시아적 역할이 각기 다른 자에 의해서 이루어지는 것으로 주로 유대교에서 이해했기 때문에 어떤 한 사람이 이 모든 세 가지 직분을 성취한다면 그는 어느 누구도 받지 못했던 특별한 주목을 받게 될 것이다. 그리고 그것이 정확히 복음서 저자들이 예수를 제시하는 방식이고[38] 예수의 메시아적 신분과 사명을 설명하는 마태의 특별한 초점이다. 이 세 가지 직분이 메시아 예수의 한 인격 속에서 연합되지만 그가 이 직무를 이룬 방식은 이스라엘 백성들을 혼동시킨다.

- 예수는 왕으로서 예루살렘에 들어가신다. 왕조를 세우기 위해서가 아니라 자신의 죽음을 통해서 하나님과 인간 사이 그리고 인간들 사이에 평화를 가져오게 하기 위한 것이다.
- 예수는 성전을 깨끗하게 하신다. 단순히 제사장적 질서의 제도적이고 윤리적인 고결성을 회복시키기 위한 것이 아니라 모든 인간들이 하나님에게 영구적이고 개방적으로 접근할 수 있는 최종적 희생을 드리는 제사장임을 선포하시기 위해서다.
- 예수는 옛 선지자들처럼 이스라엘에 심판을 선언하신다. 단순히 질서를 회복시키기 위한 것이 아니라 제자들의 나라가 이 시대에 예수의 증인으로서 하나님 나라의 능력이 부여된 삶을 살게 하는, 구약성경을 성취시키는 선지자로서 역할하기 위해서다.

---

38. 예수의 사역에 이 세 양상을 히브리서에서 한꺼번에 발견할 수 있다. 거기서 예수는 보좌로 높아지신 메시아 왕이시며(1:3, 13; 2:9; 4:16), 우리의 죄에 대한 희생으로서 하나님께 자신을 드리신 대제사장이시며(2:17; 2:14-5:10; 7-10장), 하나님의 궁극적인 계시인 하나님의 사자다(1:1-14; 3:1).

따라서 제자들은 예수를 하나님의 전사와 하나님의 봉사자와 하나님의 대변인 그 이상이 되시는 분으로 이해해야 한다. J. I. 패커는 왕, 제사장 그리고 선지자로서 예수를 언급할 때 이런 본질을 잘 포착한다.

> 모든 것을 충족하시는 구세주가 이런 방식으로 존재하시는 것은 하나님 아버지에 의해서 그에게 주어진 영광이다. 믿는 우리들은 이것을 이해하고 왕으로서 그를 순종하고 제사장으로서 신뢰하며 선지자와 교사로서 그에게서 배움으로써 우리 자신이 그의 백성임을 보여주도록 부름을 받았다. 이런 방식으로 예수 그리스도를 중심에 두는 것이 참된 기독교의 표지다.[39]

예수는 인간을 위한 모든 소망을 성취시키고 전적으로 새로운 방식의 삶을 제공하는 메시아이시다.

예수, 이스라엘 그리고 하나님의 새로운 백성들의 사명. 구약성경 전체를 통해서 하나님 나라의 개념은 우주에 대한 하나님의 통치(대상 29:11-12; 시 103:19)와 하나님의 영광이 이 땅에서 자명하게 될 때인 다가올 하나님 나라를 포함한다(사 24:23). 선지자들은 이 주제를 연속시키고, 하나님이 이스라엘(출 15:18; 민 23:21; 신 33:5; 사 43:15)과 이 땅(왕하 19:15; 시 29:10; 99:1-4; 사 6:5; 렘 43:15)의 왕이실지라도, 그는 왕이 되실 것이고, 자기 백성들에게 실제적인 방식으로 통치하실 것임(사 24:23; 33:22; 52:7; 습 3:15; 슥 14:9ff)을 강조한다. 이것은 "하나님이 왕이실지라도 그는 왕이 되어야 한다. 즉 인간과 나라들의 세계에서 그의 왕권이 입증되어야 한다"[40]는 결론으로 많은 이들을 이끈다. 그러므로 하나님의 나라는 그의 통치의 활동과 그의 통치의 영역을 포함한다.

이스라엘 백성들은 하나님의 선택된 자녀들이고, 그들을 통해서 하나님은 이 땅에 그의 나라를 세우실 것을 언약하셨다. 그들이 하나님 나라의 유일한 상속자는 아니지만 하나님의 실재를 증거하는 중심이 되어야 했다. 사람들이 인간을 위한 하나님의 목적에 대한 계시를 듣고 증거하기 위해서 이스라엘로 왔던 것처럼, 이것을 이 세상에 대한 하나님의 구심적인 선교로서 묘사할 수 있다.[41] 선지자들 속에서 드러난 최종적인 종말론적 소망은 여전히 구심성으로 작용하고, 거기서

39. J. I. Packer, *Concise Theology*(Wheaton, 1Il.: Tyndale House, 1993), 133.
40. Ladd, *Theology of the New Testament*, 58.
41. 참조. Kostenberger and O' Brien, *Salvation to the Ends of the Earth*, 40-42.

모든 인간을 위한 하나님의 목적이 그들이 예루살렘으로 올 때 실현된다. 이것이 이사야 2:2-3에서 이사야에 의해 고전적으로 묘사되고 있다(미 4:1-2을 또한 참조하라).

> 말일에 여호와의 전의 산이 모든 산꼭대기에 굳게 설 것이요 모든 작은 산 위에 뛰어나리니 만방이 그리로 모여들 것이라 많은 백성이 가며 이르기를 오라 우리가 여호와의 산에 오르며 야곱의 하나님의 전에 이르자 그가 그의 길을 우리에게 가르치실 것이라 우리가 그 길로 행하리라 하리니 이는 율법이 시온에서부터 나올 것이요 여호와의 말씀이 예루살렘에서부터 나올 것임이니라.

예수는 이스라엘에 오셔서 천국이 도래했음을 선포하셨다. 이스라엘은 하나님 나라 선교와 증거의 선택된 하나님의 수령자들이었다. 예수는 이스라엘이 하나님 나라를 회개하고 수용할 것으로 기대하면서 지상사역을 통해서 이스라엘을 섬기셨다. 이방인이 성산에서 예배하기 위해서 시온으로 몰려올 때, 구심적인 개념을 계속할 수 있도록 말이다.

하지만 성주간의 사건들은 이스라엘과 예수와의 관계와 이스라엘이 이 시대에 행할 역할에서 중대한 전환을 가져온다. 또한 이 사건들은 예수가 그 주변에 모았던 제자들과의 관계와 역할을 분명히 한다. 마태복음의 내러티브를 통해서 우리는 이스라엘 백성들에 대한 예수의 긍휼(예. 9:35-38)과 이스라엘 지도부의 예수에 대한 계속된 반대(예. 12:24)간에 불편한 긴장을 알 수 있다. 또한 우리는 이스라엘에게만 가야 하는 예수의 헌신(예. 10:5-6; 15:24)과 이방인의 믿음에 대한 온유한 응답(8:10; 15:28)간에 복잡한 긴장을 알 수 있다. 우리는 다윗 왕 계열의 언약적 약속의 현재적 성취에 관한 강조(1:17; 2:2-6)와 보편적인 아브라함 계열의 언약적 약속에 대한 미래적 성취에 관한 강조(8:11-12)를 알 수 있다. 이런 긴장은 이제 하나님 나라의 계획에 관한 선교와 선교사들을 위한 중대한 변화를 준비시킨다. 이 마지막 장들의 내러티브는 이런 변화를 이끌었던 과정을 규명하기 시작한다.[42]

---

42. 이 이슈의 개관을 위해서는 Ladd, *Theology of the New Testament*, 104-6을 보라. 나는 대체로 라드의 관점에 동의하지만 교회가 지금 외관상 영구적으로 이스라엘을 대신했고 이스라엘이 되었다고 그가 강조하는 부분에서는 다르다. 또한 Scot McKnight, "Gentiles," *DJG*, 259-64을 보라.

1. 예수는 이스라엘에 대한 구원 역사적 약속을 성취시키기 위해서 유대백성에게 유대인으로 오셨다(10:5-6; 15:24). 그는 이스라엘 내에서 또는 바깥에서 새로운 운동을 시작할 자명한 목적으로 사역을 취하려고 의도하지 않았다.
2. 예수의 사역이 이스라엘에게 특별히 관심을 두고 있을지라도, 이방인의 믿음에 응답하셨고, 미래에 보편적인 선교의 약속을 견지하셨다.
3. 지도자들과 백성들을 포함하는 전체로서의 이스라엘은 예수와 하나님 나라에 대한 그의 메시지를 거부했다(12:25-32, 38-39; 13:10-17; 17:25).
4. 그러나 상당한 그룹이 믿음으로 응답했다. 하나님 나라에 대한 예수의 제시에 적극적으로 응답한 사람들은 그의 제자가 되었다. 제자도는 예수에 대한 기탄 없는 헌신과 관련이 있다. 그것은 새로운 제자들이 예수의 위격의 임재 속에서 하나님 나라로 들어갔음을 의미한다.
5. 예수는 성전 청결 사건에서, 무화과나무의 저주에서, 그리고 그의 권위를 의문하는 종교지도자들을 향한 비유들 속에서 하나님의 나라가 이스라엘로부터 빼앗겨졌음을 선포하신다(21:43).
6. 예수의 메시아적 구원의 수령자들은 천국의 실재를 증거하는 새로운 백성이 된다(21:43).
7. 선교는 이제 구심성 대신에 원심성이 되어진다. 이것은 하나님의 메시지를 듣기 위해서 이방인들이 이스라엘로 오는 대신에 예수의 제자들이 천국복음으로 더 많은 제자들을 얻기 위해서 온 민족에게 나아가는 것이다(28:18-20).[43]
8. 열두 제자들은 이스라엘의 열두 지파를 "심판"할 열두 보좌에 앉을 것이다(19:28). 이것은 하나님의 목적 속에서 이스라엘의 미래의 존재를 언급하는 통치를 나타낸다.

하나님 나라에서 하나님의 목적을 실현하는 역할은 현 세대에서 이스라엘 민족으로부터 빼앗겨졌고, 예수의 제자들이 하나님 나라의 복과 천국 복음의 메시지를 전달하는 역할에 대한 책임을 현재 누린다(21:43; 28:18-20). 하지만 이스라엘은 미래에 하나님 나라의 약속의 성취를 받는 것으로 여전히 간주된다(10:23; 23:37-39; 참조. 롬 11:25-32; 15:7-13; 계 7:1-8).[44] 예수의 제자들은 이스라엘에 대한

43. Kostenberger and O'Brien, *Salvation to the Earth*, 103-5, 135-37.
44. 참조. Hafemann, "Eschatology and Ethics," 161-92.

약속의 성취를 부분적으로 대변하고, 그들은 이스라엘이 행했던 역할을 지금 실행하고 있으나, 그들이 이스라엘을 대치하거나 이스라엘이 될 수는 없다.

현대적 의미

부활절 시즌에 대한 나의 최초의 기억은 다소 커다란 교회를 방문한 어린이로서였다. 우리 모든 작은 어린이들은 종려나무 가지 잎을 들고 목이 터지도록 부르는 성가대와 함께 교회 복도를 따라 내려갔다. 우리들은 복도의 양편에 서서 종려나무 가지 잎을 뻗쳐 우리 위에 차양을 형성하며 서 있었다. 이것은 교회에서 행하는 아주 재미있는 일처럼 나에게 보여졌다. 그때에 나귀를 타고 긴 옷을 입은 남성이 복도를 따라 들어왔기 때문에 나는 매우 놀랐다. 교회 안에서 나귀를 타다니! 그것은 좋은 기억이었다. 그것은 거의 축제처럼 여겨진 어린이들과 성가대와 나귀를 탄 남자의 행복한 행렬이었다. 그것은 종려주일에 모든 사람들이 예수를 사랑하는 것처럼 보여졌다.

하지만 어린 시절의 기억이 모두 정확히 옳은 것은 아니다. 몇 년 전에 어떤 사람이 주일학교 교사에 관한 이야기를 나에게 들려주었다. 그 교사는 부활절에 대해서 유치원 아이들이 무엇을 기억하고 있는지를 물었다. 첫 번째 어린이는 부활절은 모든 가족들이 한 집에 모여서 큰 칠면조를 먹고 야구경기를 보는 것이라고 주장했다. 이 교사는 아마도 이 어린 소년이 부활절이 아니라 추수감사절을 생각하고 있는 것으로 생각했기에 다른 어린 소녀에게 대답할 기회를 주었다. 이 어린 소녀는 부활절이 자기가 이른 아침에 계단을 내려갔을 때 나무에 아름다운 선물이 걸려 있는 것을 보았던 때라고 생각하였다.

이 시점에서 선생은 실망감을 느끼기 시작했다. 하지만 이 어린 소녀가 크리스마스를 생각하고 있는 것 같다고 설명한 후에 이 여선생은 머뭇거리는 듯 공중에 손을 든 어린 소년이 말하도록 지목했다. 이 소년이 부활절은 예수가 십자가에 못 박혀서 장사된 때라고 말했을 때 이 선생은 기운을 회복했다. 마침내 그녀는 적어도 한 어린이를 통해서 정답을 얻었다고 느꼈다. 그때에 이 어린 소년은 한 마디 덧붙였다. “그때에 그는 무덤에서 나왔고, 그가 그의 그림자를 본다면, 우리는 겨울의 6주간을 더 가져요!”

응, 내가 어린 소년이었을 때, 종려주일은 모든 사람들이 예수를 사랑한다고 말하는 것으로 보였다고 생각했다. 이제 예수가 나귀를 타고 도착하였을 때, 모든 것이 좋게 된 것처럼 보였지만 부활절을 성촉절(성모 마리아의 순결을 기념하는 축제일)과 혼돈한 어린 소년처럼 나는 그 이야기의 절반만을 알고 있었을 뿐이었다.

종려주일은 축제를 말하지만, 우리는 백성들이 다양한 이유로 예수를 환영하고 있음을 이미 보았다. 모든 이들이 예루살렘에 입성하는 예수의 목적을 반영하지는 못한다. 많은 사람들이 예수를 사랑하기 때문에 기쁨의 소리를 외쳤지만, 모든 이들이 자신의 생각을 넘어서서 예수를 진정으로 바라본 것이 아니다. 얼마 후에 동일한 사람들 중에 많은 이들이 분노함으로 예수를 십자가에 못박으라고 외친다. 예수의 구속적인 희생 때문에 제자들에게는 그 모든 것이 올바르게 전환될 것이지만, 이스라엘 백성들에게는 또 다른 미래가 이제 시작되고, 그들 중 많은 이들에게 그것은 파멸을 부른다.

성주간을 통해 예수와 동행하기. 인간의 장래를 위한 성주간 사건의 장엄함을 우리는 올바르게 이해해야 한다. 예수가 성주간에 의도하셨던 것을 바로 이해해야 우리의 기대와 꿈이 예수의 것과 일치할 수 있다. 따라서 수년 전에 나는 "성주간에 예수와 동행하기"라 일컫는 습관을 시작했다. 나는 예수가 그 주간의 모든 날에 행하신 것을 생각한다. 즉 종려주일 전 토요일 저녁에 예수가 제자들과 같이 있었던 시간을 가진 것으로 시작하여 부활절에 부활하신 것에 이르는 주간을 상고한다. 나는 예수가 그 날에 매 시간에 행하신 것을 상상하려고 애쓴다—그는 제자들과 마지막 교제를 즐기셨을까 또는 십자가를 짊어지시는 것을 홀로 준비하셨는가? 나는 예수가 느끼셨던 것을 느끼기 위해서 그가 계신 곳에 나 자신을 두려고 애쓴다—마리아가 예수의 발에 기름을 부었을 때 매우 기뻐하셨는지, 베드로와 다른 제자들이 그를 부인하였을 때 어떤 고통스러운 배척의 감정을 가지셨는지? 유다가 예수를 팔았을 때 어떤 감정을 느끼셨는가?

또한 나는 십자가 처형과 하나님으로부터의 분리의 공포를 참아내셨을 때에 그의 엄청난 고통을 상상하려고 애쓰면서도, 죄에 대한 승리를 완수하신 부활을 경험하셨을 때에 그 놀라운 기쁨을 상상하려고 애쓴다. 내가 다양한 사건들을 통해서 예수와 동행할 때, 예수와 함께 하는 온유함과 친밀함의 감정에서부터 다른 사람들이 예수에게 행했던 것에 대한 나의 분노 그리고 십자가와 텅 빈 무덤에서 신인의 심오한 경험에 대한 탄성에 이르는 놀랍도록 광범위한 경험을 하게 된다.

매년 나는 복음서들에서 성주간의 서로 다른 기사를 읽는다. 마가는 재빠른 시간적 개관을 주지만, 각각의 복음서들은 그 주간의 사건을 충분히 이해할 수 있도록 보충하는 의미 있는 이슈와 관점을 기록한다. 이 일을 몇 년 간 한 후에 나는 무슨 일을 하고 있든지 간에—부활절 설교를 준비하고 있든, 나의 딸들이 오후에 서핑 수업을 참여케 하고 있든, 정원에서 잡초를 뽑고 있든 간에—예수가 행하신 것을 묵상할 수 있도록 각각의 사건들을 암기하기를 시작했다. 이 주간은 나의 한 해의 가장 강력한 주간이 되었다.

나는 성주간에 예수와 동행했을 때 다른 사람들도 나와 같이 해보도록 했다. 부활절 선교 여행이나 수상 스키 피크닉에 학생들의 그룹을 데리고 있는 젊은이 목사로서 나는 그 주간에 개별적인 사건들에 상응하는 예수의 활동에 대해 가르쳤다. 또한 학생들이 이 사건의 개요를 암기할 것을 요청했다. 나중에 교수로서 나는 학생들이 이 사건들을 암기할 것을 도전하기 시작했고, 그들이 그렇게 하도록 고무시킬 수 있는 숙제를 주곤 했다! 부활절 휴가를 지낼 때, 그들이 어디에 있든 무엇을 하든 간에 성주간에 예수와 동행할 수 있도록 나는 권장했다. 글자 그대로 수천의 학생들이 여러 해를 그렇게 했다. 내가 이 일을 행했던 사람들로부터 얻은 반응은 예수에게 초점을 맞추고, 이 땅에서 예수의 마지막 주간에 대한 역사적, 인격적, 신학적 결과의 깊이를 측량하려는 단순한 훈련에서 상당히 이득을 얻는다고 거의 항상 말한다. 많은 학생들이 마찬가지로 그들의 사역과 가족에서 인간역사의 가장 중요한 사건을 예수와 함께 참여할 수 있도록 다른 이들을 돕기 위해서 이것을 사용했다.

당신이 그렇게 할 수 있도록 격려하기 위해서 또한 당신의 사람들과 사용할 수 있게 하기 위해서 나는 그 날의 일정과 시간에 일치하는 기본적인 사건들을 도표로 만들었다. 이런 종류의 훈련은 역사를 통해서 크리스천들이 실천했다. 그들은 예수와 함께 이 사건을 기념하고, 축하하고, 공감하며, 묵상했고, 예수가 우리를 위해서 이루어 놓으신 것의 심오한 이해로 들어갔다. 이것은 개인적으로, 그룹으로, 또는 가족 예배시간에도 할 수 있다.[45]

---

45. 가족에 초점을 맞춘 활동을 위해서는 찰스 콜슨(Charles Colson), 빌리 그래함(Billy Graham), 맥스 루카도(Max Lucado), 그리고 이어렉슨 타다(Joni Eareckson Tada)의 작품에서 선별한 뛰어난 소책자인 *Christ in Eater: A Family Celebration of Holy Week*(Colorado Springs: NavPress, 1990)을 보라.

성(수난) 주간에 예수와 동행하기

예수의 마지막 주간46 사건들의 조화 (참조. 마 21-28장; 막 11-16장; 눅 19-24장; 요 12-21장)	
현대의 달력	**성주간의 사건**
	• 베다니로의 도착(요 12:1)
토요일	• 저녁을 제자들과 함께 하심, 마리아가 예수에게 기름을 붇다 (요 12:2-8; 참조. 마 26:6-13).
주일	• 예루살렘으로의 승리적 입성(마 21:1-11; 막 11:1-10; 요 12:12-18) • 예수가 성전 경내를 살피시다(막 11:11) • 베다니로 돌아가심(마 21:17; 막 11:11)
월요일	• 예루살렘으로 가는 길에 무화과를 저주하심 (마 21:18-22; 참조. 막 11:12-14) • 성전을 정돈하심(마 21:12-13; 막 11:15-17) • 이적과 성전에서의 도전(마 21:14-16; 막 1:18) • 베다니로 돌아오심(막 11:19)
화요일	• 예루살렘으로 돌아가던 중에 무화과나무를 저주하신 것에 대한 반응 (마 21:20-22; 막 11:20-21) • 예루살렘에서 종교적 리더들과의 논쟁과 성전에서의 가르침 (마 21:23-23:39; 막 11:27-12:44) • 베다니로 돌아가던 중에 감람산에서의 종말론적인 강화 (마 24:1-25:46; 막 13:1-37)
수요일	• "침묵의 수요일"—예수와 제자들은 마지막 교제의 시간을 위해서 베다니에 그냥 계심 • 유다만이 예수를 팔기 위한 준비를 하기 위해 예루살렘으로 간다 (마 26:14-16; 막 14:10-11)
목요일	• 유월절 준비(마 26:17-19; 막 14:12-16) *해진 후에* • 유월절 식사와 주의 성찬(마 26:20035; 막 14:17-26) • 다락방 강화(요 13-17장) • 겟세마네 동산에서의 기도(마 26:36-46; 막 14:32-42)
금요일	*자정 후에 어떤 시간* • 배신과 체포(마 26:47-56; 막 14:43-52) • 유다의 재판—예수는 아래의 세 장면에 나타나신다 —안나스(요 18:13-24) —가야바와 일부 공회원(산헤드린, 마 26:57-75; 막 14:53-65) —공회원들이 모두 모이다(아마도 해진 후에)(마 27:1-2; 막 15:1) • 로마의 재판—예수가 다음 사람들 앞에 나타나시다 —빌라도(마 27:2-14; 막 15:2-5) —헤롯 안티파스(눅 23:6-12) —빌라도(마 27:15-26; 막 15:6-15) • 십자가처형(거의 오전 9시에서 오후 3시)(마 27:27-66; 막 15:16-39)
주일	• 부활의 증거(마 28:1-8; 막 16:1-8; 눅 24:1-12) • 부활의 현현들(마 28:9-20; 눅 24:13-53; 요 20-21장)

우리의 삶에서 성주간의 영향. 성주간을 예수와 동행하는 연습은 적어도 다섯 가지 중요한 기능을 나의 삶 속에 이루어준다.

(1) 나의 기독교 세계관의 역사적인 기초를 공고히 해준다. 내가 이 사건들을 숙고할 때, 나의 신앙이 예수가 역사 속에서 행하신—그가 왜 체포되셨고, 유대 지도자들이 왜 그를 배척했는지, 왜 로마가 그를 처형했는지, 왜 그를 따르던 자들이 겁에 질리고 당황했는지—확고한 사건들 위에 세워짐을 인식한다. 내가 이 주간의 사건을 통해서 예수를 따르는 일에서 부활주일에 이를 때, 나의 신앙은 단순히 소망적인 생각이 아니라 하나님의 말씀에 드러난 역사적 사실에 기초해 있다. 빈 무덤은 부활한 구세주를 믿는 나의 신앙이 실제적이라는 확고한 사실을 가져다준다 (고전 15:12-34).

(2) 또한 나는 더 분명하게 제자들을 이해한다. 그들이 왜 겁에 질리고 겁쟁이가 되었는지를 이해한다. 이들은 기적을 일으키시던 메시아가 붙잡혀서 십자가에 못 박히시는 것을 보고서 당황하여 목숨을 건지기 위해서 그룹으로 문을 닫아걸고 숨었다. 하지만 예수가 무덤에서 일어나신 것을 본 경험이 좋은 소식을 세상에 전하기 위해서 모든 위험을 무릅 쓴 용기 있고 담대한 지도자들로 어떻게 변화시켰는지도 이해한다. 그들은 내가 성주간의 사건에 사로잡혀 있을 때, 나의 삶의 모범으로 작용한다.

(3) 나는 예수의 제자로서 책임감을 갖는다. 내가 이스라엘 백성들과 지도자들의 반응을 지켜볼 때, 책임감을 느낀다. 그들은 하나님의 선택된 백성들로 부름을 받고 몸소 예수와의 관계를 경험하는 특권을 가졌지만 그들의 계획과 굳은 마음이 예수와 그의 메시지를 거부했다. 그들은 이제 그들의 특권과 책임을 빼앗기게 되었다. 이제 복음에 응답한 사람들이 예수 제자의 새로운 민족이 된다(21:43)

여기서 우리에게 강조하는 원리가 있다. 우리도 예수가 우리를 통해서 이루기 원하시는 것에 반하여 마음을 굳게 하는 자신의 일정을 고집할 수 있다. 예수는 인내하시지만 책임의 자리에 있는 사람들이 공을 떨어뜨리면, 신뢰할 수 있는 다른 사람들에게 책임과 특권을 넘길 수 있다. 예수가 지상사역 동안에 전개하시고 신약성경의 나머지 부분에서 발전된 하나님의 기준에 따라서 우리는 삶을 살고 행하도록 위탁되었다. 만약 그렇게 하지 않는다면, 하나님은 천국 원리에 따라 사는 다른

46. A. T. Robertson, *A Harmony of the Gospels for Students of the Life of Christ: Based on the Broadus Harmony in the Revised Version*(New York: Harper & Row, 1992), and Robert L. Thomas and Stanley N. Gundry, eds., *The NIV Harmony of the Gospels*(Harper & Row, 1978)을 참고해서 편집했다.

사람들을 찾아서 그가 이루기 원하시는 방식으로 천국의 일을 실행하실 것이다.

(4) 이 사건들에 대한 나의 경험이 더욱더 신실한 예배를 드리게 한다. 나는 성전의 비극을 이해한다. 이스라엘의 가장 커다란 실패는 성전의 근본적인 의미를 이해하지 못한 것이다. 이런 실패는 잘못된 방식으로 희생을 드렸을 뿐 아니라 제사장 직무에서 빈약하거나 개별적인 부패를 통해 폭리를 취하게 했다. 예수의 비판은 "성전 의식 제도가 하나님과의 진정한 교제의 요지를 흐리게 했다"[47]는 것이다. 예수가 성전 정결 사건과 무화과나무의 저주에서 이스라엘에게 심판을 선언하실 때 나는 나 자신의 삶을 돌아본다. 나는 종교적인 의식과 자기 봉사의 위선을 행하고 있지는 않는가? 나는 하나님과 구세주 예수 그리스도의 임재를 의식하며 일상의 삶을 얼마나 많이 살고 있는가?

우리가 하나님의 임재의식 속에서 살아갈 때 항상 예배의 행위를 하게 된다. 하나님의 목적과 뜻을 이해함이 내가 말하고 행하는 모든 것에서 그분이 나의 하나님이 되시게 하는 것을 의미한다. 내가 그렇게 할 때—내가 상점에 있든지 묵상 중에 있든지, 수업을 받고 있든지 자유로운 시간을 갖고 있든지, 이웃의 개와 산책하고 있든지, 아내와 잠자리에서 깨든지 간에—삶으로 예수께 경배와 찬미와 영광을 드리는 예배하는 삶을 살게 된다.

(5) 나는 이 주간의 모든 사건들을 통해 예수와 동행한 후에 그와 더 친밀한 관계에 들어간다. 나는 예수가 그 운명의 주간에 가까이 있던 제자들과 경험했던 교제 속으로 들어간다—예루살렘 입성 시의 힘찬 진격, 침묵의 수요일과 다락방 만찬에서 있었던 마지막 순간의 평온함, 가장 필요한 시간에 도망하고 예수를 부인한 제자들을 보는 아픈 마음. 나는 겟세마네 동산으로 예수를 따라간다. 예수는 그곳에서 지극한 고뇌 속에서 다른 길이 있는지를 위해 기도하나 십자가를 져야만 하는 아버지의 뜻을 절대적으로 수용하신다. 나는 예수의 육체적인 학대의 고통과 십자가 처형을 감히 가까이에서 목격하려고 나아가고, 예수가 하나님으로부터 경험한 버려짐을 어떻게든 이해하려고 애쓴다. 바울이 말한 것처럼 나는 나 자신의 구원의 경험을 상고하고 재생할 때, 죽은 자로부터 그와 함께 다시 살아남을 경험했다(참조. 롬 6:1-14).

성주간을 통해서 예수와 동행하는 것은 신인의 구원자요 주인이신 예수를 가장 잘 이해하게 하고, 오늘날 예수와 올바른 관계로 살아가게 하는 아주 좋은 시간이다.

---

47. Hagner, *Matthew*, 2:601.

마태복음 22:1-46

1 예수께서 다시 비유로 대답하여 이르시되
2 천국은 마치 자기 아들을 위하여 혼인 잔치
를 베푼 어떤 임금과 같으니
3 그 종들을 보내어 그 청한 사람들을 혼인 잔
치에 오라 하였더니 오기를 싫어하거늘
4 다시 다른 종들을 보내며 이르되 청한 사람
들에게 이르기를 내가 오찬을 준비하되 나의
소와 살진 짐승을 잡고 모든 것을 갖추었으
니 혼인 잔치에 오소서 하라 하였더니
5 그들이 돌아 보지도 않고 한 사람은 자기 밭
으로, 한 사람은 자기 사업하러 가고
6 그 남은 자들은 종들을 잡아 모욕하고 죽이니
7 임금이 노하여 군대를 보내어 그 살인한 자
들을 진멸하고 그 동네를 불사르고
8 이에 종들에게 이르되 혼인 잔치는 준비되었
으나 청한 사람들은 합당하지 아니하니
9 네거리 길에 가서 사람을 만나는 대로 혼인
잔치에 청하여 오라 한대
10 종들이 길에 나가 악한 자나 선한 자나 만나
는 대로 모두 데려오니 혼인 잔치에 손님들
이 가득한지라
11 임금이 손님들을 보러 들어올새 거기서 예복
을 입지 않은 한 사람을 보고
12 이르되 친구여 어찌하여 예복을 입지 않고
여기 들어왔느냐 하니 그가 아무 말도 못하
거늘
13 임금이 사환들에게 말하되 그 손발을 묶어
바깥 어두운 데에 내던지라 거기서 슬피 울
며 이를 갈게 되리라 하니라
14 청함을 받은 자는 많되 택함을 입은 자는 적
으니라
15 이에 바리새인들이 가서 어떻게 하면 예수를
말의 올무에 걸리게 할까 상의하고
16 자기 제자들을 헤롯 당원들과 함께 예수께
보내어 말하되 선생님이여 우리가 아노니 당
신은 참되시고 진리로 하나님의 도를 가르치
시며 아무도 꺼리는 일이 없으시니 이는 사
람을 외모로 보지 아니하심이니이다
17 그러면 당신의 생각에는 어떠한지 우리에게
이르소서 가이사에게 세금을 바치는 것이 옳
으니이까 옳지 아니하니이까 하니
18 예수께서 그들의 악함을 아시고 이르시되 외
식하는 자들아 어찌하여 나를 시험하느냐
19 세금 낼 돈을 내게 보이라 하시니 데나리온
하나를 가져왔거늘
20 예수께서 말씀하시되 이 형상과 이 글이 누
구의 것이냐
21 이르되 가이사의 것이니이다 이에 이르시되
그런즉 가이사의 것은 가이사에게, 하나님의
것은 하나님께 바치라 하시니
22 그들이 이 말씀을 듣고 놀랍게 여겨 예수를
떠나가니라
23 부활이 없다 하는 사두개인들이 그 날 예수
께 와서 물어 이르되
24 선생님이여 모세가 일렀으되 사람이 만일 자
식이 없이 죽으면 그 동생이 그 아내에게 장
가 들어 형을 위하여 상속자를 세울지니라
하였나이다
25 우리 중에 칠 형제가 있었는데 맏이가 장가
들었다가 죽어 상속자가 없으므로 그 아내를
그 동생에게 물려 주고
26 그 둘째와 셋째로 일곱째까지 그렇게 하다가
27 최후에 그 여자도 죽었나이다
28 그런즉 그들이 다 그를 취하였으니 부활 때
에 일곱 중의 누구의 아내가 되리이까
29 예수께서 대답하여 이르시되 너희가 성경도,

하나님의 능력도 알지 못하는 고로 오해하였
도다
30 부활 때에는 장가도 아니 가고 시집도 아니
가고 하늘에 있는 천사들과 같으니라
31 죽은 자의 부활을 논할진대 하나님이 너희에
게 말씀하신 바
32 나는 아브라함의 하나님이요 이삭의 하나님
이요 야곱의 하나님이로라 하신 것을 읽어
보지 못하였느냐 하나님은 죽은 자의 하나님
이 아니요 살아 있는 자의 하나님이시니라
하시니
33 무리가 듣고 그의 가르치심에 놀라더라
34 예수께서 사두개인들로 대답할 수 없게 하셨
다 함을 바리새인들이 듣고 모였는데
35 그 중의 한 율법사가 예수를 시험하여 묻되
36 선생님 율법 중에서 어느 계명이 크니이까
37 예수께서 이르시되 네 마음을 다하고 목숨을
다하고 뜻을 다하여 주 너의 하나님을 사랑
하라 하셨으니
38 이것이 크고 첫째 되는 계명이요
39 둘째도 그와 같으니 네 이웃을 네 자신 같이
사랑하라 하셨으니
40 이 두 계명이 온 율법과 선지자의 강령이니라
41 바리새인들이 모였을 때에 예수께서 그들에
게 물으시되
42 너희는 그리스도에 대하여 어떻게 생각하느
냐 누구의 자손이냐 대답하되 다윗의 자손이
니이다
43 이르시되 그러면 다윗이 성령에 감동되어 어
찌 그리스도를 주라 칭하여 말하되
44 주께서 내 주께 이르시되 내가 네 원수를 네
발 아래에 둘 때까지 내 우편에 앉아 있으라
하셨도다 하였느냐
45 다윗이 그리스도를 주라 칭하였은즉 어찌 그
의 자손이 되겠느냐 하시니
46 한 마디도 능히 대답하는 자가 없고 그 날부
터 감히 그에게 묻는 자도 없더라

원 의미

21장은 예루살렘 성전에서 종교지도자들과 직접적인 대결을 가지시는 예수로 끝이 났다(21:23의 주석을 보라). 이 대결의 중심에는 예수의 권위에 대한 종교지도자들의 도전이 있었다. 예수는 이전 날(성주간의 월요일)에 성전을 정결케 하셨고, 그것은 성전 당국자들에 대해 시행된 상징적인 심판의 선언이었다. 이는 제도로서의 성전의 종말을 예고하는 것이다. 그의 임박한 십자가 죽음이 하나님의 용서와 구원에 직접적으로 접근할 수 있게 할 것이기 때문이다.

예수는 그의 권위를 도전하는 자들에게서 위축되지 않으신다. 오히려 세례 요한의 권위의 근원이 하나님으로부터 온 것임을 공개적으로 인식하도록 도전하심으로써 본격적으로 그들과 대결하신다(21:24-27). 그 다음에 그는 그들의 권위에 도전하고 심판을 선언하시는 세 비유를 연속적으로 말씀하신다. 첫 번째 두 비유(두 아들의 비유와 사악한 농부의 비유)가 21:28-46에 나오고(주석을 보라), 22장에서 시작되는 결혼 잔치의 비유가 이 비유의 세 번째에 해당한다.

결혼 잔치의 비유: 하나님 나라의 초대에 대한 반응들(22:1-14)

결혼 잔치의 비유는 유사한 비유가 누가복음 14:15-24의 또 다른 문맥에서 나타날지라도 문맥에서 독특하다. 예수는 천국으로의 초대에 응답하지 않은 것에 대해서 그들을 책망하시고 정죄하신 것처럼 성전 사건에서 표면화된, 세심하게 기획된, 비유로 종교지도자들과 대결하신다.[1] 천국에 대한 비유를 도입했을 때와 유사한 어휘를 사용하시어(참조. 13:24; 13:31, 44, 45, 47, 52), 예수는 종교지도자들에 임할 결과를 묘사하신다. 이 비유는 세 항목으로 나뉜다: 회개하고 하나님 나라에 들어오라는 초대를 거부한 종교지도자들에게 임할 심판(22:1-7), 그들을 대신하여 초대를 받은 사람들에 대한 묘사(22:8-10), 그리고 하나님 나라에 참여한 자들에 대한 요구사항(22:11-14).

결혼식의 초대를 거부함(22:1-7). 비유의 장면은 잔치다: "마치 자기 아들을 위하여 혼인 잔치를 베푼 어떤 임금과 같으니." 이런 형태의 결혼은 며칠간 지속되는 전국적인 잔치였을 것이다

이 비유는 몇 사람들이 결혼 잔치의 최초의 초대를 분명히 간과하고 나아가서 종을 통해 보내진 왕의 직접적인 초대를 거절한 것으로 인해 첫 번째 놀라운 전환이 발생한다(22:3). 사람들이 첫 번 초대를 간과할 수 있을 수는 있을지라도 왕을 통한 직접적인 초대를 거절하는 것은 상상할 수도 없는 일이다—왕조에 대한 위험스러운 모욕이다. 하지만 왕이 은혜롭기에 또 다른 종을 보내서 재차 초대를 한다. 또한 잔치의 풍성한 배설을 알린다: "나의 소와 살진 짐승을 잡고 모든 것을 갖추었으니 혼인 잔치에 오소서."

초대된 자들의 일부는 여전히 왕의 초대를 거부한다—일상적인 일(예를 들어 농사짓는 일과 상행위)에 사로잡힌 사소한 변명을 들어서 말이다. 그리고 남은 자들은 왕의 사자를 학대하고 죽인다(22:26). 이는 왕에 대한 있을 수 없는 모독이다. 그리하여 왕은 군대를 보내어 이 반항하는 자들을 죽음과 불로 심히 벌한다(22:7). 이런 종류의 벌은 아주 심각한 반역과 왕에 대한 반란의 경우에 사용되었다.

명시적이지는 않지만, 이전 비유에서 이사야의 예언의 포도원으로서 이스라엘에 대한 암시가 이스라엘의 거룩한 자를 멸시한(참조. 사 5:3-12, 24-25) 이스라엘

---

1. 자세한 것을 위해서는 Blomberg, *Interpreting the Parables*, 237-40을 보라; 이 비유에 관한 뛰어난 최근의 글을 위해서는 Noel Rabbinowitz, "Matthew 22:2-4: Does Jesus Recognize the Authority of the Pharisees and Does He Endorse Their Halakhah?" *JETS* 46(2003): 423-47을 보라.

백성과 그 지도자들에게 임할 몰락에 기초하여 계속된다(21:28, 33의 주석을 보라).[2] 반항하는 자들과 그 도성에 대한 파멸은 유대 역사의 다른 반란과 유사하다.[3] 예수가 여기서 성전을 언급하고 있지는 않고 있을지라도, 다가오는 A.D. 70년에 예루살렘의 멸망과 종교 당국자들에 대한 심판을 암시하고 있다. 이것이 예수가 종말론적 강화에서 제시할 주제다(참조. 24:1-3).

결혼에 대한 공개적인 초대(22:8-10). 비유의 두 번째 부분은 또 다른 예상치 못한 전개에 의존한다. 결혼식에 초대받은 특권이 부여된 자들이 적게 참석한 대신에 무자격한 많은 사람들("사람을 만나는 대로")이 초대를 받는다. 본래 왕의 초대가 주어졌던 사람들이 이제 자격이 없게 된다(22:8). 그들은 이스라엘의 종교지도자들과 그들의 리더십을 따르는 다른 자기 의적인 유대인에 해당한다.

이것은 예수가 그의 사역을 통해서 강조했던 주제를 계속 잇는다. 천국에 초대된 자는 외적으로 의인인 자와 건강한 자가 아니라 죄인과 병든 자다(5:20; 9:12-13). 자신들의 무기력을 인식한 사람들만이(예를 들어 9:12-13; 18:3-4에서처럼 병든 자와 어린이와 같은) 자아의존과 자아 가치를 버리고 하나님의 은혜를 수용한다. 대로에 있게 되는 사람들은 예수의 사역의 놀라운 대상이 되었던 이스라엘의 죄인들과 범인이며(9:10-11), 제자들의 세계복음화적 전도에 의해 그의 사역의 대상이 될 이방인들이다(28:18-20). 결혼식장은 은혜로운 초대에 응한 무자격했던 손님들로 가득하다(22:10).

결혼식에 부적합한 옷(22:11-13). 이 비유의 세 번째 부분은 결혼식장에 입장했지만 결혼식에 적합한 옷을 입지 않은 손님 중에 한 사람에게 초점이 맞추어진다. 왕이 이 잔치에 자격 없는 사람들을 공개적으로 초청했기 때문에, 그가 초대에 반응한 사람들이 누구인지를 보기 위해서 오는 것은 적합하다. 이 초대가 모든 사람들에게 주어졌을지라도, 적합한 복장이 기대된다. 고대 세계에서 손님들에게 축제의 옷을 공급하는 왕의 증거에 의존해서(창 45:22; 에 6:8-9) 어떤 사람들은 이것이 예수가 자신의 사역의 초기에 암시했고(5:20), 바울이 나중에 선언했던(예. 롬 3:21-31; 4:22-25) 전가된 의를 암시하는 것으로 이해했다. 또 다른 사람들은 이것이 구원에 이르는 행위가 아니라 이미 구원을 받은 사람들에게 증거되는 행위를 상징하는 것으로 보고 더러운 옷에 반대되는 깨끗한 옷을 언급한다고 주장한다.[4]

2. Gundry, *Matthew*, 436-37을 보라.
3. 예를 들어, 삿 1:8; 사 5:24; 마카비1서 5:28; *T. Jud.* 5:1-5.

어쨌든, 이 사람이 "친구"로 불려졌고(20:13의 주석을 보라), 왕을 대면했을 때 아무런 말이 없었기 때문에(22:12), 이는 이 자가 적절한 옷을 이용할 수 있었으나 그것을 입는 것을 거절하였음을 의미한다. 이 사람은 묶여져서 슬피 울며 이를 가는 바깥 장소에 버려진다. 이는 영원한 심판을 공통적으로 의미하는 용어다(참조. 8:12; 13:42, 50; 24:51; 25:26, 30).[5]

이는 다시 한번 천국으로의 예수의 초대에 모든 사람들이 응답할 책임이 있음을 가리킨다. 특권을 입은 종교지도자들이 이런 초대를 거부한 데 대한 심판이 있을 것이고(22:7), 하나님의 자녀가 되는 특권을 입은 이스라엘 백성들도 천국에 응답하지 않은 것으로 심판을 받을 것이다. 하지만 유다(26:50에서 "친구"라 불린다)와 같이 예수를 주로 고백하는 제자들도 그들이 궁극적으로 이런 초대에서 행해야 할 일에서 태만하다. 응답한 모든 사람들이 마음으로부터 그리한 것이 아니다. 이것이 심판에 관한 세 비유의 요지다(21:28-32, 33-46; 22:1-14). 아들을 존경함이 없이 가식적으로 취함으로써 천국에 대한 하나님의 은혜로운 제공을 모욕하는 자들은 적합한 심판을 받을 것이다.

많은 사람이 초대되었으나 적은 사람이 선택되다(22:14). 결혼식 잔치의 비유와 일반적으로 이전의 두 비유들의 결론적인 진술은 서글픈 진술을 준다. "청함을 받은 자는 많되 택함을 입은 자는 적으니라." 관사가 없는 "많은"('폴로이')은 통상적으로 "모든 사람"이나 "모든"으로 번역되는 셈어적인 보편적 표현이다(참조. 20:28). 예를 들어, 시편 109:30에서 히브리어 '라빔'은 회중들의 "모든"을 포괄적으로 언급함을 보여주면서 70인경에 '폴로이'가 된다. 유사하게 쿰란 문헌에서 '라빔'은 회중 속에 있는 모든 사람들(1QS 6:8-11)이나 회중 속에 있는 리더로서 사법권을 행사하는 모든 사람들(예. 1QS 6:1)[6]에 대한 고정된 포괄적인 칭호다. "청함을 받은 자는 많되"라는 표현으로 예수는 천국의 보편적인 초대를 가리킨다.

후반부의 "택함을 입은 자는 적으니라"는 대칭되는 요지는 청함 받은 모든 사람들이 선택되지는 않았다는 것을 강조한다. 이것은 실제적인 양을 거명하는 것이 아니라 이전 비유들의 신적인 관점을 가리킨다. 택함을 입은 자들은 예수에게 참된 신자들에 대한 대안적 표현인 "선택된 자들"이다(참조. 11:27; 24:22, 24, 31).

---

4. Gundry, *Matthew*, 439; Davies and Allison, *Matthew*, 3:204 n. 53; Keener, *A Commentary on the Gospel of Matthew*(1999), 522, n. 189.
5. Keener, *A Commentary on the Gospel of Matthew*(1999), 523을 보라.
6. Joachim Jeremias, "πολλοί," *TDNT*, 6:536-45.

이스라엘과 지도부들은 "택함 받은" 것으로 알려졌지만 그들의 특권은 천국으로의 예수의 초대에 응답하지 않음으로써 상실된다. 그러므로 천국에 대한 공개적인 초대가 있을지라도, 신적인 관점에서 구원을 효력 있게 하는 것은 하나님의 주권적인 선택뿐이다. 인간의 관점에서 잔치의 일부가 되는 것은 적합하게 부름에 응답하는 사람들일 뿐이다. 오직 적절한 응답만이 하나님의 신적인 선택을 드러낸다.

하나님은 아들 메시아 예수의 위격 속에서 천국의 도래의 잔치로 모든 사람들을 초대한 왕이시다.[7] 그는 특권을 입은 종교지도자들과 그들을 따르는 자들에게 초대장을 보냈다. 심지어 이스라엘에서 겉보기에 자격 없는 사람들에게까지 그리하였다. 이스라엘과 지도부는 예수의 초대를 거절한 데 대한 책임이 있다. 그들이 단순히 거부하든(22:3), 자신의 일에 사로잡혀서든(22:5), 적극적으로 반항하든(22:6), 부적절한 개인적 응답을 보이든(22:12) 상관없이 말이다. 오히려 예수가 이전 비유에서 예언한 것처럼(21:41, 43), 하나님은 이스라엘 바깥에 있는 무자격한 자들에게로 향하시어 그의 나라를 축하하는 자들로 채우실 것이다.

예수의 권위와 신분과 관련한 종교지도자들과의 네 가지 논쟁(22:15-46)

예수와 종교지도자들간의 대결이 성전에서의 상행위를 일소시키고 종교 당국자들에게 심판을 선언한 그의 권위와 관련하여 계속된다(참조. 21:23). 예수는 이제 다양한 지도자들과 네 가지 논쟁으로 들어간다. 가이사에게 세금을 내는 일과 관련한 바리새인들의 제자들과 헤롯당과의 논쟁(22:15-22), 부활 시에 재혼과 관련한 사두개인들과의 논쟁(22:22-23), 가장 큰 계명과 관련한 율법사와의 논쟁(22:34-40), 그리고 다윗의 아들로서 메시아와 관련한 바리새인들과의 논쟁(22:41-46). 이들과의 대결이 있은 후에 예수는 종교 지도자들에게 있을 운명적인 화를 언급하신다(23:1-36).

가이사에게 세금을 내는 문제: 바리새인의 제자들과 헤롯당(22:15-22). 예수의 심판의 혹독한 선언이 대상이 되고 있는(21:45) 바리새인들은 어떻게 "예수를 말의 올무에 걸리게 할까"(22:15) 전략을 세우고 성전 영내로 갔다. 이전에 갈릴리에서도 바리새인들은 예수가 율법을 범하는 지를 시험하기('페이라조') 위해서 노력했다

---

7. 이 비유는 천국의 어린양의 실제적인 결혼식 잔치를 언급하는 것이 아니라(계 19:5-8), 천국의 초대에 대한 반응을 묘사한다. 아울러 복음 메시지에 대한 인간의 반응을 설명한다. 예수는 하나님의 가족으로 부름 받는 기회에 대한 반응을 진지하게 취할 것을 지적하신다.

(16:1; 19:3). 유사하게 하지만 아마도 더 사악한 동기를 가지고, 그들은 예수의 말 속에서 그를 함정에 빠뜨리고('파기듀오') 올무에 걸리게 하기 위해서 시도한다. 그들은 로마인들이 처형할 수 있는 구실로 사용할 수 있는 말을 예수가 범하기를 소망한다.

바리새인의 제자들과 헤롯당(22:15-16). 아마도 예수가 그들의 악한 의도를 직감하고 있음을 안 바리새인들은 예수와 종교지도자들 간에 논쟁이 들끓고 있는 성전 영역으로 "자기 제자들"을 보낸다. 이 제자들은 바리새인 단에 온전히 들어가려는 훈련 과정에 있고, 구두 율법과 바리새인의 전통의 엄격한 관습에 헌신하였던 자들일 것이다. 하지만 그들이 율법 전문가가 아직 아니기 때문에 표면적으로 예수에게 율법적인 위협을 상당히 내비치지는 않았을 것이다. 그들은 예수를 올무에 걸리도록 하기 위해 아양을 떠는 존경으로 안심시키면서 접근하는 겉보기에 순수해 보이는 그룹이다.

바리새인들의 제자들은 이 사악한 책략에 헤롯당들과 하나가 된다(또한 막 3:6; 12:13을 참조하라). 헤롯당들은 헤롯의 가족과 왕조, 즉 가장 가깝게는 아버지 헤롯 대제가 죽은 후에 갈릴리를 통치했던 로마의 분봉왕 헤롯 안티파스의 지지자들이다(약 55 B.C.-A.D. 93). 그들은 이스라엘에서 헤롯의 영향을 발전시키려는 노력 속에서 경제적 정치적 이득을 챙기는 느슨하게 조직된 그룹이다.[8] 헤롯 안티파스는 자신이 아버지의 이전 영토를 모두 통치하지 못한다는 사실을 좋아하지 않았다. 따라서 그의 추종자들은 빌라도가 로마를 위해 통치하고 있는 유대에도 헤롯 안티파스의 통치를 시도하는 대의를 발전시켰다. 헤롯당과 바리새인들이 많은 정치적 종교적 이슈에서 불협화음이 있었을지라도, 여기서 그들은 각각의 권력 기반에 공통된 위협에 맞서 싸우기 위해 합세한다.

예수를 히브리 용어로 "랍비"에 해당하는 "선생"으로 지칭한 것은 존경의 칭호를 사용함으로써 예수의 환심을 사려는 시도다. "선생"은 마태복음에서 제자가 아닌 자들이 예수에게 접근할 때 통상적으로 사용하던 칭호다(9:11; 12:38; 17:24; 19:16; 22:24, 36). 예수가 랍비의 신분을 얻기 위해서 랍비 훈련학교에 다니지 않았기에, 이 경우에 바리새인의 제자들과 헤롯당들은 이 칭호를 기만적으로 사용한다. 그들은 예수에게 아첨하여 경계를 늦추기 위해서 스스럼없이 위선적이 된다.

8. 이 어슴푸레한 그룹의 증거와 연구에 관한 개관을 위해서는 Meier, *A Marginal Jew*, 3:560-65을 보라. 가장 광범위한 최근 연구는 Kokkinos, *The Herodian Dynasty*이다.

하지만 그들의 말은 그들이 깨닫고 있는 것을 넘어서는 진리를 담고 있고, 그들의 위선과 예수가 사역을 통해서 정죄한 종교지도자들의 모습과는 정반대 되는 의미가 있다(예. 6:1-18). 바리새인의 제자들과 헤롯당들이 진실로 이 말을 의미한다면, 그들은 예수의 제자가 되었을 것이다.

가이사에게 세금을 내는 것(22:17-18). 예수에게 온 이 방문객들은 겉보기에 순진한 질문으로 예수를 떠보려고 한다: "가이사에게 세금을 바치는 것이 옳으니이까 옳지 아니하니이까?" 이 질문이 순순해 보일지라도, 숨은 의도는 그게 아니다. 예수가 줄 수 있는 양편의 대답은 모두 예수를 곤란케 하는데 사용할 수 있다. 율리어스 시저(Julius Caesar)의 가문 이름인 "가이사"(Caesar, 이것은 뒤이어지는 로마 황제의 칭호가 되었다)에게 세금을 내는 법적인 요구가 문제가 되고 있었다. 현재는 디베리우스 율리어스 시저(가이사)가 로마의 황제다.[9]

이 질문은 이스라엘 사람들이 흥분하기 쉬운 이슈를 드러낸다. 언급한 세금은 매년 주민세나 인두세와 같은 일반적인 세금을 말한다.[10] 로마에 속한 이스라엘을 포함하여 속국으로 있는 모든 나라의 백성들은 제국을 유지하기 위한 무거운 세금으로 고통을 당했다. 헤롯은 자신의 군사적 재원과 건축물 형성 그리고 사치스러운 삶을 지원하기 위해서 로마의 이름으로 오래도록 세금을 거두어들였다. 그들은 로마에 직접 공물을 바쳤고, 자신의 곡간을 채우기 위해서 더 무거운 세금을 징수하였다. 유대와 사마리아의 로마 제독은 로마를 위해서 직접 땅과 인두세를 징집하였다. 유대의 종교당국자들은 성전세와 여타 제도적인 비용을 위해 세금을 징수하였다(참조. 17:24-27).

따라서 백성들은 과다한 세금으로 불만이 가득했다. 혹자는 유대의 가족들이 매년 수입의 49-50%를 다양한 세금을 냈다고 추정한다.[11] 예수가 가이사에게 세금을 내는 것이 옳다고 대답한다면, 그것이 예수로 하여금 힘겨워하고 있는 백성들과 불화를 낳게 할 것이다. 그들은 예수가 로마에 저항을 포기하고, 로마의 압제자들과 제휴하였다고 생각할 것이기 때문이다. 예수가 가이사에게 세금을 내는 것이 옳지 않다고 대답한다면, 그것은 로마 당국자들에게 예수를 반동자로 처벌할 수 있는 사례로 활용할 수 있다. 바리새인들은 양쪽의 대답이 모두 예수의 선교를 곤

9. 신약성경 시대와 후대의 "가이사"라 불렸던 로마 황제들과 상응하는 성경의 언급들에 대한 차트를 위해서는 Wilkins, "Matthew," 136을 보라.
10. Colin Brown, Norman Hilyer, "Tax, Tax Collector," *NIDNTT*, 3:751-59.
11. Rousseau and Arav, "Tax and Tax Collectors," *Jesus and His World*, 278을 보라.

란하게 할 수 있을 것임을 알고 있다—그것이 정확히 그들의 의도다.

예수는 이들의 숨어 있는 동기를 아시기에 위선적인 책략을 내다보신다(22:18).[12] 여기서 예수에게 사용된 "시험하다"란 용어는 '페이라조' 인데, 그것은 "시험하다"(tempt)나 "실험하다"(test)에 대한 공통된 단어다. 그들은 예수가 스스로 죄를 범하게 하기를 시도한다. 그들은 비유를 맞추는 아양으로 접근하지만, 의도가 악하다. 그것은 종교적인 위선의 극치다.

가이사의 것은 가이사에게 하나님의 것은 하나님에게(22:19-22). 예수는 공격을 하심으로써 이 대결을 역전시키신다. 그는 그들이 생산한 세금을 내는데 사용하던 동전인 데나리온을 요청하신다. 그는 동전을 가리키고 그것에 새겨진 초상과 글을 확인하게 한다. 그들은 "가이사의 것"이라고 응답한다. 은 데나리온의 앞면에는 라틴어로 디베리우스 가이사의 머리의 초상이 들어 있었고, 라틴어로 동전의 주변에 "거룩한 아우구스투스의 아들 디베리우스 가이사"라고 적혀 있었다. 동전의 뒷면에는 좌정한 팍스, 곧 평화의 로마 여신의 초상이 라틴어로 "대제사장"이란 명구와 함께 들어 있었다.[13]

가이사의 초상과 기명이 데나리온에 있다는 그들의 진술에 반응해서 예수는 "가이사의 것은 가이사에게 하나님의 것은 하나님께 바치라"고 언명하신다. 예수는 다른 수수께끼를 제공함으로써 어렵고 논리적인 수수께끼에서 빠져나오려고 시도하고 있지 않다. 오히려 예수의 대답의 이면에는 하나님의 구원 역사에 관한 요지에서 그의 역할에 대한 심오한 진술을 담고 있고 뿐만 아니라, 하나님의 나라에서 사람들이 이 세상에서 적용할 수 있는 방식을 언급하고 있다.

(1) 예수는 이 세상에 세워진 통치자를 군사적 또는 정치적으로 위협하는 분으로서 오시지 않았다. 그의 나라는 혁명적이지만 그가 영광으로 다시 오실 때까지 그 나라는 존재하는 정치적 질서 내에서 작용할 것이다.

(2) 천국의 초대에 응답했던 사람들은 이 세상의 정부의 권위에 대한 의무를 계속 갖고 있고, 나중에 신약성경의 저자들도 억압적인 권위자 아래서 살고 있을지라도 이런 원리가 적용된다는 사실을 강조한다(롬 13:1-7; 벧전 2:13-17). 그러므로 예수는 자신이 가이사를 반대하는 정치적 나라를 세우려 하지 않음을 다시 보여주신다.

---

12. 특별한 지식을 갖고 있는 예수의 모습에 대해서는 12:15; 18:8; 26:10을 참조하라.

13. Rousseau and Arav, "Coins and Money," *Jesus and His World*, 55-61. 가이사 아우구스투스(Caesar Augustus)를 묘사하고 있는 동전의 모양에 대해서는 Wilkins, "Matthew," 135을 보라.

(3) 하나님의 것은 하나님께 드리라는 것은 성전세를 지불하는 것만을 단지 말하고 있지 않다. 창조주로서 하나님은 모든 창조와 창조된 모든 것들에 대한 주권적인 권리가 있다. 우리는 하나님이 창조하신 모든 것들의 청지기임을 보여주는 방식으로 삶을 살아야 하고, 하나님이 사용하라고 의도하신 방식으로 하나님의 것을 사용해야 한다. 이것은 가이사에게 속한 것이라 할지라도 가이사의 것은 이차적인 방식으로 그의 것이 됨을 함의한다. 하나님에 대한 충성이 가이사에 대한 충성보다 앞선다. 특히 가이사가 하나님의 뜻에 대한 충성을 찬탈하려고 할 때 더욱 그러하다(참조. 행 4:19; 5:29).

더 나아가서 예수는 가이사의 "형상"이 동전에 찍혀 있다할지라도 인간은 창조시로부터 하나님의 형상을 간직하고 있음을 함축하고 있다(창 1:26-27). 따라서 하나님은 어느 사람이라도 가지시며 모든 것들에 대한 권리가 있으시다.[14] 예수는 삶이 두 구획으로 나뉜다고 말씀하고 있지 않다. 가이사에 대한 의무와 하나님에 대한 의무가 서로 분리되어 있지 않다. 가이사와 하나님 나라는 하나님의 규정하신 각각의 영역에서 권리를 갖지만, "하나님에 대한 의무가 삶의 모든 것을 망라한다. 우리는 하나님께 영광이 되는 방식에서 가이사를 섬긴다."[15]

예수의 심오한 논리는 대적자들이 고안한 어려운 문제로 예수를 올무에 빠뜨리고자 하는 시도를 실패로 돌아가게 한다. 그들은 예수가 논쟁을 아주 쉽게 역전시키고 있음에 놀라워한다(22:22). 그들의 배후에는 바리새인의 서기관적 능력의 지혜와 헤롯당의 정치적 왕조의 경험이 있지만, 하나님이 이 세상에서 자기 백성들이 적용하기를 원하는 방법에 관한 예수의 심오한 이해에는 상대가 되지 않는다. 그들은 물러나서 아마도 자기들을 보낸 사람들에게 돌아갔을 것이다. 그들은 예수를 올무에 빠뜨리려는 일이 실패로 돌아간 것에 부끄러움을 느꼈을 것이다. 바리새인들이 이 책략을 조심스럽게 준비하고서 그들을 보냈기 때문이다. 이것은 그들이 바리새인의 지혜와 헤롯당의 정치적 책략보다 우월한 예수의 가르침의 탁월함을 볼 수 있는 기회일 수 있었다. 하지만 예수의 지혜가 그들의 굳은 마음으로 인해 함정에 빠뜨리려는 그들의 죄악된 시도를 깨닫게 하지 못한다. 이것은 예수를 책잡으려는 그들의 시도의 끝이 아니다.

---

14. 데일 부르너(Dale Bruner)는 "가이사의 동전이 가이사의 형상을 담고 있는 것처럼, 하나님의 인간들은 하나님의 형상을 담고 있으므로 하나님께 속한다"라고 진술한다(*Matthew*, 2:784-87).
15. Morris, *Matthew*, 558. 교회와 국가의 관계에 대한 의미의 확장된 논의를 위해서는 Bruner, *Matthew*, 2:784-87을 보라.

부활 시에 결혼: 사두개인들(22:23-33). 바리새인의 제자들과 헤롯당들이 예수를 호되게 시험하고 물러난 다음에 사두개인들이 등장한다. 이 논쟁은 사두개인들의 권력의 요충지인 성전에서 발생하고 있다(3:7의 주석을 보라). 그 논쟁은 부활의 교리와 관련이 있다. 사두개인들은 교리에 대해서 오경에만 의존했기 때문에 부활을 믿지 않았다. 부활은 구약성경의 후대 책들에서 그리고 제2성전의 유대 문헌과 랍비 문서에서 보다 분명하게 발전된 교리다(참조. 사 26:19; 단 12:2).[16] 예수는 자신의 경험 속에서 육체적으로 입증하실 것을 여기서 보이신다. 즉 부활은 어느 사람이 깨달은 것보다 훨씬 더 의미가 있다.[17]

부활에 대한 사두개인의 질문(22:23-28). 이 논쟁은 "역연혼"의 구약성경의 율법을 인용하는 사두개인으로 시작한다. "모세가 일렀으되 사람이 만일 자식이 없이 죽으면 그 동생이 그 아내에게 장가들어 형을 위하여 상속자를 세울지니라 하였나이다." 이 율법에서 '역연혼'(아이가 없이 죽은 사람의 살아있는 형제)은 제수(형수)와 결혼하는 것이 요구되었다. 이 법은 미망인을 돌보기 위해 의도되었고, 또한 자녀를 생산하여 죽은 형제의 족보를 보존하기 위한 것이다(신 25:5-10).

바리새인들처럼 사두개인들도 신학적 함정을 만들어 예수가 성경적 근거가 없는 교리를 말하게 시도한다. 그들은 역연혼을 일곱 형제들이 따랐고, 그러다가 이 여인이 죽는다면 무슨 일이 일어날 것인지를 본질적으로 묻는다. 그들은 이 질문이 예수를 신학적으로 올무에 빠뜨릴 수 있다고 가정한다: "그런즉 그들이 다 그를 취하였으니 부활 때에 일곱 중의 누구의 아내가 되리이까?"

그들이 제기한 사례가 발생할 수 있기는 하겠지만, 그들은 본질적으로 악한 의도를 갖고 있다. 그들은 예수가 신학적인 리더로서 자격이 없고, 그들의 권위에 도전할 수 있는 권리나 권위가 없음이 드러나기를 소망한다. 그들이 부활을 믿지 않았기 때문에 이 질문은 예수와 부활을 믿는 사람들을 혼란케 하려는 위선적인 시도를 드러낸다. 그들은 이 여성이 간음죄를 진 것으로 이끌 수 있는, 부활의 삶이 현재의 삶과 같다고 가정한다. 논리적 문답을 발전시키고 있는 이 시도는 부활의 개념이 터무니없는 거짓이라는 분명한 결론으로 이끌려고 한다.

성경을 알고 하나님을 알라(22:29-30). 다시 한번 예수는 이 논리를 질문자에게로 돌리신다. 이때에 문제가 되고 있는 것은 확실하고 논리적인 수수께끼를 전개하지

16. 예를 들어, 마카비2서 7; 에녹1서 102; 바룩2서 49-51; *m. Sanh.* 10:1; *b. Roš Haš.* 16b-17a.
17. 유대교와 예수에게서 죽은 자의 부활에 관한 언급에 대해서는 Wilkins, "Matthew," 187을 보라.

못한 그들의 실패에 있는 것이 아니라 부활 개념의 잘못된 신학적 성경적 이해에 있음을 예수는 드러내신다. 그는 기저가 되는 근본적 실패에서 시작하여 사두개인들을 비판하신다: "너희가 성경도, 하나님의 능력도 알지 못하는 고로 오해하였도다." 그들은 부활의 교리가 분명하게 나타나 있는 구약성경의 나머지 부분도 성경임을 인식해야 한다. 예수는 부활의 실제를 부정한 그들을 책망하신다. 부활 사상의 배후에는 부활케 하시는 하나님의 능력이 있다.

이제 예수는 일곱 형제들과 결혼한 여인의 문제를 제기한 구체적인 이슈로 나아가신다: "부활 때에는 장가도 아니 가고 시집도 아니 가고 하늘에 있는 천사들과 같으니라"(22:30). 부활된 인간은 결혼의 상태를 지속하지 않는다는 것을 지적하기 위해서 예수는 천사들과의 유사성을 제기하신다. 이런 논증의 노선은 쌍날의 효과를 갖는다. 사두개인들은 천사의 존재도 부정했기 때문이다(참조. 행 23:8). 그들의 교리적 무지는 이 생과 저 생에서 인생이 살아야하는 방식에 대한 그들의 부족한 이해에 강하게 영향을 주는 성경적 지식의 결여에 있다.

예수는 인간이 천사가 됨을 주장하고 있지 않다. 천사적 존재가 결혼하거나 생산하지 않는 것과 동일한 방식으로 부활한 상태는 결혼의 관습이 끝나고 부활한 인간들 사이에서 전적으로 새로운 관계가 시작한다. 이런 선언으로 그리고 독신으로 부름을 받은 사람들이 홀로 살아가는 것을 이전에 격려하신 것에서 예수는 "결혼의 절대성"을 거부하신다.[18] 동시에 관계의 상태가 부활로 바뀌어질지라도, 이전에 이 땅에서의 관계가 완전히 근절됨을 함축하시지도 않는다. 또한 부활한 상태는 특별한 애정이 없는 것으로도 함축하지 않으신다. 이 세상에서 많은 배우자를 가졌던 아내(또는 남편)는 동등하게 달라진 지위와 사랑의 이해를 갖게 될 것이고, 그녀(그)는 재고 질투하며 소유하려는 욕구가 없이 모든 사람들을 사랑하게 될 것이다.[19]

나는 아브라함의 하나님이다(22:31-33). 예수는 사두개인들의 권위의 근거인 오경으로부터 적극적인 논증을 전개하신다. "죽은 자의 부활을 논할진대 하나님이 너희에게 말씀하신 바 나는 아브라함의 하나님이요 이삭의 하나님이요 야곱의 하나님이로라 하신 것을 읽어보지 못하였느냐 하나님은 죽은 자의 하나님이 아니요 살아 있는 자의 하나님이시니라." "나는 아브라함의 하나님이요 이삭의 하나님이요

18. Bruner, *Matthew*, 2:790.

19. 참조. Blomberg, *Matthew*, 333; Carson, "Matthew," 461-62.

야곱의 하나님이라"는 진술의 출애굽기 3:6의 현재시제에 의존하여 예수는 족장들이 육체적으로는 죽었을지라도 출애굽기의 글에 여전히 살아있음이 논리적인 의미라고 말씀하신다. 족장들은 하나님이 그들의 하나님으로서 관계를 계속해서 갖고 있다는 사실이 보여주는 것처럼, 그들은 여전히 존재한다. 이것은 더 이상 존재하지 않는 사람들에게는 견지될 수가 없다. 이렇게 그들이 육체적으로 죽었을지라도 여전히 살아 있다면, 그리고 성경의 남은 부분들이 부활의 실제를 말해주고 있다면, 사두개인들은 하나님의 영원한 언약에서 인간을 위한 계속된 목적을 누릴 수 있도록 족장들을 다시 살리시는 하나님의 능력을 믿어야 한다.

사두개인들에 대한 예수의 대답을 듣고 있는 무리들은 그의 가르침에 "놀란다"('에크플레소'). 이것은 산상수훈에서 예수의 가르침에 대한 무리들의 반응을 표현한 것과 동일한 단어다(참조. 13:54). 놀람이 예수의 가르침에 대한 애착을 함의하고 있을지라도(예. 19:25), 이 반응은 이전의 경우에서와 마찬가지로 그들이 예수의 제자가 되었음을 함축하지는 않는다. 사실상 예수의 고향사람들이 놀라움을 금치 못했을지라도, 그들의 믿음의 부족 때문에 예수는 나사렛에서 이적을 베푸시는 것을 삼가신다(13:58). 여기서도 무리들은 사두개인에 대한 반응에서 그의 심오함에 놀라지만 이것은 믿음과는 상관이 없다. 무리들은 곧 예수의 죽음을 요구하는 종교지도자들에게 휘둘림을 당한다(27:20-25). 놀라워함은 믿음이 아니다. 믿음은 감정이 아니라 확신에서 온다.

가장 위대한 계명: 바리새파의 율법사(22:34-40). 논쟁으로 예수를 책잡으려는 종교지도자들 사이에 경쟁이 후끈 달아오른다. 예수가 사두개인들을 꼼짝 못하게 한 방식을 바리새인들이 들었을 때, 그들도 논쟁에 합세한다. 이제는 그들이 예수를 신학적으로 검증할 차례다. 이 대결을 바리새파의 "율법사"(율법전문가, '노미코스')가 주도한다(22:35). 그는 예수를 시험하기('페이라조'; 참조 22:18) 위해 나아온다.[20] 율법사는 날카로운 질문으로 논쟁을 시도한다: "선생님, 율법 중에서 어느 계명이 크니이까?" 이 논쟁에서 "율법"은 전체 구약성경에 대한 간단한 표현이다(참조. 5:17). 랍비들 사이에서 무거운 계명과 가벼운 계명을 결정하는 규칙적인 논의가 있었다(23:23을 보라). 이 율법 전문가는 이런 논의를 잘 알고 있었을 것이다.[21]

20. 마가는 상호대화의 말미에 예수가 그를 칭찬하였다고 전한다(막 12:34). 이는 그가 이전의 질문자들보다 신실한 마음으로 예수에게 접근하였음을 알려준다.

21. Hagner, *Matthew*, 2:646.

예수의 반응은 예상치 못한 것이 아니다. 그는 신명기 6:5을 인용하신다: "네 마음을 다하고 목숨을 다하고 뜻을 다하여 주 너의 하나님을 사랑하라." 매일 두 번씩 반복해서 쉐마를 읽는 것은 유대인들의 강력한 의무로 알려져 있었고, 그것은 하나님이 주신 다른 계명들에 대한 순종의 의무를 포함한다(5:16-20의 유사한 논리를 보라). 하나님에 대한 사랑을 단순히 감정적인 애착으로 이해해서는 안 된다. 오히려 그것은 전인격으로 하나님께 자신을 드리는 것을 의미한다. 마음, 목숨, 뜻은 인간 존재의 엄격하게 구분된 구획이 아니라 하나님께 전 인격을 드리는 것을 반영한다.

예수는 레위기 19:18의 "둘째도 그와 같으니 네 이웃을 네 자신 같이 사랑하라"를 인용하심으로써 계속 말씀하신다. 존경받는 랍비 아키바는 레위기 19:18을 "토라의 가장 위대한 원리"[22]라고 선언했다. 이 의견은 예수의 당대에도 역시 그렇게 표현되었다. 첫 번째 계명처럼 예수는 감정적인 애착이나 추상적인 사랑으로 단순히 주창하고 있지 않다. 여기서 사랑은 구체적인 책임, 즉 이웃의 유대인과 이방인들에게 유익하고 은혜가 되는 행위를 가리킨다(참조. 레 19:18, 34).[23] 사랑은 사람들이 필요로 하는 것을 다른 사람들에게 주는 것이다. 책임 있게 자신을 돌보고 인생에서 삶을 하나님의 뜻을 이루는데 향하도록 부름을 받은 것과 동일한 방식으로, 다른 사람들에게 자신을 내어줌으로써 그들이 자신을 돌보고 하나님의 뜻을 실현할 수 있도록 도와야 한다.

이에 비추어 볼 때, 이 두 계명은 예수가 말씀하신 율법과 선지자의 요약인 황금률(7:12)과 유사하다. "이 두 계명이 온 율법과 선지자의 강령이니라"(22:40)는 예수의 표현에 의해서 이것이 잘 설명된다. 예수가 시작시킨 천국의 삶은 하나님의 형상으로 창조된 인간의 가장 깊은 성향을 성취시킨다. 천국의 삶은 제자들이 하나님이 우리로 하여금 살도록 의도하신 방식대로 살게 한다. 그것은 하나님과 다른 사람들과의 관계에서 책임 있게 살아가는 것을 의미한다. 이처럼 전체 구약성경은 하나님과 다른 사람들에 대한 사랑에 달려 있고, 그것이 율법과 선지자를 참으로 성취한다(참조. 5:17-20).

여기서 산상수훈에서 전개했던 "사랑"의 정의를 살피는 것은 도움이 된다(5:43-48의 주석을 보라): 사랑은 하나님의 의도하신 목적으로 관계를 가져오기

22. *Genesis Rabbah* 24.7.
23. Abraham Malamat, "Love Your Neighbor As Yourself," *BAR* 16/4(July-August 1990): 50-51을 보라.

위해서 다른 사람들에게 자기 자신을 주는, 흠이 있는 인간에게 조건 없이 헌신하는 것이다. 하나님을 전 존재—마음, 목숨, 뜻—로 사랑하는 사람은 그의 삶에 대한 하나님의 뜻이 구약성경에 드러나 있음을 이해하고, 기쁘고 적극적으로 그 말씀을 순종하는 것이다. 그렇게 함으로써 하나님이 살도록 의도하신 방식으로 삶을 사는 것을 알기 때문이다. 나아가서 하나님의 뜻에 대한 순종은 전 존재—마음, 목숨, 뜻—를 하나님의 형상으로 변화시켜서 하나님이 의도하신 사람이 되게 한다. 더욱이 자신처럼 이웃을 사랑하는 것은 하나님이 살도록 의도하신 대로 다른 사람들이 삶을 살 수 있게 자신을 내어주는 것을 의미한다.

이것이 가장 위대한 계명들이다. 하나님이 인간이 살도록 창조하신 방식의 본질로 살 수 있게 하기 때문이다. 하나님과 다른 사람들에게 자신을 내어줌으로써 창조의 면류관으로서 하나님이 우리를 위해 계획하신 목적을 성취하고, 이 땅에서 하나님 나라의 영광을 우리의 삶에서 증거하게 한다. 하나님 나라의 예수의 시작이 제자들에게 이것이 구체적인 실제가 되게 한다.

다윗의 아들: 바리새파들(22:41-46). 성주간 논쟁의 마태의 내러티브에서 종교지도자들과의 앞선 세 대결은 예수를 올무에 빠뜨리려고 계획된 질문을 형성하는 것으로 시작되었다. 화요일의 성전 경내에 다양한 그룹들—종교지도자들(바리새인들, 사두개인들, 헤롯당들), 대중들, 예수의 제자들—이 여전히 참석하고 있는 상태에서, 예수는 비판적인 방향으로 논쟁을 이끌기를 시작하신다. 그는 바리새인들에게 질문을 하심으로써 공격적이 되신다. 예수는 구약성경에서 가장 중요한 메시아 본문을 올바르게 해석할 수 있는가 하는 그들의 능력을 도전하심으로써 이슈의 핵심으로 나아가신다. 그들이 이 본문을 올바르게 해석하지 못한다면, 그들은 예수의 신분을 올바르게 이해할 수 없다. 따라서 그는 이렇게 질문함으로써 그들을 자극하신다: "너희는 그리스도에 대하여 어떻게 생각하느냐 누구의 자손이냐?"

이것은 바리새인들에게 단순한 질문인 것처럼 보였다. 그들은 "다윗의 자손이니이다"라고 대답한다. 이것은 예언된 메시아('호 크리스토스': "기름부음 받은 자")가 다윗 가문에서 나온다는 공통된 지식에 근거한 자동적인 대답이다.[24] 이는 "다윗의 아들"로서 예수의 메시아적 신분의 반복된 선언과도 일치하는 흔한 관례를 확증해준다.[25]

---

24. 1:1의 주석을 보라; 참조. 삼하 7:12-14; 시 89:4; 사 11:1, 10; 렘 23:5; 참조. 솔로몬의 시편(*Pss. Sol*) 17:21.
25. 1:20; 9:27; 12:23; 15:22; 20:30-31; 21:9, 15의 주석을 보라.

하지만 예수는 구약성경의 예언에서 메시아의 참된 신분에 대한 그들의 이해의 깊이를 검증할 수 있게 압박하신다: "그러면 다윗이 성령에 감동되어 어찌 그리스도를 주라 칭하여 말하였는가?" 예수가 만들고 있는 요지는 시편 110:1에서 인용한 것이다—신약성경에서 가장 많이 인용되는 구약성경 구절.

바리새인들은 이 시편을 다윗이 성령의 영감으로 말한 메시아 예언으로서 인정했다.[26] 이 구절에서 다윗은 오실 메시아 통치자—그의 후손, 그의 "아들"—를 '큐리오스', "주"로 언급한다. 가정에서의 존경은 다윗과 같이 나이가 더 든 사람이 자신의 자손에게 "주"라고 일컬을 수가 없다. 오히려 자손인 "아들"이 다윗을 "아버지"(조상님) 또는 "주"라고 일컬어야 한다. 마태복음이 여기서 기록하고 있는 것과 축어적으로 거의 같은 70인경의 양 경우에 "주"라는 말의 '큐리오스'를 사용한다. 하지만 히브리 성경은 처음에 야훼를 사용하고 "주"의 두 번째 출현에서는 아돈('아도나이', "내 주")을 사용한다.

다시 말해서 예수는 그들의 성경을 사용하여 바리새인들이 피할 수 없는 종합적인 요지의 분명한 의미를 지적하신다. "다윗이 그리스도를 주라 칭하였은즉 어찌 그의 자손이 되겠느냐?" 다윗은 오실 메시아가 인간의 특별한 자손만이 아니라 자신의 "주"가 되시는 분이라고 말한다. 시편 110:1은 그의 자손이 야훼와 유일무이한 관계를 갖는다고 알려준다—그는 야훼의 우편에 가장 높은 지위의 특권과 권위로 좌정하시고, 야훼는 모든 그의 대적자들을 그에게 순복 하게 하실 것이다. 이것은 인자가 옛적부터 계신 이에게로 인도되어 "권세와 영광과 나라를 주고 모든 백성과 나라들과 다른 언어를 말하는 모든 자들이 그를 섬기게 하였으니 그의 권세는 소멸되지 아니하는 영원한 권세요 그의 나라는 멸망하지 아니할 것이라"(단 7:14)는 다니엘의 예언과 특히 유사하다.

메시아는 바리새인들이 단순히 "다윗의 아들"이라고 이해한 것과 다르다. 그는 다윗의 인간 자손을 능가하신다. 바리새인들이 메시아와 관련해서 구약성경의 예언을 적절하게 이해하지 못하고 있기 때문에 그들은 예수의 신분을 올바르게 이해할 수가 없다. 그들은 야훼와 관련한 메시아의 인격적 신분의 깊이를 이해하지 못하므로 야훼와 예수와의 관계를 이해할 수가 없다. 메시아는 옛적부터 권위가 주어진 "아돈(아도나이)", "인자"(단 7:13-14)다. 예수는 그들이 오래 전에 알아야만

---

26. 나아가서 예수는 영감된 성경으로서 시편의 다윗의 저작을 함의하신다. 최근의 개관을 위해서는 Barry C. Davis, "Is Psalm 110 a Messianic Psalm?" *BibSac* 157(April-June 2000): 160-73을 보라.

했던 것을 인식하도록 자극하신다. 유대인들은 메시아가 신이실 것이라는 것을 일반적으로 믿지 않았다. 여기서 예수는 다윗이 메시아를 "아들"과 "주"로 불렀던 것처럼, 메시아는 인간의 후손이지만 야훼와 신적인 관계가 있음을 보이심으로써 그들을 혼란케 하신다.[27]

예수의 사역을 통해서 하나님과의 관계가 점차적으로 드러나고 명확해진다. 그는 제자들이 점차적으로 인식하게 된(14:33) 놀라운 진리인 하나님의 유일한 아들이시다(3:17; 4:3, 6; 10:32-33, 40; 11:27). 제자들의 이해는 베드로가 예수는 그리스도시요 "살아 계신 하나님의 아들"(16:16)이라고 고백했을 때에 절정에 이르렀다.

마태는 성전에서 예수가 종교지도자들과의 마지막으로 논쟁하신 일에 대한 종합된 반응을 설명한다: "한 마디도 능히 대답하는 자가 없고 그 날부터 감히 그에게 묻는 자도 없더라"(22:46). 그들이 예수에게 질문을 삼가고 침묵함은 이전 페리코프의 결론일 뿐만 아니라, 21:23에서 시작된 일련의 논쟁의 결론이다. 예수는 이 논쟁들의 모든 곳에서 자신의 신분을 더욱 알리신다. 그들은 예수를 올무에 걸리게 할 수가 없었다. 오히려 예수는 자신의 신분과 권위를 명확하게 드러내신다. 예수는 곧 일련의 "화"(23장)로 심각하게 그들을 꾸짖으실 것이다. 유일무이하신 아들로서 야훼와 유일한 관계가 있으신, 오래도록 기다리던, 메시아인 다윗의 아들로서 드러내신 예수를 영접하지 않는 것에 대해서 말이다.

상황잇기

22장은 종교지도자들과 대결하는 세 비유 가운데 세 번째 비유로 시작된다. 그들이 회개하지도 않고 하나님의 나라에 들어가지도 않기 때문이다(21:28-32). 결과적으로 하나님은 이스라엘에게서 그 나라를 빼앗아서 열매를 맺는 다른 민족에게 주실 것이다(21:33-46). 결혼식 잔치 비유에서 예수는 하나님이 천국의 초대에 대한 이스라엘의 모든 반응들을 심판할 것임을 선언하신다. 여기에는 일반적으로 이스라엘 민족, 특히 종교지도자들, 그리고 개별적으로 그 백성들이 포함된다(22:1-14). 마태의 내러티브는 이 결혼식 비유에서 중요한 전환을 이룬다. 예수는 차례로 예루살렘에 다양한 지도적 위치에 있는 그룹들과, 예수의 메시아적 제기들을 흠잡으려는, 신학적인 논쟁에 참여하신다. 마태는 이들이 예수와 논쟁을

27. 또한 Craig A. Evans, *Mark 8:27-16:20*(WBC 34B; Nashville: Nelson, 2001), 272-75을 보라.

할지라도 모두가 예수의 메시아적 신분의 제기에 대한 구약성경의 이해에 부족하다는 사실을 독특한 방식으로 상술한다.

성전에서 예수와 종교 지도자들 사이에 논쟁들은 예수의 지상 사역의 마지막 공적 논쟁을 형성한다. 이 논쟁들이 성주간의 화요일에 상당히 집중되어 있다. 삼일 내에 예수는 다시금 종교지도자들 앞에 서실 것이지만, 그때에는 대제사장의 요새의 은밀한 영역에서 자신의 생명을 놓고 재판하는 과정에서 그리하실 것이다(26:57-68). 따라서 예수가 이 지도자들과 공개적으로 마지막 대결을 하실 때, 그의 지상 사역의 모든 것은 재판을 향해 있다.

하지만 중요하게도, 마태는 진정으로 재판을 받는 것은 예수가 아니라 종교지도자들이라는 것을 보이는 통찰을 드러낸다. 이 짧은 장면에서 예수는 각각의 예루살렘의 주요한 종교지도자 그룹의 사람들—바리새인, 사두개인, 헤롯당원, 심지어 열심당—을 만나신다.[28] 우리가 이 장면에 대한 다양한 복음서 내러티브와 비교할 때, 마태는 예수가 말씀을 전하고 있는 각 그룹을 거명한다. 이 그룹들에 대한 마태의 정확한 이해는 성전 논쟁의 역사적인 세부사항들, 예루살렘의 분파적인 지도부의 터 싸움, 그리고 그들이 잘못되어 있는 신학적 오류의 구체적인 영역들에 대해서 그가 잘 알고 있음을 반영한다.

각 그룹들은 자신의 독특한 신학적, 정치적, 사회적, 종교적 목표가 있다. 그들은 우리가 배울 수 있는 약점과 강점이 있다(아마도 우리는 그들의 헌신적인 자세에서 유익한 것과 그들의 오류로부터 삼가는 것을 배울 수 있을 것이다). 예수는 각 그룹의 본질적인 신학적 오류들을 공개적으로 가져오신다. 그들이 이것을 고치지 않는다면 천국에서 배제되는 결과를 낳을 것이고, 궁극적으로 마지막 심판에 이를 것이다. 하지만 예수는 이스라엘의 어느 그룹의 기대를 초월해서 그들의 약점과 강점으로부터 천국의 메시지를 가장 분명하게 들을 수 있도록 우리가 어떻게 배울 수 있는가를 보이신다.

바리새인의 제자들. 오직 마태만이 결혼 잔치 비유를 기록하고 있고, 그것은 예수의 천국 초대를 거부한 종교지도자들에 대한 심판의 직접적인 선언을 담고 있다. 마태만이 비유에서 예수의 선언에 반응하여 신학적으로 예수가 올무에 걸리게 할 것인가를 바리새인들이 공모하고 있음을 기록하고 있고(22:15), 또 마태만이 예수

28. 오직 에센파만이 나타나지 않는다. 이는 예루살렘의 정치적 생활과 신약성경의 문학적 배경에서 그들이 대체로 역사적으로 그리고 지역적으로 물러나 있었음과 일치한다.

를 올무에 걸리게 하기 위해서 이 지도자들이 보낸 자들을 "바리새인의 제자들"이라고 상술한다(22:16).

이것은 음모의 독특한 차원을 추가시킨다. 바리새파의 제자들은 바리새인들의 하인배들이다. 그들이 율법의 전문가나 자격을 갖춘 바리새파의 지도자는 아니기 때문에 예수에게 상당한 위협적인 존재처럼 보이지는 않는다. 그들은 예수를 정확하게 묘사하면서 아양을 떨지만 그 마음이 악하다. 종교적인 위선의 극치다(22:18)—예수가 경계를 늦추게 하여 올무에 걸리게 하기를 시도하고 있다. 고통스러운 요지는 아무리 신실하고 정확해 보일지라도 내적인 악한 의도에 의해 이끌리고 있다면, 외적인 종교적 수행은 악하다는 사실이다.

헤롯당들. 마태는 바리새인의 제자들과 함께 헤롯당원들이라 불리는 그룹도 기록하고 있다(22:16; 참조. 막 12:13). 유대교 내에서 많은 방식에서 그들은 신학적인 논쟁에 서로 반대편에 서 있다. 헤롯당은 헤롯 왕조와 이스라엘에서 로마의 치열한 대변자들이다. 바리새인들은 율법적 정결과 인종적인 불결로부터 분리를 주칭하는 이스라엘 사람들의 행적을 대변한다. 이 두 그룹이 예수와 대결하기 위해서 합세한다는 사실은 정치가 야릇한 동석을 만들뿐만 아니라 예수가 유대 당국자들의 모든 계층에 공통적으로 위협이 되었음을 조명해준다.

가이사에게 세금을 내야 하는 문제는 세속의 정치 세력들에게 어떤 존경을 표해야하는지의 중요한 이슈를 드러낸다. 바리새인들과 헤롯당원들은 정반대 되는 방법론을 대변한다. 바리새인들이 로마의 지배를 수용하지 않았을지라도, 그들은 의식적인 정결로 스스로를 분리시키고 메시아적 구원자의 도래를 기도함으로써만 그들의 반대를 표명했다.[29] 헤롯 왕조를 대변하는 헤롯당원들은 로마에 대한 저항을 포기하고, 그리스로마 문화를 촉진시켰다. 사두개인들처럼, 헤롯당원들은 메시아적 소망을 거부하고 정치적 행동을 자신들의 이득을 촉진할 수 있는 방법으로 보았다.[30]

하지만 예수는 이런 양극단을 취하지 않으신다. 하나님 나라는 그 영향을 발전시키기 위해서 인간 정부의 정치적 군사적 능력에 의존하지도 않고, 하나님의 도래에 대한 소망을 거두어들이지도 않으면서, 이 땅의 영역 내에서 작용한다. 예수의 나라의 제자들은 세상적인 통치제도를 위협하는 자도 아니며, 그것에 먼저 충

---

29. 바리새인에 대한 간단한 개관을 위해서는 Wilkins, "Matthew," 25을 보라. 확장된 취급을 위해서는 Meier, *A Marginal Jew*, 3:289-340을 보라.

30. Meier, *A Marginal Jew*, 3:560-65.

성할 수도 없다. 제자들은 세상의 통치제도에 대한 적합한 의무를 갖지만(참조. 롬 13:1-7; 벧전 2:13-17), 천국을 먼저 구하고 섬긴다(마 6:24, 33).

사두개인들. 세 공관복음서 모두 부활과 관련한 세 번째 논쟁에서 사두개인의 선동을 언급한다(22:23; 막 12:18; 눅 20:27). 사두개인들은 예루살렘에 유대의 정치적 범주에서 영향력 있는 그룹이다. 그들은 대제사장, 귀족가문, 그리고 상인들의 부류에 속했다. 이스라엘의 경제 제도에서 그들은 부유한 자들을 대변했다. 헤롯당원들처럼 그들은 그리스-로마 문화의 영향을 받았고, 로마의 통치자들과 좋은 관계를 배양했다. 신학적으로 그들은 근본적으로 보수적이다. 그들은 쓰여진 오경(구약성경의 첫 다섯 책)만을 인정하고 성경의 문자적 해석을 견지했다. 이로 인해 그들은 바리새인들의 구두 율법을 반대했다. 그들은 영혼의 불멸성, 죽음 후의 육체의 부활, 장래의 메시아적 구원자의 도래, 그리고 천사적 영의 존재를 믿지 않았다.[31]

사두개인들이 부활에 대한 질문으로 예수를 올무에 걸리도록 시도했을 때, 예수는 그들의 보수적 자세가 실제로는 자기를 섬기는 책략이라는 것을 드러내신다. 성경의 내용에 대한 그들의 견해는 자신의 이득을 추구한다. 그들의 교리가 가르치는 것처럼 진정한 미래가 없다면, 그들은 지금 당장 이 땅을 천국으로 만들 수 있는 권력과 쾌락적인 모든 것을 잡을 필요가 있다. 역사에서 하나님의 실제적인 참여가 없다면, 그들은 자신의 장래를 확보하기 위해서 그들의 손으로 인생을 붙잡을 것이다. 그들의 부와 정치적 권력이 거만을 낳았고, 로마 통치자들과 기꺼이 협력하려는 의지는 그들의 신학적 확신을 타협하게 만들었다. 예수는 그들이 성경도 하나님의 능력도 알지 못하고 있다고 책망하신다(22:29).

예수는 하나님이 산 자와 죽은 자 모두의 하나님이시며 각 사람은 주의 주권 아래에서 매순간 살아야 함을 말씀하신다. 이 시대의 권력, 평판 그리고 쾌락의 모든 것이 어느 날 하나님 앞에 서서 영원한 운명에 처해지는 종말의 보상이 될 수는 없다.[32]

---

31. 사두개인들에 대한 간단한 개관을 위해서는 Wilkins, "Matthew," 25을 보라. 확장된 취급을 위해서는 Meier, *A Marginal Jew*, 389-444을 보라.

32. 몇 가지 관련된 요지들이 이 상호작용에서 나타난다. (1) 예수는 여기서 성경의 축자 영감을 주장하고 있음을 주목하라. 예수의 논증이 구약성경의 동사의 시제에 근거하고 있기 때문이다. (2) 예수가 지적하고 있는 사람의 물질적인 양상은 이미 죽었기 때문에 비물질적인 양상이 이 사람들의 실제적인 존재를 충분히 함축한다. (3) 예수는 육체적인 죽음을 경험한 사람들의 존재의 양태를 설명하고 있는 것이 아니라 그들이 여전히 인격적인 존재의 형태를 갖고 있음을 설명하신다.

무리들. 오직 마태만이 무리들이 예수가 사두개인들의 신학적 수수께끼를 해독한 방식에 대해 놀라움으로 반응한 것을 언급한다(22:33). 피상적으로만 읽는다면, 무리들이 놀라움을 금치 못했음이 예수에 대한 신앙이나 헌신의 표현이 된다고 생각할 수 있으나, 마태가 그의 복음서에서 쭉 강조해온 것처럼, 놀라움이나 찬사는 신앙과 동일한 의미를 갖지 못한다. 신앙은 제자들로 이끌지만, 놀라움은 감정적인 느낌으로만 이끈다. 그것은 변덕스럽다. 예수는 사람들을 기쁘게 하는 것은 단순히 인기만을 얻을 뿐임을 잘 알고 계신다.

예수의 예루살렘 입성 시에 호산나라고 외치고 그의 가르침에 놀라워했던 무리들은 종교지도자들에게 설득을 당하여 바라바를 풀어주고 예수를 처형하라고 외치는 것으로 바뀐다. 그들은 그 나라를 가져오기 위해서 인간의 능력에 의존하지 하나님 나라의 능력에 의존하지 않는다. 마태는 무리들이 자기의 길을 원하지 하나님의 길을 원하지 않는다는 것을 성주간의 내러티브를 통해서 날카로운 통찰을 제공해준다. 예수는 심지어 대적자들도 알고 있는 것처럼(22:16) 사람을 기쁘게 하지 않는다. 무리들에게서 받는 환호와 상관없이 예수는 하나님의 뜻을 행하기 위해서 이 땅에서의 삶을 실천하신다.

바리새인 율법사. 마태는 세 번째 대결의 배후에 있는 음모에 대한 보다 구체적인 통찰을 제공해준다. 바리새인들은 계속해서 예수를 책잡기 위해서 시도하고 있었다. 사두개인들이 실패하자, 그들은 예수를 시험하기 위해서 율법사 중 한 사람을 보낸다. 마태는 이 율법사가 바리새인과 연관된 사람임을 밝히는 유일한 복음서 기자다(22:34-35).

바리새인들에게서 칭찬할 만한 특징은 하나님 말씀에 대한 헌신과 매일의 삶에서 그것을 실천하겠다는 의지다. 바리새인들 가운데 어떤 이들은 악한 동기를 가졌음에도 불구하고, 마가복음에 기록된 율법사의 반응은 이 사람이 진리를 신실하게 찾고 있는 자임을 알 수 있게 한다. 예수는 그의 현명한 반응이 하나님 나라에서 멀지 않음을 드러내고 있다고 말씀하신다(막 12:34).

예수는 대적자들에게 사방으로 둘러싸여 있지만, 그를 심하게 대적하는 비판가들 중에서 신실한 마음으로 하나님의 뜻을 찾는 사람들을 우리는 발견할 수 있다. 예수가 율법사의 좋은 의도를 보는 것은 감정적인 절제를 요한다. 따라서 마태는 예수에게 두어져야 하는 올바른 종류의 질문을 독자들에게 지적한다. 그 중에 하나는 성경의 본질적, 실제적 정신을 우리가 이해하게 하는 무엇보다도 중요한 진리를 발견하는 것이다. 율법의 가장 커다란 계명을 추구함으로써 율법사는 율법의 정신의 본질을 순종하게 하는 원리를 찾고 있다. 단순히 규칙을 암기하고 로봇처럼 그것을 순종하는 율법주의자가 되기보다는 성경의 원리를 배우는 것이 중요하다. 성경을 주신 하나님의 목적을 이해하고 우리가 행하는 것을 왜 하는지를 알아야 한다.

바리새인들. 네 번째 논쟁에서 예수는 곧바로 질문을 하심으로써 바리새인들에게 대결하는 것으로 전환하신다(22:41-42). 성경을 올바르게 해석하는 능력에 대한 그들의 교만이 성경 본문의 진정한 의미를 보지 못하게 만든다. 예수는 전승의 손쉬운 대답을 넘어서서 성경을 내다보도록 자극하시고 다윗의 자손은 단순히 인간적 결과가 아님을 이해하게 하신다. 그는 다니엘서에 예언된 "주"('아도나이)요 "인자"(22:43-45)다.

따라서 마태는 인간의 해석적 공동체가 이해하고 실천하는 것만을 받아들이는 전통주의의 위험성을 조명한다. 바리새인들은 장로들의 전승에서 공급하는 대답만을 취하고, 메시아적 예언에서 드러난 하나님의 뜻의 단순한 대답을 넘어서서 보는 자세를 취하지 못한다. 전통은 이전 세대들의 기술, 통찰, 학식 위에 세우는 도움되는 방법이지만, 그것이 성경 본문이나 하나님의 사자로서 예수의 도래 속에서 하나님의 음성을 듣는 것을 방해하게 해서는 안 된다.

바리새인들이 예수의 계시에 열려 있었다면, 그들은 이 메시아적 시편이 예수의 신분과 사명에 대해서 가르치는 것을 더 잘 알았을 것이다. 나중에 신약성경의 저자들은 시편 110편을 어느 다른 구약의 예언보다도 예수가 메시아(행 2:34-36)이고, 그는 천사들보다 위대하며(히 1:13), 십자가, 부활, 승천 후에 예수가 천국에서 하나님 아버지의 우편에 앉아 계시며(행 2:33-35; 히 6:20), 하나님이 예수의 대적자들을 무릎꿇게 하는 것(고전 15:25-28; 엡 1:22; 히 10:13)을 규명하는 것으로 인용한다.[33]

하지만 우리는 바리새인들에 대한 또 다른 중요한 것을 주목할 수 있다. "너 바리새인" 또는 "그녀는 바리새파에 속한다"와 같은 현대적 표현은 1세기 배경에 기초해 있다. 엄격한 율법주의나 위선적인 자기 의를 강조하는 그러한 표현은 오늘날 거의 전적으로 어떤 사람을 깎아 내리기 위한 것으로 사용한다. 하지만 1세기에 어떤 이를 바리새인이라고 부르는 것은 삶에 성경을 적용함으로써 신실한 성취를 이룬 자에 대한 칭찬이었다. 즉 어떤 이를 바리새인이라고 말하는 것은 그가

33. Davis, "Is Psalm 110 a Messianic Psalm?" 172.

그 파의 공식적인 일원이 아닐지라도 의를 추구하는데 성실한 자임을 인정하는 것이었다.

바리새인들의 혹독한 비판을 받으셨던 예수 자신도 율법사의 강렬한 의문에서 하나님 나라의 진정한 추구를 보았다(막 12:34). 바리새인 니고데모는 아리마대 요셉처럼 산헤드린의 일원이었고 주요한 바리새인이었으나 예수의 제자가 되었다. 누가는 그를 "하나님의 나라를 기다리는"(참조. 눅 23:50-51) 훌륭하고 의로운 자라고 묘사한다. 니고데모와 아리마대 요셉은 장사(葬事)를 위해서 예수의 몸을 달라고 주장할 수 있는 영향력 있는 자리에 있음으로써 역사에서 가장 중요한 부분에서 하나님께 쓰임 받는다(마 27:57-60; 요 19:38-42).

나는 어떤 방식으로든 예수가 바리새인들 속에서 보았던 악을 폄하하거나 궁극적으로 예수의 십자가 죽음으로 이끌었던 모략에 참여한 그들의 책임을 축소하기를 원치 않는다. 하지만 우리는 1세기의 바리새인들을 살필 때 약간 더 객관적인 측면을 살필 필요가 있다. 마찬가지로 그것은 사두개인들에게도 적용된다. 그들은 대제사장과 제사장들로서 예수의 십자가 죽음을 낳은 모략으로 잘못된 기소를 했다. 사두개인의 대제사장 집단은 초대교회의 주요한 대적자들이었다(예. 행 4:1-3; 6:17-18). 하지만 사두개인의 제사장 계열의 많은 이들이 신자가 되고 초대교회의 영향력 있는 구성원이 되었다(행 6:7). 그들의 배경이 예수를 믿기 위해서 나아오는 요인이 되었을 것이다.

이러한 객관성은 1세기 그룹들이 우리가 많이 배워야 하는 강점과 약점을 갖고 있었음을 우리로 인식하게 만든다. 그들이 오늘날 기독교 범주에서 발견할 수 있는 여러 특징들을 갖고 있기 때문에 특히 그러하다. 우리가 예루살렘 성전에서 이 그룹들과 예수의 근본적인 상호작용(대화)을 살필 때 우리들에게 교훈이 풍성하다.

현대적 의미

내부자(인사이더)를 안으로 들어오라고 하는 초대. 결혼잔치 비유의 놀랍고 두드러진 요지(22:1-14)는 가장 심각하게 정죄를 받는 자가 인사이더(내부자)라는 것이다. 예수는 종교지도자들, 주로 사두개인들과 바리새인들에게 이 비유를 말씀하시고, 그들은 예수의 요지를 놓치지 않는다(21:45; 22:15). 예수는 성전의 사두개인 당국자들과 회당의 바리새인의 영향에 위협이 되었다. 그들은 하나님 나라로의 예수의 초대를 이스라엘 백성들의 나머지 사람들과 같이 받았으나, 그들의 제도에 대한 헌신이 예수의 부르심 속에 들어 있는 진리를 보지 못하게 만든다. 그러므로 그들은 예수를 죽였고, 그들의 벌은 신속하고 심각하다(22:7). 이 초대에 응답하지만 적합한 옷을 입지 않은 사람도 영벌로 정죄될 것이다. 그는 내부에서 예수를 배신한 가룟 유다처럼 인사이더를 대변한다.

이 비유는 천국의 어린양의 결혼 자치를 언급하지는 않지만(계 19:5-8), 천국으로의 초대에 대한 1세기 이스라엘의 반응을 묘사한다. 나아가서 그것은 복음에 대한 이 세상에서 개인들의 반응을 설명해준다. 청함을 받은 자는 많으나 택함을 입은 자는 적다. 예수는 하나님의 가족으로 부름을 받은 기회를 진지하게 취할 것을 지적하신다. 이것은 우리들에게 중요한 의미를 갖는다.

이 비유는 하나님 나라의 참된 멤버십의 핵심을 취할 것을 자극한다. 사도 베드로는 "그러므로 형제들아 더욱 힘써 너희 부르심과 택하심을 굳게 하라 너희가 이것을 행한즉 언제든지 실족하지 아니하리라 이같이 하면 우리 주 곧 구주 예수 그리스도의 영원한 나라에 들어감을 넉넉히 너희에게 주시리라"(벧후 1:10)고 말한다. 교회는 하나님 나라의 참된 구성원이 아닌 사람들을 포함하고 있다. "인사이더"이지만 복음의 초대에 진정으로 응답하지 않은 확실한 교회 구성원의 자녀들이 있다. 나는 계속된 출석이 필연적으로 차이를 만들어낸다고 믿지 않는다. 위에서 제기한 것처럼, 예수와 베드로가 강조하고 있는 선택의 이슈는 하나님의 주권적인 선택의 문제이다. 하지만 우리가 베드로의 조언을 따른다면, 우리의 소명과 선택을 "굳건히" 해야 한다.

개인적으로 그리고 우리의 교회와 가족을 포함하여 우리가 사역하는 사람들과 함께 소명과 선택을 굳건히 하기 위해서 우리는 예수 당대의 종교지도자들—하나님 나라에 들어오지 못한 내부자들—로부터 교훈을 얻어야 한다. 예수는 하나님 나라가 열매를 맺지 못하는 자들에게서 빼앗겨져 하나님 나라의 열매를 맺는 자들에게 주어질 것이라고 말씀하신다. 이것은 새 언약을 세우시는 성령의 역사를 지적하신다. 생산된 열매는 중생한 사람들 속에서 통치하시는 하나님의 임재다. 이들은 의의 열매(마 5:20), 선한 행실(골 1:5-10), 성령으로 변화된 성품의 열매(갈 5:21-24), 이 땅에서 천국의 실제를 증거하는 제자들의 새 세대의 열매(마 28:18-20; 참조. 요 15:16)로 식별되는 삶을 통해서 하나님의 능력을 보인다.

베드로가 준 격려는 인사이더로서 우리는 우리의 사람들과 우리 자신을 도울 수 있고, 올바르게 우리 자신을 심사하는 방법을 배울 수 있다. 우리가 여기와 영원에서 생명에 대한 영원한 청구자로서 예수에게 자유로운 충성을 할 때, 사도 요한

이 약속한 순종함으로부터 오는 확신을 얻을 수 있다: "내가 하나님의 아들의 이름을 믿는 너희에게 이것을 쓰는 것은 너희로 하여금 너희에게 영생이 있음을 알게 하려 함이라"(요일 5:13). 그것은 소망이나 바람이나 원함이 아니라 우리가 영생을 갖고 있음을 아는 것이다. 참으로 예수와 그의 말씀에 거하는 자들은 옳은 것을 행할 뿐만 아니라, 행함으로 이끄는 올바른 일을 할 수 있는 마음의 내적 특성을 성장시키는 열매를 보게 될 것이다.

우리가 이 일을 행하는 동안에, 다른 사람들의 열매를 계산하는 바리새인의 율법주의에 빠지지 않도록 조심해야 한다. 인사이더인 사람들의 혼합된 본성의 실제가 예수의 재림 때까지 우리로 하여금 생명에 대한 현실주의자로서 위로를 받게 한다. 예수가 오실 때까지 알곡과 가라지의 혼합된 꾸러미가 있다(13:24-30을 보라). 우리가 우리 자신을 심사하는 것을 배우고, 다른 이들이 그들 자신을 심사하는 것을 배우도록 도울 때, 우리는 하나님께 칭찬을 들을 수 있다.

이 세상에서 차이를 만들기 위한 조언. 가이사에게 세금을 내는 일에 대한 종교지도자들의 질문에 예수의 반응은 주님이 오실 때까지 크리스천들이 이 세상에서 살아가는 중요한 원리를 대변한다: "가이사의 것은 가이사에게, 하나님의 것은 하나님께 바치라"(22:21). 예수는 인생이 가이사에 대한 의무와 하나님에 대한 의무로 각기 구분되어 두 구획으로 나뉘어 있음을 말씀하고 있지 않다. 가이사와 하나님 나라는 하나님이 규정하신 각각의 영역에 따라 권리가 있다. 하지만 세상의 권위자들에 대한 의무를 이루는 방법은 하나님에 대한 우리의 의무를 먼저 성취하고 나서다.

종교지도자들의 위험성은 극단으로 가는 경향이다. 그들은 쿰란 공동체의 에센파들처럼 가이사에게서 완전히 물러나거나 바리새파처럼 사회적으로 물러나 있다. 한편으로 그들은 가이사와 제휴함으로써 이익을 얻는다. 사두개인과 헤롯당원들처럼 말이다. 또는 직접 문제를 해결하기 위해서 열심당처럼 가이사에 대항해서 무력으로 싸운다. 우리가 오늘날 기독교 세계에서 다양한 그룹들을 살펴볼 때, 동일한 종류의 극단을 발견할 수 있다. 어떤 분리주의적인 크리스천들은 암만파(Amish)의 신도들처럼 자신의 세계로 물러나거나 일부 분리주의 그룹처럼 사회적으로 동떨어져 있을 수 있다. 또 다른 이들은 다른 극단으로 나아가서 다양한 자유주의 교단들처럼 주요한 계획으로 정치를 이용하여 이득을 얻는다. 반면에 또 다른 이들은 자신의 대의를 개진하기 위해서 폭력을 이용한다. 예수의 말씀은 우리가 균형을 잡도록 돕는다.

2001년 9월 11일에 테러리스트들이 일상적인 사람의 삶에 상상할 수 없는 공포를 가져온 후에 미국 의회가 상원에서 모였을 때를 텔레비전으로 생중계 하던 것을 나는 분명하게 기억한다. 조지 부시 대통령은 열정적인 연설을 했다. 그는 재앙을 당한 몇 명의 소방대원들과 경찰들을 영예롭게 했다. 그는 비행기를 탈취한 사람들에게 달려들어 자신의 생명을 포기한 사람들의 한 아내를 영예롭게 했다. 나는 이즈음의 공포를 먼저 경험했던 모든 사람들의 치유를 위한 필요에 깊이 공감했다.

부시 대통령이 연설을 했을 때, 모인 사람들에게, 이 나라에서 이 광경을 지켜보았던 모든 이들에게, 그리고 참으로 세계 주변의 모든 사람들에게, 그의 결의를 확산시키는 것을 보았다. 하지만 텔레비전을 지켜보았을 때, 내가 적군과 싸우기 위해서 군입대해 조국을 섬기려 했던 30여 년 전과는 매우 다른 안목으로 이 사건들을 바라보았다. 그때에 나는 조국에 대한 의무를 행하도록 부름 받은 비그리스도인이었다. 하지만 이번에 나는 당신과 나만이 채울 수 있는 필요를 보았다. 우리는 유일한 참된 소망, 참된 평화가 있다.

어떤 크리스천들은 군복무로 입대하여 전쟁에서 봉사했다. 이 소명을 이해하는 것은 그들과 주님 사이의 일이다. 어떤 이들은 소방대원이나 경찰이 되었다. 어떤 이들은 의사나 경제학자 또는 기술자나 건설업자가 되었다. 이 모든 이들이 테러리즘과 전쟁의 참혹함을 재건하고 우리의 자녀들을 안전하게 한다. 나는 많은 사람들이 이런 일들에 응답하기를 바란다. 정부에 대한 적절한 존중과 지원은 하나님을 경외하는 방법이다.

하지만 크리스천으로서 우리들은 이것을 잊어서는 안 된다: 우리의 첫 번째 의무는 하나님 나라에 대한 것이다. 크리스천으로서 나는 악을 영속시키는 자들에게 정의를 가져옴으로써 봉사에 참여할 수 있다. 하지만 나는 이미 전쟁에서 싸웠고, 악의 끔찍한 본질을 알고 있다. 또한 나는 정의를 위해서가 아니라 나 자신의 자아 곧 나의 만족을 위해서 내가 총을 겨눈 사람이 누구인지 상관하지 않고 죽였을 때 내 마음에 어른거렸던 악을 알고 있다.

내가 그리스도의 형상으로 변화되기를 계속할 때, 나는 이제 또 다른 충성을 갖고 있음을 알고 있다. 예수 그리스도의 십자가의 피로 진정한 평화를 가져옴으로써 나는 복음의 능력으로 악을 이기기 위해서 싸워야 한다. 나는 나의 적들을 사랑해야 하고 성령의 강력한 역사로 악을 이겨야 한다. 사랑이시고 거룩하고 의로우신 하나님 앞에서 그들이 회개하도록 도와야 한다.

세금을 내는 것이든, 군대나 경찰에 가담하는 것이든, 정치에 참여하는 것이든, 우리가 정부를 위해 행하는 것이 하나님 나라의 오심을 촉진하지는 못한다. 국가에 대한 무조건적인 충성은 예수의 진술의 후반부(하나님의 것은 하나님에게)를 범하게 된다. 존재하는 모든 것이 하나님의 것이기 때문에 궁극적인 충성은 하나님에게 있다.

이 단락의 깊은 연구를 통한 결론에서 칼빈은 "요컨대, 시민의 질서를 전복하는 것은 하나님에 대한 반항이요, 지도자와 위정자들에 대한 순종은 항상 예배와 하나님에 대한 두려움과 연계되어야 한다. 하지만 지도자들이 하나님의 권리를 찬탈한다면, 하나님께 범죄하게 하는 그들에 대한 순종을 거부할 수 있다."[34] 하나님께 대한 우리의 충성이 가이사의 것을 주는 것에 무관심하거나 가이사에게 저항하는 것을 촉진케 해서도 안 되지만, 가이사에 대한 우리의 충성이 하나님께 대한 충성을 범하게 해서도 안 된다. 가이사의 나라가 하나님의 나라를 범하게 될 때, 베드로와 다른 제자들의 예리한 조건이 작용할 수 있다: "사람보다 하나님께 순종하는 것이 마땅하니라"(행 5:29).[35]

예수의 진술은 우리의 충성을 매일 점검하게 만든다. 데일 부르너는 마태복음 22:21에서 예수의 말씀을 현명하게 언급한다.

> 예수의 위대한 말씀이 국가에 대한 크리스천의 관계에 대한 의문을 영원히 해결시키지는 않는다. 우리들은 정치에 에너지를 너무 많이 주고 있는지 적게 주고 있는지를 항상 새롭게 자문해야 하기 때문이다. 예수의 가이사에 대한 언급은 우리의 시간 사용과 우선순위를 계속해서 재조정하기를 요청하는 계산자다.[36]

하나님이 하나님이 되게 하라. 부활에 대한 사두개인들의 질문은 예수의 믿음 체계 내에서 해결할 수 없는 딜레마라고 여겼던 것으로 예수를 올무에 걸리게 하기 위한 시도였지만, 그것은 자신들의 세계관을 드러내었다. 그들은 바리새인의 구두 율법의 권위를 올바르게 부정했지만, 하나님의 음성을 자신들이 영감이 있다고 믿었던 성경책들로 한정했다. 그것은 이 세상에서 하나님이 실제로 행하신다(그것은

---

34. Calvin, *Matthew, Mark, and Luke*, 3:27.
35. 우리가 올바른 종류의 균형을 이루기 위해서 연구해야 하는 구절들은 마 5:38-42; 롬 13:1-7; 딤전 2:1-7; 딛 3:1-2.
36. Bruner, *Matthew*, 2:785. 이 실제적인 이슈에 대한 그의 취급은 매우 도움이 된다.

많지가 않다)고 그들이 믿었던 것으로 하나님을 한정했다. 그들은 불멸도, 부활도, 하나님의 역사에의 관여도, 영적 세계도 믿지 않았다.

나는 젊은 시절에 비틀즈의 상당한 팬이었다. 하지만 내가 사두개인들의 세계관을 생각해 볼 때, 그것은 존 레논의 노래인 "상상"(Imagine)처럼 이상하게 들린다. 이 노래에서 레논은 청자들이 하늘도, 지옥도, 나라도, 죽거나 죽이는 것이 없는 것을 상상하도록 요청한다. 그는 종교가 없는 세상을 꿈꾸었다. 그는 우리들에게 평화 속에서 살고 있는 모든 사람들을 상상하도록 요청했다. 그의 노래는 복 받은 순수한 환상의 세계를 요청했다. 하지만 존 레논의 삶의 비극적인 종말은 그것이 단순히 허무한 공상에 지나지 않았음을 많은 사람들에게 일깨워주었다.

사두개인들도 A.D. 70년에 성전의 파괴와 예루살렘의 훼파로 비극적인 종말을 맞았다. 그들은 로마의 통치를 이용하여 그들에게 권력, 부, 안정, 평화를 가져다주는 정치적 동맹을 창출하려고 했다. 그들은 잘못된 곳에서 진리와 권력을 찾았다. 결국 유대인의 신앙을 부정했다. 그들은 성경의 다른 부분에서 들려오는 하나님의 음성을 억눌러 없앴고, 그들의 삶과 그들에게 책임이 있는 사람들의 삶에서 하나님의 능력을 부인했다.

우리들에게 중요한 모범은 사두개인들에 대한 예수의 비판이다: "너희가 성경도, 하나님의 능력도 알지 못하는 고로 오해하였도다"(22:29). 우리는 성경의 온전한 가르침을 알도록 헌신해야 한다. 우리는 위로를 받거나 우리의 세계관과 부합하는 성경책이나 단편적 선택에 의존해서는 안 된다. 성경이 우리의 죄를 위로할 수가 없다. 성경은 우리의 세속 문화적 꾸러미와 철학들과 양립할 수 없음을 가리킨다. 나와 같은 존 레논의 많은 팬들은 성경에 비추어서 그의 세속 철학을 평가해야 한다—그것은 성경과 양립할 수가 없다.

아울러, 우리들은 하나님의 능력을 아는 일에 헌신해야 한다. 그것이 삶을 변화시키고 이 세상에서 차이를 만들고, 중독의 사슬을 끊고, 결혼이 오래도록 지속하고 풍성하게 한다. 하나님의 능력은 모든 크리스천들에게 매일 매시로 임한다. 내가 가장 좋아하는 성경의 기도는 에베소서 1:18-20에서 에베소 교회를 위한 바울의 기도다.

> 너희 마음의 눈을 밝히사 그의 부르심의 소망이 무엇이며 성도 안에서 그 기업의 영광의 풍성함이 무엇이며 그의 힘의 위력으로 역사하심을 따라 믿는 우리에게 베푸신 능력의 지극히 크심이 어떠한 것을 너희로 알게 하시기를 구하노라 그의 능력이 그리

스도 안에서 역사하사 죽은 자들 가운데서 다시 살리시고 하늘에서 자기의 오른편에 앉히사.

그것은 얼마나 능력이 있는가! 인간에게 알려진 능력은 어느 것도 그와 같지 않다. 우리는 차를 굴리고, 로켓을 달로 보내고, 전 도시를 밝힐 수 있는 에너지를 동력화 할 수 있다. 하지만 어느 누구도 죽은 자를 살릴 수가 없다. 그것이 일상생활에서 우리의 삶에 에너지를 부여할 수 있도록 바울이 기도한 능력이다. 이 능력의 근원은 성령으로 채워진다(엡 5:18). 그때에 개인의 삶과 교회가 사두개인들의 오류를 배격하고 성경의 가르침과 하나님의 온전한 능력에 의존하는 예수의 제자도의 종류를 보일 수 있다.

제자들을 위한 하나님의 우선하는 뜻으로서 사랑. 대학과 신학교의 학생들과 같이 지내고 있는 나는 그들이 규칙적으로 그들의 삶을 위한 하나님의 뜻을 논하는 것을 듣는다—하나님이 무엇을 공부하기를 원하시는지, 어떤 직업이나 사역을 추구해야 하는지, 어디에서 살아야 하는지, 누구와 결혼해야 하는지! 모든 중요한 문제들. 우리의 삶을 위한 하나님의 뜻을 찾는 것은 젊은이들 중에서 대단히 논쟁되는 주제다. 나는 학생들에게 보통 자주 인용되는 어거스틴의 금언인 "[하나님을] 사랑하고 너희가 원하는 대로하라"를 생각하게 한다. 처음에 그것은 학생들에게 도덕률 폐기론자처럼 들리지만 더욱더 상고할수록 그것은 실제로 도움이 된다.

나는 바리새인의 율법사가 찾고 있는 것—하나님의 뜻을 실제적으로 이해하는 열쇠—이 이것이라고 생각한다. 성경이 자기 백성들을 위한 하나님의 쓰여진 뜻이기 때문이다. 율법사가 율법에서 가장 커다란 계명이 무엇인지를 물었을 때(22:35-36), 하나님이 뜻을 순종하는 우선하는 방식으로 찾고 있었다. 그때에 예수는 그것이 하나님과 이웃을 사랑하는 것이라고 말씀하신다. 그것은 어거스틴의 금언과 상당히 유사하다. 우리가 참으로 하나님을 마음과 목숨과 뜻을 다해 사랑한다면, 우리의 전 인격은 하나님께 우리 자신을 드리는 것에 초점이 맞추어진다. 그때에 우리는 우리를 위한 하나님의 뜻과 반대되는 것을 하기를 원치 않을 것이다. 우리는 우리 자신을 이웃에게 줌으로써 그들을 사랑할 것이고, 참으로 그들을 사랑한다면 그들의 선을 위한 것을 베풀 것이다. 여기에 성경의 적용에 풍성한 자유가 있다.

산상수훈에 관한 논증에서 나는 우리의 변화가 안에서부터 바깥으로, 즉 몸과 마음과 사회적 관계가 하나님께 '예'라고 말하는 마음에서 이루어지는 구조를 제기했다.[37] 우리가 이런 관점을 간직할 때, 그것은 율법사가 예수로부터 추구하고 예수가 응답한 방식과 일치한다. 하나님께 대한 궁극적인 순종은 우리의 전 인격이 하나님과 다른 사람들을 사랑하는 것으로 향해 있을 때다.

19세기 기독교 소설가이자 시인인 조지 맥도날드는 C. S. 루이스가 자신의 문학적 스승으로 간주하는 사람이다. 맥도날드는 장엄한 빅토리아 소설에서부터 기독교 판타지에 이르는 광범위한 부류의 책을 썼다. 하지만 그는 상당한 서신도 남겼다. 16살이었던 마리아라는 자기 딸에 대한 편지에서 그는 딸의 삶을 인도하는 결정적인 요소로서 하나님의 사랑을 이해시키기를 원했다.

> 하나님은 아주 아름답고, 인내하시며, 사랑하시며, 관대하시기에, 이 세상의 모든 사랑과 온유와 기쁨의 영이요 마음이요 반석이다. 이 세상과 사람들의 마음의 모든 아름다움, 모든 그림, 모든 시, 모든 음악, 모든 건축은 먼저 하나님의 마음으로부터 온다. 그는 아주 사랑스러우셔서 어느 마음도 그가 얼마나 사랑이 많으신 지를 알 수가 없다—단지 일부만 알뿐이다. 가장 좋은 사람이 가장 하나님을 사랑할 때도, 그가 받으셔야 하는 또는 그가 그들을 사랑하는 것만큼 그를 사랑하지 못한다.[38]

이것이 예수가 바리새인 율법사에게 언급한 종류의 사랑이다. 그것이 우리가 이웃을 사랑할 수 있도록 하나님께 우리 자신을 내어주는 것을 실천할 때, 하나님의 뜻에 대한 순종으로 살아가는 자유에 열려 있는 사랑의 종류다.

포화 속에 있는 예수. 메시아의 신분에 대한 예수의 질문에 반응했던 바리새인들(22:42)은 그들의 학문적 조합의 전승을 만족시켰던 대답을 주지만 그것은 메시아의 온전한 모습이 아니다. 그들은 다윗의 인간적 자손만을 고려한다. 하지만 이런 종류의 메시아는 여느 인간적인 종교적 인물에 지나지 않는다. 그러므로 예수는 다윗의 시편이 언급한 것을 볼 수 있도록 그들의 눈과 마음을 열기 위한 자극을 주신다—메시아는 다니엘서가 예언한 거룩한 인자이신 '아돈', 주님이시다. 이 장엄한 마음을 열게 하는 경험은 바리새인들에게 확신을 주었어야 했다. 그들은 메시아 구원자를 기다리고 있었지만, 이것은 그들이 사전에 알고 있었던 개념과 맞지 않는다. 따라서 그들은 떠나고 만다.

---

37. 5:17-20에 관한 현대적 의미 항목을 보라.
38. "빅토리아 소설가이자 시인이며 기독교 환타지 작가인 조지 맥도날드(1824-1905)와 관련한 모든 것들을 위한 온라인 자료"인 황금열쇠(Golden Key)에서 2002년 6월의 인용에서 가져옴(www.george-macdonald.com).

우리를 위한 교훈은 성경이 예수에 대해서 참으로 가리키는 것을 알고, 그것에 따라서 행동할 수 있는 용기를 가져야 한다는 것이다. 몇 년 전에 몇몇 동료 학자들과 나는 현대의 일탈–특히 '예수 세미나'로 알려진 그룹–로부터 예수와 관련한 성경적 가르침을 변호하고자 하는 책을 만들었다. 우리들은 그 책을 『포화 속에 있는 예수』라고 이름붙였다.[39] 이 책을 만드는 일은 이 나라의 주요한 복음주의적 학자들과 함께 작업하는 놀라운 기회를 얻게 했다. 그들 모두는 한 가지에 헌신했다. 즉 보다 성경적인 이해에 비추어 예수에 관한 잘못된 현대적 허구를 논박하는 일에 집중했다.

나는 많은 '예수 세미나'의 참여자들이 예수에 대한 그들의 이해를 재고했는지는 확신할 수 없으나, 그것은 예수가 어떤 일에 직면했었는지를 나에게 알려주었다. 그는 1세기에 포화 속에 있었다. 바리새파의 장로들의 전통은 구약성경의 메시아 예언을 날조했다. 그들이 메시아가 인간이면서 동시에 신일 수 있다는 것을 이해할 수 없었기 때문이다. 예수는 바리새인들에게 새로운 성경을 주신 것이 아니다. 그들이 필요로 했던 모든 것은 이미 그 성경 속에 있었다. 하지만 그들이 그러한 놀라운 진리를 인식하지 못했기에 성경의 설명을 왜곡시켰다.

그것은 오늘날 우리들에게도 상당한 의미가 있다. 현대주의자들과 포스터모던주의자들의 마음 자세는 성경이 설명하고 있는 예수에 대한 놀라운 제기를 회피한다. 하지만 우리가 『포화 속에 있는 예수』 속에서 개진했던 것은 나사렛 예수에 대한 신약성경의 제기가 사실이며, 그렇게 믿는 것이 올바르다는 것이다. 우리의 소망은 이처럼 하나님의 말씀에 대한 연구가 하나님을 추구하는 당신의 욕구를 왕성하게 하는 것이다. 당신이 하나님 앞에서 고결한 삶을 살려 한다면, 당신의 믿음이 참이고, 당신의 질문이 합당하게 만족스러운 대답을 얻는 것이 필요하다. 예수는 1세기에 그 모든 것을 제공했고, 그는 오늘날 우리들에게도 그렇게 하신다. 예수가 없다면, 우리는 영적으로 파산이고 소망이 없다. 바리새인들이나 현대의 창안자들에 의해 그려진 메시아의 종류는 영원한 구원이나 우리가 마땅히 살아야 하는 삶을 사는 능력을 제공할 수 없다.

이 진리는 크리스천이 반드시 알아야할 핵심이다. 예수가 스스로 선언하신 바로 그분이라면, 우리는 선포할 유일무이한 메시지를 갖고 있다. 예수는 이 땅에 나

39. Michael J. Wilkins, and J. P. Moreland, eds., *Jesus Under Fire: Modern Scholarship Reinvents the Historical Jesus* (Grand Rapids: Zondervan, 1995).

타났던 여느 인물과 다르다. 그는 단순히 메신저가 아니라 하나님의 아들이시다. 종교지도자들의 침묵은 성경 본문의 솔직한 의미를 피할 수 없다는 노골적인 증거다. 메시아는 하나님과 특별한 관계가 있다. 예수는 그것을 제기하신다. 또한 종교지도자들의 침묵은 그 의미에 대한 위선적인 회피의 노골적인 증거다. 그들은 주인이시오 메시아로서 예수를 인정했어야 했다. 하지만 궁극적으로 그리스도인이든 그리스도인이 아니든 간에, 우리는 모두 개인의 삶에 대한 그 영향을 간과할 수 없다. 예수는 주로서 그를 인정하고 섬기고 예배하기를 단지 요청하신다.

마태복음 23:1-39

1 이에 예수께서 무리와 제자들에게 말씀하여 이르시되

2 서기관들과 바리새인들이 모세의 자리에 앉았으니

3 그러므로 무엇이든지 그들이 말하는 바는 행하고 지키되 그들이 하는 행위는 본받지 말라 그들은 말만 하고 행하지 아니하며

4 또 무거운 짐을 묶어 사람의 어깨에 지우되 자기는 이것을 한 손가락으로도 움직이려 하지 아니하며

5 그들의 모든 행위를 사람에게 보이고자 하나니 곧 그 경문 띠를 넓게 하며 옷술을 길게 하고

6 잔치의 윗자리와 회당의 높은 자리와

7 시장에서 문안 받는 것과 사람에게 랍비라 칭함을 받는 것을 좋아하느니라

8 그러나 너희는 랍비라 칭함을 받지 말라 너희 선생은 하나요 너희는 다 형제니라

9 땅에 있는 자를 아버지라 하지 말라 너희의 아버지는 한 분이시니 곧 하늘에 계신 이시니라

10 또한 지도자라 칭함을 받지 말라 너희의 지도자는 한 분이시니 곧 그리스도시니라

11 너희 중에 큰 자는 너희를 섬기는 자가 되어야 하리라

12 누구든지 자기를 높이는 자는 낮아지고 누구든지 자기를 낮추는 자는 높아지리라

13 화 있을진저 외식하는 서기관들과 바리새인들이여 너희는 천국 문을 사람들 앞에서 닫고 너희도 들어가지 않고 들어가려 하는 자도 들어가지 못하게 하는도다

14 (없음)

15 화 있을진저 외식하는 서기관들과 바리새인들이여 너희는 교인 한 사람을 얻기 위하여 바다와 육지를 두루 다니다가 생기면 너희보다 배나 더 지옥 자식이 되게 하는도다

16 화 있을진저 눈 먼 인도자여 너희가 말하되 누구든지 성전으로 맹세하면 아무 일 없거니와 성전의 금으로 맹세하면 지킬지라 하는도다

17 어리석은 맹인들이여 어느 것이 크냐 그 금이냐 그 금을 거룩하게 하는 성전이냐

18 너희가 또 이르되 누구든지 제단으로 맹세하면 아무 일 없거니와 그 위에 있는 예물로 맹세하면 지킬지라 하는도다

19 맹인들이여 어느 것이 크냐 그 예물이냐 그 예물을 거룩하게 하는 제단이냐

20 그러므로 제단으로 맹세하는 자는 제단과 그 위에 있는 모든 것으로 맹세함이요

21 또 성전으로 맹세하는 자는 성전과 그 안에 계신 이로 맹세함이요

22 또 하늘로 맹세하는 자는 하나님의 보좌와 그 위에 앉으신 이로 맹세함이니라

23 화 있을진저 외식하는 서기관들과 바리새인들이여 너희가 박하와 회향과 근채의 십일조는 드리되 율법의 더 중한 바 정의와 긍휼과 믿음은 버렸도다 그러나 이것도 행하고 저것도 버리지 말아야 할지니라

24 맹인 된 인도자여 하루살이는 걸러 내고 낙타는 삼키는도다

25 화 있을진저 외식하는 서기관들과 바리새인들이여 잔과 대접의 겉은 깨끗이 하되 그 안에는 탐욕과 방탕으로 가득하게 하는도다

26 눈 먼 바리새인이여 너는 먼저 안을 깨끗이 하라 그리하면 겉도 깨끗하리라

27 화 있을진저 외식하는 서기관들과 바리새인

들이여 회칠한 무덤 같으니 겉으로는 아름답
게 보이나 그 안에는 죽은 사람의 뼈와 모든
더러운 것이 가득하도다
28 이와 같이 너희도 겉으로는 사람에게 옳게
보이되 안으로는 외식과 불법이 가득하도다
29 화 있을진저 외식하는 서기관들과 바리새인
들이여 너희는 선지자들의 무덤을 만들고 의
인들의 비석을 꾸미며 이르되
30 만일 우리가 조상 때에 있었더라면 우리는
그들이 선지자의 피를 흘리는 데 참여하지
아니하였으리라 하니
31 그러면 너희가 선지자를 죽인 자의 자손임을
스스로 증명함이로다
32 너희가 너희 조상의 분량을 채우라
33 뱀들아 독사의 새끼들아 너희가 어떻게 지옥
의 판결을 피하겠느냐
34 그러므로 내가 너희에게 선지자들과 지혜 있
는 자들과 서기관들을 보내매 너희가 그 중
에서 더러는 죽이거나 십자가에 못 박고 그
중에서 더러는 너희 회당에서 채찍질하고 이
동네에서 저 동네로 따라다니며 박해하리라
35 그러므로 의인 아벨의 피로부터 성전과 제단
사이에서 너희가 죽인 바라갸의 아들 사가랴
의 피까지 땅 위에서 흘린 의로운 피가 다 너
희에게 돌아가리라
36 내가 진실로 너희에게 이르노니 이것이 다
이 세대에 돌아가리라
37 예루살렘아 예루살렘아 선지자들을 죽이고
네게 파송된 자들을 돌로 치는 자여 암탉이
그 새끼를 날개 아래에 모음 같이 내가 네 자
녀를 모으려 한 일이 몇 번이더냐 그러나 너
희가 원하지 아니하였도다
38 보라 너희 집이 황폐하여 버려진 바 되리라
39 내가 너희에게 이르노니 이제부터 너희는 찬
송하리로다 주의 이름으로 오시는 이여 할
때까지 나를 보지 못하리라 하시니라

원 의미

21장과 22장의 긴 논쟁은 종교당국자들이 이스라엘 백성들을 회개로 인도하지도 않고 천국에 대한 예수의 초대를 수용하지도 않았음을 여지없이 드러낸다. 이 논쟁들은 성전에서 업무를 보고 있는 자들과 예수의 가르침을 듣기 위해서 모인 무리들이 공개적으로 들을 수 있는 성전 마당에서 있었다(21:23). 전통적으로 이 사건들은 성주간의 화요일에 있었던 것으로 이해한다. 종교지도자들과 무리들과의 예수의 공개적인 상호작용(논쟁)의 시간이 점점 마감되고, 예수에 대한 종교지도자들의 반대가 예수를 죽이기 위한 모략을 세우는 것으로 이끌려지고 있음이 점점 분명해진다.

예수는 제자들과 무리들에 대한 경고로서 율법사와 바리새인들에 대한 통렬한 마지막 비판을 행하신다. 예수는 몇 가지 이유 때문에 이 비판을 제기하신다. 이 종교지도자들은 이스라엘 전역의 마을에 자리잡고 회당 생활에 참여하고 있기 때문에 평민들에게 지대한 영향을 미치고 있었다. 바리새인들은 예수의 사역 내내 가장 목소리를 높여 예수를 반대했던 자들이다. 예수가 그들의 구두 율법을 주로 깎아 내렸기 때문이다. 이는 백성들 사이에서 그들의 권위적인 선언과 평판을 위협하였다. 하지만 많은 면에서 바리새인들의 교리적 입장은 주요한 항목에서 이스라엘의 다른 어느 종파(특히 사두개인들)보다도 예수의 입장과 유사하다.[1]

"화" 시리즈는 백성을 천국의 도래에 따른 회개로 이끌지 않은 종교지도자들의 잘못을 드러내는 비유(21:28-22:14)와 그들이 예수를 올무에 걸리게 하고자 하는 논쟁(22:15-22:46)에 곧바로 뒤이어 나온다. 예수는 제자들과 무리들에게 이 지도자들의 거짓된 리더십을 경고하시고, 그들의 잘못된 모범을 따르지 말 것을 경각시키신다(23:1-12). 하지만 예수는 지도자로서 실패한 그들의 책임과 결과를 가지고 그들과 직접 대결할 수 있도록 그들에게 '화'를 겨누신다. 그들의 치명적인 잘못된 리더십 때문에 예수는 그들에게 심각한 심판을 선언하신다(23:13-39).

어떤 이들은 마태복음에서 다섯 번째이자 마지막 주요한 강화를 형성하는 뒤이은 감람산 강화(24-25장)와 이 선언을 연계시킨다. 하지만 주제들이 상당히 다르기 때문에 예수의 예루살렘의 클라이막스적인 입성과 성전 사건 이후에 있었던 이스라엘 지도부에 대한 심판의 절정으로서 이 화를 보는 것이 가장 좋다. 그때에 예수와 제자들이 오후에 베다니로 돌아오던 중에 감람산 강화가 있게 된다(24-25장의 주석을 보라).

무리들과 제자들에 대한 경고(23:1-12)

예수는 먼저 무리들과 제자들에게 서기관과 바리새인들이 주는 잘못된 리더십을 경고하고, 그들의 사례를 따르지 말 것을 경계하기 위해서 이 말씀을 하신다(23:1-12). "율법사"(또는 서기관)와 "바리새인"은 두 구별된 그룹들이다: 서기관은 토라를 해석하는 전문가이고, 바리새인은 신학적인 전문가다(8:19의 주석을 보라).

율법주의적인 행위를 요구하는 것에 대한 경고(23:1-4). 예수는 먼저 무리들과 제자들에게 서기관과 바리새인들이 회당에서 갖는 권위적인 지위 때문에 사람들에게 부과하는 짐에 대해서 경고하신다. 그들은 모세의 자리에 앉아서 사람들이 따르기를 기대하는 율법적인 선언을 하지만, 실제로 그들은 실천할 수 있는 실제적인 도움을 제공하지 못한다.

"모세의 자리('카데라')"에 대한 예수의 언급은 최초로 알려진 이 표현에 대한

1. 3:7의 주석을 보라. 또한 Wilkins, "Matthew," 25을 보라.

문자적 언급이다.[2] 랍비 문서에서 또 다른 언급들은 가르칠 때 저명한 랍비들이 앉는 회당의 의자를 일반적으로 가리킨다.[3] 이 "자리"는 모세의 권위를 나타내는 비유적인 표현으로 자주 간주된다. 그러나 최근의 고고학적 증거는 글자 그대로 의자를 가리킨다.[4] 이 자리의 목적은 논쟁이 되고 있다. 대부분의 학자들이 그것을 회당의 지도자를 위한 자리로 간주할지라도 말이다. 아마도 그것은 회당장이 앉는 자리이거나 해석자가 성경의 일부를 읽고 해석한 후에 앉았거나, 존경받는 손님이나 연사가 앉았던 자리일 것이다.[5] 예수의 진술은 "모세의 자리"가 율법 전문가가 가르치는 장소로서의 사용을 확인해 준다.

예수는 선언한다. "그러므로 무엇이든지 그들이 말하는 바는 행하고 지키되." 이 선언은 다소 놀랍다. 뒤이어지는 경고와 화에서 그들에 대한 반감을 예수가 전하고 있기 때문이다. 이것이 풍자와 씁쓸한 아이러니일 수도 있지만,[6] 예수의 진술은 모세의 가르침을 해석하는 자로서 종교지도자들의 지위를 전하고 있는 것으로 보인다. 그는 혹독한 비판을 그들에게 하시지만 올바른 방식으로 시행될 때 그들의 직분적 역량을 인정하신다. 성경의 정확한 해석은 따라야 한다. 바리새인들은 좋게 말할 수 있는 많은 것들이 있다. 그들의 교리는 다른 그룹보다도 많은 중요한 이슈들에서 예수의 성경에 가깝다. 예수는 그들의 가르침이 영적인 삶에 유익하다는 것을 부정하지 않는다. 그는 원리적으로 의의 목적을 추구하는 그들의 욕구를 인정하신다.[7] 이런 점에서 예수는 성경의 가르침을 발전시키려는 그들을 정죄하신 것이 아니라 부정확하게 성경의 뜻을 해석하고 부적절하게 구약성경을 대치한 구두 전승을 정죄하고 계신다(참조. 15:1-9).

나아가서 예수는 바리새인들(모두는 아니다)이 보여주었던 위선적인 행위를 정죄하신다. "그들이 하는 행위는 본받지 말라 그들은 말만 하고 행하지 아니하며." 예수는 의 자체를 추구하는 것을 정죄하신 것이 아니라 의롭게 되고자 하는 노력에서 나타나는 그들의 잘못된 태도와 관습을 비판하신다. 여기서 예수는 바리새인들이 어떤 가치를 설교하나 그것을 실천하지 않는 구체적인 이슈를 지적하신다.

---

2. 논의를 위해서는 가장 최근의 증거가 있는 Levine, "Cathedra of Moses," *The Ancient Synagogue*, 323-27을 보라.
3. ibid., 324에서 인용한 *t. Suk.* 4:6을 보라.
4. 사진을 위해서는 Wilkins, "Matthew," 140을 보라.
5. Levine, *The Ancient Synagogue*, 326.
6. Carson, "Matthew," 473.
7. Hagner, *Matthew*, 2:654.

이것은 위선의 한 형태다. 예수가 산상수훈에서 정죄하신 위선은 바리새인들이 잘못된 이유를 위해서 올바른 일을 하고 있다는 것이다(참조. 6:2). 위선의 이런 형태가 아래 예수의 비판에 포함되어 있다.

사역을 통해서 종교지도자들에 대한 예수의 핵심적인 비난 중 하나는 그들이 백성들에게 무거운 짐을 지우고 있다는 사실이다(예. 9:36; 11:28-30). 예수가 여기서 말하고 있는 것처럼, 그들은 "무거운 짐을 묶어 사람의 어깨에 지우되 자기는 이것을 한 손가락으로도 움직이려 하지 아니" 한다. 사람들의 어깨에 지어진 "무거운 짐"은 유대교의 바리새인 분파의 특징인 랍비적 전승을 나타낸다. 그것은 시간과 장소에서 성전에서 멀리 떨어져 있는 상황에서 복잡한 희생 제사적 제도처럼 관계가 없어 보이는 삶의 정황을 구약성경과 연관짓는 것을 의도했다.

구두 전승은 "토라를 둘러싼 담(fence)"(*m. ʾAbot* 1.1을 보라)으로 기획되었다. 그들의 해석, 적용, 그리고 문제에 대한 해결은 토라를 보호하는 수단이 되었다. 구두 율법이 신적인 기원이 있는 것으로 고려되었기 때문에 그것의 방대한 의무는 성경보다도 훨씬 더 짐이 되었고, 시간이 지나면서 더욱더 규정이 첨가됨으로써 전체 시스템을 바꾸지 않는다면 랍비들은 그 짐을 덜 수가 없었다. 이것이 예수와 바리새인 제도와의 본질적인 갈등이다. 그들은 자신들의 제도에 헌신함으로써 예수의 위격 속에 있는 하나님의 역사를 놓쳤다.

남에게 보이고자 하는 경건의 가식에 대한 경고(23:5-7). 예수가 서기관과 바리새인들에 대하여 무리와 제자들에게 주신 두 번째 경고는 그들이 "모든 행위를 사람에게 보이고자" 한다는 것이다. "사람에게 보이려고"라는 표현은 산상수훈에서 종교지도자들에 대한 예수의 비판을 상기시킨다(참조. 6:1). 여기서 구체적인 비판은 두 가지 연관된 관습에 집중되어 있다: 종교적으로 두드러진 옷을 입는 것과 종교적으로 특출한 자리를 차지하는 것. 예수가 볼 때, 사람들 사이에서 평판과 신분의 확장을 위해서 종교적인 일을 행하는 것은 사람들의 관심에서 하나님을 가리는 것이다.

지도자들의 종교적인 옷이 먼저 비판이 대상이 된다: "그 경문 띠를 넓게 하며 옷술을 길게 하고"(23:5). "경문 띠"('필락테리아'; 히. '테필림')는 양피지에 쓰여진 성경구절들을 담고 있는 작은 가죽 입방체 상자이다. 그것은 신명기서의 조언을 문자적으로 순종하는 시도로 착용했다. "너희는 나의 이 말을 너희의 마음과 뜻에 두고 또 그것을 너희의 손목에 매어 기호를 삼고 너희 미간에 붙여 표를 삼으며"(신 11:18; 참조. 출 13:9, 13; 신 6:8). 그것을 아침 봉사 시에 성인 남녀들이 왼팔과 미간에 동여매어 착용하였다.

쿰란에서 가죽 경문 상자를 발견함은 예수 시대에 그것의 용법을 설명해준다. 1인치 길이의 한 형태는 미간에 붙여졌고, 작은 글씨로 출애굽기 13:9, 16; 신명기 6:8; 11:18이 쓰여진 네 개의 작은 두루마리를 담은 네 작은 부분을 담고 있었다. 1인치의 거의 1/3가량 되는 두 번째 형태는 왼팔에 착용했고, 모두 네 구절을 담고 있는 아주 작은 두루마리를 갖는 한 구획만을 갖고 있었다.[8] 랍비들은 경문을 너무 크게 착용하고 부적절하게 자신의 경건에 대한 관심을 끌고자 하는 유혹 때문에 경문 착용에 대한 규제를 스스로 만들었다.[9] 예수는 무리들과 제자들에게 자신의 경건을 나발불기 위해서 그러한 종교적 행위를 과시하는 습관에 대해 경고하신다.

사람들이 착용하였던 옷의 네 모서리에는 민수기 15:37-42와 신명기 22:12의 조언을 따라서 파란 끈을 달았다. 이 옷술은 하나님의 계명을 순종하고 하나님 앞에서 거룩해야함을 사람들에게 상기시켰다(민 15:40). 이 문맥에서 그 용어가 옷의 외면적인 술 장식을 언급하고 있을지라도, 예수도 옷술이 달린 옷을 입었다(마 9:20/눅 8:44; 마 14:36/막 6:56). 그런데 예수는 이 종교지도자들이 자신의 경건을 보이기 위한 시도로서 옷술을 과시하고 있음을 책망하신다. 그것은 사람들의 칭송을 얻으려는 또 다른 방식이다.

영예로운 종교적 자리에 대한 추구가 두 번째 비판의 대상이다: 그들은 "잔치의 윗자리와 회당의 높은 자리를 좋아한다." 특별한 저녁 시간에 앉는 자리는 그들의 신분이나 서열에 따라서 손님들에게 부여되었다. 손님들은 U자형의 일련의 테이블 주변에 소파에 기대어 앉을 수 있었고, 가장 영광스러운 자리는 중앙의 테이블에 있었는데, 주인이 중앙에 앉고 가장 존경받는 손님이 양편에 앉았다. 또 다른 손님들은 중요한 순서대로 차례로 자리에 앉았다(26:26의 주석을 보라).[10]

회당의 앉는 좌석은 지역마다 다양했다. 어떤 회당은 사방의 벽에 돌 벤치가 있거나 회중의 다수를 위해서 이동식 벤치나 매트가 있었다. 장로들과 회당의 지도자들이 특출한 자리를 차지하였다는 충분한 증거가 있다.[11] 벤치나 의자는 특별한

---

8. "Tefillin" and "Tefillin, Archaeology of," *DJBP*, 621.

9. Wilkins, "Matthew," 141을 보라.

10. 다양한 관습에 대해서는 Gene Schramm, "Meal Customs(Jewish)," and Dennis E. Smith, "Meal Customs(Greco-Roman)," *ABD*, 4:648-53을 보라.

11. 후대의 랍비 구절이 대표적이다: "장로들이 어떻게 앉았는가? 회중을 향해서 거룩한 것을 뒤로하고[즉 예루살렘과 성전]…회당의 관리자들은 거룩한 것을 대면하고 전체 회중도 거룩한 것을 대면하고"(*t. Meg.* 3:21).

경우에 중요한 사람들을 위해서 예약되었고, 평소 회당에서 모세의 자리(23:2)는 성경을 해석하는 사람을 위해서 확보되었다.[12]

공동체에서 자신의 종교적 위치를 알림으로써 공개적으로 경의를 표하게 하는 것은 특히 가증스럽다: "시장에서 문안 받는 것과 사람에게 랍비라 칭함을 받는 것을 좋아하느니라." 랍비는 일반적으로 토라 전문가이고, 보통 그 칭호는 랍비 학교의 최고책임자를 일컫는다. 학교와의 연관은 대중들로부터 자신을 구별되게 만든다. 이 학교는 거룩한 공동체였고, 사람들은 전반적으로 그 구성원들에게 커다란 존경을 표했다.[13] 이 학문적인 기관은 회당과는 구분되었다. 이 기관은 토라의 학문을 촉진하는 장소였고, 회당은 기도를 촉진하는 장소였다.[14]

칭호를 사용하는 것에 대한 경고(23:8-10). 영광스러운 호칭을 바라는 위선에 대한 일반적인 경고를 하신 후에, 예수는 제자들에게 세 가지 특별한 칭호를 사용하지 말 것을 경고하신다: "랍비", "아버지", "지도자."

(1) "랍비"라 불리지 말 것을 경고하심은 공동체에서 존경의 자리에 앉는 것을 경고하신 것을 계속 잇는다. 랍비의 제사들의 궁극적인 목표는 공부의 과정을 마친 후에 자기도 랍비가 되는 것이다.[15] 그러나 예수로 인해 새로운 제자도의 형태가 생겨났다. 예수의 제자들은 항상 영원한 제자가 될 것이다. 예수만이 선생이기 때문이다. 제자들의 공동체에서 궁극적인 권위는 예수뿐이시다. 결과적으로 그것은 제자들 사이에서 권위적으로 가르치는 자리를 놓고 다투는 것을 없앤다. 제자들은 모두 한 가족의 형제들이며, 모두 신분에서 동등하다.

(2) 예수의 제자들은 "아버지"란 말을 남용해서는 안 된다: "땅에 있는 자를 아버지라 하지 말라 너희의 아버지는 한 분이시니 곧 하늘에 계신 이시니라." 이 경고는 이전의 훈계를 계속 잇는다. 예수의 제자들이 모두 형제들이라면, 그때에 그들은 공통된 아버지를 갖고 있다. 여기서 생물학적인 아버지는 제외된다. 하나님에 대한 충성보다 가족에 대한 충성을 우선하는 것을 경고하실지라도, 예수는 "아버지나 어머니를 공경하라"(14:4; 19:19; 출 20:12; 신 5:16)는 다섯 번째 계명의 지속적인 타당성을 여러 곳에서 말씀하고 계시기 때문이다(참조. 10:34-39).

존경, 영예, 권위의 칭호로서 "아버지"란 용어의 사용은 고대 유대교에서 깊은

12. Levine, *The Ancient Synagogue*, 313-17.
13. "Rabbi," DJBP, 516; Levine, *The Ancient Synagogue*, 449-51.
14. 이런 구분을 위한 논의를 위해서는 Levine, *The Ancient Synagogue*, 449-51을 보라.
15. Wilkins, *Discipleship in the Ancient World*, 116-24을 보라.

뿌리가 있다. 여기에는 하늘로 승천하고 있는 엘리야를 엘리사가 아버지라고 부르고(왕하 2:12; 6:21), 마카비의 순교자 라지스(Razis)를 "백성들의 아버지"(마카비 2서 14:37)라고 일컬으며, 후대에 랍비 조합의 장을 나타내기 위해서 이 용어를 사용한 것[16]이 포함된다. "아버지"(아바)는 랍비 자료에서 저명한 학자와 랍비를 위한 칭호로서 자주 나타난다.[17] "회당의 아버지"라는 표현은 랍비 시대에 일반적으로 회당의 정사에서 존귀와 리더십의 자리에 있는 사람에게 사용되었다.

하늘의 "아버지"란 모티브가 구약성경 전체에 나타나고(신 14:1; 32:6; 시 103:13; 렘 3:4; 31:9; 호 11:1), 용서와 보호를 위한 기도에서 제2성전 시대에 점차적으로 보편화되었다.[18] 예수는 제자들을 하나님 아버지와의 독특한 관계로 데려오신다. 예수가 하나님의 유일한 아들이시고 제자들은 그의 형제와 자매들이기 때문이다(참조. 마 6:9; 12:48-50). 예수는 종교지도자들을 높이 올려놓음으로써 오직 하나님에게만 합당한 권위를 찬탈하는 것을 경고하신다. 어느 인간 지도자도 하나님 아버지의 탁월함을 빼앗을 수 없다. 이는 예수의 제자들이 자신의 탁월함을 가지고 다툴 수가 없게 한다.

(3) 마태는 신약성경에서 여기서만 나타나는 단어를 사용하여 예수의 제자들이 삼가야할 세 번째 칭호를 설명하신다—'카데게테스'("지도자"). 이 용어는 '디다스칼로스'(예. 26:18)와 거의 동의어이지만 "지도자"(NASB)의 부가적인 의미를 담고 있다. '카데게테스'란 용어는 70인경에서는 나타나지 않지만 헬라 문헌에서 특히 개인 선생을 지칭하는 것으로 나타난다. 그것은 선생이 학생을 지도하는 개인적인 권위를 가리킨다.[19] 우리가 취할 수 있는 다양한 칭호를 예수가 암시하시고 있기 때문에 아마도 가장 좋은 번역은 "주인"일 것이다.[20] 예수의 제자들은 다른 제자들에 대한 "주인"으로서 사람들에 대한 권위를 추구할 수 없다. 메시아로서 예수만이 주인(Master, '카데게테스')이시기 때문이다. 예수만이 제자들을 인도할 수 있는 인격적 권위가 있다(28:18, 20). 예수의 제자들이 메시아로서 예수를 더욱 높일수록, 다른 이들보다 자신을 높게 생각하지 않을 것이다.

---

16. Levine, *The Ancient Synagogue*, 404-6을 보라.
17. 참조. *b. Ketub.* 8a; *t. Beṣah* 1:7; *DJBP*, 2-3에서의 사례들을 보라.
18. 예를 들어, *Jub.* 1:24, 28; 19:29; *Jos Asen.* 12:14; Sir. 23:1, 4; Wisd. Sol. 2:16-20; 14:3; Tob. 13:4; 4Q372; 1QH 9:35. See "Father, God as," *DJBP*, 224.
19. Bruce W. Winter, "The Messiah As the Tutor: The Meaning of καθηγητής in Matthew 23:10," *TynBul* 42(1991): 152-57을 보라.
20. 예를 들어, Robertson, *Grammar*, 139.

리더십의 새로운 형태(23:11-12). 예수는 율법적인 짐(23:1-4), 경건을 남에게 보이려 함(23:5-7), 그리고 존경의 칭호를 얻으려는 것(23:8-10)을 결론적으로 경고하신다. 예수는 특출한 지위에 부적절하게 관심을 갖는 제자들을 이전에 바로 잡아주었던 말씀을 다시 상기시키신다(20:26-27): "너희 중에 큰 자는 너희를 섬기는 자가 되어야 하리라"(23:11). 이스라엘의 이전 지도부를 대체하는 새로운 질서에서(21:43) 예수의 제자들은 종의 리더십을 가장 커다란 우선순위로 두어야 한다. 하나님 나라의 공동체에서 위대함은 이스라엘의 종교지도자들이 보여준 것과는 상당히 다르다. 서기관과 바리새인들은 세상의 통치자들의 모범을 따르는 리더십을 특징지었다. 그들의 주요한 목표는 권력과 권위를 확장시키는 것이었다.

그렇지만 예수는 이와는 다른 모델 즉, 종의 모델을 제시하신다. 이상적인 종은 자신보다 다른 사람들의 삶을 보호하고 더 좋게 하기 위해서 산다. 예수의 제자들이 위대해지고 높은 자리에 올라가려는 야망을 갖고 있기에(20:21), 예수는 세상 나라의 가치가 아니라 하나님 나라의 가치에 따라서 살 수 있는 수단을 그들에게 제공하신다. 제자들은 다른 이의 유익을 위한 야망을 가져야 한다.

종교지도자들에게로 향하는 경고에서처럼 예수는 제자들에게 새로운 종의 리더십 패러다임을 가로막는 것에 대해서 경고하신다: "누구든지 자기를 높이는 자는 낮아지고 누구든지 자기를 낮추는 자는 높아지리라." 그들이 권력과 위신을 위한 세상의 목마름을 따르고, 자기를 높이려 한다면, 낮아지게 될 것이다. 이스라엘의 지도자들처럼 하나님이 그의 나라의 역사에서 그들의 역할을 빼앗으신 것처럼, 자기를 높이는 예수의 제자들은 낮아지게 되고 리더십의 자리를 상실할 것이다. 하지만 예수의 모범 속에서 섬김을 받으려 하지 않고 섬기려하고(20:28), 종의 겸손한 역할을 따라 살아가는 사람들은 하나님 나라의 진정한 아들과 딸들로서 높임을 받게 될 것이다. 이것은 다른 제자들에 대한 자기의 높음을 나타내는 것이 아니라, 메시아로서 예수를 그리고 아버지로서 하나님을 갖는 형제와 자매로서의 예수의 모든 제자들이 누리는 동등한 존귀를 가리킨다.

서기관과 바리새인의 화(23:13-36)

예수는 무리들과 제자들에게 서기관과 바리새인들의 부정적인 모범에 대하여 경고했었다. 이제 그는 이 이스라엘의 지도자들에게 직접적으로 연속된 일곱 "화"를 발하신다. 그것은 예수가 사역을 통해 내내 그들에게로 향했던 비판을 구체화하고 있다. 감탄사인 "화"('우아이')는 유감, 긍휼, 슬픔, 그리고 비난의 혼합된 외침이다.

예수가 이 외침을 일곱 번 발하실 때, 그는 바리새인들에게서 찾을 수 있는 비참한 상태를 한탄하시면서 그들이 처하게 될 운명을 선포하신다. 그들은 임할 심판을 인식하지 못하고서 자신들이 종교적 복의 전형이라고 생각하는 어리석은 행복에 빠져 있다. 그들이 화를 당하게 되는 이유는 특히 위선과 무지에 있다. 그들은 자기 기만과 모순으로 하나님의 계시의 진리를 손상시키고 있다. 그들은 하나님 나라에 대한 초대를 거절함으로써 그리고 이스라엘을 고라신, 벳새다, 가버나움에 대하여 예언된 운명으로 이끎으로써 지도자로서 그들의 책임을 남용하고 있다(11:20-24).[21]

첫 번째 화: 닫힌 문(23:13[14]). 첫 번째 "화"는 "화있을진저"라는 강력한 언어로 시작한다. 그것은 심판의 선언을 하는 구약성경의 예언적 시리즈를 연상케 한다.[22] 산상수훈에서 예수의 핵심적인 진술과 유사하게, 외적인 의에 대한 바리새인과 서기관들의 강조는 마음의 변화를 통한 내적인 의를 제공하시는 예수의 은혜를 간과할 뿐만 아니라, 이스라엘에서 그들의 리더십은 백성들도 역시 맹목적이게 했다. 그러므로 예수는 이 지도자들의 위선을 정죄하신다.

우리는 이전에 "위선"('히포크리테스')이란 용어가 본래 연기자에 대해서 사용하였음을 보았다(6:2의 주석을 보라). 예수는 종교지도자들이 스스로 속았던 위선의 형태에 대해 산상수훈에서 그들을 정죄하셨고(참조. 6:1-18), 여기서는 그들이 잘못된 리더십으로 백성들을 속이고 있는 위선의 형태에 대해 정죄하신다. 그들은 모세의 자리에 앉아서 가르침과 전승을 제공하지만, 그들의 선언은 잘못되었다. 그들은 백성들을 하나님에게로 인도하지 않고, 오히려 천국에서 멀어지게 하고 있다. 그들은 하나님의 나라로 들어오라는 제안을 거절할 뿐만 아니라, 예수의 사역에 대한 반대와 그들의 가르침으로 백성들도 천국 초대를 거부하게끔 영향을 주고 있다.

이것은 책임의 엄청난 남용이다. 예수는 그들의 위선에 대해 정죄하신다. 즉 그들이 백성들을 의로운 관계로 데려오려고 시도하지만, 실상은 자신도 참된 관계로 들어가지 않고 있다.[23] 첫 번째 화는 뒤이어지는 화들의 경로를 설정해준다.[24]

---

21. Norman Hilyer, "Woe (οὐαί)," *NIDNTT*, 3:1051-54을 보라.
22. 예를 들어, 사 5:8-22에서 여섯 번; 합 2:6-20에서 다섯 번; 계 8:13; 9:12; 11:14; 12:12; 18:10, 16, 19의 화 시리즈를 참조하라.

두 번째 화: 함정에 빠진 개종자들(23:15). 예수는 계속해서 종교지도자들의 위선을 비판하시면서 이제는 "교인"('프로셀리토스'; NIV "개종자를 얻다"["win a convert"])을 만드는 유대인들의 활동에 대한 내용으로 전환하신다: "너희는 교인 한 사람을 얻기 위하여 바다와 육지를 두루 다니다가 생기면 너희보다 배나 더 지옥 자식이 되게 하는도다." 유대 역사는 개종자들을 얻으려는 활동적인 전도사역을 행했음을 기록하고 있다. 어떤 랍비들은 유대 백성들이 유배를 당한 하나님의 뜻이 바로 이것이라고 선언하기까지 했다(참조. *b. Pesaḥ.* 87b).[25] 요세푸스는 제2성전의 파괴 이전과 이후에 이스라엘 주변의 이방인 도시에서 많은 개종자들이 평민들과 상류계층들에서 발생했음을 알려준다.[26]

아마도 예수의 독설의 주요한 요지는 모든 유대교인이 아니라 바리새인들이 주로 여기서 목표가 되고 있음을 인식함으로써 가장 잘 이해할 수 있다. 바리새인들은 유대교의 자기들의 분파적 이해를 열렬히 따른 신봉자였다. 그들은 자기들의 방식이 참된 헌신의 삶을 살아가는 주요한 방법이라고 주장했다. 따라서 예수는 사람들을 개종케 하려는 그들의 열심을 징계하고 있는 것이 아니라, 유대교의 자기들의 브랜드로 사람들을 만들려고 애쓰고, 구두 율법의 매우 힘든 행위 코드로 사람들을 두려는 그들의 방식을 비판하신다(참조. 23:4). 그들은 "자신들의 고안물의 복제품을 만들려는 것에서만 성공하고 있다."[27]

이 바리새인들은 자신도 하나님 나라에 들어가지 않고 자기를 따르는 사람들도 들어가지 못하게 한다. 그들은 개종자들을 얻었을 때, "배나 더 지옥 자식이 되게" 한다. 문자적으로 "게헨나의 자식"은 예루살렘 남쪽의 작은 골짜기인 "힌놈의 골짜기"에 대한 또 다른 언급인데, 유대교와 신약성경의 문서들은 이것을 마지막 심판과 영벌의 장소를 묘사하는 것으로 사용한다(예. 에녹1서 26-27장; 마 5:22의 주석을 보라). "배나 더"란 표현은 문학적인 과장법이거나,[28] 최근의 개종자들의 열

---

23. Marshall, "Who Is a Hypocrite?", 특히 139-42.
24. 어떤 사본들은 여기서 부가적인 구절을 덧붙인다(NIV 본문의 각주를 보라): "위선자여, 너희 서기관과 바리새인들에게 화있을진저! 너희는 과부의 집을 삼키고, 보이기 위해서 긴 기도를 드리는도다. 그러므로 너희는 더 심각하게 벌을 받을 것이라"(23:14). 가장 좋은 사본들은 이 구절을 담고 있지 않다.
25. "Proselytes," *EJR*, 312-13을 보라.
26. 예를 들어, Josephus, *J. W.* 2.560-61[2.20.2]; *Ant.* 20.24-48 [2.1-4]을 보라. *Hist* 5.5에서 타키투스는 개종자를 얻으려고 시도하는 유대인들을 비판한다. 유대 개종자에 관한 이슈에 관해서는 특히 McKnight, *A Light Among the Gentiles*, 106-8을 보라.
27. Senior, *Matthew*, 261; 참조. McKnight, *A Light Among the Gentiles*, 107.
28. Hagner, *Matthew*, 2:668-69.

심을 가리킬 수 있는데, 그들은 다른 어떤 방식도 알지 못한 채, 빠져나올 수 없을 정도로, 너무도 쉽게 잘못된 방식에 탐닉하였다.[29]

세 번째 화: 묶는 맹세(23:16-22). 이 세 번째 화는 "맹목적인 인도"에 대해서 말한다. 이 주제는 동일한 내용을 계속해서 말씀하시고 있다고 추정할 수 있으나, 예수는 이제 자기 자신과 다른 사람들을 잘못 인도하는 특성을 갖고 있는 서기관과 바리새인들에게 의도적으로 이 말씀을 하신다. 그들의 교묘한 궤변은 진리에 대해 그들 자신을 눈멀게 할 뿐 아니라 다른 사람들도 진리에서 멀어지게 하고 있다(참조. 15:14). "너희가 말하되 누구든지 성전으로 맹세하면 아무 일 없거니와 성전의 금으로 맹세하면 지킬지라 하는도다." 바리새인들은 종국에 미쉬나의 소책자인 '네다림'("서원")과 '세부오트'("맹세")로 집약된 서원과 맹세와 관한 일련의 복잡한 규칙들을 발전시켰다.[30] 예수는 15:1-9에서 서원에 대해 말씀하셨으나 여기서(그리고 5:34-37) 맹세에 대해 말씀하신다.

바리새인들은 "성전으로" 한 맹세와 "성전의 금으로" 한 맹세 그리고 "제단으로" 한 맹세와 "제단의 예물로" 한 맹세를 구분했다. 예수의 비판 속에는 그들이 진정 중요한 문제들을 뒤바꾸어 놓았고, 율법의 원리보다도 사소한 것들에 더 관심을 주고 있음이 포함되어 있다. 이것은 종교 지도자들이 어떤 맹세는 묶는 효력이 있고, 또 어떤 맹세는 묶는 효력이 없다고 말함으로써 그들의 가르침에 모순된 위선이 들어 있음을 반영해준다. 아울러 행동에서도 자기들이 한 맹세에 일관성이 없다.[31] 전반적으로 산상수훈에서 강조하셨던 것처럼, 예수는 하나님과 게임을 하려고 해서도 안 되고, 신실함을 보이기 위해서 억지로 꾸민 제도를 발전시켜서도 안 됨을 선포하신다. 매순간 살아 계신 하나님의 임재 속에서 책임 있게 살아가는 사람들은 묶는 맹세로서 단순한 "예"와 "아니오"를 말하는 것이 필요하다(참조. 5:23, 34-37).

네 번째 화: 율법의 중한 문제를 소홀히 함(23:23-24). 네 번째 화는 세 번째와 조합되어 하나님의 율법에 대한 적절한 반응은 세부사항에 대한 괴팍한 관심에 있지 않고 율법의 우선되는 뜻을 순종하는데 있음을 강조한다. 모세의 율법은 십일조를 레위인들과 제사장들을 통한 하나님의 일을 위해 주님께 드려져야 함을 상술했다

29. Morris, *Matthew*, 580.

30. 서원은 맹세와 구분된다. 서원은 어떤 것을 사용하는 것을 금하지만 맹세는, 그 일이 본질적으로 금해진 것이 아닐지라도, 어떤 것을 행하는 것을 맹세자가 금하는 것을 말한다.

31. Marshall, "Who Is a Hypocrite?" 140.

(예. 레 27:30-33; 민 18:21, 24; 신 12:5-19). 바리새인들은 이런 요청에 아주 세심하게 관심을 기울여서 정원의 식물의 아주 작은 것이라도—"박하와 회향과 근채"와 같은—십일조를 재어 지불했다.

따라서 예수는 바리새인들과 서관관들이 십일조를 경히 여길 것을 말씀하시고 있는 것이 아니라, 의식적인 사항에 대한 그들의 세세한 관심이 너무 지나쳐서 오히려 더 중요한 문제들, 즉 부당하게 대우를 받는 사람들에게 정의를, 잘못을 범한 사람들에게 자비를, 그리고 신앙에서 멀어진 사람들에게 신앙을 가져오게 하는 일에는 시간과 관심을 쏟지 않고 있음을 말씀하신다. 유대 지도자들은 하나님에 대한 책임의 참된 목적은 이 세상에 의를 가져오는 것이지 종교적인 활동과 짐을 영속하게 하는 것이 아님을 유대 지도자들은 망각하고 있다.

냉소적인 유머로 예수는 바리새인과 서기관들이 중요한 문제들을 간과하고 사소한 규제에 집중하고 있음을 잘 알려진 잠언적인 말씀을 통해서 보이신다: "맹인 된 인도자여 하루살이는 걸러 내고 낙타는 삼키는도다." 율법은 날개 달린 많은 피조물들을 불결하다고 선언했다(레 11:23, 41). 랍비들은 포도주를 불결하게 만드는 작은 곤충들을 막기 위해서 채로 포도주를 걸러내는 일을 그 말씀에 적용했다. 이렇게 그들은 율법적인 문제의 사소한 것들에는 관심을 가졌지만, 팔레스타인에서 가장 커다란 짐승인 낙타(그것은 역시 의식적으로 불결했다, 레 11:4)를 간과했다. 이는 개인의 행동에서 모순을 보이는 위선의 가장 분명한 종류의 사례다. 그들은 하나님께 대하여 치우친 순종과 치우친 불순종을 보이고 있다.[32] "바리새인과 서기관들은 종교의 해변에서 놀고 있지만, 그들 앞에 놓여 있는 근본적인 진리의 위대한 대양은 발견하지 못하고 있다."[33]

다섯 번째 화: 바깥은 깨끗이 하고 안은 더럽도다(23:25-26). 다섯 번째 화는 종교 지도자들의 중요한 흠을 드러내고 있다. 그들은 외적인 의식적 정결을 요구하는 자신들의 정결법에 대단히 헌신적이다. 그들은 의식적으로 정결하지 못한 사람들과 예수가 같이 먹는 것(9:1-12)과 제자들에게 그러한 정결법을 지키도록 요구하지 않는 것에 대해서 반복해서 예수를 비판했었다(15:1-20). 이전에 예수는 제자들과 무리들에게 바리새인들의 이런 잘못에 대해서 경고하셨지만(15:1, 10-20), 이제는 대놓고 그들을 비판하신다. "서기관들과 바리새인들이여 잔과 대접의 겉은 깨

---

32. Ibid., 140-41.
33. Davies and Allison, *Matthew*, 3:295.

끗이 하되 그 안에는 탐욕과 방탕으로 가득하게 하는도다 눈 먼 바리새인이여 너는 먼저 안을 깨끗이 하라 그리하면 겉도 깨끗하리라."

마음은 모든 사고, 동기, 그리고 행위의 근원이다. 바리새인과 서기관들의 탐욕과 방종, 특히 종교적인 대중적 환호를 얻고자 하는 욕심은 외적인 행위에 영향을 주는 내적 동기다. 참된 정결을 가져오기 위해서는 그들의 마음이 정결해져야 한다. 참된 정결은 천국의 능력으로 말미암는다(5:20; 15:18-20의 주석을 보라). 하지만 삶에서 천국의 활동을 거부함으로써 그들은 내적으로 오염되어 있는 상태로 계속 있을 것을 선택하고 있다.

위선의 뿌리는 교만이다. 이는 실제의 자기보다 더 좋은 사람으로 다른 사람들이 자기를 보게 하려는 욕심이다. 이 기만적이고 허울좋은 태도가 연약한 사람들을 이용할 수 있는 직위에 있는 사람들이 권력과 위신에 몰두하게 한다(참조. 23:4, 6-7). 게다가 위선은 바리새인들이 하나님 나라의 효력에 근본이 되는 더 중요한 내적이고 도덕적인 이슈—정의, 자비, 그리고 신실함—를 놓치게 만든다. 예수는 그들이 바깥으로는 깨끗하게 보이려하지만 안으로는 더러움을 책망하신다. 안이 깨끗하다면, 바깥도 깨끗하게 될 것이다.

여섯 번째 화: 회칠한 무덤(23:27-28). 여섯 번째 화는 "회칠한 무덤"으로 종교지도자들을 묘사한다. 당시에 매장한 무덤을 백묵으로 눈에 띄게 표시하는 것이 관습이었다. 그 지역을 잘 모르는 행인이 무덤을 접촉하여 칠일 동안 부정해지 않게 위해서였다(민 19:16; 참조. 눅 11:44). 이 회칠하는 관습은 많은 순례자들이 유대로 여행했던 유월절 동안에 예루살렘에서 특히 두드러졌다. 무심코 무덤 위를 걸음으로써 유월절을 앞두고 부정해지지 않도록 하기 위해서다(참조. 요 11:55; 18:28).[34] 이는 예수의 또 다른 아이러닉한 진술이다. 회칠이 무덤을 어떻게 "아름답게" 보이게 하는지 의아하기 때문이다.[35]

동시에 이 화는 하얀 석회암으로 이루어진 장식된 납골당(뼈를 담은 작은 용기)이 죽은 조상들의 뼈를 담기 위해서 사용되었던 예수 당시에 관습을 암시하면서, 다섯 번째 화에 기초하여 세워진다.[36] 서기관과 바리새인들은 이런 장식과 같다—겉은 기만적으로 장식되어 있으나 안은 불결한 죽음밖에 없다. 예수는 그의 요지를 분명히 하신다: 이 종교지도자들은 수많은 율법적인 요구에 관심을 기울임으

34. Colin J. Hemer, "Bury, Grave, Tomb," *NIDNTT*, 1:265.

35. 이 문제들의 논의에 대해서는 Davies and Allison, *Matthew*, 3:301-2을 보라.

36. 이 관습에 대한 사진과 논의를 위해서는 Wilkins, "Matthew," 144, 160을 보라.

로써 불의를 피하는 모습을 띄지만, 안으로는 불의하다. 그들은 예수에게 응답함으로써 올 수 있는 마음의 변화를 동반하지 못한다(참조. 5:20; 15:17-20).

일곱 번째 화: 선지자들을 죽인 자들의 후손(23:29-32). 일곱 번째 화는 죽음의 주제를 계속한다: "화 있을진저 외식하는 서기관들과 바리새인들이여 너희는 선지자들의 무덤을 만들고 의인들의 비석을 꾸미며." 마태는 여기서 선지자들의 "무덤"과 의인들의 "비석"을 교대로 사용하고 있다. 한편으로 이 두 용어들 간에는 차이가 있을 수 있다. 전자는 바리새인들이 꾸민 선지자들을 위한 "무덤"을 나타내고, 후자는 "의로운" 종교지도자들을 위해 꾸민 "기념비"(RSV)를 나타낸다. "선지자"와 "의인"은 다른 곳에서는 서로 연결되어 있다(10:41; 13:17). 이는 구약성경의 선지자들과 하나님 앞에서 의로운 삶을 살았던 잘 알려진 사람들을 나타낸다. 다른 한편으로 이것은 형태적인 대구법일 수 있다. 예수의 설명이 죽임 당한 서로 다른 두 유형의 사람들을 두고 말한 것이 아니라 한 유형 곧 선지자들을 말한다고 볼 수 있다(23:30-31).

우리는 이 당시에 유대인들이 기념 상식, 풍성한 장식용 납골당, 무덤의 외관 장식, 벽에 그림을 그려놓는 일 등을 하였음을 고고학적, 문학적 증거를 통해 알 수 있다(참조. 마카비 1서 13:27-30; 마 27:57-61의 주석을 보라).[37] 이스라엘 역사의 저명한 인물의 잘 알려진 무덤(참조. 행 2:29)은 이런 예술의 발전 양식에서 분명히 나왔다.

이전의 화처럼, 이것은 정결에 대한 종교지도자들의 까다로운 외적 준수와 그들의 내적 동기의 악함 간에 노골적인 대조다. 그들은 선지자들의 아름다운 기념비를 세우지만 동기적으로(motivationally) 그들은 선지자들을 죽인 자들의 후손이다. 그들은 고대의 선지자들을 죽였음을 부인하지만 예수를 죽이려고 은밀히 준비하는 것처럼, 고대의 살인자들의 사악하고 영적으로 부패한 자손임을 보여주고 있다.

이는 서기관과 바리새인들이 하나님의 사자들을 죽음에 처한 죄가 있다는 예수의 마지막 독설을 준비시킨다. 죽은 선지자들을 존귀케 하는 것과 며칠 뒤에 그들의 살인적인 분노에 직면할 예수와 같은 당대의 선지자들을 살인한 것 사이에는 위선적인 모순이 있다.[38] 종교지도자들이 기만적인 관습에 열중하였기에 예수는

---

37. Rachel Hachlili, "Burials," *ABD*, 1:789-94을 보라.

38. Marshall, "Who Is a Hypocrite?" 141-42.

슬프게도 그들이 스스로 결정한 운명을 선포하신다: "너희가 너희 조상의 (죄의) 분량을 채우라"(23:32).

마지막 독설: 의로운 자의 살인(23:33-36). 어떤 이들은 33절을 일곱 화의 결론적인 선언으로서 29-32절과 함께 묶는다. 34절에 "그러므로"란 단어가 새로운 단위를 암시하는 것으로 보이기 때문이다. 하지만 23:33은 종교지도자들에 대한 예수의 마지막 독설로서 23:34-36과 잘 어울린다. 이 구절들은 개별적인 "화"를 형성하지는 않지만 최고조에 달한 심판의 선언이다. 여기서 "독사의 자식들"과 더불어 사용된 "뱀들"은 종교지도자들의 죄악을 나타내는 동의어다. 이 말은 종교지도자들에 대한 세례 요한과 예수의 이전 선언을 상기시킨다(3:7; 12:34의 주석을 보라). 지난 3년 간의 그들의 행위는 영원한 심판을 굳게 했다. 회개하고 "피하기"에 너무 늦지는 않았지만, 예수와 요한의 메시지에 대한 그들의 마음의 강퍅함은 장래의 정죄를 비참하게도 예견케 한다.

예수는 등골이 오싹한 예언을 하신다: "그러므로 내가 너희에게 선지자들과 지혜 있는 자들과 서기관들을 보내매 너희가 그 중에서 더러는 죽이거나 십자가에 못 박고 그 중에서 더러는 너희 회당에서 채찍질하고 이 동네에서 저 동네로 따라다니며 박해하리라." 이 예언적 진술은 이스라엘이 주의 사자들을 통한 예수의 은혜로운 초대에 여전히 집중할 수 있지만 그 메시지를 계속해서 거부하는 기독교 시대를 미리 알리신다. 로마의 지지를 받고 있는 유대 지도자들은 스데반에게 먼저 분노를 보일 것이다(행 7:54-60). 기독교의 후대의 박해들은 로마의 손에 의해 서였지만, 아마도 시기하는 유대 지도자들이 선동했을 것이다.

여기서 그 용어는 기독교 선교사들의 운명에 관한 이전에 예수의 예언적 설명을 반영하고 있고(참조. 10:16-25), 나아가서 그들이 배척을 당하고 박해를 당할 것임을 부연하신다(23:34-35). 고기 먹는 것을 금한 것을 철회한 것(예. 행 10:9-16)은 회당의 지도자들의 안목에서 그리스도께로 회심한 유대인들을 불결한 것으로 정죄하여 매질을 가할 것이다.[39]

예수는 종교지도자들이 주의 사자들을 죽일 것이라는 예언과 더불어 살인 행위에 대하여 그들에게 임할 심판의 예언을 포함시키신다: "그러므로 의인 아벨의 피로부터 성전과 제단 사이에서 너희가 죽인 바라갸의 아들 사가랴의 피까지 땅 위에서 흘린 의로운 피가 다 너희에게 돌아가리라." 의인 아벨의 피에서 바라갸의 아

39. 10:17의 주석을 보라; 회당에서 매질하는 배경에 대해서는 Wilkins, "Matthew," 69을 보라.

들 스가랴의 피에 이르는 기간은 성경 역사의 전체를 포함한다. 죽임 당한 인간 역사의 첫 의인은 아벨이었다. 그는 형제 가인의 불의한 시기적 행동으로 살해당했다(참조. 창 4:8-11). 히브리 성경의 정경적 순서에서 구약성경(율법서, 선지서, 성문서)에 기록된 마지막 살인자는 대제사장의 아들인 스가랴다. 그는 성전 마당에서 살해당했다.[40]

이스라엘 역사에서 이 세대는 구원역사의 절정을 목격하는 특권을 부여받았다. 그들은 천국 복음을 수용하고 하나님이 이스라엘에서 그의 의를 세우시는 것을 볼 수 있는 기회를 가졌으나, 무고한 피를 흘리게 했던 이스라엘 역사의 다른 사악한 사람들처럼, 이 세대의 종교지도자들은 순교의 피를 흘리게 할 것이다—예수와 그의 사자들의 피. 그리고 무리들은 예수의 죽음을 요구하는 종교지도자들의 인도를 따를 것이다. 결과적으로 이 세대의 이스라엘 백성들은 "그 피를 우리와 우리 자손에게 돌릴지어다"(27:25)라고 외칠 것이다. 이스라엘은 무고한 피를 흘린 데 대한 책임을 부인할 수 없다: "내가 진실로 너희에게 이르노니 이것이 다 이 세대에 돌아가리라"(23:36).

예루살렘에 대한 한탄(23:37-39)

이제 예수의 목소리는 화의 비난이 긍휼의 한탄과 조합된다. "예루살렘"이란 용어는 이스라엘 민족의 지도부를 대변하지만(참조. 2:3; 21:10), 여기서는 예수가 깊이 부담을 느끼고 있는 이스라엘 전체 민족을 언급하는 것으로 보인다. 이스라엘은 예수의 음성과 예수가 그 뒤에 보내실 자들의 음성을 포함하여 하나님의 사자들의 음성을 저버린 것으로 정죄를 받는다. 하지만 은유적인 날개 아래로 자기 백성들을 보호하시는 구약성경의 야훼처럼(예. 출 19:4; 신 32:1; 룻 2:12; 시

40. 이 견해가 갖는 주요한 난제는 스가랴의 아버지가 거기서 여호야다로 거명되고 있고, 예수는 그를 "바라갸의 아들"로 부르고 있다는 것이다. 이 후자의 언급은 예수에 의해 언급된 스가랴의 정체성이 창조에서부터 마지막에 기록된 선지자에 이르는 시간의 길이를 나타내게 만드는 잇도의 손자 베레가의 아들(슥 1:1)로 불린 스가랴 선지자와 잘 들어맞는다고 일부 학자들은 제기한다(Blomberg, *Matthew*, 349). 하지만 스가랴 선지서에서 선지자 스가랴가 폭력적인 죽음으로 인생의 끝을 맞이하였는지가 기록되어 있지 않기 때문에 또 다른 학자들은 역대하에 기록된 성전 마당에서의 스가랴의 죽임은 선지자 스가랴로서 발전된 전승에 의해 확정된 것이라고 주장한다(Hagner, *Matthew*, 2:677; Davies and Allison, *Matthew*, 3:319; Keener, *A Commentary on the Gospel of Matthew* [1999], 566). 또는 일반적으로 흔한 관습인, 역대기에서 그의 아버지보다는 할아버지의 자손으로 거명되었다고 주장한다(Morris, *Matthew*, 589 n. 45).

17:8; 91:4), 예수는 자기 백성들을 모으는 일을 계속하신다. 하지만 그는 억지로 그리하지 않으실 것이다. 스스로 자신의 운명을 결정해야 한다—"그러나 너희가 원하지 아니하였도다."

예수는 이스라엘의 다가오는 심판에 견주어서 특히 괴로워하신다. 그는 구약성경에서 성전을 의미하는 이스라엘 "집"의 파멸을 예언하신다(왕상 9:7-8; 사 64:10-11; 참조. 요 12:7). 그것이 예루살렘 지도부의 심판을 폭넓게 지적하고 있을지라도, 여기서도 성전의 의미를 나타낸다. 유대의 권위는 A.D. 70년의 성전의 파괴로 상실될 것이다. 이것이 예수가 다음 장에서 전달하시는 주제다(24-25장).

예수는 극적인 예언으로 이스라엘 백성들에 대한 연설을 결론짓는다: "내가 너희에게 이르노니 이제부터 너희는 찬송하리로다 주의 이름으로 오시는 이여 할 때까지 나를 보지 못하리라 하시니라." 이것은 예수가 무리들이 회개할 기회를 가질 수 있는 마지막 말씀을 전하시는 순간이다. 시편 118:26을 예수가 인용한 기독론적인 의미는 심오하다. 동일한 말들이 예수의 예루살렘 입성 시에 21:9에 인용되었는데, 그때에 외치는 무리들은 다윗의 메시아적 아들과 예수를 동일시하였다. 이제 예수가 그것과 동일한 구절을 인용하실 때, 자신을 하나님의 메시아, 이스라엘의 구원자, 커다란 심판의 시간 뒤에 자기 백성들에게로 다시 오시는 "오실 자"로 확인시키신다. 그때에는 커다란 기쁨으로 또는 커다란 슬픔으로 예수를 주님으로서 인식하는 것 외에는 다른 선택의 여지가 없다.

상황잇기

바리새인들은 처음엔 좋았다. 그들의 뿌리는 순수한 유대 문화를 주창했던 하시디안 그리고 특히 에피파네스 안티오커스 4세(175-164 B.C.)의 셀류시드 왕조 시에 헬라적 방식을 채택했던 헬라주의자들 사이에서 이스라엘의 분파를 형성했다. 바리새인의 이름은 히브리/아람 '페루심'("분리된 자들")에서 유래했다. 이는 순수한 유대 종교와 삶의 방식을 더럽힐 수 있는 모든 이교 문화적 관습에서 자신을 분리시킴으로써 그들이 하시디안의 영적인 자손임을 알렸다.

바리새인들은 유대인의 생활에 지배적인 영향을 미친 자들이었다. 그들은 특히 평민들 사이에서 상당한 영향력을 가졌다. 하지만 그들에 대한 예수의 통렬한 비판은 보증되지 않는 권위를 자신들에게로 돌리고 권위의 중심으로서 구약성경에서 하나님이 의도하신 것과는 동떨어지게 사실상 백성들을 이끌었음을 나타낸다. 그들은 오래도록 기다렸던 예언된 메시아로서 예수의 하나님 나라로의 초대로 백성들을 인도하는 지도적인 역할을 취하지 않았다. 그러므로 천국의 도래와 교회의 설립으로 복음에 대한 주요한 도구와 증거로서 이스라엘의 역할이 빼앗겨져서 서기관과 바리새인들은 그들의 자리에서 물러나게 될 것이다(21:43).

마태는 이 리더십의 놀라운 전환을 목격했다. 그는 종교지도자들에 대한 예수의 비난을 들었고, 사도로서 자신의 소명을 경험했으며, 열두 제자에 합류했고, 예루살렘에서 그들 주변에 있었던 사람들이 교회의 기초를 놓는 지도자들이 되었으며, 지중해 세계에서 싹트는 그들의 장로, 목사 그리고 집사들로 이루어진 지역 교회들을 목격했다. 즉 지도부의 전체적인 새로운 구성이 하나님의 백성들을 인도하게 될 것이다. 하지만 그들은 바리새인과 사두개인들의 잘못을 피하고 예수가 원하시는 종류의 사람으로 성장할 수 있는 가이드라인이 필요하다. 마태는 여기서 이런 조치를 취하고 있다.

마태의 복음서 전개에서 주요한 목적 중 하나는 예수의 지상사역에서 제자들에 대한 그의 말씀의 집합을 모으는 것이다. 새로운 제자들이 예수가 명하신 모든 것을 순종하도록 가르칠 수 있는 자료를 교회가 갖도록 하기 위해서다(28:19-20). 이 자료의 대다수는 마태가 기록한 예수의 다섯 강화에서 발견된다(5-7, 10, 13, 18, 24-25장). 하지만 마태는 삼가야할 조심스러운 행동들이 들어 있는 경고와 화의 포괄적인 집합을 포함하여 예수의 다른 많은 말씀들도 모아놓았다. 우리는 각각의 경고와 화를 낳은 종교지도자들의 실패를 여기서 간략하게 볼 것이고, 현대적 의미에서 우리가 참조할 수 있는 긍정적인 교훈을 살피게 될 것이다.

지도자들에 대한 경고. 경고의 항목(23:1-12)은 서기관과 바리새인들이 리더십의 특권을 왜곡하고 남용했던 유혹에 대해 교회 지도자들에게 경각시킨다. (1) 첫 번째 항목은 종교지도자들이 백성들에게 부과한 율법주의의 짐에 대해 경고한다(23:1-4). 그들이 하나님의 말씀을 가르치나 자신들의 삶에서 나오는 방식의 모범을 제공하고 있는 것이 아니라, 율법으로 부과되는 짐을 통해 다른 사람들의 삶을 지배하려는 의도를 갖고 있다.

(2) 다음 항목(23:5-7)은 하나님의 권위를 잘못 대변하는 경건의 공개적 연출에 대해서 경고한다. 서기관과 바리새인들은 경건한 삶의 패턴을 구현하려고 하지만, 옳지 않게 자신들에게로 관심을 끌려 하고 있다. 따라서 그들의 패턴은 외적이고 경건하게 보이려고 하지만 하나님이 그 과정에 포함되어 있지 않다. 예수의 지도자들은 하나님의 권위를 증진하지 않고 자기를 증진하는 것을 조심해야 한다. 이런 종류의 지도자들은 개인의 의를 발전시키지도 않고 지도자로서 존경을 받지도

못하면서, 존경을 받으려고 종교 제도를 조작한다.

(3) 이 마지막 경고는 하나님의 권위를 찬탈하는 칭호를 갖는 사람들을 향해 있다(23:8-10). 서기관과 바리새인들은 랍비가 되기 위해서 성경을 알려고 세심하게 연구했고, 사람들이 아비(father)의 능력에 의존하게 하는 돌보는 자가 되었으며, 지도자로서 가이드를 주었지만, 이런 칭호들을 자신들에게로 돌려 높임을 받음으로써 그들은 하나님의 권위를 찬탈하였다.

지도자들에 대한 화. 지도자들에게 연설한 집합의 두 번째 항목은 일곱 화와 마지막 독설로 구성되어 있다(23:13-39). (1) 첫 번째 화는 예수를 메시아로 인식하지 못한 지도자들의 개인적이고도 공동적인 실패에 맞추어져 있다. 그들은 백성들을 하나님 나라의 삶에서 멀어지게 하는 잘못된 리더십의 모범으로 이끌었다.

(2) 두 번째 화는 서기관과 바리새인들이 하나님의 방식이 아니라 자신들의 사고 방식으로 개종자들을 얻는 열심을 정죄한다. 구두율법을 성경과 동등한 권위를 갖는 것으로 높임으로써 그들은 개종자들을 두 배나 지옥의 자식이 되게 하고 있다. 사람들이 바리새인과 서기관의 사고 방식대로 개종되어 잘못된 오류와 율법적 제도의 포로로 잡히게 하고 있다.

(3) 다음 화는 서기관과 바리새인들이 행하는 맹세에 대해 말한다. 예수는 헌신을 날조함으로써 하나님과 장난을 하려고 하는 것으로 그들을 정죄하신다. 그들은 맹세의 기준으로서 성경을 사용하나 자신이 원하는 것을 얻기 위해서 성경을 왜곡하고 있다.

(4) 네 번째 화는 사소한 이슈를 중요한 것으로 만드는 종교지도자들을 정죄하신다. 그것은 이 세상에서 하나님의 역사를 이루지 못하게 한다. 게다가 이들의 모범은 율법의 문자에 과도하게 얽매이게 하는 종류로 사람들을 이끈다.

(5) 다섯 번째 화에서 예수는 탐욕과 방종의 동기를 심사하지 못한 지도자들의 실패를 정죄하신다. 동기를 심사하지 않고 죄된 상태에 있을 때, 그들은 자기중심적이고 조작적인 사역을 낳는다.

(6) 여섯 번째 화는 종교지도자들이 인간이 만든 피상적인 정체성을 낳음을 보여준다. 그것은 위선과 사악함에 오염된 마음을 가리운다. 종교적인 허울의 창출은 위조된 성품과 소명을 얻는 일이 뒤따르기를 바란다.

(7) 마지막 화는 하나님의 음성을 대신해서 자신의 대의를 개진하는 종교 제도를 증진하고자 하는 바리새인과 서기관들을 비판한다. 그들은 하나님의 의와 음성을 갖고 있는 사람들을 죽이는 종교 제도를 영속케 한다.

예수는 지도부가 더 엄격한 정죄를 받을 것이라는 결론으로 우리들을 인도한다("너희가 어떻게 지옥의 판결을 피하겠느냐", 23:33; 참조. 약 3:1; 고후 10-13장). 지도자들은 하나님의 메시지를 들어야 하며, 동의하지 않는 모든 음성이 아주 답답하게 느껴질 때에 조심해야 한다. 하나님은 의롭게 살고 하나님의 권위를 찬탈하고 자신의 이득을 위해 모든 반대를 무자비하게 짓밟는 사람들에 의해 학대받는 사람들을 복수하신다. 조심하라—순수한 권위의 자리가 약한 사람들을 조정하는 남용으로 이끈다. 하지만 하나님의 심판이 권위를 남용하는 사람들을 기다리고 있다.

현대적 의미

나는 크리스천 지도자로서 자신이 인정하기 원하는 것보다도 더욱더 바리새인과 같다고 믿는다. 나는 전적으로 부정적인 방식으로 이것을 말하고 있지 않다. 바리새인들이 많은 좋은 것들도 갖고 있었기 때문이다: 개인적의 경건, 성경에 대한 헌신, 그리고 오실 메시아와 부활, 사후세계, 영적 세계에 대한 믿음, 회당에서의 지도적인 역할, 세상의 죄에서 분리되려는 욕구. 우리들은 이런 특징들을 간직해야 한다.

그럼에도 불구하고 복음서(특히 마태복음)를 읽는 가장 순수한 특징은 예수가 바리새인들에게 제기한 많은 비판들이 우리에게도 해당할 수 있음을 인식하는 것이다. 이것은 특히 기독교 지도자들에게 해당된다. 우리는 예수가 많은 고통스럽고 죄스러운 특징들을 지적하는 방식을 보았다: 교만, 공개적인 쇼맨십, 남보다 한 발 앞선 술책, 고집, 자리에 대한 책략, 그리고 무엇보다도 위선.

오랜 동안 기독교 음악가이면서 저자인 존 휘셔(John Fisher)는 최근에 자신이 바리새인과 같다고 고백했다. 그는 이렇게 썼다.

> 내가 복음을 이해하고 하나님의 은혜를 더욱 알게 되었을 때, 나는 교만과 자기 의에 상응하는 싸움을 하고 있음을 인식했다. 여느 사람들처럼 나는 대접받기를 원했다. 내가 의도하고 있는 것보다 나를 적나라한 진리로 드러나지 않도록 가리우고, 정직한 것처럼 보이려고 나의 길을 따라 걸으며 말을 세심하게 선정하였다. 이는 예수 시대의 바리새인들이 회칠한 종교적 치장 뒤에 자신을 숨김으로써 극복하려고 했던 것과 같다.[41]

41. John Fischer, *12 Steps for the Recovering Pharisee(Like Me)*(Minneapolis: Bethany, 2000), 1.

이 책에서 그는 예수의 참된 제자도에서 신자들을 멀어지게 유혹하는 영적인 교만과 편견의 도취를 드러내게 하는 다소 빈정대는 어투로 회복 모델을 사용한다. 첫 세 단계는 그가 독자들이 이끄는 방향을 나타내준다.

1. 가장 멋진 기쁨은 다른 사람들을 비판하는 것임을 우리는 인정한다.
2. 위대해지는 수단은 마음에서 우리 자신보다도 모든 이들을 더 낮게 여기는 것이라고 우리는 믿고 있다.
3. 우리와 달리 자비를 위한 일을 행하지도 않았고 그것을 받을 가치도 없는 사람들에게 주어지는 자비를 우리가 혐오하고 있음을 깨닫는다.[42]

마태복음은 리더들이 바리새인의 잘못에서 통찰을 얻을 수 있고, 더욱더 일관된 리더십의 자질을 구축하는데 도움을 얻을 수 있는 원천이다. '상황잇기' 항목에서 우리들은 예수가 서기관과 바리새인들에게 선언한 경고와 화를 열거했는데, 그들의 잘못에서 긍정적인 교훈을 얻기 위해서다. 열두 기본적인 교훈은 예수가 바라는 리더의 종류가 되기 위한 긍정적인 궤도를 설정하게 만든다.

예수로 부터 배우는 리더십의 교훈

상황	리더들에 대한 경고	리더들을 위한 긍정적인 교훈
첫 번째 경고	율법적인 행위의 요구는 하나님의 권위를 남용한다.	1. 하나님의 은혜의 메시지에 모범이 되라.
두 번째 경고	경건의 가식적인 모습은 하나님의 권위를 잘못 전한다.	2. 존경과 존귀는 습득되는 것이지 요구하는 것이 아니다.
세 번째 경고	호칭의 사용을 이용하는 것은 하나님의 권위를 찬탈한다.	3. 하나님을 가리키는 칭호를 가볍게 취하라.
예수의 리더들	큰 자리를 추구하는 것은 하나님 나라의 동등성을 손상시킨다.	4. 하나님 나라를 증진하기 위해서 하나님의 백성들에게 능력을 부여하는 일로 섬겨라.
상황	**리더들에 대한 화**	**리더들에 대한 긍정적인 교훈**
첫 번째 화	예수의 신분을 인식하지 못함은 다른 사람들도 방해한다.	5. 하나님 나라로 들어가는 길의 표지판이 되라.

42. 그 책과 더불어 그 단계들이 웹사이트 www.fischtank.com/book/12step.cfm.에 거론된다.

두 번째 화	회심자를 잘못되게 하는 극단주의를 전파함.	6. 회심자를 당신에게가 아니라 하나님 나라로 이끌라.
세 번째 화	종교적인 장난을 함으로써 하나님께 드리는 헌신을 위반함.	7. 개인적인 책임을 유지하라.
네 번째 화	종교적인 행위의 사소한 것을 크게 간주함.	8. 하나님 나라의 중요성을 가장 크게 보라.
다섯 번째 화	리더십의 불결한 동기를 제한하지 못함.	9. 안에서 바깥으로 리더로서 인격적인 정체성을 발전시켜라.
여섯 번째 화	거짓된 외적인 리더십의 정체성을 만듦.	10. 안에서 바깥으로의 리더십 사역을 위한 동기를 증진하라.
일곱 번째 화	경건하지 못한 제도적 틀을 영속시킴.	11. 당신이 대변할 수 있는 전통을 조심스럽게 선택하라.
마지막	우리의 목소리를 더 크게 함으로써 하나님의 의로운 음성을 약화시킴.	12. 지도부가 더 엄격하게 정죄를 받기 때문에 하나님의 다른 사자들의 음성을 들어라.

(1) 하나님의 은혜의 메시지에 모범이 되라(23:1-4). 예수의 첫 번째 경고는 사람들에게 율법적인 행위를 요구함으로써 하나님의 말씀의 권위를 남용하는 것을 조심케 한다. 예수의 지도자들이 이 경고에서 배울 수 있는 긍정적인 교훈은 모범적으로 하나님의 은혜의 메시지를 따라 살아야 한다는 것이다. 하나님 나라의 복음은 은혜이지 하나님의 호의를 얻기 위한 행위가 아니다. 우리는 사람들의 행위와 상관없이 그들을 섬기고 사랑하고 용납하는 은혜를 보여야 한다. 우리는 경건하도록 사람들을 격려하는 일을 계속해야 하지만 그렇게 할 수 있는 가장 좋은 방법은 그들이 따를 수 있는 삶으로 순종의 모범이 되어야 한다. 리더로서 우리들은 율법적으로 예상되는 부담을 통해서 다른 이들의 삶을 제어하려고 해서는 안 된다.

(2) 존경과 존귀는 습득되는 것이지 요구하는 것이 아니다(23:5-7). 두 번째 경고는 경건의 가식적인 연출은 하나님의 권위를 잘못 대변하는 것임을 지적한다. 리더십의 일반적인 원리는 존경이 습득되는 것이지 요구하는 것이 아니라는 사실이다. 아주 근본적인 의미에서 리더십은 우리가 어디로 가고 있는지, 거기서 어떻게 얻을 것인지를 알며, 우리가 거기서 얻을 수 있는 능력과 훈련과 자원을 갖고 있고 사람들이 그 목적지로 우리를 충분히 따를 수 있을 만큼 충분히 신뢰하고 있음을 의미한다.

젊고 경험 없는 리더들은 자신들이 행하고 있는 것을 마치 다 아는 것처럼 자세를 취하고 아래에 있는 사람들에게 존경과 존귀를 요구한다. 19살의 나이에 군대에서 훈련조교가 되었을 때, 나는 이것을 내 삶에서 분명하게 깨달았다. 나는 이 일에 대한 전문적인 지식과 지위를 갖추고 있었으나 리더의 다른 자질들을 갖추지 못했다. 그러므로 나는 솜씨가 뛰어나고 경험이 많은 것으로 생각하고 나의 부대원들의 존경을 요구했다. 하지만 그것은 작동하지 않았다. 사실상 나는 훈련병들로부터 모든 존경을 상실했다. 나는 존경을 습득하는 것이 무엇을 의미하는지를 어려운 방식을 통해 배워야 했다.

예수의 경고에서 존경과 존귀를 얻는 방법을 이해할 수 있다. 이는 교회의 리더십과 직접적인 관계가 있다. 우리는 개인적인 경건의 일상생활 속에서 장기적으로 발전되는 존경을 얻어야 한다. 인위적이고 외적인 연출을 통해서가 아니라 기도생활, 성질의 제어, 사람들 앞에서 적절한 품행을 유지함으로써 발전되는 경건을 입어야 한다. 남을 배려하여 나중에 교회의 식탁에 나아가고, 크리스마스 축하시간에 어린이들과 함께 앉고, 우리보다 더 잘 설교하고 가르치는 부교역자들과 강대상을 나누는 것과 같은 덜 주목받는 위치에 자신을 둠으로써도 존경을 얻을 수 있다. 우리는 사람들과 친밀할 수 있는 인격적인 투명함을 발전시킴으로써 존경을 얻을 수 있다.

리더로서 우리는 직분과 칭호 뒤에 숨어서 가식적으로 행동하려는 유혹이 항상 있다. 하지만 사람들이 당신의 진솔한 모습을 볼 필요가 있다. 우리도 똑같이 그리스도의 형상으로 닮아 가는 과정에 있는 보통의 사람과 같다는 것을 말이다. 존경과 존귀를 인위적으로 요구하지 말라.

(3) 하나님을 가리키는 칭호를 가볍게 취하라(23:8-10). 예수는 칭호의 사용을 이용하는 것도 경고하신다. 그렇게 하는 것은 하나님의 권위를 찬탈하기 때문이다. 이 경고는 칭호가 항상 부적절함을 암시하는 것이 아니다. 오히려 이 경고는 예수에 대한 제자도를 질식시키는 세 가지 이슈에 대해서 말씀한다.

ⓐ **랍비.** 다른 사람들을 하나님의 말씀의 통찰로 가르치고 준비시키려는 바람에서 우리는 학문적인 오만을 세심하게 삼가야 한다. 우리는 하나님의 영으로 인도되는 말씀을 통해서 모든 진리로 제자들을 인도하시는 교사로서의 예수를 대체하지 않도록 조심해야 한다(참조. 요 16:13, 14).

ⓑ **아버지.** 다른 이들을 보호하고 양육하려는 바람에서 우리는 종교적 엘리트주의를 조심스럽게 삼가야 한다. 예수의 모든 제자들은 형제와 자매다. 우리는 하늘 아버지를 대체하는 곳으로 우리 자신을 높여서는 안 된다.

ⓒ **지도자**. 다른 이들을 제자도의 충만함으로 인도하고 이끌려는 바람에서 우리는 권위적인 지배를 조심스럽게 삼가야 한다. 예수만이 교회의 머리요 주인이신, 모든 권위를 가지신 분 곧 주인이시오 지도자시다.

긍정적인 측면은 우리가 갖고 있는 어느 칭호도 가볍게 취해야 한다는 사실이다. 그것이 각각 하나님과 그의 백성들과의 관계적 측면을 가리키고 있기 때문이다. 리더십의 이런 형태를 취하는 방식은 칭호의 책임을 이해하고 사람들이 칭호의 이면에 있는 직무를 존경하게 하도록 돕고 하나님의 권위를 찬탈하는 칭호로 권위를 요구하지 않는 것이다. 우리의 신분과 지식 그리고 학위에 의해 명망이 알려지기가 쉬우나 이것은 오만과 거만을 낳는다. 우리는 "지식은 교만하게 하며 사랑은 덕을 세우나니"(고전 8:1)라는 바울의 말을 잊어서는 안 된다. 당신의 칭호와 학위, 또는 교육을 이용하여 사람들이 당신을 따르도록 인위적으로 조작하지 말라. 그들이 예수와 친밀한 관계로 들어가도록 그들을 축복하는 것으로 그것을 사용하라. 당신의 칭호를 가볍게 취하고, 그리스도의 종으로서 당신을 더 현명하게 하고 명철하게 하며 효과적이 되게 하라.

(4) 하나님의 나라를 발전시키기 위해 하나님의 사람들에게 권한을 부여하며 섬겨라 (23:11-12). 세 가지 경고를 결론지으면서 예수는 하나님의 나라의 계획을 위한 새로운 종류의 지도자가 되는 것이 무엇을 의미하는지의 주요한 원리를 주신다—종됨. 리더십의 이런 형태는 다른 사람들에게 하나님의 뜻을 행할 수 있도록 권한을 부여하는 것을 의미한다. 두드러진 자리, 곧 교사, 목사, 또는 부서장의 자리에 있는 사람들에게서 각각의 위치의 목표는 하나님 나라를 발전시키는 것이다. 그것은 하나님의 소명을 그들의 삶에서 최선을 다해 이룰 수 있도록 모든 이들에게 자기 자신을 주는 것을 의미한다. 인정과 존경을 얻기 위해서 권위의 자리를 도모하는 사람들은 그 자리를 빼앗기게 되고, 하나님 나라의 봉사에서 물러나게 될 것이다. 하나님을 섬기는 데만 관심이 있는 사람들은 자신을 특출한 자로 여기지 않고 예수의 형제와 자매들을 자기와 동등한 자리로 올려놓을 것이다.

(5) 하나님 나라로 가는 길목의 표지판이 되라(23:13). 첫 번째 화는 메시아로서 예수의 신분을 인식하지 못한 종교지도자들을 책망한다. 우리가 가르치고 믿는 것이 리더의 위치에 있는 사람들을 바라보는 사람들에게 상당한 영향을 준다. 리더의 다섯 번째 원리는 말하고 행하는 모든 것이 하나님 나라의 길목의 표지판이 되게 해야 한다는 것이다. 우리는 내주하시는 성령을 통한 예수의 임재의 능력 속에서 살아가는 삶의 실제를 가르치는 인격적인 모범이 되어야 한다.

(6) 회심자들을 당신 자신에게가 아니라 하나님 나라로 이끌어야 한다(23:15). 두 번째 화는 자신들이 생각하고 살아가는 방식으로 다른 이들을 전환시키려고 하는 극단주의의 분파적 견해를 전파하는 종교지도자들을 비판한다. 이런 모습은 회심자들을 잘못된 곳으로 이끌고 궁극적으로 영벌에 처하게 만든다. 이단에 빠져 있는 사람들이 이런 비극적인 결과를 맞게 된다.

천국의 리더들은 자기 자신이 아니라 오직 예수만을 향하도록 사람들에게 알려준다—우리는 회심자들을 우리 자신에게가 아니라 하나님 나라로 나아가게 해야 한다. 우리는 삶에 대한 하나님의 소명을 진지하게 취해야 한다. 우리가 선포하는 복음에 대한 사람들의 반응이 영원한 결과를 낳기 때문이다. 하지만 그 과정에서 너무 진지하게 우리 자신을 취해서는 안 된다. 우리가 우리의 한계를 넘어서면 하나님이 다른 사람들을 사용하실 것이다. 가능한 한 성경과 아주 밀착함으로써 진리를 붙잡는 일을 항상 유지하라. 우리의 특이한 견해나 좋아하는 신학적 프로젝트가 사람들을 잘못된 데로 이끌 수 있고, 심지어 심판에 이르게 할 수 있다. 우리는 우리 자신으로가 아니라 하나님 나라의 삶으로 회심자들을 열정적으로 이끌어야 한다.

(7) 개인적인 책임을 유지하라(23:16-22). 세 번째 화는 서기관과 바리새인들이 종교적인 장난을 함으로써 하나님에게 드리는 헌신을 위반한 것을 책망한다. 책임의 외적인 형태가 예수와 우리의 관계를 참되게 유지하는데 도움이 될 수 있다. 그것이 소그룹이든, 일대일 검증이든, 일기이든 간에 말이다. 하지만 이런 것들로 우리는 진리를 속이고 가리움으로써 또는 단순히 우리의 사상과 행위를 숨김으로써 장난을 할 수 있다. 리더들이 하나님께 책임이 있기 위해서 인위적으로 부과한 방식에서 손을 뗌으로써 개인적인 책임을 유지하는 것이 중요할 수 있다. 가장 직접적인 접근은 예수와의 관계의 친밀함으로 살아가는 삶의 투명성이다.

(8) 하나님 나라의 중요성을 가장 크게 보라(23:23-24). 예수는 종교지도자들이 종교적 행위의 사소한 이슈를 가장 중요한 것으로 여기기 때문에 네 번째 화를 발하신다. 그것은 이 세상에서 하나님의 역사를 이루는데 방해가 될 뿐이다. 여기서 긍정적인 원리를 도출하는 것이 중요하다. 예수의 리더들은 종교 행위의 부차적인 요소가 아니라 하나님 나라의 중요한 양상을 중요시 여기는 것이다. 첫 번째 경고처럼, 우리는 율법적인 요구와 기대로 이끄는 사소한 이슈에 사로잡히기가 쉽다. 참으로 중요한 관심들—교리적으로, 교회적으로, 관계적으로—을 이해하는 것이 영원을 위해 진정으로 중요한 것에 시간과 에너지를 쏟게 한다.

(9) 안에서 바깥으로의 리더십 사역을 위한 동기를 촉진하라(23:25-26). 다섯 번째 화는 종교지도자들이 사역에서 탐욕과 방종을 살피고 바로 잡는 일을 하지 못한 것을 드러낸다. 그것은 자기 중심적이고 인위적인 사역을 낳는다. 리더십은 때로 대단히 자기 중심적이고 자기 섬김이 될 수 있다. 예수는 모든 제자들에게 우리가 행하고 있는 것을 왜 하는지를 평가하도록 요청하신다. 우리는 우리의 이익이 아니라 그의 나라를 촉진하기 위해서 있다. 남에게 보여주려고 하기가 쉽다. 현란한 예배를 행하고 나면 사람들은 진정으로 예배를 드렸다고 확신한다. 하지만 리더들은 여기서 하나님 대신에 그들 자신에게로 관심을 이끌려는 유혹을 받을 수 있다. 이것이 다른 리더가 우리의 방종적인 동기를 돌아보게 하고 순수한 동기를 촉진하게 하는 정직하고 투명한 팀 사역의 중요성을 예증해 준다.

(10) 안에서 바깥으로 리더로서 인격적인 정체성을 발전시켜라(23:27-28). 여섯 번째 화는 자기 섬김의 동기가 아니라 허위적인 외적 리더십의 정체성을 만드는데 초점을 맞추는 것을 제외하고는 다섯 번째 화와 유사하다. 종교지도자들은 "이미지가 모든 것이다"라는 모토를 샀다. 외장을 아름답게 하고 과거의 잘못된 것들을 회칠하면 사람들이 그들이 참으로 어떤 사람인지를 모를 것이다. 슬프게도 리더들이 사역의 내용이나 인격의 깊이는 상관없다고 강조하는 결과를 자주 낳는지 모른다.

예수는 리더들이 안에서 바깥으로의 인격적 정체성을 발전시킬 것을 요청하신다. 인간이 만든 피상적이고 외적인 정체성 대신에 하나님이 만드신 그리스도 안에 있는 새롭고 깊은 내적 정체성으로 발전시켜야 한다. 자신의 영원한 미래를 생각할 때, 사도 바울은 "지금은 내가 부분적으로 아나 그때에는 주께서 나를 아신 것 같이 내가 온전히 알리라"(고전 13:12)고 말한다. 우리가 하나님이 알고 계신 것에 마음을 열 때, 리더로서의 성장의 가장 중요한 양상을 시작하게 된다: 하나님이 우리를 아시는 것처럼 우리 자신을 안다. 하나님께 열려 있음이 하나님이 우리 자신을 더 정확하게 이해할 수 있게 만드신다. 당신이 누구인지를 발견하라. 당신이 하고 있는 방식을 어떻게 점검하고 있는가? 당신의 문제는 무엇인가? 우리의 계속된 변화는 하나님이 우리를 아시는 것처럼 우리 자신을 알 때 발생한다. 당신이 그리스도를 위해 행하는 것에서가 아니라 그리스도 안에서 어떤 사람인가 하는 것에서 당신의 자아 가치가 성장하게 하라.

(11) 당신이 대변하는 전통을 조심스럽게 선택하라(23:29-32). 예수의 일곱 번째 화는 불경건한 제도를 영속케 하려는 종교지도자들을 비판하신다. 그들이 선지자의

기념비를 세웠을지라도 이스라엘 역사에서 선지자들을 죽인 살인자들과 같다. 많은 음성이 있지만 우리의 소명은 하나님과 하나님을 대변하는 사람의 음성을 듣는 것이다.

(12) 지도부가 더 엄격한 정죄를 받기 때문에 하나님의 다른 사자들에게서 들어라 (23:33-36). 종교지도자들에 대한 예수의 마지막 독설은 지옥으로 정죄되는 그들의 책임을 경각시킨다. 그것은 오싹한 개념이다. 하나님의 백성들을 인도하는 가장 특권을 입은 사람들이 더 엄격한 정죄를 받는다. 이것은 리더로서 우리들에게 야고보의 이와 동등한 오싹한 경고를 상기시킨다: "내 형제들아 너희는 선생 된 우리가 더 큰 심판을 받을 줄 알고 선생이 많이 되지 말라"(약 3:1). 리더로서 우리는 다른 사자들을 통해서 하나님의 메시지를 들어야 하고, 우리가 동의하지 않는 모든 음성들을 억눌러 없애려고 하지 않도록 조심해야 한다. 예수는 종교지도자들이 자신의 음성을 들을 수 있도록 하나님의 의로운 음성을 덮어버리고 있기 때문에 그들을 책망하신다. 하나님은 의롭게 살고 힘있는 지도자들에 의해 학대를 당하는 사람들을 위해 복수하실 것이다. 여기에 하나님을 위해 대변하는 다른 사람들이 있다. 우리들이 유일한 사람들은 아니다. 우리는 그 음성들을 심사해야 하지만 우리가 다른 이로부터 배우고 하나님 나라를 개진하는데 그들과 연합할 때 더 현명해지고, 균형 잡히게 되며, 구비될 것이다.

마태복음 24:1-35

1 예수께서 성전에서 나와서 가실 때에 제자들
이 성전 건물들을 가리켜 보이려고 나아오니
2 대답하여 이르시되 너희가 이 모든 것을 보지
못하느냐 내가 진실로 너희에게 이르노니 돌
하나도 돌 위에 남지 않고 다 무너뜨려지리라
3 예수께서 감람 산 위에 앉으셨을 때에 제자들
이 조용히 와서 이르되 우리에게 이르소서 어
느 때에 이런 일이 있겠사오며 또 주의 임하
심과 세상 끝에는 무슨 징조가 있사오리이까
4 예수께서 대답하여 이르시되 너희가 사람의
미혹을 받지 않도록 주의하라
5 많은 사람이 내 이름으로 와서 이르되 나는
그리스도라 하여 많은 사람을 미혹하리라
6 난리와 난리 소문을 듣겠으나 너희는 삼가
두려워하지 말라 이런 일이 있어야 하되 아
직 끝은 아니니라
7 민족이 민족을, 나라가 나라를 대적하여 일
어나겠고 곳곳에 기근과 지진이 있으리니
8 이 모든 것은 재난의 시작이니라
9 그때에 사람들이 너희를 환난에 넘겨 주겠으
며 너희를 죽이리니 너희가 내 이름 때문에
모든 민족에게 미움을 받으리라
10 그때에 많은 사람이 실족하게 되어 서로 잡
아 주고 서로 미워하겠으며
11 거짓 선지자가 많이 일어나 많은 사람을 미
혹하겠으며
12 불법이 성하므로 많은 사람의 사랑이 식어지
리라
13 그러나 끝까지 견디는 자는 구원을 얻으리라
14 이 천국 복음이 모든 민족에게 증언되기 위하
여 온 세상에 전파되리니 그제야 끝이 오리라
15 그러므로 너희가 선지자 다니엘이 말한 바
멸망의 가증한 것이 거룩한 곳에 선 것을 보
거든 (읽는 자는 깨달을진저)
16 그때에 유대에 있는 자들은 산으로 도망할지
어다
17 지붕 위에 있는 자는 집 안에 있는 물건을 가
지러 내려 가지 말며
18 밭에 있는 자는 겉옷을 가지러 뒤로 돌이키
지 말지어다
19 그 날에는 아이 밴 자들과 젖 먹이는 자들에
게 화가 있으리로다
20 너희가 도망하는 일이 겨울에나 안식일에 되
지 않도록 기도하라
21 이는 그때에 큰 환난이 있겠음이라 창세로부
터 지금까지 이런 환난이 없었고 후에도 없
으리라
22 그 날들을 감하지 아니하면 모든 육체가 구
원을 얻지 못할 것이나 그러나 택하신 자들
을 위하여 그 날들을 감하시리라
23 그때에 사람이 너희에게 말하되 보라 그리스
도가 여기 있다 혹은 저기 있다 하여도 믿지
말라
24 거짓 그리스도들과 거짓 선지자들이 일어나
큰 표적과 기사를 보여 할 수만 있으면 택하
신 자들도 미혹하리라
25 보라 내가 너희에게 미리 말하였노라
26 그러면 사람들이 너희에게 말하되 보라 그리
스도가 광야에 있다 하여도 나가지 말고 보
라 골방에 있다 하여도 믿지 말라
27 번개가 동편에서 나서 서편까지 번쩍임 같이
인자의 임함도 그러하리라
28 주검이 있는 곳에는 독수리들이 모일 것이
니라
29 그 날 환난 후에 즉시 해가 어두워지며 달이
빛을 내지 아니하며 별들이 하늘에서 떨어지

며 하늘의 권능들이 흔들리리라
30 그때에 인자의 징조가 하늘에서 보이겠고 그
때에 땅의 모든 족속들이 통곡하며 그들이
인자가 구름을 타고 능력과 큰 영광으로 오
는 것을 보리라
31 그가 큰 나팔소리와 함께 천사들을 보내리니
그들이 그의 택하신 자들을 하늘 이 끝에서
저 끝까지 사방에서 모으리라
32 무화과나무의 비유를 배우라 그 가지가 연하
여지고 잎사귀를 내면 여름이 가까운 줄을
아나니
33 이와 같이 너희도 이 모든 일을 보거든 인자
가 가까이 곧 문 앞에 이른 줄 알라
34 내가 진실로 너희에게 말하노니 이 세대가
지나가기 전에 이 일이 다 일어나리라
35 천지는 없어질지언정 내 말은 없어지지 아니
하리라

원 의미

성주간의 사건들은 예수의 제자들을 놀라게 하는 방식으로 계속 전개된다. 예수는 도래한 메시아로서 군중들의 승리적 환호를 받으며 주일에 예루살렘에 입성하셨다(21:1-11). 하지만 월요일에 성전에서 상업적인 행위를 뒤엎으신 후에 사건들은 불길한 징조를 취하게 된다(21:12-17). 바리새인과 서기관들에 대해 제자들과 무리들에게 공개적인 경고를 주셨던 통렬한 비판에 이어서 예수는 화요일 오전 전체에 걸쳐서 계속된 논쟁과 토론을 하신다. 그 다음에 예수는 화의 고통스러운 선언을 직접적으로 종교지도자들에게 하신다(23:1-39). 이제 제자들은 예루살렘에서의 이 주간이 아주 위험스럽다는 것을 알게 된다. 예루살렘의 종교지도자들이 예수를 잡으려고 올무를 놓고 있기 때문이다.

따라서 예수는 긴급하게 제자들에게로 관심을 돌리신다. 그는 체포될 임박한 위기를 인식하시고서 제자들에게 다가올 사건들에 대해 준비시킨다. 마태복음에서 다섯 번째이자 마지막 시간에 예수는 모든 새로운 제자들이 순종하도록 가르침을 받아야할 부분을 포함하는(28:20) 주요한 강화를 제자들에게 하신다. 이 강화는 예언이고, 제자들은 성전의 파괴와 더불어 이 민족에게 임할 심판의 재앙적 사건 그리고 영광과 승리 중에 예수가 다시 오시기 전에 사건들을 제자들에게 준비시키신다.

감람산 강화의 배경(24:1-3)

종교지도자들과 신학적인 논쟁이 있은 후 분명히 늦은 화요일 오후에 예수와 제자들은 성전과 도성을 떠나 밤에 머물려는 베다니로 돌아가고 있다(참조. 21:17). 예루살렘에서 베다니로 가는 길은 감람산을 경유하는데, 그들의 뒤쪽 아래는 성전의 장엄한 광경을 볼 수 있다. 제자들은 도성을 돌아보며, 예수에게 성전의 아름다운 건축물을 가리킨다. 마가복음 13:1에 따르면, 그들은 "선생님이여 보소서 이 돌들이 어떠하며 이 건물들이 어떠하니이까!"라고 외친다. 성전의 아름다움과 장엄함에 대한 이들의 소리에 반응해서 예수는 장래의 어두운 모습을 그리신다: "내가 진실로 너희에게 이르노니 돌 하나도 돌 위에 남지 않고 다 무너뜨려지리라." 예수가 바리새인들에게 행한 마지막 독설은 전 세대에 대한 경고와 예루살렘과 성전에 대한 한탄을 포함했다(참조. 23:36-38). 이는 제자들을 놀라게 했음이 틀림없다. 예루살렘이 거룩한 도성이요 다시 지어진 성전은 이 민족의 자랑이었기 때문이다. 또한 여기서 예수의 진술은 제자들을 당황케 했음이 분명하다. 성전이 이즈음에 거의 완전하게 재건되었기 때문이다(참조. 요 2:20).[1] 지금 예수는 이 성전의 파괴를 예언하고 계신다(그 일은 A.D. 70년에 발생했다).

예수는 아마도 자신의 예언을 생각하시면서 감람산에 앉으셨을 것이다. 그때에 제자들이 그에게 다가와서 방금 암시했던 놀라운 사건에 대한 개인적인 이해를 구했을 것이다(24:3). 예수의 반응은 역사의 과정을 보여주는 사건들을 예언하는 확장된 강화를 시작하신다. 이는 마태복음서에 기록된 다섯 번째이자 마지막 주요한 강화다. 다른 강화에서처럼 예수는 제자들에게 그 말씀을 주시고, 그것은 주가 다시 오실 때까지 새로운 제자들이 순종하도록 가르쳐야 하는 자료의 일부다(28:20). 여기서 이 자료는 묵시적 계시인 반면에 이전의 강화들은 교육(5-7장), 선교적 위임(10장), 비유(13장) 그리고 교회 공동체 생활에 대한 언급(18장)을 담고 있다. 예수가 감람산에 앉아 있는 동안에 이 강화를 주시고 있기 때문에 그것의 전통적인 이름은 감람산 강화다. 모든 세 공관복음서들이 이 예언을 담고 있지만 마태는 더 자세한 묘사를 하고 있다.

이 강화의 내용은 제자들의 질문에 대한 반응을 통해서다: "우리에게 이르소서 어느 때에 이런 일이 있겠사오며 또 주의 임하심과 세상 끝에는 무슨 징조가 있사오리이까?" 제자들은 여기서 두 가지 질문을 한다: (1) "이 모든 것들이 언제 있을 것인가?" (2) "주의 임하심과 세상 끝에는 무슨 징조가 있을 것인가?" 즉 두 번째 질문은 예수의 오심과 시대의 종말을 한 사건의 묘사로서 탐구하고 있다.[2] "주의

1. 개관을 위해서는 Michael O. Wise, "Temple," *DJG*, 811-17을 보라.

임하심"이란 어구와 "세상 끝"이란 어구를 통제하는 하나의 관사가 헬라어에서 이 사실을 나타내준다.[3]

첫 번째 질문에 대한 예수의 대답은, 이스라엘의 종교지도자들에 대한 화의 결론에서 이 세대에 예루살렘 성전의 유기를 암시하고 있을지라도, 누가의 기사에서 가장 직접적으로 나온다(눅 21:20; 참조. 마 24:15). 하지만 제자들이 두 질문을 하는 방식은 그들에게서 성전의 파괴와 재림(파루시아)은 구별된 것이 아님을 나타내는데, 이는 예수의 반응에 대한 실마리를 제공해준다.

이 강화에서 우리는 예수가 예루살렘의 멸망과 그의 재림을 예언하심으로써 역사적이고 종말론적인 말씀을 얻게 된다. 누가는 A.D. 70년에 일어났던 사건인 성전 파괴와 예루살렘의 함락에 관한 역사적 세부 사실에 초점을 맞추는 반면에(눅 21:20-24), 마태와 마가는 1세기의 사건으로 완전히 성취된 것으로 보기 어려운 사항들을 제공해주고, 따라서 장래의 성취를 가리킨다(참조. 마 24:15-22; 막 13:14-20). 예수는 A.D. 70년에 성전의 파괴를 암시하나, 이 사건들을 종말의 사건을 예조하는 것으로 사용하신다.

조지 래드(Deorge Ladd)는 역사적이고 종말론적인 요소가 일종의 "예언적인 원근법"에 의해 의도적으로 얽혀 있다고 주장한다. 가까운 사건인 예루살렘의 파괴는 먼 장래의 사건에 대한 상징으로서 기능한다.[4] 예수는 예루살렘의 파괴와 재림과 관련한 제자들의 질문에 대한 대답을 혼합시키신다. 성전의 파괴는 예수의 제자들의 질문에 대한 대답이지만, 예수는 그 시간을 넘어서 전체 세대와 종말에 권능과 영광으로 다시 오시는 때를 바라보신다.[5]

그때에 우리는 예수의 강화에 대한 세 가지 근본적인 부분을 엿볼 수 있다. (1) 첫 번째 부분은 예수가 오시기 전, 일반적으로 연대적인 사건들을 묘사한다(24:4-

---

2. 참조. France, *Matthew*, 337; Gundry, *Matthew*, 476; Hagner, *Matthew*, 2:688; Ladd, *New Testament Theology*, 196-98; Stanley D. Toussaint, *Behold the King: A Study of Matthew*(Portland: Multnomah, 1981), 268-69.
3. "관사-명사-카이-명사"(TSKS) 구문과 관련한 "Granville Sharp Rule"의 논의에 대해서는 Wallace, *Greek Grammar*, 270-90을 보라. 그는 마 24:3을 주해적으로 신학적으로 의미 있는 모호한 비인칭 TSKS 구문으로 열거한다(Wallace, *Greek Grammar*, 288 n. 87).
4. Ladd, *Theology of the New Testament*, 198. 또한 Hagner, *Matthew*, 2:688; Mounce, *Matthew*, 228-30을 참조하라. 크란필드는 예수의 견해에는 역사적인 것과 종말론적인 것이 함께 섞여 있고, 마지막 종말론적 사건은 인접한 역사적 사건의 "투영성"을 통해 볼 수 있다고 주장한다(Cranfield, *Mark*, 390-94). 역사적인 것과 종말론적인 것을 균형 잡는 시도에 대해서는 David L. Turner, "The Structure and Sequence of Matthew 24:1-41: Interaction with Evangelical Treatments," *GTJ* 10/1(Spring 1989): 3-27을 보라.
5. 더 자세한 논의를 위해서는 다음에 나오는 '상황잇기'를 보라.

31). ⓐ 그는 온 세대에 이루어질 전 세계적인 복음전도 활동과 함께 전 세대에 나타날 일반적인 사건에 대한 묘사를 먼저 하신다(24:4-14). ⓑ 그때에 A.D. 70년의 성전 파괴와 종말의 마지막 파멸에 관한 예언을 혼합하신다. ⓒ 그는 환난의 시기에 인자의 오심을 묘사하신다. ⓓ 그는 파괴와 재림이 가까이 온 것과 관련한 일반적인 원리로 이 강화의 첫 부분을 결론짓는다(24:32-35).

(2) 두 번째 부분은 예수의 오심을 준비하고 기다리며 조심하는 교훈들을 주신다(24:36-25:30). ⓐ 예수는 제자들이 왜 조심해야 하는지를 설명하심으로써 이 교훈을 시작하신다. 즉 그가 다시 오시는 때를 알 수 없기 때문이다(24:36-41). ⓑ 그는 "조심해야" 하는 일반적인 경고를 주신다(24:42-44). 알 수 없는 시간에 그가 다시 오실 것이기 때문이다. 이어서 알 수 없는 다시 오시는 시간을 어떻게 기다려야 하는지를 제자들에게 교훈하기 위해서 예수는 세 가지 비유를 드신다(24:45-51; 25:1-13; 25:14-30).

(3) 세 번째 부분은 심판의 경고와 예수가 다시 오시는 때에 약속된 보상으로 제자들에게 결론을 주신다(25:31-46).

출산의 고통의 시작(24:4-14)

감람산 강화의 첫 항목에서 예수는 어떤 의미에서 그가 다시 오시기 전에 전반적인 세대를 특징짓는 이 땅에서의 일반적인 상태에 관한 개관을 주신다. 열두 제자들은 장래에 전 세계적인 선교적 노력을 감당하는데서 다가오는 박해와 고난을 이미 지적받았다(참조. 10:16-23). 하지만 여기서 예수의 다시 오심과 이 시대의 종말을 기다릴 때 모든 제자들이 공통적으로 받는 고난의 예기가 이 강화에서 주어진다.

전 세계를 통해 임하는 고통(24:4-8). 이 강화는 준엄한 심판으로 시작한다: "너희가 사람의 미혹을 받지 않도록 주의하라." 많은 사건들이 종말이 임한 것으로 생각하도록 제자들을 미혹할 것이다. 오히려 이런 모든 사건들은 "출산의 고통"의 현 세대의 일반적인 특징이다. 예수는 종말을 알리는 것으로 볼 수 있는 여러 상태를 분명히 개요하신다.

거짓선지자(24:4-5). 그는 먼저 "많은 사람이 내 이름으로 와서 이르되 나는 그리스도라 하여 많은 사람을 미혹하리라"고 경고하신다. 선지자적 인물과 메시아적 구원자들이 제2성전 시대에서 지배 세력에 대항하는 혁명을 자주 선동하였고, 그들은 교회가 설립된 뒤에도 계속 그리하였다. 랍비 아키바는 시몬 바르 코크바(Simon Bar Kokhba, "별의 아들"을 의미함)라는 2세기의 유대 반란자를 민수기 24:17에 야곱이 말한 별에 근거하여 그를 메시아로 주장하면서 그렇게 불렀다. 나중에 랍비들은 그의 신분을 배격하고 그를 바르 코시바(문자적으로는 "거짓의 아들")[6]라 일컬었다. 전 세대를 통해서 많은 사람들이 메시아적 신분을 주장하였다. 예수의 제자들은 여기에 미혹되어서는 안 된다.

전쟁과 재난(24:6-7). 다음에 예수는 민족과 나라가 서로 대적하여 일어남으로써 전쟁과 전쟁의 소문이 전 세대를 통해서 계속해서 반복될 것임을 경고하신다. 하지만 그는 "너희는 삼가 두려워하지 말라 이런 일이 있어야 하되 아직 끝은 아니니라"고 경고하신다. 재난이 끝을 나타내고 있는 것으로 보이지만 끝은 아직 아니다. 구약성경은 전쟁, 우주적 전쟁, 기근, 지진, 그리고 다른 여타 재앙적 사건들을 에스드라2서 9:1-6의 묵시적 계시처럼 종말과 연계시켰다(요한계시록에 기록된 재앙적 사건들도 역시 참조하라). 하지만 예수는 그의 재림이 모든 창조의 구속을 시작할 때까지, 이 격변적인 사건들은 이 삶의 고난의 규칙적인 일부가 될 것임을 강조하신다.

출생(재난)의 고통(24:8). "이 모든 것은 재난의 시작이니라." "재난"(출생의 고통)은 일반적으로 인간의 끔직한 고통(사 13:8; 21:3; 42:14; 렘 30:7-10; 호 13:13)과 구원자가 오기 전에 이스라엘이 특히 참아내야 할 고난(사 26:17-19; 66:7-11; 렘 22:23; 미 4:9-10)을 묘사하는 구약성경 선지자들의 흔한 비유다. 이 심상은 메시아의 시대의 앞선 시기를 특징짓는 고난의 예상된 시간을 가리킨다. 천국의 시작이 백성들에게 구속을 가져다줄지라도, 전 세계는 마지막 구속을 기다리는 출생의 고통을 경험하게 될 것이다. 성령의 열매가 있는 신자들도 마찬가지다(참조. 롬 8:22-23).

우리는 "재난"(출생의 고통)의 심상이 재림의 때를 아무도 알지 못한다(24:36)고 했던 예수의 진술과 모순된다고 생각할는지 모른다. 그러한 고통이 아기의 임박한 탄생을 전조하기 때문이다. 하지만 "재난"(출생의 고통)의 비유는 태어나기 전 과정의 또 다른 양상을 조명하는데 사용된다. 즉 아기탄생의 전조는 일관된 것이 아니라 계속해서 되풀이되는 반복적 현상이다.[7] 아기는 첫 번째 고통에서 태어

6. "Bar Kosiba, Simon," *DJBP*, 77-78.
7. Conrad Gempf, "The Imagery of Birth Pangs in the New Testament," *TynBul* 45(1994):119-35; 특히 132-34.

나지 않는다. 고통이 시작되면 우리는 변할 수 없는 과정이 시작되었음을 알뿐이다. 우리는 다섯 번째, 오십 번째, 또는 오백 번째의 고통에서 아기가 태어날 것인지를 알지 못한다. 전쟁과 전쟁의 소문, 비극적인 지진, 기근의 시간은 반복되는 고통의 역사를 조망할 뿐이다. 이는 우리들에게 종말이 오고 있음을 상기시키지만, 어느 누구도 인자가 나타날 때가 언제인지를 알지 못한다. 우리는 항상 조심할 뿐이다.

어떤 이들은 이 고통이 종말임을 신자들이 오인하게 만들 것이다. 하지만 예수는 미혹 당하지 않도록 제자들을 경각시키신다. 첫 번째 출현, 특히 A.D 70년에 예루살렘에서 그들이 목격할 비극은 재난의 시작일 뿐이고, 그것은 계속해서 반복될 것이며, 전 세대를 특징지을 것이다. 이 비유는 그 과정이 시작되면 연속된 사건이 불가피할 것이고 종말의 때까지 반복되는 고통의 파고가 있을 것임을 나타낸다.

예수의 제자들의 고난(24:9-13). 부사 "그때에"('토테')는 마태복음에서 자주 나타난다. 때로는 시간적인 순서를 나타내기 위해서(예. 2:7; 4:5, 17), 때로는 느슨한 연결사(예. 3:15; 4:11)로서 기능한다. 이 장에서도 역시 '토테'는 어떤 경우에는 느슨한 연결사로서(예. 24:10, 23), 또 다른 경우에는 시간적인 순서의 강력한 의미(24:14, 16, 30)로 나타난다. 어떤 이들은 24:9-14의 사건들이 재림을 전조하는 것이라고 여기면서 24:9에서 시간적인 순서를 본다.[8] 하지만 '토테'의 특별한 강조는 초점의 변화를 알려준다.[9] 예수는 이 세상의 사람들이 경험하게 될 고통을 예언하는 것에서(24:4-8) 제자들이 예수를 따르는 것 때문에 겪게 될 고통을 예언하는 것으로 전환하신다(24:9-13).[10]

박해(24:9-11). 이 세대에 하나님 나라의 복음을 전달할 책임을 제자들에게 준비시켰던 선교강화(10장)를 생각나게 하시는 예수는 제자들이 박해를 당하게 될 것임을 예고하신다: "사람들이 너희를 환난에 넘겨 주겠으며 너희를 죽이리니 너희가 내 이름 때문에 모든 민족에게 미움을 받으리라"(참조. 10:16-24). 제자들은 '들립시스'("박해, 고난, 슬픔")를 당하게 될 것이다. 이 용어는 마태복음에서 네 번 나타나는데, 세 번의 경우를 바로 이 장에서 발견할 수 있다(13:21; 24:9, 21, 29).

---

8. 혹자는 재림 직전에 24:9에 표시된 교회의 가중된 박해의 변화를 본다; 예를 들어, Robert H. Gundry, *The Church and the Tribulation*(Grand Rapids: Zondervan, 1973), 49; Brent Kinman, *History, Design and the End of Time: God's Plan for the World*(Nashville: Broadman & Holman, 2000), 80.
9. 예를 들어, Blomberg, *Matthew*, 354-55; Carson, "Matthew," 498; Davies and Allison, *Matthew*, 3:341; Hagner, *Matthew*, 2:694.
10. France, *Matthew*, 338.

24:21, 29에서 '들립시스'는 유례가 없는 "고난"(NIV)이나 "환난"(NASB)의 특별한 미래의 시기를 가리키지만 여기서는 13:21에서처럼 일반적인 종류의 고난이나 박해를 나타낸다. 예수의 제자들은 예수를 따르고 그의 복음의 메시지를 전한 것으로 인해 사람들로부터 박해와 미움을 받게 될 것이다.

"내 이름 때문에"("나 때문에"—개역개정)란 어구는 문자적으로는 "나의 이름 때문에"이고 중요한 기독론적인 표현이다.[11] 이는 이스라엘의 예배와 충성의 유일한 초점인 하나님의 인격을 대표하는 것으로서 구약성경에서 그의 이름의 의미를 나타내는 것을 상기시킨다(예. 출 3:15; 6:3; 9:16; 20:7). 예수의 제자들은 그의 이름을 전달하는 특권을 가질 것이나 고난도 함께 받게 될 것이다. 예수에게 향하던 증오와 반감이 예수를 따르는 자들에게 자연스럽게 임할 것이기 때문이다.[12]

배신(24:10). 박해로 인해 예수를 따르던 자들의 믿음이 검증될 것이다. "그때에 많은 사람이 실족하게 되어 서로 잡아 주고 서로 미워하겠으며." 박해를 견디는 것이 쉽지 않다. 스스로 위로 받기 위하여 예수를 붙잡았던 사람들은 예수에게서 떠나서 고난을 피하려고 하기가 쉽다. 그들은 고난에서의 도피를 추구할 뿐만 아니라 예수의 대적자가 되어, 이전에 동료 제자들이었던, 예수를 따르는 자들에 대적할 것이다. 그들은 배신하여 오히려 박해자가 될 것이고, 그들 사이에 관계를 특징지었던 사랑(5:43-47; 22:34-40)이 전적으로 예수를 배격하는 미움으로 바뀔 것이다. 이런 배교는 그들이 진정한 제자가 아님을 증거한다.

미혹(24:11). 거짓 메시아는 세상을 미혹하고(24:5), 거짓선지자는 공동체에서 예수의 제자들을 미혹하려고 나타날 것이다. 사도 요한은 교회와 세상에서 미혹하는 소리들을 역시 경고한다(요일 2:18-27; 4:1-6). 이 소리들은 성육신하신 메시아로서 예수를 인식하는 기준에 따라서 검증되어야 한다(요일 2:22; 4:2-3). 이 기준은 전 세대를 통해서 이단을 검증하는데 사용될 것이지만, 슬프게도 거짓 선지자들이 많은 사람들을 미혹할 것이다.

불법과 사랑 없음(24:12). 이전의 모든 현상들은 불법의 성행으로 묘사된다. 그것은 타락한 사람들과 공동체를 미혹하려고 했던 자들의 영적인 죽음을 가리킨다. 영적인 죽음의 주요한 특징은 사랑이 식어진다는 사실이다. 예수는 사랑이 감정이 아니라 하나님의 뜻을 증진하기 위해서 하나님과 다른 사람들에 대한 적극적인 헌

11. Hagner, *Matthew*, 1:278.
12. 참조. 요 15:21; 딤후 3:12; 벧전 4:13-14.

신이라고 그의 사역 내내 강조하셨다(참조. 5:43-47). 영적으로 죽은 사람들은 이런 종류의 사랑을 생산할 수가 없다. 이들의 배교는 전혀 하나님을 알지 못했었음을 재강조한다. "많은"(most, '폴로이'의 복수)이란 NIV의 표현은 "많은"(many, 24:5, 10-11)[13]으로 번역된 이 장에서의 다른 '폴로이'의 사용과 더불어, 공동체의 대다수가 배교할 것임을 가리킨다.[14] 이는 배교로 영향을 받는 제자들의 공동체의 섬뜩한 모습이다. 하지만 예수가 생명으로 들어가는 문은 좁고 협착하여 찾는 이가 적다고 강조하였던 다른 곳에서의 진술과 유사하다(7:13-14).

견디는 자(24:13). 배교의 섬뜩한 모습과 더불어, 예수는 중요한 약속을 주신다: "그러나 끝까지 견디는 자는 구원을 얻으리라." 적극적인 저항이 끝까지 견디는 것에 포함되지만 더욱더 고려되고 있는 것은 극도의 박해를 포함하는 그 어떤 환경에도 참아내는 제자들의 꿋꿋함이다. 박해의 가중에도 불구하고 인간들의 미워함이 선교하는 제자들을 이기지 못할 것이라는 커다란 확신을 주셨던 선교강화에서도 예수는 동일한 표현을 하셨다(10:22). 또한 여기서 예수는 끝까지—즉 인자가 다시 옴으로 박해가 끝날 때까지(10:23) 또는 사람의 생명이 끝날 때까지—견디는 제자는 구원을 받으리라는 약속을 바라보신다.

"구원받다"는 육체적인 죽음에서 구원을 얻는 것을 말하고 있지 않다. 많은 참된 제자들이 순교를 당했기 때문이다(또한 24:21-22을 참조하라). 오히려 예수는 구체적인 약속과 보증의 말씀을 상기시킨다. 그는 끝까지 그의 이름에 헌신하는 사람은 박해로 인해 소멸하지 않고 그의 도래로 천국의 구원의 충만한 복과 평화를 맛볼 것임을 약속하신다. 하지만 예수는 그에 대한 제자의 참된 헌신은 그들이 끝까지 견디는 가에 달려 있음을 상기시킨다. 예수는 어떤 어려움이라도 견딜 수 있는 자원을 제공하시는 신실한 분이시다. 지상사역에서 예수에게 계셨던 동일한 성령(10:19-20)이 박해와 핍박이 있을 때 제자들을 통해서 말씀하시고(10:19-20), 끝까지 이 박해를 견디는데 필요한 힘을 제공할 것이기 때문이다. 예수는 세상 끝날까지 그들과 함께 계실 것이다(28:20).

만방에 복음이 전파됨(24:14). 예수는 종말을 보이고 있다는 거짓된 가정에 대하여 제자들을 경각시키셨다(24:6, 8). 이제는 이 시대의 종말이 오기 전에 실현되어야 하는 활동의 중요한 가늠자를 주신다: "이 천국 복음이 모든 민족에게 증언되

---

13. Blomberg, *Matthew*, 355; Hagner, *Matthew*, 2:695.
14. 관절의 '톤 폴론'은 NIV 번역에서처럼 대다수를 나타낼 수 있다: 참조. *BDAG*, 849; Davies and Allison, *Matthew*, 3:343 n. 98; France, *Matthew*, 338.

기 위하여 온 세상에 전파되리니 그제야 끝이 오리라." "천국 복음"이란 표현은 마태복음에서만 유일하다(참조. 4:23; 9:35). 이는 구원의 좋은 소식과 하나님 나라의 도래를 조합하고 있다. 이는 예수와 제자들의 사역으로 하나님의 임재의 실제를 증거하고 증언한다(참조. 8:4; 10:18). 24:9-13에서의 사건들이 성행함은 재림이 가까이 왔음을 가리킬지라도, 반드시 충족되어야 하는 분명한 조건은 만방에 복음의 전파다. 이 선포가 있은 후에야 끝이 올 것이다.

예수의 지상 사역 동안에 제자들의 선교는 다윗의 언약을 성취하기 위해서 이스라엘에만 제한되었다(참조. 10:5-7). 하지만 장래의 선교는, 아브라함의 언약을 성취하는, 만방에게로 전환된다. 그 선교가 계속해서 이스라엘에게 다가가는 일을 포함할지라도 말이다(10:23; 28:19의 주석을 보라).[15] 장래의 선교는 부활하신 예수의 "대위임"(28:16-20)으로 시작될 것이지만 지금 감람산 강화에서 그리고 이전에 선교강화에서 예언되었다(10:16-23).

이 전 세계적인 복음 선포는 바울이 당시에 잘 알려진 세계에 복음을 전하였던 1세기에 부분적으로 실현되었다(예. 롬 15:19). 이것은 예수의 재림이 임박할 가능성에 기여하였다.[16] 하지만 전 세계적인 선교 활동의 우선순위는 24:14에 예수의 진술의 마지막 성취가 이제 예수가 전개할 대환난 사건의 종말론적 도래를 기다리고 있음을 인식할 것을 요구한다. 언제 만방에 복음을 전하게 될지를 확실히 분별할 수 없기 때문에 예수의 제자들은 온 세대를 통하여 천국 복음을 전파할 의무를 긴급하게 행하여야 한다.[17] 온 민족의 새로운 세대들은 새로운 선교 현장을 가져온다. 하지만 이 선포가 완성되면, 이 땅에 환난의 시작이 있게 될 것이다.

"대환난"에 대한 묘사(24:15-28)

24:15 서두에 시간적("때")이고 추론적("그러므로, 고로")인 접속사의 조합은 주요한 시간적 변화를 나타낸다: "그러므로 너희가 선지자 다니엘이 말한 바 멸망의 가증한 것이 거룩한 곳에 선 것을 보거든…"

예수의 재림 때까지 이 시대의 일반적인 특징들을 열거한 다음에 예수는 이제 다니엘 9:27에서 예언된 사건("멸망의 가증한 것")을 가리키신다. 어떤 이는 이

---

15. 참조. Wayne A. Brindle, "To the Jew First'," 221-33.
16. 예를 들어, Blomberg, *Matthew*, 356-57.
17. 예를 들어, Davies and Allison, *Matthew*, 3:344; Morris, *Matthew*, 602.

시점에서 예수가 A.D. 70년의 성전 파괴에만 초점을 맞추고 있다고 주장하는 반면에,[18] 학자들의 폭넓은 단위가 이 사건은 종말론적인 타락과 파괴의 미래적 시간도 역시 전조하고 있다고 주장한다.[19] 후자의 견해가 여기서 더 선호되는데, 특히 바울이 그것을 종말론적인 인간의 무법함(살후 2:1-12)과 예수의 예언과 상당히 유사한 요한계시록 13:11-18에서 짐승에 대한 요한의 환상과 비교할 때에 특히 더 그러하다. 더불어 그것들은 적그리스도와 같은 "악하고 더러운 자"를 나타낸다.[20]

누가복음 21:20-24의 기사를 살펴보면, 그 초점은 분명히 예루살렘 함락에 있다. 하지만 "멸망의 가증한 것"에 대한 언급이 있는 마태복음 24:15-22과 마가복음 13:14-20을 볼 때(누가만이 예루살렘의 파괴를 언급하고 있음을 주목하라), 초점이 A.D. 70년의 예루살렘 파괴에서는 나타나지 않았던 것들로 전환되고 있음을 알 수 있다. 이런 언급은 초점을 종말에의 활동으로 전환시킨다. 따라서 예수는 그의 당대의 세대와 미래의 세대를 언급하는 예언적인 요소를 혼합하고 있다.

멸망을 야기하는 가증한 것(24:15). 다니엘의 예언은 "이레"의 기간과 이 "이레"의 중간에 통치자가 "멸망의 가증한 것"을 세울 것이라고 언급한다(단 9:27 NIV; 8:13; 11:31; 12:11을 또한 참조하라). 마카비 시대에 동일한 표현이 셀류시드 왕인 안티오커스 4세 에피파네스의 신성모독을 묘사하는데 사용되었다. 그는 올림푸스 제우스 제단과 자기 자신의 신상이 B. C. 167 (Chislev)에 성전에서 세워질 것을 포고했다(마카비1서 1:54; 참조. 마카비2서 6:2). 나아가서 안티오커스는 안식일과 다른 명절들의 준수를 비속하게 했으며, 할례를 폐지하고 돼지와 여타 불결한 짐승들로 제단에서 희생제사를 드리게 했다(참조. 마카비1서 1:41-50). 이는 유대 역사의 가장 비참한 시기 중 하나다.

하지만 다니엘의 언급은 본디오 빌라도가 유대를 통치하기 위해서 총독으로 와서 예루살렘에 황제의 우상숭배적 상징들을 담고 있는 군사적인 표준들을 도입했을 때인 A.D. 26년에 고대의 모습을 상기시키기도 했다.[21] 또 다른 사람들은 다니엘의 예언이 가이오(칼리굴라) 황제가 자신의 거대한 상을 예루살렘 성전에 세울

18. 예를 들어, France, *Matthew*, 340-41; Blomberg, *Matthew*, 357-59,
19. 예를 들어, Davies and Allison, *Matthew*, 3:344; Gundry, *Matthew*, 485; Ladd, *Theology of the New Testament*, 675-76.
20. Gundry, *Matthew*, 482.
21. Josephus, *Ant.* 55-59을 보라; 논의를 위해서는 Paul Barnett, *Jesus and the Rise of Early Christianity: A History of New Testament Times*(Downers Grove, I11.: InterVarsity Press, 1999), 144-48을 보라.

것을 명했을 때에 이루어졌다고 믿었다. 가이오가 헤롯왕에 설득을 당하였고, 그 명령이 실행되기 전에 그가 A.D. 41년에 죽었을지라도 말이다.[22]

하지만 안티오커스 에피파네스 4세의 활동이나 또 다른 때에 그것이 완전히 실현되었다기보다는 예수는 다니엘서를 직접적으로 인용하여 "멸망의 가증한 것"이 아직 미래의 사건임을 분명히 하신다.[23] 바울은 아직 오지 않은 적그리스도의 예언적 진술을 줌으로써 예수와 다니엘의 예언을 상기시킨다(살후 2:3-4). 그것은 거짓 선지자들이 세울 적그리스도(첫 번째 짐승)를 전조한다(계 13:11-18).

마태와 마가는 "읽는 자는 깨달을진저"(참조. 막 13:14)라는 어구를 포함시킨다. 이것은 예수의 말씀 속에서 예언의 진정한 성취를 발견함을 다니엘의 독자들이 알게 하기 위한 것으로 의도된 부연이다. 다니엘이 언급한 멸망의 가증한 것이 시작됨으로써 "대재난"의 기간이 시작된다(마 24:21). 황폐케 하는 가증한 것은 "이레"의 다니엘의 기간에 상응하는 환난의 시간의 지배적인 사건이다. 그 기간의 "이레"의 중간에 통치자가 "멸망의 가증한 것"을 세울 것이다(단 9:27 NIV). 우리가 다니엘서(특히 9:25-27)와 요한계시록(3년 반에 상응하는 계 12:6에 1260년의 날의 숫자를 보라)을 볼 때, 이는 환난의 일곱 해의 두 번째 부분, 즉 "대환난"의 때를 나타낸다. 분명히 첫 삼 년과 절반의 해는 상대적으로 평온하고 조용한 시기였다.

이 강화의 서론에서 언급했던 것처럼, 예수의 예언은 제자들의 질문에 대한 대답이다. 그는 A.D. 70년의 예루살렘과 성전의 파괴를 예언하고 있지만, 다른 멸망의 가증한 것이 예루살렘에서 일어나서 하나님의 백성들을 유리케 하고 자신에게 저항하는 모든 이들을 파괴하는 미래의 어떤 때를 멀리 바라보신다.[24]

신자들의 피신(24:16-20). 이스라엘의 일상생활에서 취해지는 일련의 다섯 가지 경고에서 예수는 멸망의 가증한 것이 도래함에 따라 발생하는 직접적인 위험들을 강조하신다. (1) "유대에 있는 자들은 산으로 도망할지어다." 가증한 것이 나타날 때, 예수의 예언을 유념했던 사람들은 직접적이고 철저한 파괴가 예루살렘에 임하고 많은 사람들이 죽을 것을 알 것이므로 급하게 도망해야 한다. 크리스천 역사가인 유세비우스는 산으로 도망하라는 예수의 경고가 유대인의 반란 시에 크리스천

22. 참조. Philo, *Legatio ad Gaium* 200-203; Josephus, *Ant.* 257-309; F. F. Bruce, *New Testament History*(New York: Doubleday, 1969), 253-57을 보라.
23. 관련된 이슈의 논의를 위해서는 Gleason L. Archer Jr., "Daniel," *EBC*(Grand Rapids: Zondervan, 1985), 7:111-21을 보라.
24. 이스라엘의 유대교 내에서 세 번째 성전이 될 수 있는 성전 재건의 활동적인 움직임이 있음을 주목하는 것은 흥미롭다(예를 들어, 다음의 웹사이트를 보라: www.templeinstitute.org).

들이 벨라로 도망하였을 때 이미 이루어졌다고 보고했다.[25] 하지만 예수의 경고는 보다 더 일반적이다. 산은 침입하는 군대에 둘러싸인 사람들을 위한 피난처가 항상 되어왔기 때문이다. 그러므로 크리스천들은 커다란 위험이 있는 미래의 시기에 피난처를 거기서 찾아야 한다.

(2) "지붕 위에 있는 자는 집 안에 있는 물건을 가지러 내려가지 말며." 임박한 파괴는 집으로 물건을 가지러 들어갈 시간이 없음을 의미한다. 이스라엘의 수많은 집들이 평평한 지붕을 가짐은 저녁에 선선한 바람을 맞을 수 있는 곳이 되었으며, 생활 공간의 일부로 여겨졌다.

(3) "밭에 있는 자는 겉옷을 가지러 뒤로 돌이키지 말지어다." 외투는 여행을 위한 필수적인 옷이었고, 바깥에서 잠을 잘 때 자주 이불로 사용되었다. 매우 급한 일이 있는 사람의 경우에만 뒤에 남겨두고 떠날 수 있는 물건이었다.

(4) "그 날에는 아이 밴 자들과 젖먹이는 자들에게 화가 있으리로다." 위험한 시기에 길을 떠나는 위험은 특히 아기 밴 어머니들과 유아들에게 더욱 그러할 것이다. 예수는 아주 연약한 사람들과 다른 사람들의 도움에 보통 의존해야만 하는 자들이 매우 고통을 당할 것이라고 강조하면서 "화"의 외침으로 그들의 운명을 묘사한다.

(5) 마지막 경고는 "너희가 도망하는 일이 겨울에나 안식일에 되지 않도록 기도하라"고 단순하게 말한다. 길이 좋지 않고 강물이 불은 겨울에 도망함은 접근한 파괴의 공포에서 도망하고자 하는 사람들을 더욱더 어렵게 할 것이다. 유대의 안식일과 같은 가장 경건하게 지키는 종교적 전통을 방해받을지라도, 제자들은 기도함으로 하나님의 임재와 도움을 붙들어야 한다.

"큰 환난"(24:21). 부사 "그때에"가 다시 나타나는데, 여기서는 시간적인 연속의 강력한 의미를 갖는다(24:9의 주석을 보라; 참조. 24:14, 16, 30). 멸망의 가증한 것의 출현은 "창세로부터 지금까지 이런 환난이 없었고 후에도 없"는 기간을 시작시킨다. 예루살렘의 포위와 파괴의 시기가 아주 끔찍했을지라도,[26] 마태의 묘사는 여기서 예루살렘 함락 시에 발생하지 않았던 환난의 시간을 나타낸다. 유대 백성들에게 그리고 20세기의 두 세계전쟁에서 임했던 공포는 인간의 제어되지 않은 악함에서 발생하는 가증한 것이 이것과는 비교가 되지 않는다는 섬뜩한 경고를 준

25. Eusebius, *Eccl. Hist.* 3.5.3.
26. Josephus, *J. W.* 5-6을 보라.

다. 예수가 그리고 있는 모습은 아직 발생하지 않았다. 사도 요한의 환상은 비할 데 없는 공포가 있는 미래의 시간을 나타낸다(계 7-19장). 마태복음 24:21에서 부정어를 특히 연속시킴("없었고 후에도 없으리라" – '우드 우 메 게네타이')은 공포의 비할 데 없는 절정과 그것이 다시는 반복되지 않을 것이라는 하나님의 약속을 가리킨다.[27]

그 날은 감해진다(24:22). 예수는 다시금 장래의 그 날의 끔직한 고통을 반복해서 말씀하신다: "그 날들을 감하지 아니하면 모든 육체가 구원을 얻지 못할 것이나 그러나 택하신 자들을 위하여 그 날들을 감하시리라." 이 어절은 하나님이 공포의 날들을 조절하심을 가리키는 잠언적인 방식을 가리킨다. 인간의 사악함과 하나님의 진노를 제어하지 않는다면, 공포는 끝이 없고 어느 누구도 살아남지 못할 것이다. 이는 환난의 시기가 무한정 지속되지 않을 것이라는 약속이다. 하나님이 그것을 조절하시기 때문이다.

이스라엘 백성들은 자주 "택하신 자"로서 언급되지만(예. 사 45:4; 에녹1서 1:1), 이는 믿는 크리스천들에 대한 언급이다(예. 롬 11:7). 이스라엘을 다시 한번 증인으로 하나님이 사용하는 때인 장래의 큰 환난의 시기에(예. 계 7:3-8), 하나님과 어린양을 예배하는 모든 민족들로부터 다수의 신자들이 데려와진다. "택하신 자"란 표현은 이 시기에 그리스도를 믿는 모든 사람들을 포함한다(참조. 마 24:24, 31).

거짓선지자들에 대한 경고(24:23-28). 다시 한번 예수는 거짓 메시아와 선지자들의 기승을 지적하시지만 이전에는 가짜들의 출현이 재림 때까지 전 세대의 특징이며 시대의 종말을 나타내는 것은 아님을 지적하신 반면에(24:5, 11의 주석을 보라), 이 큰 환난의 시기에는 기적을 행하는 거짓 메시아와 선지자들의 전례가 없는 기승이 있게 될 것이다. 그들이 행하는 기적과 표지는 초자연적인 활동을 보여주지만, 신자들은 하나님이 그들의 배후에 있는지를 상고함으로써 미혹을 당하지 않도록 조심해야 한다. 사탄과 그의 악한 세력들도 초자연적인 것들을 조정할 수 있으므로, 우리는 영적인 분별력을 가지고 그것이 진정으로 하나님으로부터 나오는 것인지를 알기 위해서 이적의 배후에 있는 손길을 살펴보아야 한다. 따라서 초자연적인 행위를 하는 거짓 메시아와 선지자들은 궁극적으로 하나님의 대적자 곧 악

27. 다른 사람들은 A.D. 70년에 예루살렘에서 살해된 유대인들의 퍼센트가 그때 이래로 어느 때보다 컸다는 것을 제기함으로써(예를 들어, Carson, "Matthew," 501) 또는 이것이 예수가 재림하실 때까지 A.D. 70년에서부터 온 교회 세대에 이르는 신자들의 고통을 묘사하고 있다고 주장함으로써 24:21-28의 공포를 설명하려고 한다(예를 들어, Blomberg, *Matthew*, 359-60). 사실상 그 용어의 정당성은 거기에 있지 않다.

한 자의 손에 볼모로 잡혀 있다.

신자들은 조심해야 한다. "너희에게 미리 말하였노라 그러면 사람들이 너희에게 말하되 보라 그리스도가 광야에 있다 하여도 나가지 말고 보라 골방에 있다 하여도 믿지 말라." 광야는 하나님의 다가오는 구원과 그것을 연관시킨 이스라엘의 다양한 그룹들에게 메시아적 뉘앙스를 갖는다(예를 들어, 쿰란 공동체의 에센파들). 구원을 사칭하는 자들은 공개적으로 출현하기 전에 자주 사막에서 추종자들을 모았다.[28] 예수는 자신이 메시아라고 말하는 자가 "광야에서" 또는 "골방에" 있다고 하여도 믿지 말라고 경고하신다. 메시아는 추종자들의 집단에만 은밀한 방식으로 오시지 않는다. 오히려 인자는 모든 사람들이 볼 수 있는 번개처럼 장엄한 방식으로 오신다: "번개가 동편에서 나서 서편까지 번쩍임 같이 인자의 임함도 그러하리라."

거짓 선지자의 은밀한 활동에 대한 경고와 예수의 장엄한 출현에 대한 선언은 예수로 하여금 수수께끼와 같은 말을 발하도록 촉발시킨다: "주검이 있는 곳에는 독수리들이 모일 것이니라." '아에토스' 라는 용어를 "독수리"를 일컫는데 사용할 수 있으나(계 4:7; 8:13), 주검이 언급되는 곳에서는 그것을 "콘도르"(vultures, NIV)로 번역하는 것이 가장 좋다. 독수리는 집단으로 모여 다니지 않고, 보통 죽은 고기를 먹지 않기 때문이다. 이것은 소름끼치는 요지를 설명하기 위해서 예수에 의해서 인용되거나 만들어진 잠언적인 언급이다.

따라서 이 잠언은 다음의 것들 중에 하나를 의미한다. (1) 이 세상의 부패가 미혹 당한 사람들을 한 곳에 모으고 먹이는 거짓 메시아와 선지자들을 낳을 것임을 지적한다. 그들은 영적으로 정말 죽은 사람들이다. 이것은 거짓 선지자들에 대한 경고와 가장 잘 들어맞는다.[29] (2) 이것은 콘도르가 시체나 동물의 죽은 것들을 먹기 위해서 모이는 것처럼, 모든 사람들이 예수의 재림에서 그리스도를 보기 위해서 모일 것임을 의미할 수 있다.[30] (3) 사람들이 죽은 동물의 시체에 모인 높이 나는 콘도로를 볼 수 있는 넓은 범위를 나타낼 수 있다. 따라서 인자가 부패한 세상의 죽은 자들을 심판하기 위해서 오실 때 인자의 재림을 많은 사람들이 볼 수 있을

28. Patrich, "Hideouts in the Judean Wilderness," 32-42을 보라. 이 그룹들의 개관에 대해서는 Horsley and Hanson, *Bandits, Prophets, and Messiahs*을 보라.

29. Morris, *Matthew*, 608. 이것은 부정적인 함의와 연결시킴으로서 그 비유의 의미를 드러내지만 예수의 재림에 대한 그의 진술의 문맥과는 사실상 어울리지 않는다.

30. Blomberg, *Matthew*, 361. 이것은 문맥에서 예수의 진술을 의미 있게 만들지만 그 비유는 예수의 오심에 사실상 필적하지 못한다; 재림을 시체와 상응하게 할 수 있는가?

것이다.[31] 이 마지막 견해가 번개와 같은 출현에 대한 예수의 암시의 문맥에 가장 적합한 것으로 보이지만, 예수를 콘도로와 유사한 것으로 만들게 하는 것이 어색하다. 하지만 그러한 부조화의 특징이 예수의 잠언적 언급과 비유를 효과적이게 만들기도 한다.

인자의 오심에 대한 묘사(24:29-31)

"그 날 환난 후에 즉시"(24:29)란 어구는 시간적인 연속을 도입한다. 인자는 환난의 시간이 있은 후에 오실 것이다. 여기서 "환난"('들리프시스')은 큰 환난의 구체적인 시기를 가리키는 24:21과 연계된다. 부사적인 표현인 "후에 즉시"는 천상의 표지와 예수의 오심이 24:15-28에서 묘사된 "대환난"이 있은 후에 발생할 것임을 강조한다.

예루살렘 함락 시에 발생한 사건을 견지하는 사람들은 이 사건이 문자적으로 종말에 발생하기 위해서는 "경멸스런 단조로움"[32]에 의존해야함을 강조한다. 하지만 이 사건이 종말에 발생하는 것으로 보는 사람들은 예루살렘 함락에서 발생하는 것으로 그것을 보기 위해서는 이 시간을 "거칠게 영적화해야"[33] 한다고 주장한다. 다시 한번 예루살렘의 함락과 시대의 종말을 모두 언급하는 예언의 혼합을 인식해야 한다. A.D. 70년의 예루살렘 함락에서 이스라엘에 있게 될 심판이 예수의 마음속에 있는 것으로 보일지라도(참조. 23:37-39; 눅 21:20-24), 주요한 강조는 위대한 우주적 권능에서 인자로서 예수가 오게 될 세상의 종말에 있다.

천상의 혼란(24:29). 세상의 종말에는 하늘의 대혼란이 있을 것이다. 하늘이 어두워지고, 별이 떨어지며, 세상의 세력들이 무너지고, 마침내 예수의 오심이 있게 될 것이다. 예수가 오실 때, 그는 하늘 끝에서 택한 자들을 모을 것이다. 이 사건들은 민족의 심판의 때에 상응하는 환난의 끝에 예수의 오심을 일컫는다(25:31-46).

예수는 문자적이고 비유적인 언어의 혼합으로 그의 오심을 묘사하기 위해서 이사야 13:10과 34:4과 같은 구절에서 암시하는 것처럼 전형적인 묵시적 이미지들을 사용하신다.[34] 하나님은 하늘이 어두워지고 하늘의 권능들이 흔들리게 하실 것

31. Hagner, *Matthew*, 2:707; 하지만 해그너는 심판의 측면을 경시한다.
32. France, *Matthew*, 344.
33. Toussaint, *Behold the King*, 266.
34. 참조. 겔 32:7; 욜 2:31; 3:15; 암 8:9; 에스드라2서 5:4-5; 7:39; *T. Mos.* 10:5.

이다. 그러한 용어는 물리적인 현상과 정치적이고 영적인 혼란을 가리킬 수 있다. 예수가 십자가에 못 박히실 때에 하늘이 어두워진 것은 십자가에서 악의 세력에게 승리하신 것을 나타내고, 그의 두 번째 오심에서 어두워지는 것은 그가 모든 세력을 통치하게 될 것임을 가리킨다. 특히 공중의 권세 잡은 자에게 말이다.

천상의 출현(24:30–31). 하늘의 혼란과 더불어 천상의 출현이 있게 될 것이다: "그때에 인자의 징조가 하늘에서 보이겠고." 그 "징조"가 일종의 하늘의 표지나 깃발인지, 인자 자신을 나타내는 것인지는 논쟁이 되어진다.[35] 많은 사람들이 이 "징조"를 메시아가 민족과 이스라엘을 모을 때 올려 세우는 "깃발"과 연관짓는다(사 11:10-12; 18:3). 또는 쿰란의 무리들의 전투 편대가 마지막 전투에서 일으켜 세우는 전쟁 두루마리(War Scrool)에 나타나는 "깃발"의 형태와 연관짓는다(참조. 1QM 3:13-4:17). 일종의 천상의 특별한 깃발이라는 많은 이론들 중에서 어떤 이들(예를 들어, 크리소스톰)은 이 징조가 하늘의 십자가일 것이라고 주장했다. 하지만 이 구절의 나머지 부분이 통곡하게 하는 자로서 인자의 오심을 언급하고 있기 때문에 다니엘 7:13의 분명한 언급("인자 같은 이")은 예수 자신이 세상의 종말론적인 완성의 징조임을 가리킨다(16:27; 26:64).[36]

예수의 사역과 부활이 그가 진정으로 하나님의 아들 되신 메시아라는 충분한 징조였던 첫 번째 오심에서처럼,[37] 그의 두 번째 오심은 통곡하는 "땅의 모든 족속들"에 대한 표지가 될 것이다(24:30). '필라이'란 용어는 "민족들"(NIV)이나 "족속"(NASB)으로 번역될 수 있다. 마태는 민족들을 언급하는 것으로 '에드네'를 사용하고(예. 24:9; 28:19), 그가 '필라이'를 사용하는 다른 곳에서는 영적으로 이스라엘의 열두 지파를 가리킨다(19:28). 따라서 여기서 그것은 이스라엘의 열두 지파를 상기시키는 "족속"으로 번역되어야 한다. 그렇다면, "땅"은 이스라엘 땅을 가리킨다.[38] 이것은 이 땅에 오실 인자의 도래로 이 땅에 오는 커다란 긴장의 시간에 관한 다니엘의 강조를 악의 심판이 있는 다가올 주의 날에 대한 선지자의 강조와 통합시킨다.

---

35. 헬라어 문법적인 측면에서, 이 질문은 "인자의 징조"란 표현에서 속격이 목적격적 속격("인자를 가리키는 징조"[the sign which indicates the Son of Man])인지 동격의 속격("인자이신 징조"[the sign which is the Son of Man])인지와 관련이 있다.
36. 또한 사 5:26-30에서 기치를 세우신 자에 대한 메시아적 기대를 참조하라. Gordon D. Kirchhevel, "He That Cometh in Mark 1:7 and matt 24:30," *BBR* 4(1994):105-11을 보라.
37. 유대 지도자들은 반복해서 그러한 표징을 구했다(12:38; 16:1; 참조. 요 2:18; 20:30-31).
38. 고로 Blomberg, *Matthew*, 362.

이 용어는 유대 청중들에게 특별한 의미를 가져다주었을 것이다. 스가랴 12:10의 예언이 통곡하는 이스라엘 백성들을 언급하는데, 그들이 찌른 분을 보았기 때문이다. 사도 요한은 이 예언을 십자가 처형을 애곡했던 유대인들에게 적용시키고(요 19:37), 요한계시록 1:7에서 이 예언을 인용한다. 이 사건들은 이스라엘 백성들에게 중요한 의미가 있고, 요한은 이스라엘의 개별적인 족속을 언급하기 위해서 단수 명사형인 '필레'를 사용한다(계 7:4-8). 이것은 회개를 낳은 일종의 통곡이거나 임박한 심판을 인식한 것에서 기인한다. 바울이 장래에 이스라엘이 회개하고 돌아설 것을 말하고 있는 것에 비추어 볼 때(롬 9-11장; 참조. 마 23:39), 회개가 더 적합하다.

예수는 재림에 대한 언급을 계속 하신다: "그들이 인자가 구름을 타고 능력과 큰 영광으로 오는 것을 보리라." 권능과 영광으로 구름을 타고 오심은 성전 파괴 시에 이스라엘에 대한 심판으로, 영적으로 그리스도의 오심을 언급하는 것으로 쉽게 간주해서는 안 된다. 이것은 다니엘의 예언을 반영하고 세상의 끝에 그리스도의 오심을 가리키는 종말론적인 용어다. 예수는 "인자"라는 상대적으로 모호한 칭호를 사용함으로써 자신의 신분을 완성시키신다(8:20의 주석을 보라). 그는 머리 둘 곳이 없는 겸손함을 보이시고(8:20), 많은 사람들에게 자기 생명을 주신 종으로서 고난을 당하시며(20:17-19, 28), 하나님 나라의 거룩한 왕으로서 경배를 받으시기에 합당한 '옛적부터' 위대한 주권자로 지정되신, 영광스러운 권능으로 오시는 인자이시다(단 7:13-14).

인자의 출현과 더불어 "그가 큰 나팔소리와 함께 천사들을 보낼" 것이다. 깃발과 나팔소리는 메시아의 장엄한 도래로 간주되는 유대의 종말론적 사상과 연계되었다.[39] 예수의 재림—천사들과 울리는 나팔소리가 수반되는—은 바울의 종말론적 가르침에도 나타난다(고전 15:51-2; 살전 4:16). 예수는 다른 곳에서 모으고 데려오는 심판의 그의 종말론적 출현(마 13:39, 41; 16:27; 25:31)과 그의 뜻(4:11; 26:53)을 수반하는 천사의 접대를 언급하신다. 주의 천사는 성육신 하신 임마누엘로서 예수의 도래를 선포했고(1:20-24), 예수의 유아시절에 그의 가족을 인도했으며(2:13-23), 부활한 예수를 전했다(28:2-5).

이 모습은 "그의 택하신 자들을 하늘 이 끝에서 저 끝까지 사방에서 모으"는 하늘의 천사들을 거느리신 주권적인 인자와 일치한다. "택한 자"는 대환난 시에 예수

---

39. 사 18:3; 27:13; 렘 4:21; 6:1; 51:27; 1QM 3-4, 8, 16, 17-18.

를 믿기 위해 나아온 모든 신자들 즉 유대인과 이방인들에 대한 또 다른 언급이다. "하늘 이 끝에서 저 끝까지 사방에서" 모은다는 것은 네 방위점을 가리키고(참조. 겔 37:9; 단 8:8; 11:4), 그때에 하늘 아래 모든 곳에서 땅에 있는 모든 신자들을 모으는 것을 암시한다.[40] 또 다른 사람들은 이 땅에 신자들과 합하기 위해서 이미 하늘에서 구속받은 모든 사람들을 예수에게로 모으는 그의 천사들을 언급하는 표현이라고 여긴다(참조. 계 19:11-16).[41] 아마도 이것은 둘 다를 언급하는 것으로 보아야 한다. 환난의 끝에 예수는 천상에서 그와 함께 있던 모든 신자들과 이 땅에 생존해 있는 모든 신자들을 모으기 위해서 재림하신다.[42]

무화과나무의 교훈(24:32-35)

이제 강조의 전환이 발생한다. 이 시점까지는 성전의 파괴와 예수의 재림 그리고 종말에 대한 제자들의 질문에 대답하는 역사적이고 종말론적인 특징들을 조합했다. 예수는 온 세대를 묘사하는 개관을 주셨다. 하지만 이제는 이 세상에 살며 그의 오심을 고대하는 사람들을 특징지어야 하는 태도를 다루신다. 그는 종말을 준비하는 사람들이 구비해야 할 몇 가지 교훈들을 주신다.

첫째는 무화과나무로부터의 비유적인 교훈이다. 이전에 무화과나무는 천국의 도래를 선포하는 예수의 메시아적 권위를 인정하지 않는 유대 지도자들의 무책임을 제자들에게 가리키는 실물적인 교훈이 되어주었다(21:18-22). 아마도 예수는 여기서 메시아로 인한 이방의 지배에서 이스라엘과 성전의 미래적 해방을 알리면서 이스라엘에 대한 암시를 계속하신다. 무화과나무의 예증은 이스라엘의 장래의 복을 암시한다.[43] 하지만 예수는 무화과나무를 제자들에게 자연으로부터 배우는 비유적 교훈으로 사용하신다. 그것은 성전을 파괴하는 가증한 것과 인자의 재림과 관련한 근접성의 원리를 가르쳐준다. "그 가지가 연하여지고 잎사귀를 내면 여름이 가까운 줄을 아나니 이와 같이 너희도 이 모든 일을 보거든 인자가 가까이 곧 문 앞에 이른 줄 알라."

---

40. Carson, "Matthew," 506; Keener, *Matthew*(1997), 352; Morris, *Matthew*, 611.
41. Blomberg, *Matthew*, 363.
42. 전환난주의자들(Pretribulation)은 예수가 천국에서 그와 함께 있는 죽은 자들과 "휴거된 자들"을 데리고 오신다고 주장하는 반면에 후환난주의자들(postribulation)은 예수가 오직 죽은 자들만을 데리고 온다고 주장한다.
43. Flusser, "Jesus Weeps over Jerusalem," *Jesus*, 240-43.

겨울에 무화과는 잎이 진다. 봄에는 새싹과 새로운 잎이 나서 여름이 가까이 옴을 알린다. 따라서 이전의 상황에서 사건들이 발생할 때 제자들은 인자가 오실 것을 준비해야 한다. 예수는 이 시대에 흔히 발생하는 일반적인 고통을 주님이 가까이 오신 것을 의미하는 것으로 해석해서는 안됨을 이전에 말씀하셨다(24:1-8). 하지만 종말이 가까이 옴에 따라서 고난의 미묘한 증가가 그 끝을 나타내기를 시작한다. 싹트기 시작하는 나무를 흔히 간과하기가 쉽다. 그것은 장엄하지가 않으므로 너무 늦을 때까지 인식하지 못할 수 있다.

따라서 제자들이 "이 모든 일"(즉 고난이 증가하기를 시작하고 천국 복음의 전세계적인 전파가 이루어짐)을 보게 될 때, 종말이 임박했음을 경각해야 한다. 모호한 '에스틴'(24:33)은 이전 구절에서 선행적인 "여름"을 가리키면서 "그것이 가까이 이르다"(it is near, NIV, "인자가 가까이 이르다"—개역개정)로 번역할 수 있거나, 이전 항목에서 인자의 도래를 가리키면서 "인자가 가까이 이르다"(he is near, NASB, NRSV)로 번역할 수 있다. 하지만 그것을 NIV처럼 비인격적으로 번역하는 것이 좋다. 그것은 재림의 모든 양상을 포함한다. 이 시대에 모든 사람들은 경각심을 가져야 한다. 여름의 도래가 의식하지 못한 채로 올 수 있기 때문이다. 하지만 깨어 있는 사람들에게서 종말이 가까이 왔다는 지침들이 있다. 특히 모든 민족들에게 천국 복음이 전파되는 것이 이에 해당된다(24:14). 그러므로 여기서 "여름"은 예수가 재림하실 때 발생할 수 있는 복과 열매의 시대를 일컫는다. 이것은 제자들이 경각할 수 있도록 돕는다. 하지만 이 싹이 장엄하지 않고 미세하기 때문에 그것을 간과할 수 있다. 그것은 우리가 경각심을 가져야 하고 종말의 어떤 징조들에 깨어 있어야 함을 알려준다.

다음에 예수는 "이 세대"에 관해 언급한다: "내가 진실로 너희에게 말하노니 이 세대가 지나가기 전에 이 일이 다 일어나리라." "이 세대"란 말이 해석자들을 곤란하게 했다. 어떤 이는 그것이 예수가 말씀하셨을 때 살아있던 제자들의 세대 곧 A.D. 70년의 끔직한 사건을 목격했던 세대를 일컫는다.[44] 또 다른 이들은 그것이 인자의 재림 시에 살아 있는 유대인들을 일컫는다고 주장한다.[45] 한편 또 다른 사람들은 그것이 예수의 지상사역에서 그를 반대했던 그리고 예수의 재림 이전에 제자들을 반대하기 위해 다시 일어날 예수 시대에 일종의 사악한 사람들을 일컫는다

44. 예를 들어, Davies and Allison, *Matthew*, 3:365-66; France, *Matthew*, 346.

45. 예를 들어, Schweizer, *Matthew*, 458.

고 제기한다.[46]

예수가 이 강화에서 쭉 그리하신 것처럼 아마도 두 언급들을 동시에 간주하는 것이 좋을 것이다. 예수가 감람산에서 이야기를 하고 있는 제자들은 아주 자연스럽게 성전 파괴의 사건들을 보는 "이 세대"가 될 것이고, 그것은 A.D. 70년으로 이 강화를 적용하게끔 만든다. 한편으로 더 나아가서 인자의 오심에 대한 예수의 진술의 문맥으로 볼 때, 멸망의 가증한 것을 둘러싸고 일어난 사건들을 보는 종말의 시대에 사람들에 대한 주요한 적용을 할 수 있다.[47] 종말의 표지가 나타날 때, 그의 도래를 기다리던 사람들은 구속이 가까이 왔음을 인식할 것이다(눅 21:28). 이것은 회개하는 이스라엘과 회개하지 않는 사악한 사람들을 동시에 일컫는다. 하지만 이 일이 발생하는 것을 보는 당시에 살아 있는 신자들도 일컫는다. 그들은 주님이 나타나시는 것을 보는 예수의 제자들의 세대가 될 것이다.

다시 말해서 이 언설은 예수의 세대의 사람들과 인자의 도래가 심판을 가져오는 아직 회개하지 않은 장래의 사람들에 대한 경고의 말씀이다. 하지만 이 언설은 환난이 영원히 지속되지 않을 것임을 제자들에게 말하는 격려다. 여름이 가까이 왔다.

이 항목의 마지막 말씀에서, 예수는 역사의 회랑을 살피며 방금 묘사한 놀라운 사건들을 바라보는 모든 사람들에게 확신의 심오한 말씀을 주신다: "천지는 없어질지언정 내 말은 없어지지 아니하리라." 이것은 예수가 산상수훈에서 선언했던 구약성경의 영구적인 특성과 유사하다(5:18의 주석을 보라). 산상수훈에서처럼, 예수는 자신의 가르침을 거룩하고 영원한 특성과 연관짓는다. 그의 말씀은 영감에 의해 주어지는 것이 아니라 그 자신이 말씀이시다. 그의 말씀은 그 자체로 권위를 갖는다(24:34). 예수의 가르침은 하나님과 하나님의 말씀과 동일한 거룩한 속성을 갖는다.[48] 전체적으로 역사는 제어할 수 없는 것처럼 보이는 재앙과 고통이 있을 것이다. 하지만 이 땅에 그의 나라를 세우기 위해서 다시 오신다는 예수의 확실한 예언은 소망과 결의를 유지하는 제자들에게 필요한 확신을 준다. 하늘과 땅이 우리가 지금 그것을 알고 있는 형태로 장래에 존재하지 않을지라도(참조. 벧후 3:10; 계 21:1), 영원히 예수에 대한 제자도의 확실한 기초는 그의 진리의 말씀이다.

---

46. 예를 들어, Gundry, *Matthew*, 491; Morris, *Matthew*, 612-13; Neil D. Nelson Jr., "'This Generation' in Matt 24:34: A Literary Critical Perspective," *JETS* 38(September 1995): 369-85.
47. 참조. Ladd, *Theology of the New Testament*, 196-205.
48. Daniel Doriani, "The Deity of Christ in the Synoptic Gospels," *JETS* 37(September 1994): 333-50, 특히 343.

이것은 이 시대의 일반적인 특징의 종말론적인 예언, 멸망의 가증한 것이 판을 치는 대환난의 시대, 모든 사람들이 어떻게 예수의 도래를 기다려야 하는가에 관한 도입적인 교훈을 제공하는 감람산 강화의 첫 주요한 일부로 끝을 맺는다. 세 번째 교훈은 깨어서 보상을 기대하며 기다릴 것을 제자들에게 격려하면서도 준비하지 않고 회개하지 않은 자에 대한 심판을 경고하는 강화의 나머지 부분에서 전개될 것이다.

상황잇기

이 복음서에서, 특히 다섯 주요한 강화에서 예수의 말씀은 역사를 통해 교회를 인도한 하나님 나라의 원리를 풍성하게 담고 있다. 그것은 따르는 모든 자들을 위한 예수의 목적과 연계되어 있다. 모든 제자들이 예수가 명하신 모든 것을 순종하도록 가르침 받아야 하는 주요한 자료를 그것이 포괄하고 있기 때문이다(참조. 28:18-20; 산상수훈[5-7장], 선교강화[10장], 비유적 계시[13장], 공동체 처방[18장], 감람산 강화[24-25장]의 서두의 주석을 보라).

다른 강화들처럼, 다섯 번째는 내부자들에게 말씀한다—예수의 제자들. 그것은 가까운 장래와 먼 장래에 나타나게 될 사건들의 근본적인 예언적 개관을 제자들에게 주고자하는 의도가 들어 있다. 하지만 예수는 시간표를 주는 것으로 주로 의도하지 않고, 장래의 시간들을 위해서 예수에 대한 그들의 제자도를 인도하는 태도와 특징들에 특히 초점이 주어진다.

제자들의 예수에 대한 종말론적 준비. 마태복음의 이 마지막 강화에서 예수의 종말론적 예언이 영광 중에 다시 오시는 사건을 둘러싼 종말의 사건들의 가장 완전한 논증일지라도, 그것은 모든 것을 다루지는 않는다. 예수가 그의 마지막 주간에 제자들에게 이 예언을 말씀하고 있음을 유념하라. 제자들은 여전히 그의 십자가의 죽음, 부활 승천을 이해하지 못하며, 오순절에 성령의 강림으로 교회라 불리는 하나님 나라의 공동체가 곧 시작되리라는 것도 이해하지 못한다. 따라서 예수는 온 시대를 통해서 밝혀지게 될 일의 대략만을 주시고 있다. 그가 논하고 있는 사건들은 부가적인 계시와 함께 더 구체화될 것이다. 그들이 종말 사건의 더 완전한 모습을 다룰 수 있도록 준비될 때에 말이다. 하지만 이 분주한 주간에는 아직 완전한 그림에 대해서는 준비가 되어 있지 않다.

예수는 승천 전에 40일 동안 사도들에게 종말 사건의 보다 자세한 설명을 주셨고, 거기서 그는 하나님 나라에 대하여 말씀하신다(행 1:4). 성령을 통한 하나님 아버지로부터의 통찰과 계시로 말미암아 사도들은 후대의 신약성경을 쓸 만큼 더 상세한 것들로 채움을 받는다(예. 데살로니가전후서; 요한계시록). 종말과 영원한 활동에 관한 이 후대의 설명들은 여기 다섯 번째 강화에서 주어진 예수의 기본적인 개요의 상세한 부분을 채워준다. 이는 예수가 선교강화(10장)와 공동체 강화(18장)에서 제공한 것과 유사하다. 거기서 그는 나중에 하나님이 영감 하신 신약성경의 저자들에 의해 채워지는 개요만을 제공하셨다. 신약성경의 저자들은 선교적 전도(예를 들어, 사도행전)와 교회의 구조와 기능(예를 들어, 에베소서와 디모데전후서)을 더 자세히 설명한다.

그러므로 우리들은 감람산 강화에서 예수의 종말론적 예언을 그가 말씀하려고 하셨던 것보다 더 많은 말을 해서는 안 된다. 더 자세한 것들은 다른 성경책에서 공급받아야 한다. 그것을 모조리 연구하는 것은 이 주석의 목적이 아니다. 우리는 예수의 다른 강화에서도 그리한 것처럼 역사적인 배경에서 이 강화를 설정함으로써 제자들에 대한 예수의 목적과 공동체를 위해서 마태가 이것을 기록한 의도를 이해하기를 추구한다.

감람산 강화의 해석. 이 강화에서 예수의 예언은 거의 어지러울 정도의 해석 방식을 낳았다.[49] 주요한 이슈는 역사적으로 성취된 예언과 아직 성취되지 않은 예언과의 관계를 이해하는 것이다. 우리는 세 가지 넓은 주제 하에서 다양한 해석들을 포괄함으로써 여기서 가장 중요한 이슈 중에 하나를 이해할 수 있다.

(1) 한 가지 극단은 예수가 이 강화에서 예언하신 모든 사건들은 실제로 1세기, 주로 A.D 70년에 예루살렘 함락과 성전의 파괴로 성취되었다고 주장하는 사람들이다.[50] 한 주장자는 예루살렘 함락만이 24:4-35에서 고려되고 있고, 24:36에서만 예수는 재림을 논하기 시작한다고 제기한다.[51] 이 견해는 이스라엘의 심판의 문맥을 상당히 진지하게 취한다. 예수는 성전 사건과 종교지도자들과의 논쟁 그리고 서기관과 바리새인들에게 선포한 화에서 그것을 강조하셨다(21-23장). 또한 그것은 예수의 예언과 일치하는 A.D. 70년에 성전 파괴에서 나타나는 역사적 사건에서 유사점을 발견한다.[52] 하지만 이 견해의 약점은 A.D. 70년에서 이루어지지 않은 강

49. 도움되는 개관을 위해서는 Turner, "The Structure and Sequence of Matthew 24:1-41," 3-27; Ladd, *Theology of the New Testament*, 197-99; Carson, "Matthew," 488-92을 보라.

50. 이것을 자주 "과거조망법"(preterist)이라고 일컫는다.

51. 예를 들어, France, *Matthew*, 333-36.

52. Ibid., 336-46.

화의 상세한 부분들과 장래의 성취를 가리키는 것으로 기록된 사건들에 대한 예언적 성경들(예를 들어, 단 9:27; 12:11)에서 두드러진 유사점들을 축소시키고 있다[53]는 점이다.

(2) 또 다른 극단은 미래파적 견해다. 그들의 강점은 여기서 예수에 의해 예언된 장래의 사건에서 다니엘 9장과 12장과 같은 유사한 예언적 구절들의 직접적인 성취를 인식한다는 것이다. 이 견해는 예수의 강화의 모든 사건들이 이스라엘이 다시 한번 하나님의 목적 속에서 회복될 때인 미래에 성취된다고 주장한다.[54] 이 견해를 주장하는 많은 사람들이 교회가 대환난 사건 이전에 "휴거"되고 이스라엘은 다시 한번 천국복음을 증언하는 복음적인 도구가 된다고 주장한다.[55] 그것은 다니엘의 70주간의 성취 속에서 이 땅에서 재건될 이스라엘에 대한 하나님의 약속을 진지하게 취한다. 하지만 그것의 약점은 예수가 이스라엘에게가 아니라 제자들에게 이 강화를 주고 있음을 간과한다는 사실이다. 말하자면 이 시대에서 제자들의 역할에 대한 이해와 그들이 어떻게 미래의 사건에 반응해야 하는가에 대한 가이드로서 그것을 보지 못한다. 이 사건은 사실상 온 시대를 통한 교회의 기대에 대한 가이드다. 게다가 이 견해는 멸망의 가증한 것에 대한 다니엘의 예언이 안티오커스 4세 에피파네스의 저속한 행위로 이미 부분적으로 성취된 방식을 축소시킨다(단 11:31).

(3) 위에서 주목한 것처럼, 이 주석은 역사적이고 종말론적인 성취를 의도적으로 얽혀놓았음을 발견하는 중간적인 입장을 취한다. 이 강화에는 예루살렘 함락과 재림을 예수가 취급함에 있어서 포괄적인 신학적 결합이 있지만 역사적인 성취와 종말론적 성취간에 분명한 구분점이 없다.[56] 해결책은 두 가지가 소위 "이중적인 추론적" 예언이나 "예언적인 원근법"이라 불리는 것으로 의도적으로 얽혀 있다는 것이다. 즉 가까운 사건은 부분적인 성취와 먼 사건의 성취를 위한 상징으로서 기

---

53. 크리스천들은 예루살렘 함락 후가 아니라 함락 2년 전에 벨라로 도망갔고, 역사와 미래에 가장 커다란 환난으로서 이 사건들에서의 이스라엘의 비극에 관한 묘사는 이스라엘 역사의 후대에 비극과 일치하지 않는다. 참조. Ladd, *Theology of the New Testament*, 197-99; Gundry, *The Church and the Tribulation*, 132-34.

54. Louis Barbieri Jr., "Matthew," in *The Bible Knowledge Commentary, New Testament*, ed. John F. Walvoord and Roy B. Zuck(Wheaton: Victor, 1983), 76-78을 보라.

55. 이 사건들의 전개에서 "휴거"와 관련하여 어떤 결론을 내리든 간에(24:36-25:46의 '상황잇기'를 보라), 특히 이 강화에서 주해적인 자료의 부족(여기서 완전히 자료가 없지는 않을지라도)은 이 강화를 해석하는 방법의 주요한 결정적 요소가 되지 못함을 암시한다.

56. Morris, *Matthew*, 593-94 n. 4.

능한다.[57] 이런 견해에 따르면, 24:4-14의 사건들은 24:9-14에서 그 행위가 더 가중되는 이 시대에 교회에서의 삶을 일반적으로 묘사한다. 하지만 24:15은 성전과 예루살렘의 파괴가 있은 A.D. 70년에 부분적으로 성취되어 예수의 재림을 둘러싼 사건의 복잡한 미래적 성취—멸망의 가증한 것, 세상의 종말, 재림—에서 절정을 이루는 사건들의 이중적인 언급을 시작한다.

이 중간적인 입장을 폭넓은 해석자들이 채택하였다. 아마도 무천년적인 관점의 사람들,[59] 전천년-전환난 관점의 사람들,[60] 전천년-후환난 관점의 사람들[61]을 포함하는 "다수의 보수적인"[58] 사람들이 이 중간적 입장을 선호한다. 다수가 항상 정확한 것을 의미하지는 않지만, 이 견해는 양 방향의 극단으로 나아가는 것을 막아준다.[62] 예수는 천국의 초대를 거부한 이스라엘에게 1세기의 역사적인 심판을 경고하신 반면에 제자들에게 미래의 지침도 제공하신다. 아울러 그리스도는 메시아 나라로 들어가는, 땅이 회복되는 이스라엘에 대한 언약적 약속의 성취를 예기하신다.[63]

57. Ladd, *Theology of the New Testament*, 198.

58. Turner, "The Structure and Sequence of Matthew 24:1-41," 9.

59. Anthony A. Hoekema, *The Bible and the Future*(Grand Rapids: Eerdmans, 1979), 130은 예수에 의해 주어진 징조가 "예루살렘 파괴 시에 최초의 성취를 이루었음을 암시한다. 그러나 이 강화가 예언적 원근법의 원리를 예증하고 있기 때문에 여기서 언급된 징조들은 재림 시에 더 완전한 성취를 이룰 것이다." 또한 Hendricksen, *Matthew*, 852-56을 보라.

60. Turner, "The Structure and Sequence of Matthew 24:1-41," passim; Alva J. McClain, *The Greatness of the Kingdom*(Chicago: Moody, 1959), 136-39; 또한 Ed Glasscock, *Matthew*(Moody Gospel Commentary; Chicago: Moody Press, 1997), 468을 보라: "종말론적인 계시의 본질은 한 차원의 모형론적 성취가 또 다른 차원의 더 완전한 성취가 이루어지게 만든다."

61. 로버트 건드리(Robert Gundry)는 (1) A.D.70년에 예루살렘 파괴를 둘러싼 사건들이 예수의 예언을 마감하지 않는다. 그리스도의 재림 직전에 미래의 환난의 때가 아직 이루어지지 않았다. (2) 그러나 예루살렘의 파괴를 둘러싼 사건들은 종말에 더 크고 최종적인 완성을 전조하는 성취를 형성한다(*The Church and the Tribulation*, 129). 또한 Ladd, *Theology of the New Testament*, 198을 보라.

62. Carson("Matthew" 495)과 David Wenham(*The Rediscovery of Jesus' Eschatological Discourse* [Gospel Perspectives 4; Sheffield: JSOT Press, 1984])은 터너(Turner)가 "개정된 과거 미래 관점주의"라 일컫은 다소 모호한 접근을 설명한다("The Structure and Sequence of Matthew 24:1-41," 9-10). 그들은 예수가 하나님의 심판의 예증으로서 삽입된(24:15-21) A.D. 70년의 예루살렘 함락의 간단한 논의로 이 시대에 대한 일반적인 논의(24:4-28)를 제공하고 나서, 승천에서 재림에 이르는 전체 환난의 시기를 묘사하는 24:32-35의 경고와 함께 재림을 언급하고 있다고 주장한다(참조. Carson, "Matthew," 495). 다소 독특할지라도, 그것은 역사적이고 미래적인 해석의 양극단을 중재하는 입장의 넓은 범위 안에 일반적으로 있지만 이 환난의 장면에서 성전과 이스라엘의 의미를 회피한다.

63. Hafemann, "Eschatology and Ethics," 161-92.

현대적 의미

오늘날의 예언. 예언은 큰 비즈니스다. '타임'의 최근호는 "성경과 묵시: 왜 미국인들은 더욱더 세상의 종말에 대해 읽고 이야기하기를 좋아하는가?"라는 제목이 적힌 표지 이야기를 발행했다.[64] 그 저자는 종말에 대한 논의가 북아메리카의 일반적인 사람들에 의해 최근에 관심사로 떠오르고 있다고 언급했다. 그녀는 팀 라헤이(Tim LaHaye)와 제리 젠킨스(Jerry Jenkens)의 현상적으로 성공적인 시리즈물을 특히 조명했다. 77만권 이상 팔린 『뒤에 남겨진 것』(*Left Behind*)[65]이란 첫 번째 책으로 시작해서 최근까지 이 시리즈물은 10권의 책으로 출판되었는데, 전체적으로 5천만 권 이상이 팔렸다.[66] 그것은 큰 비즈니스다!

하지만 예언은 단순히 큰 비즈니스만으로 끝날 수 없다. 복음적인 크리스천들은 역사적으로 예언에 관심이 있다. 성경의 상당 부분이 종말에 대해서 이야기하고 있기 때문이다. 하지만 흥미롭게도 이 글은 시리즈물을 읽은 사람들에 대해서 언급했는데, 그 책을 읽는 사람들의 절반만이 복음주의 크리스천들이었다. 이는 많은 비그리스도인들을 포함하여 여러 방면의 독자들이 있음을 암시한다. 2001년 9월 11의 비극적인 사건이 있은 뒤로 이 세상의 끔찍한 현상이 거의 확실히 이런 관심에 기여했다. 세계 제2차대전과 1948년에 이스라엘 민족이 땅을 회복한 것은 20세기 중반에 예언에 대한 관심을 증폭시켰던 것과 유사한 방식으로 말이다. 나는 이 시리즈 중에 적어도 하나를 읽었던 여러 불신자들과 이야기하는 시간을 가졌다. 그들은 이 세상의 현상에 대한 일종의 해답을 찾고 있음을 보여준다.

우리가 살고 있는 세속적이고, 다원적이며, 상대적인 문화 속에서 아주 많은 사람들이 도움을 위해 종교적인 소설에 관심이 있음은 놀랍다. '타임'의 글에서 조사한 연구보고서는 미국인의 36%가 성경이 하나님의 말씀이라 믿으며 그것을 문자 그대로 취하고 있고, 59%는 요한계시록의 예언이 사실대로 실현될 것임을 믿고 있다고 했다. 이 모든 것은 예언이 소망과 경고의 강력한 메시지이며 연구와 논쟁의 요지이자 특히 복음전도와 영적인 형성의 필수성분임을 알려준다.

이것이 종말론을 연구하는 중요한 요인이다. 저자들이 독자들의 일상적 삶을 위한 종말론적인 견해의 의미를 어떻게 진지하게 취하는가를 관찰하기 위해서 『뒤

64. Nancy Gibbs, cover story: "The Bible and the Apocalypse," *Time*(July 1, 2002): 40-48.
65. Tim LaHaye and Jerry B. Jenkins, *Left Behind: A Novel of the Earth's Last Days*(Wheaton: Tyndale, 1996).
66. Gibbs, "The Bible and the Apocalypse," 44-45.

에 남겨진 것』의 시리즈물과 동일한 신학적 입장을 주장할 수는 없다.[67] 우리 모두는 예언을 연구함에 있어서 사색에서 의미로 이동할 필요가 있다. 호기심을 위해서만 성경이 단순히 종말의 때에 관한 예언을 기록하고 있지 않기 때문이다. 많은 사람들이 예수가 알려주지 않은 것들—종말의 시간과 그의 재림—을 알아내기 위한 헛된 수고로 예언 연구에 참여하고 있다. 하지만 미래에 대한 예언은 현재의 행동에 영향을 미치는 목적으로 항상 주어졌다. 내가 일찍이 종말에 대한 메시지를 연구한 모든 성경 구절들은 항상 권고와 경고의 문맥에서 나타난다. 그것을 결코 잊어서는 안 된다.

예수의 삶과 가르침에서 이 주석의 연구는 하나님 나라의 설립과 시작은 '이미-아직 아닌' 의 명제를 가짐을 이해한다. 하나님의 나라는 응답하는 사람들의 삶에서 내재하고 충만히 활동하고 있지만 메시아 예수가 이 땅에서 통치하시고 이스라엘이 언약적 약속의 실현을 경험할 마지막 시연을 기다리고 있다. 예수의 종말론적 강화에 관한 전천년설 관점이 이 중요한 의미를 이끈다.

현재의 경건한 삶. 미래에 대한 연구가 우리를 현재의 경건한 삶에 박차를 가하게 해야 한다. 예수의 "보라 내가 너희에게 미리 말하였노라"(24:25)는 진술은 미래의 사건에 대한 예언의 와중에 나타난다. 그는 우리가 거짓메시아와 선지자에게 미혹을 당하여 따라가지 않도록 제자들에게 이 사건을 말씀하신다(24:23-24, 26). 아울러 우리가 전쟁, 기근, 지진, 박해(24:6-7, 9-10)를 통해 경건한 인내를 발전시킬 수 있도록, 하나님과 서로에 대한 사랑이 사악한 것들이 우리 주변을 감쌀 때에도 중단하지 않도록(24:12), 입술과 삶의 증거가 끝까지 순수하게 지속될 수 있도록(24:13-14) 이 예언의 말씀을 주신다.

산상수훈에서 예수는 의가 천국으로 들어가게 할 것임을 말씀하신다(5:20). 이제 그는 우리가 환경과 상관없이 매일의 삶에서 천국의 의를 유지하고 확장하는 훈련을 하도록 미래의 사건들을 예언하신다. 그는 예언의 연대와 사건, 그리고 상세한 부분에 사로잡히게 하기 위해서가 아니라 우리로 경건한 삶을 살도록 고무하기 위해서 이 말씀을 주신 것이다.

미래에 대한 확신. 두 번째 의미는 예언에 대한 우리의 연구가 미래에 발생할 것에 대한 확신을 낳아야 한다는 것이다. 우리는 어떤 점에서는 잘못될 수 있음을 인

67. 이 시리즈의 저자들은 첫 소설을 설정한 "휴거"에 관한 바울의 가르침(살전 4:16-17)에 먼저 의존하고, 그 다음에 종말의 사건에 관한 소설의 설명을 위해서 요한계시록의 장면에 주로 의존하는 전환난주의적, 전천년적 종말론을 신봉한다.

정해야 한다. 그것은 좁은 교조주의를 피할 수 있게 해준다. 하지만 우리가 우리의 의무를 행하고 성경의 가르침이라고 믿고 있는 것을 확정할 때 확신을 발전시켜야 한다. 적합한 확신은 우리의 성격과 태도에 영향을 준다. 확신이 없는 사람은 모든 상황의 변화에 따라서 우울해지기도 하고 우쭐해지기도 하는 감정의 변화를 겪는다. 원자핵이나 생물학적인 능력을 과시하기를 좋아하는 초강대국들은 멈출 수 없는 재앙의 두려움을 우리 주변 사람들에게 가져온다. 하지만 예수는 국제적인 사건들이 세상을 망하게 할 것처럼 보일 때 놀라지 말 것을 경고하신다(24:6). 예수가 공개적으로 강력하게 다시 오심으로 세상의 종말이 올 것임을 확신할 때, 아무리 악한 것들이 발생할지라도 소망과 경침을 유지할 수 있다.

유사하게 사도 바울도 독자들이 이미 죽은 사랑하는 이들에 대한 소망을 가지도록 예수의 재림에 대한 예언적 계시를 준다(살전 4:13-18). 나와 아주 가까운 친구 중에 한 사람이 갑작스럽게 비극적인 죽음으로 딸을 잃었다. 그것은 아주 고통스러운 충격이었으나, 그는 어느 날 그 아이가 주님과 함께 있고 주님이 그 아이와 함께 있을 것이라는 흔들림 없는 확신으로 인해 이 세상의 매섭고 거친 실제에서도 평강의 옷을 입을 수 있었다. 이 확신은 미래에 대한 하나님의 말씀의 연구로부터 왔다.

각각의 우리의 연구와 설교와 교육에서, 예언적인 가르침이 성경에서 점유하고 있는 두드러진 위치를 간과해서는 안 된다. 우리가 이런 종류의 연구에 과도하게 사로잡히는 것을 경계해야 할지라도, 미래에 관한 계시의 적절한 이해가 없이는 평강이나 안전을 확보할 수 없다.

앞에 놓여 있는 어려운 때에 대한 경고. 예수의 예언에서 앞에 놓여 있는 어려운 때에 대한 중요한 경고가 있다. 예수는 이 시대의 혹독한 실제를 제자들이 미리 준비하도록 강화에서 많은 시간을 할애하신다. 이 준비의 능력을 과소평가해서는 안 된다. 제자로서 우리의 발전의 많은 부분이 어떤 사실이 있기 전에 우리 자신을 준비하는 것에서 온다. 예수는 선교를 하려고 할 때 반대가 있을 것임을 우리로 알게 하신다(10:22-23). 그는 그의 재림 때까지 하나님 나라에는 혼합된 본성이 있을 것임을 우리에게 알리신다(13:24-50). 그는 크리스천 공동체의 불완전성(18:7)과, 이 불완전성에 근거하여 우리가 어떻게 반응해야 할지를 경각시키신다(18:12-20). 그리고 그를 따름으로 인해 닥치게 될 고난과 시련을 반복해서 말씀하신다.

감람산 강화는 이런 준비를 확장시킨다. 우리를 미혹하고 박해하는 사람들이 있을 것임을 알린다. 이런 사실에 대한 인식이 정신적으로 영적으로 이런 일이 벌어질 때를 준비케 하고, 환멸감에 빠지지 않게 한다. 우리가 이 사실을 제자들에게 말하지 못할 때, 그들은 메시아를 가장한 미혹자들로 인해 잘못 인도되거나 그 과정의 어려움으로 인해 낙심할 수 있다.

예수의 예언적인 말씀만이 아니라 일반적으로 성경의 예언들은 박해의 와중에서 신자들에 대한 격려를 제공한다. 예언은 미래에 일어날 일에 대한 핸드북이나 불완전한 세상에서 도망할 수 있는 희망이 아니다. 모든 세대는 예수의 재림의 때를 예견하려는 사람들을 갖고 있다. 심지어 이런 기대로 세상의 모든 소유물을 팔기까지 한다. 이런 무리들은 자신들의 예상이 수포로 돌아갔을 때, 대단히 실망하거나 더 악화될 수 있다. 예수는 그가 오실 때까지 우리가 적절히 인내하고 참아낼 수 있도록 이런 정보를 주신다.

임박한 심판에 대한 경고. 하지만 예수의 종말론적인 예언에서 또 다른 종류의 경고가 있다—임박한 심판. 예언은 경건한 삶을 위한 격려일 뿐만 아니라 회개를 자극한다. 나는 시사 해설자들이 설교자나 복음전도자를 불길한 예언을 말하는 것으로 비난하는 것을 자주 듣는다. 하지만 예언적인 계시는 하나님의 기회의 날을 배격하는 사람들에게 심판이 임할 것임을 실제로 가르친다. 한 사람의 생명의 끝이든 세상의 끝이든 간에 심판은 다가오고 있다. 여기서 다시 우리는 과도한 집착을 경계해야 하지만, 내가 알고 있는 대부분의 교회들은 그러한 설교에 몰두하고 있지 않다. 예언적 구절에 입각한 적절한 설교, 교육 그리고 복음전도는 심판의 경고를 포함해야 한다. 그렇지 않다면 온전한 메시지를 간과하고 있는 것이다. 이것은 우리의 설명에서 지혜를, 접근방식에서 긍휼을, 메시지에서 긴급성을 요청한다.

선교와 복음전도. 그러므로 예수의 재림에 대한 확신은 선교, 복음전도, 그리고 교회 개척에의 활발한 참여를 자극한다. 영혼이 위급한 상태에 있다고 확신할 때, 학문적인 논쟁이나 게으른 호기심에 머물지 않는 예언의 연구로 나아갈 것이다. 잃어버린 세계에 다가가려는 적극적인 참여는 주님이 영광 중에 오실 때 주님 맞을 준비가 될 수 있도록 민족과 이 세상으로 나아갈 수 있게 한다. 선교와 복음전도의 구심성을 간과하는 교회와 크리스천들은 하나님의 전반적인 계획의 필수적인 요소를 놓친다. 예수는 복음이 온 세상에 전파된 후에 "종말"이 있게 될 것임을 말씀하신다(24:14). 이것은 우리가 복음을 예수의 재림이 오게 하기 위해서 단순히 전파함을 의미하지 않는다. 재림과 하나님 나라의 완성은 복음을 듣는 모든 민족들과 긴밀하게 연관되어 있음을 나타낼 뿐이다.

또 다른 관점에서, 예수의 진술에는 강력한 격려가 있다. 때때로 박해가 감당하기 어려운 것으로 보일지라도, 참된 기독교인들은 복음의 메시지를 전파하는데 힘쓴다. 예수의 예언적인 진술은 어느 것도 이 일을 멈추게 할 수 없음을 확신케 한다. 복음전도나 개종자들을 만드는 일을 법적으로 못하게 하는 정부 하에서—예를 들어, 이슬람이나 공산주의 국가들—인내하는 세상의 교회들에게 이것은 강력하고도 직접적인 연관이 있는 약속이다. 또한 이것은 더욱더 세속화되어가고 있는 서방 국가에 속한 사람들에 대한 강력한 약속이기도 한다. 여론이나 정치적인 영역에서 아무리 나쁜 일이 발생할지라도, 기독교에 대해서 정부가 아무리 법적으로 방해할지라도, 기독교에 대해서 아무리 많은 박해가 가중된다할지라도, 예수가 영광과 권능으로 다시 오시는 종말 때까지 복음전파는 중단될 수 없다.

마태복음 24:36-25:46

36 그러나 그 날과 그때는 아무도 모르나니 하
늘의 천사들도, 아들도 모르고 오직 아버지
만 아시느니라
37 노아의 때와 같이 인자의 임함도 그러하리라
38 홍수 전에 노아가 방주에 들어가던 날까지
사람들이 먹고 마시고 장가 들고 시집 가고
있으면서
39 홍수가 나서 그들을 다 멸하기까지 깨닫지
못하였으니 인자의 임함도 이와 같으리라
40 그때에 두 사람이 밭에 있으매 한 사람은 데
려가고 한 사람은 버려둠을 당할 것이요
41 두 여자가 맷돌질을 하고 있으매 한 사람은
데려가고 한 사람은 버려둠을 당할 것이니라
42 그러므로 깨어 있으라 어느 날에 너희 주가
임할는지 너희가 알지 못함이니라
43 너희도 아는 바니 만일 집 주인이 도둑이 어
느 시각에 올 줄을 알았더라면 깨어 있어 그
집을 뚫지 못하게 하였으리라
44 이러므로 너희도 준비하고 있으라 생각하지
않은 때에 인자가 오리라
45 충성되고 지혜 있는 종이 되어 주인에게 그
집 사람들을 맡아 때를 따라 양식을 나눠 줄
자가 누구냐
46 주인이 올 때에 그 종이 이렇게 하는 것을 보
면 그 종이 복이 있으리로다
47 내가 진실로 너희에게 이르노니 주인이 그의
모든 소유를 그에게 맡기리라
48 만일 그 악한 종이 마음에 생각하기를 주인
이 더디 오리라 하여
49 동료들을 때리며 술친구들과 더불어 먹고 마
시게 되면
50 생각하지 않은 날 알지 못하는 시각에 그 종
의 주인이 이르러
51 엄히 때리고 외식하는 자가 받는 벌에 처하
리니 거기서 슬피 울며 이를 갈리라

25:1 그때에 천국은 마치 등을 들고 신랑을 맞으
러 나간 열 처녀와 같다 하리니
2 그 중의 다섯은 미련하고 다섯은 슬기 있는
자라
3 미련한 자들은 등을 가지되 기름을 가지지
아니하고
4 슬기 있는 자들은 그릇에 기름을 담아 등과
함께 가져갔더니
5 신랑이 더디 오므로 다 졸며 잘새
6 밤중에 소리가 나되 보라 신랑이로다 맞으러
나오라 하매
7 이에 그 처녀들이 다 일어나 등을 준비할새
8 미련한 자들이 슬기 있는 자들에게 이르되
우리 등불이 꺼져가니 너희 기름을 좀 나눠
달라 하거늘
9 슬기 있는 자들이 대답하여 이르되 우리와
너희가 쓰기에 다 부족할까 하노니 차라리
파는 자들에게 가서 너희 쓸 것을 사라 하니
10 그들이 사러 간 사이에 신랑이 오므로 준비
하였던 자들은 함께 혼인 잔치에 들어가고
문은 닫힌지라
11 그 후에 남은 처녀들이 와서 이르되 주여 주
여 우리에게 열어 주소서
12 대답하여 이르되 진실로 너희에게 이르노니
내가 너희를 알지 못하노라 하였느니라
13 그런즉 깨어 있으라 너희는 그 날과 그때를
알지 못하느니라
14 또 어떤 사람이 타국에 갈 때 그 종들을 불러
자기 소유를 맡김과 같으니
15 각각 그 재능대로 한 사람에게는 금 다섯 달

란트를, 한 사람에게는 두 달란트를, 한 사람
에게는 한 달란트를 주고 떠났더니
16 다섯 달란트 받은 자는 바로 가서 그것으로
장사하여 또 다섯 달란트를 남기고
17 두 달란트 받은 자도 그같이 하여 또 두 달란
트를 남겼으되
18 한 달란트 받은 자는 가서 땅을 파고 그 주인
의 돈을 감추어 두었더니
19 오랜 후에 그 종들의 주인이 돌아와 그들과
결산할새
20 다섯 달란트 받았던 자는 다섯 달란트를 더
가지고 와서 이르되 주인이여 내게 다섯 달
란트를 주셨는데 보소서 내가 또 다섯 달란
트를 남겼나이다
21 그 주인이 이르되 잘하였도다 착하고 충성된
종아 네가 적은 일에 충성하였으매 내가 많
은 것을 네게 맡기리니 네 주인의 즐거움에
참여할지어다 하고
22 두 달란트 받았던 자도 와서 이르되 주인이
여 내게 두 달란트를 주셨는데 보소서 내가
또 두 달란트를 남겼나이다
23 그 주인이 이르되 잘하였도다 착하고 충성된
종아 네가 적은 일에 충성하였으매 내가 많
은 것을 네게 맡기리니 네 주인의 즐거움에
참여할지어다 하고
24 한 달란트 받았던 자는 와서 이르되 주인이
여 당신은 굳은 사람이라 심지 않은 데서 거
두고 헤치지 않은 데서 모으는 줄을 내가 알
았으므로
25 두려워하여 나가서 당신의 달란트를 땅에 감
추어 두었었나이다 보소서 당신의 것을 가지
셨나이다
26 그 주인이 대답하여 이르되 악하고 게으른
종아 나는 심지 않은 데서 거두고 헤치지 않
은 데서 모으는 줄로 네가 알았느냐
27 그러면 네가 마땅히 내 돈을 취리하는 자들
에게나 맡겼다가 내가 돌아와서 내 원금과
이자를 받게 하였을 것이니라 하고
28 그에게서 그 한 달란트를 빼앗아 열 달란트
가진 자에게 주라
29 무릇 있는 자는 받아 풍족하게 되고 없는 자
는 그 있는 것까지 빼앗기리라
30 이 무익한 종을 바깥 어두운 데로 내쫓으라
거기서 슬피 울며 이를 갈리라 하니라
31 인자가 자기 영광으로 모든 천사와 함께 올
때에 자기 영광의 보좌에 앉으리니
32 모든 민족을 그 앞에 모으고 각각 구분하기를
목자가 양과 염소를 구분하는 것 같이 하여
33 양은 그 오른편에 염소는 왼편에 두리라
34 그때에 임금이 그 오른편에 있는 자들에게
이르시되 내 아버지께 복 받을 자들이여 나
아와 창세로부터 너희를 위하여 예비된 나라
를 상속받으라
35 내가 주릴 때에 너희가 먹을 것을 주었고 목
마를 때에 마시게 하였고 나그네 되었을 때
에 영접하였고
36 헐벗었을 때에 옷을 입혔고 병들었을 때에
돌보았고 옥에 갇혔을 때에 와서 보았느니라
37 이에 의인들이 대답하여 이르되 주여 우리가
어느 때에 주께서 주리신 것을 보고 음식을
대접하였으며 목마르신 것을 보고 마시게 하
였나이까
38 어느 때에 나그네 되신 것을 보고 영접하였
으며 헐벗으신 것을 보고 옷 입혔나이까
39 어느 때에 병드신 것이나 옥에 갇히신 것을
보고 가서 뵈었나이까 하리니
40 임금이 대답하여 이르시되 내가 진실로 너희
에게 이르노니 너희가 여기 내 형제 중에 지
극히 작은 자 하나에게 한 것이 곧 내게 한
것이니라 하시고
41 또 왼편에 있는 자들에게 이르시되 저주를
받은 자들아 나를 떠나 마귀와 그 사자들을
위하여 예비된 영원한 불에 들어가라
42 내가 주릴 때에 너희가 먹을 것을 주지 아니
하였고 목마를 때에 마시게 하지 아니하였고
43 나그네 되었을 때에 영접하지 아니하였고 헐
벗었을 때에 옷 입히지 아니하였고 병들었을
때와 옥에 갇혔을 때에 돌보지 아니하였느니
라 하시니
44 그들도 대답하여 이르되 주여 우리가 어느

때에 주께서 주리신 것이나 목마르신 것이나
나그네 되신 것이나 헐벗으신 것이나 병드신
것이나 옥에 갇히신 것을 보고 공양하지 아
니하더이까
45 이에 임금이 대답하여 이르시되 내가 진실로
너희에게 이르노니 이 지극히 작은 자 하나
에게 하지 아니한 것이 곧 내게 하지 아니한
것이니라 하시리니
46 그들은 영벌에, 의인들은 영생에 들어가리라
하시니라

원 의미

성주간의 활동을 전통적으로 계산한 것에 따르면, 예수는 화요일 오전에 많은 시간을 종교지도자들과 성전에서 논쟁하셨다(21:1의 시간에 관한 주석을 보라). 그리고 그날 늦게 베다니로 제자들과 함께 가실 때, 그는 서쪽으로 펼쳐져 있는 예루살렘 도성과 성전을 보시고 제자들이 직면할 먼 장래에 대해서 생각하신다(24-25장). 지난 장에서 우리는 그의 재림을 둘러싼 사건들에 관한 논의를 살펴보았고(24:1-31), 그때까지 그들이 어떻게 행동해야 하는지에 관한 첫 번째 교훈을 살폈다(24:32-35). 이 강화의 나머지 부분이 여기서 계속된다.

예수는 제자들의 준비에 필요한 권고를 주신다. 제자들은 예수가 언제 다시 오실 지를 알 수 없기 때문에 항상 준비해야 한다. 그때에 예수는 주제에서 약간의 변화가 있는 네 비유를 말씀하신다. 그것은 그들이 어떻게, 왜, 준비해야하는지에 관한 특별한 요지를 각기 가르친다: 집주인과 밤중의 도둑(24:42-44), 좋은 주인과 나쁜 주인(24:45-51), 열 처녀(25:1-13), 달란트(25:14-30). 제자들은 예수의 재림을 깨어서 보상을 기대하며 기다려야 한다. 준비하지 않은 자와 회개하지 않은 자에게는 심판이 있을 것이기 때문이다(25:31-46).

예수의 오심의 "때"(24:36-41)

예수의 직접적인 말씀과 뒤이어지는 비유에서 그의 주요한 요지는 재림의 급박함이다. 대환난의 공포를 참아내고 있는 사람들은 이 땅에서 발생할 최악의 사건들 속에 자신들이 있음을 확실히 알게 될지라도, 그때까지 제자들은 예수가 어느 순간에 예기치 않게 오실 것을 확신하며 살아야 한다.

그날과 그때는 아무도 모른다(24:36). 예수는 세상의 종말과 그의 오심의 놀랍고도 핵심적인 진리로 시작하신다: "그날과 그때는 아무도 모르나니 하늘의 천사들도, 아들도 모르고 오직 아버지만 아시느니라." 이것은 그의 오심의 때에 대한 질문에 예수의 직접적인 대답이다. 어느 누구도 모른다! "그날과 때(시)"란 표현은 시간에 대한 일반적인 언급을 나타내는 것으로 성경에서 전반적으로 사용된다(예. 7:22; 10:19; 24:42).

이것은 문자적인 날(day)과(또는) 날의 시간(time)만이 아니라 해(year)와(또는) 달(month)도 포함한다. 이것을 이전의 비유에서 싹과 새 잎이 돋는 것에 대한 응답으로 볼 수 있다(24:32-35). 이것은 예수의 다시 오심에 대한 일반적인 지침이지만, 일반적으로 어느 누구도 그 시간을 정확히 알 수 없다.

예수의 재림에 대한 지식은 천사적인 하늘의 존재들에게도 주어지지 않았다. 그들이 분명히 초자연적인 존재지만 무제한적인 지식을 갖고 있지는 않다. 그들의 이해는 하나님이 알도록 허락하신 뜻에 따를 뿐이다.[1] 인자도 자신의 재림의 때를 알도록 주어지지 않았다. 이것은 중요한 기독론적 진술이다—그것은 예수가 자발적으로 신적인 속성을 제한하신 사례다. 그는 의도적으로 알 수 없는 상태로 계신다.

'케노시스'("비움"을 의미한다; 참조. 빌 2:7)의 신학적인 교리는 예수의 성육신에서 자발적으로 신적인 속성의 사용을 제한하셨음을 일반적으로 제기한다. 예수가 온전한 인간의 삶을 경험할 수 있도록 말이다. 어떤 의미에서 예수가 신성을 포기하지 않으셨을지라도, 온전히 인간의 삶을 경험하실 수 있도록 신적인 속성의 사용을 자발적으로 제한하셨다(참조. 히 4:14-16). 예수가 신적인 속성을 사용하실 수 있었던 것은 오직 아버지의 뜻에 따른 것이었다. 그는 인간으로 주로 행하셨고, 성령에 의해 능력이 부여되셨다(4:1-11의 주석을 보라).

예를 들어, 인간의 모습 속에서 무소부재하시지 않으셨고, 또 다른 경우에는 전능을 제한하셨다(13:58; 참조. 막 6:5의 주석을 보라). 여기서 그는 역사의 종말에서 자신의 재림과 관련한 미래를 알지 않으셨다. 그의 초자연적인 지식의 독립적인 사용을 아버지께서 원하느냐에 따라 제한시키셨다. 지상 사역에서 예수는 하늘에서 아버지의 뜻을 행하기 위해서 오셨다. 그가 이 땅에서 계시는 동안에 자신의 재림의 때를 아는 것은 아버지의 뜻이 아니다. 인간의 의식을 가지신 예수는 신적인 속성의 전지함을 갖고 계실지라도, 자기 자신을 통상적인 인간의 지식으로 제한하셨다.[2] 또 다른 경우에는 현재와 미래에 대한 초자연적인 지식을 보이신다(예.

1. 개관을 위해서는 Erickson, *Christian Theology*, 1:441을 보라.

요 2:4; 4:17-18; 6:70; 11:4, 11; 13:10-11, 38).

예수의 이 언설이 강화의 나머지 부분을 통제하고, 다음 항목을 해석하는데 열쇠가 된다. 재림의 때를 알 수 없음에 비추어서 예수는 제자들에게 준비하고 경각해야 함을 권고하신다.

노아의 때에 대한 유추(24:37–39). 예수는 노아의 때와 비교하심으로써 그의 재림이 예기치 않음을 강조하신다. 노아 시대의 사람들은 그들에게 주어진 심판의 경고를 유념하지 않았다. 그들은 먹고 마시고 결혼하고 자녀를 낳는 일상적인 일을 행하는데 바빴다. 이들이 부패한 세대일지라도(창 6:11-12), 예수의 요지는 이런 활동들이 나쁘다는 것이 아니라 사람들이 의와 영적인 실제에 관심이 없기에 깨어 있지 못하고 일상적인 활동에 사로잡혀 있다는 것이다.

이와는 대조되게, 노아와 그의 가족들은 홍수의 구체적인 표지를 볼 수 없고 그것이 언제 임할지를 알 수 없었을지라도, 다가올 심판을 준비하였다. 예수의 재림은 주어진 경고를 유념하지 않고 영적으로 준비하지 않은 부주의한 사람들에게 화가 될 것이다(참조. 살전 5:1-6).

어떤 이는 데려가고 어떤 이는 버려진다(24:40–41). 일상생활의 서로 다른 두 장면들이 인자의 오심의 예기치 않음을 예증한다: "두 사람이 밭에 있으매 한 사람은 데려가고 한 사람은 버려 둠을 당할 것이요 두 여자가 맷돌질을 하고 있으매 한 사람은 데려가고 한 사람은 버려 둠을 당할 것이니라." 남자들이 밭에서 일을 하고 여자들은 맷돌로 곡식을 갈지라도, 한 사람은 준비되고 다른 사람은 준비가 되어 있지 않다. 두 언급은 그 준비가 이것이냐 저것이냐의 명제("맷돌"에 대해서는 18:6의 주석을 보라)임을 반복하여 말해준다.

"데려감"과 "버려 둠"이란 어구는 흥미롭다. 이 표현은 한 사람은 심판으로 데려 가고(홍수에 의해 휩쓸려간 사람들처럼), 다른 한 사람은 인자의 도래로 구원의 복을 누리도록 남겨짐(노아와 그의 가족이 하나님의 경고로 구원을 받았듯이)[3]을 암시할 수 있다. 24:40-41에서 "데려가다"란 동사와 24:39에서 "모두 데려가졌다"("다 멸하기까지"—개역개정)란 동사가 서로 다를지라도 말이다. 또는 역으로 말

2. 신학적인 이슈의 개관을 Erickson, *Christian Theology*, 769-72; Grudem, *Systematic Theology*, 특히 547-53와 같은 건전한 조직신학에서 발견할 수 있다(참조. 행 2:22-23; 10:38). 일부 신학자들은 예수가 이 땅에 머무시는 동안에 전적으로 인간성에만 의존하여 활동하셨다고 강조하고, 초자연적인 활동을 보이신 것은 사실상 그를 통해서 역사한 성령의 능력이라고 강조한다(참조. 행 2:22-23; 10:38). 에릭슨과 그루뎀(Grudem) 같은 사람들은 예수가 이 땅에 있는 동안에 자주 신적인 속성 속에서 활동하셨다고 강조한다.

3. 예를 들어, Gundry, *Matthew*, 494; Blomberg, *Matthew*, 366.

해서 한 사람은 인자의 도래로 복을 누리는 안전한 곳으로 데려 가지고(방주에 있던 노아와 그의 가족들처럼), 다른 한 사람은 인자의 진노를 받도록 내버려짐(홍수가 임함으로써 죽었던 사람들처럼)을 나타낼 수 있다.[4]

하지만 후자의 견해가 더 선호된다. 어떤 의미에서 그것이 인자가 오실 때 천사들이 택한 자를 모으는 것에 상응하고(24:31), 뒤이어지는 비유들과 더 일치한다. 또한 여기서 사용된 동사가 2:13, 14, 20, 21에서 "데리고"(take to safety)를 의미하는 반면에, 마태복음에서 "남겨진"(left) 이란 동사는 "포기하다"나 "버려지다"를 의미한다(예. 4:20, 22; 8:22; 19:20; 23:38; 26:56).[5] 이것은 인자가 재림 시에 자기 백성들을 하나님 나라의 온전한 현시를 누릴 수 있도록 모으는 것을 가리킨다.

집주인과 도둑의 비유(24:42-44)

예수는 이전 구절을 요약하는 결론으로 시작하지만 그것은 또한 뒤이어지는 비유를 도입하기도 한다: "그러므로 깨어 있으라 어느 날에 너희 주가 임할는지 너희가 알지 못함이니라." "깨어 있으라"가 주시하고 있음을 함축할 뿐만 아니라 준비하는 것을 시사한다. 예수는 준비된 사람과 준비되지 않은 사람 사이의 깊은 갈래를 강조하신다. 그들의 준비는 인자가 오실 때에 복이나 심판을 의미한다. 따라서 주시하고 항상 준비해야 한다. 이것은 "너의 주"란 표현이 마태복음에서 나타나고, 오실 인자로서 예수가 제자들의 주라는 것을 강조하는 유일한 곳이다(참조. 25:21, 23).

예수는 제자들이 그가 가르치고 있는 교훈을 인식하고 알 것을 요청하시면서 그의 오심과 도둑의 활동의 예기치 않음을 서로 비교하신다. "너희도 아는 바니 만일 집 주인이 도둑이 어느 시각에 올 줄을 알았더라면 깨어 있어 그 집을 뚫지 못하게 하였으리라." 이 비유는 도둑이 나타난다면 불침이 필요함을 강조한다. 도둑('클레프테스')이란 용어는 바라바와 같은 반동자보다는 자신의 이익을 위해서 남의 것을 훔치는 흔한 도둑을 가리킨다.

집의 안전을 위한 책임은 "집주인"에게 달려 있다. 현대적 개념의 경찰이 존재하지 않았기 때문이다. 통치자나 상류계급들을 위해서는 군대가 보호하기도 하였

4. 예를 들어, Morris, *Matthew*, 614-15; Hagner, *Matthew*, 2:720; Davies and Allison, *Matthew*, 3:383.
5. Davies and Allison, *Matthew*, 3:383.

지만 개별적인 사람들은 그렇지 않았다. 만약 집주인이 강도가 오리라는 것을 알았다면, 그는 필요한 조치를 취하였을 것이다. 온 밤을 잠을 자지 않고 깨어 있거나 이웃의 도움을 구하였을 것이다.[6] 여기서 이 비유는 갈대로 덮여 있는 지붕과 점토나 타일의 층을 뚫고 들어오려는 강도를 막는데 필요한 경각심을 강조한다(참조. 막 2:4; 눅 5:19). 이 비유는 1세기에 흔한 집의 지붕 재료와 점토 벽들에 대해서 우리가 알고 있는 것과 일치한다.

집주인은 정확히 밤의 어느 시각에 도둑이 들어오려 함을 알고 있다면 편할 것이다. 하지만 그가 그것을 알 수 없기 때문에 온 밤을 깨어 지켜야 한다. 동일한 사례가 제자들의 경우에도 적용된다. 그들이 예수의 오심의 시간을 알 수 없기 때문에. 온 시대를 통해서 깨어 있어야 한다. 그가 언제라도 올 수 있기 때문이다.[7]

많은 비유들처럼, 이 비유의 한 특별한 양상이 비교 대상으로 사용된다—여기서는 불시성(예기치 않음)이다. 비유의 다른 양상들은 비교대상이 아니다. 예수가 훔치기를 시도하고 있는 도둑과 같을 수는 없다(24:8의 주석을 보라). 경각하여 깨어 있음이 중요하다. 이보다 더 중요한 것은 "준비성"이다. 제자들이 주의 갑작스러운 출현을 준비할 때 자신의 구원을 확신함으로써, 그들의 행동을 계수함으로써, 하나님의 나라를 우선해서 구하는 일들로 구비되어야 한다. 적절한 종류의 준비는 뒤이어지는 비유에서도 강조된다.

두 가지 종류의 종의 비유(24:45-51)

두 종의 비유는 이전의 비유의 주제를 연속시킨다. 이제는 주의 오심을 준비하는 책임으로서의 신실성에 초점을 맞춘다.

신실한 종(24:45-47). 주인의 집의 다른 종들을 관장하고 돌보는 책임의 자리에 있는 종('둘로스')은 자주 "청지기"('오이코노모스')라 불린다. 이 용어는 누가복음 12:41-46의 유사한 비유에서 사용된다. 이 사람은 종의 장이다. 그는 주인의 사람들을 관리할 것으로 기대되는 주인의 집의 직원이다. 그의 책임의 검증은 주인이 집을 비웠을 때에 발생한다. 그는 자신의 임무를 충실하게 수행할 것인가? 그렇다면, 주인이 돌아올 때, 그는 더 많은 책임이 주어질 것이다.

6. "집을 뚫는" 것에 관한 개념에 대해서는 6:19-20의 주석을 보라.
7. 참조. 살전 5:1-2; 벧후 3:10; 계 3:3; 16:15.

불충성한 종(24:48-51). 그러나 주인이 부재함으로 그에 대한 검증은 불충성하는 청지기로 드러난다. 그의 사악함은 주인의 오랜 부재를 인식함에서 온다—"그 악한 종이 마음에 생각하기를 주인이 더디 오리라 하여." 주인의 오랜 부재는 종이 자신의 권위를 남용하고 동료 종들을 학대하며 술친구들과 먹고 마시게 한다—우상숭배자, 이교도, 불신자 그리고 신앙에서 멀리 떠난 사람들을 특징짓는 활동(출 32:6; 사 28:7; 56:12; 고전 10:7; 갈 5:21). 주인이 부지중에 돌아옴으로써 그는 결박당하여 벌에 처해진다(쪼개진다, "cut in piece," 렘 34:18에서 이 동사의 사용을 참조하라). 나아가서 사악한 종은 "위선자"로 묘사된다. 이 용어는 악한 마음을 가리고 외적인 의만을 시도하는 죄인에 대한 예수의 가장 좋아하는 표현이다(예. 마 6:1-17; 23:13-29). 위선자로서 그의 행동은 지옥의 영벌을 받는 사람들에게 자주 사용되는 취급을 받는다. "거기서 슬피 울며 이를 갈리라"(24:51; 참조. 8:12). 사악한 종은 거짓되게 고백하는 제자다.

노아와 밭에 일하던 두 남자와 맷돌을 갈던 두 여인이 등장했던 이전의 장면에서처럼 이 비유는 이것이냐 저것이냐의 명제다. 좋은 종은 선한 행위로 그의 본성을 드러내고 악한 종은 독자적으로 책임이 주어졌을 때 그의 악한 본성을 드러낸다. 이 비유는 하나님 나라와의 관계성을 보여줌으로써 두 종의 도덕적 본성을 드러낸다. 천국으로 들어감으로써 수반되는 인격적인 변화는 제자들이 마음에서부터 그들의 행위에 영향을 미칠 것이다(참조. 5:20; 15:18-20). 주인이 타지로 떠나고 귀향이 지연됨은 하나의 시험이 된다. 반면에 그의 귀향은 심지어 주인이 떠나고 늦게 오기 전에 종들이 행했던 것조차 드러내는 계수를 요구한다.[8]

이 비유는 신자들의 보상이나 벌을 언급하고 있지 않다. 또한 타락한 신자들을 "멸하는" 것을 주창하고 있지도 않다. 이것은 참 신자와 거짓 신자간의 대조이며 그들이 지옥의 영벌을 받기에 합당하다는 것을 그들의 삶으로 보여주는 사람들의 결과를 말한다. 우리는 이 비유가 조심성이나 준비성으로 구원을 획득할 수 있음을 암시하는 것으로 사용하지 않도록 유념해야 한다. 오히려 참으로 예수의 제자가 된 사람은 조심하고 준비할 것이다. 그렇게 하는 것이 하나님 나라의 본질이기 때문이다. 단순히 고백만 하고 예수를 따르지 않는 제자들에 대한 경고는 시간이 아직 있다고 생각함으로써 너무 오래 회개하기를 지연해서는 안 된다는 것이다. 그들의 죽음이나 예수의 재림은 하나님 나라의 삶을 위선적으로 보여주고 영적으

8. Scott, *Hear Then the Parable*, 211-12을 보라.

로 부패해 있는 회개치 않은 죄인들로 그들이 나타나게 할 것이다.

이 비유의 초점을 교회의 궁핍한 사람들을 돌볼 책임이 있는 리더들에 대해 주로 언급하는 것으로 취할 수 있다. 또 다른 사람들은 이 비유가 일반적으로 모든 신자들에 대해 언급하고 있다고 여긴다. 강화의 전반적인 배경은 후자를 선호한다. 좋은 종은 크리스천의 삶의 역사에서 책임 있고 현명한 예수의 참되고 신실한 제자다. 하지만 리더들도 그들의 리더십의 책임에 이 비유를 적용함으로써 이득을 얻을 수 있다.

종의 사악함을 촉발하게 한 것은 주인이 더디 오고 있음을 인식한 데서다. 주의 재림에 대해 항상 생각하는 사람은 결과적으로 자신이 말하고 행동하는 것에 항상 영향을 받을 것이다. 아마도 이 악한 종은 주인이 결코 돌아오지 않거나 붙잡히기 전에 자신의 악을 되돌릴 수 있다고 생각했을 것이다. 여기서 이것은 예수의 재림이 지연될 것이라는 미묘한 암시이며,[9] 이것은 각 사람의 마음에 검증으로서 작용할 것이다.

열처녀 비유(25:1-13)

다음 비유는 준비성을 포함하여 조심성(24:42-44)과 신실성(24:45-51)의 주제를 개진한다: "그때에 천국은 마치 등을 들고 신랑을 맞으러 나간 열 처녀와 같다 하리니." 예수는 감람산 강화에서 다른 곳에서는 발견할 수 없는 방식으로 이 비유를 도입하신다. 그것은 마치 비유 강화에서 천국의 신비를 소개하는 비유와 유사하다(참조. 13:10-17. 24, 31, 44, 45, 47). 이것은 이 비유(그리고 다음 비유)가 천국이 "신비적"인 방식으로 작용하고 있는 이 시대의 상태를 분명히 가리키고 있음을 보여준다.

이 비유는 인자가 언제 오실 지 알 수 없는 시간에 비추어서 특히 준비성을 가르친다. 구약성경은 야훼를 이스라엘 백성의 "남편"으로 묘사했다(사 54:4-6; 62:4-5; 겔 16:7-34; 호 2:19). 그것이 메시아적 인자로서 예수를 신랑으로 묘사할 수 있는 길을 놓는다(참조. 9:14-17). 열 처녀는 아직 결혼하지 않은 신랑의 여종들이다. 전형적인 유대 결혼관습을 따르고 있는[10](1:18의 주석을 보라) 신랑은 결혼

9. Carson, "Matthew," 510.

10. J. S. Wright and J. A. Thompson, "Marriage," *IBD*, 2:955-56; Victor P. Hamilton, "Marriage(OT and ANE)," *ABD*, 4:559-69; Jeremias, *The Parables of Jesus*, 173-74을 보라.

식이 진행되었던 신부의 집으로 가기 위해서 일단의 친구들과 함께 부모의 집을 떠났다. 이후에 통상적으로 신랑의 집에서 뒤이은 결혼식 잔치가 있다. 이 결혼 잔치는 밤에 자주 열렸다(22:13; 25:6).

등('람파스')이란 단어는 산상수훈에서 전형적인 팔레스타인의 가정에 불을 밝히기 위해 등경 위에 두었던 등불('루크노스'; 5:15)과는 다르다. 등은 밤에 바깥에서 걷는 동안에 길을 밝히기 위해서 기름을 빨아들이는 심지가 있는 지붕형의 용기였다.[11] 바깥에서 사용하는 등은 몇 시간 동안만 지속될 수 있기에 기름을 담을 수 있는 다른 용기를 준비하여 등이 꺼지지 않게 해야 했다. 슬기 있는 처녀들은 그렇게 한다. 그들은 오랜 기다림이 있을 것을 대비했다.

오린 기다림은 슬기로운 처녀나 미련한 처녀 모두 졸 수밖에 없게 했다. 하지만 이것은 간격의 상황의 조명하려는 세부설명이지 정죄의 대상은 아니다. 오랜 기다림이 있은 후 한 밤중에 외치는 소리가 있다: "보라 신랑이로다 맞으러 나오라." 슬기로운 처녀는 깨어서 등을 정비하여 행렬을 가능하게 하는 밝은 빛을 얻을 수 있었다. 하지만 이 비유는 미련한 처녀들이 슬기로운 처녀들에게 "우리 등불이 꺼져가니 너희 기름을 좀 나눠 달라"고 말할 때 놀라운 반전이 발생한다. 슬기로운 처녀는 이에 응할 수가 없다. 기름을 나누어주면 자신의 등도 꺼질 것이기 때문이다. 그들은 미련한 처녀들에게 상점에서 필요한 것을 찾아보도록 이야기한다. 그러한 늦은 시간에 기름을 사는 것이 어려울지라도, 그들은 기름을 찾으러 나간다. 그들이 나중에 도착했기 때문이다(또는 기름을 찾지 못하여 어두워서 그들이 연회장으로 오는 길에 더 늦었을 수도 있다).

미련한 처녀들이 기름을 찾기 위해서 다른 곳으로 떠난 동안에, 신랑의 행렬이 마침내 도달한다. 모든 이전에 언급들에서 "현명한" 것으로 이 처녀들을 일컬은 이유가 이제 밝혀진다: 그들은 결혼 잔치에 신랑과 같이 가기 위해서 "준비하고" 있었다(25:10). 적절하게 준비된 사람들만이 들어갈 수 있다. 어리석은 처녀들은 들어갈 수가 없다. 예수는 "문은 닫힌지라"고 말씀하심으로써 그것을 강조하신다.

어리석은 처녀들이 마침내 도달하지만 신랑은 밤중 어두운 곳에 서 있는 그들에게 외친다. "진실로 너희에게 이르노니 내가 너희를 알지 못하노라"(25:12). 이는 예수와의 참된 관계를 갖지 못한 사람에 대한 단호하고 직접적인 거부의 말씀

---

11. "등"의 또 다른 형태에 관한 논의에 대해서는 R. E. Nixon, "Lamp, Lampstand, Lantern," *IBD*, 2:871-73을 보라.

이다(7:23). 구약성경에서 하나님은 그의 백성으로 선택한 사람들을 "안다"고 말씀하신다(렘 1:5; 호 13:5; 암 3:2). 이 주제는 신약성경에서 예수 그리스도를 통한 하나님과의 관계에서 나타난 구원의 관계를 언급하는 데서 반복된다(참조. 갈 4:8-9; 딤후 2:19).

예수는 비유의 교훈을 강조하기 위해서 제자들에게 직접적으로 말씀하신다: "그런즉 깨어 있으라 너희는 그날과 그때를 알지 못하느니라." 이전의 비유에서처럼 이것은 두 유형의 사람들 간에 또 다른 구분이다—참으로 예수의 제자가 된 사람과 제자가 되지 못한 사람들. 예수의 제자들은 인자의 도래를 준비할 것이다. 아직 준비되지 않은 사람들의 운명은 닫힌 문 바깥에서 기다리게 된다. 이전의 비유(24:50-51)와 뒤이어지는 비유(25:29-30)는 인자가 도래할 때에 동반되는 구원으로 적절하게 준비함으로써 올바르게 "조심"하지 않는 사람들의 운명으로서 지옥을 언급한다. 그러므로 "닫힌 문"은 신랑의 불길한 언급과 더불어 여기서 역시 영벌을 가리킨다: "진실로 너희에게 이르노니 내가 너희를 알지 못하노라."

달란트 비유(25:14-30)

예수는 그의 재림을 기다리고 있는 사람들의 긍정적인 특성들에 관한 비유를 계속하신다. 이제 인자의 오심을 기다리고 있는 사람들의 준비성은 생산성과 근면성에서 발생하며, 봉사의 신실함은 조심성을 동반하게 된다.[12]

달란트(25:14-18). 부유한 주인은 사업이나 개인 일을 위해 멀리 갈 때 믿을 수 있는 종들(24:45에서처럼 다시금 '둘로스')에게 자기 소유물과 일을 자주 맡겼다. 주인은 여기서 부자로 묘사된다. 그가 적어도 여덟 달란트의 현금을 바로 나누어 줄 수 있었기 때문이다(25:15; 달란트의 가치에 대해서는 18:24의 주석을 보라). 오늘날의 가치에 견주어 주인은 세 종들에게 거의 1,977,600달러를 나누어준다. 그러나 1세기의 팔레스타인에서의 일당이 현대에 노동자들의 평균 임금의 가치에 비례할 수 없기 때문에 비교하기가 어려울 정도로 더 큰돈에 해당할 것이다.

신실한 종들(25:19-23). 주인이 준 돈의 양은 개인의 은사나 능력을 분명히 상징한다(하지만 일반적으로): "각각 그 재능대로"(25:15). 첫 번째 종과 두 번째 종은

12. Young, *The Parables*, 89-112. 다른 경우이지만 유사한 강조를 하는 비슷한 비유에 대해서는 눅 19:11-27을 보라.

맡겨진 돈을 즉시 효과적으로 사용한다. 아마도 일종의 사업을 했을 것이고, 본래의 다섯 달란트와 두 달란트와 동등한 자본의 이득을 가져온다(25:16-17). 세 번째 종은 땅에 구멍을 파서 주인의 한 달란트를 묻어둔다(25:18).

오랜 기간이 지난 후에 이전의 두 비유에서 표현된 것과 유사하게 주인은 돌아와서 그들과 계수한다. 그는 먼저 처음 두 종들을 칭찬한다. "잘하였도다 착하고 충성된 종아 네가 적은 일에 충성하였으매 내가 많은 것을 네게 맡기리니 네 주인의 즐거움에 참여할지어다." 두 종들에 대한 칭찬의 동일한 진술은 비유의 요지가 벌어들인 전체 양에 있지 않고 잠재성과 은사를 따라 살아가는 신실한 책임에 있음을 가리킨다. 얻은 것에 대한 보상이 다르나 두 종들은 주인이 함께 하는 동일한 기쁨에 참예하게 된다.

사악한 종(25:24-27). 첫 두 종과 대조되게 세 번째 종은 주어진 한 달란트를 다른 결산을 갖고 주인에게 나아온다: 그는 그것을 땅에 파묻어 두었다. 주인은 "악하고 게으른 종아"라고 반응한다. 세 번째 종의 악함은 게으름과 나쁜 청지기 정신으로 이끈 주인에 대한 그의 태도에서 주로 기인한다. 그가 주인에 관해 생각한 방식("당신은 굳은 사람이라 심지 않은 데서 거두고 헤치지 않은 데서 모으는 줄을 내가 알았으므로")은 그로 하여금 두려움을 야기하여 주인의 자본을 확장하려 하지 않고 달란트를 감추어두게 했다. 주인에 대한 종의 잘못된 인식은 소외, 불신, 두려움 그리고 게으름을 낳았다. 그가 진정으로 주인을 사랑했다면, 주인을 비난하려 하지 않고 사랑으로 봉사했을 것이다.

주인은 그 종이 "취리하는 자들"에게 적어도 달란트를 맡겼어야 했다고 말한다. "취리하는 자"는 돈을 바꾸어주는 대가로 비용을 받았던 환전하는 자들을 아마도 일컬을 것이다. 우리가 아는 바과 같은 투자하는 곳이나 은행이 고대 유대 사회에서는 근본적으로 존재하지 않았다. 개인의 돈을 안전하게 지키기 위해서는 소중한 물건을 감추어두거나(13:44을 보라; 참조. 수 7:21) 이웃에게 맡겼다(출 22:7).

하지만 종에 대한 책망은 그가 주인에게 한 달란트에 대한 이자('토코스'; 참조. 눅 19:23)라도 얻게 하려 할 만큼 부지런하지 않은 데 있다. 구약성경은 다른 유대인들에게 이자놀이를 하는 것을 금했지만(출 22:25; 레 25:35-37; 신 23:19) 이방인들에게는 그리해도 되었다(신 23:20). 당대의 용법이 고리대금업—법이나 흔한 관습이 허락하는 것보다 대부에 주어지는 높은 이자율—과 이자를 구분할지라도 고대의 유대교와 후대의 랍비적 관습은 그러한 구분 없이 다른 이들에게 이자를 취하는 모든 모양을 일관되게 삼갔다.[13]

예수는 여기서 구약성경의 율법을 제쳐두는 것을 주창하고 있지 않다. 그는 디아스포라에서 팔레스타인으로 여행하는 사람들을 위한 통화의 다양한 형태를 바꾸어주는 긍정적인 봉사의 일을 행했던 환전소에 그 자금을 투자하는 것을 언급하고 있다. 이는 성전의 관습을 왜곡하고 있었던 돈 바꾸는 자와는 다르다(21:12의 주석을 보라). 덜 가능성이 있지만 예수가 이방인에게 대부하여 이자를 취하는 팔레스타인의 유대인들의 관습을 가리킬 수 있거나 예수가 비유에서 유연성을 갖고 비교를 사용하였듯이, 이자를 취하는 금지된 관습을 좋은 일에 대한 요지를 지적하기 위해서 사용하였을 수도 있다(24:43-44에서 인자와 도둑을 상응하여 비교한 점을 참조하라).[14]

풍족하게 되는 자와 벌을 받는 자(25:28-30). 이야기가 급진전하여 주인은 사악한 종에게서 한 달란트를 빼앗아 열 달란트를 갖고 있고 근면을 입증한 자에게 줄 것을 선포한다. 이 교훈은 "무릇 있는 자는 받아 풍족하게 되고 없는 자는 그 있는 것까지 빼앗기리라"는 말씀으로 요약된다. 이 금언은 영적인 반응을 하는 자에 관한 유사한 요지를 설명하는 13:12의 말씀과 비슷하다. 여기서 그것은 하나님이 주신 능력의 현명하고 양심적인 사용은 하나님과의 올바른 관계를 동반하는 책임이 있음을 강조한다.

하지만 이 벌은 이제 "무익한" 종이라 일컬어지는 사악한 종에게서 달란트를 빼앗는 것으로 끝나지 않는다. 주인은 그를 "바깥 어두운 데로 내 쫓으라 거기서 슬피 울며 이를 갈리라"고 지시한다. 다른 비유들에서처럼 이것은 영원한 운명이 인자를 오래도록 기다림으로 구원을 받는 자와 영벌에 처해지는 자 간에 대조다.[15] 첫 두 종들은 참된 제자들이고, 세 번째 종은 참된 제자가 아니다. 신실함은 그가 참으로 예수에게 속해 있는가 하는 증거다. 제자들이 인자의 오심을 기다릴 때, 근면함이 주인으로서 예수에 대한 사랑과 신뢰의 증거임을 가르쳐준다. 하지만 그들의 인내는 자기 도모적 동기가 아니라 예수가 행하셨던 것처럼 다른 이들을 섬김에서 증거된다(20:20-28).

---

13. 논의를 위해서는 "Interests," *DJBP*, 319을 보라.
14. Carson, "Matthew," 517을 보라.
15. 마태복음에서 심판의 학문적 논의에 관해서는 Sim, *Apocalyptic Eschatology in the Gospel of Matthew*, 특히 130-39을 보라.

종말의 심판(25:31-46)

감람산 강화의 마지막 장면은 마태복음에서만 유일하다. 이 시점까지 예수는 두 근본적인 이슈를 말씀하셨다. 첫 부분에서 그는 인자의 재림에 동반하는 사건들을 일반적으로 연대적인 설명을 주셨다(24:4-35). 두 번째 부분에서 비유와 말씀을 통해서 그는 재림을 유념하고 기다리며 준비하는 다양한 교훈을 주셨다(24:36-25:30). 이 세 번째 부분에서 예수는 영광스러운 인자로서 그의 재림에 동반할 보상의 약속과 심판의 경고를 주신다(25:30-46). 이전의 네 비유에는 각기 심판의 진술들이 포함되어 있으나 그 강조점이 생명을 얻는 일을 준비하는 것에 있었다. 하지만 이제 그 강조점이 하나님 나라에 받아들여진 사람에 대한 보상과 배제된 사람의 심판에 단호하게 있다(25:34).

양과 염소가 구분되다(25:31-33). 장면이 이제 인자의 영광스러운 재림으로 전환된다. 그는 모든 천사들에 둘러 싸여 영광 중에 오셔서 존귀한 보좌에 앉으신다. 그 앞에 모든 민족들이 모인다(25:32). "모든 민족"이란 논쟁되는 표현이 교회, 모든 인간, 또는 모든 불신자를 의미하는 것으로 해석되나 마태복음의 문맥 내에서는 온 시대에 걸쳐서 대위임의 조합된 대상인 유대인과 이방인들을 의미하는 것으로 의도하고 있다고 보아야 할 것이다(24:14; 28:18-20의 주석을 보라).[16] 전체로서 민족들이 심판을 받는 것이 아니라 민족들 내에서의 개별적인 사람들이다: "모든 민족을 그 앞에 모으고 각각 구분하기를 목자가 양과 염소를 구분하는 것 같이 하여."

목자의 비유는 심판의 이미지를 약화시키나 양과 염소를 분리하는 예언적인 결과를 축소시키지는 않는다. "양"은 하나님의 백성들의 일관된 이미지다. 그것이 이스라엘을 언급하는 것이든(9:36; 10:6; 15:24; 참조. 겔 34장), 예수의 제자들이든(마 10:16; 슥 13:7을 인용하는 마 26:31을 참조하라; 요 10장) 상관없이 말이다. 염소는 신약성경에서 자주 나타나지 않지만 구약성경에서 염소에 관한 언급의 70%는 희생을 위한 짐승으로서의 사용과 관련이 있다. 염소는 속죄제로 드려졌고 속죄일에 희생양으로 보내졌다(레 16:8-10, 26). 이 세상의 대부분의 지역에서 양

---

16. 여기에 함축된 신분에 관한 해석의 상세한 역사에 대해서는 S. W. Gray, *The Least of My Brothers: Matthew 25:31-42—A History of Interpretation*(SBLDS 114; Atlanta: Scholars Press, 1989)을 보라. 하지만 그레이는 교회의 심판은 24:45-25:30에 교회 바깥에 사람들의 심판은 25:31-46에 묘사되어 있다고 주장한다(358-59).

과 염소를 분리시키는 문제는 발생하지 않는다. 이 두 떼들을 섞어놓지 않기 때문이다. 하지만 팔레스타인 주변의 지역에서는 자주 이들을 섞어놓았고, 타고난 품종이 크기, 색깔, 그리고 형태에서 유사하다.[17]

예수가 양과 염소를 대조시키는 특별한 이유는 없다. 단지 놀라운 방식으로 이 둘에 부여하는 상징에 의미가 있을 뿐이다: "양은 그 오른편에 염소는 왼편에 두리라." 오른편은 영광의 자리다(20:21의 주석을 보라). 왼편이 일반적으로 하대의 자리는 아니다. 여기서 그렇게 취급되고 있을지라도 말이다.

양에 대한 보상(25:34-40). 왕이 오른편의 사람들에게 말할 때, 이렇게 분리한 이유를 설명한다. "내 아버지께 복 받을 자들이여 나아와 창세로부터 너희를 위하여 예비된 나라를 상속받으라." 왕은 보좌에 앉으신 인자를 대변한다(25:31). 이는 인자가 옛적부터 계신 이로부터 나라를 하사 받는 다니엘 7:13-14을 상기시킨다. 이것은 왕의 주제가 마태복음에 전반적으로 나타날지라도, 예수가 자신을 왕으로 언급하는 드문 경우 중 하나다. 마태는 예수의 족보를 다윗 왕으로 추적하고(1:1-17), 예수를 유대인의 왕으로 태어난 왕으로서 박사들이 알현하게 하며(2:2), 예수는 하늘 나라의 도래를 선포하고(4:17), 예수의 지상 사역은 오실 이스라엘 왕의 소망을 성취하는 예루살렘으로의 승리적 입성에서 절정을 이루며, 산헤드린은 그가 유대인의 왕이라고 주장한 것으로 기소하며(27:11), 그는 십자가상에서 왕으로 조롱을 당하신다(27:29, 37, 42).

왕은 오른편에 있는 양을 "내 아버지께 복 받을 자들이여"라고 칭하신다. 이 복은 그들의 유업을 형성한다. 그것은 그들이 지금 받는 나라다. 그 유업은 그들의 노력으로 받는 것이 아니라 하나님 아버지와 아들과의 관계에서 오는 선물이다. 하나님의 확실한 목적은 양을 위한 하나님 나라의 유업의 복이 실현될 때 이루어진다.

25:35에 도입어인 "for"(개역개정에는 번역되지 않음—옮긴이)는 양이 유업을 받는 이유를 설명해준다. 나라의 기업은 예수의 육체적인 궁핍을 돌봐준 데 대한 보상이다. 왕은 "내가 주릴 때에 너희가 먹을 것을 주었고 목마를 때에 마시게 하였고 나그네 되었을 때에 영접하였고 헐벗었을 때에 옷을 입혔고 병들었을 때에 돌보았고 옥에 갇혔을 때에 와서 보았느니라"고 말한다. 양은 예수가 굶주림과 목마름과 나그네가 되고, 헐벗고, 병들고 옥에 갇혔을 때 돌보아주었다. 이런 선례를 구약성경에서 발견할 수 있는데, 거기서 하나님은 이스라엘이 외적으로 종교적인

17. George S. Cansdale, "Goats," *ZPEB*, 2:739-41.

모습을 보이려는 것(예를 들어, 금식)을 부끄러운 일로 배격하시고 참된 의는 궁핍한 이들을 돌보는 데서 나타난다고 선포하신다(예. 사 58:6-10).

하지만 보상을 받는 사람들은 놀라운 반응을 보인다: "주여 우리가 어느 때에 주께서 주리신 것을 보고 음식을 대접하였으며 목마르신 것을 보고 마시게 하였나이까 어느 때에 나그네 되신 것을 보고 영접하였으며 헐벗으신 것을 보고 옷 입혔나이까 어느 때에 병드신 것이나 옥에 갇히신 것을 보고 가서 뵈었나이까?" "의로운" 양들의 놀라움의 반응(참조. 10:41; 13:43, 49; 25:37)은 그들이 그 말을 문자적으로 취한 데서 연유한다. 그들은 왕에게 이 일을 언제 행했는지를 기억할 수가 없다. 그러한 놀라움의 반응은 그들이 그 나라에 들어가기 위해서 의도적으로 공로적인 행위를 하지 않았음을 가리킨다. 이전의 비유가 구원의 선물과 성령에 의한 변화를 진정으로 경험한 사람의 외적인 행위의 증거를 가리키는 것처럼, 오히려 자비의 이런 행위들은 이 양들이 그 나라에 속해 있다는 증거다.

예수는 반응한다. "내가 진실로 너희에게 이르노니 너희가 여기 내 형제 중에 지극히 작은 자 하나에게 한 것이 곧 내게 한 것이니라"(25:40). 의인들의 놀라워하는 반응에 뒤이어서 예수의 이 진술은 이 단락의 중심적인 원리다—예수의 형제들 중에서 "지극히 작은 자들"의 어려움을 돌봄으로써 그들은 예수를 섬겼다.

내 형제 중에 지극히 작은 자(25:40). "형제들"이란 지칭의 문제를 해결하는 것이 중요하다. 이 문제에 대한 해답이 예수가 영생이나 영벌로 사람들을 받아들이는 근거로 무엇을 주시고 있는지를 결정하게 한다(25:46).

다섯 가지 주요한 해결책이 제시된다.[18] (1) 모든 궁핍한 인간들. 이런 견해는 자비가 모든 사람들을 향해서 보여져야 함을 강조한다.[19] (2) 모든 크리스천들. 또 다른 사람들은 모든 크리스천들이 고려되고 있음을 주장한다. 마태복음에서 예수가 사용한 "형제들"에 대한 대부분의 분명한 언급들은 그의 제자들을 가리키고 있기 때문이다.[20] (3) 기독교 선교사들. 또 다른 사람들은 이것이 크리스천 선교사들이라고 주장한다. 그들을 어떻게 대우하느냐가 모든 사람들의 운명을 결정한다. 이

18. Gray, *The Least of My Brothers*; Eugene W. Pond, "Who are 'The Least' of Jesus' Brothers in Matthew 25:40," *BibSac* 159(October-December 2002): 436-48을 보라.

19. 이것은 교회역사에서 약세적인 입장에 있었지만 최근에 지지자들이 많아졌다. 최근의 변증에 대해서는 Davies and Allison, Matthew, 3:428-29; C. E. B. Cranfield, "Who are Christ's Brothers," *Metanoia* 4(1994): 31-39을 보라.

20. 5:47; 12:49-50; 18:15-17; 23:8; 28:10을 보라. 이 입장을 취하는 사람들은 Hagner, *Matthew*, 2:744-45; Carson, "Matthew," 519-21이다.

들을 영접하는 사람들은 예수를 영접하는 것이다. 이들을 배척하는 사람들은 예수를 배척하는 것이다—선교 강화에서 제시된 보상과 다르지 않은 주제(10:40-42).[21] (4) 유대 크리스천들. 어떤 이들은 예수가 유대 크리스천들은 언급하고 있다고 결론짓는다. 회심한 크리스천들이 대환난 시에 예수를 위해 선교사역을 하고 있는 회심한 유대인들을 대우하는 방식에 특히 초점을 맞추어서 말이다.[22] (5) 환난 시에 순교자들. 이 견해는 예수가 대환난 시에 믿음으로 순교하여 재림 시에 부활한 주님과 함께 다시 올 크리스천들을 언급하고 있다고 주장한다.[23]

예수가 마태복음의 내러티브에서 "형제들"로서 제자들을 언급하고 있는 일관된 방식은 두 번째 견해(즉, 모든 크리스천들)를 선호하게 만든다. 하지만 "지극히 작은 자"란 표현은 분명히 '궁핍한' 제자들을 가리킨다. 궁핍한 제자들은 보호를 받지 못하는 사람들을 자주 일컫는다—관심이 자주 제자 공동체의 탁월한 구성원들에게로 잘못 분산된다. 이것은 천국에서 누가 가장 큰 자냐는 제자들의 논쟁에서 예수가 주신 교훈과 일치한다(18:1). 그는 어린 아이처럼 되라고 그들을 책망하시고 그의 이름으로 어린 아이들을 영접하는 것은 예수를 영접하는 것과 같다고 말씀하셨다(18:2-5). 이는 교회의 가난한 자들을 경시하고 회중의 부자들에게 편파적인 관심을 보이는 교회의 모습을 사도 야고보가 책망한 것과 상통한다(참조. 약 2:1).

따라서 예수는 신자들이 서로를 돌보아야 하지만 특히 그들 중에 지극히 작고 약한 자들을 돌보아야함을 확증하신다. 이는 크리스천들이 모든 궁핍한 자들에게 보여야 하는 일반적인 자비를 상관하지 말라는 뜻은 아니다. 모리스가 말한 것처럼, "궁핍한 모든 사람들이 크리스천의 혜택이 베풀 대상이다."[24] 하지만 아마도 가장 적합한 지침을 사도 바울의 언급에서 찾을 수 있다. 바울은 "그러므로 우리는 기회 있는 대로 모든 이에게 착한 일을 하되 더욱 믿음의 가정들에게 할지니라"(갈 6:10)로 그 원리를 설명한다.

하지만 우리는 선한 행위가 사람이 천국에 들어가게 하는 공로가 아님을 유념해야 한다. 선한 행위는 중생으로 말미암은 하나님 나라의 삶의 증거일 뿐이다. 즉 궁핍한 이들을 돌보는 행위는 그들이 예수에게 속해 있음을 확인해준다. 그렇지

---

21. Blomberg, *Matthew*, 378.
22. 예를 들어, Barbieri, "Matthew," 81; Glasscock, *Matthew*, 491-92.
23. 예를 들어, Pond, "Who are 'The Least' of Jesus' Brothers in Matthew 25:40," 443-48.
24. Morris, *Matthew*, 639.

않다면, 그들이 성령으로 거듭나지 않았기 때문에 진정으로 예수의 양이 아니다.

양에 대한 벌(25:41-45). 예수는 왼쪽에 있는 이, 곧 염소들에게 말씀하신다. 염소들이 궁핍한 중에 있는 예수에게 자비를 베풀지 않았기 때문에 정죄를 받는 것을 제외하고는 오른 편에 있었던 "양들"을 칭찬할 때 사용하셨던 말과 거의 동일한 용어가 사용된다. 영원한 불이 예수의 육체적 필요를 돌보지 않은 사람에 대한 벌에 해당한다(25:41-43). 염소는 양들이 반응했던 방식과 유사하게 반응하고(25:44), 예수는 염소들이 "지극히 작은 자"를 위해서 행하지 않은 것을 제외하고서 양들에게 반응했던 것과 동일한 방식으로 반응하신다. 예수는 "내 형제 중에"라는 말을 생략하시지만 예수가 이것을 간략하게 줄여서 언급하고 있다고 우리는 추정해야 한다.

염소는 양처럼 놀라움으로 반응하지만 앞선 비유에 등장했던 자들과 같이 놀란다. 다섯 어리석은 처녀들(25:1-13)과 재능을 투자하지 않은 악한 종(25:14-30)은 외적으로 가증한 죄를 지은 것으로 인해 영벌로 정죄되는 것이 아니라 올바른 일을 행하지 못한 것으로 인해 영벌에 처해진다. 따라서 여기서 "행하지 못한 죄"도 영원한 정죄에 해당한다. 그것이 하나님 나라와 관련해서 그들이 의롭게 되지 못하였다는 증거가 되기 때문이다(5:20). 의로운 행위는 성령으로 거룩하게 된 마음에서 솟아나는 반면에, 불의한 행위와 심지어 의를 행하지 못한 것은 변화케 하시는 성령의 역사가 없는 마음을 가리킨다(참조. 15:19; 딛 3:1-8).

영벌과 영생(25:46). 예수는 "그들은 영벌에, 의인들은 영생에 들어가리라"(25:46)고 말씀하심으로써 드라마틱한 심판을 결론짓는다. 이 땅에 임할 대환난의 미래의 시기에 대한 다니엘의 예언은 영원한 생명과 벌의 예언으로 이끈다: "그때에 네 민족을 호위하는 큰 군주 미가엘이 일어날 것이요 또 환난이 있으리니 이는 개국 이래로 그때까지 없던 환난일 것이며 그때에 네 백성 중 책에 기록된 모든 자가 구원을 받을 것이라 땅의 티끌 가운데에서 자는 자 중에서 많은 사람이 깨어나 영생을 받는 자도 있겠고 수치를 당하여서 영원히 부끄러움을 당할 자도 있을 것이며 지혜 있는 자는 궁창의 빛과 같이 빛날 것이요 많은 사람을 옳은 데로 돌아오게 한 자는 별과 같이 영원토록 빛나리라"(단 12:1-3; 참조. 바룩2서 51:5-6). 다니엘서의 예언이 마태복음의 예수의 결론적인 강화의 마지막 말씀 속에 반영되어 있다.

예수의 선포에 반응하여 제자가 되었던 사람들은 "천국의 아들들"(13:38)이라 불리게 되었지만, 이제 그들은 그 나라의 생명의 충만한 복과 경험으로 들어가게 된다. 많은 사람들은 영원한 상태에 들어가기 전에 이 지상의 종말에서 발생하는 것과 동일한 장면으로 이 심판의 장면을 이해한다(계 20:11-13).[25] 또 다른 사람들은 예수가 그의 나라로 들어가는 복을 받은 사람들을 통치하는 이 땅의 천년왕국이 시작되기 전에 이 심판이 발생하는 것으로 이해한다.[26]

전자의 견해는 양이나 염소가 현재에 들어가는 영생이나 영벌과 관련하여 조화를 이룬다(25:41. 46). 이런 입장을 견지하는 전천년주의자들은 이 강화 전체를 통해서 인자의 오심의 임박함이 일 천년 뒤에 발생하는 심판의 장면에 어떻게 길을 내어줄 수 있는지를 설명해야 한다. 대부분의 사람들은 예수가 미래의 사건들을 요약하였다고 주장함으로써 그리 한다. 후자의 견해는 강화 전체를 통해서 인자의 오심의 임박함에 대한 계속된 언급과 더욱 조화를 이루지만 그들은 천년왕국 시대에 "영벌"로 들어가는 것에 대한 언급을 설명해야 한다—예수가 비시간적으로 미래의 사건들을 요약하고 있거나 더욱 그럴 듯한 것은 "영원한"이 그들의 마지막 상태에 대한 경험으로서가 아니라 마지막 경험 전에 그것의 확증으로서 사용되고 있나.[27]

쌍방이 증거가 부족하지만, 이 장면의 주요한 요지는 분명하다: 심판이 임할 것이다.[28] 이런 방식에서 심판의 장면은 전체 강화의 드라마틱한 결론이자 이전 비유의 순차적인 절정이다. 하나님 나라의 생명의 실존이 예수를 따르는 자들의 변화된, 말, 사상, 행동 그리고 성품에 증거 된다. 변화가 없음은 그가 하나님 나라의 초대를 수락하지 않았다는 증거다. 보상이나 벌은 이런 증거에 따라서 부여된다.[29]

감람산 강화에서, 궁극적으로 이 복음서에서 강조되고 있는 것처럼, 두 가지 유형의 사람들이 있다. 예수를 따르지 않은 사람들은 실제로 예수에 대항하여 있는 것이고, 영벌로 그와 분리될 것이다. 예수의 제자들은 예수와 함께 있고 영생으로 그와 함께 누릴 것이다. 영원한 운명을 생각할 때, 이것이 예수의 제자들 속에서 커다란 기쁨을 낳는다. 하지만 악한 자의 운명은 우리의 마음을 무겁게 한다. 사도 바

25. Erickson, *Christian Theology*, 1200-1203; Hagner, *Matthew*, 2:742-43; Blomberg, *Matthew*, 376; Morris, *Matthew*, 634-35.

26. 예를 들어, Eugene W. Pond, "The Background and Timing of the Judgement of the Sheep and Goats," *BibSac* 159(April-June 2002): 201-20; Saucy, *Progressive Dispensationalism*, 130.

27. Pond, "The Ackground and Timing of the Judgement of the Sheep and Goats," 219-20; Saucy, *Progressive Dispensationalism*, 228 n. 67.

28. Sim, *Apocalyptic Eschatology in the Gospel of Matthew*, 130-39을 보라.

29. Ladd, *Theology of the New Testament*, 206-7.

울이 예수를 거부했던 동료 유대인들의 영원한 운명을 생각할 때 경험했던 것과 동일한 종류의 고뇌를 자극하기 때문이다(롬 9:1-3; 10:1-2).

상황잇기

언설, 비유 그리고 심판의 시리즈들은 마태복음에서 예수의 마지막 강화를 완성짓는다(그 내용의 요약에 대해서는 24:1-3의 주석을 보라). 현 항목에서 예수의 의도는 미래의 시간표를 주고자 하는 것이 아니다. 그는 육체적으로 제자들과 더 이상 함께 하지 못할 때를 대비하여 그에 대한 제자도로 이끄는 태도와 성격에 초점을 맞추고 있다.

우리가 이전 장에서 논의했던 것처럼, 감람산 강화에서 주님의 재림과 신자들의 "휴거"에 관한 바울의 논의(살전 4:13-18)와의 관계는 논쟁이 되어진다. 많은 해석자들이 바울이 대환난 시에 하나님의 진노에서 신자들을 보호하기 위해서 이 땅에서 그들을 휴거케 하는 환난 이전에 또는 환난의 중간에 주의 구별된 재림을 언급하고 있다고 주장한다. 다른 사람들은 바울과 예수가 환난에서 안전하게 보호되었던, 그와 함께 있는 신자들을 데리고 가기 위해서 다시 오시는 환난의 시기 끝에 신자들의 휴거를 언급하고 있다고 주장한다.[30] 이런 이슈들은 여기서 풀기에는 너무 복잡하지만 우리의 목적을 위해서 이 강화에서 예수의 주요한 의도로 보이는 두 요소를 살피는 것이 중요하다.[31]

급작성. 인자의 재림의 급작성은 감람산 강화의 이 항목의 모든 장면에 스며 있다. 이것은 그리스도의 재림이 아직 발생하지 않았다는 것을 신자들에게 확신시키는 데살로니가서의 바울의 격려와 일치한다(살전 4:13-18). 바울은 예수의 재림이 어느 때고 발생할 수 있고 신자들은 그것을 놓칠 수 있음을 함축한다. 세상에 있는 사람들이 "안전하다 평화롭다"라고 말할 때 곧 파멸이 올 수 있다(5:3). 감람산 강화의 비유에서 주의 출현은 경고도 없이 급작스럽게 이루어질 수 있다. 그러므로 예수가 온 시대를 살아가는 제자들에게 이 말씀을 하시고 있기 때문에 주의 제자

30. 각각의 견해와 지지자들 간에 상호작용에 대한 설명을 위해서는 Gleason L. Archer Jr., Paul D. Feinberg, Douglas J. Moo, and Richard R. Reiter, *The Rapture: Pre-, Mid-, or Post-Tribulational?*(Grand Rapids: Zondervan, 1984)을 보라.

31. 개인적으로 나는 전 환난 휴거가 몇 가지 신학적 이슈들을 가장 잘 설명한다고 제기한다(예를 들어, 천년왕국 동안에 이스라엘의 재건과 천년왕국에 거주하는 사람들의 발전에 필요한 시간). 하지만 또한 나는 제자들에 대한 예수의 교훈의 문맥에서 강화를 취하는 것이 어느 종말론적 입장인지를 알려주는 제자도의 원리를 가장 잘 조명한다고 믿는다.

된 자들의 중요한 태도는 언제고 갑작스럽게 도래할 주의 재림을 기다리는 것이다.

준비성. 준비의 주제도 감람산 강화에 스며 있다. 평화롭든 고통스럽든, 온 시대를 통해서 모든 신자들은 우리가 이 양자를 경험하도록 되어 있다(참조. 10:24-25). 따라서 우리는 환경과 상관없이 주의 재림을 준비해야 한다. 연이은 비유는 각기 이 준비의 서로 다른 양상을 강조한다: 의무감(responsibility, 24:45-51), 준비성(25:1-13), 생산성(25:14-30), 책임성(accountability, 25:31-46).

어떤 이들은 환난 시기의 끝에 예수의 영광스러운 재림에 너무 집착하여 지금 준비해야 하는 것에 덜 관심을 보인다. 그들은 종말의 사건들이 전개되기를 시작하는 것을 볼 수 있을 때까지 기다렸다가 그 다음에 준비할 수 있다고 생각한다. 또 다른 이들은 어느 순간에라도 올 수 있는 예수의 재림에 대한 소망에 너무 집착하여 장기적인 준비에는 거의 관심이 없다. 그리하여 예수가 곧 오실 것으로 생각하여 어떤 계획도 세우지 않는다. 균형 잡힌 제자도는 임박한 그리고 장기적인 준비를 포함한다. 이 강화에서 비유들과 심판의 장면에서 예수의 말씀이 제자들에게(그때에 그리고 지금의) 언급되고, 그들은 주의 급작스럽고 예기치 않은 재림을 신속히 준비하도록 요청 받지만 연장된 재림에 대해 계획을 세우고 받은 은사를 유익하게 활용해야 한다.

현대적 의미

아내와 내가 오늘 아침에 일어났을 때, 지구 대기로 재진입하고 16분만에 콜롬비아 우주호가 폭파되었다는 긴급뉴스를 듣게 되었다. 그것은 우리의 우주 계획에 비극적인 손실이다. 내가 볼 때, 일곱 명의 남녀 우주인들을 잃은 것은 더 큰 고통이다. 첫 공식적인 보고에서 나사(NASA) 행정관인 숀 오키페는 우주선이 지구 대기로 재진입하고 나서 곧바로 화염에 휩싸여 텍사스주에서 폭파되었음을 확인했다고 말했다. 그는 우주인들이 자신의 사명을 놀랍게도 해냈다고 설명했다. 하지만 그 다음에 떨리는 음성으로 "훌륭한 우주인들을 잃은 것은 회복할 수 없는 엄청난 일이다."

이 충격적인 사건은 비극적인 방식으로 우리들에게 생명이 부질없고 덧없음을 상기시킨다. 아주 짧은 순간에 그들이 삶을 통한 일과 노력과 희생이 사라졌다.

이것이 아주 간단하게 감람산 강화의 메시지다. 우리가 아는 것처럼 인생은 언젠가 끝나게 되어 있다. 모든 역사는 예수가 재림할 때 결정적인 종말을 맞는다. 이런 결론은 우리가 생각하는 것보다 더 빨리 올 수 있으므로 우리는 준비해야 한다.

나는 이런 권고를 반영하는 것으로 믿고 있는 인생의 모토를 갖고 있다.

> 예수가 오늘 오시는 것처럼 살고,
> 예수가 일백 년 동안 오시지 않는 것처럼 계획을 세워라.

예수의 재림과 관련하여 당신의 신학적인 견해가 어떠하든 간에, 이 권고는 당신과 상관이 있다. 인생이 부질없고 덧없지만, 종말이 어느 때에 올 지를 알지 못한다. 그것이 예수의 재림으로 인한 역사의 종말이든, 우리의 죽음으로 인한 인생의 종말이든 간에, 우리는 그것을 준비해야 한다. 하지만 이런 준비는 우리가 뒤로 물러나서 시간을 세는 것을 의미하지 않는다. 우리의 책임과 특권은 하나님 나라를 위한 차이를 일구어내기 위해서 부여받은 은사로 삶의 소중한 순간을 극대화해야 한다.

예수의 재림의 시간을 알지 못한다는 사실에 비추어서(24:36), 예수는 데려가지는 사람과 남겨지는 사람들 사이에 온전한 분리가 있음을 강조하신다(24:37-41). 중간 지대는 없다. 따라서 우리는 종말이 가까이 왔다는 확고한 예상으로 살아야 한다. 그것이 우리의 매일의 제자도에 영향을 미칠 것이다. 인생의 결말에서 또는 예수가 영광과 능력으로 다시 오실 때, 우리는 예수와 함께 있거나 그렇지 못할 수 있을 것이다. 예수는 네 비유와 심판의 장면을 주신다. 그것은 제자들이 예수가 다시 오실 때에 인정을 받을 수 있을지를 왜, 어떻게, 확신할 수 있는지를 설명해준다. 그러나 이 비유들과 심판의 장면은 역으로도 가르쳐준다. 즉 신실하지 않은 사람들에게 심판이 임할 것이다. 일차적인 차원에서 그것은 영원한 생명을 받기 위해서 누가 하나님 나라의 참된 삶을 보여주는지를 알려주고, 이차적인 차원에서 그것은 예수에 대한 제자도가 어떻게 발전되는지를 알려준다.

주인과 도둑의 첫 번째 비유(24:43-44)는 예수의 재림을 기다리는 동안에 신실한 제자들은 준비하고 기다리는 사람임을 보여주는 일반적 원리를 전달한다. 다음 세 비유들은 방법을 명시해준다: 우리는 책임감이 있어야 하고(두 종류의 종들; 24:45-51), 준비해야 하고(열 처녀; 25:1-13), 생산적이어야(달란트, 25:14-30) 한다. 양과 염소에 대한 심판의 결론적인 장면은 인생과 역사에서 조심하고 기다리는 것은 우리의 제자도에 책임을 요한다는 것을 선언함으로써 절정의 결론을 가져온다.

준비하라(24:43-44). 주인과 도둑의 비유는 예수가 재림할 것을 고대하며 우리가 삶을 어떻게 살아야 할지의 장면을 설정한다. 우리는 근면함으로 조심해야 한다. 하지만 주시(注視)하는 것은 다음에 무슨 일이 일어날지를 알기 위해서 단순히 기다리며 앉아있는 것을 의미하지 않는다. 그것은 우리가 어느 시, 어느 날에 주의 재림이 임할지를 준비하는 것을 의미한다. 예를 들어, 나의 아내의 고양이인 '마우이'는 우리가 집에 없을 때 열심히 우리 집을 지킨다. 그것은 일어나는 모든 것을 주시한다. 하지만 그것은 어떤 일이 일어날 지에 대해서는 전혀 준비하지 못한다. 그냥 어떤 소리가 들리면 벽장으로 달려가고 또한 숨는다! 개들도 마찬가지다. 가장 훌륭한 종류의 감시견은 지켜보고 침입자가 들어올지를 준비하는 것이다.

우리는 그러해야 한다. 조심해야하지만 주의 재림을 기다리는 것은 적절한 종류의 준비를 동반해야 한다. 일차적인 차원에서 이것은 우리가 재림의 생생한 소망을 발전시키는 것을 의미한다.[32] 우리의 전체 세계관은 예수가 사역에서 강조하신 것처럼 하나님 나라 지향적이 되어야 한다. 우리의 소망은 이 땅에서 세워지는 하나님의 온전한 나라에 있지 우리가 만드는 세상 나라에 있지 않다.

우리는 모든 창조의 사유를 고대하고 있다(롬 8:18-25). 하지만 우리의 기다림과 조심성은 지금 이 땅에서 하나님 나라의 초대에 응답하고 영혼이 성령으로 씻겨지고 갱신되는 중생의 시작을 경험함으로써 준비되는 것을 의미한다(딛 3:4-7). 우리가 예수의 재림의 복된 소망을 매일 발전시킬 때, 하나님의 은혜는 경건치 못함과 세상적인 정욕에 "아니오"라고 말하고 "자기 제어와 고결함 그리고 경건한 삶을 현재에" 살 수 있도록 우리를 가르친다(딛 2:12). 이것이 우리의 매일 매시의 포커스일 때, 우리는 평강과 확신으로 그를 만나기 위해서 온전히 구비하여 예수의 재림을 유념하고 대망한다.

책임(24:45-51). 두 종류의 종의 비유는 책임 있는 행동으로 하나님 나라의 삶을 준비하는 것을 가르침으로써 이 주제를 연속시킨다. 신실한 책임성은 그 사람이 진정으로 예수에게 속했는지의 외적인 증거다. 우리는 참된 신자인지를 스스로 심사해야 한다. 우리가 생각하고 다른 이들을 대하고 옳게 또는 옳지 않게 살아가는 방식이 참된 신자인지를 증거한다. 악한 종은 주인이 다시 돌아오는 것이 늦어지리라고 생각할 때 악한 마음을 드러내었다. 그는 주인이 집에 지키고 있음으로 주로 동기부여를 받았다가, 주인이 집에서 멀리 떠나가자 그의 악한 마음이 악한 행동을 유발했다.

32. Daniel J. Lewis, *3 Crucial Questions about the Last Days*(Grand Rapids: Baker, 1998), 135.

신실하고 좋은 마음은 환경에 상관없이 의롭게 산다. 우리가 다른 신자들과 같이 있던 그렇지 않든 간에, 어떠한 상황에 있든지, 순수한 마음은 책임 있는 행동을 낳을 것을 의도한다(참조. 5:20; 15:18-19의 주석을 보라). 사도 요한은 "사랑하는 자들아 우리가 지금은 하나님의 자녀라 장래에 어떻게 될지는 아직 나타나지 아니하였으나 그가 나타나시면 우리가 그와 같을 줄을 아는 것은 그의 참모습 그대로 볼 것이기 때문이니 주를 향하여 이 소망을 가진 자마다 그의 깨끗하심과 같이 자기를 깨끗하게 하느니라"(요일 3:2-3).

예수의 제자 공동체인 교회는 주목하는 세상에 천국복음의 실제를 알리는 주요한 도구다. 존재하고 말하는 것으로 복음을 알게 하는 책임이 우리에게 있다. 예수의 임박한 재림의 복된 소망으로 살 때, 우리는 책임 있게 살아가는 것으로 동기부여를 받는다. 이것은 우리가 예수의 오심을 고대함으로 매일의 삶에서 윤리적으로 순결한 책임이 있음을 의미한다.[33] 어떤 이가 "당신은 내일을 두려워하지 않으며 어제를 부끄러워하지 않도록 삶을 살라"고 멋지게 말했다.

우리는 하나님의 세계와 자원의 청지기로서의 책임을 진지하게 취해야 한다. 배우자로서 또는 부모로서 우리의 역할은 하나님이 그리하시는 것처럼 다른 이들을 돌보는 것을 의미한다. 우리의 선택된 경력의 길은 그것이 "성스러운 것이든 세속적인 것이든"(참조. 엡 6:7-8) 우리의 일에서 충성되게 하나님을 섬기는 것을 의미한다. 책임 맡은 리더십의 위치에서 그것이 비즈니스에서든, 학교에서든, 교회에서든, 예수를 주인으로 섬김으로써 사람들을 섬기고 궁극적으로 우리가 책임이 있는 사람들을 대하는 방식에서 하나님에게 책임을 다하는 것이다(엡 6:9). 주님의 일을 더욱더 책임 있게 감당할수록, 우리에게 더 중요한 책임이 주어진다. 주인이 더디 올 것으로 생각하고서 의무를 연기하는 사람들은 너무 늦어서 더 이상 수정할 수 없음을 발견하게 될 것이다.[34]

준비(25:1-13). 열 처녀의 비유는 조심스러운 준비, 즉 어느 순간에라도 주를 만날 준비를 함으로써 주의 재림에 대비하는 주제를 계속 잇는다. 인생의 끝에 또는 예수의 재림을 너무 늦게 준비해서는 안 된다. 우리는 지금 예수를 만날 수 있도록 영적으로 준비해야 한다.

나는 젊은이들 속에서 겁이 없는 감정을 특히 본다. 그들은 마치 인생을 누릴

33. Lewis, *3 Crucial Questions about the Last Days*, 135-36.
34. Blomberg, *Parables*, 193.

수 있는 많은 시간이 있는 것처럼 활동한다. 하지만 성숙으로 이끄는 가장 커다란 교훈 중의 하나는 인생이 우리의 것이 아니며 어느 순간에라도 빼앗길 수 있음을 깨닫는 것이다. 젊은 사람들이 이 핵심을 놓치지 않을 때, 영적으로 자신을 준비할 수 있게 된다.

하나님과 다른 사람들과의 관계성이 마땅히 그래야 할 것에 이르렀을 때, 우리가 준비되어 있는 것이다. 어느 날에라도, 즉 집에 혼자 있건, 여자 친구와 아파트에서 같이 있건, 마음의 휴식을 취하고 있건 간에 우리가 주님을 만나는 것에 부끄럽지 않을 때 준비된 것이다. 우리는 자녀들을 적절하게 돌보고 있다고 확신할 때 준비된 것이고, 신용카드 내역서가 공개적이 되더라도 부끄럽지 않을 때 준비된 것이다. 우리는 과거의 불만을 해소했을 때 준비된 것이다.

아내와 나는 "그렇게 하지 않았더라면"이란 말을 하지 않으려고 노력해 왔다: "우리가 건강을 더욱더 잘 보살폈더라면, 시간을 좀더 아이들과 보냈더라면, 빚을 지지 않는 훈련을 더욱더 했더라면, 서로를 갈라놓는 변덕스런 관계를 갖지 않았더라면." 우리가 "그렇게 하지 않았다면"이란 말이 나오지 않도록 조심할수록 예수를 만날 준비가 더욱 되어 있는 것이다.

예기치 않은 시간에 신부에게 오는 신랑에 관한 유대 관습이 기대를 더하게 한다. 어리석은 다섯 처녀의 준비부족은 상상할 수 없는 비극적인 장면을 연출한다. 오늘날의 측면에서 결혼 잔치를 준비하지 못한 신부나 신랑은 단지 불운하게 보이는 것만이 아니라, 감정적으로 그 날의 중요성을 인식하지 못한 것으로 보인다. 예수를 사랑하고 헌신하는 제자로서 우리가 그의 오심을 준비하지 않은 것은 유사하게 상상할 수 없는 일이다. 이 비유는 주님과의 관계성의 개인적 본질을 가리킨다. 예수가 우리를 위해 오실 때, 그를 직접 대면해서 보려는 헌신과 바람이 적절하게 우리 자신을 준비하게 만든다.

우리 자신을 준비하는 가장 중요한 방법 중의 하나는 행동양식 속에서 비유의 의미를 깊이 상고하는 것이다. 사도 바울은 그리스도의 재림에 비추어서 삶을 살았다. 도날드 해그너는 "그 시간의 불확실성은 어떤 의미에서 이슈가 아니다. 인자가 미래에 재림한다는 사실이 중요한 것이다"[35]라고 말한다. 바울 문서의 상당 부분이 현재의 구속받은 상태와 장래에 그리스도와의 연결에서 윤리적 행동을 기초로 하고 있다(참조. 골 3:4). 이것이 지금 우리가 가져야 하는 태도이고, 그것을 교

35. Hagner, *Matthew*, 2:716.

회가 갖도록 해야 한다. 교회와 우리의 삶에서 적절하게 준비하는 태도는 영원에 대한 우리의 기대가 사소한 관심을 무의미하게 만들고, 더 커다란 관심을 다루게 만든다.

생산성(25:14-30). 달란트 비유도 제자들이 의도적으로 생산성을 이룸으로써 주의 재림을 준비해야함을 보여준다. 영어에서 탤런트(Talent)는 이 비유에서 유래되었다. 오늘날 흔한 용법으로 "달란트"는 그 사람에게 부여된 자연적 재능을 자주 일컫는다. 그것은 적절한 용법이지만, 이 비유의 의도와 더 가깝게 접근한다면, 달란트는 천국의 삶으로 은혜를 입고 하나님 나라의 봉사로 재능을 사용하도록 각 사람들에게 부여된 은사를 상징한다(고전 12:7).

조합된 관점이 중요하다. 우리가 갖고 있는 모든 것—자연적으로 부여된 것이든 영적으로 부여된 것이든 간에—을 하나님 나라의 봉사에 사용해야 한다. 모든 사람들이 같은 재능으로 태어날 수는 없다. 모든 사람들이 성령의 동일한 은사가 부여될 수는 없다. 하지만 우리는 각기 독특한 방식으로 생산성을 이룰 수 있다. 하나님 나라의 봉사의 모든 것은 본질적으로 가치가 있다. 그것이 성스러운 영역이든 세속적인 영역이든, 커다란 보상이 있든 작은 보상이 있든 상관없다. 우리의 책임은 결국 계획을 갖고 하나님 나라를 발전시키기 위해 각자의 은사를 사용하는 것이다.

불행하게도, 예언 연구의 비생산적인 양상 중 하나는 종말에 대한 설교와 집회에서 깜짝 놀라게 하는 추측을 하는 것이다. 그러한 추측은 사람들의 관심을 사로잡아서 자주 하나님에 대한 단조로운 모습의 두려움에 휩싸이게 하거나 세부적인 억측에 사로잡히게 한다. 또 다른 사람들은 비생산적인 추측에 빠진 사람들과의 잘못된 경험 때문에 예언의 생산적인 종류의 연구에서 떠나게 된다. 예언에 대한 건강한 연구는 유익하다. 사람들로 하여금 경건한 삶을 살도록 동기부여를 주고, 의도적인 복음전도를 자극하며 건전한 교리를 규명하게 만들기 때문이다.[36]

악한 종이 갖고 있는 분명한 문제는 주인에 대한 태도다. 이것은 많은 사람들이 하나님을 대하는 방식을 말한다. 하나님에 대한 그들의 잘못된 태도(하나님은 심술 굳고, 하나님은 우리의 운명에 대해서 관심이 없으시다, 등등)는 하나님의 소명을 불순종한 데 대한 변명을 낳는다. 하나님에 대한 잘못된 태도를 발전시키는 크

36. 예언에 관한 상세한 연구가 역사적으로 생산적인 결과로 이끈 방식을 보여주는 시도에 대해서는 Larry D. Pettegrew, "The Rapture Debate at the Niagara Bible Conference," *BibSac* 157(July-September 2000): 331-47을 보라.

리스천들에게도 그것을 적용할 수 있다. 그들은 자신들의 환경 때문에 하나님을 사랑이 없는 분으로 본다. 그리고는 순종의 길에서 떠난다.

하지만 신실함은 하나님에 대한 정확한 견해에서 파생한다. 부정확한 하나님에 대한 견해는 무책임과 불순종을 합리화하게 만든다. 따라서 하나님의 성품과 활동 그리고 우리를 위한 하나님의 목적에 대해 정확한 성경적 개념을 갖는 것이 매우 중요하다. 이것이 올바른 성경 교육과 설교의 중요한 역할을 강조하게 만든다. 하나님에 대한 견해가 우리의 행동을 결정하기 때문이다. 종의 악함이 주인에 대한 이미지를 왜곡하게 만들고, 나아가서 자신의 무책임을 변명하게 만들고 있음을 이 비유는 보여준다.

우리는 구원을 위해 예수에게 나아오는 것을 비극적으로 연기하는 사람들에게서 이런 현상을 볼 수 있다. 그들은 선하다고 여겨지는 하나님이 어떻게 고난을 허락하시는가를 이해할 때까지 믿음을 갖지 못한다. 우리들은 자신의 게으름과 무책임을 오히려 하나님에게 전가하여 비난하는 신자들 속에서 이런 모습을 볼 수 있다. 우리들은 개인적인 슬픔과 비극에 사로잡혀 하나님의 사랑과 돌보심의 빛을 보지 못하는 사람들 속에서 이런 현상을 볼 수 있다. 이전에 나의 학생 중에 오래도록 암과 투쟁해온 아내를 잃어버린 목사가 있었다. 그는 하나님이 왜 아내이자 그녀를 매우 필요로 하는 자녀들의 어머니를 빼앗아 갔는지를 이해하려고 씨름했다. 심지어 그는 자신의 슬픔이 너무도 심해서 하나님의 참된 진리를 볼 수 있는 성경을 읽지 못할 정도라고 말하였다.

악한 종의 비유는 하나님의 진리에 대한 바른 이해가 우리의 삶에 생산적인 투자를 하게 한다는 사실을 가르친다. 그것이 사람들에 대한 나의 사역을 살피게 만든다. 나는 궁극적으로 그들이 하나님에 대한 책임을 갖게 해야 함을 인식한다. 하지만 그들이 그 책임에 응답할 수 있을 때까지 할 수 있는 한 인내해야 함을 역시 깨닫는다. 나는 하나님 나라의 봉사에 생산적으로 삶을 투자하게 만드는 하나님의 본질을 그들이 올바르게 이해할 수 있도록 추구한다.

책임성(25:31-46). 양과 염소의 심판 장면은 이 비유와 강화를 드라마틱한 결론을 가져오는데, 즉 우리 모두는 왕의 재림을 기다리는 동안 이 세상에서 행하는 일에 책임이 있다는 것이다. 장면의 강력한 급진전은 예수의 형제들 중 가장 작은 자들을 섬기는 방식에서 예수에 대한 우리의 봉사가 가장 잘 입증됨을 보여준다. 이전의 비유들이 인간의 마음상태—준비(preparedness), 책임, 준비됨(readiness), 생산성—를 드러내지만 예수의 제자들 중 가장 곤란에 처한 사람들을 돌보는 것은 하나님 나라의 삶의 강력한 증거다.

우리는 믿음의 권속들을 돌볼 주요한 책임이 있을 뿐 아니라, 하나님의 모든 피조물들을 돌볼 책임이 있다. 하나님의 형상으로 창조된 사람들 속에 본질적인 가치가 있다. 설사 하나님으로부터 분리된 삶을 살고 있거나 감정적으로, 관계적으로, 또는 육체적으로 매력이 없는 사람들도 마찬가지다. 하나님은 세상을 참으로 사랑하시고 어느 누구도 멸망당할 것을 바라지 않으신다(요 3:16; 벧후 3:9). 우리는 하나님의 형상으로 만들어진 모든 사람들에게 커다란 사랑을 가져야 하며, 그들의 영원한 본성을 이해해야 한다. 이것이 우리로 하여금 선교에 대한 열정과 어느 누구도 영원히 멸망당하지 않게 하려는 강력을 바람을 갖게 한다.

가장 작은 자들을 겸손히 섬기는 것은 약한 자들과 버림받은 자들과, 세리와 죄인들, 그리고 아픈 자와 죽어 가는 자들에게 구원의 이야기를 가져오기 위해서 하늘 영광을 버리신 예수의 낮아지심에서 입증되었다. 우리는 종교적인 의무감에서만 이들을 섬길 수 없다. 그렇게 하면 교만에 빠질 수 있다. 우리는 섬김을 받았기 때문에 섬기고, 사랑을 받았기 때문에 사랑하며, 높임을 받았기 때문에 높인다—그리고 그것을 절대로 잊지 않는다. 종교적 의무와 공개적인 사역은 예수가 일관되게 정죄하신 위선의 종류로 쉽게 전락할 수 있다(참조. 6:1-17). 하나님 나라의 의로 참으로 변화된 마음은 겸손함으로 섬긴다.

아내와 나는 얼마 전에 다소 심각한 이야기를 주고받았다. 나는 "야망이 있는 종됨"에 관해서 우리 신학교의 채플 시간에 설교했다. 그때에 나는 우리 모든 이들—교수, 이사, 행정직원들, 학생들—에게 사람들을 섬김으로써 예수를 섬기는 우선되는 동기를 가짐으로써 사역에서 야망을 가질 것을 격려했다. 그 날 저녁 집에서 아내는 외과 수술 후에 회복의 와중에서 문제가 있었던 부모와 함께 사는 이웃 사람의 전화를 받았다. 그 전화는 아내가 문제가 있는 이웃이나 친척, 또는 친구들과 전화로 연속해서 한 시간 이상을 보낸 네 번째 저녁이었다. 나는 그녀가 이분들에게 어떤 빚을 지고 있는 것처럼 느꼈기에 아내가 전화를 끊자 불편함을 토로했다. (나는 이 날 개인적으로 컨디션이 좋지 못했던 것 같다.)

연이은 대화를 나눈 후에 우리는 "섬김"의 문제에 이르렀다. 그녀는 신학교 채플 시간에 전한 나의 메시지를 생각나게 했다. 많은 면에서 나는 종이 되려고 했다. 그것은 내가 발전시키고자 하는 정신이다. 하지만 지금 나는 그런 환경에서 멀어지고 있지 않은가? 나의 공적인 사역에서만이 아니라 개인적인 마음의 사역에서도 작은 자들을 섬겨야 되지 않는가? 이것이 지금 예수가 전달하고 있는 말씀이다.

우리의 마지막 심판은 공적인 사역의 위대함에 있지 않고 우리들 중에 궁핍한 자들을 위한 예수의 겸손한 마음에서 나오는 사역의 종류에 있다.

인생은 허약하고 덧없다. 우주 비행선 콜럼비아호를 비극적으로 잃은 것은 인생이 허약하고 덧없음을 예증해준다. 그것은 감람산 강화에서 예수가 결론을 내렸던 권고의 메시지다. 우리는 주인과 주님으로서 예수를 만날 준비가 되어야 한다. 인생의 끝에서든 이 세상의 종말에서든 말이다. 하지만 그때에 우리는 인생에서 우리가 행한 일에 대해서 주님 앞에서 셈을 갖도록 불림을 받게 될 것이다. 예수가 오늘 오시는 것처럼 살고, 예수가 일백 년 동안 오시지 않을 것처럼 계획을 세워라.

마태복음 26:1-46

1 예수께서 이 말씀을 다 마치시고 제자들에게
이르시되
2 너희가 아는 바와 같이 이틀이 지나면 유월
절이라 인자가 십자가에 못 박히기 위하여
팔리리라 하시더라
3 그때에 대제사장들과 백성의 장로들이 가야
바라 하는 대제사장의 관정에 모여
4 예수를 흉계로 잡아 죽이려고 의논하되
5 말하기를 민란이 날까 하노니 명절에는 하지
말자 하더라
6 예수께서 베다니 나병환자 시몬의 집에 계실
때에
7 한 여자가 매우 귀한 향유 한 옥합을 가지고
나아와서 식사하시는 예수의 머리에 부으니
8 제자들이 보고 분개하여 이르되 무슨 의도로
이것을 허비하느냐
9 이것을 비싼 값에 팔아 가난한 자들에게 줄
수 있었겠도다 하거늘
10 예수께서 아시고 그들에게 이르시되 너희가
어찌하여 이 여자를 괴롭게 하느냐 그가 내
게 좋은 일을 하였느니라
11 가난한 자들은 항상 너희와 함께 있거니와
나는 항상 함께 있지 아니하리라
12 이 여자가 내 몸에 이 향유를 부은 것은 내
장례를 위하여 함이니라
13 내가 진실로 너희에게 이르노니 온 천하에
어디서든지 이 복음이 전파되는 곳에서는 이
여자가 행한 일도 말하여 그를 기억하리라
하시니라
14 그때에 열둘 중의 하나인 가룟 유다라 하는
자가 대제사장들에게 가서 말하되
15 내가 예수를 너희에게 넘겨 주리니 얼마나
주려느냐 하니 그들이 은 삼십을 달아 주거늘
16 그가 그때부터 예수를 넘겨 줄 기회를 찾더라
17 무교절의 첫날에 제자들이 예수께 나아와서
이르되 유월절 음식 잡수실 것을 우리가 어
디서 준비하기를 원하시나이까
18 이르시되 성안 아무에게 가서 이르되 선생님
말씀이 내 때가 가까이 왔으니 내 제자들과
함께 유월절을 네 집에서 지키겠다 하시더라
하라 하시니
19 제자들이 예수께서 시키신 대로 하여 유월절
을 준비하였더라
20 저물 때에 예수께서 열두 제자와 함께 앉으
셨더니
21 그들이 먹을 때에 이르시되 내가 진실로 너
희에게 이르노니 너희 중의 한 사람이 나를
팔리라 하시니
22 그들이 몹시 근심하여 각각 여짜오되 주여
나는 아니지요
23 대답하여 이르시되 나와 함께 그릇에 손을
넣는 그가 나를 팔리라
24 인자는 자기에 대하여 기록된 대로 가거니와
인자를 파는 그 사람에게는 화가 있으리로다
그 사람은 차라리 태어나지 아니하였더라면
제게 좋을 뻔하였느니라
25 예수를 파는 유다가 대답하여 이르되 랍비여
나는 아니지요 대답하시되 네가 말하였도다
하시니라
26 그들이 먹을 때에 예수께서 떡을 가지사 축
복하시고 떼어 제자들에게 주시며 이르시되
받아서 먹으라 이것은 내 몸이니라 하시고
27 또 잔을 가지사 감사 기도 하시고 그들에게
주시며 이르시되 너희가 다 이것을 마시라
28 이것은 죄 사함을 얻게 하려고 많은 사람을
위하여 흘리는 바 나의 피 곧 언약의 피니라

29 그러나 너희에게 이르노니 내가 포도나무에
서 난 것을 이제부터 내 아버지의 나라에서
새것으로 너희와 함께 마시는 날까지 마시지
아니하리라 하시니라
30 이에 그들이 찬미하고 감람 산으로 나아가
니라
31 그때에 예수께서 제자들에게 이르시되 오늘
밤에 너희가 다 나를 버리리라 기록된 바 내
가 목자를 치리니 양의 떼가 흩어지리라 하
였느니라
32 그러나 내가 살아난 후에 너희보다 먼저 갈
릴리로 가리라
33 베드로가 대답하여 이르되 모두 주를 버릴지
라도 나는 결코 버리지 않겠나이다
34 예수께서 이르시되 내가 진실로 네게 이르노
니 오늘 밤 닭 울기 전에 네가 세 번 나를 부
인하리라
35 베드로가 이르되 내가 주와 함께 죽을지언정
주를 부인하지 않겠나이다 하고 모든 제자도
그와 같이 말하니라
36 이에 예수께서 제자들과 함께 겟세마네라 하
는 곳에 이르러 제자들에게 이르시되 내가
저기 가서 기도할 동안에 너희는 여기 앉아
있으라 하시고
37 베드로와 세베대의 두 아들을 데리고 가실새
고민하고 슬퍼하사
38 이에 말씀하시되 내 마음이 매우 고민하여
죽게 되었으니 너희는 여기 머물러 나와 함
께 깨어 있으라 하시고
39 조금 나아가사 얼굴을 땅에 대시고 엎드려
기도하여 이르시되 내 아버지여 만일 할 만
하시거든 이 잔을 내게서 지나가게 하옵소서
그러나 나의 원대로 마시옵고 아버지의 원대
로 하옵소서 하시고
40 제자들에게 오사 그 자는 것을 보시고 베드
로에게 말씀하시되 너희가 나와 함께 한 시
간도 이렇게 깨어 있을 수 없더냐
41 시험에 들지 않게 깨어 기도하라 마음에는
원이로되 육신이 약하도다 하시고
42 다시 두 번째 나아가 기도하여 이르시되 내
아버지여 만일 내가 마시지 않고는 이 잔이
내게서 지나갈 수 없거든 아버지의 원대로
되기를 원하나이다 하시고
43 다시 오사 보신즉 그들이 자니 이는 그들의
눈이 피곤함일러라
44 또 그들을 두시고 나아가 세 번째 같은 말씀
으로 기도하신 후
45 이에 제자들에게 오사 이르시되 이제는 자고
쉬라 보라 때가 가까이 왔으니 인자가 죄인
의 손에 팔리느니라
46 일어나라 함께 가자 보라 나를 파는 자가 가
까이 왔느니라

원 의미

마태는 예수의 감람산 강화의 끝을 그의 통상적인 진술인 "예수께서 이 말씀을 다 마치시고…"(26:1; 참조. 7:28; 11:1; 13:53; 19:1)로 표시한다. 이 끝맺음과 이전의 끝맺음간의 차이는 "예수께서 이 말씀을 다(all) 마치시고"라는 진술에 있는데, 이는 예수가 제자들에 대한 주요한 다섯 강화를 마쳤음을 알려준다. 예수는 나중에 이 강화들의 내용을 "내가 너희에게 분부한 모든 것"으로 묘사하신다. 그것은 그의 재림 때까지 제자들을 인도하는 구속력 있는 말씀으로서 온 시대를 통해서 제자들에게 가르쳐져야 한다.

십자가상에서 죽음을 당하시는 예수의 운명이 점점 확실하게 다가오고 있다. 감람산 강화를 마치신 예수는 성주간의 저녁에 머물러 계셨던 베다니에서 그날 저녁을 다시 보내신다(참조. 21:1, 17). 단 이틀 뒤에 그들은 예수의 지상 생애와 사명의 마지막 시간을 위해서 예루살렘으로 갈 것이다. 예수는 제자들에게 드라마틱하게 "너희가 아는 바와 같이 이틀이 지나면 유월절이라 인자가 십자가에 못 박히기 위하여 팔리리라"(26:2)고 제자들에게 말씀하신다.

마태는 예수의 죽음으로 이끄는 사건들을 언급하는 긴 두 장과 예수의 놀라운 부활과 제자들에 대한 마지막 위임을 언급하는 짧은 한 장으로 자신의 복음을 결론짓는다. 우리는 세 항목으로 예수의 죽음의 사건들을 살필 것이다. (1) 유월절 기념, 성찬의 제정, 그리고 운명적인 겟세마네 동산으로 나아가심을 둘러싼 사건들(26:1-46), (2) 예수의 체포, 재판, 언도(26:47-27:26), (3) 예수가 채찍에 맞으심, 십자가 처형, 죽음 그리고 장사(27:27-66).[1] 마태가 이 사건을 다루고 있는 장의 길이가 구원의 하나님의 계획에서 예수의 죽음이 차지하고 있는 중심적인 위치를 알려준다. 말콤 머거리지(Malcolm Muggeridge)는 "그것은 명백히 역사에서 가장 유명한 죽음이다. 어느 죽음도 나사렛 예수의 죽음처럼 관심의 100%를 불러일으키지 못했으며, 강렬함의 100%로 기억되지 못했다."[2]

예수의 예언과 종교지도자들의 음모(26:1-5)

유월절(26:1-2). 유월절은 애굽에서 이스라엘에 해방된 것을 기념하여 매년 지켜졌다(출 2장). 유월절의 달, 곧 이스라엘의 종교적인 달력의 첫 달은 먼저 아빕월(출 13:4)이라 불렸지만 나중에 니산월(에 3:7)로 바뀌었다. 니산월 15일에 어두워

1. 구약성경에 예기되고, 복음서에서 나열되며, 신약성경의 나머지 부분에서 설명되는 십자가의 의미에 관한 복음적인 해석을 위해서는 Derek Tidball, *The Message of the Cross: Wisdom Unsearchable, Love Indestructible*(BST: Downers Grove, I11.: InterVarsity Press, 2000)을 보라. 마태의 관점은 Donald Senior, *The Passion of Jesus in the Gospel of Matthew*(Wilmington, Del.: Michael Glazier, 1985)에 의해서 탐구된다. 겟세마네로 시작되는 수난 활동의 광범위한 학문적 연구에 대해서는 Raymond E. Brown, *The Death of the Messiah: From Gethsemane to the Grave. A Commentary on the Passion Narratives in the Four Gospels*, 2 vols. (New York: Doubleday, 1994)을 보라. 다른 광범위한 학문적 참고문헌을 위해서는 David E. Garland, *One Hundred Years of Study on the Passion Narratives*(Macon, Ga.: Mercer Univ. Press, 1989)을 보라.
2. Malcolm Muggeridge, "The Crucifixion," Observer(March 26, 1967); Tidball, *The Message of the Cross*, 117에서 인용됨.

지면 칠일간의 무교절을 시작하는 유월절 식사를 했다(출 12:2-17). "이틀이 지나면"(문자적으로는 이틀 뒤에)이란 예수의 진술은 해 저문 목요일 저녁을 가리킨다. 그때에 예수와 제자들은 같이 유월절을 기념했고, 이로부터 예수는 "성찬"을 시작시켰다.

이것은 예수가 자신의 체포와 십자가 죽음에 대해 언급한 네 번째이자 마지막 예언이다: "인자가 십자가에 못 박히기 위하여 팔리리라"(참조. 16:21; 17:22-23; 20:17-19). 이 예언이 다른 예언보다 간단할지라도, 예수는 유월절의 기념을 자신의 죽음과 연관시킨다. 나중에 바울은 "유월절 어린양"으로 예수를 언급함으로써 이것의 영적인 의미를 인식한다(고전 5:7).

종교지도자들이 예수의 체포와 처형을 모의하다(26:3-4). 예수가 자신의 십자가 죽음을 예언한 것과 동시에 "대제사장들과 백성의 장로들"이 그를 체포하려고 모의한다. 큰 대제사장이 조정하는 "대제사장들"과 예루살렘의 귀족들은 사두개인들이 지배하였다(3:7-10의 주석을 보라). 그들은 예수와 그를 메시아로 믿고 따라다니는 사람들이 보여주는 성전에서의 자신들의 영향에 대한 위협을 제거하기 위해 예루살렘의 어느 집단보다도 극성이었다. 따라서 그들은 "예수를 흉계로 잡아죽이려고 의논"한다.[3] 그들은 현재의 큰 대제사장인 가야바의 관정에 모였다. "관정"('아우레'; 문자적으로는 "마당")은 큰 대제사장 개인의 집을 의미한다. 예수에 대한 공모가 마태의 내러티브에서 전개될 때, 가야바와 로마 정부간의 밀접한 협력관계가 예수를 곧바로 정죄하고 처형하는 방식을 이끌어내는데 기여했다.

마태복음에서 처음으로 큰 대제사장을 "가야바"로 확인한다. 그는 이전의 큰 대제사장 안나스(그는 당시에 여전히 살아 있었고 상당한 영향력을 행사했다)의 사위다. 가야바는 본디오 빌라도의 전임자인 로마의 총독 발레리우스 그라투스에 의해 A.D. 18년에 큰 대제사장으로 임명되었다.[4] 그는 시리아의 로마 집정관 특사인 비텔리우스에 의해 A.D 36년에 폐위될 때까지 큰 대제사장 직분을 유지했다.[5] 로마의 총독이 큰 대제사장을 임명하고 폐위하였기 때문에 이 직분은 본질적으로 정치적이었다. 분명히 가야바는 정치하는 방법을 알았다. 이 때문에 큰 대제사장 직분의 명성이 손상을 당하였고,[6] 쿰란 공동체는 그 직분의 리더십을 매우 비판하였

3. 26:59의 주석과 Keener, *A Commentary on the Gospel of Matthew*(1999), 614-16에서 산헤드린에 관한 유익한 개관을 보라.
4. Josephus, *Ant.* 18.2.2§35.
5. Ibid., 18.4.3§95.

는데, 그들은 그를 "사악한 제사장"이라 일컬었다.

예수를 체포하려는 음모(26:5). 대제사장들과 장로들은 예수가 대중들에게 인기가 있었기 때문에 공개적으로 그를 체포할 수가 없다. 그들은 예수가 이틀 전에 예루살렘으로 입성 시에 대중들로 받은 격렬한 환호를 보았다(21:8-11). 하나님이 애굽의 노예상태에서 조상들을 자유케 하신 방식을 기념하는 유월절에는 예루살렘으로 몰려두는 수많은 순례자들과 민족주의적인 열렬한 소망이 극에 달했으므로 예수가 소망하는 메시아일 것이라는 소문에 백성들은 흥분되었다. 종교지도자들은 예수에 대한 이런 감정의 흐름이 역전될 때까지는 그를 곧바로 체포함으로써 감히 대중들을 자극할 수가 없다.

대중적인 민란이 1세기 팔레스타인에서 상당히 흔했다. 백성들은 로마의 압제와 종교지도자들의 표리부동으로 신음하고 있었다. 이 종교지도자들은 헤롯 대제가 B.C. 4년에 죽은 후 유월절에 성전에서 폭동이 일어났던 것을 잘 기억하고 있을 것이다. 그의 아들 아켈라우스는 보병과 기병대를 보냄으로써 자기 아버지의 통치를 특징지었던 잔인한 종류의 통치를 재빨리 보여주었다. 이로 인해 폭동에 참여했던 삼천 명의 순례자들이 죽임을 당했다.[7] 종교지도자들은 예수를 체포할 가장 적합하고 은밀한 순간을 노리며 기다리고 있다.

예수가 베다니에서 기름 부음을 받다(26:6-13)

마태복음(그리고 누가복음 13:3-9)은 예수의 기름부음의 이야기를 주제적으로 기술하여 예수를 체포하려는 음모의 문맥에 그것을 두지만, 요한복음 12:1-8은 그 이야기를 연대적으로 기술하여 예수의 승리적 입성 전날의 토요일 밤에 그 일이 발생하였음을 보여준다. 이런 종류의 주제적 배열은 마태복음에서 전형적이다(21:12-17의 주석을 보라). 이런 문맥 속에 위치해 있는 기름부음의 이야기는 종교지도자들의 모략(26:3-5)과 가룟 유다의 배반(26:14-16)을 서로 연결해준다. 경의를 표하는 이 여성의 행위는 가룟 유다의 표리부동과 큰 대제사장 가야바의 음모와 대비되어 두드러지게 나타난다. 기름 부음의 장면들에서 인물들은 마태복음의 기사에서 대체로 불확실하고, 기름부음에서 이 여인과 제자들의 반응에만 온전히

6. 대제사장들에 관해서는 Flusser, *Jesus*, 195-205; Bruce Chilton, "Annas," *ABD*, 1:257-58; idem, "Caiaphas," *ABD*, 1:803-6을 보라.

7. Josephus, *Ant.* 2:111.

관심을 둔다.[8]

마리아가 예수를 기름 붓다(26:7). 해질 녘의 안식일이 지난 토요일 저녁에 예수와 제자들은 베다니의 "나병환자 시몬"의 집에서 저녁을 드신다. 시몬이 자기 집에서 식사를 주재한 것으로 보아서 그가 예수에 의해 문둥병에서 나음을 입은 것으로 보인다. 문둥병자는 사회에서 격리되었기 때문이다. 요한복음 12:2에 따르면 나사로와 그의 누이들인 마리아와 마르다가 그곳에 있었다.[9] 물론 나사로는 예수에 의해서 죽은 상태에서 살아났기 때문에 잘 알려진 인물이었고, 마리아와 마르다는 예수를 오랫동안 따라다니던 여성들이었다(눅 10:38-42).

저녁 식사 동안에, 한 여인(마리아로서 요 12:3에 확인되는)이 매우 비싼 향유가 담긴 옥합을 가지고 예수에게 다가와서는 그것을 "식사하시는 예수의 머리에 붓는다." 다양한 종류의 기름—연고, 기름, 바르는 기름, 향수—이 오늘날보다도 고대 세계에서 더 자유롭게 사용되었다. 어떤 것은 청결을 위해서, 어떤 것은 치료를 위해서, 또 어떤 것은 의식을 위해서 사용되었다(참조. 예. 시 133:2). 유대인들의 연회장에서 주인은 때때로 손님들의 머리에 작은 양의 기름을 부었다. 그것이 머리와 옷에 남아서 연회에서 좋은 냄새를 풍기게 했다.[10]

마리아가 사용한 향수는 순전한 나드다(막 14:3; 요 12:3을 보라). 곧 인도에서 자라는 나드 식물의 뿌리에서 추출한 기름이다.[11] 이것은 의식적인 기름 부음을 위한 전형적인 가정용 기름이 아니라 헌신의 경건하고 특별한 행위로 사용된 비싼 향유다. 마리아는 연회의 향내를 풍기기 위해서 몇 방울 떨어뜨리는 것이 아니라, 병을 깨뜨림으로써 예수의 발에까지도 붓는 예수에 대한 성별의 고귀한 행위를 하고 있다(참조. 요 12:3).

제자들의 반대(26:8-9). 향유는 적어도 300데나리온의 가치가 있다(막 14:5). 이는 보통의 노동자들의 일년 임금에 해당한다(즉, 12,000달러의 가치가 있다. 18:28; 20:9의 주석을 보라). 요한복음은 가룟 유다가 일부 사도들을 대표하여 특히 그의 감정을 표현한 것을 우리에게 알려주는데, 그는 향수를 팔아 그 돈으로 가

8. 이 기름 부음은 "문둥이 시몬"(26:6)의 집에서 있다. 그것은 바리새인 시몬의 집에서 한 여인(눅 7:36-50)이 예수에게 기름을 붓는 것과는 상당히 다른 사건이다.

9. 혹자는 시몬이 마리아나 마르다의 남편이나 이 형제와 자매들의 아버지였을 것으로 제기했지만 문맥의 어느 곳에서도 이런 가정을 지지해주지 않는다.

10. 다른 기름 붓는 장면에서 예수가 한 말을 참고하라: "너는 내 머리에 감람유도 붓지 아니하였으되 그는 향유를 내 발에 부었느니라"(눅 7:46).

11. Rousseau and Arav, "Ointments, Perfumes," *Jesus and His World*, 216-20.

난한 자들에게 주어야 했다고 말한다(요 12:4-5). 하지만 요한은 유다의 진정한 동기도 역시 알려준다. 그는 규칙적으로 돈궤에서 돈을 훔쳤다(12:6). 다른 제자들은 유다의 도둑질을 알지 못하나, 그들도 역시 이것은 소중한 돈을 낭비하는 것이라고 생각한다. 가난은 예루살렘과 이스라엘 전역에서 심각한 문제였다.

기념의 행위(26:10-13). 하지만 예수는 그들 모두를 비판하신다: "너희가 어찌하여 이 여자를 괴롭게 하느냐 그가 내게 좋은 일을 하였느니라 가난한 자들은 항상 너희와 함께 있거니와 나는 항상 함께 있지 아니하리라." 예수는 율법에서 요구하고 있는 가난한 자들을 돌보는 제자들의 의무를 경감하고 있지 않다(참조. 신 5:11). 가난한 자들이 항상 그들과 함께 있기 때문에 가난한 이들에게 주는 것은 이상적인 행위의 의무임을 예수는 인식하신다. 감람산 강화의 마지막 비유를 주목하라. 거기서 예수는 궁핍한 자들을 돌보는 것과 관련한 보상과 벌의 드라마틱한 장면을 제자들에게 설명하셨다. 이는 제자들이 계속해서 짊어져야 할 의무다(마 25:31-46). 다시 말해서, 예수는 제자들과 함께 있는 동안에 여인이 이 시간에만 할 수 있는 경의의 행위를 지금 행하고 있음을 여기서 강조하신다(참조. 9:14-17의 금식하지 않는 것에 관한 언급을 참조하라). 예수가 그들과 함께 있는 동안에 제자들의 행위에 영향을 주는 특별한 환경이 있다.

예수는 마리아의 행위의 보다 심오한 의미를 계속 보여주신다. "이 여자가 내 몸에 이 향유를 부은 것은 내 장례를 위하여 함이니라." 마리아가 종교지도자들의 배척이 극심해져서 예수가 곧 체포되어 처형될 것임을 알고서 그의 운명을 준비하기 위해서 여기에 왔다고 말하는 것이 불가능하지는 않지만, 그런 것 같지는 않다. 우리는 어느 누구도 십자가와 부활에 대한 예수의 예언을 실제 그 사실이 있기까지는 제대로 이해한 증거를 발견할 수 없기 때문이다. 오히려 마리아가 예수에게 기름을 부은 것은 그녀와 가족을 위해 예수가 행하신 것을 특별히 감사하고 찬미하는 행위라고 더욱 볼 수 있다. 그녀가 예수의 참된 신분을 인식함으로써 의도적인 경배의 행위를 하였을 수 있다. 하지만 그녀의 실제적 동기가 무엇이든 간에, 예수는 제자들에게 그녀가 행한 것은 그녀가 알고 있는 것보다 훨씬 중한 의미를 갖는 경의의 행위라고 말씀하신다. 그녀는 부지중에 예수의 장사를 준비하는 일을 했다. 그것이 어떤 의미를 갖는지를 그들은 곧 알게 될 것이다.

마리아의 행위는 모든 세대의 사람들을 위한 올바른 선례가 되는 모범을 보여주었다: "내가 진실로 너희에게 이르노니 온 천하에 어디서든지 이 복음이 전파되는 곳에서는 이 여자가 행한 일도 말하여 그를 기억하리라." 예수에 대해서 무엇을 생각하였든 간에, 그녀는 다가올 모든 세대를 위한 그의 죽음을 기념하고 있다. 복음 전파에서 이 이야기의 배후에 있는 참된 이야기는 그녀가 모든 다른 가치들보다도 예수를 우선하여 주(Lord)로 경배했음을 전하게 될 것이다. 그녀의 모범은 모든 뒤이은 예수의 제자들의 드높은 전례가 되어야 한다.

가룟 유다가 배반을 준비하다(26:14-16)

다음에 마태는 예수를 배반함으로 돈을 받는 유다의 비열한 행위를 설명한다. 유다는 마태의 독자들에게 잘 알려진 "열둘 중의 하나"로 거명되지만(참조. 10:1-4), 이런 지칭은 예수의 밀접한 제자의 핵심 서클에 포함되는 특권을 입고 다가올 교회에서 리더십이 부여되며, 이스라엘 열두 지파에 대하여 권위를 행사할 자의 타락을 더욱 조명한다(19:28). 그의 특권은 상상할 수 없는 배반의 기회를 제공해 주고, 끔찍한 죄를 낳는다.

배신의 행위를 위한 준비가 성주간의 수요일에 발행한다. 그렇다면, 그것은 이 날에 발생한 복음서의 유일한 사건이다. 다른 제자들은 베다니에 머물고 있었다. 아마도 나사로, 마리아, 마르다의 집에 머물고 있었을 것이다(21:17의 주석을 보라). 이는 자주 "침묵의 수요일"이라고 불린다. 예수의 구체적인 어느 활동도 성주간의 수요일에는 기록되어 있지 않기 때문이다.

유다는 베다니를 떠나서 예루살렘 2마일 가량을 여행한다. 그는 거기서 대제사장들을 개인적으로 만나 예수를 판 대가로 자신에게 돈을 줄 수 있는지를 묻는다(26:14-15). 마태는 은 삼십의 합의된 양을 구체적으로 기록한 유일한 복음서다(참조. 슥 11:12). 이 돈의 양은 우연찮게 황소에 의해 죽임을 당한 종에 대한 배상액에 해당할 뿐만 아니라(출 21:32), 하찮은 액수를 가리킨다. 그 돈이 합의된 액수의 일부일 수 있을지라도, 은삼십은 예수와 대제사장들의 마음에 예수가 무의미함을 반영해준다. 어떤 동전인지를 구체적으로 나와 있지 않지만 아마도 이 금액은 넉 달의 임금이나 5천 달러에 해당한다. 유다는 돈을 받자마자 예수와 다른 제자들에게 합세하기 위해서 베다니로 돌아와서 성전 당국자들에게 예수를 넘겨줄 기회를 본다(26:16).

유다가 이런 음모에 참여했을 때, 그의 영적인 본질이 드러난다. 그는 참된 신자가 아니다(참조. 눅 22:3-4은 사탄이 그에게 들어갔음을 말해준다). 유다가 이 일을 행한 많은 이유들이 제시된다: 돈에 대한 탐욕과 사랑, 다른 제자들에 대한 시기심, 예수의 사역의 불가피한 결과에 대한 실망, 예수가 능력을 보이고 스스로 메시아로 선포하게 하려는 열정적인 의도, 메시아 나라에서 특출한 자리에 대한 세상적 소망이 무너져서 이 실망이 괴로움으로 바뀌었으며 이 괴로움이 미움이 되었을 때 발생한 씁쓸한 마음. 아마도 이 모든 것들이 그의 마음에 자리할 수 있으나 가장 그럴듯한 것은 그가 예수의 메시아됨의 영적인 본질에 실망하고 자신이 3년 동안 예수를 따라다님으로써 고통 당한 것을 보상받으려고 결심하였을 수 있다. 그 이유가 무엇이든 간에, 유다의 배반은 역사에서 반역적인 변절의 가장 극악한 행위가 된다.

유월절과 주의 성찬(26:17-30)

날짜의 문제. 마태는 "무교절의 첫날에 제자들이 예수께 나아와서 이르되 유월절 음식 잡수실 것을 우리가 어디서 준비하기를 원하시나이까"라고 기록한다. 유월절 주간의 날짜와 주의 성찬의 기념에 대한 전통적인 이해는 예수가 "준비일"에 못 박히셨다는 모든 복음서들의 근본적인 언급에서 나온다. 마가는 자신의 독자들에게 그것을 분명히 밝힌다: "이날은 준비일 곧 안식일 전날이므로"(막 15:42; 참조. 마 27:62; 눅 23:54; 요 19:14, 31, 42). 이 표현은 안식일 전날의 금요일을 가리키고, 이때에 유대인들은 안식의 시작을 위한 모든 것을 준비했다. 안식일이 금요일 해진 후에 시작될 때, 모든 일이 중단되었다. 그러므로 예수는 금요일 오후에 죽으셨다.

그러나 요한복음의 몇몇 구절들은 예수가 재판과 십자가처형으로 이끌려졌을 때, 유월절 식사를 아직 유대인들이 하지 않았음을 암시한다. 이는 예수가 제자들과 함께 한 마지막 식사가 유월절 식사가 아니었음을 함의한다(참조. 요 13:1-2; 13:27-29; 18:28; 19:14, 31)는 것이다. 하지만 다음의 요지들이 이런 관점과 조화되어야 한다. (1) 모든 복음서들이 예수가 십자가 처형 전 날에 마지막 만찬을 드셨음을 언급한다(마 26:20; 막 14:17; 눅 22:14; 요 13:2; 참조. 고전 11:23). (2) 공관복음서(마 26:17; 막 14:12; 눅 22:7-8)는 유월절 준비가 목요일 오후에 발생하였고(니산월 14), 예수는 목요일 저녁 해진 후에 제자들과 유월절 식사를 하였으며(니산월 15), 그 날 저녁 늦게 마지막 성찬을 제정하신 것으로 묘사한다. 그러고 나서 예수는 다음 날 금요일에 십자가에 못 박히셨다(여전히 니산월 15일).

혹자는 공관복음이든 요한복음이든 둘 중 하나가 잘못되었다고 주장하지만 우리가 더 깊게 살펴보면 그 차이점에 합당한 설명을 찾을 수 있다. 공관복음과 요한복음 간의 차이를 설명하는 몇 가지 시도가 있었는데,[12] 다음 두 진술이 가장 유력하다.

(1) 한 가지 견해는 예수와 제자들이 쥬빌리서에서 알려지고 아마도 쿰란 공동체에서 사용된 양력 캘린더에 따라서 유월절을 기념했음을 제기한다.[13] 이 견해에 따르면, 공관복음서는 갈릴리 사람들과 바리새인들의 방법을 따르고 있는데, 그들의 계산에 의하면 한 날은 해가 뜨고 다음 날 다시 해가 뜨는 것으로 측정된다. 예수와 제자들은 목요일 늦은 오후 곧 니산월 14일에 유월절 양을 잡았고, 그날 늦은 저녁에 무교병과 함께 유월절 식사를 했다. 하지만 요한복음은 유대인들 특히 사두개인들의 방법, 즉 해질 적부터 그 다음에 해가 지는 것으로 측정되는 날의 방법을 따르고 있다. 유대인들은 유월절 양을 니산월 14일의 금요일 늦은 오후에 잡아서 니산월 15일이 되는 날밤에 무교병과 함께 유월절 식사를 했다. 따라서 예수는 유월절 식사를 하지 않은 그의 대적자들이 그를 체포하였을 때 이미 유월절 식사를 하셨다.[14]

(2) 또 다른 견해는 더 강력하다. 이 견해는 공관복음과 모순되는 것으로 보이는 요한복음의 구절들(예. 요 18:28; 19:14, 31)은 모두 "유월절"이란 표현을 한 주간에 걸친 일련의 사건들을 위해서 사용하고 있지 유월절 식사 자체를 표현하는 것으로 사용하고 있지 않다.[15] 예를 들어, 요한복음 18:28은 유대인들이 예수의 재판시에 빌라도의 법정에 들어감으로써 의식적으로 불결해지기를 원치 않음을 언급할 때, 그것은 유월절 식사 자체를 언급하고 있는 것이 아니라 "유월절 주간"에 계속해서 참여하기 위한 것을 의미한다. 다시 말해서 예수와 제자들은 예루살렘에

12. 개관을 위해서는 Karl P. Donfried, "Chronology," *ABD*, 1:1015-16을 보라. 혹자는 마지막 만찬이 유월절 식사가 아니라 유월절 전날 밤에 식사(John 13:1, 20)였다고 주장한다. 하지만 공관복음서는 마지막 만찬이 유월절임을 분명하게 언급한다(마 26:2, 17-19; 막 14:1, 12, 14, 16; 눅 22:1, 7-8, 13, 15). 또 다른 이는 예수와 제자들이 개인적인 유월절을 지켰다고 주장한다. 그러나 유월절 양은 성전 경내에서 죽여야 했고, 제사장들은 개인적인 유월절을 위해서 유월절 양을 죽이는 것을 허락하지 않았을 것이다. 여전히 또 다른 사람들은 유월절이 연속되는 두 날에 기념되었다고 주장한다. 유월절 양을 한 날에 죽이는 것이 불가능하다고 보기 때문이다. 하지만 그러한 관습에 대한 분명한 증거가 없다.

13. Annie, Jaubert, *The Date of the Last Supper*, trans. Isaac Rafferty(Staten Island, N.Y.: Alba, 1965). 고로 또한 Morris, *Matthew*, 654을 보라.

14. Harold Hoehner, "Chronology," DJG, 121; so also Thomas and Gundry, *The NIV Harmony of the Gospels*, 312-13.

15. 이 견해는 Carson, *John*, 455-58에 의해서 가장 잘 제시된다; 또한 Blomberg, *Historical Reliability of the Gospels*, 175-78.

모인 나머지 다른 사람들처럼 니산월 15일의 시작인 목요일에 유월절 식사를 하셨다(참조. 막 14:12).[16]

유월절을 위한 준비(26:17-19). 예수가 유월절 식사를 제자들과 같이 하기 위해서 예루살렘에 오신 것을 알고 있는 그들은 어디에서 이 기념을 준비해야 하는지를 묻는다(26:17). 그들은 여전히 베다니에 있고, 지금은 목요일에 이른 시간이다. 예수는 예루살렘으로 가서 특별한 한 사람을 발견하게 될 것이고, 그에게 "선생님 말씀이 내 때가 가까이 왔으니 내 제자들과 함께 유월절을 네 집에서 지키겠다 하시더라"(26:18)고 말할 것을 그들에게 지시하신다. 물동이를 지고 가는 남자를 발견하는 것(막 14:13)은 어려운 일이 아니다. 보통 여자들이 물을 기르기 때문이다. 예수가 유대 당국자들을 피하기 위해서 예루살렘에서 제자들과 함께 방을 미리 준비하고 계시는지, 아니면 이것이 신적인 섭리이든지 간에 "내 때가 가까이 왔으니"라는 진술은 하나님이 준비한 시간표가 있음을 그는 인식하신다(참조. 26:35).

마태는 짤막한 설명을 덧붙인다: "제자들이 예수께서 시키신 대로 하여 유월절을 준비하였더라."

유월절 식사와 그날 밤 사건들의 순서(26:20). 마태는 예수와 제자들이 유월절을 기념하기 위해서 예루살렘에 모인 사건들을 짤막하게 기술한다. 다른 복음서들과 함께 우리는 그날 밤의 사건들의 상세한 순서를 살필 수 있다.

1. 저녁이 지난 후에 유월절 식사를 먹기 시작함(마 26:20)
2. 어떤 이가 큰가에 대한 제자들의 논쟁(눅 22:24).
3. 제자들의 발을 씻기심(요 13:1-20)
4. 유다를 배신자로 지칭하시고 그 후에 유다가 그곳을 떠나다(26:21-25)
5. 성찬을 제정하심(마 26:26-29)
6. 다락방에서의 메시지와 기도(요 14:1-17:26)
7. 겟세마네 동산으로 가심(마 26:30)
8. 베드로의 부인에 대한 예언(마 26:31-35; 참조. 눅 22:31-38)[17]

---

16. 1세기의 실제적인 연대에 관한 다양한 가능성의 문제와 유익한 해결책에 관한 간단한 개관을 위해서는 미국의 천문학부(Astronomical Applications Department of the U.S. Naval Observatory)의 웹사이트에 있는 글인 "십자가 사건의 연대에 관한 문제"를 보라. 그들은 A.D. 30년 4월 7일 금요일이나 A.D. 33년 4월 3일 금요일로 예수의 십자가 죽음의 연대를 제시한다. 또한 A.D. 30년의 연대를 주장하는 Doig, *New Testament Chronology*을 보라.

17. 어떤 이는 마태복음과 누가복음의 예언을 혼합하지만 또 다른 이들은 예수가 베드로의 부인을 두 번 예

9. 겟세마네에서의 예수의 기도(마 26:36-46)
10. 배신과 겟세마네에서의 체포(마 26:47-56)

배신자를 밝히시다(26:20-25). 마태는 저물 때에 "예수께서 열두 제자와 함께 앉으셨더니"라고 단순히 기술한다. 이 진술의 평행들은 예수가 열둘과 유월절을 먼저 기념하고 나서 저녁에 성찬을 시작하셨다고 말해준다. 그리스-로마 세계에서 형식적인 공식 식사의 가장 널리 알려진 형태는 삼면에 눕는 안락의자가 있는 식탁(*triclinium*)이다. 이것은 손님들이 방의 삼면에 배열되어 있는 소파에 편안하게 기댈 수 있는 식당이었다. 여기서 머리를 식탁으로 향하고 발을 벽을 향해 편안하게, 주인은 U자형의 식탁의 중앙에 자리하고 가장 귀한 손님이 양편에 앉았다.[18]

유월절 식사 중에 예수는 배신자를 밝히신다: "내가 진실로 너희에게 이르노니 너희 중의 한 사람이 나를 팔리라." 예수는 배신자를 예상하시고 예루살렘으로 여행 오던 중에 이미 제자들에게 그가 팔리리라는 것을 예언하셨다(20:18; 참조. 요 6:71; 12:4). 하지만 식사 중에 배반의 행위에 대한 예언은 분명 그들 모두를 놀라게 했을 것이다. 따라서 그들은 "몹시 근심하"거나 실망했다. 그들은 지난 3년 동안 그토록 많은 것을 같이 경험했던 이 친밀한 그룹에서 배신자가 나오리라고는 예상하지 못했다. 하지만 지금 제자들은 예수가 그들의 이해를 넘어서는 사건의 예지를 갖고 있음을 충분히 인식하고 있다. 그들이 스스로에 대해서 알고 있는 것보다 예수가 그들을 더 많이 알고 있다. 따라서 그들은 서로 질문하며, 마지못해 "주여 나는 아니지요"라고 선언한다. 이 질문은 부정적인 대답을 예상하고 있지만 확신으로 말하고 있지 못하다.

예수는 "나와 함께 그릇에 손을 넣는 그가 나를 팔리라"고 말씀하심으로써 그들의 근심을 더하게 만든다. 방안에 있는 모든 사람들이 그들 앞에 놓여 있는 그릇에 빵을 먹으려고 손을 넣었다. 그러므로 이것은 그 시간에 식사하고 있는 사람 중에 누군가가 예수를 팔리라는 것을 함축하지만, 어느 누구도 그 사람이 누구인지를 모른다. "유다는 자신의 속셈을 매우 잘 감추었던 것으로 보인다."[19]

배신의 행위로 인해 하나님의 계획이 방해를 받을 수는 없다. 예수는 선포하신

언했다고 주장한다: Thomas and Gundry, *NIV Harmony of the Gospels*, 202, 각주 b를 보라.

18. 다양한 관습에 대해서는 Gene Schramm, "Meal Customs(Jewish)"와 Dennis E. Smith, "Meal Customs(Greco-Roman)," *ABD*, 4:648-53을 보라.

19. Morris, *Matthew*, 656.

다. "인자는 자기에 대하여 기록된 대로 가거니와." 예수는 고난 받는 종의 예언(사 42-53장)과 관련하여 "기록된 대로" 그가 죽을 것임을 거룩하게 확증하신다.[20] 고난 받는 종에 관한 구약성경의 예언들이 주요한 소망으로 널리 견지되지 못했고, 심지어 예수의 제자들에게서도 마찬가지였다. 하지만 예수는 성경이 죽임 당하는 메시아의 오심을 예언한 진리를 강조하신다. 이것은 인간의 개별적인 책임과 그 결정의 사악함 그리고 모든 인간의 활동을 제어하시는 하나님의 주권에 관한 깊은 상호작용을 다시금 알려준다.

고난받는 인자를 파는 자에게 임할 하나님의 심판이 강력하게 선언된다: "인자를 파는 그 사람에게는 화가 있으리로다 그 사람은 차라리 태어나지 아니하였더라면 제게 좋을 뻔하였느니라." 유다의 죽음으로 그의 존재는 지옥에서 계속될 것이다. 예수는 잘못된 의지에서 돌이켜서 천국의 의를 발견하라는 그의 초대를 거부한 사람들에게 임할 화의 실제를 반복하여 말씀하신다.[21] 만약 유다가 하나님 나라의 삶에 대한 초대를 진정으로 수용했다면, 또 다른 사람이 예수를 배반했을 것이다. 십자가의 필연성이 이미 거룩하게 선언되었기 때문이다. 하지만 유다는 스스로의 선택에 의해서 영원한 운명으로 낙인찍힌다. 그는 자신의 행동에 책임이 있다.

마태는 "주"로서 예수를 언급하는 식탁에 있는 더 큰 그룹(26:22)과 예수를 "선생"(랍비)으로 언급하는 유다 간의 대조를 강조한다. "주"('큐리오스')가 형식적인 인사로 사용되기도 할지라도(7:21), 예수를 그렇게 부를 때, 그것은 예수를 따르는 제자도를 지칭하였다. 의미 있게도 유다는 한번도 예수를 "주"로 부른 것으로 기록되어 있지 않다. 이는 예수를 주로서 진정으로 믿지 않고, 결국에 팔아 넘길 사람들을 그가 쭉 알고 있었다는 사실에 단서가 된다(참조. 요 6:60-65).

그때에 마태는 예수와 유다 간의 상호작용을 지적한다. 그것을 분명히 나머지 열두 제자들이 들었을 것이다(26:25). 예수를 팔 자인 유다는 "랍비여 나는 아니지요"(26:25)라고 말한다. 예수로부터 부정의 응답을 기대하고 있는 유다의 반응의 논조는 기만적이고, 가증스럽다. 유다는 은밀하게 배신의 준비를 실행하면서 어느

---

20. Markus Bockmuehl, "A 'Slain Messiah' in 4Q Serekh Milhamah(4Q285)?" *TynBul* 43(1992): 155-69을 보라. 보크뮤엘(Bockmuehl)은 구약성경의 1세기 유대 해석에서 죽임 당하는 메시아에 관한 기대는 거의 없고 사해사본에서는 전무함을 발견하지만 더 넓은 유대 범주에서는 있었던 것으로 단정한다.

21. 예를 들어, 8:12; 11:20-24; 13:42, 49-50; 25:46; 참조. 요 17:12, 거기서 유다는 "멸망으로 향하는 자"(문자적으로는 "멸망의 자식"—개역개정)라 불려진다.

누구도 그것을 알지 못하리라고 생각한다. 하지만 이것을 예수가 알고 있음이 거룩하게 드러난다: "네가 말하였도다."

이 구절의 NIV 번역은 문자적으로 헬라어 표현을 정확하게 반영한다: "네가 스스로 말했느니라." 이 어구는 질문한 자에게 그 책임을 돌리는 확증의 한 방법이다. 유다의 질문은 자신의 거짓을 가리기보다는 스스로를 기소한다. 동일한 표현이 가야바(26:64)와 빌라도(27:11)와의 중요한 대화에서 발생한다. 예수의 반응은 질문자가 피하려 하는 진리를 확증해준다.[22] 마태가 유다의 반응이나 그가 빠져나간 것을 기록하지 않고 있을지라도, 배신의 마지막 준비를 하기 위해서 유다가 이 시점에서 바깥으로 나갔을 것이다. 자신의 속임수가 알려졌으나 그는 배신을 완성하는 일에 극악무도하게 몰두한다. 요한은 참으로 비통한 언급을 한다: "유다가 그 조각을 받고 곧 나가니 밤이러라"(요 13:30). 그의 결정으로 인한 책임을 져야 하는 영원한 어둠의 시간이 다가오고 있다.

성찬의 제정(26:26-30). 배신자가 가고 나서 예수는 유월절을 남은 열두 제자와 계속 기념하신다. 그는 이 식사의 상징적인 의미를 "성찬"으로 알려진 것을 제정하심으로써 의도된 성취를 극적으로 가져오신다.

떡(26:26). "유월절의 학가다"(탈무드 중의 비율법적인 교훈적 이야기—옮긴이)는 의식적인 유월절 밤축제(Seder, 문자적으로는 "순서")의 일부로서 유월절의 첫 두 밤에 관한 출애굽의 이야기를 언급하고 있는 정해진 형식이 있다.[23] 네 번(전통적인)의 포도주 잔과 더불어 식사의 중심에 세 음식이 있다—무교병, 쓴나물, 유월절 희생(성전에서 잡은 양). 예수는 "받아서 먹으라 이것은 내 몸이니라"고 말씀하심으로써 이 떡을 놀라운 예증으로서 사용하신다. 그는 하나님에게 축복의 기도를 드리실 때 새로이 지켜야 할 중요한 의미를 시작시키신다. 하나님의 활동만이 그가 설명하고 시작시키는 것을 가능하게 할 수 있다.

이스라엘에서 유월절 식사를 하는 동안에 주인은 무교병을 축사하고, 그것을 떼어서 식탁의 주변에 있는 사람들에게 나누어주었다. 그러나 예수는 그것에 전적으로 새로운 의미를 주신다—그는 유월절 희생을 자기 자신과 동일시하신다. 구약

---

22. Senior, *Matthew*, 298.

23. Baruch M. Bokser, *The Origins of the Seder: The Passover Rite and Early Rabbinic Judaism* (Berkeley: Univ. of California Press, 1984). 그때에 "유월절의 학가다"("Haggadah of Passover")란 표현은 전체 유월절 밤축제 의식만이 아니라 신명기 26:5-8에서 출애굽사건에 관한 예전적 의식적 설명을 포함하는 책으로 사용되었다.

성경은 유월절 희생양을 이전에 초대한 무리들과 함께 먹을 것을 규정하였으므로(출 12:4), 유대 관습은 항상 유월절 밤축제의 집합적인 성격에 초점을 맞추었다.[24] 성찬의 공동체적인 본질은 주가 다시 오실 때까지 주의 죽으심을 집합적으로 기릴 것을 교회에 알려주는 주요한 특징이 되었다(참조. 고전 11:23-33).

설명에서 예수의 이중적인 가르침("먹으라 이것은 내 몸이니라")은 이 몸이 유월절 양을 둘러싼 의식의 성취가 될 것임을 보여준다. 그가 사람들의 죄를 "전가받는" 희생적인 보속이 되기 때문이다. 예수가 기념하기 위해서 떡을 사용하고 유월절 양을 사용하고 있지 않음은 의미가 있다. 그의 죽음으로 양을 잡는 것은 더 이상 필요치 않게 될 것이다. 다가올 희생으로 단번에 이루어질 역사를 강조하기 위해서 예수는 떡에 초점을 맞추신다. 이 떡은 유월절 밤축제에서 구속적인 의미가 있고, 동물의 희생이 중단될 것임을 확인해 주면서, 기념으로서 이것을 계속해서 먹어야 한다.[25] "몸"의 의미에 관한 후대의 신학적 논쟁과 떡에서 예수의 임재와의 관계는 지금 예수의 말씀을 듣고 있는 사람들의 마음속에는 없었다. 그들은 이 상징을 이해하지 못하고 있다. 하지만 십자가의 사건이 발생하였을 때, 그들은 바울처럼 이 떡과 잔이 역사에서 가장 중요한 단일한 사건을 심오하게 기념하는 것임을 알게 된다.

잔(26:27-28). 상징적인 행위를 계속하시면서, 예수는 잔을 취하여 축사하시며, 참여한 사람들에게 그것을 마시게 한다. 유월절 기념에서 마시는 포도주의 네 잔 중에서(축사의 잔, 식사 전의 잔, 식사 후의 [축복]의 세 번째 잔, 그리고 할렐의 노래로 이어지는 잔), 아마도 이 잔은 세 번째 잔이었을 것이고, 예수는 그것을 취하여 "이것은 죄 사함을 얻게 하려고 많은 사람을 위하여 흘리는 바 나의 피 곧 언약의 피니라"고 말씀하신다.

이 세 번째 잔은 출애굽기 6:6("너희를 건지며 편 팔과 여러 큰 심판들로써 너희를 속량하여")에서 하나님의 세 번째 약속에 상응하는 구속의 잔이라 자주 불린다. 유월절 양의 죽음과 피를 바름은 애굽에서 하나님의 백성들의 구속의 길을 열었지만, 이 잔이 예조하는 예수의 피 흘리심은 하나님과의 새 언약의 관계로 들어가는 온 인류의 구속의 길을 연다.[26] 이 말씀으로 예수는 그가 이스라엘 백성들에

24. 제2성전의 유대 관습에 관한 개관을 위해서는 "Haggadah of Passover," *DJBP*, 266-67; Robin Routledge, "Passover and Last Supper," *TynBul* 53(2002): 203-21; Joachim Jeremias, *The Eucharistic Words of Jesus*, trans. Norman Perrin(London: SCM, 1966), 84-88을 보라.

25. Routledge, "Passover and Last Supper," 215-16.

26. Ibid., 219.

게 약속된 새 언약을 성취하고 있음을 알리신다(특히 렘 31:31, 34; 겔 36:26-27을 보라).[27]

그의 사역을 통해서 예수는 하나님 나라의 초대에 수반되는 죄용서함 그리고 새 언약의 시작으로 중생의 약속을 세우셨다(참조. 5:17-20). 이제는 십자가와 오순절에 성령의 오심으로 그것을 시작시킬 때가 되었다. 그의 희생적 죽음에 참여하라는 예수의 은혜로운 초대를 받는 사람들은 새 언약의 복으로 산다. 우리는 죄용서함과 성령으로 말미암은 중생에 동반하는 그리스도의 형상으로 변화되는 그 시작을 경험하게 된다(참조. 딛 3:4-7; 고후 3:18). "많은 사람을 위하여"라는 표현에 관해서는 20:28의 주석을 보라.

중요한 약속(26:29). 예수는 "너희에게 이르노니 내가 포도나무에서 난 것을 이제부터 내 아버지의 나라에서 새것으로 너희와 함께 마시는 날까지 마시지 아니하리라"고 말씀하실 때 사건의 놀라운 급진전을 이루신다. 유월절의 네 번째 잔은 "너희를 내 백성으로 삼고"(출 6:7)라는 하나님의 약속과 관련이 있다. 그 잔을 붓고, 할렐의 두 번째 부분의 교호적인 노래의 결론을 따라하면서(시 115-118장), 모든 사람들이 그 잔을 마셨다. 마태복음 26:30에서 언급된 찬미가 할렐이고 예수가 다시 오실 때까지 이 잔을 마시지 않으리라는 예증으로서 예수가 네 번째 잔에서 중단했을 가능성이 있지만,[28] 후대에 유대교에서 엘리야의 잔이라 불린 다섯 번째 잔도 유월절 기념 시에 의무였는지에 관해서 논쟁이 발생한다. 이것은 선지자 엘리야의 도래를 준비하면서 지켜진 잔이다. 사람들은 애굽에서 구속된 축제에 메시아의 구속을 알리기 이해서 엘리야가 올 것이라고 믿었을 것이다. 아마도 이런 관습은 예수의 시대로까지 거슬러 올라간다.[29]

어쨌든, 예수의 말씀은 중요한 약속(그의 희생적 죽음은 죄 용서함을 가져올 것이다)과 슬픈 현실(그가 그들 곁을 떠나게 될 것이다) 아울러 확신(그가 다시 오실 것이다)을 담고 있다. 그가 다시 와서 이 땅에 하나님 나라를 마지막으로 설립하실 때, 그는 제자들이 기다리고 있고 이스라엘 백성들이 기다린 평강과 구속의 시간을 완성하실 것이다. 그때까지 성찬은 새롭고 위대한 탈출의 영원한 상기이며, 그 의미와 역사적인 성취를 수용하는 모든 사람들은 죄의 속박에서 구속될 것이고, 영원한 생명으로 구원을 발견하게 될 것이다.[30] 십자가의 그리스도의 완성된 역사

27. 참조. Clay Hamm, "The Last Supper in Matthew," *BBR* 10(2000): 53-69.

28. Routledge, "Passover and Last Supper," 219-20.

29. "Haggadah, Passover," *EJR*, 166-67을 보라.

로 말미암아 시작되는 하나님 나라의 복은 그의 교제를 기다리는 사람들에게 하나님 나라의 마지막 설립을 가져오기 위해서 그가 다시 오신다는 영구적인 상기다.

열두 제자와 함께 한 마지막 저녁 시간은 예수가 다락방강화에서 주신 말씀으로 끝이 난다(요 14-17장). 이 강화 후에 그들은 마지막 찬송—아마도 할렐(시 113-118장)이나 교호적인 후렴구인 "그의 인자하심이 영원함이로다"라는 하나님의 위대하고 선하신 행위를 열거하는 마지막 위대한 할렐 시편(시 136장)—을 노래했을 것이다.[31] 또는 이것은 예수에 의해 인도된 무의식적인 자발적 찬미였을 것이다.

실족과 부인에 대한 예언(26:31-35)

찬미하고 나서, 예수는 열두 제자들과 함께 감람산으로 가신다. 그들은 성주간에 매일 저녁을 보냈던 베다니로 가던 중이었을 것이다(참조. 21:17). 2마일을 예루살렘에서 베다니로 걸어갈 때, 감람산을 지나가게 되고 그곳에 겟세마네 동산이 위치하고 있다. 이 동산은 예수가 기도하기를 좋아했던 곳일 뿐 아니라, 유월절 순례 시에 사람들이 잠시 거주했던 곳이기도 하다.

이곳으로 가던 중에 예수는 또 다시 불길한 예언을 하심으로써 제자들을 놀라게 하신다: "오늘밤에 너희가 다 나를 버리리라." 이전에 예수는 열두 제자 중 한 사람이 그를 팔 것을 예언하셨고, 이제는 나머지 모든 제자들이 용기를 상실하게 될 것임을 함축하신다. "나로 인해 실족하리라"("나를 버리리라"—개역개정, 참조. 11:6; 13:57)란 표현은 오늘밤 주인으로서 예수에 대한 그들의 충성이 지극한 시험에 부딪힐 것임을 알려준다. 그들은 제자됨을 포기하지는 않을 것이지만, 예수를 변호하는 용기를 가져야 하는 시험에 실패할 것이다. 이런 용기의 부족은 나중에 그들이 용기 있게 교회의 초석을 놓는 자들이 될 때에 해소될 것이지만, 이런 능력은 실패를 통해 생겨난다.

예수가 말씀하신 것처럼, 스가랴는 이들의 실패를 예언했다: "내가 목자를 치리니 양의 떼가 흩어지리라." 검으로 내리쳐지는 목자는 찌름 받고(슥 12:10; 참조. 마 24:30) 배척을 당하는(슥 11장) 것으로 선지자에 의해 묘사된 분을 가리킨다. 그러나 이 장면은 이번에는 야훼가 목자를 치시는 것처럼 스가랴 13:7에서 바

30. Eugene H. Merrill, "Remembering: A Central Theme in Biblical Worship," *JETS* 43(March 2000): 27-36.
31. H. Rusche, "Das letzte gemeinsame Gebet Jesu mit seinen Jungern: Der Psalm 136," *Wissenschaft und Weisheit* 51(1988): 210-12.

뀐다. 이 목자는 야훼의 동반자로 확인된다. 그는 동등된 자로서 야훼와 나란히 함께 하신다. 구원하시는 목자가 찔림을 받고, 양들은 흩어진다. 스가랴의 문맥에서 이것은 유대인들의 이산(離散)을 의미한다.[32] 이 인용은 하나님의 행위가 다른 사람들에 의해 실천될 때, 그것은 하나님의 주권적 행위에 따른 결과임을 보여준다.

네 번이나 예수는 자신의 체포와 십자가 죽음을 예언하셨다(16:21; 17:22-23; 20:17-19; 26:2). 처음 세 번의 경우에 그는 부활도 함께 예언하셨고, 이제 네 번째로 그 예언을 하신다: "그러나 내가 살아난 후에 너희보다 먼저 갈릴리로 가리라" (28:10, 17에서 이 진술의 상기를 참조하라). 예수는 유다의 배반에 대한 심판을 예언하셨지만(26:24), 다른 제자들에 대한 약속은 그들이 실패한 후에도 예수와의 관계를 회복하리라는 것이다.

하지만 통상적인 허풍으로 베드로는 앞장서서 말한다. "모두 주를 버릴지라도 나는 결코 버리지 않겠나이다." 베드로는 마태복음에서 긍정적이든 부정적이든 주요한 역할을 한다(14:28-31; 15:15; 16:17-19; 17:24-27; 18:21). 그는 불완전한 제자이자 발전의 과정에 있는 리더다. 성장과 실패의 차이는 베드로가 하나님의 뜻을 기꺼이 수용하느냐에 달려 있다. 그가 하나님의 일에 열려 있을 때, 제자도와 리더십의 책임에서 성장한다. 그가 하나님의 일에 수용적이지 못할 때 이 제자도와 리더십의 책임에서 실패한다.

여기서 베드로는 이 두 부분에서 실패한다. 그는 예수의 경고를 듣지 않고 유념하지 않는다. 그의 잘못된 허세는 나머지 제자들도 그런 맹세에 참여하게 만든다(26:33). 예수는 베드로가 다른 제자들보다도 더 심각하게 실족할 것임을 예고하신다—"오늘 밤 닭 울기 전에 네가 세 번 나를 부인하리라." 로마의 경비대는 해뜰 때, 낮에, 해질 때, 한밤중에, 자연적인 시간 현상에 따라서 조직된 다양한 보초대원들이 있었다. 닭의 울음소리는 그 날의 시작을 알리는 금언적인 어구다. 따라서 베드로의 부인은 네 번째 보초가 끝나기 전 또는 새벽에 발생할 것이다. 베드로의 허세는 예수에게 열렬하게 충성을 다짐하게 만든다: "내가 주와 함께 죽을지언정 주를 부인하지 않겠나이다."

유다와 베드로(그리고 나머지 제자들)의 차이는 실패한 뒤에 그들의 행동에서 보여진다. 유다는 결코 참된 신자가 아니었기에(요 6:60-65) 배반을 완성하기 위해서 극악무도하게 몰두한다(눅 22:3-4; 요 13:2). 베드로와 나머지 제자들은 실족하

32. Kaiser, *The Messiah in the Old Testament*, 226-27.

지만 나중에 회개함으로써 예수에게로 회복됨을 얻는다. "그리스도를 부인하거나 배신할 수 있으나 그가 참으로 회개하면 용서함을 받는다. 회개(올바른 행위가 뒤따르는 마음의 변화)가 없다면, 그들은 동등하게 정죄되었을 것이다."[33]

겟세마네: 예수의 고뇌하는 기도(26:36-46)

겟세마네(26:36). 예루살렘으로 가던 중에 예수와 제자들은 겟세마네라 불리는 곳에 멈추신다. 요한은 그곳을 "동산"(요 18:1, 26)이라 부른다. 이 용어는 히브리어/아람어로 '가트 세마님'에서 기원하며, 그것은 아마도 "착유기"(oilpress)를 의미한다. 이 모든 기사를 종합해 보면, 겟세마네는 감람산의 올리브 나무숲에 동산 지역에 있었을 것이라고 제기된다. 예수와 제자들은 그곳을 자주 찾았다(요 18:2).

적어도 현재의 네 장소가 실제로 이곳이었을 것이라고 제기되나, 두 주요한 지역이 학자들의 관심을 끈다.[34] 첫 번째 지역은 55야드 면적의 올리브 숲에 인접해 있는 올네이션스 교회(Church of All Nations)가 있는 곳인데, 여기는 일천 년 이상 되는 올리브 나무들이 있다. 두 번째 지역은 전통적인 동산이 있는 곳에서 북쪽으로 일백 피트 정도에 위치해 있다. 그곳에는 고고학자들이 올리브 기름을 준비한 증거를 발견한 동굴이 있다. 어떤 이들은 경작된 정원이 본래 동굴을 둘러싸고 있었다고 주장한다.

깨어 기도함(26:37-38). 조안 테일러는 제자들이 다른 때에 방문했던 동굴에서 잠을 자기 위해서 경작되고 있는 동산 지역으로 갔다고 주장한다. 겟세마네 동산에서 예수는 더 커다란 제자 그룹에게는 동굴에 머물 것을 명하시지만, 핵심 그룹인 세 명(베드로, 야고보, 요한; 10:2-4의 주석을 보라)에게는 자신이 기도하는 동안에 함께 깨어 머물러 있을 것을 요구하신다. 예수는 닥쳐올 십자가의 고통과 슬픔의 절박한 시간을 그와 함께 나눌 것을 그들에게 원하신다: "내 마음이 매우 고민하여 죽게 되었으니 너희는 여기 머물러 나와 함께 깨어 있으라."

예수는 그들이 기도할 것을 요청하신 것이 아니라, 단지 깨어 있을 것을 요청하신다. 그가 다가오는 죽음을 고통스럽게 생각할 때, 압도적인 슬픔이 거의 죽음 직전까지 마음을 괴롭게 하고 있다. 예수는 아버지의 버림을 받는 경험을 당할 것임

---

33. Blomberg, *Matthew*, 393.
34. Joan E. Taylor, "The Garden of Gethsemane: NOT the Place of Jesus' Arrest," *BAR* 21.4(July-August 1995): 26-35, 62. See also Rousseau and Arav, "Gethsemane," *Jesus and His World*, 110-11.

을 알고 계시기 때문이다(참조. 27:46). 이것은 예수가 느끼기에 가장 필요로 하는 시간에 그를 지원할 필요가 있는 그의 인간적인 관계성의 깊이를 드러내신다. 하나님의 아들이 그러한 필요를 갖는다는 것을 이해하기 어렵겠지만, 그렇게 하는 것이 그의 성육신의 보다 적절한 이해를 우리에게 가져다준다.

예수의 첫 기도(26:39). 예수는 홀로 있기 위해서 세 제자로부터 조금 떨어지신다. 가장 가까운 제자들을 옆에 두는 것이 필요한 인간적 지원을 제공할지라도, 그는 하나님 아버지와 개인적인 시간을 갖기 원하신다. 그곳에서 홀로 예수는 "얼굴을 땅에 대시고 엎드려 기도하신다." 극심한 겸손의 자세로 예수는 완전한 신뢰와 정직으로 아버지 앞에 생명을 내어놓으신다. 마태는 아버지와 아들간에 밀접함 속에서 가장 심오한 통찰을 밝힌다. 한 시간 여 지속된 기도의 시간에(26:40), 예수는 사 복음서 저자들의 다양성을 설명해 주는 이 중심적 주제의 서로 다른 표현을 반복하신다.

순수한 절박성과 신뢰성을 갖고서 예수는 "내 아버지여"라는 부드러운 친밀감으로 외치실 때 자신의 생명을 아버지의 보호에 맡기신다. 이것은 이 복음서에서 아버지와 아들의 특별한 관계를 보여주는 마태의 독특한 통찰을 지속시킨다(참조. 7:21; 10:32-33). 예수는 "만일 할 만하시거든 이 잔을 내게서 지나가게 하옵소서 그러나 나의 원대로 마시옵고 아버지의 원대로 하옵소서"라고 간청하신다. 예수는 그의 생애의 가장 심각한 실제적인 시험에 직면하여 계신다. 그는 광야에서 마귀에게 시험을 받으심으로써 그의 지상 사역을 시작하셨고(4:1-11), 그의 사역의 다른 곳에서도 사탄적인 도구들에 의해 다양하게 유혹을 받으셨다(예. 16:22-23). 이전의 시험의 의미 있는 특징은 예수가 십자가를 지는 것을 막으려는 사탄의 시도였다(참조. 4:8-9; 16:21-23). 이제 그가 이 땅의 사명을 완성하려 하는 순간에 이 유혹이 극에 달한다. 이것은 십자가가 불필요하다는 것을 예수에게 확신시키려는 마귀의 최후의 시도다.

하지만 예수는 아버지의 주권적 능력과 그의 생명에 대한 아버지의 완전한 뜻을 온전히 확신하고 있음을 보여주신다. 그리하여 가장 커다란 시험의 순간에 하나님 아버지께 그 인도를 의뢰한다. 예수는 인간의 구속을 완성하기 위해서 십자가의 잔을 마셔야 한다고 이미 예언하셨다(참조. 20:22-23, 28; 26:27). 하지만 사탄은 그것이 절대적으로 필요하지 않음을 예수가 믿게 하려고 여전히 시도하고 있다.

예수는 아버지에게 이 시험을 내려놓으시지만, 그의 운명을 피하려고 하시지 않는다. 그는 단지 아버지의 뜻을 순종하기를 원하신다. 이것이 기도 속에서 나타나고 있는 정직과 신뢰의 탁월한 모범이다. 하나님 아버지가 간구된 것에 응답하지 않으실지라도, 그것이 구하고 있는 자의 흠을 반영하고 있지 않다. 아버지는 아들의 간구를 들으시지만, 인간에게 구원을 가져오기 위해 십자가를 짐으로써 아들이 순종하는 것이 곧 아버지의 응답이다(히 5:7-10).

예수로 하여금 이런 간구를 하게 한 것은 죽음 자체가 아니라 죽음의 종류다. 예수는 단순히 죽음을 참아내야 하는 것이 아니라, 인간의 죄를 위해 자신이 대가를 치러야 하는 거룩하게 지정된 인간의 죽음이라는 상상할 수 없는 가장 강력한 고통을 겪으셔야 한다. 그의 말할 수 없는 고통(26:38)은 그를 "하나님이 우리를 대신하여 죄로 삼으신"(고후 5:21) 인간 의식으로 경험하게 될 아버지와의 분리의 극심한 고통의 예기에서 나온다. 십자가상에서의 고통과 죽음의 전망이 몸서리쳐질지라도, 아버지로부터 분리된다는 상상은 더 커다란 공포와 고통을 낳았다(마 27:46). 하지만 아버지의 뜻을 행하는 것이 예수의 유일한 동기다. 그가 십자가상에서 죄로부터 승리한 후에 그리고 승리하기 전에 이 세상의 수많은 남녀들이 그의 죽음으로 아버지와 화목하게 될 것을 아시기 때문이다.

제자들의 첫 번째 실패(26:40-41). 기도로 강력하게 씨름하신 후에 예수는 돌아와서 자고 있는 세 제자를 발견하신다. 그는 제자들의 리더로서 베드로에게 말씀하신다. 베드로는 인격적으로 더 강건해지고 교회의 장래 지도자가 되려면 하나님의 인도하심을 기꺼이 수용해야 한다. 마태는 베드로의 리더십 역할에 대한 그의 인식에서나 적절한 리더십을 발휘하지 못한 베드로의 실패를 설명함에 있어서 솔직하게 말한다(참조. 14:28-32; 16:16-23). 말씀이 베드로를 향해 있을지라도, 예수가 기도하고 있는 동안에 그들이 그와 함께 깨어있지 못한 것에 대해 세 제자 모두를 책망하신다(26:41-42의 동사들은 복수다).

예수는 그들을 계속해서 훈계하신다: "시험에 들지 않게 깨어 기도하라 마음에는 원이로되 육신이 약하도다." 예수는 제자들이 아버지에 대한 그의 기도를 지원할 수 있도록 그들이 깨어 있을 것을 요청하셨다. 그들이 이 책임에 실패하고 있지만, 그들이 계속 그리할 것을 바라신다. 하지만 그들은 이제 자신의 시험에 대해서도 기도해야 한다. 인접한 문맥에서 유혹은 예수와 함께 깨어 있을 것을 요청 받은 이 늦은 시간에 육체적인 잠에 굴복한 것이다. 그것은 예수가 가장 필요로 하는 시간에 그를 지원해야 하는 책임을 다하지 못한 유혹을 가리킨다. 심지어 그것은 예수가 십자가로 인도될 때, 그들이 직면할 수 있는 유혹을 더욱더 가리킨다—예수가 예언하신 것처럼 그를 부인하는 시험(26:31-35).

예수는 인간의 영(성령이 아님)과 그 열망 그리고 죄, 특히 여기서 그들의 육체적인 인간성에 의해 영향을 받은 인간적 본질을 대조시키신다. 예수는 인간의 약점을 변명하는 잠언적 표현을 하고 계신 것이 아니라 하나님의 뜻에 대한 순종을 어떻게 이룰 것인가에 대한 모범을 제공하시고 있다. 깨어 기도하는 영적인 훈련은 전 인격이 하나님의 뜻에 순종할 수 있도록 인간 본질의 모든 양상들을 영적인 마음이 지시하게 만든다(5:20; 15:17-19의 주석을 보라).

불행하게도, 제자들은 잠에 빠짐으로서 예수가 인간적으로 가장 필요로 하는 시간에 실패하고 만다. 레온 모리스는 "예수가 기도 속에서 홀로 있어야 했던 것은 의미가 있다. 오직 그만이 드렸던 기도를 하나님께 올릴 수 있기 때문이다. 하지만 그가 가장 가까운 제자들의 지원을 옆에서 받았어야 했던 것도 역시 의미가 있다"[35]라고 진술한다.

예수의 두 번째, 세 번째 기도와 제자들의 실패(26:42-44). 예수가 두 번째, 세 번째 기도하시기 위해서 좀 떨어진 곳으로 가셔서 동일한 기도를 드리신다. 그러나 두 번째 기도에서는 약간 의미 있는 변화가 있다: "내 아버지여 만일 내가 마시지 않고는 이 잔이 내게서 지나갈 수 없거든 아버지의 원대로 되기를 원하나이다." 이제는 잔을 피할 수 없고, 그 진노의 잔을 마셔야 한다는 의식적인 인식이 있다. 그는 "아버지의 원대로 되기를 원하나이다"라는 말씀 속에서 자신의 운명을 의식적으로 순복하신다. 이는 히브리서의 저자가 "받으신 고난으로 순종함을 배워서"(히 5:8)라고 썼을 때 이해하고 있었던 것이다.

하지만 제자들은 이 순종을 배우지 못했다. 다시금 "그들의 눈이 피곤해서" 예수가 돌아왔을 때 잠자는 세 제자들을 발견하기 때문이다. 그들은 육체를 이기는 영의 훈련을 배우지 못했다. 그러므로 마가가 "그들이 예수께 무엇으로 대답할 줄을 알지 못하더라"고 진술하고 있을지라도, 마태는 예수가 그들을 그냥 두었다고 우리들에게 말해준다. 예수가 세 번째로 다시 기도하러 가실 때, 그는 동일한 기도를 드리신다. 시험의 본질과 예수를 위한 아버지의 뜻에 대한 이해에서 약간의 발전이 있을지라도, 마태는 처음부터 예수의 기도에는 결함이 없었음을 우리로 알게 한다. 그는 아버지의 뜻만을 계속해서 구하고 있다.

배신자가 오다(26:45-46). 세 번째로 강력한 기도를 드리신 후에 예수는 다시 돌

---

35. Morris, *Matthew*, 668.

아와서 여전히 잠자고 있는 그들을 발견하신다. 예수는 그를 지원해야 할 때 그들이 잠자고 있음을 또 다시 책망하신다. 그들은 주님을 부인하는 자신을 발견할 때 영적으로 잠자고 있었음을 깨닫게 될 것이다. 이제는 너무 늦어서 준비할 시간이 없다. 예수는 "보라 때가 가까이 왔으니 인자가 죄인의 손에 팔리느니라 일어나라 함께 가자 보라 나를 파는 자가 가까이 왔느니라"라고 외치신다. 이 날 이전에 제자들에 대한 예수의 지침은 "내 때(appointed time)가 가까이 왔으니"(26:18)로 강조되지만, 이제는 "때(hour)가 가까이 왔으니"다. 하나님의 시계는 냉정하게 가고 있다. 십자가로 말미암은 구원의 사명을 예수가 이루시는 시간이 도래했다.

예수는 기드론 골짜기를 넘어서 유다에 의해 인도되고 있는, 횃불을 들고 동산으로 오는, 성전 정찰꾼들을 보셨을 것이다. 예수는 도망하는 대신에 제자들에게 이 도전을 정면으로 맞이할 것으로 요청하신다. 이 무장한 성전의 대표자들은 대제사장의 대표자로서 권위가 있음에도 불구하고 "죄인들"이다. 바리새인들은 예수와 함께 먹는 자들을 "죄인들"로 참소했다. 그들이 율법적인 정결의 규정을 따르지 않았기 때문이다(9:11). 하지만 예수는 하나님의 뜻을 반대하는 사람들을 "죄인들"이라 부르신다. 그들이 심지어 성전 관료들일지라도 말이다.[36] 그들은 예수의 사역으로 대표되는 하나님의 뜻을 훼방하려고 하고 있고, 이들을 이끄는 자는 배신자 가룟 유다다.

상황잇기

26-28장은 메시아 예수에 관한 마태의 이야기의 핵심을 형성한다. 예수는 심문을 받고, 십자가에 못 박혔으며, 장사되었지만 죽은 자로부터 살아나셨다. 그때에 그는 제자들을 세계 선교로 위임하셨다. 데일 부르너는 이 성경의 장들을 "교회의 열정"(Church Passion)이라고 불렀다. 왜냐하면 "예수의 고난, 죽음, 부활, 유일한 우주적 주되심은 교회가 설교하기에 항상 가장 고통스러워했지만, 설교하기에 가장 '열정적'이었기" 때문이다.[37]

역사의 손길을 이 장들에서 분명하게 볼 수 있다. 교회의 가장 이른 설교는 예수의 죽음, 장사, 그리고 부활이었다. 이것이 케리그마, 좋은 소식, 하나님 나라의 복음의 설교다.[38] 이 스토리들은 초대선교사들이 여행했던 모든 지역에서 반복해

36. 참조. Wilkins, "Sinner," *DJG*, 757-60.
37. Bruner, *Matthew*, 2:930.

서 들려졌다. 마태는 메시아 예수에 대한 믿음으로 독자들을 움직이기 위해서 이 역사적 기록을 전수한다. 그는 예수의 십자가와 부활을 통해서 구원과 제자도를 제공한다. 그의 복음서의 첫 항목에서 시작했던 이 주제—특히 구속의 하나님의 계획의 불가피성과 그에 대한 인간의 책임—는 이 마지막 내러티브를 통해서 전개되고 엮어진다.

십자가에 못 박히시는 메시아. 다윗의 자손, 아브라함의 자손들(1:1)의 도래를 알리는 이 복음서의 시작에서부터 마태는 이스라엘의 기대와 민족의 소망을 성취하는 메시아로서 예수를 세심하게 설명했다. 역사의 초점이 십자가의 사건에 맞추어질 때, 마태는 다시 한번 메시아로서 예수에게 관심을 집중시키지만, 비극적으로 아이러닉한 방식으로 그리한다. 예수는 메시아이시지만, 자신을 따르는 자들을 좌절시키고, 무리들을 실망시키며, 종교지도자들을 분노케 하는 방식으로 그리하신다. 그는 십자가에 못 박히는 메시아이시다. 수난 내러티브 전체에 걸친 마태만의 글쓰기 타법으로 그는 십자가에 못 박히신 메시아로서 예수에 대한 모습의 색깔을 상세히 그리고 있다. 데렉 티드발(Derek Tidball)은 마태의 역사적 예술성에 관한 목적을 조명한다.

> 그는 골고다 언덕의 말뚝에 박혀 있는 치명적이고 치욕적인 방식으로 규명된 분이 제시한 것에 우리의 관심이 있기를 원한다. 그것은 무수한 방식으로 핵심적인 특징과 선교의 진정한 정체성에 대해서 우리에게 말해주고 있다.[39]

(1) 예언된 구원자. 예언된 메시아로서, 예수는 자기 백성들의 구원을 위한 십자가로 인도하는 마지막 시간에 그의 행동을 예언했던 성경을 이루신다. 그것은 구약성경에 예언된 거룩하게 작정된 시간(26:18)이자 계산된 시간이다(26:45). 그는 자기 백성들에게 치유와 죄에서 구원을 가져오는 죽임 당하는 메시아의 예언(사 53:4-12; 슥 12:9-14)을 성취하면서 찔림을 받으실 것이다(26:31). 나중에 랍비들은 이 구절들을 죽임 당하는 메시아를 예상해야 함을 의미하는 것으로 해석했지만(*b. Suk.* 52a), 많은 사람들에게서 이는 걸림돌이 될 것이다.

(2) 희생적인 종. 못 박히시는 메시아의 예언을 성취시킴으로써 예수는 인간의 죄

38. 예를 들어, 행 2:23-36; 3:13-26; 7:51-53; 10:39-43; 13:26-31; 고전 15:1-7.
39. Tidball, *The Message of the Cross*, 134.

를 짊어지는 자원적인 희생의 죽음을 당하신 종으로서 피를 흘리신다. 그는 구속의 유월절 잔을 높이 올려 세우고는 "이것은 죄 사함을 얻게 하려고 많은 사람을 위하여 흘리는 바 나의 피 곧 언약의 피니라"(26:28)고 선언하신다. 그는 주의 종이 되는 것으로서 유월절 양의 상징을 성취시키신다(사 53:12). 십자가의 사건은 유쾌하지 않다. 그것은 피흘림이 있으며 현대적인 감성은 십자가를 입맛에 맞게 약화시키려고 한다. 하지만 그렇게 하는 것은 죄의 추악함과 고통스러운 벌을 필요로 하는 필연적인 영원한 벌을 축소시킨다.

(3) **자발적으로 십자가에 죽임을 당하시는 주님.** 예수는 전체 사역을 통해서 자연의 세력과 영적인 세계를 제어하셨다. 그는 환경의 희생자가 아니라 자발적으로 십자가에 죽임을 당하신 주님이시다. 경배하는 여인에 의해서 예수가 기름 부음 받음은 그가 다윗의 주이신 다윗계의 기름부음 받은 메시아이기 때문에 일반적으로 어느 사람들이 이해한 것보다도 더 큰 의미를 표현했지만(22:43), 이 여인의 행위는 부지중에 예수의 죽음을 위한 기름부음이기도 하다(26:12). 예수는 예언적인 새 언약을 주권적으로 시작하시지만, 기꺼이 수용하시는 진노의 잔을 통해서 그리하신다(26:28, 39-44).

(4) **겸손한 왕.** 예수는 태어나실 때에 "유대인의 왕"으로 경배를 받으셨고(2:2, 11), 못 박히실 때에도 "유대인의 왕"으로 조롱을 받으신다(27:29). 이 두 환경이 모두 비참한 환경에 둘러싸인 예수를 발견하게 만든다—전자는 가난한 베들레헴의 가정에서, 후자는 강력한 로마 관정에서 모욕을 당하시는 것으로 말이다. 하지만 예수는 자신이 누구이며, 무엇을 하기 위해서 오셨는지를 아신다. 예수는 자신이 유대인의 왕임을 알고 계시지만(27:11), 이것을 어느 누구에게도 입증할 필요를 갖지 않으신다. 그가 이 세상에 육신을 입고 오심으로써 낮아지심은 그의 초대에 응답하는 사람들에게 천국의 도래를 가져왔다(4:17). 그가 십자가에 죽으시는 낮아지심은 그의 피로 새 언약의 시작에 응답하는 사람들에게 인류의 구속을 가져온다(26:28). 그러나 그가 죽음으로 낮아지심은 그가 다시 오실 때 그의 나라가 영광과 능력으로 나타날 것이라는 강력한 약속이기도 하다(26:29; 참조. 13:41-42; 24:30-31).

거룩한 불가피성. 전체적으로 수난 내러티브에 구성되어 있는 것은 이 사건들의 거룩한 불가피성이다. 마태는 하나님이 제어하심을 확실히 강조한다. 종교지도자들은 예수에 대해 음모를 꾸미고, 열두 제자 중 한사람이 그를 배신하고, 나머지 열두 제자들이 그를 부인하며, 진노의 잔을 피할 수 없기 때문에 지금 예수의 사역이 소용돌이 쳐지는 것처럼 보인다. 하지만 이 장면의 배후에 하나님이 확고하게 이 소용돌이를 제어하고 계신다. 이 사건들은 비극적으로 보이지만 거룩한 불가피성이 그 결과를 제어하기 때문에 소망이 있다. 예수가 신적으로 예언하시고 인간적으로 짊어지시고 있는 것이 이 사건들에 대한 예수의 예언에서 특히 알 수 있다.

(1) **예수의 죽음**. 마태는 종교지도자들의 음모에 의해 꾸며지는 다가올 십자가 죽음을 예수가 예언하신 것을 기술한다(26:1-2). 예수는 자신의 장사를 예언하신다. 한 여인이 기름 부음을 통해서 그를 준비하였기 때문이다(26:12-13). 이 장면을 통해서 예수는 정한 때(26:18)와 시간(26:45)의 도래를 향해 천천히 움직이는 거룩한 시계를 보고 계신다. 하지만 이 괘씸한 배신과 십자가 처형을 예수에게로 책임전가할 수 없다. 예수는 그의 사명의 일부로서 그것을 의지적으로 수용하실 뿐이다. 성경이 그들의 도착에 대한 경고를 예수가 이미 알고 있음을 기록하고 있기 때문이다(26:24). 선지자들이 새 언약을 오래 전에 예언했지만, 예수가 십자가 죽음 전에 제자들과 지상에서의 마지막 밤을 보내실 때, 잔과 함께, 언약이 시작됨은 오로지 그의 피를 통해서임을 보여주신다(26:28). 예수의 죽음은 불가피하지만 거룩하게 예언되었다.

(2) **유다의 배신**. 마찬가지로 예수의 체포는 우연이 아니다. 그는 종교지도자들의 음모를 아시고, 가장 가까운 제자 그룹의 한 사람의 표리부동을 아신다. 예수는 이 두 세력이 공모하여 그를 팔 것을 예언하신다. 마태는 예수가 예언한(26:20) 배신의 행위에 대한 준비를 기술한다(26:14-15). 그러나 그것은 대략의 추측이 아니다. 예수가 모든 제자들에게 이 문제를 제기했을 때, 유다가 자신의 표리부동한 질문에 책임이 있게 하신다(26:25). 예수는 배신의 마지막 준비가 진행되고 있고, 그 배신자가 그 행위를 완수할 것임을 아신다(26:45-46). 유다에 의한 이 행위는 불가피하지만, 그것은 거룩하게 예언되었다.

(3) **제자들의 배신**. 게다가 가장 가까운 제자들이 예수를 버린 것은 실망스러운 충격이나 예상치 못한 순서가 아니다. 그들이 그의 이름을 높이고 주와 메시아로서의 예수의 관계를 소중히 여기지 못한 실패로 인해 그를 버리지만, 다시 한번 예수는 그 결과를 예언하신다. 모든 제자들이 예수에 대한 충성에서 실족하고, 교회의 설립에 중요한 역할을 할 것으로 지정된 리더인 베드로도 역시 그렇다(26:33-34). 예수가 베드로의 리더십 역할을 선언한 사건에서(16:17-19), 자기를 믿는 성급함이 예수가 십자가의 길을 가는 것을 방해하려는 사탄의 유혹에 베드로가 쉽게 굴복하게 만들었다(16:21-23). 베드로는 그 약점을 극복할 것으로 생각하였지만,

그의 강렬한 허세가 겁쟁이가 될 가능성의 실제를 예수로부터 가리우지 못한다.

하지만 이것은 예수가 사용하는 특별한 통찰에 의해서만 알 수 있는 것이 아니다. 성경은 인간의 구속을 가져오기 위해서 하나님이 목자(예수)를 치시고(26:31; 참조. 사 53:4-6; 슥 13:7), 양은 흩어질 것임을 예언하셨다. 제자들의 부인은 불가피하지만 그것은 거룩하게 예언되었다.

인간의 책임. 그러나 거룩하게 예언된 불가피성과 더불어, 이 사건에 참여하는 자들은 자신이 한 행위에 대해 책임이 있다. 마태는 다른 복음서 기자들보다 예수의 사역에 관한 기술에서 특정한 인물들에 덜 관심을 보이지만[40] 수난 내러티브를 통해서는 이런 경향을 바꾸어 반복해서 특정한 인물들을 조명한다. 각 장면은 예수가 실현하는 하나님의 뜻에 대한 사람들의 책임을 밝혀준다.

(1) 가야바(26:1-5). 큰 대제사장 가야바는 백성들을 희생제사로 인도하는 책임이 부여되어 있다. 그의 특권적인 위치는 멜기세덱의 반차를 따른 대제사장 메시아의 도래를 그가 준비하게 했어야 하지만(시 110:4; 참조. 히 5:10; 7:11-17), 그의 정치적인 야망과 책략이 그를 눈멀게 한다. 그는 자신의 실패에 대해 책임을 지게 될 것이다(참조. 마 26:57-27:1).

(2) 마리아(26:6-13). 두 번째 인물은 예수에게 기름을 부은 여인이다. 그는 우리가 마르다와 나사로의 누이인 마리아로 알고 있는 사람이다. 오랜 시간동안 예수를 따라다녔던 그녀는 그녀가 알고 있는 분에게 믿음을 표하는 책임을 행사한다. 그녀가 부은 향수의 가치는 하나님 나라를 시작시키시고 죽은 상태에서 그녀의 형제를 살리신 메시아로서의 예수에 대한 그녀의 믿음을 나타낸다. 예수의 정체성과 사명에 대한 그녀의 이해는 아직 완전한 것은 아니지만 그녀의 행위는 그녀가 참이라고 알고 있는 것에 대한 비할 데 없는 믿음의 표현이다. 그녀의 스토리는 예수에 대한 적절한 믿음의 행사의 모범으로서 온 시대를 통해 전파될 것이다.

(3) 유다(26:14-16, 20-25). 사도 그룹의 회계이자 열두 제자 중 한 사람으로서 가룟 유다는 예수의 지상 사역과 그 시대를 통하여 복음 메시지를 전파할 책임이 부여되어 있다(10:1-6, 17-23). 그의 특권적인 위치는 그를 이스라엘의 열두 지파를 심판할 수 있는 열두 보좌에 앉게 할 것이다(19:28). 하지만 이 단락의 사건들이 전개될 때, 그의 특권적인 위치는 오히려 유혹에 더 굴복하게 만든 그의 책임을 가중시킨다—그 모든 것이 그의 책임을 더한다(참조. 26:46-56; 27:1-10).

---

40. 참조. Wilkins, *Discipleship in the Ancient World and Matthew's Gospel*, 169-70.

(4) 베드로(26:31-35, 37-46). 유다처럼, 베드로는 예수의 지상 사역에서 그와 함께 있을 수 있는 특권이 부여되었다. 하지만 그는 열두 제자 중 한 사람일뿐만 아니라, 예수가 갈릴리 사역이 시작되기 전에 유대에서 가졌던 상대적으로 개인적인 사역의 한 해 동안에도 예수와 함께 있는 특권을 가졌다(참조. 요 1:35-42).[41] 그는 모든 제자들과 더불어 곧 예수를 부인하리라는 예수의 예언적 비판을 받았으며, 자신의 충성을 강력하게 선언했을 때에 예수는 그가 세 번이나 주를 부인할 것임을 선언함으로써 그의 죄를 특별히 꼬집으신다. 베드로는 겟세마네 동산에서 예수가 화급을 요하는 시간에 같이 있는 세 명의 핵심 서클에 포함되지만 다시 한번 예수와 함께 깨어 있는데 실패하는 자가 된다. 예수에 대한 그의 충성은 그의 육신만큼 약했다.

베드로는 교회의 설립에서 특별한 리더십의 역할이 주어지는 영광을 입었지만(16:16-19), 증가된 임무와 더불어 증가된 책임이 있다. 그날 밤의 사건이 드러날 때, 베드로는 리더로서의 중심을 잃어버리고, 예수와의 관계를 부인한다(26:50-58, 69-75). 그는 이전에 예수에 대한 하나님의 뜻의 오만한 이해를 개진하도록, 그리고 그의 책임의 자리를 남용하도록 유혹을 받았었다(16:21-23). 그는 그때에 실패했었고, 그날 밤에 예수를 지원하는 일이 필요할 때도 또 다시 실패하게 된다. 그의 소심한 사례는 리더와 제자들에 대한 경고이지만 나중에 그의 회개는 제자와 리더들에게 역시 용기를 주는 소망의 모습을 제공한다.

(5) 예수. 이 장면에서 마지막 인물은 예수다. 전체 내러티브를 통해서 예수의 미래는 더욱더 암울해 보인다. 그는 십자가가 앞에 놓여 있음을 잘 알고 있고, 그것이 연루된 상상할 수 없는 고통도 역시 잘 알고 있다. 겟세마네 동산에서 예수는 모든 다른 인간들이 그들의 삶에서 하나님의 뜻에 대한 책임을 남용하도록 유혹 받는 것과 동일한 방식으로 유혹을 받으신다. 하지만 예수는 사탄의 세력이 가할 수 있는 가장 지극한 정도로 유혹을 받으신다. 그의 인내는 상상할 수 없는 것이다. 하지만 예수의 유일한 선택은 하나님 아버지의 뜻이다. 예수는 하나님의 뜻을 이해하시고, 하나님의 뜻을 실천하기 위해서 모든 어려움을 감내하신다. 예수가 십자가로의 길의 불가피성과 필연성에 대한 하나님의 뜻을 구하는 것은 적절하다. 그는 하나님의 뜻을 순종하는 무한한 헌신의 원형적인 모범이시다.

따라서 사막에서의 첫 번째 시험에서처럼 예수는 그의 사명에서 유일한 시험을

41. 4:18-20; 10:1-4의 주석을 보라.

겪으시지만, 그의 순종은 시험과 씨름하는 자들을 위한 탁월한 모범으로서 모든 제자들에게 본이 된다(4:1-11의 주석을 보라). 예수의 삶처럼, 우리도 인생의 사명에서 되풀이해서 하나님 아버지께 "나의 원대로 마시옵고 아버지의 원대로 하옵소서"(26:39)라고 말할 수 있어야 한다.

현대적 의미

"하나님의 뜻 안에 우리의 평화가 있다." 중세 시인인 단테의 잘 알려진 이 말은 그의 주변에 있는 모든 사람들이 종교적인 파워를 행사할 때, 그로 하여금 평화를 경험하게 했다. 위대한 이탈리아 시인이자, 산문 작가, 문학 이론가, 도덕 철학가, 그리고 정치 사상가인 단테(Dante Alighieri, 1265-1321)는 기념비적인 서사시인 『신곡』(*The Divine Comedy*)으로 잘 알려져 있다. 그는 종교적, 정치적 격변이 이탈리아의 평화로운 모습을 깨뜨리고, 단테 자신도 교황 보니페이스 8세에 의해 유배를 당하게 되는 시대에 살았다. 신곡의 플롯(plot)은 일반적으로 단테 자신으로 가정되는 한 사람이 성금요일 저녁에서 부활절까지 지옥, 연옥 그리고 천국에 있는 영혼들을 방문하는 기적의 여행을 그리고 있다. 그는 두 인도자를 만난다: 지옥과 연옥으로 인도하는 버질(Virgil, 보통의 남자 이름-옮긴이)과 천국을 소개하는 베아트리체(Beatrice, 일반적으로 사랑스런 여자 이름-옮긴이).

이 가공적인 만남은 단테가 당대의 종교적 정치적 환경에 대해 말할 수 있게 했다. 그는 세상적인 권력에 대한 교황의 탐욕에 매우 괴로워했다. 당시에는 종교적인 리더십의 영적 모델이 없었기에 인간의 탐욕에 대해 어떤 절제를 가할 수 없었고, 황제의 권력 약화는 교황의 탐욕이나 어떤 의지를 물리적으로 제어하기에 충분한 법이 없었다. 교황의 기만이 단테가 유배당하는 원인이었고, 고향 플로렌스 도시의 방화에 책임이 있었다. 그러므로 그는 이 서사시에서 일반 사람들에 대한 경고로서 이 사건들을 예언한다. 하지만 단테는 그가 자신의 개인적인 재앙을 극복한 수단들을 보여주고자 의도함으로써, 그의 시를 참된 "신곡"으로 만든다.[42]

혼란한 기독교인들의 매일의 삶에서 단테의 가장 중요한 기여는 천국(*Paradiso*) 여행에서 발견된다. 그는 정치적 사회적 삶을 지배하는 종교지도자들의 더러운 탐

42. Ricardo J. Quinones, "Dante," Encyclopaedia Britannica 2003, *Encyclopaedia Britannica Premium Service*, www.britannica.com/eb/article?eu=117772.

욕을 알게 하는 방법으로서 천국의 영광에 초점을 맞춘다. '천국'은 단테가 천국을 여행할 때 가공적으로 경험하는 영적 실제에 대한 심오한 묵상이다. 그가 만난 영혼들은 미래의 나라의 평화와 기쁨을 암시한다.

첫 번째 영혼은 결혼에 의해서 단테의 친척이 된 피카르다 도나티다. 그녀는 이 땅에서 자신의 종교적인 맹세에 불성실했었다. 그렇지만 그는 그녀의 새롭고 생생한 아름다움 때문에 처음에 그녀를 알아보지 못했다. 그는 그녀의 이런 아름다움을 "우유처럼 하얀 이마 위에 있는 진주"와 비교한다. 이 아름다움은 그녀가 하나님의 뜻을 깊숙이 경험한 데서 오는 "첫 사랑의 강렬한" 빛에서 온다. 그녀는 자신의 완전한 기쁨을 단테에게 이렇게 설명한다: "하나님의 뜻 안에서 우리의 평화가 있네, 자연의 모든 것들을 창조하신 하나님이 모든 것을 품으시는 바다라네" (*Paradiso* 3:85-87).[43]

"하나님의 뜻 안에 우리의 평화가 있네." 인간을 타락케 하는 속이고 불순종하고 파괴하는 남녀들의 은밀한 탐욕을 단테가 탐구하게 만든 나침반이 바로 이것이다. 그것은 잠언 3:5-6의 묵상이다: "너는 마음을 다하여 여호와를 신뢰하고 네 명철을 의지하지 말라 너는 범사에 그를 인정하라 그리하면 네 길을 지도하시리라." 그것은 마태의 이야기의 이 항목에서 아주 중요한 주제 중 하나다. 표리부동과 정치적 책략 그리고 종교 당국자들의 내통에도 불구하고, 마태도 역시 "하나님의 뜻 안에 우리의 평화가 있네"를 말하고 있다.

하나님이 제어하신다. 우리가 마태의 수난기사에서 배울 수 있는 가장 중요한 교훈은 아마도 하나님이 제어하신다는 사실이다. 주변 사람들의 실망스러운 모습과 사건의 급격한 소용돌이에도 불구하고, 예수는 단호하게 갈 길을 가신다. 그는 모든 것이 황량해 보일지라도 아버지의 뜻을 신뢰하신다. 확실한 교훈은 우리가 알려지지 않은 것을 볼 수 없을 때도 하나님의 알려진 뜻을 따르기를 계속해야 한다는 사실이다—예수도 배웠던 성경에서 발견할 수 있는 가장 완전한 묘사.

고대의 족장 욥처럼, 인생에서 특별한 사건이 발생하는 이유나 선을 우리가 알 수 있는 특권이 항상 부여되지는 않는다. 그러나 우리가 하나님의 알려진 뜻에 의존할 때, 평화를 발견할 수 있다. 하나님은 궁극적으로 우리 주변에 모든 사건들을 제어하신다. 인간의 권세의 구조가 아무리 강력해 보일지라도, 하나님의 궁극적인 바람과 목적을 이루시는 그 뜻을 저해할 만큼 강력하지 못하다. 우리의 고난이 하

43. Quinones, "Dante."

나님에게 이상한 것이 될 수 없음을 알아야 한다. 인간으로서 당하신 예수의 고통은 그가 우리의 고통을 직접적으로 공감하실 수 있게 한다. 이런 공감 속에서 우리는 우리에 대한 하나님의 사랑을 확증할 수 있다. 예수는 십자가로 기꺼이 나아가서 죄 용서함의 가장 깊은 필요를 충족시키심으로써 우리가 복된 하나님 나라의 존재로 들어갈 수 있게 했다. 우리가 하나님의 뜻의 평화로 들어갈 수 있는 것은 바로 그 때문이다.

매일의 삶의 활동에서 이것을 경험하는 방식이 예수에 대한 제자됨을 발전시키는 주요한 요지 중 하나다. 당신이 실직할 수도 있다. 당신의 교회의 목사와 장로가 심한 불화를 경험하고 있을 수 있다. 당신의 가장 어린 자녀가 자폐아로 진단 받을 수 있다. 잘못된 이웃에게서 농장 수로의 권리를 침해한 것으로 당신을 고발하겠다는 협박을 당할 수도 있다. 당신은 다른 남성과 부적절한 관계를 가졌다고 비난하는 남편과 계속된 씨름을 할 수도 있다. 당신은 대학에서 장학금을 받을 수 있는 기회를 날리게 만드는 부상을 입을 수도 있다. 이 모든 것이 당신의 삶의 안정을 위협할 수 있다.

나는 이런 여러 사건들을 겪고 있는 사람들과 오래도록 같이 있었다. 사건들마다 그 영향이 서로 다를지라도, 각각의 상황에서 반응은 인간으로서는 인생이 제어할 수 없다는 사실이다. 자신의 성숙과 삶의 환경에 의존하는 것은 항상 위태로울 수밖에 없다. 수난 기사의 장면에서 배우는 교훈은 우리가 하나님께 의뢰하면 하나님이 모든 것을 통해서 우리와 동행하신다는 사실이다. 주의 성찬의 제정은 이런 맥락에서 아주 의미가 있다. 주의 성찬은 우리가 다양한 환경들을 평가하여 예수의 구속의 활동과 영원한 도우심에 의존할 수 있는 구조를 우리에게 제공한다.

인생의 모형으로서 주의 성찬. 성찬의 제정은 우리를 위한 하나님의 뜻의 중요한 경험을 개인적으로 그리고 공동체적으로 우리에게 제공한다. 그것은 단순히 종교적인 행사가 아니라 우리의 삶의 구조를 제공한다. 많은 교회들이 적어도 주의 성찬을 한 달에 한번씩 기념한다. 그것은 아주 특별한 시간이다. 혹자는 자주 드리는 일상적 기념은 그것의 중요한 의미를 상실하는 의식으로 전락할 것이라고 생각한다. 하지만 그 상징 속에는 "언어적 표현을 넘어서는 실제가 실행된다."[44] 우리가 성찬의 여러 측면들을 탐구하는 것은 크게 도움이 된다. 그 중에 적어도 여섯 가

44. Boring, "Matthew," 472.

지를 살펴보자.[45]

(1) **되돌아보게 함**. 성찬은 완성된 행위로서 예수의 구원 역사적 성취를 되돌아보게 한다. 나아가서 유월절 식사를 촉발시켰던 구원의 역사를 돌아보게 한다. 이것을 상고함으로써 우리는 십자가상에서 완성된 구원 역사에서 쉼을 얻을 수 있고, 우리에게로 확장되는 예수의 몸과 피를 상고할 때 감사를 드릴 수 있다(26:27-28). 예수의 희생을 기념함으로써 성찬은 십자가의 완성된 사역을 믿는 믿음의 역사적 기초의 강력한 상기다.

(2) **앞을 보게 함**. 성찬은 하나님 나라의 완성을 누리고 예수와 함께 새로운 잔을 마시게 될 교제를 향유할 때를 바라보게 한다(26:29). 우리는 살든지 죽든지 예수와 함께 있게 될 확신으로 매일 새날을 바라본다. 하지만 예수의 출현을 바라는 사람들에게 보상을 주시고(딤후 4:8) 성찬을 먹을 수 없는 자들을 심판하시리라는 냉정한 인식으로 그날을 고대한다(고전 11:32).

(3) **안을 보게 함**. 성찬의 기념은 바울이 우리에게 상기시킨 것처럼 자기 심사의 중요한 시간이기도 하다. 성찬 테이블에 접근할 때 죄를 짓고 있는 사람들은 주의 몸과 피로 인해 죄를 깨닫게 된다(고전 11:27-28). 성찬의 시간은 내적으로 자신의 마음을 돌아보고 하나님 앞에서 자신의 책임을 느끼는 시간이다. 최초의 성찬은 그것이 배신과 부인의 상황에서 주어졌기 때문에 우리에게 충분한 경고가 되며, 실패하지 않도록 우리에게 냉정한 상기를 제공한다.

(4) **위를 보게 함**. 성찬은 십자가상에서의 예수의 죽음과 무덤으로의 장사가 그 이야기의 끝이 아니라는 사실을 상기할 때 우리로 위를 보게 한다. 예수의 부활은 그의 죽음이 효력이 있었다는 확실한 선언이다. 따라서 구세주가 살아 계시고 하나님 아버지 우편에 앉아 계신다는 것을 알 때 우리는 확신과 기쁨으로 위를 바라볼 수 있다. 예수의 부활은 우리도 주와 함께 부활할 것이라는 신앙의 기초이므로 우리의 마음이 위를 바라보게 만든다(골 3:1-4).

(5) **옆을 보게 함**. 성찬은 주의 만찬의 집합적인 본질을 강조하는 시간이다. 이 날 저녁의 활동에 대한 요한의 기사는 예수가 종처럼 손수 엎드려서 제자들의 발을 씻긴 잘 알려진 이야기를 포함한다(요 13:3-16). 이는 예수가 이전에 그들에게 가르치신 교훈의 강력한 상기다(마 20:20-28). 나중에 이 날 저녁에 베드로는 모든 다른 사람들이 예수를 부인할지라도 자신은 죽을 때까지 예수를 따르겠다고 과감

45. Boring(ibid., 472-73)은 이 여섯 가지 중에서 다섯을 언급한다.

하게 선언한다(26:33-35), 이런 종류의 자기 속임수적 교만은 실패로 향하는 확실한 공식이다. 공동체가 없이 우리 혼자로는 실패하고 만다. 예수의 제자들은 서로를 도우며 신앙을 지키도록 격려한다. 성찬의 시간은 몸 안에서 우리의 봉사를 서로 새롭게 하는 강력한 기회다.

(6) 바깥을 보게 함. 성찬의 집합적인 본질은 주의 성찬의 외적인 차원도 가리킨다. 바울이 성찬의 제정을 설명할 때, 우리가 먹고 마실 때, 그가 오실 때까지 "주의 죽으심을 전하는 것"(고전 11:26)라고 선포한다. 이 세상은 예수가 십자가상에서 죽음으로써 죄로부터의 구원을 제공하신 좋은 소식의 메시지가 없이 죽어가고 있다. 우리가 그 메시지에 대한 공통된 헌신을 새롭게 할 때, 우리의 간증을 듣기 위해서 기다리고 있는 세상에 부활하신 구세주와 동행하는 우리의 모습을 새롭게 만든다.

성찬의 규칙적인 기념에서 우리는 주 예수와의 교제의 복된 시간의 깊은 경험을 서로 다른 차원에서 초점을 맞출 수 있다. 어떤 이는 항상 동일하게 변함 없는 의식을 진행함으로써 사람들이 혼란스럽지 않고 고백과 기념의 묵상으로 되돌아보게 하는 것으로 성찬을 접근할 수 있다. 또 다른 이들은 예배 시마다 의식에 변화를 줌으로써 성찬 예배를 접근할 수 있다. 사람들이 주의 성찬의 모습을 각기 새로운 방식으로 묵상할 수 있도록 말이다.[46] 하지만 우리가 어떤 식으로 성찬을 진행하든 간에 개인적으로 그리고 집합적으로 우리의 삶을 위한 하나님의 구원 역사적 의지를 이해함으로써 그것이 우리의 삶의 구조가 되게 할 수 있다.

예수, "평화의 왕." 혼돈의 세상에서 평화를 경험함은 허무한 공상처럼 들려진다. 예수는 전쟁과 기근이 영광 중에 그가 다시 오실 때까지 이 땅에서 흔한 경험이 될 것임을 말씀하셨다(24:4-8). 따라서 하나님의 뜻 안에서 평화를 우리가 참으로 어디에서 발견할 수 있는가? 십자가에 못 박히신 메시아의 완성된 사역 이외에 다른 어디에서도 그것을 발견할 수 없다.

마태는 예수의 삶이 메시아 구원자와 관련한 이사야의 예언의 성취임을 증명했다: 탄생부터(1:23; 참조. 사 7:14), 사역(마 4:14-16; 참조. 사 9:1-2)과 이적에 이르기까지(마 12:15-21; 참조. 사 42:1-4). 하지만 "평화의 왕"이 그의 나라를 세우셨을 때에 오는 것으로 예언된 "평강"은 어찌인가?(사 9:6-7) 많은 유대인들이

46. Lloyd John Ogilvie, *The Cup of Wonder: Communion Meditations*(Wheaton: Tyndale, 1976), 10-11을 보라.

예수가 이스라엘의 대적자들을 부수고, 전 세계적인 평강와 번영의 시대를 세우지 않았기 때문에 그를 참된 메시아로 오늘날 간주하지 않는다. 샬롬은 예기된 종말론적인 시대에 필수적이고(참조. 시 85:8-10; 사 55:12), 에스겔은 복과 안정의 시대를 여는 평화(샬롬)의 언약을 세우는 다윗계의 메시아 목자를 언급한다(겔 34:23-30).

크리스천들도 예수가 전 세계적인 평화를 가져오기 위해서 다시 오실 때, 그 나라를 설립할 것을 고대하며 산다. 하지만 크리스천들은 유월절 양이신 예수(고전 5:7)가 십자가의 사역을 통해 가져오신 새 언약의 평강의 실제 속에서도 산다. 새 언약은 하나님으로부터 제자들의 소외가 죄 용서함을 통해서 해결될 때 인격적인 평강을 가져오지만(롬 5:1; 골 1:20), 또한 예수 그리스도의 교회 안에서 유대인과 이방인이 새로운 사람이 될 때, 이 둘 간의 평화를 가져왔고 가져온다(엡 2:11-18). 새 언약은 예수의 제자들이 메시지(행 10:36)와 삶을 통해서 이 세상에 평강의 도구가 되게 하고(롬 12:17-21), 이 세상의 환경과 상관없이 내적인 평강을 가져다준다(빌 4:7). 히브리서의 저자는 히브리서 13:20-21에서 이런 결론적인 축복을 말한다.

> 양들의 큰 목자이신 우리 주 예수를 영원한 언약의 피로 죽은 자 가운데서 이끌어 내신 평강의 하나님이 모든 선한 일에 너희를 온전하게 하사 자기 뜻을 행하게 하시고 그 앞에 즐거운 것을 예수 그리스도로 말미암아 우리 가운데서 이루시기를 원하노라 영광이 그에게 세세무궁토록 있을지어다. 아멘.

예수는 겟세마네 동산에서 아버지의 뜻에 순종하였을 때, 평강을 발견했다—최악의 전투가 다가오고 있음을 알고 있었을지라도 말이다. 우리도 역시 개인적으로 집합적으로 우리를 위한 하나님의 뜻을 순종할 때 인생의 가장 위대한 평강을 발견할 수 있다. "그의 뜻 안에 우리의 평강이 있네."

마태복음 26:47-27:26

47 말씀하실 때에 열둘 중의 하나인 유다가 왔
는데 대제사장들과 백성의 장로들에게서 파
송된 큰 무리가 칼과 몽치를 가지고 그와 함
께 하였더라
48 예수를 파는 자가 그들에게 군호를 짜 이르
되 내가 입맞추는 자가 그이니 그를 잡으라
한지라
49 곧 예수께 나아와 랍비여 안녕하시옵니까 하
고 입을 맞추니
50 예수께서 이르시되 친구여 네가 무엇을 하려
고 왔는지 행하라 하신대 이에 그들이 나아
와 예수께 손을 대어 잡는지라
51 예수와 함께 있던 자 중의 하나가 손을 펴 칼
을 빼어 대제사장의 종을 쳐 그 귀를 떨어뜨
리니
52 이에 예수께서 이르시되 네 칼을 도로 칼집
에 꽂으라 칼을 가지는 자는 다 칼로 망하느
니라
53 너는 내가 내 아버지께 구하여 지금 열두 군
단 더 되는 천사를 보내시게 할 수 없는 줄로
아느냐
54 내가 만일 그렇게 하면 이런 일이 있으리라
한 성경이 어떻게 이루어지겠느냐 하시더라
55 그때에 예수께서 무리에게 말씀하시되 너희
가 강도를 잡는 것 같이 칼과 몽치를 가지고
나를 잡으러 나왔느냐 내가 날마다 성전에
앉아 가르쳤으되 너희가 나를 잡지 아니하였
도다
56 그러나 이렇게 된 것은 다 선지자들의 글을
이루려 함이니라 하시더라 이에 제자들이 다
예수를 버리고 도망하니라
57 예수를 잡은 자들이 그를 끌고 대제사장 가
야바에게로 가니 거기 서기관과 장로들이 모
여 있더라
58 베드로가 멀찍이 예수를 따라 대제사장의 집
뜰에까지 가서 그 결말을 보려고 안에 들어
가 하인들과 함께 앉아 있더라
59 대제사장들과 온 공회가 예수를 죽이려고 그
를 칠 거짓 증거를 찾으매
60 거짓 증인이 많이 왔으나 얻지 못하더니 후
에 두 사람이 와서
61 이르되 이 사람의 말이 내가 하나님의 성전을
헐고 사흘 동안에 지을 수 있다 하더라 하니
62 대제사장이 일어서서 예수께 묻되 아무 대답
도 없느냐 이 사람들이 너를 치는 증거가 어
떠하냐 하되
63 예수께서 침묵하시거늘 대제사장이 이르되
내가 너로 살아 계신 하나님께 맹세하게 하
노니 네가 하나님의 아들 그리스도인지 우리
에게 말하라
64 예수께서 이르시되 네가 말하였느니라 그러
나 내가 너희에게 이르노니 이 후에 인자가
권능의 우편에 앉아 있는 것과 하늘 구름을
타고 오는 것을 너희가 보리라 하시니
65 이에 대제사장이 자기 옷을 찢으며 이르되
그가 신성 모독 하는 말을 하였으니 어찌 더
증인을 요구하리요 보라 너희가 지금 이 신
성 모독 하는 말을 들었도다
66 너희 생각은 어떠하냐 대답하여 이르되 그는
사형에 해당하니라 하고
67 이에 예수의 얼굴에 침 뱉으며 주먹으로 치
고 어떤 사람은 손바닥으로 때리며
68 이르되 그리스도야 우리에게 선지자 노릇을
하라 너를 친 자가 누구냐 하더라
69 베드로가 바깥 뜰에 앉았더니 한 여종이 나
아와 이르되 너도 갈릴리 사람 예수와 함께

있었도다 하거늘
70 베드로가 모든 사람 앞에서 부인하여 이르되
나는 네가 무슨 말을 하는지 알지 못하겠노
라 하며
71 앞문까지 나아가니 다른 여종이 그를 보고
거기 있는 사람들에게 말하되 이 사람은 나
사렛 예수와 함께 있었도다 하매
72 베드로가 맹세하고 또 부인하여 이르되 나는
그 사람을 알지 못하노라 하더라
73 조금 후에 곁에 섰던 사람들이 나아와 베드
로에게 이르되 너도 진실로 그 도당이라 네
말소리가 너를 표명한다 하거늘
74 그가 저주하며 맹세하여 이르되 나는 그 사
람을 알지 못하노라 하니 곧 닭이 울더라
75 이에 베드로가 예수의 말씀에 닭 울기 전에
네가 세 번 나를 부인하리라 하심이 생각나
서 밖에 나가서 심히 통곡하니라

27:1 새벽에 모든 대제사장과 백성의 장로들이
예수를 죽이려고 함께 의논하고
2 결박하여 끌고 가서 총독 빌라도에게 넘겨
주니라
3 그때에 예수를 판 유다가 그의 정죄됨을 보
고 스스로 뉘우쳐 그 은 삼십을 대제사장들
과 장로들에게 도로 갖다 주며
4 이르되 내가 무죄한 피를 팔고 죄를 범하였
도다 하니 그들이 이르되 그것이 우리에게
무슨 상관이냐 네가 당하라 하거늘
5 유다가 은을 성소에 던져 넣고 물러가서 스
스로 목매어 죽은지라
6 대제사장들이 그 은을 거두며 이르되 이것은
핏값이라 성전고에 넣어 둠이 옳지 않다 하고
7 의논한 후 이것으로 토기장이의 밭을 사서
나그네의 묘지를 삼았으니
8 그러므로 오늘날까지 그 밭을 피밭이라 일컫
느니라
9 이에 선지자 예레미야를 통하여 하신 말씀이
이루어졌나니 일렀으되 그들이 그 가격 매겨
진 자 곧 이스라엘 자손 중에서 가격 매긴 자
의 가격 곧 은 삼십을 가지고
10 토기장이의 밭 값으로 주었으니 이는 주께서
내게 명하신 바와 같으니라 하였더라
11 예수께서 총독 앞에 섰으매 총독이 물어 이
르되 네가 유대인의 왕이냐 예수께서 대답하
시되 네 말이 옳도다 하시고
12 대제사장들과 장로들에게 고발을 당하되 아
무 대답도 아니하시는지라
13 이에 빌라도가 이르되 그들이 너를 쳐서 얼
마나 많은 것으로 증언하는지 듣지 못하느냐
하되
14 한 마디도 대답하지 아니하시니 총독이 크게
놀라워하더라
15 명절이 되면 총독이 무리의 청원대로 죄수
한 사람을 놓아 주는 전례가 있더니
16 그때에 바라바라 하는 유명한 죄수가 있는데
17 그들이 모였을 때에 빌라도가 물어 이르되
너희는 내가 누구를 너희에게 놓아 주기를
원하느냐 바라바냐 그리스도라 하는 예수냐
하니
18 이는 그가 그들의 시기로 예수를 넘겨 준 줄
앎이더라
19 총독이 재판석에 앉았을 때에 그의 아내가
사람을 보내어 이르되 저 옳은 사람에게 아
무 상관도 하지 마옵소서 오늘 꿈에 내가 그
사람으로 인하여 애를 많이 태웠나이다 하
더라
20 대제사장들과 장로들이 무리를 권하여 바라
바를 달라 하게 하고 예수를 죽이자 하게 하
였더니
21 총독이 대답하여 이르되 둘 중의 누구를 너
희에게 놓아 주기를 원하느냐 이르되 바라바
로소이다
22 빌라도가 이르되 그러면 그리스도라 하는 예
수를 내가 어떻게 하랴 그들이 다 이르되 십
자가에 못 박혀야 하겠나이다
23 빌라도가 이르되 어찜이냐 무슨 악한 일을
하였느냐 그들이 더욱 소리 질러 이르되 십
자가에 못 박혀야 하겠나이다 하는지라
24 빌라도가 아무 성과도 없이 도리어 민란이
나려는 것을 보고 물을 가져다가 무리 앞에

서 손을 씻으며 이르되 이 사람의 피에 대하
여 나는 무죄하니 너희가 당하라
25 백성이 다 대답하여 이르되 그 피를 우리와
우리 자손에게 돌릴지어다 하거늘
26 이에 바라바는 그들에게 놓아 주고 예수는
채찍질하고 십자가에 못 박히게 넘겨 주니라

원 의미

마태의 수난 기사의 마지막 항목에서(26:1-46), 우리는 유월절 기념과 성찬 제정, 예수를 체포하게 만들었던 종교지도자들과 유다의 음모, 예수의 장사를 위해 기름부은 여인, 그리고 유다의 배신과 예수에 대한 충성을 부인하는 제자들에 관한 예수의 예언을 보았다. 그 항목은 예수가 고뇌의 기도를 드렸던 겟세마네 동산의 운명적인 여행으로 결론을 맺었다. 이제 이 현재의 항목에서 우리는 예수의 체포, 고난, 재판을 살피게 된다. 이 사건들을 마태가 길게 다루고 있음은 예수의 죽음이 구원의 하나님의 계획에서 갖고 있는 중심적인 위치를 알려준다. 즉 그것은 우리의 신학의 발전에서, 그리스도 안에서 공동의 예배와 개인의 성장에서, 그리고 기다리고 있는 세상에 우리가 선포하는 메시지에서, 우리들을 위해 보유된 중심적인 위치를 깨닫게 만든다.

십자가에 못 박히시는 메시아는 유대인들의 흔한 기대와는 거리가 멀었지만 그것은 초대교회의 설교와 가르침에서 기초적인 역사적 사실이 되었다. 십자가의 메시아는 기분 좋은 종류의 "좋은 소식"을 원하는 현대적인 그리스도인들과 비그리스도인들에게는 상당히 이례적인 것으로 보인다. 하지만 예수의 십자가의 보혈은 유일한 좋은 소식을 전하는 역사의 사실이다. 즉 인간이 되신 하나님의 아들이 불명예스러운 죽음을 참아내시어 인간이 죄의 죽음의 권세에서 해방되는 영광스러운 생명을 경험할 수 있게 하셨다.

예수가 체포되시다(26:47-56)

아버지의 뜻에 전적으로 순종할 것을 헌신했던, 겟세마네에서 아버지께 대한 고뇌의 기도를 세 번 드리신 후에, 예수는 핵심적인 세 제자들에게 돌아오시나 그들이 다시 잠자는 것을 발견하신다. 제자들의 더 커다란 그룹도 이전에 자주 머물렀던 동굴에서 아마도 잠자고 있었을 것이다(26:36의 주석을 보라). 예수는 십자가의 냉혹한 길이 배신자의 도착으로 빠르게 진행되고 있음을 말씀하신다(26:45-46).

유다와 무장한 성전근위대(26:47). 유다는 배신의 준비를 마치기 위해서 다락방의 마지막 만찬 시에 예수와 제자들에게서 떠났다(참조. 요 13:26-30). 겟세마네 동산은 예수와 제자들이 자주 모이던 장소였기에(참조. 요 18:2), 유다는 예수를 어디에 가면 찾을 수 있을지를 이미 알고 있다. 그는 무장한 큰 무리들과 함께 도착한다. 마태는 배신자를 "열둘 중의 하나"로 언급함으로써 부각시킨다. 그는 내부 배신자이며, 신뢰 관계를 교묘히 이용하고 있다.

유다와 같이 온 중무장한 사람들은 성전을 지키도록 빌라도가 재가한 로마 파견부대였을 것이다(참조. 요 18:3, 12; 마 27:65; 28:11의 주석을 보라). 그들은 백병전에 사용할 수 있는 작은 양날검('마카이라이')을 지닐 수 있도록 허락되었다(참조. 26:51; 엡 6:17). 곤봉(몽치)을 지닌 레위 지파의 성전 정찰대와 대제사장과 산헤드린의 보호대들도 체포조의 커다란 무리에 포함되었을 것이다. 대제사장과 장로들이 그들을 보냈고, 유다는 이들과 배신을 모의했다(마 26:14-16). 이 무리들은 유대 백성들의 최상의 권위를 대변하고, 로마 총독이 승인하였다.

예수가 예루살렘에 승리적으로 입성하실 때, 대중들은 그가 로마의 압제의 멍에를 부수는 메시아적 구원자일 것이라는 소망을 가졌기에(참조. 21:8-11), 성전 당국자들은 예수가 봉기를 시작할 경우를 대비하여, 아마도 무장한 군대를 유다와 함께 보냈을 것이다. 이는 예수의 사명에 대한 계속된 오해이며, 하나님의 목적을 잘못 이해한 데서 나온 빗나간 관점을 반영해준다. 어쨌든 유다는 예수의 체포를 저항할 수 있는 도성의 무리들로부터 떨어져 있는 차단된 동산에 예수가 있을 때 한밤중에 무장한 군대를 인도하고 있다.

유다의 죽음의 키스(26:48-49). 고대(그리고 현대) 팔레스타인의 사람들은 관습적으로 볼에 키스함으로 인사했다. 유다는 군사들에게 예수가 누구인지를 알려주기 위한 신호로 예수에게 키스할 것을 미리 준비했다(26:48). 그들이 갈릴리의 순례자를 알지 못하고, 또한 유월절 순례자들의 여타 그룹들이 예루살렘 주변의 동산에서 정주하고 있기 때문이다. 키스하는 것은 존경하는 랍비에게 인사하는 관습적인 방법이고, 부끄럼 없는 위선이라기보다는 평화의 인사로서 다른 제자들에게 보였을 것이다. 이 사건 이후부터 유다는 예수를 팔아먹은 자로서 성경과 역사에서 치욕적인 불명예의 사람이 된다.[1]

---

1. 10:4; 26:25; 27:3; 막 8:19; 눅 6:15-16; 요 6:71; 12:4; 13:2; 18:2, 5을 보라. Wilkins, *Following the Master*, 164ff을 보라.

내부 배신자(26:50). 예수는 유다와 관계를 가졌으나, 유다는 그것을 자신의 목적을 위해 남용하고 이용했다. 슬픈 아이러니를 담은 채로 예수는 "친구여 네가 무엇을 하려고 왔는지 행하라"고 말씀하신다. "친구여"('헤타이로스')란 지칭은 마태복음에서 세 번 발견된다. 이전에 두 번의 경우는 특권적인 관계를 남용한 사람을 부르기 위한 비유에서 예수가 그것을 사용했다(20:13; 22:12). 여기서 유다는 메시아 예수와의 아주 특권적인 관계를 배신한다.[2] 그는 예수가 그에게 뻗쳤던 사랑과 우애를 증오하고 이용한다.

예수의 반응을 질문으로 번역할 수 있지만(RSV: "네가 왜 여기에 있느냐?"), NIV는 그것을 적절하게 명령("네가 하기 위해서 온 것을 행하라")으로 번역한다. 이는 수난 기사에 스며 있는 거룩한 불가피성의 주제를 연속시킨다(참조. 요 13:27b). 유다는 친구과 대적자들을 자기 목적을 개진하기 위해서 이용하고 있지만, 예수는 그의 속임수를 친구와 대적자들을 하나님과 서로 화목하게 하기 위한 목적을 이루기 위한 것으로 조정하신다.

무기를 갖고 저항하는 제자(26:51-54). 영예의 키스의 기만적인 표시로 불명예스러운 배신이 행해지고, 일단의 무장한 군사들이 예수를 체포하기 위해서 나선다. 요한이 시몬 베드로라고 말하고 있는(요 18:10-11) 예수의 제자 중 한 사람이 품고 있던 검('마카이라', 체포조들이 들고 있는 것과 동일한 종류)을 취하여 대제사장의 종 말고를 내리침으로써 예수 보호하기를 시도한다. 하지만 가볍게 스쳐 지나감으로써 그의 귀만을 벤다(마 26:51). 누가는 예수가 그 귀를 치유하였다고 기록한다(눅 22:51).

하지만 예수는 베드로에게 검을 치우라고 말씀하신다: "네 칼을 도로 칼집에 꽂으라 칼을 가지는 자는 다 칼로 망하느니라." 이 세상의 방식은 인간의 권세 심지어 폭력을 통해 다른 이들에게 자신의 뜻을 주장하는 것이다. 이 세상의 방식은 복수에 복수를 더하는 것이다. 폭력을 옹호하는 사람들의 불가피한 결과는 자주 폭력으로 끝이 난다. 이 한마디보다도 더 넓은 성경적 지지를 필요로 하는 평화주의의 총괄적인 보증을 예수가 줄 수는 없을 것이다.[3] 예수는 하나님의 뜻을 진척시키거나 폭력적인 수단으로 다른 이들에게 강요하는 개념을 거부하신다. 무력의 사용을 인도하는 일반적인 원리는 충성이 하나님 나라의 목표에 주어져야 한다는 것이다(참조. 5:38-42). 지금 무력을 베드로가 사용한 것은 하나님 나라의 우선순위

2. Rengstorf, "ἑταῖρος," *TDNT*, 2:701.

3. France, *Matthew*, 375-76.

에 따른 것이 아니라 보복하려는 인간의 욕구에 따른 것이다.

"너는 내가 내 아버지께 구하여 지금 열두 군단 더 되는 천사를 보내시게 할 수 없는 줄로 아느냐"고 말씀하심으로써 예수의 설명이 이 원리를 예증해준다. 예수는 인자로서 영광 중에 다시 오실 때 천사들이 그를 수반한 것을 이미 알리셨다. 그가 택한 자들을 모으시는 일을 하실 때 말이다(24:30-31). 이는 하나님의 주권적인 아들로서 예수의 신분과 일치하는 또 다른 모습이다. 그는 하늘의 천사적 존재들을 그의 처분 하에 두고 있다. 로마의 군단은 6천명의 병사들로 구성되어 있다. 그것은 예수가 72,000명의 천사들을 소집할 수 있음을 의미한다. 이 수는 상징적인 가치를 갖지만, 중요한 것은 이것이 예수가 운용하실 수 있는 막대한 자원을 가리킨다는 사실이다(왕상 6:17을 참조하라). 환경이 예수의 사명을 방해하고 있는 것으로 보이나 그런 사건들도 역시 그의 통제 하에 있다.

예수는 "성경"에 예언된 하나님의 구속의 계획을 실행하기 위해 오셨다(26:54). 예수는 여기서 특별한 예언적 성경구절을 가리키지 않고, 그를 십자가로 이끌게 "하는"('데이') 지상 사역의 목적을 가리키는 전반적인 성경을 가리킨다. 이것은 "거룩한 필연성"이다.[4] 겟세마네 동산에서의 기도에서 알리셨던 것처럼, 그의 뜻을 추구하는 것이 아니라 아버지의 뜻에 순종함이 예수의 궁극적인 바람이다.

예수는 저항하지 않으신다(26:55-56a). 예수는 그를 체포하기 위해 나아온 무장한 파견대들을 비웃으신다. 그는 이 주간에 그들이 접근할 수 있었던 성전 경내에서 가르치셨기 때문이다. 그의 가르침은 종교 당국자들의 권위에 분명한 위협이 되었다. 하지만 그들은 예수의 권위 있는 거룩한 말씀에 대응할 수 없었기 때문에, 그의 가르침을 반박하지 못했다. 그들은 예수의 대중적인 인기로 인해 그를 체포할 수가 없었다. 그리하여 그들이 가능할 수 있는 유일한 힘을 갖고서—비겁하게 한 밤중에 검과 곤봉으로—예수를 체포하기 위해서 나아온다. NIV에서 "내가 반란을 주도하고 있는가?"(Am I leading a rebellion, 26:55)라는 사족의 질문은 역으로 말해서 예수를 무력적인 반란자로 그들이 비난하고 있다.

마태는 여기서 예수가 십자가에 못 박히실 때에 양쪽에 있었던 사람을 묘사한 것과 동일한 말('레스테스')을 사용하고 있다(27:38; 막 15:27). 그것은 로마의 군대에 저항하는 반란자로서 바라바를 묘사한 것과 동일한 단어다(요 18:40).[5] 예수

4. Hagner, *Matthew*, 2:790.

5. Horsley and Hanson, *Bandits, Prophets, and Messiah*, 48-87.

는 하나님 나라를 세우는 수단으로서 폭력을 일관되게 거부하신다. 하지만 성전 당국자들은 예수가 배격한 폭력의 죄로 그를 참소함으로써 하나님의 뜻에 대한 그들 자신의 불순종을 덮으려 한다. 이것이 아마도 빌라도에게 예수를 기소할 때 덮어씌운 죄목일 것이다.

하지만 그들의 영악한 조작이 하나님의 목적을 방해하지는 못한다. 예수는 하나님이 오래 전에 그들의 기만을 예정하셨음을 종교 당국자들의 대표자들에게 선언하신다. 신약성경에서 오직 여기서만 발견되는 표현(특히 사 53장; 슥 12-13장)인 "선지자들의 글"에서 하나님의 대변자들은 그들의 사악함을 예언했다. 예수의 십자가 죽음의 사건을 통한 구속의 계획은 거룩하게 예언되었지만, 이 악한 일을 행하는 자들은 책임을 지게 될 것이다. 종교 당국자들의 악한 행위는 하나님의 계획을 이룰 것이나 그들의 근본적인 개인적 민족적 책임이 뒤따를 것이다.

제자들이 예수를 버리고 도망하다(26:56b). 검을 휘둘러 무력으로 보복하려는 베드로의 맹렬한 요구는 제자들이 예수와 더불어 체포될 수 있다는 무력감을 낳게 하여 그들은 그곳에서 도망한다. 이 사건들을 하나님이 예정하셨다는 불가피성에 대한 예수의 선언이 그들로 하여금 하나님의 제어를 신뢰함으로써 확고히 서게 했어야 했는데 말이다. 그는 그들의 비겁함을 예언하셨다(26:31-34). 그들은 거짓된 허세를 부렸고, 예수의 예언적인 말씀은 이루어졌다. 다시 한번 인간적인 지원을 가장 필요로 하는 시간에 예수는 가장 가까운 추종자들에게서 버림을 받으신다. 그만이 오직 십자가에 직면하신다.

예수에 대한 유대인의 재판(26:57-68)

겟세마네 동산에서 체포되신 후에, 예수는 "대제사장 가야바에게로 끌려가니 거기 서기관과 장로들이 모여 있었다." 유대 종교 당국자들은 예수를 심문하고, 그에게서 율법을 범한 죄를 찾으며, 로마법을 위반한 것으로 그를 고발하는 사례를 설정하기 위해서 아주 급하게 모였다. 로마인들은 모든 사법적 절차를 관장하였지만, 속국의 사람들에게 자신들의 율법적 문제를 다룰 수 있는 자유를 주었다. 하지만 사형에 대해서는 로마의 법으로만 처리할 수 있게 하였고, 로마 정부가 어떤 경우에도 송사에 참여할 수 있는 권리를 보유하여 재판을 관장할 수 있었다. 대제사장은 로마의 관료들과 공모하여 자신의 권세에 위협적인 사람들을 다루는 방법을 잘 알고 있었다.

학자들은 후대의 미쉬나의 법적 절차에 따라서 예수에 대한 유대의 법적 절차의 불규칙성을 오래도록 주목했다(특히 *m. Sanh. 4-7*). 이런 특이한 것들 중에는 재판이 밤에 열리고, 성전공관이 아니라 대제사장의 집에서 개최되며, 축제일 전날에 행해지고, 방면의 이유를 찾는 것이 아니라 죄책의 이유를 찾는 것으로 시작하고 있으며, 목격자들이 서로 일치하지 않으며, 거짓증거를 하고 있으며, 평결이 한 밤을 잔 후에 그 다음 날 밤까지 기다리지 않고 동일한 날에 확정되고 있다는 것이다. 하지만 미쉬나의 재판 기준이 거의 2백년 뒤에 모아진 것이기 때문에, 예수의 재판 시에 산헤드린의 관행이 어떠했는지를 정확히 알기는 어렵다. 마찬가지로 사두개인의 대제사장이 주관했던 재판은 미쉬나에서 발견되는 사람들인 바리새인들의 관행을 따르지 않았을 것이다.[6]

따라서 이 재판의 비정상적인 특징은 복음서 기록들의 역사를 무효화시키지는 못한다. 오히려 그것은 재판이 얼마나 잘못된 편의주의로 진행되었는지를 알려준다.[7] 예수에 대한 유다의 예상치 못한 배반이 기회를 보고 있던 종교 당국자들에게 예수를 제거할 수 있는 찬스를 재빨리 이용하도록 자극하였을 것이다. 안식일이 다가오고 있고, 예수가 추종자들을 더 많이 얻기 전에 로마 당국자들은 예수를 제거하려는 대제사장들의 시도를 분명히 지지한다. 또 유대 당국자들은 예수가 민족의 안정에 위협이 되고 있음을 로마인들에게 설득할 수 있다면, 그들은 유대인들이 보는 앞에서 십자가의 처형으로 예수의 평판을 떨어뜨릴 수 있다고 여긴다.[8]

마태는 예수의 체포와 재판의 부당성을 서기관과 장로들이 이미 대제사장 가야바의 집에 모여 있었음을 알림으로써 돋보이게 한다(26:57; 26:3의 주석을 보라). 그들은 재판의 신속한 선언을 하기 위해서 기다리고 있다. 복음서 저자 중 누구도 예수의 죽음으로 이끈 재판의 과정을 상세하게 설명하고 있지는 않지만, 나타난 전반적인 패턴은 유대 당국자들이 먼저 예수를 심문하고 신성모독으로 판결한다. 예수는 먼저 직전 제사장이며 가야바의 장인인 안나스(요 18:13-24)에게로, 그 다음에 일부가 모여 있는 산헤드린 앞으로(26:57-68), 그 다음에 판결을 선언하기(27:1-2) 위해 충분히 모여 있는 산헤드린의 종교회의 석상으로 데려 가졌을 것이

6. 논의를 위해서는 Brown, *Death of the Messiah*, 357-63; Carson, "Matthew," 551-53; Garland, "Mark," 291을 보라.

7. 예수의 재판에 관한 복음서 기사의 역사성에 관한 고전적이고 활발한 변증을 위해서는 Sherwin-White, "The Trial of Christ in the Synoptic Gospels," *Roman Society and Roman Law in the New Testament*, 24-47을 보라.

8. Hanger, *Matthew*, 2:797.

다(27:11의 주석을 보라).[9]

가야바의 집(26:57-58). 겟세마네 동산에서 체포되신 후에 예수는 호화로운 궁전인 대제사장 가바야의 집으로 이송된다. 고고학적인 발견들은 가야바란 사람이 소유한 집은 안나스와 가야바가 공동으로 집무할 만큼 커다란 집이었다고 주장한다. 그리하여 예수가 이른 아침에 짧은 시간에 두 번이나 재판에 모습을 보인 것이 상당한 이유가 있게 만든다.[10]

예수가 유대 종교 당국자들 앞에서 이송될 때, 베드로가 멀찍이 체포조의 뒤를 따라간다. 요한복음은 대제사장과 연계를 갖고 있던 요한 자신일 것으로 보이는 또 다른 제자가 베드로를 동반하였음을 알려준다(참조. 요 18:15-16). 베드로는 예수와 체포조를 대제사장 집의 마당으로 따라가서 경배대원들("하인들"—개역개정) 사이에 몰래 앉아 있는 용기를 보여준다.

거짓 증인들(26:59-60). 처음으로 마태는 "온 공회"(산헤드린)가 예수를 심문하기 위해서 모였다고 적는다. 그것은 필요한 구성요소가 형성되었음을 의미한다. 지금까지 초점은 가야바의 세력의 더 작은 선별된 그룹인 "대제사장들과 백성의 장로들"(26:3, 47)에게 있었다. 산헤드린(공회, '시네드리온')은 모인 공회를 나타내며, 이는 지역의 유대 법정(5:22; 10:17)이나 여기서처럼 때로 예루살렘 유대 지도자들의 총회를 의미하는 유대인들의 최고의 법정을 나타내는 것으로 느슨하게 번역되었다. 나중에 이 용어는 유대 정부와 법 제도의 조직에 기여했던 미쉬나의 논문에서 하나의 칭호가 되었다

산헤드린이 대제사장을 포함하여 70명으로 구성되었을지라도, 도둑이나 개인 상해와 관련한 사건들은 적은 세 명의 구성원들로도 결정할 수 있었다. 사형이 판결되는 중죄와 관련했을 때, 현자들은 23명의 정족수를 갖출 것을 요구했다(*m. Sanh.* 1.1). 예수 시대에 산헤드린의 구성 성분이 논쟁이 된다. 아마도 고위 제사장들과 예루살렘의 귀족적인 장로들(즉, 사두개인들이 지배한)의 혼합이었을 것으로 보이나, 율법 전문가인 "서기관"(26:57)을 통한 바리새인들의 영향이 있었을 것이다.[11]

---

9. Brown, *Death of the Messiah*, 357-63; Morris, *Matthew*, 678-80.

10. 예루살렘에서 거대한 저택에 관한 발굴과 복음서 기사와의 가능성 있는 관계에 대한 기사를 위해서는 Arthur Rupprecht, "The House of Annas-Caiaphas," *Archaeology in the Biblical World* 1/1(Spring 1991): 4-17을 보라. 또한 Rousseau and Arav, "Jerusalem, Caiaphas' s House," *Jesus and His World*, 136-39을 보라.

11. 산헤드린과 그것의 변질된 본질에 관한 충분한 논의를 위해서는 Brown, *Death of the Messiah*, 340-57을

범죄가 입증될 때까지 무죄를 가정하는 대신에 산헤드린은 예수가 율법을 어겼음을 증거하는 거짓 증인들을 찾으려고 혈안이 된다. 많은 사람들이 앞으로 나아와서 거짓 증거를 대지만, 그들의 증언은 성립할 수가 없다. 마가는 증인들이 일관된 증거를 하지 못하였기 때문에 예수의 죄를 입증할 수 없었다고 진술한다(막 14:56). 전체 재판 과정이 엉터리다. 유대 지도자들은 가능한 한 빨리 예수를 제거하기 위해 사건들을 조작하고 있다.

성전을 헐고 다시 세움(26:61-63a). 마침내 예수가 "내가 하나님의 성전을 헐고 사흘 동안에 지을 수 있다"고 선언하였음을 증거하는 두 사람이 거짓 증인들의 무리로부터 나온다. "이 사람"으로 예수를 하대하여 언급한 것으로 보아서, 그들이 예수를 따르던 자가 아님을 보여주며, 그렇기에 이들이 예수의 말씀에 왜곡된 시각을 가질 수 있음을 보여준다. 예수가 성전을 정결케 하는 행위를 정당화할 수 있는 "이적의 표지"를 보여줄 것을 유대인들이 요구했던 이전 사역의 과정에서 예수가 말씀하셨던 선언을 그들은 분명히 언급하고 있다. 예수는 그들에게 "너희가 이 성전을 헐라 내가 사흘 동안에 일으키리라"(요 2:19)고 반응하셨다. 이 언급은 예수를 따르던 자들도 이해하기 어려웠고, 아울러 그 내용에 반감을 가졌던 자들은 이 말씀을 왜곡하기가 쉬었다.[12] 분명히 이 말씀은 예수에 대한 이야기가 들려지던 곳에서 다양한 형태로 예수의 대적자들 중에서 순환되었을 것이다.

다른 사람들은 그렇지 않을 때, 대제사장이 예수에 대한 이 심각한 고발을 깊이 관심을 둔 이유를 마태가 설명하고 있지는 않지만, 대제사장은 이것을 예수에 대한 진지한 고발로 생각하고, 벌떡 일어나서 예수에 대하여 "아무 대답도 없느냐 이 사람들이 너를 치는 증거가 어떠하냐"(26:62)고 묻는다. 이것은 충분히 순수한 질문일 수 있으나, 이 고발에서 대제사장은 예수가 하나님의 성전보다 자신을 더 높인 것으로 분명히 간주한다.

이 주간의 초기에 성전을 깨끗이 하는 예수의 대담한 행위는 아마도 대제사장을 분노케 하였을 것이다. 예수의 행위는 이스라엘 종교지도부에 대한 심판의 상징적 선언이었고, 성전의 행위의 목적에 대한 그의 권위를 선포한 것이었다.[13] 아

보라. 참조. Saldarini, *Pharisees, Scribes, and Sadducees*.

12. 요한은 예수가 물리적인 성전이 아니라 나중에 있을 예수의 몸의 부활을 예언하고 있음을 독자들에게 확실히 한다.

13. France, *Matthew*, 300-303; Morris, *Matthew*, 525-26; Davies and Allison, *Matthew*, 3:133-37; Sanders, *Jesus and Judaism*, 61-69.

울러 예수가 눈먼 자와 절름발이를 성전에서 치유하셨을 때(21:14-16), 그는 하나님을 경배하고자 하는 모든 사람들 속에 정결함을 세우는 권위를 보이셨다.

아마도 예수가 성전보다 더 크다고 이전에 선언했던 것(12:6)이 대제사장에게 역시 전달되었을 것이다. 이는 모세를 통한 성전의 행위와 관련한 하나님의 규정을 찬탈한 것으로서 신성 모독적인 주장이 될 것이다. 그러한 기소는 사형에 해당하다(참조. 행 6:11-14)는 것이었다.

예수가 침묵하시다(26:63a). 이런 식으로 분명히 왜곡된 이 고발은 대답할 수가 없다. 예수가 자신을 변호하기 위해 발한 어떤 말도 더 왜곡될 수 있을 것이기 때문이다. 그러므로 예수는 침묵하신다. 하지만 그것은 "주권적인 침묵"이다.[14] 이 긴 밤을 통해서 예수는 이 사건들의 거룩한 불가피성을 언급하셨다. 성경은 이 사건들을 예언했고, 하나님 아버지의 뜻이 이 사건들을 관장하신다. 침묵의 주제는 예수의 재판 동안에 자주 나타난다. 이는 이사야 53:7을 성취시키며, 참소자들에게 예수의 죽음의 책임을 두게 한다.

네가 그리스도냐(26:63b). 그는 두 증인들의 날조된 고발로부터 예수에게 유죄 평결을 얻을 수 없었기 때문에 예수의 침묵은 대제사장을 좌절케 한다. 그러므로 그는 그 고발을 토대로, 살아 계신 하나님에 의한 경건한 맹세 하에 예수를 둔다: "네가 하나님의 아들 그리스도인지 우리에게 말하라." 예수를 둘러싼 논쟁의 핵심은 그가 메시아인가 아닌가에 있다. '그리스도'(히. 메시아)란 칭호는 보통의 사람들의 마음속에 백성들을 해방시킬 다윗가의 구원자에 대한 소망을 함축하고 있다. 가야바는 이런 방식의 질문으로 유도함으로써 로마법에 대항하는 반동죄로 예수를 빌라도에게 고소할 수 있도록 몰아가려고 애쓴다.

"메시아"와 "하나님의 아들"은 이 문맥에서 근본적으로 동일한 표현이다. 이는 예기된 메시아가 다윗가의 아들이며 하나님의 아들임을 강조한다(16:16; 참조. 삼하 7:14; 시 2:7; 89:26-27). 대제사장은 오늘날 예수에 대해 우리가 진정으로 알고 있는 삼위일체적 의미에서 메시아를 생각하고 있지는 않다. 단지 가야바는 다윗가의 왕, 곧 영원히 그의 백성을 통치할 하나님의 기름 부음 받은 자로서 메시아에 대한 유대인의 개념에 의존하고 있을 뿐이다.[15]

하나님의 거룩한 메시아적 인자로서의 예수(26:64). 예수는 드라마틱하게 반응하

---

14. Hagner, *Matthew*, 2:799.
15. 이 개념에 대한 유익한 개관을 위해서는 Guthrie, *New Testament Theology*, 301-21; A. R. Millard and D. W. B. Robinson, "Sons(Children) of God," *IBD*, 3:1474-75을 보라.

신다. "네가 말하였느니라." 이에 대한 NIV의 번역은 문자 그대로 "네 스스로 말하였다"라는 헬라어 표현을 정확하게 반영하고 있다. 그것은 질문을 하고 있는 자에게 말의 책임을 돌리는 확증의 간접적인 방식이다. 이것은 유다가 자신이 배신자인지를 묻는 질문에서 예수가 반응했던 방식이기도 하다(26:25의 주석을 보라; 또한 27:11을 참조하라). 예수는 자신이 메시아라는 것을 확증하시지만 가야바의 부적절한 개념을 초월하여 그가 어떤 종류의 메시아인지 그가 어떤 방식으로 하나님의 아들이신 지를 더 자세히 설명하신다. 예수는 백성들이 오해할 수 있기 때문에 그의 사역에서 그들이 생각하는 종류의 메시아란 칭호를 삼가셨다. 하지만 이제 그가 어떤 종류의 메시아인지를 분명히 밝힐 때가 왔다: "내가 너희에게 이르노니 이후에 인자가 권능의 우편에 앉아 있는 것과 하늘 구름을 타고 오는 것을 너희가 보리라."

예수는 자신이 인간적인 메시아적 구원자가 아니고, 다니엘 7:13-14에서 예언된 거룩한 인자이며, 이전에 바리새인들과 논쟁 시에 인용한(마 22:41-46), 하나님의 우편에 앉아 있는 거룩한 분(시 110:1-2)으로 시편기자가 언급한 자임을 선포하신다. 가야바와 산헤드린 앞에서 예수가 그의 신분을 분명히 하기 위해서 사역 전체에 걸쳐서 사용하셨던 바로 그 칭호인 "인자"를 분명하게 규명하신다.[16] 즉 그들이 예수를 다음에 보게 될 때, 그는 영원히 통치하시는 영원한 왕으로서 오게 될 것이다. 그는 하나님의 아들, 메시아이시지만 그들이 상상할 수 없었던 높임의 방식으로 메시아가 되신다. 예수는 하나님과 동등한 것으로 자신을 취하신다. 유대인들은 메시아가 신일 것이라고는 믿지 않았는데, 여기서 예수는 야훼에 대한 신적인 관계성이 있음을 보여주심으로써 그들을 혼란케 하신다.[17]

신성모독죄(26:65-68). 가야바는 예수의 요지를 놓치지 않는다. 그는 자기 옷을 찢고,[18] "그가 신성모독 하는 말을 하였으니 어찌 더 증인을 요구하리요 보라 너희가 지금 이 신성모독 하는 말을 들었도다"라고 말한다. 신성모독은 하나님에 대항하여 행동하거나, 더 본질적으로는, 경멸스럽게 말한 것을 의미한다.[19] 레위기

16. "너희가 보리라"는 어구는 이인칭 복수다.
17. 이 이미지의 충분한 논의를 위해서는 Darrell L. Bock, *Blasphemy and Exaltation in Judaism: The Charge Against Jesus in Mark 14:53-65*(Grand Rapids: Baker, 1998)을 보라.
18. 신성모독의 죄를 확인한 후에 "재판관은 벌떡 일어서서 옷을 찢고 다시는 그것을 수선하지 않는다"라고 말하는 *m. Sanh.* 7.5을 참조하라. 또한 바나바와 바울은 루스드라 사람들이 자기들에게 신성한 신분을 부여하려는 것을 보았을 때 두려움으로 그들의 옷을 찢었음을 역시 주목하라(행 14:14).
19. 참조. "Blaspheme," *DJBP*, 97-98.

24:11은 "저주함으로 여호와의 이름을 모독한" 자를 돌로 쳐죽이라고 명한다(참조. 단 3:29; 마카비2서 15:22-24). 예수의 경우에 신성모독의 죄된 행위는 하나님의 이름에 대항하여 말한 것이 아니라 인자로서 신적인 신분을 갖고 있다는 그의 주장으로 인한 것이다. 예수는 하나님에게만 속한 특권이 있음을 주장하신다.[20]

신적인 신분에 대한 예수의 노골적인 주장을 들은 후에 가야바는 이 신성모독에 충분한 증거를 갖게 되었음을 선언한다. 그는 평결을 위해 산헤드린에게로 방향을 돌리며, 산헤드린의 구성원들은 "그는 사형에 해당하니라"(26:66)고 반응한다. 랍비들이 해석하는 것처럼(*m. Sanh.* 7.5) 유대 율법의 관점에서(레 24:10-23), 예수는 스스로 신인 것으로 주장하였기 때문에 사형에 해당한다. 슬픈 아이러니는 예수가 진실을 말하고 있고, 이 진실을 말한 것으로 인해 사형될 것이라는 사실이다.

그러나 로마법의 관점으로는 신성모독이 사형에 해당하지 않는다. 따라서 가야바와 산헤드린은 고소를 조작하여 반동자로서 로마에 위협적이고 로마 정부에 대항하여 폭동을 일으킬 사람들을 주변에 모으는, 흔히 발생했던, 메시아인체 하는 사람으로서 예수에게 초점을 맞춘다(참조. 27:1-2, 11).

신성모독의 극치에 이른 것으로 생각한 산헤드린의 관료들은 예수의 얼굴에 침을 뱉고, 주먹으로 때리며(26:67), 자칭 신이며 모든 능력을 가진 인자임을 선언하신 분을 모욕하기 위해서 어린이들의 게임에서나 있을 잔인한 방식으로 학대한다(26:68).[21] 예수에게 침을 뱉는 것은 거룩한 신분에 대한 그의 주장을 경멸하는 것이며, 그를 때리는 것은 그의 능력 없음을 보이려는 것이며, 누가 그를 때렸는지 알지 못하는 것으로 조롱한 것은 그가 미래를 아는 예언적 은사를 갖지 못하였음을 보여주려는 시도다.[22]

예수에 대한 베드로의 부인(26:69-75)

산헤드린의 손에 예수가 심문을 받는 동안에, 베드로는 안쪽 마당(개역개정 "바깥 뜰"로 번역함—옮긴이)에서 기다리고 있다. 베드로는 재판이 진행되는 다양한

20. Brown, *The Death of the Messiah*, 523.

21. Flusser("Who Is It That Struck You?" in *Jesus*, 187-94)는 그 조롱을 그때나 오늘이나 어린이들의 놀이만이 아니라 이방인들이 유대 죄수들을 조롱하는 전쟁 포로와 직접적으로 연관짓는다.

22. Morris, *Matthew*, 686.

시간에 이곳에 계속 있었기 때문에 그곳에서 봉사하는 여러 사람들과 재판이 끝나기를 기다리는 여타 사람들에게 더욱더 노출되기 시작한다. 그의 세 번의 부인은 긴 시간에 걸쳐서 발생한 것으로 보이나, 단 몇 구절로 그것을 압축함으로써 독자에게 그것의 영향력을 더욱 두드러지게 한다.

첫 번째 부인-여종(26:69-70). 마당의 입구에서 봉사하고 있던 여종이 먼저 베드로에게 다가가서 말한다: "너도 갈릴리 사람 예수와 함께 있었도다." 이는 베드로가 당한 세 번의 대면에서 가장 적은 위협에 해당한다. 그 선언이 주변의 다른 사람들에게가 아니라 베드로에게만 향해 있기 때문이다. 아마도 베드로와 처음에 마당에 같이 있었던 다른 제자(요 18:15-16)나 가룟 유다를 포함하여, 이 여종은 갈릴리의 예수와 베드로가 같이 있었다고 비난한다.

베드로는 이 위협적인 환경에서도 이른 아침부터 내내 용기 있게 그곳에 머물러 있었다. 하지만 예수와 그가 연관되었음이 공개적으로 노출되어 자신의 신변이 위협받기 시작할 때, 용기를 잃는다. 그는 그녀의 비난을 부인할 뿐만 아니라, 그녀가 무슨 말을 하고 있는지 알지 못한다고 들을 수 있는 반경 내에 있는 모든 사람들에게 부인함으로써 그것을 피한다(27:70). 분명히 그는 예수에 대한 충성을 선언할 수 있는 기회를 놓친다.

두 번째 부인-또 다른 여종(26:71-72). 베드로는 자신의 안전에 대한 위협이 가중되고 있음을 인식하고 안쪽 마당의 넓은 따뜻한 불이 있는 곳을 떠나 입구의 차갑고 음울진 곳으로 간다. 하지만 또 다른 여종이 그에게 다가온다. 이 대면은 여종이 "이 사람은 나사렛 예수와 함께 있었도다"라고 주변 사람들이 들을 수 있도록 큰 소리로 말하였기 때문에 이전의 대면보다 위협을 상승시킨다. "나사렛 예수"라는 지칭은 예수를 따르는 자들이 사용했을 때, 그것은 메시아적 구원자로서 그를 믿는 신앙의 표현이었다(행 2:22; 3:6; 10:38). 하지만 대적자들이 사용했을 때, 그 용어는 그의 메시아적 신분을 부정하는 경멸의 칭호였다(마 2:23의 주석을 보라). 베드로를 "이 사람"이라고 언급한 것도 역시 경멸을 내포한다(참조. 26:61).

두 번째 여종과의 대면은 첫 번째 대면보다 위협을 상승시키므로 베드로의 부인도 더 상승한다. 그는 "맹세함으로" 예수와의 연관을 부인한다: "나는 그 사람을 알지 못하노라." 이 맹세는 통속적인 맹세가 아니라 자신의 진술의 진실을 확증하기 위해서 거룩한 것(예를 들어, 하나님의 이름)을 불러내는 맹세다. 예수는 이전에 이런 종류의 맹세를 발하는 것을 경고하셨다. 사람들이 자신의 속임수를 가리기 위해서 자주 이런 시도를 하였기 때문이다(참조. 5:33-37). 베드로는 예수에 대한 충성을 부인함으로써 인격적인 비참 속으로 더욱 빠져들고 있다. 빌립보 가이사랴에서 베드로는 "그리스도시오 살아계신 하나님의 아들"로서 예수의 신분에 대한 매우 심오한 선언을 하였다(16:16). 그러나 이제 예수는 단지 "그 사람"일 뿐이다(26:72).

세 번째 부인-곁에 섰던 사람들(26:73-75). 또 다른 시간이 흘러(눅 22:59은 약 한 시간 가량 흘렀다고 말한다), 이제 대제사장과 산헤드린이 예수의 심문의 마지막 단계를 행한다. 예수는 공개적으로 자신의 거룩한 신분을 밝히셨고, 그것은 사형의 판결로 귀결될 것이다. 자신의 생명을 구하기 위해서 예수와의 어느 관계도 강력하게 부인함을 동반하는 베드로의 심문도 역시 강화된다.

베드로의 옆에 섰던 몇 사람이 그들(베드로와 아마도 또 한 제자)의 신분에 대한 확신을 갖고 베드로에게 의도적으로 다가가서 "너도 진실로 그 도당이라 네 말소리가 너를 표명한다"고 말한다. 예수의 제자들들 (유다를 제외하고는) 주로 갈릴리 출신이다. 예수는 그곳으로 사역의 전반을 제한하셨다. 이것이 그의 제자들을 예루살렘 지역의 유다의 사람들에게서 눈에 띄게 만들었다. 유다의 사람들은 갈릴리 사람들이 말하는 방식을 경멸했다.

세 번째이자 마지막 대면은 베드로에게 더욱더 위협을 상승시키므로 그의 부인도 자신을 저주하며 맹세하는 것으로 강화된다. 이는 그것이 만약 거짓이라면 자신에 대한 하나님의 진노를 배나 더하게 하는 강조적인 외침에 해당한다. 베드로가 다른 사람들에게 거짓말을 더욱 할수록 자신의 기만적인 진실성으로 무리들을 속이려는 시도도 더 강화된다—악명 높은 거짓말쟁이들의 잘 알려진 책략. 그의 세 번째이자 마지막 부인은 두 번째와 동일한 형태를 취한다. "나는 그 사람을 알지 못하노라."

주님에 대한 베드로의 부인은 예언되었다. 그는 자기 자신으로부터도 이런 부인을 숨기려고 하였을 것이나 예언된 징조가 나타난다. "곧 닭이 울더라." 그때에 베드로는 "닭 울기 전에 네가 세 번 나를 부인하리라"는 예수의 예언을 상기한다. 그가 예수에게 했던 강력한 약속은 그의 마음을 더욱더 고통스럽게 찔렀다. 그는 자신이 얼마나 초라한지를 알게 된다. "한번의 일로 그 의도를 항상 판단할 수는 없지만 삼세번으로는 그 진실이 확실해진다: 반복은 그의 결의를 반영해준다. 이것이 베드로의 다수의 부인이 얼마나 파멸적인 지의 이유다."[23]

---

23. Davies and Allison, *Matthew*, 3:549.

베드로에게 확증된 계시의 강렬한 매서움이 분명하게 진술된다: "밖에 나가서 심히 통곡하니라." 통곡은 자신의 무익함에 대한 인식으로 인한 것이다. 그는 예수의 제자로서 새로운 신분을 가져다 주었던 모든 것을 버렸기 때문이다. 하지만 통곡은 그의 회개의 첫 표지이기도 하다. "베드로의 사례는 시험을 항시 준비할 것을 우리들에게 경고해주지만 또한 그것은 설사 실패했더라도 우리가 새롭게 시작할 것을 요청한다. 이미 넘어졌지만 그리스도의 길로 다시 돌아가려는 사람들에게 자비를 보여야 함을 상기시킨다"(18:10-35과 비교하라).[24] 이것은 마태복음에서 베드로의 이름이 언급되는 마지막 시간이지만, 그는 열한 제자로 다시 나타나고(28:16), 초대교회에 탁월한 리더가 된다(참조. 행 1-10장).

산헤드린이 예수를 정죄하고 빌라도에게로 이송하다(27:1-2)

이른 새벽 시간에 심의는 신성모독죄로 인한 사형을 평결하였다(26:57-68). 이제 금요일 아침이 밝아지자 산헤드린의 더 많은 회원들이 낮에 예수에게 이전의 사형 언도의 공식적인 비준을 줄 수 있도록 종교회의로 모인다. 후대의 미쉬나의 기준에 따르면, 사형의 경우와 관련했을 때에는 현자들은 종교회의에 23명의 회원들이 참석할 것을 요구하였다(*m. Sanh.* 1.1). 그러나 마태는 그들이 어떤 대가를 치르더라도 예수를 처형하려고 의도하였기 때문에 법적인 조항이 산헤드린을 방해할 수 없었음을 분명히 한다.

이때에 유대 종교지도자들이 사형의 벌을 행사하기 위해서는 로마법에서 자유로울 수가 없었기 때문에, 예수를 호송하여 빌라도에게로 데려간다. 아마도 빌라도는 성전에서 예수를 둘러싸고 있는 소요에 관심이 있었을 것이고, 가야바가 종교 법정에서 예수를 자신에게로 데려오기를 압박했을 수 있다. 결국 유죄의 평결이 이루어지자, 예수는 앞으로 예수에게서 유죄를 찾고 처형할 빌라도에게로 이송된다. 대제사장과 로마 총독간의 우호적인 관계는 서로간의 정치적인 목적이 기여했을 것이다.

빌라도는 로마의 총독이자 디베리우스 황제 하에서 유대의 지사였다. 그가 처음 이곳에 총독이 되었을 때, 이스라엘에 로마의 우월성을 부과하기 위해서 노력하였다. 그는 예루살렘 전역에 황제의 형상을 걸었고, 이교도의 종교적 상징물이

24. Keener, *Matthew*(1997), 380.

담긴 동전을 주조하였다. 하지만 빌라도는 그러한 행위로 인해 유대인들로부터 점증된 비판을 받았고, 이 때문에 빌라도의 취약함을 종교지도자들이 이용하였으며, 평화를 유지하기 위한 빌라도의 시도에 이스라엘 종교지도자들이 제휴하였다. 거짓되게 황제와 대적하고 있는 자로 기소하여 예수에게 사형을 언도하려는 종교지도자들의 요청(27:11-14; 요 19:12)은 대중적인 폭동을 제거하는 일에서 환영받을 수 없는 방식은 아니었다.

유다의 후회와 자살(27:3-10)

유다는 지난번에 겟세마네 동산에서 예수를 배신한 것으로 마태의 기사에 나타났다. 유다는 아마도 예수와 체포조를 따라 가야바의 저택에 들어와서, 유대인들이 예수를 재판하는 동안 그곳에 있었을 것이다.

유다의 후회(27:3-4). 누가는 사도행전 1:16-19에서 유사한 자살의 기사를 기록하고 있을지라도, 마태만이 유다가 후회하는 감정과 피의 돈을 배격하는 시도를 기록한다. 마태는 유다의 "후회"("스스로 뉘우쳐"—개역개정)의 심각함을 보여주지만, 유다가 죄를 회개하고 있음을 암시하는 것으로 나타나지는 않는다. "뉘우쳐"('메타멜로마이', "후회")라는 단어는 "회개"('메타노에오')라는 통상적인 단어와는 다르다. "회개"는 일반적으로 또는 구체적인 죄의 측면에서 마음의 변화를 의미하는 반면에 "후회"는 유감의 감정을 경험한 것을 의미한다. 이 용어는 서로 중복될 수 있다. 회개하고 행동의 다른 형태를 취한 사람이 자주 후회의 감정을 경험할 수 있기 때문이다. 하지만 여기서 "후회"는 유다의 양심의 고통이 반환의 행위를 행하게 하지만, 참된 회개를 낳지 못하고 있음을 가리킨다(참조. 고후 7:8-10).

유다는 자신이 무고한 피를 팔아서 죄를 범하였다고 고백한다(27:4). 그의 극악한 배신의 행위가 그의 양심을 무겁게 짓눌렀다.[25] 그가 진정으로 불순종의 방식을 회개했다면, 하나님으로부터 죄 용서를 구했을 것이다.[26] 그는 그리하지 않고 예수의 피에 책임이 있고, "그것이 우리에게 무슨 상관이냐 네가 당하라"(27:4)고 반응하는 대제사장과 장로들에게로 간다. 이들의 마음은 유다보다 더 강퍅하다.

유다는 배신의 행위를 하고 나서 받은 은 삼십 냥을 돌려주려고 하고(참조.

25. Morris, *Matthew*, 694-95.
26. Otto Michel, "μεταμέλομαι, ἀμεταμέλητος," *TDNT*, 4:626.

26:14-15), 심지어 성전에 "핏값"을 던질지라도(27:5), 죄의 가책을 경감시킬 수가 없었다. 그가 지성소에 들어간 것은 아니고, 아마도 제사장들로 제한된 영역으로까지 아주 가까이 나아가서 분리대에 동전을 던졌을 것이다.

유다의 자살(27:5). 그때에 유다는 "물러가서 스스로 목매어 죽으니라." 이것은 신약성경에 기록된 유일한 자살 사건이다(참조. 삼상 31:4-5; 삼하 17:23; 왕상 16:18). 랍비적인 유대교는 자살을 도덕적으로 잘못된 것으로 생각하였다. 이는 생명을 주시고 오로지 그것을 취할 것을 선택하시는 하나님에게 반역하는 것이다(*b. ʾAbod. Zar.* 18a). 초대교회도 자살을 일종의 살인(자기 자신을 죽이는 것)으로 간주했기에 제6계명으로 금지하였다.

사도행전 1:15-25에서 사도들이 유다를 대체하려는 논의는 "유다는 이 직무를 버리고 제 곳으로 갔나이다"(1:25; 참조. 요 6:64)라고 언급한 것을 포함한다. 이는 베드로가 유다의 마지막 결과를 알고 있음을 암시한다—그가 받을 책임이 있는 영원한 심판의 장소로 할당되었다. 자살 행위 그 자체가 여기서 정죄의 초점이 아니라 예수로부터 떠나 배신한 행위에 초점이 맞추어져 있다. 그는 마귀에 의해 조종당했다(눅 22:3; 요 6:71; 13:26-27). 그는 자신의 행위에 따른 매일의 공포를 피하기 위해서 자살을 선택한 불신자였다. 그가 회개하지 않았기 때문이다.

27:3-10에서 목매어 유다가 죽은 것과 사도행전 1:18-19에서 곤두박질쳐서 죽은 기사를 접목시키려는 전통적인 시도는 그 밭을 제사장들이 유다의 돈을 사용하여 샀고, 그 후에 유다가 죄책감에 사로잡힌 후회로 목을 매어 죽었다는 것이다(그 밭에서든 또는 다른 곳에서든). 그가 목맨 구조물의 일부(아마도 나무의 가지)가 무너져서 창자가 튀어나올 정도로 장애물(아마도 바위)에 부딪히는 결과를 낳았을 것이다.[27]

종교지도자들이 토기장이의 밭을 사다(27:6-10). 유다가 떠난 후에 대제사장들은 동전을 모아서 "이것은 핏값이라 성전고에 넣어 둠이 옳지 않다"라고 말한다(그들은 신 23:18에서 발견할 수 있는 원리에 이것을 기초했다). 그들은 종교적인 관습을 지키는데는 세심하게 고집하지만 예수의 죽음을 사는 비양심적인 공모에는 마음이 강퍅해 있다. 아이러닉한 것은 핏값으로 성전고를 더럽히지 않으려고 조심하지만, 그들이 무고한 사람의 피를 흘리게 하는 돈을 제공한 자들이었다는 사

27. 예를 들어, Leen and Kathleen Ritmeyer, "Akeldama: Potter's Field or High Priest's Tomb?" *BAR* 20(Novemver-December 1994): 22-35, 76-78; 특히 25.

실이다.

따라서 그들은 "이것으로 나그네의 묘지를 삼기 위해서 토기장이의 밭을 살" 것을 결정한다. "그러므로 오늘날까지 그 밭을 피밭이라 일컫게"(27:7-8) 된다. "피밭"은 사도행전 1:19에 '아겔다마'로 음역된 아람어로 나타나지만, '아켈다마흐' 또는 '아켈다마'로 다양하게 읽혀진다. 분명히 대제사장들은 토기를 만드는 재료를 제공하는 것으로 이전에 알려진 지역을 발견하여 은 삼십 냥에 사고는, 예루살렘에 왔으나 자기 집으로 돌아가기 전에 죽은 여행객들을 위한 묘지로 삼는다. 폭력적인 죽음과 관련되었기 때문에(즉, 예수와 유다의 죽음), 그것을 "피밭"이라 불렀다.[28]

마태는 유다의 죽음과 대제사장들의 냉혹한 거래를 마지막 성취 인용구로 요약한다. "이에 선지자 예레미야를 통하여 하신 말씀이 이루어 졌나니 일렀으되 그들이 그 가격 매겨진 자 곧 이스라엘 자손 중에서 가격 매긴 자의 가격 곧 은 삼십을 가지고 토기장이의 밭 값으로 주었으니 이는 주께서 내게 명하신 바와 같으니라." 그러나 이 인용이 주로 스가랴 11:11-13에서 나온 것을 주목할 필요가 있다.[29] 이것은 이전에 마태가 몇몇 선지자들의 메시아적 "가지" 주제를 융합시킨 방식(마 2:23의 주석을 보라)과, 마가가 이사야와 말라기에서 인용들을 융합하고 이사야서를 인용한 방식과 유사하다(막 1:2; 참조. 사 40:3; 말 3:1). 예레미야는 특히 마태복음에서 이 두 선지자들보다 더 두드러지고, 그의 이름이 세 번 언급된다(마 2:17; 16:14; 27:9).

예레미야서와 스가랴서의 조합에 의존하고 있는 마태는 예수의 십자가로의 운명적 여행을 둘러싼 사건들이 역사의 무작위적인 비극이 아니라 하나님이 인간의 구속을 관장하는 예언된 행위임을 보여준다. 유다의 배신과 죽음 그리고 대제사장들의 표리부동과 냉혹한 조작이 아무리 혐오감을 불러일으키고 비극적일지라도, 하나님이 예언하셨다. 배신의 대가는 이스라엘 지도부의 심판의 주제로서 특히 나타난다.[30] 그것이 예레미야, 스가랴 또는 예수의 시대에서건, 이스라엘은 좋은 리

---

28. 학자들의 대다수는 토기장이의 밭이 있었던 곳을 오늘날 전혀 알 수 없음에 동의한다. Ritmeyer and Ritmeter, "Akeldama," 22-35, 76-78의 논의를 보라; 또한 동일한 이슈를 다루는 Gideon Avni and Zvi Greenhut, "Akeldama: Resting Place of the Rich and Famous," *BAR* 20(November-December 1994): 36-46을 보라.

29. 난제들에 대한 확장된 논의를 위해서는 Douglas M. Moo, "Tradition and Old Testament in Matt. 27:3-10," in *Gospel Perspectives*, 3:157-75; Knowles, *Jeremiah in Matthew's Gospel*, 15, 52-81을 보라.

30. Knowles, *Jeremiah in Matthew's Gospel*, 77-81; L. Mortje, "Matthew's Motive for the Composition of the Story of Judas's Suicide in Matthew 27:3-10," *Neotestamentica* 28(1994): 41-51.

더들을 배격하고 나쁜 리더 하에서 고통당하지만, 옳게 행하기를 거부한 나쁜 리더들은 하나님의 심판을 받을 것이다.

예수에 대한 로마의 재판(27:11-26)

마태는 십자가로의 예수의 여행에 관한 내러티브의 중심 단계로 돌아온다: "예수께서 총독 앞에 섰으매." 유대의 관료들이 예수를 심문하여, 신성모독의 죄를 찾고, 그에게 사형을 언도한다. 하지만 사형의 죄를 부과할 수 있는 최종적인 권위가 이스라엘에 없었기에 그들은 판결을 실행할 수 있도록 예수를 로마의 총독인 빌라도에게 데려간다. 종교적인 죄는 로마법 하에서는 사형에 해당하는 벌을 부과하기에 충분치 않았기에, 그들은 빌라도에게 예수를 건넬 때 죄목을 바꾼다. 대제사장은 로마 총독과 협력하여 예수를 다루는 방법을 잘 알고 있지만 그들의 관계의 심층에는 서로 다른 생각들이 들어 있다.

유대의 재판이 세 국면으로 전개되었듯이(26:57-68의 주석을 보라), 로마의 재판도 세 국면으로 전개된다: 예수는 먼저 빌라도에게 데려 가지고(27:2, 11-14), 그 다음에 헤롯 안티파스에게로(눅 23:6-12에서만), 마지막으로 그를 사형으로 정죄한 빌라도 앞에 두 번째로 나타나신다(마 27:15-26).

빌라도 앞에서의 예수(27:11-14). 빌라도는 "행정장관"(procurator, 26:57-68의 주석을 보라)[31]이란 칭호를 가졌다. 그것은 로마 제국의 행정에서 지방의 재정을 맡은 관료를 나타내지만, 유대와 같은 삼등급의 로마 지방의 "총독"(governor, '헤게몬' ; 27:11)으로도 사용된다. 총독은 군부대를 관장하는 "특사"(legate)였다. 또한 빌라도는 "제독"(prefect)이란 칭호도 본래 갖고 있었는데, 이는 다양한 고관들이나 고대 로마에서 여러 기능을 맡은 행정관을 지칭하며, 행정적, 재정적, 군사적, 사법적 기능을 하는 자를 일컫는다. 디베리우스는 예수 시대에 유대에서 혼합적인 책임의 종류를 만들었기에, 빌라도는 제독, 행정장관, 총독으로서 혼합된 의무를 감당했다.

범행 요건이 변질된 것을 예수에게 제기한 빌라도의 첫 질문에서 알 수 있다: "네가 유대인의 왕이냐?"(27:11). 이것은 가야바가 "네가 하나님의 아들 그리스도냐?"(26:63)라고 물은 것과 유사하다. 하지만 가야바는 다른 강조가 있었다—유대

---

31. "그리스도인"(크리스천)이란 용어의 발생을 설명하는 Tacitus, *Annals* 15.44에 기록되어 있다.

법에서 사형에 해당하는, 하지만 로마법에서는 그렇지 않은, 신성모독죄. 이 새로운 고소는 예수가 가이사와 경쟁하는 왕임을 주장했다는 반역과 폭동에 초점이 맞추어진다. 예수는 유다(26:25)와 가야바(26:64)에게 반응했던 것과 동일한 간접적인 방식으로 대답하신다. "네 말이 옳도다"(27:11). 그의 대답은 질문을 확증해 주지만, 그 질문이 함축하는 것을 적절히 분별하도록 그 책임을 빌라도에게 넘긴다.

예수는 자신이 유대인의 왕임을 확증하시지만, 이것이 의미하는 최종적인 판단을 빌라도의 책임으로 돌리신다. 하지만 대제사장들과 장로들이 추궁하였을 때 침묵하였듯이(26:63의 주석을 보라), 예수는 빌라도 앞에서 침묵하신다. 대제사장과 산헤드린이 거짓 증거를 제기하여 어찌되었든 예수를 로마 점령지에 위협적인 자로 빌라도를 설득할 수 있는 죄목으로 날조한다. 이스라엘의 메시아로서 예수는 유대인의 왕이시지만(참조. 2:1-6), 유대 지도자들은 디베리우스 황제의 적수나 반동자로 예수를 만들 수 있는 죄목으로 고발한다.[32]

예수는 빌라도의 최초의 질문에 대답하고서는 더 이상 어떤 말도 하시지 않는다. 그가 날조된 고발에 어떤 말도 하지 않기에 총독은 "크게 놀라워한다." 빌라도는 확실히 이 대면 이전에 예수의 소문을 들었을 것이나, 그는 예수가 위협적인 상황에서도 주권적인 침묵을 유지할 것을 예상하지 못했다. 예수는 이 재판이 조작된 것임을 아시고서 어떤 반응으로도 대응하지 않으신다. 대답을 거부하심은 마태의 독자들에게 이사야 53:7의 종을 생각나게 했을 것이다: "그가 곤욕을 당하여 괴로울 때에도 그의 입을 열지 아니하였음이여 마치 도수장으로 끌려가는 어린양과 털 깎는 자 앞에서 잠잠한 양 같이 그의 입을 열지 하니하였도다."

무리, 바라바, 예수(27:15-18). 제독으로서의 빌라도의 위치는 정죄나 판결에 상관없이 죄인을 방면하는 권리를 갖고 있었다. 백성들의 호의를 사려는 교묘한 방편으로 그는 "무리들"('오클로스')이 바라는 죄인을 유월절에 방면하는 관습을 이전에도 분명히 시행해왔다. 예루살렘의 백성들은 며칠 전에 예수의 예루살렘 입성 시에 "호산나"를 외쳤다. 아마도 예수를 그들에게 건네준다면, 이로 인해 백성들의 환심을 사서 사회적인 불안을 잠재울 수 있는 방편이 될 것으로 그는 생각한다.[33] 고대 세계에 축제 시에 죄인을 방면하는 널리 퍼진 관습의 증거가 있고,[34] 유월절

32. 눅 23:2은 이것을 삼중적인 기소로 확장시킨다: 우리는 이 사람이 백성들을 미혹하고 있음을 알고, 가이사에게 세금을 내는 것을 반대하며, 스스로 그리스도, 곧 왕이라고 주장하고 있다.

33. Flusser, *Jesus*, 164-66을 보라.

34. Robert L. Merritt, "Jesus Barabbas and the Paschal Pardon," *JBL* 104(1985): 53-68.

에 죄인을 방면하는 관습에 관한 복음서 기사는 이 관습을 반영해준다.

마태는 죄수 바라바를 백성들에게 잘 알려진 독립운동가로서의 평판이 있는 것처럼 "유명한"(notorious)이란 말을 붙인다. 그의 이름은 예수의 재판과 관련한 복음서 기사 이외에 신약성경의 다른 곳에서는 나타나지 않지만 사복음서 모두에서—종교지도자들의 설득에 의해서—빌라도가 유월절 축제 시에 방면하도록 무리들이 선택한 죄수로 나타난다.

바라바를 묘사한 것으로 사용된 용어(27:16; 막 15:7; 눅 23:19; 요 18:40)는 1세기 팔레스타인의 사회 역사의 최근 연구에서 살필 수 있는 산적들의 특징과 아주 유사하다.[35] "강도"('레스테스')로서 바라바는 산골 도적 떼에 속했을 것이다. 부분적으로 이런 게릴라들이 선동하는 사회적인 불안정은 흔했을 것이다. 예수가 못 박히실 때에 같이 달린 두 범법자들도 동일한 용어로 표현된다(27:38의 주석을 보라). 이 산적들은 이스라엘의 부유한 자들을 약탈함으로써 로마 정부를 혼란케 하였기 때문에 대중들에게 유명했다(부자의 재산을 약탈하여 가난한 자들에게 주었던 12세기의 로빈훗과 유사하다).

빌라도 앞에서 예수의 재판은 이른 아침 조용한 시간에 있었을 것이다(새벽에 끝난 유대의 재판을 생각해 보라, 27:1). 빌라도는 상대적으로 재빨리 이 재판을 끝내고, 인기 있는 예수가 체포되었다는 소식에 도성의 무리들이 소동을 일으키기 전에, 예수를 방면할 수 있을 것으로 생각했을 것이다. 하지만 이제 무리들이 도착하였고, 이제 빌라도는 이것이 더 공개적인 지지를 얻게 하는 기회가 될 수 있을 것으로 보고, 무리들에게 "너희는 내가 누구를 너희에게 놓아주기를 원하느냐 바라바냐 그리스도라 하는 예수냐?"라고 묻는다.

바라바를 "예수 바라바"라고 부른 27:16-17에서 흥미로운 변화가 발생한다. 현존하는 사본의 증거가 미약할지라도, 오리겐은 그의 시대에 대부분의 사본(약 A.D. 240년)이 완전한 이름을 포함하였을 것이라고 시사한다. 오늘날 많은 학자들은 완전한 이름을 원문으로 인정하고, 예수 그리스도의 이름을 바라바가 공유한 것에 불쾌함을 가진 후대의 서기들이 그것을 생략하였다고 제기한다.[36] 그렇다면, 마태의 본문은 동일한 이름을 가진 두 사람을 더 극적으로 읽었을 것이다: 너희는 누구를 원하는가?—하나님(아바)의 아들 예수냐 자칭 메시아인 예수(바라바)냐?[37]

35. Horsley and Hanson, *Bandits, Prophets, and Messiahs*, 48-87.

36. Metzger, *TCGNT*, 56.

마태는 바라바와 예수 간에 선택하라고 묻는 빌라도의 동기에 대해 미묘한 부언을 한다: "이는 그가 그들의 시기로 예수를 넘겨 준 줄 앎이더라." 빌라도는 로마의 통치에 실제적인 위협을 염려했기 때문에 대제사장과 산헤드린이 예수를 기소하지 않았음을 알고 있다. 오히려 그들은 예수와 백성들에 대한 그의 대중성을 시기하여(7:28-29; 9:8, 31, 33-34, 21:8-16), 그를 죽이려하고 있다. 게다가 예수의 권위적인 사역은 종교지도자들의 전체 삶의 방식에 위협이 되고 있다. 예수가 말하고 있는 것이 옳다면, 세례 요한이 오래 전에 그리 하도록 경고했던 것처럼(3:7-10), 그들은 회개하고 예수를 따라야 한다. 하지만 그들은 예수의 사역 내내 마음을 굳게 닫았다. 종교 당국자들에 대한 예수의 위협이 극에 달하자, 그들은 이제 그를 제거해야만 한다고 생각한다.

빌라도는 이런 종교지도자들의 책략에 기지를 발휘하여 산헤드린을 교묘하게 제자리로 돌리는 반면에 무리들에게 환심을 살 수 있는 방법을 발견하였다고 생각한다. 옛 격언이 참이다: 정치는 이상한 동거를 낳는다. 하지만 다른 이를 이용하더 했던 손을 묻기 위해서 정치적 무략이 되돌아올 수 있다.[38]

빌라도의 아내의 꿈(27:19). 마태는 빌라도의 아내의 흥미로운 측면을 기록하고 있다. 그녀의 남편이 재판석 또는 법정('베마', 로마의 행정관이 옆에 고문을 두고 재판을 진행하기 위해서 앉아 있는 연단)에 앉아 있는 동안에 발생한다. 빌라도가 모인 무리들에게 연설할 수 있었기 때문에 '베마'는 분명히 여기서처럼 전통적으로 공개적인 자리에 세워졌다(참조. 요 19:13). 빌라도가 예수의 송사를 판결한 장소는 논쟁이 있다(성전의 북서쪽 끝에 있는 안토니아의 요새, 트로피안 골짜기의 서쪽 경사진 곳의 옛 하스모니안 왕조의 궁전, 위쪽 도시의 서쪽 끝에 세워졌던 헤롯 대제의 장엄한 궁전일 가능성이 있다). 가장 좋은 후보지는 세 번째 헤롯 대제의 궁전이다. 빌라도는 이 궁전에 머물렀을 것이다. 그것이 다른 궁전들보다 더 새 것이고 화려했다.[39]

마태만이 꿈 때문에 남편을 설득하려 했던 빌라도의 아내의 사건을 기록한다. 꿈은 마태복음에서 두드러지게 나타난다(특히 1-2장을 보라). 아마도 이 꿈은 하나

37. W. F. Albright and C. S. Mann, *Matthew*(AB 26; Garden City, N.T.: Doubleday, 1971), 343-44.

38. Barnett, *Jesus and the Rise of Early Christianity*, 144-48; Anselm C. Hagedorn and Jerome H. Neyrey, "It Was Out of Envy That They Handed Jesus Over' (Mark 15.10): The Anatomy of Envy and the Gospel of Mark," *JSNT* 69(March 1998): 15-56을 보라.

39. Josephus, *J.W.* 5.4.4§177ff.

님이 예수가 어느 죄에서도 무고함을 빌라도에게 알려주기 위해 사용한 초자연적 것이다. 로마인들도 꿈을 전조로서 자주 여겼다. 빌라도의 아내가 하나님을 경외하는 자이거나 예수의 제자라는 어느 암시도 없기 때문에, 그것이 예고였을지라도, 이 꿈은 자연적이었을 것이다. 하지만 그것이 초자연적이든 자연적이든, 남편에 대한 그녀의 간청은 마태의 독자들에게 예수가 어떤 죄도 없음을 밝혀주는 것이었다. 하지만 빌라도는 아내의 경고를 유념하지 않는다.

대제사장과 장로들이 무리들을 설득하다(27:20). 예수의 체포를 모의하고, 배신을 공모하며, 유대 재판을 조작하여 빌라도에게 예수를 건넨 동일한 종교 지도자들이 무리들로 하여금 예수의 십자가 처형을 요구하도록 설득하기 위해 로마의 법정에 도달한다. 아마도 그들은 예수가 신성 모독적인 협잡꾼이며 백성들이 기대하는 해방자가 아님을 설득하려고 애썼을 것이다. 예수의 사역 내내 "무리"(다시금 '오클로스')는 예수의 구원과 제자도의 대상이지만 그것은 항상 이것이냐 저것이냐의 문제였다(5:1-2의 주석을 보라). 예수의 편에 서느냐, 예수에게 대항하느냐다(12:30). 중간 지대는 없다. 그가 예수의 초대에 반응한다면, 무리들에서 예수의 제자로 나아올 것이다. 하지만 이제 종교지도자들은 무리들이 자기들에게 합세하고 예수에게 대적할 것을 설득한다. 그들은 단순히 무리들일 뿐이다. 그들은 예수의 가르침(7:28-29), 기적(9:7), 예루살렘으로의 승리적 입성(21:8-16)에 환호하며 놀라워했다. 하지만 더 좋은 것이 제공될 때, 얕은 충성을 포기한다.

마태는 대제사장과 장로들이 사용한 수단들을 우리에게 말하고 있지는 않지만, 그들이 바라바가 궁극적으로 로마의 압제의 멍에를 풀게 하는 봉기로 민족을 이끌 독립 투사임을 무리들에게 설득하였다고 상상하는 것은 그리 어렵지 않다.[40] 그들은 예수가 평화, 자비, 심지어 대적자들의 용서를 끊임없이 설교한 방식을 설명하고, 그것이 실제적인 그 어느 것도 개선하지 못하였음을 설득했을 것이다. 이제 총독은 둘 중에 하나를 선택할 것을 제기한다. 이 시점에서 그들의 희망은 종교지도자들로 인해 그들에게 잘 알려진 반정부주의자에게로 기운다. 그들은 지금 이 땅에 나라를 원한다. 그러므로 점증되는 아우성으로 그들은 바라바를 석방하고 예수를 십자가에 못박을 것을 요구한다(27:21-22).

무리들이 추하게 변하다(27:21-23). 교활한 빌라도는 대제사장과 장로들이 무리들을 속여서 그들에 대한 자신의 책략에서 빠져나가려고 하는 것을 인식하고 그

40. Michael J. Wilkins, "Barabbas," *ABD*, 1:607을 보라.

논리를 역전시키려 한다. 그는 무리들에게 "그러면 그리스도라 하는 예수를 내가 어떻게 하랴?"고 묻는다. 빌라도는 예수가 종교지도자들이 꾸미려 하고 있는 위험스러운 영웅이 아니라는 점을 알고 있다. 그는 예수가 영적인 소망을 제공하는 자로서 "그리스도"란 칭호를 주장하였음도 알고 있다. 이것은 빌라도에게 충분히 해롭지 않은 것으로 보이기에 무리들 중 많은 이들이 최근까지 예수에게 희망을 걸었던 것을 그들에게 상기시키려 한다.

하지만 무리들은 떼지어 "다 이르되 십자가에 못 박혀야 하겠나이다"라고 대답한다. 이 절정의 사건이 불가피하게 진행될 때, 여섯 번 더 나타나지만 "십자가에 못 박다"라는 동사가 수난 내러티브에서 처음으로 사용되고 있다. 방면되지 않는 자의 대안적인 운명은 십자가에서 죽임을 당하는 것임을 무리들은 잘 알고 있다.

예수가 그의 비유에서 증명하신 것처럼 복음의 메시지가 무리들의 마음에 스며들지 못할 때, 그들은 더욱더 예수의 선교에 마음이 강퍅해지고 회개하고 그를 믿지 못한다(13:10-17). 그 시간이 이제 다가왔다. 이제 빌라도는 왜 예수를 십자가에 못박기를 원하는지 묻고 예수가 지은 죄를 설명하게 함으로써 그들이 합리적으로 예수의 무고를 판단하도록 시도한다(27:23). 하지만 그들은 질서를 유지하는 모습을 상실하고, "예수를 십자가에 못 박으라"고 더욱더 크게 소리친다.

빌라도의 속 들여다 보이는 행동(27:24). 무리들이 자제심을 잃고 이전의 유월절에서 발생했던 것과 같은 폭동을 일으키려는 광란으로 빠져든다.[41] 허약한 통치에 더욱더 의심을 불러일으키기를 원치 않는 빌라도는 무리들이 보는 앞에서 물에 손을 씻고, "이 사람의 피에 대하여 나는 무죄하니 너희가 당하라"고 말한다. 공개적인 결백을 보이는 방식으로서 손을 씻는 것은 유대와 헬라의 관행에 대한 자료로부터의 충분한 배경을 통해 알 수 있다. 이것은 빌라도가 사형에 해당하는 것을 예수에게서 어느 것도 발견할 수 없었다는 실제적인 인정이다. 하지만 그의 표리부동은 예수의 죽음의 온전한 책임을 무리들이나 종교지도자들에게만 전가할 수 없다. 빌라도는 폭동과 반역의 어느 증거도 예수에게 찾을 수 없었기에 예수를 방면할 수 있었고 방면해야 했었기 때문이다.

예수의 피에 대한 이스라엘의 책임(27:25). "무리"('오클로스')란 용어는 마태가 재판을 목격하고 예수의 십자가 처형을 요구했던 많은 사람들을 지칭하는데 사용

---

41. 예를 들어, 아켈라우스(Archelaus)는 자신의 아버지인 헤롯 대제가 B.C. 4년에 죽은 후 유월절에 성전에서 소요가 일어났을 때 군사와 기병대를 보내어 3,000명의 순례자들을 무참히 죽이는 것으로 반응했다(Josephus, *Ant.* 17.9.3§§213-18; idem. *J.W.* 2.6.2§§88-90).

한 통상적인 용어였다(27:15, 20, 24). 마태는 "백성이 다 대답하여 이르되"(27:25) 라는 표현에서 "백성"('라오스')이란 다른 용어로 이제 전환한다. 그렇게 함으로써 그는 무리와 종교지도자들이 그들의 기회를 가졌었음을 강조한다—이제 그들은 회개하지 않고 예수의 죽음을 요구한 책임을 져야 한다. '라오스'는 마태가 민족으로서 이스라엘을 지칭하기 위해서 통상적으로 사용한 용어다(예. 1:21; 2:6; 4:16; 15:8). 여기서 사용된 의미는 불길하다. 유대 지도자들과 무리들은 "그 피를 우리와 우리 자손에게 돌릴지어다"라고 선언할 때, 예수의 죽음에 대한 책임을 다짐한다.

어떤 사람에 대한 피(또는 그 머리)는 그 사람의 죽음에 대한 책임을 가리키는 관용구였다.[42] "우리 자손에게"는 이스라엘의 세대들의 가족적 연대책임을 지칭한다(예. 창 31:16). 이 백성들은 예수가 마땅히 죽음에 처해질 죄가 있다고 확신함으로써 경솔하게 예수의 죽음에 대한 자신들의 책임을 주장하고, 더하여 자기 자손들의 책임으로까지 확대시킨다. 이 진술은 "이 복음서에서 가장 어둡고 고통스러운 구절"[43]이라 불린다. 빌라도는 책임을 피하려고 애쓰지만 이 문제에서 그의 손을 씻을 수는 없다. 그는 예수에게서 죄를 찾지 못하였음에도 예수의 처형을 명령함으로써 백성들과 마찬가지로 죄가 있다.

하지만 그들이 자신들의 메시아를 무지하게 못박았을지라도, 하나님은 그들의 극악한 행위를 취하셔서 그들과 이 세상의 사람들에게 구원을 제공하신다(행 3:17-19). 오순절의 첫 공적 설교에서 사도 베드로는 예수의 죽음에 종교지도자들과 유대 무리들 그리고 로마인들이 책임이 있음을 언급하지만(참조. 행 2:23, 36), 자신의 죄를 인정하는 사람들에게는 죄용서와 구원이 있음을 선포한다(2:37-41; 참조. 3:19-4:4). 많은 제사장들을 포함하여 수천 명의 유대인들이 오순절 첫날에 이런 구원의 제공을 수용했다(2:41; 4:4; 6:7). 무지함으로 그들은 자기 자녀들에게도 책임을 되물림 하겠다고 주장했지만, 이것이 그때나 오늘이나 반셈족주의의 어떤 형태를 정당화시킬 수는 없다. 모든 사람들이 자신의 행동에 책임이 있지만, 하나님의 용서하심이 회개하는 자들을 기다린다.

예수가 채찍질을 당하고 십자가로 보내지다(27:26). 수난 내러티브의 이 항목은 비통한 논조로 끝난다: "이에 바라바는 그들에게 놓아주고 예수는 채찍질하고 십자

42. 예. 레 20:9; 수 2:19; 삼하 1:16; 겔 18:13; 행 5:28; 18:6.
43. Robert H. Smith, "Mt 27:25—The Hardest Verse in Matthew's Gospel," *Currents in Theology and Missiology* 17(1990): 421.

가에 못 박히게 넘겨 주니라." 채찍질은 끈이나 막대기로 실시하는 매질의 형태였고, 통상적으로 사람의 등에 가해졌다. 그것은 범죄자를 체벌하고 잘못한 자를 훈육하는 흔한 방법이었다. 채찍질은 구약성경에서도 승인되었고(신 25:1-3), 나중에 랍비 전통은 잘못한 자를 회당에서 매질하는 폭넓은 처방을 주었다(참조. 마 10:17; 23:34).

하지만 로마의 채찍질은 유대의 채찍질과 달랐다. 마태가 유대의 회당에서 채찍질에 사용한 단어('마스티구')는 여기서 사용한 단어('프라겔루')와는 다르다. 이것은 고문의 끔직한 방법이다. 유대의 회당에서 채찍질은 40대의 매로 제한하는 반면에(신 25:3을 보라), 로마의 채찍질은 그러한 제한이 없다. 정죄 받은 남자(여자는 채찍질을 가하지 않았다)는 기둥에 묶여서 잔인한 채찍, 곧 뼈나 쇠조각이 달린 가죽끈의 매질이 피부를 뜯어내서 피를 흘리게 만들었다.[44] 반복된 채찍질은 자주 뼈나 창자가 드러나게 했고, 많은 경우에 치명적이었다. 채찍질은 십자가 처형 전에 예수를 몹시 약화시켰다. 안식일이 다가오고 있었기 때문에 로마인들은 예수가 해지기 전에 십자가에서 운명할 수 있도록 거의 죽을 정도로 때렸을 것이다.

상황잇기

마태복음의 대부분에 걸쳐서 마태는 예수를 중심 무대로 조명했다. 다른 인물들은 무대에 등장했다가 사라지거나 예수에 관한 것을 드러내기 위해서 순간적으로 조명을 받는다. 하지만 서론과 결론의 장에서 예수 이외에 다른 인물들이 내러티브의 초점을 더욱 공유한다. 서론의 장에서 스포트라이트는 유아 예수에게 있지만 그의 육신의 부모인 요셉과 마리아(좀 덜하지만)가 중심 무대에서 움직인다. 동방박사들과 헤롯 대제가 세례 요한처럼 특별한 초점의 대상이 된다. 이렇게 예수를 지원하는 인물들은 그것이 긍정적인 모범이든 부정적인 모범이든 간에 각기 예수의 신분과 사명에 대해 많은 것을 말해 준다.

마찬가지로 예수의 생애의 마지막 장들에서 마태의 내러티브는 예수를 내러티브 단계의 주요한 인물로서 특징짓기를 계속하지만, 수난장면에서 다른 인물들이 특별한 관심을 부여받게 한다. 대제사장 가야바와 로마 총독 빌라도가 내러티브 단계의 양편에 있다. 그들의 정치적으로 동기부여된 책략은 예수의 처형으로 귀결

44. 나무로 만들어진 손잡이와 여섯 갈래의 가죽끈으로 형성된 채찍질 도구의 사진은 WIlkins, "Matthew," 176을 보라.

되지만 그들의 재판은 거룩한 메시아이신 인자와 유대인의 왕으로서의 예수의 참된 신분에 대한 증언으로 역사의 모든 것을 부지중에 알려준다. 그들의 행동은 잘못된 인격 때문에 하나님이 부여한 책임을 타협하는 사람으로서 우리들에게 많은 것을 말해준다.

가야바와 빌라도 사이에서 부인자 베드로와 배신자 유다는 예수를 가까이서 측면에서 공격한다. 그들의 행동은 예수가 그들로 하여금 가능하게 만들었던 변화된 실제에 의존하지 않았기 때문에 제자로서의 거룩하게 시작된 소명을 포기하는 자로서 많은 것을 우리들에게 말해준다. 그들의 서로 다른 반응과 결과는 모든 인류에 대한 준엄한 교훈이다.

유다. 유다가 성경과 역사에서 낙인이 찍히게 된 사건은 예수를 배반한 것이다.[45] 그는 사탄의 지시 하에 있었고(눅 22:3; 요 13:2). 돈을 훔치게 만들었던 그의 탐욕은 은 삼십 냥의 하찮은 돈으로 예수를 팔아 넘기도록 촉발시켰다(마 26:14-16). 예수가 이 배신을 예상하였을지라도(요 6:71; 12:4), 이 배신의 행위는 예수를 제외한 모든 자들에게 놀라움을 가져다준 마지막 만찬 시에 확실히 있었다(마 26:20-25). 대제사장과 바리새인들로부터 일단의 병사들을 확보한 유다는 예수가 무리들과 떨어져서 겟세마네 동산에서 제자들과 홀로 있는 곳으로 병사들을 이끌고는 그들이 예수를 알아보게 하기 위해서 그에게 입맞춤한다(26:47-56).

유다는 복잡한 인물이다. 그가 사도 그룹에서 회계를 맡았기 때문에 다른 제자들이 인정할 수 있는 어떤 긍정적인 인품을 보여주었다고 가정할 수 있다. 이 회계의 직무는 탐욕적이고 무책임한 것으로 알려진 자에게는 통상적으로 부여되지 않는다. 그것은 존경받는 자리이고, 아마도 열두 제자들이 그를 인정한 존중의 정도를 나타낸다.[46]

그러나 돈을 사랑함이 한 사람의 인격에 파산을 불러왔다. 유다는 그것에 희생자가 된다. 요한에 따르면, 마리아가 값비싼 향유를 예수에게 붓는 것을 유다가 반대한 것은 가난한 자들에 대한 관심 때문이 아니라 탐욕 때문이라고 밝힌다. 회계로 있는 동안에 그는 돈궤에서 돈을 훔치는 도둑이었다(요 12:6). 예수는 다른 곳에서 유다가 그를 믿지 않았고 외양적으로만 믿는 제자/사도인 것처럼 보였음

45. Wilkins, *Following the Master*, 164-67을 보라.
46. Morris, *John*, 578.

을 말씀하신다(요 6:64, 70-71). "그러므로 그는 탐욕에 속임수의 특질을 더하고 있다."[47]

이는 예수에 대한 유다의 배반의 이면에 있는 복합성을 말해준다. 유다는 그토록 따라다니고 봉사했던 예수를 왜 배반하는가? 가능성 있는 설명의 넓은 스펙트럼이 그의 배반을 설명하기 위해서 개진되었다(26:14-16의 주석을 보라). 하지만 유다의 동기를 이해하는 모든 시도의 기저에 깔려 있는 것은 그의 영적인 상태에 관한 분명한 인식이다.

하나님의 예정된 계획이 유다의 배신에 포함되어 있을지라도, 유다는 자기 행동에 대한 영적인 책임을 분명히 져야 한다. 제자와 사도가 되라는 유다에 대한 예수의 소명은 신실했고, 모든 외양은 유다가 신실하게 이에 반응했음을 가리킨다. 하지만 그 부름에 응답했지만 변질하여 떠나간 다른 사람들처럼 유다는 진실로 예수를 믿지 않았다(요 6:64). 내적으로 그는 항상 마귀에게 속한 자였고(요 6:70), 표면적으로만 예수를 따라다녔다. 그의 참된 내적인 본질이 종국에 "멸망의 자식"(요 17:12)이요 사탄의 도구(13:2, 27-30)로 드러났다. 유다는 사탄이 그에게 들어갔기 때문에 예수를 배신하는 음모를 꾸몄다(눅 22:3). 유다의 영원한 심판이 사도행전 1:25에 엄숙하게 선언된다: "유다는 이 직무를 버리고 제 곳으로 갔나이다." 랄프 마틴은 생생하게 선언한다.

> 유다는 진정으로 그리스도의 사람이 아니었다. 그는 사도에 속했지만, (우리가 말할 수 있는 한) 주 예수와 진정한 관계에 있지 않았다. 그는 "구원받지" 못했기 때문에 잃어버린 "멸망의 자식"이 되었다. 그리스도에 대한 그의 최고의 칭호는 "랍비"(마 26:25)였지 "주님"이 아니었다. 그는 예수의 무리에 속했지만 예수의 영을 공유하지 않은(참조. 롬 8:9b) 헌신되지 않은 교인의 준엄한 경고로 성경의 무대에 나타난다. 그는 그것을 선택했고, 하나님이 그 끔직한 선택에서 그를 비준했기 때문에 복음서 이야기에서 저주받은 죄인으로 남아 있다.[48]

유다의 영적인 상태가 배신의 기저에 깔려 있는 동기다. 예수에게 참으로 속하지 않은 사람은 결국 그를 대항한다. 유다는 영적인 부족함에서 배교가 나오는 사

47. Ralph P. Martin, "Judas Iscariot," *IBD*, 2:830.
48. Martin, "Judas Iscariot," 831.

람들의 결과를 보여주는 끔찍한 사례다.

베드로. 예수에 대한 베드로의 부인은 유다의 배신과 자살 앞뒤로 불길하게 배치되어 있다. 베드로는 마태복음에서 지금까지 특출한 역할을 유지했다. 마태는 베드로가 다른 복음서에는 발견할 수 없는 것들을 특히 보여주고 있는 다섯 사건들을 이야기한다: 폭풍우 속에서 물위로 예수께 걸어감(14:28-31), 예수의 비유 중 하나에 대해 설명을 요구함(15:15), 예수를 그리스도로 고백하고 예수로부터 그가 교회의 기초적인 역할을 감당하리라는 반응을 얻어냄(16:17-19), 변화산상에서 초막을 짓자가 제안함(17:24-27), 형제들을 얼마나 많이 용서해야 하는지를 질문함(18:21). 이런 베드로가 이제 예수를 알고 있음을 세 번이나 부인한다.

마태는 베드로가 교회의 용기 있는 리더가 될지라도, 그를 포장하지 않는다. 오히려 예수가 약점과 강점이 있고 성공과 실패가 있는 모든 보통의 남녀들을 취하여 제자로 변화시키는 방식의 모범으로서 베드로를 조명한다. 또한 마태는 예수가 제자들을 취하여 리더—실패하고 넘어지나 예수에게 확고하게 믿음의 눈을 고정시킬 때 예수의 백성들을 이끌 수 있는 리더—로 변화시키는 방식의 모범으로서 베드로를 역시 조명한다.

이는 베드로가 예수를 부인하는 이유의 이면에 있는 복합적인 문제로 우리를 이끈다. 베드로는 죽을지라도 따르겠다고 맹세한 예수를 왜 부인하는가?(26:35) 그는 겟세마네에서 예수의 체포 시에 대제사장의 종에게 무력을 사용했기 때문에 위험에 직면했을 것이다(26:51). 베드로가 어두운 곳에서 지켜보고 있는 동안에 가야바의 집의 앞마당에서 예수에 대한 고소가 더욱더 험악해진다. 하지만 이런 사실들이 그가 예수를 부인하는 것으로 귀결되었다기보다는 베드로와 다른 제자들이 그들이 스스로 발견하려 했던 난해한 과도기로 인해서 예수를 포기하고 부인하였다고 나는 제기한다. 그들은 예수의 죽음, 부활, 승천, 그리고 오순절에 성령강림이 있게 되자, 영원히 변화되어 우리들의 변화의 잠재적 모범이 된다.

그렇다면 구체적으로 왜 베드로는 예수를 부인하고 포기했는가? **(1) 베드로는 예수가 누구인지를 아직 분명하게 이해하지 못하고 있다.**[49] 제자들이 예수를 따라다녔던 시간 내내 그들은 예수가 누구이신 지에 대한 점차적인 이해를 발전시켰다. 그러나 그들의 선입관이 자주 방해가 되었다. 예수의 존재를 분명하게 이해하지 못하였기 때문에 그들의 삶 속에서 예수가 역동하지 못하게 했다. 따랐던 예수가 이제

49. 더 자세한 것은 Wilkins, *In His Image*, 28-30을 보라.

그들에게 많은 것을 줄 수 없는 것으로 보인다. 그는 유대의 재판에 넘겨져서 다른 반란자들처럼 십자가에 못 박혀 죽게 될 것이다. 그는 지금 무엇을 제공할 수 있는가? 그들의 희망의 모든 것이 예수의 체포와 곧 다가올 십자가 처형으로 무너진다. 베드로는 이것이 꿈의 끝이라고 생각하고 그 꿈이 악몽으로 바뀌는 위험을 감수하지 않으려 한다.

예수는 베드로가 상상했던 것보다 그 이상의 분이시고 그에게 약속한 삶의 변화를 가져오실 수 있는 분이심을 증거하는 모든 역사에서 가장 근본적인 기적을 취하게 한다. 그가 부활하신 주님을 섬기게 됨을 알게 되었을 때, 베드로는 전적으로 자기 자신을 드리는 용기와 비전을 갖게 된다.

(2) 베드로는 자신이 어떤 종류의 예수의 제자인지를 아직 믿지 못했다. 예수는 하나님 나라의 도래로 제자들에게 변화를 약속하셨다. 하지만 그들이 예수의 제자로서 헌신했을지라도, 안으로부터의 변화가 하나님이 그들을 영원히 변화시킬 것임을 아직 분명하게 믿지 못한다. 따라서 위험의 시간은 베드로와 다른 제자들이 예수의 제자로서 어떤 종류의 제자가 될 것인가 하는 예수의 근본적인 새로운 비전을 상실하게 만든다. 결국 그들은 예수로부터 흩어져서 그를 부인하고 만다.

베드로는 예수의 소명을 따라 열심히 살려고 하나, 예수를 부인한 것을 포함하여 일관성 없는 제자로 잘 알려진다. 그러나 나중에 박해 시에 유배된 신자들에게 문서로 신앙을 지킬 것을 격려한다. "너희가 거듭난 것은 썩어질 씨로 된 것이 아니요 썩지 아니할 씨로 된 것이니 살아 있고 항상 있는 하나님의 말씀으로 되었느니라"(벧전 1:23). 본문에서 그는 제자도가 하나님이 부활의 생명을 주시고 이후부터 용기 있게 예수를 고백하는 방식으로 그를 변화시키는 내적인 역사임을 분명하게 이해하고 있다.

(3) 베드로는 무엇이 예수의 제자로서 용기 있게 살아가게 만드는 지를 아직 알지 못하고 있다. 떨고 있는 제자들은 능력과 리더십을 위해서 예수를 바라보았다. 이제 그가 체포되고 십자가에 못 박히자, 어떤 의지할 곳도 없게 된다. 다른 보혜사를 보내시겠다는 예수의 약속은 모호한 소망인 것처럼 보인다(요 14:15-27; 16:5-16). 모든 제자들이 겟세마네에서 도망했고, 베드로는 어린 소녀의 질문에도 당황하여 꼬리를 내린다. 그리고 그는 예수가 십자가로 이끌려질 때 뒤로 숨는다. 심지어 그들이 예수가 부활하셨다는 소식을 듣고도, 생명을 위해 두려워서 숨는다(요 20:19). 그들은 적대적인 세상에서 무엇이 용기 있고 승리적으로 살아가게 하는지를 충분히 알지 못한다.

하지만 그들은 곧 알게 될 것이다. 오순절에 성령의 강림으로 요엘 선지자의 약속과 예수의 약속이 실제가 된다(참조. 요 14:15-17; 행 2:16-36). 성령은 구원을 위해 예수의 이름을 부르는 사람들에 대한 선물이다(행 2:38-39). 성령은 전파하고 치유하는 담력과 박해 중에도 견뎌내는 용기 그리고 인격적인 특징과 가치를 변화시키는 능력을 제공한다.

(4) 베드로는 예수의 제자로서의 소명을 아직 이해하지 못하고 있다. 제자들은 하나님의 나라가 가까이 왔다(4:17)는 예수의 선포를 들었지만 자신들의 특권과 자리를 의미하는 것으로 이것을 자주 바꾸었다(참조. 18:1; 20:20-28). 베드로와 다른 제자들은 예수가 그들의 위로와 혜택을 위해 단순히 그들을 부르지 않았음을 아직 온전히 이해하지 못하고 있다.

베드로는 하나님 나라의 대사로 부름을 받았다. 그는 잃어버리고 죽어가고 있는 세상에 변화의 메시지를 전달할 것이다. 하지만 예수가 이 세상을 위해 죽는 것으로 인도될 때, 베드로의 소망과 비전이 그와 함께 죽어가고 있다고 여긴다. 베드로와 다른 제자들은 그들의 삶 속에서 하나님의 부르심을 아직 이해하지 못하고 있다.

하지만 그들이 부활하신 주님을 만나게 될 때, 십자가에 대한 새로운 빛을 보게 된다. 그렇다. 십자가는 고통과 고난의 상징이지만 희생과 봉사의 상징이기도 하다. 예수는 섬김을 받으려 온 것이 아니라 섬기기 위해서 오셨고, 자신의 생명을 많은 사람들을 위한 대속물로 주기 위해서 오셨다(20:28). 이 땅에 오신 예수의 목적은 잃어버리고 소망 없는 세상의 죄를 짊어지기 위해서 십자가로 가기 위한 것이다. 따라서 베드로와 다른 제자들은 자신을 부인하고 자기 십자가를 지며 그를 따르라는 예수의 요청을 새로운 방식으로 이해하게 될 것이다. 그들도 역시 하나님 아버지의 뜻을 위해 인생에서 그들의 뜻을 부인해야 한다. 그렇게 함으로써 그들은 실제적으로 참된 생명을 발견하게 될 것이다(참조. 16:24-27).

현대적 의미

이 수난 장면의 줄거리는 마태의 내러티브 장면에서 나타났다 사라지는 사람들의 실패—가야바, 빌라도, 예수의 피를 요구하는 무리들, 베드로—를 드러낸다. 모든 사람들의 인생에서 그들에게 할당된 책임을 다하지 못한다. 그들의 행위가 성공을 이루려는 인간적으로 고안된 수단으로 인해 동기부여가 되었을지라도, 궁극적으로 모든 이들이 실패하고 만다. 대조적으로 한 외로운 자만이 거룩하게 예정된 과정을 유지한다—예수. 그의 궁극적인 목적이 실패로 돌아간 것처럼 보일지라도, 그의 인내는 최종적인 승리를 가져온다.

이 다양한 인물들이 마태의 수난 기사에서 구체적인 주목이 이루어질 때, 그 스포트라이트는 우리들을 경고하고 가르치는 인격의 부족함을 드러낸다. 예수의 신실한 고백과 대조되어 그들은—궁극적으로 마태의 목적인—예수에 대한 많은 것을 우리들에게 말해준다.

가야바-리더가 갖고 있는 종교적 확신. 유대인들의 재판 시에 예수는 자신이 다니엘에서 예언된 거룩한 인자임을 선언하지만 종교지도자들을 이를 분개하고 그를 처형하려고 열을 낸다. 가야바는 자신이 옳다고 믿는 확신—예수가 주장하는 것은 결코 있을 수 없다—에 사로잡혀서 산헤드린과 증인들을 조정하여 원하는 유죄 판결을 얻는다. 그의 종교적 확신이 오도될 뿐만 아니라 진리에 대한 무지와 고결성의 부족은 이스라엘 민족이 메시아를 영접하는 일을 방해하고, 대제사장으로서 갖고 있는 궁극적인 책임을 다하지 못한다.

오늘날 종교 지도자들은 하나님의 메시지를 확실히 이해하고, 맡겨진 하나님의 백성들을 목양할 책임이 있다. 성경의 진리에 대한 확신은 흔들림 없는 열정을 발생시키지만, 그들의 이런 확신이 마치 진리와 동등한 것인양 믿을 수 있는 유혹이 항상 있다. 가야바는 자기편에서 이스라엘의 메시아가 된다는 예수의 주장을 의심할 이유를 가졌다. 예수는 인격적인 메시아 구원자를 믿지 않았던 사두개파의 기대에 상응할 수 없었다. 그들이 예언된 메시아를 충분히 증거하고 있지 않은 모세 오경에서 교리를 가져왔기 때문에,[50] 가바야는 예수의 메시아적 주장을 배격했다. 가야바가 그의 종교적 당파의 흐름을 거스르고 예수의 주장에 대한 이해로 이끄는 전체 구약성경을 바라볼 수 있는 용기를 갖지 못한 것은 참으로 비극이다. 그는 성경 계시의 폭넓은 진리를 부인하는 거짓과 책략에 사로잡힌다.

나는 가야바의 부정적인 사례로부터 배울 수 있는 한 교회의 상황을 최근에 지켜보았다. 지역교회의 한 목사는 어떤 특별한 형태의 교회 통치제도를 확신하였으나 그것은 그 교회의 체질과는 배치되었다. 그는 그 자리를 취하였을 때 그 교회가 기존의 통치 형태를 견지하고 있음을 알았으나 자신의 인도로 그 교회가 바뀔 수 있으리라고 느꼈다. 이 흥미로운 상황은 목사가 구약성경의 모델, 특히 모세로부터 교회론적이고 정치적인 주요한 자원을 가져옴으로써 왜곡되었다. 하지만

50. 더 자세한 배경을 위해서는 Wilkins, "Matthew," 25을 보라.

그 교회는 교회의 조직과 리더십을 신약성경의 모델, 주로 바울서신에 기초하였다. 그것은 그들로 하여금 교회의 리더십이 복수의 장로들에게 있음을 강조하게 만들었다.

목사와 장로들은 진지하게 여섯 달 동안 구약성경과 신약성경의 리더십의 형태를 연구했다. 결국에 이들 양편은 자신의 입장을 더욱 확신하였다. 교회의 기존 체제를 우선하고 있는 장로들은 그들의 모델을 계속해서 주장하였다. 결과적으로 목사는 사임을 요청 받고 이를 수락하였고, 교회는 양편간의 추한 다툼을 하지 않을 수 있었다. 거기에 성경적인 가르침과 교회의 필요에 대한 참된 대화와 기도의 심사숙고가 있었다.

이것은 동등하게 확고한 입장을 취하는 사람들이 적절하게 의견을 개진하고 자신의 고결함을 유지한 긍정적인 사례다. 목사는 교회를 자기 수중에 넣으려고 시도하지 않았다. 사실상 교회 공동체와 목사의 나머지 직원들도 끝까지 곤경에 처하지 않을 수 있었다. 나는 그 목사가 오도된 확신을 가졌다고 믿는다. 바람직하게도 그는 자신의 인격적인 고결함이 이 문제에 대한 자신의 확신보다 더 높은 우선순위라고 믿었다.

이것은 힘든 이슈다. 나는 더 좋은 해결책은 목사가 이 문제를 양보하고 그 직무를 계속 수행하는 것이라고 개인적이라고 느꼈다. 그가 본래 그 교회 목사의 직위를 수용할 때, 교회 장로들과 교회의 오랜 구조를 이미 인정하였기 때문이다. 하지만 그럼에도 불구하고, 교회에서 하나님의 역사는 계속된다.

빌라도-리더에 의해 타협된 정치적 확신. 역사가인 폴 마이어(Paul Maier)는 빌라도의 삶에 관한 자신의 역사적 소설에서 이렇게 말한다.

> 빌라도는 그것을 전혀 몰랐다-그가 그것을 알았다면 매우 놀랬을 것이다-별로 중요하지 않은 전 총독인 그가 로마 역사의 모든 사람들 중에서 가장 잘 알려진 이름이 될지는 몰랐다. 케사르나 아우구스투스, 심지어 네로에 대해서는 거의 알지 못했던 미래 세대의 수많은 사람들이 사도신경에서 "나는 예수 그리스도를 믿사오니…이는 본디오 빌라도에서 고난을 받으사"라고 고백한다.[51]

예수의 처형을 명한 빌라도의 악명 높은 행위는 1세기 팔레스타인의 정치적 환

51. Paul Maier, *Pontius Pilate*(Grand Rapids: Kregel, 1996), 349.

경에서 이루어졌다. 그의 행위는 모든 시대에 모든 인류에게 역사적이고 영적인 결과를 가지리라고 생각하지 못하고 상당히 모호한 상태에서 실행된다. 빌라도는 정치적 책략으로 자신의 고결성을 왜곡시킨 자로 영원히 알려진다. 하지만 그의 책략에도 불구하고, 하나님의 뜻이 이루어졌다. 빌라도와 같은 이교 지도자가 하나님의 뜻을 의식적으로 추구할 수는 없지만 잠언의 분명한 진술은 "왕의 마음이 여호와의 손에 있음이"(잠 21:1)라고 증거한다. 하나님은 하나님의 형상으로 창조된 인간으로서 그들이 태어난 양심에 따라서 정의를 행사할 수 있는 모든 권위를 설정하셨다(참조. 롬 13:1-5). 리더로서 빌라도의 책임은 그가 하나님의 뜻을 의식적으로 생각하고 있든 그렇지 않든 간에 인간 본질의 가장 높은 이상과 일치하는 고결성을 유지하는 일이었다.

빌라도가 경험한 모든 것과 그가 생각한 모든 선택들을 이해하기 위해서 빌라도의 머리로 들어가는 것은 불가능하지만, 그가 주변의 정치적 구조로부터 판단하고 일했음이 분명하다. 그는 너무 많은 사람들을 달래려고 시도하였다. 그는 사람들과 환경을 조정하려고 하였다. 로마 제국의 변방 속국에 살면서 자신의 명성을 손상시키지 않고 평화를 유지할 수 있는 묘수를 이루려고 생각했다.

대조적으로 "선한 증언"(딤전 6:13)을 유지하신 예수의 결의는 그의 전체 삶이 나타냈던 것을 무언의 증언으로 표현하였다. 그는 이중적인 거래에 의존하지 않았고 야망을 이루기 위한 타협을 하지 않았다. 빌라도 앞에서 그의 침묵은 하나님의 소명에 대한 변함 없는 헌신의 증거다. 히브리서의 저자가 12:2-3에서 선포한 것과 같다.

> 믿음의 주요 또 온전하게 하시는 이인 예수를 바라보자 그는 그 앞에 있는 기쁨을 위하여 십자가를 참으사 부끄러움을 개의치 아니하시더니 하나님 보좌 우편에 앉으셨느니라 너희가 피곤하여 낙심하지 않기 위하여 죄인들이 이같이 자기에게 거역한 일을 참으신 이를 생각하라

빌라도의 양보가 보여준 약점과 대조되는 것이 예수의 지속적인 유형의 모습이다.

우리가 이 세상에서 상대적으로 두드러진 역할을 취하지 못하고 있을지라도, 자주는 아니지만, 위해서 싸우고 죽을 가치가 있는 언덕이 있다. 우리가 권세와 환호의 중심에서 멀리 떨어져 있을지라도, 우리에게 할당된 책임은 말할 수 없는 결

과를 가져온다. 그것은 우리의 인격의 시험이기도 하다. 빌라도는 자신의 인생에서 가장 중요한 순간에 타협했다. 자신이 선언하는 십자가 처형이 무고한 분에게 주어지고 있음을 알았을지라도 말이다. 이 내러티브의 흥미로운 특징은 하나님이 정치적으로 동기가 부여된 직관을 거부할 수 있는 용기를 줄 수 있는 믿음직한 조언을 그의 아내를 통해 공급하셨다는 사실이다. 하지만 그는 자신의 고집대로 갈 것을 결정했다. 그의 정치적인 타협의 시도는 모든 역사에서 가장 허약하고 실패한 사람의 전형으로 그를 특징지어준다.

기회가 왔을 때, 다른 사람들이 그 결과를 일찍이 알고 있는 것과 상관없이, 옳다고 알고 있고 우리가 책임이 있는 사람들을 위한 일을 고집할 수 있어야 한다. 실감나는 사례를 아리조나의 상원의원 존 맥케인(전 공화당 대통령 후보자—옮긴이)의 경험에서 발견할 수 있다. 그는 공중 폭격을 하고 있는 동안에 하노이에서 추락하여 북 베트남의 포로 수용소에서 칠년 간의 끔찍한 세월을 보냈다. 하지만 그가 포로로 잡혀 있던 초기에 거절하기에는 너무도 좋은 제안을 받았다. 그가 포로로 잡혀 있은 지 일년 뒤에 영어를 잘하는 북 베트남의 장교(병사들은 그를 고양이[Cat]라고 불렀다)가 "너는 고향으로 돌아가기를 원하는가?"라는 질문을 받았다. 맥케인은 자유의 합법적인 제안을 듣고 있음을 깨달았을 때, 고국으로 돌아갈 수 있다는 전망은 그의 감정을 마치 사출좌석(조종사의 긴급탈출을 위한 기체 바깥 방출장치—옮긴이)에 앉아있는 것처럼 고양시켰다. 그는 그 제안을 생각할 수 있는 삼일간의 시간이 주어졌다.

그 시간 동안에 그는 그의 결정이 다른 동료 죄수들에게 미칠 수 있는 현실을 감안하게 되었다. 맥케인도 모르는 사이에 그의 아버지인 해군 제독은 태평양 전 해군의 사령관으로 방금 승진하였다. 북 베트남의 포로 억류자들은 젊은 맥케인을 고향으로 보낼 것을 제안할 수 있는 기회를 보았다. 그것은 다른 포로자들의 사기에 상당히 해로울 수 있었다. 포로 억류자들은 뒤에 남겨진 포로들을 조롱할 것이다. "너의 아버지는 제독이 아니잖아. 너는 여기서 나가지 못할 거야, 이제 포기하고 너의 나라를 욕해라." 맥케인이 승낙을 결정하는 것은 뒤에 남겨진 동료 죄수들의 무리를 심하게 낙담시킬 것이다.

삼일 후에 맥케인이 그 제안을 거절하였을 때, 북 베트남의 장교는 충격을 받았다. 이로 인해 그는 포로 수용소에서 6년이나 더 참혹한 세월을 보냈다. 하지만 오늘날 하나님이 맥케인의 삶에서 그 세월을 몇 배나 더 보상해 주셨다. 북 베트남의 포로 수용소에서의 비참한 생활을 감당하려는 그의 결정이 고결성을 유지하려는 수백만의 사람들에게 용기를 줄 수 있었음을 그때는 알지 못했다.

가족 상담가인 존 트렌트는 최고경영자(CEO)의 자리로 급속하게 올라가고 있는 상임 부회장인 짐에 관해 말한다. 그의 아이들이 고등학교에 재학하고 있었을 때, 그는 타지로의 이사를 필요로 하는 승진을 제안 받게 되었다. 그는 곰곰이 그 대가를 생각했다. 그는 가족에게 현재의 자리는 장기간 이곳에 거주할 수 있음을 약속했던 것을 인식했다. 많이 생각하고 기도한 후에 그는 그 승진에 '아니오' 라고 대답했다. 인사 행정에서 집행부의 의지를 따르지 않을 때 흔히 그런 것처럼, 그는 버릇없는 사람으로 낙인찍혀 "허약해졌다." 다섯 달 후에 그는 실직하였다. 하지만 그는 자신이 가장 좋은 결정을 했다는 확신을 유지했다. 하나님이 가족에 대한 짐의 헌신에 복을 주셔서 놀라운 직업의 제안을 받게 했다—집에서 멀지 않은 좋은 자리를 갖게 되어 아내와 자녀와의 관계가 증진되었다.

멋진 제안에 '예' 라는 결정이 가까이 있는 사람들에게 항상 가장 좋은 이익이 되지는 못한다. 때로 '아니오' 라고 말하는 것이 더 좋은 기초를 얻게 한다. 유사한 도전에 직면한 사람들에게 조언하기 위해 글을 쓴 트렌트는 어떤 결정에 직면하고 있는 모든 사람들에게 유익한 말을 전한다.

1. **오늘 당신의 영적인 삶이 어떠한가?** 하나님의 말씀이나 기도로 보내는 시간이 없다면, 변화나 전환에 대한 하나님을 영화롭게 하는 결정을 우리가 할 수 있다고 어떻게 기대할 수 있겠는가?
2. **얼마나 많은 시간을 당신의 가족에게서 떨어져 있는가?** 당신의 새로운 직책이 가족에게서 10, 15, 50%를 떨어져 있게 하는가? 당신의 배우자에게 몇 퍼센트를 선택할 것인지를 물어라.
3. **당신의 배우자가 새로운 기회에서 멀리할 것을 경고하는가?** 이런 변화에 대해서 당신의 배우자의 "경고등"이 번뜩이고 있다면 그녀(또는 그)를 무시하지 말라. 하나님은 자주 배우자를 통해서 말씀하신다.
4. **당신은 직장에 대한 이전의 약속을 깨뜨리는가?** 지난번에 직장을 얻어서 움직일 때, "이것은 단기적인 일이 될거다"라고 약속하였는가? 지키지 않은 약속이 가족의 믿음을 손상시킬 수 있다.[52]

52. John Trent, "A Father's Heart," *Christian Parenting Today* 13/5(May-June 2001): 56.

이것은 훌륭한 조언들이다. 빌라도는 아내의 말을 들었어야 했다. 예수가 무고하다는 내적인 음성을 들었어야 했다. 하지만 그의 정치적 책략이 고결성을 왜곡시켰다. 이교 지도자도 자신의 양심의 고결성에 대해 하나님께 책임이 있다. 우리의 결정은, 그 영향이 모호하고 겉으로 보기에 사소해 보일지라도, 인생에서 하나님의 소명에 대한 책임이 있다.

백성들-제기된 책임이 인종차별을 정당화시키지는 못한다. 바라바의 석방을 요구했던 무리들은 빌라도 앞에서 예수의 재판을 추하게 바꾸어 놓았다. 그들은 지금 이 땅에서 그들의 나라를 원했고, 예수가 그들의 기대에 부응하지 않았을 때, 로마의 식민지에 저항했던 기록을 갖고 있는 독립 투사를 원했다. 그들이 원했던 방식으로 실현될 수 없는 그 나라의 도래에 관한 예수의 선언을 충분히 들었다. 그러므로 이스라엘 백성들의 대표자로서 유대 지도자들과 무리들은 예수의 처형을 요구하고 그의 죽음에 대한 책임을 수용하겠다고 선언한다: "그 피를 우리와 우리 자손에게 돌릴지어다"(27:25).

우리는 이 진술이 "마태복음에서 가장 어둡고 어려운 구절"로 일컬어짐을 이전에 주목했다. 그 이유 중에 하나는 이 구절이 유대인을 박해하는 근거로서 역사에서 활용되었기 때문이다. 반셈족주의는 역사의 상당 부분에서 인간을 괴롭혀왔던 암이다. 백성들의 선언에 관한 마태의 언급이 잘못 해석되어 반셈족주의를 묵과하고 촉진하였다. 하지만 마태는 유대인의 자기 저주를 연상시키고 있지 않고, 이스라엘에 대한 하나님의 영원한 저주를 간접적으로 언급하고 있지 않다. 마태는 종교지도자들과 유대 백성들의 일부가 그때에 예수의 죽음에 대한 책임을 지겠다고 주장한 방식을 보여주기 위해서 이 진술을 기록하고 있을 뿐이다. 그들은 예수가 신성모독자라고 믿었고, 그 때문에 그가 처형되기를 원했다.

이 말씀들은 예수를 이스라엘의 메시아로 수용하지 않고 백성들을 그로부터 멀어지게 만드는 역할을 하는 종교지도자들을 그가 단호하게 책망하셨을 때, 내러티브의 다른 곳에서 보여주는 것과 동일한 비판의 말씀을 반영해 준다(예. 23:13-15). 이스라엘은 메시아를 거부한 책임을 지게 되고, 하나님의 나라를 돌보는 사람으로서의 자격이 현 세대에 빼앗겨지는 기능적인 책임을 갖는다(21:43의 주석을 참조하라). 하지만 이것은 확실히 후대의 유대인들을 "그리스도를 죽인 자"와 같은 인종차별주의자와 같은 칭호로 딱지를 붙이거나, 크리스천들이 하나님에 대한 복수를 추구한다는 명목으로 유대인들을 학대해서는 안 된다.

이 구절의 슬프고 고통스러운 비극은 이스라엘이 메시아를 거부했다는 사실이다. 사도 바울은 동족을 위해서 울었다. 그들이 이런 배척으로 인해 받을 고통을 알고 있었기 때문이다—예수를 영접했다면 누릴 수 있는 복에 그들은 참여할 수가 없다(예. 롬 9:1-5; 10:1-4). 이스라엘은 지금 그들이 메시아를 배척했기 때문에 고난을 경험하고 있다. 이 고난은 이방인과 관련한 하나님의 시간표가 충만하게 차기까지 계속될 것이다(롬 11:25). 하지만 이스라엘에 대한 하나님의 사랑도 계속되고, 하나님은 그 민족과 세우신 언약에 충실하실 것이다. 하나님은 여전히 이스라엘 백성들이 배격한 분에게로 돌아와서 민족적인 각성을 가질 때를 여전히 기다리고 계신다(슥 12:10-13:1; 마 23:39; 롬 11:26-32).

유대인이든 이방인이든, 예수를 배격한 사람들은 그 결과로 인해 고통을 받을 것이다. 오늘날 개별적인 유대인들은 예수의 주장과 사도들이 제기한 메시지를 상고해야 한다. 예수의 십자가 죽음이 있은 지 얼마 지나지 않아서 수천 명의 유대인들이 자기들이 죽인 예수에 대한 베드로의 설교로 인해 회개하고(행 2:23, 37-41), 심지어 많은 제사장들이 신자가 된다(행 6:7). 오늘날 크리스천들의 책임은 하나님이 사랑하신 것처럼 유대 백성들을 사랑하고, 그들이 온 세상을 위한 하나님의 계획에서 누리고 있는 특별한 위치를 인식하며, 우리가 다른 백성들에게 그리하는 것처럼 그들에게 복음을 나누는 것이다.[53] 어느 누구도 마태의 기록에 호소하여 유대인들을 인종 차별하는 것을 지지할 수 없다.[54]

베드로-인격적인 실패는 의도적인 회복을 필요로 한다. 예수가 제자들과 보낸 마지막 날 밤에 친밀한 교제를 나누던 동안에—유월절 식사를 나누고 성찬식을 제정한 날—그는 제자들이 모두 그를 부인할 것임을 불길하게 예언하셨다. 베드로가 죽을지언정 예수를 부인하지 아니하리라는 성급한 선언에 대해 예수는 그 날밤에 자신을 세 번이나 부인하리라는 심지어 더 불길한 예언을 발하신다(26:31-35). 하지만 이런 예수의 예언적 진술이 있기 전에 누가는 베드로의 회복에 대한 예수의 심오한 말씀을 기록한다: "시몬아, 시몬아, 보라 사탄이 너희를 밀 까부르듯 하려고 요

53. John J. Johnson, "A New Testament Understanding of the Jewish Rejection of Jeus: Four Theologians on the Salvation of Israel," *JETS* 43(June 2000): 229-46을 보라.

54. 유대 학자들이 주목한 것처럼, "반셈족주의적인 공격을 위해서 마태의 이 구절을 기독교인들이 사용하였음에도 불구하고, 복음서에서 엄격한 논증은 그룹으로서 유대인을 비난한 것이 아니라 유대 지도자들(서기관, 바리새인, 사두개인, 대제사장, 장로들)과 예수에 대한 적대로 오도된 사람들을 비난한다("Matthew, Jews in the Gospel of," *DJBP*, 416). 폭넓은 기독교 관점에서 유사한 시각을 위해서는 Anthony Saldarini, "Reading Matthew without Anti-Semitism," *The Gospel of Matthew in Current Study*, ed. David E. Aune(Grand Rapids: Eerdmans, 2001)! 166-84을 보라; 그는 실제적인 적용과 관련이 있는 "유대교와 유대인에 대한 설교와 가르침을 위한 여섯 가지 구체적인 규칙"을 제공한다(참조. 182-83).

구하였으나 그러나 내가 너를 위하여 네 믿음이 떨어지지 않기를 기도하였노니 너는 돌이킨 후에 네 형제를 굳게 하라"(눅 22:31-32).

베드로는 예수의 이 예언의 지대함을 알지 못한다. 그것은 우리 모두에게 어느 유혹에서라도 예수의 지탱케 하시는 기도가 있음을 알게 하는 약속을 보여준다. 아울러, 그것은 회복의 약속과 실족하는 형제들을 강화시켜야 하는 책임을 베드로에게 보여준다. 그가 책임을 갖게 되는 것은 회개, 회복 그리고 변화에 달려 있다.

영국 런던의 웨스트민스터 교회의 마틴 로이드존스 목사의 뒤를 이어서 목회자가 된 오웬(J. Glin Owen)은 수년에 걸쳐서 베드로에 대한 시리즈 설교를 했다. 이 메시지의 특별한 주제는 시몬이 베드로로 변화하는 과정, 즉 멋대로 열심을 부리는 어부에서 교회의 단단한 기초를 놓는 성품을 가진 자로 변하는 과정을 집중적으로 조명했다(그것은 나중에 책으로도 나왔다). 이 변화를 격려하는 본질은 우리들의 모범으로서 많은 것을 제공해준다. 오웬은 이렇게 진술한다.

> 나는 이 변화의 이야기가 역사의 가장 위대한 서사 중에 하나라고 믿는다. 시몬이 우리 모두를 대표하고 있기 때문에 그것은 매우 놀라운 탁월한 이야기가 아닐 수 없다. 성급하고, 충동적이며, 안정감이 없던 그는 너무도 인간적이기에 그의 인품은 마치 우리의 인품을 상징하는 것과 동일한 종류의 모습을 분명히 갖고 있다. 우리 모두는 어떤 점에서 베드로 속에서 우리 자신을 본다. 이 때문에 우리는 주님이 시몬을 가르치시고 변화시키신 방식을 볼 때 용기를 갖지 않을 수 없다. 우리는 하나님의 은혜가 우리에게 어떻게 행하시는가를 베드로를 통해 배우게 된다.[55]

상황잇기 항목에서 우리는 베드로와 나머지 제자들이 예수를 부인했던 몇 가지 이유를 상고했다. 나중에 부활과 오순절이 있은 후에 이런 문제점들이 그들의 삶에서 바뀐다. 그들은 의지적으로 교회의 용기 있는 리더가 되고, 그들 중 많은 이들이 이스라엘의 거룩한 메시아로서 예수에게 충성함으로 순교자가 된다. 그들은 이제 제자도가 단지 기능적인 관계성이 아님을 안다—그것은 예수의 형상으로의 계속된 변화와 관련이 있다. 그들은 이제 예수에 대한 제자도의 관계를 유지하는 것은 그들의 삶에 성령의 사역을 통해서 가능하다는 것을 안다. 그리고 부름 받음은 단지 그들의 위로를 위한 것이 아님을 이제 안다—온 백성을 제자 삼으라는 예수

55. J. Glyn Owen, *From Simon to Peter*(Herts, England: Evangelical Press, 1985), 4.

의 위임이 그들을 이끈다.

역사적인 시각에서, 우리는 오늘날 예수에 대한 신실한 제자도를 실제적으로 이루는데 필수적인 이런 이슈들에 더 분명한 이해를 갖게 된다.[56] 하지만 우리는 일상생활에서 이 이슈들의 온전한 실제에 기꺼이 우리 자신을 바치고 있는가? 이것은 책임 있는 제자도와 관련이 있다.

두 젊은 여성이 아주 예기치 않은 방식으로 이런 문제에 대한 실제를 발견했다. 데이나 커리와 헤더 머서는 1998년에 단기선교사로 아프카니스탄에서 봉사했다. 이 여행으로 그들은 하나님이 가난한 자들 사이에서 봉사하도록 그들을 부르셨음을 확신하게 되었다. 데이나는 이렇게 말한다: "나는 하나님이 그들에게 가서 그들을 위해 생명을 내어놓으라는 것처럼 느꼈다."[57] 베드로의 용감한 말처럼, 데이나의 말은 검증되었다.

그녀는 헤더와 아프카니스탄으로 가서 특히 가난한 자들과 굶주리고 있는 어린이들 사이에서 구호봉사자로서 '은신처'(Shelter Now)란 단체에서 봉사했다. 하지만 그들은 아프칸 백성들에게 예수 영화를 보여주었다고 통치하고 있던 탈레반에 의해 곧 체포되었다. 그들이 투옥되어 있는 동안에 2001년 9월 11일에 워싱턴 D.C.와 뉴욕이 테러리스트들의 공격으로 참담해졌고, 뒤이어서 동맹군이 아프카니스탄을 공격했다. 많은 무고한 사람들—데이나와 헤더를 포함하여—이 군사활동 시에 구금되어 있었다. 하지만 국제적인 노력에 의한 뒤이어지는 사건들을 통해서 이 젊은 여성들과 그들과 함께 있던 여타 선교사들이 구조되었다.

베드로와 달리 시험의 시간이 닥쳤을 때, 이 젊은 여성들은 여전히 확고하였다. 그들은 예수의 참된 신분과 그의 임재를 알고 있었고, 그들이 제자로서 어떠한 존재인지를 확실히 알고 있었다. 또한 그들을 성령으로 확고하게 서게 하는 자원과, 메시아 예수의 복음을 가져다주는 소명을 알고 있었다. 그들이 고향으로 귀국한 후에 가진 인터뷰에서 데이나는 아프카니스탄으로 가기 전에 가졌던 담대한 고백을 상기하였고, 처형을 기다리면서 그녀와 헤더가 그곳의 감옥에 있었을 때 가졌던 재확신을 상기하였다. 그녀는 이렇게 기도했다. "주님, 아프카니스탄에 새로운 약진이 있는 일에 제가 죽어 순교자가 되는 것이 가장 좋은 것이라면, 그것은 좋습니다." 그녀는 기도할 때, "하지만 저는 쭉 놀라운 평화를 가졌습니다"

---

56. 나는 Wilkins, *In His Image*, 27-30에서 이것을 실제적으로 발전시켰다.

57. Bob Paulson and Scott D. Noble, "Captive in Afghanistan," *Decision* 43/7(July 2002): 8에서 인용함.

라고 말하였다.[58]

데이나와 헤더는 극심하게 박해를 받으면서도 놀라울 정도로 강화된 보통의 크리스천이다. 사도 베드로는 회개하고 주님에게 돌아간 후에 놀라울 정도로 신앙이 강력해지는 경험을 한다. 그는 예수의 모든 제자들에게 풍성히 주어지는 양식을 배워야 하는 당신과 나 또는 데이나와 헤더와 같은 교회의 젊은 리더들에게 나중에 이렇게 편지했다.

> 그러므로 하나님의 능하신 손아래에서 겸손하라 때가 되면 너희를 높이시리라 너희 염려를 다 주께 맡기라 이는 그가 너희를 돌보심이라 근신하라 깨어라 너희 대적 마귀가 우는 사자 같이 두루 다니며 삼킬 자를 찾나니 너희는 믿음을 굳건하게 하여 그를 대적하라 이는 세상에 있는 너희 형제들도 동일한 고난을 당하는 줄을 앎이라.
>
> 모든 은혜의 하나님 곧 그리스도 안에서 너희를 부르사 자기의 영원한 영광에 들어가게 하신 이가 잠깐 고난을 당한 너희를 친히 온전하게 하시며 굳건하게 하시며 강하게 하시며 터를 견고하게 하시리라 권능이 세세무궁하도록 그에게 있을지어다 아멘 (벧전 5:6-11).

베드로는 자신의 교훈을 배워야 했고, 주님을 부인하였지만, 다른 이들을 회복시키는데 도움을 줄 수 있도록 예수가 그를 회복시키기에 충분히 용기 있는 사람의 강력한 모범으로 확고하게 서 있다.

58. Stan Guthrie와 Wendy Murray Zoba가 이전에 탈레반 억류자인 데이나(Dayna Curry)와 헤더(Heather Mercer)를 인터뷰한 "이중적인 위험성", *Christianity Today*(July 8, 2002): 26-32, 특히 30.

마태복음 27:27-66

27 이에 총독의 군병들이 예수를 데리고 관정
안으로 들어가서 온 군대를 그에게로 모으고
28 그의 옷을 벗기고 홍포를 입히며
29 가시관을 엮어 그 머리에 씌우고 갈대를 그
오른손에 들리고 그 앞에서 무릎을 꿇고 희
롱하여 이르되 유대인의 왕이여 평안할지어
다 하며
30 그에게 침 뱉고 갈대를 빼앗아 그의 머리를
치더라
31 희롱을 다 한 후 홍포를 벗기고 도로 그의 옷
을 입혀 십자가에 못 박으려고 끌고 나가니라
32 나가다가 시몬이란 구레네 사람을 만나매 그
에게 예수의 십자가를 억지로 지워 가게 하
였더라
33 골고다 즉 해골의 곳이라는 곳에 이르러
34 쓸개 탄 포도주를 예수께 주어 마시게 하려
하였더니 예수께서 맛보시고 마시고자 하지
아니하시더라
35 그들이 예수를 십자가에 못 박은 후에 그 옷
을 제비 뽑아 나누고
36 거기 앉아 지키더라
37 그 머리 위에 이는 유대인의 왕 예수라 쓴 죄
패를 붙였더라
38 이 때에 예수와 함께 강도 둘이 십자가에 못
박히니 하나는 우편에, 하나는 좌편에 있더라
39 지나가는 자들은 자기 머리를 흔들며 예수를
모욕하여
40 이르되 성전을 헐고 사흘에 짓는 자여 네가
만일 하나님의 아들이어든 자기를 구원하고
십자가에서 내려오라 하며
41 그와 같이 대제사장들도 서기관들과 장로들
과 함께 희롱하여 이르되
42 그가 남은 구원하였으되 자기는 구원할 수
없도다 그가 이스라엘의 왕이로다 지금 십자
가에서 내려올지어다 그리하면 우리가 믿겠
노라
43 그가 하나님을 신뢰하니 하나님이 원하시면
이제 그를 구원하실지라 그의 말이 나는 하
나님의 아들이라 하였도다 하며
44 함께 십자가에 못 박힌 강도들도 이와 같이
욕하더라
45 제육시로부터 온 땅에 어둠이 임하여 제구시
까지 계속되더니
46 제구시쯤에 예수께서 크게 소리 질러 이르시
되 엘리 엘리 라마 사박다니 하시니 이는 곧
나의 하나님, 나의 하나님, 어찌하여 나를 버
리셨나이까 하는 뜻이라
47 거기 섰던 자 중 어떤 이들이 듣고 이르되 이
사람이 엘리야를 부른다 하고
48 그 중의 한 사람이 곧 달려가서 해면을 가져
다가 신 포도주에 적시어 갈대에 꿰어 마시
게 하거늘
49 그 남은 사람들이 이르되 가만 두라 엘리야
가 와서 그를 구원하나 보자 하더라
50 예수께서 다시 크게 소리 지르시고 영혼이
떠나시니라
51 이에 성소 휘장이 위로부터 아래까지 찢어져
둘이 되고 땅이 진동하며 바위가 터지고
52 무덤들이 열리며 자던 성도의 몸이 많이 일
어나되
53 예수의 부활 후에 그들이 무덤에서 나와서
거룩한 성에 들어가 많은 사람에게 보이니라
54 백부장과 및 함께 예수를 지키던 자들이 지
진과 그 일어난 일들을 보고 심히 두려워하
여 이르되 이는 진실로 하나님의 아들이었도
다 하더라

55 예수를 섬기며 갈릴리에서부터 따라온 많은 여자가 거기 있어 멀리서 바라보고 있으니
56 그 중에는 막달라 마리아와 또 야고보와 요셉의 어머니 마리아와 또 세베대의 아들들의 어머니도 있더라
57 저물었을 때에 아리마대의 부자 요셉이라 하는 사람이 왔으니 그도 예수의 제자라
58 빌라도에게 가서 예수의 시체를 달라 하니 이에 빌라도가 내주라 명령하거늘
59 요셉이 시체를 가져다가 깨끗한 세마포로 싸서
60 바위 속에 판 자기 새 무덤에 넣어 두고 큰 돌을 굴려 무덤 문에 놓고 가니
61 거기 막달라 마리아와 다른 마리아가 무덤을 향하여 앉았더라
62 그 이튿날은 준비일 다음 날이라 대제사장들과 바리새인들이 함께 빌라도에게 모여 이르되
63 주여 저 속이던 자가 살아 있을 때에 말하되 내가 사흘 후에 다시 살아나리라 한 것을 우리가 기억하노니
64 그러므로 명령하여 그 무덤을 사흘까지 굳게 지키게 하소서 그의 제자들이 와서 시체를 도둑질하여 가고 백성에게 말하되 그가 죽은 자 가운데서 살아났다 하면 후의 속임이 전보다 더 클까 하나이다 하니
65 빌라도가 이르되 너희에게 경비병이 있으니 가서 힘대로 굳게 지키라 하거늘
66 그들이 경비병과 함께 가서 돌을 인봉하고 무덤을 굳게 지키니라

원 의미

수난 내러티브의 이 중요한 항목에서 마태는 메시아 예수에 대한 그의 복음의 핵심으로 우리를 데려간다. 이 십자가 내러티브는 이 복음서의 핵심적인 주제, 곧 예수의 전체 지상 사역의 중심적인 목적을 특징짓는 주제를 보여주는 절정으로 가져간다: 예수는 죄로부터의 구원을 가져오신다. 유아 내러티브는 곧 태어날 아기를 예수라 이름지으라는 선언으로 시작했다. "그가 자기 백성을 그들의 죄에서 구원할 자이심"(1:21)이기 때문이다. 내러티브가 전개될 때, 예수는 죄 용서의 선언(9:1-8)과 많은 이들을 위한 대속물로 자신을 주시려 한다는 선언을 하신다(20:28). 적어도 네 번이나 예수는 이방인의 손에 죽임을 당하기 위해서 유대 지도자들이 그를 넘길 것이라고 예언하셨다(16:21; 17:22-23; 20:17-19; 26:2).

마태복음의 독자들에게서 죄 용서를 가져다주는 고난 받는 종을 아주 흐릿하게 예언하였던 구약성경의 구절들이 이제 투명하게 나타난다(예. 사 42:1-4; 52:13-53:12). 그것들은 십자가의 희생을 통해 참된 구속을 가져다주시는 메시아의 십자가 죽음을 가리킨다. 마태는 이 사건들에 의미를 덧붙이지 않고 사건들을 적나라하게 설명한다. 하지만 그의 독자들에게서 그 의미는 분명하다—예수는 십자가에 못 박히신 메시아다. 그의 죽음은 자기 백성들을 대신해서 죄를 위해 죽는 상상할

수 없는 고통의 공포를 통해서 구원을 가져온다. 암울하게 우리는 깊은 슬픔으로, 하지만 형언할 수 없는 기쁨으로, 구세주가 십자가로 가시는 것을 지켜보게 된다.

사복음서에 기록된 예수의 죽음으로 인도되는 십자가 죽음의 사건에 대한 상세한 설명은 다음과 같다.

1. 골고다로의 도착(마 27:33)
2. 쓸개 탄 포도주를 병사들이 준 것을 예수가 거절하시다(27:34)
3. 예수의 옷을 나누다(27:35)
4. 예수의 머리 위에 붙은 패: "이는 유대인의 왕 예수라"(27:37)
5. 두 강도들 사이에 달린 예수의 십자가(27:38)
6. 십자가상에서의 첫 번째 외침: "아버지 저들을 사하여 주옵소서 자기들이 하는 것을 알지 못함이니이다"(눅 23:34)
7. 행인들이 예수를 조롱하다(마 27:39-44)
8. 강도들과의 대화(눅 23:39-43)
9. 강도들에 대한 십자가상에서의 두 번째 외침: "내가 진실로 네게 이르노니 오늘 네가 나와 함께 낙원에 있으리라"(눅 23:43)
10. 어머니에 대한 세 번째 외침: "여자여 보소서 아들이니이다"(요 19:26-27)
11. 골고다의 십자가 처형장소를 덮친 어둠(마 27:45)
12. 네 번째 외침: "나의 하나님, 나의 하나님, 어찌하여 나를 버리셨나이까?"(27:46)
13. 다섯 번째 외침: "내가 목마르다"(요 19:28)
14. 여섯 번째 외침: "다 이루었다"(요 19:30)
15. 일곱 번째 외침: "아버지 내 영혼을 아버지 손에 부탁하나이다"(눅 23:46)[1]
16. 예수의 영이 떠남으로써 그의 죽음(마 27:50; 참조. 요 19:30)

병사들이 예수를 때리고 조롱하다(27:31)

빌라도가 사형의 판결을 내린 후에(27:26), 병사들이 예수를 관정으로 끌고가

1. 십자가상에서 예수의 일곱 외침 중에서 세 가지는 누가복음에 기록되어 있고(1, 2, 7번째), 다른 세 가지는 요한복음에 기록되어 있다(3, 5, 6번째). 마태복음과 마가복음에는 네 번째 외침만이 기록되어 있다.

서 그를 희롱한다. 관정은 로마 총독의 공식적인 관저이지만 그 용어는 로마 총독을 섬기던 군대의 캠프로 사용되기도 하였다. 빌라도가 예루살렘에 있는 동안에 거주한 장소가 논쟁이 되기는 하지만, 그것은 아마도 헤롯 궁전일 것이다(27:19의 주석을 보라). 세 가지 가능성 있는 거주지는 요새로도 사용하기 위해서 이중적인 목적으로 지어졌을 것이고, 커다란 파견부대가 빌라도의 거주지에 있었을 것이다.[2]

관저에서 예수는 빌라도의 병사들에 둘러싸여 있다. "온 군대"('스페이라')란 표현은 4백 명에서 6백 명의 군사로 이루어져 있는 로마의 보병대를 의미할 것이다.[3] 이는 군단의 1/10에 해당한다. 하지만 '스페이라'란 용어는 '보병 중대'(60-200명에 이르는 보병대)로도 사용되었다.[4] 요세푸스는 로마 병사들의 커다란 파견대가 안토니아 요새에 영구적으로 숙영하였다고 말한다.[5] "총독의 군병"이란 말(27:27)은 안토니아의 보병대와 더불어 더 작은 보병중대가 헤롯 대왕이 있었던 궁전에서 빌라도의 경호대로서 거주하였음을 가리킨다.[6] 후자의 경우에 예수는 적어도 100-200명의 병사들의 조롱꾼들에 둘러싸여 있었을 것이다.

예수는 이미 채찍질을 당하셨다(27:26의 주석을 보라). 십자가에 못 박혀지는 사람들에게 전형적으로 주어지는 학대처럼, 병사들은 예수의 옷을 벗기고 홍포를 입힌다. 이 때에 예루살렘의 로마 병사들은 정죄된 죄수를 데리고 잔인한 게임을 한 것으로 알려져 있다. 특히 반동적인 약탈자들에게서 그러했다. 죄수들은 희화적인 왕으로 옷이 입혀져서 게임의 도구로 사용되었다. "주사위"의 굴림처럼 죄수 "왕"을 바닥에 새겨진 게임 판 위에서 뒹굴게 만들었다. 병사들의 여흥과 더불어, 그들은 조롱당하는 왕에게 언어적이고도 물리적인 학대를 퍼부었다.[7] 예수를 처형하는 병사들은 그를 "고통스러운 여흥"을 위한 게임으로 괴롭혔다. 병사들은 그에게 새로운 옷을 입히고 "유대인의 왕"으로 조롱한다.

로마 병사들이 입혀준 "홍포"는 조롱의 왕복이다. 죄수의 머리에 심각한 상처를 가하는 가시 있는 가지로 만들어진 면류관은 로마 황제의 관을 심술 궂게 모방한

---

2. Page, *Jesus and the Land*, 147-48; Rousseau and Arav, "Jerusalem, Herod's Palace," 151-52.
3. 미국 군대의 대대와 유사하다.
4. BDAG. 미국 군대의 중대와 유사하다.
5. Josephus, *J.W.* 5.5.8§244. 이것은 빌라도가 안토니아에 거주했을 것이라고 주장한다.
6. 로마의 파견부대의 배경을 위해서는 Everett Ferguson, *Backgrounds of Early Christianity*, 2d ed. (Grand Rapids: Eerdmans, 1993), 46-52을 보라
7. "왕의 놀이"와 관련한 이미지가 새겨져 있는 돌로로사(Via Dolorosa)의 로마 시대의 포장한 바닥에 대한 사진을 위해서는 Wilkins, "Matthew," 177을 보라. 또한 Page, *Jesus and the Land*, 149-51을 보라.

것이다. 나무로 흔히 만들어진 "갈대"(개역개정, "staff", 본래는 "막대")는 통치자의 홀을 모방한 짓 굳은 장난이다. 이 갈대는 예수에게 침을 뱉고 학대할 때 그의 머리를 반복해서 때리기 위한 것으로 사용되었다. 가야바가 예수를 정죄할 때 그의 집에서 사용한 것과 유사한 잔인한 학대를 예수는 받으신다. 거기서 대제사장의 경호대는 예수에게 예언할 것을 요청하며 잔인한 놀이를 즐겼다(26:68). 여기서 로마의 병사들은 이스라엘의 메시아 왕이라는 예수의 주장을 조롱하기 위해서 더 잔인한 놀이를 즐긴다(27:29).[8]

이 잔인한 놀이를 한 후에, 병사들은 예수에게 옷을 다시 입히고 성벽 바깥의 십자가 처형 장소로 데려가기 위해서 예루살렘 거리로 나아간다.

골고다로의 여행(27:32-34)

죽음의 판결을 받은 범죄자들은 십자가 처형 장소로 자신이 못 박힐 나무로 된 무거운 십자가 기둥('파티불룸')을 짊어지고 갈 것을 요구받았다.[9] 십자가 기둥은 가로 세로의 기둥으로 이루어져 있었고, 전체 십자가는 희생자를 붙들어 매어 공중에 높이 올렸다. '파티불룸'은 통상적으로 30-40 파운드의 무게가 나갔고 어깨 위에 가죽끈으로 묶어졌다. 하지만 예수는 거의 죽을 정도로 이미 심한 채찍질을 당하였다(27:26). 예수는 심한 고문과 피 흘리심으로 너무 약해져서 '파티불룸을 매고서 걸어갈 수가 없었다. 피부와 근육 그리고 내장이 심각한 상처를 입었기 때문일 것이다.

구레네 시몬(27:32). 병사들이 예수를 십자가에 못박기 위해서 빌라도의 궁전을 떠났을 때, 그들은 예수가 처형 장소로 십자가를 지고 갈 수 없음을 인식한다. 그러므로 그들은 무작위로 구레네 성의 시몬이라 이름하는 사람이 그 십자가를 짊어지게 한다. 구레네는 많은 유대인들이 거주했던 북아프리카(알렉산드리와 같다) 도시였다. 시몬은 유월절에 예루살렘으로 순례하러 온 유대인이었을 것이다.[10] 대부

8. Flusser, *Jesus*, 169.

9. Plutarch, *Moralia* 554A/B; 참조. 554D; *De sere numinis vindicta*(*On the Dealys of Divine Vengeance*) 9을 보라.

10. 마가복음은 "알렉산더와 루포의 아버지인 구레네 사람 시몬"(막 15:21)이라고 지나가는 말로 언급하고 있는데, 그것은 알렉산더와 루포가 로마의 교회일 것으로 보이는 마가의 청중들에게 잘 알려져 있었던 사람임을 암시한다(참조. Ben Witherington III, *The Gospel of Mark: A Socio-Rhetorical Commentary* [Grand Rapids: Eerdmans, 2001], 393-94; 참고문헌을 위해서는 Thomas R. Schreiner, *Romans* [BECNT; Grand Rapids: Baker, 1998], 791을 보라). 마가복음의 루포가 바울이 로마의 교회에 인사할

분의 순례자들처럼, 시몬은 오순절까지 그곳에 머물렀을 것이다. 전승은 예수의 십자가를 지고한 이 사건이 시몬에게 충격을 주어서 그가 베드로의 오순절 설교 시에 크리스천이 되었다고 전한다(참조. 행 2:41; 4:4).

골고다(27:33). 예수와 시몬을 호위한 병사들이 마태가 "골고다"라 이름한 십자가 처형 장소에 이르게 된다. 그 이름은 "해골"에 대한 아람어 음역이다. 마태는 "해골이라 하는 곳"이라고 헬라어 번역을 첨가함으로써 그것을 분명히 한다. "갈보리"로 흔히 지칭되는 이곳은 역사에서 상당한 관심을 끌었다. 고대 예루살렘에서 어느 장소도 골고다라 불렸던 곳을 찾을 수 없지만 그 이름을 위한 세 가지 주요한 이유가 제기된다. (1) 그곳은 처형 장소였다. (2) 그곳은 많은 무덤이 있었던 것으로 유명한 지역이었다. (3) 어떤 면에서 그 장소는 해골과 유사했다.

골고다의 정체와 장소에 대한 가장 중요한 단서는 다음과 같다. (1) 그 장소는 예루살렘 성 바깥에 있었음이 틀림없다. 로마법(그리고 유대법, 레 24:14)이 성 바깥에서 십자가 처형을 행할 것으로 가리킨다. (2) 성문에서 멀리 떨어지지 않은 대단히 눈에 띄는 장소였을 것이다. 로마인들이 십자가 처형을 반란의 억제물로서 사용했고, 이 소름끼치는 장소를 수많은 사람들이 가능한 한 목격할 수 있게 하기를 원했기 때문이다(27:39의 주석을 보라). (3) 무덤을 포함하고 있는 정원이 근처에 있었을 것이다. 아리마대 요셉에게 속한 이 무덤은 나중에 예수의 몸이 두어지게 되었다(요 19:41-42).

두 주요한 지역이 골고다가 있었던 곳으로 제기된다. (1) 대중적인 장소는 정원에 동산을 갖고 있는, 유명한 영국군 영웅인 찰스 조지 고든 장군의 이름을 딴 "고든 언덕"(Gordon's Hill)이다. 이스라엘에서 짧게 봉사하던 중에(1883) 그는 해골과 유사해 보이는 예루살렘 옛 도성의 북부 담벽의 북쪽에 위치한 언덕을 확인했다. 언덕 아래에는 예수의 무덤으로 추정되는 토굴이 있는 커다란 지하 묘지가 있다. 하지만 이 무덤은 1세기에는 사용하지 않았기에 아리마대 요셉에게 속한 무덤을 새롭게 만든 것으로 동일시할 수는 없다.[11]

(2) 더 좋은 후보지는 콘스탄틴 황제가 예수의 십자가 처형과 무덤을 기념하여

때에 언급한 루포와 동일한 인물이라고 많은 사람들이 주장한다(롬 16:13; 참조. 행 19:33의 알렉산더).

11. 동산의 무덤에 대한 사진을 위해서는 Wilkins, "Matthew," 182을 보라. 더 자세한 논의를 위해서는 Gabriel Barkay, "The Garden Tomb: Was Jesus Buried Here?" *BAR* 12(March-April 1986): 40-57; John McRay, "Tomb Typology and the Tomb of Jesus," *Archaeology in the Biblical World* 2/2(Spring 1994): 34-44을 보라.

"성묘 교회"(The Church of the Holy Sepulchre)를 세웠던 장소다. 그것은 도시 안쪽의 옛 예루살렘 도성의 기독교 지역의 핵심부에 자리하고 있다. 세 기독교 공동체들—아르메니아, 헬라 그리고 라틴—이 예수의 처형과 매장의 장소로서 예루살렘 도성의 서쪽인 이 지역과 모두 맞닿아 있다. ⓐ 예수의 시대에 이 지역은 도성 바깥에 있었다. 나중에 헤롯 아그립바가 A.D 41-44년에 세운 성벽은 이 지역을 도성 안쪽에 자리하게 했다. ⓑ 이 지역은 주 도로 근처에 있었을 것이다. ⓒ 이 지역은 고대의 석회암 채석장이 있었고, 그것은 이용 가능한 돌들을 B.C 1세기에 모두 채석했을 것이다. 그러고 나서 이 채석장을 메꿔서 정원이나 과수원으로 사용했을 것이고, 세기가 바뀌면서 커다란 매장지가 여기에 포함되었을 것이다.[12]

포도주와 쓸개(27:34). 십자가 처형 장소에서 로마 병사들은 예수에게 "쓸개를 탄 포도주"를 주었다. 하지만 예수는 그 혼합물을 맛보신 후 마시기를 거절하신다. 랍비 전승은 죄수가 처형될 때, 감각을 무디게 하기 위해서 유향 가루를 탄 포도주 잔이 제공되었을 것이라고 말한다(잠 31:6을 인용하고 있는 *b. Sanh.* 43a). 이런 관습은 자비에서 비롯된 것이다. 일부 학자들은 예수가 그러한 동정적인 관심을 거부하였기 때문에 그가 감각이 마비되지 않은 채 보속의 온전한 희생을 당하기 원하셨음을 우리가 추정할 수 있다고 주장한다.[13]

하지만 골고다로 예수를 데리고 간 병사들이 예수에게 그 잔을 제공했던 자다. 그들은 동정심이 거의 없는 자들이다. 그들은 이미 예수를 심하게 채찍질하고 조롱했다. 아마도 현재의 그 잔은 로마 병사들의 또 다른 잔인한 시도였을 수 있다. 오히려 예수에게 기력을 돋구기 위한 잔을 제공하는 것처럼 위장하여 더 고통스럽게 만드는 독초를 "쓸개"에 섞었을 수 있다. 예수가 이 쓴잔을 맛보셨을 때, 그것이 원기회복을 위한 것이 아니라 그를 고통스럽게 하는 또 다른 종류의 것임을 알았을 수 있다. 독초가 든 포도주는 그의 타는 듯한 목마름을 더 강화시켰을 것이기에 거부하였을 수 있다(시 69:20-21을 보라). 예수 이전에 다윗 왕처럼 메시아 왕이신 예수는 동정이 아니라 희롱만 당하신다(눅 23:36도 참조하라).[14]

---

12. 성묘교회 안의 방과 예술가들의 원 무덤의 재생 그리고 후대의 건축과 관련한 콘스탄틴의 유적에 관한 사진을 위해서는 Wilkins, "Matthew," 184-85을 보라. 더 자세한 논의를 위해서는 Dan Bahat, "Does the Holy Sepulchre Church Mark the Burial of Jesus?" BAR 12(May-June 1986): 26-45; Joan E. Taylor, "Golgotha: A Reconsideration of the Evidence for the Sites of Jesus' Crucifixion and Burial," *NTS* 44(1998): 180-203; Flusser, *Jesus*, 255-57을 보라.
13. 예를 들어, Morris, Matthew, 715; Keener, *A Commentary on the Gospel of Matthew*(1999), 678.
14. 참조. Carson, "Matthew," 575; Hagner, *Matthew*, 2:834-35.

예수가 못 박히시다(27:35-38)

복음서 저자는 예수의 십자가 처형의 상세한 부분에 초점을 맞추지 않는다. 하지만 최근의 역사적 연구와 고고학적 연구는 당시의 관행과 너무도 멀리 떨어져 있는 우리들에게 십자가의 공포를 실감할 수 있게 만들어준다.[15] 십자가는 사형의 가장 고통스럽고 오랜 시간을 끄는 수단이었다. 지나가는 자들이 못 박히는 사람을 욕할 수 있었다(참조. 27:39). 통상적으로 희생자는 2-3일 간의 고통스러운 시간(목마름, 소진, 노출)이 지난 후에 죽었다. 손은 대들보에 자주 못이 박히거나 묶이어 들려져서 똑바로 세워진 기둥에 부착되었고, 그 다음에 발에 못이 박혔다. 때로 다리를 꺾어서 죽음을 재촉할 수 있었으나 예수의 경우에는 심한 매질로 인해 이미 매우 약해져서 거의 죽을 지경이 되었기 때문에 다리를 꺾지 않았다(참조. 요 19:33).

경호원들이 제비를 뽑고 십자가 처형을 지켜보다(27:35-37). 시편 22편을 암시하는 일련의 장면의 첫 번째 경우에서,[16] 마태는 시편 22:18의 70인경을 거의 축자적으로 인용하지만, 다른 곳에서 했던 것처럼 일종의 성취 공식을 사용하지 않는다. 하지만 독자들은 병사들이 제비를 뽑음으로써 옷을 나눌 때 이것이 성경을 성취하고 있음을 안다. 제비뽑기는 속죄일의 희생양처럼 다양한 문제에서 하나님의 뜻을 발견하기 위해서 구약성경에서 시행되었다(레 16장). 하지만 여기서 제비뽑기는 여럿은 아닐지라도 예수의 옷으로 남겨져 있던 것을 나누는 로마 경호원들의 도박의 한 형태다. 이렇게 함으로써 그들은 예수의 마지막 외적인 위엄과 그의 상처 난 몸을 괴롭게 하는 파리와 여타 요소들을 막아주는 보호막을 빼앗는다.

예수가 십자가에 못 박혀 높이 들려질 때 경호원들은 예수를 따랐던 많은 이들이 그의 구조를 시도하지 않을 것임을 확신하면서 앉아서 지켜본다. 오직 마태만이 이 부분을 세부적으로 설명하는데, 이는 예수의 죽음과 부활에 대한 경호원들의 반응을 나중에 설명하기 위한 방식을 미리 준비하는 것이다(27:54, 62-66; 28:11-15).

그들이 예수가 죽은 것을 지켜본 것처럼, 병사들은 예수의 십자가 처형으로 귀결되었던 종류의 범죄를 막고자 하는 규칙적인 관습을 실행한다. 예수는 선동적인

15. 가장 중요한 역사적 연구는 Martin Hengel, *Crucifixion in the Ancient World and the Folly of the Message of the Cross*(Philadelphia: Fortress, 1977), 77이다.

16. 또한 27:39, 42-43, 46을 보라.

유대인의 메시아 왕으로 거짓되게 기소되어 판결을 받았다(참조. 27:11-14; 27:1-2의 주석을 보라). 유대인들이 선동이나 로마에 반하는 여타 종류의 봉기를 일으키지 않게 하는 제어물로서 병사들은 예수의 머리에 "이는 유대인의 왕 예수라"는 쓰여진 패를 붙였다. 아마도 예수는 골고다로 가실 때 목에 이 패를 거셨을 것이다. 그러나 역설적이게도, 이것은 예수에 대한 진실을 말하고 있다. 그는 구속하기 위해 온 바로 그 백성들에 의해 배척되어 모함 당한 유대인의 왕이시다.

두 강도(27:38). 예수는 골고다에서 홀로 십자가에 못 박히지 않으셨다. 그의 우편과 좌편에 두 "강도"('레스테스')가 있었다. 이들은 보통의 도둑이 아니라 정치적인 반동자들(마 27:16의 주석을 참조하라)이다. 이와 동일한 용어가 예수를 '레스테스'(26:55)인 것처럼 겟세마네에서 자신을 잡으러 온 사람들을 그가 비난하실 때 이전에 나타난다. 바라바도 역시 그렇게 묘사된다(요 18:40). 빌라도는 반란으로 무리들을 선동하는 사람들을 찾아서 체포하고 재판하였다. 만약 백성들이 예수가 아니라 바라바를 선택하지 않았다면, 바라바가 반란에 참여한 이 민족주의자들과 함께 십자가에 처형되었을 것이다. 하지만 예수는 정치적인 죄목으로 거짓되이 기소되어 반란의 유죄평결을 받았다. 세배대의 두 아들들은 예수의 나라에서 그의 우편과 좌편에 앉을 수 있는 특권을 구했다(20:21). 마태는 씁쓸한 아이러니를 가지고서 이 두 반란자들이 보좌가 아니라 예수의 십자가의 우편과 좌편에 자리하고 있는 형태를 기록한다.

메시아를 조롱함(27:39-44)

이 항목은 예수가 십자가에 매달려 있는 동안에 그에게 욕설을 퍼부은 세 그룹(백성들, 예수를 정죄한 종교지도자들, 강도)의 슬픈 장면이다. 백성들과 종교지도자들의 경우에 그 이슈는 하나님의 아들로서 예수의 신분과 유사하게 관련된다.

백성들(27:39-40). "지나가는 자들"은 도성에 들어오고 나가는 일반적인 사람들을 말하지만 재판을 목격했던 사람들도 역시 포함한다. 그들은 예수에 대한 죄의 평결이 정당하다고 확신한다. 예수를 보고 "자기 머리를 흔들며 모욕하고" 있기 때문이다. "모욕하다"란 표현은 문자적으로 "신을 모욕한 자"를 의미하며, 그들이 예수의 신성 모독적인 주장(26:65-66의 주석을 보라)과 성전을 부수고 사흘만에 다시 지을 수 있다고 말한 사이비적인 죄목(참조. 26:61)으로 조롱함을 가리킨다. 이것은 초자연적인 권세에 대한 예수의 주장을 특히 조롱한다. 그가 그러한 능력이 있다면 자기 자신을 구할 수 있어야 한다는 것이다.

예수의 공적 사역의 초기에 마귀가 예수를 동일한 방식으로 유혹했다(4:3, 6). 이제 백성들이 십자가를 피하도록 예수에게 또 다른 잔인한 유혹을 하고 있다: "네가 만일 하나님의 아들이어든 자기를 구원하고 십자가에서 내려오라." 그들의 조롱은 그들이 알지 못하고 있는 것을 말하고 있지만, 예수는 겟세마네에서 세 번이나 단호하게 확증하신 것처럼 아버지의 뜻을 추구하기를 계속하실 것이다(26:39-44). 마태의 독자들은 행인들로부터의 이 조롱에서 시편 22편의 또 다른 암시를 듣고 있다: "나는 벌레요 사람이 아니라 사람의 비방 거리요 백성의 조롱거리니이다 나를 보는 자는 다 나를 비웃으며 입술을 비쭉거리고 머리를 흔들며 말하되"(시 22:6-7).

종교 지도자들(27:41-43). 산헤드린을 포함하는 종교 지도자들—대제사장들, 서기관들, 장로들—이 조롱에 합세한다. 그들이 그곳에 있음은 십자가 처형을 보고 있는 사람들이 단순히 우연하게 그곳에 있지 않음을 충분히 보여준다. 이스라엘 고관들이 예수에게 마지막 모욕을 주기 위해서 의도적으로 골고다로 따라 와서, 예수의 실제 존재를 가지고 자기도 모르게 조롱한다. 그들은 예수가 재판 시에 제기했던 주장으로 그를 희롱한다(26:64의 주석을 보라).

무리들처럼, 그들도 초자연적인 능력을 예수가 보일 것을 제기하며 희롱한다: "그가 남은 구원하였으되 자기는 구원할 수 없도다." 그들은 예수가 병든 자를 치유하고 마귀 들린 자를 회복시키며, 죽음에서 사람들을 일으키는 것을 목격했다. 예수의 사역을 통해서 그들은 예수의 참된 신분에 대한 표적을 구함으로써 그를 시험했다(12:38-39). 이제 그들은 예수에게 직접적으로 표적을 구하지도 않는다. 오히려 잔인한 희롱으로 서로 농담을 나눈다: "지금 십자가에서 내려올지어다 그리하면 우리가 믿겠노라."

마태는 종교지도자들의 하나님에 대한 예수의 신뢰를 조롱하면서 다시금 시편 22편(시 22:8)을 암시한다(참조. 마 27:35).[17] 그가 참으로 하나님의 아들이라면, 하나님이 십자가에서 그를 죽게 하지 않을 것이다. 그들에게 십자가에 못 박히는 메시아는 생각할 수가 없다. 예수의 신분에 대한 그들의 최종적인 입증은 하나님이

17. 종교지도자들은 시편 22:8의 말씀을 의식적으로든(Hagner, *Matthew*, 2:839) 무의식적으로든(Carson, "Matthew," 577; Keener, *A Commentary on the Gospel of Matthew* [1999], 681) 그 연관성을 인정하는 방식으로 예수에게 적용시킨다. 의식적으로라 하면, 그들이 알려진 메시아적 예언과 비교하여 예수를 조롱하고, 무의식적으로라 하면, 이것은 가야바가 발했던 무의식적인 예언과 같다(요 11:51-52).

그의 아들을 구하는 것이다. 하지만 이전에 예수가 선언하셨던 것처럼, 그의 신분의 결정적인 표적은 죽은 자 가운데서 부활하는 것이고, 그것은 이 종교 지도자들에게 하나님의 심판의 표적이 될 것이다(마 12:40-42). 그들이 자기 자신을 구하라고 예수를 희롱할지라도, 그는 자신의 삶의 사명을 끝까지 추구하신다. 하나님의 아들은 거기서 진정으로 인간을 구원할 것이기 때문이다.

강도들(27:44). 예수가 십자가에 못 박히시는 양편에 매달린 강도들이 예수를 모욕하는 일에 합세한다. 마태복음에는 옆에 있던 두 강도가 예수를 모욕하는 것으로 보이지만 누가복음은 이를 좀더 자세하게 설명해준다. 이 두 강도 중에 한 사람은 메시아가 되신다는 예수의 무기력한 주장을 조롱하지만 "네가 그리스도가 아니냐 너와 우리를 구원하라"(눅 23:39). 다른 강도는 이 조롱을 꾸짖고 예수의 무고함을 인정하였음을 설명한다. 바로 그 날에 그가 예수와 함께 낙원에 있을 것이라고 예수가 선언하게 만드는 회개의 형태를 그 강도는 보여준다(23:40-43).

메시아 예수의 죽음(27:45-50)

골고다의 증인들이 보여준 조롱의 논조는 어둠이 제6시에서 9시까지(즉, 12시 정오부터 오후 3시까지) 그 땅에 덮쳤을 때, 갑자기 침울하게 변한다. 이는 일식 현상이 아니다. 유월절은 보름에 발생하기 때문이다. 오히려 이것은 하나님의 헤아릴 수 없는 행위다. 예수는 이미 약 세 시간을 십자가에 달려 계셨다(막 15:25).

어둠(27:45). 신구약 성경에서 "어둠"은 환기를 시키는 용어다. 빛이 하나님을 상징한다면, 어둠은 하나님을 적대하는 어떤 것을 암시한다: 사악한 자(잠 2:13-14; 살전 5:4-7), 심판(출 10:21; 마 25:30) 그리고 죽음(시 88:13). 구원은 어둠 속에 있는 사람들에게 빛을 가져온다(사 9:1; 마 4:16). 주의 날인 하나님의 궁극적인 심판의 시간은 어둠의 날이다(암 5:18, 20; 욜 2:2; 습 1:15; 마 24:29; 계 6:12-17). 여기서 어둠은 사탄의 권세의 한계(참조. 눅 22:53)와 아들을 못박은 인간에 대한 하나님의 불쾌함, 그리고 세상의 죄에 대한 하나님의 심판을 보여준다.[18]

엘리 엘리 라마 사박다니(27:46). 오후 3시경에 예수의 고통스러운 몸은 거의 죽

18. Wilkins, "Darkness," *BTDT*, 142-43; Hans Conzelmann, "σκότος, κτλ." *TDNT*, 7:423-45; Hahn, "Darkness," *NIDNTT*, 1:420-25.

기 직전이었다. 골고다를 감싸고 있는 어둠으로부터 "엘리 엘리 라마 사박다니"라는 예수의 소리가 울려 퍼진다—그것은 "나의 하나님 나의 하나님 어찌하여 나를 버리시나이까"를 의미한다. 어둠과 예수의 외침 사이에는 밀접한 연관성이 있다—어둠은 고통하는 몸의 상징이다.[19] 다시 한번 십자가의 처형 장면은 시편 22편 1절에서의 다윗 왕의 한탄을 상기시킨다. 다윗은 자신의 변증을 열거하지만 예수의 외침도 크게 다르지 않다. 시편의 온전한 이야기를 알고 있는 마태의 독자들은 부활에 의한 예수의 변호의 예고로서 시편 22편 전체를 생각할 수 있다. 하지만 마태는 지금 이 내러티브를 둘러싸고 있는 주제인 예수의 버림받음에만 초점을 맞춘다.[20]

예수의 일곱 마디 외침 중에서 이것은 마태와 마가가 동시에 기록하고 있는 유일한 외침이다. 그 의미는 온전히 이해하기가 심히 어렵다.[21] 예수의 죽음이 놀라움으로 그를 사로잡지 않았음을 이 외침이 가리킬지라도, 마태는 그것이 의미하는 바를 해석하지 않는다. 그렇다고 해서 이 외침은 요한이 기록하고 있는(요 19:30), 궁극적으로 예수의 보속의 희생의 완성에서 오는 승리적 선언은 아니다. 마태는 십자가상에서 버림받은 예수의 감정에 단순하게 초점을 맞추고 있다. 그는 자기 백성들의 죄를 짊어지기 위해서 아버지로부터 분리되어야 한다(마 1:21; 20:28; 26:28). 하나님의 진노의 잔이 거룩한 심판으로 예수에게 부어지고 있는 것처럼, 그는 죄에 대한 거룩한 응보와 벌을 감당하고 있다.

예수는 인간의 죄의 짐을 짊어지고 있을 뿐 아니라 우리를 대신해서 죄인이 되신다(고후 5:21을 보라). 그는 우리를 위해서 하나님의 저주를 받으신다: "기록된 바 나무에 달린 자마다 저주 아래에 있는 자라"(갈 3:13). 윌리엄 핸드릭슨은 예수의 외침의 전조가 되는 어둠을 생생하게 언급한다.

어둠은 심판, 곧 우리 죄에 대한 하나님의 심판, 예수의 심장 속에서 타고 있는 하나님

---

19. Hendriksen, *Matthew*, 970.

20. 예를 들어, Boring, "Matthew," 492.

21. 해그너는 예수의 이 외침에 대해서 이렇게 말한다. "이것은 전체 복음서 내러티브에서 가장 난해한 신비 중 하나다. 아마도 이것은 우리 죽을 인간이 이해할 수 없는 것으로 그냥 놔두면 가장 좋을 수 있는 말이다"(Hagner, *Matthew*, 2:845-46). 모리스는 이렇게 지적한다. "경건하고 정직한 크리스천들은 이 말이 매우 어려움을 항상 발견한다"(Leon Morris, *The Cross of Christ* [Grand Rapids: Eerdmans, 1988], 67). 예수가 자신의 죽음을 어떻게 인식하였는지에 관한 논의를 위해서는 Scot McKnight, "Jesus and His Death: Some Recent Scholarship," *CurBS* 9(2001): 185-228을 보라.

의 진노를 의미했다. 우리를 대속하신 분으로서 예수는 지극한 고통과 형언할 수 없는 저주, 끔직한 소외나 버림받음을 당했다. 지옥이 그날 갈보리에 임했고, 구세주는 그곳으로 내려가서 우리를 대신해서 공포를 감당하셨다.[22]

예수의 버림받음은 끔찍하지만 목적이 있다.

우리는 후대의 신학적인 묵상으로부터 예수가 하나님에 의해 버림받음이 그들의 존재론적 관계성에 아무런 영향을 미치지 못함을 알고 있다. 즉 예수는 삼위일체의 제2위로서 하나님 아버지로부터 본질이나 실재에서 분리된 것이 아니다. 오히려 예수의 거룩하게 소유된 인간성이 인간의 죄를 위해 죽음의 온전한 벌을 당하셨다. 이전에 그의 삶의 사명은 "많은 이들의 대속물"이 되려는 것임을 제자들에게 말씀하셨다(20:28). 여기서 그 운명적인 예언이 실현된다. 이것은 십자가상에서 예수의 희생이 "대신 형벌 받음"이나 "대속"이라는 보속의 신학적인 교리의 기초를 놓는다—예수는 우리의 죄를 위해 벌을 받으신다. 죄의 삯은 사망이고(롬 6:23), 하나님으로부터 분리되심 속에서 예수는 인간의 죄에 대한 죽음의 벌을 감당하셨다.[23]

하지만 보속의 희생의 깊은 버림받음 속에서도 예수는 이 경험이 좌절이 아님을 아신다—그는 여전히 아버지를 "나의 하나님, 나의 하나님"이라고 부르신다. 인간의 죄를 짊어지는 동안에 관계적인 분리가 하나님으로부터 그를 전적으로 분리시키지 못한다. 아버지에 대한 그의 완전한 신뢰는 영원히 버림받지 않을 것임을 기대하게 한다. 그들의 존재론적인 하나됨은 영원히 불변하기 때문이다.

구경꾼들이 엘리야를 생각하다(27:47-49). 예수가 아람어로 하나님을 부르심('엘리 엘리'; 27:46)은 히브리어로 엘리야의 이름과 유사하게 들린다. 그러므로 곁에 섰던 자들이 예수가 그 선지자를 부르는 것으로 오해한다. 예수가 외칠 때, 무리 중에 한 사람이 해면을 가져다가 신 포도주에 적시어 갈대에 꿰어 마시게 한다. 제공된 음료는 '오코스'인데, 이는 평민들과 병사들이 식사와 함께 매일 먹는 신포도주다. 그것은 물보다 더 효과적으로 갈증을 감해주고, 일반 포도주보다 싸기 때문에 낮은 계층의 사람들이 좋아하는 음료였다. 아마도 구경꾼 중에 한 사람(로마 경호원)이 예수에게 자비와 긍휼의 행동을 보이고 있거나 이 사람이 이전의 희롱을 더

22. Hendriksen, *Matthew*, 970.

23. 보속의 교리에 대한 더 자세한 논의를 위해서는 Erickson, *Christian Theology*, 802-23; Grudem, *Systematic Theology*, 570-86을 보라.

하게 하려고 시도하려고 했을 수 있다(27:34의 주석을 보라). 어느 것도 무리들의 조롱이 멈추어졌음을 암시하고 있지 않다.

이 사람이 예수에 대한 동정에서 음료를 주기를 시도하고 있다면, 무리들은 그 어느 것도 제공하기를 원치 않는다. 또는 그가 예수에게 더 괴로운 약초를 넣음으로써 조롱을 더하려 하고 있다 하더라도, 구경꾼들은 그들의 잔인한 여흥을 방해하는 어떤 것도 원치 않는다. 그들은 엘리야가 예수를 구조하러 오는 가를 알 수 있도록 음료를 주지 못하게 한다.[24] 무리의 대다수는 예수를 놀이와 여흥의 수단으로 장난하고 있다. 하지만 그들은 모르고 있지만, 하나님이 그들의 잔인함을 보시고, 십자가의 구속 역사가 완성된 후에 그를 살리심으로써 아들을 죽음에서 건져내실 것이다.

예수의 영이 떠나가시다(27:50). 예수는 자신의 고통이 이제 거의 끝나감을 아신다. 그는 다시금 큰 소리로 외치신다. 마태나 마가는 예수의 마지막 외침의 내용을 주지 않지만, 그것은 그가 인간의 죄의 벌을 짊어질 때, 하나님 아버지로부터의 마지막 분리의 고통을 당하고 있음을 의미한다. 그때에 "그의 영혼이 떠나신다"(참조. 막 15:37에서 "숨지시니라"). 이것은 죽음의 경험에 대한 짧은 표현이다. 하지만 복음서의 저자들은 모두 예수의 죽음을 단순히 "그가 죽었다"라고 말하지 않는다—그것은 그들이 예수의 죽음을 특별한 것으로 간주하고 있다는 단서다.

사실상 마태는 끝까지 예수가 자신의 운명에 대한 의지적인 제어를 하셨음을 보여준다. 그는 기꺼이 죽음을 맞으신다(참조. 요 10:17-18). 이것은 예수가 죄에 대한 온전한 빚을 지불하셨던 인식에 이르게 되었음을 요한복음이 명시적으로 밝히는 부분에 해당한다. 요한복음에서 예수는 승리의 외침으로 "다 이루었다"(요 19:30)고 외치신다. 요한은 이 승리를 기록하기 위해서 '테테레스타이' 란 단일한 단어를 사용한다. 이 어구는 고대 헬라의 영수증에서 "다 지불했다"라는 의미로 자주 사용되었다. 예수가 이룬 구속은 단번에 모든 것을 완성했다.

예수의 죽음에 대한 증언(27:51-54)

마태는 예수의 죽음에 따른 몇 가지 사건들을 즉시 기록한다. 그 모든 것은 예수의 죽음의 영향을 설명하는 중요한 역사적 신학적 증언을 담고 있다.

---

24. Hans W. Heidland, "ὄξος," *TDNT*, 5:288-89을 보라.

성전으로부터의 증언(27:51). 첫 번째 증언은 성전으로부터인데, 예수의 죽음의 순간에 "성전의 휘장이 위로부터 아래까지 찢어져 둘"이 된다. 휘장('카타페타스마')이란 용어를 성소와 지성소 사이에 휘장(예. 출 26:31-35; 27:21; 30:6; 대하 3:14)과 성소의 입구에 있는 휘장(예. 출 27:37; 민 3:26) 모두를 70인경에서 사용했다. 아마도 여기서 전자를 더욱 가리킬 것이다(참조. 히 6:19; 9:3; 10:20). 휘장은 24개의 실과 72개의 감겨진 끈으로 정교하게 엮어진 편물이었고, 그 가리개는 높이 60피트와 넓이 30피트로 구성되었다.[25]

이 인상적인 가리개가 찢어진 것은 의미 있는 전조였기에 이 사건은 십자가상에서 예수의 죽음의 의미에 대한 중요한 증언을 전달해 준다. 성소를 성전의 나머지 부분과 분리시켰던 휘장이 찢어짐은 하나님과 백성들 사이에 분리가 제거되었음을 의미하고, 나아가서 이스라엘의 성전 활동에 대한 하나님의 심판의 표지다(참조. 21:12-22). 60피트의 높이를 가진 휘장이 위에서 아래로 갈라진다. 그것은 하나님이 지성소를 분리시킨 것을 폐지하신다는 표지다. 이는 새롭고 살아 있는 방식이 십자가상에서 예수의 희생을 통해 하나님의 존전으로 모든 사람들이 들어갈 수 있게 열렸음을 의미한다(히 10:20; 엡 2:11-22). 제사장적인 귀족들만이 휘장이 찢어졌음을 알았기 때문에 몇 주 뒤에 수많은 제사장들이 신자가 되었을 때(행 6:7), 그들은 이 사건을 기독교 공동체에 알렸을 것이다.[26]

"성취"에 관한 마태의 일관된 강조는 여기서 정점에 이른다. 예수는 지상 사역을 감당하셨을 때 모든 의를 이루셨고(3:15-17), 권위적으로 본래 의도된 의미를 선언하셨을 때 율법과 선지자를 이루셨으며(5:17-48), 그의 사역으로 성전보다 더 크신 이가 도래했다(12:6). 성전 휘장이 갈라짐은 예수의 십자가상에서의 희생이 이스라엘의 성전 희생의 세월 속에서 표현된 소망을 이루셨다. 예수는 위대한 대제사장이시며, 그의 희생은 인간의 죄에 대한 하나님의 진노의 영구적인 만족이다(히 4:14-5:10). 예수는 그에게 나아오는 모든 사람들이 하나님 아버지와 화해할 수 있는 영구적으로 접근할 수 있는 새로운 성전이시다.

죽은 자로부터의 증언(27:51b-53). 두 번째 증언은 지진과 바위의 터짐 그리고 죽은 자의 몸이 일어난 것으로 혼합되어 있다. 마태는 먼저 "땅이 진동하며 바위가 터지고"라고 말한다. 이 용어는 십자가의 거룩한 사건에 대한 의미 있는 지상의 반

25. *m. Šeqal.* 8.5을 보라; 요세푸스는 *J.W.* 5.5.4§§212-13에서 휘장에 관한 상세한 묘사를 제공한다.

26. 참조. Keener, *A Commentary on the Gospel of Matthew*(1999), 687.

응을 함축한다. 지진대에 자리하고 있는 팔레스타인의 지형적 특징 때문에 지진이 매우 이례적인 사건은 아니라고 여길 수 있으나 무덤을 열리게 만드는 바위의 터짐은 예수의 십자가 처형의 의미에 대한 또 다른 중요한 증언이다. 또 다른 땅의 흔들림이 더 의미 있는 거룩한 사건을 곧 증거한다—예수의 부활(참조. 28:2).

그때에 마태는 다른 복음서들에는 발견할 수 없는 사건을 기록한다: "무덤들이 열리며 자던 성도의 몸이 많이 일어나되 예수의 부활 후에 그들이 무덤에서 나와서 거룩한 성에 들어가 많은 사람에게 보이니라." 무덤이 돌로 만들어졌기 때문에 지진이 무덤에 영향을 주었을지라도, 죽은 자의 몸이 일어남은 오직 하나님의 직접적인 행위로밖에 볼 수 없다. 이는 하나님이 지진의 배후에 계셨음을 함축한다.

이 사건에 대한 마태의 독특한 기록은 십자가상에서의 예수의 희생이 이루신 죽음의 승리를 강조한다. 일어난 사람들은 "자던 성도"로 묘사되는데(27:52; NIV "죽었던"), 이는 죽었지만 영생을 보증 받은 사람들에 대한 흔한 신약성경의 관용어다(예. 고전 11:30; 15:18, 20; 살전 4:13-15). 이전의 기적적인 증언들처럼 성도의 죽은 몸이 초자연적으로 일어남과 예루살렘에 그들의 출현은 십자가상에서의 예수가 이루신 역사와 이후에 그의 부활을 두드러지게 증언해준다.

"성도"라는 표현은 아마도 경건한 구약성경의 인물들을 가리킨다—이 사건의 기적적인 증인이 되도록 선별된 이스라엘 역사의 영웅들과 순교자들.[27] 우리는 모세와 엘리야가 변화산상에서 예수에게 나타나는 것으로 선택된 방식을 생각할 수 있다(17:1-8). 하지만 이 경우에 이는 거룩한 백성들의 몸의 부활이다. 이는 23-24장에서 이스라엘의 지도부에 대한 예수의 심판과 그들에 대한 정죄에도 불구하고, 이스라엘이 하나님의 계획에 여전히 들어 있음을 독자들이 알게 해준다.[28]

27:53에서 "무덤들이 열리며"라는 어구 다음에 NIV에서 콤마와 접속사 "and"가 자리함은 땅이 흔들리던 시간에 몸들이 일어났고 나중에 예루살렘에 나타났음을 함축한다. 그것은 그들이 예루살렘에 출현할 때까지 며칠 간을 몸으로 무덤에 머물러 있게 만들므로 좀 이상하게 보인다. 하지만 헬라 텍스트는 구두점을 갖고 있지 않고, 접속사 "and"도 텍스트에 없다. 더 좋은 번역은 "무덤들이 열리며"란 어구 다음에 마침표를 넣고 다음 어구로 새로운 문장을 시작하는 것이다. 그렇게 할 때 그것을 이렇게 읽을 수 있다. "무덤들이 열렸다. 그리고 죽었던 많은 성도들

27. Davies and Allison, *Matthew*, 3:633.
28. Blomberg, *Matthew*, 421을 보라.

의 몸이 생명으로 일어났다. 그들은 예수의 부활 후에 무덤에서 나와서 거룩한 성으로 들어가서 많은 사람들에게 나타났다."[29] 이런 번역으로 마태는 다음과 같은 순서를 알려준다. (1) 예수가 십자가에 죽었을 때, 지진에 의해 무덤이 열렸다. (2) 예수가 삼일 후에 살아나셨다. (3) 그때에 성도의 몸들이 일어나서 도성으로 들어가서 많은 사람들에게 나타났다.

이런 방식으로 예수의 죽음 시에 기적적으로 열린 무덤은 예수의 부활의 예기적 표현이고, 성도의 몸들이 삼일 뒤에 뒤따랐다. 예루살렘의 백성들에게 그들이 나타난 것은 십자가에서의 예수의 사역의 효력에 대한 증거이자 그와 그들의 부활에서 죽음에 대한 예수의 승리의 선언이다. 이것은 죽은 자의 첫 열매가 되시는 예수에 대한 바울의 가르침을 발생시킨다(고전 15:20-23).

어떤 이들은 이 사건을 전설 또는 기껏해야 신학적 언급(즉, 역사로 제시된 신학)으로 혹평한다. 하지만 예수의 십자가를 둘러싼 사건들에는 단순한 역사적 차원으로 생각하여 해석할 수는 없다(십자가에 달려 계실 때 어둠이 몰려옴, 무덤이 열리는 지진, 휘장이 위에서 아래로 찢어짐, 구약 성도들의 부활). 이 사건들은 인간 역사에서 하나님의 특별한 행위—십자가상에서의 예수의 대속의 죽음과 입증되는 죽음으로부터의 부활—를 단일하게 증거하는 구별된 사건들이다. 이것은 예수가 자신의 존재를 주장하시고 그의 사역이 백성들 앞에서 확고하게 증거된 것을 확증해 주는 초자연적인 특별한 사건들이다.[30]

하나님이 무덤을 여시고 마른 뼈의 골짜기에서 사람들에게 생명을 불어넣는 것을 예언한 에스겔의 심상을 상기하면서(겔 37:11-14), 마태는 그 의미가 분명하기 때문에 이 사건을 꾸밈없이 언급한다. 데렉 티드볼(Derek Tidball)은 "성도들이 일어남은 모든 신자들이 바라볼 수 있는 부활의 전조다. 예수의 십자가 죽음을 통해서 새로운 날이 도래했다. 이 날은 죽음이 죽음을 이기고 영원한 생명의 부활이 가능해진 날이다."[31] 마태는 이 기적적인 사건들에 대해서 우리가 알기 원하는 모든 질문들에 대답하고 있지는 않지만, 그것을 언급함으로써 그는 예수의 신분과 사명에 대한 초자연적인 확증의 통일된 증언을 제시하고 있다.

---

29. 참조. John W. Wenham, "When Were the Saints Raised?" *JTS* 32(1981): 150-52; Carson, "Matthew," 581-82; Blomberg, *Matthew*, 421.
30. Darrell L. Bock, *Jesus According to Scripture: Restoring the Portrait from the Gospels*(Grand Rapids: Baker, 2002), 391.
31. Tidball, *The Message of the Cross*, 133.

이방인들로부터의 증언(27:54). 예수의 죽음에 따른 세 번째 증언은 예수의 십자가 처형에서 그를 지키던 백부장과 경호원들의 증언이다. 일백 명의 군사를 책임 맡고 있는 장교인 백부장(8:5의 주석을 보라)은 예수가 로마인들에게 재판을 받으며 병사들에 의해 채찍질과 모욕을 당하는 것으로부터 시작해서 지금 예수의 임종까지 지켜보았을 것이다. 그는 많은 십자가 처형을 목격했지만 예수의 죽음의 방식과 더불어 지진이 일어나고 무덤이 열리는 급변하는 사건들이 "이는 진실로 하나님의 아들이었도다"라는 말을 하게 만든다.

백부장과 예수를 지키던 자들이 이런 탄성으로 무엇을 의미하였는지에 관해서 다양한 의견이 제시된다. (1) **이교도의 반응.** 이것은 전개되는 드라마틱한 사건에 대한 이교적인 반응이고 참된 신앙을 가리키지 않는다고 어떤 이들은 주장한다. 그들은 이 표현을 "참으로 이는 신(god)의 아들이었다"라고 가장 잘 번역할 수 있다고 주장한다. 백부장과 예수를 지키던 자들은 예수를 죽음에 맞선 위대한 인간 영웅인 전형적인 그리스-로마의 "신인"(divine-man)으로 단순히 간주하고 있다는 것이다. 하지만 백부장과 그의 사람들은 이것을 그리스-로마의 신성과 관련짓지 않고 현재 유대인들이 예수에 대해 가한 일에 대해서만 언급하고 있다.

(2) **두려움의 반응.** 또 다른 사람들은 병사들의 진술은 신적인 것에 직면해서 죄책감과 패배의 인식이라고 주장한다. 그들은 심히 "두려움에 떠는데", 이는 공포를 함축하는 표현이다. 이 병사들은 예수를 학대하고 처형한 동일한 자들이고, 그들은 유월절 내러티브에서 사악한 자들을 특징짓는다. "악한 병사들의 편에서 패배의 공포와 두려움의 외침은 그들이 받을 끔찍한 운명을 알게 되는 날의 사악한 자들의 태도를 미리 보여준다."[32] 그러나 이 고백이 보고하고 있는 긍정적인 방식은 백부장과 그의 사람들이 단순히 두려움에 떤 것이 아니라 예수가 참으로("확실히" 또는 "진실로") 하나님의 아들임을 인식한 것으로 마태의 독자들이 이해하도록 이끈다.

(3) **믿음이 시작하는 최초의 고백.** 이 진술의 가장 만족스러운 이해는 이 사람들이 아무리 적게 이해하고 있을지라도, 그것은 참된 신앙의 걸음이라는 것이다. 백부장은 예수의 참된 신분의 통찰을 얻었다. 산헤드린으로부터 신성모독의 죄로 기소된 것은 예수가 확증적으로 반응하신 하나님의 아들이라는 그의 주장으로 인한 것

32. David C. Sim, "The 'Confession' of the Soldiers in Matthew 27:54," *Heythrop Journal* 34(1993): 401-24. 참조. Whitney T. Shiner, "The Ambiguous Pronouncement of the Centurion and the Shrouding of Meaning in Mark," *JSNT* 78(2000): 3-22.

이다(26:63-64). 백부장은 예수에 대한 다양한 죄목을 분명히 알고 있었다. 군대의 명령 체계는 기소한 예수를 구하기 위한 잠재적인 폭동을 알 필요가 있었기 때문이다. 전개되고 있는 사건들을 지켜보았을 때, 백부장과 그의 부하들은 최종적으로 예수의 신분이 참이라는 사실에 압도된다. 예수는 기소된 죄에서 무고하다(참조. 눅 23:47). 그것은 예수가 인자로서 옛적부터 계신 자와 거룩한 관계를 유지하고 있는 하나님의 아들이라고 주장했던 것이 사실이라는 논리적 결론에 이르게 만든다.[33]

백부장과 그의 부하들이 이 진술을 어떻게 이해하고 있었든지 간에 마태의 요지는 분명하다. 그는 독자들에게 백부장과 그의 부하들의 반응("심히 두려워하였다")은 변화산상에서 제자들이 경험했던 것(17:6)과 동일하며, 그들의 고백은 폭풍우 이는 바다에서 제자들이 내린 결론(14:33)과 거의 유사함을 강조한다. 그러므로 이 로마 경호대원들이 평가하고 있는 관점은 지금 공개적으로 전달되고 있는 고백인 하나님 아버지(3:17; 17:5)와 베드로(16:16)의 관점과 일치한다.[34]

마태는 유대인의 재판이 예수에게 신성모독의 죄를 덮어씌운 이래로 하나님의 아들로서 예수에 대한 점증된 강조를 주었다(26:63-65). 백부장의 고백의 탄성은 하나님의 아들이라고 주장하였다고 예수를 조롱한 종교지도자들과 십자가 옆에서 구경하고 있던 자들과는 두드러지게 구분된다(27:40-43). 마태의 독자들은 그것을 분명하게 느꼈을 것이다. 여기에 기록된 급격한 사건들은 예수의 참된 신원을 증거해 주고, 백부장과 그의 부하들은 그 증거의 진실을 인정하는 신앙의 첫걸음을 취한다.

예수를 따르던 여인들(27:55-56)

마태는 이제 이 사건들이 전개되고 있는 것을 신실하게 지켜보고 있던 여성들의 평화롭지만 우울한 장면을 이야기한다. 복음서 저자들은 갈릴리에서 예수를 따르고 섬겼으며, 예루살렘으로 예수를 동행하고 십자가 처형과 부활을 포함하는 마지막 주간의 사건들을 목격했던 여성들의 그룹을 언급한다.[35] 십자가의 죽음과 장

33. "하나님의 아들"이라 번역된 구성의 방향을 가리키는 인자의 콜웰의 규칙(Colwel's Rule)과 아폴로니우스의 추론(Apollonius' Corollary)의 전문적인 논의를 위해서는 Wallace, *Greek Grammar*, 256-70을 보라.
34. Kingsbury, *Matthew As Story*, 90.
35. 참조. 막 15:40-41; 16:1; 눅 23:49, 55-56; 24:1, 10-11; 요 19:25-27; 20:1-18.

사 장면에서 이들에 대한 마태의 묘사는 부활 장면에서 이들의 중요한 역할을 준비시킨다.

(1) "많은 여자가 거기 있어 멀리서 바라보고 있으니." 복음서의 십자가 구절에서 적어도 여섯 여성들을 확인할 수 있다. 하지만 마태와 마가는 거명되지 않은 여성들의 더 큰 그룹이 예수의 십자가 죽음을 지켜보았음을 암시한다. 요한복음은 적어도 얼마 동안은 예수의 어머니와 다른 세 여성들 그리고 제자 중 한 사람이 십자가에 가까이 접근함으로써 예수가 그들에게 말을 하고 어머니를 돌볼 것을 지시하였음을 알려준다(요 19:26). 하지만 대부분의 시간 동안에 이들은 멀리서 지켜보았을 것이다. 그들이 예수와 관계가 있음을 로마 경호원들이 알게 되면 붙잡힐 위험성이 여전히 있기 때문이다.[36] 하지만 그럼에도 불구하고, 예수에 대한 여성들의 용기와 헌신이 그곳에서 도망하지 않게 한다.

(2) 이 여성들은 "갈릴리에서부터 따랐다." 이 여성들을 묘사하는데 사용된 표현은 그들이 예수의 제자들이라는 다른 곳에서의 증거와 일치한다.[37] "따르다"란 동사는 단순히 공간적인 의미로 사용할 수 있으나(예. 4:25; 9:19), 문맥은 여기서 "따르다"의 형이상학적인 의미를 알려준다—즉, 제자로서 예수를 따르다. "제자"는 대가를 지불했고, 믿음의 헌신을 함으로써 예수를 "따르는" 자들이다.[38]

이 여성들이 예수를 따랐을 때, 그들은 예수의 필요를 돌보았고(마 27:55; 눅 8:1-3; 막 15:41), 그를 주라 불렀으며(요 20:2, 13, 18), 부활 후에 그를 경배했다(마 28:9). 이런 묘사들은 이 여성들이 제자들임을 나타낼 뿐 아니라 예수의 아주 모범적인 제자임을 묘사한다. 그들은 열두 제자들이 보였어야 하는 예수에 대한 헌신을 보여주고 있다.

(3) 이 여성들은 "예수를 섬겼다." 그들이 실제적인 말씀 선포에 참여하지는 않았을지라도, "섬기다" 또는 "돌보다"란 용어가 단순히 여성들이 예수와 제자들을 위해 음식을 장만하고 옷을 깨끗이 하는 일을 했음을 함축하는 것으로만 한정할 수 없다.[39] '디아코네오'는 단순히 "식탁을 섬기다"란 의미만 내포하지 않는다. 이

---

36. 참조. Keener, *A Commentary on the Gospel of Matthew*(1999), 691-94.

37. 특히 Jane Kopas, "Jesus and Women in Matthew," *TT* 47(1990), 20; G. Osborne, "Women in Jesus' Ministry," *WTJ* 51(1989): 275; Witherington, *Women in the Ministry of Jesus*, 122-23을 보라.

38. 잭 킹스버리(Jack Kingsbury)는 두 요소들(대가와 헌신)이 마태복음에서 "예수를 따르는 것"을 문자적으로 취해야 하는지 비유적으로 취해야하는 지를 이해하는 열쇠라고 제기한다(Kingsbury, "The Verb AKOLOUTHEIN ['To Follow']" 58).

39. 예를 들어, Witherington, *Women in the Ministry of Jesus*, 118; Hengel, "Maria Magdalena undie Frauen

동사는 이 땅에 오신 예수의 전체적인 구속 목적을 요약하고(20:28; 막 10:45), 사도의 선교(고전 4:1)와 초대교회에서 제자들의 소명(참조. 눅 22:24-27; 갈 5:13)을 특징짓는다. 아마도 우리들은 이 여성들이 선교 사역에서 재정적인 지원을 제공한 것과 더불어 예수의 동료와 그의 사역의 증인으로서 열두 제자들에게 합세하였다고 말할 수 있다.[40]

(4) 마태는 이 여성들 중에 가장 특출해 보이는 세 사람을 거명한다. "막달라 마리아"는 마태복음서에서는 이전에 이름으로 거명되고 있지 않을지라도 가장 잘 알려진 여성이다. "막달라"는 그녀가 디베리아 북쪽 3마일 경에 위치한 갈릴리 바다의 서쪽 해변 마을인 "막달라" 출신임을 시사한다(15:39을 보라). 누가복음 8:2은 그녀가 "일곱 귀신이 들렸었다"고 말한다. 막달라 마리아는 십자가 처형 장면에서 심지어 부활 장면에서 두드러지게 나타난다(특히 요 20장). 먼저 언급되고 있음은 그녀가 이 여성들 중에 리더임을 암시한다.

"야고보와 요세의 어머니 마리아"는 글로바의 아내 마리아로서 요한복음의 십자가 기술에서 세 번째로 언급되고 있는 여성일 것이다. 이 마리아에 대해서는 어느 것도 알려진 것이 없다. 하지만 두 번째 위치에 그녀를 언급함은 그녀가 제자들의 무리에서 어떤 중요한 역할을 하였음을 암시한다.

"세베대의 아들들의 어머니"는 요한복음 19:25에서 두 번째로 언급된 여성인 살로메다. 그녀는 예수의 어머니와 자매지간이며 예수의 이모가 된다(마 20:20의 주석을 보라).[41] 이것은 아마도 예수가 그의 어머니를 사랑하는 제자, 곧 사도 요한(예수의 사촌)에게 부탁하는 이유를 알려준다(요 19:26-27).

여성들에 관한 가장 중요한 관점 중에 하나는 하나님이 이들을 역사의 중심적인 구속 행위, 즉 예수의 십자가 죽음과 무덤의 안치(참조. 27:60-61)의 증인으로 사용하실 뿐 아니라, 죽은 자로부터 예수가 부활한 사건에 대해서도 증인으로 사용하신다. 여성들이 예수의 죽음과 아리마대 요셉에 의한 장사에 참석하기 때문에 그들은 예수가 진정으로 죽었으며 단지 무의식의 상태에 있지 않았음을 입증해 줄 수 있다. 하나님은 그들에게 특별한 영광을 부여하신다. 그들은 예수의 참된 제자

---

als Zeugen," *Abraham unser Vater*, ed. Otto Betz and Martin Hengel(Leiden: Brill, 1963), 247-48. 여인들이 여행 사역팀을 위한 내부적인 도움만을 주었다는 가정에 대한 비판이 David C. Sim, "The Women Followers of Jesus: The Implications of Luke 8:1-3," *Heythrop Journal* 30(1989): 51-62에 의해 제기된다. 심(Sim)은 경제적인 지원 외에 그들의 정확한 역할이 무엇이었는지는 추측하지 않는다.

40. 예를 들어, Joel Green, *The Gospel of Luke*(NICNT; Grand Rapids: Eerdmans, 1963), 317.

41. 참조. Beasley-Murray, *John*, 348-49; Carson, *John*, 616.

도의 모범이다. 그들의 신앙과 용기 때문에 이 심오한 사건들의 목격자가 되는 특별한 영광이 주어진다.

메시아 예수의 장사(27:57-61)

하늘이 금요일 오후(27:45) 곧 안식일의 "준비일"에 3시까지 어두워졌고(참조. 27:62; 막 15:42; 눅 23:54; 요 19:42), 그 후에 예수는 죽으셨다. 유대 관습은 시신을 저녁이 되기 전에, 특히 금요일 해질 후부터(거의 오후 6시경에) 시작되는 안식일 전에 수습할 것을 명하였다.

아리마대 요셉(27:57). 마태는 십자가에 못 박힌 메시아의 몸을 요청하는 요셉이라 이름하는 사람의 놀라운 도착을 언급한다. 유대인들의 아주 흔한 이름인 요셉은 아리마대 출신이다. 그 위치는 논쟁이 되나 누가가 "유대인의 동네 아리마대"(눅 23:51)라고 묘사한 예루살렘 북서쪽 20마일 경 에브라임 산지에 사무엘의 태생지(삼상 1:1, 19)인 라마다임(Ramathaim)으로 몇몇 사람들이 제기한다. 혹자는 그것을 라다마인(Rathamein, 마카비 1서 11:34) 또는 라마다인(Ramathain)으로 달리 알려져 있다고 주장한다.[42] 복음서들에서 그것에 관해 묘사된 설명들은 역사적으로 신빙성이 있다.[43]

마태가 "그도 예수의 제자라"[44]라고 쓴 것을 제외하고는 이 시점에서 그가 앞으로 나온 것에 대한 적절한 설명이 주어지지 않는다. 우리는 그가 언제 어떻게 신앙을 갖게 되었는지를 듣지 못한다. 요셉이 제자라 불릴지라도, 그는 열두 제자 가운데 속하지 않는다. 하지만 그는 여인들처럼 예수를 지지하는 더 넓은 그룹의 범주에 속하는 사람일 것이다.[45]

요셉은 니고데모와 함께 산헤드린의 구성원이다. 이 두 사람은 하나님 나라의 도래를 기다리는 모범적인 유대인으로 나타난다(막 15:43; 눅 23:50-51; 요 3:1-15; 19:38-42). 이 두 사람이 예수의 지상사역에 주변에 그를 따르지 않고, 그들이

---

42. Josephus, *Ant.* 13.127.

43. 아리마대 요셉의 역사성을 의심하는 최근의 시도에 대한 논박을 위해서는 Gerald O' Collins and Daniel Kendall, "Did Josephus of Arimathea Exist," *Bib* 75(1994): 235-41을 보라.

44. 마태는 이 "제자가 되다"라는 동사를 세 번 사용한다(참조. 13:52; 28:19).

45. 참조. Przybylski, *Righteousness in Matthew and His World of Thought*. "예수의 지지자"란 표현은 전형적인 1세기 용법에서 관계의 핵심적 의미를 나타낸다. 참조. Wilkins, *The Concept of Disciple in Matthew' s Gospel*, 41-42, 124-25.

이스라엘의 종교 지도부에서 봉사하고 있을지라도, 여전히 예수의 제자로 간주되는 모범적인 사람들이다.[46] 이 시점에서 그들이 예수를 지지하고 있음을 드러냄이 위험스러운 일일 수 있을지라도, 그들은 앞으로 나아가서 진정한 색깔을 보인다. 누가복음 23:50은 요셉이 예수에 대한 산헤드린의 행위에 동의하지 않았음을 언급한다. 그는 산헤드린의 다른 구성원들의 분노를 자극하였을 뿐 아니라, 이제는 로마의 처형자의 소굴로 걸어 들어가고 있다. 반역으로 정죄된 사람과 관련이 있음은 비록 빌라도가 모호한 입장을 취하고 있을지라도 위험한 일이었다.[47]

요셉이 빌라도에게 예수의 시신을 요청하다(27:58). 유대 공동체에서 요셉의 높은 지위가 빌라도에게 접근할 수 있게 했고, 그는 적절한 장사를 행할 수 있도록 예수의 시체를 요구한다. 빌라도는 즉시 그에게 예수의 시신을 건네준다. 빌라도는 예수의 처형에 대한 책임의 손을 무익하게 씻으려고 했고, 아마도 예수의 장사에 대한 책임을 경감할 수 있는 기회를 요셉의 요청에서 보았을 것이다.

요셉이 부자이기 때문에(마태만이 이 부분을 설명한다), 그는 예수를 위한 적절한 장사의 장소의 성취를 이루는(사 53:9) 새로이 만들어놓은 무덤을 구입할 수 있는 재원이 있었다.[48] 예수의 시신을 요청하고 예수를 위해 봉사하는 그의 용기는 제자들이 가져야 하는 모범이다. 요셉은 예수를 버린 제자들이 가졌어야 하는 적합한 모범이다(26:56).[49] 산헤드린의 일원으로서, 그가 예수를 따르는 것은 쉬운 일이 아니었을 것이나, 모든 제자들이 도망했을 때, 예수의 적합한 장사를 치르기 위해 앞장선다.

예수의 장사를 주도한 요셉의 행위는 유대 율법에 대한 순종의 행위이며 주인이신 분에 대한 헌신의 행위다. 안식일이 다가오고 있고, 신명기 21:22-23이 나무에 매달린 사람은 동일한 날에 장사를 치러야 한다고 지시한다. 그 사람이 하나님의 저주를 받았기 때문에 땅을 더럽히지 않기 위해서다.

요셉이 장사를 위한 예수의 몸을 준비하다(27:59). 요셉이 깨끗한 세마포나 "수의"(shroud, RSV; 27:59)로 예수의 시신을 싸서 장사를 위한 예수의 몸을 준비하기 시작한다. 요한복음은 요셉을 돕기 위해서 이 중요한 순간에 자기 자신을 밝히는

---

46. Michael J. Wilkins, "Named and Unnamed Disciples in Matthew: A Literary/Theological Study," *SBLSP* 30(Atlanta: Scholars Press, 1991), 418-39.
47. 참조. Keener, *Matthew*(1999), 691-94.
48. 참조. W. Boyd Barrick, "The Rich Man from Arimathea(Matt 27:57-60) and 1QIsa[a]," *JBL* 96(1977): 235-39.
49. Gundry, *Matthew*, 580; Kingsbury, *Matthew As Story*, 27.

또 다른 은밀한 제자인 니고데모를 덧붙인다(요 19:39-40; 참조. 3:1-21). 그들은 함께 예수의 장사를 준비한다.

유대인들은 화장이나 미이라를 만드는 일을 하지 않았지만, 시신을 씻고, 특별한 의복을 입혀 향료를 바른 세마포로 감쌈으로써 장사를 준비하였다. 시신이 썩는 냄새를 억제하는 몰약과 다른 침향들은 시체의 보존을 나타낸다. 이는 유대인의 마음에 부활의 전제가 있었음을 말해준다. 아리마대 요셉과 니고데모는 그들이 아는 것 이상으로 의미 있는 행동을 한다.[50]

요셉의 새 무덤이 예수의 매장지가 되다(27:60). 요셉은 예수의 시신을 세마포로 싼 후에 바위 속에 판 자신의 새 무덤에 안치한다. 이 시대에 매장은 동굴과 같은 무덤에 두는 것이었다. 무덤은 때로 방치된 채석장에서 바위 속을 깎아 만든 직사각형의 지하 방이었다. 그것은 주로 시체를 먹는 들짐승들로부터 시신을 보호하기 위해서 막았다 열었다 할 수 있는 돌로 입구를 막은 낮은 동굴 문을 통해서 접근할 수 있었다. 시신은 바위를 깎아만든 묘상에 눕히거나 무덤의 한쪽을 깎아 만든 우묵한 곳이나 경사진 곳에 두었다. 시신은 다 썩을 때까지(보통 1-3년 사이)만 그곳에 두어졌고, 그 후에는 뼈를 갖추려 납골당(작게, 깎아 만든 돌로서 뼈를 담는 용기)에 두었다.

예수의 시신이 무덤에 두어진 후에 요셉은 입구를 커다란 돌을 굴려 막았다. 그와 니고데모는 도성으로 돌아갔다. 이 시점에서 장사의 준비가 모두 끝나지는 않았을지라도, 안식일이 다가오고 있었기 때문에 죽은 자와 같이 있을 수 없고, 장사를 마치기 위해서 안식일 이후에 다시 돌아와야 한다.

여인들이 슬퍼하며 무덤을 지키다(27:61). 마태는 예수의 십자가 처형을 목격한 적어도 두 명의 여성—막달라 마리아와 "다른 마리아"(참조. 막 15:47)—이 무덤을 향하여 앉아서 슬퍼하며 외로운 장례 예식을 목격하였다고 우리들에게 전해준다. 이 신실한 여성들은 예수가 죽었을지언정 여전히 그와 함께 있다. 갈릴리로부터 예수를 따라와서 예수를 가까이에서 수반했던 이 여성들(아마도 다른 여성들)과 예수의 가족들이 요셉과 니고데모가 예수의 몸의 장사를 준비하는 일을 함께 도왔을 가능성이 있다.[51]

---

50. Kjeld Nielsen, "Incense," *ABD*, 3:404-9; Victor H. Matthews, "Perfumes and Spices," *ABD*, 5:226-28; Joel Green, "Burial of Jesus," *DJG*, 88-92을 보라.
51. 참조. John Wenham, *Easter Enigma: Are the Resurrection Accounts in Conflict?* 2d ed. (Grand Rapids: Baker, 1992), 60-67.

무덤을 지키는 병사들(27:62-66)

마태만이 "준비일 다음 날", 즉 안식일에 있었던 사건을 기술한다. 일부 사람들은 이 사건의 역사성을 의심할지라도,[52] 마태는 제자들이 예수의 시신을 훔쳤다는 유대인들 사이에서 순환하고 있는 비난을 들었던 유대 기독교 청중들을 위해서 이 글을 쓰고 있다(28:11-15). 그러므로 마태는 독자들에게 당시에 급박했던 관심의 상황을 설명하고 있다.[53]

죽은 자가 죽은 상태로 있기를 바라다(27:62-63). 예수의 처형과 장사로 만족하지 못한 대제사장과 바리새인들이 빌라도에게 가서 죽은 사람이 죽은 다음에도 더 많은 지지를 받지 못하게 시도한다. 안식일과 유월절과 관련한 다른 행사들이 있음에도 불구하고, 유대 관리들은 예수를 따르던 자들의 위협 때문에 빌라도를 알현한다. 그들이 안식일이 허락한 여행 이상을 움직이지 않거나 총독의 관정에 들어가지 않는 한(참조. 요 18:28), 안식일을 더럽히지 않을 것이다.[54]

예수가 23장에서 바리새인들에게 화를 발하신 이후에 여기서 그들이 처음으로 내러티브에 나타나고 있다. 물론 그들이 집합적인 산헤드린의 통치에 참여하였을지라도 말이다. 이제 그들은 예수가 말했던 것을 기억하여 빌라도에게 나아오고 있다. 예수는 적어도 한번의 경우에 바리새인들에게 자신이 삼일만에 부활할 것임을 예언하셨다(12:40). 그들은 그것을 잊지 않았다. 그들이 예수의 부활에 대한 선언에서 무엇을 이해하였는지는 알 수 없으나, 예수의 추종자들이 제정신을 차리고 예수의 속임수를 영속시키기 위한 움직임을 시도하려는 용기를 가질 수 있다고 추정한다. 그러므로 그들은 아마도 관정 뒤편에서 빌라도를 알현하고 그에게 경의를 표하며 말한다: "주여[퀴리에]…저 속이던 자가 살아 있을 때에 말하되 '내가 사흘 후에 다시 살아나리라' 한 것을 우리가 기억하노니."

아마도 두려움과 슬픔 때문에 제자들이 이 예언을 생각하지 않고 있을 때에 그들이 이 말을 하고 있는 것은 흥미롭다. 그들은 예수의 이적의 능력을 목격했기에 예수의 배후에 있는 어떤 권세도 그를 자유케 하지 못함을 확실히 하기 원한다. 십

52. 예를 들어, Brown, *Death of the Messiah*, 2:1310-13; Davies and Allison, *Matthew*, 3:652-53.

53. 참조. Keener, *A Commentary on the Gospel of Matthew*(1999), 696-97; Carson, "Matthew," 585.

54. 출 16:29은 안식일에 여행에 관한 기준을 설정한다. 그것은 사람들이 안식일의 휴식을 준수할 수 있도록 멀리 가지 말 것을 조언한다. 랍비들은 안식일에 전체적으로 2천 규빗 미만—약 3천보나 반 마일 정도 되는—의 여행만을 허락한다.

자가 처형 시에 급격한 사건들, 즉 두렵게 만드는 어둠이 엄습하고, 성전의 휘장이 둘로 갈라지며, 땅의 흔들림은 불길한 권세를 전조한다. 유대 종교지도자들은 이 일들을 자기들로서는 제어할 수 없다고 생각하여 무덤을 지킬 수 있도록 빌라도의 도움을 구한다.

속임수를 막겠다는 우둔한 시도(27:64). 종교지도자들은 로마 당국자들이 처형한 범죄자를 지킬 수 있는 권위를 갖고 있지 않기에 그들은 빌라도에게 경호대를 보내줄 것을 요청한다. 삼일이 지나기 전에 백성들과 예수의 제자들이 수작을 부린다면, 경호원들이 그들을 제압해야 한다. 그들은 예수의 제자들이 예수의 부활에 대한 속임수를 퍼트리기 위한 시도를 할 수 있음을 경호의 구실로 제시한다.

그들은 스스로 속고 있는 진리를 알지 못하고 있다. 종교지도자들은 예수의 첫 번째 기만은 자신이 메시아라는 주장이며, 두 번째 기만은 자신이 죽은 자로부터 부활할 것이라는 주장임을 확신한다. 만약 예수가 부활하였다는 소문이 퍼진다면, 예수의 주장에 대한 이야기를 제압하는 것은 심히 어려운 일이라고 그들은 알고 있다. 하지만 마태는 진정으로 속는 자는 사실상 스스로 속고 있는 종교지도자들임을 분명히 한다.

빌라도가 무덤에 경비병들을 배치하다(27:65-66). 빌라도는 제자들이 예수의 시신을 훔친 후에 그의 부활에 대한 속임수를 전파한다면, 예루살렘의 평화에 대한 잠재적인 위협이 발생할 수 있음에 동의하여 경비원들이 무덤에 배치되도록 명한다. 성전을 보호하고 있던 동일한 로마 병사들(26:47의 주석을 보라)이 무덤을 지키기 위해서 유대 관리들에게 제공된다. "경비병을 취하라"는 위탁의 의미로 번역된 표현은 그들이 안전을 위해 할당된 군대를 사용할 수 있는 권한을 얻었음을 가리키면서 "너희에게 경비병이 있다"(NASB, NRSV)라는 진술을 의미한다. 나중에 이 경비병들이 예수의 부활을 빌라도에게가 아니라 성전 당국자들에게 가서 보고한다(28:11).

가족들은 무덤에 시체를 둔 후에 돌로 입구를 막고 자주 점토로 봉인했다.[55] 하지만 여기서 "인봉"은 더 안전한 공식적 장치인 것으로 보이므로, 이것은 도둑질을 간파할 수 있도록 로마의 인장이 새겨진 밀랍과 함께 무덤의 입구를 막은 돌 양끝을 붙들어매는 부착한 끈과 같은 장치였을 것이다(참조. 단 6:17). 경비병으로 파견된 군사들은 마지막 안전한 봉인으로 행동했다. 종교지도자들과 빌라도가 예수

55. "Burial Sites," *DJBP*, 104의 사례에 관한 인용을 보라.

의 부활에 대한 속임수를 막기 위한 지극한 시도를 하고 있을지라도, 그들은 빈 무덤과 예수의 부활의 실제, 곧 그들에 대한 심판의 또 다른 목격자가 되게 만든다.

상황잇기

그의 복음서를 통해서 마태는 예수가 이스라엘 백성들의 소망과 꿈을 이루는 방식에 우리의 관심을 끌게 한다. 예수는 구약성경이 예언한(1:22-24; 2:5-6, 15, 17-18, 23 등등) 위대한 다윗과 아브라함의 언약(1:1)의 성취이며, 의(3:15)와 율법(5:17)의 완성이다. 그는 하나님 나라의 도래로 새 시대를 여신다(4:17). 그것은 믿음의 눈과 귀를 가진 사람들만이 볼 수 있는 신비적 실제다(13:10-17). 예수의 도래로 시대에 변화가 발생한다. 이 변화의 중심에 십자가가 있다. 죄와 사망은 십자가의 고통과 사랑으로 분쇄된다. 그러므로 마태는 자기 백성들에게 오신 예수의 목적을 정점에 이르게 하는 십자가의 수난에 대한 대담한 관점을 우리에게 제공한다.

하지만 마태는 십자가가 사람들을 변화시킴을 우리로 알게 하기를 원한다. 십자가는 죽음을 이겼고, 진노하시는 하나님의 사랑의 손길을 가져오시며, 그 십자가의 모범을 따르는 사람들에게 새로운 생명을 시작시킨다. 부활의 승리적 선언과 결부된 십자가는 예수가 그의 피로 시작시킨 새로운 세상으로의 전환을 특징짓는다. "예수의 오심으로 새 시대가 밝았고, 어느 것도 다시 이와 같지 않을 것이다."[56]

마태는 결론에 가까이 올수록 내러티브의 속도를 늦춘다. 우리가 예수의 십자가의 헤아릴 수 없는 사건을 충분히 생각할 수 있도록 하기 위해서다. 세 가지 방면으로 그는 예수의 수난의 끔찍한 본질을 설명하지만(27:27-44), 고통을 넘어서서 그 의미(27:45-53)와 결과(27:54-66)를 지적한다. 여기에 이 시대의 완성된 상징으로서 십자가에 대한 마태와 우리의 이해가 있다.

예수의 수난(27:27-44). 우리는 예수가 헤롯 대제가 지배하는 잔인하고 가혹한 세상의 와중에 태어나신 유아로서의 예수의 삶을 살펴보았다(2:1-23). 심지어 아기로서 예수는 세상의 전투에 사로잡혔고 그 전쟁은 결코 끝나지 않는다. 사탄의 유혹(4:1-11), 폭풍우 속에서 자연의 분노의 무자비한 공습(8:23-27), 마귀를 쫓아내심(8:28-34)이나 종교지도자들의 반대(12:22-45)에 직면해서든, 예수는 하나님 나라를 세우기 위한 사명으로 계속해서 강력한 세력들과 전투를 벌이셨다.

56. France, *Matthew*, 38.

예수가 전투의 마지막 장면—십자가—에 가까이 오셨을 때, 그의 고난은 지수(指數)적으로 증가한다. 끔찍한 고통이 예수를 괴롭힌다. 병사들은 예수가 거의 죽을 때까지 무자비하게 채찍으로 때리고 괴롭힌다(27:27-31). 골고다로의 여행은 죄와 죽음의 마지막 결판을 향한 고통스럽고 무자비한 행군이다(27:32-34). 마태가 불길하게 "해골의 장소"로 번역하고 있는 마지막 목적지에서 예수는 흔한 반역자들처럼 십자가에 못 박히신다(27:35-38). 병사들은 예수의 머리에 패를 둔다. 그것은 슬프고 아이러닉하게도 진정한 의미를 담고 있다: 이는 예수, 곧 유대인의 왕이라(27:37). 예수는 그의 죽음을 지켜보기 위해서 모인 무리들로부터 끊임없이 조롱을 당하신다. 지나가던 평범한 행인들이 하나님의 아들이라고 제기한 것에 대해서 예수를 욕하고(27:39-40), 종교지도자들은 이스라엘의 구원자요 왕이요 하나님의 아들이라고 가정하여 그를 조롱하며(27:41-43), 예수와 함께 못 박힌 혁명주의자들도 그들과 같은 종류의 용기 있는 혁명가가 되지 못한 것으로 예수를 비난한다(27:44).

마태의 고통스러운 설명은 우리로 예수의 고난을 멈추어서 다시 생각하게 만든다. 이분은 원하시면 도울 수 있는 열두 군단의 천사들이 있음을 말씀하시면서 검으로 자신을 구하려는 베드로의 시도를 막으셨던 동일한 예수이시다(26:50-53). 예수의 고난은 역사의 우연이 아니며, 자신의 삶의 의미를 주장하기 위한 자학적인 시도도 아니다. 그의 고난은 그의 삶의 사명의 영역으로 들어가기 위해 부셔야 하는 고통의 벽이다.

고난은 하늘 이편에 삶의 잘 알려진 실제, 곧 우리 모두가 섭렵하기를 배워야 하거나 적어도 그것에 지배당하지 않는 방법을 배워야 하는 실제다. 하지만 예수의 고난은 그가 세배대의 아들들과 나머지 제자들에게 이전에 가르치시려 했던 완전히 새로운 차원을 우리에게 특별하게 보여주신다(20:20-28).

우리의 고난은 단지 우리의 향상을 위한 것보다 더 높은 목적이 있어야 한다. 예수는 자신을 위해서 고난 당하신 것이 아니라 우리를 위해서 고난 당하셨다. 그것은 우리 자신의 고난을 겸손히 생각하게 만든다. 모든 삐걱거리는 소리와 긴장은 다른 사람들의 삶에서 하나님 나라의 실제를 구축하기 위한 삶의 목적을 발전시키는데 초점을 맞추게 하는가, 아니면 자신의 삶의 불운을 비탄하게 만드는가?

나는 예수가 고난 당하신 근처에도 가지 못했지만 그의 십자가로의 행군과 예수를 따르기 위해서 자신의 삶의 십자가를 짊어진 내 주변의 모든 성인들의 고난을 생각할 때, 내 삶에 예수의 목적을 발전시키기 위한 나의 삶에서 어떤 고통이 닥치든 간에 그것을 겸손히 수용하게 만든다. 19세기 런던의 강력한 설교자인 찰스 스펄젼은 십자가상에서의 예수의 고난이 우리에게 임하는 영향력을 이렇게 말한다.

> 당신이 예수의 임재 속에서 겸손하지 않다면, 당신은 그를 알지 못하고 있다. 하나님의 독생하신 아들의 희생이 없이는 당신은 구원받을 수 없다. 예수가 당신을 위해 몸을 낮추셨을 때, 당신은 그의 발아래서 겸손함으로 경배하라. 그리스도의 놀라운 사랑을 깨달음이 우리 자신의 죄책에 대한 인식보다도 우리를 더 겸손하게 만드는 위대한 성향이 있다. 교만은 십자가 아래에서 생존할 수가 없다. 십자가 앞에 앉아서 그 교훈을 배워라. 일어나서 그것을 실천하라.[57]

예수의 고난의 의미(25:45-53). 예수는 예루살렘에서 그를 기다리고 있다고 예언한 십자가상에서의 고난의 의미를 어느 곳에서도 자세하게 설명하지 않으신다. 그것의 온전한 설명은 신약성경의 나머지 저자들, 특히 사도 바울에게 달려 있다. 하지만 예수의 삶을 통해서 그는 십자가의 의미에 대한 암시를 주셨고, 나아가서 십자가 처형을 둘러싼 격변적인 사건 속에서 십자가의 의미가 설명되고 있다.

예수의 사역에서 십자가의 의미에 대한 암시들. 마태복음의 시작에서부터 우리는 예수가 구원에 대한 사람들의 소망을 실현할 것임을 읽었다. 그의 이름 "예수"는 자기 백성을 죄에서 구원하리라는 것을 가리킨다(1:21). 그의 삶이 전개될 때, 그가 유일하고 값진 방식으로 그들을 구원할 것임을 분명히 한다. 죄를 용서하시는 권위(9:6)는 그의 삶에서 다른 사건들이 그러했던 것처럼 종교 당국자들의 권위와 부딪힌다.

그는 십자가상에서의 장래의 고난을 예언하셨다(16:21; 17:22-23; 20:17-19; 26:2). 그것은 십자가의 의미에 대한 암시를 담고 있다—그는 이스라엘의 종교당국자들과 로마의 군사들 그리고 정치적인 세력들에게 위협이 된다.

권세를 보여주시는 예수의 방식은 자기를 섬기는 것이 아니라 다른 사람들을 섬기는 것이며, 본질적으로 불길한 징조를 내포하고 있는 주제인 예수가 "많은 이들의 대속물"(20:28)이 되실 것임을 말씀하신다. 주인의 아들이 사악한 사람들의

57. Charles H. Spurgeon, "The Lesson of the Cross," *Evening by Evening*(Springdale: Whitaker House, 1984), 157; Calvin Miller, ed., *The Book of Jesus*, rev. ed. (New York: Simon & Schuster, 1998), 368-69에서 인용함.

손에 고통을 당하였기 때문에(21:38-41), 그의 죽음은 그의 의(義)를 암시한다. 그가 이 땅에서 천국 생명의 새 시대를 약속하였을 때, 이스라엘의 기능적인 역할의 목적 그리고 예수가 배척을 당하고 죽임을 당할 때 이루어지는 열매 맺는 제자들의 새로운 민족의 시작을 알림으로써 그리 하신다(21:42-44).

예수의 죽음의 사건에서 십자가의 의미에 대한 암시. 예수의 사역에서 예언된 십자가의 의미에 대한 이런 모든 암시들을 이 장에서 생생하게 알 수 있다.

1. 어둠(27:45). 십자가 처형 장면에서 땅을 덮었던 어두움은 사탄의 권세의 제한성(참조. 눅 22:53), 아들을 못 박은 인간에 대한 하나님의 불쾌감, 그리고 가장 중요하게는 악에 대한 하나님의 심판을 보여준다.
2. 십자가상에서 예수의 외침(27:46). 십자가상에서 예수의 경험과 그의 고통의 외침은 그의 인간적 고난에서 기인한다. 하지만 교회 역사를 통해서 십자가상에서 예수의 외침들은 보다 심오한 경험들을 증거하는 것으로 이해된다. 그의 외침의 어느 것도 "나의 하나님, 나의 하나님, 어찌하여 나를 버리시나이까"(27:45-46)보다 강력하지는 못하다. 신성으로 거룩하게 부양되는 예수의 인간성은 인간의 죄로 인한 온전한 죽음의 벌을 의식적으로 경험하셨다. 나중에 신학자들이 십자가상에서 예수의 외침들을 묵상한 것처럼, 예수는 인간의 죄에 대한 벌, 곧 사망으로 고통을 당하셨고(롬 6:23), 하나님으로부터 예수의 분리에서 그는 모든 죄에 대한 치명적인 벌을 경험하셨다. 이것은 십자가상에서 예수의 희생이 "대신하는 형벌" 또는 "대속"이라는 신학적인 보속 교리의 기초를 놓는다.
3. 예수가 숨을 거두시다(27:50). 예수가 십자가상에서 다시 크게 외치실 때, 이것은 인간의 벌을 감당하실 때 아버지로부터 분리의 마지막 고통스러운 경험이다. 그러고 나서 "그는 자신의 영을 포기하셨다"("영혼이 떠나셨다"—개역개정). 이것은 자기 백성들의 죄에 대한 그의 생명의 바꿀 수 없는 지불을 행하신 거룩한 위엄의 마지막 자발적 표명이다.
4. 성전의 휘장이 갈라지다(27:51). 성전 휘장이 위에서부터 아래로 찢어짐은 예수의 죽음을 통한 하나님 자신과 자기 백성들간에 분리를 제거하는 하나님의 활동을 증거한다. 하나님과 교제하기 위해서 더 이상 대제사장만이 지성소에 접근하지 않는다. 어느 누구도 더 이상 대제사장적인 희생을 필요로 하지 않는다(히 10:10-22). 예수의 보혈로 죄에서 깨끗함을 얻은 모든 사람들은

하나님에 대한 거룩한 제사장 직분이 있고(벧전 2:5), 우리의 마음에 그의 내주로 말미암아 끊임없이 그의 임재와 성령의 영원한 위로 속에서 산다(엡 2:11-22; 3:16-17).

5. 성도들이 일어나서 증거하다(27:51b-53). 예수의 죽음에서 발생한 지진과 무덤의 열림은 삼일 뒤에 있게 될 장엄한 사건의 표지다—예수는 생명으로 부활할 것이고, 많은 구약성도들도 마찬가지다. 이들은 나중에 예루살렘 사람들에게 예수의 십자가 사역의 효력에 대한 증거와 예수와 그들의 부활로 죽음에 대한 그의 승리적 선언으로 작용할 것이다. 이 때에 일어난 성도들은 예수의 사역과 신분 그리고 장래의 마지막 부활의 실제에 대한 강력한 증거다. 예수와 성도들의 부활로 인해 죽음에 대한 승리적 생명은 실제가 된다.

십자가의 의미에 대한 신학적 묵상. 복음서들은 신학이 실행된 반면에 신약의 서신들은 신학이 설명된 것으로 자주 언급된다. 복음서들에서 우리는 자기 백성들의 구원을 이루기 위해서 하늘 메시아 예수의 인격 속에서 하나님이 역사 속에서 활동하셨음을 발견한다. 서신서들에서 우리는 교회 지도자들이 하나님이 역사에서 행하신 것을 영감된 신학적 해석을 묵상하고 전달한 것을 발견한다. 신학자 웨인 그루뎀(Wayne Grudem)은 죄인된 인간의 네 가지 필요를 먼저 인용함으로써 예수의 삶과 죽음의 보속의 사역을 요약한다.

1. 우리는 죄의 벌로서 죽어야 했다.
2. 우리는 죄로 인한 하나님의 진노를 받아야 했다.
3. 우리는 죄로 인해 하나님으로부터 분리되어야 했다.
4. 우리는 사탄의 나라와 죄의 노예가 되어야 했다.

이 네 가지 필요가 다음의 방식에 의해 예수의 죽음으로 충족되었다.

1. 예수는 우리의 죄로 인해 받아야할 죽음의 벌을 갚는 우리를 위한 희생으로 죽으셨다(히 9:26).
2. 예수는 하나님의 진노를 제거하기 위해서 우리의 죄를 위한 속죄로 죽으셨다(요일 4:10).
3. 예수는 하나님으로부터 우리의 분리를 극복하기 위해서 스스로 죽음과 하나

님으로부터의 분리를 경험하셨다. 그는 우리가 하나님과 다시 교제할 수 있기 위한 화목제를 제공하셨다(고후 5:18-19).

4. 예수의 죽음으로 말미암아, 사랑하는 아들의 나라 성령 안에서 새로운 삶을 살 수 있도록, 우리는 죄와 사탄의 속박에서 구속을 경험한다(마 20:28; 참조. 롬 6:11, 14; 골 1:13; 히 2:15; 요일 5:19).[58]

십자가상에서 예수의 고난의 의미가 우리의 제한된 오성으로 인해 허우적거릴지라도, 인간을 향한 하나님의 자비의 중심적 행위인 십자가에 대한 진지한 묵상은 강력한 통찰을 낳는다. 십자가상에서 예수의 고난의 의미는 하나님 나라의 복음의 이해에 핵심적이며, 예수의 고난의 결과도 동일하게 묵상해야 하는 소중한 가치를 담고 있다.

예수의 고난의 결과: 제한 없는 제자도(27:54-66). 십자가상에서 예수의 고난의 결과는 그의 고난의 의미—죄에 대한 희생, 죄에 대한 하나님의 진노의 무마, 하나님과의 교제를 이루는 죄인들을 위한 화목, 죄의 권세에서 잃어버린 죄인들을 풀어주는 화해—와 밀접하게 연관되어 있다. 하지만 여기서 특히 우리는 이 시대의 하나님 나라의 삶의 중심적인 교의—제한 없이 예수를 따르는 제자들—를 알 수 있으며 인간의 삶에서 예수의 고난의 결과를 설명해주는 세 형태의 사람들을 살필 수 있다. 옛 잠언에서 이것이 우리에게 가르쳐주는 것은 "온 땅이 십자가 발아래 위치하고 있다"는 사실이다. 우리는 여기서 민족적, 문화적, 윤리적, 성적, 사회적, 정치적 제한을 초월하는 십자가의 하나됨과 동등성을 발견한다. "예수를 배척하지 않는 사람들이 다양하게 나타난다: 백부장이 예수를 하나님의 아들로 고백하고(27:54), 십자가 처형을 지켜본 여인들이 거명되며(27:55), 아리마대 요셉이 예수의 무덤을 제공한다(27:57ff)."[59]

이방인과 힘있는 자들(27:54). 로마의 백부장과 그의 병사들은 이방인들이다. 그들은 당시에 가장 강력한 군사적 정치적 제도와 온 인류역사의 가장 힘있는 세력을 대변한다. 백부장은 로마 제국의 힘을 대변하는 빌라도의 명령을 실행하는 책임이 주어져 있다. 이 백부장은 아마도 예수를 때렸던 채찍질을 관장했으며, 경호원들이 예수를 조롱하도록 허락했으며, 못이 예수의 몸에 박히도록 명했으며, 경호원

58. Grudem, *Systematic Theology*, 580-81. 여기서 "대속"의 유추를 사용한 그루뎀의 중요한 경고를 보라.
59. Howell, *Matthew's Inclusive Story*, 158.

들이 신포도주로 예수를 희롱하는 것을 재미있게 지켜보았으며, 예수의 나라의 백성들이 그를 조롱하고 욕하는 것을 들었으며, 어쩌면 발생할 수 있는 봉기를 근심하며 주시하였을 것이다.

하지만 백부장과 그의 병사들은 예수가 죽는 것을 지켜보다가 그가 용서를 하나님께 구하는 오싹한 외침을 들었다. 하늘이 초자연적으로 어두워지고 성전 휘장이 둘로 나뉘며, 땅이 흔들리고, 무덤이 열리는 것을 그들이 보았을 때, 예수가 정말로 말한 분임을 깨닫고 두려움에 사로잡힌다. 그리하여 경외함으로 "확실히 그는 하나님의 아들이었도다"(27:54)라고 탄성을 지른다. 예수의 십자가 처형을 둘러싼 격변적인 사건들은 그의 참된 신원을 증거해 주고, 백부장과 그의 병사들은 그 증거에 대한 진리를 인식하는 믿음의 첫걸음을 떼게 된다.

이방인들의 이 탄성으로 모든 민족들에게 나아가서 제자를 삼으라는 원리가 새롭게 열린다(28:19).[60] 마태는 아브라함의 언약을 성취하는 예수를 상기하였을 때, 그의 복음서의 첫 구절에서(1:1) 이방인의 구원을 이미 암시했었다. 예수의 초기 사역에서 다른 로마의 백부장이 자신의 종을 치유하시는 예수의 능력을 믿는 믿음을 표현했었다(8:5-13). 이제 또 다른 백부장이 예수의 참된 신원에 대한 믿음의 심오한 선언을 발함으로써 믿음을 갖는다. 이 이교 백부장은 예수를 따르는 발걸음을 겸손하게 취한다.

여성들과 사회적으로 무시당하는 자들(27:55-56, 61). 여인들과 사회적으로 무시당하는 자들이 예수의 가까운 제자들 중에 있다. 하나님의 피조물을 지배하는 일에 있어서 동등하고 보충적인 협력자로서 하나님이 여자와 남자를 본래 창조하셨다(창 1:26-28). 하지만 유대교의 어떤 범주에서는 성경에 대한 잘못된 해석과 문화적인 편향성으로 인해 여자들이 위엄과 가치와 존엄성을 잃었다. 요세푸스는 "율법은 여자가 남자보다 모든 것에서 열등하다고 말한다"[61]고 적고 있다. 이는 남자의 권위 하에 여자들이 있고, 그들은 더 하위적인 인간 신분을 갖는다고 창세기 3:16을 해석한 데서 연유한다. 가장 널리 인용되는 랍비의 기도 중 하나는 랍비들 사이에서 만연한 태도를 반영한다: "하나님이여 나를 이방인으로 창조하지 않으신 것을 찬양하나이다! 하나님이 나를 여자로 창조하지 않으신 것을 찬양하나이다! 하나님이여 나를 무식한 사람으로 창조하지 않으신 것을 찬양하나이다!"[62]

---

60. Kingsbury, *Matthew As Story*, 90을 보라.
61. Josephus, *Against Apion* 2:201.
62. *t. Ber.* 7:18.

예수의 사역의 직접적인 결과 가운데 하나는 하나님이 창조의 시작에서 의도하셨던 여성의 권리에 대한 회복과 확증이다. 다음과 같은 방식으로 그것을 설명할 수 있다.

- 여자도 예수의 구원 사역에서 동등한 가치가 있다(요 4:1-42).
- 여자도 예수의 제자로 부름을 받았다(마 12:48-50).
- 여자도 예수의 제자로서 가르침과 양육을 받았다(눅 10:38-42).
- 여자도 예수의 팀 사역의 일원이었다(눅 8:1-3).
- 십자가와 빈 무덤에서 여자들이 용기 있게 같이 있었기 때문에, 그들은 예수의 부활의 실제를 증거하는 첫 번째 사람으로 지칭되었다(마 28:10; 막 16:7; 요 20:17).

여성들이 위대한 스승의 제자가 되는 것은 1세기 팔레스타인에서는 흔치 않은 상황이었다. 하지만 여기서 우리는 예수가 제정하신 제자도의 독특한 형태의 또 다른 사례를 발견하게 된다. 즉 여성들이 열두 제자의 일원이 되지는 않았지만, 이 여성들의 일부가 예수와 함께 여행했고, 그의 지상사역의 중요한 일원이 되었다. 예수는 하나님의 형상으로 창조된 인간으로서 남자와 온전하게 동등한 인격으로서 여성들의 위엄과 가치를 회복시키고 확증하셨다. 또한 그는 하나님이 태초에 의도하셨던 서로 다른 역할로 여성들을 회복시키고 확증하심으로써 남자와 여자의 서로 다른 인간의 기능을 보존하셨다. 예수는 이 땅에서 그의 뜻을 행하는 일을 위한 하나님의 계획에서 남성과 협력자가 되는 신분을 여성들에게 회복시키셨다.[63]

부자와 종교인(27:57-60, 62-66). 부자와 종교인도 못 박히신 메시아 예수 앞에 함께 나아온다. 요셉이라 일컫는 아리마대 출신의 부자는 예수의 시신을 적절하게 장사지내기 위해서 그것을 요구한다. 시신을 요구하고 예수를 위해 봉사하려는 그의 용기는 제자들이 가져야 하는 모범이다. 예수의 제자로서 그는 예수를 버렸던 다른 제자들을 위한 적절한 발자취를 남긴다. 이전에 예수에게 나아왔던 또 다른 부자는 예수만이 그의 주인이 되어야 하고 어느 다른 "신"도 예수에게 내려놓아야

63. 이 자료는 Wilkins, "Women in the Teaching and Example of Jesus," *Women and Men in Ministry*, 91-112에서 더 자세히 전개된다.

한다는 사실을 깨달았을 때, 슬프게도 그를 떠나고 만다(19:16-22). 부자가 구원을 얻는 것은 낙타가 바늘구멍으로 들어가는 것보다 어렵지만, 모든 것이 하나님으로 인해 가능하다고 예수는 말씀하셨다(19:23-26). 그러므로 우리는 여기서 하나님이 주인으로서 예수에게 요셉이 순복하게 하고, 그의 제자가 되어 구원받게 하시는 것을 알 수 있다.

이 사람은 예수의 뛰어난 제자다. 그는 종교당국자들을 거역하고 자신의 생명을 위험하게 만들며, 자신의 가족의 무덤을 주인에게 내어놓는다. 종교지도자들이 예수가 "요나의 표적"(12:40)을 말한 것을 상기하고 경호원들이 무덤을 지킬 수 있도록 빌라도의 세력과 합세한 것(27:62-66)과는 얼마나 대조되는가? 그들의 목적은 예수의 제자들이(그들 중에 지금 요셉이 있다) 그의 시신을 훔쳐서 부활하였다고 선전하는 것을 막으려는 것이다(27:64). 따라서 심지어 유대지도자들은 예수가 죽은 뒤에도 적극적인 반대를 계속하고 있다. 하지만 요셉의 모범은 부자와 종교지도자들도 예수의 십자가와 제자도에서 환영받을 수 있다는 확실한 증거다.

현대적 의미

우리 학교의 캠퍼스에 있는 작은 샤론 로즈(Rose of Sharon) 채플에 앉아 있는 것은 항상 나에게 감동적인 경험이다. 작은 채플은 나의 마음이 구세주와 나눌 수 있게 하는 조용하고 평화로운 장소다. 그곳은 기도의 채플이다. 설교나 교육이 이루어지지 않는다. 그곳은 남부 캘리포니아의 분주한 활동에서, 대학 캠퍼스의 복잡함 속에서 위로를 찾을 수 있는 장소다.

그러나 이 채플은 훨씬 더 특별한 것을 나타낸다. 고고히 걸려 있는 십자가가 벽을 장식하고 있다. 그곳은 젊은 샤론 린 멘쇼(Sharon Lynn Menshew)에 대한 강력한 간증이 들어 있다. 그녀는 재학 중에 가족 레스토랑의 파트 타임으로 일하다가 장래에 남편될 로버트를 만났다. 그들은 연애를 시작했으나 얼마 지나지 않아 샤론이 암 판정을 받았다. 사랑에 빠진 이 젊은 커플은 장래가 우울해 보일지라도, 상관하지 않고 결혼했다. 하지만 오랜 시간이 지나지 않아서 샤론이 죽었다. 남편인 밥이 학교에 계속 출석했기 때문에 그는 샤론의 죽음에 대한 하나님으로부터의 응답을 구했다. 그는 학교에서 기도할 조용한 장소를 찾지 못했기에 하나님이 그를 이끄셔서 젊은 아내의 이름으로 캠퍼스에 작은 채플을 세울 수 있는 기금을 조성하게 했다.

샤론 로즈 채플은 그들의 소망의 기쁨과 장래에 선교의 삶에 대한 꿈을 상기시키는 고고히 서 있는 십자가가 있는 매우 평화스러운 곳이 되었다. 젊은 샤론이 이 땅에서 너무 빨리 생명을 잃었지만, 그녀는 구세주가 살아 있기 때문에 지금도 여전히 살아 있다. 골고다의 고고한 십자가는 빈 무덤을 가리키고 희생적인 봉사에 대한 요청을 외친다.

당신이 "십자가"란 말을 들을 때 무엇을 생각하는가? 어떤 이에게서 십자가는 장식을 나타낼 수 있고, 또 다른 이에게서 십자가는 우리가 감당해야 하는 삶의 어려움을 상기시킬 수 있다. 또 다른 이에게서 십자가는 두 강도들 사이에 매달린 예수를 생각할 때 느끼는 감정적인 반응을 발생시킬 수 있다. 하지만 예수에게 "십자가"란 단어는 그의 '마음'을 표현하는 상징이다. 수난 기사의 이 강력한 최종적인 장면에서 마태는 십자가가 예수의 전체 지상 사역을 대변한다는 것을 우리로 인식하게 만들고, 그가 이 세상을 위해 가졌던 마음으로 세상을 보게 한다. 또한 십자가는 우리의 삶에서 하나님의 역사를 상징한다.

우리는 포악한 십자가를 상고할 필요가 있다. 죽임 당한 메시아는 지적으로 측정하기가 어려울 뿐만 아니라 영적으로, 관계적으로 그리고 감정적으로 만나는 것은 더더욱 어렵다. 마태는 내러티브의 속도를 늦춤으로써 우리가 십자가를 더욱 묵상하게 만든다. 로이드 존 오길비(Lloyd John Ogilvie) 목사로부터 십자가에 대한 도전을 들어라. 그는 이렇게 말한다.

> 할 수만 있다면 십자가를 느껴라. 할 수만 있다면 십자가가 당신의 마음 안에 있게 하라.
>
> 당신의 삶의 가장 소중한 친구를 취하라. 당신이 기쁨과 재미와 슬픔을 알고 있는 그분과 친구가 되라. 그분과 관심의 깊은 유대를 나눠라. 그의 십자가로 가서 그가 고통 중에 몸부림치고 있는 것을 보라.
>
> 사랑스런 손에 박힌 못이 우리의 손에 박히게 하라. 고통스럽게 경직된 근육이 우리의 근육이 되게 하라. 그의 입과 혀의 타는 듯한 목마름이 우리의 혀와 입이 되게 하라. 이 세상에서 가장 소중한 분이 우리를 대신해서 십자가에 있기 때문에 마치 우리가 그곳에 있는 것처럼 십자가를 느껴라.
>
> 십자가를 느껴라. 할 수만 있다면 십자가를 느껴라.[64]

---

64. Lloyd John Ogilvie, *The Cup of Wonder: Communion Meditations*(Wheaton: Tyndale, 1976), 75.

오길비 목사는 1995년에 미 상원의 61번째 목사로 뽑혔다. 수십 년간 목사와 복음 전도자로서 그는 인생과 사역에서 십자가의 중심성을 알았다. 나는 우리가 그의 도전을 진지하게—규칙적으로—취하고 십자가의 경험으로 들어가기를 시도하는 것이 필요하다고 믿는다. 우리의 신학의 올바른 발전에 그것은 매우 중요하며, 우리 자신의 개인적인 변화를 위해서도 역시 중요하다.

복음적인 교회와 채플들의 많은 곳에 벽을 장식하고 있는 (예수의 형상이 없는) 고고한 십자가는 예수가 더 이상 십자가에 머물러 있지 않고 단번에 그의 희생을 완수하셨다는 의도적인 선언이다. 우리의 강조는 십자가가 아니라 빈 무덤에 있다—십자가에서의 예수의 사역이 우리의 죄의 벌을 효과적으로 대신했다는 영구적인 상기가 되기 때문이다. 바울이 선언한 것처럼, "그리스도께서 다시 사신 것이 없으면 너희의 믿음도 헛되고 너희가 여전히 죄 가운데 있을 것이다"(고전 15:17).

하지만 우리는 십자가의 포괄적인 사건을 충분히 묵상하지 않고 너무 빨리 빈 무덤으로 달려가서는 안 된다. 바울은 빈 무덤에 탁월한 위치를 부여하지만, 방금 언급한 서신(즉, 고린도전서)에서 "내가 너희 중에서 예수 그리스도와 그의 십자가에 못 박히신 것 외에는 아무것도 알지 아니하기로 작정하였음이라"(고전 2:2)고 말한다. 바울이 표현한 말의 온전한 의미를 포착하기 위해서 우리는 설명적인 방식으로 마지막 어절에 "and"(와)로 번역된 단어를 "즉"으로 재번역할 수 있다: "나는 예수 그리스도 즉 십자가에 못 박히신 예수 외에는 아무것도 알지 아니하기로 작정하였음이라." 고린도서를 쓴 바울의 목적은 예수 그리스도에 대한 진리를 그들에게 설명하는 것이다. 즉, 십자가의 사실과 의미를 풀어헤치는 것이다.[65]

예수의 십자가의 심오한 깊이는 십자가상에서 그의 외침에서 죽음의 고통을 당하고 있는 단지 다른 인간을 우리가 듣도록 그 공포를 축소시키는 유혹을 받을 수 있다. 하지만 십자가의 포악함을 축소시켜서는 안 된다. 거기서 신인(神人)이 유일한 죽음으로 고통 당하였기 때문이다—인간의 죄를 대신해서 짊어지시고, 아버지와 고통스러운 친밀감을 그의 의식 속에서 유지하셨을지라도, 하나님으로부터 최악의 분리를 경험하셨다.

28장의 빈 무덤에 도달하려는 바람으로 27장의 마지막 구절들을 속히 과거로 만들어서는 안 된다. 우리는 십자가에서 우리를 위한 예수의 마음을 알 수 있고, 더

65. 참조. W. Harold Mare, "1 Corinthians," *EBC*, 10:198; Fee, *1 Corinthians*, 92; William F. Orr, *1 Corinthians*(AB 32; Garden City, N.Y.: Doubleday, 1976), 162-63.

욱 분명하게 우리 자신을 볼 수 있기 때문에 그것을 의미 있게 묵상해야 한다. 또한 그것을 올바르게 묵상해야 한다. 마틴 루터는 십자가를 묵상하라는 요청에서 이런 경고를 준다: "어떤 이들은 단순하게 가룟 유다와 유대인들을 비난하는 것으로 잘못되게 그것을 취한다. 또 어떤 이들은 물과 불과 검에서 자신을 보호하기 위해서 십자가를 달고 다닌다. 그리스도의 고난을 고통에서 보호하는 부적으로 바꾸고 있다. 또 다른 이들은 그것이 끝인 양 비탄에만 사로잡혀 있다."[66] 루터는 우리가 십자가를 하찮게 여기거나 깊은 의미를 놓침으로써 손쉽게 지나가지 않도록 십자가를 신실하게 평가하도록 우리를 권고한다. 그는 이렇게 계속해서 말한다.

> 참된 묵상은 십자가에서 마음이 부서지고 양심이 깨어지는 것이다. 독생자를 아끼지 않고 보내실 정도로 죄를 아주 미워하시는 하나님의 끔찍한 진노가 당신을 압도해야 한다.
>
> 그때에 그리스도가 당신의 마음에 심겨진다면, 당신은 사랑으로부터 죄의 대적자가 되고, 두려워하지 않으며, 성례로 시작된 그리스도의 고난이 모범으로서 당신의 삶에 평생 거할 것이다. 환난과 고난이 당신을 괴롭힐 때면, 그것이 그리스도의 가시면류관과 못과 비교해서 아무것도 아님을 생각하라. 좌절할 때면 예수가 얼마나 모욕을 당하시고 끌려 다니셨는지를 기억하라. 교만이 당신을 에워싸면 주님이 얼마나 조롱을 당하시고 강도로부터 욕을 들었는지를 알라. 불결한 것이 당신의 육체를 자극하면, 예수의 육체가 얼마나 능욕을 당하고 찔림을 받으며, 으깨어졌는가를 생각하라. 미움, 시기, 복수가 당신을 유혹하면, 그리스도가 오히려 그것을 자신에게로 책임을 돌리고, 당신과 그의 모든 대적자들을 위해서 눈물로 중보기도 하시는가를 생각하라. 당신이 괴롭힘을 당하고 당신의 길을 제대로 갈 수 없다면, 마음에 "나의 주님이 지극한 고통으로 피를 흘리셨는데 내가 어찌 이 고통을 당하지 못하랴"라고 말하라.
>
> 그리스도의 십자가를 잊지 말라. 사람이 고난을 받기를 원치 아니하고, 즐기기만을 바라며 십자가를 피하려 한다면, 곧 그 십자가를 잊지 않겠는가?[67]

우리가 십자가를 묵상할 때 루터(그리고 신약성경)는 우리의 삶의 모범을 그 십자가의 그늘에서 발견할 것임을 말한다—지각없는 자기 비하의 종류가 아니라, 다

66. Martin Luther, *Luther's Meditations on the Gospels*(Philadelphia: Westminster, 1962), 135.
67. Ibid, 135-36.

른 사람들이 살수 있도록 십자가에서 자기 생명을 내어놓으신 일생의 사명을 가지신 예수의 모범을 따라 우리의 삶을 일생토록 순응함으로써 말이다. 이것을 "십자가를 따르는 삶"이라 일컫는다—즉, 이것은 그리스도의 형상을 닮고, 믿음, 사랑, 능력 그리고 소망으로 표현되는 하나님 나라의 생명을 얻는 일생의 성화경험을 시작시키는 그리스도와 살고 죽는 구원 경험이다.[68] 이 십자가를 계속해서 묵상함으로써 우리는 하나님의 변화케 하시는 능력을 경험할 수 있다.

고고한 십자가는 우리의 평화를 낳는다. 내가 2003년 봄에 이 글을 쓰고 있을 때, 이라크와 싸우는 동맹군이 바그다드를 침공하였다. 군사작전에 참여한 젊은이들은 난생 처음으로 특별한 방식으로 죽음에 직면하고 있었다. 끔찍한 죽음을 바로 옆에서 보는 것은 젊은이들을 변화시킨다—영구적으로. 그들은 훈련받는 동안에 죽음을 생각하고 자신들의 상황을 숙고했을 것이다. 그들은 아마도 용감무쌍함을 농담조로 이야기했을 것이고, 두려움에 대한 생각을 완고하게 거부했을 것이다. 많은 이들이 첫 전투에 참여하기 전에 희망스럽게 기도로 무릎을 꿇었다. 하지만 그들의 용기 있는 말이나, 심지어 기도도 첫 전쟁 경험의 무시무시한 실제를 온전히 해소시켜주지는 못하였을 것이다.

칼럼니스트인 고든 딜로우(Gordon Dillow)는 해병 1대대에 속한 알파 부대원들을 동행하였다. 이 젊은 해병대원들은 알 루밀라 오일 지역의 펌프 스테이션 2에서 첫 번째 전투에 참여하였고, 거기서 미국의 첫 번째 희생자가 나왔다—미시시피주의 해리슨에 살고 있는 30세의 "쉐인" 중위. 전쟁이 시작된 후 첫 번째 칼럼에서 저널리스트 딜로우는 첫 전투와 끔찍한 죽음을 난생 처음 보는 이 젊은 해병대원들에게 발생했던 변화를 반성했다. 그는 "첫 전투 후에 일부 해병들은 첫 번째 경험한 전투로 기분이 들떠있었지만, 또 다른 해병들은 쏘고 죽이는 일이 시작되었을 때 그들이 생각했던 것보다 심히 거북함을 느끼고 있음을 인정할 수밖에 없었다"고 썼다. 그는 한 젊은 해병대원의 말을 인용했다.

> "이것이 이 정도인지는 몰랐습니다"라고 캘리포니아주의 롱비치에 사는 27세의 마틴 베라는 말했습니다. 그는 9.11 테러 후에 해병대에 재입대하였는데, 마지막으로 뭔가를 볼 수 있는 기회를 잡으리라고 생각했기 때문이었습니다. 하지만 "그것은 영화나 소문

68. 예를 들어, Michael J. Gorman, *Cruciformity: Paul's Narrative Spirituality of the Cross*(Grand Rapids: Eerdmans, 2001), 369.

과 같지 않았습니다. 9.11 이후에 나는 이곳으로 오기를 원했지만 그것은 나를 곤란하게 했습니다. 내가 다른 사람을 죽여야 하는 것이 나를 무척 괴롭혔습니다. 하지만 나는 그리했고, 그것이 나의 임무입니다. 그것이 나를 몹시 고통스럽게 합니다. 아주 많이."

딜로우는 다음과 같은 묵상으로 자신의 칼럼을 결론지었다.

> 그들이 지금까지 보아왔던 피에도 불구하고, 젊은 해병대원들은 아직도 변함이 없습니다—이들보다 더 강인한 해병대원은 드물 것입니다. 그들은 여전히 생기가 있고, 열정적이며, 두려움이 없어 보입니다. 그들은 해야 할 일을 할 것입니다.
>
> 하지만 그들의 첫 포격전은 그들을 변화시켰습니다. 어쩌면 그들은 어제와는 다른 젊은이가 되어 있습니다.[69]

딜로우는 죽음을 가까이서 보는 것이 사람들을 변화시킨다는 것을 올바르게 관찰하고 있다. 당신과 나도 다르지 않다. 다수의 서구문화에서 우리는 죽음과 자신을 분리시켰다. 우리는 아픈 사람을 병원으로 보내어 그들이 죽는 것을 지켜보지 못할 때가 많다. 우리는 노인들을 요양소나 양로원에 보냄으로써, 그들이 통상적인 삶과 분리되어 그곳에서 죽고 만다—그것도 혼자서 말이다. 죽음은 많은 사람들이 가능한 한 피하고 멀리 보내고픈 불편한—두려워하지는 않는다 할지라도—삶의 일부분이다.

하지만 이 죽음은 진정한 삶의 일부분이다. 예수에 대한 제자도의 중요한 차원은 이 죽음을 다루는 방법을 배우는 것이다. 이것은 우리가 예수의 고고한(빈) 십자가를 바라봄으로써 적어도 배울 수 있는 한 교훈이다. 예수는 죄와 죽음을 정복하셨다. 고고한 십자가는 우리의 죽음에 초점을 맞추게 하는 것이 아니라, 저 너머 부활을 바라보게 하는 것을 의미한다. 고고한 십자가를 묵상하는 것은 우리의 운명에 대한 가장 위대한 소망을 가져다준다. 그렇게 함으로써 우리 주변의 세상에 대한 가장 중요한 메시지를 얻게 된다.

내가 베트남전에 참전하고 있을 때에 크리스천이 아니었고 오히려 크리스천을 노골적으로 경멸하였을지라도, 헌신된 크리스천이었던 나의 동료 젊은이에 의해

69. Gordon Dillow, "Battle Transforms Fresh-Faced Troops," *Orange Country Register*(March 23, 2003), New: 1, 21.

서 상당히 영향을 받았다. 나는 그의 이름을 지금 기억하고 있지 못하지만—이미 30년이 지났다—그의 삶을 기억한다. 그는 키가 크고 균형잡인 몸매를 가진 전 미식축구 선수였다. 그는 짧게 깎은 밝은 적색의 머리털과 온통 얼굴에 주근깨가 가득했다. 그는 내가 일찍이 알고 지냈던 사람들 가운데서 가장 평화스러운 태도를 지녔다—전쟁의 공포 가운데서도 그는 평화를 유지했다. 우리는 전투에서 죽음의 두려움을 억눌러야 했다. 그렇지 않으면 그 두려움이 우리를 무능하게 만들 것이다. 하지만 그렇다고 이 두려움이 결코 사라지지는 않았다.

나는 언젠가 농담으로 "레드"(Red)에게 그가 약물을 복용하고 있지는 않는지 물으면서 그의 평화로움에 대해서 질문했다. 그러나 그는 통상적인 침착함으로 자신도 두려움을 느끼지만 설사 죽는다 하더라도(죽을 때) 어떤 일이 발생할 것인지를 이미 알고 있다는 것으로 반응했다. 그는 그에게 어떤 일이 일어나든 간에 평화로움을 가져다주었던 예수의 안전한 손안에 있게 될 것이다. "레드"는 어느 날 부상을 입었다. 심각한 것은 아니지만 본국으로 돌아가야 할 정도였다. 그 전투가 있은 후에 그는 후방으로 이송되기 위해서 헬리콥터에 올랐는데, 그때에 동일한 평화로운 표정으로 나를 보더니 "마이크 하사님, 제가 말해 왔던 것을 생각해 보세요"라고 말했다.

나는 결코 그 말을 잊을 수가 없다. 얼마 후에 내가 크리스천이 되었을 때, 나는 그가 경험했던 것을 이해할 수 있었다. 나는 예수에 대한 제자도가 내가 죽음을 어떻게 바라보느냐에 달려 있고, 위엣 것을 생각할 때 내가 평화를 목격할 수 있는 방식과 연관되어 있음을 이제 깨닫는다.

하지만 죽음을 직면하는 것은 전쟁의 전투 속에 있는 사람에게만 해당하는 것이 아니다. 모든 사람들이 일상생활의 전투에 직면해 있다. 제자도의 가장 심오한 증거 중 하나는 우리가 어떻게 죽음을 직면하느냐에 있다. 달라스 신학교의 사랑받는 교수인 하워드 헨드릭스(Howard Hendricks)는 최근에 자신의 경력과 삶의 후반기에 접어드는 노인의 삶에 관한 묵상을 포함하는 일련의 글을 썼다. 그 글들 중에서 그는 아주 중요한 관찰을 했다.

> 아마도 노년의 크리스천들의 가장 중요한 임무 중 하나는 신자들이 죽는 방법을 세상에 가르치는 것이다. 하나님이 우리의 삶을 예기치 않게 끝내게 하지 않으신다면, 스가랴 제사장과 사도 바울 그리고 사도 요한처럼 우리는 이 세상을 떠나는 과정에서 젊은 세대들에게 무언가 연출할 무대를 갖고 있다.[70]

서구 문화는 젊고, 아름답고, 강하고, 독기가 있는 사람을 우상시 한다. 때로 동일한 우상화가 교회에도 침투하고 있다. 하지만 우리가 자신의 한계를 현명하게 직면하고 영원한 운명을 적절하게 강조한다면, 많은 지식과 경험과 지혜를 뒤잇는 세대에 전달한 나이든 성도들에게 탁월한 경의를 표하게 될 것이다.

나의 아내의 부모들은, 장모이신 말지(Marge) 여사가 복합적인 동맥경화증으로 심각하게 곤란을 겪고 있는 동안에, 인생의 후반기에 우리와 함께 살았다. 어떤 해 추수감사절에 우리 모든 가족들이 휴일을 즐기기 위해서 함께 모였을 때, 갑자기 그녀는 폐부종으로 병원에 실려가야 했다. 우리들은 그녀가 오래도록 병원에 있을 것이라고는 생각하지 않았는데, 삼 일째 되던 날에 그녀의 간호사가 우리 가족 모두를 병원으로 급히 와달라고 요청했다. 우리는 사랑과 눈물의 마지막 생각과 표현을 나누는 아침을 그녀의 병실 방에서 보냈다. 그녀가 천천히 희미해지기 시작하고 있을 때, 우리는 모두 그녀의 병석에 모여 있었다. 그녀는 자신의 병실 침대 옆에 앉아 있던 나를 보더니 성경을 읽어달라고 요청했다. 나는 그녀가 가장 좋아하는 구절 중 하나인 빌립보서 4:6-7을 기억하여 큰 소리로 읽었다. 우리는 모두 그 성경을 건네며, 우리가 그때에 들을 필요가 있는, 그녀가 사랑하는 성경구절을 돌려가며 읽었다. 우리는 모두 함께 기도했다. 그녀는 숨이 점점 거칠어지더니 침상 주변을 조용히 바라보았다. 그녀는 한사람씩 가족의 눈을 바라보더니 힘없는 손으로 손가락을 흔들었다. 그녀의 눈이 먼저 자녀들에게, 손주들에게, 그 다음에 마지막으로 환갑이 넘으신 장인 어른에게로 향했다. 그녀는 잘 있으라고 인사했다. 그 다음에 그녀는 눈을 감았고, 얼마 지나지 않아서 숨을 거두었다.

우리 모두 그 순간을 잊지 못한다. 말지 여사는 가족의 여족장이었다. 그녀는 강인하고, 의지적이지만, 놀라울 정도로 사랑이 많은 노르웨이족—진정한 바이킹—이었다. 구세주에 대한 그녀의 사랑은 그녀의 삶의 중심이었다. 그녀는 예수의 확고한 제자였다. 삶의 마지막 순간에 그녀는 우리 모두에게 지울 수 없는 인상을 남겼다. 그녀는 하나님의 평화로 가득한 채 죽음을 맞이했다. 그녀의 눈이 침상 주변을 둘러보았을 때, 구세주와 더불어 살고 죽어야 하는 책임을 가족들에게 전달하였다.

말지 여사는 그녀의 가장 좋아하는 구절을 나누기를 원했다: "아무 것도 염려하지 말고 다만 모든 일에 기도와 간구로 너희 구할 것을 감사함으로 하나님께 아

70. Howard Hendricks, "Me, Myself, and My Tomorrows," *BibSac* 157(July-September 2000): 268.

되라 그리하면 모든 지각에 뛰어난 하나님의 평강이 그리스도 예수 안에서 너희 마음과 생각을 지키시리라"(빌 4:6-7). 예수의 고고한 십자가는 이 삶의 비전을 확대하고 이해를 초월하는 평화로움으로 삶과 죽음을 용기 있게 맞을 것을 우리 모두에게 요청한다.

놀라운 십자가는 우리의 모든 것을 요구한다. 예수의 십자가와 죽음을 둘러싼 사건들을 공상적으로 기술한 거드 데이센(Gerd Theissen)의 『갈릴리 사람들의 그림자』(*The Shadow of the Galilean*)는 이야기의 중심인물인 안드리아스에게 예수가 죽은 후에 바라바가 보낸 공상의 편지를 포함한다. 바라바의 결론이 예수의 사역 프로그램을 그가 수용한 것으로 확실하게 나타나 있지는 않을지라도, 그가 자신을 위한 예수의 죽음의 대속적인 본질과 그것이 그에게 요청하는 것과 관련한 직관을 얻는다. 그는 서신에서 이렇게 말한다.

> 나는 무엇보다도 당신에게 감사할 수밖에 없다. 나는 당신이 나를 위해 얼마나 많은 것을 베풀어주었는지 들었다. 나는 간신히 죽음은 면했다. 그 대가는 컸다. 다른 사람이 나를 대신해서 죽었다. 내 친구 둘은 그와 함께 십자가에 못 박혔다. 그때 이래로 나는 스스로 자문한다: 왜 다른 사람인가? 왜 예수인가? 왜 내가 아닌가?
>
> 나는 당신의 마음이 예수와 친밀하다는 것을 알고 있다. 당신은 예수의 저항의 온유한 방식을 옹호했고, 나의 방식을 배격했다. 이제 나는 어쩔 수 없이 그와 연관되었다. 나는 그것이 나에게 무엇을 의미하는지를 계속 생각하고 있다.
>
> 그가 나를 대신해서 죽었다면, 나는 그를 위해서 살아야 하지 않겠는가?…[71]

우리의 반응도 이와 유사해야 한다. 예수의 놀라운 십자가를 묵상함이 진지한 사고로 '왜'를 물어보게 해야 한다. 예수는 왜 나를 위해 이 일을 하셨는가? 그것은 우리를 위한 사랑으로 인한 것이기 때문에 감사의 마음을 갖게 해야 한다. 하지만 우리를 대신하는 그의 지불을 수용한다면 "그와 불가분하게 연결된다"는 인식으로 그를 위해 살아야 한다는 의무로 귀결되어야 한다. 하나님이 우리를 보실 때 그가 예수와 예수가 우리를 위해 행하신 희생을 보시는 방식으로 우리는 그와 연계됨으로써 하나님이 보시기에 의롭다함을 얻게 된다. 우리는 더 이상 우리의 죄

---

71. Gerd Theissen, *The Shadow of the Galilean: The Quest of the Historical Jesus in Narrative Form*, trans. John Bowden(Minneapolis: Fortress, 1987), 1987), 177.

에 대한 벌을 받지 않는다. 결과적으로 우리는 예수를 위한 삶을 살 수 있게 되고, 죄가 세상을 황폐화하는 효력을 갖기 전에 하나님이 우리에게 의도하셨던 자로 살 수 있게 된다. 19세기의 뛰어난 역사가인 로드 존 액톤(Lord John Acton)은 자유로운 문화를 올바른 것을 행할 자유가 있는 자, 즉 모든 것을 행할 수 있지만 바라는 모든 것을 행하지 않는 덕스러운 자로서 규정했다.[72]

이런 의미에서 우리는 그리스도가 우리를 구속하신 자유를 이제 우리의 삶 속에서 그의 소명을 따르는 그러한 삶의 방식으로 바라보아야 한다. 예수는 "너희가 내 말에 거하면 참으로 내 제자가 되고 진리를 알지니 진리가 너희를 자유롭게 하리라"(요 8:31-32)고 말씀하셨다. 하지만 그것은 우리가 "하나님이 거룩하신 것처럼 거룩함"을 배울 때 평강과 성취를 가져오는 의무다.

십자가를 둘러싼 잘 알려지지 않은 사람들을 살펴라. 그들은 아주 다양하지만, 그들의 입술과 삶의 고백은 우리들에게 모범이 된다. 로마 백부장과 그의 부하들은 예수가 확실히 하나님의 아들이라고 소리내어 고백함으로(27:54) 믿음의 첫걸음을 취함으로써 올 수 있는 거친 보복을 용감하게 무릅쓴다. 부유한 유대 종교지도자인 아리마대 요셉과 니고데모는 예수의 신실한 제자로서 그의 시신을 요구함으로써 앞으로 닥칠 자기 동료들과 로마인들로부터의 벌을 상관하지 않는다(27:57-60). 그리고 예수의 헌신된 종이자 제자들인 여성들이 사회적 종교적 차별을 이겨내고, 범법자와 연관되고 그의 십자가와 무덤에 가까이 있음으로써 받을 수 있는 처벌의 상황을 무릅쓴다(27:55-56, 61).

이 세 그룹들은 우리의 제자도를 위한 역사적인 선례를 설정해준다. 세상의 안목으로 볼 때에 우리가 위대한 공적을 이룰 수 없을지라도, 예수가 십자가상에서 이루신 심오한 진리에 사로잡힐 때, 성령의 능력을 힘입어, 우리도 하나님 나라의 복음을 전하는 용기 있는 증인으로서 예수 그리스도의 봉사자가 될 것이다. 백부장과 그의 부하들, 아리마대 요셉과 니고데모, 그리고 여성들의 모범은 예수가 그의 지상 사역의 중요한 전환점에서 제시하셨던 도전을 생각나게 만든다.

> 이에 예수께서 제자들에게 이르시되 누구든지 나를 따라오려거든 자기를 부인하고 자기 십자가를 지고 나를 따를 것이니라 누구든지 제 목숨을 구원하고자 하면 잃을 것이

---

72. Lord John Edward Dalberg Acton, *The History of Freedom*, "Introduction," by James C. Holland(Grand Rapids: Acton Institute, 1993.

요 누구든지 나를 위하여 제 목숨을 잃으면 찾으리라 사람이 만일 온 천하를 얻고도 제 목숨을 잃으면 무엇이 유익하리요 사람이 무엇을 주고 제 목숨과 바꾸겠느냐 (16:24-26).

많은 찬송을 작사한 아이삭 와츠는 이 진리를 이해했다. 그는 분명히 예수의 이 말씀에 비추어 그의 가장 유명한 찬송 중의 하나를 작사했다: "주 달려 죽은 십자가"(When I Survey the Wondrous Cross—한글 찬송 147).[73] 왓츠가 십자가로 우리의 관심을 맞출 때, 그는 우리 자신을 끊임없이 부인하고 우리의 십자가를 지며 예수를 따르는 것을 배움으로써 발견할 수 있는 삶의 의미를 보여준다. 왓츠가 이해하고 있는 우리를 위한 십자가의 예수의 희생을 분명하게 보는데서 오는 겸손과 예수에 대한 보답으로 자신의 생명을 희생적으로 내어놓는 왓츠의 반응을 특히 보라.

주 달려 죽은 십자가 우리가 생각할 때에
세상에 속한 욕심을 헛된 줄 알고 버리네

죽으신 구주 밖에는 자랑을 말게 하소서
보혈의 공로 입어서 교만한 맘을 버리네

못 박힌 구주밖에는 자랑을 말게 하소서
가시로 만든 면류관 우리를 위해 쓰셨네

온 세상 만물 가져도 주 은혜 못다 갚겠네
놀라운 사랑 받은 자 몸으로 제물 삼겠네.

왓츠는 하나님의 뜻에 온전하게 순복하는 사람의 강력한 의미를 그의 삶에서 보여준다. 당신과 나는 이와 같은 아름다운 찬미를 지을 수 없을 수 있다. 심지어 그 음악을 읽을 수조차 없을 수 있다! 하지만 우리 자신의 방식으로 그의 찬미의

73. 왓츠의 개인적인 삶은 1674에서 1748년에 이르는 복음사역자로서 변함없는 신실함의 모델이었다. 그는 의미 있는 저작과 설교의 사역을 했을 뿐 아니라 460편의 찬송시를 작사했다.

사례를 보고, 하나님의 뜻에 대한 우리의 헌신에 용기를 얻을 수 있다. 우리는 인도하고 있는 사람들에게 이것이 그들의 통상적인 언어가 되게 하여 삶에서 끊임없이 실천할 수 있도록 도와야 한다. 우리가 호텔 직원이든 소유주이든, 학생이든 선생이든, 전과자이든 경찰이든, 우리를 위한 예수의 놀랍고, 거룩한, 희생적 사랑은 우리의 영혼과 삶과 모든 것을 요구한다. 이것이 놀라운 십자가를 바라보는 삶의 유일하게 적합한 반응이다.

마태복음 28:1-20

1 안식일이 다 지나고 안식 후 첫날이 되려는
새벽에 막달라 마리아와 다른 마리아가 무덤
을 보려고 갔더니
2 큰 지진이 나며 주의 천사가 하늘로부터 내
려와 돌을 굴려 내고 그 위에 앉았는데
3 그 형상이 번개 같고 그 옷은 눈 같이 희거늘
4 지키던 자들이 그를 무서워하여 떨며 죽은
사람과 같이 되었더라
5 천사가 여자들에게 말하여 이르되 너희는 무
서워하지 말라 십자가에 못 박히신 예수를
너희가 찾는 줄을 내가 아노라
6 그가 여기 계시지 않고 그가 말씀 하시던 대
로 살아나셨느니라 와서 그가 누우셨던 곳을
보라
7 또 빨리 가서 그의 제자들에게 이르되 그가
죽은 자 가운데서 살아나셨고 너희보다 먼저
갈릴리로 가시나니 거기서 너희가 뵈오리라
하라 보라 내가 너희에게 일렀느니라 하거늘
8 그 여자들이 무서움과 큰 기쁨으로 빨리 무
덤을 떠나 제자들에게 알리려고 달음질할새
9 예수께서 그들을 만나 이르시되 평안하냐 하
시거늘 여자들이 나아가 그 발을 붙잡고 경
배하니
10 이에 예수께서 이르시되 무서워하지 말라 가
서 내 형제들에게 갈릴리로 가라 하라 거기
서 나를 보리라 하시니라
11 여자들이 갈 때 경비병 중 몇이 성에 들어가
모든 된 일을 대제사장들에게 알리니
12 그들이 장로들과 함께 모여 의논하고 군인들
에게 돈을 많이 주며
13 이르되 너희는 말하기를 그의 제자들이 밤에
와서 우리가 잘 때에 그를 도둑질하여 갔다
하라
14 만일 이 말이 총독에게 들리면 우리가 권하
여 너희로 근심하지 않게 하리라 하니
15 군인들이 돈을 받고 가르친 대로 하였으니
이 말이 오늘날까지 유대인 가운데 두루 퍼
지니라
16 열한 제자가 갈릴리에 가서 예수께서 지시하
신 산에 이르러
17 예수를 뵈옵고 경배하나 아직도 의심하는 사
람들이 있더라
18 예수께서 나아와 말씀하여 이르시되 하늘과
땅의 모든 권세를 내게 주셨으니
19 그러므로 너희는 가서 모든 민족을 제자로
삼아 아버지와 아들과 성령의 이름으로 세례
를 베풀고
20 내가 너희에게 분부한 모든 것을 가르쳐 지
키게 하라 볼지어다 내가 세상 끝날까지 너
희와 항상 함께 있으리라 하시니라

원 의미

유명한 "로마의 평화"를 의미하는 팍스 로마는 가이사 아우구스투스와 로마의 군사적 힘이 부과한 표면적 상태였지만 그것은 로마의 모든 속국들에게 자유를 가져다주지 않았다. 그것의 이면에는 불만과 폭동의 파도가 소용돌이쳤다. 마태는 자신의 복음을 다양한 혼란이 반복해서 발생했던 제국의 아주 먼 지역에서 자유에 대한 소망이 마침내 아주 예기치 않은 방식으로 도달하였다고 선언함으로써 시작했다. 아우구스투스의 라이벌이 베들레헴에서 태어났다. 하지만 이 라이벌은 팡파르와 함께 오지 않았고, 로마의 군사적 정치적 세력에 직접적으로 도전하지 않았다. 이 혁명은 예기된 다윗가의 왕과 만방에 모든 사람들이 이스라엘을 통해서 아브라함의 복을 받을 것이라는 언약의 약속을 이루신, 이스라엘이 오래도록 기다렸던, 예수에 의해서 제기되었다(1:1). 하지만 그의 삶의 사역을 통해서 예수는 많은 자기 백성들을 실망시켰다. 그의 혁명은 마음으로부터의 혁명이지 검이나 마차의 혁명이 아니기 때문이었다.

예수는 독자적인 방식으로 궁극적인 대적자인 사탄과 그의 세력들에 대한 예정된 승리가 있는 하나님의 나라를 이 땅에 가져오기를 시작하셨다. 하지만 다시 한번 이스라엘의 많은 사람들이 예상했던 방식으로 그 승리가 오지 않았다. 그것은 예수의 처형으로 말미암았다. 이 복음서의 가장 긴 내러티브에서 마태는 메시아 예수의 마지막 배반에 의한 체포와 재판 그리고 처형(26-27장)의 끔찍한 이야기를 말한다. 이 내러티브는 예수가 이루기 위해서 오셨던 모든 것이 상실된 것으로 독자들이 생각하게 만드는 침울한 논조로 끝난다. 하지만 그의 복음서의 가장 짧은 내러티브의 장에서 마태는 죽음에서 부활하신 메시아 예수의 놀라운 기사를 전한다(28장).

그런데 부활 기사의 짤막함이 거의 절정의 순간이 아닌 것처럼 보이게 한다. 하지만 예수가 잉태한 기사의 짤막함처럼 부활은 마태의 독자들에게는 잘 알려지고 수용된 역사적 사실이었다. 따라서 광범위한 내러티브가 필요치 않았다. 부활은 예수가 이전에 자신이 어떤 분인지를 말씀하신 것을 확인해주며, 십자가에서 예수가 성취하기 위해 오신 것의 효력 그리고 대위임에 반응하는 모든 사람들의 신실한 친구요 주인이요 주님으로서 지금 살아 계시다는 것을 선언해준다. 부활은 궁극적인 평화를 가져다주며, 하나님과 인간 그리고 인간과 인간을 화해시키는 죄 용서함을 가져다준다. 이는 로마 제국이 결코 진압할 수 없었던 혁명이다. 모든 인간의 생각을 초월하는 참된 평화의 새 시대 곧 팍스 데이("하나님의 평화", 빌 4:7)는 용감하게 예수의 제자들이 되고자 하는 모든 사람들을 시작시켰다.

마태의 결론적인 장은 메시아 예수의 놀라운 이야기를 절정에 이르게 한다. 그는 자기 백성들의 구원자로서 기적적인 방식으로 잉태되었다. 그는 성령의 능력으로 놀라운 삶을 사셨고, 천국의 도래를 선언하셨다. 하지만 그는 비극적으로 자기 백성들에게 배반을 당하여 로마 당국자들에 의해 십자가에 못 박힘을 당하셨다. 이것이 그 이야기의 끝이 될 것인가? 그것은 참으로 아니다! 메시아 예수는 이미 예언하셨던 것처럼 무덤에 계시지 않았다. 천사들이 부활을 선언하고, 여성 제자들이 빈 무덤과 부활한 예수의 첫 목격자가 되며, 이 이적에 대응하기 위한 이야기를 유대 당국자들이 꾸미고, 예수를 따르던 모든 자들이 예수의 제자로서 부활한 예수와의 관계로 들어오도록 온 민족을 초대하는 위임을 받는다.

하나님의 아들로서 그의 거룩한 신분(롬 1:4)과 십자가의 그의 보속 역사의 효력에 관한 놀라운 증거로서 예수의 부활은 사복음서에서 두드러지게 나타난다. 우리가 부활의 기사들 간의 차이점들을 모두 해결할 수는 없을지라도, 사복음서 기사의 다양함이 복음서 저자들이 개별적인 증인을 가졌고 날조된 속임수를 만들려 하지 않았다는 사실을 강화시킨다.[1] 예수가 죽은 상태에서 육체로 부활하셨다는 제기는 초대 기독교의 핵심적인 역사적 사실들을 보여주는 더할 나위 없는 능력이다.[2] 참으로 복음서 기사의 다양성은 역사의 가장 중요한 사건에 관한 역사적 사실성을 추가시킨다.[3]

세 요소들이 사복음서에 공통적으로 나타난다: 빈 무덤, 여인들에 대한 부활의 선포, 부활한 예수를 제자들이 만남.[4] 사복음서와 고린도전서 15:1-11에서 발견되는, 가능성 있는, 예수의 부활과 출현의 순서를 다음과 같이 설명할 수 있다.[5]

---

1. 참조. Morris, *Matthew*, 733; Hagner, *Matthew*, 2:868.
2. N. T. Wright, *The Resurrection of the Son of God*, vol. 3 of *Christian Origins and the Question of God*(Minneapolis: Fortress, 3002), 718.
3. 부활에 관한 문헌은 방대하지만 다음과 같은 책들이 독자들에게 기본적인 것들을 제공한다. 역사적이고 주해적인 이슈들의 철저한 연구를 위해서는 Wright, *The Resurrection of the Son of God*; Richard N. Longenecher, *Life in the Face of Death: The Resurrection Message of the New Testament*(Grand Rapids: Eerdmans, 1998)을 보라. 부활 이야기의 역사적인 신빙성은 Blomberg, *The Historical Reliability of the Gospels*, 100-110; William Lane Craig, "Did Jesus Rise from the Dead?' in *Jesus Under Fire*, 142-76에 의해 제시된다; 더 학문적인 차원으로는 William Lane Craig, *Assessing the new Testament Evidence for the Historicity of the Rusurrection of Jesus*(Lewiston, N.Y.: Edwin Mellen, 1989)을 보라. 대중적이고 변증적인 차원에 관해서는 Gary R. Habermas, *The Resurrection of Jesus: An Apologetic*(Grand Rapids: Baker, 1980)과 George Eldon Ladd, *I Believe in the Resurrection of Jesus*(Grand Rapids: Eerdmans, 1975)을 보라. 각 복음서들의 신학적인 특징은 Grand R. Osborne, *The Resurrection Narratives: A Redactional Study*(Grand Rapids: Baker, 1984)에 의해 탐구된다. 철학적인 이슈에 관한 논의를 위해서는 Stephen T. Davis, *Risen Indeed: Making Sense of the Resurrection*(Grand Rapids: Eerdmans, 1993)을 보라; 더 학문적인 차원으로는 Peter Carnley, *The Structure of Resurrection Belief*(Oxford: Clarendon, 1987)을 보라. 경건한 묵상을 위해서는 James Montgomery Boice, *The Christ of the Empty Tomb*(Chicago: Moody Press, 1985)을 보라.
4. Morris, *Matthew*, 733; Hagner, *Matthew*, 2:868.
5. 이런 재구성은 John Wenham, *Easter Enigma*, 139와 passim에 의해 제기된다. 유사한 재구성을 위해서는

1. 여인들의 그룹이 무덤 근처로 가고 있는데, 그 가운데 막달라 마리아가 가장 먼저 도착하였을 것이다(마 28:1; 막 16:1-3; 눅 24:1; 요 20:1).
2. 마리아와 다른 여인들이 사실상 천사들인 두 젊은 남성을 만난다. 그 중에 한 천사가 예수의 부활을 선포한다(마 28:2-7; 막 16:4-7; 눅 24:2-7).
3. 여인들이 두려움과 기쁨이 뒤섞인 채 동산을 떠난다. 처음에는 열두 제자들에게 보고할 결심을 하는 것 외에는 다른 어느 것도 말하려 하지 않는다(마 28:8; 막 16:8). 막달라 마리아는 다른 여인들이 도착하기 전에 달려가서 우선해서 베드로와 요한에게 이를 전한다(요 20:2).
4. 베드로와 요한은 무덤으로 달려가서 그곳이 빈 것을 발견한다(눅 24:12; 요 20:3-5).
5. 마리아는 다시 무덤으로 돌아와서 천사들을 보게 된다. 그 다음에 예수가 마리아에게 나타난다. 처음에 그녀는 예수가 동산지기인 줄로 착각한다(요 20:11-18).
6. 예수는 남아 있던 여인들을 만나서, 제자들에게 말하라는 위임을 확증하신다. 그리고 갈릴리에서 그들을 만날 것이라는 약속을 상기시키신다. 여인들이 순종한다(마 28:9-10; 눅 24:8-11).
7. 예수는 부활의 날 주일 오후에 예루살렘 안에서 또는 근처에서 개별적으로 베드로에게 나타나신다(눅 24:34; 고전 15:5).
8. 그 날 늦게 예수는 글로바와 이름을 알 수 없는 그의 동료에게 엠마오 도상에서 나타나신다. 그들은 열한 제자들에게 이를 알리기 위해서 예루살렘으로 돌아간다(눅 24:13-35; 참조. 막 16:12-13).
9. 글로바와 그의 친구가 문을 잠근 채로 제자들(도마가 없었다)과 다락방에 있는 동안에 예수가 그들에게 나타나신다(눅 24:36; 요 20:19-25).
10. 한 주간 뒤 주일 저녁에 예수는 예루살렘의 같은 장소에서 열한 제자들에게 나타나신다. 그때에는 도마가 같이 참석해 있었다(요 20:26-29; 고전 15:5; 참조. 막 16:14).
11. 아마도 삼일 뒤에 예수는 갈릴리 바다 근처에서 일곱 제자들에게 나타나신다(요 21:1-14).

Craig L. Blomberg, *Jesus and the Gospels: An Introduction and Survey*(Nashville: Broadman & Holman, 1997), 354-55을 보라.

12. 예수는 갈릴리 언덕에서 사도들만이 아니라 500여 신자들에게 나타나신다(고전 15:6). 나아가서 예수의 출현은 40일간 발생한다(눅 24:44-47; 행 1:3; 고전 15:6).
13. 아마도 갈릴리에 있는 동안에, 예수는 이복동생인 야고보에게 나타나신다(고전 15:7).
14. 예수는 갈릴리의 산에서 열한 제자들(그리고 다른 사람들?)에게 모든 민족을 제자 삼을 것을 명하시면서 결정적인 대위임을 주신다(마 28:16-20; 참조. 막 16:15-18).
15. 예루살렘 지역으로 돌아오신 예수는 성령을 기다리라고 제자들에게 송별의 가르침을 주신다. 그는 예루살렘 외곽의 베다니 근처 감람산에서 하늘로 승천하신다(눅 24:44-53; 행 1:4-12; 참조. 막 16:19-20).

예수의 여성 제자들이 빈 무덤을 발견하다(28:1-4)

마태는 예수의 몸을 장사의 옷으로 감싸고 자신이 소유하고 있는 무덤에 시신을 안치하는 아리마대 요셉의 이야기로 십자가 내러티브를 끝냈었다. 적어도 예수의 두 여성 제자들, 즉 막달라 마리아와 다른 마리아가 장사를 위해 시신을 처리하는 부분을 처음부터 지켜보았다. 아마도 갈릴리에서부터 예수를 따라왔던 다른 사람들과 더불어 이 여성들이 장사를 위해서 예수의 시신을 준비하는 요셉과 니고데모를 도와 일했을 것이다.[6]

마가복음 16:1은 안식일이 끝나자 여인들이 예수의 몸에 기름을 붇기 위한 재료를 구하러 이 여성제자들이 나갔었다고 말해준다. 안식일의 규제가 모든 필요한 재료들을 구하려는 여인들의 여행과 능력을 제한시켰다. 그들은 분명히 장사의 재료들을 구하기 위해서 안식일 이전에 노력했을 것이고(참조. 눅 23:56), 해가 져서 안식일이 끝나서 상점이 다시 열렸을 때 아직 구비하지 못한 재료들을 살 수 있었다.

안식일 후 새벽에(28:1). 마태는 "안식일 후에" 무덤에 여인들이 나아온 것을 설명함으로써 부활 장면의 내러티브를 시작한다.[7] 예수는 반복해서 자신이 "삼일만"

6. 27:57-61의 주석을 보라; 참조. Wenham, *Easter Enigma*, 60-67.
7. 이것이 부활한 예수를 예배하기 위해서 주일 아침에 기독교인들의 모이는 후대 관행의 근거다(예. 고전

에 살아날 것임을 말씀하셨다(16:21; 17:23; 20:19). 구약성경이 날의 일부를 온전한 날로 규칙적으로 계산한 것을 유념할 때,[8] 우리는 예수가 삼일 동안 무덤에 있을 것이라고 말씀하신 것을 올바르게 이해하게 된다. 예수는 금요일 약 오후 3시에 임종하셔서 주일 전(첫째 날)에 무덤에 머무셨다. 그는 토요일 온 종일 무덤에 계셨고(둘째 날), 토요일 해진 후부터 주일 오전에 부활 때까지 계속 무덤에 계셨다. 그러므로 예수는 자신이 예언하셨던 삼일만에 다시 살아나신 것이다(12:40; 26:16의 주석을 보라).

예수의 끔찍한 십자가 처형과 장사를 용감하게 목격한, 대체로 동일한 여성들이 예수의 몸을 장사하는 일을 마무리하려는 가족들을 돕기 위해서 무덤을 방문할 계획을 갖고 있었다. 유대의 관습은 남자와 여자들에게 모두 시신을 수습하는 일을 허락하였는데, 여성들은 남성과 여성 모두의 시신을 도울 수 있도록 허락되었고, 남성은 여성들의 시신을 돕는 일에는 참석할 수 없었다.[9] 일부 여인들이 예수가 안식일 이전에 안치되었던 곳으로 갔다(27:60-66의 주석을 보라). 막달라 마리아는 여기서 다시 한번 주도적인 역할을 취하지만 그녀를 동반하는 다른 여성은 야고보와 요세의 어머니인 "다른 마리아"다(참조. 27:56). 마가와 누가가 또 다른 여인들도 암시하고 있을지라도(27:55-56의 주석을 보라), 마태는 막달라 마리아와 다른 마리아만을 주목한다.

지진, 천사, 그리고 돌이 굴러짐(28:2-4). 또 다른 지진(27:51의 주석을 보라)이 분명히 해뜨기 전에 예루살렘 지역에 발생한다. 이 지역에서 이것은 흔한 일일지라도, 두 번째 지진은 예수의 부활이라는 최고의 초자연적인 사건을 둘러싸고 있다. A. T. 로버트슨은 코르넬리우스 라피데(Cornelius à Lapide)가 "말하자면 그리스도의 죽음에서 슬픔에 떨었던 이 땅이 그의 부활로 기쁨으로 뛰었다"[10]고 말한 것을 인용한다.

"주의 천사가 하늘로부터 내려와"라는 어구를 시작하고 있는 '가르'("far") 접속사는 지진이 천사들의 출현에 동반했거나, 천사들이 바위를 굴리는데 사용한 수단, 또는 천사들이 돌을 움직일 때에 지진이 발생했음을 암시한다.[11] 예수의 기적적

16:2); 참조. Carson, "Matthew," 587; Davies and Allison, *Matthew*, 3:663; France, *Matthew*, 406; Hagner, *Matthew*, 2:868-69; Keener, *A Commentary on the Gospel of Matthew* (1999), 700; Morris, *Matthew*, 734 n. 3.

8. 참조. 창 42:17-18; 삼상 30:12-13; 왕상 20:29; 대하 10:5, 12; 에 4:16; 5:1.

9. Keener, *A Commentary on the Gospel of Matthew* (1999), 700. 또한 27:59-61의 주석을 보라.

10. Robertson, "Matthew," *Word Pictures in the New Testament*, 1:240-41.

인 잉태, 탄생 그리고 유아시절을 주의 천사들이 돌보았다(1:20-21; 2:13, 19). 그러므로 주의 천사가 부활을 돌보는 것은 전혀 놀랍지 않다. 이렇게 함으로서 예수 그리스도, 하나님의 아들의 위격 속에서 자기 백성들에게 주신 거룩한 메시지에 관한 마태의 이야기가 틀을 형성한다. 유아 내러티브에서처럼 이 천사는 하나님의 특별한 사자 중 하나, 아마도 특별한 선포를 하는 역할을 맡은 것으로 보이는 가브리엘 천사일 것이다(눅 1:11-20, 26-38을 보라).[12]

무덤의 입구는 다양한 방식으로 봉인되었다. 이 무덤은 무덤 방에서 시신을 돌보고 있는 동안에는 열어놓을 수 있는 원통형으로 만들어진, 굴릴 수 있는 돌로 막아놓았다. 마태만이 돌이 굴려졌을 때, 주의 천사가 그 위에 앉아 있었다고 말한다. 예수의 시신이 토굴에 있다고 확신하고 있는 경비병들이 봉인한 돌이 이제 천사들의 승리를 위한 좌소가 된다. 돌이 굴려진 것은 부활한 예수가 나오기 위한 것이라기보다는 무덤이 비었다는 사실을 여인들이 목격하게 하기 위해서다.

천사의 극적인 출현은 "그 형상이 번개같고 그 옷은 눈 같이 희"었다. 주의 천사의 광휘는 예수의 재림처럼(24:27) 자주 빛에 대한 묘사와 연관된다(참조. 계 4:5; 16:17-18). 하얀 옷은 천사의 탁월한 순결을 상징한다. 여인들이 혹시 누군가 예수의 시신을 훔쳐갈 수도 있다는 두려움으로 무덤에 갔고, 이제 그들은 돌이 굴려지고 천사가 안에 앉아 있음을 발견한다. 재빨리 그들은 매우 다른 일이 발생하였음을 발견한다: 예수가 부활하시어, 다시 살아나셨다.

작렬하는 천사의 모습은 자주 사람들을 두려움에 떨게 했다(삿 13:19-20; 에스라4서 10:25-27). 경비병들이 천사를 보았을 때, 그들은 몹시 두려워서 몸을 떨고 "죽은 사람과 같이" 된다. "떠는" 것은 십자가 처형 시에 지진에서 사용된 것과 동일한 동사다('세이오', 27:51). "죽은 사람과 같이" 되었다는 말은 요한계시록 1:17에서 승천한 예수의 환상을 본 요한의 반응에서 사용된 표현과 동일하다. 아마도 그들은 천사의 방문에 충격을 받고 혼절했을 것이나, 도날드 해그너는 불가피한 아이러니를 지적한다: "죽은 자를 지키던 자들이 죽은 자가 살아났을 때 죽은 자처럼 되었다."[13] 경비병들은 전쟁에서 무서운 상황들을 수없이 직면했던 베테랑이었을 것이다. 하지만 그들이 직면한 것은 이전에는 결코 경험한 적이 없는 일이다.

---

11. Wright, *The Resurrection of the Son of God*, 636을 보라.
12. Hurtado, *One God, One Lord*, 71-92; Carol A. Newsom, "Gabriel," *ABD*, 2:863; Carol A. Newsom and Duane F. Watson, "Angel," *ABD*, 1:248-55을 보라.
13. Hagner, *Matthew*, 2:869.

천사들이 여인들에게 말한 후에 경비병들은 급히 도성으로 달려가서 대제사장들에게 이 사실을 보고한다.

천사가 예수의 부활을 선언하다(28:5-6)

천사가 여인들을 안심시키다(28:5). 처음으로 천사가 여인들에게 말을 한다: "너희는 무서워하지 말라 십자가에 못 박히신 예수를 너희가 찾는 줄을 내가 아노라." 누가는 두 번째 천사를 포함시키나 마태와 마가는 두 사람에게 말하는 한 천사에게만 집중한다.[14] 주의 천사는 요셉이 예수의 잉태와 탄생(1:20)을 둘러싼 사건을 두려워하지 말 것을 요셉에게 전했고, 그것은 예수의 부활을 둘러싼 사건에서 필요한 동일한 메시지다. 이전에 인간의 어느 경험도 성육신과 부활의 초자연적인 사건을 감정적으로 조절할 수 있도록 적절하게 준비시킬 수가 없었다. 이 여인들은 메시아적 구원의 소망을 두었지만, 이제는 "십자가에 못 박히신" 분이신 예수에게 왔다.

"못 박히신" 이라는 완료분사구는 실제로 예수와 동격관계로 사용되고 있다. 우리는 이것을 "십자가에 못 박히신 자, 예수"로 번역할 수 있다. 완료시제는 과거 행위의 완성으로 인한 진행중인 결과를 나타낸다. 신약성경의 여기서와 다른 곳에서 예수는 십자가에 못 박히신 자(참조. 고전 1:23; 2:2; 갈 3:1)다. 마태는 십자가의 능력을 증거했고, 그것을 절대로 부인하지 않는다. 하지만 여기서는 통칭적으로 아이러니의 감정이 있다. 여인들은 못 박히신 자로서 예수를 찾고 있으나 그는 더 이상 그런 상태에 있지 않다. 그는 십자가에 못 박히신 자로서 그곳에 있지 않다.

천사가 예수의 부활을 선언하다(28:6). 천사는 빈 무덤에 대한 이유를 선언한다: "그가 여기 계시지 않고 그가 말씀하시던 대로 살아나셨느니라 와서 그가 누우셨던 곳을 보라." 진실을 덮기 위해서 다른 이야기들이 꾸며질지라도(참조. 28:11-15), 천사를 통한 계시의 하나님의 말씀은 참된 이야기를 말해준다—예수는 죽은 상태에서 살아나시었다. 유대교는 모든 백성들이 몸으로 부활할 것을 소망했다. 이제 예수가 이런 기대의 극적인 첫 열매가 되신다(참조. 고전 15:20, 23). 이 사건들은 갑작스럽게 전개되고 있지 않다. 천사는 예수가 죽으시고 부활하실 것을 예

---

14. 마태가 두 귀신 들린 자를 보고하는 반면에 마가와 누가가 오직 한 명의 귀신 들린 자를 보고하는 것과 같은 마태의 이전 관행을 뒤바꾸어놓고 있다(참조. 마 8:28; 막 5:1-20; 눅 8:26-39).

언하신 것이 성취되었음을 증언한다(16:21; 17:23; 20:19). 그것은 예수의 사명과 신분에 대한 그의 말씀을 강력하게 입증한다.

"살아나셨느니라"("was raised," NIV에서처럼 "has risen"이 아니다)는 수동태의 행위자가 표현되지 않고 있지만, 하나님 아버지가 예수를 죽은 자 가운데서 부활케 하신 분이라는 내용이 분명하기 때문에 행위자가 표현되지 않고 있는 "신적인 수동태"의 분명한 사용이다.[15] 하나님이 예수를 살리심으로써 아들의 신분과 사역에 대한 최종적인 확증과 선언을 하신다(참조. 롬 1:1-3). 이는 예수의 세례 시와 변화 시에 승인한 주제를 완성시킨다.[16]

부활의 사실을 완성시키기 위해서 천사는 여인들이 예수가 며칠 간 누어 있었던 곳으로 들어와서 그 사실을 보게 한다. 예수는 영적으로 살아난 것이 아니라 육체적으로 다시 살아나셨다. 그의 몸은 더 이상 무덤에 있지 않다.

여성 제자들에 대한 천사의 지시(28:7)

그때에 천사들은 여인들이 즉시 가서 이 놀라운 소식을 제자들에게 말하고 그들이 갈릴리에서 예수를 보게 될 것임을 전하라고 지시한다. "그의 제자들"이란 표현은 아마도 열한 제자를 가리킨다. 그들은 갈릴리로 가서 하나님 나라의 도래와 본질과 관련해서 구원 역사에 대한 예수의 역할을 분명히 하고 교회에서 그들의 리더십을 준비하실 부활한 주님과 집중적인 시간을 갖게 될 것이다(참조. 눅 24:44-47; 행 1:3).

여성 목격자들. 여기서 여인들과 관련한 가장 중요한 관점 중에 하나는 하나님이 그들을 역사의 핵심적인 구속 행위인 십자가상에서 예수의 죽음과 그의 부활의 목격자로 사용하시고 있다는 사실이다. 여인들이 십자가상에서 예수의 죽음과 아리마대 요셉에 의한 장사에 참석했기 때문에(참조. 27:55-56, 61), 그가 단지 무의식의 상태에 있었던 것이 아니라 진정으로 죽으셨음을 입증할 수 있다. 이 여성들의 몇몇이 무덤의 봉인을 목격했으며(27:60-61; 막 15:46-47; 눅 23:55), 빈 무덤과 부활하신 예수의 첫 목격자가 된다(마 28:1-6; 막 16:1-6; 눅 24:1-8; 요 20:1-16). 그들은 천사와 예수에 의해 부활의 사실을 증거하는 첫 번째 사람으로서 다른 제

15. 참조. Wallace, *Greek Grammar*, 437-38.

16. 3:16-17; 17:5을 보라; 참조. Blomberg, *Matthew*, 427.

자들에게 그들이 목격한 것을 전달하도록 지시 받는다(마 28:10; 막 16:7; 요 20:17).

갈릴리. 갈릴리는 예수가 어린 시절을 보낸 곳이지만 더 중요하게는 그의 지상 사역의 중심지였다(참조. 4:12). 이제 갈릴리는 예수의 부활 후 사역의 중심지로서 그 역할을 계속한다. 이것은 부활하신 후에 그가 제자들보다 먼저 갈릴리로 가실 것이라는 예수 자신의 예언을 성취시킨다(26:32). 예수는 제자들이 그의 부활의 실제를 완전히 이해할 때까지 예루살렘에서 약 한 주간에 걸쳐서 나타나실 것이다(참조. 눅 24:11; 요 20:24-25). 그때에 그들은 예수가 약 30일 가량에 걸쳐서 그들에게 나타나시는 갈릴리로 갈 것이다(참조. 마 28:16; 요 21장; 행 1:3).

부활한 그리스도가 여성 제자들에게 나타나시다(28:8-10)

여인들이 제자들에게 알리기 위해서 달려가다(28:8). 여인들이 천사의 긴급한 지시를 유념하여 예수 부활을 제자들에게 알리기 위해서 재빨리 달려나간다. 그들은 자신들이 소망했던 분의 죽음을 만날 것을 기대하고 무덤에 갔지만 이제 모든 것이 완전히 바뀌었다. 예수가 부활하신 놀라운 메시지로 인해 접었던 꿈이 새롭게 형성되고 있다. 그들의 반응은 "무서움"과 "큰 기쁨"이 있다.

빈 무덤과 천사의 출현과 메시지, 그리고 제자들에게 알려야 할 메시지의 긴급성은 두려움을 생성시킨다. 게다가 미래의 불확실성도 알 수 없는 일에 대한 두려움을 발생시킨다. 이 여성 제자들은 이것이 무엇을 의미하는지 아직 희미한 인식만을 갖고 있지만 예수가 말씀하셨던 것—자기 백성들로부터 배척과 죽임을 당하시고 부활하심—을 충분히 알 정도로 그를 따라다녔다. 그들의 삶이 이제 전과 동일하지 않을 것이다.

하지만 그들에게 큰 기쁨이 있었다. 그들 안에 깊은 어떤 것이 예수 안에서 소망했던 모든 것이 실제로 실현되기를 시작하고 있음을 인식한다. 이 여인들은 미래가 어떻게 전개될지를 충분히 알고 있지는 못하지만 예수의 부활에 대한 예언이 성취되었다. 예수는 살아 계시다. 그들의 미래는 부활하신 예수, 오래도록 소망했던 것이 완전히 실현된 이스라엘의 메시아요 세상의 구세주가 있다.

부활한 예수가 그를 경배하러온 여인들에게 나타나시다(28:9). 여인들이 달려나갈새, 부활한 예수가 그들의 소망의 실제를 확증해주기 위해서 그들을 만나신다. 그는 "갑자기" 나타나서 통상적인 인사를 하신다. 이는 그들이 여러 번 예수가 말씀하시던 것을 들었던 인사였을 것이지만, 이제 그들은 그를 "경배"하기 위해서 그의 발을 붙잡기 위해서 엎드린다. 부활한 예수의 임재는 그들의 두려움을 경배로 바꾸어놓는다. 그들이 "발을 붙잡았음"을 언급함으로써 마태는 이것이 단순한 영적 환상이 아니라 육체적인 부활임을 기묘하게 강조한다.

예수의 부활의 실제는 여인들에게 그들의 심오한 경배를 촉발시키는 예수에 대한 어떤 것을 말해준다. 마태복음에서 "경배하다"('프로스키네오')란 단어는 존경하는 신앙적 인물 앞에서 무릎을 꿇는 것을 나타내거나(예. 8:2) 발을 붙잡는 행위와 연결되었을 때 경배하는 것을 나타낸다. 여기서와 28:17에서, 천사들(계 22:8-9)과 사도들에게는 허락되지 않았던(행 10:25-26; 14:11-15) 경배의 행위를 허락함으로써, 예수는 그의 신성을 인정하는 것을 수용하신다. 오직 하나님만이 경배를 받으실 수 있고(참조. 마 4:9-10; 14:33; 계 22:9), 이 여인들은 그런 경배를 받기에 합당한 부활하신 분 앞에 이제 부복한다.

부활하신 예수가 여인들을 부활의 첫 목격자로 위임하시다(28:10). 여인들은 그들이 방금 경험한 특별한 사건으로 인해 여전히 두려있을 것이고, 예수의 출현은 그들의 무서움을 더욱 가중시킨다. 이 사건들은 그들이 이해할 수 있는 능력을 벗어나는 상태로 전개되고 있다. 그러므로 예수는 그들을 안심시키고 천사들이 했던 동일한 위로의 말씀을 반복하신다("무서워하지 말라"). 하지만 예수는 천사들이 지시했던 명령도 반복하신다: "가서 내 형제들에게 갈릴리로 가라 하라 거기서 나를 보리라." 예수는 "제자들"에서 "형제들"로 호칭을 바꾸신다. 이것은 단순히 열한 제자를 언급하는 형태적인 변화이거나 부활한 예수를 목격할 더 커다란 제자들의 그룹을 나타낼 수 있다(예. 고전 15:6). 후자가 "의심하는 사람들"(28:17)이 있었음을 우리로 이해할 수 있게 만든다.[17]

12:49-50에서 예수의 제자들은 그의 "형제 자매 어미"라 불린다. 이것은 예수와의 관계만이 아니라 우리 서로간의 관계도 나타낸다. 그들은 믿음의 한 권속에 속하는 형제와 자매다. 믿음의 가족에는 특히 리더십의 위치와 관련해서 여전히 기능적인 차이가 있지만(예. 16:16-19; 딤전 3:1-15; 5:17-20; 히 13:17; 벧전 5:1-5), 여기서는 그리스도 안에서 모든 형제와 자매가 동등함을 강조한다. 부활한 구세주로서 예수를 믿는 모든 사람들은 예수의 제자요 형제요 자매다.

많은 학자들이 예수 부활의 첫 목격자로서 하나님이 여성들을 선택한 것을 부

17. Carson, "Matthew," 589-60을 보라; Hagner(*Matthew*, 2:874)는 더 넓은 연관을 의심한다.

활 내러티브의 근본적인 진리와 부활의 역사성을 입증하는 것이라고 생각한다.[18] 말하자면 어느 유대인도 허구와 같은 이야기를 이런 식으로 만들지는 않을 것이라는 사실 때문이다. (1) 법적 소송에서 여인들을 증인으로 세우는 일을 수용할 수 있는 지와 관련해서 랍비들 가운데 불일치가 있었다. 어떤 랍비들은 여성은 합당한 증인으로 수용하지 않았다. 여성들을 본질적으로 거짓말쟁이라고 여겼기 때문이다.[19] 하지만 이것은 소수의 의견으로 보인다. 다른 많은 랍비들이 여성을 증인으로 허락했다.[20] 하지만 이런 불일치 때문에, 사실이 아니라면, 아마도 유대인들이 예수 부활 사건에서 여인들의 증언을 꾸며내지 않았을 것이다.

(2) 여성들은 대담하게 장사를 위한 예수의 몸을 준비하기 위한 책임을 수행하는 반면에 남성들은 예루살렘으로 숨는 겁쟁이 모습으로 그려진 것은 유대 독자들을 민감하게 자극하였을 것이다. 사실이 아니라면, 그것은 확실히 기록되지 않았을 것이다.

(3) 여인들의 실제 이름이 나옴은 이것이 공상이 아님을 증거한다. 이 여인들은 초대 기독교 공동체에 잘 알려져 있었고, 쉽게 거짓 이야기에 연루되지 않았을 것이다.[21]

그들은 예수를 갈릴리에서 보게 될 것이다(28:10). 마태는 갈릴리의 어디에서 예수가 제자들을 만날 것인지를 구체화하지는 않지만 나중에 열한 제자가 "예수께서 지시하신 산에 이르렀음"(28:16)을 기록한다. 그들이 예수와 아주 많은 시간을 같이 보냈기 때문에 회합의 장소를 이미 알고 있었을 것이다. 부활한 예수가 그들이 어디에 있든지 찾아오실 수 있음을 알게 되는 부활의 실제에 그들은 곧 직면하게 될 것이다.

갈릴리에서 예수를 만나게 될 것을 형제들에게 알리라는 여인들에게 지시하신 예수의 의도는 중요한 구원 역사적 전환점을 특징짓는다. 그들이 부활의 첫 목격자이기 때문에, 이것은 여성들이 남성들과 동등한 가치가 있는 것으로 간주되어야 하고, 창조 시에 할당된 역할(창 1:26-28)인 여성들이 믿음의 공동체에서 남성들의 협력자로 회복되어야 함을 암시한다. "나의 형제들"이란 언급도 모든 예수의 제자

---

18. 예를 들어, Grant R. Osborne, "Women in Jesus' Ministry," *WTJ* 51(1989): 270.

19. 예를 들어, Rabbi Akiba in *m. Yeb.* 16:7. See also m. *Šeb.* 4:1; Josephus, *Ant.* 4:219.

20. 증거하는 여인들의 능력에 대한 혼합된 랍비들의 태도에 관한 논의를 위해서는 Witherington, *Women in the Ministry of Jesus*, 9-10을 보라.

21. 폭넓은 이슈에 관한 논의를 위해서는 Craig, "Did Jesus Rise From the Dead?" 151-55을 보라.

들이 믿음의 가족에서 동등하게 가치가 있음을 언급한다. 게다가 갈릴리로 돌아가심은 "이방의 갈릴리" 지역으로 되돌아가가며, 이는 모든 민족을 제자 삼으라는 예수의 위임의 방식을 준비시킨다(28:16-20). 이스라엘에게 가야하는 역사적인 우선성은 이루어졌다. 이제 믿음의 가족은 예수의 모든 제자들, 말하자면 모든 성, 모든 인종, 모든 종교를 포함한다.

예수의 부활의 진리를 부인하는 모략(28:11-15)

예수의 여성 제자들은 즉시 부활한 주인의 말씀을 순종하여 부활의 기적적인 이야기를 제자들에게 알리기 위해 달려가지만, 예수의 대적자들은 빈 무덤의 역사적 사건을 분쇄하기 위해 달려간다. 예수의 부활의 진리를 부인하는 모략에 관한 이 사건은 대제사장들과 바리새인들이 경비병들을 무덤에 세우기 위해 빌라도에게 갔을 때인 이전의 십자가 내러티브의 사건을 연속시킨다(27:62-66을 보라).

마태만이 이 구절들의 분명한 변증적인 본실 때문에 그 역사성을 의심하도록 일부 사람들을 이끈 이 사건을 설명하는 복음서 기자다.[22] 하지만 어떤 소문이 순환되고 있지 않았다면, 크리스천들이 왜 그러한 이야기를 만들어서 다른 사람들의 마음속에 이 개념을 심어주어야 했는지 상상할 수 없다. 그리고 무덤이 비어있지 않았다면, 종교 지도자들이 예수의 몸의 증거를 들이댔을 것이다.[23] 아마도 마태는 유대인들 사이에서 순환되고 있는, 예수의 몸을 제자들이 훔쳐갔다고 하는 비난을 들었던 유대 기독교 청중들을 위해서 이 글을 쓰고 있지만, 다른 복음서 기자들의 청중들은 그러한 비난을 알지 못했을 것이다. 따라서 이것은 기독교 공동체에 의해 만들어진 후대에 떠돌던 전설이라기보다는 이 이야기에서 마태는 독자들의 긴급한 관심사가 되는 한 상황을 다루고 있다고 말할 수 있을 것이다.[24] 라이트(N. T.

---

22. 예를 들어, Beare, *The Gospel According to Matthew*, 543; George Wesley Buchanan, *The Gospel of Matthew*(The Mellen Biblical Commentary; Lewiston, N.Y.: Mellen Biblical Press, 1996), 2:1022-23; Hare, *Matthew*, 326-27.
23. 몸이 얕은 무덤에 두어져서 간신히 흙으로 덮여 있다가 굶주린 개들이 시신을 먹었다고 주장하는 당치도 않은 이론이 있다(John Dominic Crossan, *Who Killed Jesus* [San Francisco: HarperCollins, 1995], 187-88). 하지만 이런 주장은 유대인들이 모든 시신을 다루었던 방식과 일치하지 않고, 또한 평화를 유지하려는 바람으로 마지못해 로마인들이 유대인들의 몸을 다루었던 방식과도 일치하지 않는다(Wright, *The Resurrection of the Son of God*, 638을 보라).
24. 이 사건의 역사성에 관한 변호를 위해서는 William Lane Craig, "The Guard at the Tomb," *NTS* 30(1984): 273-81; Wright, *The Resurrection of the Son of God*, 638-40; Keener, *A Commentary on the*

Wright)는 이렇게 말한다.

> 빈 무덤이 절대적이고 확실한 논거가 되었던 공동체에서 이런 종류의 이야기가 논쟁을 발생시켰다는 것이다. 그러한 일을 알지 못했던 다양한 크리스천들이 있었다면—다시 말해서 불트만이 빈 무덤은 후대의 변증적인 픽션이라고 말할 권리가 있었다면—시신을 훔쳐갔다는 이야기와 그러한 비난이 왜 사실이 아닌지를 반박하는 이야기가 발생함은 당연한 일인지 모른다.[25]

그러므로 마태가 말하고 있는 이야기의 배후에는 유대인과 기독교인의 논증의 전승적 역사가 있는 것으로 보인다. 즉 다음과 같은 주장과 반주장의 패턴이 발전했을 것이다.

> 크리스천: "주님은 살아 계시다."
> 유 대 인: "아니다. 그의 제자들이 시신을 훔쳐갔다."
> 크리스천: "무덤을 지키던 경비병들이 그러한 도둑을 막아내지 못했을리 없다."
> 유 대 인: "아니다. 그의 제자들이 경비병들이 졸고 있는 동안에 시신을 훔쳐갔다."
> 크리스천: "대제사장이 경비병에게 뇌물을 주고 그렇게 말하도록 시켰다."[26]

경비병들이 대제사장들에게 보고하다(28:11). 경비 의무를 공식적으로 해제 통보를 받지 않았기 때문에 일부 경비병들이 무덤을 지키고 있는 동안에 다른 경비병들이 대제사장에게 보고하기 위해 도성으로 들어간다.[27] 봉인된 무덤을 지키지 못한 그들의 책임이 중하기 때문에 경비병들은 그들의 상관에게 이 사실을 보고해야 한다. 이들은 무덤을 지키기 위해 빌라도가 성전 당국자들에게 할당한 로마 군사들이다. 그 때문에 그들이 빌라도가 아니라 유대 종교지도자들에게 보고하고 있다(26:48; 27:65의 주석을 보라). 그들의 보고는 그들이 혼절하기까지 알고 있었던 것을 포함한다—지진, 굴려진 돌, 천사들의 광휘적인 출현, 그리고 빈 무덤. 그들은

Gospel of Matthew(1999), 713-15을 보라.

25. Wright, *The Resurrection of the Son of God*, 638-39.

26. Craig, "The Guard at the Tomb," 273; 또한 Paul Rohrbach, *Die Berichte uber die Aufestehung Jesu Christi*(Berlin: Georg Reimer, 1898), 79을 인용함.

27. 이것은 무덤이 성벽 바깥에 있었음을 시사한다. 의미에 대해서는 27:33, 60을 보라.

부활하신 예수는 보지 못했다. 그의 부활의 결과만을 알뿐이다. 하지만 그들은 무덤을 지키라는 명령을 완수하지 못한 것을 알고 있다. 무덤이 비어 있기 때문이다.

대제사장들이 장로들과 공모하다(28:12). 대제사장이 경비병들의 보고를 듣자마자, 일어난 일에 즉시 대처하기 위해서 장로들과 함께 모인다. 다시 한번 종교지도자들은 예수의 사역의 흔적을 없애기 위해 공모한다(참조. 16:21; 21:23; 26:3-4). 대제사장과 바리새인들이 무덤을 지키기 위한 일에 협력하기 위해서 자신들의 신학적 정치적 대립을 제쳐두었던 이전 장면에서처럼(27:62), 종교 지도자들은 예수 부활의 진리가 새어나가면 자신들의 종교적 정치적 파워에 위협이 되기 때문에 거짓말을 꾸민다. 예수가 예언한 것처럼 부활하신 것이 알려지면, 그의 메시아적 주장이 입증되고, 백성들이 그에게로 돌아설 것이다—오순절과 그 이후에 수천 명의 백성들이 회개한 것처럼 말이다(행 2:41; 4:4; 6:1, 7).

유대 종교 지도자들은 왜 예수의 메시아 신분의 진실을 방해하고 있는가? 예수의 사역이 사탄에 의해 능력이 부여되었다고 그들이 진실로 믿었음을 기억할 필요가 있다. 아울러 그들은 예수가 다른 사탄적인 능력의 사건으로 백성들을 미혹하려 하고 있다고 믿었기에 이것을 막는 것은 올바른 일이라고 확실히 생각했을 것이다. 전반적으로 이렇게 유대 지도자들은 슬프게도 속임을 당하고 있다. 하지만 놀라운 좋은 소식은 제사장들이 예수의 순종하는 제자들이 되었던 초대교회에서 증거된 것처럼, 참으로 회개하면 어느 강퍅한 마음이라도 하나님이 깨칠 수 있다는 사실이다(예. 행 6:7).

대제사장과 장로들이 유다에게 뇌물을 주어 예수를 팔게 한 것처럼(26:3-4, 15), 이제 그들은 경비병들에게 돈을 주어 거짓 이야기를 꾸민다. 이런 공모가 어떻게 유대 공동체에 알려졌을 것인가를 의문할 수 있겠지만, 니고데모와 아리마대 요셉과 같은 예수의 제자들(27:55-61의 주석을 보라)이 예루살렘 종교 엘리트들의 최상위 계층에 소속해 있었음을 상기할 필요가 있다.

조작된 이야기(28:13). 대제사장과 장로들이 꾸민 구체적인 계획은 경비병들이 "그의 제자들이 밤에 와서 우리가 잘 때에 그를 도둑질하여 갔다"고 말하게 하는 것이다. 이것은 지극히 의심스러운 이야기다. 모든 경비병들이 근무 중에 한꺼번에 잠을 잘 수 있다고 생각하기 어렵다. 근무 중에 잠을 잔 데 대한 벌은 사형에 해당할 수 있었다(참조. 행 12:19). 더욱이 돌을 굴릴 때 그들 중에 몇 명이라도 깰 수 있지 않겠는가? 그리고 그들이 잠을 자고 있었다면 어떻게 제자들이 예수의 시신을 훔쳐간 것을 알 수 있겠는가? 게다가 제자들은 십자가 처형에 참석할 만한 충분한 용기도 없었고, 심지어 예수를 부인했다. 어찌 그런 이들이 경비병들이 잘 지키고 있는 무덤에서 예수의 시신을 훔칠 것을 공모할 수 있겠는가?

그런데 종교지도자들은 그런 의심스러운 이야기를 왜 꾸몄는가? 그리고 경비병들은 의무를 소홀히 한 것과 연관이 있는 일에 어찌 동의하였는가? 위에서 주목한 것처럼, 종교지도자들은 열성적이고 실제로 일어난 일을 감추기를 원한다. 경비병들도 마찬가지로 곤경에 빠져 있다. 그들이 유대 종교지도자들의 계획을 수용한다면, 잠에 빠져든 직무태만으로 인해 로마의 상관들에게 책임 추궁을 당할 것이다. 하지만 어쨌든 그들은 무덤을 지키지 못하였기 때문에 이미 곤경에 빠져 있다. 그들은 무덤이 빈 것을 부인할 수 없다. 그렇다고 천사적 존재에 대해서 이야기하였을 때 그들의 말을 믿어주겠는가? 나아가서 그들은 전혀 싸워보지도 못했다. 어쨌든 이들은 경비의 의무를 다하지 못한 책임에 직면해 있다. 따라서 그들은 유대 종교지도자들의 힘을 빌어, 벌을 모면할 수 있는 기회를 적어도 가질 수 있고, 종교지도자들은 이런 제안으로 빈 무덤을 설명할 수 있는 교묘한 방법을 얻게 된다.

유대 지도자들의 책략(28:14-15). 종교지도자들은 빌라도가 줄 수 있는 곤경에서 경비병들을 지켜주어야 한다. 그러므로 그들은 경비병들에게 "만일 이 말이 총독에게 들리면 우리가 권하여 너희로 근심하지 않게 하리라"고 말한다. 종교지도자들과 빌라도 사이에 이미 사악한 공모가 있었다. 양측은 자신들의 목적을 위해 서로를 이용하려고 시도하였다(27:1-2, 21-25). 빌라도의 입장에서 볼 때, 예수가 죽은 상태에서 다시 살아났다는 소문이 순환되는 것이 좋을 리 없다. 따라서 유대 지도자들은 빈 무덤의 진실을 가리고, 동시에 제자들이 예수의 부활의 속임수를 퍼트리려 하고 있다고 부정적인 인상을 덮어씌우는 일에 빌라도와 계속 협력을 유지할 수 있다는 확신을 하고 있다.

병사들은 상관에게 질문하지 않고 명령한 대로 행하는 것으로 훈련되어 있다. 이 병사들은 빈 무덤의 진실을 충분히 잘 알고 있으나, 종교 당국자들이 느끼고 있는 위협의 의미나 빈 무덤의 종교적 의미를 알지 못하였을 수 있다. 단지 유대와 로마의 상관들이 서로 동의한다면, 그리고 자신들은 단순히 뇌물을 받고 조용히 있어주기만 하면, 양 세력으로부터 어떤 위협도 없을 것이다. 그러므로 그들은 그것을 수용하고 유대 지도자들의 모략을 실천한다.

마태는 이 사건을 30년 뒤에 쓰고 있지만, "이 말이 오늘날까지 유대인 가운데 두루 퍼지니라"고 진술한다. 마태는 메시아가 되신다는 예수의 주장을 입증하는, 예수가 죽은 자로부터 살아나셨다는, 널리 퍼진 선언을 반박하기 위해서 유대 지도자들이 적극적으로 시도하였음을 가리킨다. 거의 100년 뒤에도 이 소문이 유대인들 사이에 여전히 퍼져 있었음을 저스틴 말터(Justin Martyr)의 글에서 발견할 수 있다.[28] 자주 진실은 거짓보다 믿기가 더 어렵다. 그때나 지금이나 많은 사람들이 예수의 부활의 근본적인 진리를 회피하는 모략에 빠져들고 있다.

예수의 대위임(28:16-20)

다른 복음서들과 사도행전에서 위임의 주제에 관한 다른 모습들이 있다(참조. 눅 24:44-49; 요 21:15-23; 행 1:8). 하지만 이 결론적인 단락은 마태복음에만 유일하고, 그의 독특한 강조를 담고 있다. 이 복음서를 특징짓는 주제들이 여기서 절정에 이르고, 통합된다.[29]

1. 하나님의 아들로서 예수의 유일한 권위는 따르는 자들의 경배를 요구한다(예. 1-2장; 3:17; 4:1-11; 14:33).
2. 제자도에 관한 예수의 형태는 인종적, 성적, 종교적 경계를 초월하여 교회라 불리는 믿음의 새 공동체를 형성한다(예. 12:46-50; 16:18-19; 18:17-18).
3. 이스라엘에 대한 언약적 약속을 성취하는 배타주의에서 모든 민족에게 제공되는 보편적 구원으로 이동하는 예수의 마지막 조치는 하나님 나라의 복음을 전파함으로 이루어진다(예. 1:1; 10:5-6; 15:21-28).
4. 안에서 바깥으로의 의로 부르시는 예수의 소명은 자기 백성들을 위한 하나님의 뜻을 성취하는 예수의 가르침을 통해 경험할 수 있다(예. 5:20-48; 15:1-20).
5. 제자들과 영원히 함께 하시겠다는 예수의 약속은 그가 임마누엘("하나님이 우리와 함께 하신다")이시기 때문에 이루어진다(예. 1:23).

복음서의 나머지 부분의 길이와 비교해서 이 마지막 내러티브가 상당히 간략함은 절제된 표현으로 이 사건의 근본적인 중요성을 강조한다. 그것은 빈 무덤의 원인으로서 예수의 기적적인 부활을 뚜렷하게 조명하고, 나아가서 인간 역사의 변화

28. 그의 *Dialogue with Trypho* 108.2을 보라.
29. 참조. Blomberg, *Matthew*, 429; Hagner, *Matthew*, 2:881-83; Keener, *A Commentary on the Gospel of Matthew*(1999), 715-21.

를 시작시키시는 분으로서의 부활하신 예수의 보편적인 권위를 확실하게 강조한다. 이것은 하나님 나라의 복음의 전파를 통한 변화와 제자도로의 보편적인 초대다. 대위임의 단락을 구성하는 다섯 짧은 구절은 온 시대를 통해서 교회의 계속된 계획을 형성하는데 아주 중요하다. 초대교회 교부인 크리소스톰은 이 의미에 사로잡혔다.

> 전 세계로 보내진 사람들의 탁월함을 주목하라. 부름 받은 또 다른 사람들은 자신을 변명할 구실을 찾았다. 하지만 이들은 핑계를 붙여 거절하지 않았다…예수의 부활로, 치욕에 뒤이어서·예수 자신의 적절한 영광이 다시 회복되었다. 예수는 제자들에게 모든 것들이 완성되었음을 상기시켰기에 그들은 현재의 위험만을 보는 것이 아니라 영원히 지속하는 다가올 좋은 것들을 보았다. 예수는 이런 제자들만이 아니라 그들을 뒤이어 믿을 모든 사람들과도 함께 하실 것을 약속하셨다…. 그러므로 두려워하거나 떨지 말라. 기회가 있는 동안에 회개하라. 죄로부터 일어나라. 은혜로 말미암아 우리는 할 수 있다.[30]

이것은 마태에 따른 이 장엄한 복음에서 예수의 마지막 말씀을 듣고 순종하라는 명쾌한 외침이다.

부활한 예수가 갈릴리에서 제자들에게 나타나시다(28:16-17). 마태만이 예수가 예루살렘에서 부활의 아침에 여인들에게 부활한 모습으로(28:9-10) 나타나셨고, (적어도) 열한 제자들에게 갈릴리에서 보이셨음을 열거한다. 부활하신 후 약 열흘 뒤에 열한 제자들이 예수와 천사가 지시한 대로 예수를 만나기 위해서 갈릴리에 도착한다(28:7, 10). 그러므로 예수의 사역에 관한 마태의 내러티브의 시작에서 암묵적으로 중요했던 표현인 "이방의 갈릴리"(4:15-16)가 복음을 모든 민족에게 전파하라는 명시적인 성취로 드러난다(28:19).[31]

열두 제자로 지칭되었던 사람들을 처음으로 "열한 제자"라 칭한다. "열한"이란 지칭은 중요한 의미가 있다. 유다가 예수를 배신하고 스스로 목매어 죽었기에 그는 제외된다. 하지만 베드로가 주님을 부인하고 시험의 순간에 숨어버렸을지라도, 여전히 제자의 숫자에 포함되고(눅 24:9-12, 33-34), 제자들 사이에서 리더십의 위

---

30. Simonetti, *Mattew 14-28*, 1b:314에서 인용된 Chrysostom, "The Gospel of Matthew, Homily 90.2"
31. 참조. Paul Hertig, *Matthew's Narrative Use of Galilee in the Multicultural and Missiological Journeys of Jesus*(Mellen Biblical Press Series 46: Lewiston: Edwin Mellen, 1998), 82-127.

치로 회복된다(참조. 행 1:15-26; 2:14-39).

열한 제자들이 갈릴리, 곧 그들이 예수와 함께 대부분을 보냈던 지역으로 나아갔을 때, 예수가 그들에게 가라고 명한 산으로 간다. 다볼산이 예수의 이 출현과 관련한 전통적인 장소일지라도, 예수께서 변화되신 곳이 역시 다볼산이 아닐 것이라는 것과 동일한 이유로(참조. 17:1-8), 예수의 부활 현현의 장면도 이곳에서 이루어지지 않았을 것이다. 오히려 예수는 갈릴리 바다 주변을 둘러싸고 있는 많은 언덕 가운데 그들이 잘 알고 있는 곳에서 제자들과 만남을 가지셨을 것이다. 그 장소는 결코 구체적으로 확인할 수 없다.

마태의 내러티브에서 처음으로 제자들이 부활한 예수를 만나고, 적절하게도 그들의 반응은 그를 "경배하는" 것이다. 예수는 쭉 하나님의 아들로서 그의 참된 신분을 이해할 수 있도록 이끌었지만, 그의 지상사역에서 제자들이 그것을 이해하기 어려웠다. 하지만 그가 부활하셨고, 이는 그가 참으로 하나님의 아들이시라는 선언에 해당한다. 그들은 이전에 예루살렘에서 부활한 예수를 적어도 두세 번 정도 만났고, 그에게 적합한 경의를 줄 수 있는 준비가 되어 있다.

하지만 마태는 "아직도 의심하는 자들('호이 데'[some])이 있더라"고 말할 때, 그들이 믿음이 있을지라도 조화되지 않은 모습이 있음을 나타낸다.[32] 마태가 열한 제자만을 언급하고 있기 때문에 그들 중의 일부가 의심하였다고 지금 말하고 있는가? "자들"("some")은 얼마나 많은 사람들인가? 하지만 열한 제자가 예수를 경배하였다는 이전의 구절과 이것은 조화되지 않는다. 주석가들은 마태가 여기서 의도하고 있는 것을 가장 잘 이해할 방법에 대해 서로 갈린다.

(1) 많은 학자들이 마태가 열한 제자가 의심하고 있음을 의미한다고 주장한다(부분사적인 의미에서 '호이 데'를 취함).[33] 그들의 의심의 원인은 예수가 부활 이전과 동일하지 않다는 것일 수 있다. 열한 제자들 중에 일부는 충분히 이해를 하고 있을지라도, 여타 제자들은 두려움으로 가득해서 이 모든 사건에 대해서 여전히 혼란스럽다. 예수의 존재에 대한 온전한 확신을 방해하는 의심이 발생하고 있다.

(2) 다른 주석가들은 '호이 데'를 "그들은"(they)[34]을 의미하는 대명사로 취급

32. 라이트(Wright)는 이 진술이 "이 단락의 진정성을 가장 강력하게 증거하는 표지"라고 언급한다(*The Resurrection of the Son of God*, 643).

33. 참조. Wright, *The Resurrection of the Son of God*, 644; Davies and Allison, *Matthew*, 3:681-82; P. W. van der Horst, "Once More: The Translation of οἱ δέ in Matthew 28.17," *JSNT* 27(1986): 105-9; McNeile, St. *Matthew*, 434.

34. 인칭대명사로서 관사의 논의를 위해서는 Wallace, *Greek Grammar*, 211-13.

한다. 그것은 열한 제자 모두가 의심하고 있음을 함축한다.[35] 이런 견해에 따르면, 동사 '디스타조'는 불신앙과 믿음 없음의 의미에서 "의심하다"로 번역해서는 안 되고(그것은 다른 용어를 사용할 수 있다),[36] "확신하지 못하다"처럼 번역해야 한다. '디스타조'는 특별한 행위의 과정에 대해 불확실함과 주저함을 가리킬 수 있다.[37] 다시 말해서 지금까지 알려진 것으로는 제자들이 무엇을 해야할지를 확신하지 못한다. 무엇이 진행되고 있는지를 그들이 충분히 이해하기에는 너무 많은 것이 빠르게 발생했다.[38]

이런 견해들은 모두 예수의 변화되심의 사건에서 제자들이 보여준 행동과 일치한다(17:5-8). 그들은 그곳에서 예수가 그들을 어루만지시며 훈계와 위탁의 말씀을 주시기까지, 하나님 아버지의 음성으로 인해 제자들은 경배와 두려움이 혼합된 감정으로 있었다.

(3) 하지만 다른 학자들은 '호이 데'가 열한 제자들 중에 있지 않은 다른 제자들을 가리킨다고 주장한다. 그들은 "경배하다"('프로스키네오')가 가장 완전한 의미에서 의도되었다면, 그때에 "일부"(some) 제자들이 그렇지 못했던 것은 그곳에 두 구별된 그룹이 있음을 암시한다고 주장한다. 칼슨(Carson)은 "예수가 어떤 분이신지 그의 부활의 실제에 대해 의심하는 것은 참된 예배에 적합하지 않다"[39]고 지적한다. 이 다른 사람들의 가장 그럴듯한 정체성은 28:7에서 "제자들"과는 구분되는 28:10에 예기치 않은 "형제들"의 사용이다. 예수가 여성 제자들에게 "형제들"에게 예수를 보기 위해서 갈릴리로 갈 것을 말하도록 지시하였을 때, 이는 아마도 열한 제자들 외에 더 큰 범주의 제자들의 그룹을 가리킨다. 열한 제자들은 예루살렘에서 예수를 볼 수 있는 특권이 부여되었지만, 아직 부활하신 예수를 만나지 못한 더 큰 범주의 제자들은 갈릴리에 모였을 때에 예수를 볼 것이다.

이 맨 나중의 견해가 예수의 더 폭넓은 부활 출현과 궤를 같이 한다. 이 출현 이전에 예루살렘에서 부활하신 예수의 출현을 두세 번 보았던 열한 제자들(눅 24:36-49; 요 20:19-28)은 그를 경배할 준비가 되어 있다. 하지만 아직 부활한 예

---

35. Hagner, *Matthew*, 2:884는 다음의 사례들을 지적한다. 하지만 그도 그것 중 몇 가지는 모호함을 인정한다. 2:5; 4:20, 22; 14:17, 33; 15:34; 16:7, 14; 20:5, 31; 21:25; 22:19; 26:15; 26:67; 27:4, 21, 23; 28:15.

36. 예를 들어, 17:17 *apistos*("불신자들") 또는 눅 24:38 *dialogismoi*("의심하다").

37. *BDAG*, 252.

38. Hagner, *Matthew*, 2:884.

39. Carson, "Matthew," 593.

수를 보지 못했던 유대와 갈릴리의 제자들(즉, 마 28:10에 "형제들")은 예수가 몸소 그들에게 나타날 때까지 도마처럼(요 20:24-29) 의심한다. 여기서 예수를 의문했던 사람들이 도마의 의심이 제거되는 극적인 사건을 목격했던 바로 그 열한 제자들로 이해하기는 어렵다.[40]

이 회고는 잘 속는 열광주의로는 충족되지 않고 사실로 확신할 때까지 논리적인 주저함을 가지고 충족되었다는 예수의 부활의 역사성을 강조한다. 그렇다면 모든 죽은 자들이 함께 일어나지 않았는가? 오직 예수만이 부활하였다는 것은 무엇을 의미하는가? 이것은 많은 유대인들이 예수가 몸소 부활하신 것을 볼 때까지 가졌던 의문의 종류였을 것이다. 이 마지막 견해가 옳다면, 이 구절은 사도 바울이 말한 예수가 500여 이상의 그룹에 나타났다고 암시하는 것일 수 있다(고전 15:6). 이것은 예수가 많은 그룹의 사람들과 자주 만남을 가지셨던 장소인 산에서 제자들이 예수를 만나게 될 것을 지시한 것과 일치한다(예. 5:1; 15:29-30). 이 백성들의 의문이 예수를 봄으로써 제거되었다면, 그들도 역시 부활하신 하나님의 아들을 겸손히 경배하게 될 것이다.

부활한 예수가 제자들에게 대위임을 주시다(28:18-20). 마태가 자신의 복음의 마지막 세 구절에 이르렀을 때, 전체 책의 주요한 의미를 요약한다. 오토 마이클(Otto Michel)이 이 구절의 의미를 과장하기는 하지만, 마태가 그의 복음을 쓴 목적의 중요성을 올바르게 포착한다.

> 마태의 전체 복음서가 마태복음 28:18-20의 신학적인 전제 하에 쓰여졌다고 충분히 말할 수 있다(참조. 10:5ff과 더불어 28:19; 15:24; 1:23과 더불어 20절; 또한 세례로의 복귀, 참조. 3:1). 결론이 처음으로 돌아가고 전체 복음서인 예수의 이야기를 "뒤에서부터" 이해하도록 가르치는 방식에서 마태복음 28:18-20은 이 전체 책의 이해에 핵심이다(이것은 마이클의 강조부분이다).[41]

해그너도 이 구절이 "마태복음서의 핵심이고, 어느 다른 구절보다도 이 말씀은 복음의 조망과 다양한 강조를 주입시킨다"[42]고 진술한다. 이 유명한 "대위임"에서

---

40. 또한 Morris, *Matthew*, 745을 보라.
41. Otto Michel, "The Conclusion of Matthew's Gospel: A Contribution to the History of the Eater Message," *The Interpretation of Matthew*, ed. Graham N. Stanton, 2d ed. (Edinburgh: T. & T. Clark, 1995), 45.
42. Hagner, *Matthew*, 2:881.

예수는 제자들에게 그가 행한 것을 선포하게 하신다. 이런 의미에서 대위임은 이 땅에 오신 예수의 목적을 요약하고, 그것을 이 복음서의 결론에 배치함은 이 책을 쓴 마태의 전반적인 목적을 알려준다.[43] 예수는 인간을 구원의 관계로 회복시키시고 이후로 "예수의 제자"라 불리게 함으로써 이 땅에 하나님 나라를 시작시키기 위해서 오셨다.

하늘과 땅의 모든 권위. 제자들의 폭넓은 그룹에서 발견할 수 있는 경배, 주저함, 당혹스러움, 놀람의 혼합된 상태에서, 예수는 그들에게 가까이 다가가시어, 용기와 평강을 이루는 말씀을 주신다. 그는 그들의 주인이었고, 주인이며, 주인이 되실 것이다. 그의 임재와 말씀은 그들의 매일의 삶을 인도하고 의미를 주게 된다. 그의 첫 말씀은 제자들의 안전과 뒤이어 나오는 위임을 위한 본질적인 기초다. 현 세대를 위한 대위임의 포괄성은 형용사적인 '파스'(모든)의 반복에 의해 나타난다: "모든 권위", "모든 민족", "모든 것"(NIV의 everything), "항상"(all the days, always—NIV). 몇몇 요지들을 예수의 포괄적인 권위의 선언에서 알 수 있다.

(1) 예수는 이제 모든 권위를 소유하신다. 지상사역에서, 그는 죄를 용서하시고(9:6), 하나님 아버지를 드러내시는(11:27) 인자로서의 권위를 선포하셨다. 이제 부활하신 메시아로서 그는 모든 권위와 영광과 권세가 주어진 인자에 관한 다니엘의 예언의 성취를 분명하게 암시한다. 그는 영원히 그의 지배와 나라가 지속되는 온 민족이 합당하게 경배를 해야할 분이시다(단 7:13-14).

예수가 온전히 하나님이시라면 그는 이런 주장을 하실 수 있다. 온 우주가 그에게 위임된 권위에 포함되기 때문이다.[44] 지상사역 시에, 그는 절대적인 권위를 가지셨으나 그 행사는 성육신의 의식 속에서 제한을 받으셨다. 부활하신 상태에서 그는 온 하늘과 땅위에 절대적인 주권성을 행사하신다.

(2) (하나님의) 수동태로 강조되는 이 권위는 하나님 아버지가 그에게 "주셨다." 하나님의 아들은 하나님의 모든 권위가 연결되는 중재의 왕이시다. 부활한 예수는 그의 미래의 영광스러운 승천과 하나님 우편에 앉으심을 예기하는 새로운 존재의 질서를 시작시키기 위해서 제자들 앞에 나타나신다(눅 24:51; 행 1:9; 빌 2:9-11).

(3) 모든 권위를 가지신 분으로서 예수는 이 땅에 하나님 나라를 세우는 계획을 통치하신다. 이스라엘로 제한된 복음 메시지의 제한성은 완성되어 그것이 제거됨

43. 논의를 위해서는 Doyle, "Matthew's Intention As Discerned by His Structure," 34-54; David R. Bauer, *The Structure of Matthew's Gospel*(Sheffield: Almond Press, 1988)을 보라.

44. 참조. Blomberg, *Matthew*, 431.

으로써 예수는 이제 보편적인 선교를 제자들에게 권위적으로 지시하신다.[45] 로버트슨(A. T. Robertson)은 이렇게 진술한다.

> 돈이나 군대 또는 국가가 없이 오백여 명의 무리들에게 세상정복을 맡기시면서 그것이 가능하다고 믿고 진지한 열정과 능력으로 행하게 하시는 부활하신 그리스도를 보는 것은 장엄함의 극치가 아닐 수 없다. 오순절이 여전히 다가오고 있지만, 역동적인 믿음이 갈릴리의 산에서 통치하기 시작하고 있다.[46]

대위임의 구조. 대위임은 세 종속 분사("가서", "세례를 베풀고", "가르쳐")를 갖는 한 가지 주요한 중심적 명령, 곧 "제자를 삼으라"는 명령법을 담고 있다. 분사들이 그 과정의 양상을 설명하는 반면에 명령법은 위임의 중심적 의미를 설명한다. 이 종속 분사들도 명령적인 주동사로 인해 명령의 의미를 담고 있기에 그것은 예수 제자들의 위임의 과정을 특징짓는다.[47]

예수의 대위임은 단지 제자들로서 구원을 확보하는 것만을 함축하고 있지 않다. "제자를 삼으라"는 명령법에는 제자로의 부르심과 제자가 되는 과정이 함축되어 있다.[48] 예수는 제자들을 성장시키기 위해 그들을 인도하고 가르치는데 상당한 시간을 보내셨다. 그는 이제 제자들도 역시 동일한 일을 행하도록 보내신다. 그 과정은 예수가 했던 것과 정확하게 동일하지는 않을 것이다. 오순절의 성령 강림 후에 환경이 그 과정을 바꾸어놓을 것이기 때문이다. 그러나 그 과정은 많은 면에서 유사할 것이다. 제자로서의 삶을 시작하기 위해서 민족들로부터 주님께로 나아오라는 초대에 응답할 때, 그들은 세례와 예수의 가르침에 대한 순종을 통해 제자의 삶을 시작한다.[49]

제자 삼으라. 인자가 다니엘의 예언에서 모든 민족들에 대한 지배를 행사하는 것처럼(단 7:13-14), 예수도 제자가 되도록 모든 민족의 사람들을 부르실 수 있는 메시아적 권위가 있음을 보여주신다. 예수는 지상사역에서 이스라엘 안에서 "제자를

45. 참조. Carson, "Matthew," 595; Hagner, *Matthew*, 2:886.

46. Robertson, "Matthew," 244-45.

47. 명령을 동반하는 분사들이 명령적인 의미를 발생시키는 방식에 대해서는 Wallace, *Greek Grammar*, 640-45을 보라; 또한 Carson, "Matthew," 597; Hagner, *Matthew*, 2:886-87을 보라.

48. Osborne, *The Resurrection Narratives*, 91; Moisés Silva, "New Lexical Semitism?" *ZNTW* 69(1978): 256 n. 9의 각주를 참조하라.

49. 오순절 이후에 제자도의 유사성과 차이점에 관한 논의를 위해서는 Wilkins, *Following the Master*, 13-16장을 보라.

삼을 것"을 말씀하셨고(참조. 요 4:1), 이제 제자들에게 모든 민족들 가운데서 "제자를 삼도록" 위임하신다.

이것은 예수가 '마데튜오'("제자를 삼다"; 참조. 13:52; 27:57)란 동사를 사용하시는 이 복음서에서 세 번째 경우다. 처음 두 번의 사용에서 '마데튜오'는 수동적인 의미를 갖는다: "제자가 되다, 제자가 되었다." 여기서 그 동사는 분명히 타동사적인 의미("제자를 만들다")를 취한다. 그 초점은 유일한 주인이요 주로서 예수의 위격에 절대적인 헌신으로 사람들을 요청하는데 있다.[50] 이 명령은 초대 크리스천들이 예수의 메시지를 선포하고 "제자로 삼음"(행 14:21; NIV "제자를 얻다") 신약성경에서 이 동사의 네 번째이자 마지막 출현의 놀라운 언어적 성취를 보게 된다. 대위임의 명령은 열한 제자들과 더 넓은 범주의 제자들에게 주어진다.

제자가 되는 것은 고대 세계에서 흔한 현상이지만 사역을 통해서 예수는 그를 따르는 사람들의 독특한 제자도의 형태를 발전시키셨다. 그는 모든 사람들을 자신과의 인격적인 제자도 관계로 부르심으로써 다양한 장벽들을 깨뜨리셨다—성, 인종, 종교, 사회, 경제, 등등. 예수의 제자가 되는 것은 주로 바리새인들처럼 학문적인 노력으로 되는 것이 아니며(예. 22:16), 세례 요한과 같은 위대한 선지자에 대한 헌신도 아니다(예. 9:14). 예수의 제자는 영원한 생명을 위해 오직 그에게만 나아오는 것이고, 항상 예수의 제자로 있을 뿐이다(참조. 19:16, 25-30; 23:8-12; 요 6:66-71). 이 표현은 "그리스도인"이란 칭호와 사실상 동의어다.

모든 민족들. 제자로 삼는 대상은 "모든 민족들"이다. 모든 민족의 사람들은 예수의 제자가 될 기회를 얻을 수 있다. 우리가 "그의 이름으로 죄 사함을 받게 하는 회개가 예루살렘에서 시작하여 모든 족속에게 전파되리라"(눅 24:47)는 누가복음에 비추어서 여기 대위임을 읽을 때, 이스라엘에서 예수의 사역은 이 땅의 모든 백성들에게 구원을 보편적으로 제공하는 출발점이었음을 이해하게 된다.[51]

어떤 이들은 "모든 민족들"이 "유대인"이 아니라 단지 "이방인들"을 의미한다고 주장한다. 마태가 이 칭호로 이방인들을 통상적으로 언급하고 있기 때문이다.[52]

---

50. 13:52과 27:57의 주석을 보라; 또한 Davies and Allison, *Matthew*, 3:684; Hagner, *Matthew*, 1:401-2; Morris, *Matthew*, 746; Przybylski, *Righteousness in Matthew*, 109-10; Wilkins, *Discipleship in the Ancient World and Matthew's Gospel*, 160-63을 보라.

51. Wilkins, *Following the Master*, 188-89을 보라.

52. 예를 들어, Stephen Hre Kio, "Understanding and Translating 'Nations' in Mt 28:19," *BT* 41(1990), 230-39; Douglas R. A. Hare, *The Theme of Jewish Persecution of Christians in the Gospel According to St. Matthew*(Cambridge: Cambridge Univ. Press, 1967).

많은 사람들이 유대 민족의 배척에 대한 예수의 준엄한 비판(예. 21:43)으로 인해 이런 견해에 자주 호소한다. 그러나 대부분의 학자들은 예수의 전반적인 의도가 그의 위임에 유대인이 포함되는 것이며, 마태는 독자들에게 유대인들이 모든 민족에 포함되고 있음을 이해하도록 의도하고 있음을 인식한다.[53] 예수 당대의 유대 지도자들은 실패한 리더십과 예수를 로마인들이 처형하도록 공모한 사악한 역할에 대한 벌을 받았다(27:25의 주석을 보라). 하지만 하나님은 예수가 대신해서 죽으신, 유대인을 포함하는, 전 세계의 민족을 사랑하신다(참조. 요 3:16; 롬 5:8).

나머지 신약성경은 선교전략의 일환으로서 유대인에 대한 복음전도를 분명히 제시한다(예. 행 2:22; 13:38-39; 롬 1:16; 엡 2:11-16). 이스라엘이 하나님 나라의 역사적 도구요 증인으로서 현 시대에는 배격되었을지라도, 개별적인 유대인들은 여전히 예수가 가져오신 구원에 참여하도록 초대받고 있다.[54] 마태는 유대인들을 포함하여 아주 자연스럽게 모든 민족을 포함하는 배경에서 "모든 민족"이란 표현을 사용하고 있다(참조. 24:9, 14; 25:32). 매우 중요한 것은 마태가 여기서 아브라함에게 약속한 복과 아브라함을 통한 이 땅 모든 민족에 대한 복(창 12:3)이 메시아 예수 안에서 이제 성취되고 있다는 1:1의 보편적인 주제로 되돌아가고 있다는 사실이다. 따라서 예수로 말미암은 우주적인 구원에 대한 마태의 주제(예. 1:1; 2:1-12; 4:15-16; 8:5-13; 10:18; 13:38; 24:14)는 "모든 민족을 제자로 삼으라"는 명령에서 이 복음서의 절정을 이룬다.[55]

그러므로 가라. 제자로 삼으로는 명령을 수식하는 첫 번째 분사는 "가라"다. 예수가 이제 보편적인 권위를 행사하기 때문에 "그러므로" 예수의 제자들은 가서 모든 민족을 제자로 삼는 우주적인 선교에 참여해야 한다. 그리고 그 권위 때문에 제자들은 예수가 온 우주의 세력들을 주권적으로 제어하신다는 지극한 확신을 갖는다.

제자들은 이 땅에 나라를 세우는 일로 예수를 돕는데 초점을 맞추었으나, 예수가 십자가에 못 박히시고 다시 살아나신 지금, 그들은 무엇을 해야할 것인지를 알

---

53. 예를 들어, Davies and Allison, *Matthew*, 3:684; Keener, *A Commentary on the Gospel of Matthew*(1999), 719-20; Charles H. H. Scobie, "Israel and the Nations: An Essay in Biblical Theology," *TynBul* 43 1992): 283-305; 특히 297-98을 보라.

54. 마찬가지로 이것은 민족적으로 이스라엘에게 했던 약속을 폐하지 않는다. 우리는 이스라엘의 미래적 역할이 여전히 남아 있음을 이전에 살폈다(참조. 마 21:42-43, 주석을 보라; 롬 11:25-33).

55. Alfred Plummer, *An Exegetical Commentary on the Gosepl According to St. Matthew*(Grand Rapids: Baker, 1982), 430.

지 못하고 있다. 사도행전 1:6에 따르면 그들은 여전히 예수가 이스라엘에 그 나라를 회복시키는 것을 기대하고 있다. 심지어 예수의 부활 후에도 말이다. 하지만 예수는 지금 그들에게 현 세대를 위한 진군 명령을 주시고 있다. "모든 민족에게 증언되기 위하여 온 세상에 전파되리니 그제야 끝이 오리라"(24:14)는 말씀처럼 온 땅이 선교 현장이다.

예수의 위임을 순종하는 것은 고국을 떠나서 세상의 다른 곳으로 가는 것을 요구할 수도 있겠지만, 전체 위임의 필수적인 본질은 모든 신자들이 그 위임에 포함된다는 것이다. 위임의 완성은 단순히 복음전도만이 아니다. 오히려 그것은 불신자들을 회심하게 하고 일생을 제자의 삶을 살면서 예수의 형상으로 변화되는 과정을 시작하게 하는 것을 의미한다.[56]

아버지와 아들과 성령의 이름으로 세례를 베풀라. 민족들 가운데서 제자로서의 삶을 시작하도록 부름을 받을 때, 세례와 예수의 가르침을 순종함으로써 주님을 따라야 한다. 예수를 믿으라는 초대에 반응할 때, 제자로서의 삶을 시작할 수 있도록 중생된다. "세례를 베풀고"라는 분사는 새로운 제자가 예수 그리고 예수의 공동체와 일체감을 갖는 활동을 묘사하며, "가르쳐"란 분사는 새로운 제자가 그리스도의 제자로서 성장하는 활동을 소개한다.[57]

정결의 씻음은 성전에 들어가거나 매일의 정결례를 위해서 이스라엘의 다양한 분파에서 흔했다. 개종의 세례는 이교도에서 유대교로의 전환을 점차적으로 특징지었다. 처음에 예수와 세례 요한은 하나님 나라의 도래를 보이시면서 나란히 세례를 베푸셨다(참조. 요 3:22-4:3). 하지만 예수의 죽음과 부활을 통한 새 언약의 시작으로 예수의 세례의 형태는 독특하다. 그것은 죽으시고 새 생명으로 다시 살아나신 메시아 예수와 하나가 되고 새로운 정체성을 가리키는 회심의 상징이다(참조. 롬 6:1-4).

세례의 행위에서 새로운 제자는 예수와 그의 믿음의 공동체와 하나가 되고, 일생에서 예수를 따르는 자가 되겠다는 공적인 선언을 하게 된다. 예루살렘의 오순절에 최초의 회심자들은 아마도 성전 주변에 있는 공개적인 '미크베흐'에서 세례를 받았을 것이고, 이는 메시아 예수에 대한 새로운 헌신의 강력하고도 공개적인

---

56. 예를 들어, Blomberg, *Matthew*, 431; Keener, *A Commentary on the Gospel of Matthew*(1999), 718-19.

57. Richard DeRidder, *Discipling the Nations*(Grand Rapids: Baker, 1975), 190. "지지"(adherence)로서 세례의 의미에 관한 논의를 위해서는 William B. Badke, "Was Jesus a Disciple of John?" *ExQ* 62(1990): 195-204을 보라.

간증이다(참조. 행 2:41).[58]

예수의 세례 형태의 독특성은 새로운 제자들이 "아버지와 아들과 성령의 이름으로"(28:19) 세례를 받는다는 사실이다. "이름"의 사용은 하나님의 능력과 권위를 위해서 성경에서 흔하다.[59] 유대인들은 사람의 이름으로 세례하지 않았다. 아버지와 아들과 성령의 "이름"(단수임을 주목하라)으로의 세례는 인격적으로 구분되는 세 분과 관련된다. 이는 예수의 신성을 명백히 선포하는 것이며, 삼위일체 신성에 대한 초기 암시다.

이 구절은 복음서들에서 가장 분명한 삼위일체 용어이며, 이 단계에서 예수가 그것을 사용하기에는 너무 신학적으로 발달한 것을 의미하기 때문에, 마태가 삽입한 후대의 신학적인 "공식"이라고 자주 혹평한다. 그러나 이것은 신약성경에서 최초의 삼위일체 표현이 아니며(참조. 갈 4:4-7; 고전 12:4-6; 고후 13:14), 심지어 예수의 초기 사역과 가르침에서도 우리는 신성의 본질을 복수로 암시하는 것을 포착할 수 있다(예. 마 3:17; 11:27; 12:28).

우리는 예수를 따르는 자들이 엄격한 신학적 유일신론으로부터 하늘 아버지와 관련한 예수의 위격에서 신성의 복수성을 인식하는 것으로 이동하는 것이 얼마나 어려운가를 자주 주목했다. 그러나 이제 예수의 부활하신 상태에서 인식적인 부조화가 아주 깊어져서 그 충격이 더욱 완전한 패러다임 전환을 발생시킬 수 있게 했다. 이것만이 부활한 주 예수를 대면한 후에 신성의 본질에서 복수성을 이해하는 엄격한 유일신론적인 바리새인 바울의 능력을 설명해준다. 이제 신이신 것으로 드러난 하나님의 메시아로서 예수는 아버지가 그에게 주신 모든 권위를 사용하신다. 그 권위를 행사하시는 방식은 성령을 통해서다.

세례와 관련한 예수의 위임은 우리가 신약성경의 나머지 부분에서 발견하는 것과 일치한다.[60] 사도행전에서 세례는 통상적으로 예수의 이름으로("in", 행 2:38; 8:16; 10:48; 19:3-5), 바울의 문서에서도 그리스도 "안에서"("in", 예. 롬 6:3; 갈 3:27)다.[61] 부활하신 예수는 크리스천의 삶의 중심에 있고, 그는 살아 계신 하나님의 실제적인 현현이다. 그는 어떤 공식을 주신 것이 아니라 세례로 상징되는 신학

---

58. 참조. Clinton E. Arnold, "Acts," *ZIIBBC*, 2:0236.

59. 예를 들어, 70인경에서 '오노마'(출 3:13-15; 잠 18:10; 참조. *Jub.* 36:7).

60. 참조. Davies and Allison, *Matthew*, 3:685. 'into'를 의미하지 않고 여기서 사용된 'in'의 의미로 '오노마'와 함께 하는 '에이스'의 사용에 대해서는 18:20을 보라; 참조. 10:41-42.

61. '에피', '에이스', '엔'과 같은 다양한 전치사들이 사용되나 뉘앙스에서 별다른 차이가 없다.

적인 진리를 강조하고 있다. 세례는 하나님의 가족, 즉 새 언약의 가족으로 들어가는 예식이며, 아버지와 아들과 성령의 이름으로 행한다. 바울은 세례를 살아 계신 하나님이 예수의 부활에서 이루신 것과 분명히 연관시킨다.[62] 세례는 새 언약으로 모든 새로운 제자들이 하나님에 의해 근본적으로 결정된 새로운 존재로 데려가지는 심오한 진리를 특징짓는다.

내가 너희에게 분부한 모든 것을 가르쳐 지키게 하라. 예수의 대위임에서 마지막 분사구인 "가르쳐"는 예수의 제자들이 제자훈련과 제자 삼는 과정을 통해서 계속해서 변화되어야 하는 과정을 가리킨다. 제자훈련은 제자(그리스도인)가 변화되는 과정이고, 제자 삼는 것은 제자훈련으로 어떤 이가 성장할 수 있도록 돕는 일에 제자의 참여를 가리킨다.

이 마지막 분사구의 근본적인 요소는 많은 의미가 담겨 있다. (1) "그들을"이란 대명사는 예수의 제자가 된 모든 사람들은 제자훈련의 과정에 참여해야 함을 가리킨다. 저명한 랍비의 교육에 참여하는 것은 랍비 유대교에서 통상적으로 특권층에게만 해당되었다. 어떤 랍비들은 어린 소녀들에게 토라의 근본적인 지침을 가르치는 것을 거절했다. 하지만 예수는 모든 제자들—여자와 남자, 이방인과 유대인, 가난한 자나 부자—이 그가 명한 모든 것을 순종하도록 가르쳐야함을 알리심으로써 모든 장벽을 다시 한번 깨뜨리신다. 이것은 복음 메시지를 듣고 영생을 위해 예수에 대한 믿음으로 반응한 모든 사람들이 사실상 동의어들인 제자/그리스도인/신자임을 의미한다(참조. 행 2:44; 4:32; 5:14; 6:1, 7; 11:26; 26:28).

오늘날 많은 사람들이 "제자"라는 호칭을 다른 그리스도인보다 더 헌신된 사람이나 특별한 "제자훈련 프로그램"에 참여한 사람을 일컫는 것으로 오용하고 있다. 하지만 우리는 예수의 위임에서 모든 크리스천들이 제자임을 알 수 있다. 다만 어떤 이는 순종하는 제자인 반면에 다른 이는 그렇지 않은 제자일 뿐이다. 그것은 우리를 이 분사구의 다음 요소로 이끈다.

(2) 제자훈련의 활동은 "가르침"과 관련이 있다. 새로운 제자들은 크리스천 삶의 기본적인 요소들을 가르침 받아야 하고, 성숙한 크리스천들은 크리스천의 삶을 전개할 때, 더 발전된 가르침을 받아야 한다. 하지만 그것은 단순히 지식을 획득하는 것을 강조하지 않는다. 두드러진 특징은 제자들이 그 가르침에 따라 항상 순종하고 삶을 적용하는 것이다. 순종은 예수 제자들의 표지다(12:49-50을 보라).[63]

---

62. 참조. Wright, *The Resurrection of the Son of God*, 644-45.

(3) 새로운 신자이든 성숙한 신자이든 모든 제자들은 "내가[예수] 너희에게 분부한['엔텔로마이'] 모든 것을" 순종하도록 가르침 받음으로써 더욱더 예수처럼 되는 것이다(참조. 10:24-25; 롬 8:29; 고후 3:18). '엔텔로마이'는 예수가 주신 구체적인 "명령"을 함축하는가("율법을 주신 구약성경의 이해에서처럼), 아니면 예수가 전체적으로 말씀하신 사역을 포함하는가? 마태복음과 신약성경에서 이 동사는 일반적으로 전반적인 위임(마 4:6; 막 11:6; 13:34; 히 11:22), 구약성경의 하나님의 명령(눅 4:10과 더불어 마 4:6; 히 9:20), 그리고 모세의 계명(마 19:7; 막 10:3; 요 8:5)을 일컫는다.

그것의 가장 두드러진 사용을 보다 포괄적인 의미를 갖고 있는 현재의 문맥에서 발견할 수 있다. 예수는 명령을 지적하고 있지 않고 제자들을 위한 그의 삶과 사역에서 전체적인 설명을 가리킨다.[64] 그것이 교육, 잠언, 복, 비유 또는 예언이든 간에, 예수가 직접 구두로 말씀하셨던 모든 것들이 그가 분부한 모든 것에 포함된다.

하지만 우리는 예수의 '삶'의 모든 것들을 '엔텔로마이'에 포함시켜야 한다고 제기하는 것으로 나아가야 한다. 이 동사는 예수의 말씀과 행위를 통합하고 있고, 따라서 마태복음 전체를 상기시킨다.[65] 말씀이든 행위이든, 예수의 삶은 구약성경의 하나님의 뜻을 성취하고, 그의 제자들이 다른 제자들을 가르쳐 순종하게 할 때, 그들의 삶은 모든 말과 행위에서 하나님의 변화시키시는 뜻을 반영할 것이다.[66]

동사 '엔텔로마이'와 명사 '엔톨레'는 다른 문맥들에서도 역시 요약하는 효과가 있다. 특히 사랑이 율법과 선지자의 하나님의 뜻의 요약이라고 여겨지듯이 말이다(마 22:34-40). 사랑은 예수가 말씀하시고 행하신 모든 것을 요약한다(참조. 요 13:34-35). 그러므로 "내가 너희에게 분부한 모든 것을 가르쳐 지키게 하라"는 표현에서 "분부한"이란 내용에는 예수가 말씀하시고 행하셨던 모든 것을 포함하

---

63. 이 용어는 요한복음의 제자도의 주제로서 중요하다(예. 요 14:15, 23-24). Melvyn R. Hillmer, "The Believe in Him: The Gohannine Tradition," in *Patterns of Discipleship in the New Testament*, ed. R. N. Longenecker(Grand Rapids: Eerdmans, 1996), 92을 보라.

64. Gottlob Schrenk, "ἐντέλλομαι, ἐντολή" *TDNT*, 2:545: "이 문맥에서 '엔텔렙스다이'(ἐντέλλεσθαι)란 용어는 단순히 순종에 대한 무조건적인 의무를 표현하는데, 그것은 기독론에 근거한 믿음의 순종이다

65. Davies and Allison, *Matthew*, 3:686: "하지만 이것은 언어적 계시 이상의 의미가 담겨 있다. 그러한 계시는 명령이 될 수 있는 예수의 삶과 분리할 수 없다. 따라서 '에네테일라멘'(ἐνετειλάμην)은 말과 행위를 종합하여 전체 책을 상기시킨다: 모든 것들이 고려되고 있다. 전반적으로 예수의 지상 사역이 분부한 모든 것이다."

66. Carson, "Matthew," 599: "성경 말씀처럼 예수의 말씀은 하늘과 땅보다도 영구적이다"(24:35); "'내가 너희에게 분부한 모든 것'이란 특별한 표현은 야훼의 권위를 상기시킨다"(출 29:35; 신 1:3, 41; 7:11; 12:11, 14).

는 표현이다. 대위임의 문맥에서 이것은 마태복음 자체라고 말할 수 있다. 새로운 신자이든 성숙한 신자이든 간에 모든 제자들은 이 복음서에 나타난—사실상 성경 전체—예수의 권위적인 삶을 살피고, 그것을 순종하고 따르고 삶에서 실천하도록 가르침 받아야 한다.

다섯 강화와 마태복음서에 기록된 예수의 삶에 관한 여러 내러티브에서 마태는 예수가 첫 제자들에게 주었던 자료들의 편리한 대요를 마련했다. 마태복음서는 예수의 제자들의 다음 세대들을 위한 초대 교회에 제자도의 핸드북이 되었다. 리델보스(H. N. Ridderbos)는 간결하게 "사도는 이 땅에서 예수가 사역하시는 동안에 제자들에게 명하신 모든 것을 사람들이 순종하도록 가르쳐야 했다. 청중들은 그들이 참으로 예수에게 속한 것을 삶으로 보여줄 수 있도록 예수의 계명을 간직해야 했다."[67] 예수가 첫 제자들을 제자 삼는 데서 했던 것을 교회의 뒤이은 세대들은 예수의 새로운 제자들을 삼는 데서 그리할 것이다.

다시 말해서, 대위임에서 예수가 "내가 너희에게 가르친 모든 것을 순종하도록 가르치라"고 말하는 것만으로는 적절하지 않았을 것이다. 예수는 가르치는 것 이상을 하셨기 때문이다. 그는 이 시대에 제자로서의 삶을 위한 새로운 권위적 근거를 주셨다. 우리는 특히 마태가 일반적으로 그의 복음서에서 그리고 특히 다섯 강화에서 가르친 것처럼, "우리를 위한 하나님의 뜻으로서 우리의 삶을 붙드는 것으로 예수가 권위적으로 계시하시고 명하신 모든 것"을 순종해야 한다.

볼지어다 내가 세상 끝 날까지 너희와 항상 함께 있으리라. 이 역사에 예수가 오심은 임마누엘, 곧 "하나님이 우리와 함께 하시다"(1:23)에 요약되어 있고, 제자들에 대한 그의 임재는 결론적인 확증에서 분명하게 나타나 있다: "내가 너희와 항상 함께 있으리라." 참된 이스라엘 백성들은 영원하시고 무소부재하신 하나님만을 선포할 것이고, 여기서 마태는 거룩하신 예수의 결론적인 주장을 기록한다. 따라서 예수는 제자도의 핵심적인 요소로 그 위임을 마감한다: 주님의 임재. 그 위임을 순종하고 반응하는 사람들은 부활하신 예수가 모든 제자들에게 임하시리라는 인식으로 위로를 받을 것이다.

• 예수는 하나님 나라의 복음으로 제자들이 만방에 나아가서 그의 제자가 되도

---

67. H. N. Ridderbos, *Matthew*, trans. Ray Togtman(Bible Student's Commentary's; Grand Rapids: Zondervan, 1987), 555-56.

록 모든 이들을 초청할 때 임재하신다.

- 예수는 새로운 제자들을 세례하고 그가 분부한 모든 것을 지키도록 가르칠 때 임재하신다.
- 예수는 성숙한 신자들이 삶의 모든 단계로 나아갈 때 임재하신다.
- 예수는 교회가 그의 재림을 기다리면서 이 세대에 체류할 때 항상 임재하신다.
- 예수는 주님을 따르는 제자들에게 항상 임재하신다.

우리는 항상 우리와 함께 계시는 부활하신 주님을 경배하고 따른다. 제자로서 우리의 성장에 필요한 말씀과 행위로 그가 분부한 모든 것이 성경에 포함되어 있으나 그의 참된 임재는 우리 개인들의 필요를 위로하시고, 약할 때나 슬플 때나, 기쁠 때나, 힘이 있을 때나, 고통 중에 있을 때 모든 삶에서 우리를 보호하신다. "세상 끝 날까지" 또는 이 세상을 위한 하나님의 계획의 완성 때까지, 예수는 역사가 그분의 제어 하에 있으며, 하나님의 나라가 진정으로 시작되었고, 어떤 고통의 순간에도 우리를 도우시며, 십자가상에서 이루신 역사는 그의 부활과 승천 사역을 통해서 계속해서 효력을 발휘함을 확신시키는 임재를 약속하신다.

예수의 계속된 임재의 놀라운 약속은 독자들로서 우리들을 이 이야기에 끌어들인다. 이것은 두려움이나 양심의 가책을 발생시키기 위해서가 아니다. 오히려 예수의 모든 제자들이 삶에서 하나님 나라의 임재의 복된 소식을 선포하도록 박차를 가하게 한다. 우리는 부활한 예수의 임재의 저장소로서 하나님 나라의 능력의 삶을 삶으로써 이 이야기를 계속해서 연출해 내야 한다.[68] 우리는 예수와 친밀하게 동행하고 세상 끝 날까지 예수가 우리와 함께 하신다는 이 좋은 소식을 선포함으로써 예수의 신실하고 순종하는 제자가 될 수 있다.

상황잇기

예수가 십자가에 달리셨을 때, 긴 세 시간 동안 심각한 어둠이 그 땅을 덮쳤다(27:45). 도망한 예수의 제자들의 관점에서 이 어둠은 잔인한 장난과 같았을 것이다. 죽음이 이긴 것으로 보였다. 마태는 갈릴리에서 예수의 사역의 시작을 환한 빛의 약속으로 기술하였다(4:15-17).

68. Green, *Matthew*, 322-23.

스불론 땅과 납달리 땅과 요단 강 저편 해변 길과
이방의 갈릴리여 흑암에 앉은 백성이 큰 빛을 보았고
사망의 땅과 그늘에 앉은 자들에게 빛이 비치었도다.

하지만 예수가 오랜 세 시간 동안 십자가에 달리셨을 때, 환한 빛이 사라졌다. 죽음의 그늘이 그 땅을 주장했다—이방의 갈릴리만이 아니라 온 땅을 주장했다. 예수가 선포한 구원의 밝은 소망이 꺼져가는 듯했다.

하지만 빛은 사라지지 않았다. 새로운 주간의 여명에, 밝은 태양 빛과 천사의 광휘, 그리고 부활한 구세주의 영광스러운 빛이 이 세상을 환영했다. 그리고 복된 여성 제자들은 그곳에 가까이 나아와서 예수의 발을 붙들고 경배했다. 이것이 그들이 필요로 하는 모든 대답이다. 부활한 예수가 모든 어둠, 죽음의 모든 두려움, 죄, 고통, 슬픔의 근심스러운 모든 짐들을 몰아내셨다. 그가 살아 계시기 때문에 그들은 내일을 맞을 수 있다.

20장까지 마태는 이 땅에서 일찍이 살았던 분의 매우 놀라운 삶을 설명했다—20개의 놀라운 장에서 기술한 30여년 간의 믿기지 못할 삶의 시간. 그런 다음에 마태는 일곱 개의 장의 속도를 늦추어 십자가와 장사를 포함하는 그의 수난주간의 모든 사건들을 묵상하면서 예수의 삶을 추적한다. 마지막으로 마태는 한 개의 짧은 장에서, 즉 그의 복음서에서 두 번째로 짧은 장에서 그는 단순하지만 장엄하게 메시아 예수의 부활을 기술한다. 20개의 구절은 인간이 들어야 하는 참으로 좋은 소식을 선포한다: 예수는 살아 계시고, 그것은 속임수가 아니며, 그는 역사의 승리자다.

천국 복음의 빛이 예수의 죽음으로 꺼지지 않았다. 그의 부활은 그 어둠을 이겼고, 제자들을 통한 살아 있는 그의 삶의 빛은 온 세계로 퍼져 나간다. 이것이 마태가 그의 마지막 장에서 전달한 메시지다. 우리는 부활한 예수가 승천하시기 전에 제자들과 가지셨던 마지막 날에 대해 더 자세히 알기를 원하나, 마태는 우리가 들을 필요가 있는 것만을 전달한다—죽음을 이겼다. 리차드 롱지네커(Richard Longenecker)는 "죽음은 우리 모든 사람들의 이야기의 일부가 되는 엄격한 실제다"[69]라고 진술한다. 그것은 예수를 따르는 자들을 괴롭히고 그들을 패배케 만드는 것으로 보이는 어둠의 실제다. 하지만 이제 마태는 이 어둠을 몰아내고 우리가

69. Ongenecker, "Introduction," *Life in the Face of Death*, 1.

필요로 하는 유일한 진리의 소망을 다시 점화시킨다: "너희는 무서워하지 말라 십자가에 못 박히신 예수를 너희가 찾는 줄을 내가 아노라 그가 여기 계시지 않고 그가 말씀하시던 대로 살아나셨느니라"(28:5-6).

부활의 진리와 우리에게 그것을 설명하는 마태의 관점을 이해하는 것이 중요하다. 십자가 사역은 이 땅에 성육신 하신 예수의 삶과 사역의 대속의 목적을 절정에 이르게 한다. 그것이 마태가 자신의 내러티브의 속도를 늦추는 이유다. 그러나 빠르게 전개되는 부활 이야기는 단순하지만 십자가상에서 예수의 죽음이 그의 삶의 목적을 이루었다는 심오한 확증이다. 우리가 이 진리를 이해하면, 마태가 더 이상 말할 필요가 없음을 인식하게 된다. 실로 신약성경의 다른 부분과 우리의 삶의 부분들이 이 이야기의 나머지가 될 것이다. 예수가 살아 있기 때문에 우리는 내일을 맞을 수 있다. 예수의 부활이 승리적이었던 것처럼, 우리도 새로운 생명으로 그와 함께 일어났다. 사도 바울은 이 진리를 깊이 이해했다.

> 무릇 그리스도 예수와 합하여 세례를 받은 우리는 그의 죽으심과 합하여 세례를 받은 줄을 알지 못하느냐 그러므로 우리가 그의 죽으심과 합하여 세례를 받음으로 그와 함께 장사되었나니 이는 아버지의 영광으로 말미암아 그리스도를 죽은 자 가운데서 살리심과 같이 우리로 또한 새 생명 가운데서 행하게 하려 함이라(롬 6:3-4).

부활은 죽음의 어둠을 정복했고, 예수가 그를 따르는 모든 사람들을 위한 새로운 생명의 시작을 제공한다는 확증이다. 몇 가지 간단한 개요로 마태의 결론적인 내러티브에서 이 주제가 전개된다.

(1) 예수의 부활은 인류의 가장 깊은 소망을 성취시킨다. 의로운 자들은 새로운 생명으로 부활하고 악한 자들은 벌을 받는다는 기대는 구약성경(사 26:19; 단 12:2)과 제2성전 유대문헌들(예. 마카비2서 7장; 에녹1서 102; 바룩2서 49-51)에서 잘 증거된다. 랍비 유대교에서 부활은 심판 날에 하나님이 모든 죽은 자들에게 생명을 부여하여 의인들에게는 영원한 삶을 주시고 악인들은 지옥(게헨나)으로 보낸다는 개념을 일컫는다.

하지만 메시아 예수의 부활은 이보다 훨씬 더한 의미가 있다. 예수는 모든 사람들이 십자가의 그의 희생을 통해서 구원에 이르는 하나님의 아들 되심을 권능으로 선언하신 것이다(롬 1:2-6). 그리고 그의 부활로 구원의 복음의 새로운 시대가 오순절에 성령의 강림으로 시작된다. 예수의 삶, 죽음 그리고 부활에서, 그는 그의 형상으로 새롭게 태어나고 변화되는 사람들의 모범이 되신다(롬 6:1-11; 8:29; 고전 15장; 고후 3:18).

(2) 십자가에 못 박히신 자 예수가 부활하시어 살아 계시다. 여성 제자들에 대한 천사의 메시지는 그들을 덮쳤던 죽음의 장막의 어두움을 몰아냄을 선포한다. 그들은 십자가상에서 예수의 죽음과 그의 몸이 이송되어 장사되는 것을 지켜보았던 첫 목격자다. 그들은 처형당한 리더를 찾아간 것 때문에 벌을 받을지도 모른다는 두려움이 있었을 것이다. 그들은 세례 요한이 지적한 오실 자로 소망하였지만 이제 십자가에 못 박히신 자가 되는 그의 몸을 준비하기 위해서 왔다. 그들이 새벽의 어두움이 가시고 있는 무덤에 이르렀을 때, 지진이 그 지역을 흔들고, 돌이 굴려지며 무서워 떠는 로마 병사들이 땅에 죽은 자처럼 누워있고, 빛이 나는 천사적 존재를 보게 된다.

이 천사적 존재는 그들에게 "너희는 무서워하지 말라 십자가에 못 박히신 예수를 너희가 찾는 줄을 내가 아노라"고 말한다. 천사는 이 말씀으로 여인들과 역사에서 예수를 따르는 모든 자들의 두려움을 쫓아낸다: "그가 여기 계시지 않고 그가 말씀하시던 대로 살아나셨느니라 와서 그가 누우셨던 곳을 보라." 예수의 부활—육체로—은 불확신을 이기는 유일한 소망이다.

부활과 십자가의 관계를 아는 것이 중요하다. 바울에 따르면, 십자가에 못 박히신 분으로서의 예수가 고린도서에서 그의 메시지의 중심이다(고전 2:2을 보라). 마태는 십자가의 강력한 의미를 증거하고, 그 사실을 결코 축소하지 않는다. 예수가 부활하셨음을 천사가 선포했을지라도, 그것은 그가 못 박히지 않았음을 의미하는 것이 아니라 더 이상 십자가에 못 박힌 상태로 계시지 않음을 의미한다. 그는 이제 부활하신 자다. 부활이 없다면, 예수를 믿는 우리들은 가엾고 소망이 없다. 십자가가 아무런 효력이 없기 때문이다(고전 15:17-19을 보라). 십자가에 못 박히신 예수가 부활하셨기 때문에 승리하신 것이고, 우리도 더 이상 죄 아래 있지 않다. 예수가 십자가에 못 박히시고 부활하셨기 때문이다.

(3) 예수의 부활은 남녀 제자들의 동등성을 회복시키셨다. 십자가와 부활의 기사는 예수의 삶과 사역에서 여성들을 위한 하나님의 목적에 관해서 많은 것을 말해준다. 그의 사역을 통해서 예수는 1세기 이스라엘에서 거부당했던 여성들을 동등한 자리로 회복시키셨다(12:46-50; 27:55-56). 부활의 첫 증인으로서 여성들에 대한 예수의 위임은 이 내러티브의 중요한 진리 중 하나를 전달해 준다(28:10의 주석을 보라).

몇몇 동반되는 요지를 주목하는 것이 필요하다. ⓐ 하나님은 이 여인들에게 특별한 영예를 부여하신다. 그들은 예수의 참된 제자도의 모범이고, 그들의 신실함과 용기로 인해, 빈 무덤과 예수의 부활 후의 출현에 첫 증인이 되는 특별한 영광을 입는다. ⓑ 남녀가 하나님의 형상으로 창조되었기 때문에(창 1:26-28) 믿음의 예수 공동체에서 여성들이 남성들과 동등한 원래의 신분으로 회복되었다. ⓒ 여인들은 부활하신 주 예수의 실제를 증거하는, 신앙 공동체에서 아주 중요한 봉사들을 행할 수 있는 가치가 부여된다.

(4) 예수의 부활이 종교지도자들의 속임수를 이겨내다. 마태는 처음부터 예수 부활의 진리를 덮으려는 시도가 있었음을 독자들로 하여금 알게 하기 원한다. 어느 누구도 빈 무덤의 준엄한 실체를 부인할 수 없었다. 따라서 가장 많이 잃을 수밖에 없었던 사람들이 예수의 부활을 부인하는 이야기를 꾸며낸다.

대제사장들에게서 예수 부활은 부활을 부인했던 사두개인들의 신학에 반하는 것이었다(22:23). 그들의 신학이 반하는 어느 것도 부정하게 만듦으로써 예수의 몸의 부활의 기사를 부인한다. 또한 예수의 부활은 그들의 개인적인 안전을 위협하게 만들었다. 예수의 부활이 사실이라면, 그것은 예수가 메시아였음을 확증하게 만들고, 따라서 백성들은 그를 처형한 데 대해서 그들에게 화살을 돌릴 것이다. 그리고 예수의 부활은 종교지도자로서 그들의 권위의 자리를 위협했다. 그들은 예수에게 일어난 일을 이해할 수 없었기에 갈릴리의 바리새인들처럼 예수가 사탄의 힘을 빌어서 그와 같은 일을 행하고 있다고 말했다. 그들이 취해야할 유일한 대안은 예수가 하나님의 능력으로 그 일을 행하고 있음을 인식하는 것이었다. 하지만 그들의 강퍅한 마음이 회개를 하지 못하게 만든다.

또한 경비병들도 잃을 것이 너무 많다. 그들이 확실히 알고 있는 것은 무덤이 비어있다는 사실이다. 그들은 지진과 돌이 굴려짐, 그들에게 나타난 밝은 환한 존재에 대한 이야기를 알고 있지만, 그 이후에는 어느 것도 기억할 수가 없다. 그들은 죽은 자처럼 되었다. 그들이 정신을 잃었거나 공포와 충격에 사로잡혀 무기력한 상태에 빠져 있었음을 암시한다. 어쨌든 그들은 심각한 의무 태만을 저질렀기에 점령지에서 적군을 잡아둔 장소를 안전하게 지키지 못한 책임으로 처형당할 수밖에 없었다. 이들의 이런 절박함은 유대 지도자들의 책략에 협조하게 만든다.

종교지도자들과 경비병들의 필사적인 상황은 마태의 시대를 넘어서서 지속된 형편없는 소문을 발생시킨다. 마태가 신화적인 부활을 영속시키려는 이야기를 단순히 만들었다면, 종교지도자들이 해야할 필요가 있는 모든 것은 예수의 몸이었다.

예수의 부활에 대한 폭넓은 신앙이 팔레스타인과 넓은 지중해 세계의 유대 범주에서 소동을 야기하였기 때문에 그들은 확실히 예수의 몸을 원했을 것이다. 하지만 빈 무덤은 사람들이 예수의 부활의 역사적 진리에 대한 가공의 소문을 선호하기에 충분히 어리석기를 바라는 종교지도자들의 얼굴을 빤히 쳐다볼 뿐이다.

(5) 부활한 주님은 제자도에 관한 마태의 지침을 통해서 제자를 훈련하는 일을 계속하신다. 독특한 강조로 마태복음의 결론을 멋지게 꾸미고 있는 예수의 놀라운 대위임은 외면적, 내면적, 상향적 조망이 있다.

외면적 조망. 대위임은 모든 민족을 제자 삼는 선교지향적 의미로 인해 외면적인 조망을 살핀다. 이 세상은 잃어버린 바 되고 구세주가 없이 죽어가고 있는 자들이 있다. 예수의 마지막 대위임은 우리가 자기만족적이거나 차갑고, 자기만 생각하지 못하게 한다. 우리는 바깥을 바라보아야 하고 모든 민족의 사람들에게 천국 복음의 좋은 소식을 가져다주어야 한다. 마태복음은 메시아 예수가 어떻게 잃어버린 인간을 구속하기 위해서 이 역사에 들어오셨는가를 강력하게 설명한다. 이 세상에 대한 예수의 삶의 사명은 우리가 잃어버린 사람들을 열정적으로 사랑함으로 나아갈 때 우리의 모범이 된다.

내면적인 조망. 대위임은 예수의 제자가 되었던 사람들의 계속된 변화를 말해주기 때문에 내적인 조망을 살핀다. 각각의 제자들은 예수 그리고 신앙공동체와 세례로 연합하고, 예수가 분부한 모든 것을 순종할 때 예수의 신실한 제자로 변화된다. 오직 순종만이 예수의 형상으로 변화될 것이다.

하지만 혼자만 이것을 이룰 수 없다. 보다 성숙한 제자들은 예수가 분부한 모든 것을 순종하는 방법을 다른 제자들에게 가르쳐야 한다. 제자들의 공동체는 예수가 분부한 모든 것을 순종하는 법을 다른 제자들에게 가르치는 과정에서 구체적인 모범과 사랑의 격려, 그리고 예수의 삶과 말씀의 구조와 일상적인 가르침을 제공해야 한다. 다른 복음서들, 사실상 모든 성경은 이를 위한 직접적인 자원이다. 하지만 마태복음은 신약성경의 어느 곳에서도 발견할 수 있는 예수의 말씀과 행위로 되어진 명령의 광범위한 집합을 제자들 앞에 내어놓기 때문에 제자도의 핵심적인 지침이다.

상향적 조망. 대위임은 제자들이 주인, 선생, 그리고 주님으로서 부활하시고 승천하신 예수를 갖고 있기 때문에 위를 조망한다. 어떤 스승도 예수를 대체할 수 없다. 우리는 어떤 다른 제자들의 스승으로 자신을 생각해서도 안 된다. 그것이 고대 세계의 여타 형태와는 근본적으로 다른 예수를 따르는 제자도 형태다(23:8-10의 주석을 참조하라). 이것을 가능하게 만드는 것은 예수가 세상 끝 날까지 항상 우리와 함께 계실 것을 약속하셨다는 사실이다(28:20). 마태복음은 우리가 이 세상과 이 시대에서 예수와 동행할 때, 이 땅에 그의 나라를 온전히 세우시기 위해서 영광과 권능으로 다시 오실 때까지, 그가 우리에게 삶의 모범을 보여주시고, 말씀으로 인도하시며, 안에서 바깥으로 우리의 삶을 계속해서 변화시키시는 능력을 공급하심을 우리에게 확신시킨다.

현대적 의미

전자적인 의사소통 수단이나 24시간 뉴스보고가 있기 전에 중대한 소식들은 주로 입으로 전달되었다. 19세기에 영국 백성들은 웰링톤 장군이 이끄는 군대가 나폴레옹이 이끄는 프랑스 군대와 맞섰던 중요한 워털루 전투의 결과에 관한 소식을 간절히 기다리고 있었다. 한 통신인은 바다 위에서 어떤 연락을 받기 위해서 웬체스터 성당 꼭대기에 올라가 있었다. 그는 한 메시지를 받으면 그것을 언덕의 다른 사람에게 전달하였다. 그 사람은 또 다른 사람에게 그 메시지를 전달하였고, 이 일을 수없이 계속했다. 이런 방식으로 전쟁의 결과에 관한 뉴스가 마침내 런던으로 전달되고, 나아가서 영국 전역에 퍼졌다.

마침내 한 배가 그 날 해협을 덮은 안개 속에서 나타났다. 통신인은 선상에서 첫 번째 단어를 보냈다—웰링톤. 다음 단어는 패했다(defeated)였다. 그러고 나서 안개가 다시 덮어서 그 배는 더 이상 보이지 않았다. "웰링톤이 패했다"(Wellington defeated!). 이 비극적인 소식은 영국 전역으로 전달되었다. 심각한 우울함이 나라 전역을 덮었다. 하지만 몇 시간 후에 안개가 걷히더니 표지말이 또 다시 나타났다—"웰링톤이 적군을 물리쳤다"(Wellington defeated the enemy). 이제 완전한 메시지가 또 다시 영국 전역에 재빠르게 송달되었고, 이제는 국민 전체가 축제를 즐겼다!

제임스 몽고메리 보이스는 이 이야기를 설명하면서 예수가 십자가상에서 처참한 죽음을 당했을 때, 그를 따르던 자들은 가장 비통한 슬픔에 빠졌음을 빗대어 언급했다. 예수는 분명히 비극적인 패배를 경험했고, 그를 따르던 자들의 소망도 그와 함께 죽었다. 하지만 삼일 뒤에 안개가 걷히니 완전한 메시지가 나타났다: "예수가 부활하셨다. 예수가 적군을 물리치셨다!"[70]

---

70. Boice, *The Christ of the Empty Tomb*, 79-80에서 인용함.

단지 십자가를 바라볼 때, 예수를 따르는 자들은 그의 사명의 온전한 메시지를 얻을 수가 없었다. 그들은 그 너머 부활을 바라보아야 했다. 우리가 전체적인 윤곽을 얻지 못한다면, 예수의 온전한 메시지를 이해할 수가 없다. 우리는 예수의 이야기에 너무 익숙해서, 십자가와 부활이 예수의 첫 제자들에게 가져다주었던 요동케 하는 충격을 경험하지 못한다. 따라서 때로 우리는 다른 이들의 안목을 통해서 바라볼 필요가 있다.

나는 딸들이 어렸을 때, 그들이 잠자리에 들기 전에 책을 읽고 이야기하고, 잠들기 직전에 기도하는 습관을 시작했다. 그때에 나는 비교적 새 신자에 속해 있었고, 내가 독서의 다양한 형태들을 살피고, 그들의 안목을 통해서 이야기를 바라보았을 때, 전체적으로 새로운 세계가 열렸다.

그때에 어떤 사람이 자녀들에게 C. S. 루이스의 『나니아 연대기』를 읽어줄 것을 나에게 제안했다. 내가 몇 년 전에 신앙을 갖게 되었을 때, 루이스 교수의 변증서들에 상당히 영향을 받았었지만 그의 공상 이야기는 어느 것도 읽은 적이 없었다. 그러므로 우리들은 그 제안을 좋은 생각으로 판단하고 루이스의 공상 이야기 책 전체를 읽기를 시작했다. 먼저 읽기를 선택한 책은 『사자와 마녀』(*The Lion, the Witch, and the Wardrobe*)였는데 그 책을 읽는 동안 우리는 커다란 사자 아쉴란이 희생제물이 되었을 때 깊은 슬픔에 사로잡혔다. 위대한 사자는 어리석고 이기적인 어린 소년인 에드문드의 행위가 야기한 '심각한 마술'을 풀기 위해서, 그의 멋있는 긴 머리털이 잘리고, 끈에 묶였으며, 석상 위에서 사악한 칼에 찔렸다.

우리가 서로 이야기하고 기도할 때, 어린 두 딸과 나의 마음은 그 날 밤 아주 무거웠다. 그들은 여덟 살과 네 살 난 소녀였으나 사랑하는 아쉴란을 생각하며 눈물이 그들의 얼굴에 흘렀을 때, 이 이야기로 인해 그들이 상당히 충격을 받았음을 나는 알 수 있었다.

다음 날 저녁에 우리가 다음 장을 읽었을 때, 그때는 우리가 나누었던 가장 흥분된 시간 중 하나였다. 이 이야기의 어린 소녀들인 루시와 수산이 아쉴란의 죽음을 보기 위해서 찾아갔을 때, 위대한 사자가 다시 살아나서 그들에게 나타났다. 책을 읽는 동안에 우리도 그들 가운데 있었다. 나는 그 이야기를 읽고 있었지만 목소리가 잠겼고, 우리 모두 기쁨의 눈물을 흘렸다. 이야기의 어린 소녀들이 아쉴란의 작은 산꼭대기에서 기뻐서 뛴 것처럼, 나의 어린 소녀들도 기뻐서 침대 주변을 뛰어다녔다! 우리는 그 날 밤 얼마나 멋진 이야기를 나누었는지! 죽음과 삶 그리고 우리를 위해 죽으시고 자유케 하시며 생명으로 뛰놀게 하기 위해서 다시 사신 예수를 우리는 나누었다.

그것은 20년이 지난 지금에도 잊지 못할 아름다운 경험이었다. 내가 예수의 죽음과 부활을 어린 딸들의 순진한 눈을 통해서 보았을 때, 그것은 나에게 아주 아름다운 경험이 되어주었다. 일종의 안개가 내 눈에서 걷혔다. 예수의 죽음과 부활은 나의 딸들의 궁극적인 죽음과 부활의 실제다. 그들이 아직 죽음을 경험하지 못하였지만 언젠가 그리될 것이고, 부활의 진리를 붙잡음으로써 이 쏘는 것이 걷혀진다. 그 시점에서 나의 큰딸은 이미 구세주로서 예수를 고백했었지만, 몇 주 뒤에 작은 딸이 아빠와 엄마 그리고 언니처럼 자기도 마음속에 예수를 모실 수 있는지를 물었다. 이제 예수가 살아 계시기 때문에 우리 모두 지극한 확신으로 내일을 맞이할 수 있다.

짧을지라도, 예수의 부활과 부활 후 갈릴리에서의 예수의 출현에 관한 마태의 기사는 곰곰이 생각할 때 대단히 중요한 요지를 발생시킨다.

(1) 인생에서 부활의 관점. 마태는 인생에서 부활의 관점을 갖는 것이 얼마나 중요한지를 가르친다. 빈 무덤은 천사가 가리켰던 역사의 명백한 사실이다. 여인들이 경비병들처럼 무서워 떨었지만 그들이 천사의 음성을 듣고 빈 무덤을 발견하였을 때, 세상이 바뀌었다. 그들이 여전히 완전히 그것을 이해하지 못하고 두려움과 기쁨이 혼합되어 있었지만, 부활하신 예수를 만났을 때, 그 모든 것이 새롭게 시작되었다. 그들은 진정으로 살아 계신 예수를 보고서 그를 경배하기 위해서 엎드린다. 그들의 삶은 이제 예전과 같지 않을 것이다. 그들의 주인은 종교 지도자나 권위를 가진 자와는 다른 우주의 하나님이시다. 열한 제자의 반응도 마찬가지다. 그들은 갈릴리에 예수가 나타나셨을 때 경배했다. 부활한 예수를 만나지 못했던 자들은 의심했으나, 그들도 역시 경배했다(28:16-17).

부활의 관점을 유지한다면, 우리의 삶도 그들의 삶과 같을 것이다. 예수의 빈 무덤의 역사적 증거에 확고하게 고정하는 것이 우리로 하여금 예수가 종교적인 인물이 아니라 우리의 하나님이라는 인격적인 차원에서 그를 만날 수 있게 된다. 이 복음서 연구에서 쭉 보아왔던 것처럼, 마태는 기독교가 하나님이 메시아 예수의 위격으로 역사에 들어오셨다는 놀라운 증거를 발견할 수 있는 역사에 기반한 신앙이라는 것을 우리로 알게 하기를 원한다. 십자가와 부활 사이에 제자들은 모든 것들이 비극적인 마감처럼 보였다. 하지만 예수에 대한 제자도가 새로운 실제로 고취되었을 때, 모든 것이 변했다. 우리도 마찬가지로 예수에 대한 제자도의 경험의 실제를 예수의 부활에 기초하여 시작해야 한다.

우리가 빈 무덤을 통해 삶을 보는 것을 배울 때, 그밖에 다른 것들이 제자리에 오게 된다. 우리의 경력을 영원의 관점에서 봄으로써 우리의 삶을 위한 하나님의 뜻에 맞추어 시간과 재정과 성공의 우선순위를 정할 수 있다. 마찬가지로 우리의 결혼도 개별적으로 그리고 커플로서 우리를 위한 하나님의 소명을 이루기 위해서 서로 지원할 때 예수의 동료제자들이 갖는 공유된 삶을 살 수 있다. 유사하게 그것이 부모의 병, 자녀의 죽음, 갑작스런 암과의 투병이라 할지라도 예수가 살아 계시기 때문에 우리가 내일을 맞을 수 있고 영원을 위해 계획할 수 있음을 알 때 빈 무덤은 모든 우리의 슬픔을 바르게 보게 한다.

빈 무덤을 다른 이들에게 알리려고 달려나간 여성 제자들은 갑자기 그들의 세상이 바뀐 것처럼 느낀다. 그들은 전과 같지 않을 것이다. 하지만 그들의 두려움과 기쁨의 경험이 우리에게 교훈하는 바가 있다. 위대한 사자 아쉴란처럼 예수는 매여 계시지 않는다. 이 이야기의 후반부에 비버 선생은 어린이들에게 "어느 날 너희들은 아쉴란을 보지만 또 다른 날은 그를 보지 못할 것이다. 그는 매여 있는 것을 좋아하지 않는다—그리고 물론 그는 가보아야 할 다른 나라들이 있다. 그러나 괜찮다. 그는 자주 방문할 것이다. 너희는 그를 부담스럽게 해서는 안 된다. 그는 자유롭다. 그는 길들여진 사자와 같지 않다."[71]

우리는 예수를 제한해서는 안 된다. 그는 우리의 주요 하나님이요 선생이시다. 그가 우리의 의식 속에 방문하실 때마다 우리는 그를 경배할 준비가 되어야 한다. 학교에서든 상점에서든 체육관에서든 해변에서든 말이다. 우리는 실로 우리의 미래를 알 수 없지만, 그는 아신다. 우리는 그가 요구하시는 모든 것을 언제라도 할 준비가 되어 있어야 한다. 그가 우리의 안락한 삶을 옮기게 하실지라도, 그곳에서 그는 사랑의 팔로 새로운 안전한 장소를 만드실 것이다. 그때에 부활하신 구세주를 따라 살 때, 우리의 존재의 깊은 곳에서 기쁨이 샘솟을 것이다.

(2) 부활의 생명의 능력. 마태복음에서 부활과 뒤이은 위임 장면은 궁극적인 파워를 발산한다. "자신도 구하지 못한" 것으로 보였던 예수가 이제 죽은 자로부터 그를 일으키신 능력의 수령자가 되신다. 그의 부활은 지진, 천사, 그리고 무덤의 입구를 막았던 거대한 돌이 치워지는 역사가 동반된다. 하지만 거룩한 근육의 수축은 부활 앞에서 무색해진다. 경비병들로 대변되는 로마 병사들의 세력은 무서워서 벌벌 떨고, 이 사건에 직면하여 혼절한다. 위임 장면에서 유대의 단일신론적인 정결

71. C. S. Lewis, *The Lion, The Witch and the Wardrobe*(New York: Religious Book Club, 1973), 1:149.

주의자들은 엎드려서 하늘과 땅의 모든 권위가 주어진 것으로 선언된 부활하신 예수를 경배한다. 그를 능가할 권세는 없다.

사실상 인간들에게 알려진 이와 같은 파워는 없다. 8기통 실린더를 장착한 거대한 건설 크레인의 파워를 생각해 보라. 뉴욕의 거대한 도시를 밝히고 있는 파워를 생각해 보라. 그런 규모의 도시를 파멸시킬 수 있는 수소폭탄의 강력한 파워를 생각해 보라. 우리 인간들은 선한 일을 행하거나 나쁜 일을 행할 수 있는 강력한 파워를 갖고 있다. 하지만 이런 모든 파워에도 불구하고, 죽은 자로부터 사람을 살리는 능력을 갖지는 못한다. 예수를 살리시는 것은 신성의 능력을 요하며, 그것은 "하늘과 땅의 모든 권세"를 행사하시는 그의 능력의 일부다.

이제 부활하신 예수는 각각의 제자들에게 거하시고, 그것이 우리를 부르시어 제자로 살게 하시는 능력이다. 에베소인들에 대한 바울의 편지에서 한 놀라운 단락은 이것을 우리에게 설명해준다. 에베소서 1:18-21에서 사도는 이렇게 기도한다.

> 너희 마음의 눈을 밝히사 그의 부르심의 소망이 무엇이며 성도 안에서 그 기업의 영광의 풍성함이 무엇이며 그의 힘의 위력으로 역사하심을 따라 믿는 우리에게 베푸신 능력의 지극히 크심이 어떠한 것을 너희로 알게 하시기를 구하노라 그의 능력이 그리스도 안에서 역사하사 죽은 자들 가운데서 다시 살리시고 하늘에서 자기의 오른편에 앉히사 모든 통치와 권세와 능력과 주권과 이 세상뿐 아니라 오는 세상에 일컫는 모든 이름 위에 뛰어나게 하시고.

바울이 기도하는 능력이 우리의 삶을 위한 능력이 될 수 있음을 주목하라. 그것이 바로 예수의 제자로서 살 수 있게 하는 능력이다.

그러므로 우리가 부활의 관점을 갖고 살 때, 부활의 능력을 끌어올 수 있도록 우리의 삶의 초점을 맞추자. 그때에 우리는 예수가 우리에게 요청하신 어느 것도—우리의 기질을 조절하고, 탐닉을 이겨내며, 신실하게 헌신하며, 노인성 치매를 더욱 보이는 부모들을 인내하며 돌보는 것—이룰 수 있는 능력을 갖게 될 것이다. 인생에서 어떠한 것들이 우리의 길에 나타나건, 부활한 예수를 따르는 제자도는 그것을 극복할 수 있는 능력을 포함한다.

예수의 부활의 본질적인 능력은 예수가 우리에게 요청하신 것을 행할 때 커다란 담력이 있게 한다. 죽으시기 전에 예수의 공적인 사역이 위대했던 것과 마찬가지로, 사도적 메시지의 근간을 이루었던 것이 그의 부활이다. 초대교회에서 중심 메시지를 "사도들이 백성들에게 가르치고 주 예수의 부활을 증언하니"(행 4:33)로 요약할 수 있다. 바울의 메시지는 "예수와 부활의 좋은 소식"(17:18)에 집중했고, 그것은 그의 신학의 기초였다(고전 15:14-19). 피터 크레프트(Peter Kreeft)와 로날드 타켈리(Ronald Tacelli)는 부활을 모든 메시지와 삶의 근본이라고 제기한다.

> 부활의 존재론적인 결과는 어느 것과도 비교할 수 없다. 그것은 구체적이고, 실제적이며, 경험적인 증거다: 삶에 소망과 의미를 가져다준다; "사랑은 죽음보다 더 강하다; 선과 능력은 서로 적이 아니라 궁극적인 동맹자다; 하나님은 우리가 있는 바로 이곳에서 우리를 어루만지시고 최후의 대적자를 물리치셨다; 현대의 세속적 세계관이 우리를 그렇게 만들고 있는 것처럼, 우리는 우주의 고아가 아니다. 부활의 이 존재론적 결과들을 제자들의 이전과 이후를 비교함으로써도 알 수 있다. 예수의 부활 이전에 그들은 예수로부터 도망했고, 주님을 부인했으며, 문을 닫아걸고 혼란과 두려움에 떨었다. 하지만 예수의 부활 이후에 그들은 겁에 질린 토끼에서 확신하는 성도요 세계를 변화시키는 선교사요 용기 있는 순교자요 기쁨으로 가득한 그리스도의 사신으로 변화되었다.
>
> 부활의 위대함은 과거—"그리스도가 사셨다"—에 있지 않고 현재에—"그리스도가 살아 있다"—있다. 무덤에 있던 천사는 여인들에게 "어찌하여 살아 있는 자를 죽은 자 가운데서 찾느냐"(눅 24:5)라고 물었다. 동일한 질문을 오늘날 단순한 역사가와 학자들에게 물을 수 있다. 우리가 "역사"와 "변증"이라 이름 붙인 관속에 미이라로 그리스도를 보존하지 않는다면, 그리스도가 2천년 전에 하셨던 것처럼 강력하게 우리의 삶과 세계를 불지를 것이고, 우리의 새로운 이교 제국은 앉아서 주목하며, 눈을 비비고, 두 번째로 놀라움을 금치 못하며 회심할 것이다. 그것이 부활의 존재론적 의미다.[72]

인생에서 부활의 관점을 유지하는 것은 부활의 능력으로 우리의 삶을 환히 밝히는 동일한 잠재력을 갖는다. 우리가 부활의 은혜와 본질적인 능력을 부여받는다면, 무엇을 버리게 되는가? 사망이 더 이상 우리를 쏘지 못한다. 사망이 예수를 억

72. Peter Kreeft and Ronald K. Tacelli, *Handbook of Christian Apologetics*(Downers Grove, Ill: InterVarsity Press, 1994), 177.

압할 수 없었던 것처럼, 우리를 더 이상 억압할 수 없다. 세상에 복음의 메시지를 들고 예수의 하나님 나라 계획에 헌신함으로 나아갈 때, 이 진리는 커다란 담력을 발생시킨다.

(3) 거짓말에 대항하는 부활의 확신. 18세기 작가인, 현대 소설의 창시자로 자주 일컬어지는 다니엘 포우는 고전적인 이야기인 『로빈슨 크루소』(*Robinson Crusoe*, 1719)와 『몰 프랜더』(*Moll Flander*, 1722)를 저술했다. 또한 그는 재치 있는 해악 시(poem)인 『진정으로 거듭난 영국인』(*The True Born Englishman*, 1701)을 썼는데, 거기서 이렇게 말했다.

> 하나님이 기도의 집을 만드는 곳에는
> 마귀가 항상 부속 교회당을 만들었다.
> 자세히 살펴보면 후자가 더 많은 회중을 갖고 있음을
> 발견하게 될 것이다.[73]

때로 좋은 소식은 너무도 좋아서 사실로 들리지 않는다. 그렇다. 마귀는 참으로 좋은 소식을 취하여 그것을 속임수로 바꾸어놓는다—강퍅한 사람들에게는 속임수가 진리보다 더 믿음직하게 보인다. 오순절 이후에 예수의 순종하는 제자들로 변화되었던 제사장들처럼(행 6:7), 종교지도자들은 그들의 삶을 변화시키는 진리를 알 수 있는 기회를 가질 수 있었다. 하지만 하나님의 메시지에 대한 그들의 강퍅한 마음은 이 진리를 거부하고 사탄의 속임수로 대체하게 만들었다(28:11-15).

예수의 부활은 항상 반대자들을 갖는다. 제자의 삶은 박해의 삶이며 우리는 종교지도자들과 동일한 사고방식을 가진 사람들의 반대를 예상할 수 있다. 마태는 예수의 몸을 훔쳐갔다는 날조된 이야기가 "오늘날까지 유대인 가운데 두루 퍼졌"(28:15)음을 주목한다. 예수의 부활을 의심하는 것은 사람들의 마음의 강퍅한 본질 때문에 이 세상에 나타나는 실제다. 우리는 이것을 부활의 실제를 변호하라는 격려로만이 아니라, 다른 사람들의 의심이 있을 것임을 각오하라는 격려로 볼 수 있다. 사도 베드로는 "너희 속에 있는 소망에 관한 이유를 묻는 자에게는 대답할 것을 항상 준비하되 온유와 두려움으로 하고"(벧전 3:15)라고 말한다.

---

73. Daniel Defoe, *The True Born Englishman*(1701), pt. 1, 1.1.; "Defoe, Daniel," *Encyclopaedia Britannica*(2003)에서 인용함.

오늘날 사람들이 기독교를 신뢰하지 못하게 하려는 "훔쳐간 몸"이라는 가정을 여전히 사용하고 있으므로, 우리는 예수의 부활을 의문하는 문화에서 기독교 세계관의 전파와 복음의 변호에 게을러서는 안 된다. 이전에 보았던 것처럼, 종교지도자들의 마음의 완악함은 하나님과의 올바른 관계에 대한 이전의 인식과 관련이 있다. 오늘날 예수의 죽음과 부활의 실제를 수용하지 못하게 하는 선입견은 자연주의적인 세계관을 포함한다. 그것은 이런 형태의 기적의 발생이 불가능하다고 주장한다. 그 이유들이 각기 다르지만, 굳은 마음을 가진 사람들은 하나님의 계시를 배척하는 이유들을 항상 갖고 있기에, 우리의 전략을 이런 반대들에 대응하여 조절해야 한다.

(4) 생명을 위한 부활의 목적. 어느 책이나 서신 또는 논문의 결론은 그 글을 쓰게 된 저자의 목적을 명확하게 진술하거나 요약한 것을 포함한다. 마태도 예외가 아니다. 그는 결론적인 구절에서 예수를 따르는 자들을 위한 부활의 의미를 재진술한다. 데일 부르너(F. Dale Bruner)는 이렇게 언급한다.

> 예수 그리스도의 부활과 같은 것들이 이 세상에 또 일어났었는가? 크리스천들은 그렇지 않다고 믿는다. 부활은 능가할 수 없는 사건이기 때문이고, 이 사건을 아는 사람들의 가장 커다란 책임은 물론 선교임이 거의 자연스럽게 뒤따라 나온다. 부활은 부활 그 자체를 위해서 발생하지 않았다. 그러므로 마태복음은 부활로 끝나지 않는다. 전 세계를 향한 선교의 대위임으로 끝난다.[74]

예수가 살아 있기에 우리는 우리의 삶을 위한 긴급한 목적이 있다. 우리가 세계에 파송된 전문 선교사가 아니더라도, 우리 모두는 온 민족을 제자 삼는 중심적인 소명을 갖고 있고, 마태복음은 우리에게 그 방법을 보여준다.

이 책은 예수의 제자들이 다른 제자를 삼고 양육하는 과정을 도울 수 있는 도구로서 적어도 의도되어 있다. 따라서 마태복음을 "제자도의 지침"이라 부를 수 있다. 마태는 최고의 주인이시오 선생으로서 예수를 가리키고, 그의 삶과 가르침이 제자들 속에서 하나님의 계시의 진리에 대한 순종과 이해를 낳는 것을 강조한다. 계속해서 이와 동일한 순종과 이해가 제자들의 표지가 되며, 마태복음서는 이런 목적을 위해 곧바로 사용할 수 있다.

---

74. Bruner, *Matthew*, 2:1072.

예수의 사역에서처럼 우리는 하나님 나라의 복음을 믿고 회개하도록 사람들에게 외쳐야 한다. 그것이 바로 그들이 제자가 되게 하는 방법이다. 나아가서 예수에게 충성하고 제자들의 공동체에 합하게 함으로써 그들을 세례할 때, 믿음의 권속으로 그들을 받아들여야 한다. 우리가 가장 실패하는 부분이 이 마지막 분사 어구의 지침을 실행하는 데서다: "내가 너희에게 분부한 모든 것을 가르쳐 지키게 하라." 우리는 이 일을 실행할 전략을 갖고 있는가? 인격적으로 우리 대부분이 그리고 사역의 대부분이 그러한 전략에 부족하기 때문에 많은 사람들이 대위임(Great Commission)을 대태만(Great Omission)이라 부른다.

하지만 여기서 우리는 마태복음을 쓴 목적을 유념하고 역사로부터 배울 수 있다. 교회사의 많은 부분에서 마태복음은 예수가 분부한 모든 것을 가르쳐 지키게 하는 주요한 교리적 도구로 사용되었다.[75] 내러티브의 전환적인 항목과 다섯 강화에서 마태복음은 예수의 행위와 말씀의 가장 완전한 모습을 전달해준다. 다시 말해서 마태는 교회의 다음 세대에 전달할 수 있도록 예수의 전체 삶의 사역을 집합하였다. 제자훈련이 우리가 성경에서 발견하는 영적 형성에 대한 가르침과 근본적으로 동일하기 때문에 마태는 크리스천의 삶과 그리스도에 대한 온전한 순종으로 성장할 수 있도록 돕는 중요한 도구를 제공해준다.

다섯 주요한 강화는 제자의 양육에 맞추어져 있고, 예수의 독특한 제자의 종류가 무엇을 의미하는지를 가르치고 분명히 한다. 하지만 우리는 온전한 제자의 삶을 다루는 각 강화에 발전단계가 있음을 보게 된다. 강화의 근본적인 요지는 각 강화의 요약에서 간단히 볼 수 있는 것처럼 균형 잡힌 삶의 종류와 그것으로 말미암는 제자의 종류를 알려준다.

산상수훈은 하나님 나라의 삶을 사는 제자의 종류를 육성한다(5-7장). 예수는 일상 세계에서 하나님 나라의 능력과 임재 속에서 살아가는 근본적인 제자도의 실제를 설명한다. 그의 제자로서 우리들은 모든 사람들에게 가능한 삶의 종류의 실제를 보여주는 생생한 모범이 되어야 한다.

선교 위임은 선교지향적 제자를 육성한다(10장). 예수는 모든 제자들에게 소외적이고 적대적인 세상에 나아가서 하나님 나라의 복음을 나누고 그대로 살아가도록 위임하신다.

비유 강화는 은밀한 하나님 나라의 제자를 육성한다(13장). 비유를 통해서 예수는 하

75. Guthrie, *New Testament Introduction*, 21.

나님 나라의 메시지가 뿌리를 내리고 열매를 맺는지를 드러내기 위해서 무리들의 마음을 검증하신다. 또한 그는 아직 하나님 나라의 온전한 완성을 경험하지 못한 세상에 하나님 나라의 종으로 살아가는 것이 무엇을 의미하는지를 제자들에게 드러내신다.

공동체 처방은 공동체의 기반이 되는 제자들을 육성한다(18장). 예수는 하나님 나라의 삶이 이 땅에 세워질 교회를 통해 표현되는 방식을 보여주신다. 제자도는 겸손, 책임, 순결, 징계, 용서, 화해, 회복으로 특징지어지는 교회를 통해 표현된다.

감람산 강화는 대망하며 기다리는 나그네 제자들을 육성한다(24-25장). 예수는 제자들에게 그의 재림, 시대의 종말 그리고 보좌에 앉으시는 메시아에 관한 긴 과정의 예언을 제자들에게 상기하신다. 그는 제자들이 능력으로 재림하시는 예수를 고대하며 준비하면서 하나님 나라가 '이미 하지만 아직은 완성되지 않은' 이 시대에 어떻게 살아야할 것인지를 설명하신다.

이런 종류의 제자를 육성하는 의도된 전략을 갖고서, 마태복음은 계획된 양육의 과정을 위한 하나님이 주신 지침을 제공한다. 언젠가 어떤 사람이 교회는 "제자가 아닌 제자들"로 가득하다고 하는 말을 들었다. 다시 말해서 우리가 **세상에 나가**서 제자를 낳는 **복음전도**와 제자들을 포용하는 **세례**에 참여하도록 선교에 헌신적일지라도, 우리가 대위임의 나머지 부분—예수가 분부한 모든 것을 가르쳐 지키게 하는 것—을 실행하는데 헌신할 때까지는 예수의 목적을 완성할 수 없다. 이것이 마태복음의 이면에 있는 목적이며, 대위임을 온전히 실천하도록 우리를 부르신 부활하신 예수의 목적이다.

이 복음서에서 예수의 마지막 말씀은 우리가 삶에서 그의 목적을 실행할 수 있는 가장 커다란 확신을 준다. 그는 아무런 조건 없이 "내가 세상 끝 날까지 너희와 항상 함께 있으리라"(28:20)고 약속하셨기 때문이다. 부활하신 예수를 따르는 제자들은 위로와 능력과 안전의 가장 강력한 자원을 갖고 있다. 마태가 계속해서 증거한 것처럼, 예수의 도래는 역사가 일찍이 알지 못했던 가장 위대한 혁명을 시작시켰다. 그것은 예수가 들어와서 변화를 일으키시는 마음에서 시작한다. 하지만 그때에 그것은 우리의 모든 삶의 영역으로 확장되어, 천국의 능력이 우리의 육체, 감정, 사고, 그리고 관계적 삶에 영향을 미친다. 나는 이 장엄한 복음서의 연구를 마치면서 우리의 삶도 역시 혁명적이었기를 기도한다.